ствуе
націонал.
социализм

ЦЕНТР ПОЛИТИЧЕСКОЙ
И ЭКОНОМИЧЕСКОЙ ИСТОРИИ РОССИИ
РОССИЙСКОГО НЕЗАВИСИМОГО ИНСТИТУТА
СОЦИАЛЬНЫХ И НАЦИОНАЛЬНЫХ ПРОБЛЕМ

НАУЧНЫЙ СОВЕТ РОССИЙСКОЙ АКАДЕМИИ НАУК
ПО ПРОБЛЕМЕ "ИСТОРИЯ РЕВОЛЮЦИЙ В РОССИИ"

ПОЛИТИЧЕСКИЕ ДЕЯТЕЛИ РОССИИ 1917

БИОГРАФИЧЕСКИЙ СЛОВАРЬ

БРЭ

НАУЧНОЕ ИЗДАТЕЛЬСТВО
"БОЛЬШАЯ РОССИЙСКАЯ ЭНЦИКЛОПЕДИЯ"

БИОГРАФИЧЕСКИЕ СЛОВАРИ И СПРАВОЧНИКИ

ПОД ОБЩЕЙ РЕДАКЦИЕЙ
В.В.ЖУРАВЛЁВА, В.М.КАРЕВА, Ю.В.ПРОХОРОВА,
И.Д.КОВАЛЬЧЕНКО, Д.С.ЛИХАЧЕВА, М.Н.ХИТРОВА,
С.О.ШМИДТА

МОСКВА

ПОЛИТИЧЕСКИЕ ДЕЯТЕЛИ РОССИИ 1917

БИОГРАФИЧЕСКИЙ СЛОВАРЬ

ГЛАВНЫЙ РЕДАКТОР П.В.ВОЛОБУЕВ

РЕДАКЦИОННАЯ КОЛЛЕГИЯ
А.С.ВЕЛИДОВ, Е.Г.ГИМПЕЛЬСОН,
В.П.ДАНИЛОВ, В.В.ЖУРАВЛЁВ - *зам. гл. ред.*,
В.И.МИЛЛЕР, А.П.НЕНАРОКОВ,
А.И.РАЗГОН, Ю.Ю.ФИГАТНЕР - *зам. гл. ред.*,
М.Н.ХИТРОВ, Л.К.ШКАРЕНКОВ

МОСКВА
НАУЧНОЕ ИЗДАТЕЛЬСТВО
"БОЛЬШАЯ РОССИЙСКАЯ ЭНЦИКЛОПЕДИЯ"
1993

929
П 50

В ПОДГОТОВКЕ ИЗДАНИЯ ПРИНИМАЛИ УЧАСТИЕ

Зав. редакцией Биографических словарей и справочников – М.Н. ХИТРОВ

Ведущий редактор – Ю.Ю. ФИГАТНЕР

Редакторы – М.А. ЯРОШЕВСКАЯ, С.В. ВЫСОЦКАЯ, Л.П. СОБОЛЕВСКАЯ

Литературный редактор – В.В. МАЧКОВА

Библиограф – Н.П. БАРСУКОВА

Проверка и сопоставление фактов – В.И. КРЫЛОВ

Подбор иллюстраций – О.М. МЕРЖАНОВА

Художественно-технические редакторы – В.И. ПОДОСИННИКОВА, Л.П. МУШТАКОВА

Корректор – М.Д. ШТРАМЕЛЬ

Отдел освоения лицензионной технологии – И.Н. КОНОВАЛОВА, Л.А. РОМАНЕНКО, Е.А. МИХАЙЛОВА, Л.А. КОРНЕЕВА, И.А. МИНАЕВА, В.В. КЛЕПИКОВ, М.С. ИСАКОВ, Д.О. ЕФИМОВ

Копировально-множительная лаборатория – Ю.В. ЕПИФАНОВ, Л.Ф. ДОЛГОПОЛОВА, В.И. КЛИМОВА, Г.В. МЕЩАНИНОВА

Производственный отдел – В.Н. МАРКИНА, И.А. ВЕТРОВА, Г.Н. РОМАНОВА

Заместитель директора по производству – Н.С. АРТЁМОВ

Оформление художника Ф.Н. БУДАНОВА

П $\frac{0503020400-003}{007(01)-93}$ **без объявления**

ISBN 5-85270-137-8.

ОТ РЕДКОЛЛЕГИИ

В многовековой истории России год 1917 занимает особое место. Никогда прежде пульс страны не бился в таком напряжённом, даже лихорадочном темпе. Никогда прежде стремление большинства общественных сил и движений одним броском наверстать то, что было упущено страной за целые столетия, не обретало форму столь решительных и разноплановых действий, а надежды многих поколений не казались столь близкими к осуществлению.

Современник рокового 1917 года встречал его в предчувствии грядущих перемен, но осенённый ещё двуглавым орлом, наследником былой мощи Восточной Римской империи. А провожал, испытав взлёты и крах либерально-демократических иллюзий, под красными знамёнами развернувшегося социалистического эксперимента, в обстановке набиравшей силу гражданской войны. Многоцветье оценок и социальных проектов первых месяцев революции сменяется жёстким противостоянием красного и белого цветов политического спектра. Взгляд на людей как на "типичных представителей", "защитников интересов" определённых социальных слоёв и общественных сил становится доминирующим, стирая их живой человеческий облик, мировоззренческую многогранность. Психология и идеология конфронтационности, деления соотечественников на "наших" и "не наших" надолго внедряются в общественное сознание и поведение. Сегодня об этом можно только сожалеть, ибо искать в ставших историей революции и гражданской войне правых и виноватых (по крайней мере – среди рядовых участников) – значит, в иных формах продолжать эту войну.

Отечественная историческая наука накопила немалый опыт изучения событий с точки зрения проявления и противостояния интересов классов, социальных слоёв, групп. Но классовый подход не единственный способ познания истории – важно учитывать и другие критерии осмысления прошлого. В частности, необходимо видеть в революции сложное целое, сотканное из реальных судеб конкретных людей в их диалектическом взаимодействии. Не осуждать или восславлять, но постараться понять, почему каждый из них действовал в предложенных историей обстоятельствах именно так, а не иначе. Попыткой реализовать такой подход и является настоящая книга.

В предлагаемый читателю Словарь включено более 300 биографий деятелей всероссийского масштаба, активно проявивших себя в событиях 1917 года. Среди этих деятелей: министры последнего царского правительства, министры Временного правительства всех составов и первые советские народные комиссары; верхи генералитета и высшие иерархи духовенства различных конфессий; члены ЦК всероссийских партий; активно участвовавшие в политической жизни писатели, журналисты, публицисты; члены Президиума ВЦИК 1–2-го составов и Петроградского ВРК; ряд получивших в своё время известность национальных и региональных политиков. Большинство из них входили в Предпарламент, были избраны (или выдвигались) в члены Учредительного Собрания.

Диапазон общественно-политических воззрений включённых в Словарь лиц весьма широк: от символа веры самодержца Всея Руси Николая II до политического кредо Нестора Махно. Обращение к этой галерее портретов политических деятелей даёт возможность познакомиться со всеми основными направлениями общественной мысли и вариантами социального действия, имевшими место в огромной многонациональной стране, оказавшейся в эпицентре глобальных событий начала XX века.

Перед читателем пройдут чередой, в системе сложных связей и столкновений:

– защитники устоев ничем не ограниченного самодержавия как политической надстройки общества полуфеодально-полукапиталистического типа и сторонники реформирования его в конституционную монархию;

– приверженцы идеи преобразования страны на началах капитализма – от консервативной модели господства сросшейся с помещиками финансовой олигархии до проектов радикальной демократизации общества на началах максимально свободных отношений рыночной и иной состязательности и соответствующих им политических форм парламентской республики;

– сторонники социалистической идеи: эсеры, являвшиеся в основном приверженцами крестьянского социализма на базе социализации земли, уравнительного землепользования с регулярными переделами земли по трудовой норме, а также социал-демократы. Среди последних не было единства. Одни (например, Г.В. Плеханов и Ю.О. Мартов) видели в социализме идеал – к нему надо стремиться и по нему следует сверять все неотложные шаги по демократизации современного им капиталистического общества. Другие (прежде всего, В.И. Ленин) трактовали социализм как наиболее действенный в той обстановке путь вывода страны из общенациональной катастрофы и одновременно как прорыв к социалистической революции в мировом масштабе;

– приверженцы теории анархизма, усматривавшие в событиях 1917 года исходный пункт разрушения государственности как таковой и создания на её развалинах ассоциаций свободных трудовых артелей.

В чём истоки, а также причины отнюдь не мирного, но реального сосуществования столь разнонаправленных исканий, идеалов, программ, не только пришедших как бы из разных исторических эпох, но и стремившихся предвосхитить неясные контуры будущего, пробиться к его ещё не подготовленным рубежам?

Читатель этой книги имеет возможность на основе разноплановых фактических данных попытаться сам отыскать ответ на эти и другие вопросы, типичные для революционных, переломных эпох. Например, обратить внимание на свойство исторического развития России – десятилетиями, а то и столетиями "накапливать" общественные проблемы, сплетая их в сложнейшие социальные узлы, в итоге не поддающиеся спокойному реформированию, или на такой присущий 1917 году фактор, как почти всеобщая и всепроникающая неудовлетворённость настоящим всех без исключения слоёв общества, игравшая роль возбудителя как плодотворных, так и утопических исканий.

Принцип – не навязывать читателю выводов – лежит в основе организации материалов Словаря, каждой биографической статьи. Составители Словаря не ставили перед собой задачу раскрыть все этапы политической деятельности включённых в него лиц. Замысел состоял в другом: сосредоточить основное внимание на событиях 1917 – начала 1918 годов как переломных в судьбах страны, стремясь крупным планом подать конкретного человека в условиях именно этого периода. Важная особенность подачи материала – стремление не давать оценок. Облик деятеля возникает из суммы объективных факторов: его роли в развернувшихся событиях, понимания им их сути, собственных формулировок отношения к ним и существу занятой политической позиции. Редкие характеристики оценочного плана исходят от современников – как соратников, так и оппонентов, что позволит читателю самому составить представление о том, какое место в событиях занимал тот или иной деятель и какую реальную роль в их развитии играл. Естественное следствие такого подхода – относительно большое количество воспроизводимых в текстах статей цитат, благодаря которым тот или иной политик получает возможность говорить с нами – своими потомками – напрямую, приводя аргументы в пользу занятых позиций. Видимо, это будет иметь не только познавательный, но и психологический эффект: ведь многие социально-экономические, политические и нравственные коллизии 75-летней давности не ушли в прошлое, но продолжают волновать нас, оставаясь фактором острых мировоззренческих столкновений, а подчас и бескомпромиссной политической борьбы.

Материалы Словаря дают возможность ознакомиться с мнениями по основным вопросам развития страны, характерными и для различных течений общественной мысли, и для "практических" политиков, представлявших различные партии, движения, течения. Среди этих вопросов можно выделить следующие:

– гражданский мир или гражданская война как метод разрешения общественных противоречий;

– борьба идей по проблеме "капитализм или социализм";

– будущее политическое устройство страны: монархия, парламентская республика или революционная диктатура;

– принципы и формы перехода к новому политическому устройству: через механизм Учредительного Собрания на базе всеобщего, прямого, равного избирательного права при тайном голосовании или на основе достижения полновластия Советами как представительными организациями социально активной части прежде всего трудящихся, неимущих или малоимущих слоёв населения;

– формы и методы решения национального вопроса в ходе преобразований, отношение к явлениям национального самоопределения и регионального сепаратизма в рамках бывшей Российской империи;

– отношение к аграрной революции, вопрос о земле: передача в частную собственность или в безраздельное пользование на основе объявления её общенациональным достоянием и предоставления лишь тем, кто на ней трудится; судьба помещичьего землевладения;

– целесообразность рабочего контроля на капиталистических предприятиях, его права и функции;

– национализация ключевых средств производства, коммерческих банков: за и против.

Скоротечность революционных процессов и накал страстей, их сопровождающий, – не лучший фон для ведения чисто теоретических споров. Они, эти споры, неизбежно переплетаются с откликами на происходящие перемены, со стремлением уловить их смысл и возможные последствия. Составители Словаря стремились дать возможность читателю познакомиться с реакцией политиков на важнейшие события бурного 1917 года. В том числе на такие, как:

– крушение монархии со всей цепью разнородных последствий;

– создание и эволюция Временного правительства, его политика и кризисы;

– участие революционной демократии в деятельности Временного правительства;

– выступление генерала Л.Г. Корнилова, причины и последствия выступления;

– мир или война до победного конца: эволюция представлений в связи с изменениями ситуации на фронтах и внутри страны;

– способы преодоления паралича властных структур, приостановки надвигающейся общенациональной катастрофы;

– формы и методы выхода из кризиса в сферах финансов, продовольствия, топлива, транспорта и т.д.;

– суть программных положений, стратегии и тактики, практических шагов политических партий;

– назревание и свершение Октябрьской революции, первые мероприятия Советской власти и т.д.;

– фактическое начало гражданской войны.

Некорректно в проблемах и бедах российского общества конца XX века видеть некое повторение исторической ситуации года 1917. Столь же неправильно отрицать актуальность обращения к опыту российского общества эпохи Февраля и Октября. Биографический Словарь наиболее активных граждан, отражающий их общественно-политические взгляды, формы и методы практического действия, способен, надеемся мы, дать читателю пищу для размышлений.

В общем ряду Словарь содержит и биографии И.В. Сталина, В.М. Молотова, равно как и многих других деятелей, способствовавших утверждению сталинской командно-административной системы и разделяющих ответственность за её создание; в последующем система физически уничтожит большинство из них, но это будет через 20 лет, в другую эпоху, и является предметом другой книги.

Наше время, при всей его специфике, сродни 1917 году. В том числе и по масштабности происходящих в стране перемен, над уяснением смысла которых ещё предстоит немало потрудиться. Это обстоятельство будет настойчиво толкать читателя на путь исторических сопоставлений. Неизбежно встанут вопросы: в каком отношении современная общественная мысль и социальная практика по сравнению с 1917 годом ушли вперёд, в каком остались на тех же рубежах и, наконец, в каком плане они претерпели попятное движение, возвращаясь к мифам, догмам и стереотипам давних лет.

Метод обращения к прошлому с целью более глубокого уяснения проблем настоящего давно уже взят на вооружение человечеством. История свидетельствует: социальные силы тех стран, которые извлекли из опыта российского 1917 года наиболее важные уроки, выиграли в процессе модернизации своих общественных структур. И нам пора конструктивно отреагировать на приобретения и издержки своего героического, трагического и противоречивого прошлого, не поддаваясь запальчивости и нетерпимости, толкающим к конфронтации. Надеемся, что Словарь покажет читающему: к добру подобное не приводило. И важно сделать из этого надлежащие выводы, помня предостережения великого русского историка В.О. Ключевского: "...история... наказывает за незнание уроков" (Ключевский В.О., Соч., т. IX, М., 1990, с. 393). Не пристало и нам находиться в положении нерадивых школьников, не желающих считаться с реалиями исторического опыта своей страны.

***

Пользуясь Словарём, читатель должен иметь в виду, что все статьи расположены в нём в алфавите – по фамилиям деятелей или по их наиболее устоявшимся псевдонимам (например, Мартов, Сталин и т.п.).

Обычная для энциклопедических словарей дефиниция отсутствует, она была бы тавтологией по отношению к названию книги. Сведения биографического характера, относящиеся к периодам до 1917 года и от начала Гражданской войны, как правило, приводятся в сжатом виде. Даты даны по старому календарному стилю.

Цитаты, названия документов, газет и т.п. даются в современной орфографии. Географические названия воспроизводятся такими, какими они были во время описываемых событий.

Библиография содержит в основном работы, относящиеся именно к 1917–18 годам, и не претендует на полноту.

Редколлегия обращает внимание читателей на то, что авторы статей работали в архивах до их переименований; в книге сохранены прежние, широко известные названия, но с исключением слов "СССР", "ССР", "при ЦК КПСС".

Вслед за алфавитной частью в Словаре помещены Приложения (в хронологической последовательности) – краткие статьи о съездах и конференциях партий, Всероссийских съездах Советов, совещаниях, имевших общегосударственное значение. Приложения очерчивают фон, на котором действовали политики, воссоздают для читателя картину основных событий того времени, несут дополнительную к биографическим статьям информацию. При статьях о съездах даются составы избранных (образованных) высших органов, в большинстве своём публикуемые впервые по архивным источникам, например состав Предпарламента.

Словарь сопровождается Именным указателем, который позволяет читателю проследить деятельность интересующего его лица по различным статьям как в алфавитной части, так и в Приложениях. В именных списках, сопровождающих статьи о съездах, к сожалению, часто встречаются опечатки и искажения, отсутствуют инициалы. В сами списки исправления, за редким исключением, не вносились (это требует продолжительной работы), но, поскольку задействован в основном один и тот же круг лиц и они встречаются в различных списках, Указатель, как правило, даёт возможность корректировки.

Для экономии места в Словаре применяется обычная для энциклопедических изданий система сокращений – см. Список основных сокращений, Список аббревиатур, Список сокращений литературы в библиографических описаниях.

Словарь является первым сводом биографий политических деятелей 1917 года. Статьи готовились на основе малоизвестных или совсем неизвестных ранее источников, в том числе из недавно ещё закрытых фондов отечественных архивов, например: Центрального архива нынешнего Министерства безопасности Российской Федерации, руководящим работникам которого В.К. Виноградову, В.П. Гусаченко, А.А. Зюбченко Редколлегия выражает благодарность за их участие в работе над Словарём. Решению ряда проблем способствовали помощь зарубежных учёных З. Галили, Л. Хаймсона, М. фон Хагена (США), А. Береловича (Франция), авторское участие М.С. Янсена (Нидерланды), А. Грациози (Италия).

Многие заслуживающие того деятели в книгу не вошли. Редколлегия и коллектив авторов намерены продолжить работу над Словарём, в котором должны быть представлены политики и местного масштаба, в т.ч. всех губерний бывшей Российской империи.

С благодарностью примем замечания, дополнения и предложения – особенно если в них будут указания на конкретные источники.

А

АБРАМÓВИЧ (наст. фам. Рейн) Рафаил Абрамович [21 июля 1880, Динабург (с 1893 Двинск),– 11 апр. 1963, Нью-Йорк]. Из мещанской семьи. В 1901 исключён из Рижского политехнич. ин-та за участие в студенч. рев. движении. Образование завершил в Льеже. С 1901 чл. Бунда, в 1904 кооптирован в ЦК Бунда. Участник Рев-ции 1905–07, чл. Петерб. Совета. От Бунда дел. (с совещат. голосом) 4-го (Объединит.) съезда РСДРП (1906), вскоре от Бунда вошёл в ЦК РСДРП. Дел. 5-го съезда РСДРП (1907), отстаивал меньшевист. позиции. В ЦК Бунда один из лидеров "ликвидаторского" течения, делавшего упор на легальные формы борьбы. В 1910 арестован, сослан в Вологод. губ., бежал, эмигрировал. Работал в редакциях ряда заруб. изданий. В 1912 участник Авг. конф. с.-д. (Вена). Во время 1-й мир. войны "центрист".

После Февр. рев-ции 1917 вернулся в мае в Россию, вошёл в ЦК Бунда, примкнул к группировке меньшевиков-интернационалистов, был чл. Петрогр. Совета РСД. Участвовал в издании "Летучего Листка" – органа меньшевиков-интернационалистов.

Дел. 1-го Всерос. съезда Советов РСД (июнь), возглавлял комиссию по нац. делам. Отстаивал идею нац.-культурной автономии; по его словам, она "является... единственно пролетарской, в осуществлении к-рой заинтересован гл. обр. пролетариат" ("1-й съезд Советов", т. 2, с. 179). Избран чл. ВЦИК от меньшевиков, затем – чл. бюро ВЦИК 1-го созыва. В дни Июльского кризиса А. обвинял большевиков в подготовке заговора. Вместе с тем на заседании Орг. к-та меньшевиков 3 июля говорил: "... Настал момент перехода власти в руки Советов" ("Окт. вооруж. восстание 1917 г. в Петрограде", т. 1, Л., 1967, с. 333).

На Гос. совещании заявил: "Остро сознаём, что только полное закрепление побед рев-ции, только полная и решит. демократизация всей жизни страны может навсегда положить конец угнетению евр. народа... и обеспечить ему все полит. и гражд. права... нац. самоуправления" ("Гос. совещание", с. 184).

Дел. Объединит. съезда РСДРП (Петроград, 19–26 авг.), избран чл. ЦК РСДРП(о); при обсуждении на съезде докладов о полит. положении страны 20 авг. сказал: "Демократия сделала всё, чтобы сузилась база рев-ций. Она капитулировала и прикрывала якобинскими фразами жирондистские действия. Говорят, пролетариат слаб, чтобы взвалить на себя всю тяжесть борьбы. Вывод – объединиться с теми творч. силами, к-рые есть у буржуазии. Верите ли вы в творч. силы нашей буржуазии?.. Она только приказчик европ. империализма... Мы уже сейчас европ. колония. Политика, ведущая к тому, чтобы судьбы рус. рев-ции были отданы в руки союзного империализма, не может вести Россию к освобождению от европ. империализма. Примирение с буржуазией возможно только в одном виде: мы подчиняемся ей, если считаем, что у неё ключи к спасению. Я допускаю такую точку зрения, но не представляю себе пролетариата, к-рый пойдёт за вами" ("Рабочая Газета", 1917, 22 авг.).

Был чл. Предпарламента.

На 2-м Всерос. съезде Советов РСД (окт.) призвал делегатов покинуть съезд в знак протеста против вооруж. выступления большевиков. После свержения Врем. пр-ва выступал за создание "однородного соц. пр-ва". На заседании при Викжеле 29 окт. предлагал заключить мир "без побеждённых и победителей", создать "третье пр-во, перед к-рым должны капитулировать обе стороны" ("Окт. вооруж. восстание...", т. 2, Л., 1967, с. 405).

По мнению А., Окт. рев-ция "была самым крупным несчастьем для подлинной рев-ции, для рабочего класса и для всей России"; "... большевист. рев-ция не была бы возможна, если бы она не опиралась на сочувствие и симпатию широких рабочих и солд. масс..."; "большевизм выражает стихийное настроение революционно и социалистически настроенных, но не зрелых малосознат. рабочих масс". Вместе с тем выступал против того, чтобы "объединиться с бурж. и мелкобурж. частью армии и помогать огнём и мечом подавить большую часть рабочего класса" (Рафес М., Два года рев-ции на Украине. Раскол "Бунда", М., 1920, с. 51, 52, 53). На Чрезв. съезде меньшевиков (30 нояб. – 7 дек.) А. избран чл. ЦК. От меньшевист. партии входил во ВЦИК 3-го и 4-го созывов. На заседаниях ВЦИК критиковал внеш. и внутр. политику Сов. пр-ва. Выступал против заключения Брестского мира.

Весной – летом 1918 А.– один из организаторов движения "уполномоченных от фабрик и заводов", ставившего целью изоляцию большевиков от рабочего класса, один из наблюдателей от соц. партий на Всерос. рабочем съезде (20–21 июля). 23 июля арестован, через 6 мес. по ходатайству зап.-европ. социал-демократов освобождён. В период Гражд. войны поддерживал тактику "мира с большевиками", но выступал за прекращение "экон. и полит. террора". После 12-й конф. Бунда (апр. 1920), принявшей решение о выходе из меньшевист. партии и признания программы РКП(б), с группой правых бундовцев создал "С.-д. Бунд", придерживавшийся меньшевист. ориентации.

В 1920 эмигрировал. Возглавил "Загран. делегацию" ЦК "С.-д. Бунда", участвовал в издании "Соц. Вестника", стал одним из лидеров 2 1/2-го Интернационала, позднее – чл. бюро исполкома Соц. рабочего интернационала. С 1940 в США. В 1962 в Нью-Йорке опубл. мемуары "Сов. рев-ция 1917–1939" (на англ. яз.).

Соч.: Меньшевизм русский и международный, в кн.: Гарви П.А., Воспоминания социал-демократа, Нью-Йорк, 1946; К истории Окт. переворота, "Соц. вестник", 1960, № 11.

Лит.: Р.А. Абрамович. Краткая биография, "Соц. вестник", 1941, № 1/2; Памяти

Р.А. Абрамовича, там же, 1963, № 5/6; Бургина. *А.А. Корников, М.М. Червякова.*

АВКСЕ́НТЬЕВ Николай Дмитриевич (29 нояб. 1878, Пенза,– 1943, Нью-Йорк). Род. в дворянской семье. Учился в

Моск. ун-те. Возглавлял студенч. союз объединённых землячеств, исключён в 1899 за участие в студенч. забастовке. Те, кто близко знал А., отмечали у него стремление к лидерству уже в молодости. В 1900 уехал в Германию и там завершил образование; написав диссертацию по И. Канту и Ф. Ницше, получил звание д-ра философии в Галле (Авксентьев Н., Сверхчеловек, СПб, 1906). Придерживался неонароднич. взглядов; в нач. 1900-х гг. один из создателей и идеологов партии эсеров, член её ЦК с 1907. Участник Рев-ции 1905–07 (Москва; затем член, вице-пред. Петерб. Совета РД), был сослан в Обдорск, в 1907 бежал, эмигрировал. В Париже один из редакторов центр. органа эсеров "Знамя Труда", сотрудник ряда журналов. Возглавляя правое крыло партии, защищал легальность и отказ от террора. Во время 1-й мир. войны участвовал в оборонч. изданиях эсеров "За рубежом", "Новости" и вместе с Г.В. Плехановым и др. в ж. "Призыв". В сент. 1915 А. в Лозанне руководил совещанием меньшевиков и эсеров, к-рое высказалось за активное участие трудящихся России в обороне страны и осудило стачки на пр-тиях и транспорте, работающих на нужды войны, как акт "нац. измены" ("Россия и Свобода", 1915, 10 сент.). А. содействовал созданию добровольч. отрядов из рос. политэмигрантов.

После Февр. рев-ции 1917 вернулся (апр.) в Россию. Был кооптирован в ПК ПСР, от него введён в исполком Петрогр. Совета РД. 3 мая на объединённом заседании ПК, Обл. к-та Северной обл., Бюро фракции ПСР Петрогр. Совета РД выступил с докладом, в к-ром настаивал на участии эсеров в коалиц. Врем. пр-ве. На 1-м Всерос. съезде КД (4–28 мая, Петроград) А., по словам члена ЦК ПСР Н.Я. Быховского, "самый правый оборонец среди эсеров" (Быховский Н. Я., Всерос. Совет КД. 1917 г., М., 1929, с. 50), был избран пред. Исполкома Всерос. Совета КД.

Отношению партии к Врем. пр-ву, Советам А. посвятил доклад 29 мая на 3-м съезде ПСР. Он говорил: «В этом перевороте участвовала как внедумская Россия, ...так и Россия цензовая... и это сделало движение ещё более быстрым, ещё более победоносным... Этот натиск был общенациональный... Хотя осн. силой рев-ции явилась Россия не думская, а рев.-демократическая, но к моменту переворота более организованной оказалась Россия думская... Россия внедумская оказалась достаточно сильной... чтобы определить сферу действий Врем. пр-ва, но недостаточно сильной, чтобы гарантировать орг-цию власти... Врем. пр-во всё более и более теряло свой авторитет... И вот перед соц. орг-циями и орг-циями рев.-демократическими стал вопрос – как реорганизовать эту власть, как создать ту сильную рев. власть, к-рая свои силы почерпала бы в доверии и поддержке широких слоёв демократии?..

Первое предложение было такое: передача власти Советам... и выставление своего единого Врем. пр-ва, взятого изнутри этих орг-ций. Второе предложение... включение в это Врем. пр-во известного кол-ва социалистов... Как аргументировали с.-д.-большевики своё предложение? Они говорили: "Рев-ция идёт вперёд, мы должны её развивать, ...если мы хотим делать это быстро, мы должны передать власть Совету РСД". Я полагаю, что такая точка зрения в той ист. обстановке, к-рую мы переживаем, не выдерживает критики... Демократия является той двигающей силой, к-рая у нас определяет все жизненные стремления и настроения страны. Но... рев. демократия не является такой силой, к-рая могла бы гарантировать страну от контррев-ции... Ещё нужно пройти длительный процесс самоорганизации демократии, нарастания творческих, организующих сил... прежде чем она может позволить себе роскошь откинуть все др. слои, к-рые шли вместе с ней в завоевании свободы, и может остаться действительно одна. При таких методах действия, при такой тактике, какую рекомендуют с.-д.-большевики, к-рые говорят о захвате власти Советом, ...мы стоим перед опасностью того максимализма, той поспешности рев. созидания, к-рые рискуют изолировать рев. демократию, рискуют отбросить те слои, к-рые идут вместе с ней, и пробудить контррев. чувство... Когда завоёванная рев-ция недостаточно закреплена, рискованно создавать ту пропасть между отдельными силами... в к-рой может погибнуть и смысл рус. рев-ции... В этих спорах сказываются две точки зрения. Одна, к-рая говорит: "Захватывай, что можешь; а что удержишь,– потом видно будет". Др. точка зрения: "Захватывай то, что можешь удержать; каждую новую позицию сначала закрепляй" ...Мы имеем колоссальное число мещанства, мелкой буржуазии, к-рая таким захватом власти будет брошена в лагерь контррев-ции...

Что говорит Врем. пр-во?.. "Вот вам портфели, берите их"... Здесь вопрос о тактике... а не о рев. акте, к-рого, как говорят большевики, "мелкобурж. меньшевики и социалисты-революционеры боятся". Тут бояться нечего, т.к. и никакого рев. акта тут нет. Власть можно взять, раз нам заявляют – берите... Если социалисты, если рев. демокр. орг-ции не решали взять всю власть в свои руки, то только во имя того, что необходимо идти не с буржуазией, а с большими, широкими слоями, с мелкой буржуазией, с крест-вом, что дало бы время организовать всё более и более рев. кадры этой рев. демократии и в нужный момент обеспечило бы наибольшее единство сил» ("3-й съезд ПСР", П., 1917, с. 208–12). На съезде А. вновь вошёл в ЦК партии.

6 июня от имени Исполкома Всерос. Совета КД приветствовал 1-й Всерос. съезд Советов РСД; отметив, что рос. рев. демократия состоит из рабочих, солдат и трудового крест-ва, сказал: "Если мы хотим действительно положить в основу нового рев. творчества крепкий фундамент, мы должны думать об объединении этого тройного течения единой по своим заданиям и по своим целям рус. рев. демократии" ("1-й съезд Советов", т. 1, с. 161).

Во время Июльских событий вошёл в комиссию, образованную Врем. пр-вом, Бюро ВЦИК и Исполкомом Всерос. Совета КД, к-рая организовывала мероприятия для "восстановления и поддержания рев. порядка в Петрограде". 7 июля на объединённом заседании ВЦИК и Исполкома Всерос. Совета КД приветствовал вызванных с фронта представителей верных войск: "Вы пришли сюда для возобновления порядка. Мы знаем, что вы не пойдёте ни на какие провокации" ("Рев-ция 1917", т. 3, с. 158–59). 8 июля вошёл в особую комиссию, к-рая совместно с воен. властями решала вопросы о расформировании рев. воинских частей. 13 июля А.Ф. Керенский просил объединённое заседание ВЦИК и Исполкома Всерос. Совета КД поддержать идею созыва в Москве Гос. совещания. А. заявил: "Мы не можем медлить с самыми решит. мерами и должны определённо продиктовать свою волю... Довольно дискуссий. Настало время действий... Мы должны провести в жизнь диктатуру рев. демократии" (там же, с. 178).

24 июля было сформировано 2-е коалиц. Врем. пр-во, в к-ром А. стал мин. внутр. дел. О причинах своего вступления в пр-во он заявил на заседании Исполкома Всерос. Совета КД: "В настоящий момент нам надо провести в сознание масс необходимость жертвы – всё для спасения рев-ции..." (там же, с. 215). 4 авг. на открывшемся съезде губ. комиссаров и представителей губ. обществ. к-тов выступил с программной речью, в к-рой, в частности, сказал: "При орг-ции власти на местах должно быть обращено гл. внимание на укрепление её в лице комиссаров, проводящих волю центр. пр-ва" (там же, т. 4, с. 17). Выступая 12 авг. на Гос. совещании, смысл деятельности мин-ва видел в подготовке "законов, касающихся органов самоуправления", в стремлении "узаконить новую общественность во всех формах её местного проявления", в "скорейшем проведении в жизнь этой единой, основанной на законе, формы самоуправления" ("Гос. совещание", с. 18).

Отставка А. была подписана 2 сент., что не помешало ему оказывать всемерную поддержку Директории и уверять парт. общественность, что "социалисты находились (и находятся) в пр-ве на положении диктующих" (см.: Серебрянский З., От керенщины к пролет. диктатуре. Очерки по истории 1917 г., М.–Л., 1928, с. 18). Он отверг предложение В.И. Ленина о компромиссе – "ответственное перед Советами пр-во из эсеров и меньшевиков" (Ленин В. И., ПСС, т. 34, с. 135). "Орг-ция власти возможна лишь при условии соблюдения широкой коалиции, не исключая коалиции с рев. буржуазией",– заявил А., выступая во ВЦИК ("Дело Народа", 1917, 7 сент.). Кадетская "Речь" 7 сент. одобрительно отозвалась о позиции А., особенно подчеркнув "антибольшевизм" оратора.

А. активно участвовал в работе Всерос. Демокр. совещания (14–22 сент.); стал пред. Врем. Совета Рос. Республики (Предпарламента). 7 окт. на его 1-м заседании свою речь посвятил единению пр-ва с представителями "организованных сил рус. народа", резко критиковал левых радикалов, сеющих смуту (см.: "Вестник Врем. Пр-ва", 1917, 8 окт.).

Осенью А. уделил мн. внимания подготовке к выборам в Учред. Собр.: выезжал в местные орг-ции, выступал на митингах, стремился использовать Советы КД в борьбе за кандидатов ПСР. Повсеместно А. встречали радушно, «русокудрявого, жёлтоштиблетного и вместе с тем столь "селянского", что, как смеялись в партии, он даже извозчика на улице нанимал не иначе как "от имени стомиллионного рус. крест-ва» (Мстиславский С., Пять дней, Берлин – П.–М., 1922, с. 147–48). Как и В.М. Чернов, А. был выдвинут в 5 округах (Керенский и М.А. Спиридонова – в 4, А.Р. Гоц – в 3, Е.К. Брешко-Брешковская – в 2). Избран в члены Учред. Собр. (по списку эсеров от Пензенского избират. округа).

24 окт. на заседании Предпарламента выступил одним из инициаторов резолюции ("формулы перехода"), осуждающей вооруж. восстание и требующей от Врем. пр-ва немедленного принятия "декрета о передаче земель в ведение зем. к-тов и предложения союзникам провозгласить условия мира и начать мирные переговоры" ("Речь", 1917, 25 окт.). Вечером 24 окт. совместно с Ф.И. Даном и Гоцем в беседе с Керенским , настаивая на необходимости осуществления этих мер, А. подчёркивал, что тем самым удастся вырвать из рук большевиков "самое сильное оружие их влияния на массы" ("Новая Жизнь", 1917, 25 окт.).

В ходе Окт. вооруж. восст. в Петрограде в ночь на 26 окт. участвовал в орг-ции К-та спасения Родины и Рев-ции. По свидетельству англ. воен. атташе ген. А. Нокса, встретившегося с А. как членом к-та 26 окт., он был уверен, что большевики продержатся "не более двух дней" (см.: Минц И. И., История Великого Октября, 2 изд., т. 3, М., 1973, с. 113). Являлся одним из руководителей "Союза защиты Учред. Собр.". В дек. был арестован и заключён в Петропавл. крепость, с помощью левых эсеров освобождён.

В марте 1918 участвовал в создании "Союза возрождения России", затем в подготовке антисов. выступления Чехосл. корпуса. На Уфим. гос. совещании в сент. избран пред. Врем. Всерос. пр-ва (Директории), после переворота в Омске (18 нояб.) был арестован колчаковцами и выслан в Китай. В 1919 приехал в Париж. Выступал против решения 9-го Совета эсеров отказаться от вооруж. борьбы с большевиками, считал политику центра во главе с Черновым преступной. В 1920–40 вёл активную деятельность в разл. эмигрант. орг-циях, издавал ж. "Современные Записки", сотрудничал в др. изданиях. В 1940, перед оккупацией гитлеровскими войсками Франции, уехал в Нью-Йорк, выпускал ж. "За Свободу".

Ю.Ю. Фигатнер.

АДЖЕ́МОВ Моисей Сергеевич (28 сент. 1878–1950). Образование получил в Нахичеванской духовной семинарии, затем в

Ростовской-на-Дону гимназии и Лазаревском ин-те вост. языков. В 1903 окончил мед. ф-т Моск. ун-та. Весной 1904 экстерном выдержал экзамен на юрид. ф-те Моск. ун-та, оставлен при ун-те на кафедре уголов. права, одноврем. числился пом. присяжного поверенного Моск. окр. суд. палаты. В качестве мл. врача подвижного госпиталя Кр. Креста принимал участие в рус.-япон. войне 1904–05. Чл. Гос. Думы 2–3-го созывов. Публицист, печатался в "Вестнике Права" и "Моск. Ведомостях". С нач. 1906 чл. кадетской партии; чл. её ЦК.

После Февр. рев-ции 1917 комиссар Врем. пр-ва в Мин-ве юстиции. Поддерживал предложение меньшевиков и трудовиков о том, чтобы Дума взяла на себя орг-цию новой власти. Член созданных в марте Юрид. совещания и Особого совещания по выработке закона о выборах в Учред. Собр. Входил в лев. группу ЦК партии. Вопрос о правительств. сотрудничестве с меньшевиками и эсерами рассматривал как "практич. шаг в полит. деле", причём имелось в виду, что "завтра, если понадобится, мы можем отойти от них" (Думова-2, с. 152). В мае на 8-м съезде партии вновь избран в ЦК, получив наиб. число голосов. В мае – июне на Дону вместе с А.И. Шингарёвым и Ф.И. Родичевым вёл агитацию, провозглашая полное соответствие программных целей партии интересам казачества. Те же мотивы звучали в его выступлении на состоявшемся в Петрограде в июне 2-м Общеказачьем съезде.

1 июля на заседании ЦК выступал против отставки пр-ва. Предложил на пост мин. юстиции нар. социалиста А.С. Зарудного, известного своей непримиримостью к большевикам, поддерживавшего дружеств. контакты с мн. кадетами. После провала выступления Л.Г. Корнилова предполагался суд над его участниками; адвокатом Корнилова должен был быть А. После Демокр. совещания участвовал в переговорах о формировании коалиц. кабинета.

Один из авторов проекта положения о Предпарламенте; после дальнейшей разработки этот проект послужил основой опубликованного 3 окт. положения о Врем. Совете Рос. Республики. Чл. Предпарламента. По поручению партии В.Д. Набоков и А. дважды встречались на квартире последнего с А.Р. Гоцем, Ф.И. Даном, М.И. Скобелевым и предлагали им образовать блок для создания обществ. доверия вокруг Врем. пр-ва и поддержки его в борьбе с большевиками. "Нельзя сомневаться в том,– подчёркивал А.,– что Совет Республики и Советы депутатов противопоставлены друг другу" (Думова-3, с. 294). В 20-х числах сент. по инициативе А. кадетский ЦК обсуждал вопрос об ускорении мирных переговоров: разумный мир или неминуемое торжество В.И. Ленина – таков был лейтмотив инициаторов обсуждения. На 10-м съезде партии (14–15 окт.) настаивал на совм. деятельности всех "государственно мыслящих" элементов страны.

После Окт. рев-ции эмигрировал во Францию. Предпринимал активные попытки борьбы с Сов. властью. Известный адвокат в Париже.

М.Е. Голостенов.

АЗИЗБЕ́КОВ Мешади Азиз-бек оглы (6 янв. 1876, Баку,– 20 сент. 1918, 207-я верста Закаспийской ж.д., между ст. Перевал и Ахча-Куйма). Из семьи рабочего-каменщика. Окончив реальное уч-ще в Баку (1896), приехал в Петербург для поступления в Ин-т гражд. инженеров; участвовал в студенч. движении, с 1898 чл. РСДРП. В 1899 поступил в Петерб. технологич. ин-т (окончил в 1908; инженер-электрик). После 2-го съезда РСДРП (1903) большевик. Участник Рев-ции 1905–07, чл. Бакин.

к-та РСДРП, один из организаторов с.-д. группы "Гуммет" ("Энергия"), боевых рабочих дружин, Союза нефтепром. рабочих. С 1908 работал инженером в Баку; вёл рев. работу в легальном культ.-просвет. об-ве "Ниджат-маариф" ("Спасение в просвещении"), организовывал воскресные школы для рабочих-азербайджанцев. В 1911 избран гласным бакин. Гор. думы. Один из руководителей Бакин. стачек 1913–14. В годы 1-й мир. войны один из руководителей Бакин. орг-ции большевиков, в бакин. Гор. думе отстаивал интересы трудящихся города, был членом К-та помощи беженцам из прифронтовых р-нов.

После Февр. рев-ции 1917 избран деп. Бакин. Совета рабочих и воен. депутатов. С марта член Врем. к-та орг-ции "Гуммет", член редколлегии газ. "Гуммет". 5 апр. избран пред. Бюро бакин.

мусульм. соц. партий. 15–20 апр. участник 1-го съезда мусульман Кавказа. Вновь избран гласным бакин. Гор. думы, работал в прод. к-те. С 23 апр. член бюро коллегии пропагандистов и агитаторов Бакин. к-та РСДРП(б), выезжал в уезды Бакинской губ., где вёл пропаганду среди крестьян, устанавливал связи с гумметистами в Грузии и Армении. С июня член Бакин. к-та РСДРП(б). В сент. вошёл в избират. комиссию по выборам в Гор. думу. 27 сент.– 3 окт. член Центр. стачечного к-та Бакин. нефтепром. р-на, руководившего всеобщей забастовкой, окончившейся победой рабочих. В окт. избран членом исполкома Бакин. Совета РСД, 29 окт.– гласным бакин. Гор. думы; 31 окт. на заседании комиссии по выборам в Гор. думу настаивал на учёте избират. бюллетеней солдат, в большинстве своём голосовавших за РСДРП(б) (из 3093 голосов подано за большевиков 2675). В нояб. выдвинут Кавк. краевым к-том партии кандидатом в члены Учред. Собр. В связи с обострением прод. снабжения Баку назначен эмиссаром Губпродкома по обследованию в губернии прод. положения и налаживанию подвоза хлеба в город.

С февр. 1918 член Центр. штаба Кр. Гвардии Баку. 29–31 марта один из руководителей вооруж. выступления мусаватистов в Баку, член К-та рев. обороны города, 31 марта назначен комиссаром по охране мусульм. части Баку. С апр. губкомиссар и зам. комиссара по внутр. делам Бакинского СНК. 26–29 мая один из организаторов и руководителей съезда КД Бакинского у.; избран пред. Исполкома Советов КД Бакинского у. С июня почётный пред. к-та орг-ции "Гуммет". Во время наступления герм.-тур. интервентов один из организаторов обороны Баку, участвовал в боях. После врем. падения Сов. власти в Баку был в авг. арестован; расстрелян в числе 26 бакин. комиссаров.

Лит.: Казиев М., М. Азизбеков, Баку, 1976; М. Азизбеков – пламенный борец за власть Советов. Речи, док-ты, мат-лы, Баку, 1976. *В.Н. Заботин.*

АЙКУНИ́ Гурген Саркисович (1889, Турция,– 13 апр. 1966, Ереван). Из семьи служащего. Учился в Эчмиадзинской семинарии Геворгян (1896–1906), откуда был исключён за рев. деятельность, затем в Моск. торговом ин-те. Чл. РСДРП с 1905. Вёл рев. работу в Армении, Москве, Ср. Азии. В 1906–09 А. участвовал в работе с.-д. орг-ции Кагизмана (пропагандист. деятельность среди тифлисских железнодорожников, батумских рабочих, распространение листовок, прокламаций). В годы 1-й мир. войны в арм. прессе опубликовал ряд статей, в к-рых писал об империалистич. характера войны, разоблачал тур. правящие круги – организаторов геноцида армян.

После Февр. рев-ции 1917 вёл рев. работу среди рабочих и солдат в Тифлисе, Александрополе, Карсе, Сарикамыше. В Ереване А., единственный из большевиков, участвовал в 1-м съезде зап. армян; избран зам. пред. Зап.-арм. Нац. Совета. Руководил большевист. орг-цией Александрополя и её печатным органом – газ. "Нор Кянк" ("Новая Жизнь").

В нояб. в Тифлисе с группой армян-коммунистов приступил к созданию компартии Армении, к-рая организационно сформировалась к нач. 1918. К этому времени пр-во Сов. России уже приняло декрет "О Тур. Армении" (29 дек. 1917), объявивший, что СНК «поддерживает право армян оккупированной Россией "Турецкой Армении" на свободное самоопределение вплоть до полной независимости» ("Декреты Сов. власти", т. 1, М., 1957, с. 298). Компартия Армении содействовала осуществлению положений этого декрета, проводила полит. работу среди арм. беженцев, нашедших прибежище в разл. местностях России. Однако декрет "О Тур. Армении" не был осуществлён, и компартия Армении не смогла перенести свою деятельность в пределы Зап. Армении. В 1918 А.– член президиума ЦИК Сев.-Кавк. сов. республики и нарком по делам национальностей.

В 1919 А. в качестве представителя компартии участвовал в учред. конгрессе 3-го Интернационала (март), подписал его манифест. Работал в Комиссариате по арм. делам. Редактор ряда арм. газет, вёл ответств. работу в Закавказье, Москве. Публицист, писатель. В 1937 необоснованно репрессирован, св. 10 лет провёл в ссылке, затем работал в России. В 1954 возвратился в Ереван. *В.Г. Меликян.*

АКСЕЛЬРО́Д Павел Борисович (1850, Черниговская губ.,– 16 апр. 1928, Берлин). Из семьи мелкого торговца. Окончив гим-

назию в Могилёве, учился в Киевском ун-те; чл. народнич. кружков, в 1873 участвовал в орг-ции с.-д. кружка. В 1874–79 жил в Берлине, Женеве. В 1879 в Петербурге чл. рев. народнич. орг-ции "Чёрный передел", в 1880–81 возглавлял орг-цию. В 1881 эмигрировал. В Швейцарии в 1883 один из основателей с.-д. группы "Освобождение труда". С 1900 чл. редакции газ. "Искра" и ж. "Заря". На 2-м съезде РСДРП (1903) "искровец меньшинства", затем один из лидеров меньшевизма. С 1913 чл. Междунар. соц. бюро 2-го Интернационала. В 1-ю мир. войну, примыкая к Циммервальдскому объединению социалистов-интернационалистов, выдвигал предложение созыва Междунар. соц. бюро для решения вопроса об отношении социалистов к войне.

После Февр. рев-ции 1917, находясь в Цюрихе, совм. с Л. Мартовым прислал телеграмму: "Телеграфируйте Чхеидзе наше мнение – всякое участие в коалиц. мин-ве недопустимо" ("Вперёд", Москва, 1917, 17 марта). В "Письме о полит. положении" вновь выдвинул идею созыва междунар. конференции и предлагал "...потребовать от Врем. пр-ва вступления в переговоры с союзными пр-вами (с Англией, Францией и Италией) по вопросу о ликвидации войн или об общих подготовит. шагах к начатию общих переговоров о мире... на Совете Рабочих и Солд. Депутатов лежит неотложная обязанность немедленно обратиться с воззванием к рабочим партиям всех стран и пролетариату австро-германскому и французскому... с настоят. требованием немедленно приступить к орг-ции междунар. конгресса для соглашения относительно ликвидации националистской политики и борьбы за мир..." (там же, 31 марта).

9 мая приехал в Петроград и принял участие во Всерос. конф. меньшевист. и объединённых орг-ций РСДРП (6–12 мая); избран чл. ОК, но по собств. просьбе был освобождён от этого поста "...в силу мн. причин и в силу того, что он страшно занят в др. парт. органах..." ("Новая Жизнь", 1917, 13 июня). Введён в исполком Петрогр. Совета РСД. Избран почётным пред. конференции Петрогр. орг-ции меньшевиков (15–16 июля); в приветств. речи высказал уверенность, что работа конференции пройдёт не под знаком раскола, призвал искать у своих противников не то, что от них отделяет, а то, что с ними объединяет ("Известия", 1917, 17 июля).

Отказался принять мандат представителя ВЦИК по орг-ции междунар. соц. конференции в Стокгольме из-за расхождения с ВЦИК во взгляде на подготовку конференции ("Известия", 29 июля), но согласился ехать в качестве дел. ОК РСДРП. Когда в нач. авг. Г.В. Плеханов сказал, что приравнивает участие в Стокгольмской конференции к гос. измене, А. отложил на неск. дней отъезд и на конференции меньшевиков Петрограда заявил: "Престиж рус. рев-ции требует, чтобы рев. демократия отмежевалась от поступка Плеханова" [Меньшевики (Сб. ст., док-тов и воспоминаний), Бенсон (Вермонт), 1988, с. 79, 84]. Избран заочно почётным чл. Президиума Объединит. съезда РСДРП (Петроград, 19–26 авг.), а затем пред. ЦК РСДРП (о). Совм. с М.С. Паниным прислал съезду телеграмму: "Шлём объединит. съезду нашей партии сердечные, горячие пожелания успеха для объединения рос. с.-д. пролетариата на почве самостоят. тактики в борьбе за осуществление главнейших внутр. и междунар. задач нашей рев-ции. Центр последних состоит в осуществлении инициативы Совдепа по созыву междунар. конференции. Мысль о Стокгольмской конф. приковывает к себе внимание жаждущих скорейшего прекращения кровавой войны. Стокгольм стал центром борьбы за мир всех народов... Да здравствует великая Рос. рев-ция и единая социал-демократия!" ("Известия", 1917, 24 авг.).

24 авг.– 1 сент. участвовал в 3-й Циммервальдской междунар. соц. конф. Всерос. Демокр. совещанию (Петроград, 14–22 сент.) направил телеграмму: "От Всерос. Совещания организованной демократии измученные мировой катастрофой нар. массы будут прежде всего ждать новых решит. шагов в сфере орг-ции интернац. борьбы, важнейшим необходимейшим этапом к-рой должна явиться междунар. конференция рабочих партий... Горячо ждём, чтобы Совещание представителей и вождей рос. демократии открыло собой новую фазу в поступат. ходе рус. рев-ции, чтобы оно привело к упрочению победы над врагами её, закреплению её завоеваний и господству демократии в стране, дало новый могучий импульс интернац. движению в пользу мира" ("Известия", 1917, 20 сент.). В сент. прислал также след. телеграмму: "С болью узнали о назначении Маклакова на пост посла рус. рев-ции в Париже. Позволяем себе заметить, что назначение его будет неизбежно понято как полное отрицание духа демокр. рев-ции, всей программы внеш. политики... и нанесёт громадный ущерб усилиям лучших сил демократии воюющих стран в пользу действительно справедливого демокр. мира" ("Известия", 1917, 17 сент.).

Окт. рев-цию встретил отрицательно, считая её преждевременной. Впоследствии писал: «"Два исторически необходимых фактора должны предшествовать успешной соц. рев-ции: высокая степень развития производит. сил об-ва и многочисл. политически организованный пролетариат. "Большевист. рев-ция" была просто воен. заговором. Это было восстание не против реакции... а против социал-демократии, к-рая осуждала планы и методы большевиков... большевист. переворот был только колоссальным преступлением и ничем иным быть не мог"» ("Кто изменил социализму?", Нью-Йорк, 1919). Выдвигался канд. в чл. Учред. Собр. от РСДРП(о) по Моск. и Киевской губ., но избран не был.

На заседании ВЦИК 10 нояб. по предложению Г.Е. Зиновьева были аннулированы мандаты «Загран. делегации ВЦИК» 1-го созыва (в т.ч. и А.), выданные в сент. 1917.

В 1918 А. писал: "Жестоко обманываясь сами, большевист. властители обманывают весь мир, когда объявляют свою преторианскую диктатуру диктатурой рабочего класса и прославляют свой дезорганизаторский и развращающий режим как могучий рычаг для установления господства коммунизма во всём мире. В действительности же их власть только разнуздывает самые грубые инстинкты и самое отталкивающее варварство, характеризующее период т.н. первонач. накопления капитала" ["Искра" (М.), 1918, 27 июня]. За границей был чл. Междунар. бюро Соц. рабочего интернационала, сотрудничал в "Соц. Вестнике".

Соч.: Пережитое и передуманное. Восп., Берлин, 1923; Письма П. Аксельрода к Мартову, Берлин, 1924; Переписка Г.В. Плеханова и П.Б. Аксельрода, т. 1–2, М.–Л., 1925.

Лит.: Потресов А.Н., П.Б. Аксельрод, СПб., 1914; Памяти П.Б. Аксельрода, "Соц. Вестник", 1928, № 8/9; Церетели И.Г., П.Б. Аксельрод, там же, № 12; Бургина.

Т.О. Максимова.

АЛГА́СОВ (наст. фам. Бурдаков) Владимир Александрович (1887–3 окт. 1938). Из дворян; отец – почтовый чиновник. А. учился на юрид. ф-те Харьковского ун-та, курса не окончил. С 1903 эсер. В годы 1-й мир. войны занимал интернационалистич. позицию.

После Февр. рев-ции 1917 чл. Харьковского Совета и его исполкома. Дел. Южнорус. конференции Советов РСД (27 апр.– 1 мая), пред. её крест. секции. Лидер гор. эсеровской орг-ции, "под рук-вом А. зарекомендовавшей себя непримиримым интернационализмом" ("Известия Юга", 1917, 12 окт.). Участник 3-го съезда ПСР (25 мая – 4 июня, Москва). От имени левоэсеровской оппозиции выступил содокладчиком офиц. оратора от ЦК (Н.Д. Авксентьева), в отличие от к-рого считал ошибкой участие эсеров во Врем. пр-ве. Подчёркивал, что новое пр-во, к-рое состоит из министров-социалистов и 10 министров буржуазных, есть видоизменённая форма Врем. бурж. пр-ва. Заявил, что власть должна перейти к Советам. Съезд, отвергнув предложение А., принял резолюцию ЦК, одобрявшую создание коалиц. мин-ва. Дел. 1-го Всерос. съезда Советов РСД (3–24 июня, Петроград); избран чл. ВЦИК. Примкнул к левой оппозиции на 7-м Совете ПСР (авг., Петроград). На 7-й Петрогр. конф. эсеров (10–13 сент.), высказавшейся против коалиции с цензовыми элементами, за создание "однородного соц. пр-ва", избран членом нового (левого) ПК.

Во 2-й пол. сент.– нач. окт. совершил поездку по городам Поволжья для установления организац. связей с местными левоэсеровскими к-тами и группами. Своеобразным отчётом о проведённой работе, об агр. движении и настроениях масс в провинции стала серия статей А., публиковавшаяся в газ. "Знамя Труда" (№ 28–38). "Путевые наброски" он завершил выводом: "Здравый смысл и клас. чутьё трудящихся заставляет их требовать земли и мира до Учред. Собр. На этой почве уже назрел разрыв трудовой демократии с властью и намечается разрыв с руководящими элементами этой демократии" ("Знамя Труда", 1917, 7 окт.).

Накануне Окт. вооруж. восст. вернулся в Петроград. 2-м Всерос. съездом Советов РСД (25–27 окт.) избран во ВЦИК. 29 окт. делегирован от него в Петрогр. ВРК, в к-ром тесно сотрудничал с большевиками. 6 нояб. пленумом ВЦИК А. утверждён организатором Иногороднего отдела – важнейшего подразделения ВЦИК, в первые послеокт. месяцы выполнявшего мн. функции НКВД; рук-во отделами строилось на паритетных началах, и А. делил его с Я.М. Свердловым. В тот же день на совм. заседании фракции левых эсеров ВЦИК, редакции ж. "Наш Путь" и Петрогр. к-та ПСР избран во Врем. Центр. бюро левых эсеров, созданное для подготовки учред. съезда партии.

На 1-м съезде ПЛСР (19–28 нояб., Петроград) выступил с докладом о деятельности Петрогр. ВРК. Утверждал, что "различие между большевиками и левыми социалистами-революционерами в процессе повседневной, будничной работы ВРК стёрлось"; резко протестовал против попыток возложить ответственность за Окт. восстание и последующие за ним события на одних большевиков: "Мы были членами ВРК и как таковые мы сознательно несли ответственность за свои деяния. Мы отражали попытку правых подавить рев-цию, мы организовали и выставили массы против казаков и юнкеров" ("Протоколы 1-го съезда ПЛСР", М., 1918, с. 48–49, 59). Участвуя в прениях, требовал организац. размежевания с правыми, создания самостоят. левоэсеровской партии. Считал алогичным отказ левых эсеров войти в Совнарком, полагал, в отличие от большинства участников съезда, что будущее коалиц. пр-во должно состоять из представителей леворадикальных партий, но ни в коем случае не из правых эсеров, меньшевиков и нар. социалистов. Оправдывал жёсткие меры большевиков, направленные на подавление контррев-ции. Предупреждал: "Гражд. война неизбежна, хотим мы её или нет. Помещик, у к-рого берут землю, фабрикант, у к-рого вводят контроль над произ-вом,– не могут отдавать свои права без сопротивления" (там же, с. 60). Избран чл. ЦК ПЛСР.

По состоявшемуся 9–12 дек. соглашению между большевиками и левыми эсерами получил в коалиц. Совнаркоме должность наркома без портфеля, но с решающим голосом. Вошёл в коллегию НКВД (возглавил коммунальный отдел) и в коллегию Наркомюста. Подчиняясь решению ЦК ПЛСР, вышел из Совнаркома в марте 1918, однако расценил неприятие Брестского мира, разрыв коалиции с большевиками как грубую ошибку левых эсеров. На 2-м съезде ПЛСР (17–25 апр. 1918, Москва) забаллотирован на выборах в президиум съезда, исключён из списка канд. в чл. ЦК. Осудил политику ЦК ПЛСР, приведшую к левоэсеровскому мятежу 6–7 июля. Вышел из ПЛСР и вступил в РКП(б).

В годы Гражд. войны находился в Кр. Армии, затем преподавал в вузах. В февр. 1938 арестован, 3 окт. осуждён воен. коллегией Верх. суда СССР к расстрелу, приговор исполнен в тот же день. Реабилитирован в мае 1957.

А.И. Разгон.

АЛЕКСЕ́ЕВ Михаил Васильевич (3 нояб. 1857, Тверская губ.,– 25 сент. 1918, Екатеринодар). Род. в семье солдата

сверхсрочной службы. Окончил Тверскую гимназию, затем Моск. юнкерское уч-ще (1876). Участвовал в рус.-тур. войне 1877–78. В 1890 окончил (по 1-му разряду) Николаевскую Академию Ген. штаба, с 1898 проф. там же. Участвовал в рус.-япон. войне 1904–05; ген.-квартирмейстер 3-й армии в Маньчжурии. В период Рев-ции 1905–07 монархист. Во время 1-й мир. войны с авг. 1914 нач. штаба Юго-Зап. фронта (в сент. произведён в ген. от инфантерии), с 17 марта 1915 главнокоманд. армиями Сев.-Зап. фронта, с 4 авг.– Зап. фронта; с 18 авг. нач. штаба Верх. главнокомандующего.

Во время Февр. рев-ции 1917 один из военачальников, убедивших Николая II отречься от престола. 11 марта – 22 мая Верх. главнокомандующий. Крайне отрицательно относился к участию армии в полит. жизни. 3 марта заявил А.И. Гучкову, что Петрогр. гарнизон "бесполезен для армии, вреден для гос-ва, опасен для Петрограда" (Иванов Н.Я., Контррев-ция в России в 1917 г. и её разгром, М., 1977, с. 45). Вначале надеялся, что Врем. пр-во сможет укрепить дисциплину в армии и восстановить порядок в стране, но уже 11 марта в телеграмме главкомам фронтов указал, что оно не имеет реальной силы, а потому "рассчитывать на помощь пр-ва в борьбе с пропагандой невозможно". Предложил главкомам стать "на путь компромиссов" и, в частности, "если где-либо сформировались солд. к-ты, помимо воли начальства, нужно ввести в их состав офицеров... дабы взять ход событий в свои руки, руководить ими, а не сталкиваться бесконечно с явлениями, получившими жизнь явочным порядком" ("Рев. движение в России после свержения самодержавия". Сб. док-тов, М., 1957, с. 627–28). В результате на фронте была создана широкая сеть солд.-офицерских орг-ций, находившихся в своей массе под влиянием командования, а 30 марта приказом верх. главнокомандующего ввёл вдействие "Врем. положение об орг-ции чинов действующей армии и флота", в к-ром формулировались задачи этих орг-ций: "усиление боевой мощи армии и флота, дабы довести войну до победного конца и тем способствовать укреплению народившейся свободы" (Миллер В.И., Солд. к-ты рус. армии в 1917 г., М., 1974, с. III). Но эти меры не могли остановить нарастания недовольства в войсках. 16 апр. А. писал Гучкову: "Положение в армии с каждым днём ухудшается; поступающие со всех сторон сведения говорят, что армия идёт к постепенному разложению" ("Рев. движение в рус. армии в 1917 г.". Сб. док-тов, М., 1968, с. 61). На совещании главнокомандующих 1 мая в Могилёве, анализируя события 20–21 апр., заявил, что "кровопролитие в Петрограде неизбежно" (Зайончковский А.М., Стратегич. очерк войны 1914–18 гг., ч. 7, М., 1923, с. 147).

Один из инициаторов создания "Союза офицеров армии и флота", к-рый позднее сыграл определяющую роль в подготовке корниловского выступления 17 мая на 1-м съезде этого союза в Могилёве назвал "утопич. фразой" программу "мира без аннексий и контрибуций", провозглашённую Врем. пр-вом. Это выступление вызвало протесты лидеров соц. партий, входивших в пр-во. 21 мая в телеграмме воен. министру А.Ф. Керенскому потребовал немедленно восстановить деятельность воен. судов в войсках, приводить их приговоры в исполнение "без всяких смягчений и изъятий", расформирования полков, к-рые отказываются исполнять боевые распоряжения начальников. "Развал внутренний достиг крайних пределов, дальше итти некуда" (там же, с. III). В тот же день был смещён с должности верх. главнокомандующего и назначен воен. советником Врем. пр-ва.

Выступая 15 авг. на заседании Гос. совещания в Москве, говорил: "Армия полностью прикоснулась к политике. Она увлеклась митингами, она прикоснулась к желанию мира и к сохранению своей драгоценной жизни. Можно сказать, что с этого времени армия превратилась во всерос. воен. митинг, с участием нем. представителей. И в этих митингах умерла или заснула здоровая большая душа рус. солдата" ("Гос. совещание", с. 203). Поддержал программу "оздоровления армии", с к-рой выступил на Гос. совещании ген. Л.Г. Корнилов.

После провала корниловского выступления по просьбе Керенского с 30 авг. по 10 сент. нач. штаба верх. главнокомандующего. 1 сент. арестовал Корнилова с соратниками и отправил их в Быхов под охрану верных Корнилову войск. Отношение к корниловцам высказал в письме ред. "Нового Времени" Б.А. Суворину: "Россия не имеет права допустить готовящегося в самом скором времени преступления по отношению её лучших, доблестных сынов и искусных генералов. Корнилов не покушался на гос. строй; он стремился, при содействии нек-рых членов пр-ва, изменить состав последнего, подобрать людей честных, деятельных и энергичных. Это не измена родине, не мятеж..." (Поликарпов В.Д., Воен. контррев-ция в России, М., 1990, с. 279).

После Окт. рев-ции бежал в Новочеркасск, где 2 нояб. приступил к созданию т.н. Алексеевской орг-ции – добровольч. воен. формирования из бежавших на Дон офицеров, юнкеров, студентов, кадетов, гимназистов старших классов и др. 25 дек. формирование получило наименование Добровольч. армии, А. стал её верх. руководителем, а Корнилов командующим. В воззвании,распространённом 27 дек., Добровольч. армия обязывалась стоять на страже гражд. свободы, "в условиях к-рой хозяин земли русской, её народ, выявит через посредство свободно избранного Учред. Собр. державную волю свою" (там же, с. 326). После гибели Корнилова (13 апр. 1918) А.– руководитель "Особого совещания" (пр-ва территории, на к-рую распространялась власть Добровольч. армии).

В письме В.В. Шульгину в июне 1918 писал: "... Относительно нашего лозунга – Учред. Собр. – необходимо иметь в виду, что выставляли мы его лишь в силу необходимости. В первом объявлении, к-рое нами будет сделано, о нём уже упоминаться не будет совершенно. Наши симпатии должны быть для вас ясны, но проявить их здесь открыто было бы ошибкой, т.к. населением это было бы встречено враждебно" (там же, с. 326–27). В авг. в ходе встречи с прибывшими в Екатеринодар представителями "фронта Учред. Собр." в Поволжье заявил им, что лозунг Учред. Собр. изжит и народ тоскует по монархии. Умер от болезни сердца.

Лит.: Пембич М., Великий начальник, Омск, [б.г.]; Вожди белого движения, [Франкфурт-на-Майне, 1985].

В.И. Миллер, А.С. Сенин.

АЛЕКСИЙ (Дородницын Анемподист Яковлевич) (2 нояб. 1859, с. Успенск Славяносербского у. Екатеринославской губ.,– 1919, Новороссийск). Род. в семье дьячка. Окончил Екатеринослав. духовную семинарию и Моск. духовную академию (1885) со степенью канд. богословия. С 1886 преподаватель Херсонского духовного уч-ща и одноврем. с 1890 миссионер Херсонской епархии. С 1891 магистр богословия. С 1892 в Екатеринослав. епархии. В 1902 пострижен в монашество, назначен инспектором Ставропольской духовной семинарии. В 1903 ректор Литов. духовной семинарии в сане архимандрита. В 1904 епископ Сумской, в 1905 – Елисаветградский; в том же году перемещён на кафедру епископа Чистопольского и одноврем. назначен ректором Казан. духовной академии. В 1910 утверждён в степени доктора церк. истории. С 1912 епископ Саратовский и Царицынский, с 1914 – Владимирский и одноврем. возведён в звание архиепископа.

После Февр. рев-ции 1917 А. опубликовал 18 марта в газ. "Новое Время" заметку с возражениями против отнесения его к поклонникам Г.Е. Распутина: "Распутина я никогда не видел и лично не был с ним знаком, никогда ни с какой просьбой к нему не обращался ни письменно, ни через третьих лиц. Но сам Распутин упорно домогался знакомства со мной, выступая предо мною ходатаем за разных лиц... Распутина и распутинство я всегда ненавидел и несколько лет боролся с ним". В мае опубликовано его обращение "Спасайте отечество от голода": "...нужно принимать все меры к тому, чтобы землевладельцы могли прежде всего спокойно приступить к посеву своих полей, в твёрдой уверенности, что они не понесут при этом никаких убытков от возможной национализации их собственности. Верьте, братия, что зем. вопрос будет разрешён согласно воле народа в Учред. Собр., мирно, законодат. путём. Поэтому национализация зем. собственности в то время, когда требуется всеобщее напряжение земледельч. сил для победы над врагом, должно считаться изменой Родине. Спасите же, братия, отечество от голода!" ("Тамбовские Епархиальные Ведомости", 1917, № 18, 6 мая, с 427–28).

8 мая Чрезв. съезд духовенства и мирян Владимирской епархии единогласно постановил: «Удалить архиепископа Алексия из Владимирской епархии... как члена "Союза рус. народа" и связанного с Распутиным, за деспотич. управление и дерзкое обращение с духовенством... Архиепископ Алексий настраивает против нового пр-ва, читая свои проповеди, в к-рых называет новое пр-во проклятым, оно создано не от Бога, а от самого сатаны» (ЦГИА, ф. 796, оп. 204, 1917, 5 ст., 1 от., № 102, л. 20). В мае же А. писал в Синод: «Когда начались агр. движения и возникли случаи насилия над зем. собственностью частных лиц, я указывал духовенству выступить против этих явлений нар. жизни... Ко мне стали поступать просьбы от частных лиц обратиться к народу с воззванием по поводу агр. беспорядков, и я немедленно отозвался на этот призыв своим воззванием "Спасите Россию от голода"... Вскоре возникли во Владимирской епархии насилия мирян над приходскими священниками – изгнание их из приходов, запрещение служить и прочее» (там же, лл. 59, 59 об.).

Участник Св. Собора Правосл. Рос. Церкви (авг. 1917–1918). Осенью в Киеве стал во главе т.н. "Всеукр. Церк. Рады", препятствовавшей возвращению в Киев митрополита Владимира. В дек. объявил себя "украинцем" и выступил в газ. "Киевлянин" с открытым письмом: «Когда горит дом, когда пламя охватило его со всех сторон, когда мы видим, что спасти его мы не можем, то мы тогда спасаем то, что есть в доме самое дорогое для нас. Для меня в "этом доме" самым дорогим является моя родина – Украина, и её счастью я решил отдать остаток своей жизни. ...обвиняют меня в несочувственном отношении к деятельности Всерос. Собора. Я этого не скрываю и открыто говорю, что теперь не время заниматься изобретением пышных нарядов для нашей церкви. В самом деле, в чём протекают самые важные моменты соборной деятельности? В восстановлении патриаршества, "надевании белых клобуков", на одном из к-рых, не погрешив против истины, можно было сделать надпись: "На память от Керенского". И так бесцветно, безыдейно, бессодержательно деятельность Собора протекает тогда, когда кругом льётся кровь, когда по городам и сёлам, по деревням идёт грабёж, насилие, убийства...» ("Всеукр. Церковно-Обществ. Вестник", 1917, № 157, 3 дек., с. 3). Скончался на покое в Новороссийском монастыре.

Лит.: Состав Св. Правительствующего Всерос. Синода и Рос. церк. иерархии на 1917 г., Пг., 1917; Червинская Л.Д., Из восп. о патриархе Алексии, "Возрождение", 1971, № 232; Manuil [Lemeševskij], Die Russischen Orthodoxen Bischöfe von 1893 bis 1965, Teil 1, Erlangen, 1979; Рус. эмиграция.

М.Е. Голостенов.

АЛЕ́КСИНСКИЙ Григорий Алексеевич (1879, Дагестанская обл.,– 1965?, 1968?). Из семьи врача, потомств. дворянин. Окончил ист.-филол. ф-т Моск. ун-та (1904). За участие в студенч. беспорядках в 1899 исключён и выслан, но затем был снова принят в ун-т. В 1901–02 один из рук. моск. студенч. движения. Участник Рев-ции 1905–07. В 1905 работал в моск. орг-ции большевиков агитатором. После окт. 1905 переехал в Петербург. Чл. ПК РСДРП, сотрудник большевист. изданий "Волна", "Вестник Жизни", "Новая Жизнь" и др. Весной 1906 направлен в Екатеринослав, где избран дел. 4-го съезда партии (1906). В июле – авг. 1906 в Москве, чл.

Центр. обл. бюро РСДРП. 17 авг. 1906 арестован, но по болезни выпущен. Был выбран во 2-ю Гос. Думу по рабочей курии от Петербурга, популярный оратор большевист. крыла думской с.-д. фракции. Во время разгона Думы эмигрировал. На 5-м (Лондонском) съезде партии (1907) содокладчик по отчёту с.-д. фракции Думы от большевиков. Участник Штутгартского (1907) и Базельского (1912) конгрессов 2-го Интернационала. В 1909 один из организаторов и лектор парт. школы "отзовистов" на о. Капри. Лектор парт. школы "впередовцев" в Болонье (Италия), чл. редколлегий сб-ков "Вперёд" и "На темы дня". В 1912 делегат от гр. "Вперёд" на Авг. конф. (Вена), с к-рой ушёл. С нач. 1-й мир. войны "оборонец". Участник сб-ка плехановцев "Война", издал неск. номеров ж. "Россия и Свобода". Вошёл в редакцию монархич. газ. "Рус. Воля", в связи с чем исключён из редакций "Призыва" и "Совр. Мира".

После Февр. рев-ции 1917 возвратился в Россию. 23 апр. вышел из редакции "Рус. Воли", вступил в плехановскую гр. "Единство", избран (28 мая) чл. Врем. орг. к-та группы. Активно выступал на митингах, проводившихся "Единством", по теме "Социализм и рев-ция". 13 мая на митинге в Екатерингофском нар. театре заявил, что рабочий класс должен решительно встать на защиту Родины против герм. завоевателей. 19 мая опубл. ст. "Выступления против наступления", где потребовал поддержки А.Ф. Керенского и продолжения войны. 26 мая в форте Красная Горка отметил, что гр. "Единство" первой начала пропаганду идей о вступлении социалистов в пр-во, о победе России над Германией как победе рев-ции над реакцией. Приветствуя возвратившегося в Россию П.А. Кропоткина, заявил: "Вся старая гвардия рус. демокр. движения с нами. Все ветераны рев. борьбы в России – оборонцы" ("Единство", 1917, 2 июня). 21 июня от имени ЦК гр. "Единство" на митинге в Москве призывал к наступлению рев. армии. В ст. "Где же правда?" назвал большевиков "пассажирами герм. воен. поезда, мешающими рус. армии защищать Россию" ("Единство", 1917, 4 июля). 4 июля А. заявил петрогр. к-ту журналистов, что большевики, в т.ч. В.И. Ленин,– агенты герм. Ген. штаба. Пред. ВЦИК и Петросовета Н.С. Чхеидзе рекомендовал редакциям газет не публиковать клевету, но газ. "Живое слово" её напечатала (см. Рев-ция 1917, т. 3, с. 154; Рабинович А., Большевики приходят к власти, М., 1989, с. 44). Оценивая события 3 и 4 июля как проявление желания Ленина потопить рев-цию в мутных волнах анархии, требовал создания сильного пр-ва, далёкого от пораженчества. 13 июля вместе с Л.Н. Добронравовым выпустил еженедельник политики, лит-ры и обществ. сатиры "Без лишних слов", в № 1 к-рого помещены сфальсифицированные материалы о сотрудничестве Ленина с герм. разведкой.

8 июля выбран в Петрогр. Совет РД от Управления служб пути и тяги Сев.-Зап. ж.д. 23 июля выступил на совещании делегатов Всерос. с.-д. орг-ции "Единство" с докладом о текущем моменте, настаивал на создании пр-ва нац. обороны из представителей тех слоёв, к-рые готовы погибнуть, но не сдаться врагу. Поддержал почин рабочих Балтийского з-да по изготовлению с.-х. орудий из железного лома для нужд трудящегося крест-ва. 10 авг. потребовал привлечения к третейскому суду редакторов "Новой Жизни", "Дела Народа" и "Рабочей Газеты" за обвинение его в клевете на Ленина. 23 авг. призвал землевладельцев самим отказаться от собственности на землю. В авг.– окт. в изд-ве "Единство" выпустил брошюру "Во имя социализма", в изд-ве "Знание – сила" (изд-во М. Малых) – брошюры "Что теперь делать? (после взятия Риги)" и "В защиту офицерства (письма к т.т. солдатам и матросам)", где излагал оборонч. взгляды. 25 окт. в "Совр. Мире" поместил ст. "Противоречия рус. рев-ции", где доказывал её несвоевременность. В нояб. выдвигался от "Единства" канд. в Учред. Собр. по Вологодской, Оренбургской и Тверской губ., но избран не был.

В 1918 арестован, отпущен на поруки. Бежал за границу. В эмиграции занимал однозначно антибольшевист. позиции. В 1920 заочно судим Верх. ревтрибуналом по делу "Тактич. центра", признан виновным в контррев. заговорах и лишён права въезда в Сов. Россию. *А.Л. Райхцаум.*

АЛКИН Ильяс (Илиас) Саид-Гиреевич (28 нояб. 1895, Казань,–27 окт., 1937, Москва). Из дворянской семьи, отец – юрист, либерально-обществ. деятель. Учился в Петерб. политехнич. ин-те. В 1915 мобилизован в армию; проходил службу в Петрограде, Казани (прапорщик-артиллерист). Социал-демократ, меньшевик, затем эсер.

После Февр. рев-ции 1917 пред. Врем. Всерос. мусульм. воен. Совета (Харби Шуро) (апр.), член исполкома Всерос. мусульм. Совета (Милли Шуро), созданного на 1-м Всерос. мусульм. съезде в Москве (май), и пред. Всерос. мусульм. воен. Совета, избранного на 1-м Всерос. мусульм. воен. съезде в Казани (июль) (Харби Шуро и Милли Шуро поддерживали Врем. пр-во). В ответ на телеграмму А.Ф. Керенского, запрещавшую воен. съезды ("когда на фронте льётся кровь, не время разговаривать"), 8 июля в печати был опубликован за подписью А. протест Врем. Всерос. мусульм. воен. Совета, в к-ром было сказано: "Не для разговоров собираются мусульмане, а для самого важного дела в России – для подготовки к Учред. Собр. Мусульмане всегда шли рука об руку с рус. народом, и ответственность за разрыв ляжет на министра" ("Рев. движение в России в июле 1917 г. Июльский кризис". Док-ты и мат-лы, М., 1959, с. 510–11). В дни корниловского выступления Харби Шуро постановило всеми силами поддержать Врем. пр-во и послало мусульм. воен. орг-циям телеграмму с приказом не подчиняться ген. Л.Г. Корнилову.

После Окт. рев-ции направил 27 окт. телеграмму в гарнизоны, в к-рой Харби Шуро высказывалось в поддержку Сов. власти [об этой телеграмме позднее А. сожалел, выступая в Уфе на Нац. Собрании мусульман Внутр. России и Сибири (Милли меджлис) (20 нояб. 1917 – 11 янв. 1918)]. 12 нояб. в Казани на собрании представителей разл. орг-ций доказывал, что в России нет твёрдой власти, и призывал участников собрания действовать по примеру укр. Центр. Рады (провозгласившей автономию Украины и 7 нояб. объявившей себя верх. органом Укр. Нар. Республики в составе России). Чл. Учред. Собр. (от Казан. избират. округа).

В ст. "Слова и дела" 17 дек. писал: "Я лично всегда сомневался в достижении большевиками поставленных ими задач и был уверен, что, протрубив на весь мир красивые лозунги, они в конечном счёте не смогут дать ни мира, ни хлеба, ни самоопределения народов" (см.: Тагиров И., В борьбе за власть Советов. Октябрь и нац.-освободит. движение в Поволжье и на Урале. Июль 1917 – март 1918 гг., Казань, 1977, с. 135–36); считал, что "надо принять меры к спасению нации", что "республика на нац. почве позволит нам по-своему вести дела", что следует срочно создать Волжско-Уральский штат (см.: Фасеев К.Ф., На путях пролет. интернационализма, Казань, 1971, с. 205).

Пред. Коллегии по осуществлению Урало-Волжского штата (КУВШ), учреждённой Нац. Собранием мусульман Внутр. России и Сибири (Милли меджлис) в Уфе (20 нояб. 1917 – 11 янв. 1918), возглавил сформированное тогда же Ведомство (мин-во) финансов. Участник 2-го Всерос. мусульм. воен. съезда в Казани (янв. – февр. 1918), занявшего антисов. позицию. Вскоре в числе др. деятелей был арестован большевиками по обвинению в подготовке вооруж. выступления в Казани. После освобождения из-под ареста (по требованию съезда) участвовал в создании под Казанью т.н. Забулачной респ., ликвидация к-рой Сов. властью (в марте) вызвала его переход на сторону К-та членов Учред. Собр. (Комуч); член Бюро и тов. пред. Съезда членов Учред. Собр. в Уфе (сент.). Арестован колчаковцами в Екатеринбурге 20 нояб. 1918.

После перехода башк. пр-ва на сторону Сов. власти (февр. 1919) нач. штаба башк. войск, член Башревкома, комиссар труда, зам. командующего башк. войсками и воен. комиссара Башк. республики. Чл. РКП(б) с 1919. С июня 1920 работал преподавателем; в 1930 доцент Коммунистич. ун-та трудящихся Востока (Москва). Автор книг, статей по экон. вопросам. В 1930 был арестован по подозрению в участии в антисов. орг-ции, но в нояб. освобождён. 27 окт. 1937 Воен. коллегией Верх. суда СССР приговорён по обвинению в контррев. деятельности к высшей мере наказания и в тот же день расстрелян. Реабилитирован 31 дек. 1955 Воен. коллегией Верх. суда СССР.

Лит.: Давлетшин Т., Сов. Татарстан. Теория и практика ленинской нац. политики, Лондон, 1974. *С.М. Исхаков.*

АНАСТА́СИЙ (Грибановский Александр Алексеевич) (6 авг. 1873– 9 мая 1965, Нью-Йорк, США). Род. в семье приходского священника Тамбовской епархии. Окончил духовную семинарию в Тамбове, в 1897 – Моск. духовную академию со степенью канд. богословия. В 1898 пострижен в монахи. В 1901 возведён в сан архимандрита и назначен ректором Моск. духовной семинарии. С 1906 епископ Серпуховский, викарный Моск. епархии. Всю жизнь сочетал строгое монашеское житьё с церк.-обществ. работой. Активный черносотенец. Участвовал в работе 1-го Общеземского съезда по нар. образованию (1914). В 1914 назначен епископом Холмским и Люблинским, в 1915 – Кишинёвским. В 1916 возведён в сан архиепископа (Кишинёвского и Хотинского). Отличался неутомимой деятельностью. Неоднократно бывал на фронте, часто выезжал на боевые позиции, служил там панихиды и молебны, благословлял отправляющиеся в сражения войска.

После Февр. рев-ции 1917 – деятельный участник Св. Собора Правосл. Рос. Церкви (авг. 1917–1918); был избран пред. отдела церк. имущества и редакц. отдела. Сторонник патриаршества, 14 окт. решительно выступил против записки 32 противников патриаршества на Соборе: "Ужасы и убийства обыденной жизни, ужасы нравств. разложения... призывают к тому, чтобы церковь оказала и развила своё влияние. Нужен пастырь, объединяющий и благословляющий избранных на подвиг. Мы видим, что гос-во ныне хочет быть внеконфессионным, открыто разрывая свой союз с церковью. Об этом нужно пожалеть... Наша церковь... должна стать воинствующей церковью, она должна защищаться не только от врагов, но и от лжебратьев, и иметь духовного вождя, своего будущего первоиерарха" (Введенский А.И., Государство и церковь. 1918–22, М., 1923, с. 103). На Соборе был избран пред. комиссии по выработке порядка избрания патриарха и его настолования. Выступал на Соборе неоднократно.

Из высказываний А. в 1917: 19 апр.– "Лозунги, выдвинутые совр. демокр. движением, не новы для христианства. Равенство, Братство и Свобода истинно даны христианством. Если эти начала не проводились иногда в жизнь, то вина падает на отд. лиц, а не на церковь" ("Чрезв. епархиальное собрание духовенства и мирян Кишинёвской епархии, состоявшееся в Кишинёве 19–24 апр. 1917 г.", Кишинёв, 1917, с. 3); 21 нояб.– "Кто из нас без содрогания сердца может взирать на это разрушение Кремля, нашего священного Сиона, знаменующего собой не только разорение всего нашего отеч. града, но и помрачение рус. правосл. совести? Сами камни вопиют ныне о растлении нар. духа. Этот обезображенный Чудов монастырь, удел святого Алексия; эта мерзость запустения, водворившаяся на месте святы в патриаршей ризнице; этот древний Успенский собор, пронзённый орудием в самую главу, что это иное, как не символ России, окровавленной, поруганной, растерзанной руками её собств. сыновей. К этой-то сметённой, истекающей кровью правосл. Руси исходит ныне Святейший патриарх, чтобы принять её в своё духовное водительство" ("Рус. правосл. церковь за границей. 1918–1968", т. 1, Нью-Йорк, 1969, с. 279–80). На Соборе был избран членом Св. Синода и Высшего Церк. Совета (7 дек. 1917). В Бессарабию не вернулся, отказавшись войти в состав рум. церкви.

В 1919 выехал в Константинополь для управления рус. правосл. общинами. Поддерживал тесные связи с бароном П.Н. Врангелем и ген. А.П. Кутеповым. 24 апр. 1922 избран пред. Рус. к-та в Турции. На Западе возглавил группу, поддерживавшую митрополита Антония (Храповицкого). С 1924 наблюдал в Палестине за деятельностью Рус. Духовной Миссии, в 1935 возведён митрополитом Антонием в сан митрополита. С 1936 пред. Архиерейского Собора и Синода в Мюнхене, распространившего своё влияние на приходы как в Зап. Европе, так и в Америке. Непримиримый противник Сов. власти. В годы 2-й мир. войны сотрудничал с А. Гитлером, поддержал ген. А.А. Власова.

В 1951 переехал в США (Нью-Йорк). Пред. Соборов в 1953, 1956, 1959, 1962 и 1964; глава Сев.-Амер. епархии. В 1964 ушёл на покой.

Лит.: Состав Св. Правительствующего Всерос. Синода и Рос. церк. иерархии на 1917 г., П., 1917; Manuil [Lemeševskij], Die Russischen Orthodoxen Bischöfe von 1893 bis 1965, Teil 1, Erlangen, 1979.

М.Е. Голостенов.

АНДРЕ́Й (в миру – Ухтомский Александр Алексеевич, князь) (26 дек. 1872, с. Вослома Арефинской вол. Рыбинского у. Ярославской губ., – 4 сент. 1937). Из древнего княжеского рода Рюриковичей. Род. в семье пред. уездной земской управы. Брат акад. АН СССР Алексея Алексеевича Ухтомского. В 1895 окончил Моск. духовную академию, канд. богословия, принял монашество. С дек. 1913 епископ Уфимский и Мензелинский (г. Мензелинск Уфим. губ.). Выступал за свободу вероисповеданий. Сторонник кадетов. Пред. Вост.-рус. культ.-просвет. об-ва, созданного им в Уфе в 1916. Основатель журнала при об-ве – "Заволжский Летописец" (Уфа, 1916–18). Вёл аскетич. образ жизни, был прост и доступен. Пользовался широкой популярностью. Один из немногих иерархов церкви, кто в печати выступал против Г.Е. Распутина, предупреждая царя, что тот ввергнет Россию в беду.

Приветствовал Февр. рев-цию 1917, видя в ней возможность освобождения церкви от гос. опеки. Отказался от назначения на пост митрополита Петроградского, т.к. был сторонником выборности духовных лиц. 14 апр. включён в новый состав Св.

Синода. В посвящённой А. ст. "Епископ-демократ" Н.Н. Брешко-Брешковский (сын Е.К. Брешко-Брешковской) привёл его слова о том, что после встречи А. в нач. мая с А.Ф. Керенским они "нашли общий язык", между ним "и министром-социалистом создались какие-то общие нити" ("Уфим. Вестник", 1917, 26 мая). По словам митрополита Евлогия, А. "прогремел на всю Россию своим либерализмом" (Евлогий, Путь моей жизни, Париж, 1947, с. 289). Вдохновитель первого рус. церковно-приходского кооператива с "заботой о бедняках" (открыт 1 июля при уфим. вокзальной Никольской церкви).

Поддерживал курс Врем. пр-ва на продолжение войны. В нач. авг. опубликовал "Открытое письмо министру-пред. А.Ф. Керенскому", в к-ром писал, что «теперь мы переживаем... сплошное распутинство... Нужна сильнейшая власть! Но эта власть должна быть в руках людей, понимающих "религиозную психологию народа"» (слова Керенского из беседы с А. в мае). А. предлагал Керенскому идти "прямо в народ и к народу", опираться на "людей беспартийных и непременно верующих", "народность министров и любовь их к родине немедленно почувствуется народом, и Россия будет спасена!". Советовал на моск. Гос. совещании создать беспарт. "Моск. мин-во спасения отечества", обещая, что оно получит благословение открывающегося 15 авг. Всерос. церк. Собора ("Уфим. Епархиальные Ведомости", 1917, № 15/16, с. 434–38). В сент. высказался за прекращение всяких контактов с гос. органами Рос. Республики, считая, что ими ведётся антицерк. политика. В окт. выдвинут канд. в чл. Учред. Собр.

В нояб., после Окт. переворота, заявил: "Родина наша, весь рус. народ, сбитый с толку, переживает ныне последние недели своего бытия. Кончается одна страница рус. истории и начинается страшная другая..." ("Заволжский Летописец", 1917, № 22, с. 619–20). Это событие А. первое время оценивал как заговор герм. Генштаба и призывал бороться с нем.-евр. заговором, орудием к-рого являлся, по мнению А., большевизм. На заседании правления Советов церквей Уфы 17 дек. выступил за отделение церкви от гос-ва.

11 янв. 1918 на заседании Вост.-рус. культ.-просвет. об-ва допустил (вопреки протестам присутствующих) выступление двух большевиков и вынес заключение о том, что это совершенно рус. люди, честно заблуждающиеся и ведомые преступной рукой, выразил уверенность в возможности исправления большевиков. Выступил против декрета СНК об отделении церкви от гос-ва и школы от церкви (20 янв.), считая, что он ограничивает воздействие православия на об-во, а также против заключения Брестского мирного договора. В ст. "О власти императорской и советской", опубликованной в мае (там же, 1918, № 7), высказался резко против большевиков; Сов. власть, по мнению А., вновь утверждала деспотизм как форму гос. управления; обвинял новую власть в том, что она направлена против народа, церкви и не способна установить порядок в стране и сохранить целостность Рос. гос-ва.

1 июля 1918, за неск. дней до оставления Сов. властью Уфы, заявил, выступая в церкви, что "большевизм призывал богатых помочь бедным. И в этом он вполне прав. Единств. ошибку он допустил в том, что средством для достижения этой хорошей цели он признал насилие. Но никогда нельзя сделать добра дурными средствами. Вот и большевизм, хотя и имея хорошую цель, но принципиально признав для осуществления её дурное средство – насилие, и превратился в сплошное злое безобразие" (там же, 1918, № 9).

Был членом созданного осенью 1918 Сиб. Врем. Высшего церк. управления, руководил духовенством 3-й армии А.В. Колчака. После разгрома белых арестован в февр. 1920 в Новониколаевске. Осенью выступил с заявлением о лояльности к Сов. власти и просьбой об освобождении, вскоре освобождён и уехал в Уфу. Неоднократно подвергался арестам и ссылке. Расстрелян по решению "тройки" Управления НКВД Ярославской обл. Реабилитирован в 1989.

Соч.: Нравственный смысл современных великих событий, "Уфим. Епархиальные Ведомости", 1917, № 5–6; Мои воспоминания о поездке в Петроград и в армию, там же, № 7–8; Об уфимских большевиках, "Заволжский Летописец", 1918, № 1; Народ должен быть хозяином своего счастья, там же, № 13.

Лит.: Зеленогорский М.Л., Жизнь и деятельность архиепископа Андрея (князя Ухтомского), М., 1991.

В.В. Латыпова, С.М. Исхаков.

АНИ́СИМОВ Виктор Иванович (24 нояб. 1875, г. Кологрив Костромской губ., по др. данным, 3 нояб. 1875, Петербург,– 2 мая 1920, с. Белоомут Зарайского у. Рязанской губ.). Сын земского статистика. Окончил в Москве Александровское Коммерч. уч-ще, в 1898 – Ново-Александрийский ин-т с. х-ва и лесоводства; участвовал в нелег. студенч. кружке по изучению марксист. лит-ры. В 1898–1906 статистик и агроном в Харьковской, Владимирской, Курской и Воронежской губернских земских управах. В апр. 1902 привлекался в качестве обвиняемого за деятельность в 1901–02 в "Сев. рабочем союзе"; находился под гласным надзором полиции. В период Рев-ции 1905–07 активист Центр. Бюро содействия Всерос. Крест. союза, вёл агит. работу в Москве и провинции. С 1906 чл. Нар.-соц. партии (НСП). С 1909 читал

лекции по экон. географии России в Моск. коммерч. ин-те, с 1910 – по статистике на Кооп. курсах при Нар. ун-те А.Л. Шанявского, преподавал на с.-х. курсах Голицыной. Видный деятель кооперации; член, затем пред. К-та о сел. ссудо-сберегат. и пром. т-вах при Моск. об-ве с. х-ва, участник всерос. кооп. съездов. В 1912–20 член редколлегии ж. "Кооп. Жизнь" в Москве, сотрудничал в "Агрономич. Журнале" (Харьков), ж. "Рус. Богатство" (Петербург). Сторонник коллективного крест. х-ва, вёл последоват. критику столыпинской агр. политики. С 1914 "оборонец". Как пред. К-та о сел. ссудо-сберегат. и пром. т-вах обратился "К кооперативам всей России", призвав к объединению и развитию кооп. движения, к выработке новых форм работы в условиях воен. времени. 15 сент. 1915 один из организаторов сходки студентов Коммерч. ин-та, на к-рой прочитал резолюцию с протестом против роспуска Гос. Думы, угнетения национальностей, расстрела граждан, преследования рабочих орг-ций и с требованием созыва Гос. Думы, замены Совета Министров ответственным мин-вом, общеполит. амнистии, призыва в армию работников полиции и жандармов.

После Февр. рев-ции 1917 вошёл в Оргкомитет НСП, с марта – в новый состав Гл. оргкомитета Всерос. Крест. союза; пом. тов. мин. земледелия по прод. делу. На 1-м Всерос. кооп. съезде (Москва, 25–28 марта) избран тов. пред. правления Совета Всерос. кооп. съездов (Всекосоюза). Участник совещания учредителей Лиги агр. реформ, проходившего в рамках 1-го Всерос. кооп. съезда, в апр.– 1-го съезда Лиги в Москве. С мая пом. тов. мин. продовольствия. 25 июля мин. продовольствия А.В. Пешехонов поручил А. заведовать особыми орг., статистико-экон. отделами и отделом по орг-ции посевной площади и уборки урожая.

На 1-м съезде Трудовой Нар.-соц. партии (ТНСП) 18 июня в докладе по агр. вопросу подчёркивал, что "зем. община как ин-т публично правового характера не отвечает тем формам землепользования и земледельч. произ-ва, к осуществлению к-рых стремится НСП", но считал недопустимым "какие бы то ни было меры искусств. и насильств. разрушения зем. общины", видя в ней "практич. школу коллективного землепользования и ценя её способность к развитию и усовершенствованию" ("Нар. Слово", 1917, 20 июня, с. 2). По мнению А., нар. социалисты, находя совр. с.-х. кооперацию "весьма далёкой от идеальной формы коллективного произ-ва", должны поставить себе задачу "развития высших форм этой кооперации" (там же). Отд. положения доклада встретили возражения нек-рых делегатов, утверждавших, что не следует полностью отрицать капиталистич. форму землепользования, т.к. в ряде случаев она необходима. Пред. ЦК партии ТНСП А.В. Пешехонов в целом поддержал А.; на съезде избран чл. ЦК партии. Продолжая отстаивать идею коллективного с.-х. произ-ва, на 2-м съезде Лиги агр. реформ в июне А. утверждал, что оно "даёт... возможность сочетать преимущества и трудового мелкого х-ва, и произ-ва в крупных размерах" ["Осн. идеи решения агр. вопроса" ("Труды 2-го Всерос. съезда Лиги агр. реформ", в. 1), М., 1918, с.

27]; обязат. условием этого должна стать национализация земли с полной ликвидацией крупного частного землевладения (см. там же, с. 30); при этом нельзя "посягать на мелкую частную собственность"– среди крестьян живуч взгляд на землю как на частную собственность ("Осн. вопросы агр. реформы на 2-м Всерос. съезде Лиги агр. реформ", М., 1918, с. 28). 3 авг. на 1-м съезде Всерос. Крест. союза акцентировал внимание на крайней неупорядоченности зем. отношений и особой роли гос. органов в срочной разработке агр. законодательства. Подтвердив свою приверженность идее коллективного с. х-ва, отметил, что "такой строй не пройдёт сейчас, т.к. народ к нему неподготовлен... Надо... поставить близкие, осуществимые цели. Надо создать эти формы х-ва, но предварительно нужно образовать зем. фонд..." ("Голос Крест. Союза", 1917, 9 авг., с. 2). При обсуждении вопроса о выкупе земли предложил оплату гос-вом закладных листов на землю из спец. фонда, создаваемого "за счёт обложения имущих классов населения и налогов на предметы роскоши, не касаясь трудового народа и земли...", полный отказ от уплаты ипотечных долгов по закладным листам считал невозможным, полагая, что это подорвёт кредитную систему гос-ва; предложения А. легли в основу принятой съездом резолюции по зем. вопросу (там же, с. 3).

Участник моск. Гос. совещания (авг.). Участник Демокр. совещания в Петрограде (сент.), затем вошёл во Всерос. Демокр. Совет и Предпарламент. Выдвигался канд. на выборах в Учред. Собр., но выбран не был. В окт. участвовал во 2-м Всерос. кооп. съезде. В нояб. участвовал в работе 3-го съезда Лиги агр. реформ, в февр. 1918 – 3-го Всерос. кооп. съезда. В 1918–20 пом. директора, член Учёного совета Кооп. ин-та в Москве. Продолжал работу в Совете Всерос. кооп. съездов. Умер от сыпного тифа.

Лит.: "Кооп. жизнь", 1920, № 1/2 (Некролог). *И.В. Чубыкин.*

АНТО́НОВ-ОВСЕ́ЕНКО (наст. фам. Овсеенко) Владимир Александрович (9 марта 1883, Чернигов,– 10 февр. 1938). Из семьи офицера. В рев. движении с 1901 (Варшава). Чл. РСДРП с 1902 (Петербург). Окончил Владимирское пех. уч-ще (1904, Петербург). В Рев-ции 1905–07 один из руководителей воен. восстаний в Польше, Севастополе. В 1906 приговорён к смертной казни, заменённой 20 годами

каторги; бежал. С 1910 в эмиграции; примыкал к меньшевикам-партийцам. В кон. 1914 заявил о солидарности с большевиками по вопросу об отношении к империалистич. войне.

С мая 1917 в России, вступил в большевист. партию в Петрограде. Чл. Воен. орг-ции при ЦК РСДРП(б); был направлен ЦК в Гельсингфорс, вёл рев. работу среди солдат Сев. фронта и моряков Балтфлота, один из ред. газ. "Волна". Участник Всерос. конференции фронтовых и тыловых орг-ций РСДРП(б) (июнь). После Июльского кризиса заключён в петрогр. тюрьму "Кресты"; совм. с Ф.Ф. Раскольниковым от имени арестованных большевиков подписал протест Врем. пр-ву против необоснованного ареста. 4 сент. освобождён под залог. Центробалтом назначен комиссаром при ген.-губернаторе Финляндии. Участвовал во Всерос. Демокр. совещании (сент.).

Дел. 2-го съезда моряков Балтфлота (сент.– окт.), огласил текст воззвания "К угнетённым всех стран". 30 сент. избран чл. Финл. обл. бюро РСДРП(б). Чл. Орг. к-та и дел. съезда Советов Сев. области (окт.), избран чл. исполкома. 15 окт. участвовал в работе конференции воен. орг-ций РСДРП(б) Сев. фронта, от к-рого в нояб. избран чл. Учред. Собр. Чл. и секр. Петрогр. ВРК, с 21 окт. чл. Бюро ВРК. 23 окт. на заседании Петрогр. Совета РСД проинформировал о том, что большинство частей гарнизона выступает за установление власти Советов, что под большевист. контролем оружейные з-ды и склады, укреплено внеш. кольцо обороны Петрограда, вооружается Кр. Гвардия, парализованы действия штаба Петрогр. ВО и Врем. пр-ва.

С 24 окт. чл. Полевого штаба ВРК, один из организаторов операций по блокированию Зимнего дворца; из Петропавл. крепости вечером 25 окт. направил ультиматум Врем. пр-ву. 26 окт. один из руководителей захвата Зимнего дворца и ареста Врем. пр-ва. Доложил 2-му Всерос. съезду Советов РСД о заключении в Петропавл. крепость министров Врем. пр-ва; избран чл. Президиума съезда. Вошёл в СНК – чл. К-та по воен. и мор. делам (нарком; отвечал за внутр. фронт). Во время подавления выступления А.Ф. Керенского – П.Н. Краснова (27 окт.– 2 нояб.) чл. штаба Петрогр. ВО и пом. команд. войсками ВО, с 9 нояб. команд. войсками ВО. Вечером 28 нояб. в Петрограде был схвачен юнкерами, к-рые не расстреляли А.-О.– надеялись обменять его на 50 арестованных юнкеров, утром 29 нояб. при посредничестве амер. журналиста А.Р. Вильямса освобождён рев. моряками.

С дек. команд. войсками в боях с казаками атамана А.М. Каледина на Дону, с гайдамаками Центр. Рады и австро-герм. оккупантами на Украине. Один из организаторов Кр. Армии. В кон. авг.– нач. сент. 1918 возглавлял сов. делегацию на переговорах в Берлине с представителями герм. пр-ва о возможности участия нем. войск в вооруж. борьбе с англ. оккупантами на севере Европ. России. В годы Гражд. войны на воен., затем на гос. и дипл. работе. 13 окт. 1937 арестован и 8 февр. 1938 Воен. коллегией Верх. суда СССР приговорён к расстрелу по обвинению в принадлежности к рук-ву "троцкистской террористич. и шпионской орг-ции". В 1956 реабилитирован.

Соч.: Под вымпелом Октября, М., 1923; В семнадцатом году, М., 1933; В революции, М., 1983; За работой (Набег Краснова), в кн.: Воспоминания о В.И. Ленине, т. 5, М., 1990.

Лит.: Ракитин А., В.А. Антонов-Овсеенко, 2 изд., Л., 1989. *В.Н. Заботин.*

АРО́СЕВ Александр Яковлевич (25 мая 1890, Казань,– 10 февр. 1938, Москва). Из семьи портного. Участник Рев-ции 1905–07

(Казань). В 1907 вступил в РСДРП, большевик. Рев. работу вёл в Москве, Петербурге, Н. Новгороде, Вологде. Неоднократно был арестован, ссылался, жил в эмиграции (Бельгия, Франция). В 1909–10 вольнослушатель филос.-филол. ф-та Льежского ун-та (Бельгия). С 1916 в Петрограде студент Психоневрологич. ин-та. В дек. 1916 мобилизован, направлен в 4-ю Моск. школу прапорщиков пехоты. В февр. 1917 арестован за сокрытие рев. прошлого, направлен в дисциплинарный батальон в Н. Новгороде.

После Февр. рев-ции 1917 восстановлен в школе прапорщиков. С сер. марта чл. Воен. бюро при МК РСДРП; сотрудник большевист. газ. "Социал-демократ", избран в Моск. Совет СД. Вёл рев. работу среди солдат гарнизона. 3–4 апр. дел. 1-й Моск. гор. парт. конф., избран чл. МК. На 1-й Моск. обл. парт. конф. (19–21 апр.) выступал с докладами: против контроля Советов за Врем. пр-вом, что означало, по существу, его признание; по вопросу о войне и мире; против объединения с меньшевиками. Дел. 7-й (Апр.) Всерос. парт. конф. (от моск. орг-ции); докладывал о работе Моск. воен. орг-ции. В мае завершил учёбу в школе прапорщиков, направлен в Тверь. Введён в Тверской к-т РСДРП(б), избран в Совет СД, один из руководителей воен. орг-ции при к-те партии. В июне дел. Всерос. конф. фронтовых и тыловых орг-ций РСДРП(б); избран чл. ред. комиссии; выступил с предложением о создании при воен. орг-циях беспарт. бюро "для разъяснения солдатам животрепещущих вопросов"; избран также чл. Всерос. бюро воен. орг-ций при ЦК РСДРП(б). Вечером 5 июля на собрании партактива Твери настоял на признании преждевременными боевых рев. действий. 18–19 июля на Тверской гор. парт. конф. выступил с докладом о текущем моменте, избран делегатом на 2-ю Моск. обл. парт. конф. и 6-й съезд РСДРП(б).

22 июля арестован, в нач. сент. освобождён по требованию солдат и рабочих Твери и Москвы. Работал в Моск. воен. орг-ции при МК РСДРП(б), был секр. большевист. фракции Совета СД. В нач. окт. участвовал в создании органа Моск. воен. орг-ции – газ. "Деревенская Правда". 22 окт. выступил на конференции воен. орг-ций РСДРП(б) гарнизона Москвы и ВО с докладом, в к-ром подчеркнул, что необходимо "сплочение солд. масс под знаменем нашей партии не только для защиты рев-ции, но и для успешной, по возможности бескровной, борьбы за мир, землю и хлеб" ("Деревенская Правда", 1917, 25 окт.). 25 окт. избран канд. в чл. Моск. ВРК, был нач. штаба по рук-ву боевыми действиями рев. войск. Участвовал в переговорах (хотя и был против них) с командующим войсками Моск. ВО полк. К.И. Рябцевым о мирном переходе власти Моссовету. После срыва переговоров выступал за решит. разгром вооруж. сил противника; по приказу А. был осуществлён арт. обстрел Кремля, захваченного юнкерами. 3 нояб. назначен пом. командующего войсками Моск. ВО по полит. части и контрразведке. Избран чл. Моск. Совета РСД. Чл. Учред. Собр. (от Твери).

13 янв. 1918 на Моск. гор. парт. конф. отстаивал ленинскую позицию в ходе обсуждения вопроса о заключении мира с Германией. С 23 февр. чл. Чрезв. штаба Моск. ВО, организовывал первые части Кр. Армии. Участник Гражд. войны, затем на науч. и дипл. работе. Автор романов, рассказов, пьес (в печати выступал с 1916). Необоснованно репрессирован. 8 февр. 1938 Воен. коллегией Верх. суда СССР приговорён к расстрелу. Реабилитирован посмертно.

Соч.: Собр. соч., т. 1–2, М.–Л., 1929; Рев. наброски, Харьков, 1920; Как это произошло (Окт. дни в Москве). Восп., мат-лы, М., 1923; Моск. Совет в 1917 г., М., 1927; То, что было в Москве в Октябре, в кн.: Год борьбы, М.–Л., 1927.

Лит.: Литвин А.Л., Ненароков А.П., Несмелов О.В., А. Аросев, Казань, 1974; Аросева Н.А., След на земле. Документальная повесть об отце, М., 1987; Чернобаев А.А., В вихре века, М., 1987.

В.Н. Заботин, А.А. Чернобаев.

АРТЁМ (фам. и имя Сергеев Фёдор Андреевич) (7 марта 1883, с. Глебово Фатежского у. Курской губ.,– 24 июля 1921, близ

Москвы). Из крестьян. В 1901–02 студент Моск. Императорского высшего технич. уч-ща; в 1901 вступил в РСДРП. В 1902–03 слушатель Рус. высш. школы обществ. наук М.М. Ковалевского в Париже. С 1903 большевик. Участник Рев-ции 1905–07 (Харьков, Урал); делегат 4-го (Объединит.) съезда РСДРП (1906).

Неоднократно подвергался арестам и ссылкам, был в эмиграции.

После Февр. рев-ции 1917 вернулся в июне в Россию. С нач. июля в Харькове, чл. гор. к-та РСДРП(б) и деп. Совета, сотрудник большевист. газ. "Пролетарий", секр. обл. бюро профсоюза металлистов. В июле в связи с призывом меньшевиков и эсеров к объединению с большевиками опубликовал ст. "Горе-Объединители", где писал:

"Мы хотим знать, кто вы и зачем вы пришли. Если вы те меньшевики и социалисты-революционеры, к-рых мы знаем, те именно, к-рые представлены авксентьевыми, черновыми, керенскими, церетели и скобелевыми, те именно, к-рые отказывают крест. к-там в праве владеть землёю до того времени, пока Учред. Собр. не утвердит её за ними, если вы те же самые, кто сохраняет у власти старую, не выбранную народом контррев. бюрократию; если вы те, кто власть передаёт злейшим врагам народа – помещикам и крупному капиталу; если вы те, от чьего имени и по чьему поручению громят войсковые части рабочих и [направляют.– Авторы] карательные экспедиции в разл. округа России; если вы те, кто вводит каторжный режим для тех, кто борется за свободу обсуждения и за права, обеспеченные гражданам в бурж.-демокр. республиках,– скажите: зачем вы приходите к нам объединиться с нами? Ведь мы боремся против всего того, что вы делаете" ("Пролетарий", Харьков, 1917, 11 июля).

В связи с Июльскими событиями в Петрограде А. отмечал в своём выступлении 11 июля на обл. парт. конференции большевиков Юго-Зап. края в Киеве: "Создаётся впечатление, что репрессии последних дней произвели какие-то изменения. Но эти репрессии были ещё месяц назад. Изменения произошли разве в том только, что меньшевики и эсеры объявили нам открытую войну, изолировали нас. Это демокр. реакция в тот момент, когда республика ещё не объявлена, когда земля ещё находится в руках помещиков" [Артём (Ф.А. Сергеев).Статьи, речи, письма, М., 1983, с. 159].

В выступлении на собрании членов "военки" при Харьковском к-те РСДРП(б) говорил: "Капиталисты начали дезорганизацию пром-сти... Начали безумную игру на повышение рубля. Мелкое произ-во при таких условиях должно было погибнуть. Рабочие должны были требовать повышения заработной платы. В создавшемся положении обвиняли рабочих. Везде натравливали не на действит. виновников, а на Советы. Вместе с тем начали организовывать контррев. силы из всех тех, кто боялся новых порядков... начали разъединение в армии" ("Пролетарий", Харьков, 1917, 20 июля). Дел. 1-й обл. конференции орг-ции РСДРП(б) Донецкого бассейна и Криворожского р-на (13–16 июля); вошёл в состав обл. к-та, избран дел. на 6-й съезд РСДРП(б). В июле – авг. участвовал в работе 6-го съезда РСДРП(б), избран чл. ЦК.

В авг. на общем собрании членов профсоюза металлистов Луганска отмечал: "Пр-во глухо ко всем требованиям и положению пролетариата, и потому буржуазия смело и безнаказанно устраивает саботажи и локауты, не считаясь с работой на оборону, хотя она и кричит о спасении родины" ("Донецкий Пролетарий", Луганск, 1917, 23 авг.). В кон. авг. на заседании Харьковского Совета указывал: "В настоящее время пролетариат должен вести оборонит. политику, защищая самочинные рев. орг-ции (советы, профсоюзы, фабрично-заводские к-ты и т.д.) и накапливая силы, чтобы в момент нового подъёма рев-ции, к-рый неизбежен, ...захватить власть, положить предел войне и сокрушить империализм" ("Пролетарий", Харьков, 1917, 29 авг.).

4 сент. на конференции фабзавкомов в Харькове говорил: «В настоящее время мы порвали с Врем. пр-вом и приступили к образованию своей власти, к орг-ции к-рой будет привлечён весь Донецкий бассейн. Мы поддерживали пр-во, пока оно боролось с Корниловым, но теперь после назначений Алексеева, Данилова, Рузского и других скрытых и явных врагов демократии на ответственные и командные посты, а равно известия о сформировании Керенским нового кабинета, заставляют нас спросить:"кто дал право Керенскому составлять пр-во? Мы не давали ему полномочий"» [Артём (Ф.А. Сергеев). Статьи, речи, письма, М., 1983, с. 166]. На заседании Харьковского Совета в сер. сент. А., обращаясь к эсерам, говорил: "Пусть скажут открыто: мы за лозунг – земля помещикам. Мы же предлагаем такую резолюцию: Вся земля трудовому крест-ву – немедленно и без выкупа. Кто против этой резолюции, пусть скажет открыто". Эсеры проголосовали против этого предложения и оно было отвергнуто. Тогда А. попросил внести этот факт в протокол с добавлением, что "целые три–четыре часа Совет обсуждал вопрос, кому должна принадлежать земля – помещикам или крестьянам, и, наконец, решил, что... помещикам!" ("Харьков и Харьковская губ. в Вел. Окт. соц. рев-ции". Сб. док-тов и мат-лов, Харьков, 1957, с. 187–88).

В ст. "Лгунам и предателям" ("Донецкий Пролетарий", Луганск, 1917, 7 нояб.) А. писал, что меньшевики и эсеры "вопят: зачем вырвали власть у контррев-ции силою, будто бы сами помещики не удерживали власти при помощи самых жестоких насилий... Когда господам эсерам нужна была сила для борьбы с царизмом, разве они сами... не призывали к насильственному свержению власти и к восстанию!" ("Артём на Украине". Док-ты и мат-лы, Харьков, 1961, с. 169). Выступая в сер. нояб. на пленуме обл. к-та Советов Донецкого и Криворожского бассейнов по поводу требования меньшевиков и эсеров о создании "однородного соц. пр-ва", А. говорил:

"Кого можно сейчас называть однородными? Либо тех, кто с Советами, либо тех, кто против. Значит, власть однородная могла быть с натяжкой не больше, чем блок большевиков, левых эсеров и левых меньшевиков-интернационалистов. Но ведь блок большевиков и левых эсеров налицо, меньшевики-интернационалисты не партия масс, они себя у масс скомпрометировали соглашательством и отвратительнейшей травлей победившей пролетарско-крест. рев-ции" (там же, с. 174). В нояб. избран чл. Учред. Собр. от Харьковской губ. С 24 нояб. пред. исполкома Харьковского Совета и губ. ВРК. В дек. на 1-м Всеукр. съезде Советов выступил с докладом о текущем моменте, избран чл. ЦИК Советов Украины и назначен нар. секретарём (наркомом) по делам торговли и пром-сти.

В янв. 1918 пред. Юж. обл. совета нар. х-ва, руководил национализацией пром. предприятий. С февр. пред. СНК и комиссар нар. х-ва Донецко-Криворожской сов. республики. Дел. 7-го съезда РКП(б) (март), на к-ром 7 марта выступил с обоснованием необходимости ратификации мирного договора с Германией; вновь избран чл. ЦК. Один из организаторов борьбы против Центр. Рады, атамана А.М. Каледина, австро-герм. оккупантов. С сер. 1918 на парт., гос. и проф. работе. Погиб в ж.-д. катастрофе.

Лит.: Астахова В.И., Рев. деятельность Артема в 1917–18 гг., Харьков, 1966; Могилевский Б.Л., Наш Артем, Харьков, 1982. *В.Н. Заботин, Ф.К. Межлаук.*

А́СТРОВ (наст. фам. Повес) Исаак Сергеевич (1876, Одесса,– 22 апр. 1922, Саратов). Вступил в рев. движение рано, неоднократно арестовывался (впервые в 15-летнем возрасте). С 1900 работал в страховых и кооп. орг-циях. Чл. РСДРП с 1902, с 1903 меньшевик. Участник Рев-ции 1905–07. В годы реакции "ликвидатор", один из известных меньшевист. организаторов легальной работы; сотрудничал в газ. "Луч", ж. "Наша Заря", "Возрождение", "Страхование Рабочих". В 1912 в Екатеринославе участник орг-ции успешных для РСДРП выборов Г.И. Петровского по рабочей курии в 4-ю Гос. Думу. В том же году выслан на год в Нарым, затем эмигрировал. В годы 1-й мир. войны чл. Загран. Секретариата ОК РСДРП; "центрист", позже интернационалист, участник Циммервальдского движения.

После Февр. рев-ции 1917 возвратился в Петроград, один из руководителей левого крыла меньшевиков-интернационалистов, с нач. мая чл. к-та петрогр. орг-ции РСДРП(м), в к-ром интернационалисты имели подавляющее большинство. Чл. Петрогр. Совета РСД, зав. отделом труда при Совете. Сотрудничал в моск. меньшевист. газ. "Вперёд". Участвовал в создании и издании левоменьшевист. печатного органа "Летучий Листок" (май – июнь) и газет меньшевиков-интернационалистов "Кронштадтская Искра" (июль – сент.), "Искра" (сент.– дек. 1917). Чл. Центр. бюро меньшевиков-интернационалистов с момента его создания в июне. Выступал против продолжения войны, участия социалистов в коалиц. Врем. пр-ве, но не ссязывал достижение демокр. мира с соц. рев-цией, считая её победу в России того времени невозможной. Писал: "Мы требуем от Совета РСД, чтобы он поставил вопрос не только о решит. давлении на союзные пр-ва, но и о заключении всеобщего врем. перемирия. Пусть начало переговоров о мире откроет народам всех воюющих стран глаза на истинные цели их пр-в, на лживость уверений буржуазии, что для неё речь идёт лишь об обороне страны. Если пр-ва не смогут прийти к соглашению, народам станет ясно, что только в их собств. руках освобождение от ига войны" ("Летучий Листок Меньшевиков-Интернационалистов", 1917, № 1, с. 10–11). После Июльских событий был склонен к размежеванию с правооборонч. крылом в петрогр. меньшевист. орг-ции. На общегор. конф. меньшевиков в Петрограде (15 июля) заявил: "Сейчас условия раскола благоприятны для нас, ибо главный наш противник слева, большевики, лежат на земле, а от оборонцев рабочий класс уходит всё дальше..." ("Рабочая Газета", 1917, 18 июля). В нач. авг. вместе с Ю.О. Мартовым подписал от имени Центр. бюро меньшевиков-интернационалистов приветств. письмо 6-му съезду РСДРП(б). Дел. Объединит. съезда РСДРП (авг.); обвинял лидеров партии и её оборонч. группировки в проведении политики, губительной для рев-ции, усиливающей в рабочем классе анархиствующие настроения. 20 авг., отвечая на вопрос, могут ли интернационалисты "по-честному" состоять в одной партии с др. меньшевист. группировками, сказал: "Да, по-честному, на клас. основании мы хотим быть в одной партии... Мы спорим сейчас не столько по вопросам внешней, сколько по вопросам внутр. политики... Мы не спорим о бурж. характере рев-ции. Но мы хотим заставить буржуазию делать эту рев-цию, и когда выясняется, что рев-цию можно вести только против буржуазии, вы [правоцентристское крыло и рук-во РСДРП.– Авторы] подставляете на место нашей реальной буржуазии рационалистич. построения, отождествляющие буржуазию с интересами нар. х-ва. Такой буржуазии сейчас нет в России. Рус. буржуазия, приживалка царизма... сейчас является приживалкой мирового империализма". Возрождение рос. рев-ции видел в разрыве с бурж. коалицией (ЦПА ИМЛ, ф. 275, оп. 1, д. 3, л. 38). На съезде избран канд. в чл. ЦК РСДРП (о), заявив о сохранении за собой права критики решений партии и её центров.

Окт. рев-цию не принял, активно агитируя против "большевист. режима". Вместе с тем 1 нояб. в ЦК РСДРП(о) голосовал за участие в переговорах с большевиками об образовании "однородного соц. пр-ва". После разрыва переговоров в Центр. бюро меньшевиков-интернационалистов 17 нояб. высказался против вхождения во ВЦИК 2-го созыва, ибо не приходится рассчитывать на "ясное и недвусмысленное заявление большевиков о готовности передать всю полноту власти Учред. Собр." "Меньшевики". [Сб. статей, восп. и док-тов], Бенсон, 1988, с. 129). Чл. редколлегии "Рабочей Газеты", сотрудничал в еженедельнике "Рабочий Интернационал".

С сер. 1918 – в Одессе; один из лидеров местной меньшевист. орг-ции и проф. движения. Неоднократно арестовывался органами Сов. власти, в 1921 выдворен в Харьков, там вошёл в Гл. Укр. К-т партии меньшевиков. В апр. 1922 выслан в Туркестан; по дороге в ссылку скончался от сыпного тифа в Саратовской пересыльной тюрьме.

Соч.: Рус. революция и борьба за мир, П., 1917; Почему воюет Франция, П., 1917; Пролетариат и коалиционное мин-во, "Летучий Листок Меньшевиков-Интернационалистов", 1917, № 1; Учред. Собр. и социал-демократия, "Искра", 1917, 4 дек.;

Разрушение Интернационала, "Новый Луч", 1917, 7 дек.

Лит.: [Некрологи]: [Мартов Ю. О.], "Соц. вестник", 1922, № 10; "Заря", Берлин, 1922, № 2; Ш и ф р и н А., Памяти И.С. Астрова, "Соц. вестник", 1932, № 9; Бургина.

Г.И. Ильящук, В.И. Миллер.

А́СТРОВ Николай Иванович (1868, Москва,– 12 авг. 1934, Прага). Из семьи врача. Окончил юрид. ф-т Моск. ун-та (1892). С

1890-х гг. работал в органах моск. гор. самоуправления, мн. годы – секр. Гор. думы. В 1903 избран гласным Гор. думы, был мировым судьёй, чл. правления гор. Кредитного об-ва. Сотрудник газ. "Рус. Ведомости". В 1905 участвовал в работе общеземских съездов. Чл. кадетской партии и её моск. гор. к-та, с 6-го съезда (1916) чл. её ЦК. В Гор. думе в 1913–16 пред. К-та прогрессивной группы гласных. В годы 1-й мир. войны чл. Гл. к-та Всерос. союза городов.

После Февр. рев-ции 1917 на учред. заседании Моск. к-та обществ. орг-ций 1 марта избран в исполком, а вскоре назначен тов. комиссара Врем. пр-ва в Москве. В кон. марта – кон. июня гор. голова. В период Апр. кризиса моск. Гор. дума по его предложению высказалась за создание коалиц. пр-ва, при этом А. ссылался на опыт сотрудничества с эсерами и меньшевиками в местных к-тах обществ. орг-ций. После апр. съезда Всерос. союза городов А. стал его пред. Осудил выход из Врем. пр-ва министров-кадетов в дни Июльского кризиса. 12 июля А.Ф. Керенский предложил Н.М. Кишкину, В.Д. Набокову и А. войти в пр-во в качестве "частных" лиц. Они согласились на условиях: ответственности министров "исключительно перед своей совестью", отсрочки до созыва Учред. Собр. "всех социальных реформ и решения вопросов о форме гос. строя", соблюдения "принципа единения с союзниками", воссоздания "мощи армии", уничтожения многовластия, т.е. устранения Советов (см.: Думова-2, с. 178). Но никто из них во 2-е коалиц. пр-во не вошёл.

После летних неудач рос. войск на фронте А. заявил на заседании ЦК партии кадетов накануне Гос. совещания: "Войну кончить нельзя, но для России она кончена: мы в состоянии разгрома. Я далёк от надежды на чудеса" (там же, с. 143–44). Позднее, находясь в эмиграции, писал, что "большевики овладели рев-цией, объявив конец войне" (там же, с. 148). На Гос. совещании 14 авг. А. "от имени меньшинства тех обществ. групп, к-рые ныне составляют гор. самоуправление, от групп несоциалистических" призвал "власть и народ, пр-во и страну найти общий язык, общее понимание в эти минуты великие, грозные и торжественные" ("Гос. совещание", с. 141), призвал "носителей власти" освободиться "от угнетающих вас вредных для родины влияний, переживающих себя и разлагающих органов, к-рые узурпируют у вас власть, долженствующую принадлежать вам одним" (там же, с. 143).

После провала выступления Л.Г. Корнилова в сент. в моск. Гор. думе объявил "преступной" идею формирования отрядов Кр. Гвардии (см.: Думова-2, с. 204–05). Когда в Москве стало известно о начале Окт. рев-ции, А. на экстренном заседании Гор. думы 25 окт. заявил, что "хитрая обдуманность" плана "переворота ... свидетельствует об участии германцев", и призвал "создать орган для рук-ва защитой города и охраны жизни и имущества населения" (Думова-1, с. 28–29); был создан К-т обществ. спасения. В нояб. А. был в числе организаторов первой подпольной антисов. орг-ции буржуазии, т.н. "Девятки". Избран чл. Учред. Собр. от Москвы.

В нач. 1918 выступал как один из инициаторов возобновления работы Совещания обществ. деятелей с программой борьбы против Сов. власти, за восстановление частной собственности и установление конституц. монархии. Вошёл в Гл. объединённый совет всех приходских общин, от имени к-рого 13 февр. призвал духовенство "вскрыть перед православными всю силу содеянного зла" (там же, с. 88). Весной 1918 один из организаторов "Правого центра", одноврем. вошёл в рук-во "Союза возрождения России" с целью согласования действий этих орг-ций "в наиб. ответств. минуты" (там же, с. 102). С образованием "Нац. центра" А.– чл. и его рук-ва. Активно участвовал в деятельности партии кадетов, к-рая до сер. мая "жила напряжённой жизнью", "не сдавая своих позиций", обсуждая на заседаниях ЦК проблемы борьбы с Сов. властью и орг-ции помощи Добровольч. армии (там же, с. 83–84). В кон. мая, выступая от имени кадетов на Всерос. конф. меньшевиков, А. призвал страны Антанты оказать воен. помощь для борьбы с Советами. Летом 1918 выехал из Москвы на Юг для переговоров с ген. М.В. Алексеевым об установлении в стране воен. диктатуры, для создания филиалов "Нац. центра" и координации действий моск. подполья и Добровольч. армии. После поражения А.И. Деникина А.– приверженец реставрации монархии. С ней А. связывал "последние надежды на возрождение".

Эмигрировал. Жил в осн. в Праге. Написал "Воспоминания" (изданы в Париже в 1941).

А.П. Федоренко.

АТАБЕКЯ́Н Александр Моисеевич (2 февр. 1868, г. Шуша Елисаветпольской губ.,– 5 дек. 1933, Москва). Род. в семье врача. Окончил реальное уч-ще в Шуше (1886). В 1889–96 учился на мед. фте Женевского ун-та, вступил в арм. соц.-демокр. партию "Гнчак" ("Колокол"), но вскоре отошёл от неё и стал анархистом. В Женеве издавал анархич. лит-ру на арм. и рус. яз. Летом 1893 вместе с болг. анархистом П. Стояновым ездил в Лондон к

П.А. Кропоткину договариваться об издат. планах. В дальнейшем, находясь в эмиграции, от активной полит. деятельности отошёл. С кон. 1914 врач в рус. армии, нач. полевого госпиталя на Кавк. фронте.

В авг. 1917 приехал в Москву, восстановил связи с анархистами, в т.ч. с Кропоткиным, стал сотрудничать в анархист. периодич. изданиях. В окт. в органе Моск. федерации анархич. групп газ. "Анархия" участвовал в дискуссии

по вопросу об отношении анархистов к конкретным акциям Врем. пр-ва. В ст. "Будьте последовательны!" ("Анархия", 1917, 16 окт.) выступил с критикой эсеров – членов моск. Гор. думы, препятствовавших выделению 60 млн. руб. для улучшения положения трудящихся. В очерке "Хотят провести!" (там же, 23 окт.) высказал одобрение намеченной забастовке рабочих и служащих Москвы с целью улучшения своего положения. Накануне Окт. рев-ции опубл. "Открытое письмо П.А. Кропоткину", в к-ром указывал на захватнич. характер войны не только со стороны Германии и Австро-Венгрии, но и со стороны России; призывал Кропоткина возглавить анархич. социальную рев-цию, к-рая должна защитить трудящихся как от ожесточённой клас. борьбы, так и от "уличного большевизма".

Окт. рев-цию встретил резко отрицательно. В брошюре "Кровавая неделя в Москве" (М., 1917) охарактеризовал её как "братоубийственную бойню, вызванную распрями между социалистами двух разных толков" (с. 4). По мнению А., причина Окт. рев-ции – борьба социалистов-государственников разных оттенков за власть, за министерские кресла и др. "тёплые" места. В брошюре подчёркивается равнодушие населения Москвы к происходящим событиям. Касаясь первых декретов Сов. власти, указывал на их утопичность и неисполнимость. Брошюра вызвала отрицат. рецензию в газ. "Анархия". В дальнейшем А. постоянно сотрудничал в ней, опубликовав в апр.– июле 1918 более 30 статей, посвящённых критике действий большевиков, проблемам движения анархистов. Весной 1918 вместе с Г.Б. Сандомирским организовал изд-во "Почин", до кон. 1922 выпустившее 24 брошюры (гл. обр. А. и Сандомирского), а также ж. "Почин" (в журнале опубл. ряд писем Кропоткина и воспоминания о нём). В 1920 подвергался аресту органами ВЧК. В янв.– февр. 1921 присутствовал у постели умиравшего Кропоткина в Дмитрове. Участвовал в орг-ции и работе Всерос. обществ. к-та по увековечению памяти Кропоткина, созданию Музея П.А. Кропоткина. После закрытия изд-ва "Почин" (кон. 1922) вернулся к врачебной практике.

С о ч.: Возможна ли анархич. социальная рев-ция?, М., 1918; Вопросы теории и практики, М., 1918; Против власти. Сб. ст., М., 1918.

А.И. Бирюков, В.В. Кривенький.

Б

БА́РДИЖ Кондрат Лукич (9 марта 1868, ст. Брюховецкая Кубанской обл.,– 9 марта 1918, Туапсе). Род. в семье кубан. казака. Окончил Ставропольское кав. юнкерское уч-ще. В 1888–1900 на воен. службе,

подъесаулом вышел в запас; занимался х-вом. В 1903 избран атаманом ст. Брюховецкой. В ходе Рев-ции 1905–07 вступил в партию кадетов. От Кубан. казач. войска избирался чл. Гос. Думы всех 4 созывов. Крупный администратор; один из организаторов стр-ва Черномор.-Кубан. ж.д. и выборных директоров (с 1910) её об-ва.

После Февр. рев-ции 1917 комиссар Врем. пр-ва Кубан. обл. В обстановке всеобщего рев. подъёма, многочисленных и разносторонних демокр. требований в созванной 17–22 апр. Кубан. Раде выступал с предостережениями против "увлечения демагогич. лозунгами". Приказом Б. в целях подавления рев. выступлений в июне были распущены станичные Советы и гражд. к-ты. После Июльских событий в Петрограде 9 июля Б. объявил о передаче всей полноты власти на Кубани войсковому пр-ву во главе с войсковым атаманом Л.Л. Бычом. В окт., после принятия Кубан. Законодат. Радой конституции Кубан. края, сложил свои полномочия и был избран представителем Кубани при Врем. пр-ве, но до Окт. рев-ции в Петроград не успел выехать.

В нояб. 1917 вошёл в объединённое пр-во "Юго-Вост. союза казачьих войск, горцев Кавказа и вольных народов степей". На дек. сессии краевой Рады, где присутствовало ок. 150 революционно настроенных фронтовиков, только образная и страстная речь Б., нарисовавшего мрачную картину будущего Кубани, если ею овладеют большевики, позволила склонить большинство Рады к принятию решения о вооруж. борьбе за самостоят. казачью республику.

С янв. 1918 в Кубан. краевом пр-ве исполнял обязанности управляющего ведомством внутр. дел. Для привлечения иногородних к борьбе против Сов. власти добивался создания "паритетной" законодат. Рады (46 казаков, 46 иногородних, 8 горцев) и "паритетного" пр-ва (5 казаков, 5 иногородних, 1 горец). В состав пр-ва не вошёл, стал создавать казачьи вооруж. силы. Сформировал отряд добровольцев – "вольных казаков". В февр. возглавляемый им отряд с боями отступал в Грузию. В р-не Туапсе Б. попал в плен к морякам и был расстрелян вместе с двумя сыновьями.

Лит.: КС, т. 1; Памяти погибших.

Ю.Ю. Фигатнер.

БАРК Пётр Львович (6 апр. 1869, Екатеринослав,– 16 янв. 1937, Лондон). Из дворян. В 1892 окончил юрид. ф-т Петерб. ун-та. В 1894 секр. управляющего Гос. банка, затем в Берлине изучал банковское дело. В 1897–1905 один из директоров Петерб. конторы Гос. банка и директор отделения загран. операций этой же конторы, с 1898 одноврем. пред. правления учётно-ссудного банка в Персии, в 1899–1905 чл. правления Рус.-Кит. банка, с 1901 тов. пред. совета фондового отдела Петерб. биржи, в 1905 управляющий Петерб. конторы Гос. банка, в 1906 тов. управляющего Гос. банка. В 1907–11 директор-распорядитель и член правления Волжско-Камского коммерч. банка. С 1911 (по приглашению П.А. Столыпина) тов. мин. торговли и пром-сти. С янв. 1914 управляющий Мин-ва финансов, с мая – мин. финансов и шеф Отд. корпуса погран. стражи.

26 янв. 1914 на аудиенции у Николая II заявил: "Нельзя строить благополучие казны на продаже водки... Необходимо ввести подоходный налог и принять все меры для сокращения потребления водки" (Барк П.Л., Воспоминания, "Возрождение", 1965, № 159, с. 58). По его инициативе законом от 16 сент. 1914 на время войны была прекращена торговля водкой. В 1915 разрабатывал проект реформы финанс. системы, одним из звеньев к-рого являлся подоходный налог; в авг. этого года подписал совм. с другими министрами письмо Николаю II о "коренном разномыслии" с И.Л. Горемыкиным и невозможности работать с ним. Один из двух министров, уцелевших после "министерской чехарды". Финансирование воен. расходов осуществлял за счёт ден. эмиссии внеш. и внутр. займов. С дек. 1915 член Гос. совета с оставлением министром финансов.

В ходе Февр. рев-ции 1917 арестован 29 февр.своим быв. лакеем, к-рому в своё время не помог избежать отправки на фронт; позднее ордер на арест подписал А.Ф. Керенский, к-рый пояснил, что К-т обществ. спасения счёл неудобным идти против волеизъявлений восставшего народа. 17 марта был освобождён, переселился на юг России. Во время Гражд. войны использовал быв. связи для финансирования "белого движения". В эмиграции жил в Лондоне, где высш. финанс. круги привлекли его к работе в качестве эксперта и советника. В 1935 принял англ. подданство и получил титул баронета. Написал "Воспоминания" (опубл. в ж. "Возрождение", 1955, № 43, 48, 1959, № 91).

Лит.: Семёнов-Тянь-Шанский Н.Д., Светлой памяти П.Л. Барка, "Возрождение", 1962, № 124; Рус. эмиграция.

О.Л. Сорокина.

БАРУДИ́ (аль-Баруди; наст. фам. Галиев) Галимджан (Галимзян) Мухамметзянович (2 февр. 1857, д. Малые Ковали Ковалинской вол. Казанского у. Казанской губ.,– 6 дек. 1921, Москва). Из купеч. семьи. Образование получил в медресе в Казани и Бухаре. Под рук. Б. (с 1881) медресе "Мухаммадия" в Казани стало известным и за пределами России. Выступал за реформу мусульм. школы; автор мн. школьных учебников, учёный-богослов (сочинения многократно переиздавались), имам одной из мечетей в Казани. Пользовался авторитетом среди мусульман. Стремился к модернизации ислама. На 3-м Всерос. мусульм. съезде в Н. Новгороде (авг. 1906) избран членом президиума, пред. комиссии по реорганизации духовного управления мусульман, чл. ЦК партии "Иттифак-аль-муслимин" ("Союз мусульман"). Гл. редактор ж. "Религия и Нравственность" (Казань, 1906–17, на тат. яз.). В 1907 за противоправительств. деятельность и рев. пропаганду арестован, в 1908 выслан на два года в Вологод. губ. После ссылки жил в Берлине, Стамбуле, Каире, Мекке и др. городах, затем хатыб (проповедник) Соборной мечети в Казани.

После Февр. рев-ции 1917 на 1-м Всерос. съезде мусульман в Москве (май) избран муфтием, впервые в истории России победившим на свободных выборах (до рев-ции муфтий назначался пр-вом). В связи с этим 19 мая "Уфим. Вестник" сообщил, что муфтием стал "известный мусульм. учёный и богослов, при царском строе пострадавший за свои полит. убеждения...". Возглавил ведомство (мин-во) духовных дел Центр. нац. управления тюрко-тат. мусульман Внутр. России и Сибири (Милли идарэ) [создано на Нац. парламенте мусульман Внутр. России и Сибири (Милли меджлис) в Уфе 20 нояб. 1917 – 11 янв. 1918]. Выступал за культ.-нац. автономию мусульман Внутр. России и Сибири, за отделение религии от гос-ва.

По постановлению Наркомнац РСФСР и Татаро-Башк. комиссариата от 21 апр. 1918 Милли идарэ было ликвидировано, а

Центр. духовному управлению мусульман Внутр. России и Сибири, при условии невмешательства в полит. дела, предоставлялось право самостоят. учреждения, ведающего религ. делами. Духовное управление (во главе с Б.) распространило 25 апр. прокламацию, подписанную Б. и др. членами управления, с категорич. протестом против роспуска Милли идарэ. Б. с нек-рыми членами бывшего Милли идарэ выехал в Петропавловск (Акмолинская обл.). В марте 1919, когда Уфа была вновь занята белыми, вернулся в Уфу. После прихода Кр. Армии в июне был арестован, затем освобождён и продолжал выполнять обязанности муфтия. Находясь в Москве в связи с орг-цией помощи голодающим, заболел и вскоре умер.

Лит.: Валидов Д., Очерк истории образованности и лит-ры татар (до ре́в-ции 1917), М.–П., 1923; Давлет Н., Г. Баруди – просветитель и реформатор, "Татарстан", 1991, № 7. *С.М. Исхаков.*

БАРЫШНИКОВ Александр Александрович (1877, Петербург,– ?). Из купеч. семьи. Окончил в 1898 Петерб. ин-т инженеров путей сообщения. В 1905 оставил казённую службу и вскоре был избран гласным петерб. Гор. думы, затем чл. Гор. управы, в 1912 – в 3-ю Гос. Думу, где вступил во фракцию прогрессистов. К 1917 чл. петрогр. гор. к-та Всерос. союза городов.

Во время Февр. рев-ции 1917 назначен 28 февр. комиссаром Врем. пр-ва по Мин-ву почт и телеграфов. В сер. марта вместе с др. прогрессистам вошёл в комиссию по орг-ции Респ.-демокр. партии (затем – Рос. Радикально-демокр. партия); на учред. собр. партии 8 апр. избран в её ЦК. В соответствии с парт. резолюцией от 4 июля вошёл во Врем. пр-во в качестве тов. мин. гос. призрения (затем управляющий мин-вом). На частном совещании членов Гос. Думы 18 июля зачитал декларацию Рос. Радикально-демокр. партии о необходимости коалиции и сказал, что "... призыв к единению, к общей работе,– это тот призыв, к-рый должен всех объединить" ("Буржуазия и помещики в 1917 г. Частные совещания членов Гос. Думы", М.–Л., 1932, с. 207). Один из организаторов газ. "Отечество". Наиб. важным в позиции партии и её социальном составе Б. считал то, что она "... объединяет собой низы буржуазии, непосредственно соприкасающиеся с пролетариатом" ("Отечество", 1917, 20 июля). В качестве тов. мин. гос. призрения считал необходимым передать имущество мин-ва в ведение органов самоуправления и обществ. орг-ций, наблюдением за к-рыми ведал бы институт уполномоч. инспекторов. Это способствовало бы более радикальному размещению служб и повышению доходности от их использования ("Отечество", 1917, 25 июля). В связи с подготовкой к открытию Учред. Собр. и ремонтом Таврического дворца Б. дал санкцию на переезд Петрогр. Совета в Смольный. В авг. выдвигался канд. в гласные петрогр. Гор. думы, участвовал в митингах по выборам в Учред. Собр., в к-рое баллотировался, но не прошёл. После Окт. рев-ции эмигрировал. *О.А. Силаева.*

БАТУРСКИЙ (наст. фам. Цетлин, по др. источникам, Цейтлин) Борис Соломонович (1 янв. 1879 – 5 дек. 1920, Витебск). Из мещан. Рев. деятельность начал в 1890-х гг. в Витебске. С 1897 учился на естеств. ф-те Моск. ун-та (в 1911 окончил юрид. ф-т). В 1901 входил в ред. нелегальной с.-д. газ. "Южный Рабочий". В 1903 был выслан в Вост. Сибирь; вернувшись в 1905, примкнул к меньшевикам. Дел. от Екатеринослав. к-та партии на 4-м (Объединит.) съезде РСДРП (1906). В годы реакции "ликвидатор", работал в легальных рабочих орг-циях и страховых кассах, организовывал больничные кассы. Сотрудничал в ж. "Луч", основал ж. "Страхование рабочих". Активный деятель рос. проф. движения. Неоднократно подвергался арестам. В годы 1-й мир. войны член ОК РСДРП, колебался между оборончеством и интернационализмом.

В дни Февр. рев-ции 1917 вошёл 28 февр. в исполком Петрогр. Совета РСД как представитель ОК РСДРП, автор воззвания ОК РСДРП. В отличие от опубликованного накануне манифеста ЦК РСДРП(б), это воззвание ничего не говорило о будущем устройстве страны; вместо слов о "врем. рев. пр-ве" в нём употреблялся термин "врем. пр-во". За этим, по воспоминаниям Б.И. Николаевского, стояло нежелание «отпугивать от движения "робких либеральных политиков", к-рые боялись страшных слов, но "сочувствие и содействие" к-рых, по мнению воззвания, было крайне важно» ["Меньшевики". Сб. статей, восп. и док-тов,

Бенсон (Вермонт), 1988, с. 59]. Воззвание делало упор на укрепление и расширение Советов, создание рабочих рев. клубов и т.п. орг-ций: "Оплетите неорганизованные массы густой сетью организац. ячеек, и тогда пролетариат сможет не только свергнуть старый режим, но и завоевать себе возможно более прочное положение при новом строе" ("Известия Петрогр. Совета", 1917, 1 марта). Вечером 1 марта при обсуждении на заседании исполкома вопроса о власти призывал к созданию "чисто бурж. пр-ва", предложение было принято 13 голосами против 7. 3 марта вошёл в состав комиссий (информационной и по текущим делам) исполкома.

С 7 марта член редколлегии "Рабочей Газеты" – ЦО меньшевиков; с сер. марта "рев. оборонец". 16 марта выделен исполкомом Петрогр. Совета в отдел труда для работы при Мин-ве пром-сти и торговли. Участвовал в подготовке проектов резолюций по рабочему вопросу, принятых Всерос. совещанием Советов РСД (29 марта – 3 апр.). Дел. Всерос. конференции меньшевист. и объединённых орг-ций РСДРП (май). 7 мая выступая с докладом о деятельности ОК, говорил, что к Февр. рев-ции деятельность ОК была парализована и возобновилась только после её победы; вошёл в новый состав ОК, а затем и в Бюро ОК. Участник 3-й Всерос. конф. профсоюзов (июнь), выбран во Врем. проф. центр. Дел. Объединит. съезда РСДРП (авг.), избран чл. ЦК от "оборонцев"; вместе с П.А. Гарви и И.С. Астровым редактировал принятые съездом резолюции. Сторонник идеи культурно-нац. автономии; на совещаниях ОК и ЦК РСДРП(о) при обсуждении избират. платформы меньшевиков к выборам в Учред. Собр. высказывался против принципа федеративного устройства гос-ва, за обл. управление с признанием прав нац. меньшинств на культурно-нац. автономию (ЦПА ИМЛ, ф. 275, оп. 1, л. 7).

К Окт. рев-ции отнёсся отрицательно, считая её преступной авантюрой. 1 нояб. с группой меньшевиков-"оборонцев" заявил о выходе из ЦК РСДРП в знак протеста против переговоров с большевиками; после прекращения переговоров 10 нояб. вернулся в ЦК. В кон. нояб. активно участвовал в создании клуба меньшевиков-"оборонцев" "Рабочее знамя"; 25 нояб. вошёл в его правление. На Чрезв. съезде РСДРП (нояб.– дек.) солидаризировался с позицией А.Н. Потресова, к-рый признавал допустимым использование любых средств для свержения "самодержавия Смольного". После прихода к рук-ву в РСДРП(о) левоцентрист. крыла во главе с Ю.О. Мартовым и Ф.И. Даном перешёл в оппозицию к ЦК партии, критиковал его за соглашательство с большевиками. Один из инициаторов антибольшевист. движения за создание "Собраний уполномоченных ф-к и з-дов" (янв.– июнь 1918); вскоре, отойдя от парт. работы, вернулся в Витебск. В кон. 1920 был арестован. В тюрьме заболел сыпным тифом, освобождён по состоянию здоровья на поруки за два дня до смерти.

Лит.: [М а р т о в Ю.], Б.С. Цетлин-Батурский, "Соц. Вестник", 1921, № 1, с. 4; там же, 1925, № 6 (100), с. 7–8; Бургина.

Г.И. Ильящук, В.И. Миллер.

БЕЛЯ́ЕВ Михаил Алексеевич (23 февр. 1863, Петербург, – 1918). Сын генерала. Окончил гимназию, арт. уч-ще, в 1893 – Академию Генштаба (по первому разряду). Участвовал в рус.-япон. войне; в штабе главнокомандующего исполнял обязанности нач. канцелярии; по возвращении – нач. отделения, в 1909–10 ген.-квартирмейстер гл. штаба, затем нач. отдела по устройству службы войск гл. управления Генштаба. Во время 1-й мир. войны с 1 авг. 1914 исполнял обязанности нач. Генштаба (утверждён в апр. 1916); в 1915 помощник воен. министра ген. А.А. Поливанова с оставлением и.о. нач. Генштаба. С сент. 1916 представитель рус. армии в рум. гл. квартире. Характеризовался современниками как типичный воен. чиновник, прозванный "мёртвой головой". За свою приверженность к трону был по выбору царицы 3 янв. 1917 назначен воен. министром.

В дни Февр. рев-ции 1917 по приказанию Б. за подписью ген. С.С. Хабалова Петроград 27 февр. был объявлен на осадном положении; в этот же день послал в Ставку телеграмму, где просил о присылке "действительно надёжных частей... и в достаточном количестве"; приказал принять самые решит. меры против перешедшего на сторону восставшего народа Павловского полка; сжёг все секретные дела и бумаги. 2 марта уволен со службы. Постановлением Врем. пр-ва от 1 июля содержался под стражей. Чрезв. комиссией Врем. пр-ва по делам о быв. министрах был привлечён к суду, ему были предъявлены обвинения: перевод сына Г.Е. Распутина из Сибири в Петроград; отдача приказа не обыскивать на границе приезжавших в Россию во время войны австр. сестёр милосердия; приказ воен. цензуре не пропускать в печать отчёты о заседаниях Кабинета министров, сведений о забастовках. После Окт. рев-ции освобождён, в 1918 вновь арестован и расстрелян. *О.Л. Сорокина.*

БЕРДЯ́ЕВ Николай Александрович (6 марта 1874, Киев,– 24 марта 1948, Кламар, близ Парижа). Из старинного дворянского рода. В 1884–94 учился в Киевском кадетском корпусе. В 1894 поступил на естеств. ф-т Киевского ун-та, в

1895 перешёл на юрид. ф-т, увлёкся марксизмом. Сблизился с Киевским с.-д. к-том. В 1897 за участие в студенч. волнениях арестован и исключён из ун-та. В 1900–02 в ссылке в Вологде; в эти годы отходит от марксизма. С 1904 в Петербурге совм. с С.Н. Булгаковым редактирует ж. "Новый Путь". В 1900–06 происходит переход Б. на позиции христ. "мистич. реализма", обращённого как против гос.-церк. традиции, так и марксизма, понимаемого в качестве религии. С 1908 в Москве сближается с кругом основателей Религ.-филос. об-ва (кн. Е.Н. Трубецкая,

В.Ф. Эрн, П.А. Флоренский). В Рев-ции 1905–07 Б. увидел "две анархии"– красную и чёрную, равно для него неприемлемые (ст. "Чёрная анархия", "Слово", 1909, 17 апр.).

Один из инициаторов и авторов сб-ка "Вехи". В них ответственность за "кризис духа" в России возлагал на интеллигенцию, к-рую обвинил в отказе от поиска истины и подчинении "утилитарно-обществ. целям" (ст. "Филос. истина и интеллигентская правда", в сб.: "Вехи", М., 1909). В 1911 в осн. завершается формирование филос. позиции Б. как "метафизики свободы" ("Философия свободы", М., 1911).

28 февр. 1917 Б. агитирует войска, собранные в Манеже, не стрелять в народ ("Самопознание. Опыт филос. автобиографии", М., 1990, с. 212). Февр. рев-цию встретил с надеждой, увидев в её бескровности доказательство того, что "рус. абсолютная монархия не была народной и не имела твёрдой опоры в народе" ("Рус. Свобода", 1917, № 2, с. 17). Полагал, что в России совершается "не классовая, а сверхклассовая, всенародная рев-ция, осуществляющая задачи общенациональные и общегосударственные" (там же, № 4, с. 6). Такой общенац. задачей считал продолжение войны до разрешения "вост. вопроса, завещанного нашему поколению рядом столетий предшествующей истории", полагал, что партии, ведущие антивоен. пропаганду, "узурпируют волю народа ... будучи меньшинством", и "на практике интернационализм сейчас в России означает защиту Германии и герм. социализма, настроенного наиб. империалистически" (там же, № 5, с. 9–11). Гл. опасность "углубления рев-ции" усматривал в её уравнит. пафосе, нарастании насилия и "мобилизации интересов", т.е. клас. борьбы, что ведёт "к нравств. падению рус. народа, к атомизации рус. гос-ва и распылению рус. об-ва" (там же, № 12/13, с. 5).

В июне явился одним из учредителей (совм. с М.В. Родзянко, П.Б. Струве, В.В. Шульгиным и др.) "Лиги рус. культуры", к-рая должна была начать "среди великого разброда и распада, в единении с пробуждённым и отрезвлённым народом созидат. работу укрепления рус. культуры и государственности в их неподдельной благородно-нац. форме" (там же, № 9, с. 20). 9 авг. на частном Совещании обществ. деятелей в Москве сделал доклад об экон. состоянии России, 10 авг. избран в Постоянное бюро по организации обществ. сил. В нач. окт. Б. работал в комиссии по нац. вопросам Врем. Совета Рос. Республики (Предпарламента), к-рую характеризовал как "комиссию по разделу России" ("Народоправство", 1917, № 16, с. 7).

Окт. рев-цию рассматривал первоначально как несуществ. эпизод ("всё происходящее в России – чистейшие призраки и галлюцинации"), лишённый творч. потенциала, подчёркивал, что "чудовищный нигилизм, торжествующий в этих процессах, есть явление старой России, а не творчество новой России" (там же, № 15, с. 4–5). Считая, что в "Советах КД сидят не рус. крестьяне, а наехавшие из-за границы интеллигенты, чуждые рус. народу", Б. призывал к образованию "здоровой национальной демократии с сильным инстинктом нац. самосохранения ... с широким базисом в нар. массе, с расширенным социальным реформизмом в своей программе" (там же, № 16, с. 6).

В янв. 1918 констатировал, что "рус. рев-ция одержима страстью к уравнению, она движется чёрной завистью ко всякому ... качественному преобладанию", в ней происходит "подбор худших и низвержение лучших. Грозит опасность гибели нашего культурного слоя" (там же, № 21/22, с. 5–6). Б. объяснял это тем, что "не только рус. интеллигенция ... но и рус. народ изменил Церкви и отпал от неё" (там же, № 23/24, с. 5).

В 1918 избран вице-президентом Всерос. союза писателей. Зимой 1918/19 организовал Вольную академию духовной культуры, где читал лекции по философии и богословию. В ст. "Духи рус. рев-ции" в сб. "Из глубины" (М.– П., 1918; издание было запрещено; опубл. в СССР в 1990), продолжающем идеи сб. "Вехи", Б. предложил искать разгадку жестокости рус. рев-ции в особенностях духовного склада рус. народа, раскрытых Н.В. Гоголем, Ф.М. Достоевским и Л.Н. Толстым.

В 1920 арестован по делу "Тактического центра", допрашивался лично Ф.Э. Дзержинским и был выпущен (см.: "Самопознание...", с. 222). В сент. 1922 выслан из России, до 1924 жил в Берлине, затем под Парижем (Кламар). Основал и редактировал ж. "Путь" (1925–40).

Соч.: Истоки и смысл рус. коммунизма, М., 1990; Смысл истории, 1990; Судьба России, М., 1990; Философия свободы, М., 1990.

Лит.: Ермичев А.А., Три свободы Н. Бердяева, М., 1989; Vallon M.A., An apostle of Freedom. Life and Teachings of N. Berdyaev, N.Y., 1960. *Н.П. Соколов.*

БЕРНА́ЦКИЙ Михаил Владимирович (1876 – в кон. 2-й мир. войны, Париж). Окончил Киевский ун-т, слушал лекции в Берлине.

Проф. полит. экономии, публицист. Читал лекции в петерб. Политехнич. и Технологич. ин-тах. Сотрудничал в легальных маркссист. изданиях: ж. "Образование", "Совр. Мир" и др. В 1906 издал кн. "К аграрному вопросу", в к-рой отвергал национализацию земли и безвозмездную экспроприацию частных земель.

После Февр. рев-ции 1917 управляющий отделом труда Мин-ва торговли и пром-сти Врем. пр-ва, с кон. июля тов. министра. 26 апр. пред. совещания по обсуждению проекта закона о свободе стачек и забастовок, на к-ром отклонил требования рабочих. Один из организаторов Радикально-демокр. партии (июнь). Разработал программу деятельности мин-ва (24 июля выступил в Экон. совете Врем. пр-ва), в к-рой главным считал усиление милитаризации пром-сти, использование частного торг. аппарата с интересах гос-ва. С кон. июля управляющий мин-вом, с 25 сент. мин. финансов. 12 окт. вошёл во Врем. пр-во с представлением о полном запрещении вывоза рус. ценностей за границу. В окт. фактически приостановил действие налоговых законов. 25 окт. арестован в Зимнем дворце с др. министрами. 26 нояб. вместе с др. министрами подписал письмо председателю Учред. Собр. с просьбой предоставить им возможность отчитаться перед Учред. Собр. о работе Врем. пр-ва. Активно участвовал в борьбе против Сов. власти. В 1918–20 мин. финансов в пр-вах А.И. Деникина и П.Н. Врангеля. В 1920 эмигрировал, жил в Париже.

Лит.: Новый журнал, 1947, № 17, с. 322–28. *В.Н. Сачков.*

БИЦЕ́НКО (урождённая Камеристая) Анастасия Алексеевна (29 окт. 1875, с. Александровка Бахмутского у. Екатеринослав-

ской губ.,– 16 июня 1938). Из крестьян. Окончила гимназию. Училась на пед. курсах. С 1902 чл. Партии социалистов-революционеров (ПСР). В 1902–03 чл. к-та ПСР в Смоленске, в 1903–04 – в Петербурге, в 1905 – в Москве; в 1905 вошла в состав летучего Боевого отряда. 22 нояб. 1905 убила ген.-адъютанта В.В. Сахарова, усмирявшего агр. беспорядки в Саратовской губ. 3 марта 1906 приговорена к смертной казни, заменённой бессрочной каторгой.

Освобождена в результате Февр. рев-ции 1917, в Читинском Совете РСД возглавляла просветит. комиссию. Дел. 3-го съезда эсеров (май – июнь) от Забайкальской обл., была избрана в президиум съезда, выдвигалась в ЦК, но взяла отвод (не мотивируя). Примыкала к эсерам-интернационалистам. В дни окт. боёв в Москве вошла в один из районных ВРК, сражалась за власть Советов на улицах города. После раскола партии на учред. съезде (нояб.) Партии левых социалистов-революционеров (ПЛСР) избрана чл. ЦК. Состояла членом ред. к-та органа левых эсеров ж. "Наш Путь". Осенью неудачно баллотировалась в чл. Учред. Собр.

С нояб. 1917 по март 1918 член сов. делегации на Брест-Литовских мирных переговорах. Избиралась деп. ВЦИК. В марте – июне 1918 тов. пред. Совнаркома Москвы и Моск. обл. Чл. президиума Моск. Совета и исполкома Моск. обл. Совета. Сотрудничала в центр. органе ПЛСР "Знамя Труда". Читала лекции в Школе пропагандистов при ЦК партии. 10 апр. в "Знамени Труда" выступила со ст. "Социализация земли как путь к социализму", в к-рой предостерегала от вульгарно-материалистич. понимания проблемы: "Социализация земли даёт материальное условие для перехода к социализму, т.е. обеспечит культурное существование многомиллионному народу и побудит к развитию сел. х-ва на обществ. началах ... Наша обязанность, обязанность тех, кто выносил эту идею ... не принижать понимание социализации земли до уровня понимания голодного человека, тянущегося за куском хлеба, или до мещанского идеала – сытости и довольства, а наоборот, поднимать сознание масс до нашего понимания социализации земли, как пути к социализму".

На 2-м съезде ПЛСР (апр.) выступала за дальнейшее тесное сотрудничество с большевиками. Дел. 5-го Всерос. съезда Советов (июль). К выступлению левых эсеров 6 июля отнеслась отрицательно, вошла в группу противников борьбы с коммунистами, объединившуюся вокруг газ. "Воля Труда". В кон. сент. на 1-м съезде сторонников платформы "Воли Труда" избрана чл. ЦК Партии рев. коммунистов. В нояб. 1918 по рекомендации Я.М. Свердлова была принята в РКП(б). Во время процесса над правыми эсерами (8 июля – 7 авг. 1922) являлась, вместе с Н.И. Бухариным и др., защитницей группы эсеров, отошедших от партии и осудивших методы её борьбы.

Работала в кооперации, на преподават., хоз., сов. и парт. работе. 8 февр. 1938 арестована по обвинению в принадлежности к эсеровской террористич. орг-ции и 16 июня 1938 приговорена Воен. коллегией Верх. суда СССР к расстрелу. Реабилитирована в 1961. *Я.В. Леонтьев.*

БЛЕ́ЙХМАН (псевд. Н. Солнцев) Иосиф Соломонович (1868, м. Видзы Ново-Александровского у. Ковенской губ.,– 1921, Москва). Из мещан. Заготовщик сапожного цеха. С 1904 анархист-коммунист. До сент. 1913 в г. Двинск, затем по июль 1914 в Петербурге вёл пропаганду анархизма в проф. союзах портных, булочников, кожевенников. В 1914 арестован, сослан в Сибирь.

В 1917 лидер Петрогр. федерации анархистов-коммунистов, участник Февр. рев-ции. Чл. Петрогр. и Кронштадтского Советов РСД (с марта). 22 мая выступил на заседании Петросовета по вопросу о положении в Кронштадте; поддержал позицию министров-социалистов И.Г. Церетели, В.М. Чернова, М.И. Скобелева, осудивших решение Кронштадтского Совета о принятии всей полноты власти исключительно в свои руки, предложил принять резолюцию, отвергающую постановление Совета (окончат. решение вопроса было отложено). Один из руководителей захвата 5 июня анархистами газ. "Рус. Воля". 2–3 июля в 1-м пулемётном полку вёл агитацию за вооруж. выступление против Врем. пр-ва и насильств. захват власти; 3 июля был докладчиком на полковом митинге и способствовал принятию резолюции о вооруж. выступлении. Участник вооруж. демонстрации 4 июля. В Октябре боролся за установление Сов. власти, чл. Петрогр. ВРК с 28 окт.

18 янв. 1918 был наблюдателем от анархистов в Собрании уполномоченных фабрик и заводов Петрограда, имевшем целью создание системы антибольшевист. рабочих орг-ций. Член и секр. Петрогр. федерации анархич. групп (1917–19), одновременно (по др. данным, 1917 – апр. 1918) чл. Моск. федерации анархич. групп. С марта 1918 доброволец Кр. Армии. В 1920 пред. Моск. проф. губотдела; в окт. арестован вместе с группой анархистов по подозрению в связях с Н.И. Махно; после допроса освобождён. По др. данным, арестован в 1918, сослан на принудит. лесные работы, получил там болезнь лёгких и умер в Москве в 1921 (см.: Горелик А., Комов В., Волин. Гонения на анархизм в Сов. России, Берлин, 1922, № 1, с. 29).

Лит.: Партия социалистов-революционеров после Окт. переворота 1917 г. Док-ты из архива П.С.–Р., сост. М. Янсон, Амстердам, 1989; Раскольников Ф.Ф., Кронштадт и Питер в 1917 г., 2 изд., М., 1990.

В.В. Кривенький.

БОГАЁВСКИЙ Митрофан Петрович (23 нояб. 1881, усадьба Петровское, близ станции Миллерово,– 1 апр. 1918, близ Ростова-на-Дону). Казак ст. Каменская Области войска Донского (ОВД). После окончания ист.-филол. ф-та Петерб. ун-та, где все годы учёбы был пред. донского землячества, с 1911 преподавал в Новочеркасской гимназии; с 1914 директор гимназии в ст. Каменской. Беспартийный. Занимался изучением истории ОВД, выступал за возрождение старинных казач. традиций, развитие местной казач. культуры. Оратор, прозванный "донским златоустом", пользовался высоким авторитетом среди казаков.

После Февр. рев-ции 1917 был в марте пред. 1-го Всерос. казач. съезда в Петрограде. В апр. в Новочеркасске пред. 1-го съезда донских казаков, к-рым назначен пред. исполнит. к-та по выработке Положения о выборах и созыве Донского Войскового Круга. Б. возродил значение казач. народоправства. Подготовил решение вопросов о местном самоуправлении на основах равенства в правах, бессословности и всеобщего избират. права. Проект Положения о казач. управлении Б. базировался на порядках, существовавших на терр. ОВД до 1721: "Земля Казач. Присуда" – собственность донского казачества, но проект признавал и права коренных крестьян на землю помещиков (норма максимального землевладения – 35 десятин); ОВД – неотделимая, но авт. часть России; предусматривалось создание выборного Донского пр-ва во главе с атаманом. Созванный после 196-летнего перерыва Донской Войсковой Круг (26 мая – 18 июня, Новочеркасск) принял предложения Б., избрал его своим пред. и тов. Войскового атамана А.М. Каледина. В мае проект Положения о казач. самоуправлении был направлен на утверждение Врем. пр-ву, оно внесло поправку – управление ОВД осуществляется комиссаром Врем. пр-ва. Б. добился того, что эта поправка Кругом и атаманом была отвергнута. После подавления выступления Л.Г. Корнилова (авг.) Врем. пр-во, обвинив Каледина в соучастии, потребовало его явки в суд. По настоянию Б. Круг восстановил старый казач. закон: "С Дона выдачи нет". Б. был вынужден считаться с Советами и разл. к-тами, но был их противником и принципиальным врагом большевизма. По инициативе Б. Круг провозгласил 20 окт. независимость ОВД – до образования в России пр-ва, приемлемого для казаков.

Окт. рев-цию встретил откровенно враждебно, выступал против установления Сов. власти, был в числе идейных вдохновителей одного из первых вооруж. выступлений, ознаменовавших начало Гражд. войны. В дек. вошёл в "Донской гражд. совет", претендовавший на роль Всерос. пр-ва. Выступление против Сов. власти не было поддержано казач. массой и потерпело поражение.

29 янв. 1918 Б. вместе с Калединым сложил свои полномочия. 6 марта был арестован красногвардейцами в ст. Великокняжеской, содержался в Новочеркасске, затем – в Ростове-на-Дону, был расстрелян.

Соч.: Ответ перед историей, "Донская Волна", 1919, № 22–25.

Лит.: Каклюгин К.П., М.П. Богаевский. Характеристика, "Донская летопись", Вена, 1923, т. 1; Богаевский А.П., Детство и юность, "Донская летопись", Вена, 1923, т. 2; его же, Воспоминания. 1918, Нью-Йорк, 1963; КС, т. 1.

Ю.Ю. Фигатнер.

БОГДА́НОВ (наст. фам. Малиновский) Александр Александрович (10 авг. 1873, г. Соколка Гродненской губ.,– 7 апр. 1928,

Москва). Из семьи учителя. В 1892 поступил на естеств. отделение физ.-мат. ф-та Моск. ун-та. В дек. 1894 за участие в Союзном совете землячества арестован и выслан в Тулу. В 1899 окончил мед. ф-т Харьковского ун-та, был вновь арестован, сослан в Калугу, затем в Вологду. С 1903 большевик. На 3-м съезде РСДРП (1905) избран в ЦК; представитель ЦК в Петрогр. Совете РД. Выпустил филос. труд "Эмпириомонизм" (кн. 1–3, М., 1904–06). Входил в редакции газ. "Новая Жизнь" и "Пролетарий". Избирался в ЦК на 4-м (1906) и 5-м (1907) съездах РСДРП. В 1907 возглавил группу "ультиматистов", протестовавших против участия большевиков в легальных орг-циях. В дек. 1907 эмигрировал. В 1909 гл.идеолог и организатор "лев. большевиков" группы "Вперёд", из к-рой вышел и отошёл от политики.

Оригинальный этап творчества Б. связан с отрицанием философии и построением "организационной диалектики", где истина понимается как форма орг-ции коллективного опыта ("Тектология. Всеобщая организационная наука", т. 1–3, СПб.– М.– Берлин, 1913–22; переизд.– т. 1–2, М., 1989). Нек-рые положения Б. предвосхитили идеи кибернетики. В 1909 выдвинул концепцию построения "чистой" "пролет. культуры" ("Совр. положение и задачи партии", Париж, 1909), считая, что задачи пролетариата неразрешимы при сохранении старой культуры в целом ("Культурные задачи нашего времени", М., 1911). В 1913 вернулся в Россию по амнистии. В 1914 мобилизован в армию как врач.

Февр. рев-цию 1917 рассматривал как демократическую, к-рая "может и должна завершиться демокр. республикой". Ликвидировать неопределённость "смешения старой власти с новой" предстоит Учред. Собр., к-рое "должно быть созвано без замедления" ("Задачи рабочих в рев-ции", 3 изд., М., май 1917). Пролетариат должен оказывать поддержку Врем. пр-ву, "пока оно на деле выполняет демокр. программу", и перейти к "прямой и решит. борьбе с ним, если бы оно изменило своим обязательствам и пошло против рев-ции" (там же, с. 21). Указывая на необходимость продолжения войны ради "защиты рев-ции", Б. призывал не предпринимать "ничего такого, что могло бы ослабить наш фронт или нарушить работу тыла" (там же, с. 9). Пролетариат вправе в условиях бурж. демократии создать свою независимую пролет. культуру, а до этого "не может и не должен предпринимать попытки непосредств. решения мировой организационной задачи, попытки осуществить социализм" ("Вопросы социализма", М., 1918, с. 68–69). Расходясь с большевиками, Б. тем не менее выступил в защиту радикальных партий от травли либеральной печати по поводу открывшихся провокаторов, отмечая, что провалы у "крайних, естественно, были наиб. крупные: талантливые предатели шли туда, где можно больше заработать" ("О провокации", "Известия Моск. Совета РД", 1917, 10 мая). В ст. "Государство-коммуна" подверг резкой критике как «типичное максималистское построение ленинскую теорию о "государстве-коммуне" как полит. переходной форме» к социализму. Считал Советы несовершенными органами, к-рые, в случае отката рев-ции, не располагают парламентским способом улаживания противоречивых интересов, и реакция неизбежно "перейдёт в гражд. войну, с громадным расточением лучших сил народа" (там же, 1917, 27 июня). В работах 1917 предвосхитил "воен. коммунизм". Оценил события 3–4 июля в Петрограде как провокацию большевиков с привлечением уголов. элементов ("Уроки первых шагов рев-ции", М., 1917, с. 23).

К Окт. перевороту отнёсся отрицательно; своё понимание сущности рев-ции и роли большевиков в ней высказал в ст. "Судьбы рабочей партии в нынешней рев-ции" ("Новая Жизнь", 1918, 26–27 янв.).

Активно сотрудничал в органах Пролеткульта и ж. "Пролетарская Культура". 1 февр. 1918 на конф. культ.-просвет. пролет. об-в Москвы сделал доклад "Наука и рабочий класс", где выдвинул задачу пересмотра бурж. науки (в т.ч. естественной и точной) и "создания новой орг-ции как разработки её, так и распространения в рабочих массах" ("Пролетарская Культура", 1918, № 2, с. 22). На 1-й Всерос. конф. Пролеткульта в сент. вошёл в состав ЦК Пролеткульта и редакцию ж. "Пролетарская Культура" (до осени 1921). Идеи Б. легли в основу идеологии Пролеткульта. В 1918–26 Б. преподавал в Ком. академии. В 1926 организовал и возглавил Гос. науч. ин-т переливания крови. Погиб в результате произведённого на себе неудачного эксперимента по переливанию крови. Автор социально-утопич. романов "Красная Звезда" (СПб., 1908), "Инженер Мэнни" (М., 1913).

Соч.: Искусство и рабочий класс, М., 1918; Новый мир, 3 изд., М., 1920; О пролетарской культуре. 1904–1924, М.–Л., 1924; Вопросы социализма. Работы разных лет, М., 1990.

Лит.: Белова А.А., А.А. Богданов, М., 1974; Отеч. философия: опыт, проблемы, ориентиры исследования, в. 2 – А.А. Богданов, М., 1989. *Н.Л. Соколов.*

БОГДА́НОВ Борис Осипович (4 марта 1884, Одесса,– 15 июня 1960, Москва). Отец служил в частных фирмах по торговле

лесом. Окончил Коммерч. уч-ще (1902). В с.-д. движении с 1901. Меньшевик. Впервые был арестован в 1907. В годы реакции "ликвидатор". Осн. задачей с.-д. рос. рабочего движения считал "порвать со старым подпольем и войти в полосу действительно открытой обществ. и полит. деятельности" ("Наша Заря", СПБ, 1911, № 2, с. 74). Член ОК РСДРП с 1912. В годы 1-й мир. войны "оборонец". Секр. Рабочей группы при Центр. Воен.-Пром. к-те (ЦВПК), один из организаторов выборов рабочих в группы, создававшиеся непосредственно на пр-тиях; арестован в ночь на 27 янв. 1917.

Освобождён из "Крестов" в ходе Февр. рев-ции 27 февр.; в тот же день (ок. 14 ч.) вошёл во Врем. исполком Совета РД, созданный для созыва учред. собрания Петрогр. Совета РД, к-рое началось в 21 ч.; избран в постоянный исполком Совета. Пред. рабочей секции, а с образованием 13 апр. секции по связи с Советами др. городов – пред. и секции иногородних делегатов. Член Бюро исполкома Совета. Н.Н. Суханов характеризовал Б.

как одного из «столпов работы Исполнит. К-та... до самого окт. переворота... мы видим его на самых разнообразных и ответств. постах, где он то нащупывал правильные пути реальной соц. политики и проявлял здравый практич. смысл вместе с клас. чутьём, то снова, ослеплённый мёртвой догмой и парт. злобой, посильно толкал рев-цию к пропасти, а страну к развалу... "Это рабочий вол",– говорил про него Чхеидзе"» ("Записки о рев-ции", т. 1, М., 1991, с. 182–83).

Изначально был на позициях создания коалиц. пр-ва, чтобы противостоять силам реакции: "...думское крыло не только склоняется к конституц. монархии, но и готово сохранить престол для прежнего носителя верх. власти" ("Известия", 1917, 2 марта). Вошёл в ред. "Рабочей Газеты" (ЦО меньшевиков), одновременно секр. ОК РСДРП. Разработал осн. принципы построения Советов РСД, от местных до объединяющего их верх. органа Всерос. съезда Советов, и нормы представительства на нём, к-рые были приняты Всерос. совещанием Советов РСД (29 марта – 3 апр.). (Предложенная Б. схема построения Советов и даже нормы представительства почти без изменений вошли в 1-ю Конституцию РСФСР.) На этом совещании Б. выступал докладчиком от рабочей и "иногородней" секций; в докладе по рабочему вопросу 3 апр. Б. сказал, что секция подготовила 14 резолюций. Основные среди них: о рабочей политике – борьба между трудом и капиталом продолжается, но должна быть согласована с обстановкой незавершённой рев-ции и воен. угрозой извне; "Очередная задача рабочего класса – развитие и упрочение всех форм орг-ции и клас. самодеятельности, планомерно воздействующей на все стороны обществ. и хоз. жизни России, в целях осуществления широкого плана социального законодательства, охватывающего все стороны нужд широких трудящихся масс в свободной России" ("Всерос. совещание Советов РСД", М.– Л., 1927, с. 241); о 8-час. рабочем дне предложено Врем. пр-ву издать соответствующий декрет; резолюция о минимуме зарплаты в целях охраны интересов наименее обеспеченных слоёв рабочих предусматривала создание учреждения для установления минимума заработной платы, повышающейся в связи с вздорожанием жизни. Одна из предложенных Б. резолюций гласила: "Все рос. граждане, без различия пола и возраста, имеют право устраивать собрания в закрытых помещениях и под открытым небом, а равно устраивать всякого рода шествия, манифестации, демонстрации и т.п. без предварит. заявления власти" (там же, с. 245); Врем. пр-во придало этой резолюции форму закона.

В дни Апр. кризиса возражал против вступления социалистов во Врем. пр-во, считая идею коалиции непопулярной среди рабочих. Делегат Всерос. конференции меньшевист. и объединённых орг-ций РСДРП (май); избран членом ОК РСДРП. Участник 1-го Всерос. съезда Советов РСД (3–24 июня); 10 июня Б. на исполкоме Петрогр. Совета предложил на Всерос. съезде Советов РСД "резко и определённо поставить перед большевиками вопрос, считают ли они себя обязанными подчиниться, как часть съезда, его решениям"; и далее: "Настал момент, когда необходимо раз и навсегда отмежеваться от элементов, к-рые ведут дезорганизаторскую работу и вносят разлад в семью рев. демократии" ("Петрогр. Совет рабочих и солд. депутатов." Протоколы, М.– Л., 1925, с. 188–89); съездом избран чл. ВЦИК; входил в Бюро ВЦИК, в воен. комиссию ВЦИК, в июле участвовал как её представитель в переговорах с кронштадтскими матросами, находившимися в Петропавл. крепости, с целью их разоружения.

Дел. Объединит. съезда РСДРП (авг.), выступал против меньшевиков-интернационалистов, избран чл. ЦК от "оборонцев". В дни выступления Л.Г. Корнилова участвовал в работе К-та нар. борьбы с контррев-цией (образован 27 авг. ВЦИК и Исполкомом Всерос. Совета КД). 31 авг. выступил перед депутатами Петрогр. Совета РСД с докладом о текущем моменте, его резолюция не получила поддержки (Совет большинством голосов – 279 против 115 при 50 воздержавшихся – принял большевист. резолюцию "О власти"). Критиковал большевиков, призывал их поддержать, хотя бы временно, Директорию, сформированную 1 сент. А.Ф. Керенским. На заседании Бюро ВЦИК 4 сент. предложил объединиться с меньшевиками-интернационалистами по вопросу создания "чисто демокр. власти", призвал превратить открывающееся Всерос. Демокр. совещание в Учред. Собр. для осуществления демократии, сформировать там новое пр-во, к-рое отвечало бы демокр. задачам. На Демокр. совещании (14 сент.) отмечал: "В переживаемый нами тяжёлый момент... мы должны установить бесспорно, что у нас нет власти. У нас была правительств. чехарда... беспрерывная смена кабинетов привела к полному бесплодию, и в этом виноваты мы, рев. демократия, создавшая эту власть... Я сторонник коалиц. пр-ва, и я должен признать с болью, что гл. причиной бездействия пр-ва был коалиц. состав его из представителей демократии и буржуазии" ("Солдат", 1917, 17 сент.; "Известия", 1917, 15 сент.); позже отстаивал идею коалиции с буржуазией, но без участия кадетов. 14 окт. на заседании ВЦИК обвинил большевиков в попытке превратить вопрос об обороне Петрограда в вопрос о захвате власти и передаче её Советам.

Окт. рев-цию категорически не принял, считал её преступной авантюрой. Отвергал любые соглашения с большевиками. 1 нояб. в числе группы меньшевиков-"оборонцев" заявил о выходе из ЦК РСДРП. Обвинял меньшевист. рук-во в отходе от линии Объединит. съезда РСДРП (авг.), критиковал идею формирования "однородного соц. пр-ва", противопоставляя ей лозунг утверждения "общенац. власти". 16 дек. арестован; совм. с другими арестованными подписал воззвание: "Считая по принципиальным соображениям совершенно невозможным вступать в какие бы то ни было сношения с временщиками, мы, члены трёх соц. партий [меньшевиков, нар. социалистов, эсеров.– Авторы], перед лицом всех граждан России протестуем против совершённого над нами насилия. Мы призываем товарищей и всех граждан со всей энергией и настойчивостью продолжать борьбу за Учред. Собр., к-рое положит конец большевист. самовластию" ("Красный архив", 1925, № 3[10], с. 135).

После освобождения один из инициаторов и руководителей антибольшевист. движения "Собрание уполномоченных ф-к и з-дов" (янв.– июнь 1918). Вместе со сторонниками А.Н. Потресова вышел в сент. 1918 из партии меньшевиков из-за несогласия с политикой её левоцентристского ЦК. Переехал в Одессу, участвовал в проф. движении. 16 дек. 1920 был арестован, перевезён в Харьков, затем в Москву и во Владимирскую тюрьму; через год освобождён. С дек. 1922 неоднократно приговаривался по обвинению в антисов. деятельности несудебными органами ОГПУ – НКВД к разл. мерам наказания. Освобождён из мест заключения (Коми АССР) в февр. 1955, тяжелобольной приехал в Москву в 1959, где и умер. В 1956 по последнему делу (1940) и в соответствии с Указом от 13 авг. 1990 по др. делам полностью реабилитирован.

Лит.: "Соц. вестник", 1960, № 2/3; Шейнер И., Б.О. Богданов в Одессе, там же, № 4; Аронсон Г.Я., Памяти Б.О. Богданова, "Новое рус. слово", 1960, 3 янв.; Бургина.

Н.Б. Богданова, Г.И. Ильящук, В.И. Миллер.

БОНЧ-БРУЕ́ВИЧ Владимир Дмитриевич (28 июня 1873, Москва, – 14 июля 1955, там же). Из дворян. Брат ген. М.Д. Бонч-Бруевича. Окончил в Курске землемерное уч-ще (1892). С 1895 член с.-д. моск. "Рабочего союза". С 1896 в эмиграции, занимался издат. деятельностью, изучал вопросы религ. сектантства. Сотрудник газ. "Искра". После 2-го съезда РСДРП (1903) большевик. Участник Рев-ции 1905–07 (Петербург). В 1909–18 руководил легальным культ.-просвет. изд-вом "Жизнь и знание" (Петербург), в 1910–14 сотрудник большевист. газ. "Звезда", "Правда", ж. "Просвещение".

В Февр. рев-цию 1917 выступал на рабочих собраниях в Петрограде, вёл рев. пропаганду среди солдат запасных батальонов Преображенского и Волынского гвард. пех. полков. 27 февр. избран деп. Петросовета, член его большевист. фракции. Вечером 27 февр. как

уполномоченный Петросовета с отрядом солдат-преображенцев и польск. революционеров занял типографию газ. "Копейка", где организовал выпуск газ. "Известия Петрогр. Совета РСД", член редакции газеты. Автор опубликованных в № I "Известий" (28 февр.) обращений "К народу!", "К солдатам!" и воззвания "Не допускайте грабежей"; в приложении к № I "Известий" и в виде прокламации напечатал Манифест ЦК РСДРП(б) "Ко всем гражданам России!". Сотрудничал в газ. "Правда". Автор напечатанной 17 апр. в "Известиях" передовой статьи "Чего они хотят?", в к-рой выступил против травли В.И. Ленина и др. большевиков за то, что из эмиграции они возвращались через Германию. В мае, после поддержки Петросоветом Врем. пр-ва по вопросу о продолжении войны, вышел из редакции "Известий". В изд-ве "Жизнь и знание" организовал выход книги Ленина "Империализм как высшая стадия капитализма". 29 июня – 4 июля на даче Б.-Б. в д. Нейвола (близ ж.-д. ст. Мустамяки) был Ленин, проводились парт. совещания. В июне – июле подготовил к изданию работу Ленина "Политические партии в России и задачи пролетариата". В авг. А.Ф. Керенский отдал приказ об аресте Б.-Б. и он перешёл на нелег. положение. По заданию ЦК РСДРП(б) вёл подготовку вооруж. восстания. В нач. окт. большевист. фракция Петросовета возложила на Б.-Б. организацию изд-ва, затем ЦК РСДРП(б) поручил создать вечернюю газету.

В дни Окт. вооруж. восст. был комендантом р-на Смольный – Таврический дворец (до марта 1918), организовал охрану Смольного. В качестве зав. технич. организацией изд-ва Петросовета на рассвете 25 окт. по заданию Петрогр. ВРК установил цензуру в ред. "Известий", запретил публиковать приказы штаба Петрогр. ВО и Врем. пр-ва. В полдень 25 окт. опубл. в газ. "Рабочий и Солдат" обращение Петрогр. ВРК "К гражданам России!", затем выпустил его отд. листовкой. Днём 26 окт. обеспечил во всех типографиях города печатание Декрета о земле. 27 окт. назначен пом. нач. штаба Петрогр. ВРК и руководителем издат. отдела. Вечером 28 окт. организовал подвоз пушек и снарядов под Пулково, где шло наступление войск А.Ф. Керенского – П.Н. Краснова. С нояб. управделами СНК (до окт. 1920). С нач. дек. возглавлял (до марта 1918) К-т по борьбе с погромами, участвовал в операциях по пресечению пьяных погромов и подавлению очагов сопротивления Сов. власти. Продолжал работу в газ. "Известия" и "Рабочий и Солдат". 14 дек. один из руководителей национализации частных банков.

Был одним из организаторов вооруж. отрядов для пресечения демонстраций 5 янв. в защиту Учред. Собр. В марте организовал переезд и охрану Сов. пр-ва в Москву. С 1920 на науч. работе.

Соч.: Избр. соч., т. 1–3, М., 1959–63.

Лит.: В.Д. Бонч-Бруевич [1873–1955], М., 1958 (Мат-лы к биобибл. ученых СССР. Серия истории, в. 5); Демиденко Г.Г., Дел у революции немало... Очерк жизни и деятельности В.Д. Бонч-Бруевича, М., 1976.

В.Н. Заботин.

БОНЧ-БРУЕ́ВИЧ Михаил Дмитриевич (24 февр. 1870, Москва, – 3 авг. 1956, там же). Из дворян. Брат В.Д. Бонч-Бруевича. В 1891 окончил моск. Константиновский Межевой ин-т, в 1892 – воен.-училищный курс Моск. пех. юнкерского уч-ща, в 1898 – Академию Генштаба. С 1913 полковник. В 1914 ком. пехотного полка. В авг. – сент. 1914 ген.-квартирмейстер штаба

3-й армии Юга-Зап. фронта, затем – штаба Сев.-Зап. фронта; с янв. 1915 ген.-майор. С апр. 1915 нач. штаба 6-й армии,

дислоцировавшейся в Петрограде и его окрестностях, затем до февр. 1916 нач. штаба Сев. фронта. С марта 1916 нач. гарнизона Пскова, где находилась Ставка главкома Сев. фронта.

После Февр. рев-ции 1917 установил контакт с Псковским Советом РСД, кооптирован в исполком Совета, что послужило поводом для прозвища "сов. генерал". В дни выступления ген. Л.Г. Корнилова сотрудничал с и.о. комиссара фронта трудовиком Савицким, стремясь предотвратить возможные конфликты между солдатами и офицерами. 29 авг. главком Сев. фронта ген. В.Н. Клембовский, занявший позицию осторожной поддержки Корнилова, был смещён Врем. пр-вом и Б.-Б. назначен врид главкома. В этом качестве задержал в Пскове ген. П.Н. Краснова, назначенного Корниловым ком. 3-го кон. корпуса и направлявшегося к частям, двигавшимся к Петрограду. При вступлении в должность Б.-Б. издал приказ, в к-ром напоминал войскам, что "...враг стоит перед нами вплотную и готовится в ближайшее время нанести нам решит. удар. Если армии Сев. фронта, действуя совм. с флотом, не дадут решит. отпора противнику в этом его намерении, то наша Родина погибнет неминуемо" ("Приказы главнокомандующего армиями Сев. фронта", 1917, № 664, ЦГВИА, Б-ка, № 16477). 9 сент. заменён на посту главкома ген. В.А. Черемисовым и назначен в распоряжение Главковерха. Прибыв в Ставку, установил связь с Могилёвским Советом РСД и 27 сент. кооптирован в его исполком. В нач. окт. отклонил назначение ген.-губернатором Юго-Зап. края (с резиденцией в Киеве) и Степного края (в Омске), принял назначение начальником Могилёвского гарнизона.

После отказа Главковерха ген. Н.Н. Духонина 9 нояб. выполнить распоряжение СНК начать переговоры с Германией Сов. пр-во предложило Б.-Б. занять пост Главковерха, но он отказался, считая, что в сложившейся ситуации этот пост должен занимать полит. деятель, и Главковерхом был назначен Н.В. Крыленко. При подходе к Могилёву воинских эшелонов нового Главковерха Б.-Б. как нач. гарнизона предотвратил столкновение между ними и войсками, находившимися в городе. После занятия Ставки сов. войсками назначен 20 нояб. нач. штаба Главковерха. Позже писал: "Скорее инстинктом, чем разумом, я тянулся к большевикам, видя в них единств. силу, способную спасти Россию от развала и полного уничтожения" (Бонч-Бруевич М.Д., Вся власть Советам. Воспоминания, М., 1957, с. 226). Всячески стремился сохранить боеспособность армии. 27 нояб. в разговоре по прямому проводу с врид главкома Юго-Зап. фронта ген. Н.Н. Стоговым заявил: "Все начальники отделов Ставки со мною вместе выразили вполне определённое решение сохранить технич. аппарат Ставки и принять все меры к тому, чтобы сохранить аппарат управления во фронтах и армиях. Такое наше решение вытекает из преданности общему делу спасения Отечества, и мы все решили, считаясь с текущим моментом, работать на своих местах до последней возможности". В том же разговоре дал указание Стогову сотрудничать с укр. властями: "В отношении Рады необходимо держаться совм. работы. Думаю, что с этой стороны нет угрозы гражд. войны" (ЦГВИА, ф. 2067, оп. 1, д. 2925, л. 500–502). 28 нояб. в связи с усиливавшимся дезертирством призвал главкомов армиями фронтов "принять безотлагательные меры к пресечению бегства с фронта в самом его начале" (там же, ф. 2003, оп. 1, д. 533, л. 237). В связи с введением в армии выборного начала для командного состава опасался "...полного расстройства аппарата управления войсками и потому полной потери боеспособности армии" (там же, ф. 2003, оп. 4, д. 51, л. 54). 30 нояб. в телеграмме главкомам фронтами и их комиссарам отметил, что "...необходимо достигнуть того, чтобы на ответственных и командных должностях находились люди, соответствующие этим должностям по своему характеру, способностям и знаниям" ("Военно-рев. к-ты действующей армии", М., 1977, с. 106–07).

С нач. 1918 систематически докладывал СНК о нарастающей небоеспособности армии, укрепляя решимость пр-ва к ускорению подписания мира с Германией. 4 янв. писал: "Армии совершенно небоеспособны и не в состоянии сдержать противника не только на занимаемых позициях, но и при отнесении линии обороны в глубокий тыл" ("Окт. рев-ция и армия. 25 окт. 1917 – март 1918". Сб. док-тов, М., 1973, с. 352). 18 янв.: "...все армии Сев. и Зап. фронтов, также Особая армия Юго-Зап. фронта вполне неспособны к обороне и не в состоянии даже отойти организованно и без потери огромной материальной части не только под натиском, но и без напора противника. Общее состояние армий характеризуется полной потерей боеспособности и разложением" (там же, с. 383).

В этих условиях организовал эвакуацию в тыл воен. имущества, к-рое в определ. части удалось вывезти до начала герм. наступления. После разрыва мирных переговоров в Брест-Литовске и перехода герм. войск в наступление получил 19 февр. телеграмму В.И. Ленина с требованием "немедленно, с наличным составом Ставки прибыть в Петроград" (Бонч-Бруевич М.Д., Вся власть Советам, с. 244). Выехав 20 февр. из Могилёва, прибыл в столицу вечером 22 февр. и тут же включился в организацию отпора наступающему врагу. В тот же день подписал обращение к командованию Сев. и Зап. фронтов и Советам РСД прифронтовых городов, в к-ром говорилось: "Прошу Совдепы оказать содействие начальникам в деле сбора отступающих частей и отд. солдат, образуя из них боеспособные части, к-рые должны положить конец наступлению противника. Для исполнения необходимых сапёрных работ предлагаю пользоваться трудом местных жителей" ("Окт.рев-ция и армия", с. 402). В обращении указывалось, что предлагается остановить герм. войска на линии Нарва – Псков – Остров – Невель – Витебск – Орша – Могилёв – Жлобин – Мозырь – Бердичев – Вапнярка – Одесса. Как показали последующие события, эта линия (за исключением терр. Украины) и стала, с нек-рыми отклонениями, фактич. зап. границей Сов. России до нояб. 1918.

После подписания Брестского мира вошёл 4 марта 1918 в качестве военрука в состав Высш. Воен. Совета (ВВС), издавшего 5 марта приказ о ликвидации должности Главковерха и расформировании его штаба. Б.-Б. занимался созданием на быв. линии фронта частей "завесы", к-рая должна была воспрепятствовать дальнейшему продвижению в глубь страны герм. и австро-венг. войск. По инициативе Б.-Б. основу комсостава частей "завесы" составили генералы и офицеры старой армии, для к-рых эта служба была более приемлема, чем в частях Кр. Армии, действовавших на внутр. фронтах. В июне штаб ВВС во главе с Б.-Б. переехал из Москвы в Муром. 9–10 июля город был захвачен мятежниками, действовавшими по плану "Союза защиты Родины и Свободы"; одной из их целей был захват штаба и уничтожение Б.-Б., но накануне событий он выехал в Москву. В условиях развернувшейся Гражд. войны Б.-Б., чувствуя невозможность старых методов управления войсками, подал в отставку и 27 авг. был освобождён от должности военрука ВВС. В кон. 1918 – нач. 1919 преподавал в Межевом ин-те, затем возглавлял работу по созданию Высш. геодезич. правления. 23 июня – 22 июля 1919 нач. Полевого штаба РВС Республики, затем на науч. и пед. работе; ген.-лейтенант (1944). *В.И. Миллер, И.В. Объедков.*

БОШ Евгения Богдановна [11 авг. 1879, согласно автобиографии, местечко Очаков, по жандармским док-там – с. Адрагиоли

(Аджиголь) Одесского у. Херсонской губ.,– 5 янв. 1925]. Отец из немцев-колонистов, механик, землевладелец, мать из молд. дворян. Б. в 16-летнем возрасте вышла замуж за сына владельца небольшой фургонной мастерской в г. Вознесенске (Херсонской губ.). Несмотря на рождение двух дочерей и семейные хлопоты, окончила экстерном гимназию, продолжила самообразование, готовясь к сдаче экзаменов на звание нар. учителя. В кон. 90-х гг. 19 в. познакомилась с социал-демократами. С 1901 чл. РСДРП, после 2-го съезда партии (1903) большевичка. В нач. 1907, порвав с мужем и забрав детей, уехала к матери в Киев. С кон. 1909 один из руководителей Киевской гор. орг-ции РСДРП. В 1910 наладила переписку орг-ции с В.И. Лениным и Н.К. Крупской. С февр. 1911 секр. Киевского к-та РСДРП. 18 апр. 1912 была арестована, осуждена на ссылку в Иркутскую губ. В окт. 1914 вместе с Г.Л. Пятаковым Б. бежала из ссылки и через Японию они эмигрировали в США. В февр. 1915 по приглашению Ленина приехали в Берн для участия в 1-й конф. загран. секций РСДРП. Б. вошла в редакцию ж. "Коммунист", но после выхода № 1–2 журнал был закрыт ЦК партии из-за серьёзных расхождений с Лениным в нац. вопросе Н.И. Бухарина, Пятакова и Б., к-рые выступали против права наций на самоопределение. В кон. 1915 переехала в Стокгольм, затем в Христианию (Осло).

После Февр. рев-ции 1917 телеграмма с поздравлениями по случаю победы рев-ции, полученная от А.Ф. Керенского, знавшего Б., обеспечила ей возможность одним из первых большевиков-эмигрантов приехать в Петроград. 13 марта доложила Бюро ЦК РСДРП содержание телеграммы Ленина, к-рую получила перед отъездом в Петроград, о недоверии Врем. пр-ву. 23 марта приехала в Киев и была избрана членом гор. к-та РСДРП, деп. Киевского Совета РД, вошла в редакцию большевист. газ. "Голос Социал-демократа", в комиссию по выработке платформы Киевской орг-ции большевиков, к-рая была опубл. 9 апр. в "Голосе Социал-демократа". В ней говорилось: "Мы считаем, что развитие производит. сил и социальная мощь пролетариата не достигли того уровня, при к-ром рабочий класс может осуществить соц. переворот. Установление соц. строя, являющегося конечной целью нашей деятельности, не входит поэтому в число задач..." данной рев-ции. При обсуждении в Киевском к-те ленинских Апр. тезисов Б. присоединилась к большинству, признавшему их "в целом неприемлемыми". На 7-й (Апр.) Всерос. конф. РСДРП(б) под влиянием доводов Ленина и докладов с мест Б. проголосовала за их одобрение и в дальнейшем активно способствовала проведению их положений в жизнь. Б. резко негативно относилась к Центр. Раде, не учитывая размах нац. движения. В апр. Б. возглавила Юго-Зап. окружной, в июле – Юго-Зап. обл. к-т РСДРП(б), в мае, авг. и сент. её избирали чл. Киевского гор. к-та партии. Дел. 6-го съезда РСДРП(б) (26 июля – 3 авг.), она целиком разделяла его решения. В докладе о съезде на Киевской общегор. конференции большевиков 6 авг. Б. подвергла критике Пятакова и его единомышленников за нежелание готовиться к вооруж. борьбе за власть Советов; конференция по её предложению поддержала решения съезда РСДРП(б).

Б. отрицала любые контакты с Центр. Радой. Осудила Киевский к-т большевиков за вхождение его представителей 9 авг. в Центр. Раду. Ещё более резкую критику Б. вызвало вхождение пред. Киевского к-та РСДРП(б) Пятакова во время выступления ген. Л.Г. Корнилова в коалиц. "К-т по охране рев-ции". Б. была инициатором созыва 24 и 26 сент. экстренных заседаний общегор. конференции большевиков, к-рая после её доклада решила отозвать Пятакова из Предпарламента. В окт. Б. объехала почти все крупные орг-ции РСДРП(б) Юго-Зап. края, вела широкую агитацию в войсках; при её участии возникли обл. бюро воен. орг-ций РСДРП (большевиков и интернационалистов) Юго-Зап. фронта и бюро таких орг-ций 8-й армии Рум. фронта.

К моменту Окт. вооруж. восстания в Петрограде Б. находилась в Виннице, где стала одним из руководителей солд. восстания против войск Врем. пр-ва. В условиях, когда командование Юго-Зап. фронта направило в Винницу карательный отряд с артиллерией и броневиками, Б. по поручению ревкома выехала за помощью в части 2-го гвард. корпуса 7-й армии, дислоцированные в р-не Жмеринки. К 31 окт. восстание в Виннице было подавлено войсками Врем. пр-ва. В ночь с 1 на 2 нояб. при активном участии Б. во 2-м гвард. корпусе был образован ВРК, направивший части корпуса в соседние города. 2 нояб. Сов. власть была установлена в Жмеринке, 4 нояб.– в Виннице. Резко осудила попытку компромисса киевских большевиков с Центр. Радой, вхождение представителей гор. к-та РСДРП(б) и Совета в созданный Радой 25 окт. "Краевой к-т по охране рев-ции", признание ими Центр. Рады органом краевой власти при условии перехода всей власти на местах к Советам. Б. считала, что это дезориентирует массы в решающий момент борьбы за власть Советов. Уже 26 окт. Центр. Рада нарушила обещание не выступать против вооруж. восстания в Петрограде и осудила его. Большевики немедленно разорвали соглашение и вышли из "К-та по охране рев-ции".

На Обл. (Краевом) съезде РСДРП(б) (3–5 дек., Киев), к-рый стал первым шагом на пути создания КП(б)У, Б. избрана чл. Гл. К-та РСДРП(б) – Социал-демократии Украины. В нояб.– дек. участвовала в подготовке 1-го Всеукр. съезда Советов. После срыва работы съезда Советов в Киеве в чрезвычайно осложнившейся обстановке в связи с неожиданным для большевиков заявлением С.В. Петлюры о телеграмме СНК РСФСР "с объявлением войны Украине", как он выразился, не читая в целом "Манифест к укр. народу с ультимативными требованиями к Укр. Раде", делегаты – большевики, левые укр. с.-д., левые укр. эсеры и группа представителей селянских "спилок", решивших порвать с Центр. Радой, выехали в Харьков, где объединились с делегатами обл. съезда Советов РСД Донецкого и Криворожского бассейнов. Работавший здесь 1-й Всеукр. съезд Советов (11–12 дек., Харьков) избрал Б.членом ЦИК Советов республики.

В первом Сов. пр-ве Украины – Нар. Секретариате – Б. заняла пост Нар. Секретаря внутр. дел. 30 дек. на заседании Нар. Секретариата участвовала в обсуждении вопроса о положении в Киеве и плане вооруж. восстания, а 4 янв. 1918 вместе с другими Нар. секретарями подписала обращение ко всем трудящимся и красногвардейцам республики, в к-ром говорилось: "От имени Укр. Нар. Республики объявляем Ген. Секретариат Центр. Рады врагом свободного укр. народа, призываем и приказываем всем верным делу рабоче-крест. рев-ции войскам бороться против бурж. Секретариата Киевской Центр. Рады и Каледина..." ("Победа Сов. власти на Украине", М., 1967, с. 406). Бои с вооруж. силами Центр. Рады велись сов. войсками под команд. В.А. Антонова-Овсеенко, к-рый стал назначать своих комиссаров в города и ж.-д. станции без согласования с Нар. Секретариатом. Б. тут же обратилась с жалобой к Ленину, к-рый в телеграмме от 21 янв. потребовал от Антонова-Овсеенко устранить трения с харьковским ЦИК, добавив: "Это **архиважно** в г о с у д а р с т в е н н о м отношении. Ради бога, помиритесь с ними и признайте за ними **всяческий** суверенитет" (Ленин В.И., ПСС, т. 50, с. 35).

С 20 янв. 1918 участвовала в работе проходившей в Харькове Всеукр. крест. конф.; выступала с докладом "О власти и Укр. Учред. Собрании". Сделав обзор гл. событий в России между февр. и окт. 1917, Б. заявила: "Борьба должна была закончиться переходом власти в руки рабочего класса, что мы и видим в Великороссии, где власть перешла в руки трудящихся, в руки их орг-ций – Советов СРКД. ...Мы должны идти на всё, не останавливаться ни перед чем и окончательно задушить власть капитализма". Говоря об Укр. Учред. Собр., Б. выразила мнение, что оно не сможет защищать интересы народа в силу своего клас. состава; отсюда: "Народ должен победить буржуазию, ей нет места в гос. работе... Гос. властью должны быть нар. комиссары Великороссии, Нар. Секретариат на Украине, Советы РКД на местах" ("Победа Сов. власти на Украине", с. 384).

Участница 4-го Чрезв. Всерос. съезда Советов РСКД (март 1918). Б. не приняла Брестский мир, стояла на "левокоммунистич." позиции. Считая необходимым продолжать вооруж. защиту Сов. власти на Украине, Б. ушла с поста Нар. секретаря внутр. дел, стала политработником в группе войск В.М. Примакова, но из-за крайнего ухудшения здоровья (с детства страдала болезнью сердца и лёгких) была вывезена дочерью в Таганрог, затем – в Липецк. Здесь Б. начала писать свою первую книгу "Нац. пр-во и Сов. власть на Украине" (М., 1919). В эти месяцы лечения она переосмыслила свои взгляды на Брестский мир: "Не щадя себя, я открыто признала себя неправой",– писала она позднее ("Год борьбы", 2 изд., К., 1990, с. 403). Подлечившись, Б. выехала в Москву; отстранилась от работы на Украине после 1-го съезда КП(б)У (июль 1918, Москва), делегатом к-рого она была. Работала в МК РКП(б), летом была направлена в Пензенский губком для орг-ции борьбы с эсерами. Затем работала по заданиям ЦК партии. Подводя итоги прожитой жизни, Б. назвала этот период самым тяжёлым: "С 1909 года я привыкла к самостоятельной руководящей работе, привыкла самостоятельно мыслить,принимать решения и действовать, только сверяя свои решения с общепартийными; тут мне приходилось действовать по указаниям ЦК и, что хуже всего, не иметь возможности доказать ЦК правоту своих действий... Я окончательно сломалась, взвалив на свои плечи непосильную ношу..." (там же, с. 407). В результате обострения болезни с весны 1923 отошла от активной деятельности: Б. сосредоточила силы на написании второй книги – "Год борьбы. Борьба за власть на Украине с апр. 1917 г. до нем. оккупации" (2 изд., К., 1990). Когда болезнь (порок сердца, сердечная астма, туберкулёз лёгких) стала невыносимой, покончила с собой.

Лит.: Преображенский Е., Е.Б. Бош, "Пролетарская рев-ция", 1925, № 2; Гриценко А.П., Тимченко Ж.П., Е.Б. Бош, К., 1964 (на укр. яз.); Варгатюк П.Л., Героическое и трагическое в судьбе Е.Б. Бош, "Украинский ист. журнал", 1989, № 8 (на укр. яз.).

А.П. Гриценко, В.И. Миллер.

БРЕ́ШКО-БРЕШКО́ВСКАЯ (урождённая Вериго) Екатерина Константиновна (13 янв. 1844, с. Иваново Невельского у. Витеб-

ской губ.,– 12 сент. 1934, с. Хвалы-Почернице, под Прагой). Из помещичьей семьи. Детство и юность провела в имении Луговец (Мглинский у. Черниговской губ.), получила хорошее домашнее образование. В воспоминаниях Б.-Б. писала: "... всё время страдала и болела сердцем за кого-нибудь: то за кучера, то за горничную, то за работника, то за угнетаемых крестьян" ("Бабушка Е.К. Брешко-Брешковская о самой себе...", П., 1917, с. 2). Именно в эти годы, считала она, в ней созрела твёрдая решимость "жить только для народа". После реформы 1861, в 17-летнем возрасте, начала борьбу за осуществление идеала светлого будущего, заслужив в конечном итоге имя "Бабушки рус. рев-ции". "Её обществ. биография,– писал А.Ф. Керенский в посвящённом ей некрологе,– история рев. движения за три четверти века... без неё не может уже обойтись сама история, ибо без Бабушки духовно ущерблённой оказалась бы современная Россия" ("Совр. записки", 1934, № 56, с. 394). Б.-Б. 10 лет проработала в созданной ею крест. школе и одноврем. создавала ссудо-сберегат. кассы, взаимопомощь, артели, организовывала крестьян перед выборами в судьи и управу. В нач. 1870-х гг. Б.-Б., уже замужней женщине, стало ясно, "что пр-во боится сознательности народа и старается его держать в рабском бесправии", это заставило искать "др. способы работать на пользу дорогого мне народа... я решила отправиться по России, чтобы с ними вступить на путь борьбы нелегальной" ("Бабушка Е.К. ..., с. 3). Была натурой эмоциональной, искренне приверженной религии, в её миросозерцании идеи христианства переплетались с идеями народнич. социализма. С 1873 чл. кружка "чайковцев"– орг-ции, решившей "проникнуть в народ лично, а не только посредством книг и листовок" (там же). Одна из создательниц "Киевской коммуны", под именем солдатки Фёклы Косой участвовала в "хождении в народ". В сент. 1874 была арестована, просидела до суда св. 3 лет. На "процессе 193-х" (окт. 1877 – янв. 1878) заявила, что имеет честь "принадлежать к соц. и рев. партии российской" и потому не признаёт этого суда. Приговорена "к 5 годам заводских работ"; на Карийской каторге стала первой женщиной-политкаторжанкой. В 1879 переведена на поселение в Баргузин, летом 1880 пыталась бежать. За это власти приговорили Б.-Б. к 4 годам каторги и телесному наказанию в 40 плетей, к-рое применить не решились из-за боязни бунта политических. В 1882, после года тюрьмы, снова каторга на Каре. В 1885–93 – на поселении в Селенгинске. Затем жила в Иркутске, после амнистии по случаю коронации Николая II в сент. 1896 вернулась в Европ. Россию. С 1898 снова на нелег. положении.

В 1899 Б.-Б. вместе с Г.А. Гершуни участвовала в создании "Рабочей партии полит. освобождения России". Осенью 1901 вместе с Гершуни были инициаторами создания Боевой орг-ции Партии социалистов-революционеров (ПСР), к-рая до 1905 совершила 4 крупных террористич. акта. Вошла в рук-во ПСР. После разгрома эсеров в 1903 эмигрировала в Швейцарию. Участвовала в подготовке кадров пропагандистов. В авг. 1904 дел. Амстердамского конгресса 2-го Интернационала; совершила поездку в США для сбора денег на нужды партии. В мае 1905 вернулась в Россию. В течение всей рев-ции находилась на нелег. положении. Из подполья приветствовала 1-й съезд ПСР (29 дек. 1905 – 4 янв. 1906). В февр. 1907 на 2-м съезде ПСР выступила за блок с кадетами. В сент. была выдана Е.Ф. Азефом и арестована в Симбирске. До суда 2 года 9 мес. содержалась в Петропавл. крепости. В 1910 приговорена (за принадлежность к ПСР) к ссылке в Ниж. Илимск, а затем в г. Киренск. В 1914, после неудачной попытки побега из заключения в Иркутской тюрьме, последовали ссылка в Якутск, возвращение из-за болезни в Иркутск и с 1916 (до Февр. рев-ции) поселение в Минусинске.

4 марта 1917 "минусинская Гор. дума in corpore явилась поздравить Бабушку с победой и торжеством её идей". Ей "был предоставлен для возвращения в Россию спец. вагон, и это возвращение было сплошным три-

умфом" (Попов И.И., Е.К. Брешко-Брешковская. Бабушка рус. рев-ции, П., 1917, с. 34). Прибыла в кон. апр. в Москву, где её бурно чествовали в Гор. думе, Совете РД, К-те обществ. орг-ций. Начала активную деятельность в поддержку Врем. пр-ва, постоянно совершая агитпоездки по стране и особенно защищая от нападок Керенского – "достойнейшего из достойных граждан земли русской, ...гражданина, своим решит. и мужеств. словом и образом действий спасшего Россию в рев. дни февр. переворота" (там же, с. 40). По его предложению в Петрограде жила в Зимнем дворце. Она пишет и издаёт автобиографию, серию брошюр, в к-рых доступно излагает осн. положения эсеровской программы и вместе с тем отвечает на злободневные вопросы, волновавшие народ. Говоря об Учред. Собр., Б.-Б. видит в нём не только "тот фундамент, на к-ром будет строиться великолепный хрустальный храм Свободной России", но и рекомендует туда "выбрать людей... к-рые ещё при старом порядке не переставали говорить о Земле и Воле". В наказ депутатам должны быть положены требования эсеровской программы: 1. Демокр. Республика; 2. Вся земля народу, социализация земли; 3. "Да здравствует равноправие всех национальностей, населяющих Рос. Гос-во! Долой сословия и привилегии!"; 4. "Закон о всеобщем обязат. образовании" и "Да здравствует 8-час. рабочий день – путь к образованию, благосостоянию и здоровью!"; добиваться всего этого на основе всеобщего, равного, тайного и прямого голосования (см.: Брешко-Брешковская Е.К., Что делать в Учред. Собр.?, м., 1917, с. 4–8).

В агр. вопросе Б.-Б. стояла на точке зрения его безотлагат. решения (в отличие от позиции рук-ва ПСР). Выступая на съезде КД Моск. губ. (29 апр.), призвала "немедленно приступить к орг-ции крест. Советов для скорейшего достижения чаяний всего крест-ва – передачи всей земли народу" ("Рев-ция 1917", т. 2, с. 90). На 1-м Всерос. съезде Советов КД (4–28 мая) выбрана в Исполком Всерос. Совета КД, получив 809 голосов "за" (810 набрал только В.М. Чернов). 27 июля в ст. "Контррев-ции нет места" Б.-Б. писала: "...наш народ твёрдо решил оставить за собой право... на переход всей земли от частной собственности в общественную. Он не расстанется с этим правом ни при каких условиях, и если возникнут попытки контррев-ции, то это приведёт только к кровопролитию, нисколько не обеспечивая торжества врагам народа" ("Воля Народа", 1917, 1 авг.).

В вопросе о войне Б.-Б. была сторонником победы во что бы то ни стало. Выступая на митинге перед солдатами и матросами в Петрограде, заявила: "Великие воины и граждане, освободите нас скорее от врага.Я, старуха, идти на войну не могу, хотя если бы вы этого потребовали от меня, отправлюсь" (там же, 8 мая), считала, что "каждый день приближает Россию к пропасти... мы парализуем не только её предстоящую возможность к возрождению, но в то же время изолируем её на всю будущую историю, ставя в положение изменницы делу интернац. пролетариата, призывающего Россию на помощь, ради скорейшего освобождения... ради скорейшей возможности приступить к разрешению нац. проблем мирным путём" (там же, 6 июня). Свои взгляды Б.-Б. обычно излагала в газ. "Воля Народа", в редакцию к-рой вошла 13 июля (после возвращения с отдыха в Крыму).Свой отказ сотрудничать в ЦО ПСР газ. "Дело Народа" она объясняла "германофильским" характером её статей о войне.

На 3-м съезде ПСР (25 мая – 4 июня, Москва) Б.-Б. была единодушно заочно, т.к. находилась на лечении, избрана почётным пред. В письме съезду Б.-Б. писала: «Нам необходимо единение внутреннее,– единство мысли и чувства... мы "народники" не по названью только. Мы – народники в силу нашей любви и бесконечной преданности высшим интересам, настоящим и будущим, нашего великого народа... И на наши головы ляжет ответ за малейшее допущение измены или нарушения данной народу клятвы – служить ему верой и правдой» ("Третий съезд ПСР", П., 1917, с. 47–48). При выборах ЦК группа центра предложила избрать Б.-Б. вне списков "как человека, стоящего для нас всех на совершенно исключит. высоте..." почётным членом ЦК, что было принято без голосования (там же, с. 365). Узнав об отказе съезда избрать в ЦК Керенского, Б.-Б. заявила о выходе из его состава ("Воля Народа", 1917, 21 июня). Выступая, Б.-Б. делала упор на моральную сторону вопроса. В полит. клубе женщин – гражданок Севастополя говорила: "В любви к народу, в знании его души – вы найдёте и умение служить ему и высшую награду быть счастливыми" (там же, 16 июля). В "Заметке" Б.-Б. отмечала, что "Россия самое отсталое в деле просвещения гос-во, что невежество масс есть **главный источник** всех поражающих Россию бедствий" и что "свет знаний повышает не только... благосостояние народа, но и ...его нравственность, этот гл. фактор прочного счастья всего человечества" (там же, 18 июля).

Летом её осн. тема – единение и оборона страны. 1 июля Б.-Б. прислала приветствие 1-му женскому воен. съезду, призвала вступить в женский "батальон смерти". В ст. "Женский батальон" писала: "Да будет благословенно начинание ваше... С вами правда, с вами честь, с вами благословение великой Родины вашей, прочь сомненья – смело вперёд!" (там же, 6 авг.). В июле во время тарнопольского прорыва немцев призывала: "...соберите силы свои и направьте их... на врагов внешних и внутренних". К последним она относила бывших полицейских, жандармов, чиновников, черносотенцев, к-рые, по её утверждению, "примкнули к ленинцам-большевикам, все они спешат развратить и армию и рабочих и вернуть старые порядки с царём во главе... Объединимся... на одной цели – на спасении Родины" (Попов И.И., указ. соч., с. 38).

На Гос. совещании (12–15 авг., Москва) Б.-Б. была делегатом от Исполкома Всерос. Совета КД. В выступлении 15 авг. "от рус. истории" (выражение Керенского) сказала, что народ выдержал испытание рев-цией, и теперь остаётся осуществить всеобщее единение, ибо "все в единении признают, что Родина у нас есть и что Родина эта достойна того, чтобы её защищали". К единению были призваны и интеллигенция, и капиталисты, причём последние должны быть поставлены под самый строгий, со стороны пр-ва, контроль, ибо "на их душе громадный грех" ("Гос. совещание", с. 227–29).

14–15 сент. все газеты перепечатали из "Воли Народа" манифест-воззвание, подписанный Орг. Советом петрогр. группы эсеров во главе с её почётным пред. Б.-Б. Воззвание требовало от ЦК ПСР "навсегда порвать с циммервальдизмом, пораженчеством и большевизмом, к-рые ведут партию к расколу, армию – к разгрому и страну – к развалу" ("Рус. Свобода", № 20–21, с. 30). Б.-Б. была избрана в сеньорен-конвент Врем. Совета Рос. Республики. Как старейший член 7 окт. открыла его заседание. Своё выступление посвятила необходимости скорейшей передачи земли крест-ву: "Теперешние страшные беспорядки и анархич. явления вызываются... требованием и правом" крестьян на землю. "Надо понять, что никакими маленькими пластырями эту ист. нужду не вылечишь, а пора помириться с мыслью, что земля перейдёт к народу". "Наша Россия будет сама виновата, если не сумеет сделать взаимные уступки настолько коренными, чтобы избежать вражды" ("Воля Народа", 1917, 8 окт.). Была избрана чл. Учред. Собр. (по Черниговскому избират. округу).

Окт. рев-цию не приняла. На 4-м съезде ПСР (26 нояб.– 5 дек.) Б.-Б. 29 нояб. отвела обвинение в "поправении" и заявила, что сохраняет в чистоте учение своих предшественников, сожалеет, что партия слишком разрослась за счёт чуждых людей и этим потеряла свой моральный авторитет. Отказалась от почётного председательствования. Многие делегаты настаивали на исключении из партии её и Керенского (см.: "Рев-ция 1917", т. 6, с. 235). Считала, что "чаша позора переполнилась в момент Брест-Литовского мира... Смерть казалась избавлением" ("Новый журнал", 1954, № 38, с. 206). Перешла на нелег. положение.

Летом 1918 Б.-Б. участвовала в деятельности Комуча (Самара), в сент.– Уфим. гос. совещания, в 1919 уехала в США, затем переехала во Францию, с 1924 – в Чехословакии.

А.П. Федоренко.

БРОЙДО (урождённая Гордон) Ева Львовна (7 нояб. 1876, г. Свенцяны Виленской губ.,– 15 сент. 1941, Орёл). Из мещан. В 1912 сдала экзамен на пом. провизора. В 1896 в Берлине познакомившись с книгами К. Каутского "История социализма" и А. Бебеля "Женщина и социализм", стала убеждённой социалисткой. С 1899 чл. РСДРП, меньшевичка. Рев. деятельность начала в Петербурге. В янв. 1901 арестована, в адм. порядке сослана в Вост. Сибирь на 5 лет; участвовала в т.н. Романовском протесте (Якут. протесте 1904 – вооруж. выступлении полит. ссыльных); зимой 1904 бежала и эмигрировала. Объехала ряд стран Европы. Во время Рев-ции 1905–07 участвовала в деятельности меньшевист. орг-ции Баку, позднее в петерб. орг-ции. В 1912 на Авг. конф. (Вена) избрана чл. ОК меньшевиков и его секр. Работала в меньшевист. газ. "Луч", в "Инициативной группе" (1912–14), в 1915 – в группе меньшевиков-интернационалистов в Минусинске.

После Февр. рев-ции 1917 дел. Общерос. конф. РСДРП (май). 25 авг. на Объединит. съезде РСДРП выбрана в бюро ЦК РСДРП(о) от интернационалистов. 30 авг. на заседании ЦК РСДРП утверждена чл. редакции "Голоса Работницы". Жизненное и полит. кредо Б. выражено в её кн. "Женщина-работница" (П., 1917), в к-рой она призывала трудящихся-женщин:

"Надо учиться; надо активно участвовать в проф. союзах и с.-д. партии. Теперь нам не приходится ждать, что за нас что-то сделают другие. Мы сами призваны ковать свою судьбу. Мы должны принять деятельное участие в выборах в местное самоуправление, мы должны готовиться к выборам в Учред. Собр. Но при этом должны помнить, что интересы рабочего класса в целом, как рабочих, так и работниц, одинаковы и что эти интересы противостоят интересам всех др. бурж. классов" (с.16).

В кон. окт.– нач. нояб. выступала за переговоры с большевиками об образовании "однородного соц. пр-ва". В 1918 секр. меньшевист. ЦК. В 1920 покинула Россию, работала секр. редакции "Соц. Вестника". В нояб. 1927, будучи чл. ЦК и Загран. делегации РСДРП, Б. нелегально приехала в Россию.

22 апр. 1928 арестована в Баку, приговорена к 3 годам тюрьмы, с апр. 1931 в ссылке в Ташкенте, с нояб. 1935 – в Ойрот-Туре. 4 июля 1937 арестована, 21 марта 1939 Воен. трибуналом Моск. ВО осуждена к 20 годам тюрьмы, 13 сент. 1941 Воен. коллегией Верх. суда СССР, в очередной раз рассмотревшей дела заключённых Орловской тюрьмы, приговорена к расстрелу. Реабилитирована посмертно.

Соч.: В рядах РСДРП, М., 1928.

Лит.: Абрамович Р.А., Бройдо, "Соц. Вестник", 1936, № 2; Бургина.

В.В. Ворошилов.

БРОЙДО Марк Исаевич (наст. имя Мордух Менделевич) (4 окт. 1877, Свенцяны Виленской губ.,– 1937). Сын частного поверенного в Вильно. Студентом Петерб. технологич. ун-та (окончил в 1918) примкнул к с.-д. движению. Один из организаторов в 1900 нелег. группы "С.-д. рабочая библиотека", что послужило причиной ареста в 1901 и ссылки в 1902 на 8 лет в Вост. Сибирь. В 1904 участвовал в т.н. Романовском деле (Якут. протесте 1904 – вооруж. выступлении полит. ссыльных), приговорён к 12 годам каторги, бежал. В Баку вступил в группу меньшевиков; активно участвовал в рев. событиях 1904–05. На 5-м (Лондонском) съезде РСДРП (1907) выбран членом ЦК. В годы 1-й мир. войны "оборонец". В дек. 1915 вошёл в "рабочую группу" Центр. Воен.-Пром. к-та от оборонч. крыла меньшевиков. В янв. 1917 арестован.

После Февр. рев-ции 1917 член Петрогр. Совета РСД и его исполкома; зав. секретариатом Петрогр. Совета РСД. На заседании бюро фракции меньшевиков

Совета 1 мая избран пред. фракции. На 1-м Всерос. съезде Советов (3–24 июня) избран членом его Президиума от фракции меньшевиков. Управляющий делами ВЦИК 1-го созыва. На заседании исполкома Петрогр. Совета 9 июня вошёл в комиссию, к-рая совм. с Президиумом 1-го Всерос. съезда Советов должна была выработать план кампании противодействия готовившейся манифестации большевиков и составить по этому поводу воззвание к населению. 22 июня избран членом бюро исполкома Петрогр. Совета. 27 июля на рабочей секции Петрогр. Совета выступил против резолюции большевиков, в к-рой, в частности, затрагивался вопрос о переходе власти к Советам.

21 сент. на Демокр. совещании заявил: "Сейчас вообще ни один класс собств. силами не может разрешить стоящей перед нами задачи. Чем шире мы будем объединяться, тем меньше будет наша ответственность. Единственный правильный путь – путь единения рев. и демокр. сил, а не путь изолирования демократии, к-рый приведёт нас к гибели" ("Известия СР и СД", 1917, 22 сент.). В тот же день в своём выступлении в Петрогр. Совете сказал, что большевики стремятся к власти, полагаясь на "авось", на случайную удачу. "Сов. власти у нас ещё не было. Справимся ли мы с ней?" ("Рев-ция 1917", т. 4, с. 251–53). В сент. от РСДРП(о) вошёл во Всерос. Демокр. Совет (Предпарламент). С 26 сент. пред. хоз.-распорядит. комиссии Предпарламента. В нач. окт. в Объединённом к-те демокр. орг-ций по обороне говорил: "Страну, а вместе с тем и рев-цию может спасти только сильный фронт и мы должны приложить все усилия к тому, чтобы укрепить его. Для того, чтобы создать крепкий фронт, нужно иметь прежде всего и крепкий тыл. Это мы можем и должны сделать немедленно, перейдя от слов к реальному творчеству" ("Рабочая Газета", 1917, 10 окт.).

12 окт. на заседании исполкома Петрогр. Совета выступил против создания ВРК. На пленарном заседании Петрогр. Совета от имени фракции меньшевиков заявил: «...вопрос о воен.-рев. к-те тесно связан с вопросом об обороне Петрограда. ...опасность грозит не только Петрограду со стороны немцев, но в Петрограде в настоящее время ведётся чрезвычайно опасная агитация, зовущая массы на улицу с лозунгом "Вся власть Советам". При такой обстановке дела рев. к-т может превратиться в нечто другое, в нечто грозное и опасное. Мы против этого и мы туда не пойдём...» (там же, 17 окт.). 23 окт. на заседании Петрогр. Совета сказал, что считает деятельность ВРК дезорганизаторской, ведущей к расколу в рядах демократии, и просит собрание хорошенько подумать, прежде чем принять окончат. решение.

Окт. рев-цию не принял. 25 окт. на экстренном заседании Петрогр. Совета было оглашено заявление, подписанное А.И. Вайнштейном, М.И. Либером и Б., о том, что фракция меньшевиков "слагает с себя всякую ответственность за гибельные последствия заговора и, в согласии с ЦК РСДРП(о), заявляет о своём уходе из состава президиума Исполнит. К-та Совета" ("Рев-ция 1917", т. 5, с. 181). Подписал совм. с другими опубликованное 4 нояб. в "Рабочей Газете" письмо, в к-ром выражен протест против принятого 31 окт. ЦК меньшевиков решения о переговорах с большевиками по вопросу образования "однородного соц. пр-ва". 17 нояб. на заседании ВЦИК 1-го созыва поднял вопрос о взаимоотношениях между ВЦИК и К-том спасения Родины и Рев-ции. Утверждал, что принципиальной разницы между этими орг-циями нет, и предлагал их слить. В 1919 выехал в Вильно, весной 1920 – в Вену.

Лит.: Д а н Ф.И., М.И. Бройдо, "Соц. вестник", 1937, № 14/15; Бургина.

В.В. Ворошилов.

БРУСИ́ЛОВ Алексей Алексеевич (19 авг. 1853, Тифлис,– 17 марта 1926, Москва). Из дворян. В 1872 окончил младший спец. класс Пажеского корпуса; к переводу в старший спец. класс по результатам учёбы не допущен. Участник рус.-тур. войны 1877–78. Окончив Офицерскую кав. школу (1883), преподавал там же (в 1902–06 нач. школы). В 1906–12 команд. 2-й гвард. кав. дивизией, ком. 14-го армейского корпуса; ген. от кавалерии (1912). Во время 1-й мир. войны в 1914–16 команд. 8-й армией; ген.-адъютант (1915). С 17 марта 1916 главноконанд. армиями Юго-Зап. фронта; в мае – авг. руководил наступлением, получившим позднее назв. "Брусиловского прорыва"– одной из крупнейших операций на рус.-герм. фронте. Верил в неотвра-

тимую предопределённость событий, (увлекался оккультизмом и мистикой; испытывал сильное влияние идей основательницы Теософич. об-ва Е.П. Блавацкой).

1 марта 1917 на запрос ген. М.В. Алексеева о мнении Б. по поводу необходимости отречения имп. Николая II ответил (телеграммой): "... В данную минуту единств. исход, могущий спасти положение и дать возможность дальше бороться с внеш. врагом...– отказаться от престола в пользу государя наследника цесаревича при регентстве вел. кн. Михаила Александровича... Необходимо спешить, дабы разгоревшийся пожар был скорее потушен, иначе повлечёт за собой неисчислимые катастрофич. последствия. Этим актом будет спасена и сама династия в лице законного наследника" ("Отречение Николая II", 2 изд., М., 1990, с. 238).

После Февр. рев-ции сторонник продолжения войны до победного конца. Выступал 20 апр. на открытии съезда делегатов Юго-Зап. фронта (Каменец-Подольск), заявил, что "... война даровала нам ту свободу, к-рой мы так дорожим... Но для того, чтобы эта война была достойна достигнутой ею свободы, закрепила бы её... нужно, чтобы эта война была победоносная" (ЦГВИА СССР, ф. 162, оп. 1, д. 4, л. 15). 24 апр. в телеграмме Верх. главнокоманд. М.В. Алексееву, ссылаясь на успешный опыт своего наступления в 1916, настаивал на проведении наступления на Юго-Зап. фронте. 26 апр. заявил резкий протест воен. мин. А.И. Гучкову против назначения комиссаров Врем. пр-ва при штабах фронтов и армий: "Уверен, что в воен. время главнокомандующий и командующий на театре воен. действий должен пользоваться полным доверием пр-ва и народа и обладать полною властью..." и что "подобная мера будет во всех отношениях пагубно влиять на боевые действия войск" (ЦГВИА, ф. 2003, оп. 1, д. 65, л. 475).

22 мая назначен Верх. главнокомандующим. Сторонник формирования новых войсковых частей на добровольч. основе, 23 мая утвердил "План формирования рев. батальонов из волонтёров тыла". В июне принял предложенное ему почётное звание верх. пред. всех фронтовых к-тов по их формированию. Занимаясь подготовкой наступления на рус.-герм. фронте, обсуждал в переписке с воен. мин. А.Ф. Керенским вопрос о порядке демобилизации рус. армии в случае необходимости. Накануне наступления, начавшегося 16 июня, обратился к союзному командованию с просьбой о поддержке рус. армий наступлением союзников на др. фронтах. После событий 3–5 июля в Петрограде писал Керенскому: "Раз пр-во вступило в решит. борьбу с большевизмом, то оно должно покончить и с гнездом большевизма Кронштадтом. Кронштадтскому гарнизону должно быть предъявлено требование полного подчинения пр-ву и разоружения... и, в случае неисполнения требований... необходимо... бомбардировать Кронштадт..." (ЦГВИА, ф. 15234, оп. 1, д. 40, л. 39). После неудачи наступления на Юго-Зап. фронте вместе с Керенским подписал 9 июля распоряжение о подавлении призывов к неисполнению боевых приказов, не останавливаясь перед применением оружия, 10 июля запретил собрания и митинги в р-не боевых действий под угрозой вооруж. разгона, 12 июля запретил войсковым к-там обсуждать боевые приказы и вмешиваться в них. В телеграмме воен. министру писал: "...только применение смертной казни остановит разложение армии и спасёт свободу и Родину" ("Речь", 1917, 18 июля). После совещания в Ставке 16 июля, обсудившего положение на фронте, Б. был 19 июля смещён с должности; остался в распоряжении Врем. пр-ва и с разрешения Керенского уехал в Москву.

8–10 авг. участвовал в Моск. Совещании обществ. деятелей; вошёл в состав комиссии по выработке резолюции; на вечернем заседании 8 авг. заявил о необходимости "...извергнуть армию из политики". В сент. почётный пред. правления Об-ва укрепления в воен. и нар. среде правосл. христ. религии.

После Окт. рев-ции жил в Москве. В 1920, после начала сов.-польск. войны, поступил на службу в РККА.

С о ч.: Мои воспоминания, М., 1963; Мои воспоминания, "Воен.-ист. журнал", 1989, № 10, 12; 1990, № 2.

Лит., Д.Л., Брусилов о себе и о своих судьях, "Воля России", 1924, № 18/19; С е м а н о в С.Н., Брусилов, М., 1980.

И.В. Объедков.

БРЮЛЛÓВА - ШАСКÓЛЬСКАЯ Надежда Владимировна (30 нояб. 1886, Петербург,– 9 окт. 1937, Ташкент). Из дворянской семьи, внучка архитектора и художника А.П. Брюллова. По окончании в 1908 ист.-филол. отделения Высших жен. (Бестужевских) курсов, где специализировалась по истории религии, была послана в загран. командировку. В 1909 в Штутгарте вышла замуж за приват-доцента П.Б. Шаскольского. Вернувшись в Петроград, преподавала в гимназиях, Нар. ун-те, занималась науч. работой. Сотрудничала в журналах, в словаре Брокгауза и Ефрона. В 1916 сдала испытания на диплом 1-й степени Петрогр. ун-та. Чл. ПСР с 1910. Поддерживала связи с с.-д. и трудовиками, в частности с А.Ф. Керенским. В 1915–16 дважды задерживалась полицией в связи с арестами неблагонадёжных лиц.

В 1917 работала в Василеостровском районном к-те ПСР столицы. Выступала с лекциями "Текущий момент и война" и др. Получила известность как специалист по нац. вопросу. Выпустила брошюры: "Народности России и их требования", "Нац. вопрос в России", "Партия социалистов-революционеров и нац. вопрос", "Как жить между собою народам России?". Представляла ПСР в Совете (Бюро) нац.-соц. партий (входили "Дашнакцутюн", Партия груз. социалистов-федералистов,

Белорус. соц. громада, Евр. объединённая соц. партия, "Поалей-Цион", Польская соц. партия и др.). В мае участвовала в работе Сев. обл. конференции ПСР. Делегат 3-го парт. съезда (25 мая – 4 июня). На 1-м заседании съезда выступила с приветствием от Бюро нац.-соц. партий; 31 мая сделала осн. доклад от подсекции по нац вопросу:

"Нация есть социальная среда личности... Личность определяет сама себе, к какому нац. комплексу она принадлежит, с кем она чувствует себя более всего связанной... Через понятия личности и народа, через понятия труда и творчества мы переходим к нашему соц. пониманию нации" ("Протоколы 3-го съезда Партии социалистов-революционеров". Стенографич. отчёт, П., 1917, с. 296); "Буржуазия имеет своё понимание нации. Она исходит из той ложной предпосылки, против к-рой мы должны бороться всеми силами. Она отождествляет нацию с гос-вом. Когда она говорит о рус. интересах,– она говорит о гос. интересах" (там же, с. 297); "Мы категорически отмежёвываемся от бурж. понятия гос-ва и нации... С точки зрения социализма понятие нации есть понятие её трудовых нар. масс... нашей целью является не старый, несколько наивный космополитизм, к-рый растворял личность в мировой идее, не считаясь с нац. языком, но монополитизм, т.е. союз мировой, союз всех обособленных в нации трудовых слоёв человечества" (там же, с. 297–98). Б.-Ш. делала вывод, "что федеративная республика является... целью", но каждой нации должно быть предоставлено на её учред. собрании "выявить свою волю: имеет ли она автономию, не связанную с территорией". По мнению докладчицы, "самым лучшим выходом является обл. терр. автономия, с безусловным обеспечением прав нац. меньшинства и пропорциональным участием в бюджете муниципальном и областном" (там же, с. 298); 3 июня съезд принял резолюцию по нац. вопросу, взяв за основу текст, предложенный Б.-Ш.:

«...свободное творческое развитие нац. коллективностей является лучшей гарантией развития личного... существование великодержавных наций, с одной стороны, и угнетённых и бесправных наций – с другой, понижает культурный уровень и тех, и других, сеет рознь между братскими классами разных народов... и тормозит развитие клас. борьбы... принцип федеративной связи является принципом, наиболее соответствующим задачам регулирования взаимных отношений между разл. национальностями... задача преодоления империализма внешнего ставит на очередь по всей Европе и во всём мире проблему установления организованного "общества наций", т.е. широкой междунар. федерации» (там же, с. 481). Съезд высказался за введение в России "формы федеративной демокр. республики, с терр.-нац. автономией в пределах этнографич. расселения народностей и с обеспечением осн. законами страны как прав нац. меньшинств в местностях со смешанным населением, так и вообще публичных прав для всех языков, на к-рых говорят трудящиеся массы в России". Нац. меньшинства и нации без определ. территории "могут быть соединены в экстерриториальные персонально-автономные союзы, со своими местными и общегос. представит. органами" (там же, с. 481–82). Подобную схему гос. устройства России ПСР собиралась проводить в Учред. Собр. В резолюции также говорилось: "В области строительства соц. партий России П.С.-Р. стремится к созданию Рос. Соц. Интернационала на федеративных началах. В области конструирования мирового соц. Интернационала П.С.-Р. признаёт допустимым представительство соц. партий не только по гос-вам, но, в случае необходимости, и по национальностям, независимо от гос. границ" (там же, с. 482).

С лета 1917 Б.-Ш. была чл. Петрогр. губ. к-та ПСР, после раскола партии (нояб.) избрана его пред. Участвовала в работе 4-го парт. съезда (26 нояб.– 5 дек.). На его 1-м заседании сделала доклад о работе в Совете нац.-соц. партий и предложила послать делегацию в ВРК с требованием освободить "заключённых товарищей", 4 дек.– "передать в ЦК... вопрос о реорганизации партии на федеративных началах" ("Краткий отчёт о работе 4-го съезда ПСР", П., 1918, с. 139–40).

В 1918 Б.-Ш. стала членом просветит. об-ва в память 27 февр. 1917 "Культура и Свобода", участвовала в работе библиотеч. секции К-та гражд. просвещения им. Е.К. Брешко-Брешковской. На Центр. курсах об-ва выступала с лекциями "Нац. вопрос", "История рев. движения в России". Осенью 1918 (после смерти мужа) выехала на Украину. В 1919–20 экстраординарный профессор по кафедре истории религии Харьковского ун-та; с 1921 преподавала в петрогр. вузах. К эсеровскому процессу 1922 не привлекалась. 25 июля 1922 Б.-Ш. была арестована и сослана в адм. порядке в Ср. Азию. Проживая в Ашхабаде и Ташкенте, занималась научной и музейной работой. Вернувшись из ссылки в Ленинград, работала переводчицей, занималась лит. деятельностью, сотрудничала с изд-вом "Об-ва бывших политкаторжан и ссыльнопоселенцев". 25 февр. 1933 была вновь арестована и сослана в Ташкент. 24 апр. 1937 снова арестована и постановлением "тройки" НКВД от 26 сент. приговорена к расстрелу. Реабилитирована посмертно.

Я.В. Леонтьев.

БУАЧИДЗЕ Самуил Григорьевич (5 июня 1882, с. Парцхнали Кутаисской губ.,– 20 июня 1918, Владикавказ). Из крестьян. В

1902 окончил Кутаисское с.-х. уч-ще, затем краткосрочные курсы сел. учителей. Чл. РСДРП с 1902; после 2-го съезда РСДРП (1903) большевик. В Рев-цию 1905–07 организатор боевых дружин в Закавказье, подпольных типографий на Сев. Кавказе. В 1907 арестован в Москве; приговорён к 4 годам каторги и бессрочной ссылке в Якутию. В 1911 бежал, вёл рев. работу в Грузии. Был заочно приговорён Кавк. воен. судом к смертной казни. В 1912 эмигрировал. С 1914 работал в Болг. с.-д. партии-тесняков, в 1915 выслан из Болгарии. В Женеве был пред. К-та помощи политэмигрантам, вёл работу в большевист. группах РСДРП, сотрудничал с левыми с.-д. Швейцарии.

После Февр. рев-ции 1917 и отъезда В.И. Ленина в Россию

по его поручению занимался орг-цией отправки 2-й группы рос. политэмигрантов. С кон. апр.– в Петрограде, в мае направлен ЦК РСДРП(б) на Сев. Кавказ. Совм. с С.М. Кировым и др. создавал большевист. орг-ции. В условиях многонац. населения Сев. Кавказа вёл работу по преодолению нац. вражды и сплочению трудящихся разных национальностей в борьбе за рев. преобразования. В сент. избран депутатом и членом Президиума Владикавк. Совета РСД, был выдвинут канд. в чл. Учред. Собр. от большевиков (по Терско-Дагестанскому избират. округу), гласным владикавк. Гор. думы.

С сер. окт. пред. Владикавк. к-та РСДРП(б). В ночь на 26 окт., после получения известия о победе вооруж. восстания в Петрограде, экстренное заседание Владикавк. Совета РСД по предложению Б. приняло резолюцию, в к-рой приветствовало рев-цию и заявляло о признании власти Сов. пр-ва. Учитывая популярность Б. среди горцев Сев. Кавказа, в нояб. Горское пр-во А.М. Чермоева предложило ему пост министра труда, от к-рого Б. отказался. 30 дек. по приказу Терско-Дагестанского пр-ва (создано 1 дек.) арестован вместе с др. членами Президиума Владикавк. Совета РСД офицерами т.н. Дикой дивизии; 1 янв. 1918 Б. и др. были отбиты у конвоя группой членов орг-ции "Кермен" и рабочих ж.-д. мастерских. Участвовал в создании интернац. межпарт. бюро для борьбы с контррев-цией и предотвращения межнац. войны на Тереке.

От Владикавк. Совета РСД дел. 1-го обл. съезда народов Терека (янв. 1918). Накануне съезда участвовал в создании "соц. блока" (тактич. объединение делегатов – большевиков, меньшевиков, эсеров и керменистов), вошёл в Совет "блока". На открытии съезда (25 янв., Моздок) от имени "соц. блока" говорил, что те народы, к-рые не пойдут в данный момент с рус. демократией, погибнут, что нек-рые горские народы находятся под влиянием тех же провокаторов, к-рые ранее обманывали казаков и рус. крестьян (см.: "Съезды народов Терека", т. 1, Орджоникидзе, 1977, с. 31). На закрытом заседании съезда (26 янв.) заявил от имени "соц. блока" резкий протест против попытки командующего вооруж. силами Моздокского Военно-рев. Совета полк. Рымаря направить казачьи войска в Чечню и Ингушетию. Съезд высказался за мирное улаживание межнац. конфликтов, за единение трудовых казаков с трудовыми горцами. 31 янв. Б. выступил с докладом "Об орг-ции власти", в к-ром призвал к объединению всех народов Сев. Кавказа и созданию единого исполнит. обл. органа власти (см. там же, с. 48–49). Избран чл. Терского обл. Нар. Совета и назначен пред. Коллегии по отделу орг-ции и охране общественности и рев. порядка. Из-за угрозы выступления контррев. офицерства 2 февр. Терский Нар. Совет переехал в Пятигорск, где должен был собраться 2-й обл. съезд народов Терека.

На открытии 2-го съезда (16 февр., Пятигорск) Б. подчеркнул, что на 1-м съезде "мы, представители трудового населения, достигли единения, мы убедились в том, что трудовые народы всего края, охваченные пожаром, протягивают друг другу братские руки. Было ясно, что разрешение всех наболевших вопросов – о земле, рабочий вопрос, национальный и др.– можно достигнуть только мирным путём, путём единения самих народов... Трудовое население России не изолировано, рев. движение загорается всюду, во всех странах, и трудящихся всех народов с нами..." (там же, с. 69–70). Активно участвовал в работе образованной съездом секции по нац. вопросу. Говоря о признании власти СНК РСФСР, заявил, что главное не в формальном признании власти СНК, "... нам важно, как Вы на деле будете защищать свои интересы, интересы рабочих, крестьян, трудовых казаков и горцев..." (там же, с. 179). В ходе работы съезда Терский Нар. Совет продолжал подготовку к свержению Терско-Дагестанского пр-ва во Владикавказе, сосредоточив это дело в руках Б. Было решено 2-му съезду народов Терека переехать во Владикавказ и принудить Терско-Дагестанское пр-во к самороспуску. 6 марта съезд переехал во Владикавказ; безопасность переезда и размещение делегатов в городе обеспечил Б. 5 марта Б. был избран пред. Совета.

Наряду с орг-цией претворения в жизнь декретов СНК Терской сов. республики (отмены частной собственности на землю, леса и недра, передача под контроль фабзавкомов и органов Сов. власти пром. пр-тий, нефт. промыслов и т.п.) Б. проводил подготовку к созыву 3-го съезда народов Терека. Для улаживания часто возникавших межнац. конфликтов выезжал в Чечню, Ингушетию, Кабарду, в казачьи станицы. В апр. 1918 руководил подавлением мятежа, возглавляемого быв. нач. Пятигорского воен.-рев. штаба Нижевясовым.

На 3-м съезде народов Терека (22–29 мая, Грозный) в докладе о деятельности Нар. Совета подчеркнул, что Сев. Кавказу угрожает нашествие тур. и герм. интервентов, призвал народы Терека к защите своей земли, к защите России рабочих и крестьян (см. там же, с. 269–72). 28 мая во внеочередном заявлении поставил вопрос о доверии Нар. Совету в момент грозной опасности для края. Съезд выразил доверие Терскому Нар. Совету и избрал новый его состав; Б. вновь был избран пред. Нар. Совета. Осн. внимание после съезда уделял организации частей Кр. Армии ввиду возникшей воен. опасности, привлечению в её ряды воен. специалистов, борьбе с белоказаками. На митинге в казармах 2-го Терского батальона, подготовленном казачьими офицерами, убит выстрелами из толпы.

Лит.: Дубинский-Мухадзе И., Ной Буачидзе, М., 1960; Коренев Д.З., Рев-ция на Тереке 1917–1918 гг., Орджоникидзе, 1967. *В.Н. Заботин.*

БУ́БЛИКОВ Александр Александрович (1875, Петербург,– 1936?). Сын чиновника Мин-ва путей сообщения. Окончил Петерб. ин-т инженеров путей сообщения. Служил нач. по изысканиям на ж.д. Москва – Казань – Екатеринбург. Автор работ по проблемам ж.-д. транспорта. Сблизился с влият. кругами рус. буржуазии и стал одним из видных деятелей её всерос. торг.-пром. орг-ций. Член межведомств. Комиссии по выработке плана развития ж.-д. сети России. Масон. Пожертвовал 100 тыс. руб. для Горного ин-та в Екатеринбурге; почётный гражданин Екатеринбурга и Шадринска. В 1912 избран от Перм. губ. в 4-ю Гос. Думу, вошёл во фракцию прогрессистов. В 1915 не поддержал лозунг "ответств. министерства", направленный на замену царского пр-ва пр-вом из депутатов Думы, т.к. считал, что обществ. критика повернётся против Думы, поскольку среди её депутатов не было крупных специалистов по различным отраслям гос. политики, способных возглавить министерства.

С нач. Февр. рев-ции 1917 Врем. К-том Гос. Думы назначен комиссаром в Мин-во путей сообщения и в ночь с 27 на 28 февр. направлен туда с отрядом солдат. В эту же ночь Б. использовал ж.-д. телеграф для оповещения начальников всех ж.-д. станций страны о том, что власть перешла к Гос. Думе. Телеграмма Б., незамедлительно распространённая по всем терр. Рос. империи, сыграла важную роль в ускорении рев. событий и переходе власти к Врем. пр-ву. Будучи комиссаром в Мин-ве путей сообщения, установил контроль над всей сетью жел. дорог в России. 28 февр. Николай II выехал из Ставки в Царское Село, но Б. приказал остановить царский поезд, и царь вынужден был повернуть обратно. По решению Врем. пр-ва 8 марта Б. (в числе 4 комиссаров Гос. Думы) прибыл в Могилёв для ареста быв. царя и препровождения его в Царское Село.

В первое время после Февр. рев-ции воен. составы отправлялись на фронт точно по графику, но уже в марте на учред. съезде Всерос. союза торговли и пром-сти Б. заявил, что ж.-д. транспорт находится в состоянии разрухи и для её преодоления необходимо обратиться за помощью к пр-ву США и амер. частному капиталу. Врем. пр-во командировало Б. на Урал, чтобы удержать трудящихся от введения рабочего контроля над про-из-вом и распределением продуктов. Б. критиковал уступки Врем. пр-ва рабочим, в частности осудил как "неудачную социализацию" циркуляр от 27 мая, давший Всерос. союзу железнодорожников право контроля над разл. сферами х-ва, выступил против роста зарплаты рабочих и против закона Врем. пр-ва от 12 июня о повышении подоходного налога и налога на прибыли пр-тий. В то же время Б. отмечал: "Голый дух стяжательства настолько охватил все классы, что просто ужас берёт за нацию, к-рая потеряла моральную нравственность" (Волобуев П.В., Экон. политика Врем. пр-ва, М., 1962, с. 308–09).

Летом участвовал в работе Экон. совета, созданного Врем. пр-вом для разработки "общего плана орг-ции нар. х-ва и труда". На заседании совета в кон. июля заявил, что трансп. сообщение с Архангельском и Владивостоком, через к-рые союзники снабжали Россию, находится на грани срыва. 8 авг. участник частного Совещания обществ. деятелей. 13 авг. на Гос. совещании от имени "торг.-пром. класса" охарактеризовал А.Ф. Керенского как "главноуговаривающего", а мин. финансов Н.В. Некрасова назвал "главноусовещающим". Отверг заявление И.Г. Церетели о том, что имущие классы должны думать не об облегчении бремени налогов, а о жертвах во имя гос-ва, утверждал, что финанс. положение страны может спасти "только величайшее напряжение пром. творчества, и торг.-пром. класс свою гос. повинность усматривает именно в этом" (Гос. совещание. Стенографич. отчёт, М., 1930, с. 268). В той же речи провозгласил, что предприниматели готовы поддержать призыв к сотрудничеству, исходивший от лидеров меньшевиков и эсеров. Символическое рукопожатие с Церетели стало одним из кульминац. моментов совещания.

После Окт. рев-ции эмигрировал.

Соч.: Рус. рев-ция, Нью-Йорк, 1918; Программа экон. политики, Нью-Йорк, 1919. *Н.А. Сахаров.*

БУ́БНОВ Андрей Сергеевич (22 марта 1884, Иваново-Вознесенск,– 1 авг. 1938, Москва). Из семьи купца. Студентом Моск. с.-х. ин-та в 1903 вступил в

РСДРП, большевик. В Рев-цию 1905–07 чл. Ив.-Вознесенского, Московского к-тов, Моск. обл. бюро РСДРП; дел. 4-го (1906) и 5-го (1907) съездов партии. Подвергался арестам, был в ссылке. На 6-й (Пражской) Всерос. конф. РСДРП (1912) заочно намечен канд. для кооптации в ЦК. В 1913 чл. редакции большевист. газ. "Правда".

В кон. 1916 арестован, в февр. 1917 сослан в Сибирь, но на этапе освобождён Февр. рев-цией. С 17 марта вёл рев. работу в Самаре, Ив.-Вознесенске, Москве. 14 апр. один из пред. парт. конференции орг-ций Ив.-Вознесенска, Кинешмы, Гусь-Хрустального, Шуи и Владимира; избран дел. 7-й (Апр.) Всерос. конф. РСДРП(б). Дел. 1-й Моск. обл. парт. конференции (19 апр.); по предложению Б. в резолюцию "Об отношении к Врем. пр-ву" включено требование контроля Советов над деятельностью Врем. пр-ва и его местных органов; избран чл. Моск. обл. бюро РСДРП(б). С апр. член исполкома Моск. Совета РД. На 7-й (Апр.) парт. конф. зачитал резолюцию, предложенную Моск. обл. парт. конференцией; выступил с оценкой момента, предлагая "немедленно поднять знамя гражд. войны, свергнуть Врем. пр-во, осуществить нашу диктатуру" ["7-я (Апр.) конференция РСДРП(б)", с. 96]. Вёл парт.-сов. орг. и пропагандист. работу на севере Центр. пром. р-на (Кинешма, Ив.-Вознесенск и др.). 4 июля, после получения известий о вооруж. демонстрации в Петрограде, на совещании МК РСДРП(б) с представителями райкомов партии совм. с А. Ломовым (Г.И. Оппоковым) и И.Н. Стуковым внёс предложение о необходимости немедленного захвата почты, телеграфа и др. учреждений в Москве, к-рое было отклонено. Дел. 6-го съезда РСДРП(б) (26 июля – 3 авг.); избран чл. ЦК и узкого состава ЦК. В авг.– окт. руководил редакцией газ. "Солдат"– органа Воен. орг-ции при ЦК партии. С авг. представитель ЦК в ПК РСДРП(б), с сент. член исполкома Петрогр. Совета РСД. Накануне выступления ген. Л.Г. Корнилова моск. большевики пошли на блок с меньшевиками и эсерами для "отпора контррев-ции", не определив условий сотрудничества. ЦК РСДРП(б) 14 авг. направил Б. в Москву для расследования этого факта. Б. созвал заседание МК РСДРП(б), к-рое осудило заключённое соглашение. В докладе на заседании ПК РСДРП(б) 27 авг. подчеркнул опасность, нависшую над Петроградом в связи с корниловским выступлением; по предложению Б. все парт. орг-ции были приведены в боевую готовность, началось вооружение рабочих, в воинские части направлены представители большевиков.

На заседании ЦК РСДРП(б) 10 окт. избран чл. Полит. бюро ЦК. 11–13 окт. дел. съезда Советов Сев. области. 15 окт. на заседании ЦК РСДРП(б) изложил план конкретных мер парт. орг-ции по непосредств. подготовке восстания. На заседании ЦК партии 16 окт. избран чл. Воен.-рев. центра по рук-ву восстанием. Вошёл в Петрогр. ВРК. 24 окт. руководил захватом ж.-д. вокзалов и станций Петрогр. ж.-д. узла. 25 окт. по поручению ЦК возглавил общее рук-во полевым штабом Петрогр. ВРК. Дел. 2-го Всерос. съезда Советов РСД, избран чл. ВЦИК. В дни выступления А.Ф. Керенского – П.Н. Краснова как комиссар ВРК Петрогр. ж.-д. узла установил красногв. контроль над всеми вокзалами, воспрепятствовал забастовке, планировавшейся Викжелем. 5 нояб. назначен комиссаром жел. дорог Республики. 16 нояб. направлен на Юг России и Украину для оказания помощи в установлении Сов. власти. 26–30 нояб. один из руководителей обороны Ростова-на-Дону от войск атамана А.М. Каледина. С 10 дек. чл. коллегии Наркомпути и комиссар жел. дорог на Юге Республики.

В нач. 1918 по вопросу о заключении мира с Германией входил в группу "левых коммунистов"; подписал "Заявление в ЦК группы его членов и нар. комиссаров", поданное в ЦК партии 22 февр., в к-ром заключение мира объявлялось "капитуляцией передового отряда междунар. пролетариата перед междунар. буржуазией" ["Протоколы ЦК РСДРП(б)", с. 209]. На 7-м (Экстренном) съезде РКП(б) (март) продолжал выступать против Брестского мира, отстаивал необходимость ведения рев. войны; зачитал "Заявление в ЦК", поданное 22 февр.

В марте – апр. 1918 нар. секр. (нарком) хоз. дел Украины, в апр.– июле чл. Бюро по рук-ву повстанч. борьбой в тылу врага, в июне – сент. пред. Всеукр. центр. ВРК. Дел. 1-го съезда КП(б)У (июль), избран чл. ЦК. С окт. один из руководителей парт. подполья на Украине, затем на политработе в Кр. Армии.

С 1922 на парт. и гос. работе. Один из первых историков большевист. партии. 1 авг. 1938 приговорён Воен. коллегией Верх. суда СССР к расстрелу. Реабилитирован в 1956.

Соч.: Ленин в Окт. дни, в кн.: Восп. о В.И. Ленине, т. 4, М., 1990; О Кр. Армии, М., 1958; Осн. вопросы истории ВКП, 4 изд., М., 1926.

Лит.: Родин А.М., А.С. Бубнов, М., 1988.

В.Н. Заботин.

БУКЕЙХА́НОВ Алихан Нурмухамедович (1870, по др. данным, 1866, 7 аул Токраунской вол. Каркаралинского у. Семипалатин-

ской обл.,– 27 сент. 1937). Из знатной (султанской) семьи. Окончил Омское технич. уч-ще, затем экон. ф-т Петерб. лесотехнич. ин-та. Преподаватель, журналист, этнограф. Относил себя к "западническому направлению" обществ. движения кирг. (казах.) интеллигенции, к-рая "видит будущее кирг. степи в сознат. претворении зап. культуры – в самом широком смысле этого слова" и "возьмёт за образец... в частности, Партию Нар. Свободы" ("Киргизы", в кн.: Формы нац. движения в совр. гос-вах, СПб., 1910, с. 599). Член партии кадетов с 1905. В кон. 1905 в Уральске на съезде делегатов 5 областей был одним из инициаторов попытки создания Кирг. (Казах) конституц.-демокр. партии. В янв. 1906 арестован "как руководитель кирг. полит. движения" (ЦГАОР, ф. ДП, 7 д-во, д. 2, ч. 39, л. 63); освобождён через 3 мес. Чл. 1-й Гос. Думы. Подписал Выборгское воззвание (1906); призывавшее к гражд. неповиновению. В 1908 арестован вновь, до 1917 пребывал в ссылке в Самаре. Чл. Самарского губкома (создан в авг. 1915) Партии Нар. Свободы.

В нач. 1917 возглавил созданный по его инициативе в Минске туземный отдел Зап. фронта.

После Февр. рев-ции 1917 Врем. пр-вом 8 марта Б., а также М. Тынышпаеву и О.А. Шкапскому поручены "вопросы устроения Семиречья и вопросы кирг. быта в крае". 19 марта назначен Врем. пр-вом комиссаром Тургайской обл. 24 марта газ. "Казах" напечатала телеграмму, подписанную Б. и др.: "Для всех народов России взошло солнце братства, равенства и свободы. Чтобы поддержать новое пр-во, казахам надо объединиться. Для укрепления нового порядка необходимо усилить братские узы с др. народами. Надо готовиться к выборам в Учред. Собр. Боритесь за единство и справедливость!.. Не бойтесь никого, кроме Бога, трудитесь усердно, поддерживайте новое пр-во..."; осн. лозунгом в полит. устройстве России в телеграмме называлась демокр. республика. На 1-м Тургайском обл. кирг. (казах.) съезде (2–8 апр.), высказавшемся за созыв общекирг. (общеказах.) съезда, Б. избран в состав особого оргбюро по подготовке программы и созыву съезда. Включён в состав Туркм. к-та, созданного Врем. пр-вом 5 апр.

На 8-м съезде кадетской партии (май) избран членом ЦК. В связи с зем. конфликтом между рус. и кирг. (казах.) населением 19 мая обратился в исполнит. органы Тургайской обл. с призывом, "чтобы все граждане России, без различия партий, национальности и вероисповедания, жили между собой в ладу, помогая по силе возможности друг другу"; считал, что "агр. вопрос решит Учред. Собр.", выступал за пропорц. нац. представительство в органах власти, изъятие сборов мечетей "в благотворит. обществ. суммы, а не в пользу единоличных мулл", в защиту прав женщин в вопросах брака и образования (ЦГА Казахстана, ф. 17, оп. 1, д. 21, л. 12, 14, 19, 26, 88, 91, 238). 15 июля потребовал от Петрогр. Совета РСД лишить А. Джангильдина полномочий вести рев. агитацию среди киргизов (казахов); Джангильдин был отозван в Петроград (см.: "1917 год в Казахстане", Алма-Ата, 1977, с. 140–41). На 1-м Общекирг. (Общеказах.) съезде в Оренбурге (21–26 июля), к-рый принял решение о создании самостоят. полит. партии "Алаш", Б. заявил о выходе из партии кадетов. Выдвинут деп. в Учред. Собр. от Семипалатинской обл. 31 окт. участвовал в учред. собр. партии "Алаш" в Омске, образовавшем обком партии. Избран пред. Тургайского обкома "Алаш".

По поручению 1-го Общекирг. (Общеказах.) съезда Б.– один из авторов проекта программы партии "Алаш", по к-рой "Россия должна стать демокр. федеративной... республикой" с президентской формой правления и всеобщим избират. правом; законодат. власть принадлежит Гос. Думе; "автономия киргизов... входит в Рос. федерацию наравне с др. народностями"; "существует равноправие, неприкосновенность личности и свобода слова, печати и союзов", "религия должна быть отделена от гос-ва. Все должны быть свободны и равны"; "суд... должен быть сообразно обычаю... Взимание налогов должно происходить по степени богатства и имуществ. состояния вообще... Рабочее законодательство должно быть в пользу рабочих... партия "Алаш" поддерживает в этом вопросе программу с.-д. меньшевиков". В агр. вопросе партия выступала против продажи земли, за возвращение киргизам (казахам) не заселённых переселенцами земель, определение размеров наделов в зависимости от качества почв и рода х-в ("Казах", 1917, 21 нояб.).

Окт. рев-цию не принял. После того как 14 нояб. Оренбург был занят отрядами атамана А.И. Дутова, Б. сделал город центром сбора сил своих сторонников. 1 дек. в "Памятке крестьянам, рабочим и солдатам" писал: "Запомните, крестьяне, рабочие и солдаты, большевики считают: 1) ответственность перед народом правителей, 2) свободу слова, свободу печати, свободу собрания, 3) всеобщее прямое тайное голосование, 4) неприкосновенность граждан и депутатов, 5) власть народа – буржуазным предрассудком... С лица большевика спала красная маска революционера и обнажила его сущность черносотенца" (ЦГА Казахстана, ф. 17, оп. 1, д. 21, л. 1–2). В газ. "Южный Урал" 10 дек. призвал киргизов (казахов) объединиться под знаменем "Алаш".

Организатор 2-го Общекирг. (Общеказах.) съезда в Оренбурге (5–13 дек.), тов. пред. президиума съезда, докладчик по вопросу "Отношение к автономии Сибири, Туркестана и юго-вост. союзу". Съезд по докладу Б. единогласно постановил: "...имея в виду... что... Рос. Республика лишилась власти, пользующейся доверием народа и моральным авторитетом, что ...возможно возникновение гражд. войны, что анархия... угрожает опасностью жизни и имуществу... казак-кирг. народа...", образовать терр.-нац. автономию областей, "представляющих сплошную территорию с господствующим населением казак-кирг. единого происхождения, единой культуры, истории и единого языка", назвав её "Алаш", гарантировать права нац. меньшинств и пропорц. представительство во всех учреждениях автономии. Был образован Всекирг. (Всеказах.) Нар. Совет Алаш-Орда из 25 чел., 10 мест в нём отводилось русским и др. народам, живущим среди киргизов (казахов). Б. голосовал против немедленного объявления автономии, за провозглашение её "по выяснении отношения некиргизского населения степных областей к Кирг.-Казах. автономии", доказывал, что "обособляться... политически и взять самостоят. курс чисто автономного управления было бы нецелесообразно". Из 3 кандидатур избран пред. Всекирг. (Всеказах.) Нар. Совета Алаш-Орда ("Алаш-Орда" Сб. док-тов, Кзыл-Орда, 1929, с. 50, 51–52, 53, 56). Позже указывал: "Постановление съезда было вызвано желанием предотвратить анархию на территории, населённой киргизами, не допустить возможности развития большевизма в Степи" (там же, с. 116).

После того как 23 янв. 1918 Оренбург был занят сов. войсками, Б. перебрался в Семипалатинск, где 17 февр. победила Сов. власть, и Б. установил контакт с сов. учреждениями. 2 апр. вместе с Х. Габбасовым и А. Ермековым по прямому проводу из Семипалатинска вёл переговоры с В.И. Лениным и И.В. Сталиным о предоставлении терр.-нац. автономии Казахстану.

11 июня М. Тынышпаев, Габбасов и Б. подписали осн. декреты "Алаш-Орды", к-рые признавали «недействительными на территории автономии "Алаш" все док-ты, изданные Сов. властью», и "действующими законы и декларации Врем. пр-ва", восстанавливали земства, объявляли набор в "нар. милицию", вводили налоговую систему (см. там же, с. 91, 92). Возглавлял делегацию "Алаш-Орды" на Уфим. гос. совещании (сент.). Вошёл в состав аппарата Главноуполномоченного по управлению территорией "Алаш", созданного пр-вом А.В. Колчака (кон. нояб.).

В дек. 1919 после поражения армии адм. Колчака перешёл на сторону Сов. власти. Участник 1-го Учред. съезда Советов Кирг. (Казах.) АССР (4–12 окт. 1920). Затем находился на сов. и хоз. работе, переводил произв. рус. классич. лит-ры. В 20–30-е гг. трижды арестовывался. 27 сент. 1937 воен. коллегией Верх. суда СССР осуждён по обвинению в принадлежности к террористич. орг-ции и в тот же день расстрелян. Реабилитирован в 1989.

Д.А. Аманжолова.

БУЛГА́КОВ Сергей Николаевич (16 июня 1871, г. Ливны Орловской губ.,– 13 июля 1944, Париж). Сын священника. В 1885–88 учился в Орловской духовной семинарии, в 1890–94 – на юрид. ф-те Моск. ун-та. Увлёкся марксизмом. Первая книга Б.– "О рынках при капиталистич. произ-ве" (М., 1897). С 1901 в Киеве, проф. Политехнич. ин-та и приват-доцент ун-та. В это время происходит переход Б. от материализма к "нравств. идеализму" ("От марксизма к идеализму", СПб., 1903). В работах по агр. вопросу отстаивает теорию устойчивости крест. х-ва ("Капитализм и земледелие", т. 1–2, СПб., 1900). Под влиянием идей В.С. Соловьёва, Ф.М. Достоевского происходит эволюция взглядов Б. к религ. мировоззрению в духе христ. социализма. С 1904 совм. с Н.А. Бердяевым редактировал ж. "Новый Путь", с 1905 – "Вопросы Жизни". В 1906 переехав в Москву, работал в Моск. ун-те (приват-доцент), участвовал в орг-ции Религ.-филос. об-ва. Деп. 2-й Гос. Думы от Орловской губ. в качестве "независимого христ. социалиста"; Б. был поражён "невежественностью, никчёмностью этого собрания" ("Автобиогр. записки", Париж, 1946, с. 80), после чего окончательно разочаровался в полит. деятельности. Позиция культурного консерватизма, занятая Б., нашла отражение в ст. "Героизм и подвижничество" ("Вехи", 1909), направленной против гордыни "человекобожества" рус. интеллигенции, а также в сб-ке статей "Два града. Исследования о природе обществ. идеалов" (М., 1911).

После Февр. рев-ции 1917 трагически переживал падение самодержавия – "мистической священной Гос. Власти" как "гос. вселенской идеи" ("Автобиогр. записки", с. 74–75), "видел и чувствовал, что пришёл красный Хам, что жизнь становится вульгарной и низкой и нет уже России" (там же, с. 91). 16 марта выступил перед моск. писателями на собр. в Худ. т-ре и, противопоставляя "свободу отрицательную", ведущую к «зоологич. засилию "интересов"» "свободе творчества и ответственности, духовного достоинства", отмечал, что "дело освобождения не может оставаться только внеш. полит. актом, оно должно стать и духовным подвигом, творч. деянием рус. народа" ("Рус. Свобода", 1917, № 2, с. 12–13).

25 мая определением Св. Синода Б. включён в состав Предсоборного совещания для подготовки Священного Собора Правосл. Рос. Церкви. В речи на Всерос. съезде духовенства и мирян в Москве 4 июня подчёркивал, что православие, освободившееся от "соблазна" "неразрывной связи с самодержавием", стоит перед новым искушением – "поклониться новому идолу – демократии", к-рую Б. противопоставлял церк. соборности ("Христ. Мысль", 1917, № 7–8, с. 116). Задачу церкви видел в том, чтобы преодолеть соблазн демократии и не пойти ни за католичеством, к-рое... стало властью, ни за протестантством, к-рое церковь растворило в демократии" (там же, с. 116). Как отмечал В.В. Зеньковский, "церковная по своему существу речь... была съездом воспринята... как чисто полит. выпад против демократии" (там же, с. 119).

С кон. 1917 был занят исключительно участием в работе Священного Собора Правосл. Рос. Церкви, выступал за восстановление патриаршеств. После Окт. рев-ции составил 8 нояб. по поручению Собора воззвание, долженствовавшее "осудить перед лицом народа выступление большевиков и поругание ими святынь Кремля". В воззвании подчёркивалось, что последствиями "развязанного братоубийства" будут "вместо обещанного лжеучителями нового обществ. строения – кровавая распря строителей, вместо мира и братства народов – смешение языков и ожесточённая ненависть братьев" ("Деяния Св. Собора", П., 1918, кн. 3, с. 186). Б. призывал народ "оставить безумную и нечестную мечту лжеучителей, призывающих осуществление всемирного братства путём всемирного междоусобия" (там же, с. 187). 13 нояб. выступал докладчиком о правовом положении церкви в гос-ве. В устном выступлении и в одобренной большинством Декларации утверждал, что церковь должна строить отношения с гос-вом "не практически или исторически, но по вечным заветам своего бытия... не считаясь с изменчивым положением гос-ва" (там же, т. 4, с. 6), поэтому "должно быть осуждено, отвергнуто и признано абсурдным то, что называется отделением церкви от гос-ва" (там же, с. 8).

В сб. "Из глубины" (М.–П., 1918; издание было запрещено; опубл. в СССР в 1990) поместил филос.-публицистич. работу "На пиру богов. Совр. диалоги", где, подводя итоги рев-ции как всеобъемлющего культурного кризиса, утверждает, что "с оцерковлением рус. жизни только и может быть связана надежда на культурное возрождение России", поскольку "пролет. культура" оказывается "бессильна и бесплодна... по всей линии, и прежде всего в самом жизненном для неё вопросе – дисциплины труда" (с. 129).

9 июня 1918 по благословению патриарха Тихона Б. принимает духовный сан и уходит из Моск. ун-та. В июле переезжает в Крым; проф. полит. экономии и богословия Таврического ун-та (Симферополь), после разгрома войск ген. П.Н. Врангеля – протоиерей ялтин. собора.

17 дек. 1922 выслан из России в Константинополь. Занимался преподават. деятельностью в Праге и Париже. В 1930-е гг. участвовал в экуменическом движении. В годы 2-й мир. войны активно протестовал против насилия фашизма, благословил на участие в Движении Сопротивления своих духовных детей Е.Ю. Кузьмину-Караваеву (Мать Мария) и священника Д. Клепинина.

Соч.: Свет невечерний, Сергиев Посад, 1917; Философия имени, Париж, 1953; Софилогия, Париж, 1978.

Лит.: Зандер Л., Бог и мир. Миросозерцание о. С. Булгакова, т. 1–2, Париж, 1948; Профессор протоиерей С. Булгаков, в кн.: Богословские труды, сб. 27, М., 1986.

Н.П. Соколов.

БУРЕВОЙ Клим (наст. фам. и имя Сопляков Константин Степанович) (1888, по др. данным, 1880, слобода Евстратовка Острогожского у. Воронежской губ.,– 15 дек. 1934, Киев). Из укр. крестьян. Получил домашнее образование. За принадлежность к Партии социалистов-революционеров (ПСР) (с 1905) и участие в погромах помещичьих усадеб арестовывался и высылался в Пермскую (1907) и Олонецкую (1911) губ. В 1912–15 сотрудничал в "Укр. Жизни" (М.), "Ежемесячном Журнале" (СПб.), газ. "Сибирская Жизнь" (Томск). В 1914 арестован за издание в Петербурге эсеровской газ. "Живая Мысль Труда", в авг. выслан на 3 года в Енисейскую губ. С 1914 "пораженец", одним из первых среди эсеров выступил с

протестом против войны. В сент. 1915 бежал из ссылки. С 1916 чл. редколлегии ж. "Запросы Жизни" (Воронеж).

Участник Февр. рев-ции 1917 в Воронеже. В апр. 1-м Воронежским губ. крест. съездом введён с группой делегатов в Воронежский Совет РСД (с образованием в нём Крест. секции, бессменный её пред.). В Совете выступал сторонником "постоянного единения крестьян с рабочими и солдатами" ("Воронежский Телеграф", 1917, 25 июля), высказывался против образования отдельного Совета КД. В июне – авг. пред. президиума исполкома Воронежского Совета РСКД. Дел. 1-го (май) и 2-го (нояб.– дек.) Всерос. съездов Советов КД.

На 1-й губ. конференции ПСР (май) избран тов. пред. губернского к-та партии. В обсуждении 18 июля на Совете вопроса о коалиции поддерживал создание "рев. диктатуры пр-ва, организованного центр. исполнит. к-тами Советов РСКД и ответственного перед последними во всех своих действиях" ("Воронежский Рабочий", 1917, 23 июля). Участник 3-го (май – июнь), 4-го (нояб.– дек.) парт. съездов. Член редколлегии органа губернского к-та газ. "Социалист-Революционер" (впоследствии "Голос Труда"). С авг. редактор газ. "Известия" (орган воен. секции Воронежского Совета). В кон. авг. оказывал активное содействие созданному при Воронежском Совете Рев. к-ту для борьбы с войсками Л.Г. Корнилова (блокада ж.-д. линий и др.). На заседании Совета 1 сент. предложил проект резолюции об отношении к корниловскому выступлению: "Воронежский Совет РСКД призывает демокр. слои к единению и тесному сплочению вокруг рев. органов Советов РСКД" ("Воронежский Телеграф", 1917, 3 сент.).

Получив сообщение об Окт. вооруж. восстании в Петрограде и подготовке большевиков и левых эсеров к взятию власти в Воронеже, объявил 29 окт. о выходе Крест. секции из Совета РСКД и образовании губ. Совета КД. 30 окт. арестован ВРК, но в тот же день освобождён и призвал крестьян губернии к прод. бойкоту Воронежа. На 4-м съезде ПСР (нояб.– дек.) избран в ЦК, в к-ром примыкал к черновскому крылу. Избран чл. Учред. Собр., работал в "иногородней комиссии" фракции ПСР.

В янв. 1918 участник 3-го Всерос. съезда Советов КД, 3-го Всерос. съезда Советов РСКД. Во 2-й пол. янв. выехал в Киев, где входил в состав Центр. Рады. С февр. введён в Крест. комиссию ЦК ПСР. Дел. 4-го Чрезв. Всерос. съезда Советов РСКД (март) от Воронежского губ. Совета РСКД. В июне присоединился к самарскому К-ту членов Всерос. Учред. Собр. (Комуч), поднявшему вооруж. восстание против Сов. власти; назначен особоуполномоченным на Хвалынско-Вольском участке фронта Нар. Армии Комуча; исполнял обязанности секр. к-та. Участник Уфим. гос. совещания (сент.) и Съезда членов Всерос. Учред. Собр. (сент.– нояб.). После колчаковского переворота арестован 19 нояб. в Екатеринбурге в числе виднейших деятелей ПСР. По освобождении ушёл в подполье. Придя к выводу, что вооруж. борьба против Сов. власти была "гибельной ошибкой со стороны демократии" (Буревой К.С., Колчаковщина, М., 1919, с. 8), участвовал в совещании лидеров Комуча, на к-ром было принято решение о прекращении вооруж. борьбы и переговорах с Кр. Армией (дек.).

Входил в Уфим. делегацию ПСР, установившую в ходе переговоров в янв.– февр. 1919 соглашение с большевиками. В июне покинул ЦК партии. В авг. один из основателей группы "Народ" (см.: Буревой К.С., Распад, М., 1923), член редакции ж. "Народ" (М., 1919–22). В нояб. исключён из ПСР за призыв к членам партии вступать в Кр. Армию. С др. деятелями группы "Народ" составил "меньшинство ПСР" (МПСР) и вошёл в Центр. оргбюро МПСР. На 7-м Всерос. съезде Советов (дек.) выразил надежду, что Сов. власть, "устранив... дефекты рев-ции, к-рые вызывают и питают войну внутри демократии... будет способствовать созданию единого рев. фронта и объединению рабочих и крестьян в борьбе за идеалы социализма..." ("7-й Всерос. съезд Советов рабочих, крест., красноармейских и казач. депутатов". Стенографич. отчёт, М., 1920, с. 22). На суд. процессе ПСР (июнь – авг. 1922) проходил свидетелем, где пытался "обелить своих быв. товарищей по ЦК" ("Известия ВЦИК", 1922, 16 июля). В февр. 1922 подписал заявление меньшинства Центр. Бюро с призывом к самороспуску МПСР, после чего отошёл от полит. деятельности.

В дальнейшем работал в Профинтерне с.-х. кооперации и кустарной пром-сти, занимался укр. лит-рой. Обвинённый в "орг-ции подготовки террористич. актов против работников Сов. власти", арестован и расстрелян по приговору Воен. коллегии Верх. суда СССР.

С о ч.: Как создать крест. орг-цию, Воронеж, 1917; Тюремные песни, Воронеж, 1917.

И.В. Чубыкин.

БУ́РЦЕВ Владимир Львович (17 нояб. 1862, форт Перовский,– 21 авг. 1942, Париж). Сын штабс-капитана. Окончив гимназию в Казани, в 1882–85 учился на физ.-мат. и юрид. ф-тах в Петерб. и Казан. ун-тах. С 1883 чл. народовольч. кружков. В 1885 арестован и в 1886 сослан в Иркутскую губ. В 1888 бежал и эмигрировал в Швейцарию; редактор газ. "Свободная Россия" (1889, совм. с В.К. Дебогорием-Мокриевичем). В 1889 переехал в Париж, в 1890 издал брошюру "Белый террор при Александре III" и книгу Дж. Кеннана "Сибирь и ссылка". С 1891 – в Великобритании; изучал историю рев. движения в России, издал сб. "За сто лет" (т. 1–2, Лондон, 1897), в том же году выпускал ж. "Народоволец" (№ 1–3, Лондон), в к-ром проповедовал народовольч. рев. традиции и террористич. методы борьбы; за статью в № 3 "Народовольца", в к-рой англ. власти усмотрели призыв к убийству имп. Николая II, арестован и приговорён к 1,5 годам каторжной тюрьмы. По освобождении в 1900 издавал ист.-рев. сб. "Былое". В 1903 по требованию властей покинул Великобританию, поселился в Швейцарии, но в 1903 был выслан во Францию. С 1904 жил в Париже; поддерживал контакты с ПСР, к-рая финансировала его издания, однако расходился с её позицией в оценке роли и значения террора.

В нояб. 1905 (после амнистии) вернулся в Россию, в 1906–07 в Петербурге один из редакторов ист. ж. "Былое". В 1907 изд-во "Шиповник" выпустило составленный Б. "Ист.-рев. альманах" – календарь памятных дат истории рев. движения в России (уничтожен цензурой, переизд. в 1917 под назв. "Календарь рус. рев-ции"). С 1906 занимался разоблачением провокаций в рос. рев. движении. Из-за угрозы ареста осенью 1907 эмигрировал, возобновил в Париже издание сб. "Былое", в 1909–10 издавал газ. "Общее Дело", в 1911–14 – газ. "Будущее". В 1908–14 разоблачил мн. провокаторов, в т.ч. Е.Ф. Азефа; по фактам провокации вносились запросы в Гос. Думу, пр-во было вынуждено давать объяснения.

С нач. 1-й мир. войны Б. выступил за врем. (до победы в войне) прекращение рев. борьбы; считал, что победа Германии приведёт к гибели демократии в Европе. В авг. 1914 вернулся в Россию, объявив об этом предварительно в печати, был арестован на границе и в янв. 1915 Петрогр. суд. палатой (за довоен. статьи в газ. "Будущее") приговорён к ссылке [отбывал в с. Монастырское Туруханского края, затем в с. Богучанское (Богучаны)]. По ходатайству франц. пр-ва амнистирован, в кон. 1915 вернулся в Петроград. В 1916 издал брошюру "О войне" (с приложением писем П.А. Кропоткина).

После Февр. рев-ции 1917 дал показания Чрезв. комиссии Врем. пр-ва (опубл. в кн.: "Падение царского режима", т. 1, Л., 1924), сотрудничал в ж. "Жизнь и Суд", издавал газ. "Общее Дело" и сб. "Будущее" (3 сб.). После Июльских событий Б.– один из инициаторов антибольшевист. кампании. В ст. "Или мы, или немцы и те, кто с ними" ("Рус. Воля", 1917, 7 июля) перечислил "наших общих врагов": 1) Большевики, ставящие свои демагогич. цели выше интересов России, идущие к ним всеми путями, исповедуя принцип: "ц е л ь о п р а в д ы в а е т с р е д с т в а". 2) Представители правых партий, кто ещё не отказался от надежды спасти хотя бы частицу старой власти... 3) Н е м е ц к и е а г е н т ы и ш п и о н ы"; и далее: большевики "по своей деятельности, всегда являлись, вольно или невольно, агентами Вильгельма II". Б., утверждая, что "в рус. жизни нет в настоящее время большего зла и большей опасности, чем большевизм Ленина и его товарищей", привёл список 12 наиболее вредных, с его точки зрения, лиц: В.И. Ленин, Л.Д. Троцкий, Л.Б. Каменев, Г.Е. Зиновьев, А.М. Коллонтай, Ю.М. Стеклов, Д.Б. Рязанов, М.Ю. Козловский, А.В. Луначарский, С.Г. Рошаль, Х.Г. Раковский, М. Горький. Статья и интервью Б. вызвали резкий ответ Горького в газ. "Новая Жизнь". Б. ответил статьёй "Не защищайте М. Горького!", в к-рой вновь обвинил писателя в покровительстве большевикам. Б. впервые опубликовал в газ. "Общее Дело" список 159 фамилий эмигрантов, вернувшихся в Россию через терр. Германии. Утверждения Б. о связях большевиков с немцами основывались на умозаключениях и не были подкреплены документами. Одновრем. Б. критиковал В.М. Чернова и М.А. Натансона за "циммервальдизм", считая их пособниками большевиков ("Общее Дело", 1917, 16 окт.).

Б. выступал за "твёрдую власть" ("Власть должна быть честная и смелая!"), считал, что никакого заговора ген. Л.Г. Корнилова не было и предлагал А.Ф. Керенскому "повиниться" перед генералом. За публикацию секретных материалов о деле Корнилова и недостоверной информации о намерении Керенского заключить сепаратный мир с Германией газ. "Общее Дело" была запрещена Врем. пр-вом.

25 окт. 1917 Б. издал № 1 газ. "Наше Общее Дело", в к-рой отразил события 1-й половины этого дня и опубликовал призыв: "Граждане! Спасайте Россию!". Газета Б.– единственная вечерняя небольшевист. газета, вышедшая в Петрограде в день переворота. Вечером того же дня по распоряжению Троцкого Б. был арестован, став первым политзаключённым при новой власти. Горький, узнав об аресте Б., выступил в его защиту: "Держать в тюрьме старика революционера Б., человека, к-рый нанёс монархии немало мощных ударов, ...только за то, что он увлекается своей ролью ассенизатора полит. партий,– это позор для демократии" ("Новая Жизнь", 1917, 12 нояб.). Находясь в заключении в Петропавл. крепости, дал интервью франц. и амер. журналистам, в к-рых призывал к свержению большевиков и возобновлению войны с Германией.

В февр. 1918 Б. был освобождён по распоряжению наркома юстиции левого эсера И.З. Штейнберга, вскоре бежал в Финляндию, затем в Швецию, где издал открытое письмо "Проклятье вам, большевики!" (неоднократно переиздавалось в России и за границей). Перебравшись в Париж, Б. возобновил издание газ. "Общее Дело" (до нач. 1920-х гг.– крупнейшая газета рус. эмиграции, среди сотрудников – Л.Н. Андреев, И.А. Бунин, А.Н. Толстой). В своих статьях Б. призывал к единству антибольшевист. сил, к сплочению вокруг А.В. Колчака и А.И. Деникина, выступал против раскольнической, с его точки зрения, деятельности эсеров. В 1919 и 1920 Б. приезжал в Россию, где встречался с Деникиным и П.Н. Врангелем (позднее состоял с ними в переписке). Безуспешно пытался объединить разл. слои рус. эмиграции для совм. борьбы с большевиками, был тов. пред. "Рус. нац. к-та".

В 1920-х гг. Б. работал над мемуарами ("Борьба за свободную Россию", т. 1, Берлин, 1923; переизд. с сокращениями: "В погоне за провокаторами", М.– Л., 1928; репринт – М., 1989). В 1920–30-х гг. пытался вести борьбу с сов. агентурой в среде рос. эмиграции, указывал, что орг-ция "Трест" представляет собой провокацию, а орг-ция "евразийцев" служит мостом для проникновения агентуры ГПУ в эмигрантскую среду; выпустил брошюру "Юбилей предателей и убийц (1917–1927)" (Париж, 1927); автор вступит. статьи к кн. Е. Думбадзе "На службе Чека и Коминтерна" (Париж, 1930), сб. "Боритесь с ГПУ!" (Париж, 1932), "Преступление и наказание большевиков" (Париж, 1938). В 1930-х гг. Б. боролся против разжигавшегося нацистами антисемитизма: выступал свидетелем (вместе с П.Н. Милюковым, Б.И. Николаевским и др.) на Бернском процессе 1934–35, где была доказана подложность "Протоколов сионских мудрецов", в 1938 издал кн. «"Протоколы сионских мудрецов" – доказанный подлог», раскрыв полицейское происхождение этого "документа". В 1930-х гг. напечатал ряд антифашистских статей, за что в период оккупации Франции преследовался гестапо. Последние годы жил в крайней нищете, умер от заражения крови.

Соч.: В борьбе с большевиками и немцами. Статьи из "Будущего" и "Общего Дела", в 2, Париж, 1919.

Лит.: Зензинов В.М., Вл. Бурцев, "Новый журнал", 1943, № 4; Альбус Н., Мельгунов С., Последний из Дон-Кихотов (К 10-летию кончины Вл. Бурцева), "Возрождение", 1952, № 24; Мельгунов С.П., Вл. Бурцев, в его кн.: Восп. и дневники, в. 1, Париж, 1964; Давыдов Ю.В., Бурный Бурцев, "Огонёк", 1990, № 47, 48, 50; Лурье Ф.М., Вл. Бурцев, в его кн.: Хранители прошлого, Л., 1990.

О.В. Будницкий.

БУРЫШКИН Павел Афанасьевич (9 февр. 1887, Москва,– 1955, Париж). Из купеч. семьи. Окончил юрид. ф-т Моск. ун-та (1909), моск. Коммерч. ин-т (1913). С 1912 возглавил Т-во торговли мануфактурными товарами "А.В. Бурышкин". Чл. совета Рос. взаимного страхового союза, член ревизионной комиссии Сев. страхового об-ва и приёмного к-та моск. Купеч. об-ва взаимного кредита. С 1912 член совета Съездов представителей пром-сти и торговли, выборный Моск. биржевого об-ва, старшина Нижегородского ярмарочного биржевого к-та, в 1915 старшина Моск. биржевого об-ва, один из организаторов Об-ва оптовых торговцев мануфактурой. Входил в группу т.н. молодых капиталистов во главе с П.П. Рябушинским; чл. редакц. к-та газ. "Утро России", участвовал в её финансировании. С 1912 гласный моск. Гор. думы. С момента образования (нояб. 1912) вошёл в моск. отделение ЦК партии прогрессистов. В 1-ю мир. войну зав. контрольным отделом при Гл. к-те Всерос. союза городов (1914–17). В 1915–17 чл. Центр. и Моск. Воен.-Пром. к-тов. В своём моск. доме открыл лазарет для раненых.

После Февр. рев-ции 1917 избран в апр. тов. моск. гор. головы, в марте один из организаторов Всерос. Торг.-Пром. союза. Примыкал к кадетам (на муниципальных выборах в июне проходил по кадетскому списку), после победы эсеров на выборах вновь переизбран на пост тов. моск. гор. головы. Входил в К-т обществ. орг-ций г. Москвы. После отставки А.И. Коновалова с поста мин. торговли и пром-сти Врем. пр-ва кн. Г.Е. Львов в мае предлагал Б. занять этот пост (Б. отказался из-за солидарности с Коноваловым), в кон. авг.– нач. сент. переговоры с Б. по тому же поводу велись А.Ф. Керенским; были прерваны из-за противодействия со стороны предпринимат. кругов, считавших, что Б. "не представляет интересов торг.-пром. класса" как участвующий в "эсеровской" гор. управе (ОПИ ГИМ, ф. 10, оп. 1, д. 41, л. 69). Участник моск. Гос. совещания (авг.); 13 авг. в составе торг.-пром. группы участвовал во встрече в Москве ген. Л.Г. Корнилова. 15 сент. в составе делегации моск. представителей кадетских кругов вёл переговоры с Керенским об образовании коалиц. кабинета на условии вхождения в него отдельных кадетов. В окт. возглавлял торг.-пром. группу во Врем. Совете Рос. Республики (Предпарламенте).

После получения сообщения об Окт. вооруж. восст. один из организаторов К-та обществ. спасения при моск. Гор. думе, объединившего антибольшевист. обществ. силы.Весной 1918 участвовал в "Правом центре" в Москве, затем в "Нац. центре", летом выехал из Москвы на юг России. В 1919 мин. финансов в колчаковском пр-ве. В янв. 1920 эмигрировал через США во Францию, вошёл в советы эмигрант. орг-ций. Опубл. воспоминания о моск. купечестве.

Сын Б.– Владимир (1911–68) – активный участник франц. Сопротивления во 2-ю мир. войну, возглавлял орг-цию по спасению сбитых над Францией англ. лётчиков, награждён высш. воен. орденами Франции.

Соч.: Москва купеческая, Нью-Йорк, 1954; М., 1990. *Ю.А. Петров.*

БУХА́РИН Николай Иванович (27 сент. 1888, Москва,– 15 марта 1938, Москва). Род. в семье учителей. В 1907–10 учился на экон. отделении юрид. ф-та Моск. ун-та. С 1906 чл. РСДРП, большевик; с 1908 чл. МК РСДРП. Неоднократно арестовывался; в 1911 сослан в Архангельск, далее в Онегу, откуда бежал в Москву, а затем в Ганновер.

Во время эмиграции Б. работал в Германии, Австро-Венгрии, Швейцарии, Дании, Швеции, Норвегии, США; познакомился с теорией и практикой рабочего движения, лидерами зап.-европ. с.-д., активно изучал полит. экономию и социологию, посещал занятия в Венском ун-те. Осенью

1912 впервые встретился с В.И. Лениным в Кракове. В 1915 участвовал в работе конференции загран. секций РСДРП в Берне, на к-рой проявились его разногласия с Лениным: поддерживал ленинский лозунг превращения "империалистич. войны в гражданскую", но выступал против лозунга о всеобщем мире; считал неверным лозунг Ленина о поражении России, предлагая критиковать пр-ва всех воюющих стран; серьёзные разногласия были и по вопросу о праве наций на самоопределение. В связи с распадом 2-го Интернационала выступал за создание нового и включение в него всех левых с.-д. В 1915 опубликовал работу "Мировое хозяйство и империализм". С окт. 1916 в США работал в газете рос. с.-д. "Новый Мир", с янв. 1917 фактически возглавил редакцию газеты, в к-рую входил и Л.Д. Троцкий.

В Россию возвратился в апр. 1917 (через Японию); за антивоен. пропаганду подвергался аресту в Челябинске. Б. в осн. одобрил Апр. тезисы Ленина, назвал их "программой коммунистич. партии" (Бухарин Н., Программа Октября, М., 1929, с. 8). С нач. мая член МК РСДРП(б); 2 мая МК рекомендовал Б. возглавить редакцию теоретич. органа моск. большевиков ж. "Спартак", ввёл его в редколлегию газ. "Социал-демократ" (вскоре Б. возглавил эту редколлегию), назначил представителем МК РСДРП(б) в исполкоме Моск. Совета РД. Был избран в Гор. думу. "Спартак" и "Социал-демократ" активно пропагандировали решения 7-й (Апр.) конф. РСДРП(б), Апр. тезисы Ленина. Почти в каждом номере этих изданий были статьи Б. В ст. "Рос. рев-ция и её судьбы" он писал: "Нужно со всей настойчивостью выдвигать лозунг завоевания полной власти Советами"; "только рев. низы способны положить конец анархии, ликвидировав войну и обессилив капитал" ("Спартак", 1917, 20 мая). 21 июня в речи на пленуме исполкома Моск. Совета РД предложил Совету выступить против наступления рус. войск на фронте, выразить недоверие Врем. пр-ву и всю ответственность "за авантюру" переложить на него ("Социал-демократ", 1917, 23 июня). Спасение рев. завоеваний Б. видел в "единой, сильной, рев. власти Советов" (там же, 27 июля).

Б. много выступал перед разл. аудиториями, часто в защиту Ленина; по его словам, в 1917 он вместе с ним находился "всё время на левом фланге" в партии ("Коммунист", 1918, № 1, с. 19). После Июльских событий вышла посвящённая Ленину кн. Б. "Клас. борьба и рев-ция в России", центр. идея к-рой – "окончат. победа рус. рев-ции немыслима без победы рев-ции международной" (с. 3), а рев-ция в России должна вызвать мировую рев-цию. В "Социал-демократе" Б. опубликовал ряд статей, в к-рых призывал трудящихся дать отпор перешедшей в наступление контррев-ции и взять власть в свои руки.

На 6-м съезде РСДРП(б) (26 июля – 3 авг.) выдвинулся как один из молодых руководящих деятелей большевизма; 28 июля от имени съезда приветствовал "интернационалист. крыло меньшевиков", призвал "объединить все жизненные силы демократии" ["6-й съезд РСДРП(б)", с. 72]; 30 июля сделал один из осн. докладов о войне и междунар. положении, где утверждал: "История работает на нас. История идёт по пути, к-рый приведёт неизбежно к восстанию пролетариата и торжеству социализма... перед победившей рабоче-крест. рев-цией на очередь станет объявление рев. войны, т.е. вооруж. помощь ещё не победившим пролетариям, ...идея междунар. соц. рев-ции должна всемерно поддерживаться, как единств. выход из создавшегося положения" (там же, с. 103–05); на соц. этапе рев-ции беднейшие слои крест-ва "будут нашими союзниками" (там же, с. 118). Резолюция по докладу Б. была принята единогласно. Б. выступил против явки Ленина и Зиновьева на суд и по поручению съезда написал манифест, призывающий к рев-ции. На съезде впервые был избран чл. ЦК РСДРП(б).

На соединённом заседании Моск. Советов РД, СД и КД (29 авг.) Б. от имени большевиков заявил (в связи с решением всех фракций создать орган рев. действия), что большевики входят в этот орган с технич. целью для борьбы с корниловской диктатурой (см.: "Известия", 1917, 30 авг.). На заседании МК РСДРП(б) 1 сент. Б. говорил по вопросу о полит. моменте: «Явно уже доказана связь союзников с корниловской историей. В верхах явно произошёл сдвиг вправо, вместе с тем широкие массы, стоящие за либерданами [от фам. Либера и Дана.– Автор], переходят постепенно в ряды большевиков. Наша политика – борьба с Врем. пр-вом. На очередь дня должен быть поставлен лозунг "Долой соглашательство с буржуазией!" Теперь обязательно нужно поднять широкую полит. кампанию в виде демонстраций, митингов и т.д.» (МПА, ф. 3, оп. 1, д. 7, л.5).

15 сент. на заседании ЦК РСДРП(б) Б. проголосовал за отклонение и сожжение ленинских писем в ЦК, призывавших к немедленному вооруж. восстанию (см.: "Пролет. Рев-ция", 1922, № 10, с. 319). 21 сент. на заседании Петрогр. Совета РСД заявил, что большевики идут на Демокр. совещание "как на агит. трибуну для того, чтобы вскрыть ошибки соглашателей; для того. чтобы там и оттуда клеймить их как обман. Создателем власти и источником этой власти являются только Советы. Должен быть созван Всерос. Съезд Советов РСД, к-рый и разрешит вопрос о власти" (там же).

24 сент. Б. выступил на совещании ЦК и ПК РСДРП(б) с местными парт. работниками, прибывшими на Демокр. совещание, с докладом о текущем моменте, в к-ром отметил осн. характерную черту в расстановке обществ. сил – "усиление крайних обществ. группировок. На одной стороне стоят капиталисты, помещики, кулацкие верхи крест-ва, действующие под гегемонией финанс. капитала. Политически это выражается в гегемонии партии кадетов, под рук-вом к-рой все бурж.-помещичьи группы выступают как единое целое"; указал на "почти полное исчезновение в рядах рабочего класса партии меньшевиков", на освобождение промежуточных слоёв населения из-под влияния буржуазии и помещиков; подчеркнул, что "у буржуазии остаётся одно средство борьбы с трудящимися – насилие... Нам необходимо укрепить влияние в Советах, устраивать демонстрации, стачки протеста, митинги и т.д., но не поддаваться на провокации"; ход событий "ведёт к открытому столкновению классов". Осн. положения доклада Б. нашли отражение в резолюции, проект к-рой он зачитал и к-рая была принята совещанием ("Рабочий Путь", 1917, 27, 29 сент.). 28 сент. на совм. заседании Моск. Советов РД и СД докладывал о текущем моменте. Большинством (346 голосов против 274) была принята резолюция, оглашённая Б. 18 окт. в ст. "Развёрнутый фронт" Б. писал: "Столкновение неизбежно. Мы от него уклоняться не будем" ("Социал-демократ").

Во время Окт. вооруж. восст. – в Москве, редактор "Известий Моск. ВРК". 27 окт. опубликовал ст. "К социализму", в к-рой вновь подчёркивал: "Гарантия полной победы – междунар. рев-ция пролетариата". В то же время предупреждал о предстоящих колоссальных трудностях: "Вопросы продовольствия, транспорта, демобилизация армии; сопротивление и саботаж слоёв, близко стоящих к крупно капиталистич. буржуазии,– на этом не раз может споткнуться Сов. власть. Но нет никаких оснований говорить, что она потерпит здесь банкротство" (там же). 31 окт. писал: "Целый мир смотрит сейчас на нас. От нашей победы зависит и победа европейского социализма" (там же).

Б.– один из авторов "Манифеста ВРК моск. Советов РД и СД ко всем гражданам Москвы" от 3 нояб. Выступил 6 нояб. с докладом о рев. событиях в Москве на заседаниях ВЦИК и Петрогр. Совета РСД (см.: "Протоколы заседаний ВЦИК 2-го созыва", М., 1918, № 6, с. 37–39). Б. резко протестовал против выхода из ЦК и СНК сторонников создания пр-ва из представителей всех соц. партий, осудил этих большевиков как дезертиров рев-ции и доказывал, что время "слюнявой" власти прошло (см.: Бухарин Н., На подступах к Октябрю, М.– Л., 1926, с. 170).

Б. был избран членом Учред. Собр. 29 нояб. ЦК РСДРП(б) ввёл Б. в редколлегию газ. "Правда"; в тот же день на заседании ЦК РСДРП(б) Б. предложил созвать Учред. Собр., изгнать из него кадетов, а левую часть Собрания объявить "рев. конвентом", где большевики с левыми эсерами составят большинство [см.: "Протоколы ЦК РСДРП(б)", с. 149–50]. На основе его рекомендаций был создан ВСНХ и разработано положение о нём (см.: "Протоколы заседаний ВЦИК...", № 16, с. 94). 11 дек. ЦК РСДРП(б) поручил Г.Я. Сокольникову и Б. организовать работу бюро большевист. фракции Учред. Собр.

В своей речи 5 янв. 1918 в Учред. Собр. Б. заявил, что "вопрос о власти партии рев. пролетариата... есть вопрос, к-рый окончательно будет решён той самой гражд. войной, к-рую никакими заклинаниями... остановить нельзя, вплоть до полной победы победоносных рус. рабочих, солдат и крестьян" ("Учред. Собр.", с. 25–26). Он выступил против идеи "т.н. общенар. государства" и отверг предложение полит. противников большевиков создать, по его определению, "паршивенькую бурж. парламентарную республику" (там же, с. 31). Б. подчеркнул также: "...мы, рев. социал-демократы, стоим за диктаторское решение вопроса о власти, ...за меры самой решительной беспощадной войны против всех врагов народа... чтобы сбросить это классовое несчастное варварское капиталистич. об-во..." (там же, с. 30).

11 янв. на заседании ЦК РСДРП(б) при обсуждении вопроса о мире Б. поддержал Троцкого и назвал предложения Ленина противоречивыми. "Пусть немцы нас побьют,– говорил он,– пусть продвинутся ещё на сто вёрст, мы заинтересованы в том, как это отразится на междунар. движении... Сохраняя свою соц. республику, мы проигрываем шансы междунар. движения". Б. предложил "по возможности дело затягивать и не подписывать похабного мира, т.к. этим мы будоражим зап.-европ. массы". Вместе с 8 членами ЦК проголосовал за формулу Троцкого "Войну прекращаем, мира не заключаем, армию демобилизуем" ["Протоколы ЦК РСДРП(б)", с. 170]. 15 янв. Б. и ещё 10 членов ЦК и наркомов направили в ЦК РСДРП(б) заявление, в к-ром предлагали в течение недели собрать парт. конференцию "для окончательного и ясного разрешения данного вопроса исторической для междунар. пролетариата важности"; если конференция не будет созвана, подписавшие заявление "сочтут необходимым оставить ответств. посты в партии и органах власти" (там же, с. 181). 18 янв. ЦК РСДРП(б) принял тезисы Б. "О моменте и связи с войной"; в них говорилось, что при решении вопроса о целесообразности заключения аннексионистского мира необходимо "исходить из интересов развития" междунар. рев. движения. Заключение "похабного мира" на длительное время сорвёт это развитие. Империализм нарушит любой договор, если "будет в состоянии повести атаку на Сов. республику". "Никакой отсрочки,– отмечалось в тезисах,– кроме отсрочки междунар. рев-ции, мы не получим" (там же, с. 183, 184).

Мирные переговоры в Брест-Литовске 28 янв. были прекращены. Герм. пр-во заявило 16 февр., что с 18 февр. воен. действия возобновляются. 17 февр. на заседании ЦК Б. выступил против предложения Ленина немедленно продолжить переговоры для подписания мира. На заседании ЦК 18 февр. в связи с начавшимся наступлением герм. войск Б. указывал, что события развёртываются так, как "мы предвидели"; если немцы и "возьмут Питер", то мы "натравим" на них "мужиков". Он предложил проводить тактику "мировой рев-ции", голосовал против немедленного обращения к нем. пр-ву с предложением немедленного заключения мира (там же, с. 202, 203). 22 февр. при обсуждении в ЦК вопроса о возможности приобретения оружия и продовольствия у держав Антанты для отпора Германии Б. настаивал на том, что "недопустимо пользоваться поддержкой какого бы то ни было империализма" (там же, с. 206). После отклонения его предложения заявил о выходе из состава ЦК и сложении с себя обязанностей редактора "Правды" (там же, с. 208). С группой членов ЦК направил в ЦК РСДРП(б) заявление против согласия ЦК заключить мир (там же, с. 210; "Социал-демократ", 1918, 28 февр.). 23–24 февр. Б. вновь голосовал против герм. условий мирного договора. 6 марта А. Ломов (Г.И. Оппоков), М.С. Урицкий, А.С. Бубнов и Б. обратились ко всем членам партии с заявлением, что политика мира ведёт "к капитуляции пролетариата в его клас. войне против иностр. и отеч. буржуазии" (газ. "Коммунист", 1918, 6 марта).

На 7-м съезде РКП(б) (март 1918) Б. в содокладе (7 марта) по вопросу о войне и мире подчёркивал: "...рус. рев-ция либо будет спасена междунар. рев-цией, либо погибнет под ударами междунар. капитала... выгоды, проистекающие из подписания мирного договора, являются иллюзией" ["7-й Экстренный съезд РКП(б). Март 1918", М., 1962, с. 24, 26]. Понимая, что страна не в состоянии вести войну с регулярной армией Германии, предлагал перейти к партиз. войне. За предложение Б. аннулировать мирный договор проголосовало 12 делегатов, против – 30. Позже признал, что "допустил ошибку": "...мы ...были не правы, прав был тов. Ленин, ибо передышка дала нам возможность сконцентрировать силы, организовать сильную Красную Армию..." ("Правда", 1918, 11 окт.). На съезде Б. произнёс также речь о проекте новой программы партии, призвал в ней "дать характеристику соц. строя в его развёрнутом виде, дать характеристику коммунизма..." (там же, с. 152). В условиях мирной передышки Б. заметно отошёл от "левых коммунистов" и стал поддерживать Ленина по осн. вопросам экон. политики. В мае 1918 опубл. брошюру "Программа коммунистов (большевиков)" (М.), к-рая многократно издавалась в стране и за рубежом. Восторженно отозвался о работе Ленина "Государство и революция", призывал создать гос-во без полиции, бюрократии, постоянной армии, без "привилегиров. людей, оторванных от масс и стоящих над массами" ("Коммунист", 1918, № 1, с. 19). В нач. июля вновь возглавил "Правду". Многочисл. статьи Б. посвятил обоснованию программы Коминтерна, 2-й программы РКП(б). Попыткой теоретич. обоснования политики "воен. коммунизма" явилась его "Экономика переходного периода" (М., 1920).

В 1919 избран кандидатом в члены Политбюро, стал членом Исполкома Коминтерна и зам. его председателя (Зиновьева).

С окончанием Гражд. войны Б. поддерживал осн. направления нэпа. В кн. "Теория ист. материализма: популярный учебник марксист. социологии" (1921) отстаивал эволюц. путь развития, важное значение придавал развитию теории. Пришёл к выводу, что страна будет "многие десятки лет медленно врастать в социализм" ("Правда", 1923, 30 июня), что "социализм бедняков – это паршивый социализм" ("Большевик", 1925, № 9–10, с. 5). В 1925 выдвинул лозунг, от к-рого его вынудили отказаться на 14-м съезде партии (дек. 1925): "Всему крест-ву, всем его слоям нужно сказать: обогащайтесь, накапливайте, развивайте своё х-во" (там же, с. 4–5).

В борьбе за власть Б. выступал совместно со сталинской группировкой, многое сделав для дискредитации Троцкого, Каменева, Зиновьева и их сторонников. После их фактич. отстранения от власти вместе с И.В. Сталиным в 1925–27 пользовался наиб. влиянием в Политбюро. Начиная с 1928 между Б. и его сторонниками, обвинёнными в правом уклоне, и Сталиным резко нарастает конфронтация. Свои взгляды на дальнейшее развитие страны Б. изложил в ст. "Заметки экономиста" ("Правда", 1928, 30 сент.). 24 янв. 1929 в речи "Полит. завещание Ленина" предупредил партию о серьёзном отходе Сталина от многих ленинских установок.

12 нояб. 1929 Б. был выведен из состава членов Политбюро (состоял в нём с 1924), снят с поста редактора "Правды". В результате процесса 2–13 марта 1938 Б. был приговорён к смертной казни. Прошение о помиловании не было принято во внимание. Реабилитирован в 1988.

Соч.: От диктатуры империализма к диктатуре пролетариата, П., 1918; Из речи т. Н.И. Бухарина на вечере воспоминаний в 1921 г., "Пролет. рев-ция", 1922, № 10; К 10-летию Окт. рев-ции. Доклад на VIII Моск. губ. съезде профсоюзов 12 окт. 1927 г., М.– П., 1927; К десятой годовщине Февр. рев-ции. Речь на торжеств. собрании в Большом театре 12 марта 1927 г., М.– П., 1927; Программа Октября (К 10-летию Программы нашей партии), М., 1929.

Лит.: Коэн С., Бухарин. Полит. биография. 1888–1938, пер. с англ., М., 1988; Горелов И.Е., Н. Бухарин, М., 1988; Ларина А.М., Незабываемое, М., 1989; Бухарин: человек, политик, учёный, М., 1990; Н.И. Бухарин. Указатель лит-ры, М., 1989.

И.Е. Горелов.

БЬЮКЕ́НЕН (Buchanan) Джордж Уильям (25 нояб. 1854, Копенгаген,– 20 дек. 1924, Лондон ?). С 1876 на англ. дипл. службе. В 1903–08 посланник в Софии (Болгария), в 1908–10 посланник в Гааге (Нидерланды). С 1910 посол в Петербурге. Противодействовал стремлению прогерм. кругов России порвать с Антантой. Во время 1-й мир. войны был тесно связан с кадетами и октябристами, поддерживал их идею конституц. монархии. В мемуарах Б. писал, что часто принимал в посольстве думских лидеров и "симпатизировал их целям" (Бьюкенен Дж., Мемуары дипломата, М., б/г, с. 202). 5 февр. 1917 Б. телеграфировал в англ. МИД: "Большинство народа, включая пр-во и армию, единодушно в решимости вести борьбу до победного конца... меня беспокоит скорее экон. положение, чем политическое" (там же, с. 178–79).

В условиях 1917 деятельность Б. стала реальным фактором полит. жизни России. 27 февр. вместе с М. Палеологом посетил Н.Н. Покровского, где заявил: "Протопопов может поздравить себя с тем, что довёл Россию до рев-ции своей провокац. деятельностью" (там же, с. 183). 1 марта высказал вел. князю Михаилу Александровичу мнение о необходимости введения конституции и формирования пр-ва во главе с М.В. Родзянко. С созданием Врем. пр-ва обещал П.Н. Милюкову поддержку Великобритании и настаивал на сохранении на посту Верх. главнокомандующего вел. князя Николая Николаевича. Считал, что скорейшее "признание Врем. пр-ва необходимо", чтобы поднять его авторитет в условиях роста влияния Петрогр. Совета (там же, с. 198). Однако когда Милюков поставил 5 марта вопрос об офиц. признании Великобританией Врем. пр-ва, Б. заявил, что прежде он "должен получить уверенность, что новое пр-во готово продолжать войну до конца" (там же). Те же мотивы доминировали и в речи Б. 11 марта на офиц. церемонии признания Врем. пр-ва. Вспоминая свои частые выступления на публич. собраниях и митингах, Б. писал: "Но если я с воодушевлением говорил о вновь добытой Россией свободе, то ...это делалось ради того, чтобы подсластить мой дальнейший призыв к поддержанию дисциплины в армии. Моей единств. мыслью было удержание России в войне" (там же, с. 203).

В начале марта Милюков предложил Б. конфиденциально выяснить мнение англ. пр-ва об эмиграции Николая II в Великобританию. 10 марта Б. ответил, что это возможно при условии оплаты рус. пр-вом расходов. Когда же в обществ. кругах стали выражать протест против выезда быв. царя за границу, Б. отказался от своих слов. А.Ф. Керенский писал: "Летом... мы, Врем. пр-во, получили категорическое офиц. заявление о том, что до окончания войны въезд быв. монарха и его семьи в пределы Брит. империи невозможен" (там же, с. 297). Б. высоко оценивал Керенского, к-рый, по его мнению, "был единств. министром, личность к-рого, хотя и не вполне симпатичная, заключала в себе нечто останавливающее внимание и импонирующее... я его очень уважал, и мы вскоре стали друзьями" (там же, с. 209).

28 марта сообщил в МИД: "Я потерял надежду на успешное рус. наступление весной" (там же, с. 212). В нач. апр. начал проводить дипл. манёвры с целью добиться от Врем. пр-ва отказа от присоединения Константинополя (что было обещано России по междунар. договорам 1916). 17 апр. в беседе с Милюковым настаивал на подавлении большевиков и аресте В.И. Ленина. После отставки Милюкова и А.И. Гучкова в письме в МИД 8 мая выразил сожаление по этому поводу и отметил, что "Новое коалиц. пр-во ...представляет для нас последнюю и почти единств. надежду на спасение воен. положения на фронте" (там же, с. 221). Предлагал завуалировать договорённости о разделе Малой Азии, объявив их лишь превентивной мерой при опасности проникновения туда Германии. В кон. апр. Б. начал контакты с эсерами и меньшевиками с целью нейтрализовать растущее влияние РСДРП(б). "Для большевиков,– отмечал Б.,– не было ни родины, ни патриотизма" (там же, с. 227).

Б. являлся одним из инициаторов Июньского наступления рус. армий. После его провала выдвинул идею, что "численность армии на фронте должна быть сокращена до минимума... остальные солдаты должны быть возвращены для работы в тылу при системе всенар. обязат. службы" (там же, с. 239). В июле приветствовал репрессии Врем. пр-ва по отношению к большевикам. В письме в МИД 22 июля рекомендовал англ. пр-ву оказать давление на Врем. пр-во, чтобы оно сосредоточило "свою энергию на реорганизации армии и на восстановлении дисциплины как на фронте, так и в тылу" (там же, с. 240). 29 июля в беседе с Керенским настаивал на введении в Петрограде воен. положения, угрожая в противном случае прекращением поставок арт. орудий из Великобритании.

В кон. авг. при встрече с М.И. Терещенко настаивал на введении на фронте смертной казни. 28 авг. во время выступления ген. Л.Г. Корнилова отказался от предложения Врем. пр-ва покинуть Петроград и потребовал "примирения с Верх. главнокомандующим" при посредничестве ген. М.В. Алексеева (там же, с. 252). После ареста Корнилова записал в дневнике 30 авг.: "Хотя все мои симпатии были на стороне Корнилова, однако я всё время старался изо всех сил бороться с идеей воен. переворота" (там же, с. 255); по его мнению, Корнилов был обманут представителем Керенского – Н.Н. Львовым. "Неудача корниловской попытки гос. переворота разрушила мои последние надежды на улучшение положения как на фронте, так и в тылу" (там же, с. 256).

12 окт. Б. заявил Керенскому: "Едва ли можно ожидать, что мы будем доставлять ей [России.– Автор] большое кол-во воен. снабжения, пока мы не будем иметь нек-рой гарантии того, что рус. армия использует его целесообразно" (там же, с. 261), одновремен. сказал, что "большевизм является источником всех зол, от к-рых страдает Россия, и если бы он [Керенский.– Автор] только вырвал его с корнем, то он перешёл бы в историю не только в качестве вождя рев-ции, но и в качестве спасителя своей страны" (там же, с. 262). 23 окт., принимая в посольстве Керенского, Терещенко и С.Н. Третьякова, требовал немедленного ареста Л.Д. Троцкого.

По мнению Б., на стороне большевиков "было превосходство ума, а с помощью своих герм. покровителей они проявили организац. талант, к-рого у них вначале не предполагали. Как ни велико моё отвращение к их террористич. методам... я охотно соглашусь, что и Ленин и Троцкий необыкновенные люди" (там же, с. 274). 7 нояб. имел встречу с Н.В. Чайковским и М.И. Скобелевым, к-рые сообщили ему о намерении сформировать пр-во без большевиков, но их идею не поддержал. 14 нояб. Б. направил телеграмму в МИД: "Положение стало здесь настолько безнадёжным, что мы должны пересмотреть свою позицию" (там же, с. 278). По его мнению, следует "возвратить России её слово и сказать её народу, что... мы предоставляем ему самому решить, захочет ли он добыть себе мир на условиях, предложенных Германией, или продолжать борьбу" (там же, с. 278–79).

15 нояб. Б. получил ноту Троцкого с требованием освободить задержанных в Великобритании Г.В. Чичерина и Петрова или будут задержаны англ. подданные в России, но посчитал угрозу нереальной. 21 нояб. сообщил прессе, что "получил инструкции воздержаться от всякого шага, к-рый мог бы обозначать признание" Сов. пр-ва (там же, с. 281). 27 нояб. заявил на встрече с журналистами: "Законное пр-во должно... получить свои полномочия от Учред. Собр., но ...Россия является страной таких неожиданностей, что мы не будем считать себя связанными такого рода определениями" (там же, с. 288), одновремен. высказал готовность вести с СНК переговоры о мире, но при условии, что сначала будет достигнуто соглашение между союзниками, а лишь затем начнутся переговоры с Германией. 23 дек. сообщил МИД о необходимости либо прийти к соглашению с СНК, либо разорвать дипл. отношения (однако на последнем не настаивал). 25 дек. выехал в Великобританию. В Лондоне первонач. высказывался против разрыва дипл. отношений с большевиками, но затем стал одним из самых активных сторонников воен. интервенции в России и поддержки "белых армий". В 1919–21 посол в Риме, с 1921 в отставке. Автор мемуаров.

В 1920–30-х гг. в части кругов рус. монархически настроенной эмиграции имела место точка зрения, что Б. стоял за спиной сил, к-рые провели Февр. рев-цию 1917, и тем сыграл решающую роль в свержении имп. Николая II, а затем в течение 1917 фактически направлял политику Врем. пр-ва.

К.А. Залесский.

В

ВАЙНШТЕ́ЙН Арон Исакович (23 нояб. 1877, Вильно,– 12 февр. 1938, Москва). Из семьи приказчика. В 1897 окончил евр. Учительский ин-т в Вильно. С рев. движением связан с 1893; с.-д. работу вёл в Вильно, Варшаве. Чл. Бунда с 1897. Дел. 5-го (Лондонского) съезда РСДРП (1907) и трёх её конференций. На 4-м съезде

Бунда (1901) избран чл. ЦК (оставался им до 1921). Неоднократно подвергался репрессиям. В 1914–17 в ссылке, занимал центристскую, затем оборонческую позицию.

После Февр. рев-ции 1917 член исполкома и пред. Гор. думы Минска. На 10-й конф. Бунда в апр. избран пред. Бунда; на съездах и конференциях Бунда выступал с докладами о деятельности ЦК. 9 июня на 1-м Всерос. съезда Советов РСД по вопросу войны поддержал позицию меньшевиков и с.-р. Отвечая на выступление В.И. Ленина, говорил:

«Тов. Ленин уверял нас, что лишь только знамя соц. восстания, а не такое, к-рое сейчас победило, победно пройдёт по рус. земле, как только пр-во будет целиком состоять из Советов РСД, то тотчас России прибегут на помощь угнетённые нации и страны... это Турция, это Персия, это Китай, т.е. страны с наиболее отсталой социальной структурой, с наибольшими пережитками старых, я скажу, полуварварских времён. Эти-то страны обещает нам тов. Ленин спаять с нами для того, чтобы вместе с ними нести по Европе красное знамя социализма... ничего общего эта концепция... с марксизмом не имеет, но она имеет очень много общего с бакунизмом (Плеханов: "Верно")» ("1-й съезд Советов", т. 1, с. 364).

10 авг. на заседании ВЦИК огласил резолюцию, к-рая была принята: "в Гос. совещании в Москве участвовать", "единственным средством для спасения страны и рев-ции является сплочение всех живых сил России вокруг сильного рев. пр-ва". 19 авг. был избран в Президиум Объединит. съезда меньшевиков, провозгласившего создание РСДРП (объединённой). 25 сент. избран чл. исполкома Петрогр. Совета РСД по списку меньшевиков. 12 окт. на закрытом заседании исполкома Петрогр. Совета РСД В. голосовал против создания ВРК, а 25 окт. на экстренном заседании Петрогр. Совета М.И. Бройдо, М.И. Либер и В. огласили заявление, что фракция меньшевиков "слагает с себя всякую ответственность за гибельные последствия заговора и... заявляет о своём уходе из состава Президиума и исполнит. к-та Совета" ("Рев-ция 1917", т. 5, с. 181).

29 окт. на переговорах при Викжеле высказался против участия большевиков в "однородном соц. пр-ве". 3 нояб. на соединённом заседании меньшевист. фракции Врем. Совета Рос. Республики, ВЦИК 2-го созыва, Петрогр. Совета и членов ЦК РСДРП(о) заявил, что к большевикам нужно относиться "так же, как и к царизму". 21–23 нояб. в Бердичеве участвовал в обсуждении вопроса о власти на Чрезв. съезде представителей армий Юго-Зап. фронта. Открыл 8-й съезд Бунда (дек.) и в своей речи заявил, что Бунд является "решительным противником большевист. диктатуры".

Затем работал в Белоруссии, был чл. исполкома Минского гор. Совета РСД и пред. минской Гор. думы. Входил в редколлегию органа Бунда для Сев.-Зап. края "Векер", к-рый с 3 нояб. 1917 по 1 янв. 1918 являлся центр. органом Бунда.

С 1919 сторонник Сов. власти и соц. рев-ции. В 1920 вступил в РКП(б) и был включён в Центр. бюро компартии Белоруссии. В последующем на руководящей сов. и хоз. работе. 9 февр. 1938 арестован по обвинению в принадлежности к антисов. орг-ции, 12 февр. умер в тюрьме от сердечного приступа. Реабилитирован в 1956. *М.М. Червякова.*

ВАЛИДОВ (Валиди) Ахмет-Заки (в эмиграции – Тоган Ахмет Зеки Велиди) (10 дек. 1890, д. Кузянова Петровской вол.

Стерлитамакского у. Уфимской губ.,– 26 июля 1970, Стамбул). Род. в семье муллы. Учился в Казан. медресе, затем преподавал в нём тюрк. историю и историю араб. и тюрк. лит-р. В 1912 в Казани опубл. первую из своих многочисл. работ – "История тюрков и татар" (на тат. яз.). Историк, востоковед, журналист, публицист. Работал для Бюро мусульм. фракции 4-й Гос. Думы (1916).

Февр. рев-цию 1917 встретил в Петрограде. Будучи чл. Врем. центр. бюро рос. мусульман, подписал протест против заявления С.Н. Максудова на 7-м съезде кадетской партии (март) о том, что мусульмане России поддерживали и будут поддерживать её; в протесте утверждалось, что, напротив, после объявления мин. ин. дел Врем. пр-ва кадетом П.Н. Милюковым курса на продолжение войны до победного конца мусульмане России не пойдут за таким лозунгом, что они, защищая свободу России, не хотят нести позор и унижение др. народам, где бы эти народы ни находились. В кон. марта выехал в Ташкент для орг. работы среди мусульман. Участник съезда "Шура-и-ислам" (Мусульм. совет) в Ташкенте 16–23 апр.), на к-ром избран делегатом от Туркестанского края на 1-й Всерос. мусульм. съезд. В апр. вступил в партию эсеров, в мае вышел из неё, придя к выводу, что следует создать мусульм. соц. партию, но продолжал поддерживать левое крыло эсеровской партии. На 1-м Всерос. мусульм. съезде в Москве (май) избран во Всерос. мусульм. Совет (Милли Шуро). Башк. делегация по его настоянию выдвинула требования автономии Башкортостана, формирования башк. войск и решения зем. вопроса. Был членом Башк. обл. бюро для подготовки башк. съезда. Чл. Президиума 1-го Всебашк. съезда в Оренбурге (июль), к-рый избрал Башк. обл. Шуро, в к-ром В. стал зам. пред. Член Учред. Собр. (от башкир-федералистов Уфим. губ.).

После Окт. вооруж. восст. в Петрограде переехал вместе с Башк. обл. Шуро из Уфы в Оренбург, где Шуро примкнуло к сформированному в окт. К-ту спасения Родины и Рев-ции во главе с атаманом А.И. Дутовым, а в сер. нояб. Шуро под рук. В. провозгласило автономию Башкортостана. Из первого указа, подписанного В. 11 нояб.:

"Мы не большевики и не меньшевики, мы лишь башкиры. На какой же стороне мы должны быть? Ни на какой. Мы на своей собственной стороне. Нам нечего делать в этих спорных вопросах. Наше дело охранять нашу личную и имуществ. безопасность. Двухмиллионный башк. народ не может быть игрушкой в таких ничтожных полит. забавах. У него должны быть свои нужды, свои потребности, своя политика, своя точка зрения" (Самойлов Ф., Малая Башкирия в 1918–1920 гг., М., 1933, с. 6). Вошёл в Башк. пр-во, избранное на Башк. Курултае (парламенте) в Оренбурге (8–20 дек.). Возглавил воен. отдел, Воен. совет при воен. отделе Башк. пр-ва, командующий башк. войсками. Пытался сотрудничать с центр. Сов. властью. 17 янв. 1918 в результате переговоров с СНК был учреждён Комиссариат по делам мусульман Внутр. России при Наркомнаце РСФСР (переговоры вёл пред. Башк. обл. Шуро Ш.А. Манатов).

После изгнания войск Дутова 18 янв. 1918 из Оренбурга В. был арестован в февр. вместе с др. членами Башк. пр-ва по распоряжению Оренбургского губ. и Мусульм. воен.-рев. к-тов. Освобождён (апр.) из тюрьмы во время налёта на Оренбург казаков атамана Дутова. С июня (после захвата Челябинска чехословаками) Башк. пр-во приступило к формированию нац. войск, сотрудничало с Дутовым, К-том членов Учред. Собр. (Комуч), Сиб. пр-вом. Представитель Башк. пр-ва на Гос. совещании в Уфе (сент.).

Адмирал А.В. Колчак в нояб. не признал суверенитета Башкортостана, вследствие чего под рук. В. готовился переход многотысячного башк. войска на сторону Сов. власти, осуществлённый в сер. февр. 1919 в сжатые сроки благодаря огромной популярности В. в башк. народе, в нац. войсках; с февр. В. – один из рук. Башкортостана. В кон. 1919 вступил в РКП(б). Считая постановление ВЦИК и СНК РСФСР "О гос. устройстве Авт. Сов. Башк. Республики" от 19 мая 1920 неприемлемым, В. уехал из Москвы [куда был отозван по решению пленума ЦК РКП(б) от 8 апр.] в Ср. Азию. В сент. 1920 отправил на имя В.И. Ленина письмо (копии – Л.Д. Троцкому, И.В. Сталину, А.И. Рыкову):

"Исходя из начатой ЦК РКП(б) политики, становится ясно, что Вы, как и Артём с товарищами, по отношению к вост. нациям хотите принять за основу идеи настоящих рус. шовинистов... Искусственно возбуждённые клас. противоречия в аулах вост. народов ЦК сможет поддерживать лишь путём террора" (Тоган З.В., Мемуары, Стамбул, 1969, с. 340–41).

Один из идеологов и организаторов басмаческого движения (до февр. 1923), затем эмигрировал. Посвятил себя науке. С мая 1939 в Турции; проф. Стамбульского ун-та.

Лит.: Ахмед Заки Валиди Туган. 1890–1990. Мат-лы к изучению жизни и творчества, Уфа, 1990.

С.М. Исхаков, В.М. Войнов.

ВАХИ́ТОВ Мулланур Муллазянович (10 авг. 1885, Казань,– 19 авг. 1918, там же). Род. в семье работника торговой

фирмы. В 1899 поступил в Казан. реальное уч-ще; член орг-ции учащихся, к-рой руководили с.-д. Участвовал в рев. событиях 1905–06 в Казани. В 1906 член кружка по изучению марксист. лит-ры. В 1907 поступил на экон. отделение Петерб. политехнич. ин-та. С 1912 студент юрид. ф-та Петерб. психоневрологич. ин-та. Организовал лит. кружок (1912–13) студентов-мусульман; подружился с Ш. Манатовым. Публицист и поэт. В статьях в "Мусульм. Газете" (П., 1912–14) писал об угнетённых народах мусульм. Востока. В 1916 отчислен из ин-та за неуплату взноса за обучение.

После Февр. рев-ции 1917 в Казани на собрании 7 марта, устроенном тат. деятелями для создания Мусульм. к-та и утверждения его программы, В. выступил против. В нач. апр. организовал и возглавил Мусульм. соц. к-т (МСК), в работе к-рого участвовали и большевики. Входил в губ. К-т обществ. безопасности (до июля). 23 мая избран в губ. земскую управу, заведовал технич. отделом, участвовал в рук-ве отделом нар. образования, проф. отделом и редакцией земской газеты; МВД Врем. пр-ва отказалось финансировать деятельность новой земской управы. Член губ. зем. к-та (июнь – июль). В нач. июня губ. крест. съезд принял предложенные В. резолюции по вопросам войны, мира, земли. Под ред. В. 15 июня вышел 1-й номер газ. "Кызыл Байрак" ("Красное Знамя") – орган МСК, в к-ром он требовал немедленного перехода власти к Советам РСКД, передачи всей земли крестьянам, роспуска Гос. Думы и Гос. совета, опубликования всех договоров царского пр-ва с союзниками и признания необязательности их для народов России, прекращения войны, перехода всех ф-к и з-дов в руки рабочих. Неоднократно выступал на заседаниях 2-го Всерос. мусульм. и 1-го Всерос. мусульм. воен. съездов в Казани (июль – авг.): "Только социализм спасёт мир, и во имя благоденствия и чести вост. народов я призываю вас решать все сложные явления только под знаменем социализма" ("Независимый Социалист", Казань, 1917, 14 авг.). На заседаниях губ. мусульм. съезда (11–12 окт.) голосовал против единого мусульм. списка на выборах в Учред. Собр.; МСК во главе с В. выдвинул свой список (И. Алкин, А. Цаликов, В. и др.).

24–25 окт. участвовал в вооруж. борьбе за установление Сов. власти в Казани. Вошёл от МСК в Казан. Врем. Рев. штаб (Ревком), созданный 26 окт. Вместе с левыми эсерами и меньшевиками-интернационалистами, выступившими за "однородное соц. пр-во", вышел из Ревкома 28 окт. Был избран членом Учред. Собр. (от Казан. избират. округа, мусульм. соц. список). На 3-м губ. крест. съезде (дек.) заявил: "Народ в великие Окт. дни сверг врагов народа и призвал к власти Советы РСКД... Учред. Собр. должно только закрепить нар. завоевания. Не было в истории примера, что Учред. Собр. шло дальше рев. народа" ("За Землю и Волю", Казань, 1917, 13 дек.).

2 янв. 1918 на митинге, посвящённом отъезду в Петроград для участия в работе Учред. Собр., В. сказал: "Товарищи, ваша судьба в ваших руках! Если вы не желаете, чтобы свободный мусульм. мир снова очутился в бедственном положении, ...возьмите мусульм. дела в собств. руки... Настоящая рев-ция в России совершилась лишь 25 окт." ("Кызыл Байрак", 1918, 8 янв.). Приехал в Петроград 6 янв., опоздав на Учред. Собр. Вместе с Ш. Манатовым 7 янв. беседовал с В.И. Лениным, к-рый посоветовал мусульм. депутатам Учред. Собр.– сторонникам Сов. власти организовать центр. мусульм. учреждение и приступить к разработке декретов, касающихся мусульм. населения. 17 янв. В. возглавил Комиссариат по делам мусульман Внутр. России (Центр. мусульм. комиссариат – ЦМК) при Наркомнаце РСФСР; член коллегии Наркомнаца. Был в числе подписавших (март) Положение о Тат.-Башк. Сов. Республике Рос. Сов. Федерации. По инициативе В. была созвана (март) в Москве 1-я Всерос. конференция рабочих-мусульман, к-рая создала Центр. мусульм. соц. к-т; В. был избран в его состав и пред. исполнит. коллегии к-та. С согласия Ленина по указанию В. в Казань для ликвидации в марте т.н. "Забулачной республики" был направлен отряд матросов. Вместе с И.В. Сталиным подписал декрет (март) об упразднении Всерос. мусульм. Воен. Совета. С апр. пред. Воен. коллегии при ЦМК. Участвовал в совещании в Москве по созыву Учред. съезда Тат.-Башк. Сов. Республики (май); вошёл в комиссию по подготовке съезда. Вместе со Сталиным подписал постановление Наркомнаца об упразднении Всерос. мусульм. Совета (май). Утверждён в мае пред. Центр. мусульм. воен. коллегии при ЦМК. Руководил формированием мусульм. частей Кр. Армии. С июля чрезв. комиссар по продовольствию в Поволжье. 4 авг. прибыл в Казань, самый опасный для Сов. власти участок Вост. фронта, для мобилизации сил. После взятия Казани белыми 7 авг. был схвачен и по приговору военно-полевого суда расстрелян.

Соч.: Избранное (статьи, речи, письма, док-ты), Казань, 1967.

Лит.: Нафигов Р.И., Мулланур Вахитов (ист.-биогр. очерк), 2 изд., Казань, 1975; Мулланур Вахитов. Жизнь и деятельность пламенного революционера-ленинца, Казань, 1989 (на тат. яз.). *М.Е. Голостенов.*

ВЕРДЕРЕ́ВСКИЙ Дмитрий Николаевич (4 нояб. 1873, Петербург,– 1946, Париж). В 1893 окончил Мор. корпус, в 1898 – Арт. офицерские классы. В 1906–09 выступал в "Мор. сборнике" с требованием изоляции флота от полит. жизни страны. С 1916 контр-адмирал.

Во время Февр. рев-ции 1917 нач. дивизии подводных лодок Балтфлота в Ревельской мор. базе. В марте с рядом офицеров

базы подписал обращение: "Воинская сила может быть сохранена лишь при единой и сильной власти в центре, к-рая и возродит таковую же на местах, не предусматривая, будет ли это власть существующего пр-ва, или другая, составленная из представителей рабочих партий. Мы настаиваем на необходимости сильной и единой власти, к-рая бы взяла на себя ответственность за судьбы Родины" ("Рус. Слово", 1917, 17 окт.). В апр.– мае нач. штаба Балтфлота, в мае командир бригады линкоров. 1 июня назначен команд. Балтфлотом.

4 июля получил от помощника мор. министра Б.П. Дудорова телеграмму с требованием высылки в Петроград 4 эскадренных миноносцев для демонстрации силы Врем. пр-ва, а, если потребуется, принятия мер против кронштадтских моряков, участвовавших в демонстрациях; В. заявил членам Центробалта: "Я служу не людям, а Родине. И если флот вовлекают в полит. борьбу, то я не исполню приказания, а там могут меня сажать в тюрьму" ("Рев. движение в России в июле 1917 г. Июльский кризис". Сб., М., 1959, с. 25); в тот же день отправил ответ с отказом исполнить приказание, а "если настаиваете, укажите, кому сдать флот" (там же, с. 26). 5 июля был арестован и отдан под суд за невыполнение приказов Врем. пр-ва.

В дни выступления Л.Г. Корнилова Врем. пр-во признало, что поведение В. в Июльские дни было "вполне оправдываемое обстоятельствами дела". 30 авг. его назначили мор. министром. С 1 по 24 сент. входил в Директорию. 9 сент. вместе с воен. мин. А.И. Верховским и верх. главнокоманд. А.Ф. Керенским подписал обращение к армии и флоту: "Врем. пр-во обращает внимание армии и флота на то, что недостаточно спаянные сверху донизу во единое целое во имя защиты Родины армия и флот могут оказаться не в силах противостоять новой попытке к.-л. честолюбца, могущего в подходящий момент вновь посягнуть на свободу рус. народа" ("Рев. движение в России в сент. 1917 г. Общенац. кризис". Сб., М., 1961, с. 223).

С 25 сент. мор. министр 3-го коалиц. пр-ва. После того как с нек-рых кораблей Черномор. флота было списано до 1/2 состава матросов-неукраинцев ("Воля", "Память Меркурия"), а на трёх кораблях поднят укр. флаг, В. 16 окт. отправил Центр. Раде телеграмму: "Подъём на судах Черномор. флота иного флага, кроме русского, есть недопустимый акт сепаратизма, т.к. Черномор. флот есть флот Рос. Республики, содержащийся на средства Гос. казначейства. Считаю Вашей нравств. обязанностью разъяснить это увлекающимся командам Черномор. флота" (Хесин С.С., Окт. рев-ция и флот, М., 1971, с. 423).

В тот же день на заседании Врем. Совета Рос. Республики

призвал в противовес большевикам и националистам вести всё нарастающую "пропаганду патриотизма", выступил против перехода власти к Советам (см.: "Рус. Слово", 1917, 17 окт.). В знак солидарности с воен. мин. А.И. Верховским, считавшим необходимым скорейший выход России из войны, 24 окт. написал заявление об отставке, но в связи с начавшимся восстанием в столице счёл своим долгом не подавать его. 26 окт. арестован в Зимнем дворце вместе с др. министрами Врем. пр-ва. 27 окт. "освобождён из-под ареста под честное слово" ("Правда", 1917, 28 окт.) и осуществлял, сотрудничая с новой властью, технич. рук-во оператив. действиями флота по обороне страны.

Позднее эмигрировал, полит. деятельности не вёл. 12 февр. 1945 в группе рус. эмигрантов посетил Сов. посольство в Париже, чтобы приветствовать победы Кр. Армии. Незадолго до смерти принял сов. гражданство.

А.С. Сенин.

ВЕРНА́ДСКИЙ Владимир Иванович (28 февр. 1863, Петербург,– 6 янв. 1945, Москва). Отец – проф. Киевского и Моск.

ун-тов, издатель ж. "Экон. Указатель"; мать – дочь генерала. Окончил естеств. отделение физ.-мат. ф-та Петерб. ун-та (1886). В 1886–90 – в заруб. командировке в Германии, Франции, Австрии, Италии. Среди друзей В. – И.И. Петрункевич, А.А. Корнилов, С.Ф. Ольденбург; был близко знаком во время учёбы в ун-те с А.И. Ульяновым; переписывался с Л.Н. Толстым.

С 1897 профессор. Вёл активную научно-исследоват. работу в области минералогии, геохимии и смежных наук. Занимался земской деятельностью в 1892–1907 и 1910–13 в Тамбов. губ. Летом 1903 В. принял участие в проходившем в Швейцарии собрании рос. либералов, основавших нелег. "Союз Освобождения". В 1905 участник учред. съезда Конституционно-демокр. партии, на к-ром был избран членом ЦК и в дальнейшем работал в разл. её комиссиях – аграрной, редакционной и др. В 1906 вновь избран в ЦК (был в нём до кон. 1917). В марте 1906 избран чл. Гос. Совета от академич. курии (АН и ун-ты), но в июле подал в отставку в знак протеста против роспуска Гос. Думы. В 1908 вновь избран в Гос. Совет. С 1909 экстраординарный академик, с 1912 ординарный академик. В 1911 подал в отставку из Моск. ун-та в знак протеста против реакц. политики мин. нар. просвещения Л.А. Кассо и переехал в Петербург; исключён из Гос. Совета. В 1914 совм. с акад. А.П. Карпинским, Б.Б. Голицыным, Н.С. Курнаковым, Н.Д. Зелинским, А.Е. Ферсманом, Я.В. Самойловым создал Комиссию по изучению естеств. производит. сил. В 1916 избран в Комиссию по вопросу о проекте нового университетского устава.

С марта 1917 ординарный проф. Моск. ун-та. После Февр. рев-ции пред. учёного к-та при Мин-ве земледелия. Выступал против выхода кадетов из Врем. пр-ва. 8 июля писал из Киева сыну: "Киевский к-т к.-д. протестовал против выхода министров к.-д. Теперь ошибка этого решения ясна всем, она всюду осуждалась... людьми разных групп и партий и не понималась..." (Думова-2, с. 175). С авг. товарищ (зам.) мин. нар. просвещения; сохранил за собой рук-во обеими комиссиями и возглавил отдел высш. школы и гос. орг-ции науч. исследований (вплоть до роспуска подпольного Врем. пр-ва 17 нояб.). Выдвинут в Учред. Собр. от Петрограда и Алтая (избран не был). Поднимал вопрос о создании АН Грузии и Украины.

Полит. позиции В. характеризуют записи из его дневника за окт.– нояб.:

9 окт.– "Сергей Сергеевич (Салазкин.– Автор) возбудил вопрос об условиях мира. Считается, что получение отказа побудит массы иначе отнестись к войне. Я указываю ему, что необходим разрыв социалистов-государственников с большевиками... Не надо бояться столкновения с большевиками и надо идти на это"; 10 окт.– "Приходится держаться Керенского faute de mieux" [за неимением лучшего – франц.]; 12 окт.– "Всегда боялся, что социализм даст дисциплину казармы"; "Совещание Товарищей Министра. Обсуждение прав польских (и иных) школ с польским языком. В общем, у всех нас взгляд один: равноправие с русскими «школами»"; 15 окт.– разговор с фин. геологом Я.И. Седергольмом о Финляндии: "Я ему говорил о трудности для гос. людей России найти устойчивое положение при независимости Финляндии благодаря близости столицы к границе. Для меня выход – или независимая Финляндия без Выборгской губ., или цельная Финляндия, соединённая с Россией"; «Зем. К-ты состоят из "социалистов-революционеров", подозрительных элементов; идёт нажива, захват земли себе и своим. Несомненно, земля уйдёт в др. руки, но не социализации или национализации, а в крепкие руки демокр. Колупаевых»; 18 окт.– "Бессилие воли у социалистов? Другое племя, чем народовольцы"; "Сейчас время людей воли. Их жаждут"; 20 окт.– "В большевизме есть идейная сторона, но она так чужда сознательно действенным силам, что в конце концов чувствуется ими только как дикая разрушающая сила".

3 нояб.– "Невозможное становится возможным – и развёртывается небывалая в истории катастрофа или, может быть, новое мировое явление. И в нём чувствуешь себя бессильной былинкой"; "Тяжело потому, что у нас ведь происходит – среди интеллигенции – то же самое. Неужели «нас ожидает» рознь интеллигенции и демоса? Или для устойчивости гос-ва мы не могли «ввести» те формы жизни,

к каким мы стремились всё время?"; "В сущности, массы за большевиков"; «Сегодня в "Деле Народа" поразительное по цинизму решение большевиков о свободе печати. Это что-то невероятное»; 6 нояб.– "Очень смутно и тревожно за будущее. Вместе с тем и очень ясно чувствую силу рус. нации, несмотря на её антигос. движение. Сейчас ярко проявился анархизм рус. нар. массы и евр. вождей, к-рые играют такую роль в этом движении. Очень ясно падение идейное социализма и народничества. Очень любопытное будет изменение рус. интеллигенции. Что бы ни случилось в гос. формах, великий народ будет жить"; 8 нояб.– "Решено искать свидания. Пользуясь старыми связями с Ульяновым Сергея Ольденбурга (и моими), послать к нему «В.И. Ленину» не от партии депутацию для освобождения министров (Сергей, Кутлер, Шахматов, Васильев – я отвёл себя как Товарищ Министра, заменён Мануйловым). Положение «арестованных» министров в Петропавловске угрожающее, опасное"; 10 нояб.– "Положение трагическое: получили значение в решении вопросов жизни страны силы и слои народа, к-рые не в состоянии понять её интересы. Ясно, что безудержная демократия, стремление к к-рой являлось целью моей жизни, должна получить поправки" (Вернадский В.И., Придётся перейти через кризис, "Огонёк", 1990, № 49, с. 12–14).

22 нояб. АН удовлетворила просьбу В. о командировке в южные р-ны страны из-за состояния здоровья и для продолжения работ по живому веществу; выехал в Полтаву, где проживали родственники его жены. В июне 1918 избран пред. Комиссии по созданию АН Украины, 27 окт. президентом АН Украины. После закрытия деникинскими властями всех укр. науч. учреждений, основанных после Окт. рев-ции, в т.ч. и АН, В. вынужден был уехать в Крым, стал ректором Таврического ун-та в Симферополе. В 1919 В. писал: "Есть опасность, что... нек-рые из центров науч. творчества могут погибнуть в вихре событий... Возрождаются скверные навыки старой рус. власти жертвовать расходами на культурные рус. ценности... Сейчас главнейшей силой, сплачивающей новое рус. гос-во... будет являться великая мировая ценность – рус. культура во всех её проявлениях" (Думова-1, с. 76).

В 1921 В. вернулся в Петроград; организатор и директор Радиевого ин-та АН (1921). В 1922–26 читал курс лекций в Сорбонне (Франция), вёл науч. работу. Вернулся в СССР в 1926, хотя ему предлагали остаться во Франции. В 1932 в письме В.М. Молотову В. писал о "своей идеологич. чуждости основам капиталистич. строя", вместе с тем подчёркивал, что он также "отнюдь не является сторонником соц. или коммунистич. строя и считает, что реально выявится нечто новое" ("Огонёк", 1990, № 49, с. 12).

Соч.: Труды по всеобщей истории науки, 2 изд., М., 1988; Философские мысли натуралиста, М., 1988.

Лит.: Козиков И.А., Философские воззрения В.И. Вернадского, М., 1963; Корсунская В.М., Верзилин Н.М., В.И. Вернадский, М., 1975; Страницы автобиографии В.И. Вернадского, М., 1981; Мочалов И.И., В.И. Вернадский, М., 1982; Письма В.И. Вернадского А.Е. Ферсману, М., 1985; В.И. Вернадский. Рекоменд. ук. лит-ры, М., 1984. *М.Е. Голостенов.*

ВЕРХО́ВСКИЙ Александр Иванович (27 нояб. 1886, Петербург,– 19 авг. 1938). Из дворян. В 1905 за либерально-конституц. взгляды исключён из Пажеского корпуса и отправлен солдатом в Маньчжурию; был наводчиком в полевом артдивизионе, награждён солд. Георгиевским крестом и произведён в офицеры. В 1905–08 служил в Гельсингфорсе. В 1911 окончил Академию Генштаба. С нач. 1-й мир. войны на фронте в Вост. Пруссии. С 1915 нач. оперчасти штаба 22-го корпуса на Юго-Зап. фронте, с июля в штабе 9-й армии, с дек.– 7-й армии. С марта 1916 подполковник, нач. штаба группы войск, предназначенной для овладения Трапезундом с моря. В сент.– дек. 1916 в Румынии, пом. по оперчасти рос. представителя при Рум. гл. квартире; приехав в Петроград, записал в дневнике: "Окончат. победы над Германией нет, и не видно конца... Только смена полит. системы может спасти армию от новых несчастий, а Россию от позорного поражения. Армия потеряла терпение" ("Россия на Голгофе. Из походного дневника 1914–18", М., 1918, с. 63, 64). В нач. 1917 назначен нач. штаба Черномор. дивизии, предназначенной для десанта на тур. побережье.

После Февр. рев-ции 1917 выступил на собрании офицеров гарнизона с призывом поддержать Врем. пр-во. 8 марта

записал: "Что же делать, когда нельзя остановить движение?– Нужно стать во главе и направить его так, чтобы народ-ребёнок причинил себе возможно меньше зла. Нужно нам, офицерам, войти в союз с лучшей частью солд. массы и направить движение так, чтобы победить нарастающее анархич. начало и сохранить силу наших войск и кораблей" (там же, с. 72). С разрешения команд. Черномор. флотом адм. А.В. Колчака заявил солдатам и матросам о присоединении офицеров к рев-ции и добился включения их представителей в Севастопольский Совет РСД; был избран его тов. пред. Разработал "Положение об орг-ции чинов флота, Севастопольского гарнизона и работающих на гос. оборону рабочих" – одного из первых местных положений о солд. к-тах. В "Положении" записано: осн. целями к-тов являются усиление боевой мощи армии и флота, "дабы довести войну до победного конца", поддержка Врем. пр-ва, содействие просвещению армии и флота; к-ты должны служить "оплотом народившейся свободы"; подчёркивалось, что осн. постановления к-тов подлежат утверждению командирами частей. 19 марта Колчак утвердил "Положение" и В. выехал в Петроград для участия в работе комиссии, созданной для пересмотра законоположений и уставов в соответствии с новыми правовыми нормами. Выступил с идеей срочного создания в войсках к-тов, аналогичных севастопольскому, к-рые предотвратили бы новые антиофицерские выступления, сохранив армию для продолжения войны. Воен. комиссия Гос. Думы представила В. лидерам Петрогр. Совета РСД, к-рым 24 марта он заявил, что проект комиссии будет готов через 2 месяца, тем временем в армии может вспыхнуть междоусобная война: В. предложил ввести положение о к-тах приказом Главковерха до того, пока положение будет разработано и принято Врем. пр-вом (см.: Верховский А.И., На трудном перевале, М., 1959, с. 217). Исполком Петросовета одобрил "Положение" В., опубл. его в газ. "Известия"; 28 марта дал полномочия В. доложить "Положение" Главковерху ген. М.В. Алексееву. 24 марта В. выступил в Солд. секции Петросовета с требованием сохранить за офицерами решение всех воен. вопросов; вечером этого дня был принят воен. мин. А.И. Гучковым, одобрившим намерение В. ехать в Ставку, где 28–29 марта он участвовал в обсуждении своего "Положения". Несмотря на возражения А.И. Деникина, "Положение" было в осн. одобрено, и 30 марта Главковерх издал приказ № 51 "О переходе к новым формам жизни", при к-ром было объявлено "Врем. положение об орг-ции чинов действующей армии и флота", в осн. совпадающее с "Положением" В.

С апр. в Севастополе участвовал в работе Совета рабочих, солд. и матросских деп.; 10 мая записал: «Народ, как ребёнок, не чувствует, что он, ломая всё ради свободы, куёт сам себе новое рабство. А вожди его, вожди рев-ции... бросили в массу лозунги Интернационала и клас. борьбы. В тёмной голове простолюдина Интернационал обратился в братание с немцами, а клас. борьба в борьбу с единств. "буржуем" под рукой – своим... любящим Родину офицером» ("Россия на Голгофе", с. 81–82).

С 31 мая полковник и команд. Моск. ВО (МВО). Проявил себя как сторонник наведения "порядка" с помощью репрессивных мер; в июле под рук. В. силой оружия были подавлены солд. выступления в гарнизонах Н. Новгорода, Твери, Владимира, Липецка, Ельца и др. городов; все карат. экспедиции отправлялись с согласия Советов РСД и в сопровождении их депутатов. В нач. июля записал: "...за месяц моей работы здесь мне удалось наладить соглашение разл. групп настолько, что в нужную минуту... мы переходим в наступление против анархии единым фронтом" (там же, с. 94).

В дни работы моск. Гос. совещания (12–15 авг.) предостерёг ген. Л.Г. Корнилова от возможного выступления его сторонников. После начала выступления Корнилова (25 авг.) получил 28 авг. от него телеграмму: "...Предписываю Вам подчиняться мне и впредь исполнять мои приказания"; 29 авг. В. отвечал: "...Офицерство, солдаты, дума Москвы присоединились к Врем. пр-ву. Иного ответа дать и я не могу, т.к. присягу не меняю, как перчатки". 29 авг. подписал приказ по МВО, в к-ром действия Корнилова назвал как выступление "для борьбы с пр-вом и народом русским"; на всей терр. МВО объявлялось воен. положение, а прокорниловски настроенные офицеры отстранялись от командования. В предписании нач. 11-й пех. запасной бригады приказал "все действия от имени ген. Корнилова считать мятежными"; 30 авг. назначил на подавление мятежа 5 полков с задачей: "гл. удар на Могилёв" [там находилась Ставка.– Авторы]; рук-во ударным отрядом В. брал на себя. По его распоряжению проведены обыски и аресты в Моск. отделе Союза офицеров армии и флота и в казач. орг-ции. 30 авг. телеграфировал атаману А.М. Каледину, что появление казач. войск в пределах МВО будет рассматриваться как "восстание против Врем. пр-ва" и последует приказ "о полном уничтожении всех идущих на вооруж. восстание" (Грунт А.М., Москва, 1917: рев-ция и контррев-ция, М., 1976, с. 208). 30 авг. А.Ф. Керенский назначил В. воен. министром, 1 сент. ввёл его в состав Директории, присвоив чин ген.-майора. 7 сент. В. выступил с докладом о переустройстве армии и поднятии её боеспособности на заседании Врем. пр-ва, 8 сент.– на бюро ВЦИК; "...армия не соответствует экон. силам страны... Распределение людей в ней неправильно, тылы перегружены людьми, в то время как на фронте бойцов не хватает. Армию в первую голову решено сократить на одну треть..." ("Россия на Голгофе", с. 117–18). В тот же день на Солд. секции Петрогр. Совета РСД рассказал о своих действиях в дни корниловского выступления, напомнил, что подавлял и выступления солдат в Твери и Н. Новгороде, арестовывал солдат-большевиков, отметил, что в армии много ещё непорядка: "Не пулемётами и нагайками мы создадим рев. войско, а путём внушения широким солд. массам идей права, справедливости и строгой дисциплины". Заявив, что он против выборного начала в армии, сослался на опыт армии Вел. франц. рев-ции, "всегда терпевшей поражения при выборном начале" (Старцев В.И., Крах керенщины, Л., 1982, с. 77–78). Выступая на Демокр. совещании, изложил те же идеи, что и на Солд. секции Петросовета.

В новом составе Врем. пр-ва с 25 сент. вновь воен. министр. 30 сент., вернувшись из Ставки, записал в дневнике: "Нужно придумать, как продолжать войну, при условии, что армия воевать не хочет и слышатся даже требования заключить мир во что бы то ни стало... надо распустить худшие, наиб. усталые элементы, т.к. большая часть армии воевать не будет, чем бы это ни грозило народу" ("Россия на Голгофе", с. 125). С подобными положениями выступал на заседаниях ВЦИК (3 окт.) и Предпарламента

(10 окт.). На заседании Врем. пр-ва 17 окт., обсуждавшего меры против готовящегося выступления большевиков, поставил вопрос о своей отставке:. "...Большевизм в Совете РД, а его разогнать нет сил. Я не могу предоставить реальной силы Врем. пр-ву и потому прошу отставку" ("Ист. архив", 1960, № 5, с. 84); 19 окт. на заседании пр-ва повторил просьбу об отставке: "...Народ не понимает, за что воюет, за что его заставляют нести голод, лишения, идти на смерть. В самом Петрограде ни одна рука не вступится на защиту Врем. пр-ва, а эшелоны, вытребованные с фронта, перейдут на сторону большевиков" ("Россия на Голгофе", с. 133). 20 окт. на совместном заседании комиссий Предпарламента по обороне и иностр. делам В., проанализировав состояние армии, заявил: "воевать мы не можем". Единств. выход он видел в том, чтобы "самим немедленно возбудить вопрос о заключении мира... Весть о скором мире не замедлит внести в армию оздоровляющие начала, что даст возможность, опираясь на наиболее целые части, силой подавить анархию на фронте и в тылу. А т.к. самое заключение мира потребует значит. времени ... можно рассчитывать на воссоздание боевой мощи армии, что в свою очередь благоприятно отразится на самих условиях мира" (Старцев В.И., указ. соч., с. 211). Оппоненты говорили, что мир с аннексиями в пользу Германии не может считаться "спасением страны". В. ответил: "Надо решать, что нам по карману и что нет. Если нет средств для лучшего мира, надо заключать тот, какой сейчас возможен. В противном случае положение только ухудшится" (там же, с. 214). Заседание было секретным, но уже 21 окт. искажённая информация о нём появилась в газете В.Л. Бурцева "Общее дело". Это ускорило отставку В., хотя официально было объявлено, что ему представляется двухнедельный отпуск по состоянию здоровья. 22 окт. он выехал на о. Валаам, где только 29 окт. узнал об Окт. вооруж. восстании.

3 нояб. вернулся в Петроград и вместе с членами ЦК эсеров направился в Ставку, где Общеарм. к-т и лидеры ряда соц. партий пытались образовать "общесоц. пр-во". После провала этого плана отошёл от полит. деятельности. Летом 1918 по обвинению в подготовке выступления эсеров был арестован, но вскоре освобождён. С 1919 в Кр. Армии на Вост. фронте. С 1921 в Академии РККА. В 1922 воен. эксперт сов. делегации на Генуэзской междунар. конф. С 1930 нач. штаба Сев.-Кавк. ВО. 18 июля 1931 по обвинению в антисов. деятельности приговорён Коллегией ОГПУ к расстрелу, она же 2 дек. 1931 заменила приговор на 10 лет лагерей. 17 сент. 1934 досрочно освобождён. 19 авг. 1938 воен. коллегия Верх. суда СССР по тому же обвинению приговорила к высшей мере наказания, расстрелян в тот же день. 28 нояб. 1956 реабилитирован.

Т.Ф. Кузьмина, В.И. Миллер.

ВИНА́ВЕР Максим Моисеевич (1862 или 1863, Варшава,– 1926, Ментон-Сен-Бернар, Франция). Окончил Варшавский

ун-т (1886). Юрист-государствовед, авторитетнейший цивилист. Присяжный поверенный с 1904. Редактировал (вместе с В.Д. Набоковым) журнал Петерб. юрид. об-ва "Вестник Права". Один из основателей кадетской партии, её теоретик и постоянный чл. ЦК, ближайший соратник П.Н. Милюкова. Деп. 1-й Гос. Думы. Подписал Выборгское воззвание – протест против роспуска Думы и призыв к гражд. неповиновению, за что отбывал в 1908 3-месячное заключение в тюрьме. Играл ведущую роль в "Союзе для достижения равноправия евреев" и в "Об-ве для распространения просвещения среди евреев". На 6-м съезде партии (1916) председательствующий на обоих заседаниях В. сформулировал позицию кадетов так: "Сущность всей полит. борьбы... сводится к проведению своих взглядов, т.е. к борьбе за преобладание, за власть..." (Думова-2, с. 89).

После Февр. рев-ции 1917 назначен Врем. пр-вом сенатором. Выступая на 7-м съезде партии кадетов (март) с докладом о тактике, заявил: "Представление о слиянии нас с пр-вом, переименовании нас в правительств. партию было бы заблуждением едва ли правильным по существу и опасным и для нашей деятельности, и для деятельности пр-ва. Мы должны представлять собой часть обществ. мнения страны" (там же, с. 102). В заключит. слове подчеркнул: "Все оказались единодушными, что нельзя допускать двоевластия или многовластия в сфере исполнительной" (там же, с. 123).

С марта руководитель (вместе с А.А. Корниловым) агит.-издат. (позднее лит.-издат.) комиссии партии, в обязанности к-рой вменялось издать в популярном изложении программу партии, а также отд. брошюрами и листовками нек-рые доклады и речи делегатов съезда. 19 марта в Петрограде под пред. В. состоялось собрание учредителей нового лит. об-ва – Союза писателей. Вошёл в Особое совещание по выработке закона о выборах в Учред. Собр. (под пред. Ф.Ф. Кокошкина). Выступал против сближения с "левыми". Сформулировал общую позицию партии: тактич. курс её ни в коем случае не должен способствовать усилению поляризации в стране. После Апр. кризиса центр партии раскололся, и группа В.Д. Набокова и В. сблизилась с левым флангом партии. На 8-м съезде партии (май) снова вошёл в ЦК. 3 мая на совм. заседании Врем. пр-ва, Врем. К-та Гос. Думы и представителей Совета РСД П.Д. Долгоруков и В. вручили кн. Г.Е. Львову кадетский ультиматум о программе пр-ва и его составе (не менее 4 представителей партии).

В нач. мая совершил ряд поездок в разл. города России с целью ознакомления с положением дел в парт. орг-циях и подготовке к предстоящим муниципальным выборам. 1 июля на заседании ЦК партии выступил против отставки кадетских министров, а в Гор. думе требовал введения смертной казни за пропаганду против войны. Добивался отсрочки выборов в Учред. Собр. После провала выступления ген. Л.Г. Корнилова выполнил (вместе с Набоковым) поручение А.Ф. Керенского добиться врем. устранения Милюкова от рук-ва партией (Милюков почти сразу после этого разговора выехал в Крым). 3 окт. В. вошёл в Предпарламент, стал тов. пред. кадетской фракции в нём, тов. пред. комиссии по борьбе с анархией.

После Окт. рев-ции выбран 14 нояб. в Учред. Собр. (от Петрограда). В ночь на 18 нояб. ВРК арестовал кадетского гласного Гор. думы В., однако после допроса он был отпущен. На конференции 27–29 мая 1918 выступил с докладом об ориентации кадетов и сформулировал идею создания союза со странами Антанты. Осн. целью конференции партии в Екатеринодаре 28–31 окт., как заявил В., было достижение соглашения о том, "как организовать представительство России перед лицом союзников", к-рое "сможет двинуть вопрос ликвидации большевизма" (Думова-1, с. 156). Весной 1919 вошёл в "Краевое пр-во" в Крыму как мин. внеш. сношений, вёл переговоры с союзным командованием о защите Севастополя от наступающей Кр. Армии. Бежал вместе с союзниками. В 1919 возглавил в Париже К-т кадетов. Присутствовал на совещании членов Учред. Собр. в Париже 8 янв. 1921. Участвовал в издании ж. "Европ. Трибуна" и газ. "Последние Новости".

Соч.: История Выборгского воззвания, П., 1917; Тактика Партии Нар. Свободы, [Од.], 1917; Недавнее. Воспоминания и характеристики, 2 изд., Париж, 1926.

Лит.: М.М. Винавер и рус. общественность нач. XX в., Париж, 1937. *М.Е. Голостенов.*

ВИННИЧЕ́НКО Владимир Кириллович (26 июля 1880, с. Весёлый Кут Елисаветградского у. Херсонской губ.,– 1951, Мужен, Франция).

Род. в крест. семье. В 1901 поступил на юрид. ф-т Киевского ун-та; во время учёбы вступил в Рев. укр. партию (РУП), к-рая с 1904 стала называться Укр. с.-д. рабочей партией (УСДРП). Вёл агит.-проп. работу среди рабочих Киева и крестьян Полтавской губ. В 1903 арестован, исключён из ун-та; бежал из Лукьяновской тюрьмы в Киеве, но вскоре вновь арестован и был направлен в дисциплинарный батальон. После нового побега эмигрировал. В 1906–14 в Австрии, Франции, Швейцарии, Италии, неск. раз нелегально приезжал в Россию, переправлял рев. лит-ру. С 1907 чл. ЦК УСДРП. Занимался лит. деятельностью (первый рассказ "Красота и сила" опубл. в 1902 в ж. "Киевская Старина"). Во время 1-й мир. войны нелегально жил в Москве, сотрудничал в ж. "Укр. Жизнь".

После Февр. рев-ции 1917 переехал в Киев. Руководил работой Укр. нац. конгресса (5–7 апр.), на к-ром была сформирована Центр. Рада, возглавившая укр. нац.-освободит. движение. Был избран зам. пред. укр. Центр. Рады (УЦР) и членом её исполнит. к-та – Малой Рады. Руководил работой всеукр. съездов – двух военных (5–12 мая и 5–10 июня), крест. (29 мая – 3 июня) и рабочего (11–14 июля); выступал с полит. докладами. После состоявшейся в нач. апр. конференции УСДРП стал её офиц. лидером и гл. редактором парт. органа – "Рабочей Газеты" ("Робітнича Газета"). Возглавлял делегацию, к-рая в кон. мая передала Врем. пр-ву требования УЦР о предоставлении Украине автономии в составе России. Был автором почти всех законодат. актов и деклараций УЦР, в т.ч. трёх Универсалов. В них отразилась эволюция его взглядов на судьбу Украины, от культурно-нац. автономии до укр. нац. государственности. 10 июня В. возглавил первое укр. пр-во – Ген. секретариат, в к-ром получил также пост ген. секретаря внутр. дел. 29–30 июня вместе с М.С. Грушевским вёл переговоры с делегацией Врем. пр-ва (А.Ф. Керенский, М.И. Терещенко, И.Г. Церетели) в Киеве. Достигнутые соглашения были отражены в "Декларации Врем. пр-ва к Укр. Раде" от 2 июля и во 2-м Универсале УЦР, изданном 3 июля.

Обострение полит. ситуации в стране и межпарт. разногласия внутри укр. движения вызвали в кон. авг. кризис и уход кабинета В. в отставку. Однако личный авторитет и популярность его были велики – в сент. он возглавил и новый состав Ген. секретариата. Оценивая первый этап деятельности УЦР, В. позднее писал: "Это наилучший период в борьбе за возрождение нашей нации... Это период акции воистину самого народа, широких творческих масс его. И только этим можно объяснить наши такие значит. успехи в сфере нац. достижений. Всерос. рев-ция в тот период ещё не выдвинула так остро социальных моментов, как позднее, и поэтому вся деятельность Центр. Рады не была в дисгармонии с социальным движением масс" ("Відродження нації", т. 1, К., 1920, с. 346–47). 28 сент. выступил на заседании Малой Рады с программной декларацией, в к-рой осн. задачу охарактеризовал как "объединение всей укр. земли и укр. народа в единой авт. единице"; конкретные предложения: развитие местного самоуправления, подготовка зем. реформы, создание собств. кредитно-финанс. системы, ряд мер в области культуры и образования. С целью укрепления власти на местах провёл 3–4 окт. совещание губ. и уездных комиссаров УЦР. На 3-м Всеукр. воен. съезде

(19–20 окт.) заявил, что Украина хочет остаться в федеративной связи с Россией, а все приписываемые Ген. секретариату тенденции сепаратизма назвал провокацией. Чл. Учред. Собр. (от Киевского окр.).

Окт. рев-цию В. не принял. В резолюции Малой Рады говорилось: "Признавая, что власть как в гос-ве, так и в каждом отд. крае должна перейти в руки всей рев. демократии, считая недопустимым переход всей власти исключительно в руки Советов РСД, к-рые являются только частью организованной рев. демократии, Укр. Центр. Рада поэтому высказывается против восстания в Петрограде и будет энергично бороться со всякими попытками поддержания этого мятежа на Украине" ("Триумфальное шествие Сов. власти", ч. 2, М., 1963, с. 71). В кон. окт. власть в Киеве перешла в руки УЦР и 7 нояб. 3-й Универсал провозгласил Укр. Нар. Республику (УНР) как федеративную часть Рос. Республики. Были декларированы ликвидация помещичьего землевладения, 8-час. рабочий день, выражена готовность немедленно начать мирные переговоры. В. считал, что на Украине нет объективных условий для проведения соц. рев-ции, возглавляемое им пр-во не признало СНК РСФСР.

Установление Сов. власти в ряде р-нов Украины вызвало межпарт. разногласия в пр-ве и очередной его кризис. В. подал в отставку. Последним актом, к к-рому он имел отношение, стал 4-й Универсал (9 янв. 1918), провозгласивший Украину самостоят. гос-вом. В. неск. раз менял свою позицию, прежде чем оценил Брестский мир как "освобождение от большевист. нашествия" Украины.

В. выехал в Бердянск; после возвращения пр-ва УНР в Киев, под прикрытием нем. войск, вернулся и В. Он осудил гетманский переворот (апр.), однако считал, что укр. деятели, и прежде всего социалисты-федералисты, должны войти в пр-во. Продолжал редактировать "Рабочую Газету", оставался в рук-ве УСДРП. 28 июня 1918 был арестован, но 29 июня освобождён по распоряжению гетмана П.П. Скоропадского. 18 сент. В. был избран пред. Укр. нац. союза, провозгласившего борьбу "за законную власть на Украине" и "защиту прав укр. народа", направленного против гетманщины и нем. оккупации. Для конспирации он вёл переговоры с гетманом о вхождении членов союза в пр-во, но на деле вместе с Н.Е. Шаповалом и С.В. Петлюрой стал вдохновителем его вооруж. свержения. При подготовке переворота вёл в Киеве тайные переговоры с руководителями сов. мирной делегации Х.Г. Раковским и Д.З. Мануильским, не увенчавшиеся успехом.

Для рук-ва охватившим всю Украину повстанч. движением, успеху к-рого способствовала победа рев-ции в Германии, 14 нояб. была избрана Директория из 5 членов, к-рой руководил В. 14 дек. гетман подписал отречение от власти, была восстановлена УНР, во главе к-рой стояла Директория под пред. В. Премьер-министр Директории В.М. Чеховский и В. были сторонниками "укр. соц. рев-ции в нац. формах". Реальная же власть оказалась в руках военных во главе с Петлюрой, к-рые вынудили В. 10 февр. 1919 уйти с поста пред. Директории и выйти из её состава.

В. отбыл за границу; создал там трёхтомный мемуарно-публицистич. труд "Возрождение нации. История укр. рев-ции (март 1917 г.– дек. 1919 г.)". В. считал себя марксистом. Как политик-практик был импульсивен и склонен к крайностям. Его взгляды были во многом созвучны взглядам большевиков; но последние, по его мнению, отдавая предпочтение социальной политике, недостаточно учитывали нац. фактор. Одной из осн. причин поражения Центр. Рады и Директории В. считал "расщепление" единой политики на две – социальную и национальную – и предпочтение последней. В кон. 1919 В. вышел из УСДРП и организовал в Вене Загран. группу укр. коммунистов. Опубликовал письмо-манифест "К классово несознательной укр. интеллигенции", в к-ром сообщал о своём переходе на позиции коммунизма.

Получив согласие сов. рук-ва, В. в мае 1920 прибыл в Москву. И в Москве и особенно в Харькове (столице УССР) был встречен настороженно. После длит. переговоров ему был предложен пост зам. пред. СНК УССР и наркома иностр. дел. Ознакомившись с реальным положением Украины, гос. отношениями между УССР и РСФСР, В., использовав благовидный предлог [ему было отказано во включении в состав Политбюро ЦК КП(б)У], отказался от предложенных ему постов. вступления в КП(б)У и уехал за границу. Выступал с критикой социальной и нац. политики коммунистич. партии и Сов. пр-ва. С сер. 1920-х гг. отошёл от полит. деятельности, продолжая литературную и публицистическую. В 1933, после прихода Гитлера к власти, обращался с письмом к И.В. Сталину и в Политбюро ЦК КП(б)У, в к-ром предостерегал об опасности фашизма. Во время 2-й мир. войны за отказ сотрудничать с нацистами был заключён в концлагерь. В последние годы жизни с симпатией относился к Сов. Союзу.

Соч.: Відродження нації. Історія української революції (марець 1917 р.– грудень 1919 р.), т. 1–3, Київ – Відень, 1920 (Репринтне відворения видания 1920 р.– Київ, т. 3, Послесловие В. Позицкого). *Е.Д. Бойко.*

ВЛАДИМИРСКИЙ Михаил Фёдорович (20 февр. 1874, Арзамас,– 2 апр. 1951, Москва). Из семьи священника. В 1894–95

учился на мед. ф-те Томского, в 1895–96 и 1898–99 – Московского, в 1900–01 – Гейдельбергского ун-тов, окончил в 1902 мед. ф-т Берлинского ун-та и в 1903 получил диплом Казан.

ун-та. В с.-д. движении с 1895. В 1896 за участие в создании Моск. "Рабочего союза" арестован и выслан на родину. В 1898–99 чл. МК РСДРП. Был выслан, а затем уехал в Германию. В 1903–05 земский врач в Н. Новгороде; после 2-го съезда РСДРП (1903) большевик. В 1905 чл. МК РСДРП, Моск. Совета РД, участник Дек. вооруж. восст. в Москве. В 1906 чл. Моск. обл. бюро РСДРП. С 1907 в эмиграции.

После Февр. рев-ции 1917 вернулся (июль) в Петроград, направлен ЦК РСДРП(б) в Москву. С июля чл. Исполнит. бюро МК РСДРП(б). В сент. один из руководителей подготовки и проведения выборов в районные думы Москвы, увенчавшиеся успехом большевиков. В нач. окт. при обсуждении ленинского "Письма в ЦК, МК, ПК и членам Советов Питера и Москвы большевикам" на совещании представителей Моск. обл. бюро, Моск. гор. и окр. к-тов РСДРП(б) по вопросу о вооруж. восстании поддерживал мнение Г.И. Ломова-Оппокова, В.Н. Яковлевой о возможности начать выступление в Москве.

25 окт. избран членом Боевого парт. центра по рук-ву вооруж. восстанием, был членом Моск. ВРК и членом Президиума Моск. губ. Совета РД. 26 окт. совм. с В.П. Ногиным участвовал в переговорах с командующим войсками Моск. ВО полк. К.И. Рябцевым. 4 нояб. на совм. заседании Моск. гор., окр. к-тов и Обл. бюро партии с представителями большевист. фракции Моск. Совета РД выступил против предложения И.А. Пятницкого образовать в Москве "демокр. пр-во из состава всех соц. партий". 5 нояб. на встрече с левыми эсерами и меньшевиками-интернационалистами информировал собравшихся о решении МК РСДРП(б) создать органы Сов. власти, в к-рых большевикам будет обеспечено преобладание. В тот же день Моск. ВРК принял постановление о роспуске Гор. думы и выделил 5 комиссаров во главе с В. для ведения дел гор. самоуправления. 6 нояб. избран пред. бюро Совета районных дум Москвы и чл. Президиума Моссовета. 9–10 дек. пред. Моск. губ. съезда Советов РСД с участием представителей крестьян 10 (из 13) уездов; съезд поддержал решения Моск. обл. конф. большевиков об усилении работы среди крестьян, переизбрании местных Советов КД и их слияния с Советами РСД. 4 марта 1918 на Моск. гор. парт. конф. избран дел. 7-го съезда РКП(б) (6–8 марта); вошёл в ЦК. Дел. 4-го Чрезв. Всерос. съезда Советов, избран чл. ВЦИК и его Президиума (14–16 марта). В апр. вновь избран чл. Президиума Моссовета. Дел. 5-го Всерос. съезда Советов (июль 1918); избран чл. ВЦИК и его Президиума. С 1919 на разл. гос. и парт. работе.

Соч.: Окт. дни в Москве, М.–Л., 1927; Организация Сов. власти на местах, М., 1921.

Лит.: Слонимская И.А., М.Ф. Владимирский, М., 1967; Титков Е.П., Николаев В.В., М. Владимирский, Горький, 1988.

Н.М. Таранев.

ВОЙТИНСКИЙ Владимир Савельевич (12 нояб. 1885, Петербург,– 11 июня 1960, США). Род. в семье преподавателя математики реального уч-ща. В 1904 поступил на юрид. ф-т Петерб. ун-та. С ранних лет проявил матем. способности; написал работу "Рынок и цены: теория потребления и рыночных цен" (рекомендована к печати М.И. Туган-Барановским и опубл. с его предисловием в 1906). С 1905 чл. РСДРП, большевик. Участник Рев-ции 1905–07 (в Петербурге и Екатеринославе). В 1908 арестован, в 1909 приговорён к тюремному заключению. С 1912 в ссылке в Иркут. губ., где сблизился с меньшевиками, особенно с И.Г. Церетели. В годы 1-й мир. войны начал отходить от большевизма (обвинял ленинцев в "пораженчестве", политике раскола с.-д. движения).

После Февр. рев-ции 1917 с 20 марта – в Петрограде. 29 марта выступил с содокладом на Всерос. (Мартовском) совещании парт. работников по вопросу об отношении к Врем. пр-ву: "Будучи в корне своём контрреволюционным... оно тем не менее по деятельности своей революционно... Все симпатии партий, образовавших Врем. пр-во, были направлены не в сторону участия в рев-ции, а противодействия ей... Врем. пр-во получило власть из рук народа. Совет РСД мог не признать его, и его не было бы. Почему же контррев. силы выполняют дело рев-ции? Почему рев. демократия не взяла в свои руки власть, а передала её в руки умеренно-либеральной буржуазии?.. когда была возможность осуществить диктатуру демократии, взять тогда власть в свои руки – значило погубить бурж.-демокр. рев-цию. Пролетариат не справился бы с анархией... взять власть в руки социалистам было невозможно... Они выполняют, ненавидя нас, не скрывая этого, нашу рев. программу... ввиду этого внутр. противоречия необходим контроль со стороны Совета РД. Пока контроль этот есть, оно программу осуществит... Милюков со списком министров вышел за утверждением к Совету РД; угроза отставкой была также обращена к Совету РД, т.е. к Совету РД обращались с тем, о чём в конституц.-монархич. странах обращаются к монарху... Взять власть целиком в свои руки невозможно при бурж. строе... наша задача – орг-ция сил, подготовка к переходу власти в наши руки..." ("Вопросы истории КПСС", 1962, № 5, с. 114–15); вошёл в комиссию по выработке резолюции.

На собр. большевиков и меньшевиков – участников Всерос. совещания Советов 4 апр. настаивал на объединении с меньшевиками, избран чл. оргбюро по подготовке Объединит. съезда РСДРП; резко возражал против Апр. тезисов В.И. Ленина: "Мы все объединимся без него и против его программы, придуманной в поезде" ("Единство", 1917, 5 апр.). В нач. апр. перешёл к меньшевикам, где присоединился к сторонникам Церетели – "рев. оборонцам". Был чл. исполкома Петрогр. Совета РСД. 23 апр. избран чл. Бюро исполкома Петрогр. Совета РСД. 30 апр. на многотыс. митинге в Кронштадте доказывал необходимость создания коалиц. пр-ва, но поддержки матросов не получил. 1 мая вошёл в комиссию исполкома Петрогр. Совета для переговоров с Врем. пр-вом по поводу Апр. кризиса и условий вхождения в пр-во социалистов. 12 мая введён исполкомом в редакцию "Известий Петрогр. Совета". 2 июня на совещании с.-д.– делегатов 1-го Всерос. съезда Советов РСД в докладе о власти предложил поддержать коалиц. Врем. пр-во, т.к. коалиция диктуется тем, что "огромная часть населения, крест-во, правее нас" ("Рев-ция 1917", т. 3, с. 13–14). От имени фракций меньшевиков и эсеров выступал на съезде с резолюцией в поддержку наступления на фронте, говорил, что солдаты и офицеры "выполняют свой долг перед рев-цией там, на полях сражения" ("1-й Всерос. съезд Советов", т. 2, с. 88–89). В докладе на секции по нац. вопросу указывал, что нац. вопрос может быть решён Учред. Собр., что надо высказаться против попыток захватным порядком решить на местах нац. вопрос. От меньшевист. фракции избран чл. ВЦИК, затем и чл. Бюро ВЦИК.

В период Июльских событий по поручению ВЦИК вечером 3 июля выступил перед солдатами 1-го пулемётного запасного полка, пришедшими к Таврическому дворцу с требованием передачи всей власти Советам, призывая "к преклонению перед волей всей демократии" и предлагая им разойтись ("Известия", 1917, 4 июля). Был чл. особой Воен. комиссии ВЦИК и Исполкома Всерос. Совета КД для восстановления и поддержания рев. порядка в Петрограде. 5 июля на объединённом заседании ВЦИК и Исполкома Всерос. Совета КД доложил о мерах, принятых в ходе Июльских событий: «...У входных дверей Таврического дворца стояло только 6 чел., к-рые не в силах были сдерживать толпу. Первая часть, пришедшая нам на помощь,– это броневые машины. У нас было твёрдое решение, в случае насилия "со стороны вооруж. банды"– открыть огонь... боясь рисковать ослаблением фронта, но, видя всю опасность, грозящую рев-ции, мы дали приказ нек-рым частям грузиться и направляться сюда. Когда это стало известно в Петрограде, то произошёл перелом в сознании рев. войск Петрогр. гарнизона... часть пришла нам на помощь... Но в городе по-прежнему царили вооруж. банды... При разоружении нам пришлось особенно остро столкнуться с пулями "мирной кронштадтской демонстрации"... Мы выставили против них больше силы, чтобы избежать кровопролития. Тогда кронштадтцы сдались...» ("Рев-ция 1917", т. 3, с. 151).

Июльские события вызвали у В. разочарование в возможностях рев. движения. По его просьбе в сер. июля он был назначен комиссаром Врем. пр-ва на Сев. фронте, направлял усилия на укрепление армии, изоляцию большевиков, боролся с пораженч. пропагандой. По воспоминаниям ген. П.Н. Краснова, это был "... идейный человек, ставший на защиту армии от разрушения" (Краснов П.Н., На внутреннем фронте, Л., 1925, с. 48). В кон. авг. участвовал в ликвидации выступления ген. Л.Г. Корнилова. Чл. президиума Всерос. Демокр. совещания. 16 сент. выступил с предложением ряда мер для повышения боеспособности армии, первоочередная из них – твёрдая рев. власть, к-рой доверяет демократия. 21 сент. от имени спец. комиссии предложил совещанию проект резолюции об образовании Всерос. Демокр. Совета Республики; после создания Предпарламента вошёл в его состав.

Узнав о созыве 2-го Всерос. съезда Советов РСД, подал 25 окт. заявление об уходе с поста комиссара Сев. фронта, но, получив сведения, что ВЦИК 1-го созыва покинул съезд, взял заявление обратно и участвовал в подготовке отряда Краснова для похода на Петроград. Организовал встречу Краснова с А.Ф. Керенским утром 26 окт. в Пскове и способствовал быстрому продвижению отряда; участвовал в сосредоточении частей Сев. фронта, включая авиацию, для похода. С 27 окт. находился в сводном отряде Краснова, осуществляя связь с ВЦИК 1-го созыва и К-том спасения Родины и Рев-ции. После поражения под Пулковом пытался организовать подкрепление с Сев. фронта. 1 нояб. был арестован и отвезён в Смольный, затем препровождён в Петропавл. крепость.

Освобождён в нач. 1918 и вместе с И.Г. Церетели уехал в Грузию. Ред. газеты груз. меньшевиков "Борьба". В кон. 1920 выехал с делегацией груз. меньшевист. пр-ва в Италию. С 1921 эмигрант. Поселившись в Германии, занимался науч. исследованиями в области экономики; после прихода к власти Гитлера переехал в Швейцарию, в 1934 – в США. В последние годы жизни окончательно отказался от марксизма.

С о ч.: К чему стремится коалиц. пр-во, П., [1917]; Крестьянин, рабочий и солдат, П., 1917; Ответственность министров при царизме и в рев. России, П., 1917; Годы побед и поражений, кн. 1–2, Берлин – П. – М., 1923–24.

Лит.: Николаевский Б.И., В.С. Войтинский, "Соц. вестник", 1960, № 8/9; Бургина. *Г.И. Ильящук, А.А. Корников.*

ВÓЛИН (наст. фам. Эйхенбаум) Всеволод Михайлович (1882, Воронеж,– 1945, Париж). Из семьи земских врачей. Учился в Петерб. ун-те. В рев. движении с нач. 1900-х гг. В 1905–11 эсер. В 1907 за участие в экспроприациях осуждён на вечное поселение в Сибирь, в 1908 по дороге в ссылку бежал, перебрался во Францию. После разоблачения провокатора Е.Ф. Азефа отошёл от эсеров. В 1911–14 анархист-коммунист, один из организаторов загран. рос. анархич. движения. С 1914 анархист-синдикалист. Во время 1-й мир. войны член рус. и франц. анархист. групп в Париже, участник "К-та Интернац. действия". В авг. 1916 за антимилитарист. пропаганду заключён в концлагерь, бежал в США.

С июля 1917 – в России, член петрогр. "Союза анархо-синдикалист. пропаганды" и один из редакторов его печатного органа газ. "Голос Труда". В окт. В. писал: «Нас спрашивают... как мы относимся к возможному выступлению масс с лозунгом "Вся власть Советам", и примем ли мы в нём участие... 1) ...мы вкладываем в лозунг... иное содержание, нежели то, к-рое вкладывается... партией с.-д. большевиков, ...мы не верим в возможность широких лозунгов для Рев-ции, если эти горизонты открываются путём... захвата власти; ...мы ...относимся отрицательно к п о л и т. выступлению масс за п о л и т. лозунги, под влиянием идейной пропаганды полит. партии; ...мы совершенно иначе мыслим... развитие истинной социальной рев-ции, ...мы относимся к данному выступлению отрицательно. 2) Если... выступление масс будет иметь место, то мы, как анархисты, примем в нём самое активное участие . Мы не можем не быть заодно с рев. массой, хотя бы она шла не по нашему пути... хотя бы мы предвидели неудачу выступления. Мы всегда помним, что заранее предусмотреть направление и исход массового движения нельзя. И мы считаем... нашим долгом участвовать в таком движении, стремясь внести в него наше содержание, нашу идею, нашу истину" ("Голос Труда", 1917, 20 окт.).

В. утверждал, что Учред. Собр. "погрязнет в спорах и пререканиях. Оно будет тормозить Рев-цию" (там же, 18 нояб.). Отрицательно отнёсся к установлению Сов. власти: "Советы должны внепартийно объединять... трудовые (экон.) ячейки... рабочих и крестьян... быть объединёнными ячейками сопротивления и разрушения власти буржуазии ... но ни в коем случае не должны становиться сами "органами власти" . ...Мы не верим большевикам в том, что они, действительно сумеют превратить полит. диктатуру и власть партии в экон. диктатуру пролетариата , с "властью Советов!"...» (там же, 16 дек.). В программной ст. "Ленин и Анархизм" В. писал: "Анархисты всегда утверждали, что путь к социализму лежит не через орг-цию масс в полит. партию , с целью захвата власти в гос-ве,– а через клас., беспарт., боевую самоорганизацию масс, с целью непосредственного перенятия всех средств и орудий произ-ва, передвижения и обмена... Путь марксизма неизбежно проходит через гос-во, полит. власть и полит. диктатуру. Путь анархизма проходит через самост. орг-цию масс... Рус. рев-ция, с самого начала, пошла стихийно по анархич. пути" (там же, 1918, 29 янв.).

В нач. марта организовал и возглавил партиз. отряд, с к-рым отправился "на фронт для защиты Окт. рев-ции от наступающих немцев" (ЦГАЛИ, ф. 1023, оп. 1, д. 883, л. 11). Весной – летом 1918 воевал на Украине. Осенью участвовал в создании Конфедерации анархист. орг-ций Украины "Набат" в Харькове; в 1919–20 член её секретариата и один из редакторов газ. "Набат". С авг. 1919 ближайший сподвижник Н.И. Махно, пред. Воен.-рев. совета, один из идеологов махновского движения. В янв. 1920 арестован органами Сов. власти, с марта содержался в Москве, 1 окт. (ввиду соглашения с Махно) освобождён; 25 нояб. за подготовку съезда анархистов арестован в Харькове, содержался в Москве. По запросу делегатов Съезда Красного Профинтерна на имя СНК освобождён и в числе 10 анархистов 5 янв. 1922 выслан за границу. Сотрудничал в анархист. эмигрант. изданиях. Автор предисловия к книге П. Аршинова "История махновского движения [1918–1921 гг.]" (Берлин, 1923). В 1930-е гг. секр. Махно в Париже и член "Издат. к-та Н. Махно"; автор предисловия, примечаний, редактор книги Махно "Под ударами контр-рев-ции" (т. 2, Париж, 1936), редактор книги Махно "Украинская рев-ция" (т. 3, Париж, 1937).

Соч.: Ленин и анархизм, "Голос Труда", 1918, 16(29) янв.; Рев-ция и анархизм. Сб. ст., б.м., 1919; The unknown revolution, 1917–1921, Montreal, 1975.

Лит.: Максимов Г.П. (Гр. Лапоть), За что и как большевики изгнали анархистов из России?, [Штеттин], 1922.

В.В. Кривенький.

ВО́ЛКОВ (2-й) Николай Константинович (1875–?). Из купеч. семьи. Окончив Моск. с.-х. ин-т, в 1901 служил лектором на инж. ф-те этого ин-та, затем управляющим частными имениями в Тамбовской и Саратовской губ. С 1904 агрономом 1-го разряда Забайкальского казач. войска, жил в Чите. За участие в Совете военнослужащих Читин. гарнизона (т.н. "Читинская республика") в 1905–06 приговорён к 4 мес. заключения на воен. гауптвахте. Член Совета Читин. отдела Приамур. отделения Рус. Геогр. об-ва, тов. пред. Об-ва нар. чтения. Член ЦК партии кадетов. Масон. Член 3-й и 4-й Гос. Дум от Забайкальской обл. С 1914 член к-та Сиб. об-ва подачи помощи больным и раненым воинам (Сибиртет). 17 февр. 1917 выступил с речью на заседании Гос. Думы в связи с арестом Рабочей группы Центр. Воен.-Пром. к-та как тов. пред. этого к-та.

Из речи: "Эти люди... настолько уравновешенные, что с ними всегда, несмотря на разл. полит. воззрения, можно было найти... общую точку зрения и взаимное понимание. Рабочая группа... была истинным орг. центром в рабочей среде, поставившим своей задачей организовать рабочую массу в интересах обороны страны... Не арестами Рабочей группы можно бороться с полит. настроениями в стране... Единств. выход, единств. способ приостановить внутр. борьбу, к-рая, может быть, нам мешает действительно сосредоточиться на одной общей цели,– это замена власти, к-рая не пользуется никаким кредитом, пр-вом нар. доверия, пр-вом, ответственным перед законодат. учреждениями, пр-вом нац. обороны" ("Речь", 1917, 18 февр., с. 5).

В дни Февр. рев-ции 1917 постановлением Врем. К-та Гос. Думы был назначен комиссаром в Мин-во земледелия. 2 марта стал тов. мин. земледелия А.И. Шингарёва. Как лев. кадет ратовал за объединение демокр. сил. В сер. апр. поддержал Н.В. Некрасова, выступавшего за сотрудничество с лев. партиями в пр-ве и создание межпарт. правительств. коалиции; критиковал "бескомпромиссную" позицию П.Н. Милюкова, к-рая, на взгляд В., чрезвычайно осложняла отношения между пр-вом и Советами. На расширенном заседании ЦК партии кадетов в нач. авг. в Москве высказался против воен. диктатуры Л.Г. Корнилова и сомневался в удаче гос. переворота: "Лучше бы сохранить коалиц. комбинацию. Бурж.-воен. комбинация немыслима, потому что нет воен. силы. Ведь за нами лишь высший командный состав... Лучше бы, не обостряя ситуацию, объединиться с умеренными соц. группами, постараться оторвать их от большевист. экстремистов" (Думова-3, с. 231–32). 3 окт. вошёл в состав Предпарламента. Канд. в деп. Учред. Собр. (от Иркут. губ.).

После Окт. рев-ции стал одним из руководителей моск. "Нац. центра". Летом 1918 В., прибыв в Киев, поддержал разработанный Милюковым план подавления Сов. власти с помощью кайзеровской Германии. С весны 1919 – в Омске, где сразу включился в работу Вост. отдела кадетской партии. Об обстановке в правительстве А.В. Колчака В. сообщал Н.И. Астрову: "Мало людей, готовых действительно отдать свои силы на служение гос. интересам, но зато много личных честолюбий, интриг, взаимных подсиживаний, улаживания своих делишек и т.д." (Думова-1, с. 218). Со 2-й пол. 1919 В. содействовал ген. А.И. Деникину; предлагал принять определ. меры для привлечения крестьян, чтобы не оказаться "перед новой рев-цией" (там же, с. 275). Входил в состав "либеральной" части ЦК партии кадетов. В нояб. присутствовал на Харьковской конф. партии. С 1920 в эмиграции. Входил в состав Демокр. группы Милюкова. Считал, что в борьбе с большевиками поддержку от Европы и Америки может получить только "объединённая рус. демократия, вышедшая из мартовской рев-ции" 1917 (Шкаренков Л.К., Агония белой эмиграции, М., 1981, с. 48). Дальнейшая судьба неизвестна. *М.Е. Голостенов.*

ВО́ЛЬСКИЙ Владимир Казимирович (23 июня 1877, Тамбов,– 4 окт. 1937). Из потомств. дворян, сын присяжного поверенного. По окончании Тамбовской гимназии (1895) поступил на матем. отделение Моск. ун-та. Не однократно арестовывался и подвергался ссылке. В 1903 вступил в Партию социалистов-революционеров (ПСР). В 1907 как представитель ПК ПСР участвовал в парт. конференции в Териоках. В Вологде руководил местной орг-цией партии (1908–11).

С 1911 в Москве, работал в "Нар. Банке". Свою деятельность в кооперации использовал для внедрения эсеров в кооп. среду, пропаганды эсеровской идеологии и создания под легальным прикрытием боевых рев. групп. С 1914 "пораженец". В Твери вместе с В.А. Ильинским издавал газ. "Тверской Листок" (1915–17). Возглавлял тверскую орг-цию ПСР. Сотрудничал в ж. "Современник", "Совр. Мир" и "Сев. Записки".

В дни Февр. рев-ции 1917 принимал участие в вооруж. восстании в Твери. В марте один из организаторов губ. Советов РД и КД, входил в тверской Врем. к-т как представитель от Совета РД. С апр. тов. пред. Совета рабочих и воен. депутатов, с мая тов. пред. Бюро Совета КД. Пред. губ. к-та ПСР. В докладе на 1-м съезде КД Тверской губ., оценивая Врем. пр-во как "не оправдавшее надежд демократии" (газ. "Объединение" , 1917, 4 мая), отрицал в то же время возможность немедленного взятия пролетариатом и крест-вом гос. власти в свои руки, ввиду их неорганизованности; призывал "вести борьбу за свои права, учитывая интересы других" (см.: "Доклад В.К. Вольского на Морозовской ф-ке в мае 1917", Тверь, 1917; выступление В. на 1-м Тверском губ. съезде рабочих и воен. депутатов – "Объединение", 1917, 26 мая). Дел. 1-го Всерос. съезда КД (май), избран в Исполком Всерос. Совета КД.

Участник 3-го (май – июнь), 4-го (нояб. – дек.) парт. съездов и 7-го Совета ПСР (окт.); на обоих съездах – член мандатной комиссии. В речи на 3-м съезде ПСР обращал внимание на то, что пр-во "слишком отстаёт от самостоятельности рев. народа". Первейшей задачей Врем. пр-ва, считал В., "является учёт того, что делается народом, определение направления этих действий и дача тех указаний, к-рые спланировали бы эту работу в единое целое... создали бы органы, связанные с интересами нар. масс, к к-рым эти массы относились бы с доверием..." По вопросу о войне высказывался "против всех сепаратных перемирий в виде братаний, против демагогов, против дезорганизации, к-рая, отчасти, ведётся и в наших рядах..." ("Протоколы 3-го съезда ПСР". Стенографич. отчёт, П., 1917, с. 88, 150–53). Обвинял Врем. пр-во, к-рое, "вместо того, чтобы помочь развитию земледелия... само тормозило его, запаздывая изданием законов, касающихся зем. отношений". Поддерживая идею коалиции, одобрял продолжение политики проникновения соц. представителей как в местные, так и в центр. органы управления гос-вом (доклад В. на 2-м Тверском губ. крест. съезде – "Тверской Листок", 1917, 11 июня).

Резко осудил выступление большевиков в Петрограде 3–5 июля. Сделав на Тверской губ. конференции ПСР сообщение об Июльских событиях и создании нового состава пр-ва, предложил одобренную конференцией резолюцию по вопросу о правительств. кризисе: "...Пр-во должно быть... ответственно перед Советами и в составе его должно быть увеличено количество социалистов. Принцип коалиционности следует сохранить... Взять на себя всю власть необходимо только в том случае, если бурж. представители не пойдут на программу рев-ции и откажутся взять на себя долю гос. ответственности..." (там же, 6 авг.). В июле избран пред. губернской земской управы. Выступал за социализацию земли только при условии проведения агр. закона "через Учред. Собр." (речь В. на 3-м губ. съезде КД – "Тверской Листок", 1917, 24 сент.). Исключая возможность выхода России из войны путём сепаратного мира, призывал бороться за её окончание "на основе всеобщего мира без захватов, без уплаты победителям за воен. издержки, с признанием права народностей устроить свою жизнь..." (там же, 26 окт.).

К Окт. рев-ции отнёсся отрицательно. С нач. нояб. пред. исполнит. Бюро губ. Совета КД. Участник 2-го Всерос. съезда КД (нояб. – дек.). В ПСР был близок к центру, последовательно отстаивал безусловное выполнение всех решений, принимавшихся съездами партии и её ЦК. Осуждал раскольническую деятельность левых эсеров. Член Учред. Собр., работал в бюро фракции ПСР.

5 янв. 1918 в Петрограде объявлен большевиками "контрреволюционером" и подлежал немедленному аресту. С февр. член Крест. комиссии при ЦК ПСР. Участвовал в 8-м Совете ПСР (май), провозгласившем "борьбу за восстановление независимости России и возрождение её нац.-гос. единства на основе разрешения социально-полит. задач, выдвинутых Февр. рев-цией" ("Дело народа", 1918, 19 мая). ЦК партии командировал его в Поволжье и на Урал для орг-ции восстания против Сов. власти. В. одним из первых в июне вошёл в самарский К-т членов Всерос. Учред. Собр. (Комуч), к-рый, по словам В., вёл вооруж. борьбу "не только против партии коммунистов, но и против принципа Сов. власти" ("7-й Всерос. съезд Советов рабочих, крест., красноармейских и казач. деп.". Стенографич. отчёт, М., 1920, с. 68). Пред. президиума Комуча. Участник Гос. совещания в Челябинске (авг.) и Уфим. гос. совещания (сент.). Пред. съезда членов Всерос. Учред. Собр. (сент. – нояб.). После колчаковского переворота арестован 19 нояб. в Екатеринбурге. По освобождении ушёл в подполье. Участвовал в совещании лидеров Комуча, на к-ром было принято решение о прекращении вооруж. борьбы и переговорах с Кр. Армией (дек.).

Возглавлял Уфим. делегацию ПСР, установившую в ходе переговоров в янв. – февр. 1919 соглашение с большевиками. В авг. один из основателей группы "Народ" (см.: Буревой К.С., Распад. Сб. статей, М., 1923), член редакции ж. "Народ" (М., 1919–22). За обращение к ЦК ПСР с требованием поддержать большевиков в борьбе с ген. А.И. Деникиным был исключён в нояб. из партии. С др. участниками группы "Народ" составил "меньшинство ПСР" (МПСР) и вошёл в Центр. оргбюро МПСР. Заявив на 7-м Всерос. съезде Советов (дек.) о признании за Сов. властью ведущей роли в деле "привлечения всей массы трудящихся к новой орг-ции, к перестройке всего мира", просил о предоставлении свободы деятельности тем "полит. партиям, к-рые не ведут борьбу против Сов. власти". Оправдывая существование "клас. диктатуры" и её органа – ВЧК в условиях "ожесточённой клас. борьбы", считал необходимым предоставление избират. прав всем трудящимся (см.: "7-й Всерос. съезд Советов...", с. 68–71).

В 1922 решением комиссии НКВД по адм. высылкам заключён на 3 года в места лишения свободы. В 1925 постановлением Особого совещания при Коллегии ОГПУ выслан на 3 года в Кировский край. Расстрелян по приговору выездной сессии Верх. суда СССР за принадлежность к "антисов. террористич. орг-ции". Подлежит реабилитации в соответствии с Законом России от 18 окт. 1991.

Соч.: На пути к свободе слова, СПб., 1914; Программа и тактика Партии социалистов-революционеров, Тверь, 1917.

Лит.: "Земля и Воля", 1918, 31 июля, № 93, с. 2. *И.В. Чубыкин.*

ВОСТО́РГОВ Иоанн Иоаннович (20 янв. 1864, с. Карпильское Ставропольской епархии,– 5 сент. 1918, Москва). Род. в семье священника. Окончил Ставропольскую духовную семинарию. В 1887 рукоположен в сан иерея в родном селе, затем законоучитель в Ставропольской жен. гимназии. Переведён в Тифлисскую епархию и назначен епархиальным миссионером Груз. экзархата. Направлен в Персию (Иран), христиане к-рой входили в Груз. экзархат, и начал работу по присоединению сиро-халдеев к Правосл. церкви. Экзарх Грузии Владимир, переведённый на кафедру митрополита Московского, пригласил В. в Москву, Св. Синод назначил его синодальным миссионером-проповедником.

Один из основателей "Союза Рус. Народа" (1905); на 1-м монархич. съезде, созванном этим союзом (1906), протоиерей В. призвал отстаивать самодержавие. С 1905 совершал многочисл. поездки по России по делам монархич. орг-ций. Видный оратор, писатель, организатор и проповедник. Его проповеди были направлены на изобличение сектантства и против учения социализма. В 1907 создал "Рус. монархич. союз" в Москве, стал его председателем (по 1913). Министру внутр. дел России доносили: "Восторговский союз немногочисленный, значение его вздуто..." ("Союз Рус. Народа". По мат-лам Чрезв. следств. комиссии Врем. пр-ва, М.–Л., 1929, с. 106). Издавал монархич. газ. "Церковность", "Рус. Земля", ж. "Потешный" и "Верность", выпустил два тома проповедей, кн. "Социализм при свете христианства", многочисл. воззвания и листовки. На 4-м миссионерском съезде в Киеве (1908) выдвинул лозунг "борьбы с социализмом" как одну из осн. задач духовенства. В 1913 организовал в Москве Жен. богословский ин-т. Был тесно связан с Г.Е. Распутиным.

После Февр. рев-ции 1917 в Москве 7 марта происходило совещание церк. деятелей Москвы под председательством В., где обсуждался вопрос "об отношении духовенства к текущим событиям". Решили "во имя пастырского и патриотич. долга подчиниться Врем. пр-ву и последовавшим в этом направлении распоряжениям высшей церк. власти". С мая настоятель Покровского собора (Василия Блаженного) в Москве. Выступил на Св. Соборе Правосл. Рос. Церкви (авг. 1917–1918) с речью: «...Социализм – явление противоположное христианству. ...единств. спасение рус. народа – правосл. рус. мудрый царь. Но царь свергнут богохульниками... Ныне наша разруха, ужасы нашей жизни, вообще трагич. переживания народа русского всей своей совокупностью говорят: "Да будет снова на Руси патриарх!" И вот почему. Когда объявлена война – нужен ещё и вождь... Дайте же вы и народу церк. вождя, к-рый был бы грозным обличителем для тёмных сил, хотя бы они и сидели в правительствующих местах...» (Чертков А., Крах, М., 1968, с. 26). По воскресеньям в 4 ч. дня он служил молебны на Красной пл., в к-рых более всего громил большевиков. "Всерос. Церк.-обществ. Вестник" писал: "Большое недоумение вызывает поведение иерея Восторгова. Духовенство требует его удаления из клира. 25 марта 1917 Восторгов выпустил листки к мирянам. В этих листках говорится о трёх китах, служащих основанием рус. гос-ва, и одним из этих китов автор называет Божьего помазанника-царя" (1917, № 5).

В 1918 выступал за объединение рус. народа вокруг церкви: "Ибо одна церковь остаётся у нас вне партий. Наше пр-во, если оно есть, представляет собой не народ, не страну, а только власть класса, да и то не целого, а только одной части его; наши газеты представляют каждая только свою партию; только одна церковь представляет весь верующий рус. народ и способна сказать здравое и смелое слово" ("Церковность", 1918, 11 февр., с. 6). И призывал: "Борьба, борьба и борьба – вот наш и ваш долг" (см.: Лунин А., Окт. рев-ция и церковь, М., 1925, с. 15).

В. советовал патриарху, оставив церк. дела, непосредственно заняться орг-цией церк. мятежа в Москве. При своём храме он создал спец. воен. орг-цию, целью к-рой была борьба "до последней капли крови" за восстановление на троне династии Романовых. 2 июня 1918 был арестован. На суде заявил, что не сложит оружия. Расстрелян.

Соч.: О социализме, М., 1908.

Лит.: Дурново Н.Н., Несколько слов "восторговцам". По поводу брошюры "Протоиерей И.И. Восторгов и его полит. деятельность", М., 1908; Титлинов В.В., Церковь во время рев-ции, П., 1924; Новые мученики России, сост. протопресвитер М. Польский, Джорданвиль, США, 1949; Никольский Н.М., История рус. церкви, М., 1983.

М.Е. Голостенов.

ВОСТРО́ТИН Степан (Стефан) Васильевич (1864 – после 1937). Отец – известный сиб. золотопромышленник. Окончил Казан.

ветеринарный ин-т (1887), учился в Парижской мед. школе. В 1885–99 гор. голова Енисейска, почётный мировой судья. Полярный исследователь. В 1894 совершил плавание из Лондона в Енисейск. Кадет, чл. ЦК партии. Деп. 3–4-й Гос. Дум (избран в 1911 от Енисейской губ.); участвовал в работе комиссий: финансовой, по охоте, по дороговизне. В 1912–13 повторил путешествие по Сев. мор. пути с Ф. Нансеном. Вложил все свои деньги в Енисейское пароходство. В 1912 при содействии мин. путей сообщений С.В. Рухлова В. удалось добиться открытия первых рус. радиостанций на Югорском Шаре, Маточкином Шаре (Новая Земля) и на полуострове Ямал. Неоднократно выступал в Гос. Думе по вопросам, связанным с использованием Сев. мор. пути. Возглавлял Красноярский к-т партии кадетов. Во время 1-й мир. войны член Гл. к-та Союза городов и Центр. Воен.-Пром. к-та.

В дни Февр. рев-ции 1917 комиссар по прод. вопросам Врем. К-та Гос. Думы, подписал 3 марта совм. с другими распоряжение губ. земским управам об образовании местных прод. к-тов. В качестве тов. мин. земледелия Врем. пр-ва выступил на совещании делегатов фронтов 25–26 апр. в Петрограде; по его мнению, причина уменьшения подвоза хлеба заключалась в стремлении сел. населения не выпускать хлеб из деревни из-за боязни за будущее. Присутствовал на заседаниях ЦК партии кадетов 20 и 23 апр., 20 авг., когда обсуждался вопрос о полит. положении в стране. На 8-м съезде партии (май) был вновь избран в ЦК Партии Нар. Свободы. В окт. вошёл в состав Врем. Совета Рос. Республики (Предпарламента). Выдвигался в Учред. Собр. от Енисейской и Иркутской губ. (избран не был).

Окт. рев-цию не признал. В нач. 1918 В. приехал на Д. Восток и вошёл в состав ближайшего окружения управляющего КВЖД ген. Д.Л. Хорвата. В марте прибыл в Харбин. В апр. ездил в Японию, где был принят членами трёх парламентских партий и "имел сношения" с одним из высших воен. руководителей страны – маршалом Ямагатой. Об этом В. сообщил в Париж В.А. Маклакову. В июне состоялась его 2-я поездка в Японию, после к-рой япон. "интервенция была решена". В июне вошёл в пр-во (деловой кабинет) ген. Хорвата министром торговли и пром-сти. Чл. "Нац. центра". Кроме того, занимал должности: пред. Сев. мор. пути, Верх. уполномоченный Рос. пр-ва на Д. Востоке, пред. делового к-та Гос. Думы г. Владивостока. 9 нояб. был организован Вост. отдел ЦК партии кадетов, куда вошли члены ЦК, находившиеся в Сибири (в т.ч. и В.). В нояб. присутствовал на конференции кадетской партии в Омске. 18 авг. 1919 В. принимал участие в Гос. экон. совещании Врем. Сибирского пр-ва в г. Омск.

В нач. 1920 эмигрировал в Маньчжурию (Китай). В Харбине был редактором газ. "Рус. Голос".

М.Е. Голостенов.

ВРАЧЁВ Иван Яковлевич (автобиография; написана 10 сент. 1990 специально для данного Словаря). Род. я 14 апр. 1898 в Екатеринодаре в семье кочегара и прачки. Окончил 3 класса церковно-приходской школы, учиться дальше не смог – кухаркиных детей в гимназию не принимали.

Много читал, увлекался народовольч. лит-рой. С 11 лет работал, жил в разных городах. Февр. рев-ция 1917 застала в Москве. В марте в Бутырском районном к-те большевиков вступил в партию. В апр. я был призван в армию и направлен в Воронеж солдатом 58-го пех. запасного полка. Через два дня по прибытии меня избрали в ротный к-т,

а в к-те председателем, затем на полковом собрании членом президиума полкового к-та. От него делегировали в состав гарнизонного Совета. Во время выборов в Воронежский Совет РСД я стал депутатом. В Совете избрали членом бюро солд. секции, затем членом исполкома Совета. В Воронеже орг-ция РСДРП была объединённой. Гор. к-т направлял меня на митинги в воинские части, на з-ды и ф-ки. Выявились ораторские способности. Начал публиковаться в большевист. газ. "Воронежский Рабочий", вскоре меня ввели в редколлегию газ. "Путь Жизни". Представителем нашего Совета участвовал в работе Моск. обл. бюро Советов. В июле был дел. Воронежской парт. орг-ции на Моск. обл. конф. РСДРП(б), в Воронеже на парт. активе сделал о ней доклад. В авг. избран чл. Моск. обл. бюро Советов (МОБЮС) и отозван им в Москву. Работая в МОБЮСе, общался со старыми большевиками А.С. Бубновым, Н.И. Мураловым, В.В. Осинским, Я.Э. Рудзутаком, Л.П. Серебряковым, И.Н. Стуковым, В.Н. Яковлевой и др.

30 сент.– 5 окт. проходили 2-й Моск. обл. съезд Советов РСД и 1-й обл. съезд КД, пленарные заседания они проводили совместно. Шла борьба с меньшевиками и эсерами. Съезд создал Моск. обл. исполком (МОИК) Советов, в к-рый вошли и крест. депутаты. Меня избрали канд. в чл. МОИК. Я возвратился в Воронеж. Гор. к-т стал чисто большевистским, при нём возникла гарнизонная парт. орг-ция, меня избрали пред. её бюро, пред. штаба Кр. Гвардии и ввели в губ. к-т РСДРП(б). Началась подготовка к вооруж. борьбе за власть Советов. Мы установили связь с левыми эсерами-интернационалистами. Губ. к-т РСДРП(б) образовал "Орган действий" из 5 человек, в том числе меня, а 29 окт. наметил состав ВРК, куда входил и я, для предложения на утверждение 30 окт. Совету. Однако ночью по приказу нач. гарнизона группа офицеров штаба 8-й бригады и кав. эскадрон приступили к разоружению воинских частей. Наша опора – 5-й пулемётный полк получил приказ сдать оружие. Я с Моисеевым отправился в полк. С его ревкомом решили захватить штаб бригады. Связались с боевой дружиной левых эсеров и отрядом Кр. Гвардии. На рассвете 30 окт. выступили. Кавалеристы выбросили белый флаг. Офицеров обезоружили, сопротивлявшегося нач. гарнизона убили. В городе действовали вооруж. рабочие. К полудню в Воронеже провозгласили Сов. власть.

В дек. я был делегатом на 3-м Моск. обл. съезде Советов и на Моск. обл. конф. РСДРП(б), избирался чл. Моск. обл. исполкома Советов и канд. в чл. Моск. обл. к-та РСДРП(б). Большевики Воронежа вели борьбу с эсеровским влиянием на крест. массы. 28–31 дек. проходил губ. крест. съезд, его пред. избрали меня. Съезд встал на платформу Сов. власти и направил делегатов на 3-й Всерос. съезд Советов КД. 13 янв. 1918 в актовом зале Смольного при оглашении кандидатов в члены Президиума съезда я услышал свою фамилию. Вечером произошло объединение 3-го Всерос. съезда КД с 3-м Всерос. съездом Советов РСД. Объединились и Президиумы съездов. 20-летний солдат занял место среди руководящих деятелей гос-ва. Меня избрали чл. ВЦИК, а Я.М. Свердлов предложил остаться в Петрограде и работать в крест. секции, в составе к-рой участвовал в разработке Осн. закона о социализации земли (принят 27 янв.).

21 февр. 1918 ВЦИК, в связи с наступлением герм. войск, принял решение мобилизовать своих членов для оборонной работы. Создали расширенный Президиум ВЦИК, меня выбрали канд. в его члены, а через два дня Свердлов сказал, что, т.к. два товарища уехали на фронт, я должен участвовать в голосованиях, и мне выдали мандат члена расширенного Президиума ВЦИК. Когда решался вопрос, какой дать ответ на ультиматум Германии, мне выпало счастье побеседовать с В.И. Лениным, и 23 февр. на заседании ВЦИК я от имени фракции большевиков высказался за подписание мира. В ночь на 2 марта Свердлов меня вызвал, сказал, что он с Г.Е. Зиновьевым выезжает в Москву и я должен ехать с ним. В Москве надо было подготовить переезд пр-ва из Петрограда и созыв 4-го Чрезв. съезда Советов. Свердлов включил меня в обе образованные комиссии. На Чрезв. съезде я голосовал за ратификацию мирного договора, вновь был избран чл. ВЦИК. По возвращении в Воронеж меня избрали чл. и секр. Президиума, затем товарищем пред. губ. исполкома. Участвовал в формировании частей Кр. Армии и вскоре ушёл на фронт комиссаром 3-й Воронежской пех. дивизии. В 1922, будучи нач. Полит. управления Особой Кавк. Армии, был избран в состав полномоч. делегации ЗСФСР на 1-й съезд Советов СССР и 30 дек. в числе других подписал Договор об образовании СССР. В РККА служил до февр. 1924, затем на адм.-хоз. работе. 15-м съездом ВКП(б) (1927) исключён из партии за участие в "троцкист. оппозиции", в 1930 восстановлен, в 1936 исключён и в 1937 сослан. Участник Вел. Отеч. войны. В 1949 арестован и Особым совещанием осуждён на 25 лет. В 1956 освобождён и реабилитирован. Пенсионер. *И.Я. Врачёв.*

Г

ГАВЕ́Н Юрий Петрович (наст. фам. и имя Дауман Ян Эрнестович) (18 марта 1884, хутор Бикерн, около Риги,– 4 окт. 1936). Род. в многодетной крест. семье на хуторе в черте г. Рига. Окончил в Риге гимназию и 1-й курс Прибалт. учительской семинарии. Исключён из неё в 1901 за рев. пропаганду с запретом

продолжать учёбу. С 1901 чл. латыш. СДРП. В 1902–05 пропагандист, секр. рижской парт. орг-ции. В дек. 1905–06 руководил боевыми дружинами крестьян Лифлянд. губ. В 1906–08 чл. ЦК Социал-демократии Латыш. края (СДЛК), сотрудник его печатных органов. Дел. 1-го и 2-го съездов СДЛК, 5-го съезда РСДРП (1907; под псевд. Доннер). В февр. 1908 арестован, до июля 1914 находился в каторжных централах Риги и Вологды, затем сослан в Минусинск Енисейской губ.

После Февр. рев-ции 1917 с 3 марта пред. Минусинского Совета, с марта пред. Минусинской орг-ции РСДРП(б), ред. газ. "Товарищ". Один из организаторов и руководителей съезда Советов Ср. Сибири (нач. сент.); по его предложению съезд принял большевист. резолюцию о власти Советов, созыве 2-го Всерос. съезда Советов. В сент. делегат Демокр. совещания в Петрограде, член его большевист. фракции. С мандатом ЦК РСДРП(б) в кон. сент. направлен в Севастополь для завоевания на сторону большевиков матросов Черномор. флота. В ожидании пропуска в Севастополь 3–20 окт. находился в Симферополе, способствовал укреплению гор. большевист. орг-ции.

С 25 окт. один из руководителей большевист. фракции Севастопольского Совета и его исполкома, ежедневно выступал на митингах; на заседаниях Севастопольского Совета и Центрофлота 26–27 окт. способствовал принятию ими резолюций о взятии власти. В нояб. один из руководителей Общечерномор. флотского съезда в Севастополе, принявшего большевист. резолюции о власти, отправке отрядов моряков и кораблей на борьбу с А.М. Калединым. Участвовал в созыве конференции большевиков Таврич. губ. 23–24 нояб. в Симферополе, избран чл. губкома. Сторонник захвата власти в Севастополе вооруж. путём, в обход Совета. Один из руководителей вооруж. выступления матросов в Севастополе в ночь на 16 дек., арестов почти всех офицеров и лидеров меньшевиков и эсеров, массовых расстрелов.

С 16 дек. пред. большевист. ВРК города, взявшего власть, переизбравшего гор. Совет. С 18 дек. член президиума Севастопольского Совета военных и рабочих депутатов., пред. гор. к-та большевиков. В кон. дек. 1917 – нач. 1918 посылал боевые корабли с десантами моряков на помощь большевикам Евпатории, Ялты, Феодосии; один из ред. газ. "Таврическая Правда". Один из гл. организаторов и руководителей съездов ревкомов и Советов Таврич. губ. 28–30 янв. 1918 и 7–10 марта; избирался на них членом губ. ЦИК. На губ. съезде большевиков 2 марта избран членом губкома. Возглавлял Севастопольский обл. ВРК. Разделяет ответственность за "красный террор" и самосуды 21–23 февр. С 21 марта чл. Совнаркома Республики Тавриды, нарком воен.-мор. дел. В февр.– апр. создавал и отправлял отряды Кр. Армии на борьбу с рум. и нем. интервентами. Руководил обороной Севастополя, боями под Симферополем и Альмой в кон. апр., эвакуацией войск и флота в Новороссийск. В мае – июне член рев. штаба Кубано-Черномор. респ.; был контужен, болел 10 мес. После Гражд. войны на сов. и хоз. работе, с 1933 на пенсии.

4 апр. 1936 арестован и 3 окт. Воен. коллегией Верх. суда СССР осуждён к расстрелу по обвинению в участии в контррев. троцкист. орг-ции. Реабилитирован в 1958

Соч.: [Воспоминания о рев. событиях в Крыму в окт. 1917 – апр. 1918], "Рев-ция в Крыму", 1922, № 1; 1923, № 2; 1928, № 8; 1930, № 9; "Известия Таврич. об-ва истории, археологии и этнографии", т. 4, 1931; Автобиография (Крымский облпартархив, ф. 849, оп. 2, д. 44, л. 1–3).

Лит.: Баранченко В.Е., Ю.П. Гавен, Симферополь, 1972. *Л.Л. Гарчева.*

ГА́РВИ (наст. фам. Бронштейн) Пётр Абрамович (15 янв. 1861, Одесса,– 28 февр. 1944, США). В с.-д. движении с 1899, с 1900 чл. РСДРП; вёл с.-д. работу в Одессе, Киеве, Екатеринославе, Ростове-на-Дону, Москве и Петербурге. Впервые арестован в 1902, сослан в Сибирь, бежал, эмигрировал. Сближение с П.Б. Аксельродом, Ю.О. Мартовым и В.И. Засулич предопределило его идейные позиции. Меньшевик, рассматривал большевизм как авторитарное, жёсткоцентралистское течение. Участник Рев-ции 1905–07, один из основателей и руководителей рос. проф. движения. С лета 1906 чл. ПК РСДРП. На 5-м (Лондонском) съезде РСДРП (1907) заочно избран канд. в чл. ЦК. В годы реакции "ликвидатор". В 1912 участник Авг. конф. с.-д. (Вена), избран чл. ОК меньшевиков. В годы 1-й мир. войны "центрист". Летом 1916 арестован, сослан в Астраханскую губ. (в годы царизма арестовывался 10 раз).

После Февр. рев-ции 1917, вернувшись из ссылки 14 марта, вошёл в парт. центр – ОК меньшевиков. Как член ОК участвовал (с совещат. голосом) в работе Всерос. конференции меньшевист. и объединён. орг-ций РСДРП (Петроград, 7–12 мая), выступал с докладом "Рабочий вопрос и проф. стр-во". Указывал на бурж.-демокр. характер рос. рев-ции, "в силу к-рого рабочий класс не может ставить сейчас своей непосредственной целью соц. преобразование об-ва", вместе с тем отмечал, что в силу "исключительной роли" пролетариата, сравнительно высокого уровня "развития капиталистич. отношений и рабочего движения" её результаты "не могут быть сведены единственно к установлению формальной полит. свободы и народоправства, а неизбежно должны вести также к осуществлению ряда требований рабочего класса путём широких социальных реформ, направленных на максимально-возможное улучшение его материального положения и укрепление его позиций в освободит. борьбе за полное уничтожение наёмного рабства" (Всерос. конф. меньшевист. и объединён. орг-ций РСДРП, Пг., 1917, с. 46–47). Вновь избран в ОК, затем в Бюро ОК и в ред. "Рабочей газеты". Работал в Отделе труда при Петрогр. Совете РСД. На 3-й Всерос. конф. проф. союзов (20–28 июня) докладчик по вопросу о свободе коалиций; конференция приняла его проект резолюции, избрала Г. членом Всерос. Центр. Совета профсоюзов. Делегат Объединит. съезда РСДРП (авг.) , сторонник правого крыла меньшевиков, избран чл. ЦК от "оборонцев".

После Окт. рев-ции Г. примкнул к правой "парт. оппозиции" в меньшевизме, протестовал против переговоров при Викжеле с большевиками. 1 нояб., после того как ЦК РСДРП(о) признал необходимым вступить в переговоры с целью образования "однородного соц. пр-ва", включая большевиков, вышел из ЦК. 10 нояб., после прекращения переговоров при Викжеле, вернулся в ЦК. На Чрезв. съезде РСДРП (30 нояб.– 7 дек.) уклонился от вхождения в ЦК, критиковал новое левоцентристское рук-во партии.

В 1918 уехал в Одессу, где возглавил меньшевист. орг-цию; редактор газ. "Южный Рабочий". В годы Сов. власти неоднократно арестовывался, в 1922 выслан в Сибирь, получил разрешение на выезд за границу. До конца дней сохранял непримиримость к коммунизму и к "большевист. диктатуре".

Соч.: Профессиональные союзы, П., 1917; Капитал против труда, Харьков, 1919 (обе под псевд. Ю. Чацкий); Закат большевизма: десять лет диктатуры, Рига, 1928; Воспоминания социал-демократа, Нью-Йорк, 1946; Из воспоминаний о Февр. рев-ции, "Соц. Вестник", 1957, № 2/3; Рев. силуэты, Нью-Йорк, 1962; Проф. союзы в России в первые годы рев-ции (1917–1921), Нью-Йорк, 1981 (вступ. ст. Г. Аронсон).

Лит.: Николаевский Б.И., П.А. Гарви (Черты к полит. биографии), "Соц. Вестник", 1944, № 5/6, 7/8; Бургина.

Г.И. Ильящук.

ГВО́ЗДЕВ Кузьма Антонович (1882, д. Чекаевка Саранского у. Пензенской губ.,– ?). Из крестьян. С 1899 работал в Тихорецких

ж.-д. мастерских. За рев. деятельность неоднократно арестовывался (впервые в 1902) и ссылался. В 1903–07 примыкал к эсерам. С 1909 работал на з-дах Петербурга, принимал участие в создании Союза металлистов, был его пред. С 1914 меньшевик-"оборонец". В 1915 вошёл в состав рабочей группы Воен.-Пром. к-та в качестве её пред., один из инициаторов и проводников политики гражд. мира между рабочими и буржуазией (движение оборончески настроенных рабочих получило назв. "гвоздёвщина", "гвоздёвцы"). Участвовал в создании Выборгского рабочего кооператива в период прод. кризиса осенью 1915.

В ночь на 28 янв. 1917 арестован вместе со всей группой, освобождён восставшим народом 27 февр. и в тот же день Г. избран во врем. исполком Совета РД, к-рый созвал Петрогр. Совет. С 13 апр. чл. бюро исполкома Петрогр. Совета РСД. С 5 мая тов. мин. труда. Участвовал в разработке предложенных Мин-вом труда законопроектов: о примирит. камерах, третейских судах, о гос. контроле над пром-стью, о бирже труда, об урегулировании безработицы и помощи безработным, о введении 8-час. рабочего дня, о договорах о найме, пересмотре законов о женском и детском труде. Предотвратил конфликт между Центр. Советом старост служащих петерб. пром. пр-тий с Об-вом фабрикантов и заводчиков, грозивший забастовкой ок. 120 пром. пр-тий: соглашение при активном участии Г. достигнуто 23 мая. Благодаря посредничеству Г. 27–30 июня была прекращена забастовка рабочих Сормовского з-да; в июле помогал прекращению конфликта на Путиловском з-де. Принципиальный сторонник разрешения трудовых конфликтов при помощи орг-ции третейских судов, примирит. камер и т.п. форм. В сент. возглавлял комиссию пр-ва по рассмотрению экон. требований Союза железнодорожников. 19 сент. на заседании Врем. пр-ва настаивал на ассигновании 1 млрд. руб. ж.-д. рабочим.

25 сент. назначен мин. труда. 24 окт. на заседании Предпарламента заявил, что рабочий класс не будет участвовать в восстании. 25 окт. арестован в Зимнем дворце вместе с др. членами Врем. пр-ва и доставлен в Петропавл. крепость, вскоре освобождён. 14 нояб. вышел из ЦК РСДРП(о), будучи не согласным с тем, чтобы в "однородное пр-во" вошли и большевики. Входил в состав подпольного Врем. пр-ва, участвовал в его заседаниях. 17 нояб. в числе др. подписал обращение "Ко всем гражданам Рос. Республики!", 19 нояб. ВРК отдал приказ об аресте членов Врем. пр-ва, под-

писавших это воззвание, и отправке их в Кронштадт под надзор исполкома Совета РСД.

Весной и летом 1918 участвовал в создании антибольшевист. Собрания уполномоченных от фабрик и заводов. Затем, отойдя от полит. деятельности, работал в кооперации. С 1920 на работе в ВСНХ. 25 апр. 1931 коллегией ОГПУ приговорён к 10 годам лишения свободы. 1 июля 1941 Особым совещанием НКВД СССР – к 8 годам. Освобождён 20 апр. 1956. Дальнейшая судьба неизвестна. Реабилитирован в 1989. *М.Е. Голостенов, А.Л. Райхцаум.*

ГЕ (наст. фам. Голберг) Александр Юльевич (1879, Кёнигсберг, Германия,– 7 янв. 1919, близ ст. Товарная, в р-не Кисловодска). Воспитывался и учился в гимназич. отделении Лазаревского Ин-та вост. языков в Москве; исключён из 6-го класса гимназии за пропаганду рев. идей. С 1902 в Петербурге слушал лекции в ун-те. В 1905 примкнул к анархистам-коммунистам, избран чл. Петрогр. Совета РД, пропагандировал основы анархизма на ф-ках и з-дах. В дек. 1905 арестован, заключён в "Кресты". Летом 1906 освобождён как нуждающийся в лечении. Бежал в Швейцарию. В России заочно приговорён к 5 годам каторжных работ. Находясь в эмиграции, сотрудничал в разл. анархич. печатных органах, а также писал статьи и очерки для газет и журналов Киева. В дек. 1913 – янв. 1914 один из организаторов 1-й Объединит. конф. рус. анархистов-коммунистов в Лондоне; избран в редакцию газ. "Рабочий Мир". В годы 1-й мир. войны возглавлял в Швейцарии группу анархистов-коммунистов, занимая резко выраженную антивоен. позицию. Приветствовал Окт. рев-цию 1917.

Вернувшись в Россию в нач. дек. 1917, сблизился с большевиками, был избран чл. ВЦИК Советов 3-го и 4-го созывов. Отстаивал единство рев. фронта с большевиками. Во ВЦИК выступал против "централизаторской политики" большевиков, выдвигал идею децентрализации гос. управления; отвергал условия Брестского мира, тактику рев. террора. 29 апр. 1918 выступал на заседании ВЦИК по докладу В.И. Ленина "Об очередных задачах Сов. власти" с критикой позиции большевиков. В мае возглавил Чрезв. комиссию по борьбе с контррев-цией, спекуляцией и саботажем в Кисловодске. В июле занял идентичный пост в пр-ве Сев.-Кавк. сов. респ. При наступлении белогв. войск (июль) один из руководителей Чрезв. штаба по обороне Пятигорского округа. В нач. янв. 1919 ранен, 7 янв. схвачен белогвардейцами и убит.

Соч.: Бакунин и Маркс. (Личные характеристики), Лозанна, 1916; Путь к победе, Лозанна, 1917; О расстрелах анархистов, "Анархия", М., 1918, № 43, с. 3.

Лит.: Усыскин Г.С., Старший следователь ЧК, в сб.: Октябрём мобилизованные, М., 1987, с. 198–212. *В.В. Кривенький.*

ГЕНДЕЛЬМАН Михаил Яковлевич (1881, Киев,– 3 окт. 1938). Присяжный поверенный. Эсер с 1902. 1 марта 1917 избран в исполнит. комиссию исполкома Моск. Совета РД (13 марта упразднена). 5 марта на пленарном заседании Моск. Совета РД избран в президиум, введён в редколлегию "Известий Моск. Совета РД". 16 марта

сделал доклад на пленуме Совета о переговорах с пред. Моск. Торг.-Пром. к-та С.Н. Третьяковым относительно введения в Москве 8-час. рабочего дня, за что боролся Совет. 18 марта – 20 апр. чл. моск. К-та обществ. орг-ций. 21 марта на пленуме Совета, обсуждавшем вопрос о демократизации гор. самоуправления, высказался против большинства, требовавшего роспуска Гор. думы и передачи хоз. функций К-ту обществ. орг-ций. Призывал к перевыборам моск. Гор. думы на демокр. основе. 22 марта на 3-й Моск. конф. эсеров избран чл. гор. к-та партии. 25 марта выступал с докладом об отношении к Врем. пр-ву на объединённом заседании Советов РСД, придерживался формулы "оказывать давление на пр-во, чтобы оно и дальше творило волю народа" (Грунт А.Я., Москва. 1917-й, М., 1976, с. 131).

Участник Всерос. совещания Советов РСД (29 марта – 3 апр.); выступил 1 апр. против участия рев. демократии во Врем. пр-ве и против взятия власти рабочим классом: "Опасность контррев-ции будет в том, если мы возьмём на себя те задачи, с к-рыми мы не справимся, и если мы не исполним тех задач, к-рые действительно уже поставлены перед нами" ("Рев-ция 1917", т. 1, с. 161). С 11 апр. чл. исполкома Моск. Совета РД, вошёл в комиссию труда. 25 мая – 4 июня дел. 3-го съезда ПСР, избран чл. ЦК, а также в комиссии – по рабочему вопросу, созыву Учред. Собр., иногороднюю. В нач. июня ЦК партии ввёл Г. в комиссию по Учред. Собр., в функции к-рой входило проведение предвыборной кампании, инструктирование местных орг-ций, составление списков, снабжение лит-рой. 3–24 июня дел. 1-го Всерос. съезда Советов РСД, избран чл. ВЦИК, 24 июня на заседании ВЦИК избран от эсеров в Президиум ВЦИК. 25 июня избран гласным моск. Гор. думы.

Дел. 2-го Всерос. съезда Советов РСД (25–27 окт.); выступил с речью от фракции эсеров, призывал отказаться от решения споров силой оружия, обвинил большевиков в заговоре, предложил создать новое пр-во, опирающееся на все слои населения, но без большевиков; заявил о неправомочности съезда, призвал делегатов в знак протеста покинуть заседание. 29 окт. участвовал в первом совещании представителей соц. партий и орг-ций, созванном Викжелем. Поддержал предложение о создании "однородного соц. пр-ва" без большевиков. 31 окт. в газ. "Дело

Народа" опубл. ст. "Узурпаторы-демагоги (Кто такие большевики-ленинцы?)". 6 нояб. на заседании моск. Гор. думы предложил резолюцию, в к-рой призвал "все силы великой демократии России не признавать власти захватчиков, организоваться и быть на страже... взять судьбы страны в свои руки" ("Рев-ция 1917", т. 6, с. 92). Делегат 4-го Экстренного Всерос. съезда эсеров (26 нояб.– 5 дек.), избран чл. ЦК партии; 8 дек.– чл. президиума (бюро) ЦК. 7-м Советом партии выдвинут кандидатом для выборов в Учред. Собр. и избран его членом (по Рязан. избират. округу).

В кон. дек. 1917 – нач. янв. 1918 чл. президиума бюро фракции правых эсеров в Учред. Собр. 3 янв. участвовал в совм. совещании ЦК ПСР, бюро её фракции в Учред. Собр. и представителей "Союза защиты Родины и Рев-ции", где решался вопрос о демонстрации-манифестации демокр. сил 5 янв. Участник заседания Учред. Собр. (5янв.), разогнанного Сов. пр-вом. После 8-го Совета ПСР (май) переехал в Самару. Продолжал активную борьбу против Сов. власти.

В 1921–22 находился под следствием в Бутырской тюрьме по делу правых эсеров. 5 сент. 1921 вместе с др. членами старого ЦК направил письмо ЦК, избранному 10-м Советом партии,– "И из тюрьмы они продолжали оказывать, как члены ЦК, своё руководящее влияние" ("Обвинительное заключение по делу [ЦК и отдельных членов иных орг-ций] партии с.-р.", М., 1922, с. 51). Обвинён "в сношениях с союзническими миссиями, организации воен. работы и сношении с белогвардейцами". 7 авг. 1922 приговорён Верх. ревтрибуналом к смертной казни (условно); на суде заявил: "И мёртвые и живые мы будем вам опасны" ("Минувшее. Ист. альманах", в. 2, М., 1990, с. 45); 8 авг. Президиум ВЦИК приостановил исполнение приговора. 14 янв. 1924 Президиум ЦИК СССР заменил этот приговор лишением свободы на 5 лет. 3 окт. 1938 Верх. судом СССР осуждён к расстрелу. Реабилитирован в 1989. *Л.В. Бадя.*

ГЕРА́СИМОВ Пётр Васильевич (1877, Томск,– сент. 1919, Москва). В 1898, выдержав экзамен на аттестат зрелости в Костромской гимназии, поступил на юрид. ф-т Моск. ун-та, в 1900 исключён и выслан за участие в студенч. волнениях. Окончил в 1903 Демидовский лицей в Ярославле. Юрист, присяжный поверенный в Костроме. В 1905 издавал газ. "Костромская Жизнь", в 1906 редактировал газ. "Костромич". Кадет, тов. пред. костромского отделения партии. Чл. Гос. Думы 3–4-го созывов от Костромской губ. Писал очерки о думских заседаниях и помещал их в провинц. газетах. С нач. 1-й мир. войны на фронте, во главе передового врачебно-питат. отряда Всерос. земского Союза; пробыл на фронте 2,5 года; его отряд был одним из лучших.

После Февр. рев-ции 1917 в качестве чл. ЦК партии кадетов стал во главе парт. воен. орг-ции, гл. задачей к-рой было ведение агитации против развала армии большевиками. Прилагал усилия, чтобы затормозить развитие рев. процесса в армии. Не раз направлялся в части Петрогр. гарнизона, одной из своих задач видел восстановление власти офицеров в армии. На 8-м съезде партии (май) избран в состав ЦК. В нач. авг. в Москве на совещании ЦК партии высказался за воен. диктатуру как "единственно возможный выход": "Некому даже залить улицы кровью. Военно-бурж. фазис невозможен" (Думова-2, с. 194). 3 окт. от Партии Нар. Свободы избран во Врем. Совет Рос. Республики (Предпарламент). Канд. в чл. Учред. Собр. (от Иркут. губ.).

После Окт. рев-ции один из руководителей петрогр. отделения "Нац. центра"; разрабатывал программу нар. образования. В 1919 арестован и судим под фам. П.В. Греков (через год на процессе "Тактич. центра" была названа его наст. фам.). Газ. "Известия" (23 сент. 1919) сообщила о расстреле 67 лиц во главе с Н.Н. Щепкиным; в число этих лиц входил и Г.

Лит.: Памяти погибших.

М.Е. Голостенов.

ГЕРМОГЕ́Н (Долганов Георгий Ефремович) (1858–16 июня 1918). Сын священника Херсонской епархии. Учился в Одесской духовной семинарии; затем выдержал экзамен на аттестат зрелости при гимназии. В Новороссийском ун-те (Одесса) окончил полный курс юрид. и матем. ф-тов, слушал лекции на ист.-филол. ф-те с 1889. Поступил в Петерб. духовную академию, в 1890 принял монашество, получил сан иеродиакона, в 1892 – иеромонаха. В 1893 окончил академию со степенью канд. богословия и был назначен инспектором Тифлисской духовной семинарии, овладел груз. языком. С 1898 ректор этой семинарии с возведением в сан архимандрита. Член Грузино-Имеретинской Синодальной конторы, пред. епархиального училищного Совета и редактор "Духовного Вестника Груз. Экзархата". С 1901 епископ Вольский, викарный Самарской епархии. В 1903 назначен епископом Саратовским и вызван для присутствия в Св. Синоде. Губернатор был вынужден задержать неск. номеров издаваемой под покровительством епископа газеты, имевшей черносотенную ориентацию. В нач. 1906 в Саратове, с благословения Г., была основана Монархическая партия, с его же благословения она была преобразована в местное отделение "Союза Рус. Народа"; почётный член "Союза Рус. Народа". Враг церк. либерализма. Друг Г.Е. Распутина. С 1911 член Св. Синода, в 1912 исключён из него. Поссорившись с Распутиным, Г. написал царю письмо, в к-ром объявил Распутина мошенником и развратником. Вместе с иеромонахом Илиодором (Труфановым) заманил Распутина в церковь и потребовал дать клятву, чтобы последний не переступал порога царского дворца. После отказа Распутина дать такую клятву проклял его и вместе с Илиодором попытался оскопить его. Отказался от требования Синода вернуться в Саратов, стал апеллировать к обществ. мнению, писать в либеральные газеты. Был лишён епархии и отправлен в нач. 1912 в монастырь (см.: "Тобольские Епархиальные Ведомости", 1918, № 18–20, с. 260). В 1915 ему был определён местопребыванием Николо-Угрешский монастырь Моск. епархии. 8 марта 1917 был назначен на Тобольскую кафедру.

Отношение к Февр. рев-ции Г. выразил в след. словах: «Я ни благословляю случившегося переворота, ни праздную мнимой ещё "пасхи" (вернее же мучительнейшей Голгофы) нашей многострадальной России и исстрадавшегося душой духовенства и народа, ни лобзая туманное и "бурное" лицо "рев-ции", ни в дружбу и единение с ней не вступаю, ибо ясно ещё не знаю, что и что она есть сегодня и что она даст нашей родине,особенно же церкви Божьей завтра... А сложившуюся или "народившуюся" в "буре рев-ции" власть Врем. пр-ва считаю вполне естественным и необходимым – для пресечения и предупреждения безумной и губительной анархии – признавать и об этой власти и пр-ве молиться, дабы они всецело служили одному лишь благу родины и церкви»; о взаимоотношении церкви и гос-ва писал: "Если гос-во желает быть долговечным, благополучным, свободным, оно должно поставить себе в непреложный закон хранить и оберегать... церковь православную, её полную свободу и самоуправление" ("Тобольские Епархиальные Ведомости", 1917, № 29, 1 авг., с. 400–01).

Участник Св. Собора Правосл. Рос. Церкви в Москве (авг. 1917–1918). Неоднократно выступал там. 19 окт. 1917 говорил: "Я был не согласен с решением Собора о том, чтобы в Предпарламенте не появлялись члены Собора. Это болезненное, противоречивое гос. учреждение, и всё же я согласился бы быть там, чтобы что-нибудь там сделать полезное для церкви и против разрухи гос-ва. Я получил телеграмму: Союз приходов предлагает мне быть выборщиком в Учред. Собр. и не только выборщиком, а даже каменщиком я бы согласился быть, лишь бы принести малейшую пользу в деле спасения гос-ва от ужасов и разрухи" ("Деяния Св. Собора Правосл. Рос. Церкви", М., кн. 2, с. 315).

После Окт. рев-ции, вернувшись в дек. в Тобольск, наладил связи с находящейся в городе царской семьёй, пересылая через прислугу письма в пакетах с чаем. Когда быв. царь был переведён в Екатеринбург, переслал ему просфору и послание патриарха Тихона (см.: Введенский А.И., Церковь и гос-во, М., 1923, с. 249). Однако сам Г. отрицал свои тайные сношения с царской семьёй: "...Я политики не касался, не касаюсь и не буду касаться. Я её презираю... Говорят о какой-то моей переписке с бывшим царским домом, но это неправда. Никакой переписки не было... Ещё раз заявляю, что моя святительская деятельность лучше всякой политики, моя политика – вера в спасение душ верующих, моя платформа – молитва" ("Тобольские Епархиальные Ведомости", 1918, № 13, с. 10–11). В апр. 1918 организовал крестный ход по улицам города, несмотря на запрет властей. На каждом перекрёстке произносил проповеди, призывая пострадать за веру, и заявлял о своём предстоящем аресте, благословил царскую семью. 15 апр. был арестован. Незадолго до ареста Г. писал: "Святость храмов оскверняется, там и там сокровища церковные, жертвами верующих собранные, расхищаются; богослужения прекращаются, священнослужителей лишают жизненного обеспечения, арестовывают, изгоняют и даже избивают... Безбожные составители декрета нашли исполнителей своей воли среди наших воинов, к-рые, по неведению и по наущению своих руководителей, осмелились поднять руку на святыню своих предков и совершить дело, достойное божьего осуждения" (там же, № 18–20, с. 262–63).

Во время обыска у него было найдено письмо императрицы Марии Фёдоровны, в к-ром она писала: "Владыка! Ты носишь имя святого Гермогена, к-рый боролся за Русь: это предзнаменование. Теперь настал твой черёд спасать Родину: тебя знает вся Россия – призывай, громи, обличай!!! Да прославится имя твоё в спасении многострадальной России!" (Чертков А., Крах, М., 1968, с. 13).

После ареста был направлен в Тюмень, а затем в Екатеринбург. Делегация верующих хлопотала об его освобождении, внесла залог в 100000 руб. затем была арестована и пропала. Г. был отправлен на пароходе обратно в Тобольск под конвоем для суда над ним. Но т.к. Тобольск был уже занят белыми, Г. 16 июня 1918 был связан и с камнем брошен в р. Туру (по др. сведениям, Тобол) вместе с др. арестованными близ с. Покровского, где и был похоронен в ограде церкви (см.: "Тобольские Епархиальные Ведомости", 1918, № 18–20, с. 139). 23 авг. останки были перенесены в Тобольск и захоронены в пещере.

Лит.: Новые мученики России. Составил протопресвитер М. Польский, Джорданвиль, 1949; Титлинов Б.В., Церковь во время рев-ции, П., 1924; Архив рус. рев-ции, т. 26, Берлин; 1926; Manuil [Lemeсsevskij], Die Russischen Orthodoxen Bischöfe von 1893 bis 1965, Teil 2, Erlangen, 1981. *М.Е. Голостенов.*

ГЛЕ́БОВ-АВИ́ЛОВ (наст. фам. Авилов) Николай Павлович (11 окт. 1887, Калуга,– 13 марта 1937). Из семьи сапожника. С 1899 работал в типографии в Калуге. Чл. РСДРП с 1904, большевик. Участник Рев-ции 1905–07 (Калуга, Москва, Урал). Работал в подпольных типографиях, в нелег. Всерос. союзе железнодорожников. Неоднократно арестовывался и ссылался. В 1913–14 сотрудник газ. "Правда" в Петербурге. В февр. 1917 бежал из Нарымской ссылки.

Участник Февр. рев-ции 1917 (Томск, Петроград); с 20 марта член Исполнит. комиссии ПК РСДРП, затем и Центр. бюро (ЦБ) профсоюзов Петрограда и президиума бюро, секр. органа ЦБ "Вестник Проф. Союзов". Член редакции газ. "Известия", сотрудник газ. "Правда". В ряде статей последовательно проводил мысль о необходимости тесной связи и совм. работы большевист. партии и профсоюзов, рабочих кооперативов, жен. орг-ций и т.д. В ст. "В Союзы!" ("Правда", 1917, 21 марта) писал: "Как перед партией стоит задача

полит. и экон. освобождения рабочего класса, так в конечном счёте и перед проф. союзами стоит та же задача. Следовательно перед пролетариатом стоят две равноценные задачи, решение к-рых даст в руки рабочего класса орудие полит. и экон. действия... Установление законом максимального 8-час. рабочего дня, минимум заработной платы, социальное страхование – все эти вопросы тесно связаны как с политикой, так и экономикой. Борьба должна вестись только вместе – и партией, и союзами. Координация сил – залог нашей победы над капиталом!" На заседании ПК РСДРП 21 марта избран делегатом Страховой гор. конф. (состоялась 23 марта). Дел. 7-й (Апр.) Всерос. конф. РСДРП(б) (24–29 апр.) от Петрогр. орг-ции; член мандатной комиссии; зам. пред. Президиума конференции; избран канд. в чл. ЦК. В мае вышел из редакции "Известий" из-за несогласия с меньшевист. рук-вом газеты. Дел. 6-го съезда РСДРП(б) (26 июля – 3 авг.) от Петрогр. орг-ции; в докладе "О задачах проф. движения" подчёркивал, что «все выдвинутые войной общегос. вопросы глубоко затрагивают проф. союзы. Интересы члена проф. союза, как гражданина и как рабочего, сливаются. Опыт рев. дней показал, что все вопросы, волнующие страну, отражаются и в проф. движении. Отсюда – полит. сторона движения, выражающаяся в борьбе с империалистич. буржуазией и "оборонцами". Но полит. вопросы не устраняют экон. борьбы и главные её средства – стачки» ["6-й съезд РСДРП(б)", с. 228] и что "если проф. союзы становятся не только экон., но и полит. единицей, тесная связь с партией делается необходимой... без завоевания полит. власти пролетариатом все экон. улучшения будут непрочны. Надо достигнуть того, чтобы проф. союзы стали на клас. точку зрения" (там же, с. 230). 20 авг. на заседании ЦК партии введён в редакцию газ. "Пролетарий" (одно из назв. "Правды"); избран гласным петрогр.Гор. думы; член подготовит. социальной комиссии, исполнит. комиссии по орг-ции обществ. работ, посреднич. комиссии для урегулирования конфликтов между хозяевами и рабочими. Участвовал в формировании отрядов Кр. Гвардии. Избран членом Учред. Собр. (от Калужской губ.).

После Окт. рев-ции вошёл в первый состав СНК как нарком почт и телеграфов (до дек.). Дел. 1-го Всерос. съезда профсоюзов (7–14 янв. 1918); избран чл. Президиума ВЦСПС. В мае–июне 1918 Гл. комиссар Черномор. флота; добивался выполнения приказа Сов. пр-ва о потоплении кораблей в Новороссийске во избежание захвата их герм. империалистами. С дек. член коллегии Наркомата труда, секр. ВЦСПС, затем на др. гос., парт. и проф. работе. Арестован 19. сент. 1936. По обвинению в участии в контррев. террористич. орг-ции приговорён 12 марта 1937 воен. коллегией Верх. суда СССР к расстрелу. Реабилитирован 7 июля 1956. *Н.М. Таранев.*

ГО́ДНЕВ Иван Васильевич (1856 – ?). Помещик. Окончил мед. ф-т Казан. ун-та, Медико-хирургич. академию; д-р медицины. Гласный Казан. губ. и уездного земства. Приват-доцент Казан. ун-та, деп. 3-й и 4-й Гос. Дум. "Октябрист". Входил в Прогрессивный блок.

После Февр. рев-ции 1917 чл. Врем. К-та Гос. Думы, комиссар

Врем. пр-ва в Сенате. 3 марта участвовал в переговорах с вел. кн. Михаилом Александровичем о его отречении от престола. Со 2 марта по 24 июля чл. Врем. пр-ва – гос. контролёр. Стремясь помочь А.Ф. Керенскому, к-рый своей отставкой 21 июля хотел получить согласие ВЦИК Советов РСД на включение кадетов в пр-во, Г. в числе пяти министров подал в отставку; предлагал "вручить Врем. пр-ву власть независимо от партий" (Хроника, т. 3, с. 204). 22 сент. принимал участие в соединённом заседании Врем. пр-ва, Моск. группы, представителей Демокр. совещания и членов ЦК кадетов по вопросу создания пр-ва. После Окт. рев-ции эмигрант. Дальнейшая судьба неизвестна. *М.Е. Голостенов.*

ГОЛИ́ЦЫН Николай Дмитриевич (31 марта 1850, с. Поречье Можайского у. Моск. губ.,– 2 июля 1925, Ленинград). Из старинного княжеского рода. Окончил Александровский лицей (1871). В 1885–1903 архангельский, калужский, тверской губернатор. С 1903 сенатор. С 1915 чл. Гос. совета (фракция правых), пред. Комиссии по оказанию помощи рус. военнопленным. Пользовался личным доверием царской семьи. С 27 дек. 1916 пред. Совета министров. Считал, что Россия должна сначала победить в войне, а уже затем приступить к устройству внутр. жизни. В условиях нарастания полит. и экон. кризисов

выступал за диалог с Гос. Думой, ходатайствовал перед имп. Николаем II об отставке А.Д. Протопопова.

В ночь на 26 февр. 1917 на квартире Г. состоялось совещание пр-ва о роспуске Гос. Думы; Г. выступил против и заявил, что ряду министров (в т.ч. Протопопову) придётся подать в отставку. Тогда же решено прервать заседания Гос. Думы и Гос. совета и ввести в Петрограде осадное положение. В 9 ч. 27 февр. вместе с М.В. Родзянко, вел. кн. Михаилом, М.А. Беляевым и др. обсуждал телеграмму Николаю II (отправлена от имени вел. князя), в к-рой говорилось о серьёзности положения в столице и необходимости назначения пред. Совета министров авторитетного обществ. деятеля (предлагался кн. Г.Е. Львов). В ходе Февр. рев-ции получил 27 февр. отставку от Врем. К-та Гос. Думы и вместе с др. министрами арестован. Давал показания Чрезв. следств. комиссии Врем. пр-ва. По окончании следствия (апр.) освобождён с разрешением выезда при обязательстве с его стороны не участвовать в полит. деятельности. Остался с семьёй в Петрограде, занимался сапожным ремеслом.

В 1920–24 дважды арестовывался органами ВЧК–ОГПУ по подозрению в связи с контррев. элементами, 12 февр. 1925 арестован в 3-й раз и по постановлению Коллегии ОГПУ от 22 июня 1925 расстрелян.

Лит.: Падение царского режима. Стенографич. отчёты допросов и показаний..., т. 2, Л., 1925; Ольденбург С.С., Царствование имп. Николая II, 2 изд., Вашингтон, 1981.

А.М. Голицын.

ГОЛОВИН Фёдор Александрович (21 дек. 1867, Москва,– 10 дек. 1937). Потомств. дворянин. Окончил курс университетского отделения Моск. лицея цесаревича Николая и Моск. ун-т (1891). Землевладелец (617 десятин). С 1893 гласный Дмитровского уездного земства, с 1896 – Моск. губ. земства, секретарь губ. земского собрания, с 1898 член губ. земской управы (зав. страховым отделом). В 1904–07 пред. Моск. губ. земской управы. Почётный мировой судья. Участник депутации к Николаю II 6 июня 1905. Друг пред. 1-й Гос. Думы С.А. Муромцева, И.И. Петрункевича, кн. С.Н. Трубецкого. Участник всех земских съездов, пред. бюро земских и гор. съездов. Чл. "Союза Освобождения". Один из основателей кадетской партии (1905) и бессменный член её ЦК. Деп. 2-й Гос. Думы (от Москвы), 20 февр. 1907 был избран её председателем. Деп. 3-й Гос. Думы, участвовал в работе крест. комиссии. В 1912 был избран гор. головой г. Баку, но не утверждён в должности Кавк. наместником из-за принадлежности к кадетской партии. Чл. моск. Гор. думы, чл. Всерос. союза городов и активный деятель Земгора. Один из учредителей об-ва "Кооперация" и член его исполнит. совета. Участник крупных ж.-д. концессий, пред. Об-ва помощи жертвам войны. Неоднократно встречался с Николаем II, написал воспоминания о нём [см.: "Красный архив", 1926, т. 6(19)].

После Февр. рев-ции 1917 был назначен Врем. пр-вом комиссаром всех учреждений быв. Мин-ва имп. двора (куда входили и все имп. театры). В дела театров вмешивался мало. Намечался в председатели Союза деятелей иск-в. 13 марта Г. сообщил союзу об учреждении Особого совещания по делам иск-в, в состав к-рого помимо "Комиссии Горького" вошло ещё неск. обществ. деятелей, в т.ч. 3 представителя исполкома Петрогр. Совета. Практически деятельность Особого совещания состояла в принятии мер по охране дворцов и памятников.

Принимал участие в Гос. совещании, где 14 авг. выступил с речью: "...Гос-во переживает сейчас смертельную опасность... Думаю, что требования, к-рые могут быть предъявлены пр-ву со стороны решительно всех слоёв рус. об-ва, без различия партий и убеждений, являются требования, чтобы пр-во обладало полнотой власти, чтобы оно было сильным, чтобы его воля провозглашалась и осуществлялась в жизнь без какой-либо задержки... Только при полном доверии Врем. пр-ву со стороны народа оно будет сильным, оно будет в состоянии осуществлять те великие задачи, к-рые возложила на него история... правительственная власть... получила свои полномочия и свои силы от коалиции двух рев. сил: нар. пр-ва и широких масс демократии. В этой коалиции есть одноврем. и сила и слабость правительственной власти настоящего состава. Коалиционность является силой, как нечто объединяющее живые силы страны в момент гос. опасности. Но эта коалиция будет силой только тогда, когда она явится коалицией не только по форме, но и по существу" ("Гос. совещание", с. 53–54).

Деп. 9-го съезда партии кадетов (окт.); канд. в члены Учред. Собр. (от Москвы, Уфимской и Пензенской губ.). Окт. рев-цию категорически не принял. Поддержал забастовку театров. Отказывался передать дела представителям Сов. власти и сотрудничать с ними.

В дальнейшем работал в сов. учреждениях. По обвинению в принадлежности к антисов. орг-ции решением "тройки" УНКВД Моск. обл. от 21 нояб. 1937 расстрелян. Реабилитирован в 1989.

М.Е. Голостенов.

ГОЛОЩЁКИН Филипп (наст. имя Шая) Исаевич (26 февр. 1876, г. Невель Витебской губ.,– 28 окт. 1941, пос. Барбош Куйбышевской обл.). Из семьи подрядчика. Окончив зубоврачебную школу, работал зубным техником. Чл. РСДРП с 1903, большевик. Вёл рев. работу в Петербурге, Кронштадте, Сестрорецке, Москве и др. городах. Участник Рев-ции 1905–07. В 1906 чл. ПК, в 1909 чл. МК РСДРП. В 1909 арестован и сослан в Нарымский край, в 1910 бежал. В 1912 на 6-й (Пражской) конф.

РСДРП избран чл. ЦК и его Рус. бюро. В 1913 вновь арестован и выслан в Туруханский край.

После Февр. рев-ции 1917 представитель ЦК в Петерб. к-те большевиков, дел. 7-й (Апр.) конф. РСДРП(б). В мае Я.М. Свердлов, посылая Г. на Урал, сообщал местным большевикам: "К вам на Урал поехал т. Филипп... Человек... очень энергичный, с правильной линией" ("Ленинская гвардия Урала", Свердловск, 1967, с. 196). Член и секр. Перм. к-та РСДРП(б), затем член и секр. обл. к-та. Дел. 6-го съезда РСДРП(б) (2 июля – 3 авг.). Был членом Перм., затем Екатеринбург. Советов, членом исполкома Уральского обл. Совета. Формировал и возглавлял Кр. Гвардию.

В сер. окт. в качестве дел. 2-го Всерос. съезда Советов РСД прибыл в Петроград. Вошёл в Петрогр. ВРК, участвовал в Окт. вооруж. восст. На 2-м съезде Советов РСД избран чл. ВЦИК. Участвовал в переговорах ВЦИК с Викжелем. Г. вспоминал, что перед его отъездом на Урал В.И. Ленин ориентировал на оттягивание созыва и последующий разгон Учред. Собр. (см. "От Февраля к Октябрю", М., 1957, с. 112–14). По приезде в нояб. в Екатеринбург добивался ликвидации созданного здесь объединённого К-та Нар. Власти из представителей ряда соц. партий. Участвовал в ликвидации прежних местных гос. структур. С дек. член Екатеринбург. к-та РСДРП(б).

С янв. 1918 комиссар юстиции Урала, с февр. комиссар обл. военкомата, чл. обкома партии и обл. Совета. Выступал против заключения Брестского мира, изменив позиции по этому вопросу на 7-м съезде РКП(б) (март), делегатом к-рого был. Назначенный в мае воен. комиссаром Уральского ВО, Г. формировал красногв. и красноарм. части и отряды для борьбы с войсками атамана А.И. Дутова, затем с восставшими чехами, белогвардейцами. Вместе с пред. исполкома Уралсовета А.Г. Белобородовым играл определяющую роль в переводе царской семьи из Тобольска в Екатеринбург и последующем её расстреле. Участник Гражд. войны. Затем на парт. и сов. работе. Арестован 15 окт. 1939 по указанию Л.П. Берия и 28 окт. 1941 расстрелян на основании заключения, утверждённого зам. наркома внутр. дел и прокурором СССР. Реабилитирован в 1961.

Лит.: Бузунов В., Моисеева Е., Талантливый организатор, в кн.: Ленинская гвардия Урала, Свердловск, 1967; Плотников И.Ф., Во главе рев. борьбы в тылу колчаковских войск. Сиб. (Урало-Сиб.) бюро ЦК РКП(б) в 1918–20 гг., Свердловск, 1989.

И.Ф. Плотников.

ГО́РЬКИЙ Максим (наст. фам. и имя Пешков Алексей Максимович) (16 марта 1868, Ниж. Новгород,– 18 июня 1936, Горки, под Москвой). Отец – столяр-краснодеревщик; мать из мещан. Проучился 2 года. С 1878 началась его жизнь "в людях". Жил в трущобах, среди босяков; странствуя, перебивался подёнщиной. Побывал в Поволжье, на Дону, Украине, в Юж. Бессарабии, Крыму, на Кавказе. Не раз арестовывался за обществ.-полит. деятельность. Участник Рев-ции 1905–07. Осенью 1905 вступил в РСДРП (в 1917, разойдясь с большевиками в вопросе своевременности соц. рев-ции в России, не прошёл перерегистрацию членов партии и формально выбыл из неё). С 1906 жил за границей. Весной 1907 дел. 5-го

(Лондонского) съезда РСДРП (с совещат. голосом). В 1907–09 испытал большое влияние А.А. Богданова, В.А. Базарова, А.В. Луначарского (пересмотр филос. основ марксизма, пропаганда богостроительства), к-рых поддерживал в филос. спорах с В.И. Лениным. Совм. с Богдановым и его сторонниками принимал деятельное участие в орг-ции на Капри (Италия) парт. школы для рос. рабочих.

К 1910-м гг. имя Г. стало одним из самых популярных в России, а затем и в Европе (первый его рассказ напечатан в 1892), его творчество вызвало огромную критич. лит-ру (за 1900–04 опубликована 91 книга о Г.; с 1896 по 1904 критич. лит-ра о нём составила более 1860 названий). Постановки его пьес на сцене Моск. Худ. т-ра имели исключит. успех и сопровождались антиправительств. выступлениями публики.

В кон. 1913 возвратился в Россию. С первых дней 1-й мир. войны занял антимилитарист., интернационалист. позицию.

Февр. рев-цию 1917 Г. встретил восторженно, видя в ней победу демокр. сил страны, восставшего народа. Его квартира в Петрограде в февр.– марте "напоминала штаб", где собирались полит. и обществ. деятели, рабочие, литераторы, художники, артисты. Г. стал инициатором ряда обществ.-культурных начинаний, уделял большое внимание делу охраны памятников культуры, вошёл в состав "Особого совещания по делам иск-ва", был пред. Комиссии по вопросам иск-ва при исполкоме Петрогр. Совета РСД. 12 марта в речи на митинге в Михайловском т-ре сообщил о мерах, принятых по охране памятников иск-ва. Написал ряд статей, возмущаясь массовым вывозом из России худ. ценностей на "амер. миллионы", протестовал против ограбления страны, участвовал в учреждении "Об-ва памяти декабристов", "Об-ва Дома-музея памяти борцов за свободу" (май). При активном участии Г. создаётся "Лига социального воспитания" (4 июня), организуется Дом учёных. Он входит в комиссию по рук-ву Нар. домом в Петрограде, позже был избран пред. орг. к-та «Просветительского об-ва в память 27 февр. 1917 "Культура и свобода"» (март 1918); в него вошли также В.Н. Фигнер, Г.А. Лопатин, В.И. Засулич, Г.В. Плеханов, В.А. Базаров и др. Осн. целью об-ва была координация всех культ.-просвет. об-в, клубов, кружков. Чтобы об-во могло выполнить задачу духовного возрождения и нравственного очищения страны, считал Г., необходимо было прежде всего объединить "интеллектуальные силы старой опытной интеллигенции с силами молодой рабоче-крест. интеллигенции". А для этого надо "встать над политикой" и направить все усилия на "немедленную напряжённую культурную работу", вовлекая в неё рабочую и крест. массу ("Новая Жизнь", 1917, 30 июня). Культуру, считал он, необходимо привить народу, веками воспитанному в рабстве, дать пролетариату, широким массам систематич. знания, ясное понимание своей всемирно-ист. миссии, своих прав и обязанностей, научить демократии.

Одним из важнейших научно-просвет. начинаний Г. в эти дни (март) было создание "Свободной ассоциации для развития и распространения положительных наук", в к-рую вошли крупнейшие учёные и обществ. деятели (И.П. Павлов, В.А. Стеклов, Л.А. Чугаев, А.Е. Ферсман, А.А. Марков, С.П. Костычев, Д.К. Заболотный, В.Г. Короленко, Л.Б. Красин, Н.А. Морозов, В.И. Палладин и др.). Г. трижды (апр.– май) выступал в Петрограде и Москве на публичных собраниях ассоциации с речами, утверждал значение науки для свободного развития человека.

По убеждению Г., "без демократии нет будущего", "сильный человек – это разумный человек", а потому необходимо "вооружиться точными знаниями", "привить уважение к разуму, развить в себе любовь к нему, почувствовать его универсальную силу" ("Летопись", 1917, № 5–6, с. 223–28). Г. призывал всё рус. об-во «поддержать "Свободную ассоциацию" учёных морально и материально»: "Источник наших несчастий – наша малограмотность. Чтобы хорошо жить, надо хорошо работать, чтобы крепко стоять на ногах, надо много работать, учиться любить труд" (там же).

Наибольшую активность лит. и обществ. работа Г. получила в основанной им газ. "Новая Жизнь" [выходила в Петрограде с 18 апр. под ред. Г., при ближайшем участии (по существу – соредакторов) В.А. Базарова, В.А. Десницкого, Н.Н. Суханова, А.Н. Тихонова и являлась органом группы социал-демократов "интернационалистов", объединявшей часть меньшевиков – сторонников Ю.О. Мартова и отд. интеллигентов полубольшевист. ориентации]. Газета с первого номера объявила своей программой борьбу против империалистич. войны, объединение всех рев. и демокр. сил для удержания социальных и полит. завоеваний Февр. рев-ции, развитие культуры, просвещения, науки на пути дальнейшего осуществления соц. преобразований в стране во главе с Советами РСД под рук. с.-д. партии. Помимо нового цикла "Рус. сказок", рассказов, очерков, Г. опубликовал в "Новой Жизни" св. 80 статей, 58 из них – в серии "Несвоевременные мысли", самим названием подчёркивая их острую актуальность и полемич. направленность. "Новожизненская" публицистика составила две дополняющие друг друга книги писателя – "Рев-ция и культура. Статьи за 1917 г." (П., 1918) и "Несвоевременные мысли. Заметки о рев-ции и культуре" (П., 1918; переизд.–М., 1990).

Г. осуждал "бессмысленную бойню", разоблачал стремление Врем. пр-ва довести войну до победного конца. Интернационалистская позиция газеты вызвала резкое неприятие бурж. печати: в статье В.Л. Бурцева "Или мы, или немцы и те, кто с ними" Г. был обвинён в шпионаже, измене родине (см.: "Рус. Воля", 7, 9, 20 июля; "Живое Слово", 9 июля; ответ Г. см.: "Новая Жизнь", 9, 12 июля). С болью и гневом писал Г. и об "отвратительных картинах безумия, охватившего Петроград днём 4-го июля", когда под влиянием большевист. пропаганды возмущение вооруж. рабочих и солдат стало репетицией "социальной рев-ции". «Однако главнейшим возбудителем драмы,– писал он,– я считаю не "ленинцев", не немцев, не провокаторов и тайных контрреволюционеров, а более злого, более сильного врага – тяжкую рос. глупость» (там же, 14 июля). Г. считал, что "самый страшный враг свободы и права – внутри нас", "наша жестокость и весь тот хаос тёмных, анархических чувств, к-рый воспитан в душе нашей бесстыдным гнётом монархии, её циничной жестокостью" (там же, 23 апр.). С победой рев-ции только начинается "процесс интеллектуального обогащения страны" (там же, 18 апр.). Культура, наука, иск-во являются, по мысли Г., как раз той силой (а интеллигенция – носителем этой силы), к-рая "позволит нам преодолевать мерзости жизни и неустанно, упрямо стремиться к справедливости, красоте жизни, к свободе" (там же, 20 апр.).

Отстаивая социальные завоевания рев-ции, выступая против реакции, консервативных сил, бурж. партий, Врем. пр-ва, газ. "Новая Жизнь" очень скоро вступила в полемику и с большевиками, выдвинувшими на повестку дня вопрос о вооруж. восстании и проведении соц. рев-ции. Г. убеждён, что Россия не готова к соц. преобразованиям, что восстание будет потоплено в море крови, а дело рев-ции отброшено на десятилетия назад. Он считал, что прежде чем осуществить соц. рев-цию, народ должен "много потрудиться для того, чтобы приобрести сознание своей личности, своего человеческого достоинства", что сначала он "должен быть прокалён и очищен от рабства, вскормленного в нём, медленным огнём культуры" (там же, 14 июля). Для Г. как художника ист. развитие России раскрывалось гл. обр. через быт, психологию рус. народа и прежде всего крест-ва; так, в его кн. "О рус. крест-ве" (Берлин, 1922) трагедия рев-ции изображалась в атмосфере дикой жестокости обеих воюющих сторон в Гражд. войне. Развивая идеи, высказанные ещё в 1915 в ст. "Две души", Г. с тревогой писал о пассивности, рабской покорности обстоятельствам рус. человека, одновременно восхищаясь его способностью в решительный момент к героич. делам. Г. стремился возбудить рев. энергию народа, активность человека в противовес мечтательному фатализму и мещанской обывательщине, а также анархизму деревни.

Ещё в Июльские дни Г. увидел устрашающий "выезд социальной рев-ции". За неделю до Октября в ст. "Нельзя молчать!" призывает большевиков отказаться от "выступления", боясь, что "на сей раз события примут ещё более кровавый и погромный характер, нанесут ещё более тяжкий удар рев-ции" ("Новая Жизнь", 1917, 18 окт.). После Окт. переворота оппозиционная "Новая Жизнь" во главе с Г. стала оппонентом новой власти, выступая с критикой "издержек" рев-ции, её "теневых сторон", форм и методов осуществления социальных преобразований в стране – культивирования клас. ненависти, террора и насилия, "зоологич. анархизма" тёмных масс; одновременно Г. защищает забытые в вихре рев. буден гуманистич. идеалы социализма, идеи демократии, общечеловеческие ценности, права и свободу личности. Он обвиняет вождей большевиков, Ленина и "приспешников его" в "уничтожении свободы печати", "авантюризме", в "догматизме" и "нечаевщине", оправдании "деспотизма власти". Вообразив себя "Наполеонами от социализма", большевики-ленинцы "довершают разрушение России – рус. народ заплатит за это озёрами крови" (там же, 10 нояб.). Из статьи в статью он пишет об Окт. перевороте как об "авантюре", к-рая приведёт только "к анархии, к гибели пролетариата и рев-ции" (там же, 7 нояб.). Г. говорит о "жестоком опыте" большевиков-фанатиков и утопистов над рус. народом, "заранее обречённом на неудачу" (там же, 10 дек.), "безжалостном опыте, к-рый уничтожит лучшие силы рабочих и надолго остановит нормальное развитие рус. рев-ции" (там же, 10 нояб.). Отмечает, что рабочий класс "должен будет заплатить за ошибки и преступления своих вождей – тысячами жизней, потоками крови" (там же, 12 нояб.). По его мнению, Ленин и Троцкий, большевист. нар. комиссары – "вожди" отсталых рабочих масс, "взбунтовавшихся мещан"– "проводят в жизнь нищенские идеи Прудона, но не Маркса, развивают Пугачёвщину, а не социализм, и всячески пропагандируют всеобщее равнение на моральную и материальную бедность" (там же, 6 дек.). "Развивается воровство,– пишет Г.,– растут грабежи, бесстыдники упражняются во взяточничестве так же ловко, как делали это чиновники царской власти"; грубость представителей "пр-ва нар. комиссаров" вызывает всеобщее возмущение. И всё это творится от имени "пролетариата" и во имя "социальной рев-ции", и всё это является "торжеством звериного быта, развитием той азиатчины, к-рая гноит нас". "Нет,– констатирует писатель,– в этом взрыве зоологич. инстинктов я не вижу ярко выраженных элементов социальной рев-ции. Это рус. бунт без социалистов по духу, без участия соц. психологии" (там же, 7 дек.). Г. согласен с "врагами", что "большевизм – нац. несчастие, ибо он грозит уничтожить слабые зародыши рус. культуры в хаосе возбуждённых им грубых инстинктов" (там же, 1918, 22 марта).

Сущность, направленность, общий пафос новожизненской публицистики Г., как и вся обществ.-лит. деятельность его 1917–18, пронизаны идеей отстаивания и защиты нерасторжимого единства политики и нравственности. Как писателя Г. волнует прежде всего нравственная сторона рев. событий, он всё соизмеряет с обыкновенным человеком, единичной личностью. Разъединение политики и нравственности, по убеждению писателя, скажется самым пагубным образом на жизни народа и страны в настоящем и грозит тяжёлыми и кровавыми последствиями в будущем. Оно способствует внедрению антидемокр. методов в политике, ведёт к оправданию насилия, жестокости и террора, нарушению социальной справедливости.

Деятельность Г. тех лет вызвала резкую критику властей. Полемизируя с ним, большевист. партийная и официальная печать писала, что писатель из "буревестника" превратился в "гагару", «к-рой недоступно "счастье битвы"» ("Правда", 1917, 22 нояб.), выступает как "хныкающий обыватель" (там же, 9 дек.), "из-за деревьев не видит леса" (там же, 25 нояб.), что у него "пропала совесть" ("Петрогр. Правда", 1918, 5 апр.), что, "оторвавшись от нар. масс", "оплёвывает этот народ" ("Правда", 1918, 17 марта), словом – "изменил рев-ции" и "солидаризуется с реакционерами" (там же, 1918, 7 янв.).

Г. остро, болезненно воспринимал эту критику, сравнение его с "врагами рабочего класса" и обвинения в "измене делу пролетариата". Он утверждал и защищал своё "право говорить обидную и горькую правду о народе", о его пассивности, рабской покорности, "тяготении к равенству в ничтожестве", "об издержках" рев-ции: "В чьих бы руках ни была власть, за мною остаётся моё человеческое право отнестись к ней критически" ("Новая Жизнь", 1917, 19 нояб.). Вместе с тем для Г. социализм – не утопия; он продолжал верить в его идеи, он писал о "тяжёлых муках родов" нового мира, "новой России", отмечая, что, несмотря на все ошибки, преступления, "рев-ция, всё-таки, доросла до своей победы" (там же, 1918, 11 июня), и выражал уверенность, что рев. вихрь, потрясший "до самых глубин Русь", "излечит" нас, "оздоровит", возродит "к строительству и творчеству" (там же, 1918, 30 июня). Оговариваясь, что он ни в коем случае не собирается защищать большевиков, Г. отдаёт и должное им: "Лучшие из них – превосходные люди, к-рыми со временем будет гордиться рус. история..."; "...и о большевиках можно сказать нечто доброе,– я скажу, что, не зная, к каким результатам приведёт нас, в конце концов, полит. деятельность их, психологически – большевики уже оказали рус. народу услугу, сдвинув всю его массу с мёртвой точки и возбудив во всей массе активное отношение к действительности, отношение, без к-рого наша страна погибла бы" (там же, 1918, 26 мая). Тем не менее нападки на "Новую Жизнь" не прекращались, а во 2-й половине июня 1918 критика Г. и позиции его газеты большевист. печатью приняла особенно острый характер, доходя до прямых обвинений писателя в сговоре с буржуазией. 16 июля 1918 с согласия Ленина газета была закрыта окончательно (до этого издание несколько раз временно прекращалось). После покушения на Ленина (30 авг.) Г. вновь сблизился с ним и с большевиками.

Впоследствии Г., оценивая свои позиции 1917–18, признавал их ошибочными, объясняя это тем, что недооценил организаторскую роль партии большевиков и созидат. силы пролетариата в рев-ции.

В этот период (и в последующие годы Гражд. войны) Г. – один из организаторов лит.-обществ. и издат. начинаний (изд-ва "Всемирная лит-ра", "Дома литераторов", "Дома искусств" и др.). Он призывал к единению старой и новой интеллигенции, выступал в её защиту от необоснованных преследований со стороны Сов. власти. В дек. 1918 избран в состав Петрогр. Совета (вновь избран в июне 1920). Писатель работал в основанной по его инициативе в Петрогр. комиссии по улучшению быта учёных (ПетроКУБУ), с янв. 1920 её пред. Выступал против воен. интервенции, призывал передовые силы мира к защите рев-ции, помощи голодающим. В 1918 вышли в свет его книги "В людях", "Русские сказки", "Ералаш и др. рассказы", "Статьи 1905–1916", написан также ряд новых произведений.

В окт. 1921 из-за ухудшения здоровья и по настоянию Ленина Г. выехал лечиться за границу; в 1928 впервые посетил родину и с тех пор ежегодно приезжал в Сов. Союз (кроме 1931), пока в 1933 окончательно не поселился в СССР.

Соч.: Собр. соч., т. 1–30, М., 1949–55.

Лит.: Муратова К.Д., Горький в борьбе за развитие сов. лит-ры, М.–Л., 1958 (гл. 1); Летопись жизни и творчества Горького, в. 1–4, М., 1958–60; А.М. Горький. 1868–1936. Список библ. указателей и справочных пособий, М., 1968; Лукирская К.П., Морщихина А.С., Лит-ра о М. Горьком. Библиография, 1955–1960, М.–Л., 1965; они же и Миллер О.В., то же, 1966–1970, в. 1–2, Л., 1985. *И.И. Вайнберг.*

ГОЦ Абрам Рафаилович (1882, Москва,– 4 авг. 1940, Ниж. Ингаш, Красноярский край). Род. в богатой купеч. семье; внук

известного чаеторговца В.Я. Высоцкого; старший брат М.Р. Гоц – народоволец, затем один из основателей Партии социалистов-революционеров (ПСР). Окончил реальное уч-ще в Москве. В рев. движении с 1896, примыкал к Сев. Союзу эсеров. В 1900 поступил на филос. ф-т Берлинского ун-та; участвовал в Галле-Гейдельбергском кружке "молодых" эсеров (совм. с Н.Д. Авксентьевым, И.И. Фондаминским, В.М. Зензиновым и др.). С весны 1906 чл. Боевой орг-ции ПСР. Б.В. Савинков характеризовал Г. того периода, как "правоверного социалиста-революционера", видевшего в терроре "высшую форму рев. борьбы" (Савинков Б.В., Избранное, Л., 1990, с. 169). В 1907 был арестован, судим и приговорён к 8 годам каторги, к-рую отбывал в Александровском централе. По выходе в "вольную команду" в Иркутске член группы т.н. "сиб. циммервальдовцев" (И.Г. Церетели, Ф.И. Дан, В.С. Войтинский, М.А. Веденяпин и др.). Руководил газ. "Сибирь". По словам В.М. Чернова, эта группа заявляла, "что рус. рев-ция обречена быть рев-цией чисто буржуазной и что всякая попытка выйти за эти естественные и неизбежные рамки будет вредной авантюрой" (Чернов В.М., Перед бурей, Нью-Йорк, 1953, с. 334).

После Февр. рев-ции 1917 участвовал в создании в Иркутске К-та обществ. орг-ций, Совета РСД и Воен. орг-ции; лично арестовал ген.-губернатора А.И. Пильца. Вернулся в Петроград 19 марта, избран 29 марта членом президиума Всерос. совещания Советов РСД (от эсеров); в тот же день введён в исполком Петрогр. Совета. 14 апр. избран в Бюро и в агр. отдел исполкома Совета. Во время Апр. кризиса участвовал в совещании деятелей Петрогр. Совета по поводу вхождения их во Врем. пр-во; настаивал на вхождении эсеров при условии участия с.-д. в пр-ве. 28 апр. на заседании исполкома Петрогр. Совета после отказа с.-д. от вхождения в пр-во голосовал против коалиции с министрами-"капиталистами". 1 мая, после того как исполком Совета всё же принял решение об участии социалистов в коалиции, Г. вошёл в состав комиссии для переговоров с пр-вом. При этом сам Г. "и слышать не хотел вообще ни о каком министерском посте"; свой отказ он мотивировал евр. происхождением (там же, с. 315). По словам Н.Н. Суханова, Г. входил в т.н. "звёздную палату", обсуждавшую и решавшую на частных межпарт. совещаниях осн. вопросы положения в стране. В Петрогр.

Совете являлся лидером фракции эсеров. 12 мая исполком Совета утвердил Г. членом редколлегии "Известий"; одноврем. был членом редколлегии органа ПК ПСР – газ. "Дело Народа". 18 мая Всерос. съезд Советов КД избрал Г. в Исполком Всерос. Совета КД. С 22 мая тов. пред. Петрогр. Совета РСД.

На открывшемся 25 мая 3-м съезде ПСР избран тов. пред. съезда; 27 мая выступил с докладом "О войне". 1 июня съезд принял резолюцию Г.: "Мы призываем народы воюющих стран заставить свои пр-ва и свои господствующие классы отказаться от захватных стремлений; взять дело мира в свои руки... мы заявляем, что рус. народу, широким массам рабочих и крест-ва, империалистич. цели войны чужды и что рус. демократия не желала и не желает никаких захватов" ("Протоколы 3-го съезда ПСР", П., 1917, с. 477); резолюция требовала, "чтобы Врем. Рев. Пр-во приняло все меры к пересмотру и ликвидации тайных договоров, заключённых царским пр-вом"; далее говорилось, что съезд "категорически отвергает сепаратный мир и сепаратное перемирие, как в корне противоречащие методам интернац. действий", считает "недопустимым внесение в армию демагогич. проповеди отказа от всякого движения вперёд из окопов и неповиновение распоряжениям рев. пр-ва" и находит "необходимым... приведение армии в полную боевую готовность и создание из неё силы, способной к активным операциям во имя осуществления задач рус. рев-ции и её междунар. политики" (там же, с. 477–78); при выборах в ЦК ПСР Г. набрал наиб. число голосов.

3 июня был избран в Президиум 1-го Всерос. съезда Советов РСД. В ходе Июньского кризиса 11 июня на объединённом заседании представителей парт. фракций съезда Советов с Президиумом съезда и членами исполкома Петрогр. Совета Г. солидаризировался с предложением И.Г. Церетели о необходимости разоружения воинских частей, поддерживающих большевиков, предложил вызвать сводный отряд с фронта в распоряжение ВЦИК. С 24 июня чл. Президиума ВЦИК 1-го созыва. Во время Июльских событий в ночь с 3 на 4 июля на объединённом заседании ВЦИК Советов РСД и Исполкома Всерос. Совета КД была принята резолюция Ю.О. Мартова и Г., осуждавшая вооруж. демонстрацию, с призывом "ждать решения полномочного органа демократии по поводу кризиса власти" ("Рев-ция 1917", т. 3, с. 138, 316). 5 июля вошёл в комиссию по восстановлению порядка в столице.

Во время выступления ген. Л.Г. Корнилова в ночь с 27 на 28 авг. в составе делегации ВЦИК вёл переговоры с А.Ф. Керенским об орг-ции власти ("Рев-ция 1917", т. 4, с. 104–05). Г. был чл. комиссии ВЦИК, расследовавшей дело по обвинению Л.Б. Каменева в сотрудничестве с охранным отделением; 30 авг. Президиум ВЦИК постановил довести до всеобщего сведения заключение комиссии о несостоятельности этого обвинения. В авг. 7-й Совет ПСР включил Г. в список обязательных канд. в члены Учред. Собр. Входил также в комиссию ЦК по Учред. Собр. После принятия Петрогр. Советом большевист. резолюции "О власти" Г. 6 сент. вместе с др. членами Президиума Петрогр. Совета сложил свои полномочия. Накануне Демокр. совещания, 12 сент., Г., Зензинов и Авксентьев встречались с Керенским для обсуждения вопроса о коалиции с цензовыми элементами. В связи с началом работы Демокр. совещания Авксентьев и Г. потребовали созыва экстренного заседания ЦК ПСР для обсуждения вопроса о том, какую позицию должны занять на совещании эсеры относительно коалиции с кадетами; сами они на заседание не явились, а голосовали на собрании фракции ПСР Демокр. совещания за коалицию. 17 сент. М.А. Веденяпин заявил протест против нарушения Авксентьевым и Г. парт. дисциплины. По словам Чернова, "открытое присоединение" Г. («коренного "центровика"») к правому крылу "было парт. сенсацией" (Чернов В.М., указ. соч., с. 344). 21 сент. Г. участвовал в совещании полит. деятелей с А.Ф. Керенским, на к-ром шла речь о коалиц. кабинете и о создании Врем. Совета Рос. Республики – Предпарламента, при образовании к-рого Г. вошёл в его состав. Приняв участие в совм. заседании Врем. пр-ва с представителями Демокр. совещания и членами кадетского ЦК, Г. высказался за выработку программы соглашения на основе Декларации рев. демократии, оглашённой на Гос. совещании 14 авг. На первом заседании Предпарламента был избран в его Президиум.

Г. принадлежал к той части ПСР, к-рая оказывала активное противодействие большевикам. 22 окт. участвовал в совещании у командующего Петрогр. ВО Г.П. Полковникова с представителями ВЦИК. Вечером 24 окт. Ф.И. Дан, Н.Д. Авксентьев и Г. доставили Керенскому "формулу" Предпарламента о необходимости принятия неотложных мер для пресечения вооруж. выступления, в т.ч. немедленное издание декрета о передаче земли в ведение зем. к-тов, предложение союзникам провозгласить условия мира и начать мирные переговоры. В ночь с 24 на 25 окт. участвовал в совместном экстренном заседании ВЦИК и Исполкома Всерос. Совета КД, осудившем захват власти большевиками. 25 окт. вошёл во Всерос. К-т спасения Родины и Революции. 28 окт. участвовал в совещании воен. комиссий к-та и ЦК ПСР, на к-ром был разработан план восстания. В качестве пред. к-та руководил выступлением юнкеров, начавшимся в ночь на 29 окт. За подписью Г., пред. Врем. Совета Рос. Республики Авксентьева и др. рассылалась телеграмма, в к-рой предлагалось «оказать всемерную поддержку комиссарам и офицерам, исполнять приказы командующего "Армией спасения" Полковникова и арестовывать всех комиссаров т.н. ВРК... Всем воинским частям, опомнившимся от большевист. авантюры и желающим послужить делу рев-ции и свободы, приказывается немедленно стягиваться в Николаевское инженерное уч-ще и Инженерный замок. Всякое промедление будет рассматриваться как измена рев-ции и повлечёт за собой принятие самых решит. мер» ("Рев-ция 1917", т. 6, с. 24). Впоследствии выяснилось, что подпись Г. была поставлена секретарём К-та спасения Родины и Рев-ции М. Броуном без согласования с Г. Прибыв в Гатчину, Г. встретился с Керенским; 31 окт. из Гатчинского дворца была отправлена во все армии телеграмма: "Врем. Совет Рос. Республики, Всерос. К-т спасения Родины и Рев-ции, ЦИК Советов, РСКД призывают действующую армию немедленно прислать войска, хотя бы по одному пех. полку от ближайших армий и возможно срочно, самыми действенными средствами, не останавливаясь ни перед чем; курьерскими поездами доставить эшелоны в Лугу и Гатчину. Вся тяжесть ответственности за промедление падает на промедляющих. № 174. Керенский, Авксентьев, Гоц, Войтинский, Станкевич, Семёнов" ("Рев-ция 1917", т. 6, с. 37). В ответ Петрогр. ВРК принял решение об аресте Г. После неудачи антибольшевист. выступления Г. выехал в Ставку. 6 нояб. Исполком Всерос. Совета КД постановил протестовать против приказа об аресте Г. Как член Исполкома Г. требовал перенесения Чрезв. съезда КД в Могилёв. 9 нояб. в разговоре по прямому проводу из Ставки с членами ВЦИК 1-го созыва Г. и Чернов отмечали: "...несомненно стране придётся пережить нек-рое время состояние развала, пока не создастся противовес большевист. авантюре в отрезвевших и сплотившихся демокр. кругах" ("Рев-ция 1917", т. 6, с. 109). В тот же день частное совещание делегатов Всерос. Крест. съезда постановило ходатайствовать о гарантии неприкосновенности Г., чтобы дать ему возможность прибыть для отчёта на съезд. Но ВРК подтвердил в "Известиях" приказ об аресте Г. 13 нояб. Г. выступил с докладом на собрании представителей комсостава 1-го ударного полка, после чего была принята платформа Общеарм. к-та при Ставке о непризнании СНК. Планы создания соц. пр-ва во главе с Черновым, к-рые разрабатывались Общеарм. к-том в Могилёве, саботировались Г., предпочитавшим пр-во под рук. Авксентьева. Г. был избран членом Учред. Собр. (от Пензенского избират. окр.). В работе 4-го съезда ПСР не участвовал, но послал приветствие съезду, оглашённое 26 нояб.; избран чл. ЦК ПСР. Прибыв в Петроград, 18 дек. был арестован. 19 дек. по распоряжению наркома юстиции левого эсера И.З. Штейнберга его освободили.

После разгона Учред. Собр. активно участвовал в боевой работе ПСР. Весной 1918 вошёл в воен. штаб "Союза Возрождения" в Петрограде. Занимался формированием вооруж. групп и переброской их на "Волжский фронт". На территорию Комуча попасть ему не удалось; выехал в Пензу, затем на Юг, в Одессу. В Южнорус. бюро ЦК ПСР стоял на позициях "борьбы на два фронта": с большевиками и "белым движением". В февр. 1919 на парт. конференции в Одессе заявил, что ПСР могла бы санкционировать вмешательство в рус. дела иностр. держав, но "только в том случае, если бы это вмешательство осуществлялось при наличии тесного общения рус. демократии с демократией Запада" ("Минувшее". Ист. альманах, в. 2, М., 1990, с. 43–44). В 1920 арестован, в 1922 Верх. Ревтрибуналом приговорён к смертной казни, заменённой в 1924 5-летним заключением. Затем неоднократно подвергался репрессиям по обвинению в антисов. деятельности. 20 июня 1939 Воен. коллегией Верх. суда СССР осуждён к 25 годам лишения свободы, умер в Краслаге.

Лит.: Партия с.-р. после Окт. переворота 1917 г. Документы из архива П.С.–Р., Амстердам, 1989; Суханов Н.Н., Записки о революции, кн. 1–7, Берлин – М.– П., 1922–23; Церетели И.Г., Воспоминания о Февр. рев-ции, кн. 1–2, Париж, 1963; Вишняк И.В., Дань прошлому, Нью-Йорк, 1954.

Я.В. Леонтьев, М. Янсен.

ГОЦИ́НСКИЙ Нажмутдин (1859, по др. данным, 1865, с. Гоцо Аварского окр. Дагестанской обл.,– 1925, Ростов-на-Дону). Сын наиба (начальника) при имаме Шамиле, к-рый за услуги царскому пр-ву в подавлении восстания горцев Чечни и Дагестана (1877) был произведён в штабс-ротмистры по гвардии и награждён землями. Г. унаследовал от отца и брата большое состояние, крупный помещик, учёный-арабист, член Дагестанского нар. суда, затем наиб Койсубулинского участка Аварского окр. Принимал участие в событиях 1905, тайно сочувствуя социалистам.

После Февр. рев-ции 1917 член Врем. обл. исполкома Советов (кроме рабочих и солдат, вошли представители нац. интеллигенции, помещиков и предпринимателей), созданного 9 марта в обл. центре Дагестана – Темир-Хан-Шуре. На 1-м съезде горских народов во Владикавказе (май) избран муфтием (главой Духовного управления мусульман) Сев. Кавказа и вошёл в состав сформированного Центр. к-та Союза объединённых горцев Кавказа, т.н. горское пр-во, к-рое находилось в Терской обл. наряду с казач. пр-вом. В связи с победой социалистов на выборах в облисполком на 1-м Дагестанском обл. съезде Советов (авг.) Г. не был избран в его состав.

В своём обращении-исповеди летом писал: "Когда на полит. горизонте взошло солнце свободы, люди в понятиях о свободе разделились. Одни из них захотели свободу, согласованную с шариатом. Эта свобода – освобождение последователей пророка Магомета от тиранич. власти... Нет такого человека, кто мог бы освободить народ от Божьих требований и сделать его независимым от Бога... Но есть ещё др. партия среди народа. Эта партия свободу понимает как соц. свободу. Эта последняя свобода освобождает народ от тирании царской власти, освобождает также от Божьей власти и его требований. При таких обстоятельствах каждый умный человек поразмыслит, кто является отступником от шариата – алимы [учёные-богословы.– Автор] или социалисты..." В отношении своей земли говорил, что она досталась от отца согласно шариату, что отец Г. купил её у мусульман, имевших законные документы; заверял, что "если найдётся кто из князей, владеющих землями противно шариату, то я первый обнажу свой меч на него" (Тахо-Годи А., Рев-ция и контррев-ция в Дагестане, Махач-Кала,

1927, с. 43–44). На 2-м съезде горских народов (авг.) в с. Анди (Нагорный Дагестан) Г. был провозглашён имамом (светским и духовным главой мусульм. общины) Сев. Кавказа. После съезда обратился с воззванием "К народам Кавказа" (опубликованным в газ. "Дагестан"), в к-ром доказывал, что избрание его имамом связано с защитой религии. Чл. Дагестанского мусульм. нац. к-та, созданного в Темир-Хан-Шуре в нач. сент.

После Окт. рев-ции Дагестанский облисполком 26 окт. согласился с решением 3-го съезда горских народов (Владикавказ, 20–29 сент.) о том, что Г. является муфтием, но не имамом. Выдвигался канд. в члены Учред. Собр. по Терско-Дагестанскому избират. округу, но избран не был. На 2-м Дагестанском обл. съезде (нояб.) избран в облисполком и вторично утверждён муфтием и в таком качестве вошёл в состав пр-ва Горской республики, созданной Союзом объединённых горцев Кавказа в нояб. Продолжая именовать себя имамом, стремился создать на терр. Сев. Кавказа мусульм. теократию, ориентируясь на поддержку Турции.

В янв. 1918 нац. войска (ок. 10 тыс. чел.) во главе с Г. заняли Темир-Хан-Шуру перед открытием 3-го Дагестанского обл. съезда Советов, созванного для обсуждения вопроса о форме правления. Съезд направил ультиматум Г.: убрать немедленно из города войска; явиться на съезд; признать съезд верховным законодат. органом и др. Г. вскоре явился на съезд. По решению съезда Г. был объявлен не имамом, а по-прежнему муфтием, после чего Г. направился в горы. В марте отряды Г. свергли Сов. власть в Порт-Петровске, в апр. после её восстановления отступил в горы. Войска Г. совм. с герм.-тур. интервентами воевали против Кр. Армии. В сент. 1920–мае 1921 в горах Дагестана при участии Г. был поднят антисов. мятеж; после его подавления Г. бежал в Чечню. Арестован и расстрелян по решению полномочного представительства ОГПУ Сев.-Кавк. края от 28 сент. 1925.

Лит.: Кашкаев Б.О., От Февраля к Октябрю (нац.-освободит. движение в Дагестане), М., 1972. *М.Е. Голостенов.*

ГРИГОРО́ВИЧ Иван Константинович (26 янв. 1853 – 3 марта 1930, близ Ментоны, Франция). Дворянин Полтавской губ. Окончив морское уч-ще, с 1875 служил на разл. судах и в разл. должностях во внутр. и загран. плаваниях. С 1883 командовал разл. судами Балт. флота. В 1904 произведён в контр-адмиралы и назначен командиром Порт-Артура, к-рым пробыл всю осаду крепости. В 1905–06 нач. штаба Черномор. флота и портов Чёрного моря. В 1908 назначен на должность гл. командира флота и портов, нач. морской обороны Балт. моря и воен. губернатора г. Кронштадт, в 1909 приглашён на пост тов. мор. министра с производством в вице-адмиралы.

С 1911 мор. министр, произведён в адмиралы. Реорганизовал Мор. ведомство и осуществил ряд судостроит. программ (в 1911 и 1914 для Черномор. флота, в 1912 для Балтийского). Учредил совещание по судостроению, к-рое решало вопросы по распределению заказов среди частных предпринимателей и за границей. Проявлял твёрдость в выполнении своих требований, был верен обещаниям, избегал протекционизма, был чужд формализму и канцелярщине. Были проведены законоположения, направленные на улучшение материального положения личного состава и изменены условия прохождения службы. С дек. 1913 член Гос. совета. Поддерживал контакты с бурж. октябрист. кругами, в 1916 выдвинут ими на пост премьера. Вследствие его "либерализма" царица отклонила кандидатуру. В Совете Министров имел авторитет, его ценил Николай II. Один из двух министров, уцелевших после министерской чехарды до Февр. рев-ции.

В нач. Февр. рев-ции 1917 имел возможность выехать из России, но не сделал этого. Врем. пр-во предприняло попытку привлечь его к ответственности, но найти какие-либо материалы для обвинения не удалось. Г. отошёл от дел. После Окт. рев-ции служил в Мор. ист. комиссии, по заданию к-рой написал мемуары, хранящиеся в ЦГА ВМФ. В 1923 по разрешению Сов. пр-ва выехал во Францию. Не принимал участия в обществ. жизни эмиграции.

О.Л. Сорокина.

ГРИММ Давид Давидович (1864, Петербург,– 1941). Род. в семье архитектора. Окончил частную гимназию и юрид. ф-т Петерб. ун-та (1885) со степенью канд. наук. В 1886 оставлен в ун-те для приготовления к профессорскому званию. Правовед, специалист по рим. праву. Приват-доцент Юрьевского (Дерптского) ун-та (с 1889), Петерб. ун-та (с 1894). С 1899 экстраординарный, с 1901 ординарный профессор и декан юрид. ф-та. Видный член кадетской партии, член её ЦК (кооптирован в июне 1915). С 1907 член Гос. Совета от академич. курии (АН и ун-ты). В 1910–11 ректор Петерб. ун-та. С 1913 проф. Харьковского ун-та.

После Февр. рев-ции 1917 с 29 апр. тов. мин. просвещения, председатель Особого совещания при Врем. пр-ве по образованию. Пред. постоянного совещания тов. министров Врем. пр-ва. На 8-м съезде партии кадетов (май) избран вновь в ЦК. 1 июля на заседании ЦК решительно поддержал линию П.Н. Милюкова на разрушение правительств. коалиции. В знак протеста против Декларации Врем. пр-ва от 8 июля подал в отставку с поста тов. министра. При обсуждении кадетским ЦК 19–20 июля вопроса о возможности кадетской диктатуры высказывался против, т.к. считал, что "психологически страна не подготовлена, ни реальной силы нет" (Думова-2, с. 179). Участник моск. Гос. совещания (авг.). 3 окт. вошёл в Предпарламент от кадетов.

После Окт. рев-ции арестован 5 сент. 1919, но вскоре был освобождён и эмигрировал в Финляндию, где входил в группу, возглавляемую А.В. Карташёвым. Гл. ред. газ. "Рус. Жизнь", "Новая Рус. Жизнь" (весна 1920). С 1922 до 1929 декан Рус. юрид. ф-та в Праге. В 1927–34 проф. ун-та в г. Тарту. *М.Е. Голостенов.*

ГРИНЕ́ВИЧ Виктор Петрович (наст. фам. и имя Коган Михаил Григорьевич) (8 февр. 1874, Ростов-на-Дону,– 16 окт. 1942, США). Род. в семье крупного торговца. Окончил Ростовское реальное уч-ще. В 1897 в с.-д. движении, с 1900 чл. РСДРП, с 1903 меньшевик. С 1901 участвовал в проф. движении, организатор стачечных касс. Выступал против ленинской "Искры". В 1897–1901 учился в Берлинском политехникуме. Неоднократно арестовывался. Во время Рев-ции 1905–07 тов. председателя и казначей исполкома Петерб. Совета РД, пред. Петерб. Центр. бюро профсоюзов, ред. проф. журналов. В 1907 эмигрировал в Германию. Автор кн. "Проф. движение в России" (1908). В 1-ю мир. войну "оборонец".

После Февр. рев-ции 1917 снова выступает как теоретик меньшевизма, руководит проф. орг-циями. Чл. оргкомиссии по созыву 1-го съезда профсоюзов. На 3-й Всерос. конф. профсоюзов (июнь) выступил с докладом, его осн. тезисы: гл. задача профсоюзов – экон. борьба; трудовые конфликты следует разрешать путём примирит. камер; поддержка деятельности Советов и "социалистов" на выборах в Учред. Собр.; избран в состав врем. ВЦСПС, пред. ВЦСПС. 10 июля подписал декларацию меньшевиков-интернационалистов, членов ВЦИК с протестом против арестов большевиков. Участвовал в Гос. совещании (авг.) и Демокр. совещании (сент.). После выступления большинства участников Демокр. совещания от профсоюзов против коалиции с буржуазией и за рабочий контроль сложил полномочия пред. ВЦСПС.

После Окт. рев-ции в Москве направил письмо в Секретариат МГСПС, в к-ром писал: "...до Окт. дней я оставался в Секретариате, но... на следующий день после той бойни, к-рая была в Москве, я послал письмо Совету, в к-ром заявил, что в заговорщицкой орг-ции, как деятель профдвижения, принимать участие не буду и не принимал" (Козелев Б., Как большевики боролись за рук-во профсоюзами, М., 1928, с. 38). Впоследствии на хоз. и проф. работе. В 1919 вышел из РСДРП. В февр. 1922 эмигрировал.

Лит.: Гарви П., Памяти пионера рабочего дела в России, "Соц. вестник", 1942, № 19/20, с. 254–56.

М.Е. Голостенов, А.Л. Райхцаум.

ГРО́НСКИЙ Павел Павлович (1883– 2 мая 1937, близ Парижа). Из дворян. Крупный землевладелец. Окончив юрид. ф-т

Петерб. ун-та, был оставлен в нём для подготовки к проф. званию. Изучал в б-ках и ун-тах Берлина, Мюнхена, Гейдельберга лит-ру по вопросам местного самоуправления. Магистрант по кафедре гос. права, в 1917 проф. Петерб. ун-та, преподаватель Политехнич. ин-та. Кадет, чл. ЦК партии кадетов с 1916. Чл. 4-й Гос. Думы (от Тверской губ.). Печатался в ж. "Право", "Вестник Права", "Земское Право", "Городское Право". С 1914 активный сторонник лозунга "Война до победы!"; совершал длит. поездки на фронт, пытаясь поднять боевой дух армии. Участвовал в работе Всерос. Земского союза и Всерос. союза городов. Не был сторонником разделения Партии Нар. Свободы на правое и левое крыло: "Не надо преувеличивать противоречий, существующих между правым и левым течениями в партии... Все мы едины в смысле принадлежности к одному общему рус. либеральному течению мысли" (Думова-2, с. 73). Был одним из активнейших докладчиков партии в Гос. Думе. Так, выступая там 15 февр. 1917 по вопросу о деятельности Гос. совета, говорил: "Это уникум рус. гос. практики, когда пр-во ежегодно назначает и увольняет членов Гос. совета. Гос. совет – верх. палата парламента России. Возможность удалять законодателей за крамольные и нелег. мысли – это нонсенс" ("Речь", 1917, 17 февр.).

27 февр. на 1-м заседании Врем. К-та Гос. Думы Г., "с сияющим лицом", по словам М.М. Ичаса, сообщил думцам, что "сегодня в 9 ч. вечера приедет в Таврический дворец вел. кн. Михаил Александрович и будет провозглашён императором" (Думова-2, с. 95). В ночь на 28 февр. Врем. К-т Гос. Думы назначил Г. комиссаром на телеграф. 10 марта избран в состав спец. комиссии при ЦК кадетов для разработки вопросов, связанных с созывом Учред. Собр. (выработка избират. закона, учреждение на местах выборных органов, составление избират. списков и т.п.). Гл. причина отсрочки выборов, считала комиссия,– "дать время развернуться избират. агитации для того, чтобы население относилось к выборам сознательно" (там же, с. 139). В апр. кадетская партия организовала краткие курсы по обществ.-полит. вопросам (проблемы гос. права, вопросы о земле, рабочий вопрос, принципы местного самоуправления, вопрос о войне); среди тех, кто читал лекции на курсах, был Г. В том же месяце участвовал в тайном частном совещании т.н. группы М.М. Винавера – В.Д. Набокова у Н.В. Некрасова, сочувственно отнёсшейся к предложению последнего пойти на коалицию с эсеро-меньшевиками и добиться компромисса с Совета-

ми. 27 апр., выступая на одном из митингов, устроенных кадетами в честь годовщины открытия 1-й Гос. Думы, Г. "выразил уверенность, что никто не сможет вырвать свободу из крепких рук народа и армии, и призвал рус. народ, в частности рус. социалистов, быть заодно с передовой демократией и социалистами" стран – союзников России, т.е. призвал к войне до победы ("Вестник Партии Нар. Свободы", 1917, № 2, с. 12).

Весьма заметную роль сыграл Г. на 8-м съезде партии (май), на к-ром вновь был избран в ЦК. По поручению ЦК сделал доклад о положении на фронте по итогам поездки туда кадетской делегации. Общее впечатление, вынесенное докладчиком из посещения воинских частей,– положительное, но в то же время, по словам докладчика, "армия устала и пора заключать мир"; с др. стороны, парадокс в том, что "после рев-ции меньше солдат стремится к миру", ибо они стали бороться за свободную землю, "к-рая когда-нибудь будет их достоянием". Братание, по мнению Г., не так страшно, т.к. "естественно желание побеседовать с врагом". В заключение Г. под аплодисменты заявил, что он, как и вся партия, считает, что гл. вопрос – вопрос о мире можно решить в 2–3 месяца "путём наступления и быстрого натиска". При этом Г. высказал уверенность, что А.Ф. Керенский, пользовавшийся, по словам докладчика, в армии большой популярностью, "будет той пружиной, к-рая сдвинет армию к наступлению, победе и миру" (там же, с. 17–18). Доклад подвергся критике со стороны П.Н. Милюкова, указавшего на его недостаточную обоснованность и серьёзность, в частности на то, что его автор "отнёсся слишком снисходительно к факту братания и фактического перемирия на фронте" (там же, с. 4).

Выступая в прениях по докладу Ф.Ф. Кокошкина "Автономия и нац. вопрос", Г. поддержал докладчика и сказал, что "видит полную возможность для всех национальностей России получить все права при однопалатной системе на основе широкой обл. автономии" (там же, № 14–16, с. 15). В прениях по агр. вопросу Г. заявил: "Пусть рус. крест. держава знает только один вид землевладения – крестьянского, трудового", т.к. "только на смерти крупного землевладения, так много горя принёсшего России, может осуществиться социальный мир" и поэтому "принудит. отчуждению" должно подлежать "всё количество земли сверх трудовой нормы" без каких бы то ни было исключений (там же, № 8–10, с. 15; № 20, с. 13).

По окончании съезда Г. включился в подготовку к выборам в районные думы Петрограда; выступая 14 мая на митинге, призывал, как и др. ораторы-кадеты, объединиться "вокруг лозунгов Партии Нар. Свободы. Лозунги эти гласят: право и законность" (там же, № 2, с. 20). 25 мая вошёл в состав парт. комиссии по разработке муниципальной программы. Накануне Июльского кризиса его взгляд на коалицию с эсеро-меньшевиками резко меняется. Выступая на Моск. обл. парт. конференции, заявил 14 июня, что "был горячим сторонником коалиц. пр-ва, но теперь убедился, что он ошибся. Настоящее Врем. пр-во менее авторитетно и менее сильно, чем первоначальное. Внутр. кризис нарастает, и он не сомневается, что нашим министрам придётся оттуда уйти" (там же, № 8–10, с. 21). В авг. присутствовал на моск. Гос. совещании как представитель "Союза эволюционного социализма". 3 окт. избран в Предпарламент.

После Окт. рев-ции Г.– в рядах оппозиции к Сов. власти. Как член Всероссийской по делам о выборах в Учред. Собр. комиссии был арестован 23 нояб. Освобождён 27 нояб., вновь арестован 28 нояб. Поддерживал связь с "Нац. центром". Канд. в Учред. Собр. (от Кубани, Твери и Астрахани; не избран). В кон. 1918 бежал на Юг и обосновался среди членов кадетского ЦК у ген. А.И. Деникина, где был одним из руководителей "Нац. центра" и поддерживал диктатуру А.И. Деникина. 21 дек. 1919 в США выехала сформированная в Ростове-на-Дону "Особая комиссия Гл. командования вооруж. сил Юга России" во главе с Г.; офиц. цель её состояла в установлении более дружественных отношений между Россией и США. После отставки Деникина в 1920, находясь в Париже, Г. получил предложение П.Н. Врангеля быть его представителем в Литве. В апр. и мае 1920 участвовал в совещаниях кадетских лидеров в Париже, где обсуждался вопрос об установлении общей линии поведения по отношению к Врангелю и вообще к "белой армии". В 1921 вошёл в Демокр. группу во главе с П.Н. Милюковым. Читал лекции на юрид. ф-те Рус. отделения Парижского ун-та, в ун-те г. Ковно (Литва).

А.П. Федоренко, М.Е. Голостенов.

ГРУШЕ́ВСКИЙ Михаил Сергеевич (17 сент. 1866, Холм, Польша,– 25 нояб. 1934, Кисловодск, похоронен в Киеве). Род. в семье

преподавателя гимназии. Детство провёл на Кавказе, окончил Тифлисскую гимназию. В 1886–90 учился на ист.-филол. ф-те Киевского ун-та, оставлен при ун-те профессорским стипендиатом. В 1894 защитил магистерскую диссертацию и получил кафедру укр. истории во Львовском ун-те, руководил ею ок. 20 лет, оставаясь рос. подданным. Возглавлял Науч. об-во им. Т.Г. Шевченко, редактор его "Записок", "Літературно-Наукового Вісника" ("Лит.-Науч. Вестника"), др. укр. изданий.

В обществ.-полит. деятельности был близок к радикальным укр. кругам. Стал идеологом нац. движения; его концепция истории Украины обосновывала ист. оправданность борьбы украинцев за нац. освобождение и требование автономии ("Очерки по истории укр. народа", 1904; "Історія України – Руси", 8 томов, 898–1913). Статьи Г. по укр. вопросу печатались в рос. газетах. В 1906 Г. приезжал в Петербург, где сблизился с местными укр. деятелями, основал ж. "Укр. Вестник", издал сб. своих статей "Освобождение России и укр. вопрос". В 1907 в Киеве возглавил Укр. науч. об-во. Один из лидеров созданного в 1908 ТУПа (Товариство українських поступовців – Т-во укр. прогрессистов) – укр. либерально-демокр. орг-ции, стоявшей на платформе конституц.-демокр. строя и авт. Украины, близкой по полит. ориентации к кадетам. В 1914 арестован как сторонник "мазепинства" и после неск. месяцев тюрьмы в февр. 1915 выслан в Симбирск; в кон. 1915 Г. удалось добиться разрешения (с помощью акад. А.А. Шахматова) на переезд в Казань, через год – в Москву.

После Февр. рев-ции 1917 в Киеве. 4 марта была создана Центр. Рада, возглавившая укр. нац. движение; Г. был заочно избран её пред. 14 марта прибыл в Киев как общепризнанный укр. нац. авторитет и лидер. Последовательно и энергично Г. стал добиваться автономии Украины – в своих программных статьях, в публичных выступлениях и в политике руководимой им Центр. Рады.

14–15 марта присутствовал на губ. кооп. съезде Киевщины, 19 марта участвовал в укр. манифестации, организованной Центр. Радой (ок. 100 тыс. участников), дважды выступал с призывом бороться за автономию Украины, заявил, что настало время "создать укр. народовластие и гос. право Украины в союзе с др. народами Европы в федеративной республике Российской". В изданной в Киеве в 1917 брошюре "Звідки пішло українство і до чого воно йде" ("Откуда появилось украинство и к чему оно идёт") писал: "Украинцы не имеют намерения отделяться от Рос. Республики. Они хотят остаться в добровольной и свободной связи с ней" (с. 14). Выступая на межпарт. конференции соц. орг-ций (нач. апр.), отстаивал позиции Центр. Рады, доказывал беспочвенность выдвинутых против неё обвинений в "сепаратизме" и "шовинизме". В ст. "Чи Україна тільки для українців?" ("Только ли для украинцев Украина?") подчёркивал: "Мы думаем как раз, что Украина не только для украинцев, а для всех, кто живёт на Украине, а живя, любит её, а любя, хочет трудиться на благо края и его жителей. И всякий, кто разделяет подобные взгляды, дорогой согражданин для нас, независимо от того, кто бы он не был – великоросс, еврей, поляк, чех" ("Нова Рада", 1917, № 15).

Будучи одним из лидеров ТУПа (25–26 марта руководил работой его съезда), Г. всё более расходился во взглядах с либерально-демокр. крылом укр. движения и стал членом Укр. партии социалистов-революционеров (УПСР) (организационно оформилась в марте). Вместе с укр. с.-д. укр. эсеры составляли соц. большинство в Центр. Раде. В своей гос. деятельности Г. являлся последоват. проводником полит. линии УПСР.

Руководил работой Укр. нац. конгресса (5–7 апр.); во вступит. докладе изложил свою полит. программу, гл. содержанием к-рой было достижение автономии Украины; тайным голосованием избран пред. укр. Центр. Рады (УЦР), возглавил также и исполнит. к-т – Малую Раду. Участвовал в работе трёх укр. военных и крестьянского съездов. Получив от Врем. пр-ва отказ в предоставлении Украине автономии до рассмотрения и решения этого вопроса Учред. Собранием, Г. заявил 3 июня на крест. съезде, что укр. народ должен сам решать свою судьбу.

Г. руководил действиями УЦР, провозгласившей свой 1-й Универсал. После торжеств. оглашения 1-го Универсала 12 июня Г. сказал, что теперь украинцы будут сами творцами своей жизни. 23 июня на пленуме УЦР докладывал о формировании первого укр. пр-ва – Ген. Секретариата.

Вместе с В.К. Винниченко вёл переговоры с делегацией Врем. пр-ва (А.Ф. Керенский, М.И. Терещенко, И.Г. Церетели) 29–30 июня в Киеве, в результате чего были достигнуты соглашения и принята "Декларация Врем. пр-ва к Укр. Раде" от 2 июля. 3 июля на пленуме УЦР, после того как был зачитан 2-й Универсал УЦР, Г. заявил, что фактич. получена автономия Украины с законодат. и исполнит. органами – Радой и Секретариатом.

Усилившиеся межпарт. разногласия вынудили Г. подать 6 июля в отставку с поста пред. УЦР, однако отставка не была принята. В сер. авг. фракция укр. эсеров в УЦР (не без участия Г.) добилась отставки Ген. Секретариата во главе с с.-д. Винниченко, поводом для к-рой послужило бурное обсуждение "Врем. инструкции Ген. Секретариату Врем. пр-ва на Украине" от 4 авг. о его функциях и структуре.

10–15 сент. пред. созванного УЦР Съезда представителей национальностей, добивавшихся превращения России в федерацию авт. нац. областей.

УЦР и её пред. осудили Окт. вооруж. восст. в Петрограде и не признали СНК. 7 нояб. на заседании Малой Рады Г. выступил с речью, где заявил, что нужны решит. шаги для укрепления власти. Далее Г. зачитал 3-й Универсал, провозгласивший Укр. Нар. Республику (УНР) как федеративную часть Рос. Республики.

9 янв. 1918 на закрытом заседании Малой Рады Г. предложил свой проект 4-го Универсала. Из трёх представленных проектов (Винниченко, Н. Шаповала и Г.) был выбран его текст как основа совм. редакции – отныне Украина провозглашалась независимым гос-вом. Г. разрабатывал концепцию независимого демокр. укр. гос-ва с ориентацией на Европу, размышлял о будущем адм.-терр. устройстве, ставил вопросы о гос. символике, ден. единице и т.п.– всё это вошло в сб. "На порозі нової України"–"На пороге новой Украины" (К., 1918).

26 янв. сов. войска заняли Киев. Центр. Рада и пр-во УНР выехали на Волынь. Вернуться они смогли под прикрытием нем. войск, после заключения делегацией УНР Брест-Литовского соглашения со странами Четверного союза. По возвращении Г. продолжал оста-

ваться пред. УЦР и проводил в ней ту же полит. линию. Писал в ст. "Повороту не буде" ("Поворота не будет"): "Сохраняя укр. государственность, будем строить прочную твердыню, к к-рой не сможет подступиться полицейско-бюрократич. реакция. Укрепляя авторитет нашей соц. Центр. Рады и её соц. мин-ва, хотим сделать нашу Украину твёрдой крепостью социализма. Будем строить республику не для буржуазии, а для трудящихся масс Украины и от этого не отступим!" ("На порозі нової України", с. 84).

УНР переживала кризис, политика её пр-ва не устраивала значит. часть крест-ва. Совету министров не удалось овладеть ситуацией, власти на Украине практически не было, царили хаос и анархия, что не устраивало и нем. оккупац. власти. 28 апр. на заседании Центр. Рады немцами было арестовано неск. министров УНР; Г. заявил нем. командованию протест. 29 апр. Рада приняла конституцию и избрала Г. президентом Укр. Нар. Республики. В ночь с 29 на 30 апр. произошёл гос. переворот, УНР прекратила своё существование, была провозглашена Укр. Держава во главе с гетманом П.П. Скоропадским.

После переворота Г. жил в Киеве, отошёл от политики и вернулся к науч. работе. Отказался от сотрудничества с новой администрацией, не вошёл в комиссию по орг-ции Укр. Академии наук (УАН), мотивируя это тем, что не может сотрудничать с режимом, уничтожившим демокр. укр. гос-во. В февр. 1919 Г. переехал в Каменец-Подольский, редактировал газ. "Голос Поділля" ("Голос Подолии"), работал над учебником истории для укр. школ.

В кон. марта 1919 выехал за границу. Организовал Укр. социологич. ин-т (в Вене, затем в Праге), издавал орган УПСР ж. "Борітеся – поборете" ("Боритесь – поборете"). Осудил Варшавский договор С.В. Петлюры с Ю. Пилсудским. В 1922 отошёл от полит. деятельности. В кон. 1923 избран академиком ВУАН, в марте 1924 вернулся на Украину. Возглавил Ист. секцию ВУАН и ряд её комиссий – историко-географическую, культурно-историческую, фольклорную, возобновил издание ж. "Україна". В 1931 Г. были предъявлены обвинения в "контррев. деятельности", однако после ареста и допросов в Харькове и Москве был освобождён. Жить и работать ему было назначено в Москве (ещё в 1929 Г. был избран действит. членом АН СССР).

Соч.: Хто такі українці і чого вони хочуть, К., 1917; Вільна Україна, К., 1917; Якої ми хочемо автономії і федерації, К., 1917; Українська Центральная Рада і її Універсали, перший и другий К., 1917; Україна і Росія, К., 1917.

Лит.: Крип'якевич І., Михайло Грушевський. Життя и діяльність, Львів, 1935; Михайло Грушевский: до 125-річчя від дня народження, "Архіви Україіни", 1991, № 1.

Е.Д. Бойко.

ГУЧКОВ Александр Иванович (14 окт. 1862, Москва,– 14 февр. 1936, Париж). Род. в купеч. семье. Окончил ист.-филол. ф-т

Моск. ун-та, слушал лекции в Берлинском, Венском и Гейдельбергском ун-тах. В 1885–86 служил в лейб-гвардии. С 1888 неоднократно избирался почётным мировым судьёй в Москве. С 1893 чл. моск. Гор. управы. В 1897 в охранной страже КВЖД; уволен за дуэль. В 1899 волонтёр в англо-бурской войне (на стороне буров). В 1900 находился в Китае во время нар., т.н. боксёрского, восстания против англичан, французов, японцев. В 1903 воевал в Македонии с турками. В рус.-япон. войну 1904–05 главноуполномоченный Рос. об-ва Кр. Креста и к-та вел. кн. Елизаветы Фёдоровны, к-рый оказывал помощь раненым. Участник съездов земских и гор. деятелей. Занимался предпринимательством (к 1917 стоимость принадлежавшего Г. имущества составляла не менее 600 тыс. руб.). Один из основателей партии "Союз 17 окт.", с 1906 возглавил её. В 1907 в мае избран в Гос. Совет, в окт. отказался от этого звания, избран в Гос. Думу 3-го созыва. С марта 1910 по март 1911 пред. Гос. Думы; имел частые конфликты с депутатами (вызвал на дуэль П.Н. Милюкова, дрался с графом А.А. Уваровым). Подал в отставку в знак протеста против проведения П.А. Столыпиным закона о земстве в зап. губерниях в обход Думы. В 3-й Гос. Думе возглавлял комиссию по гос. обороне, фракцию октябристов. Сторонник конституц. монархии с сильной центр. исполнит. властью, "единой и неделимой империи", но признавал право отд. народов на культурную автономию. Поддерживал реформы П.А. Столыпина. Выступал против резких изменений полит. строя, чреватых, по его мнению, пресечением ист. эволюции, крушением рос. государственности. С 1912 действит. статский советник. С нач. 1-й мир. войны уполномоченный Рос. об-ва Кр. Креста на фронте, организовывал госпитали. В июле 1915 возглавил Центр. Воен.-Пром. к-т (ЦВПК). В сент. 1915 избран в Гос. Совет.

Позднее Г. рассказывал, что осенью 1916 "родился замысел о дворцовом перевороте, в результате к-рого государь был бы вынужден подписать отречение с передачей престола законному наследнику. В этих пределах план очень быстро сложился. К этой группе двух инициаторов [Н.В. Некрасов и Г.– Автор] в ближайшие дни присоединился по соглашению с Некрасовым М.И. Терещенко, и таким образом образовалась та группа, к-рая взяла на себя выполнение этого плана... примкнул к нашему кружку... кн. Вяземский" (Д.Л.– Автор) ("А.И. Гучков рассказывает...", "Вопросы истории", 1991, № 7/8, с. 205–06).

В дни Февр. рев-ции 1917 тесно сотрудничал с Врем. К-том

Гос. Думы. Вечером 2 марта вместе с В.В. Шульгиным принял от Николая II манифест об отречении. Со 2 марта по 30 апр. воен. и мор. мин. Врем. пр-ва. Старался, по возможности, сохранять сложившийся порядок работы этих ведомств. Отказался от положенного министру оклада (15000 руб.) и средств, выдаваемых на представительство (12000 руб.). В своих приказах заменил понятие "нижний чин" на "солдат", отменил титулование в вооруж. силах; потребовал при обращении к солдатам и матросам говорить "Вы", военнослужащим разрешил участвовать в союзах и об-вах, "образованных с полит. целью" ("Приказы по воен. ведомству", П., 1917, с. 104). Осудил Приказ № 1 Петрогр. Совета, к-рый, в частности, ставил полит. выступления военнослужащих под контроль Совета и разрешал создание в частях выборных к-тов из солдат. Совет стремился заручиться подписью воен. министра под Приказом № 2 по нек-рым вопросам воен. службы. Г. отказался его подписать, но согласился на него после переговоров с делегацией исполкома Петрогр. Совета.

Позднее, находясь в эмиграции, писал: "Я до сих пор затрудняюсь сказать, правильно ли я поступил. Конечно, я мог совершенно порвать с Советом РСД, но, во-первых, сомнительно, что нашёл бы в таком шаге поддержку среди своих коллег по Врем. пр-ву, а, во-вторых, в этот первый период рев-ции, когда Петерб. гарнизон не подчинялся Врем. пр-ву, разрыв с Советом мог бы иметь последствием анархию и гражд. войну" ("Последние Новости", 1936, 23 сент.).

Высказался за отмену нац., вероисповедных, сословных и полит. ограничений при производстве в офицеры, ввёл на подчинённых воен. ведомству арт. пр-тиях 8-час. рабочий день, разрешил рабочим этих пр-тий избирать заводские к-ты на основе всеобщего, равного, прямого и тайного избират. права. В частной беседе так выражал свои взгляды: "Рев-ция – тяжёлое бедствие для гос-ва. Она срывает жизнь с её привычных рельсов, массы выходят на улицу. Теперь мы должны снова загнать толпу на место, но это не лёгкая задача" (Верховский А.И., На трудном перевале, М., 1959, с. 228). Для переработки воен. законодательства и предварит. обсуждения реформ образовал 6 марта комиссию, к-рая разработала положение о войсковых к-тах, а Г. утвердил его: в ротах, полках и армиях вводились выборные, преим. солдатские по составу, к-ты с ограниченными правами. За это Г. был подвергнут критике воен. командованием. Впоследствии, оправдываясь, писал: "Перед Ставкой и Воен. мин-вом стал вопрос не о том, вводить ли в армию это рев. новшество, а о том, в состоянии ли мы их распустить" ("Последние Новости", 1936, 20 сент.).

Г. провёл смену значит. части высшего командного состава армии. В марте – апр. было заменено 8 главнокомандующих армиями фронтов и командующих армиями, 35 ком. корпусов (из 68), 75 нач. дивизий (из 240) (Кавтарадзе А.Г., Июньское наступление рус. армии в 1917 г., "Воен.-ист. журнал", 1967, № 5, с. 113). Был сторонником продолжения войны "до победного конца", к чему призывал в многочисл. обращениях к армии. 8 марта на заседании всех центр. торг.-пром. орг-ций заявил: "Мы должны внедрить в обществ. сознание убеждение, что наша позиция прочна, и что никто, никакие заговорщики мира не смогут нас сбить с неё" ("Рев-ция 1917", т. 1, с. 77). В отличие от П.Н. Милюкова, не поддерживал открыто терр. притязания к противникам. Был сторонником "дать бой Совету". Для этого рекомендовал назначить на должность главнокоманд. войсками Петрогр. ВО ген. Л.Г. Корнилова. С его ведения в апр. в частях округа стали формироваться особые подразделения "Нар. свободы" из наиб. "надёжных" войск "для обеспечения существующего гос. строя". 20 апр. на соединённом заседании Врем. пр-ва, исполкомов Гос. Думы и Петрогр. Совета РСД заявил, что "отечество в опасности", что гл. причина этого в "потоке пацифистских идей", проповедуемых соц. кругами, что проповедь эта должна быть прекращена, а дисциплина должна быть восстановлена с помощью исполкома Совета (см.: "Рев-ция 1917", т. 2, с. 51). В дни Апр. кризиса в окружении Г. вынашивались планы воен. заговора с целью ликвидации двоевластия и установления диктатуры. В ночь на 30 апр. Г. написал письмо главе пр-ва кн. Г.Е. Львову, в к-ром заявил об уходе в отставку ввиду условий, "в к-рые поставлена правительств. власть в стране". Будучи сторонником "сильной власти", подчеркнул, что не может больше "разделять ответственность за тот тяжкий грех, к-рый творится в отношении Родины" ("Рев. движение в России в апр. 1917 г. Апр. кризис", М., 1958, с. 835–36). С мая Г. вновь руководил ЦВПК.

4 мая на частном совещании членов Гос. Думы заявил: "На началах непрекращающегося митинга управлять гос-вом нельзя, а ещё менее можно командовать армией на началах митингов и коллегиальных совещаний. А мы ведь не только свергли носителей власти, мы свергли и упразднили самую идею власти, разрушили те необходимые устои, на к-рых строится всякая власть" ("Буржуазия и помещики в 1917 г. Стенограммы частных совещаний членов Гос. Думы", М.–Л., 1932, с. 4, 5). «Болезнь наша заключается в том странном разделении между властью и ответственностью, к-рая у нас установилась. Наверху – полнота власти, но без тени ответственности, а на видимых носителях власти – полнота ответственности, но без тени власти. Если внизу повинуются по формуле, к-рая установилась у нас, "постольку – поскольку", то развал правительств. власти неизбежен... только сильная власть может спасти страну от той анархии, к-рая в дальнейшем своём развитии несомненно приведёт нашу Родину к гибели» ("Рев-ция 1917", т. 2, с. 104).

Пытаясь противодействовать Советам, в мае возглавил "Об-во экон. возрождения России", в к-рое вошли А.И. Путилов, Н.Н. Кутлер, Н.А. Белоцветов, Б.А. Каменка, А.П. Мещерский, А.И. Вышнеградский. Об-во должно было оказать помощь бурж. кандидатам на выборах в Учред. Собр., но на самом деле его средства использовались для поддержки ген. Л.Г. Корнилова, когда он стал Верх. главнокомандующим, на подготовку воен. переворота. 20 мая на съезде представителей Воен.-Пром. к-тов заявил: "...механич. перемещение капитала из одних рук в другие, т.н. национализация и социализация,– это невиданный в мире эксперимент, при помощи к-рого можно в корне убить всякую пром-сть" (там же, с. 181). 14 авг. Г. выступил на Гос. совещании в Москве. Причиной экон. хаоса и бессилия власти он считал влияние на все процессы в стране "рус. рев. демократии" с её "соц. идеологией". Говоря о позиции промышленников, Г. отмечал: "Не столько личные и клас. интересы разделяют нас, а иное понимание структуры человеческого об-ва и задач гос-ва" ("Гос. совещание", с. 288).

Летом вместе с М.В. Родзянко основал Либеральную респ. партию, но она не смогла выработать достаточно популярную программу вывода страны из глубочайшего кризиса. После поражения корниловского мятежа (31 авг.) был арестован, но 1 сент. "Известия Петрогр. Совета РСД" сообщили, что А.Ф. Керенский приказал освободить Г.

Накануне Окт. рев-ции перебрался на Сев. Кавказ. Одним из первых промышленников дал М.В. Алексееву и А.И. Деникину деньги (10000 руб.) на формирование Добровольч. армии. Весной 1919 по просьбе Деникина выехал в Зап. Европу для переговоров с лидерами стран Антанты о поддержке белых армий. После окончания Гражд. войны в эмиграции не примкнул ни к одной из полит. орг-ций, ревниво оберегал свою полит. независимость.

Соч.: А.И. Гучков рассказывает, "Вопросы истории", 1991, № 7–10.

Лит.: Керенский А.Ф., А.И. Гучков, "Совр. записки", 1936, № 60; Боханов А.Н., Александр Иванович Гучков. В кн.: Ист. силуэты. М., 1991. *А.С. Сенин.*

Д

ДА́ЛИН (наст. фам. Левин) Давид Юльевич (1889, Рогачёв Могилёвской губ.,– 21 февр. 1962, Нью-Йорк). Учился в Виленской и Петерб. гимназиях, затем на юрид. ф-те Петерб. ун-та, где примкнул к студенч. движению. После ареста и краткого тюремного заключения (1910) эмигрировал; изучал политэкономию в Берлинском и Гейдельбергском ун-тах; в 1913 защитил в Гейдельберге докторскую диссерта́цию.

После Февр. рев-ции 1917 возвратился в Россию, присоединился к меньшевикам, примкнул к их интернационалист. крылу. Член Моск. Совета РСД и редактор газ. "Печатник". Сотрудничал в центр. органе меньшевиков "Рабочей Газете" и горьковской "Новой Жизни". 3 авг. на меньшевист. съезде (Петроград) избран канд. в чл. ЦК РСДРП(о).

Решительно осудил Окт. рев-цию. Впоследствии писал: "От окт. переворота оставалось воспоминание – впечатление о потрясающей слабости сопротивления, к-рое оказалось ниже всяких ожиданий. Безусые юнкера и женские батальоны выходили с оружием – на один миг; вне Петрограда, местные власти, хотя и не всегда без боя, скоро уступали. Керенский ездил в поисках помощи – и ничего не нашёл; многомиллионный фронт принял и фактически признал новое пр-во. В стране царило возбуждение, но ещё много месяцев было до формирования больших белых армий" ["Меньшевики", сб. статей, восп. и док-тов, Бенсон (Вермонт), 1988, с. 140].

На Чрезв. съезде РСДРП (нояб.– дек.) избран чл. ЦК РСДРП(о). Вёл активную борьбу против большевизма, неоднократно арестовывался, в 1921 выслан за границу. Сотрудничал в основанном Мартовым в Берлине "Соц. Вестнике". В февр. 1921 дел. РСДРП на Венской конф., к-рая учредила т.н. Венский ($2^1/_2$-й) Интернационал (1921–23), объединивший центрист. соц. партии. После смерти Мартова (апр. 1923) член Загран. делегации РСДРП – меньшевист. эмигрант. центра, с сент. 1923 член редколлегии "Соц. Вестника", сотрудничал в герм. с.-д. печати. С 1940 жил в США, отошёл от полит. жизни, занимался науч.-исследоват. работой по проблемам сов. внутр. и внеш. политики (автор св. 11 монографий). Сотрудничал в амер. ж. "Нью-Лидер" и "Проблемы коммунизма", в издаваемом Р. Гулем "Новом Журнале". Историк меньшевизма.

Соч.: После войн и рев-ций, Берлин, 1922.

Лит.: Р.Г., Д.Ю. Далин [Некролог], "Новый журнал", 1962, № 67.

Г.И. Ильящук, В.И. Миллер.

ДАН (наст. фам. Гурвич) Фёдор Ильич (19 окт. 1871, Петербург,– 22 янв. 1947, Нью-Йорк). Из семьи владельца

аптеки. Окончил в 1895 мед. ф-т Юрьевского (Дерптского) ун-та, врач. В с.-д. движении с 1894. С 1895 член, с янв. 1896 один из рук. Петерб. "Союза борьбы за освобождение рабочего класса". Участвовал в транспортировке "Искры" в Россию. Подвергался арестам, ссылке. В сент. 1903 бежал за границу. Примкнул к меньшевикам, член их фракц. центра и новой ред. "Искры". Дел.

конгресса 2-го Интернационала (1904) и меньшевист. конф. (1905). После амнистии приехал в Петербург, в дек. 1905 кооптирован в чл. ЦК РСДРП. Дел. 4-го (Объединит.) (1906; избран чл. ЦК) и 5-го (Лондонского) (1907) съездов РСДРП. В 1906–07 входил в редакции всех меньшевист. и общепарт. газет и журналов; один из рук. с.-д. фракций в 1-й и 2-й Гос. Думах. В янв. 1908 эмигрировал. Один из авторов меньшевист. пятитомника "Общественное движение в России в нач. 20 в." (П., 1909–14). В годы реакции "ликвидатор". В авг. 1912 – в числе инициаторов объединения всех антибольшевист. групп РСДРП. Вернулся в Петербург в 1913, после амнистии к 300-летию дома Романовых. В 1913–14 чл. Орг. к-та, руководил меньшевист. фракцией 4-й Гос. Думы. В нач. войны арестован, выслан в Сибирь. В мае 1916 мобилизован как врач, служил в Иркутске. Выступал против предложения Г.В. Плеханова, чтобы с.-д. голосовали в Гос. Думе за воен. кредиты; критиковал "оборонцев"; в отличие от Ю.О. Мартова, более высоко оценивал оппозиц. движение буржуазии.

После Февр. рев-ции 1917 вернулся в кон. марта в Петроград; избран чл. бюро исполкома Петрогр. Совета РСД, Орг. к-та РСДРП. Вместе с И.Г. Церетели лидер господствовавшего в меньшевизме центрист. течения "рев. оборонцев". Поддерживал Врем. пр-во, на Всерос. совещании Советов РСД (апр.) отрицал намерения Советов "...принять участие в осуществлении гос. власти" ("Всерос. совещание Советов", с. 188). В мае дел. Всерос. конф. меньшевист. и объединённых орг-ций РСДРП, избран чл. ОК; 7 мая конф. поддержала предложение Д. о вхождении социалистов во Врем. пр-во и о скорейшем заключении мира. Отстаивал необходимость обороны России и рев-ции. Чл. През. 1-го Всерос. съезда Советов РСД (3–24 июня). 5 июня, отвечая В.И. Ленину и А.В. Луначарскому, разъяснял позицию меньшевиков по вопросу о власти:

«...В этом выставлении лозунга "Вся власть в руки Совета РСД" я вижу не прямое практич. предложение... но ...выражение известного стремления уйти от той действительности, в к-рой нам приходится действовать, под сень рев. романтики, ибо этот переход в ваши руки служит не средством ответа на вопросы, к-рые нам ставит изо дня в день рев-ция, а средством уклониться от ответа... Я утверждаю, если мы стоим на почве реальной действительности и если ...настолько не забыли основы своего учения, что ...экон., социальная действительность это – тот базис, только на к-ром и строится полит. движение и на к-ром мы можем строить свои полит. планы, то я спрашиваю, каким образом можно было вчера выслушать из уст т. Луначарского такое выражение, что мы, захватив власть в свои руки, будем вести не бурж.-демокр. политику, а какую-то полусоциалистическую – не буржуазную и не социалистическую, а полусоциалистическую. Ведь т. Луначарский повторяет при этом,– да простят мне тт. с.-р., что я в это время говорю как марксист,– эти слова напоминают те самые народнич. утопии о каком-то особом пути развития, по к-рому должна идти Россия и от к-рого тт. с.-р., твёрдо став на почву действительности, отказались. И неужели это надо повторять от имени марксизма?.. Что предлагалось т. Лениным в смысле изменения политики Врем. пр-ва? Вы помните эти меры: надо опубликовать прибыли, арестовать неск. десятков капиталистов, объявить капиталистов всего мира разбойниками и заключить всеобщий мир без аннексий необычайно простым способом: отделив от России все её части, к-рые когда-то, со времени Гостомысла, были к России присоединены. Это наз. миром без аннексий?.. Осуществив эту программу, достигнем мы того, что у нас побегут поезда, полные хлебом, явятся те гвозди, обувь, те товары, о к-рых говорил т. Пешехонов, и исчезнет финанс. кризис, прекратится мировая война и нам не будут угрожать империалистич. гос-ва?» ("1-й съезд Советов", т. 1, с. 140–41). В докладе 9 июня по вопросу о войне говорил об опасности дезорганизации армии, отмечал, что "мы... не должны предъявлять этому пр-ву требований, выставление к-рых от имени пр-ва повело бы к немедленному разрыву с союзниками" (там же, с. 311).

Съезд принял предложенную Д. резолюцию, избрал его во ВЦИК, затем чл. През. ВЦИК. Д.– один из инициаторов запрещения демонстрации, назначенной большевиками на 10 июня; в июле обвинял большевиков в орг-ции заговора. На объединённом заседании ВЦИК и Исполкома Всерос. Совета КД 13 июля заявил: "...Мы не только делегировали ему [Врем. пр-ву.– Автор] всю полноту власти, но мы требуем, чтобы этой властью пр-во пользовалось. Мы не остановились перед репрессиями по отношению к отд. фракции [большевиков.– Автор], входящей в состав ВЦИК" ("Новая Жизнь", 1917, 14 июля); внёс резолюцию с требованиями суда над лицами, обвинёнными в "подстрекательстве к мятежу", явки В.И. Ленина и Г.Е. Зиновьева на суд, исключения большевиков из исполкомов Советов. В авг. на меньшевист. Объединит. съезде (Петроград) избран чл. ЦК РСДРП(о). По решению Бюро ЦК от 25 сент. редактор полит. отдела органа партии "Рабочая Газета". В сент. участвовал в работе Всерос. Демокр. совещания. В дискуссиях внутри меньшевист. фракции совещания старался не обострять споров по вопросу о коалиц. пр-ве. Считал, что меньшевики не должны обещать заранее доверие и поддержку к.-л. полит. силам, заявляя вместе с тем, что "не видят возможности встать на точку зрения борьбы с большевиками прежде всего и во что бы то ни стало" ("Архив рус. рев-ции", 1922, Берлин, т. 1, с. 80). Вошёл в состав Всерос. Демокр. Совета, затем – Врем. Совета Рос. Респ. (Предпарламента).

24 окт. вечером вместе с Н.Д. Авксентьевым и А.Р. Гоцем по поручению Предпарламента предложил Врем. пр-ву, с целью перехватить инициативу у большевиков, сделать заявление, "... в к-ром вопросы о мире, земле и демократизации армии должны быть поставлены так, чтобы ни у одного рабочего и солдата не

было сомнения, что пр-во идёт по этому пути твёрдыми шагами". Агитацию большевиков считал "преступной", но подчёркивал: "...Желая самым решит. образом бороться с большевизмом, мы не желаем быть орудием в руках той контррев-ции, к-рая на подавлении этого восстания хочет сыграть свою игру" ("Новая Жизнь", 1917, 25 окт.; "Речь", 1917, 25 окт.).

25 окт. открыл 2-й Всерос. съезд Советов РСД, но после его решения о переходе власти к Советам покинул съезд. Окт. рев-цию категорически не принял. Присоединился к сторонникам "однородного соц. пр-ва" и соглашения всех рев.-демокр. партий "от большевиков до нар. социалистов". Участвовал в переговорах при Викжеле, где 29 окт. потребовал роспуска ВРК и признания 2-го Всерос. съезда Советов РСД несостоявшимся. 31 окт.– 1 нояб. на заседании ЦК РСДРП(о) голосовал за участие в переговорах с большевиками о создании "однородного соц. пр-ва". 3 нояб., выступая докладчиком от большинства ЦК РСДРП(о) на совм. заседании меньшевист. фракций Совета Республики, ВЦИК (1-го созыва) и Петрогр. Совета РСД при участии членов ЦК партии, заявил:

"Три положения определяют линию нашего поведения. Первое – развязывание гражд. войны и – путь контррев-ции; второе – для предотвращения гражд. войны необходима капитуляция большевизма; третье – наша задача отделить большевизм от рабочего движения... Первые дни заговора была надежда, что он может быть ликвидирован воен. силой, но попытка подавления оказалась неудачной, нападение на Петроград сделало защиту Петрограда делом пролетариата, соц. партия не может принять участие в подавлении рабочего класса, поэтому мы встали на точку соглашения, к-рого требуют широкие рабочие массы. Смысл соглашения – заставить большевиков отказаться от идеи власти Советов и признать равноправие всей демократии. Соглашение невозможно без раскола большевизма. Оно создаст концентрацию всех демокр. сил вокруг пролетариата, а не без пролетариата. Отказ (большевиков.– Автор) от соглашения откалывает от большевиков огромные массы рабочих, и их восстание становится чисто солдатским. Таков результат нашей тактики" ("Рабочая Газета", 1917, 5 нояб.).

После закрытия 18 нояб. ЦО меньшевиков "Рабочей Газеты" вошёл в редакцию газ. "Луч", ставшей ЦО РСДРП(о). В газ. "Вперёд" 21 нояб. писал:

"Рабочие не только вынуждены будут дорогой ценой расплачиваться за большевист. политику анархии, но... когда ужасные последствия этой политики станут очевидными, само имя социализма, к-рым злоупотребляют большевики, станет ненавистно миллионам трудящихся. Вот в чём – смертный грех большевизма против пролетариата и социализма".

На Чрезв. съезде РСДРП(о) (нояб.– дек.) вместе с Мартовым возглавил новое левоцентрист. рук-во меньшевиков, выступал за сотрудничество с большевиками, т.к. они стали правящей партией; избран в ЦК и редакцию "Рабочей Газеты". Не принял мирного договора с Германией, считал, что «после Брестского мира Россия превращается в "ничьё" достояние, к-рое сегодня кусок за куском отхватывает в свою пользу империалистич. Германия, а завтра начнут растаскивать и др. страны капиталистич. мира» ("Парт. Известия", 1918, 20 мая). В апр. 1918 вместе с ЦК партии переехал в Москву, стал чл. редакции газ. "Вперёд" (до июля) и "Всегда Вперёд".

В 1918 работал врачом в системе Наркомздрава, деп. Моссовета. Представитель меньшевиков на 3-м и 4-м Всерос. съездах Советов, выступал с критикой большевизма; на 4-м съезде избран чл. ВЦИК. Подвергался кратковрем. арестам. В 1919–20 по мобилизации служил сан. врачом в Кр. Армии. Арестован по обвинению в подготовке Кронштадтского мятежа, после годичного заключения выслан за границу. В Берлине вошёл в редакцию "Соц. Вестника", делегат конгрессов Соц. Интернационала. После прихода к власти А. Гитлера переехал в Париж. В СССР видел осн. силу в борьбе против фашизма. В февр. 1940 сложил полномочия пред. Загран. делегации РСДРП и одного из ред. "Соц. Вестника" (фактически продолжал их исполнять до 1942), т.к. большинство парт. центра, выступившее за воен. поражение "диктатуры Сталина", отошло от "линии Мартова". Накануне оккупации Франции гитлеровцами уехал в США. В последние годы жизни выдвинул идею "синтеза социализма и коммунизма" на основе взаимного компромисса. Был уверен в неизбежной демократизации сов. политики, отстаивал эти взгляды в кн. "Происхождение большевизма" (Нью-Йорк, 1946).

Соч.: О войне и мире. Речи, П., 1917; Всенар. Учред. Собр., П., 1917; 8-часовой рабочий день и армия, П., 1917; В дни рев-ции, Берлин, 1922 ("Летопись рев-ции", № 6); К истории последних дней Врем. пр-ва, Берлин, 1923 ("Летопись рев-ции", № 1), кн. 1; Письма (1899–1946), Амстердам, 1985.

Лит.: 60-летие Ф.И. Дана, "Соц. Вестник", 1931, № 20; Абрамович Р., Путь Ф.И. Дана, там же, 1947, № 2; Шварц С.М., Ф.И. Дан, "Новый журнал", 1947, № 15; Мартов и его близкие, Нью-Йорк, 1959; Бургина. *Г.И. Ильящук.*

ДЕЙЧ Лев Григорьевич (26 сент. 1855, Тульчин Каменец-Подольской губ.,– 4 авг. 1941, Москва). Из купеч. семьи. Учился в

Киевской гимназии, на филос. ф-те Базельского ун-та. В народнич. движении с 1874, сторонник

бакунизма. С 1878 чл. об-ва "Земля и воля", после его раскола – "Чёрного передела". Был дружен с П.Б. Аксельродом и В.И. Засулич. Неоднократно подвергался арестам. В 1880 эмигрировал. В 1883 стал одним из основателей гр. "Освобождение труда". В 1884 арестован в Германии и выдан рус. пр-ву. Был приговорён к каторге, к-рую отбывал в Сибири. В 1901 бежал за границу. Дел. 2-го съезда РСДРП (1903), встал на позицию меньшевиков. С 1902 занимался гл. обр. финанс. вопросами "Искры", когда партия раскололась – финансами меньшевиков. После Манифеста 17 окт. 1905 нелегально возвратился в Россию, в янв. 1906 арестован и сослан в Туруханский край, по дороге бежал. С 1907 в эмиграции. Дел. 5-го съезда РСДРП (1907), Амстердамского (1904) и Штутгартского (1907) конгрессов 2-го Интернационала. Сторонник "ликвидаторов". Из-за тяжёлой болезни жены от активной полит. жизни на время отошёл. В 1911–16 в США, ред. рабочую газ. "Новый Мир" и ж. "Свободное Слово". В годы 1-й мир. войны "оборонец", сторонник Г.В. Плеханова. Вместе с Плехановым и др. подписал воззвание гр. "Призыв", в к-ром говорилось, что всякий рев. протест против пр-ва Николая II "равнялся бы измене" ("Всерос. совещание Советов РСД", М.–Л., 1927, с. 340).

После Февр. рев-ции 1917 возвратился (апр.) в Петроград, член гр. "Единство" и ред. газ. "Единство". Вместе с Г.В. Плехановым и В.И. Засулич подписал воззвание "Рос. Социал-Демокр. Рабочей партии", в к-ром говорилось: "Не надо гражд. войны. Она погубит нашу молодую свободу. Необходимо соглашение Совета РСД с Врем. пр-вом. Нам не надо завоеваний, но мы не должны дать немцам подчинить себе Россию... Россия не может изменить своим союзникам" ("Единство", 1917, 22 апр.). 7 мая на общерос. конф. меньшевиков сказал:

«Благодарю за полученное приглашение, т.к. по нонешнему времени это – признак внимания и признания... Не все так поступают: вот исполнит. к-т Совета РСД, хотя и большинством одного голоса, всё же не признал Плеханова и меня достойными быть в числе его членов... Я вместе с присутствующими здесь А.Н. Потресовым, В.Н. Крохмалем и др. являюсь одним из основателей меньшевист. фракции. Я оставался меньшевиком вплоть до начала наст. войны. Но, по моему глубокому убеждению, не только социалист, но и каждый порядочный человек... обязан принять самое активное участие в обороне страны, подвергшейся нападению. Этот взгляд... вполне подтверждается марксизмом. В этом важнейшем в наст. время вопросе мы резко расходимся, если судить по вашему органу "Рабочей Газете"... Я расстаюсь с вами...» ("Единство", 1917, 9 мая).

Вступил в непарт. воен. союз "Личный пример" и с целью агитации за "Заём Свободы" посетил Москву и Киев. Вернувшись в Петроград (июнь), на митингах и в печати критиковал большевиков и меньшевиков-интернационалистов по вопросам о войне и совр. моменте. В июле в газ. "Единство" призывал к созданию "Пр-ва спасения России". Утверждал, что «только при условии объединения всех сил без различия партий, слоёв и классов, искренних сторонников обороны России, она может быть ещё спасена, иначе "гос. корабль" обязательно скоро пойдёт ко дну» ("Единство", 1917, 4 авг.).

Окт. рев-цию не принял, считая её авантюрой большевиков. "Даже и вне полной разрухи, вызванной продолжительным и жёстким царским режимом, а также небывалой войной, не только в нашей, но и в никакой из наиб. передовых стран невозможно было бы немедленное падение совр. капиталистич. строя и замена его социалистическим, т.к. для этого ещё недостаточно развиты производств. и др. условия. Россия же в этом отношении находится в наименее благоприятном положении" ("Единство", 1917, 16 нояб.).

В кон. 1917 – нач. 1918 сотрудничал в еженедельниках "Начало" и "Дело". Вскоре отошёл от полит. деятельнсти. С 1918 на науч. работе, автор мн. книг по истории рев. движения и воспоминаний.

Соч.: За полвека, т. 1–2, Берлин, 1922–23.

Лит.: Невский В., Материалы для биогр. словаря, в. 1, М., 1923; Бургина.

И.А. Евсюкова.

ДЕМИ́ДОВ Игорь Платонович (1873–20 окт. 1946, Париж). Сын суд. деятеля, внук (по матери) В.И. Даля. Окончил Демидовский лицей в Ярославле и Моск. ун-т (1899). В студенч. годы намеревался бросить ун-т и принять монашество в Оптиной Пустыни. В 1906–10 пред. земской управы Темниковского у. Тамбовской губ., почётный мировой судья. Вице-пред. Моск. об-ва с. х-ва. Чл. 4-й Гос. Думы, чл. ЦК кадетской партии, чл. ред. совета "Рус. Ведомостей", принимал активное участие в работе Всерос. земского союза помощи больным и раненным воинам (ВЗС), входил в состав его Гл. к-та. С нач. 1-й мир. войны организовал передовой сан. отряд, во главе к-рого стала его жена Е.Ю. Демидова; был близок с ген. М.В. Алексеевым. В Думе пользовался доверием "справа и слева", в адм. верхах и среди общественности. Играл трудную роль посредника между фракциями, с одной стороны, комиссиями и пр-вом, с другой. Масон. Левый кадет, ратовавший за более радикальный тактич. курс, за объединение демокр. сил.

После Февр. рев-ции 1917 назначен Врем. К-том Гос. Думы комиссаром в Мин-во земледелия, 15 марта – комиссаром Врем. пр-ва Юго-Зап. фронта (командующий – ген. А.А. Брусил ов). Вопросу коалиции кадетов с социалистами не придавал принципиального значения и рассматривал её как "практич. шаг в полит. деле". При голосовании этого вопроса в ЦК 23 апр. и 4 мая присоединился к большинству, к-рое выступило за союз и против П.Н. Милюкова. Во Врем. пр-ве занимал нек-рое время пост тов. мин. земледелия. Избран вновь чл. ЦК на 8-м съезде Партии Нар. Свободы (май). Чл. Предпарламента. Канд. в чл. Учред. Собр. (от Петрограда), избран не был.

После Окт. рев-ции участвовал в создании "Нац. центра", руководил работой его отделения в Киеве вплоть до 1919. Из рев-ции кадеты, по его словам, "вынесли лишь одно – наш демос никуда не годен, ни на что не способен и только палкой его головы можно успокоить и привести в порядок" (Думова-1, с. 347). Эмигрировал во Францию, чл. редакции и пом. редактора газ. "Последние Новости". Был в дружбе с А.Ф. Керенским, В.Н. Коковцевым, ген. Н.Н. Головиным, митрополитом Евлогием.

Лит.: Вакар Н., И.П. Демидов, "Новый журнал", 1947, № 16. *М.Е. Голостенов.*

ДЕНИКИН Антон Иванович (4 дек. 1872, Лович, близ Варшавы,– 7 авг. 1947, Анн-Арбор, шт. Мичиган, США). Сын майора, выходца из крепостных крестьян. Окончил Ловичское реальное уч-ще, в 1892 – Киевское пех. юнкерское уч-ще, в 1899 – Академию Генштаба. Служил в войсковых штабах Варшавского ВО. Участник рус.-япон. войны 1904–05. С марта 1914 в штабе Киевского ВО; с июня – ген.-майор. После начала 1-й мир. войны ком. бригады, дивизии, с сент. 1916 – 8-го арм. корпуса 4-й армии Рум. фронта.

С кон. марта 1917 в Ставке, пом. нач. штаба Главковерха, с 5 апр. по 31 мая нач. штаба Главковерха ген. М.В. Алексеева. Боролся за ограничение полномочий солд. к-тов хоз. функциями, за увеличение представительства в них офицеров, стремился предотвратить создание к-тов в дивизиях, корпусах, армиях и на фронтах. На посланный воен. мин. А.И. Гучковым проект создания системы солд. орг-ций с достаточно широкими полномочиями, разработанный на Зап. фронте, ответил телеграммой: "Проект направлен к разрушению армии" (Миллер В.И., Солд. к-ты рус. армии в 1917, М., 1974, с. 151).

Выступая на офицерском съезде в Могилёве (7–22 мая), говорил: "В силу неизбежных ист. законов пало самодержавие, и страна перешла к народовластию.

Мы стоим на грани новой жизни..., за к-рую несли голову на плаху, томились в рудниках, чахли в тундрах многие тысячи идеалистов". Однако, подчёркивал Д., "глядим в будущее с тревогой и недоумением", "ибо нет свободы в рев. застенке", "нет правды в подделке нар. голоса", "нет равенства в травле классов" и "нет силы в той безумной вакханалии, где кругом стремятся урвать всё, что возможно, за счёт истерзанной Родины, где тысячи жадных рук тянутся к власти, расшатывая её устои" (Деникин А.И., Очерки рус. смуты. Крушение власти и армии. Февр.– сент. 1917 г., М., 1991, с. 363). После увольнения Алексеева с должности Главковерха (в ночь на 22 мая), выступая на закрытии съезда, подчеркнул, что с рус. офицерством осталось "всё, что есть честного, мыслящего, всё, что остановилось на грани упраздняемого ныне здравого смысла". "Берегите офицера! – призывал Д. – Ибо от века и доныне он стоит верно и бессменно на страже рус. государственности" (там же, с. 367–68).

Новый Главковерх А.А. Брусилов 31 мая назначил Д. главкомом Зап. фронта. 8 июня, объявляя войскам фронта о своём вступлении в должность, заявил: "Твёрдо верю, что в победе над врагом – залог светлого бытия земли русской. Накануне наступления, решающего судьбы Родины, призываю всех, в ком живёт чувство любви к ней, выполнить свой долг. Нет другого пути к свободе и счастью Родины" ("Приказы главнокомандующего армиями Зап. фронта. 1917", № 1834, ЦГВИА, Б-ка, № 16383).

После провала наступления фронта (9–10 июля) на совещании в Ставке в присутствии членов Врем. пр-ва выступил 16 июля с речью, в к-рой обвинил пр-во в развале армии и выдвинул программу её укрепления из 8 пунктов: "1) Сознание своей ошибки и вины Врем. пр-вом, не понявшим и не оценившим благородного и искреннего порыва офицерства, радостно принявшего весть о перевороте и отдающего несчётное число жизней за Родину. 2) Петрограду, совершенно чуждому армии, не знающему её быта, жизни и ист. основ её существования, прекратить всякое воен. законодательство. Полная мощь Верх. главнокомандующему, ответственному лишь перед Врем. пр-вом. 3) Изъять политику из армии. 4) Отменить "декларацию" (прав солдата) в основной её части. Упразднить комиссаров и к-ты, постепенно изменяя функции последних. 5) Вернуть власть начальникам. Восстановить дисциплину и внеш. формы порядка и приличия. 6) Делать назначения на высшие должности не только по признакам молодости и решимости, но, вместе с тем, по боевому и служебному опыту. 7) Создать в резерве начальников отборные, законопослушные части трёх родов оружия как опору против воен. бунта и ужасов предстоящей демобилизации. 8) Ввести военно-рев. суды и смертную казнь для тыла – войск и гражд. лиц, совершающих тождественные преступления" ("Очерки рус. смуты", с. 439–40). "Вы втоптали в грязь наши знамёна,– обращался Д. к

Врем. пр-ву.– Теперь пришло время: поднимите их и преклонитесь перед ними" (там же, с. 440). Позже, оценивая программу Д., изложенную 16 июля, историк-эмигрант ген. Н.Н. Головин писал: "Хотя генерал Д. и не произносит этих слов ["воен. диктатура".– Авторы], но требования, изложенные в пунктах 2, 3, 4, 5 и 8, могли быть осуществлены лишь воен. силой" (см.: Поликарпов В.Д., Воен. контррев-ция в России. 1904–1917, М., 1990, с. 215).

2 авг. назначен главкомом Юго-Зап. фронта (вместо ген. Л.Г. Корнилова, с 19 июля Главковерха). При вступлении в должность 3 авг. издал приказ, в к-ром призвал "всех чинов, в ком не погасла любовь к Родине, стать крепко в защиту рус. государственности и отдать свой труд, разум и сердце делу возрождения армии. Поставьте эти два начала выше полит. увлечений, парт. нетерпимости и тяжких обид, нанесённых многим в дни безумного угара, ибо только во всеоружии гос. порядка и силы мы превратим "поля позора" в поля славы и через тьму анархии приведём страну к Учред. Собр." ("Приказы главнокомандующего армиями Юго-Зап. фронта, 1917", № 875, ЦГВИА, Б-ка, № 16571). 4 авг. в Приказе № 876 объявил об ограничении деятельности войсковых к-тов рамками существующего воен. законодательства; предписал к-там не расширять, а начальникам не суживать свою компетенцию (там же).

27 авг., получив сообщение о выступлении Корнилова, направил Врем. пр-ву телеграмму: "...Сегодня получил известие, что ген. Корнилов, предъявивший известные требования, могущие ещё спасти страну и армию, смещается с поста Главковерха. Видя в этом возвращение власти на путь планомерного разрушения армии и, следовательно, гибели страны, считаю долгом довести до сведения Врем. пр-ва, что по этому пути я с ним не пойду" ("Очерки рус. смуты", с. 467–68).

29 авг. Д. и его сторонники на Юго-Зап. фронте были арестованы и заключены в тюрьму Бердичева, позднее переведены в Быхов. 19 нояб. по распоряжению врид Главковерха ген. Н.Н. Духонина был выпущен из-под ареста вместе с др. генералами. Бежал на Дон, через 3 дня прибыл в Новочеркасск. Участвовал в формировании Добровольч. армии. Стремясь уладить разногласия между Алексеевым и Корниловым, выступил инициатором компромисса, в соответствии с к-рым Алексеев ведал гражд. управлением, внеш. сношениями и финансами, а Корнилов обладал воен. властью; атаману А.М. Каледину принадлежало управление Донской обл. Во время 1-го Кубанского ("Ледяного") похода Д. был нач. Добровольч. дивизии (практически всех формирований Добрармии), затем пом. команд. армией Корнилова, а после его гибели назначен Алексеевым 12 апр. 1918 командующим армией. В дек. 1918 принял на себя командование "всеми сухопутными и морскими силами, действующими на юге России". Весной 1920, после разгрома белогв. войск, эвакуировался в Крым, где передал командование ген. П.Н. Врангелю, и отбыл за границу. Жил во Франции; от полит. деятельности отошёл. В 1930-е гг., предвидя войну Германии против СССР, "желал Кр. Армии, чтобы, отразив нем. нашествие, она нанесла поражение герм. армии, а затем ликвидировала большевизм" (Мейснер Д., Миражи и действительность, М., 1966, с. 230–31). В годы 2-й мир. войны 1939–45 осуждал эмигрант. орг-ции, сотрудничавшие с фаш. Германией.

Соч.: Очерки рус. смуты, т. 1–5, Париж, 1921–26 (М., 1991); Офицеры. Очерки, Париж, 1928; Старая армия, Париж, 1929; Путь рус. офицера, М., 1990 (не окончена).

Лит.: Кто такой ген. Деникин?, Харьков, 1919; Соколов К.Н., Правление генерала Деникина, София, 1921; Василевский И.М., Ген. Деникин и его мемуары, Берлин, 1924.

В.И. Миллер, И.В. Объедков, В.В. Юрченко.

ДЖАНГИЛЬДИН Алиби Тогжанович (1884, аул Койдагул Тургайской обл.,– 14 авг. 1953, Алма-Ата). Из семьи скотовода. В 1903–05 учился в Казан. учительской семинарии, из к-рой исключён за участие в антиправительств. демонстрации, в 1906 поступил на ист. ф-т Моск. духовной академии, исключён за рев. деятельность. В 1910–12 путешествовал по странам Европы, Африки, Бл. Востока, Азии, в 1913–15 – в Крыму, Петрограде. С 1915 большевик. В 1916 вместе с А. Имановым возглавил нац.-освободит. антифеод. восстание киргиз-кайсаков (казахов) в Тургайской обл.

После Февр. рев-ции 1917 приехал в Петроград, 7 марта выступил в Петрогр. Совете РСД с протестом против продолжающихся

действий карат. отрядов быв. царского пр-ва в Тургайской обл. Во 2-й пол. марта был направлен в Тургайскую обл. в качестве представителя Петрогр. Совета РСД для разъяснения происходящих событий. Выступал на митингах в Актюбинске, Челкаре, Чегизе. В Тургае был арестован органами Врем. пр-ва. В кон. мая по настоянию Петрогр. Совета освобождён, вернулся в Петроград, назначен организатором-инструктором Петрогр. Совета по созданию Советов СД в Тургайской обл. В июле–авг. вёл в области рев. пропагандист. и орг. работу. В Бетпаккаре вернул крестьянам скот, захваченный комиссией по взысканию контрибуций (создана Врем. пр-вом) с участников восст. 1916.

5–20 сент. 1917 в Петрограде обучался на инструкторских курсах по выборам в Учред. Собр., организованных ВЦИК Советов РСД. В окт.– нояб. по заданию ЦК РСДРП(б) находился в распоряжении пред. обл. гражд. управления в Крыму в качестве инструктора по подготовке к выборам в Учред. Собр. В Симферопольском, Феодосийском, Ялтинском, Евпаторийском у. агитировал за большевист. список.

После Окт. вооруж. восст. вызван телеграммой Я.М. Свердлова в Петроград. 14 дек. утверждён Врем. комиссаром Тургайской обл. с полномочиями орг-ции Сов. власти, отрядов Кр. Гвардии для борьбы с А.И. Дутовым. Выезжал в Самару, Бузулук. С отрядом красногвардейцев во главе с П.А. Кобозевым, затем как командир и комиссар Уфим. отряда участвовал в освобождении Оренбурга от дутовцев (18 янв. 1918). В янв.– марте 1918 возглавлял работу по подготовке созыва Тургайского обл. съезда Советов, прошедшего 21 марта – 3 апр. под рук. Д. В сообщении Совнаркому писал: "Настроение съезда... вставшего на защиту Сов. власти, определилось в первые же дни... Съезд приветствовал новую власть" ("Борцы за Сов. власть в Казахстане", в. 1, Алма-Ата, 1982, с. 71–72). Избран пред. облисполкома и воен. комиссаром. С докладом о работе съезда выехал в апр. в Москву, встречался с В.И. Лениным, Я.М. Свердловым, И.В. Сталиным, участвовал в создании Кирг. отдела при Наркомнаце, в работе по созыву Учред. съезда Советов Кирг. (Казах.) края. 14 мая, получив назначение Совнаркома воен. комиссаром Тургайской обл., выехал в Оренбург, затем в Кустанай, Уфу, где руководил борьбой с выступившим Чехосл. корпусом, белоказаками. В годы Гражд. войны и впоследствии на руководящей воен., парт., сов. работе в Кирг. (Казах.) АССР.

Лит.: А. Джангильдин. Док-ты и мат-лы, Алма-Ата, 1961; Посланцы Ленина в Казахстане, Алма-Ата, 1987. *С.С. Бейсембаев.*

ДЖИВЕЛЕ́ГОВ Алексей Карпович (14 марта 1875, Ростов-на-Дону,– 14 дек. 1952, Москва). Окончил ист.-филол. ф-т Моск. ун-та (1897), оставлен при ун-те для подготовки к профессорскому званию, но назначение было кассировано вследствие арм. происхождения Д. В 1915 читал лекции в Нижегор. нар. ун-те, в 1916 – в Нар. ун-те А.Л. Шанявского в Москве. Возглавлял информац. отдел Всерос. союза городов. Чл. ЦК партии кадетов (1916).

После Февр. рев-ции 1917 на 8-м съезде партии кадетов (май) вновь избран чл. ЦК. Активно участвовал в избират. кампании на муниципальных выборах в Москве. 11–12 авг. на расширенном заседании ЦК партии выступил против воен. диктатуры ген. Л.Г. Корнилова: "Воен. диктатура не решается на нашем собрании,– предупреждал Д.– В войске нет элементов, на к-рые могла бы опереться диктатура. Перережут всех офицеров. Окончательно порывать с социалистами нельзя ни в коем случае" (Думова-3, с. 231–32). Участник моск. Гос. совещания (авг.). С 3 окт. чл. Предпарламента (от кадетов).

После Окт. рев-ции перешёл на сторону Сов. власти. В 1919–24 преподавал в 1-м Моск. гос. ун-те (проф.). В дальнейшем на науч. и преподават. работе, автор трудов об эпохе Возрождения.

М.Е. Голостенов.

ДЗЕРЖИ́НСКИЙ Феликс Эдмундович (30 авг. 1877, имение Дзержиново Ошмянского у. Виленской губ.,– 20 июля 1926,

Мо́сква). Из мелкопоместной дворянской семьи. Будучи гимназистом, в 1895 вступил в с.-д. кружок в Вильно. В 1896 дел. 1-го съезда С.-д. партии Литвы. С 1902 секр. заграни. к-та С.-д-тии Королевства Польского и Литвы (СДКПиЛ), с 1903 чл. Гл. правления СДКПиЛ. В 1906 дел. 4-го съезда РСДРП, после съезда кооптирован в ЦК РСДРП как представитель СДКПиЛ; чл. ЦК РСДРП в 1907–12. В тюрьмах, ссылках, на каторге провёл 11 лет. "Не стоило бы жить,– писал он в тюремном дневнике 10 мая 1908,– если бы человечество не озарялось звездой социализма, звездой будущего" ("Дневник заключённого" М., 1984, с. 86).

В дни Февр. рев-ции 1917 освобождён 1 марта рев. рабочими и солдатами из Бутырской каторжной тюрьмы в Москве. 3 марта участвовал в собрании Моск. группы СДКПиЛ, принявшем решение о поддержке рев-ции в России и вступлении в РСДРП, избран чл. бюро группы и её представителем в МК РСДРП(б). Выступал на митингах поляков – солдат и железнодорожников с призывами вести борьбу за дальнейшее развитие рев-ции, добиваться единства действий польск. и рус. пролетариата. В апр. участвовал в работе моск. гор., окр. и обл. конференции РСДРП(б). 11 апр. избран деп. Моск. Совета РД. 24–29 апр. дел. 7-й (Апр.) Всерос. конф. РСДРП(б) от Моск. орг-ции; выступил против программного требования большевист. партии о праве наций на самоопределение, считая его противоречащим интернационализму. "Нац. гнёт,– заявил он,– может быть уничтожен только при полной демократизации гос-ва, борьбой за социализм, сепаратистские же стремления есть стремления борьбы с социализмом. Мы конкретно высказываемся против права наций на самоопределение" ["Седьмая (Апр.) конф. РСДРП(б)", с. 221]. Дел. 1-го Всерос. съезда Советов РСД (3–24 июня), в работе съезда не участвовал – находился на лечении, заочно избран канд. в чл. ВЦИК. В июне заочно избран в Центр. исполком групп СДКПиЛ в России; считал, что исполком должен работать под рук. ЦК РСДРП(б). 26 июля – 3 авг. дел. 6-го съезда РСДРП(б) от Моск. орг-ции; высказался против явки В.И. Ленина и Г.Е. Зиновьева на суд: "Травля против Ленина и Зиновьева – это травля против нас, против партии, против рев. демократии. Мы должны разъяснять товарищам, что мы не доверяем Врем. пр-ву и буржуазии, что мы не выдадим Ленина и Зиновьева до тех пор, пока не восторжествует справедливость, т.е. до тех пор, пока этого позорного суда не будет" ["6-й съезд РСДРП(б)", с. 31]. Избран чл. ЦК партии, 5 авг.– в узкий состав ЦК, 6 авг. введён в Секретариат ЦК РСДРП(б) [см. "Протоколы ЦК РСДРП(б)", с. 13]. Во время выступления ген. Л.Г. Корнилова вошёл в созданный ВЦИК К-т нар. борьбы с контррев-цией. В газ. "Трибуна" (орган СДКПиЛ) опубл. статью о связи польск. офицерства с корниловским заговором, призвал поляков к объединению с рус. рабочими и солдатами для отпора корниловцам.14–22 сент. участвовал во Всерос. Демокр. совещании. 5 окт. на заседании ЦК РСДРП(б) голосовал за предложение Ленина об уходе большевиков из Предпарламента. На заседании ЦК РСДРП(б) 10 окт. поддержал резолюцию о необходимости восстания, для рук-ва им предложил создать в составе ЦК Полит. бюро. На расширенных заседаниях ПК (15 окт.) и ЦК РСДРП(б) 16 окт. доказывал необходимость скорейшего свержения Врем. пр-ва и передачи власти Советам, избран чл. Воен.-рев. парт. центра по рук-ву восстанием, к-рый вошёл в состав Петрогр. ВРК. 21 окт. введён в исполком Петрогр. Совета РСД. 22 окт. участвовал в работе Петрогр. конф. Кр. Гвардии.

24 окт. по поручению ЦК партии осуществлял в момент восстания контроль за почтой и телеграфом; вечером руководил операцией по захвату Гл. телеграфа. Дел. 2-го Всерос. съезда Советов (25–27 окт.), на к-ром выступил с одобрением Декрета о мире: "Польск. пролетариат всегда был... вместе с русским. Декрет с энтузиазмом принимает С.-д-тия Польши и Литвы. Мы знаем, что единств. сила, к-рая может освободить мир, это – пролетариат, к-рый борется за социализм... мы не выставляем отделения себя от рев. России... У нас будет одна братская семья народов, без распрей и раздоров" ("Избр. произв.", 3 изд., т. 1, М., 1977, с. 165). Избран чл. ВЦИК и его Президиума. Был чл. оперативного штаба, затем Исполнит. комиссии Петрогр. ВРК, участвовал в орг-ции разгрома войск А.Ф. Керенского – П.Н. Краснова под Петроградом, в роспуске петрогр. Гор. думы, в борьбе с антисов. печатью, саботажем, должностными преступлениями. По поручению ВРК нёс ответственность за охрану Смольного. На заседании ЦК РСДРП(б) 1 нояб. подверг резкой критике Л.Б. Каменева, согласившегося на переговорах с Викжелем с требованием эсеров и меньшевиков образовать "однородное соц. пр-во" и не возразившего против их предложения не включать в состав этого пр-ва Ленина и Л.Д. Троцкого. В нояб. избран чл. Учред. Собр. (от Витебского избират. округа). 7 дек. назначен СНК пред. ВЧК.

В нач. 1918 выступал, как "левый коммунист", против заключения Брестского мира с Германией. На заседании ЦК РСДРП(б) 23 февр. заявил: "Передышки не будет, наше подписание, наоборот, будет усилением герм. империализма. Подписав условия, мы не гарантируем себя от новых ультиматумов. Подписывая этот мир, мы ничего не спасём. Но согласен с Троцким, что если бы партия была достаточно сильна, чтобы вынести развал и отставку Ленина, тогда можно было бы принять решения [против мира.– Автор], *теперь – нет*" ["Протоколы ЦК РСДРП(б)", с. 212]. Но при голосовании вопроса о заключении мирного договора Д. вместе с Троцким, А.А. Иоффе и Н.Н. Крестинским воздержались, что дало возможность ЦК принять положит. решение. Дел. 7-го съезда РКП(б), избран чл. ЦК (на всех последующих съездах избирался чл. ЦК).

Возглавляя ВЧК, Д. добивался преобразования её из гражд. учреждения в централизов. воен. орг-цию, основанную на единоначалии, системе боевых приказов. (В сент. 1920 сотрудники ВЧК были приравнены в своих правах к военнослужащим Кр. Армии.) До 1920 гл. функцией ВЧК Д. считал борьбу с контррев-цией путём осуществления непосредств. репрессий: "Работники ЧК – это солдаты рев-ции, и они не смогут пойти на работу розыска – шпионства: социалисты не подходят для такой работы. Боевому органу, подобному ЧК, нельзя передавать работу полиции. Право расстрела для ЧК чрезвычайно важно" ("Вопросы истории", 1990, № 7, с. 159). Д. и позже продолжал настаивать на сохранении за ВЧК–ОГПУ внесудебных полномочий, хотя в периоды упрочения внутриполит. положения в стране выступал за их сокращение и проводил эту линию в жизнь. Рассматривал ВЧК как орган ЦК большевист. партии, требовал от чекистов безусловного выполнения её директив. Непременными условиями успешной деятельности чекистов считал развитие гласности в их работе, широкое привлечение трудящихся к борьбе с контррев-цией.

С 1922 пред. ГПУ при НКВД РСФСР, с 1923 пред. ОГПУ при СНК СССР. Оставаясь на посту пред. ВЧК–ОГПУ, в 1919–23 нарком внутр. дел (чл. коллегии НКВД с нояб. 1917), в 1921–24 нарком путей сообщения, с 1924 пред. ВСНХ СССР. Принимал непосредств. участие в разработке эконом. политики Сов. гос-ва и её претворении в жизнь. Предлагал переводить пр-тия на хозрасчёт, предоставлять больше самостоятельности хоз. руководителям. Считал целесообразным наряду с подъёмом гос. пром-сти обеспечивать развитие кустарного произ-ва, особенно кооперативного. По инициативе Д. организовывались акц. об-ва и смешанные пр-тия с привлечением иностр. капитала, создавались условия для деятельности частных торг.-пром. пр-тий. Решение задач экон. стр-ва Д. связывал с улучшением работы гос. аппарата.

Лит.: Ф.Э. Дзержинский. Биография, 3 изд., М., 1987; Тишков А.В., Дзержинский, 4 изд., М., 1985; Хацкевич А.Ф., Солдат великих боев, 4 изд., Минск, 1982; Ф.Э. Дзержинский. Рекоменд. ук. лит-ры, сост. А.А. Душутина и Г.А. Хакимова, М., 1987. *А.С. Велидов.*

ДИМИТРИЙ (Абашидзе Давид Ильич) (2 окт. 1867, Тифлисская губ.,– дек. 1944, Киев). Грузинский князь. В 1891 окончил Новороссийский ун-т (Одесса), в 1896 – Киевскую духовную академию (на 1-м курсе пострижен в монашество) со степенью канд. богословия и рукоположен в иеромонахи. Преподавал и работал в духовных семинариях. С 1902 епископ Алавердский, с 1903 – Гурийско-Мингрельский, с 1905 – Балтский, с 1906 – Туркестанский и

Ташкентский, с 1912 – Таврический и Симферопольский. Во время 1-й мир. войны, в 1914, рядовой священнослужитель Черномор. эскадры, в 1915 возведён в сан архиепископа Таврического и Симферопольского.

Участник Св. Собора Правосл. Рос. Церкви в Москве (авг. 1917–1918); на Соборе был избран пред. отдела по устройству правосл. церкви в Закавказье в связи с автокефалией Груз. церкви, член отделов: о богослужении и храмах, о монастырях и монашестве.

Из посланий Д. Таврической пастве в 1917: "...доблестная армия продолжает бить врага и, несомненно, сумеет разбить его, если мы с вами, оставшиеся дома, не проявим чёрной неблагодарности по отношению к нашим защитникам-воинам. Сражающаяся армия нуждается в пище, требует для себя огромного кол-ва хлеба. ...Мы обязаны по первому зову нашего нар. пр-ва раскрыть наши амбары, зернохранилища и свозить хлеб для армии" ("Таврический Церковно-Обществ. Вестник", 1917, № 8–9, с. 175); "Пусть нами распоряжается нар. Врем. пр-во; пастыри церкви пусть учат нас хранить величайшее сокровище наше – святую веру православную и посильно жить по её заветам; судьи и правители пусть судят и правят по Божьему, милостиво и справедливо по Закону; воины пусть безусловно во всём повинуются военачальникам своим, призванным и вновь назначенным над ними нынешним пр-вом, оберегая их как зеницу ока, не забывая, что без вождей нет воинства; купцы пусть добросовестно торгуют, не раздражая братьев своих погоней за излишними, неумеренными прибытками; землевладельцы пусть всеусердно возделывают Богом данную им землю; учащиеся пусть преуспевают в премудростях и возрасте, и в любви к Богу и человеку; матери и жёны пусть заботятся о своих семьях, сохраняют верность мужьям своим; старцы и старицы да будут примером доброй христ. жизни для молодых" (там же, с. 182).

В окт. оставлен при Св. Синоде для работы с освобождением от Таврической кафедры. После взятия штурмом красногвардейцами Моск. Кремля Д. заявил: "Я бы почитал счастьем и честью пасть вместе с юнкерами" ("Деяния Св. Собора Правосл. Рос. Церкви", кн. 3, П., 1918, с. 181). Участвовал в делегации Собора, к-рая посетила Моск. ВРК и ходатайствовала о смягчении участи борцов против установления Сов. власти в Москве.

В 1918 Д. оказался на Ю. России, где в мае 1919 участвовал в орг-ции в Ставрополе Юго-Вост. церк. Собора, к-рый приветствовал ген. А.И. Деникина и учредил Врем. Высшее церк. управление Юго-Востока России. При А.В. Врангеле Д.– пред. церк. управления.

В 1919 эмигрировал за границу, но пробыл там недолго. С кон. 20-х гг. проживал в Киеве, принял схиму под именем Антония и пребывал в затворе, старчествовал.

Лит.: Manuil [Lemeševskij], Die Russischen Orthodoxen Bischöfe von 1893 bis 1965, Teil 3, Erlangen, 1984.

М.Е. Голостенов.

ДОБРОВО́ЛЬСКИЙ Николай Александрович (10 марта 1855–1918). Из дворян. Окончил в 1876 юрид. ф-т Петерб. ун-та.

Служил в Петерб. окр. суде, затем тов. прокурора Волынского и Житомирского окр. судов, прокурор Митавского и Рижского окр. судов. С 1897 вице-губернатор Гродно, с февр. 1900 – губернатор. С окт. 1900 обер-прокурор 1-го Департамента Сената. С 1906 сенатор. Неоднократно влиятельными кругами при происходивших переменах руководителей Мин-ва внутр. дел кандидатура Д. выдвигалась на пост министра внутр. дел. С 20 дек. 1916 мин. юстиции, ставленник Г.Е. Распутина; лавировал между Распутиным и Гос. Думой. 3 янв. 1917 на заседании Гос. совета выступал за отсрочку созыва Гос. Думы (до 14 февр.).

В дни Февр. рев-ции по своей воле явился в Таврический дворец, был заключён в Петропавл. крепость. Ему было предъявлено обвинение во взяточничестве, но все выдвигавшиеся против него обвинения были на следствии опровергнуты. После освобождения 31 июля находился в Петрограде, т.к. ему было отказано в разрешении выехать на Кавказ для лечения.

После Окт. революции арестован и расстрелян.

О.Л. Сорокина.

ДОЛГОРУ́КОВ Павел Дмитриевич (9 мая 1866, Москва, по др. данным, Царское Село,– в ночь с 9 на 10 июня 1927, Москва или Харьков). Из дворянской семьи, восходящей к Рюриковичам, князь, один из богатейших людей России. Окончил 1-ю Моск. гимназию и естеств. отделение физ.-мат. ф-та Моск. ун-та

(1890). В 1893–1903 рузский (Моск. губ.) уездный предводитель дворянства, в 1896–98 камер-юнкер двора; с 1902 статский советник. Один из основателей "Союза Освобождения", пред. его съезда (1904). Руководитель Толстовского об-ва, Об-ва мира;

председательствовал на мировом конгрессе пацифистов в Стокгольме. Принимал участие в земских и земско-гор. съездах 1904–05. Один из основателей кадетской партии, пред. её ЦК (1905–07), тов. пред. ЦК. Деп. и пред. кадетской фракции 2-й Гос. Думы. Исключал насилие как в разрешении вопросов внутри гос-ва, так и в вопросах внеш. сношений. Его называли "рыцарем без страха и упрёка", а сам "он обладал силой морального влияния своей личности" (Оболенский В.А., Моя жизнь. Мои современники, Париж, 1988, с. 695). П.Н. Милюков, называя Д. "кристально чистым человеком", вспоминал, что более безобидного и незлобивого человека трудно встретить" (там же, с. 441). В составленных в нач. янв. 1917 тезисах доклада по текущему моменту Д. подчёркивал: "Если государь не вступит добровольно на путь ответственного мин-ва, то нам грозит опасность дворцового переворота"; подобный переворот "не только не желателен, а скорее гибелен для России", т.к. "среди Романовых нет никого, кто смог бы заменить государя" (Думова-2, с. 82–83). По слухам, в случае свержения монархии Д. должен был стать президентом республики.

После Февр. рев-ции 1917 Д. выступил на заседании ЦК партии кадетов против полного отстранения Гос. Думы от власти. Высказался за провозглашение вел. кн. Михаила Александровича царём, т.к. считал, что "всё-таки было более шансов сохранить государственность до Учред. Собр., тогда ещё казавшегося спасительным" (Долгоруков П.Д., Великая разруха, Мадрид, 1964, с. 19). Был в числе делегации ЦК кадетов (из 3 чел.), к-рая была послана в Петрогр. Совет РСД с требованием отмены Приказа № 1, имевшего, по мнению Д., "разрушит. силу". В апр. выезжал на фронт, посетил 33 воинские части; в дальнейшем вспоминал: "Никакой дисциплины. Солдаты открыто торгуют форменной одеждой и дезертируют. Армия вышла из повиновения. Спасти может только наступление..." (Думова-2, с. 146); "...Необходимо восстановить авторитет власти и офицерства! Необходимо устранение двоевластия. Идея сильной власти, к-рая должна быть поддержана всей рус. общественностью" ("Памяти погибших", с. 212). Во время Апр. кризиса поддержал отставку Милюкова. На 8-м съезде партии (май) вновь избран в ЦК. В июне сближается с Союзом офицеров армии и флота в целях установления воен. диктатуры: "Единств. властью, к-рая поможет спасти Россию, является диктатура... Кто бы ни являлся диктатором, но раз ему воен. сила подчиняется и он может одолеть разбушевавшуюся стихию воен. силой, он приемлем и желателен" (Думова-3, с. 168). В дни Июльского кризиса настаивал на уходе кадетов из пр-ва и требовал установления твёрдой власти: "Министры менялись, власть их постепенно умалялась, власть Совета РСД всё росла, фронт окончательно разваливался, большевизм креп, становился на ноги, расправлял свои корявые члены" (Долгоруков П.Д., указ. соч., с. 39). Участник моск. Гос. совещания (авг.), рассчитывал на его консолидирующую роль, однако "совещание, к-рое должно было найти общий язык, объединить страну, подпереть колеблющуюся власть, оказалось антигос. митингом, показавшим взаимное озлобление и непримиримость, подчеркнувшим бессилие барахтающегося между двумя течениями, тонущего пр-ва" (там же, с. 45–46). После Гос. совещания предпринял предвыборную поездку по Моск. губ., баллотируясь в Учред. Собр. (и был избран). Возмущался предательством, по его мнению, меньшевиков, выступивших в Москве объединённым списком с большевиками: "Это объединение и помощь социалистов в проведении большевиков не должны быть забыты" (там же, с. 47). Отказался от членства в Предпарламенте.

Во время Окт. рев-ции в Москве все дни проводил в штабе Моск. ВО, участвуя в орг-ции борьбы против установления Сов. власти. Исполнял обязанности пред. ЦК кадетов в Москве. 28 нояб., в день предполагавшегося открытия Учред. Собр., арестован в Петрограде и отправлен в Петропавл. крепость, откуда ему удалось в канун Рождества передать открытое письмо, напечатанное в "Речи" (см.: "Памяти погибших", с. 213), в к-ром он протестовал против незаконного ареста нар. избранников и содержания их в тюрьме без предъявления обвинения.

19 февр. 1918 был освобождён, переехал в Москву, целиком отдался идее "белой" борьбы, находясь на нелег. положении. Весной стал членом, а позже тов. пред. "Нац. центра". Участвовал в майской конференции партии. После расстрела Николая II и его семьи заявил, что все противники большевиков "и все русские, не потерявшие совести и гос. разума, должны содрогнуться, узнав об этом злодеянии" (там же, с. 103). 10 окт. перебрался на Юг, работал в Осведомит. агентстве (Осваг), созданном с целью координации политико-идеологич. деятельности пр-ва ген. А.И. Деникина, организовывал многочисл. публичные собрания и выступал на них. Осн. мысль выступлений: "Если мы считаем большевизм злом, разрушающим нашу Россию, то должны сделать всё, не смущаясь ужасами гражд. войны, чтобы вырвать её из этого зла" (там же, с. 153).

С 1920 в эмиграции (Константинополь, Белград, Париж, Варшава), "без гроша в кармане", однако свою нищету переносил легко. Тяготился оторванностью от родины, но отношения к Сов. власти не изменил, призывал к "моральному осуждению всеми цивилизованными народами и подавлению ими воинствующего социализма, коммунизма и очага его – рус. большевизма" (там же, с. 330).

Желая лично убедиться, могут ли эмигранты рассчитывать на поддержку на родине, в 1924 перешёл сов.-польскую границу; был задержан, но не опознан и отправлен обратно. Во второй раз перешёл через границу СССР и Румынии 7 июня 1926, пробыл в России 40 дней, был арестован, 11 мес. просидел в Харьковской тюрьме; "в ответ" на убийство П.Л. Войкова (в Варшаве 7 июня) расстрелян.

М.Е. Голостенов, А.П. Федоренко.

ДОНСКО́Й Борис Михайлович (1894, по др. данным, 1896, с. Гладкие Выселки Михайловского у. Рязанской губ.,– 10 авг. 1918, Киев). Из крестьянской, старообрядческой семьи. Окончил сельскую школу. С 15-летнего возраста рабочий в Петербурге. Участвовал в полит. кружках, увлекался толстовством. При мобилизации в 1915 зачислен во 2-й Балт. флотский экипаж на судно "Азия". С 1916 эсер. Вёл парт. работу среди воен. моряков, был арестован за организацию голодовки-протеста против притеснения матросов. Освобождён в результате Февр. рев-ции 1917, избран членом исполкома Кронштадтского Совета рабочих, солд. и матросских деп. и членом Кронштадтского к-та Партии социалистов-революционеров (ПСР), стоявшего на левых позициях.

По свидетельству И.К. Каховской, Д. "пользовался громадной популярностью в Кронштадте и матросская масса постоянно выдвигала его во все тяжёлые и ответств. минуты на передовые роли. Партия ценила в нём крупного массового работника, а те, кому чаще приходилось встречаться с ним,– удивительно обаятельного, редкой душевной чистоты человека и драгоценного товарища" ["Дело Эйхгорна и Деникина (Из воспоминаний)", в кн.: "Пути рев-ции", Берлин, 1923, с. 194–95].

Во время Июльских событий 1917 Д. в ночь на 4 июля связался по телефону с лидерами левых эсеров в Таврическом дворце, согласовал с ними вопрос об участии в вооруж. демонстрации и сообщил об этом Кронштадтскому Совету. Позднее Д.– член делегации исполкома Совета на переговорах с ВЦИК по поводу возвращения в Кронштадт всех моряков, участвовавших в этих событиях, в т.ч. и арестованных Врем. пр-вом. В момент выступления ген. Л.Г. Корнилова Д. вместе с эсером-максималистом Н.И. Ривкиным командовал сводным отрядом балт. моряков, посланным для защиты Петрограда. Ф.Ф. Раскольников, работавший с Д., писал: «Донской был одним из самых симпатичных работников Кронштадтской левоэсеровской орг-ции. Развитой, очень смышлёный матрос, он обладал боевым темпераментом. Молодой, невысокого роста, с живыми глазами, энергичный, увлекающийся и жизнерадостный, он всегда был в первых рядах и смело глядел в лицо опасности. Среди кронштадтских левых эсеров он казался нам наиб. близким, поддерживал хорошие отношения с нашей партией, и в нашей орг-ции его любили. "Борьба до конца" была его стихией» ("Кронштадт и Питер в 1917 г.", 2 изд., М., 1990, с. 128).

В дни Окт. вооруж. восст.– комиссар одного из фортов, руководил отправкой формирований на Пулковские высоты. Противник Брестского мира.

Весной 1918 вместе с Каховской совершил поездку в Донецко-Криворожскую респ. для орг-ции парт. подполья. Много выступал, подчёркивая "интернационалистич. позицию партии в дни борьбы против немцев" (см.: Каховская И.К., с. 198). После того как 2-й съезд Партии левых социалистов-революционеров (ПЛСР; 17–25 апр.) санкционировал "применение партией интернац. террора", Д. вошёл во Всерос. боевую орг-цию. Вместе с Каховской и Г.Б. Смолянским в Киеве занимался подготовкой террористич. акта против командующего группой армий "Киев" нем. ген.-фельдм. Г. фон Эйхгорна. 30 июля Д. совершил убийство Эйхгорна и его адъютанта, бросив бомбу-снаряд. Был сразу задержан. Несмотря на жестокие пытки, сообщил лишь своё имя, парт. принадлежность и заявил, что ЦК ПЛСР вынес "смертный приговор Эйхгорну за то, что он, являясь начальником герм. воен. сил, задушил рев-цию на Украине, изменил полит. строй, произвёл, как сторонник буржуазии, переворот, способствуя избранию гетмана, и отобрал у крестьян землю" (там же, с. 219). Из Лукьяновской тюрьмы ему удалось передать на волю записку: "Для меня нет в жизни более дорогого, чем революция и партия" (там же, с. 220). По приговору военно-полевого суда Д. был приговорён к смертной казни через повешение и публично казнён.

Я.В. Леонтьев.

ДУ́ТОВ Александр Ильич (5 авг. 1879, Казалинск Сырдарьинской обл.,– 7 февр. 1921, Суйдун, Китай). Из семьи отставного

ген.-майора Оренбург. казач. войска. Окончил Николаевское кав. уч-ще, затем Академию Генштаба (1908). Был инспектором Оренбург. казач. уч-ща. Войсковой старшина (подполковник) (1912). Участник 1-й мир. войны (на Рум. фронте; ком. 1-го Оренбург. казач. полка).

После Февр. рев-ции 1917 как делегат от полка прибыл 16 марта в Петроград на 1-й общеказач. съезд; избран зам. пред. Врем. Совета "Союза казач. войск". В апр. объехал фронтовые казач. части, ведя агитацию за продолжение войны. Был пред. 2-го общеказач. съезда (Петроград, июнь), избран пред. Совета Всерос. "Союза казач. войск". 7 июля участвовал в организац. собрании Оренбург. Совета казач. депутатов. На моск. Гос. совещании (авг.) избран зам. пред. казач. фракции. В кон. авг., после получения известия о выступлении ген. Л.Г. Корнилова, был вызван к А.Ф. Керенскому. «Ваш покорный слуга,– писал Д.,– был вызван к министру-председателю и там мне, чуть не под угрозой заключения в тюрьму, было предложено подписать бумагу, в к-рой Корнилов и Каледин назывались изменниками.– "Можете послать меня на виселицу, но такой бумаги не подпишу"»

("Оренбург. Казач. Вестник", 1917, 1 окт.).

На чрезв. Войсковом Круге Оренбург. казач. войска 1 окт. избран пред. Войскового пр-ва и Войсковым атаманом. 7 окт. выехал в Петроград для передачи своей должности пред. Совета Всерос. "Союза казач. войск". Участвовал в совещании, на к-ром были намечены члены комиссий будущего Врем. Совета Рос. Республики (Предпарламента); избран членом комиссии по обороне республики. Совет Всерос. "Союза казач. войск" 12 окт. назначил Д. своим представителем на Парижское совещание глав пр-в Антанты (нояб.). В сер. окт. утверждён Керенским в звании полковника, а мин. торговли и пром-сти С.Н. Прокопович назначил Д. главноуполномоченным Врем. пр-ва по прод. делу в Оренбург. губ. и Тургайской обл. (с полномочиями министра).

26 окт. Д. вернулся в Оренбург. 27 окт. опубликовал приказ по войску: "В Петрограде выступили большевики и пытаются захватить власть, таковые же выступления имеют место и в др. городах. Войсковое Пр-во считает такой захват власти большевиками преступным и совершенно недопустимым... Войсковое Пр-во впредь до восстановления власти Врем. Пр-ва и телегр. связи с 20 ч. 26-го сего октября приняло на себя всю полноту исполнит. Гос. власти в войске" (там же, 27 окт.). С 27 окт. город, а затем и губерния объявлены на воен. положении. Свои действия Д. осуществлял с согласия представителей всех полит. партий, за исключением большевиков. 8 нояб. в городе по инициативе меньшевиков образован К-т спасения Родины и Рев-ции, куда вошли все партии, кроме большевистской и недопущенной кадетской; в ночь на 15 нояб. с согласия к-та казаки и юнкера по настоянию Д. арестовали часть членов Оренбург. Совета, готовивших восстание. В нояб. Д. избран членом Учред. Собр. (от Оренбург. казач. войска). Открывая 7 дек. 2-й очередной Войсковой Круг Оренбург. казач. войска, говорил: "Ныне мы переживаем большевист. дни. Мы видим в сумраке очертания царизма, Вильгельма и его сторонников, и ясно, определённо стоит перед нами провокаторская фигура Владимира Ленина и его сторонников: Троцкого-Бронштейна, Рязанова-Гольденбаха, Каменева-Розенфельда, Суханова-Гиммера и Зиновьева-Апфельбаума. Россия умирает. Мы присутствуем при последнем её вздохе. Была Великая Русь от Балт. моря до океана, от Белого моря до Персии, была целая, великая, грозная, могучая, серая земледельч. трудовая Россия – нет её" (там же, 8 дек.). Несмотря на острую критику на Войсковом Круге за авторитарные методы управления, был вновь избран атаманом.

18 янв. 1918 под натиском красногв. отрядов оставил Оренбург и ушёл в Верхнеуральск, где на 2-м чрезв. Войсковом Круге трижды отказывался от своего поста, но Круг отставку не принял. В кон. апр. отступил на Юг (в степи). 7 июля вернулся в захваченный 3 июля казаками Оренбург. 13–19 июля находился в Самаре, вошёл в состав К-та членов Учред. Собр. (Комуч) и назначен его главноуполномоченным на терр. Оренбург. казач. войска, Оренбург. губ. и Тургайской обл. Установил контакт с представителями Антанты. "Французы, англичане и американцы со мной имеют непосредств. сношение и оказывают нам помощь,– писал Д.– Близок день, когда эта помощь будет ещё более реальна. Покончив с большевиками, мы будем продолжать войну с Германией и я, как член Учред. Собр., заверяю Вас, что все договоры с союзниками будут возобновлены. Чехосл. корпус дерётся с нами" (ЦГАСА, ф. 39503, оп. 1, д. 5, л. 1–2). 25 июля утверждён Комучем в звании ген.-майора. В сент. на Уфим. гос. совещании избран членом Совета старейшин совещания и пред. казач. фракции. В сент. за взятие Орска Д. присвоено звание ген.-лейтенанта.

Свои полит. взгляды Д. высказал в интервью Сиб. телегр. агентству: «Я люблю Россию, в частности свой Оренбург. край, в этом вся моя платформа. К автономии областей отношусь положительно, и сам я большой областник. Парт. борьбы не признавал и не признаю. Если бы большевики и анархисты нашли действит. путь спасения и возрождения России, я был бы в их рядах, мне дорога Россия, и патриоты, какой бы партии они не принадлежали, меня поймут, как и я их. Но должен сказать прямо: "Я сторонник порядка, дисциплины, твёрдой власти, а в такое время, как теперь, когда на карту ставится существование целого огромного гос-ва, я не остановлюсь и перед расстрелами. Эти расстрелы не месть, а лишь крайнее средство воздействия, и тут для меня все равны, большевики и не большевики, солдаты и офицеры, свои и чужие..."» (ЦГАОР, ф. 4886, оп. 1, д. 5, л. 18).

В 1918–19 команд. Юго-Зап., Оренбург. армией в войсках адм. А.В. Колчака. В апр. 1919 назначен походным атаманом всех казач. войск России. В 1920 бежал в Китай. При неудавшейся операции чекистов по его похищению смертельно ранен.

В.М. Войнов.

ДУХО́НИН Николай Николаевич (1 дек. 1876, Смоленская губ.,– 20 нояб. 1917, Могилёв). Из дворян. Окончил кадетский корпус (1894), Моск. воен. уч-ще (1896), Академию Генштаба (1902). С нач. 1-й мир. войны на Юго-Зап. фронте, с мая 1916 ген.-квартирмейстер штаба фронта, один из ближайших пом. главкома армиями фронта ген. А.А. Брусилова в период подготовки наступления фронта ("брусиловский прорыв").

С 29 мая 1917 и.д. нач. штаба Юго-Зап. фронта. С 4 авг. ген.-лейтенант, нач. штаба Зап. фронта. 17 авг., накануне собрания членов солд. к-тов гарнизона Минска, где находился штаб, опасаясь демонстраций "против Верх. главнокомандующего и Моск. совещания" и попыток освобождения арестованных после Июльских событий в Петрограде, привёл в боеготовность кав. части (см.: "Рев. движение в рус. армии". Сб. док-тов, М., 1968, с. 321). 7 сент. запретил провести такое же собрание, посвящённое поражению выступления ген. Л.Г. Корнилова. С 10 сент. нач. штаба Главковерха А.Ф. Керенского. В 1-й пол. окт. по указанию Керенского приказал перевести под Петроград самокатные батальоны с Юго-Зап. фронта как "самые надёжные части"; предложил сосредоточить их в Царском Селе (см.: Поликарпов В.Д., Воен. контррев-ция в России. 1905-1917, М., 1990, с. 306). В распоряжение команд. Моск. ВО полк. К.И. Рябцева приказал перебросить с того же фронта одну из кав. дивизий, в Калугу – 4-й Сиб. казач. полк.

После начала Окт. вооруж. восст. в Петрограде образовал в Ставке (Могилёв) спецгруппу во главе с ген.-квартирмейстером М.К. Дитерихсом для координации действий на внутр. фронтах. 25 окт. в обращении к армии писал: "...под влиянием агитации большевиков большая часть Петрогр. гарнизона... примкнула к большевикам... Священный долг перед Родиной... требует от армии сохранения полного спокойствия, самообладания и прочного положения на позициях, тем самым оказывая содействие пр-ву и Совету Республики..." (ЦГВИА, ф. 2003, оп. 1, д. 1502, л. 282–83). В телеграмме в Петроград требовал "немедленного прекращения большевиками действий, отказа от вооруж. захвата власти" и "безусловного подчинения" Врем. пр-ву, угрожая, что "действующая армия силой поддержит это требование" (Минц И.И., История Вел. Октября, т.3, М., 1973, с. 357). 26 окт. телеграфировал командующим фронтами: "Ставка, комиссарверх и общеарм. к-т разделяют точку зрения пр-ва" (там же, с. 361). В ночь с 26 на 27 окт., получив информацию с Сев. фронта об отправке в распоряжение Керенского "сильного пех. отряда", в разговоре по прямому проводу предложил "послать один-два, но вполне надёжных броневика", добавив: "тактика уличных боёв [в] значит. степени зависит от них, особенно при теперешнем настроении масс..." ("Окт. вооруж. восстание в Петрограде". Сб. док-тов, М., 1957, с. 608). Утром 27 окт. направил моск. властям телеграмму, требуя от них немедленно прекратить "насильств. большевист. действия", добиться отказа восставших от вооруж. захвата власти и их подчинения Врем. пр-ву [см.: "Красный архив", 1933, т. 6 (31), с. 29]. Через неск. часов телеграфировал в Москву: "Совм. [с] армейскими к-тами принимаю меры помощи Москве и освобождения её от мятежников" (там же, с. 30). Утром 29 окт. телеграфировал в Новочеркасск ген. А.М. Каледину: "Не найдёте ли возможным направить на Москву для содействия правительств. войскам в подавлении большевист. восстания отряд казаков с Дона, к-рый по усмирении восстания в Москве мог бы пойти на Петроград для поддержки войск ген. Краснова" ("Окт. вооруж. восстание в Петрограде", с. 627). 30 окт. вторично обратился к Каледину с просьбой ускорить посылку казаков. После провала похода на Петроград войск А.Ф. Керенского – П.Н. Краснова в ночь на 1 нояб. Керенский подписал распоряжение о передаче Д. должности Главковерха "ввиду отъезда моего в Петроград" (там же, с. 800). Д. сообщил войскам о вступлении во врем. исполнение должности Главковерха и призвал войска стоять на позициях, "...дабы не дать противнику воспользоваться смутой, разыгравшейся внутри страны и ещё более углубиться в пределы родной земли" (ЦГВИА, ф. 2003, оп. 1, д. 1752, л. 75–76).

Ставка стала центром притяжения всех сил, выступавших против большевиков. В разговоре по прямому проводу с наркомом – членом К-та по воен. и мор. делам Н.В. Крыленко 6 нояб. Д. говорил: "Ставка не может быть призываема к принятию участия в решении вопроса о законности верх. власти и, как высший оператив. и технич. орган, считает необходимым признание за ней этих функций... Отношение верх. командования к гражд. войне выражено в приказе наштаверха от 1 нояб., к-рым остановлено движение войск на Петроград" (ЦГВИА, ф. 2003, оп. 1, д. 1795, л. 256–59). Получив утром 8 нояб. телеграмму СНК, поручавшего Д. немедленно начать переговоры о перемирии с командованием противника, пытался оттянуть ответ.

В ночь на 9 нояб. В.И. Ленин, И.В. Сталин и Крыленко, действовавшие по поручению СНК, вызвали Д. к прямому проводу и потребовали объяснений, почему не выполняется распоряжение пр-ва. Д. запросил наркомов, получено ли согласие союзников на мирные переговоры, какова будет судьба Рум. армии (входила в состав рус. фронта), предполагаются ли отд. переговоры с Турцией. Ленин отказался обсуждать эти вопросы, и Д. заявил: "Я могу только понять, что непосредств. переговоры с державами для вас [т.е. для Сов. пр-ва.– Авторы] невозможны. Тем менее возможны они для меня от вашего имени. Только центр. власть, поддержанная армией и страной, может иметь достаточный вес и значение для противников, чтобы придать этим переговорам нужную авторитетность для достижения результатов. Я также считаю, что в интересах России заключение скорейшего всеобщего мира." В ответ Ленин задал последний вопрос: "Отказываетесь ли вы категорически дать нам точный ответ и исполнить данное нами предписание?" Д. заявил о невозможности исполнить эти указания, подчеркнул, что "необходимый для России мир может быть дан только центр. пр-вом". Последовало увольнение Д. от занимаемой должности "за неповиновение предписаниям пр-ва и за поведение, несущее неслыханные бедствия трудящимся массам всех стран и в особенности армиям" с тем, однако, что Д. будет "продолжать ведение дел", пока не прибудет в Ставку новый Главковерх или уполномоченное им лицо. Главковерхом тут же был назначен Крыленко (см.: "Окт. рев-ция и армия". Сб. док-тов, М., 1973, с. 84–85). Д. не подчинился постановлению СНК, о чём сообщил всем главкомам фронтов. Однако армии одна за другой признавали власть СНК и поддерживали декреты Сов. власти. Сотрудники Ставки стали покидать Могилёв, но Д. остался. 19 нояб. командиры ударных батальонов в Могилёве просили Д. разрешить им защищать Ставку, но он приказал им покинуть город: "Я не хочу братоубийственной войны – сказал он..." (Деникин А.И., Очерки рус. смуты. Борьба ген. Корнилова. Авг. 1917 – апр. 1918 г. М., 1991, с. 145). Утром 19 нояб. Д. распорядился освободить в Быхове Корнилова и его соратников, к-рые в ночь на 20 нояб. покинули город.

20 нояб. в Могилёв прибыл Крыленко, к-рый отдал приказ о своём вступлении в должность Главковерха и передал Д., что он будет отправлен в Петроград в распоряжение СНК. Когда Д. на автомобиле Крыленко прибыл на вокзал, чтобы следовать в столицу, там собралась толпа, возбуждённая известием о побеге Корнилова. Несмотря на попытки личного конвоя нового Главковерха спасти Д., он, как сообщил Крыленко, "пал жертвой разъярённой толпы" ("Окт. рев-ция и армия", с. 159). Деникин писал о Д.: "Духонин был и остался честным человеком. Он ясно отдавал себе отчёт, в чём состоит долг воина перед лицом врага, стоящего за линией окопов, и был верен своему долгу. Но в пучине всех противоречий, брошенных в жизнь рев-цией, он безнадёжно запутался" (Деникин, указ. соч., с.144).

В.И. Миллер, И.В. Объедков.

ДЫБЕ́НКО Павел Ефимович (16 февр. 1889, с. Людков Новозыбковского у. Черниговской губ.,– 29 июля 1938). Из крес-

тьян. Окончил 3-клас. гор. уч-ще в Новозыбкове. Работал грузчиком в Рижском порту, учился на электротехнич. курсах. С 1911 матрос Балтфлота. С 1912 чл. РСДРП, большевик. В 1913 окончил минную школу и служил на линкоре "Имп. Павел I"; в 1915 один из организаторов восстания на воен. судах, арестован и в 1916 послан в составе мор. батальона на фронт под Ригу. За отказ выполнить приказ о наступлении батальон расформирован, а Д. за антивоен. агитацию приговорён к 2 мес. тюрьмы. С лета 1916 служил на трансп. судне в Гельсингфорсе; унтер-офицер.

Участник Февр. рев-ции 1917 в Петрограде. С марта в Гельсингфорсе, избран членом Совета РСД. 28–30 апр. один из организаторов Центробалта, 2 мая избран его пред. Дел. 1-го съезда моряков Балтфлота (25 мая – 15 июня), был содокладчиком по вопросу "О взаимоотношениях Центробалта со штабом флота", по к-рому съезд принял предложенную Д. резолюцию: Центробалту предоставлялось право контролировать деятельность командующего и его штаба. На полученном приказе командующего флотом Д.Н. Вердеревского о сформировании 6 матросских батальонов для участия в готовящемся июньском наступлении на фронте Д. написал резолюцию: "Ввиду недостатка специалистов на кораблях и угрозы наступления нем. флота ни один матрос, верный рев-ции, не может покинуть корабль... Тот, кто добровольно покинет корабль, исключается из списков флота и считается дезорганизатором последнего" (Жигалов И.М., Повесть о балт. матросе, М., 1973, с. 37). 4 июля во главе делегации Центробалта прибыл в Петроград с целью потребовать от ВЦИК перехода власти к Советам. 5 июля арестован и заключён в тюрьму "Кресты". По настоянию большевиков – членов Центрофлота и Гельсингфорсского матросского депутатского собрания 5 сент. освобождён с запретом выезжать в Гельсингфорс. Но через неск. дней вернулся туда и включился в работу Центробалта и подготовку созыва 2-го съезда Балтфлота. 19 сент. объединённое заседание Центробалта, судовых к-тов и матросской секции Гельсингфорсского Совета РСД под пред. Д. приняло резолюцию, в к-рой заявляло, что Центробалт не признаёт власти Врем. пр-ва.

Дел. 2-го съезда Балтфлота (25 сент.– 5 окт.). Во время моонзундского сражения с герм. флотом (29 сент.– 6 окт.) участвовал в боях в р-не островов Даго и Эзель. С кон. сент. член Финл. обл. бюро РСДРП(б). Дел. съезда Советов Северной обл. (11–13 окт.), избран чл. облисполкома. С 16 окт. вновь пред. Центробалта. Вошёл в состав Петрогр. ВРК. Избран дел. 2-го Всерос. съезда Советов РСД, но прибыть в Петроград не смог, т.к. возглавлял "тройку" по подготовке восстания.

В дни Окт. вооруж. восст. руководил формированием и отправкой из Гельсингфорса и Кронштадта отрядов рев. моряков и воен. кораблей в Петроград. 28 окт. прибыл в Петроград, во время наступления войск А.Ф. Керенского – П.Н. Краснова (27 окт.– 1 нояб.) командовал рев. силами в р-не Царского Села и Гатчины, арестовал ген. Краснова. В окт. 1917 – марте 1918 в первом составе СНК член К-та по воен. и мор. делам – нарком. С 7 нояб. возглавлял Верх. мор. коллегию. Один из организаторов созыва 1-го Всерос. съезда воен. флота (18–25 нояб.), выступал с докладом о реорганизации управления мор. ведомством. Возглавил реорганизованную Верх. мор. коллегию. В нояб. избран членом Учред. Собр. (от Балтфлота). 4 дек. издал приказ об упразднении должности командующего флотом, возложив его обязанности на воен. отдел Центробалта.

В дек. вошёл в состав Чрезв. штаба по охране обществ. порядка в Петрограде в связи с созывом Учред. Собр., сосредоточил в городе св. 5 тыс. матросов. 5 янв. 1918, выступая на заседании Учред. Собр., заявил от имени матросов Балтфлота: "...мы признаём только сов. власть; за сов. власть наши штыки, наше оружие, а всё остальное – мы против них, долой их!" ("Учред. Собр.", с. 34). 6 янв. (ок. 4 ч. ночи) нарушил указание В.И. Ленина и М.С. Урицкого о недопущении насилия над членами Учред. Собр. «Я отдал приказ разогнать Учред. Собр. уже после того, как из Таврического уйдут нар. комиссары,– писал Д. в своих воспоминаниях.– Об этом приказе узнал тов. Ленин. Он обратился ко мне и потребовал его отмены.

– А дадите подписку, Владимир Ильич, что завтра не падёт

ни одна матросская голова на улицах Петрограда?

Товарищ Ленин прибегает к содействию тов. Коллонтай, чтобы заставить меня отменить приказ. Вызываю Железняка (нач. караула матрос А.Г. Железняков.– Автор). Ленин приказывает ему приказа не выполнять и накладывает на мой письменный приказ свою резолюцию: "Тов. Железняку. Учред. Собр. не разгонять до окончания сегодняшнего заседания". На словах он добавляет: "Завтра с утра, в Таврический никого не пропускать..." За тов. Лениным покидают Таврический и остальные нар. комиссары. При входе встречаю Железняка.

Железняк: "Что мне будет, если я не выполню приказов тов. Ленина?" Я отвечаю: "Учредилку разгоните, а завтра разберёмся". Железняк только того и ждал» (Дыбенко П.Е., Мятежники, М., 1923, с. 110).

29 янв. 1918 доложил о реорганизации флота на заседании СНК, на к-ром был принят декрет о создании Рабоче-Крест. Кр. Флота. 30 янв. назначен пред. коллегии Наркомата по мор. делам. В февр. один из организаторов Ледового похода кораблей Балтфлота из Ревеля в Гельсингфорс, затем в Кронштадт. Во время наступления герм. войск в февр. командовал матросскими отрядами под Нарвой. В результате несогласованных действий с частями армии отряды Д. были вынуждены отступать и 3 марта Нарва была сдана. В марте отстранён от поста наркома. В мае отдан под суд за сдачу Нарвы герм. войскам; по суду оправдан. Но из партии был исключён; восстановлен в 1922. С лета 1918 на подпольной работе в оккупированных герм. войсками Крыму и на Украине; в авг. арестован герм. властями в Севастополе и приговорён к расстрелу; в нояб., по предложению Сов. пр-ва, обменён на пленных герм. офицеров. С нояб. 1918 на команд. должностях в Кр. Армии.

По приговору Воен. коллегии Верх. суда СССР расстрелян. Реабилитирован в мае 1956.

С о ч .: Из недр царского флота к Великому Октябрю, [2 изд.], М., 1958.

В.Н. Заботин.

ЕВЛО́ГИЙ (Георгиевский Василий Семёнович) (10 апр. 1868, г. Сомов Одоевского у. Тульской губ.,– 8 авг. 1946, Париж). Из семьи священника. Окончил духовное уч-ще в г. Белёв (1882) и Тульскую семинарию (1888) первым учеником, затем – Духовную академию в Москве (1892) магистрантом (диссертация – о Тихоне

Задонском). Пострижен в монахи и рукоположен в иеромонахи (1895). Ректор Холмской семинарии (1897–1902), епископ Люблинский, викарий Холмско-Варшавской епархии (1903–05). С 1905 епископ Холмский и Люблинский, с 1912 архиепископ. Деп. 2–3-й Гос. Дум. Во 2-й Гос. Думе примкнул к группе монархистов-националистов, член агр. комиссии, в 3-й – член ряда комиссий: законодат. предположений, вероисповеданий, старообрядцев и земельной. От депутатства в 4-й Гос. Думе отказался. Всегда поддерживал пр-во. Вместе со своими друзьями Сергием (Страгородским) и Антонием (Храповицким) относился к Г.Е. Распутину с презрением. С мая 1914 архиепископ Волынский и Житомирский. В 1914–17 не раз бывал на фронте, всё это время проживал в прифронтовой полосе.

После Февр. рев-ции 1917 «...началась против меня травля. Называли "черносотенцем", "старорежимником",– вспоминал Е.– По своим полит. убеждениям я был монархистом... Монархич. убеждения сложились у меня органически, под влиянием ряда условий и обстоятельств моей жизни» ("Митрополит Евлогий. Путь моей жизни", Париж, 1954, с. 171–72). 1-й свободный Епархиальный съезд Волынского духовенства 14 апр. выразил доверие ему и просил Св. Синод оставить его на Волыни "как архипастыря любимого, уважаемого и искренне православным людям желанного" (там же, с. 287). Е. писал об этих днях: "Февр. рев-ция вызвала рев. брожение в епархии. Вооруж. рабочие... страшные озверевшие лица"; "...Рус. жизнь разваливалась и начинался хаос" (там же, с. 291, 299). Участвовал в подготовке Св. Собора Правосл. Рос. Церкви (открылся 15 авг.). На Соборе Е. был избран пред. отдела богослужения, проповедничества и церк. иск-ва (вопросы иконописи, архитектуры, пения, музыки и церк.-ист. древности). «...Бешеная агитация большевиков против "угнетателей", разгул полит. страстей... вот та атмосфера, в к-рой мы работали» на Соборе (там же, с. 299).

13 нояб. Е. отпевал погибших в ходе Окт. вооруж. восст. в Москве юнкеров: "Веяние духа большевист. злобы и разрушений – вот что мы почувствовали, когда в высоком душевном подъёме вышли из Успенского собора в Кремле" (там же, с. 305). 7 дек. избран членом Св. Синода.

Оказавшись в Киеве, оккупированном Германией, 4 дек. 1918 Е. был арестован С.В. Петлюрой вместе с Антонием, вывезен в Польшу, затем в Австрию и Румынию. По требованию стран Антанты через 9 мес. освобождён и в сент. 1919 вернулся в Новороссийск. Работал в Высшем Церк. Управлении в Новочеркасске, Екатеринославе. 19 янв. 1920 эмигрировал в Сербию. В 1921 патриарх Тихон передал приходы в Зап. Европе в ведение архиепископа Волынского. Е. обосновался в Париже; постепенно пришёл к тому, что объявил "аполитичность" церкви и провозгласил независимость и самостоятельность зап.-европ. Рус. правосл. церкви. В 1922 патриарх Тихон возвёл его в сан митрополита. Е. организовал в Париже Богословский ин-т, где преподавали А.В. Карташёв, С.Н. Булгаков. Во время 2-й мир. войны и оккупации Франции вёл себя как рус. патриот и одним из первых в 1945 получил сов. паспорт.

М.Е. Голостенов.

ЕВСЕ́ЕВ Дмитрий Гаврилович (8 нояб. 1892, Пенза,– 13 февр. 1942, Ташкент). Из семьи чернорабочего. Ученик гравёрной мастерской, затем рабочий на з-дах в Пензе. Чл. РСДРП с 1910, большевик. С 1913 секр. профсоюзов деревообделочников, металлистов, пекарей; опубл. ряд статей в ж. "Вопросы Страхования" и др. В мае 1915 арестован, после 6 мес. заключения сослан на 3 года в Вост. Сибирь.

После Февр. рев-ции 1917 приехал весной в Петроград, вскоре ЦК партии Е. был направлен в Иваново-Вознесенск. Избран чл. Президиума Совета РСД, чл. гор. и окр. к-тов РСДРП(б), пред. ревизионной комиссии профсоюза текстильщиков. Был гласным иваново-вознесенской Гор. думы. Выдвинут канд. в чл. Учред. Собр., но избран не был. Возглавил воен. орг-цию большевиков, один из рук. Кр. Гвардии.

В дни Окт. вооруж. восст. с 25 окт. член Петрогр. ВРК; возглавил прод. отдел. Дел. 2-го Всерос. съезда Советов (от Владимирской губ.), избран чл. ВЦИК. Участвовал под Пулковом в боях против войск А.Ф. Керенского – П.Н. Краснова, затем в подавлении вооруж. выступления юнкеров в Петрограде. 7 дек. назначен СНК членом ВЧК, вошёл в её коллегию, был зав. инструкторским отделом. Участвовал в разгроме центров саботажа, в ликвидации уголов. банд, вёл следствие по делам антисов. орг-ций, занимавшихся отправкой офицеров и юнкеров на Дон в формируемые части белогв. Добровольч. армии.

Дел. 3-го Всерос. съезда Советов (янв. 1918), избран канд. в чл. ВЦИК. Дел. 4-го Всерос. съезда Советов (март), избран чл. ВЦИК. После переезда в марте ВЧК в Москву участвовал в разоружении анархистов, во главе сводного отряда ВЧК в июле – в подавлении антисов. Ярославского мятежа. По заданиям ВЧК выезжал на Сев., Юж., Вост. фронты для оказания помощи местным органам в борьбе с противниками Сов. власти.

По его докладу ВЧК приняла решение созвать 1-ю Всерос. конф. чрезв. комиссий (июнь), к-рая рассмотрела принципиальные вопросы их орг. стр-ва и методов работы. Осн. задачу ВЧК видел не в проведении массовых арестов, а в осуществлении полит. розыска. Предлагал изучать опыт деятельности спецслужб царской России и взять на вооружение ВЧК многие применявшиеся ими средства борьбы, включая такое средство, как агентура. "...Если мы не будем иметь сокровенных ушей и глаз в аристократич. салонах, посольствах, миссиях и т.п.,– говорил Е. на конференции 14 июня,– то мы не будем знать всех злокозненных цепей, к-рые куются в тиши врагами Сов. власти для нас" (ЦА КГБ СССР). Считал, что ВЧК должна быть централизов. учреждением, руководящим борьбой с контррев-цией на всей терр. РСФСР. В отличие от многих сов. и парт. работников, полагавших, что ВЧК нужна лишь на период Гражд. войны, доказывал необходимость длит. существования органов ЧК. Сов. гос-во, утверждал Е., будет нуждаться в спец. учреждениях по борьбе с контррев-цией до тех пор, пока сохранится опасность как со стороны внутр. врагов, так и со стороны мировой буржуазии. По предложению Е. были предприняты первые шаги по созданию в ВЧК воен. контрразведки. Инициатор формирования летом 1918 корпуса войск ВЧК; возглавил их штаб. Организатор, а с нояб. первый нач. инструкторских курсов ВЧК, готовивших для местных ЧК кадры следователей и комиссаров.

С нояб. 1918 слушатель Академии Ген. штаба Кр. Армии, затем на команд. должностях в РККА. С 1925 на сов. и хоз. работе. В 1941 тяжело заболел, в окт. эвакуировался в Ташкент.

А.С. Велидов.

ЕЖО́В (наст. фам. Ц е д е р б а у м) Сергей Осипович (15 авг. 1879, Одесса,– 25 февр. 1939, Москва). Из семьи служащего Рус. Об-ва пароходства и торговли, брат Ю.О. Мартова. Окончил гимназию. В 1898 поступил в Петерб. ун-т, но вскоре был арестован. В с.-д. движении с 1896; член, в 1898 один из рук.

Петерб. "Союза борьбы за освобождение рабочего класса". Вёл работу по объединению искровцев и др. с.-д. в Петербурге. Организовывал транспортировку "Искры" в Россию. Многократно арестовывался. Во время Рев-ции 1905–07 сотрудник меньшевист. печати, в 1906 чл. ЦК РСДРП. В годы реакции "ликвидатор". Один из авторов меньшевист. издания "Обществ. движение в России в нач. XX в." (т. 1–5, П., 1900–14). Работал в профсоюзах, органах рабочего страхования, сохраняя связи с нелег. с.-д. орг-цией. В 1911–12 редактировал ряд меньшевист. изданий. В 1911–16 входил в рук-во петерб. "Инициативной группы" меньшевиков. В годы 1-й мир. войны "центрист".

После Февр. рев-ции 1917 сначала "центрист", затем меньшевик-интернационалист. Избран чл. исполкома Моск. Совета РД. 17 марта собрание меньшевиков Москвы приняло резолюцию по докладу Е.: "... Рус. рев-ция совершена всенар. порывом... Контррев-ция продолжает грозить ей величайшими бедами... Сохраняя свою клас. самостоятельность в этом деле рев. строительства, социал-демократия вместе с защитой интересов рабочего класса ставит себе целью защиту полит. и социальных интересов и др. демокр. слоёв населения в той мере, в какой эти интересы не противоречат интересам рабочего класса и общего экон. и полит. развития страны" ("Вперёд", 1917, 18 марта).

С 28 апр. сотрудник газ. "Власть Народа". 30 апр. на общегор. конф. меньшевиков был против участия в коалиц. пр-ве. На Всерос. конф. меньшевиков избран чл. ОК РСДРП(м). С 13 мая чл. Бюро ОК РСДРП(м). 26 мая опубл. "Письмо в редакцию" газ. "Власть Народа", в к-ром отказывался от сотрудничества, т.к. газета публикует статьи Г.В. Плеханова и Г.А. Алексинского, разжигающие шовинистич. чувства в "Рус. Слове" и "Единстве". Дел. Объединит. съезда РСДРП (авг.), избран чл. ЦК РСДРП(о). В числе сторонников Мартова заявил о сохранении за собой права критики решений партии и её центров, оставаясь в одной орг-ции с "оборонцами". Участник создания фракционного Центр. бюро меньшевиков-интернационалистов. В нояб. подписал "Заявление" 11 меньшевиков-интернационалистов – членов и кандидатов в ЦК партии с критикой политики парт. рук-ва – колебания, превращение в запоздалого регистратора происходящих событий, вовлечение РСДРП в коалицию с Врем. пр-вом, приверженность к формальному единству партии ("Вперёд", 1917, 19 нояб.). Дел. Чрезв. съезда РСДРП(о) (нояб.– дек.), избран чл. ЦК. С дек. тов. пред. Всерос. Совета рабочей кооперации, ред. ж. "Голос Рабочей Кооперации".

В кн. "Рабочая кооперация и социализм" (М., 1918) связывал успех "соц. переворота" со способностью рабочего класса "взять в свои руки заведование всем обществ. х-вом – про-из-вом всех необходимых предметов потребления и машин, распределением всех продуктов среди населения...", с подготовленностью его "к самоуправлению, к согласованному действию своих многочисл. отрядов" (с. 10). Считал кооп. движение одной из гл. форм подготовки рабочего класса к решению этих задач. "Рабочий кооператив, рабочий проф. союз, рабочая клас. партия – вот те три силы, непрерывное и правильное развитие к-рых приведёт человечество к социализму... Рабочие кооперативы, объединённые между собой, являются орг-цией, необходимой для победы социализма" (там же, с. 19).

Принципиальный противник эмиграции, в 1922–23 отказывался выехать за границу. С 1922 неоднократно подвергался репрессиям по обвинению в антисов. деятельности. 25 февр. 1939 Воен. коллегией Верх. суда СССР приговорён к расстрелу и в тот же день расстрелян. Полностью реабилитирован в соответствии с Указом президента СССР от 13 авг. 1990.

Соч.: Новый закон о больничных кассах и что он даёт рабочим, П., 1917; Пути рабочей кооперации на Западе и у нас, П., 1917; От малого к большому, 3 изд., М., 1918.

Лит.: Против течения, т. 2, Нью-Йорк, 1954; Мартов и его близкие, Нью-Йорк, 1959; Бургина.

Г.И. Ильящук, Т.Ю. Попова (Цедербаум).

ЕРЕМЕЕВ Константин Степанович (6 июня 1874, Минск,– 28 янв. 1931, Москва). Из семьи унтер-офицера. Окончил в 1885 3-классное нач. уч-ще. В 1893–95 вольноопределяющийся в пех. полку в Вильно; произведён в унтер-офицеры. С 1896 чл. с.-д. орг-ции в Вильно. Неоднократно арестовывался, был в ссылке. С 1903 большевик, в эмиграции. С 1907 вёл рев. работу в России, занимался лит. деятельностью. В 1910–14 чл. редколлегий большевист. газ. "Звезда" и "Правда", в 1915–16 – ж. "Вопросы Страхования". С 1915 чл. ПК РСДРП. С 1916 служил в к-те Всерос. земского и гор. союза (Земгор) в тылах 6-й армии Сев. фронта; вёл рев. пропаганду среди солдат.

После Февр. рев-ции 1917 приехал в Петроград; 4 марта утверждён Рус. бюро ЦК РСДРП членом редколлегии "Правды", под рук. Е. отряд рабочих и рев. солдат занял типографию газ. "Сельский Вестник", где с 5 марта начала печататься "Правда". 27 марта введён в Рус. бюро ЦК РСДРП. Работал в редакциях

"Правды" и "Солд. Правды", был чл. Воен. орг-ции при ПК и ЦК РСДРП(б). В июне участник Всерос. конференции фронтовых и тыловых воен. орг-ций РСДРП(б). Утром 5 июля по распоряжению Врем. пр-ва редакция "Правды" была разгромлена, ночной редактор Е. арестован, но не был опознан как редактор газеты и освобождён. После Июльских событий в Петрограде скрывался в Сестрорецке. В авг. уехал на Сев. фронт как работник Земгора, вёл работу в Сев.-Балт. орг-ции РСДРП(б).

В окт. вернувшись в Петроград, участвовал в формировании отрядов Кр. Гвардии, вёл рев. агитацию в частях гарнизона. Вошёл в Петрогр. ВРК, 24 окт. возглавил штаб группы рев. войск. 25 окт. введён в Полевой штаб Петрогр. ВРК, командовал отрядами Кр. Гвардии и рев. солдат при штурме Зимнего дворца в секторе Троицкий мост – Синий мост. Во время наступления войск А.Ф. Керенского – П.Н. Краснова на Петроград (26 окт.– 1 нояб.) был направлен от штаба обороны города комиссаром группы рев. войск подполк. М.А. Муравьёва; участвовал в аресте ген. П.Н. Краснова. В нач. нояб. во главе сводного отряда рев. сил направлен на помощь рабочим и солдатам Москвы. С нояб. чл. коллегии Наркомата по воен. делам и в дек. 1917 – марте 1918 команд. войсками Петрогр. ВО. Один из организаторов и редактор газ. "Армия и Флот Рабочей и Крест. России" (позже "Рабочая и Крест. Кр. Армия и Флот"). В дни наступления герм. войск в февр. 1918 чл. К-та рев. обороны Петрограда. Участвовал в формировании первых частей и соединений Кр. Армии. В апр.– мае военком Петрогр. трудовой коммуны. С июня зав. изд-вом ВЦИК в Москве. Во время левоэсеровского мятежа в июле руководил охраной Кремля и Большого т-ра, где проходил 5-й Всерос. съезд Советов.

С 1919 на воен., парт., хоз. и лит.-издат. работе.

Соч.: Ленин и рабочий класс. Встречи с Ильичём, Л., 1924; Пламя. Эпизоды Окт. дней, М.– Л., 1930.

Лит.: Булацкий Г.В., К.С. Еремеев – революционер-публицист, Минск, 1976; Такала Е.И., К. Еремеев. Ук. лит-ры, Петрозаводск, 1976.

В.Н. Заботин.

ЕРМА́НСКИЙ (наст. фам. Коган) Осип Аркадьевич (1867, Аккерман Бессарабской губ.,– 1941, Москва). Из семьи мелкого ремесленника. Учился на юрид. ф-те Новороссийского ун-та (Одесса). За участие в студенч. движении в нач. 1888 выслан на Кавказ. В 1891 эмигрировал в Швейцарию, где познакомился с Г.В. Плехановым, П.Б. Аксельродом, В.И. Засулич, Р. Люксембург. С 1892 чл. с.-д. орг-ции. Участник 1-го съезда "Союза рус. с.-д. за границей" (1893). Окончил цюрихский политехникум. В 1895 вернулся в Россию. Один из рук. "Союза с.-д. к-тов и орг-ций Юж. России". В 1902 вторично эмигрировал. С 1903 меньшевик. С 1905 в Петербурге. Участник 4-го (Объединит.) съезда РСДРП (1906). Занимался лит. деятельностью, редактировал неск. газет, один из авторов 5-томного издания "Обществ. движение в России в нач. XX в.". В годы 1-й мир. войны один из руководителей петрогр. "Инициативной группы" меньшевиков, стоявших на интернац. позициях, написал ряд антивоен. листовок; сотрудничал в меньшевист. прессе.

После Февр. рев-ции 1917 редактировал с марта по май ЦО меньшевиков "Рабочую Газету". Февр. рев-цию встретил неоднозначно. Сомневался в своевременности бурж.-демокр. рев-ции: "Я считал, что рев-ция имеет шансы на прочный успех лишь тогда, когда она преемственно развёртывается как заключит. звено в цепи предыдущего органич. развития... Февральская же рев-ция началась как рабочая, а закончилась как солдатская" ("Из пережитого", М.–Л., 1927, с. 153, 154). Участник Всерос. конф. меньшевиков (май); выступал против участия во Врем. пр-ве, за скорейшее окончание войны; по этому вопросу внёс проект резолюции, к-рый был отвергнут ("Новая Жизнь", 1917, 9 мая); избран чл. ОК меньшевиков, но отказался от участия в нём.

Позиции Е. укрепились с прибытием из-за границы Ю.О. Мартова и др. «Довольно скоро создалась наша особая фракция, выступавшая отдельно от меньшевист. большинства и против него... под именем "меньшевиков-интернационалистов"» ("Из пережитого", с. 162). Активно участвовал в издании "Летучего листка меньшевиков-интернационалистов" (май – июнь) и работе Центр. бюро меньшевиков-интернационалистов с момента его создания в июне. Оценивая положение в стране, писал, что хотя "перед сознат. пролетариатом стоит задача борьбы с распадом, разложением нар. борьбы за мир и свободу, задача борьбы с теми анархич. течениями, к-рые это разложение усиливают... рев. демократия должна самым энергичным образом бороться с разлагающей политикой правящей буржуазии – с политикой попустительства и потакания хищничеству контррев-ции и империализму" ("Летучий листок меньшевиков-интернационалистов", 1917, № 1, с. 7). Участник совещания с.-д. – членов Всерос. съезда Советов (1 июня); выступал с докладом о войне, высказался против поддержки "Займа Свободы" и пропаганды наступления на фронте: "...наша задача – война за мир, а не воен. политика... категоричное требование от союзников отказа от имперской политики, аннексий и контрибуций, немедленное перемирие, но не сепаратный мир" ("Известия", 1917, 2 июня); избран чл. ВЦИК от фракции меньшевиков.

Участник 3-й Циммервальдской конф. (25–30 авг.), центр. вопросами к-рой были вопрос, как бороться против империалистич. войны, и вопрос об отношении к рус. рев-ции. Е. писал в дальнейшем: «Мне казалось ясным: чтобы была возможна на деле борьба за социализм, надо раньше покончить с войною... Фактами и анализом достигнутой в России ступени экон. развития, обрисовкой положения и роли рос. крест-ва, в к-ром весьма крепко сидит "бестия собственности", характеристикой наличного уровня культурного и полит. развития нар. масс России я старался обосновать мысль об утопичности тенденции немедленного проведения социализма в России...» ("Из пережитого", с. 173, 174).

С сент. редактор и активный автор "Искры". Участник Демокр. совещания (14–22 сент.); вошёл во Врем. Совет Рос. Республики (Предпарламент) от меньшевиков, вскоре стал чл. бюро фракции меньшевиков-интернационалистов в Предпарламенте; работал в комиссиях по укреплению респ. строя и борьбе с анархией, в контрольно-финансовой.

Когда большевики поставили вопрос о вооруж. восст., подписал обращение меньшевиков-интернационалистов "К рабочим и солдатам!": "...Нельзя пытаться насильств. путём свергать пр-во в такой момент, когда столь велика опасность, что рев. выступление будет захлёстнуто волной погрома и анархии. Мы призываем все ф-ки, з-ды и воинские части немедленно принять постановления об отказе от участия в каких-либо вооруж. выступлениях в настоящий момент" ("Искра", 1917, 21 окт.).

После Октября выступал за единство с.-д. и однородную демокр. власть. Участвовал в работе совещания при Викжеле, где 6 нояб. в своей речи отрицал виновность меньшевиков в прекращении переговоров по поводу соглашения об "однородном соц. пр-ве" ("Новая Жизнь", 1917, 8 нояб.). В сер. нояб. настаивал на вхождении представителей меньшевиков-интернационалистов во ВЦИК, т.к. "совершившаяся рев-ция приобретает устойчивый характер, и чем больше сознат. элементов к ней примкнёт, тем меньше будет совершено ошибок" ("Меньшевики". Сб. статей, восп. и док-тов, Бенсон, 1988, с. 129), но не получил поддержки со стороны Ю.О. Мартова и др., к-рые предвидели неизбежность конфликта ВЦИК и Учред. Собр. и указывали на невозможность для меньшевиков участия в его разгоне.

Участник съезда РСДРП(м) (нояб.– дек.); был избран в его Президиум; 30 нояб. призывал отбросить попытки "нац. объединения с буржуазией, а объединяться с теми элементами, к-рые идут сейчас за большевиками, но уже начинают понимать всю пагубность большевист. политики" ("Новая Жизнь", 1917, 2 дек.); на заседании 3 дек. отмечал, что "интернационалистов с оборонцами связывает только отрицание большевизма, однако единство партии должно быть спасено" (там же, 6 дек.); 6 дек. Е. настаивал на необходимости войти в состав ЦИК, "ибо Советы являются центром, вокруг к-рого сосредоточено внимание пролет. масс. Если меньшевики войдут в ЦИК, то вместе с объединёнными социал-демократами-интернационалистами и левыми с.-р. они смогут создать противовес большевист. тактике" (там же, 8 дек.).

Весной 1918 вместе с ЦК меньшевиков переехал в Москву, редактировал ЦО меньшевиков "Рабочий Интернационал". В 1919 избран действит. чл. Соц. Академии, в 1920 деп. Моссовета. Отношение к Сов. власти изменил: "...большевики сделали преждевременный эксперимент, но раз он – совершившийся факт, то мы должны содействовать тому, чтобы он дал хороший, а не скверный результат" ("Из пережитого", с. 195). 12 апр. 1921 послал в ЦК меньшевиков письмо о выходе из партии. В дальнейшем на обществ.-науч. работе. Занимался проблемами рационализации, науч. орг-ции труда, изучал и пропагандировал передовые методы работы, написал книгу о стахановском движении.

Соч.: День борьбы за мир, П., 1917; Чего хотят с.-демократы, П., 1917; Задачи предвыборной кампании, "Искра", 1917, № 5; Спасайте рев-цию!, "Искра", 1917, № 7; Бургина. *Т.О. Максимова.*

ЕФРЕ́М (Кузнецов Епифаний) (1876–5 сент. 1918, Москва). Род. в Забайкалье, сирота. Окончил Иркутскую духовную семинарию (1898) на казённый кошт, Казан. духовную академию (1903) со степенью канд. богословия, назначен в Забайкальскую миссию, с 1904 нач. миссии. В 1907 возведён в сан протоиерея, в 1909 пострижен в монахи и возведён в сан архимандрита. Организатор борьбы с вероотступничеством и ограждения крещённых инородцев Забайкалья от ламаизма. Глава местного отделения "Союза Михаила Архангела". Известен своей миссионерской деятельностью среди корейцев, бежавших в Забайкалье после аннексии в 1904–05 Кореи Японией. С 1916 епископ Селенгинский.

После Февр. рев-ции 1917 Забайкальский обл. к-т обществ. безопасности в мае обратился в Петрогр. Совет РСД с просьбой помочь "удалить на покой в монастырь, вне пределов области" Е., "зарекомендовавшего себя всей своей прошлой деятельностью ярым реакционером, организатором чёрной сотни" (ЦГИА СССР, ф. 797, оп. 96, 1917, № 294, л. 17). Е. обратился в Забайкальский к-т с просьбой разрешить ему прибыть в Читу на определённое время и прислал подписку, что он признаёт новый гос. строй и будет поддерживать Врем. пр-во. Однако к-т не нашёл возможным удовлетворить его просьбу и послал комиссару Врем. пр-ва области письмо о переводе Е. из Забайкалья (см.: "Всерос. Церк.-Обществ. Вестник", 1917, № 129, 22 окт.).

Участник Св. Собора Правосл. Рос. Церкви (авг. 1917–1918) в Москве. 22 янв. 1918 выступил на Соборе с докладом: "...что представляют собой переживаемые события в глазах верующего? Это кара Божья, вспомните, что творилось в последние годы в жизни гос-ва, церкви, об-ва... Несомненно то, что виноваты в этом целые классы людей служения общественного, государственного, церковного. Гордыня, самомнение, неверие, отрицание, тупое стремление всё святое вытравить, попрать, разрушить, богоборство, подкоп под власть, порок во всей наготе – вот атмосфера, в к-рой протекала жуткая наша жизнь, нашей Родины. И вот гнев Божий: война... Но это оказалось недостаточным, чтобы рус. народ... одумался и покаялся, даже напротив... Тогда Божьим попущением – крах гос. строя и рев-ция с её беспредельным углублением... Не будет легче церкви, когда сойдут со сцены нынешние её гонители, а ко власти вернутся те, кто эти гонения начинал, имея в своей полит. программе также задачу отделения церкви от гос-ва... пришла ли в покаяние наша интеллигенция, много столь потрудившаяся над созданием крушения нашего гос. строя и теперь являющаяся единств. и гл. виновницей падения и гибели нашей Родины. Возьмём воен. интеллигенцию, не она ли... в лице своих высших представителей, окружавших верховную власть, пошла на переворот, забыв присягу. И вот за это самое сейчас она стёрта с лица земли... Досели в церкви то же, что и в гос-ве: попрание святынь, борьба за власть, стремление свести церковь с её канонич. основания, ввести в ней тоже демокр. порядки, обмирщить и поставить её в ряд обычных человеческих учреждений. А сколько духовных лиц оставило своё служение святой церкви и ушло на служение рев-ции, в к-ты, кооперативы, милицию, на полит. деятельность в ряды социалистов до большевиков включительно, не снимая, на всякий случай, священного своего сана" (см.: Введенский А.И., Церковь и гос-во, М., 1923, с. 161–67).

2 июня 1918 арестован ВЧК на квартире протоиерея И.И. Восторгова и 5 сент. расстрелян вместе с ним.

Лит.: Рус. правосл. иерархи. Исповедники и мученики, Париж, 1986; Manuil [Lemeševskij], Die Russischen Orthodoxen Bischöfe von 1893 bis 1965, Teil 3, Erlangen, 1984. *М.Е. Голостенов.*

ЕФРЕ́МОВ Иван Николаевич (6 янв. 1866 – после 1933). Дворянин, крупный помещик Области войска Донского. По окончании физ.-мат. ф-та Моск. ун-та (1890) мировой судья, попечитель гимназии на Дону. Деп. 1-й, 3-й и 4-й Гос. Дум; участвовал в создании Партии "Мирного обновления" (1906), близко примыкавшей к "октябристам". Был организатором Межпарламентского "общества мира", участвовал в междунар. парламентских конгрессах, чл. центр. бюро Межпарламентского союза мира. Один из организаторов Прогрессивной партии. Масон. В 3-й и 4-й Гос. Думах лидер фракции прогрессистов и чл. Совета старейшин, чл. Бюро Прогрессивного блока. В ответ на отказ кадетов в окт. 1916 включить в основу тактики, предложенной Прогрессивному блоку, лозунг "ответств.мин-ва" часть прогрессистов во главе с Е. заявила о своём выходе из блока. В кон. 1916 – нач. 1917 вместе с А.Ф. Керенским, Н.В. Некрасовым, М.И. Терещенко, А.И. Коноваловым выжиданию предпочитал активные действия, выступал за орг-цию масс, за более решит. борьбу с пр-вом не только в Думе, но и при посредстве обществ. орг-ций.

В ходе Февр. рев-ции 1917 избран 27 февр. чл. Врем. К-та Гос. Думы. Участник акта передачи власти Врем. пр-ву. С 5 мая чл. Особого совещания Врем. пр-ва по подготовке Положения о выборах в Учред. Собр. В сер. марта входил в состав комиссии по выработке программы Респ.-демокр. партии; затем при распаде Прогрессивной партии и её объединении с Радикальной (Радикально-демократической) пред. ЦК партии (до сент.). Во время Июльского кризиса на заседании Врем. К-та Гос. Думы 2 июля выступил с резолюцией Рос. Радикально-демокр. партии о необходимости сохранения коалиции, против развязывания гражд. войны. Считал, что "бурж. партии не имеют права в такое тяжкое время умывать руки и устраняться от власти, как бы она тяжела не была" (ЦГАОР СССР, ф. 5881, оп. 1, д. 24, л. 27). С 11 июля мин. юстиции Врем. пр-ва; стремился проводить линию на невмешательство политики в деятельность суд. учреждений; на совещании в мин-ве 20 июля распорядился подготовить закон, карающий депутатов Советов в случае "захвата власти". 21 июля, стремясь получить согласие ВЦИК Советов РСД на включение кадетов в состав пр-ва, А.Ф. Керенский и по его примеру Е. и др. подали заявление об отставке. С 24 июля мин. гос. призрения и пред. Малого Совета министров (Совета тов. министров). С 25 сент. чрезв. посланник и полномочный представитель Врем. пр-ва в Швейцарии.

После Окт. рев-ции не признал Сов. власть, отказался подчиниться Наркоминделу. Способствовал тому, что швейц. пр-во выслало полномочного представителя РСФСР Я.А. Берзина, присоединилось к дипл. блокаде Сов. страны. В эмиграции (Берн) входил в правое крыло группы П.Н. Милюкова. С 1926 эксперт по рос. делам пр-ва Швейцарии.

В.Н. Сачков, О.А. Силаева.

ЕФРЕ́МОВ Сергей Александрович (6 окт. 1876, с. Пальчик Звенигородского у. Киевской губ.,– 31 марта 1939). Род. в семье священника. В 1901 окончил юрид. ф-т Киевского ун-та. С сер. 90-х гг. 19 в. занимался литературной деятельностью. Сотрудничал во многих изданиях. Автор исследований по истории укр. лит-ры. Со студенч. лет состоял в укр. полит. орг-циях. Был инициатором создания (1908) и одним из лидеров "Т-ва укр. прогрессистов" (ТУП) – орг-ции, стоявшей на платформе конститу.-демокр. строя и автономной Украины.

После Февр. рев-ции 1917 избран чл. исполнит. к-та Совета обществ. воен. орг-ций Киевщины. Исполком назначил его комиссаром по разбору дел охранного отделения. 4 марта Совет ТУПа, членом к-рого был Е., решил взять на себя функции укр. объединяющего центра. Были приглашены представители укр. с.-д., военных, рабочих, коп. орг-ций, правосл. духовенства, разл. об-в. Так была создана Центр. Рада. 8 марта появилось воззвание ТУПа, а 9 марта воззвание Центр. Рады "К укр. народу". Е. был их автором и поставил свою подпись под этими док-тами. Они призывали поддержать новый обществ. строй, объединяться в полит., экон. и культурные союзы, создать укр. фонд, поддерживать укр. прессу, готовиться к Учред. Собр., к-рое решит вопрос об автономии Украины. На съезде ТУПа (25–26 марта, Киев) Е. выступил с докладом о его деятельности до рев-ции и внёс предложение о реорганизации. Съезд избрал его пред. новой партии – "Союза автономистов-федералистов"; со следующего съезда (июнь) стала называться Укр. партией социалистов-федералистов (УПСФ). Это была либерально-демокр. партия, близкая к кадетам. Один из организаторов газ. "Нова Рада", к-рую с 25 марта выпускало "Об-во содействия укр. лит-ре, науке и иск-ву" (Е.– член рук-ва об-ва) и к-рая позже стала офиц. органом УПСФ, а Е. ведущим автором. Являлся идеологом и теоретиком укр. нац. движения. Статья "На парт. темы" ("На партійні теми") излагала историю создания и деятельности укр. полит. партий ("Нова Рада", 1917, № 10, 13, 14), ст. "Соль в глазу" ("Сіль в оці") посвящена отношению интеллигенции к рев. событиям на Украине; Е. анализировал причины отрыва её значит. части от народа, враждебности по отношению к его справедливым требованиям, причину к-рых видел в денационализации, отрыве интеллигенции от своих нар. корней ("Нова Рада", 1917, № 18). Один из руководителей Укр. нац. конгресса (5–7 апр.); присутствовало ок. 900 дел. Избранные из их числа новые члены пополнили Центр. Раду, к-рая трансформировалась в представит. орган; Е. совм. с В.К. Винниченко стал зам. пред. Рады М.С. Грушевского. Е. вошёл и в исполнит. к-т – Малую Раду.

В кон. мая в составе укр. делегации выезжал в Петроград, вёл переговоры об автономии Украины с представителями Врем. пр-ва и Петрогр. Совета РСД, к-рые обвиняли украинцев в том, что их требования немедленного предоставления Украине автономии – это "нож в спину рев-ции". Е. ответил ст. "Путь в Рим" ("Шлях до Риму"): «Укр. интеллигенция всегда была близка к русской, рядом с ней боролась за общее освобождение. Однако это освобождение она понимала иначе, в больших масштабах и более широких рамках. Для рус. интеллигенции достаточно было освобождения полит., экон. и социального. Получив "права человека и гражданина", многие из рус. демократии считали бы свои обязанности законченными и на том готовы были остановиться. Иначе понимала свою задачу демократия угнетённой нации, интеллигенция украинская. Для неё освобождение было бы неполным, когда бы народ украинский не получил всех прав как нация... В этом и лежит, собственно, суть дела – что рев-ция вроде бы не сблизила укр. и рус. демократию, а развела их и сотворила вереницу недоразумений и упрёков» ("Нова Рада", 1917, № 70). С 15 июня до кон. авг. Е.– ген. секретарь по межнац. делам. В дальнейшем гос. постов не занимал, оставаясь пред. УПСФ; эта партия состояла в осн. из дорев. деятелей нац. движения, была чисто интеллигентской. В Центр. Раде социалисты-федералисты были в меньшинстве, но среди гос. деятелей высокого ранга их было много, что было связано с их высокими профессиональными и деловыми качествами. Е. резко критиковал большевиков (см. "Письмо без конверта" на имя команд. Укр. сов. войсками Ю.М. Коцюбинского, "Нова Рада", 1918, № 15). УПСФ вместе с др. укр. партиями осудила гетманский переворот. В то же время делегация деятелей во главе с Винниченко и Е. вела переговоры о придании режиму демокр. характера и вхождении представителей укр. демократии в пр-во. Переговоры не увенчались успехом, но позже ряд членов УПСФ получил посты в гетманской администрации. Е. был противником вооруж. свержения гетмана, к-рое подготовила Директория. В период пребывания у власти Директории (кон. 1918 – нач. 1919) Е. работал в Укр. Академии наук.

При Сов. власти в 1919 был заключён в тюрьму. В 1920 УПСФ распалась. Е. нек-рое время скрывался, а после объявления в 1921 амнистии вернулся к науч. работе, полностью оставил полит. деятельность. Много сделал для орг-ции работы Всеукр. Академии наук (ВУАН), был избран академиком, а затем и вице-президентом ВУАН. В 20-е гг. опубл. ряд науч. исследований по вопросам лит-ры. Е. не стал сторонником Сов. власти, он примирился с её существованием, но не изменил свои жизненные идеалы.

Е. был арестован 2 июля 1929, 19 апр. 1930 по сфальсифицированному обвинению в рук-ве националистич. контррев. "Союзом освобождения Украины" ("Спілка визволення України") Верх. судом УССР приговорён к расстрелу, заменённому 10 годами лишения свободы. Умер в местах заключения. Реабилитирован в 1989.

Лит.: Кримський А., Життепис і літературна діятельність С.О. Єфремова. Спис праць С.О. Єфремова.– Записки Історико-Філологічного Відділу УАН, кн. 2–3, К., 1920–22, с. 42–92; Касьянов Г., Доля академіка С.О. Єфремова, "Під прапором Ленінізму", 1989, № 19, с. 75–78.

Е.Д. Бойко.

ЖОРДА́НИЯ Ной Николаевич (1869, Кутаисская губ.,– 1953). Из дворян. Окончил Тифлисскую духовную семинарию, учился в Варшавском ветеринарном ин-те. Рев. деятельность начал в рабочих кружках Тифлиса, в 1893–98 возглавлял легальных марксистов в "Месаме даси" ("Третьей группе"). В 1894 привлекался к суду за участие в "Лиге свободы Грузии". Дел. 2-го съезда РСДРП (1903), примкнул к меньшевикам. В 1905 ред. меньшевист. газ. "Социал-демократ" (Тифлис, на груз. яз.); в своих публикациях выступал против большевиков. Во время Рев-ции 1905–07 противник вооруж. восст., сторонник создания легальной рабочей партии. На 4-м съезде РСДРП (1906) поддерживал идею муниципализации земли. В 1906 избран от Тифлиса в 1-ю Гос. Думу, лидер с.-д. фракции. На 5-м съезде РСДРП (1907) избран в ЦК, членом к-рого был до 1912. За подписание Выборг. воззвания (обращения к народу группы деп. 1-й Гос. Думы в ответ на её роспуск) в числе 167 деп. в дек. 1907 осуждён к 3 м-цам тюрьмы, что вело к лишению избират. прав. Летом 1912 в Баку руководил легальной меньшевист. газ. "Наше Слово". В 1914 сотрудничал с Л.Д. Троцким в ж. "Борьба", где поместил ряд статей по нац. вопросу. В годы 1-й мир. войны "оборонец", участвовал в плехановском сб. "Самозащита" (1916).

После Февр. рев-ции 1917 пред. Тифлис. Совета. 4 марта вместе с Н.В. Рамишвили заверил наместника на Кавказе вел. кн. Николая Николаевича в выполнении решений царской администрации. 6 марта избран Тифлис. Советом комиссаром исполкома Тифлис. Совета. 12 марта на общегор. собр. предложил резолюцию о поддержке Врем. пр-ва. Позже писал: "Со всех сторон шли к нашему исполнит. к-ту (Тифлис. Совета.– Автор) требования – возьмите власть в свои руки. Такое предложение было для нас неприемлемо. Мы были согласны защищать обществ. порядок, но в то же время были верны Врем. пр-ву и были его помощниками. Не нужно было создавать впечатление, что создаётся рабочее пр-во, к-рое запугало бы либеральные эле-

менты и отбросило их вправо" (Жордания Н., Моя жизнь, Стенфорд, 1968, с. 75). 18 марта на съезде Советов Закавказья говорил: "Рус. рев-цию совершили три силы: буржуазия, пролетариат и армия, и поэтому все эти силы должны действовать согласованно. Текущий момент требует единства всех этих трёх сил, дабы не восторжествовал старый строй" ("Очерки истории КП Грузии", М., 1957, с. 292). В этой же речи Ж. сказал: "Практич. постановка нац. вопроса повлечёт борьбу между нациями, следствием чего будет реакция. Вокруг этого вопроса должно произойти соглашение между всеми национальностями и это будет наилучшей порукой успеха в Учред. Собр." (Жордания Н., За два года, Тифлис, 1919, с. 6). 12 июня в условиях нарастания влияния большевиков в армии на Совещании воен. секций исполнит. к-тов и пропагандистов призвал меньшевиков и эсеров к единству для борьбы против большевиков. 26 июня на заседании исполкома Тифлис. Совета заявил: "Чернь прикрывается большевист. лозунгами, делая из них дальнейшие заключения. Если мы не хотим, чтобы настало господство черни, мы должны иметь вооруж. силу и вести твёрдую политику" (Орахелашвили М., Закавк. большевист. орг-ции в 1917 г., Тифлис, 1927, с. 44). В июне на Кавк. обл. съезде Советов предложил резолюцию по нац. вопросу, где говорилось об установлении терр. самоуправления по принципу реального расселения той или иной нации с учётом хоз. и бытовых условий. В авг. на Объединит. съезде РСДРП избран канд. в чл. ЦК РСДРП(о). 3 сент. на заседании Тифлис. Совета призывал рабочий класс не поддаваться большевист. настроениям, а бороться за создание парламентарной республики.

Позже, вспоминая о ситуации после выступления Л.Г. Корнилова, Ж., рассказав о выдвижении лозунга "довести страну до Учред. Собр., к-рое сможет компетентно провести разные реформы", далее продолжал: "Этот демокр. кретинизм болтливой, бездельной интеллигенции неприемлем и непонятен для народа, к-рый всегда живёт и мыслит реально и согласно фактам. Вот, вследствие этого Петерб. Совет рабочих оказался в руках большевиков. Повсюду массы стали на их сторону. Эти события сильно повлияли на меня, и я принужден был по прямому проводу говорить с И. Церетели и Н. Чхеидзе... (находившимся в Петрограде.– Авторы) требовал реформ и решит. мер для заключения мира. Они не дали ответа, кроме утешений, успокоений и т.п." ("Моя жизнь", с. 77).

Делегат Демокр. совещания (сент.), один из лидеров его меньшевист. фракции, писал, что на её заседании "никто не знал, что делать, как действовать. Здесь были те самые пропагандисты, к-рых я видел в России и на парт. съездах. к-рые не имели никакого определ. мнения в таких сложных обстоятельствах" (там же, с. 77–78). В окт. вошёл в состав Предпарламента, но, убедившись в том, что надежды на него не оправдываются, вернулся в Грузию.

25 окт. на экстренном заседании Тифлис. исполкома заявил: "Интересы рев-ции диктуют необходимость мирной ликвидации восстания (в Петрограде.– Автор) на основе соглашения всей рев. демократии в духе создания демокр. власти без цензовых элементов с условием созыва Учред. Собр. в назначенный срок" ("За два года", с. 48). 28 окт. на заседании Тифлис. Совета подчеркнул: "Восстание в Петрограде доживает последние дни. Оно с самого начала было обречено на неудачу потому, что такой тайный заговорщицкий захват власти противоречит естеств. ходу развития рев-ции" (там же).

11 нояб. на совещании нац. партий по поводу создания власти в Закавказье выступил с речью о необходимости такой власти, к-рая доведёт край до Учред. Собр. или сформирования центр. власти. 20 нояб., выступая на 1-м Нац. съезде Грузии, в к-ром участвовали все партии, кроме большевиков, потребовал полного самоуправления Грузии. 26 нояб. возглавил Президиум Нац. Совета Грузии.

На состоявшемся 22–23 янв. 1918 собрании членов Учред. Собр. от Закавказья и Кавк. армии предложил созвать Закавк. Сейм, чтобы "организоваться на местах во всех окраинах и путём союза организованных окраин оказать давление на центр и создать гос. власть" (Ментешашвили А.М., Окт. рев-ция и нац.-освободит. движение в Грузии. 1917–1921, Тб., 1987, с. 72). На одном из первых заседаний Сейма (15 февр.) огласил декларацию меньшевиков, в к-рой, в частности, говорилось: "Мы думаем, что нынешняя рев-ция по своим внутренним и по своим полит. целям не выходит из пределов товарного х-ва, что эта рев-ция не касается основ бурж. об-ва" ("За два года", с. 64); "...мы думаем, что при существовании капиталистич. строя освобождение труда от капитализма невозможно... Объединение интересов пром-сти и рабочего класса в правовую форму довольно трудно. Но всё же мы должны всю нашу рабочую политику вести в этом направлении" (там же, с. 66).

Подписание Брестского мира, по к-рому к Турции переходили Карс, Ардаган и Батум, усилили в Грузии настроения в пользу провозглашения независимости Закавказья от Сов. России. В этих условиях Ж. не поддержал отделение Закавказья от России. Позже Ж. писал: "Турок не удовлетворяло то, чего они добились. Они желали расширения своей территории за счёт Закавказья. Это они могли бы сделать лишь в том случае, если бы Закавказье вышло из состава России, сделалось бы независимым и, значит, стало бы для них лёгкой добычей" ("Моя жизнь", с. 85). Поэтому на заседании Закавк. Сейма Ж. высказался против немедленного провозглашения независимости Закавказья, а во время голосования этого предложения воздержался; мемуаристы вспоминали, что, когда это решение было принято, Ж. плакал ("Тифлис. общегор. конференция быв. меньшевиков". Стенографич. отчёт, Тифлис, 1923, с. 77).

26 мая 1918 после распада Закавк. Демокр. Федерат. Республики и роспуска Закавк. Сейма Ж. фактически возглавил Врем. парламент Груз. Демокр. Респ. (Нац. Совет, пополненный представителями нац. меньшинств). В условиях вторжения тур. войск Ж. решил опереться на Германию. В Грузию были введены герм. войска. В объявлении, подписанном Ж., говорилось: "Груз. пр-во доводит до сведения населения, что прибывшие в Тифлис нем. войска приглашены самим пр-вом Грузии и имеют своей задачей защищать границы Груз. Демокр. Респ." (Рубен, Развал груз. Жиронды, Тифлис, 1924, с. 15).

16 июля 1918 Ж. говорил в парламенте: "Вы думаете, что если пр-во социалистическое, то оно должно осуществить социализм: это взгляд большевиков... Мы же думаем иначе. Если мы говорим, когда социализм осуществится в др. странах, тогда он осуществится и у нас, это не значит, что мы должны предоставить гос-во буржуазии и поступить к ней в рабство. И в бурж. строе у нас есть дело. Мы должны осуществить свою программу-минимум ("За два года", с. 101–102).

24 июля 1918 возглавил пр-во Грузии. 8 сент. представлен к награждению высш. воен. герм. орденом за помощь нем. оккупац. органам. После поражения Германии и вступления в Грузию англ. войск завоевал доверие и у англ. интервентов своим неприятием большевизма. Заключил в июне 1919 соглашение с А.И. Деникиным о совм. борьбе против большевиков. 14 янв. 1920 в речи в Учред. собр. Грузии сказал, что решительно отказывается от воен. союза с Сов. Россией, предпочитая фанатикам Востока империалистов Запада.

Весной 1920 был одним из инициаторов заключения договора Грузии с РСФСР (подписан 7 мая), по к-рому между ними устанавливались нормальные дипл. отношения. Затем в переговорах с англ. представителем высказался за признание Сов. России со стороны Антанты, имея в виду, что состоявшееся признание независимости Грузии РСФСР откроет путь к междунар. признанию Грузии. Видимо, настроения Ж. привлекли внимание В.И. Ленина. Когда в февр. 1921 части Кр. Армии вступили в Грузию, Ленин 2 марта телеграфировал Г.К. Орджоникидзе: "Гигантски важно искать приемлемого компромисса для блока с Жордания или подобными ему груз. меньшевиками, кои ещё до восстания не были абсолютно враждебны к мысли о сов. строе в Грузии на известных условиях" (ПСС, т. 42, с. 367).

После установления в марте 1921 Сов. власти в Грузии эмигрировал во Францию. Участник подготовки меньшевист. восст. в Грузии в 1924.

С о ч.: Большевизм, Берлин, 1922; Наши разногласия, Париж, 1928; Итоги, Париж, 1928.

Лит.: Бургина.

В.И. Миллер, А.Л. Райхцаум.

З

ЗАРУ́ДНЫЙ Александр Сергеевич (1863–1934). Сын С.И. Зарудного, видного деятеля суд. реформы 1864, переводчика произведений А. Данте. По окончании Уч-ща правоведения служил по суд. ведомству. В 1901 перешёл в адвокатуру, выступал в ряде крупных полит. процессов: дела "ЦК Крест. союза", "лейт. Шмидта", "1-го Совета РД", Бейлиса. В 1905 судим по делу о забастовках.

После Февр. рев-ции 1917 примкнул к Партии нар. социалистов и вошёл во Врем. пр-во в качестве тов. мин. юстиции. В мае вышел в отставку; с 5 мая чл. группы специалистов Особого совещания Врем. пр-ва по подготовке проекта Положения о выборах в Учред. Собр. С 24 июля мин. юстиции (по рекомендации кадета М.С. Аджемова). 28 июля дал воен. мин. и мин. внутр. дел санкцию на время войны не допускать и закрывать собрания и съезды, к-рые могут представлять опасность в воен. отношении. Поддерживал дружеские отношения со мн. кадетами и непримиримо относился к большевикам. Назначил комиссию по освобождению арестованных за участие в Июльских событиях. В ходе выступления ген. Л.Г. Корнилова заявил, что надлежит войти в переговоры с Корниловым, и предлагал просить о посредничестве в переговорах В.А. Маклакова. 1 сент. вышел из пр-ва. На Демокр. совещании 14 сент., рассказав о бездеятельности Врем. пр-ва в вопросах мира и др., призвал социалистов к коалиции с буржуазией.

После Окт. рев-ции З. в 1918 отошёл от Партии нар. социалистов, работал в сов. орг-циях. Дальнейшая судьба неизвестна.

М.Е. Голостенов, В.Н. Сачков.

ЗАСУ́ЛИЧ Вера Ивановна (29 июля 1849, Михайловка Смоленской губ.,– 8 мая 1919, Петроград). Род. в семье мелкопоместного дворянина. В 1867 сдала экзамен на звание домашней учительницы. В кон. 1868 познакомилась с С.Г. Нечаевым, к-рый пытался вовлечь её в создаваемую им рев. орг-цию,

она отказалась, считая его планы фантастическими, но предоставила свой адрес для получения и передачи писем. За письмо, полученное из-за границы для передачи др. лицу, арестована в 1869, находилась в заключении, затем сослана. В 1875 вошла в киевскую народнич. группу "бунтарей" (бакунистов). В 1877 переехала в Петербург, участвовала в деятельности "Земли и Воли". 24 янв. 1878 совершила покушение на жизнь петерб. градоначальника Ф.Ф. Трепова; 31 марта оправдана судом присяжных. В 1879 после раскола "Земли и Воли" примкнула к "Чёрному переделу". Эмигрировала. В 1883 участвовала в создании с.-д. группы "Освобождение труда", позднее член редакций "Искры" и "Зари". Была представителем рос. с.-д. на трёх конгрессах 2-го Интернационала (1896, 1900, 1904). После раскола РСДРП на 2-м съезде (1903) стала одним из активных деятелей меньшевизма, ближайшим сподвижником Г.В. Плеханова. В кон. 1905 (после Манифеста 17 окт.) поселяется в Петербурге, перейдя на легальное положение. В годы реакции примыкала к ликвидаторам. В годы 1-й мир. войны стояла на оборонч. позициях.

После Февр. рев-ции 1917 вошла в марте в группу "Единство". В апр. вместе с Г.В. Плехановым, Л.Г. Дейчем подписала воззвание "Рос. Социал-Демокр. Рабочей партии": "Гражданки и граждане! Отечество в опасности. Не надо гражд. войны. Она погубит нашу молодую свободу. Необходимо соглашение Совета РСД с Врем. пр-вом. Нам не надо завоеваний, но мы не должны дать немцам подчинить себе Россию... мы защищаем свою и чужую свободу. Россия не может изменить своим союзникам..." ("Единство", 1917, 22 апр.). В сер. июня выдвинута канд. в гласные петрогр. Врем. Гор. думы. В июле подписала "Воззвание старых революционеров ко всем гражданам России", в к-ром, в частности, говорилось: "Родина и рев-ция в опасности, и доколе эта опасность не исчезает, не время парт. споров. Объединимся все, без различия партий и классов, на одном деле, на одной цели – на спасении Родины... пусть все граждане России объединятся против объединённых армий врага и отдадут себя всецело в распоряжение Пр-ва Спасения Рев-ции..." (там же, 18 июля). В окт. выдвинута канд. в члены Учред. Собр.

Окт. рев-цию не приняла, считая, что "нет у социализма в настоящий момент более лютых врагов, чем господа из Смольного. Не капиталистич. способ про-из-ва они превращают в социалистический, а истребляют капиталы, уничтожают крупную пром-сть..." ("Социализм Смольного", "Заря", 1922, № 9/10, с. 286). 1 апр. 1918 единств. раз за свою полувековую рев. деятельность произнесла небольшую речь в клубе "Рабочее Знамя", где чествовалось 40-летие её оправдания присяжными заседателями.

Соч.: Революционеры из буржуазной среды, П., 1921 (биогр. очерк Л. Дейча); Воспоминания, М., 1931.

Лит.: Дейч Л. Г., В.И. Засулич, "Голос минувшего", 1919, № 5/12; Николаевский Б.И., Из лит. наследства В.И. Засулич, "Каторга и ссылка", 1929, № 55; Бургина.

В.В. Ворошилов.

ЗИНО́ВЬЕВ Григорий Евсеевич (наст. фам. и имя – Радомысльский Овсей-Герш Аронович) (8 сент. 1883, Елисаветград,– 25 авг. 1936, Москва). Отец – владелец молочной фермы. Получив домашнее образование, с 15-летнего возраста зарабатывал на жизнь своим трудом (давал уроки, был кон-

торщиком в торг. пр-тиях). С кон. 90-х гг. 19 в. участвовал в кружках самообразования, примыкал к группе, организовавшей первые экон. стачки на Юге России. Т.к. с 1901 начались преследования, в 1902 эмигрировал. В Берлине, Париже, Берне работал в загран. с.-д. группах. В 1903 познакомился с В.И. Лениным и Г.В. Плехановым. После раскола на 2-м съезде РСДРП (июль – авг. 1903) – большевик, осенью 1903 направлен на Юг России, вёл борьбу против меньшевиков, содействовал установке нелег. типографии. В кон. 1904 уехал на лечение за границу, поступил на хим. ф-т Бернского ун-та, сотрудничал в первом большевист. еженедельнике "Вперёд".

В разгар всеобщей окт. стачки 1905 приехал в Петербург, но вскоре по настоянию врачей вновь отправлен за границу; поправившись, продолжил образование на филос. ф-те Бернского ун-та, но, недоучившись, в марте 1906 вернулся в Петербург. Стал популярным парт. агитатором, был выбран в ПК РСДРП, входил в его исполнит. комиссию, вместе с А.А. Богдановым редактировал нелег. орган большевиков "Вперёд", участвовал в кампании по выборам во 2-ю Гос. Думу. Дел. 5-го съезда РСДРП (1907, Лондон), избран чл. ЦК, вошёл в большевист. центр. В 1907, вернувшись в Россию, приступил к нелег. изданию ЦО партии "Социал-демократ", один из его редакторов. Участвовал в кампании по выборам в 3-ю Гос. Думу. Весной 1908 арестован. В тюрьме серьёзно заболел; освобождён по ходатайству пред. Совета присяжных поверенных России и Петербурга. Выслан в Полоцк под надзор полиции. С кон. лета в Женеве вместе с Лениным и Л.Б. Каменевым составил редакцию большевист. органа газ. "Пролетарий". На 5-й Всерос. конф. РСДРП (дек. 1908, Париж) выступал с докладом о ликвидаторстве, переизбран членом редакции "Социал-демократа", оставаясь членом редакции "Пролетария".

В авг.– сент. 1910 участник 8-го конгресса 2-го Интернационала. В 1911 читал лекции по истории партии в Парт. школе в Лонжюмо (под Парижем). На 6-й Всерос. конф. РСДРП (янв. 1912, Прага) докладчик по ряду вопросов, выбран чл. ЦК. Вскоре вместе с Лениным переехал ближе к рус. границе – в Галицию (Краков, затем Закопане), где они принимали приезжих из России парт. работников, проводили с ними совещания, писали статьи в "Правду", составляли речи для большевист. депутатов 4-й Гос. Думы. Здесь их застало начало 1-й мир. войны. Вместе с больной женой З. выехал в Вену. Лидер австрийских с.-д. В. Адлер исхлопотал им разрешение уехать для продолжения лечения в Швейцарию; вскоре сюда приехали и Ульяновы. Ленин и З. возродили "Социал-демократ" и на его страницах повели полемику с руководителями 2-го Интернационала, участвовали в междунар. соц. конференции против войны и социал-шовинизма в Циммервальде (сент. 1915), сплотили на ней вокруг себя группу левых радикалов, в соавторстве подготовили брошюру "Социализм и война".

Февр. рев-ция 1917 застала З. в Берне, где он работал в хим. лаборатории. Вызванный Лениным в Цюрих, З. по его поручению участвовал в эмигрантских совещаниях по вопросу о том, как скорее реализовать амнистию и вернуться в Россию. 3 апр. Зиновьевы, Ульяновы, И.Ф. Арманд, М.Г. Цхакая и др. вернулись в Петроград. 1-я общегор. конф. Петрогр. орг-ции большевиков (14–22 апр.) избрала З. своим пред.; З. склонил её к принятию "Апр. тезисов" Ленина. На 7-й (Апр.) Всерос. конф. большевиков (24–29 апр.) З. вместе с Лениным обосновал вопросы её порядка дня, к-рые они считали важнейшими для подготовки соц. рев-ции. Войдя в редакцию "Правды", З. почти ежедневно помещал в ней статьи, разъясняющие большевист. понимание смысла войны и тайных договоров, братания на фронте, а также отношение большевиков к Врем. пр-ву, к объединению с с.-д. др. толков, о положении во 2-м Интернационале и т.п. З. писал: "Мы... не хотим двоевластия... Мы... за то, чтобы в нашей стране существовала единая власть. И этой властью должны быть Советы РСД. Вот когда будет достигнута эта ступень рев-ции в России, это станет могучим рычагом развития европейского, развития мировой рев-ции. Рев. с.-д-тия в России всегда мыслила победоносную рус. рев-цию как пролог, как введение к соц. рев-ции на Западе... рос. рев-ция выйдет за пределы только нац. рев-ции, тогда рус. рев-ция 1917 г. послужит началом конца капиталистич. строя" ("Правда", 1917, 8 апр.); и далее там же: "Мы высказываемся **против** объединения с социал-шовинистами. Мы убеждены, что объединит. угар, к-рый сейчас туманит головы даже нек-рым большевикам, скоро рассеется". Чл. Президиума 1-го Всерос. съезда Советов РСД (3–24 июня), неоднократно выступал на нём, отстаивая большевист. точку зрения; 19 июня говорил: "Вчера на Марсовом поле громадное большинство из вас признало, что 99% из 100 шли под нашими лозунгами, и если вам придётся призвать к порядку нас, вы тем самым должны будете призвать к порядку рев. пролетариат"; "Интернационал будет жив вопреки всему, потому что жив рабочий класс всего мира, потому что близится мировая соц. рев-ция" ("1-й Всерос. съезд Советов РСД", т. 2, с. 99–100). Отвечая на обвинения в том, что большевики провоцируют выступления рабочих, З. говорил: "...умри сегодня все большевики, к-рые, по вашему мнению, во всём виноваты, всё равно волнения будут продолжаться. Как [же] вы хотите, чтобы при наступлении контррев-ции не волновались рабочие, к-рые явились авангардом рев-ции?" (там же, с. 143).

Утром 3 июля З. и Каменев, услышав о провале наступления и отставке министров-кадетов, направились в Таврический дворец, на объединённом заседании бюро ВЦИК Всерос. Совета РСД и бюро Исполкома Советов КД узнали, что 1-й пулемётный полк, рабочие з-дов Путиловского и "Треугольника" собирались на след. день выйти на улицу с требованием, чтобы Советы взяли власть. З., Каменев и Л.Д. Троцкий обзванивали орг-ции большевиков и "межрайонцев", убеждая не выступать. Им отвечали, что пулемётчики и путиловцы отказываются слушать уговоры. Поздно вечером члены ЦК и делегаты 2-й общегор. конф. РСДРП(б) сообщили, что решено вмешаться и овладеть уже начавшимся движением. Из Кронштадта Ф.Ф. Раскольников сообщил З., что поездка моряков в Питер предрешена. После этого было принято окончат. решение: "...нельзя такое движение предоставить самому себе, надо вмешаться и придать ему мирный и организованный характер" ("Рев-ция 1917", т. 3, с. 365). На экстренном заседании Рабочей секции Петрогр. Совета РСД З. объявил: "Сегодня буржуазия засвидетельствовала нам свою контрреволюционность. Из состава коалиц. мин-ва ушли министры-кадеты" (там же, с. 136). По докладу З. секция большинством в 276 голосов против 90–100 высказалась за переход власти к Советам и выбрала бюро для контактов с исполкомом Петрогр. Совета и ВЦИК, призвав своих остальных членов отправиться в районы, чтобы проводить там принятые решения.

Почти весь день 4 июля З. провёл в Таврическом дворце, к к-рому шли от особняка Кшесинской колонны солдат, матросов и рабочих, где их приветствовал Ленин. З., выступая неск. раз, говорил, что Петрогр. Совет и ВЦИК должны уважать волю рабочих и крестьян, требующих передать всю власть Советам, но предостерегал от принятия боя на улицах, ибо это было бы выгодно только буржуазии, призывал "расходиться мирно по казармам и з-дам, немедленно возобновить работу на ф-ках и з-дах, идти домой не по Невскому, не давать себя провоцировать ни на один выстрел" (там же, с. 366). На объединённом заседании ВЦИК Советов РСД и Исполкома Всерос. Совета КД, возражая меньшевикам и эсерам, ссылавшимся на решение 1-го Всерос. съезда Советов РСД поддержать коалиц. пр-во, З. указывал, что съезд не давал зарока никогда не брать власть в свои руки. "Сейчас положение изменилось, сейчас создались такие условия, при к-рых вопрос о власти должен быть перерешён" (там же, с. 145). Но заседание решило отклонить требования демонстрантов и объявить их "врагами рев-ции". После этого З., Троцкий и Каменев убеждали, по их словам, руководителей матросской манифестации позволить разоружить себя и вернуться в Кронштадт.

Утром 5 июля З., узнав о разгроме юнкерами "Правды", вместе с Каменевым добивались через М.И. Либера, чтобы был освобождён задержанный номер газеты, в к-ром опубл. воззвание о прекращении демонстрации. Но этому воспротивились в штабе Петрогр. ВО – "Правда" печаталась в "незаконно" конфискованной типографии "Сельского Вестника". По требованию ген. П.А. Половцева втроём они договаривались с Воен. орг-цией РСДРП(б) убрать броневики из Петропавл. крепости, в самой крепости агитировали матросов и пулемётчиков за возвращение в Кронштадт и в казармы. 6 июля З. и Каменев продолжали переговоры о возобновлении выхода "Правды", но ничего не добились. Пришлось дать согласие на снятие охраны из броневиков у особняка Кшесинской.

7 июля З. на квартире С.Я. Аллилуева узнал о решении Врем. пр-ва арестовать и предать суду его самого, Ленина и Каменева, обвинённых в попытке свергнуть в Июльские дни Врем. пр-во. С пришедшим сюда же Лениным они поначалу хотели явиться на суд и послали сказать об этом Каменеву. Вечером И.В. Сталин, Г.К. Орджоникидзе и Е.Д. Стасова удержали их от этого шага. 9 июля Ленин и З. перебрались на ст. Разлив и обосновались в шалаше, устроенном для них рабочим Сестрорецкого з-да Н.А. Емельяновым.

В первых числах августа З. вернулся в Петроград, скрывался на квартире Э.Г. Кальске (рабочего з-да "Айваз"); писал статьи для "Пролетария" и "Рабочего", выходивших вместо "Правды". С кон. авг. возобновил работу в ЦК РСДРП(б). С нач. сент. вместе с Каменевым фактически возглавлял там большинство, игнорировавшее настояния Ленина о переходе к непосредств. действиям по захвату власти. Скрытая полемика по этому вопросу содержалась в статье З. "О съезде Советов". В то время как Ленин считал Советы выше Учред. Собр., З. утверждал, что Советы не исключают Учред. Собр. «Если нашей рев-ции не суждено погибнуть, если ей дано победить, то мы увидим на практике комбиниров. тип республики Советов и Учред. Собр. Если то, что мы называем "второй рев-цией" (т.е. победа рабочих и крестьян над буржуазией и помещиками), может произойти мирно, то только по пути **такой** республики. Это будет тогда легальная рев-ция такого громадного размаха, к-рого не знает ещё история» ("Рабочий Путь", 1917, 4 окт.).

Появление Ленина на заседании ЦК РСДРП(б) 10 окт. резко изменило соотношение сил. Голосуя против резолюции, признающей, что вооруж. восстание неизбежно и вполне назрело, З. и Каменев, убеждённые, что идти сейчас на этот шаг – "значит ставить на карту не только судьбу партии, но и судьбу рус. и междунар. рев-ции",– оказались в одиночестве. 11 окт. они изложили свою позицию в письме "К текущему моменту", к-рое направили в ПК, МК, Моск. обл., Финл. обл. к-там партии, большевист. фракции ВЦИК, Петрогр. исполкому Советов РСД, большевист. фракции съезда Советов Сев. области. Предупреждая, что "в России за нас большинство рабочих и значит. часть солдат", но вовсе не большинство осн. массы населения – крестьян, они в то же время полагали, что "при правильной тактике мы можем получить треть, а то и больше мест в Учред. Собр.". Дальнейшее "обострение нужды, голода, крест. движения будет всё больше на них [мелкобурж. партии.– Автор] давить и заставлять их искать союза с пролет. партией против помещиков и капиталистов, представленных партией кадетов". В результате "наши противники вынуждены будут уступать нам на каждом шагу, либо мы составим вместе с левыми эсерами, беспарт. крестьянами и пр. правящий блок, к-рый в осн. должен будет проводить нашу программу"; но большевики могут прервать свои успехи, если возьмут сейчас на себя инициативу выступления и тем поставят пролетариат под удар сплотившейся контррев-ции, поддержанной мелкобурж. демократией; "Против этой губительной политики мы подымаем голос предостережения" ["Протоколы ЦК РСДРП(б)", с. 87–92].

15 окт. письмо зачитывалось на заседании ПК РСДРП(б), 16 окт. вокруг него развернулась полемика на расширенном заседании ЦК. З. снова выразил сомнение, "обеспечен ли успех восстания": "Прежде всего не в наших руках железнодорожный и почтово-телегр. аппарат. Влияние ЦИК достаточно сильно ещё... На подкрепления из Финляндии и Кронштадта рассчитывать не приходится. А в Питере мы не имеем уже такой силы". По мнению З., у большевиков сложилось вообще неправильное отношение к Учред. Собр.: "Конечно, на него нельзя смотреть как на всеспасающее", но оно "произойдёт в высшей степени рев. атмосфере... Не исключена возможность, что мы там будем с левыми

эсерами в большинстве... Мы не имеем права рисковать, ставить на карту всё" (там же, с. 98–99). Но снова З. и Каменев оказались в меньшинстве против 19 при 4 воздержавшихся. В. Базаров (В.А. Руднев) в горьковской "Новой Жизни" сообщил 17 окт., что "по городу пущен в рукописи листок, высказывающийся от имени двух видных большевиков против выступления". В связи с этой заметкой Каменев от своего имени и от имени З. обратился в "Новую Жизнь" с заявлением, к-рое 18 окт. было опубликовано. В нём подтверждался факт письма, хотя и утверждалось, что о вооруж. восстании "решений партии не существует". В тот же день Ленин в письме "К членам партии большевиков" потребовал исключить обоих из партии за "неслыханное штрейкбрехерство" (ПСС, т. 34, с. 419). 19 окт. З. в присутствии И.В. Сталина заявил Каменеву, что осуждает публикацию в "Новой Жизни" и что не уполномочивал выступать от своего имени. Ленину об этом З. не сообщил, и в написанном 19 окт. письме в ЦК с требованием исключения обоих из партии Ленин не отделял З. от Каменева (там же, с. 423–27). З. направил письмо в ред. "Рабочего Пути", к-рое было опубликовано 20 окт. с примечанием "от редакции" (написанным Сталиным), что "вопрос можно считать исчерпанным" и что "в основном мы остаёмся единомышленниками". 20 окт. З. направил в ЦК письменное заявление о том, что к интервью Каменева "не имел ни малейшего отношения" и появление его осуждает ("Вопросы истории КПСС", 1990, № 5, с. 49). ЦК, обсуждавший 20 окт. письмо Ленина от 19 окт., вопрос об исключении из партии не рассматривал и постановил "принять отставку Каменева" из ЦК, вопрос об исключении из ЦК З. даже не ставился ["Протоколы ЦК РСДРП(б)", с. 107]. ЦК вменил Каменеву и З. в обязанность не выступать ни с какими заявлениями против решений ЦК и намеченной им линии.

25 окт. в ст. "К съезду Советов" З. писал: "Последние надежды на мирный исход кризиса изжиты. Последние мирные надежды, к-рых – каюсь – до самых последних дней не был чужд и пишущий эти строки, разбиты жизнью. Наши противники в последние дни сделали всё возможное, чтобы вытравить эти иллюзии. Они уже перешли в наступление, это факт" ("Рабочий Путь", 1917, 25 окт.). В тот же день З. впервые после долгого перерыва появился на заседании Петрогр. Совета и выступал на нём: "...мы находимся в настоящий момент в периоде восстания... никаких сомнений относительно его результатов быть не может: мы победим" ("Рев-ция 1917", т. 5, с. 180). Во время переговоров при Викжеле с меньшевиками и эсерами об "однородном соц. пр-ве" З. вновь разошёлся с большинством ЦК. На заседании ЦК 1 нояб. он заявил: "Для нас ультимативны два пункта: наша программа и ответственность власти перед Советом как источником власти" ["Протоколы ЦК РСДРП(б)", с. 127], опустив пункт о том, чтобы в состав пр-ва вошли Ленин и Троцкий. 2 нояб. ЦК РСДРП(б) принял резолюцию Ленина, отвергающую уступки. Но большевист. фракция ВЦИК по инициативе З. её отклонила; Ленин расценил это как "неслыханное нарушение дисциплины", как "преступны в данный момент колебания" и предложил оппозиции отстраниться от практич. работы, в "к-рую они не верят" (ПСС, т. 35, с. 44). Его поддержали 9 членов ЦК. Но когда Каменев, А.И. Рыков, В.П. Ногин, В.П. Милютин и З. заявили 4 нояб. о выходе из ЦК, Ленин объявил их поступок "дезертирством" и предложил всем членам партии и всем трудящимся решительно осудить его (см. там же, с. 74). На переговорах при Викжеле ультиматум большевиков не был принят меньшевиками и эсерами. 6 нояб. обе стороны констатировали невозможность достигнуть соглашения. 7 нояб. З. в "Письме к товарищам" объявил, что он берёт обратно своё заявление: "Мы пошли на большую жертву, выступив с открытым протестом против большинства нашего ЦК и требованием соглашения. Это соглашение, однако, отвергнуто другой стороной. При таком положении вещей мы обязаны воссоединиться с нашими старыми товарищами по борьбе" ("Правда", 1917, 8 нояб.).

З. участвовал в переговорах с левыми эсерами о расширении ВЦИК за счёт делегатов Чрезв. Всерос. съезда Советов КД. 14 нояб. соглашение было достигнуто, а 15 нояб. З. уехал в Киев, где, с одной стороны, встречался с ген. секретарями Центр. Рады, а с другой, призывал рабочих к полит. забастовке против Рады. Объехал ряд пром. центров Украины, готовя созыв в Харькове 1-го Всеукр. съезда Советов. Подводя итог поездки, З. говорил 12 дек. в Петрограде: "Мы искупили наш грех, предоставив свободу самоопределения, но свобода самоопределения укр. народа, конечно, не есть самоопределение контррев-ции" (Соч., т. 7, с. 462).

13 дек. избран пред. Петрогр. Совета. В тот же день на Всерос. съезде ж.-д. мастеровых и рабочих заявил: "Те, кто особенно кричит об Учред. Собр., те не договаривают. Они хотят, чтобы вся власть была Учред. Собранием, хотят отнять эту власть у Советов. Этого-то и не допустят рев. рабочий, солдат и крестьянин" (там же, с. 467). Отвечая на один из вопросов, конкретизировал: "Оно должно будет признать власть Советов, в противном случае его придётся разогнать" ("Новая Жизнь", 1917, 14 дек.). Чл. Учред. Собр. (от Петрограда).

В период Брестских переговоров З. был единственным членом ЦК, выступавшим за немедленное подписание мира, полагая, что оттягивание только ухудшит его условия [см.: "7-й съезд РКП(б)", с. 79]. Когда же немцы, прервав перемирие, начали наступление, повёл энергичную агитацию против "левых коммунистов" и др. сторонников рев. войны. На расширенном пленуме Моск. Совета 3 марта 1918, полемизируя с его пред. М.Н. Покровским, З. убеждал: "Сил для немедленного отпора, для ведения войны с герм. империализмом у рус. рев-ции нет. Каковы бы ни были условия герм. ультиматума, но если они не вызывают немедленной гибели Сов. Республики, их надо принять" ("Социал-демократ", 1918, 5 марта). По настоянию З.

МК РСДРП(б) 4 марта отказался от своей прежней позиции неприятия мира.

Летом 1918 Ленин неоднократно обвинял З. и др. петрогр. членов ЦК в оппозиции, к-рая проявлялась в игнорировании требования отправить как можно больше рабочих за хлебом в деревню, в удерживании рабочих от массового террора в ответ на убийство В. Володарского. Однако эта осторожность позволила большевикам Петрограда выиграть избират. кампанию (меньшевики и эсеры потерпели поражение в конце июня на последних относительно свободных выборах в Петрогр. Совет) и сорвать всеобщую полит. забастовку, назначенную на 2 июля. Но 30 авг., когда был убит М.С. Урицкий, З. предложил "разрешить всем рабочим расправляться с интеллигенцией по-своему, прямо на улице" (см.: Стасова Е.Д., Страницы жизни и борьбы, М., 1960, с. 105). Парт. актив города отказался пойти на эту меру, понимая, что она "обернётся против нас в первую голову" (там же). Для выявления "контррев. элементов" решили создать специальные "тройки" по районам. "Красный террор" в Петрограде мало чем отличался от террора в др. местах. И применялся он неоднократно.

В марте 1919 был основан 3-й, Комунистич. интернационал, З. стал пред. его Исполкома. На 8-м съезде РКП(б) (март 1919) избран чл. ЦК, а на его 1-м пленуме – кандидатом в чл. Политбюро. В окт. 1920 на съезде Независимой с.-д. партии Германии в Галле З. способствовал её расколу и принятию левым крылом съезда решения о вступлении в Коминтерн и объединении с компартией. В 1921 разработал 21 условие приёма в Коминтерн. Во время дискуссии о профсоюзах (кон. 1920 – нач. 1921) поддерживал Ленина в его борьбе против Троцкого и "рабочей оппозиции". После 10-го съезда РКП(б) (март 1921), подведшего итоги этой дискуссии, пленумом ЦК избран членом Политбюро.

На 12-м (1923) и 13-м (1924) съездах РКП(б) выступал с полит. отчётами ЦК. Вместе с Каменевым и Сталиным вёл в это время борьбу против Троцкого. Но в дек. 1925 на 14-м съезде ВКП(б) З., поддержанный Каменевым, выступил от имени т.н. "новой оппозиции" с содокладом, в к-ром оппонировал полит. отчёту ЦК, сделанному Сталиным, и потерпел поражение. В 1926 его отстранили от рук-ва Петрогр. Советом и Исполкомом Коминтерна, вывели из Политбюро. Объединение с Троцким привело в 1927 к исключению из ЦК, из партии и к ссылке. В 1928, покаявшись, З. был восстановлен в партии, назначен ректором Казан. ун-та. Спустя нек-рое время возвращён в Москву, введён в редколлегию ж. "Большевик". В кон. 1932 вновь исключён из ВКП(б) и отправлен в ссылку, но в 1933 восстановлен в партии и направлен на работу в Центросоюз. Был приглашён на 17-й съезд ВКП(б) (янв.– февр. 1934), на к-ром выступил с покаянием и славословием по адресу Сталина и его соратников.

16 дек. 1934 З. был арестован, месяц спустя осуждён на 10 лет тюремного заключения по делу т.н. "Моск. центра". 24 авг. 1936 приговорён к высшей мере наказания по делу т.н. "Антисов. объединённого троцкистско-зиновьевского центра". Реабилитирован в 1988.

С о ч.: Соч., т. 1–8, 15, 16, М. П., 1923–29.

Ю.В. Аксютин.

И

ИВАНО́В-РАЗУ́МНИК (наст. фам. Ива́нов) Разумник Васильевич (12 дек. 1878, Тифлис,– 9 июля 1946, Мюнхен). Из небогатых дворян. В 1897 поступил на физ.-мат. ф-т Петерб. ун-та, с 1900 посещал таюже ист.-филол. ф-т, участвовал в студенч. движении. Дважды арестовывался, в 1902 исключён из ун-та, выслан на 2 года в Симферополь. В 1907 опубл. кн. "История рус. обществ. мысли". В 1912 возглавил лит. отдел в ж. "Заветы" народнич. ориентации, сблизился с С.Д. Мстиславским, В.М. Черновым и с др. эсерами-публицистами. Во время 1-й мир. войны "интернационалист". С 1916 вокруг И.-Р. начала образовываться неформальная гр. "Скифы" (по назв. одноимённого сб-ка, вышедшего в 1917), тяготевшая к левому крылу ПСР; в неё входили А. Белый, А.А. Блок, С.А. Есенин, Н.А. Клюев, Е.Г. Лундберг, О.Д. Форш и др.

День 27 февр. 1917 И.-Р. провёл вместе с Мстиславским в Таврическом дворце. От предложения В.М. Зензинова принять участие в организуемых "Известиях Совета РСД" уклонился. Установил контакт с группой рабочих-эсеров во главе с В.А. Александровичем (Дмитриевским), к-рый предложил И.-Р. написать воззвание для "объединённых левых". Текст был написан, однако одобрения не получил. На 1-м Всерос. съезде Советов КД (май) кандидатура И.-Р. выдвигалась в состав исполкома, но поддержки не получила. Весной заведовал лит. отделом газ. "Дело Народа"– органа Петерб. к-та ПСР, входил в редколлегию газ. "Земля и Воля"– органа Сев. обл. к-та ПСР, с лета возглавил литотдел нового органа Петерб. к-та ПСР – газ. "Знамя Труда". Опубл. цикл ст. "Из дневника рев-ции", идеологич. направление к-рых определил как "неустанную, с марта по окт., борьбу против двух врагов: либерализма и мещанского социализма". В ст. "Вольга и Микула" (27 марта) писал: "Дело не во

Врем. пр-ве и не в Совете Депутатов, а в тех идеях, к-рые они представляют... Вопрос идёт о будущих судьбах рев-ции в России, вопрос идёт о будущем самой России". Выступал в поддержку левых течений, подвергшихся бойкоту в печати после Июльских событий (ст. "Бунт и мятеж", 5 июля). В ст. "Ещё правительство" (25 июля) о завершении Июльского кризиса писал: "...образовано новое Врем. пр-во: всё те же, всё то же. Говорить о них нечего. Но судьба их – неизбежно всё та же. Или они окончательно утопят рев-цию в болоте, или рев-ция стряхнёт их". Отрицательно отнёсся к Гос. и Демокр. совещаниям: "Говорили, говорили, говорили... Безнадёжное впечатление от всех этих тусклых речей, жевачных мыслей, беспомощного топтания на месте..." (ст. "Говорильня", 17 авг.); «Схлынули "корниловские дни", пришёл новый кризис власти, создалась новая говорильня в Александринском Т-ре...» (ст. "Демокр. совещание", 23 сент.).

В журнале "рев. социализма" "Наш Путь" под ред. М.А. Спиридоновой опубл. ст. "Социализм и рев-ция", "Третий Рим" и др., написал ряд лит. обзоров, в т.ч. "Журналы в год Рев-ции" (включены в сб. "Год Рев-ции").

Окт. рев-цию принял с воодушевлением. Как И.-Р. сообщал А. Белому, с 26 по 28 окт. был "безвыходно в Смольном" (см.: Лавров А.В., Иванов-Разумник.– Возвращение. Вып. 1, М., 1991, с. 304). После раскола партии эсеров И.-Р. продолжал активно сотрудничать с левыми эсерами. В качестве зав. литотделом вошёл в редколлегию газ. "Знамя Труда"– органа ЦК Партии левых социалистов-революционеров (ПЛСР). В нач. 1918 под ред. И.-Р. и Мстиславского вышел 2-й выпуск сб. "Скифы", в к-ром напечатана программная статья И.-Р. "Две России". Возглавил также литотдел в ж. "Наш Путь". Привлекал к сотрудничеству в газете и журнале Белого, Блока, Есенина и др. писателей. Вместе с Лундбергом возглавил редакцию "Рабоче-Крест. Библиотеки" в изд-ве "Рев. социализм" и редактировал временник "Знамя Труда" (июнь – июль).

Заключение Брестского мира И.-Р. считал "капитуляцией рев-ции перед мещанством". «Не совершись она – мы были бы теперь, быть может, "отброшены на Урал..."– писал он в мае 1918.– Взяты были бы внешнею силою Петербург и Москва, захвачена была бы вся Россия, до конца бы "погибла Россия" плакальщиц. Но этот конец – был бы началом его взрыва изнутри, взрыва тем более сильного, чем глубже продвинул он свои "стальные машины", думая ими победить идею. Он всё равно погиб и теперь, но март 1918 г. дал ему отсрочку на месяцы, на годы, на десятилетия – не в сроке дело, дело в величайшей совершённой ошибке» ("Россия и Инония", "Наш Путь", 1918, № 2, с. 139). В течение 1918 выпустил 8 частей "Истории рус. обществ. мысли". Вопрос о формальном членстве И.-Р. в ПЛСР остаётся неясным; в своих мемуарах он именовал себя "непартийным" ("Тюрьмы и ссылки", Нью-Йорк, 1953, с. 38). В то же время на 2-м съезде ПЛСР (апр.) был избран в ЦК; вошёл в состав редколлегии ЦК и в Бюро парт. печати. После событий 6 июля прекратил полит. сотрудничество с левыми эсерами, но остался солидарен с ними по мн. вопросам.

В 1919–24 И.-Р.– один из руководителей (тов. пред.) Вольной Филос. ассоциации, созданной в целях "исследования и разработки в духе философии и социализма вопросов культурного творчества". С 1919 неоднократно арестовывался как "идейный вдохновитель народничества", ссылался. Жил в бедности, не имея пост. заработка. В последний раз арестован в сент. 1937. Отверг все предъявленные обвинения и после почти двухгодичного пребывания под следствием освобождён.

К окт. 1941 И.-Р. жил в г. Пушкин. Занявшие город немцы вывезли его в Вост. Пруссию, где до лета 1943 он был заключён в концлагерь. Затем жил в Литве, Германии. Написал воспоминания о своей жизни после 1917.

В.М. Чернов писал: "С И.-Р. можно было соглашаться или не соглашаться. Пишущему эти строки часто приходилось спорить с ним и даже бороться, в 1917 г., против нек-рых его крайних увлечений. Но я не встречал человека, знавшего его и следившего за его работой, кто не признавал бы его светлого ума, его лит. одарённости и, главное, его глубокой безответной преданности тем идеалам свободы и человечности, защите к-рых он посвятил свою жизнь" (Чернов В., Р.В. Иванов-Разумник, "Соц. вестник", 1949, № 8).

С о ч.: Год Рев-ции. Статьи 1917 г., П., 1918; 27 февр. 1917 года (страница из воспоминаний), в его сб.: Перед грозой, П., 1923.

Лит.: Осоргина. *Я.В. Леонтьев.*

ИЗГО́ЕВ (наст. фам. Ланде) Александр (Арон) Соломонович (11 апр. 1872, Вильно,– 11июля 1935, Хаапсалу, Эстония). Сын учителя Виленского раввинского уч-ща. Окончив Минскую гимназию (1889), поступил на мед. ф-т Томского ун-та. В 1893 начал изучать марксизм; участвовал в студенч. движении; в 1894 уехал за границу. С 1896 – в Одессе; в кон. 1890-х гг. примыкал к с.-д., до сер. 1904 поддерживал с ними связи. В 1900 окончил юрид. ф-т Новороссийского (Одесса) ун-та. Один из организаторов "Союза Освобождения" (1904–05) и парт. орг-ции кадетов в Одессе. С 1906 в Петербурге; вместе с П.Б. Струве участвовал в издававшихся им ж. "Без заглавия", "Полярная Звезда", "Свобода и Культура". С 1907 член редакции ж. "Рус. Мысль", вёл в нём до 1918 собств. рубрику "На перевале", заведовал отделом "рус. жизни" в газ. "Речь". Член ЦК Партии Нар. Свободы (1906–18), примыкал к его правому крылу. Один из авторов сб. "Вехи" (1909). Не раз полемизировал с большевиками. Первый биограф П.А. Столыпина. И. принадлежал к петерб. либеральной элите. В предвоен. период предупреждал, что в случае войны неизбежна перемена власти, но "не кадеты будут на гребне волн, а крайние левые, к-рые первыми утопят кадетов, а затем меньшевиков" (Думова-2, с. 14).

Особых надежд на благоприятное развитие событий после Февр. рев-ции 1917 не питал – после 1905 вообще был настроен пессимистически ("мрачно-пророчествующий", по определению А.В. Тырковой). И. разгадал в большевизме ту силу, к-рая поведёт за собой массы, враждебно относился к В.И. Ленину. Тщетность попыток партии кадетов внедриться в крест. и рабочую среду после Февраля объяснял тем, что она "не смогла сделать себе опоры из крестьян-собственников" из-за отсутствия у её руководителей достаточной "демократичности", из-за того, что в них "было много барского" (там же, с. 127). На 8-м съезде партии выступил против правительств. коалиции с социалистами, поддержал внешнеполит. курс П.Н. Милюкова, резко полемизировал с Н.В. Некрасовым. Вновь избран в ЦК партии, хотя получил наиб. кол-во голосов "против". В авг. вместе со Струве и др. стал основателем "Лиги рус. культуры". После провала выступления ген. Л.Г. Корнилова кадетский ЦК, как вспоминал И., был так устрашён гневом и возмущением нар. масс по поводу роли кадетов в заговоре, что "пришлось прекратить открытое устройство заседаний" и собираться в разных местах "полуконспиративно" (там же, с. 204).

После Окт. рев-ции вместе с Тырковой организовал выпуск неск. номеров газ. "Борьба", открыто призывавшей к вооруж. выступлениям против Сов. власти.

Анализируя итоги семимесячного правления большевиков, И. писал в мае 1918 в ст. "Социализм, культура и большевизм": "Поняла ли рус. интеллигенция весь грозный смысл переживаемых событий? Извлекла ли она необходимые уроки?.. Осн. причина нынешнего нашего беспримерного гос. разгрома в том, что интеллигенция совершенно не понимала ни природы человека и силы движущих им мотивов, ни природы об-ва и условий, необходимых для их укрепления и развития. О человеке, об об-ве и гос-ве наша интеллигенция составила себе фантастические, лживые и ложные представления... Монархия рухнула с поразительной быстротой. Рус. интеллигенция в лице её полит. партий вынуждена была немедленно из оппозиции перестроиться в органы власти. Тут-то её и постигло банкротство, заставившее забыть даже провал монархии. Все гл. политические, социально-экон. и психологич. идеи, в к-рых столетие воспитывалась рус. интеллигенция, оказались ложными и гибельными для народа. В роли критиков выступили не те или иные литераторы, а сама жизнь... Большевики и их господство и воплотили в себе всю эту критику жизни. Напрасно интеллигенция пытается спасти себя отводом, будто она не отвечает за большевиков. Нет, она отвечает за все их действия и мысли. Большевики лишь последовательно осуществили всё то, что говорили и к чему толкали другие... Добросовестность велит признать, что под каждым своим декретом большевики могут привести выдержки из писаний не только Маркса и Ленина, но и всех рус. социалистов и сочувственников как марксистского, так и народнического толка. Единств. возражение, к-рое с этой стороны делалось большевикам, по существу сводилось к уговорам действовать не так стремительно, не так быстро, не захватывать всего сразу. Это – не принципиальные возражения, а оговорки трусливого оппортунизма. Чхеидзе, Чернов, Церетели, Скобелев, Некрасов, Ефремов, Керенский говорили и проповедовали то, что принципиально должно было привести к господству большевизма, решившегося, наконец, воплотить в делах их речи" ("Из глубины. Сб. статей о рус. рев-ции", М.–П., 1918, был запрещён; цит. по изданию: М., 1990, с. 151–52).

В 1918 секр. ревизионной комиссии Об-ва взаимопомощи литераторов и учёных. В нач. нояб. арестован; в янв. 1919 освобождён, в авг. снова арестован и освобождён лишь в марте 1921. В авг.– нояб. 1922 снова в заключении. В нояб. 1922 выслан в Германию вместе с большой группой писателей, публицистов, учёных. С 1926 пост. корреспондент латв. газ. "Руль" и "Сегодня". Последние годы жизни провёл в Эстонии.

Соч.: Наши полит. партии, П., 1917; Социалисты во второй рус. рев-ции, П., 1917; Социалисты и крестьяне, П., 1917; Разрушители России, Владивосток, 1918; Пять лет в Сов. России, в кн.: Архив Рус. рев-ции, т. 10,Берлин, 1925. *М.Е. Голостенов.*

ИЗМАЙЛОВИЧ Александра Адольфовна (1878, Петербург,– 11 сент. 1941, Медведовский лес, близ г. Орёл). Из дворян, отец – офицер-артиллерист. В партии эсеров с 1901. Участница Рев-ции 1905–07, чл. летучего Боевого отряда Северной обл. 14 янв. 1906 участвовала вместе с И.П. Пулиховым в покушении на минского губернатора П.Г. Курлова и полицмейстера Д.Д. Норова. 16 февр. 1906 приговорена к смертной казни, заменённой бессрочной каторгой (Пулихов – повешен). На Нерчинской каторге познакомилась с М.А. Спиридоновой, И.К. Каховской и др. деятелями ПСР.

В результате Февр. рев-ции 1917 освобождена. Работала в Черниговской губ. среди крестьян парт. пропагандистом и организатором. К осени приехала в Петроград, баллотировалась в чл. Учред. Собр.от Петрограда, но не прошла. На учред. съезде Партии левых эсеров (ПЛСР; 19–27 нояб.) избрана чл. ЦК. Участвовала в Окт. рев-ции. Входила в левоэсеровскую фракцию ВЦИК 2–4-го созывов. С дек. чл. Президиума ВЦИК. При образовании блока большевиков и левых эсеров намечалась членом

СНК – наркомом дворцов Республики, но по решению ЦК ПЛСР оставлена на парт. и сов. работе.

В апр.– мае 1918 заведовала орг.-пропагандист. отделом Крест. секции ВЦИК. В левоэсеровском мятеже 6 июля 1918 не участвовала, но была арестована; вскоре освобождена. В изд-ве ПЛСР "Рев. социализм" выпустила брошюру "Послеоктябрьские ошибки" (М., 1918), в к-рой писала:

"Это, во-первых, капитуляция перед герм. империализмом и, значит, измена нашим братьям на Украине, в Финляндии, Латвии, Белоруссии, Литве и Бессарабии. И отсюда неизбежная медленная, но верная сдача окт. позиций по всем фронтам борьбы с буржуазией всех стран, и российских в т.ч., и значит, задержка в развитии мировой рев-ции, тяжёлый удар по Интернационалу, измена его заветам, недопускающим никакого соглашательства ни с каким империализмом. Вторая ошибка – отход от окт. позиций в области внутр. политики и экономики, от децентрализации, т.е. от соответствующего распределения гос. управления между всеми органами Сов. власти, к централизации, т.е. к соединению всезахватывающей власти в руки только Центр. Пр-ва, только одной головки. И третья ошибка – это недоверие Центр. Пр-ва к самому многочисл. и осн. трудовому классу России – крест-ву... Третья же ошибка роет пропасть, куда с треском рискуют рухнуть все имеющиеся уже завоевания Окт. рев-ции, если эта ошибка будет всё углубляться и углубляться". Особенно критически оценивала И. комбеды и "красный террор".

Начиная с 1919 неоднократно подвергалась арестам и ссылкам, с 1923 в ссылке. В 1937 Воен. коллегией Верх. суда СССР осуждена к 10 годам лишения свободы по обвинению в принадлежности к террористич. орг-ции, а 8 сент. 1941 приговорена к расстрелу. Реабилитирована по делам 1937 и 1941 в 1957 и по делам 20-х – нач. 30-х гг. в 1989.

Я.В. Леонтьев.

ИЛЛАРИО́Н (Троицкий Василий Александрович) (1866, с. Липицы Серпуховского у. Моск. губ.,– 28 дек. 1929, Ленинград). Род. в семье священника. В 1910 окончил Моск. духовную академию со степенью канд. богословия и оставлен профессорским стипендиатом. В 1913 получил степень магистра богословия и пострижен в монашество, рукоположен во иеромонахи и определён исполняющим должность доцента Моск. духовной академии, затем назначен её инспектором с возведением в сан архимандрита. В дек. 1913 утверждён в звании экстраординарного профессора по Священному писанию Нового завета; доктор богословия. По воспоминаниям современников, И. был физически сильным человеком, высокого роста, с тонкими чертами лица, русой бородой. Привлекал внимание величавостью, строгим изяществом, своеобразной картинностью. Любимец народа, И. пользовался авторитетом также среди духовенства. Богослов, церк. писатель.

В 1916 выпустил кн. "Трех против церкви. Думы о рус. интеллигенции", в к-рой писал: "Рус. народ воспитывался... под рук-вом церкви, а поэтому отпадение от церкви для рус. человека и является почти наверное отпадением от России. Россия может прожить без парламента, без университетов, но Россию нельзя представить себе без церкви. Сейчас рус. народ охватила болезнь... часть рус. интеллигенции... отошла от церкви, вышла из-под её рук-ва, потеряла связь с жизнью церкви... Это отпадение от церкви произошло под влиянием Запада, давно отпавшего от церкви"; "В этом можно видеть самый вред и пагубное влияние Запада на рус. жизнь... А ведь у нас и теперь раздаются голоса о том, что мы воюем не с зап.-европ. культурой, а только с прусским милитаризмом" (П., с. 5, 19). В "Богословском Вестнике" за янв. 1917 в ст. "Вера и Разум" утверждал: "Отделение от церкви будет иметь печальные последствия для отделившегося. От церкви отделяются только еретики и раскольники, сущность остаётся одна и та же" (т. 1, с. 9).

После Февр. рев-ции 1917 участвовал в выборах на Тульскую кафедру (июль) и ректора Моск. духовной академии (сент.), но в обоих случаях не получил необходимого числа голосов. Член Св. Собора Правосл. Рос. Церкви (авг. 1917–1918). На Соборе выступал как сторонник патриаршества: "Зовут Москву сердцем России. Но где же в Москве быть рус. сердцу? На бирже? В торг. рядах? На Кузнецком мосту? Оно бьётся в Кремле. Но где же в Кремле? В окружном суде? Или в солд. казарме? Нет, в Успенском соборе. Там ...бьётся рус. правосл. сердце. Орёл петровского... самодержавия выклевал это рус. правосл. сердце. Святотатственная рука нечестивого Петра свела первосвятителя российского с его векового места в Успенском соборе. Поместный Собор церкви российской, от Бога данной ему властью, снова устанавливает Моск. патриарха на его законном неотъемлемом месте" (см.: Регельсон Л., Трагедия рус. церкви. 1917–1945, Париж, 1977, с. 31).

С 1920 епископ Верейский, викарий Моск. епархии. В 1923 патриарх Тихон возвёл И. в звание архиепископа. Управлял делами Моск. епархии. В нояб. этого года арестован и сослан на Соловки, где пробыл до 1925. В 1925–26 содержался в Ярославской тюрьме, затем вновь на Соловках. В 1929 направлен на поселение в Алма-Ату; скончался от сыпного тифа в ленингр. тюремной больнице.

Лит.: Рус. правосл. иерархи. Исповедники и мученики. Альбом, Париж, 1986; M a n u i l [Lemeševskij], Die Russischen Orthodoxen Bischöfe von 1893 bis 1965, Teil 3, Erlangen, 1984.

М.Е. Голостенов.

ИМА́НОВ Амангельды (3 апр. 1873, аул № 3 Кайдаульской вол. Тургайского у. Тургайской обл.,– 18 мая 1919, Тургай). В 1881–84 учился у аульного муллы; познакомился с рус. полит. ссыльными. В 1906 организовал выступление бедняков Каратургайской и Кайдаульской вол. против захвата их земель. Неоднократно находился под следствием, арестовывался. В 1908 осуждён за участие в столкновении в г. Тургай на ярмарке бедняков с караульным отрядом и за разгром караульного помещения. В 1914 побывал в Москве и Петербурге по делам защиты интересов тургайской бедноты.

В 1916–февр. 1917 возглавил нац.-освободит. антифеод. восст. в Тургайской обл.

После Февр. рев-ции 1917 укрепил повстанч. отряды, в марте созвал съезд представителей трудящихся волостей Тургайского у., избравший И. пред. уездного ВРК. Комиссар Врем. пр-ва по Тургайской обл. А. Букейханов не признал решения съезда, назначил комиссаром О. Алмасова. Они требовали от быв. участников восст. 1916, в т.ч. И., возврата конфискованного в тот период скота. В июле в местности Бетпаккара состоялся суд над И., организованный с санкции органов Врем. пр-ва. И. заявил: "Они нас судят и осуждают, грабят, отбирают имущество у народа за то, что народ сегодня не хочет оставаться под гнётом баев и не хочет плясать под дудку байских интересов" (Нурканов А., Нар. батыр, М., 1962, с. 42). Приговорён к 10 годам ссылки в Сибирь. После жалобы И. в Петрогр. Совет РСД приговор был отменён. Летом и осенью И., выступая перед населением, неоднократно указывал, что "судьба кирг. (казах.) народа связана с победой большевиков, поэтому мы всеми силами должны помочь рус. большевикам" (там же, с. 50).

Победу Окт. рев-ции приветствовал. На митинге трудящихся Тургая и большевист. представителей Актюбинска и Кустаная говорил: "Поздравляя вас с победой пролет. рев-ции, призываю силой оружия свергнуть ненавистную власть Врем. пр-ва на местах" (там же). В дек. отряды во главе с И. вошли в Тургай и установили там Сов. власть. И. был назначен воен. комиссаром Тургайского у. Во главе отрядов сарбазов (воинов – казах. яз.) участвовал в освобождении Оренбурга от дутовцев (18 янв. 1918). 21 марта – 3 апр. 1918 делегат 1-го съезда Советов РСК и кирг. (казах.) депутатов Тургайской обл. Как член хоз. комиссии съезда занимался подготовкой решений по зем., прод., финанс. и др. вопросам; избран членом исполкома. Во время съезда и после него участвовал в боях с дутовцами, создавал отряды Кр. Гвардии. С мая (после антисов. переворота в Тургае) по дек. организатор партизан. движения, в т.ч. нац. частей, в Тургайской степи. В дек. один из руководителей восстановления Сов. власти в Тургае, с созданием местной большевист. орг-ции вступил в РКП(б). Формировал части Кр. Армии. В апр. 1919 в результате антисов. переворота в Тургае арестован и убит.

Лит.: Амангельды Иманов. Статьи, док-ты, мат-лы, Алма-Ата, 1974; Сабитов Н., Амангельды. Библ. ук. о жизни и деятельности, опубл. за 1926–1945 гг. на казах. и рус. яз., Алма-Ата, 1946. *С.С. Байсембаев.*

ИМШЕНЕ́ЦКИЙ Яков Кондратьевич (1858–?) Род. в семье священника. Окончил семинарию, учился в Моск. (в 1881 исключён за участие в волнениях студентов) и Киевском ун-тах, окончил Новороссийский ун-т (Одесса) в 1885. С 1887 занимался статистикой, в 1893–1906 на гос. службе. Специалист по экон. и агр. вопросам, сотрудничал в столичных и провинц. газетах. Был близок к "Союзу Освобождения". В кадетскую партию вступил в год её орг-ции (1905), избран в состав ЦК на 6-м съезде партии (1916); лидер полтавских кадетов. Вошёл в состав редакций газ. "Нар. Свобода – Думский Листок", ж. "Вестник Партии Нар. Свободы". Член 1-й Гос. Думы (от Полтавской губ.), выступал на её заседаниях по агр. вопросам. Подписал Выборгское воззвание, призывавшее население к гражд. неповиновению; осуждён на 3 мес. и лишён права занимать обществ. и гос. посты.

После Февр. рев-ции 1917 выступил 16 марта в Полтаве на собрании, устроенном отделением Партии Нар. Свободы, и изложил осн. пункты программы партии. Гласный полтавской Гор. думы. На 8-м съезде партии 11 мая сделал доклад по нац. вопросу: «Лозунг "Автономия Украины" смутно воспринимается широкими слоями населения, но они инстинктивно чувствуют, что у них есть какие-то более широкие нац. требования, и они уже не мирятся на том, чтобы им было разрешено читать книги на укр. яз. Но наряду с этим, также определённо выявилось и другое; при всех положениях, при всех постановках вопроса прямо, определённо, решительно и даже со страстностью народ всегда заявляет, что ни о каком отделении от России не может быть и речи. С этим сознанием общности народной надо считаться, дорожить им, и, в этих целях, надо указать укр. народу путь к осуществлению его нац. требований... Опасность разъединения и распада гос-ва по отношению к Украине нереальна, потому что разделить территорию Украины от России никаким образом [нельзя], чтобы на Украине не осталось ни одного русского и наоборот» ("Вестник Партии Нар. Свободы", 1917, № 14/16, с. 14). И. вместе с др. делегатами-украинцами возражал против проекта резолюции по нац. вопросу, к-рый предусматривал предоставление в вопросах хоз., культурной жизни губернии или области самоуправления, но при контроле со стороны общегос. властей, вплоть до отмены постановлений. И вопрос был отложен до созыва Учред. Собр. (см.: Думова-2, с. 139). На съезде избран вновь в ЦК. 9 июля И. выступил на 1-м общегор. собрании партии в Екатеринославе и указал, что нахождение партии на крайнем правом фланге – явление временное и "не должно приводить в смущение" и что партия вскоре займёт место в центре, к-рое она занимала ранее (см.: "Вестник...", 1917, № 14/16, с. 28). На 9-м съезде партии избран канд. на выборы в Учред. Собр. от Полтавской и Черниговской губ. Выдвинут канд. в Учред. Собр. и от полтавского отделения партии (по списку № 3 под первым номером). В авг. вошёл в новый состав Гор. думы и в её финанс. комиссию. Член Предпарламента.

Окт. события в Петрограде встретил крайне негативно. 12 нояб. на заседании полтавской Гор. думы был оглашён Универсал укр. Центр. Рады об объявлении Укр. Нар. Республики. И. выступил с речью, в к-рой поддержал намерение Центр. Рады бороться с анархией и гражд. войной, её попытки "наладить жизнь, устроить порядок при посредстве местных органов" в условиях, когда "центр. власти гос-ва" "совершенно нет". Однако, по мнению И., "... и Рада и Секретариат приступили к этому делу не с той государственностью и осторожностью, не с тем сознанием ответственности, какое естественно было предъявить к этому случаю, а с чисто большевист. демагогией. Вводить коренные изменения гос. строя в крае, пользуясь разрухой, почти накануне открытия Учред. Собр., это ни в коем случае не значит укреплять власть. Упразднение росчерком пера права собственности на землю, введение 8-час. рабочего дня, преобразование суда, и всё это с чисто ленинской решительностью и легкомыслием может только обострить гражд. войну и разруху. Обещание заставить союзников и врагов немедленно начать переговоры о мире звучит совершенно по-большевистски и является чистой демагогией. И пока Рада будет идти этим явно большевист. путём, она не может дать Украине ни мира, ни земли, ни порядка" (там же, № 28, с. 17). Предложенная им резолюция была отклонена.

Дальнейшая судьба неизвестна.

М.Е. Голостенов.

ИО́ФФЕ Адольф Абрамович (10 окт. 1883, Симферополь,– 17 нояб. 1927, Москва). Из семьи купца. Окончив гим-

назию, в 1903–04 учился на мед. ф-те Берлинского ун-та, в 1906–07 на юрид. ф-те Цюрихского ун-та. Чл. РСДРП с кон. 90-х гг. 19 в.; примыкал к меньшевикам. Участник Рев-ции 1905–07 (Севастополь, Одесса). Находясь в эмиграции, был в 1906–07 чл. Загран. бюро ЦК РСДРП. В 1908–12 вместе с Л.Д. Троцким и М.И. Скобелевым издавал газ. "Правда" (Вена). В России неоднократно подвергался арестам, ссылкам.

После Февр. рев-ции 1917, приехав из сиб. ссылки в Петроград, вошёл в группу "межрайонцев", совм. с Л.Д. Троцким издавал ж. "Вперёд". На 6-м съезде РСДРП(б) (26 июля – 3 авг.) в числе "межрайонцев" принят в большевист. партию; чл. мандатной и редакц. комиссий съезда, канд. в чл. ЦК. На заседании ЦК 5 авг. избран в узкий состав ЦК РСДРП(б), 6 авг.– в состав Секретариата ЦК. 20 авг. введён ЦК в редколлегию газ. "Пролетарий" (одно из назв. "Правды"); избран гласным петрогр. Гор. думы (чл. больничной комиссии). Чл. Петрогр. Совета РСД. 6 сент. делегирован думой для участия в Демокр. совещании (14–22 сент.). Как представитель большевиков участвовал в работе Предпарламента (7 окт. совм. с др. большевиками вышел из него). 20 сент. введён в муниципальную комиссию ЦК РСДРП(б) и в редколлегию ж. "Город и Земство". С 25 сент. член исполкома Петрогр. Совета РСД от рабочей секции.

В дни Окт. вооруж. восст. член Петрогр. ВРК. Дел. 2-го Всерос. съезда Советов РСД, избран чл. ВЦИК. 3 нояб. подписал ультиматум большинства членов ЦК РСДРП(б) меньшинству по поводу формирования "однородного соц. пр-ва". Член Учред. Собр. (от Пскова). С 20 нояб. (до янв. 1918) пред. сов. делегации на переговорах о мире с Германией в Брест-Литовске; 2 дек. в числе других подписал перемирие с Германией и её союзниками. По вопросу о заключении мира с Германией стоял на позициях Троцкого – "ни мира, ни войны".

На заседании ЦК РСДРП(б) 18 февр. 1918 заявил: "Я вчера думал, что немцы наступать не будут; раз они наступают, то это полная победа империализма и милитаристич. партий... Мне казалось бы обязательным подписание мира только в том случае, если бы наши войска бежали в панике, ...если бы народ требовал от нас мира. Пока этого нет, мы по-прежнему должны бить на мировую рев-цию" ["Протоколы ЦК РСДРП(б)", с. 201]. Поддерживая позицию "левых коммунистов" по отношению к заключению мира, 22 февр. совм. с Ф.Э. Дзержинским и Н.Н. Крестинским не присоединился к заявлению "левых" о развёртывании широкой агитации против линии ЦК, т.к. это "может повести к расколу партии" (там же, с. 210). 23 февр. совм. с Дзержинским и Крестинским подал в ЦК партии заявление о том, что возможный раскол партии опаснее для рев-ции, чем договор с Германией: "... не будучи в состоянии голосовать за мир, мы воздерживаемся от голосования по этому вопросу" (там же, с. 216). 24 февр. подал в ЦК заявление, что, являясь противником заключения мира, отказывается от участия в работе сов. делегации, "но ввиду категорич. постановления ЦК, считающего обязательным моё участие в мирной делегации, ...вынужден в интересах сохранения возможного единства партии подчиниться этому решению и еду в Брест-Литовск лишь как консультант, не несущий никакой полит. ответственности" (там же, с. 227). Дел. 7-го съезда РКП(б) (6–8 марта); на заседании съезда 8 марта Крестинский от своего имени и имени И. внёс резолюцию: съезд полагает, что "...тактика неподписания мира в Бресте 10 февр. этого года была правильной тактикой, т.к. она наглядно показала, даже самым отсталым отрядам междунар. пролетариата, полную независимость рабоче-крест. пр-ва России от герм. империализма и разбойничий характер последнего" ["7-й Экстренный съезд РКП(б). Март 1918". Стенографич. отчёт, М., 1962, с. 128, 136]; резолюция была отвергнута съездом; избран канд. в чл. ЦК.

В марте – апр. чл. Петрогр. бюро ЦК РКП(б). В апр.– дек. полпред РСФСР в Германии, затем на др. гос. и парт. работе. Будучи смертельно больным, покончил жизнь самоубийством.

Б.Я. Хазанов.

ИСУ́В Иосиф Григорьевич (Андреевич) (1878, Витебск, 1920, Москва). По окончании Учительского ин-та учитель в евр. школе в Шавлях (Шауляе); занимался рев. пропагандой в орг-ции Бунда. В 1900 арестован и выслан в Витебск. С 1902 чл. РСДРП, с

1903 меньшевик. В 1903 вёл рев. работу в Екатеринославе, Киеве, с 1904 – в Москве. Участник Рев-ции 1905–07, в дек. 1905 чл. Объединённого Федеративного к-та, руководившего вооруж. восстанием. В 1906 арестован, бежал из ссылки. В 1907 на 5-м съезде РСДРП заочно избран чл. ЦК от меньшевиков. В годы реакции – "ликвидатор", публиковался в "ликвидаторских" изданиях. Организатор петерб. "Инициативной группы" меньшевиков (1910), один из сотрудников с.-д. фракции 3-й и 4-й Гос. Дум. После Авг. с.-д. конференции (Вена, 1912) и образования "Авг. блока", создавшего ОК, вошёл в него в 1913. В годы 1-й мир. войны "оборонец".

После Февр. рев-ции 1917 один из лидеров моск. меньшевиков, с марта чл. к-та Моск. орг-ции меньшевиков. С апр. член исполкома Моск. Совета РД и Моск. обл. бюро Советов (Мобюса). 26 апр., выступая с докладом об отношении к Врем. пр-ву на исполкоме Моск. Совета РД, высказывался против участия в коалиции с буржуазией, "т.к. нет даже прямых гарантий, что при вхождении социалистов в пр-во окончательно будут парализованы источники, к-рые могут продолжать подрывать авторитет такого пр-ва". Противник предложения кадетов о созыве Гос. совещания при Врем. пр-ве, поскольку оно "будет притязать на выражение обществ. мнения всей страны" ("Известия Моск. Совета РД", 1917, 27 апр.). Дел. Всерос. конф. меньшевист. и объединённых орг-ций РСДРП (Петроград, нач. мая), избран чл. ОК. 28 мая, выступая с докладом о текущем моменте и войне на Моск. обл. съезде Советов РСД, говорил: "Окончание войны путём решит. победы одной коалиции над другой послужило бы источником укрепления милитаризма и шовинизма и ослабления пролет. движения, мы ставим своей задачей достижение мира всеобщего, без аннексий и контрибуций, на основе самоопределения народов" ["Вперёд" (Москва), 1917, 1 июня]. Дел. 1-го Всерос. съезда Советов РСД (3–24 июня), один из лидеров меньшевист. фракции, руководитель орг. секции; 16 июня говорил: "Все наши резолюции, все наши решения и действия оказались [бы.– Ред.] висящими в воздухе, если бы нам не удалось создать крепкий и работоспособный центр, к-рый смог бы проводить в жизнь наши постановления, к-рый смог бы направлять все выступления рев. демократии... смог бы осуществлять на деле контроль над товарищами министрами-социалистами, к-рый мог бы вместе с министрами и подготовить их работу, и вместе с тем перед этим центром наши товарищи министры должны отвечать за всю деятельность пр-ва в области внеш. и внутр. политики" ("1-й съезд Советов", т. 2, с. 58). Таким центром, по мнению орг. секции, должен стать совместный Всерос. исполнит. к-т Советов РД, СД и КД. В период Июльского кризиса на заседании Моск. Совета РД осудил призыв большевиков к демонстрации – "Могут столкнуться враждебные демонстрации, и прольётся кровь. Это откроет брешь в рев. демократии, через к-рую пройдёт контррев-ция" ("Известия Моск. Совета РД", 1917, 5 июля). 10 авг. на соединённом заседании Моск. Советов РД и СД доказывал, что протест против Гос. совещания не нужен, говорил о нарастающем разрыве между солдатами и крестьянами, с одной стороны, и рабочими, с другой: "Надо ли нам изолировать себя от всей остальной России? Неужели мы ещё больше должны расширять пропасть между рабочим классом и всей остальной Россией?" (там же, 1917, 11 авг.).

Дел. Объединит. съезда РСДРП (Петроград, авг.), избран чл. ЦК РСДРП(о) от оборонч. большинства съезда. В период выступления ген. Л.Г. Корнилова, поддержав создание антикорниловских соединений из войск Моск. гарнизона, был против вооружения рабочих: "Создавать... армию параллельно регулярной армии мы не хотим" (Грунт А.Я., Москва. 1917-й. Рев-ция и контррев-ция, М., 1976, с. 214). В сент. участник Всерос. Демокр. совещания, затем чл. Врем. Совета Рос. Республики (Предпарламента). 30 сент. на 2-м Моск. обл. съезде Советов РСД в докладе о текущем моменте говорил "о борьбе против попыток захвата власти Советами, что неизбежно привело бы к расколу и поражению демократии", выступал за "сплочение всей демократии для борьбы за образование демокр. пр-ва без цензовых элементов, опирающегося на широкие нар. массы" ["Вперёд" (Москва), 1917, 1 окт.]. 17 окт. на заседании исполкомов Моск. Советов РД и СД отмечал: "...Не нужно делать опыта захвата власти, потому что, если это удастся, то этим вы [большевики.– Авторы] разорвёте фронт демократии..." (Астрахан Х.М., Большевики и их полит. противники в 1917 г., Л., 1973, с. 410). После получения известия об Окт. вооруж. восстании в Петрограде на заседании Моск. Советов РД и СД 25 окт. предупреждал: "Вы [депутаты.– Авторы], собирающиеся стать во главе рев-ции, начинайте не с раскола, а строго взвесьте все обстоятельства, ибо даже с вашей точки зрения путь, на к-рый вас зовут, есть путь гибельный... мы знаем, что тёмные силы, окопавшись, ждут момента этого выступления, а потому нам необходимо создать орган временный, общедемократический, к-рый возьмёт в свои руки дело защиты завоеваний рев-ции и охрану в Москве рев. порядка" ["Вперёд" (Москва), 1917, 26 окт.]. 26 окт. в Моск. Совете РД оценивал как бессмысленное и авантюристичное взятие власти Советами накануне созыва Учред. Собр. Во время уличных боёв 27 окт., по нек-рым данным (см.: Грунт А.Я., указ. соч., с. 316), выступал посредником между ВРК и К-том обществ. безопасности, перевозя документы, к-рыми они обменивались.

После установления Сов. власти в Москве при обсуждении 13 нояб. исполкомом Моск. Совета РД вопроса о слиянии с Моск. Советом СД высказался "против", мотивируя свою позицию тем, что большевики "забывают клас. позицию пролетариата", что "клас. противоположность нельзя снять механич. соединением; шинель не освобождает солдат от тяготения к своему классу" ("Триумфальное шествие Сов. власти", ч. 1, М., 1963, с. 325). 30 нояб., когда Моск. Совет РСД обсуждал вопрос о закрытии бурж. газет, заявил: "Политически я обвиняю фракцию большевиков в самовластии, в уничтожении полит. свобод..." ["Вперёд" (Москва), 1917, 1 дек.]. 5 дек. на заседании Моск. Совета призвал "заключить мир внутри страны", пояснив, что, по мнению меньшевиков, "свободой должны пользоваться как крайние монархисты, так и анархисты" (Подболотов П.А., Спирин Л.М., Крах меньшевизма в Сов. России, Л., 1988, с. 62). Дел. Чрезв. съезда РСДРП(о) (Петроград, 30 нояб.– 7 дек.), но, видимо, не участвовал в его работе; избран канд. в члены ЦК.

19 апр. 1918 на заседании Моск. Совета большевики внесли предложение о том, что все члены Совета должны принимать практич. участие в управлении делами Москвы и области. "Против" выступил И., говоривший, что это превращает Совет в "бюрократич. учреждение". Он доказывал, что исполком Совета должен быть не органом власти, а "органом самодеятельности рабочего класса", его резолюция была отклонена большинством голосов ["Вперёд" (Москва), 1918, 20 апр.]. Подробнее свою позицию И. изложил в тезисах, одобренных Моск. обл. к-том меньшевиков: "В руках рабочего класса Советы должны служить опорными пунктами для восстановления попранных свобод, демокр. республики и органа всенар. воли – Учред. Собр. Советы должны содействовать восстановлению независимости проф. и др. клас. пролет. орг-ций от гос. власти..." (там же, 1918, 25 апр.). И. возглавлял меньшевист. фракцию Моссовета и летом 1918. После решения ВЦИК от 14 июня об исключении эсеров и меньшевиков из своего состава этот же вопрос 25 июня обсуждал и Моссовет. Из Совета исключили только эсеров, а меньшевики были выведены из исполкома и лишены права иметь самостоят. фракцию. В ответ И. заявил: "Мы можем послать отд. представителей, нам это не страшно" (Подболотов П.А., Спирин Л.М., указ. соч., с. 105).

С 1919, не оставляя парт. деятельности, работал в Музее Труда. В апр. 1920 участник совещания в Москве парт. работников РСДРП. Осн. вопросом был доклад Ю.О. Мартова "Мировая социальная рев-ция и задачи с.-д-тии с выводом о созревании предпосылок для соц. рев-ции". И. выступил с критикой доклада, заявив, что "правильность посылки о несостоятельности капитализма не доказана" (там же, с. 144). В том же году умер от дизентерии.

В.И. Миллер, Г.И. Ильящук, Т.Ю. Попова.

ИСХАКИ́ (Исхаков) Гаяз (Мухаммед-Гаяз) Гилязетдинович (10 февр. 1878, д. Кутлушкино Красноярской вол. Чистопольского у. Казанской губ.,– 22 июля 1954, Анкара). Род. в семье муллы. Учился в медресе, в 1898 поступил в Казан. тат. учительскую школу, участвовал в студенч. движении. С 1902 преподавал в Оренбургском медресе;

примкнул к эсерам. В 1904 переехал в Казань. В авг. 1905 на 1-м мусульм. съезде в Н. Новгороде возглавил группу социалистов. В 1906 один из организаторов партии тат. эсеров "Тангчи" [по назв. их газ. "Танг йолдызы" ("Утренняя Звезда")]. На 3-м мусульм. съезде (авг. 1906, Н. Новгород) выступил против создания единой мусульм. партии, за общемусульм. религ., культ.-просвет. орг-цию. В февр. 1907 один из инициаторов издания газ. "Тавыш" ("Голос", Казань), к-рая в авг. этого года была закрыта, а И. арестован и выслан в Архангельскую губ. В 1913–18 редактор-издатель газ. "Иль" [("Страна"), Петербург, Москва], редактор газ. "Суз" [("Слово"), Москва], газ. "Безнен иль" [("Наша Страна"), Петроград]. Писатель, драматург, публицист. Неоднократно арестовывался, отбывал тюремное заключение и ссылку.

После Февр. рев-ции 1917 выступал за единство тюрк. народов. за нац.-культурную автономию мусульм. народов России; пред. созданного в апр. Моск. мусульм. к-та. Один из организаторов 1-го Всерос. мусульм. съезда в Москве (май), на к-ром выступил с критикой представителя Врем. пр-ва кадета С.А. Котляревского, из речи к-рого следовало, будто проблемы мусульм. народов исчерпываются вопросами религии. В дискуссии по полит. платформе рос. мусульман. И. заявил, что осн. задача съезда – определить полит., экон. и социальный путь для 30 млн. мусульман России, к-рых необходимо объединить, на время забыв свои мелкие выгоды и местные интересы. Осн. принципы предложенной И. платформы: мусульмане России – полит. организм, способный и обладающий правом развивать единую культуру и строить свою жизнь на основе единой культуры; в своих действиях руководствуются единым мнением и идут под единым рук-вом. 11 мая съезд принял предложенную И. резолюцию, в к-рой говорилось, что для практич. рук-ва и координации действий мусульман России создаётся Всерос. мусульм. Совет (Милли Шуро) из представителей всех классов и народов; Милли Шуро из своего состава избирает исполком. И. был избран членом Милли Шуро и пред. его исполкома, хотя в ходе съезда критиковался как крайне правыми, так и крайне левыми.

Исполком Милли Шуро 6 июня обратился с воззванием к мусульманам страны, к-рое заканчивалось призывом "Да здравствует свободная Россия свободных народов!". И. и др. члены исполкома дважды участвовали в заседаниях Врем. пр-ва, посвящённых подготовке к выборам в Учред. Собр. В связи с Июльскими событиями в Петрограде исполком обратился с воззванием к мусульманам страны – поддержать всеми средствами Врем.

пр-во, не допустить его свержения. Одновременно предложил пр-ву включить в его состав представителей разл. народов, в т.ч. мусульман. И. вошёл в делегацию для переговоров с пр-вом. Один из организаторов 2-го Всерос. мусульм. съезда, 1-го Всерос. мусульм. военного съезда и Всерос. съезда мусульм. духовенства, состоявшихся в Казани в июле – авг. На 2-м Всерос. мусульм. съезде предлагал создать орган для контроля за информацией о работе съезда, публикуя только положит. материалы, что было отклонено съездом. Избран в Коллегию по осуществлению нац.-культурной автономии мусульман Внутр. России и Сибири. Во время корниловского выступления исполком Милли Шуро действовал совм. с Петрогр. Советом РД, его посланцы вели антикорниловскую агитацию в т.н. Дикой дивизии. И. был канд. в Учред. Собр. от общемусульм. демокр. соц. блока, но избран не был.

К Окт. рев-ции И. отнёсся отрицательно. Депутат Нац. собрания мусульман Внутр. России и Сибири (Милли меджлис) в Уфе (20 нояб. 1917 – 11 янв. 1918), на к-ром было создано нац. управление (пр-во). Выступал против создания башк. автономии: она, по мнению И., противоречит идее единства тюрк. народов. После разгона нац. управления и закрытия газ. "Иль" (апр. 1918) И. ушёл в подполье. Участник Уфим. гос. совещания (сент.). При А.В. Колчаке деятельность нац. управления была запрещена, оно перешло на нелег. положение и под рук-вом И. переехало в Петропавловск.

В 1920 эмигрировал, с 1928 издавал в Берлине ж. "Милли юл" ("Путь нации"), пытался создать орг-цию эмигрантов из Поволжья и Урала. В сент. 1939 журнал был закрыт и И. перебрался в Турцию. После 2-й мир. войны возобновил полит. деятельность. Автор худ. произведений.

Соч.: Идель-Урал, Лондон, 1988; "Зиндан" ("Тюрьма"). Избр. прозаич. и сценич. произведения, Казань, 1991 (на тат. яз.).

Лит.: Давлетшин Т., Сов. Татарстан. Теория и практика ленинской нац. политики, Лондон, 1974; Султан С., Гаяз Исхаки-Иделле. Этапы жизни и творчества, "Татарстан", 1991, № 2. *С.М. Исхаков.*

К

КАЛЕ́ДИН Алексей Максимович (12 окт. 1861, хутор Каледина, станица Усть-Хопёрская Области войска Донского,– 29 янв. 1918, Новочеркасск). Из старинного казач. рода, сын полковника. Окончил Воронежский кадетский корпус, Петерб. Михайловское арт. уч-ще (1882), Академию Генштаба (1889). В 1903–06 нач. Новочеркасского юнкерского уч-ща,

в 1906–10 пом. нач. штаба Донского войска. Во время 1-й мир. войны командовал 12-й кав. дивизией, 12-м арм. корпусом, 8-й армией. Генерал от кавалерии (1916). Отличался личной храбростью; А.И. Деникин отмечал, что К. не посылал, а водил войска в бой (см.: Деникин А.И., Очерки рус. смуты. Борьба ген. Корнилова. Авг. 1917 г.– апр. 1918 г., М., 1991, с. 161).

Февр. рев-цию 1917 К. не принял. По мнению А.А. Брусилова, "потерял сердце" и, т.к. не выполнял распоряжений Врем. пр-ва о демократизации в войсках, был отстранён от командования армией (см.: Деникин А.И., Очерки рус. смуты. Крушение власти и армии. Февр.– сент. 1917 г., М., 1991, с. 263). С 29 апр. в Петрограде член Воен. совета, но вскоре уехал. В Новочеркасск прибыл во время работы Донского Войскового Круга (26 мая – 18 июня); уступив уговорам его пред. М.П. Богаевского и казач. общественности, согласился на избрание войсковым атаманом. 19 июня Круг вручил К. грамоту: "По праву древней обыкновенности... избрали мы тебя нашим Войсковым атаманом" (Деникин А.И., Очерки рус. смуты. Борьба ген. Корнилова, с. 166). Изданный в США на рус. языке (Сан Ансельмо, Калифорния) в 1968 "Казачий словарь-справочник" характеризует К. как честного человека высокой культуры, большого рус. патриота, к-рый "не мог сразу стать полит. светилом рев. времени, не мог найти отвечающие моменту идеалы и провозгласить лозунги, способные поднять усталый от пережитой войны народ на новую борьбу. Соблюдая по привычке преданность России, атаман готов был не щадить живота своего для спасения отечества" (т. 2, с. 42).

14 авг. на моск. Гос. совещании (12–15 авг.) К. от имени всех 12 казач. войск приветствовал "решимость Врем. пр-ва освободиться, наконец, в деле гос. управления и стр-ва от давления парт. и клас. орг-ций" ("Гос. совещание",с. 73); и далее: "...сохранение родины требует прежде всего доведения войны до победного конца... пораженцам не должно быть места в пр-ве. Для спасения родины мы намечаем следующие... меры: 1) армия должна быть вне политики, полное запрещение митингов, собраний с их парт. борьбой и распрями; 2) все Советы и к-ты должны быть упразднены как в армии, так и в тылу, кроме полковых, ротных, сотенных и батарейных, при строгом ограничении их прав и обязанностей областью хоз. распорядков;

3) декларация прав солдата должна быть пересмотрена и дополнена декларацией его обязанностей; 4) дисциплина в армии должна быть поднята и укреплена самыми решит. мерами; 5) ...все меры, необходимые для укрепления дисциплины на фронте, должны быть применены и в тылу; 6) дисциплинарные права начальствующих лиц должны быть восстановлены... Расхищению гос. власти центр. и местными к-тами и Советами должен быть... поставлен предел. Россия должна быть единой... Время слов прошло, терпение народа истощается" (там же, с. 75–76).

29 авг. Новочеркасское собрание обл. Воен. к-та, представителей пеших войсковых к-тов, обл. исполкома Совета РСКД, парт. к-тов, Гор. думы, проф. орг-ций постановило "ходатайствовать перед А.Ф. Керенским об увольнении и аресте ген. К., к-рый, разъезжая по Донской обл., ведёт агитацию между казаками в пользу Корнилова. К-т спасения России и Рев-ции присоединяется к этой просьбе. Приказ об увольнении и аресте К. подорвёт окончательно его престиж в массах казачества" ("Рев-ция 1917", т. 4, с. 129). 31 авг. прокурор Новочеркасской Суд. палаты получил телеграмму Керенского: "...немедленно арестовать... К., к-рый указом В.П. от сего 31 авг. отчислен от занимаемой должности с преданием суду за мятеж" (там же, с. 144); 1 сент. пришёл приказ воен. мин. А.И. Верховского об аресте К. Войсковое пр-во ответило, что исполнить приказ не может, т.к. К. "обязан дать объяснения созываемому 3 сент. Кругу" (там же, с. 153). 4 сент. Керенский прислал телеграмму – арест возможно не применять при ручательстве Войскового пр-ва за К. "и при условии немедленного приезда К. в Могилёв для дачи личных объяснений". Войсковое пр-во ответило, что поручительство принимает. "Приезд К. в Могилёв может быть решён Кругом. Т.к. Войсковое пр-во и К. никаких мятежных выступлений не предпринимали... требуем прекращения всяких провокац. выступлений" (там же, с. 165).

6 сент. К. в докладе Большому Кругу выступил в защиту Корнилова и твёрдой власти, говорил, что "Врем. пр-во плоть от плоти и кровь от крови Совета РСД", но отрицал своё участие в мятеже (там же, с. 176).

В обстановке роста рев. настроений среди уставшего от войны и ожидающего реформ для улучшения своего экон. положения казачества К., по утверждению Деникина, "едва-ли не трезвее всех смотрел на состояние казачества и отдавал себе ясный отчёт в его психологии. Письма его дышали глубоким пессимизмом и предостерегали от иллюзий. Даже на прямой вопрос, даст ли Дон убежище быховским узникам (арестованным участникам выступления Корнилова.– Автор), К. ответил хотя и утвердительно, но с оговорками, что взаимоотношения с Врем. пр-вом, положение и настроение в области чрезвычайно сложны и неопределённы" (Деникин А.И., Очерки рус. смуты. Борьба ген. Корнилова..., с. 102).

25 окт. К. подписал следующее обращение: "Ввиду выступления большевиков с попытками низвержения Врем. пр-ва... войсковое пр-во, считая такой захват власти большевиками преступным... окажет... полную поддержку... Врем. пр-ву... войсковое пр-во, временно, до восстановления власти Врем. пр-ва и порядка в России, ...приняло на себя полноту исполнит. гос. власти в Донской обл." ("Рев-ция 1917", т. 5, с. 199). 26 окт. К. объявил воен. положение в углепром. р-не области, разместил в 45 пунктах войска и начал разгром Советов. 27 окт. К. телеграфно пригласил Врем. пр-во и членов Совета Рос. Республики в Новочеркасск для орг-ции борьбы с большевиками; Область войска Донского объявил на воен. положении.

2 нояб., ознакомившись с планами приехавшего ген. М.В. Алексеева, на его просьбу «"дать приют рус. офицерству", ответил принципиальным сочувствием; но, считаясь с тем настроением, к-рое существует в области, просил Алексеева не задерживаться в Новочеркасске более недели» (Деникин А.И., Борьба ген. Корнилова, с. 156).

9 нояб. на расширенном заседании Петрогр. Совета профсоюзов в речи, посвящённой оценке борющихся сил, В.И. Ленин говорил: "Неправда, что мы не хотим соглашения для избежания гражд. войны. С такими силами, как К., Родзянко, Рябушинский, мы готовы заключить соглашение, т.к. они опираются на реальную силу и имеют значит. обществ. вес" ("Рев-ция 1917", т. 6, с. 108). В нояб. К. был избран членом Учред. Собр. (по Донскому избират. округу).

Выступление К. против Сов. власти, начатое 25 окт., собрало значит. силы со всей России; пр-ва стран Антанты прислали в Новочеркасск своих представителей. Выступление К. выросло в серьёзную угрозу существованию Сов. республики. 25 дек. сов. войска начали наступление и были поддержаны восставшими рабочими пром. центров области. В кон. дек. казаки-фронтовики стали отказываться от вооруж. борьбы, а съезд фронтового казачества в ст. Каменской (10–11 янв. 1918) объявил Войсковое пр-во низложенным и образовал Донской казачий ВРК. Но недовольство К. нарастало и в Добровольч. армии. «Рус. обществ. деятели, собравшиеся со всех концов в Новочеркасск, осуждали медлительность в деле спасения России. Это обвинение на одном собрании вызвало горячую отповедь К.: "...Я лично отдаю Родине и Дону свои силы, не пожалею и своей жизни... имеем ли мы право выступить сейчас же, можем ли мы рассчитывать на широкое нар. движение?.. Рус. общественность прячется где-то на задворках, не смея возвысить голоса против большевиков... Войсковое пр-во, ставя на карту Донское казачество, обязано сделать точный учёт всех сил и поступить так, как ему подсказывает чувство долга перед Доном и перед Родиной"» (Деникин А.И., Борьба ген. Корнилова, с. 172). 28 янв. К. обратился к казакам с призывом, в к-ром признавал: "Развал строевых частей достиг последнего предела... в нек-рых полках Донецкого округа удостоверены факты продажи казаками своих офицеров большевикам за денежное вознаграждение". "29-го К. собрал пр-во... сообщил, что для защиты Донской обл. нашлось на фронте лишь 147 штыков...

– Положение наше безнадёжно. Население не только нас не поддерживает, но настроено нам враждебно... Я не хочу лишних жертв, лишнего кровопролития; предлагаю сложить свои полномочия... Свои полномочия Войскового атамана я с себя слагаю" (там же, с. 220). "И вставало в душе ненарушимое правило кодекса офицерской чести: если не сможешь смыть оскорбление кровью обидчика, искупи его собств. расчётом с жизнью" (КС, т.. 2, с. 43). В тот же день К. застрелился.

Лит.: Мельников Н., Каледин, Мадрид, 1968. *Ю.Ю. Фигатнер.*

КАЛИНИН Михаил Иванович (7 нояб. 1875, д. Верхняя Троица Корчевского у. Тверской губ.,– 3 июня 1946, Москва). Из кре-

стьян. Окончил в 1888 нар. уч-ще. С 1893 ученик токаря, токарь на петерб. з-дах, учился на вечерних курсах Рус. технич. об-ва при Путиловском з-де. С 1898 чл. кружков Петерб. "Союза борьбы за освобождение рабочего класса". Агент газ. "Искра" в Ревеле. После 2-го съезда РСДРП (1903) большевик. Участник Рев-ции 1905–07 (Петербург), дел. 4-го съезда РСДРП (1906). На 6-й (Пражской) Всерос. конф. РСДРП (1912) намечен кандидатом для кооптации в ЦК РСДРП. Участвовал в создании газ. "Правда". Неоднократно арестовывался, ссылался. В 1916 арестован в Петербурге, приговорён к ссылке в Вост. Сибирь; выпущен из тюрьмы для сбора в дорогу к месту ссылки, скрылся и перешёл на нелег. положение.

В Февр. рев-цию 1917 один из руководителей разоружения охраны и захвата Финл. вокзала, освобождения политзаключённых из тюрьмы "Кресты". Со 2 марта чл. Исполнит. комиссии первого легального ПК РСДРП, его представитель в Рус. бюро ЦК РСДРП; чл. редакции "Правды". Избран чл. Петрогр. Совета РСД от Выборгской стороны. В марте опубл. в "Правде" ряд статей с призывом к рабочим устанавливать явочным порядком 8-час. рабочий день, объединяться в профсоюзы; крестьянам создавать Советы КД и крест. к-ты и вести дело к конфискации помещичьих земель, не допускать разрушений помещичьих имений. Вёл агитработу на пром. пр-тиях и в частях гарнизона. Сотрудничал в газ. "Солдатская Правда". 10 мая на Петрогр. общегор. конф. избран чл. Исполнит. комиссии ПК РСДРП(б), чл. Муниципальной комиссии к-та; был одним из руководителей выборов в районные и гор. думы. В дни Июньского кризиса на заседании ПК поддерживал линию на мирное развитие рев-ции в условиях двоевластия. "Действовать пока надо в направлении завоевания Советов. Почти три четверти Совета не большевики, причём в рабочей секции половина большевиков, а в солдатской – небольшая часть. Наша осн. полит. задача – влить наш элемент в Советы, завоевать мандаты. Мы должны объяснить массе, что до тех пор, пока мы не лишены свободы агитации, наш путь есть лояльный путь завоевания Советов",– говорил К. на заседании к-та 20 июня ("Первый легальный Петерб. к-т большевиков в 1917 г.", М.–Л., 1927, с. 188–89). Дел. 6-го съезда РСДРП(б) (26 июля – 3 авг.). По заданию ПК поступил токарем на Трубочный з-д (св. 20 тыс. рабочих) для усиления деятельности большевист. орг-ции з-да. 20 авг. избран гласным петрогр. Гор. думы, 7 сент. пред. управы думы Лесновско-Удельнинского р-на.

5 окт. пред. заседания ПК РСДРП(б), на к-ром обсуждалось ленинское "Письмо в ЦК, МК, ПК и членам Советов Питера и Москвы большевикам", ставившее задачу вооруж. восстания и взятия власти. Сказал: "...нельзя терять настоящий момент" (там же, с. 302). 7 окт. на 3-й Петрогр. общегор. парт. конф. намечен канд. в Учред. Собр. В окт. избран пред. завкома Трубочного з-да. После 10 окт. на квартире К. проходил ряд совещаний членов ЦК и ПК РСДРП(б). Один из организаторов и участник расширенного заседания ЦК РСДРП(б) 16 окт., к-рое проходило в помещении Лесновско-Удельнинской районной думы. 24–26 окт. по заданию ЦК РСДРП(б) и Петрогр. ВРК К. и др. большевики-гласные воспрепятствовали выступлению петрогр. Гор. думы против 2-го Всерос. съезда Советов РСД; участвовал в заседаниях съезда.

С нояб. член коллегии Наркомпрода; избран деп. Учред. Собр. от Петрограда. Избран гласным новой петрогр. Гор. думы, 30 нояб.– пред. Гор. управы. Провёл большую работу по преодолению саботажа служащих районных дум, по орг-ции гор. коммунального х-ва, работы транспорта, по снабжению населения продовольствием и топливом. Инициатор выпуска гор. займа и занятия денег у кредитных учреждений, что позволило выправить положение с гор. бюджетом. Один из организаторов переселения рабочих семей из трущоб гор. окраин в конфискованные у буржуазии дома, перевода школ на содержание Гор. думы и т.п.

Дел. 3-го Всерос. съезда Советов РСКД (янв. 1918). С марта 1918, оставаясь гор. головой, возглавил Комиссариат гор. х-ва Петрогр. трудовой коммуны. С сент. 1918 пред. коллегии Комиссариата гор. х-ва Союза коммун Северной обл. С 30 марта 1919 пред. ВЦИК, с 1922 – ЦИК СССР, с 1938 – Президиума Верх. Совета СССР.

Соч.: Избр. произв., т. 1, М., 1960.

Лит.: М.И. Калинин. Краткая биография, 2 изд., М., 1980. *В.Н. Заботин.*

КА́МЕНЕВ (наст. фам. Розенфельд) Лев Борисович (6 июля 1883, Москва,– 25 авг. 1936, там же). Из семьи ж.-д. машиниста, ставшего инженером. В 1901 окончил гимназию в Тифлисе, поступил на юрид. ф-т Моск. ун-та. Вступил в студенч.

с.-д. кружок. За участие в студенч. демонстрации 13 марта 1902 арестован, в апр. выслан в Тифлис. Осенью уехал в Париж, где примкнул к искровцам, познакомился с В.И. Лениным. С сент. 1903 вёл рев. работу в Тифлисе, затем в Москве. В июле 1904 выслан в Тифлис, где введён в Кавк. союзный к-т

РСДРП, от к-рого был делегирован на 3-й съезд РСДРП (1905). С осени 1905 вёл рев. работу в Петербурге, сотрудничал в большевист. изданиях. Дел. 5-го съезда РСДРП (1907) от Моск. орг-ции. В апр. 1908 арестован в Петербурге; после освобождения в июле уехал в Женеву, где вошёл в редакцию газ. "Пролетарий". Был делегатом Копенгагенского (1910) и Базельского (1912) междунар. соц. конгрессов. Летом 1911 читал лекции в Парт. школе в Лонжюмо (под Парижем). Издал в 1911 в Париже кн. "Две партии" с предисловием Ленина (направлена против меньшевиков-ликвидаторов). В 1913 приехал в Краков к Ленину и Г.Е. Зиновьеву, откуда направлен в нач. 1914 в Петербург для рук-ва газ. "Правда" и деятельностью большевист. фракции 4-й Гос. Думы. 4 нояб. 1914 арестован на совещании в Озерках членов большевист. фракции Думы и парт. работников. На суд. процессе в февр. 1915 прокурором представлен как гл. обвиняемый; в отличие от своих товарищей – членов большевист. фракции заявил о своём несогласии с ленинским лозунгом о поражении своего пр-ва в империалистич. войне. Приговорён к ссылке в Вост. Сибирь.

После Февр. рев-ции 1917 вместе с М.К. Мурановым и И.В. Сталиным 12 марта прибыл в Петроград. В тот же день Рус. бюро ЦК РСДРП потребовало от К. объяснений о его поведении на суде в 1915 и решило до тех пор его статьи в "Правде" печатать без подписи; К. ответил, что "ввиду полит.-парт. соображений" он не может дать объяснений "впредь до переговоров с Лениным" ["Протоколы и резолюции Бюро ЦК РСДРП(б) (март 1917)", "Вопросы истории КПСС", 1962, № 3, с. 143, 146]. 13 марта Бюро ЦК, учитывая существовавшее за границей мнение, что К. нельзя поручать ответств. посты, с чем была согласна и Моск. орг-ция, подтвердило своё прежнее решение и постановило вопрос о К. вынести на предстоящую парт. конференцию (там же, с. 146).

14 марта в "Правде" опубл. статья К. (без подписи) "Врем. пр-во и рев. с.-д-тия", в к-рой дан анализ ситуации в стране, когда "формально власть перешла в руки не представителей рев. пролетариата и крест-ва, совершивших рев-цию, а в руки людей, выдвинутых либеральным движением класса собственников". Выражая уверенность, что "рев-ция будет развиваться и укрепляться", что она будет идти "к диктатуре пролетариата и крест-ва", К. в то же время указывал на то, что Врем. пр-во "склонно было бы задерживать развитие рев-ции". Оно, "упираясь и против воли", вынуждено под давлением рев. народа "идти всё вперёд". Поэтому рев. с.-д-там "нет надобности даже и говорить о том, что поскольку Врем. пр-во действительно борется с остатками старого режима, постольку ему обеспечена решит. поддержка рев. пролетариата". Но необходимо столь же решительно "критиковать и разоблачать каждую непоследовательность" пр-ва, контролируя его действия. 14 марта Муранов, взявший на себя общее рук-во "Правдой", ввёл К. в число её постоянных сотрудников, о чём было сообщено в газете 15 марта одновременно с опубликованной статьёй К. "Без тайной дипломатии". Констатировав, что "Герм. армия не последовала примеру армии русской и ещё повинуется своему императору", К. делал вывод, что в таких условиях рус. солдаты не могут "сложить оружие и разойтись по домам", поэтому требование "долой войну" является сейчас бессодержательным и его следует заменить лозунгом: "Давление на Врем. пр-во с целью заставить его открыто, ...немедленно выступить с попыткой склонить все воюющие страны к немедленному открытию переговоров о способах прекращения мировой войны". Не согласившись с таким выводом, на заседании Бюро ЦК 16 марта А.Г. Шляпников предложил подтвердить прежнее решение о К., т.е. вывести его из числа сотрудников "Правды", но снова было решено отложить вопрос до ближайшей парт. конференции. Статьи К. продолжали печататься в "Правде", но без его подписи. 22 марта Бюро ЦК согласилось с точкой зрения К. об отношении к Врем. пр-ву, а также по вопросу о войне.

30 марта К. (ставший членом исполкома Петрогр. Совета РСД) выступил на Всерос. совещании Советов РСД (29 марта – 3 апр.) с предложением потребовать от Врем. пр-ва сформулировать волю рев. России к миру: «Вы должны сказать: "Мы не только зовём всех угнетённых к восстанию против империалистич. классов, но мы от имени рус. рев. народа говорим: ни одной лишней капли крови за интересы своей или чужой буржуазии"» ("Правда", 1917, 5 апр.). Но предложенная К. от имени большевиков и поддержанная группой эсеров-интернационалистов резолюция собрала лишь 57 голосов против 325 голосов, поданных за резолюцию И.Г. Церетели о продолжении войны. 2 апр. на Всерос. совещании К., выступая, рекомендовал поддерживавшим Врем. пр-во быть до конца последовательными и прислушаться к рекомендации Г.В. Плеханова войти в само пр-во; рев. демократия, если она хочет и дальше развивать рев-цию, должна стоять на иной позиции: "...абсолютное недоверие пр-ву, вышедшему не из среды самой рев. демократии.

Мою точку зрения... либерально настроенные обыватели склонны рассматривать как призыв к свержению Врем. пр-ва. Но это не так. Речь идёт в данную минуту о призыве к установлению строжайшего контроля Советом РСД над легальным защитником нелег. подпора контррев-ции – Врем. пр-вом – в предвидении того момента, когда развитие рев-ции стихийным ходом столкнёт разл. классы рус. об-ва и когда будет необходимо отбивать атаки Гучковых" ("Рев-ция 1917", т. 1, с. 155).

3 апр. вернувшийся в Петроград Ленин подверг критике определявшуюся гл. обр. К. линию большевиков. К. в ст. "Наши разногласия" ("Правда", 1917, 8 апр.; впервые за его подписью) назвал "неприемлемой" схему Ленина, "поскольку она исходит из признания бурж.-демокр. рев-ции законченной и рассчитана на немедленное перерождение этой рев-ции в рев-цию социалистическую"; К. высказал надежду в широкой дискуссии "отстоять свою точку зрения, как единственно возможную для рев. с.-д-тии, поскольку она хочет и должна до конца остаться партией рев. масс пролетариата, а не превратиться в группу пропагандистов-коммунистов". В ст. "О тезисах Ленина" ("Правда", 1917, 12 апр.) К. писал, что для того, чтобы строить марксист. политику, мало той истины, что "вне социализма нет спасения человечеству", необходим ещё учёт ист. обстановки, надо взвесить соотношение клас. сил в данный момент, в данной стране. "Этого нет ни в тезисах Ленина, ни в его статьях", а потому "в них нет ответа ни на один вопрос полит. жизни России сегодняшнего дня". 14 апр. выступил на Петрогр. общегор. конф. большевиков (14–22 апр.) против ленинской резолюции по текущему моменту, т.к. в ней "не видно ни одного практич. указания для разрешения практич. вопросов"; особенно это касается отношения к двоевластию: "Между Врем. пр-вом и Советом РД существует договор. Если мы рекомендуем порвать этот договор, надо это сказать... Если договор порвать вы рекомендуете завтра, то надо сказать, что надо делать сегодня... Поскольку вы не призываете к свержению Врем. пр-ва сейчас, призывайте... к контролю над ним" ["Седьмая (Апр.) Всерос. конф. РСДРП(б). Протоколы", М., 1958, с. 35]. Поправки К. были отвергнуты. 24 апр. К. выступил с содокладом о текущем моменте ("Война и Врем. пр-во") на 7-й Всерос. конф. РСДРП(б) (24–29 апр.). Касаясь принятой накануне резолюции ЦК, в к-рой требование части демонстрантов немедленно свергнуть Врем. пр-во названо авантюристическим, К. заметил, что сие "является сильным преувеличением" и произошло только потому, что ранее не приняли во внимание его предупреждение о том, что такой лозунг может сыграть дезорганизующую роль. В результате "мы принуждены были сразу рвануть назад, мы упустили время предупредить массы... и поставили себя под обстрел мелкой буржуазии" (там же, с. 79). К. заявил: "Я не понимаю, как можно все три таких важных вопроса, как вопрос о Врем. пр-ве, о войне, о междунар. обстановке рабочего движения, включить в один доклад [к-рый сделал Ленин.– Редактор], скомкать, сбить в один комок, поставив т.о. всех присутствующих в трудное положение и сделав невозможным ответы на все эти вопросы..." (там же, с. 79–80). К. считал неверным ленинский вывод, что бурж.-демокр. рев-ция в России закончилась, что бурж. демократия исчерпала все свои возможности. Рус. рев-ция, говорил К., отличается от классич. бурж. рев-ции – она совершается во время войны и гегемоном в ней выступает пролетариат. "Но было бы величайшим заблуждением выводить из этого преждеврем. заключение, что эта рев-ция не бурж.-демократическая, что она приближается к социалистической. Мы говорим о Советах РСД как об организующих центрах наших сил и центрах власти...", но одно название их "показывает, что они представляют собой блок мелкобурж. и пролет. сил, перед к-рыми стоят ещё незаконч. бурж.-демокр. задачи" (там же, с. 80). Отвечая Ленину, выступившему против предлагавшегося К. и нек-рыми другими москвичами контроля над пр-вом, К. заявил: "Конечно, контроль без власти есть пустая игрушка. Но действительно ли Совет РСД безвластен? Может быть тов. Ленин признáет, что Совет есть сила и что контроль его есть контроль власти" (там же, с. 83). А если это так, "то такой контроль, над к-рым издевался тов. Ленин, во всяком случае, принимает определ. полит. смысл... Если мы понимаем контроль как этап к переходу власти... то это... действительно ведёт нас вперёд" (там же, с. 84). Свою заключит. речь К. закончил словами: "Путь пролет. рев-ции один; но если мне предлагают сделать этот путь... на аэроплане, то я откажусь, потому что в таком случае я приеду один, а я хочу придти к ней с массами..." (там же, с. 110). При выборах ЦК партии нек-рые делегаты, раздражённые упрямством К. в отстаивании своих взглядов, потребовали отвести его кандидатуру; этому воспрепятствовал Ленин: "Присутствие тов. Каменева очень важно, т.к. дискуссии, к-рые веду с ним, очень ценны. Убедив его, ...этим самым преодолеваешь те трудности, к-рые возникают в массах" (там же, с. 322). К. был избран чл. ЦК РСДРП(б).

На 1-м Всерос. съезде Советов РСД (3–24 июня) был членом Президиума съезда. Выступая 6 июня и отвечая на упрёки в том, что большевики сочувствуют сепаратному миру и разрыву договоров с союзниками, заявил: "Для нас, как для клас. партии, есть нечто выше всяких договоров:– это интересы мировой пролет. рев-ции, и если эти интересы потребуют от нас разрыва договоров, мы... скажем: договоры должны быть разорваны..."; "Мы не имеем перед собой перспективы ни полюбовного соглашения с зап.-европ. империализмом, ни полюбовного соглашения с герм. ген. штабом". В поле зрения большевиков, говорил К., только одна мировая пролет. рев-ция, ибо рус. рев-ция погибнет без её поддержки. Вот почему "мы все свои действия рассчитываем только с точки зрения того, насколько то или иное движение в России способно разбудить эту дремлющую силу пролет. рев-ции в Зап. Европе" ("1-й съезд Советов", т. 1, с. 165). Был избран чл. ВЦИК и его Президиума.

3 июля К. и Зиновьев, узнав на объединённом заседании бюро ВЦИК Советов РСД и бюро Исполкома Всерос. Совета КД о начале выступления путиловцев и солдат 1-го пулемётного полка с требованием "Вся власть Советам!", заверили участников заседания, что большевики против этого выступления, и К. обещал принять меры, чтобы не допустить его. К., Зиновьев и Л.Д. Троцкий обзванивали орг-ции большевиков и "межрайонцев", убеждая не выступать. Но остановить движение не удалось. Вечером 3 июля на заседании Рабочей секции Петрогр. Совета РСД К. говорил: "Раз масса выступила на улицу, нам остаётся только придать этому выступлению мирный характер" ("Рев-ция 1917", т. 3, с. 136). Ночью на совещании большевиков и "межрайонцев" К. подтвердил эту позицию. К. написал директиву для парт. ораторов призывать каждую прибывающую к Таврическому дворцу колонну манифестантов направлять своих делегатов с требованиями о взятии власти Советами на заседание ВЦИК, затем возвращаться в казармы и на пр-тия. Утром 4 июля эту директиву подтвердила комиссия Рабочей секции Петросовета. Весь день 4 июля К. провёл в Таврическом дворце на заседании ВЦИК. После принятия решения разоружить матросов и вернуть их в Кронштадт К. совм. с Зиновьевым и Троцким уговаривал руководителей моряков выполнить это решение. 5 и 6 июля К. и Зиновьев вели переговоры с членом Президиума ВЦИК меньшевиком М.И. Либером о возобновлении выхода разгромленной юнкерами "Правды" и ограждении большевиков от нападений, продолжали убеждать солдат и матросов вернуться в казармы, покинуть Петропавл. крепость. 7 июля опубл. постановление Врем. пр-ва об аресте и предании суду Ленина, Зиновьева и К. В письме председателю ВЦИК Н.С. Чхеидзе К. отверг предъявляемые большевикам обвинения в орг-ции вооруж. выступления, в связях с агентами герм. пр-ва, обратил внимание, что "эти оба обвинения, искусно комбинируемые в замысловатый клубок всей прессой, создают для нашей партии трагич. невозможность работы"; сам же он лично "готов всегда предстать перед судом, дать объяснения любой правомочной следств. комиссии или подвергнуться аресту" ("Вопросы истории КПСС", 1990, № 5, с. 46). 9 июля К. добровольно отдал себя в руки властей и был водворён в тюрьму "Кресты". На 6-м съезде РСДРП(б) (26 июля – 3 авг.) был заочно избран членом ЦК. Выдвинут канд. в члены Учред. Собр. 4 авг. освобождён – за отсутствием оснований для обвинения. Вечером этого дня, выступая на заседании ВЦИК, упрекал его членов – меньшевиков и эсеров, что они "умывают руки, отстраняются, когда организованные рабочие и солдаты чистосердечно предлагают им взять власть в свои руки" ("Рев-ция 1917", т. 4, с. 14).

10 авг. ряд газет опубл. сообщения, что быв. жандармский полк. Балабин признался на допросе о причастности К. к сотрудничеству с охранкой. По настоянию К. Президиум ВЦИК создал комиссию для расследования, а сам он написал заявление: "Всякое сообщение о моём отношении к полит. полиции...– ложь и клевета". Но, "чтобы обеспечить работу комиссии и предохранить полит. учреждения, в к-рых я работаю, от клеветнич. выпадов, я устраняюсь от всякой обществ. деятельности до окончания работ комиссии" (там же, с. 309–10). 30 авг. комиссия реабилитировала К.

31 авг. К. выступил на совм. заседании ВЦИК, Исполкома Всерос. Совета КД и Петрогр. Совета РСД: "Мы не можем быть спокойны, пока власть находится в руках тех людей, полит. слепота к-рых не позволила им увидеть контррев. кадетов, и пока остаётся возможность корниловщины. Но и ЦИК несёт ответственность за заговор, ибо он оказался неспособным направить всю силу власти против контррев-ции" ("Рабочий", 1917, 1 сент.); "Отвергая коалицию с кадетами, вы хотите бросить нас на ещё более опасный курс коалиции с безответств. группами, но вы забыли о коалиции, собранной и укреплённой грозными событиями минувших дней,– о коалиции с рев. пролетариатом, крест-вом и рев. армией" ("Рев-ция 1917", т. 4, с. 140). "Если мы хотим спасти Россию,– предупреждал К. на заседании Петросовета 11 сент.,– мы должны сказать, что власть должна находиться в наших собств. руках – Советов С., Р. и Крест. Депутатов... Если вы этого не поймёте, если вы оставите хоть одну лазейку для буржуазии и дадите ей прикоснуться к власти,– снова будет кризис власти" (там же, с. 199). На открытии Демокр. совещания 14 сент. заявил: "Совещание должно решить, какую из реформ нужно ввести в России: реформу ли, передающую власть в руки трудящихся, или те реформы, к-рые возродят всевластие буржуазии" (там же, с. 212). С нач. сент. вместе с Зиновьевым фактически возглавлял большинство в ЦК РСДРП(б), игнорировавшее настояния Ленина на переход к непосредств. подготовке вооруж. восстания.

На заседании ЦК РСДРП(б) 15 сент. были зачитаны письма Ленина "Большевики должны взять власть" и "Марксизм и восстание". К. предложил отвергнуть заключённые в них предложения по подготовке и проведению вооруж. восстания и объявить "совершенно недопустимыми какие-либо выступления на улицу". После дискуссии постановили поручить членам ЦК, ведущим работу в Воен. орг-ции и в ПК РСДРП(б), предпринять меры, чтобы не возникло каких-либо выступлений в казармах и на заводах [см.: "Протоколы ЦК РСДРП(б)", с. 55]. 21 сент. ЦК партии отклонил предложение К. участвовать в Предпарламенте, но большевист. фракция Демокр. совещания его одобрила. 22 сент. К. и Троцкий были избраны в Президиум Предпарламента. На заседании Петрогр. Совета РСД 25 сент. К. заявил: "Рядом с вами... создан орган, к-рый будет пытаться умалить ваше влияние. Ещё недавно министры должны были приходить *сюда*, а теперь они создали себе парламент вдали от нас. В этом органе... министры будут встречены более громкими аплодисментами, чем у нас". И призывал: "Соберите же

Съезд Советов и там создайте власть, к-рой и рабочие, и солдаты, и крестьяне будут верить" ("Рев-ция 1917", т. 4, с. 272). 5 окт. ЦК РСДРП(б) принял решение уйти большевикам из Предпарламента, К. голосовал "против".

На заседании ЦК РСДРП(б) 10 окт. К. и Зиновьев голосовали против решения о вооруж. восстании. Свою позицию они изложили в письме "К текущему моменту", направленном ими ПК, МК, Моск. обл., Финл. обл. к-там партии, большевист. фракции ВЦИК, Петрогр. исполкому Советов РСД, большевист. фракции съезда Советов Сев. области. Признавая, что партия ведёт за собой "большинство рабочих и значит. часть солдат" (но вовсе не большинство осн. массы населения), они высказывали надежду, что "при правильной тактике мы можем получить треть, а то и больше мест в Учред. Собр.". Обострение нужды, голода, крест. движения будет всё больше давить на мелкобурж. партии "и заставлять их искать союза с пролет. партией против помещиков и капиталистов, представленных партией кадетов". В результате "наши противники вынуждены будут уступать нам на каждом шагу, либо мы составим вместе с левыми эсерами, беспарт. крестьянами и пр. правящий блок, к-рый в осн. должен будет проводить нашу программу". Но большевики могут подорвать свои успехи, если возьмут сейчас на себя инициативу выступления и тем поставят пролетариат под удар сплотившейся контррев-ции, поддержанной мелкобурж. демократией. "Против этой губит. политики мы подымаем голос предостережения" ["Протоколы ЦК РСДРП(б)", с. 87–92]. 15 окт. письмо было зачитано на заседании ПК, 16 окт.– на расширенном заседании ЦК РСДРП(б). К. и Зиновьев вновь выступили против восстания. "Недельные результаты говорят за то, что данных за восстание теперь нет...– утверждал К.– Вся масса, к-рая теперь не с нами, находится на их стороне. Мы их усилили за наш счёт". Не создан и воен.-технич. аппарат. "Мы недостаточно сильны, чтобы с уверенностью в победе идти на восстание, но мы достаточно сильны, чтобы не допустить крайних проявлений реакции. Здесь борются две тактики: тактика заговора и тактика веры в рус. рев-цию" (там же, с. 99–100). 18 окт. в газ. "Новая Жизнь" опубл. ст. «Ю. Каменев о "выступлении"». С одной стороны, К. объявил, что ему "неизвестны какие-либо решения нашей партии, заключающие в себе назначение на тот или иной срок какого-либо выступления", и что "подобных решений партии не существует". С др. стороны, он дал понять, что внутри большевист. рук-ва нет единства по этому вопросу: "Не только я и т. Зиновьев, но и ряд товарищей-практиков находят, что взять на себя инициативу вооруж. восстания в наст. момент, при данном соотношении обществ. сил, независимо и за неск. дней до съезда Советов было бы недопустимым, гибельным для дела рев-ции и пролетариата шагом" (там же, с. 115–16). Ленин расценил это выступление как разглашение фактически секретного решения ЦК и потребовал исключить К. и Зиновьева из партии. 20 окт. на заседании ЦК РСДРП(б) решено ограничиться принятием отставки К. и вменить ему и Зиновьеву в обязанность не выступать ни с какими заявлениями против намеченной линии партии.

С началом восстания, 24 окт., на заседании ЦК партии К. предложил, "чтобы сегодня без особого постановления ЦК ни один член ЦК не мог уйти из Смольного", затем докладывал о действиях Петрогр. ВРК; по его инициативе ему было поручено войти в переговоры с левыми эсерами о совм. действиях [см.: "Протоколы ЦК РСДРП(б)", с. 119–20]. 25 окт. на 2-м Всерос. съезде Советов РСД избран членом Президиума и пред. съезда. 27 окт. избран пред. ВЦИК. 29 окт. в отсутствие Ленина на заседании ЦК РСДРП(б) признано возможным расширить базу Сов. пр-ва и изменить его состав; для переговоров об этом с др. соц. партиями при Викжеле делегированы Г.Я. Сокольников и К. На переговорах от имени ВЦИК К. заявил: "Соглашение возможно и необходимо" на следующих условиях: 1) платформа 2-го съезда Советов, 2) ответственность перед ВЦИК Советов, 3) соглашение в пределах всех партий, входящих в коалицию Советов, т.е. от большевиков до нар. социалистов включительно. "Для ВЦИК на первом месте стоит программа пр-ва и его ответственность, а отнюдь не личный его состав" ("Рев-ция 1917", т. 6, с. 22). К. не стал настаивать на кандидатуре Ленина, когда эсеры выдвинули на пост премьер-министра В.М. Чернова. В вопросе об органе, перед к-рым должно было быть ответственно пр-во, он согласился на превращение ВЦИК в некий "Врем. Нар. Совет" путём пополнения его не только представителями от Исполкома Всерос. Совета КД и от профсоюзов, но и от петрогр. и моск. Гор. дум. За это подвергся критике Лениным на заседании ЦК партии 1 нояб. [см.: "Протоколы ЦК РСДРП(б)", с. 126–27]. Большевист. фракция ВЦИК под рук. К. решила переговоры продолжать, несколько ужесточив свои требования: $^1/_2$ портфелей – большевикам, Ленин и Троцкий – обязательно. Ленин расценил это как нарушение парт. дисциплины и в написанной им резолюции ЦК от 2 нояб. предложил оппозиции отстраниться от практич. работы, в "к-рую они не верят" (там же, с. 131). 4 нояб. К. и другие 5 членов ЦК подали заявление о выходе из ЦК в знак несогласия с линией его рук-ва, к-рую определили как решимость "не допустить образования пр-ва сов. партий и отстаивать чисто большевист. пр-во во что бы то ни стало и каких бы жертв рабочим и солдатам это ни стоило" (там же, с. 135). Ленин объявил их поступок "дезертирством" и предложил решительно осудить его (ПСС, т. 35, с. 74). 8 нояб. ЦК РСДРП(б) постановил: отстранить К. от поста пред. ВЦИК.

Чл. Учред. Собр. (от Витебского окр.). В составе делегации ВЦИК участвовал в переговорах с герм. властями в Брест-Литовске. 29 нояб. подал вместе с другими заявление об обратном вхождении в ЦК партии, в чём им было отказано. В янв. 1918 во главе сов. делегации выехал за границу; в Лондоне дал интервью для газ. "Манчестер Гардиан" в качестве нового посла России во Франции, но франц. пр-во отказалось признать его полномочия. При возвращении в Сов. Россию был арестован 24 марта на Аландских о-вах финл. властями. Освобождён 3 авг. в обмен на арестованных в Петрограде финнов. С сент. член Президиума ВЦИК. С окт. пред. Моссовета.

В дискуссии о профсоюзах (кон. 1920 – нач. 1921) защищал платформу Ленина – Зиновьева. В апр. 1922 предложил назначить И.В. Сталина ген. секр. ЦК РКП(б). Вместе со Сталиным, Зиновьевым вёл борьбу с Троцким. В 1925–27 участник т.н. "новой" ("ленинградской") оппозиции. С 1922 зам. пред. СНК и СТО, в 1924–26 пред. СТО. В 1923–26 директор Ин-та Ленина. В 1926 исключён из Политбюро, в 1927 выведен из ЦК, затем исключён из партии. В 1928 восстановлен, в 1932 вновь исключён, в 1933 восстановлен. С 1934 директор Ин-та мировой лит-ры им. М. Горького. В 1934 необоснованно репрессирован. В 1935 по делу "Моск. центра" осуждён к 5 годам тюрьмы, в июле 1935 по делу "Кремлёвской б-ки и комендатуры Кремля" осуждён к 10 годам тюрьмы, в 1936 по делу "Троцкистско-зиновьевского объединённого центра" приговорён к расстрелу. Реабилитирован в 1988.

Ю.В. Аксютин.

КАМКОВ (Кац) Борис Давидович (1885, Сорокский у. Бессарабской губ.,– 29 авг. 1938). Сын земского врача. Участвовал в рев. движении в Кишинёве, Одессе, Николаеве. В 1904 арестован как член боевой орг-ции эсеров. В 1905 выслан в Туруханский край, в 1907 бежал за границу. Установил связи с М.А. Натансоном, В.М. Черновым; сотрудничал в эмигрантской прессе. В 1911 окончил Гейдельбергский ун-т; юрист. В годы 1-й мир. войны "интернационалист". Входил в редакцию антивоен. газ. "Жизнь", в Парижскую группу содействия ПСР; участник Циммервальдской конф. В 1915 один из учредителей "К-та помощи рус. военнопленным", к-рый, кроме оказания материальной помощи, вёл рев. пропаганду. Заруб. агентура охранки указывала, что к-том напечатано и распространено "неск. тысяч килограммов изданий ПСР. К осени 1916 обслуживалось более 100 лагерей" (ЦГАОР, ДП. ОО. 1916, оп. 260, д. 75, Вх. 1204; 335, т. 2, 1916, л. 10 об.).

После Февр. рев-ции 1917 вернулся в Россию через Германию, что правая печать использовала для обвинения К. в "шпионаже". В апр. избран в Петрогр. Совет РСД; много сделал для объединения радикально настроенных депутатов Совета. На 2-й Петрогр. конф. ПСР (3–5 апр.) был содокладчиком по вопросу о войне. Охарактеризовал (4 апр.) оборонч. позицию докладчика ЦК А.Р. Гоца, как "социал-патриотич. с интернац. антуражем", потребовал от ЦК сделать шаги "в сторону ликвидации войны". Резолюцию К. не приняли, но его избрали членом ПК ПСР ("Дело Народа", 1917, 7 апр.). 3 мая на объединённом заседании Сев. областного, Петрогр. городского и районных к-тов с фракцией ПСР Петросовета К. выступил против вхождения эсеров во Врем. "буржуазное" пр-во (там же, 5 мая). "Камковцы" вынесли свои разногласия с ЦК на Сев. обл. конференцию ПСР (21–24 мая, Петроград), конференция их не поддержала; но К. и его единомышленники П.П. Прошьян и А.М. Устинов были избраны в Сев. обл. к-т ПСР, хотя на 1-м Всерос. съезде Советов КД (4–28 мая, Петроград) на выборах в Исполком Всерос. Совета КД 19 мая К. получил лишь 10 голосов.

На 3-м съезде ПСР (25 мая – 4 июня, Москва) левые выставили содокладчиков по осн. пунктам повестки; К. говорил о войне и мире. Он отверг тезис докладчика Гоца о том, что после Февраля война перестала быть империалистической, потребовал обязать союзников ответить: согласны ли они прекратить войну, "если центр. монархии примут условия мира, продиктованные Советом РСД" ("3-й съезд ПСР", П., 1917, с. 113–14). К. не добился успеха (левые имели 42 мандата из 306), его даже не включили в список для выборов ЦК (от левых прошёл один Натансон). Убедившись в невозможности изменить политику ПСР, К., Натансон и М.А. Спиридонова стали инициаторами создания Оргбюро левых эсеров; их фракции оформились в Исполкоме Всерос. Совета КД и во ВЦИК.

На 1-м Всерос. съезде Советов РСД (3–24 июня) К. был избран во ВЦИК, работал в его Агр. отделе. В Июльские дни на объединённом заседании ВЦИК и Исполкома Всерос. Совета КД 9 июля поддержал требования делегации рабочих об отставке "министров-капиталистов" и переходе власти к Советам, был против принятия резолюции, объявляющей Врем. пр-во "пр-вом спасения рев-ции... с неогранич. полномочиями", высказал опасение, что борьба Врем. пр-ва с контррев-цией будет направлена против "полит. течений, стоящих в оппозиции к большинству Советов" (Гусев К.В., Партия эсеров: от мелкобурж. революционаризма к контррев-ции, М., 1975, с. 150–51).

9 июля газ. "Земля и Воля" опубликовала декларацию Оргбюро и фракций левых эсеров ВЦИК и Исполкома Всерос. Совета КД, а также письмо в газету В.А. Алгасова, А.Л. Колегаева, К. Левые заявили, что намерены "отграничиться от политики, усвоенной руководящим большинством, и оставляют за собой... полную свободу выступлений". 12 июля авторов письма исключили из ПСР "за принадлежность к новой орг-ции", не подчиняющейся ЦК. Левые согласились в обмен на отмену санкции ЦК распустить Оргбюро. Но, как впоследствии писал К., борьба между рев. социализмом и бурж. реформизмом вырастала из противоборства, "неизбежного в период больших социальных потрясений... для всех соц. партий" (Камков Б., Две тактики, М., 1918, с. 8).

Левым эсерам было важно заручиться поддержкой с мест. К. ездил по городам с лекциями или для участия в съездах и конференциях. Его выступление на 1-м съезде солд. Советов Казанского ВО и публич. лекции (30 июля – 2 авг.) получили обществ. резонанс. 3 авг. "Крест. Газета" Казан. губ. земства писала, что "доклад был восторженно встречен аудиторией, к-рая рёвом и свистом не давала выступать с возражениями докладчику".

6–10 авг. К. участвовал в работе 7-го Совета партии. 10 сент. 7-я Петрогр. конф. ПСР одобрила резолюцию (отклонённую Советом партии), требовавшую перемирия, передачи власти Советам, а земли – зем. к-там; осуждавшую коалицию с буржуазией и настаивающую на образовании "однородного соц. пр-ва". К. был вновь избран членом ПК ПСР. В Демокр. совещании (14–22 сент.), в Предпарламенте (22 сент.– 25 окт.) К. отстаивал свои позиции. Неприятие большинством предложений К. привело его к сближению с большевиками. 6 окт. состоялись переговоры Л.Б. Каменева и Л.Д. Троцкого с К., Натансоном и А.А. Шрейдером. Большевики информировали о намерении уйти из Предпарламента и предложили левым эсерам присоединиться в ним. Левые эсеры ответили, что в Предпарламенте останутся, но обещали "полную поддержку большевикам в случае рев. выступления вне его" (Штейберг И., От Февраля по Октябрь 1917 г., Берлин – Милан, б.г., с. 115).

Осенью К. занял главенствующее положение в крупнейшей в стране столичной орг-ции ПСР (44,5 тыс. чел.). Эсеры Петрограда выдвинули его кандидатом в Учред. Собр., 8-я гор. конф. ПСР 15 окт. переизбрала членом ПК. К. направлял свои усилия, вопреки установкам ПК ПСР, на подготовку 2-го Всерос. съезда Советов РСД, привлечение к его работе Советов КД, орг-цию рабочих и солдат для поддержки съезда на случай, "если бы Врем. пр-во не ушло добровольно в отставку" ("Протоколы 1-го съезда ПЛСР", М., 1918, с. 38). В то же время стремился не дать большевикам захватить власть до съезда, что, по его мнению, разведёт сов. партии по разные стороны баррикад и ввергнет страну в гражд. войну ("Знамя Труда", 1917, 15 окт.).

К. поддержал участие левых эсеров в Петрогр. ВРК. 25 окт. на заседании фракции ПСР 2-го Всерос. съезда Советов РСД был за участие в его работе, а после отказа правых участвовал в формировании левоэсеровской фракции и согласился представлять её в Президиуме съезда; входил в "Комиссию по контактам с большевиками". В нояб. К. объяснял свои действия: "Мы, как полит. деятели, в момент, когда происходит событие громадное по своему ист. значению... меньше всего могли заниматься моральной характеристикой. Нам было ясно, что наше место – быть с рев-цией" ("Протоколы 1-го съезда ПЛСР", с. 41–42). На 2-м Всерос. съезде Советов РСД К. не согласился с утверждением декларации, зачитанной Л.Д. Троцким, что уход правых эсеров и меньшевиков со съезда "не ослабляет Советы, а усиливает их, т.к. очищает от контррев. примесей рабочую и крест. рев-цию", настаивал на формировании пр-ва из всех сов. партий ("2-й съезд Советов РСД", М.–Л., 1928, с. 43–44). Левые не должны,– заявил К.,– "изолировать себя от умеренных демокр. сил, необходимо искать соглашения с ними". К. утверждал: опасность реставрации не устранена, большевики не имеют большого влияния в деревне, а "крест-во – это пехота рев-ции, без к-рой рев-ция должна погибнуть" ("Дело Народа", 1917, 27 окт.). Пытаясь добиться от большевиков согласия на коалиц. соц. пр-во, К. (а с ним В.А. Карелин и В.Б. Спиро, затем Колегаев) отказался от участия в СНК. К. рассказывал: "...мы понимали, что не поможем делу, если в эту чисто большевист. власть вольём одного или двух левых эсеров, ...что мы косвенно являемся виновниками и той гражд. войны, к-рая была неизбежна и к-рая ныне действительно имеет место"; левые эсеры хотели, чтобы новая власть "была признана если не всей рев. демократией, то хотя бы её большинством... Наша задача... связать порванную цепь, объединявшую два фронта рус. демократии" ("Протоколы 1-го съезда ПЛСР", с. 43). 2-й Всерос. съезд Советов РСД признал, что ВЦИК может быть пополнен "представителями крест. Советов и тех групп, к-рые ушли со съезда". 27 окт. на 1-м пленуме ВЦИК большевики декларировали: "осуществляя принцип коалиции на деле, нар. комиссары не могут и не закрывают дверей перед теми, кто на основе принципов, намеченных съездом, захочет работать вместе с ними" ("2-й съезд Советов РСД", с. 92; "Протоколы заседаний ВЦИК 2-го созыва", М., 1918, с. 3).

К. участвовал в переговорах при Викжеле о создании "однородного соц. пр-ва". ЦК ПСР решениями от 29 окт., 1 и 8 нояб. исключил из партии всех, кто "запятнал" себя сотрудничеством с большевиками. В этой ситуации К. участвовал в оформлении левоэсеровской партии, т.к. считал, что в провоцировании гражд. войны виновны "правые, к-рые не хотели соглашения с большевиками" ("Протоколы 1-го съезда ПЛСР", с. 45). Не позднее 6 нояб. он вошёл во Врем. центр. бюро, осн. задачей к-рого была подготовка учред. съезда ПЛСР. На 2-м Всерос. съезде Советов РСД К. был избран во ВЦИК, стал членом его Президиума и Бюро фракции левых эсеров; с 6 нояб. возглавлял вместе с Г.Е. Зиновьевым Междунар. отдел. К. выступал по проблемам: левого блока, конструкции ВЦИК, мира или войны, восстановления попранных большевиками гражд. свобод. На Чрезв. Всерос. съезде Советов КД (11–25 нояб., Петроград) К.– тов. пред. Президиума; 14 нояб. участвовал в переговорах с большевиками о слиянии ВЦИК 2-го созыва с Исполкомом, сформированным этим съездом, и об участии левых эсеров в пр-ве.

На 1-м съезде ПЛСР (19–28 нояб., Петроград) в докладе "О деятельности фракции левых эсеров на съезде Советов РСД" К. отметил противоречия между большевиками и левыми эсерами, в основе к-рых лежит попытка большевиков утвердить "диктатуру пролетариата", а наше требование – "диктатура демократии". Однако К. высказался за тесный блок обеих партий, за расширение его той частью рев. демократии, к-рая должна понять ошибочность своей позиции. И мы "общими усилиями создадим такую власть, по отношению к к-рой никто не мог бы сказать, что это власть отдельной партии, ...но власть рев. демократии" ("Протоколы 1-го съезда ПЛСР", с. 39–46, 73). Съезд образовал Партию левых с.-р. (интернациомуналистов). На выборах в ЦК за К. и Спиридонову проголосовали 68 чел., лишь Натансон получил больше голосов – 69.

К. участвовал в роспуске Учред. Собр. (6 янв. 1918), в объединении 13 янв. 3-го Всерос. съезда Советов РСД и 3-го Всерос. съезда Советов КД, в создании Крест. секции ВЦИК, в выработке закона о социализации земли. К. сосредоточил усилия на работе во ВЦИК и в ЦК ПЛСР. Он настаивал на сближении с большевиками гл. обр. потому, что они боролись против войны, одобрил участие левых эсеров в Брестской мирной делегации. На 3-м Всерос. съезде Советов РСКД (10–18 янв.) К. говорил сторонникам продолжения войны: "Для вас необходимо одно: вомой во что бы то ни стало, вомой до последнего солдата, хотя бы это вело к гибели рев-ции" ("3-й съезд Советов РСКД", П., 1918, с. 65). Но на 4-м Всерос. съезде Советов (14–16 марта 1918, Москва), посвящённом ратификации Брестского договора, К. вдруг заявил: "...договор ведёт к полному удушению рус. рев-ции", ЦК ПЛСР отзывает своих представителей из СНК и "сделает всё от него зависящее, чтобы оказать вооруж. сопротивление на всех фронтах" ("4-й Чрезв. съезд Советов рабочих, солд., крест. и казач. деп.", М., 1920, с. 23, 40, 51).

Во 2-й пол. марта 1918 К., Карелин и Штейнберг отправились на Юг агитировать за срыв Брестского мира и помогать местным левым эсерам в орг-ции боевых отрядов. Вернулись они в Москву перед открытием 2-го съезда ПЛСР (17–25 апр.). Главным стал доклад К. о разрыве правительств. блока. 25 апр. на орг. заседании ЦК К. был избран пред. Президиума ЦК ПЛСР. Руководимый К. ЦК ПЛСР в 1-й пол. мая формирует Центр. отдел боевых дружин и партиз. отрядов, созывает совещание левых эсеров – воен. специалистов (ЦПА ИМЛ, ф. 564, оп. 1, д. 11, лл. 6, 7 об., 14), комплектует группу для проведения террористич. актов против руководителей герм. армии; особое внимание уделяет участию левых эсеров в пр-ве Украины – "Повстанч. девятке", союзу с эсерами-максималистами, укр. левыми эсерами; принимает решения, направленные на ограничение карат. политики большевиков, против исключения из Советов меньшевиков и правых эсеров; выступает с протестами против агр. политики СНК, декретов о прод. диктатуре (май), о к-тах бедноты (июнь); ведёт подготовку Крест. съезда для защиты хлеборобов от произвола большевиков (там же, лл. 5–6 об., 7 об., 9, 11, 12 об., 21). 24 июня ЦК постановил положить конец мирной передышке путём ряда террористич. актов и восстания рабочих и крестьян против оккупантов. "Мы рассматриваем свои действия как борьбу против настоящей политики СНК". ЦК поручил К. теоретически обосновать (в газетах, листовках) необходимость и цели грядущей акции. Постановление не ориентировало партию на вооруж. восстание против большевиков (см.: "Красная книга ВЧК", 2 изд., т. 1, М., 1989, с. 185–86).

На 3-м съезде ПЛСР (28 июня – 1 июля 1918, Москва) отчёты с мест показали, что в провинции доминируют хорошие отношения между большевиками и левыми эсерами, что большинство населения Брестский мир поддерживает и воевать не собирается. Но К. заявил, что Брест – могильщик мировой рев-ции, что все беды в стране связаны с ним. Н.А. Рославец – оппонент К. – заметила: "...если бы т. К., а не Ленин стоял во главе пр-ва, то мы сидели бы не здесь, а в Туруханском крае" (ЦПА ИМЛ, ф. 564, оп. 1, д. 4, л. 270). В заключит. слове К. сказал: "...нужно вновь поднять рев. восстание крест-ва и рабочих для восстановления попранных завоеваний рев-ции. В этой борьбе мы, левые эсеры, сыграем главную и решающую роль. Мировая рев-ция придёт путём нашего восстания против герм. империализма" (там же, д. 5, л. 22, 22 об.). Его поддержали Спиридонова, Карелин, Прошьян. Съезд избрал ЦК из сторонников жёсткой по отношению к большевикам линии.

На 5-м Всерос. съезде Советов (4–10 июля 1918, Москва) левые эсеры имели лишь 30,3% мест – через съезд осуществить планы ЦК было невозможно. К. выступил 5 июля как содокладчик и оппонент Ленина. Он заявил, что политика СНК "губительна и смертельна для междунар. рев-ции и т. Ленин со всеми остальными большевиками будет сметён, если он и дальше будет идти по этому пути". К. утверждал, что дать хлеб могут только местные Советы, а не продотряды. Они "только губят прод. дело... поднимают трудовое крест-во против Советов" и комбеды – "к-ты деревенских лодырей... лучшее средство подорвать в корне Сов. власть... Мы вам откровенно заявляем, что не только ваши отряды, но и ваши К-ты бедноты мы выбросим вон". От имени фракции К. внёс резолюцию, выражающую недоверие политике СНК ("5-й съезд Советов". Стенографич. отчёт, М., 1918, с. 74–75, 98–100).

6 июля герм. посол В. Мирбах был убит. Дальше всё шло не так, как задумал ЦК ПЛСР. Война не началась, "левые коммунисты" в союзники не запросились, провинция, за малым исключением, Москву не поддержала. К. с группой членов ЦК был в штабе отряда Д.И. Попова – осн. вооруж. силы левых эсеров. Как и др. члены ЦК (кроме Прошьяна), настаивал на оборонит. действиях. По заверениям эсерки Б.А. Бабиной, К. в 1922 (в Бутырках) утверждал: "...у нас вовсе не было намерения их свергать... на нашей стороне была большая часть народа и армии. Именно это последнее мы и хотели продемонстрировать – им и герм. империалистам" ("Минувшее". Ист. альманах, т. 2, М., 1990, с. 34). 6–7 июля выступление левых эсеров было подавлено. К. и ряд членов ЦК ушли в подполье. Из ПЛСР выделились Партия народников-коммунистов и Партия рев. коммунизма, к-рые отмежевались от моск. событий и высказались за сотрудничество с большевиками. На 4-м съезде ПЛСР (2–7 окт. 1918, Москва) ответ за 6 июля держали К., Карелин и Прошьян, не пересмотревшие своих убеждений. К. заявил, что когда придёт мировая рев-ция, "не большевики, а левые эсеры будут иметь шансы на успех и победу" (ЦПА ИМЛ, ф. 564, оп. 1, д. 5, л. 91). Д.А. Черепанов – оппонент К.– усомнился

в том, что на месте РКП(б) ПЛСР "сколько-нибудь длительное время стала бы терпеть существование др. партии", ставящей препоны на её пути (там же, л. 171–72). Г.Л. Лесновский говорил: "Революционер перед взрывом... обдумывает всё, подготовляет, рассчитывает каждую мелочь, прежде чем взорвать. Ребёнок же, в страшном нетерпении сделать поскорее, сердится и топает ножкой" (там же, д. 5, л. 156). Тем не менее съезд принял резолюцию К. и избрал его в ЦК.

27 нояб. Ревтрибунал при ВЦИК рассмотрел дело о заговоре ЦК ПЛСР "против Сов. власти и рев-ции". Из 14 чел., проходивших по процессу, присутствовали лишь Спиридонова и Ю.В. Саблин. Остальные, в т.ч. К., числились в "бегах". Суд приговорил 10 чел., в т.ч. К., к заключению "в тюрьму с применением принудит. работ на три (3) года" (там же, с. 294–95). В дек. 1918 К. в Литве воссоздавал парт. орг-ции, затем стал одним из лидеров Укр. ПЛСР.

В янв. 1920 в Москве К. был арестован, но в мае освобождён. В февр. 1921 арестован вновь. По воспоминаниям сокамерников, К. был уверен, что диктатура большевиков – обречена, что борьба левых эсеров останется в памяти поколений. В 1923 сослан в Челябинск, затем в Тверь, Воронеж; отсидел 2 года в тюрьме по делу мифической "Трудовой крест. партии". С 1933 в ссылке в Архангельске. Арестован в февр. 1937, в марте 1938 выступал свидетелем на процессе "Правотроцкист. антисов. блока". 29 авг. 1938 Воен. коллегией Верх. суда СССР осуждён к расстрелу, приговор приведён в исполнение в тот же день. В соответствии с законом Рос. Федерации от 18 окт. 1991 подлежит реабилитации.

Соч.: Les Socialistes-Révolutionnaires de gauche, Geneve, 1918. *А.И. Разгон.*

КАРАУ́ЛОВ Михаил Александрович (1878, ст. Тарская Сунженского отдела Терской обл.,– 13 дек. 1917, станция Прохладная Владикавказской жд.). Род. в семье зажиточного казака. В 1901 окончил филол. ф-т Петерб. ун-та, в 1902 сдал выпускной экзамен при Николаевском кав. уч-ще. После воен. службы (закончил есаулом) ред. ж. "Казачья Неделя". Автор книг по истории терского казачества. Деп. 2-й и 4-й Гос. Дум; в 4-й примыкал к прогрессистам.

После Февр. рев-ции 1917 член Врем. К-та Гос. Думы. 1 марта издал приказ о немедленном аресте всех чинов наружной и тайной полиции и корпуса жандармов. Был назначен обл. комиссаром Врем. пр-ва и выехал во Владикавказ. 13 марта Войсковым Кругом избран атаманом Терского казачьего войска и возглавил Войсковое правление (пр-во); 27 марта отказался от поста комиссара Врем. пр-ва. В апр. настоял на издании областным гражд. Исполкомом ограничит. правил проведения митингов, что нарушало принятый Врем. пр-вом закон о собраниях, являлось покушением на завоёванные рев-цией свободы и вызвало демонстрации. На съезде представителей сел. населения, гор. самоуправлений и Советов РСД (18–20 мая) избран тов. пред. обл. Исполкома. Учитывая сложное переплетение агр. и нац. проблем, искал пути совместных действий с местными "нац. вождями". В мае на совещании казачьих и горских верхов, выступая против "анархии", заявил: "Если мы наладим дружную совм. работу... царство на Сев. Кавказе будет принадлежать нам" (Коренев Д.З., Рев-ция на Тереке, Орджоникидзе, 1967, с. 42). В июле обратился с просьбой в Воен. мин-во вернуть с фронта Терскую казачью дивизию. На моск. Гос. совещании (авг.) репликой "Правильно!" приветствовал требования А.М. Каледина упразднить все к-ты и советы на фронте и в тылу, решительно укрепить дисциплину в армии, принять строгие меры против "самочинных действий всевозможных к-тов, нарушающих порядок землепользования" (там же, с. 41).

Накануне корниловского выступления по инициативе К. представители казаков были отозваны из Советов Терской обл. В сер. авг. съезд иногородних ходатайствовал перед Врем. пр-вом об отозвании К., к-рый "своей политикой непримиримости казаков с остальным населением возбуждает крайне тревожное настроение и недовольство в области" (там же, с. 44). К. на посту обл. комиссара Врем. пр-ва был заменён, но, оставаясь атаманом, политики не изменил. Был одним из организаторов созданного 20 окт. "Юго-Вост. союза казачьих войск, горцев Кавказа и вольных народов степей", что объяснял "развалом центр. гос. власти" и необходимостью "оздоровления России с окраин".

После известия об Окт. рев-ции Терское казачье войско было провозглашено суверенной частью Рос. Федеративной Респ. 15 нояб. К. заявил, что вступает в управление Терским краем (4 казачьих отдела) "со всей полнотой гос. власти"; ссылаясь на необходимость борьбы с анархией, грабежами и разбоями, объявил край на воен. положении, отдал приказ привести в боевое состояние все казачьи войска. 1 дек. возглавил Терско-Дагестанское пр-во. 13 дек. на станции Прохладная в ходе резкого конфликта с солдатами возвращавшегося с Кавк. фронта эшелона был убит.

Лит.: КС, т. 2. *Ю.Ю. Фигатнер.*

КАРЕ́ЛИН Владимир Александрович (23 февр. 1891, Смоленск,– 1938). Из дворян. Юрист; журналист. Эсер с 1907 (по др. сведениям, с 1909). В 1913–14 сотрудник газ. "Смоленский Вестник", в 1915–16 – харьковской газ. "Утро". Во время 1-й мир. войны "интернационалист". Находился под надзором полиции, провёл год в тюрьме и 5 лет в ссылке.

После Февр. рев-ции 1917 один из руководителей орг-ции ПСР Харькова. Регулярно печатался в "Известиях Юга" (Харьков), в "Земле и Воле", "Знамени Труда", ж. "Наш Путь" и "Знамя Труда". В июле избран в харьковскую Гор. думу, занял пост

её председателя; добивался демократизации гор. самоуправления, осуществления 8-час. рабочего дня, охраны здоровья трудящихся. В нач. авг. участвовал в расширенном 7-м Совете партии, на к-ром вместе с 34 делегатами (из 78) подверг критике ЦК, политику эсеров – членов коалиц. Врем. пр-ва, настаивал на создании "однородного соц. мин-ва". Был внесён в список общепарт. кандидатур в чл. Учред. Собр., намеченных ЦК ПСР и комиссией 7-го Совета партии. 22 авг. на заседании харьковской Гор. думы заявил: "Задача демократии – стянуть в свои руки все нити власти; следовать, не отступая, по пути социальных завоеваний; выполнить до конца свой рев. долг" ("Известия Юга", Харьков, 1917, 24 авг.). Участник Демокр. совещания, член Совета старейшин Врем. Совета Рос. Республики (Предпарламента). Требовал образования в Предпарламенте организационно независимой от ЦК ПСР фракции, способной выполнить роль всерос. левоэсеровского центра. 15 окт. на 8-й Петрогр. конф. эсеров избран членом ПК.

Окт. рев-цию встретил неоднозначно: приветствовал (с оговорками) переход власти к Советам, но считал ошибкой вооруж. свержение Врем. пр-ва, неправомерным негативное отношение В.И. Ленина и Л.Д. Троцкого к др. соц. партиям, к перспективе сотрудничества с ними. Одноврем. полагал пагубной политику правых эсеров и меньшевиков, не желающих искать компромисса с большевиками. 25 окт. на заседании эсеров – делегатов 2-го Всерос. съезда Советов РСД предупреждал: "Изоляция большевиков гибельна. Наша [левых эсеров.– Автор] осн. идея – создание демокр. органа власти. Мы играем сейчас роль примирителей и терять эту роль нельзя. Мы должны предложить большевикам сформировать блок рев. демократии, и в этот блок мы войдём". От имени левых эсеров внёс предложение: "Если будет образовано однородное большевист. пр-во, то мы голосуем против этого... но на съезде останемся, входим в [новый.– Автор] ЦИК. Правительство это будем поддерживать" ("Знамя Труда", 1917, 27 окт.). Предположение К. было отвергнуто правыми эсерами. На этом же заседании избран в комиссию по переговорам с большевиками. 26 окт. в связи с отказом рук-ва РСДРП(б) от создания "однородного соц. пр-ва" отверг предложение ЦК большевиков участвовать в СНК.

Был избран во ВЦИК 2-го созыва, возглавил в нём Муниципальный отдел. На пленумах ВЦИК и заседаниях левоэсеровской фракции неоднократно выступал за свободу печати, за разделение властей и жёсткий контроль ВЦИК за деятельностью СНК, наркоматов и ведомств. В момент первого правительств. кризиса (3–4 нояб.) проводил – по собств. свидетельству – "политику на изоляцию Ленина, не допуская в то же время изоляции большевизма в целом"; надеялся, что "в ближайшее же время умеренные большевики [Л.Б. Каменев, В.П. Ногин и др.– Автор] будут голосовать с нами, образуя большинство во ВЦИК" ("Известия Юга", 1917, 7 нояб.). Полагал, что таким образом будет покончено с курсом на диктатуру пролетариата, с полит. репрессиями, расколом в лагере рев. демократии, с опасностью втягивания в гражд. войну. В нач. нояб. вошёл во Врем. центр. бюро левых эсеров по созыву учред. съезда партии. На съезде (19–27 нояб.) избран чл. ЦК, уступив по кол-ву полученных голосов лишь Б.Д. Камкову, М.А. Натансону и М.А. Спиридоновой.

Один из 7 наркомов – левых эсеров, вошедших в СНК; решением ВЦИК от 12 дек. и СНК от 13 дек. возглавил Наркомат гос. имуществ; выполнял обязанности наркома неохотно, лишь по настоянию ЦК ПЛСР, и с таким расчётом, чтобы "они не мешали парт. работе" ("Петрогр. Эхо", 1918, 13 янв.). В заседаниях СНК участвовал реже, чем остальные левые эсеры, но неизменно выступал оппонентом большевиков в дискуссиях по вопросам карательной политики Сов. власти, компетенции ВЧК, Наркомюста и т.п. Был противником крайних мер, внесудебных преследований.

Член Учред. Собр. (от Харьковского избират. округа). Стремился предупредить его роспуск, искал пути соглашения с эсеровским большинством. На заседании фракции левых эсеров – членов Учред. Собр., состоявшемся за неск. часов до начала его работы, настаивал, чтобы в "Декларацию прав трудящегося и эксплуатируемого народа", к-рую от имени Сов. пр-ва предстояло огласить при открытии Учред. Собр., были внесены изменения компромиссного характера, произведено смягчение нек-рых формулировок ("Известия Советов РСКД г. Москвы и Моск. обл.", 1918, 6 янв.).

14 янв. 1918 К. был уполномочен СНК участвовать в качестве члена делегации в мирных переговорах в Брест-Литовске. Считая условия Брестского мира пагубными для рев-ции, явился одним из инициаторов разрыва правительственного блока, выхода левых эсеров из СНК. 18 марта сложил эти полномочия перед ВЦИК. По решению ЦК ПЛСР во 2-й пол. марта – мае участвовал в т.н. "Южной делегации", имевшей целью агитацию за срыв Брестского мира, укрепление влияния левых эсеров в казачьих областях Дона, Кубани и на Украине, орг-цию боевых отрядов

партии. После 2-го съезда ПЛСР (17–25 апр.) тов. пред. Президиума ЦК. Практически вместе с Камковым и П.П. Прошьяном определял курс партии. Весной – летом входил (в качестве кандидата) в пр-во Сов. Украины – "Повстанч. девятку". Оставаясь чл. ВЦИК, выступал на его заседаниях против декретов о прод. диктатуре и комбедов. 9 мая во время обсуждения на пленуме ВЦИК "Декрета о продовольствии" заявил: проект закона "изобилует чрезвычайно рискованными рецептами, чрезвычайно рискованными экспериментами... к-рые в деревне могут при неосторожности вызвать эксцессы, поножовщину... а хлеба мы не получим" ("Протоколы заседаний ВЦИК 4-го созыва". Стенографич. отчёт, М., 1920, с. 255). К. видел опасность в том, что политика комбедов столкнёт в противоборстве две силы, составляющие основу республики: "трудовое крест-во и пролетариат" ("Знамя Труда", 1918, 12 июня).

Постановлением ЦК ПЛСР от 24 июня, где речь шла о срыве мирной передышки "рядом террористич. актов в отношении виднейших представителей герм. империализма", введён в группу из 4 чел., к-рой поручалось "выработать лозунги нашей тактики и очередной политики" ("Красная книга ВЧК", т. 1, М., 1989, с. 185–86). За активное участие в левоэсеровском мятеже 6–7 июля приговорён (заочно) к 3 г. тюремного заключения. Перешёл на нелег. положение, в дек. 1918 выехал на Украину. В февр. 1919 в Харькове арестован ЧК, вывезен в Москву, в окт. освобождён. С 1921 юрисконсульт разл. учреждений в Харькове. 26 сент. 1937 арестован, по приговору Воен. коллегии Верх. суда СССР от 22 сент. 1938 расстрелян. Реабилитирован посмертно.

А.И. Разгон.

КАРТАШЁВ Антон Владимирович (1875, по др. данным, 1870, м. Киштьма на Урале,– 1960). Род. в семье чиновника. Окончил Петерб. духовную академию (1899). В 1906–17 проф. Высших жен. (Бестужевских) курсов в Петербурге. В 1909 стал пред. Религ.-филос. об-ва в Петербурге; выдвинул идею о необходимости реформирования отношений между церковью и гос-вом, сторонник свободы церкви в её внутр. делах. Близкий друг писателей З.Н. Гиппиус и Д.С. Мережковского; блестящий оратор.

В первые дни после Февр. рев-ции 1917 вступил в кадетскую партию, чл. её ЦК и один из лидеров. Входил в группу П.Б. Струве, возглавлявшего правое крыло партии. Вошёл во 2-е коалиц. Врем. пр-во; с 24 июля обер-прокурор Св. Синода, 5 авг. Врем. пр-во упразднило этот пост и учредило Мин-во исповеданий во главе с К. Провозгласил автономию Синода. Один из инициаторов восстановления патриаршества в России, созыва в Москве Всерос. Поместного Собора Рус. правосл. церкви. 16 авг. от имени пр-ва приветствовал открывшийся Собор, заявил, что контроль мин-ва над церковью будет минимальным, сообщил, что Врем. пр-во ассигновало 1 млн. руб. на расходы по проведению Собора. Выступал сторонником ген. Л.Г. Корнилова.

10 сент. К., последний кадет в пр-ве, в записке на имя А.Ф. Керенского указывал на "засилье социалистов над Врем. пр-вом" и просил уволить его от должности ("Рев-ция 1917", т. 4, с. 197). 22 сент. принял участие в соединённом заседании Врем. пр-ва, Моск. группы промышленников, представителей Демокр. совещания и членов ЦК кадетов с целью создания нового пр-ва. 25 окт. выступил на заседании пр-ва с речью о необходимости решит. мер против орг-ции большевиками вооруж. выступления, а вечером вместе с др. членами пр-ва был арестован в Зимнем дворце и отправлен в Петропавл. крепость. 26 нояб. подписал вместе с др. арестованными министрами заявление на имя пред. Учред. Собр.

К. был освобождён в нач. 1918. Один из руководителей "Нац. центра". В янв. 1919 уехал в Финляндию, где возглавил Рус. к-т (с мая – Полит. центр). Оказывал помощь армии ген. Н.Н. Юденича. С 1920 эмигрант, продолжал борьбу против Сов. Республики. С 1925 проф. Рус. богословского ин-та св. Сергия в Париже. Автор книг и статей о взаимовлиянии православия и культуры в России.

Соч.: Очерки по истории рус. церкви, т. 1–2, Париж, [1959–60].

Лит.: Херасков И.М., А.В. Карташев, "Возрождение", 1951, № 14; Князев А.П., Памяти А.В. Карташева, "Вестник студенч. рус. христ. движения", 1960, № 58/59 (здесь же Автобиография Карташева); Фостер; Рус. эмиграция.

М.Е. Голостенов, Н.А. Сахаров.

КАФЕНГА́УЗ Лев Борисович (29 окт. 1885, Проскуров Подольской губ.,– 4 июля 1940, Москва). Из семьи служащего. В 1904 участник марксист. кружка учащихся, в 1905–06 пропагандист Моск. большевист. орг-ции. За участие в Дек. вооруж. восст. был арестован, с 1906 – под надзором полиции. В дальнейшем перешёл на позиции меньшевизма, в активной полит. деятельности долго не участвовал. По окончании в 1910 экон. отделения юрид. ф-та Моск. ун-та оставлен при кафедре политэкономии для подготовки к проф. званию, уволен в марте 1911 за участие в забастовке протеста против действий мин. просвещения Л.А. Кассо. Работал пом. нач. статистич. отдела Моск. гор. управы, ассистентом в Моск. коммерч. ин-те, заведовал статистикой в Моск. Управлении Уполномоченного по топливу. Сотрудничал в газ. "Рус. Ведомости" (1911–17).

После Февр. рев-ции 1917 вступил в Моск. орг-цию меньшевиков; вошёл в редакцию газ. "Власть Народа". Выступил с критикой Апр. тезисов В.И. Ленина, возвестивших, по мнению К., превращение большевист. фракции РСДРП в партию анархистов-коммунистов:

"Перед нами программа соц. рев-ции. Сразу – от полукрепостного х-ва к социализму, от самодержавия к государству-коммуне! После десятилетий теоретич. полемики и практич. борьбы с утопизмом, после того, как, казалось, стало общепризнанным, что к социализму мы придём после интенсивного и свободного капиталистич. развития, мы вновь вернулись к давно прошедшим временам Бакунина и Ткачёва; вновь основой для соц. переворота считается не высокое развитие производит. сил, не сильные проф. полит. и коопер. орг-ции, а исконные коммунистич. инстинкты рус. народа" ("Коммунистич. партия", "Власть Народа", 1917, 9 мая). Отстаивал принцип "коалиции классов" на основе взаимных уступок пролетариата и предпринимателей. Считал, что "безответств. крикуны из большевист. лагеря", призывающие к национализации целых отраслей пром-сти и замене капиталистов и банкиров подчинёнными Советам РД демокр. чиновниками, толкают рабочее движение на путь экон. катастрофы ("Без прибыли", там же, 21 мая). Летом 1917 избран гласным моск. Гор. думы, с авг. тов. мин. торговли и пром-сти во Врем. пр-ве.

После Окт. рев-ции выступал против опьянения «большевист. экон. сивухой и разными "социалистическими" декретами» ("Германский мир и безработица", там же, 22 дек.). Выход из кризиса видел в ликвидации "большевист. засилья". "Что делать? Кажется ясно, граждане большевики! Надо скорее, пока не поздно, освободить банки, восстановить демокр. гор. управление, прекратить войну против Украины, Дона и Сибири, передать власть законноизбранному Учред. Собранию..." ("Где деньги?", там же, 24 дек.). Был противником ведущего к "полонению Руси" сепаратного мира с Германией, за к-рый называл большевиков "изменниками, определившимися на службу к акулам герм. империализма" ("Балтийский вопрос", там же, 29 дек.). В мае 1918 резко критиковал "гениальные проекты" В.И. Ленина в области финанс. и прод. политики, к-рым пророчил полный провал ("Последний бой", "Наша Родина", 1918, 8 мая; "Продовольственная диктатура", там же, 4 мая).

"Бездушные цифры, лишённые всяких клас. и полит. симпатий, неопровержимо говорят о том, что сов. власть экономически себя не оправдала. Таков суд беспристрастной экономики" ("Много ли сделано?", там же, 17 мая). В июне 1918, характеризуя прод. политику СНК, писал: "Большевики хотели в нищей стране установить социализм и сила вещей заставила их дать населению вместо социализма новую форму клас. господства и клас. эксплуатации", ..."начав с признания прод. монополий как средства обеспечения равного для всех права на питание", кончают "монополиями как средством сознательно обречь на голод одну неблагонадёжную часть населения, для того, чтобы пропитать другую – правящую" ("Продовольственная справедливость", там же, 14 июня). В июле выступал против декрета о национализации крупной пром-сти. "Теперь, когда нет ни хлеба, ни угля, ни хлопка, ни транспорта, когда всё стоит без движения, а работают только вражеские орудия и языки, да фантазия митинговых ораторов, в этот момент рабочий класс провозглашён властелином жизни – властелином голода, долгов, нищеты и страданий!" ("Национализация крупной пром-сти", там же, 3 июля).

Выйдя из партии меньшевиков и отойдя от полит. деятельности, работал с 1919 в ВСНХ. По просьбе руководителей орг-ции "Нац. центр" в 1919 совместно с экономистом Я.М. Букшпаном подготовил программу экон. возрождения России на случай крушения Сов. власти. Она предусматривала восстановление частного предпринимательства, постепенную денационализацию и демонополизацию пром-сти, внедрение рыночных отношений, развитие фермерского х-ва, привлечение иностр. капитала под контролем гос-ва, увеличение экспорта готовых продуктов при сокращении вывоза сырья и т.п. В 1920 был арестован по подозрению в принадлежности к "Нац. центру", но ввиду отсутствия улик вскоре освобождён. Работал в Центр. отделе статистики ВСНХ, одновременно преподавал в МГУ. В авг. 1930 арестован по обвинению в антисов. деятельности. До дек. 1932 в ссылке в Уфе (реабилитирован в 1987). В 1933–37 читал лекции в Пром.-экон. ин-те им. Г.К. Орджоникидзе, был зав. кафедрой в Ин-те стали им. И.В. Сталина, проф. 1-го МГУ, зам. гл. ред. "Технич. энциклопедии". В 1937–40 ст. науч. сотрудник Ин-та экономики АН СССР.

И.Л. Лунден.

КАХО́ВСКАЯ Ирина Константиновна (15 авг. 1888, г. Тараща Киевской губ.,– 1 марта 1960, г. Малоярославец Калужской обл.).

Из дворян (к этому роду принадлежал декабрист П.Г. Каховский); отец – землемер, мать – нар. учительница. К. воспитывалась в Петерб. Мариинском ин-те благородных девиц, в 1904 поступила на ист.-филол. отделение Высш. жен. (Бестужевских) курсов. В рев. движении с 1905, нек-рое время – большевичка, с 1906 чл. Союза эсеров-максималистов. Арестована в апр. 1907 за участие в боевой дружине, осуждена на 20 лет каторги. На Нерчин. каторге познакомилась с М.А. Спиридоновой, А.А. Измайлович и др. деятелями ПСР. В 1914 вышла на поселение по амнистии.

После Февр. рев-ции 1917 участвовала в работе эсеровского к-та в Чите, к-рый стоял на позициях эсеров-максималистов и интернационализма. Дел. от Забайкальской обл. 3-го съезда эсеров (май – июнь), чл. его президиума. Работала секретарём Сев. обл. к-та ПСР, выступала с лекциями и докладами в парт. клубах Петрограда. Участвовала в Окт. рев-ции. Дел. 2-го Всерос. съезда Советов РСД (окт.), член его Президиума. После раскола ПСР левая эсерка. Избиралась чл. ВЦИК 2–4-го созывов. Заведовала (вместе с В. Володарским) агит.-проп. отделом ВЦИК. Выступала на митингах, с лекциями и докладами (темы: "Перспективы рев-ции", "Текущий момент и партия левых эсеров" и др.), опубл. ст. "Хлеб и рев-ция" в ж. "Рев. Работница" (1918, № 1). Во время дискуссии о Брестском мирном договоре активно выступала за "рев. войну" с Германией. На 2-м съезде ПЛСР (апр. 1918) избрана членом ЦК.

После того как ЦК ПЛСР санкционировал "террористич. борьбу", вместе с Б.М. Донским и Г.Б. Смолянским вошла в Боевую орг-цию при ЦК. В июне – июле 1918 руководила подготовкой покушения на командующего оккупац. войсками на Украине Г. Эйхгорна и гетмана П.П. Скоропадского в Киеве. 30 июля террористич. акт против Эйхгорна осуществил матрос Донской (повешен). В ночь на 2 авг. К. была арестована, 12 сент. герм. воен.-полевым судом приговорена к смертной казни. В ожидании утверждения приговора кайзером находилась в нем. комендатуре при Лукьяновской тюрьме, подвергалась пыткам. После прихода к власти петлюровской Директории освобождена по требованию губ. крест. съезда.

В 1919 руководила в тылу Добровольч. армии подготовкой покушения на ген. А.И. Деникина. Одарённый литератор, К. написала исторически достоверные воспоминания о событиях, в к-рых участвовала; по поводу мемуаров "Дело Эйхгорна и Деникина" Ромен Роллан заметил: "Я отвергаю идею К., но повесть эта имеет захватывающую человеческую (или нечеловеческую) ценность. Это – психологич. документ высшего порядка" ("Дело Эйхгорна и Деникина", с. 4–5). С 1918 неоднократно подвергалась Сов. властью репрессиям. С 1955 жила в г. Малоярославец.

Соч.: Дело Эйхгорна и Деникина (из воспоминаний), в кн.: Пути революции. Сб. ст., Берлин, 1923; Уфимское дело. Из истории партии и руководителей левых эсеров. Автобиография, в кн.: Полит. дневник, Амстердам, 1972, № 63.

Лит.: Овруцкий Л.М., Разгон А.И., О чём молчат учебники, "Родина", 1989, № 12; Памяти И.К. Каховской, в кн.: Минувшее. Ист. альманах, в. 2, М., 1990.

Я.В. Леонтьев.

КЕ́РЕНСКИЙ Александр Фёдорович (22 апр. 1881, Симбирск,– 11 июня 1970, Нью-Йорк). Из семьи директора мужской гимназии и средней школы для девочек г. Симбирска, сына приходского священника. В

детстве "был глубоко религиозен... Религия... навсегда осталась составной частью... жизни", ранние религ. впечатления, образ Христа стали "источником... юношеской веры, к-рая впоследствии воплотилась... в идею самопожертвования во имя народа. На этой вере зиждился рев. пафос..." [Керенский А.Ф., Россия на ист. повороте, "Вопросы истории" (далее – "ВИ"), 1990, № 6, с. 119]. С 1899 по 1904 обучался вначале на ист.-филол. ф-те, а год спустя на юрид. ф-те Петерб. ун-та. Позднее К. вспоминал: "Почти все мы сочувствовали движению народников или, скорее, социалистам-революционерам, но насколько я помню, марксистов среди нас не было... Для большинства из нас, россиян, ставка только на пром. пролетариат и полное игнорирование крест-ва была совершенно абсурдной... марксизм отталкивал меня своим органически присущим ему материализмом и подходом к социализму как к учению лишь одного класса – пролетариата. Согласно марксизму, клас. принадлежность полностью поглощала сущность человека. Но без человека, без личности, индивидуальной и неповторимой, без идеи о необходимости освобождения человека как этической и философской цели ист. процесса – что же тогда оставалось от великой рус. идеи?" (там же, с. 128–29).

По окончании ун-та вступил в Петерб. коллегию адвокатов, присяжный поверенный. Во время Рев-ции 1905–07 вошёл в созданный коллегией к-т по оказанию помощи жертвам "Кровавого воскресенья", работал юрисконсультом среди рабочих. Сотрудничал в бюллетене "Буревестник", с дек. 1905 преобразованном в печатный орган эсеров; 21 дек. арестован по подозрению в принадлежности к боевым дружинам эсеров. В тюрьме "понял, что в России никогда не будет подлинной демократии до тех пор, пока её народ не сделает сознательного шага к единению во имя достижения общей цели. Я твёрдо решил, что после освобождения из тюрьмы отдам все силы делу сплочения всех демокр. партий в России" ("ВИ", 1990, № 7, с. 152). В апр. 1906 К. был освобождён; в окт. участвовал в полит. процессе в Ревеле по делу крестьян, разграбивших поместье местного барона. После успешно завершившегося процесса приобрёл широкую известность, вступил в Петерб. объединение полит. адвокатов, был защитником во мн. полит. процессах, в т.ч. в процессе большевист. фракции 4-й Гос. Думы в февр. 1915. В 1912 избран деп. 4-й Гос. Думы (от Самарской губ. по списку трудовиков, стал лидером их думской фракции). Возглавлял комиссию Гос. Думы по расследованию обстоятельств Ленского расстрела рабочих золотых приисков (4 апр. 1912). Инициатор принятия 23 окт. 1913 коллегией адвокатов Петербурга резолюции протеста против фабрикации дела М. Бейлиса, за что был приговорён к 8 месяцам тюрьмы. С 1912 один из руководителей рос. полит. масонства: входил в думскую масонскую ложу, в Верховный Совет масонов России, в 1915–16 его секр. По словам К., "все наши усилия имели целью установление в России демократии на основе широких социальных реформ и федерального устройства гос-ва" ("ВИ", 1990, № 8, с. 114). В 1-ю мир. войну К. выступал с социал-патриотич. позиций.

К.– один из активных деятелей Февр. рев-ции 1917. 14 февр. на заседании Гос. Думы заявил: "...ист. задачей рус. народа в настоящий момент является задача уничтожения средневекового режима немедленно, во что бы то ни стало... Как можно законными средствами бороться с теми, кто сам закон превратил в орудие издевательства над народом?... С нарушителями закона есть только один путь – физического их устранения" ("ВИ", 1990, № 10, с. 144). После того как в полночь с 26 на 27 февр. сессия Думы была прервана царским указом, К. и др. левые депутаты на Совете старейшин 27 февр. убеждали не подчиняться указу, но Совет старейшин отклонил предложение. В этот же день К. вошёл в сформированный Советом старейшин Врем. К-т Гос. Думы, в Воен. комиссию Думы, созданную для рук-ва операциями против полиции, неоднократно выступал перед восставшими солдатами, вечером избран тов. пред. исполкома Петрогр. Совета РД. 2 марта вошёл как мин. юстиции во Врем. пр-во вопреки решению исполкома Совета (от 1 марта) о неучастии в нём представителей рев. демократии. К. "**игнорировал Исполнительный к-т и его постановление**. Он не пожелал ни руководствоваться им, ни даже добиваться его пересмотра... Он предпочитал действовать личным натиском и спекулировал на неподготовленности, несознательности и стадных инстинктах своей аудитории, наполовину наполненной чисто обывательскими элементами" (Суханов Н.Н., Записки о рев-ции, т. 1, кн. 1–2, М., 1991, с. 165). Вечером 2 марта К. обратился за вотумом доверия не к исполкому, а к самому Петрогр. Совету.

«К. начал говорить упавшим голосом, мистическим полушёпотом. Бледный как снег, взволнованный до полного потрясения, он вырывал из себя короткие, отрывистые фразы, пересыпая их длинными паузами... Бог весть чего тут было больше – действительного исступления или театрального пафоса! Но, во всяком случае, тут были следы "дипломатической" работы: о ней свидетельствовали нек-рые очень ловкие ходы в его речи, к-рые должны были обязательно повлиять на избирателей» (там же). Суть выступления К. сводилась к следующему: "Я занял пост мин. юстиции для созыва Учред. Собр., к-рое должно будет, выражая волю народа, установить будущий гос. строй. До этого момента будет гарантирована полная свобода пропаганды и агитации по поводу формы будущего гос. устройства России, не исключая и республики... я остался тем, чем был – республиканцем... Я заявлю Врем. пр-ву, что являюсь представителем демократии и что Врем. пр-во должно считаться с теми мнениями, к-рые я буду отстаивать в качестве представителя народа..." (Катков Г.М., Февр. рев-ция, пер. с англ., Париж, 1984, с. 384). 3 марта на совещании членов Врем. пр-ва и Врем. К-та Гос. Думы с вел. кн. Михаилом Александровичем К. настаивал на отречении последнего от престола.

Опираясь на связанных с ним масонскими узами А.И. Коновалова, Н.В. Некрасова и М.И. Терещенко, К. занял доминирующее место во Врем. пр-ве (см.: Милюков П.Н., Воспоминания., М., 1991, с. 475–78; Набоков В.Д., Врем. пр-во, в кн.: Страна гибнет сегодня. Воспоминания о Февр. рев-ции 1917 г., М., 1991, с. 400–03; Николаевский Б.И., Рус. масоны и рев-ция, М., 1990, с. 115; Суханов Н.Н., указ. соч., с. 314). "Единственный голос власти в заседаниях принадлежал К., перед к-рым председатель (Г.Е. Львов.– Автор) совершенно стушёвывался" (Милюков П.Н., указ. соч., с. 479; см. также Набоков В.Д., указ. соч., с. 397). К. "искренно считал, что Врем. пр-во обладает верховной властью и что Исполнительный к-т (Совета.– Автор) не вправе вмешиваться в его деятельность" (Набоков В.Д., указ. соч., с. 393). Он «с первого же момента совершенно оторвался от демокр. орг-ций и ни разу не появлялся ни в Исполкоме, ни в Совете... вращаясь исключительно в бурж. сферах и среди своих друзей более чем сомнительного демократизма. К. действовал так, как бог ему на душу положит или как его инспирируют окружающие. Он продолжал себя считать тов. пред. Совета и сов. ставленником в министры... Для такого поведения было явно недостаточно общего внутреннего, психологического недемократизма или хотя бы властности натуры: для этого нужны были именно импульсы "бонапартика", игнорирующего общественность. Во всяком случае, такое поведение было из рук вон. К. ни о чём не спрашивал Совет, но Совет отвечал за К.» (Суханов Н.Н., указ. соч., с. 288).

С марта К. уделял мн. внимания встречам с представителями армии, поездкам по фронтам, где пытался наладить контакт офицерства с солд. к-тами, восстановить дисциплину. 12 апр. он говорил представителям 7-й армии: "Гл. задачей Врем. пр-ва является сейчас содействовать единству нации в решающий момент её жизни... Врем. пр-во обладает всей полнотой власти... Мы... должны исполнить две задачи: во-первых, укрепить свободу, демократизировать страну и довести её до Учред. Собр., к-рое, как я не сомневаюсь, выскажется за демокр. республику, и, во-вторых, мы не должны позволить прорвать фронт, уничтожить живую силу гос-ва и отнять свободу... мы нуждаемся в контроле и критике Советов солд., рабочих, крест. и офицерских депутатов, к-рые представляют народ и рус. демократию...

Врем. пр-во считает, что 8-час. рабочий день должен быть н о р м о й р а б о т ы д л я в с е х т р у д я щ и х с я и всего рабочего класса, но задачи обороны требуют напряжения всех сил. Поэтому 8-час. рабочий день не означает сокращения продуктивности труда, т.к. рабочие согласились на сверхурочные работы для обеспечения армии всем необходимым для неё... Землю и волю народ должен получить в полном объёме... вопрос о земле, вопрос о новых формах землевладения может решить только Учред. Собр. ...Наша задача пока – собрать и подготовить весь материал, чтобы нар. представители могли спокойно и в полном знании дела высказать своё мнение, а чтобы никто не мог до созыва Учред. Собр. предрешать вопроса о земле не в пользу народа, Врем. пр-во издаст закон, приостанавливающий распоряжение частной зем. собственностью в чрезмерных пределах... мы много столетий привыкли ждать, ничего не получая, а теперь хотим всё получить, не ожидая ни одного дня. Превратить азиатскую монархию в самую, быть может, совершенную на свете республику и не допустить ошибок, делавшихся в своё время зап. Европой,– эта задача не может быть решена в несколько дней, она требует если не годов, то нескольких месяцев..." ("Известия", П., 1917, 14 апр.).

В ходе Апр. кризиса – демонстраций в знак протеста против ноты мин. иностр. дел П.Н. Милюкова пр-вам союзных держав о готовности Врем. пр-ва продолжать войну до победы – 24 апр. К. заявил, что выйдет из состава кабинета, если Милюков не будет переведён на пост мин. просвещения. Одновременно потребовал немедленно ввести в пр-во представителей соц. партий, поставил своё дальнейшее пребывание в составе пр-ва в зависимость от принятия этого требования (см.: "ВИ", 1990, № 12, с. 152). 5 мая было объявлено о создании 1-го коалиц. пр-ва, в к-рое вошли представители меньшевиков и эсеров. К. получил в нём пост воен. и мор. министра. 6 мая издал первый приказ по армии и флоту: "Взяв на себя воен. власть гос-ва, объявляю: 1) Отечество в опасности и каждый должен отвратить её по крайнему разумению и силе, не взирая на все тяготы. **Никаких просьб об отставке лиц высшего командного состава**, возбуждаемых из желания уклониться от ответственности, в эту минуту я поэтому **не допущу**. 2) **Самовольно покинувшие ряды армии и флотских команд** (дезертиры) **должны вернуться в установленный срок** (15 мая). 3) **Нарушившие этот приказ будут** подвергнуты наказаниям по всей строгости закона" ("Рев-ция 1917", т. 2, с. 109–10). 11 мая К. издал приказ по армии и флоту о правах военнослужащих, в к-ром говорилось, что каждый военнослужащий имеет право быть членом любой полит., нац., религ., экон. или проф. орг-ций, об-ва или союза, для каждого во внеслужебное время существует свобода слова, все пользуются свободой совести, никто не может быть подвергнут наказанию или взысканию без суда, право назначения на должность и врем. устранения от неё принадлежит исключительно начальникам, право же внутр. самоуправления, наложения наказаний и контроля в точно определ. случаях принадлежит выборным войсковым орг-циям, к-там и судам (см. там же, с. 140–41). 19 мая в Киеве К. заявил членам исполкома обществ. орг-ций, что Учред. Собр. может быть созвано не ранее ноября, ибо для предвыборной кампании нельзя отрывать население от с.-х. работ.

На 1-м Всерос. съезде Советов РСД (3–24 июня), на к-ром К. выбрали чл. ВЦИК, 4 июня К. отмечал: «...в отношении Финляндии и Украины мы являемся горячими защитниками их автономии. Мы говорим только одно: "Мы, как Врем. Пр-во, не обладающее, не желающее иметь самодержавных прав, мы до Учред. Собр. не считаем себя в праве декретировать независимость той или др. части рус. территории"» ("1-й съезд Советов", т. 1, с. 79). Обращаясь к большевикам, К. говорил: "...вы предлагаете идти путём, к-рым шла франц. рев-ция в 1792... Вы предлагаете путь дальнейшего разрушения. Из этого хаоса... восстанет диктатор,– не я, к-рого вы стараетесь изобразить диктатором... когда вы бессознательным, безумным союзом с реакцией уничтожите нашу власть, вы откроете двери подлинному диктатору" (там же, с. 80); "И вот наш долг, долг рев. демократии, сказать: не повторяйте ошибок истории, все зовут на путь, к-рый, как когда-то Францию, приведёт Россию к новой реакции, к новым потокам демокр. крови" (там же, с. 81).

9 июня на съезде К. выступал после В.И. Ленина: "...Нам говорят о необходимости отказа от поддержки союзных капиталистов. Нам говорят, что только таким путём мы придём к торжеству мировой рев-ции... та программа, к-рая вам предлагалась... будет означать не начало мировой рев-ции, а конец рев-ции в России..." (там же, с. 326). "Ведь и гр-н Ленин говорил вам, что капитализм – явление международное, что то, что происходит сейчас, является не результатом индивидуальной воли отд. людей, представляющих класс, а результатом экон. и ист. развития... путём физич. устранения, путём изъятия одной России из законов и процессов общеист. развития,– чего же мы достигаем? Мы выводим Россию и рус. демократию из тех ист. условий, в к-рых находится весь мир. Мы будем пытаться делать бунт не против людей, а бунт против экон. законов развития... Конечно, товарищи, этот путь не приведёт ни к каким др. результатам, кроме нового краха, новой гибели тех начинаний, тех начал, за к-рые мы боремся... мы ведём борьбу за наши идеалы и цели, поставленные нами, с соблюдением ист. обстановки, в междунар. масштабе. Мы идём постепенно, организуем демократию под новыми лозунгами" (там же, с. 327).

В мае–июне К. приложил колоссальные усилия к организации наступления рус. армий. Он "проявлял в то время изумительную деятельность, сверхъестественную энергию, величайший энтузиазм. Он, конечно, сделал всё, что было в человеческих силах... Повсюду – в окопах, на судах, на парадах, в заседаниях фронтовых съездов, на обществ. собраниях, в театрах, в гор. думах, в Советах – в Гельсингфорсе, в Риге, в Двинске, в Каменец-Подольске, Киеве, Одессе, Севастополе – К. говорил всё о том же и всё с тем же огромным подъёмом, с неподдельным, искренним пафосом. Он говорил о свободе, о земле, о братстве народов и о близком светлом будущем страны... Агитация К. была (почти) сплошным триумфом для него. Всюду его носили на руках, осыпали цветами. Всюду происходили сцены ещё невиданного энтузиазма, от описаний к-рых веяло легендами героических эпох. К ногам К., зовущего на смерть, сыпались Георгиевские кресты; женщины снимали с себя драгоценности и во имя К. несли их на алтарь желанной... победы" (Суханов Н.Н., указ. соч., т. 2, кн. 3–4, М., 1991, с. 197–98). Этот аспект гос. деятельности К. высоко оценил даже в целом отрицательно его характеризующий А.И. Деникин: "Был несомненно такой краткий, но довольно яркий период в жизни К.– воен. министра – я его отношу приблизительно к июню – когда не только широкие круги населения, но и рус. офицерство подчинилось обаянию его экзальтированной фразы, его истерического пафоса. Рус. офицерство, преданное на заклание, тогда всё забыло, всё простило и мучительно ждало от него спасения армии" (Деникин А.И., Очерки рус. смуты. Крушение власти и армии. Февр.–сент. 1917, М., 1991, с. 194–95).

18 июня началось наступление рус. армий. Неудачи на фронте обострили внутриполит. обстановку. Вследствие острых разногласий по укр. вопросу министры-кадеты 2 июля подали в отставку. 3–4 июля в столице состоялись антиправительств. вооружённые демонстрации, возглавленные большевиками. 7 июля ушёл в отставку глава Врем. пр-ва кн. Г.Е. Львов. 8 июля мин.-председателем стал К., с сохранением поста воен. и мор. министра. В приказе по армии и флоту № 28 от 8 июля К. отмечал: "Приказываю восстановить в войсках дисциплину, проявляя рев. власть в полной мере, не останавливаясь при спасении армии перед применением вооруж. силы; разложение армии недопустимо. Необходимо теперь же изъять из войсковых частей все преступные элементы, ведущие путём печати и агитации проповедь неповиновения власти и неисполнения боевых приказов. Согласно постановлению Врем. пр-ва от 6 июля, всех виновных в призыве... к неисполнению действующих... законов... предавать суду и наказывать, как за гос. измену..." ("Известия", П., 1917, 11 июля). 12 июля на фронте введена смертная казнь и учреждены "воен.-рев." суды.

13 июля на Объединённом заседании ВЦИК и Исполкома Всерос. Совета КД К. заявил: "От имени Врем. пр-ва я даю торжеств. обещание, что всякая попытка восстановить в России монархич. образ правления будет подавлена самым решительным, беспощадным образом" ("Рев-ция 1917", т. 3, с. 178). К 24 июля после напряжённых переговоров с кадетами, в ходе к-рых 21 июля К. подавал в отставку, было сформировано 2-е коалиц. пр-во. При формировании кабинета К. "заявил, что будет подбирать членов кабинета **индивидуально**, и они не будут считаться официально делегированными и ответственными перед своими партиями, как это было при первой коалиции" (Сверчков Д.Ф., Керенский, 2 изд., Л., 1927, с. 45). "Новый глава гос-ва, чл. ЦИК, сов. ставленник К., не хочет знать никакого Совета. Он стал главой гос-ва не в качестве представителя организованной демократии, а сам по себе, воображая себя надклассовым существом, призванным и способным спасти Россию. И свои формальные, вновь приобретённые права... использует прежде всего на то, чтобы... вернуть к власти буржуазию... создать новую коалицию против рев-ции" (Суханов Н.Н., указ. соч., т. 2, с. 361). 1 авг. К. обменивается телеграммами с королём Брит. империи Георгом о ведении войны до победного конца.

3 авг. ген. Л.Г. Корнилов (назначен Главковерхом 19 июля; тогда же на пост управляющего воен. мин-вом назначен Б.В. Савинков) представил К. доклад, в к-ром ввиду нарастающего хоз. паралича, ставящего под угрозу снабжение армии, предлагались милитаризация ф-к, з-дов, жел. дорог и введение смертной казни в тылу. К. признал, что в докладе Корнилова был изложен "целый ряд мер, в огромном большинстве вполне приемлемых", но "оглашение" к-рых в такой редакции могло спровоцировать рев. выступление ("Рев-ция 1917", т. 3, с. 247). Под угрозой герм. наступления в нач. авг. в Ставке было решено создать особый Петрогр. фронт для защиты столицы. 6 авг. Корнилов направил К. телеграмму, в к-рой просил подчинить Ставке Петрогр. воен. округ (он должен был войти в формирующийся Петрогр. фронт). Началась переброска надёжных воинских частей, способных, по мысли Корнилова, также подавить возможные беспорядки в Петрограде. Выступая 12 авг. на открытии моск. Гос. совещания, К. отверг правый и левый экстремизм: "Пусть знают все, кто раз уже пытался поднять вооруж. руку на власть народную, ...попытка будет прекращена железом и кровью. Пусть ещё больше остерегаются те посягатели, к-рые думают, что настало время, опираясь на штыки, низвергнуть рев. власть" ("Рев-ция 1917", т. 4, с. 46). При закрытии Гос. совещания 15 авг. К. говорил: "...задача всякого Врем. Пр-ва, всякого вообще пр-ва в настоящее время в гос-ве русском, заключается в том, чтобы добросовестно, во имя единого, во имя целого гос-ва всё, что только мыслимо, примирить, всё, что только мыслимо, согласить..." ("Гос. Совещание", с. 301).

"То, что он говорил, не было спокойной и веской речью гос. человека, а сплошным истерическим воплем психопата, обуянного манией величия. Чувствовалось напряжённое, доведённое до последней степени желание произвести впечатление, импонировать. Во второй – заключительной – речи он, по-видимому, совершенно потерял самообладание и наговорил такой чепухи, к-рую пришлось тщательно вытравлять из стенограммы" (Набоков В.Д., указ. соч., с. 393). «К.– вагон, сошедший с рельс. Вихляет, качается, болезненно, и без красоты малейшей. Он близок к концу... я помню, как он в первые дни свободы "клялся" перед Советами быть всегда с "демократией", как он одним взмахом пера "навсегда" уничтожил смертную казнь... Его стали носить на руках. И теперь у него, вероятно, двойной ужас... ведь если соединиться с Корниловым и Савинковым... опять "смертная казнь",– "измена **моей** весне". Я клялся быть с демократией, "умереть без неё" – и должен действовать без неё, даже как бы против неё. В этом ужасе есть внутренний трагизм...» (Гиппиус З.Н., Живые лица. Стихи. Дневники, кн. 1, Тбилиси, 1991, дневниковая запись от 14 авг., с. 344–45).

17 авг. К. сообщил Савинкову, что принципиально согласен с "Запиской" Корнилова, доработанной Савинковым и верх. комиссаром пр-ва в Ставке М.М. Филоненко, и дал поручение разработать соответствующий законопроект. 19 авг. Корнилов направил К. и Савинкову телеграмму, в к-рой вновь настаивал на передаче Петрогр. округа Ставке и сформировании Петрогр. особой армии. По воспоминаниям Савинкова, в тот же день К. приказал ему выехать в Ставку, чтобы ликвидировать подозреваемые в заговоре офицерские орг-ции, "убедить ген. Корнилова в необходимости, при подчинении Петрогр. ВО в целях стратегических Главковерху, выделить из этого округа Петроград с ближайшими окрестностями... испросить у ген. Корнилова конный корпус для реального осуществления воен. положения в Петрограде и для защиты Врем. пр-ва от каких бы то ни было посягательств, в частности от посягательства большевиков, выступление к-рых имело место 3–5 июля и, по данным иностр. контрразведки, готовилось снова в связи с герм. десантом и восстанием в Финляндии..." ("Рев-ция 1917", т. 4, с. 85). 23 авг. на совещании в Ставке по этим вопросам была достигнута договорённость. Однако в ходе миссии В.Н. Львова, сыгравшей роль полит. провокации, между К. и Корниловым произошёл разрыв (см.: Иоффе Г.З., "Белое дело". Ген. Корнилов, М., 1989, с. 112–23; Катков Г.М., Дело Корнилова, Париж, 1987, с. 95–120; "ВИ", 1991, № 2/3, с. 144–51; № 4/5, с. 135–43). Вечером 26 авг. на заседании Врем. пр-ва К. квалифицировал действия Корнилова как мятеж и потребовал чрезв. полномочий, к-рые ему были предоставлены. Министры подали в отставку. Начался правительств. кризис. Утром 27 авг. К. направил в Ставку телеграмму об отстранении Корнилова от должности. Тот не подчинился и был объявлен К. изменником родины. К 30 авг. движение корниловских войск на Петроград было остановлено, Корнилов арестован, главковерхом назначен К.

К. пытался вести прежнюю "надпартийную" линию, направленную на консолидацию сил демокр. центра, ядро к-рого составляла правительств. коалиция умеренных социалистов и кадетов. 1 сент. Врем. пр-во временно передало власть "Совету пяти", или "Директории", во главе с К. В тот же день Врем. пр-во провозгласило Рос. Республику.

Позднее, определяя вклад возглавляемого им Врем. пр-ва в социально-экон. и полит. преобразования России, К. писал: «Была установлена независимость судов и судей. Были ликвидированы все "спец." суды и все "полит." дела или дела, связанные с гос. безопасностью, отныне стали подлежать рассмотрению в суде присяжных, как и все обычные уголовные дела. Были отменены все религ., этнич. и сословные ограничения, провозглашена полная свобода совести. Восстановлена независимость правосл. церкви... Всем др. церквам, сектам и религиям была предоставлена полная свобода обращать людей в свою веру. Женщинам были предоставлены равные с мужчинами полит. и гражд. права. ...был разработан закон о выборах в Учред. Собр., в основу к-рого были положены всеобщее избират. право и пропорциональное представительство... На тех же избират. принципах было основано гор. и сельское самоуправление. Закон о кооперативах предусматривал включение кооп. движения в экон. систему страны... через три недели после падения монархии... пр-во опубликовало декрет об агр. реформе... 20 мая Гл. зем. к-т опубликовал директиву об общих принципах, положенных в основу будущей реформы... основным принципом... должна была стать передача всей обрабатываемой земли тем, кто её обрабатывает... Ожидалось, что к осени зем. к-ты завершат подготовит. работу и пр-во внесёт законопроект о зем. реформе на утверждение Учред. Собр. А весной 1918 г. земля законным путём будет передана крестьянам... Трудовое законодательство Врем. пр-ва [ввело.– Автор] ...на всех гос. оборонных предприятиях 8-часовой рабочий день... этот распорядок стал нормой и на пром. предприятиях всего частного сектора... Были созданы арбитражные суды, а рабочие к-ты и профсоюзы получили практически полную автономию... Врем. пр-во признало, что свободная демокр. Россия не может оставаться цетрализованным гос-вом... оно провозгласило независимость Польши и восстановило полную автономию Финляндии... автономия была предоставлена также Украине... к участию в работе новой администрации на Кавказе, в Туркестане и в Балтийских губ. были привлечены представители разл. национальностей всей империи. В нач. июля была создана комиссия для выработки необходимых законов в целях преобразования России на основах федерализма» ("ВИ", 1990, № 12, с. 135–37).

4 сент. К. издал указ о роспуске ВРК, образовавшихся в дни корниловского выступления. К. стремился заручиться поддержкой Всерос. Демокр. совещания (14–22 сент.), созванного по инициативе ВЦИК и Исполкома Всерос. Совета КД и к-рое его организаторы пытались противопоставить авторитету большевизирующихся Советов. Однако большинство делегатов совещания высказалось против коалиции с кадетами, к-рую отстаивал К. Демокр. совещание решило, что до созыва Учред. Собр. Врем. пр-во должно нести ответственность перед образованным 20 сент. Всерос. Демокр. Советом (Предпарламентом). К. с этим не согласился. На совещании 22 сент. Врем. пр-ва, представителей Демокр. совещания, моск. обществ. деятелей и нек-рых членов ЦК кадетов по вопросам орг-ции власти К. заявил: "Осн. началами, обязательными для нашей работы, являются охранение идеи единства источника власти, исходящей от рев-ции 27 февр., национальной, единой и суверенной... Врем. пр-во должно руководствоваться только программой, выработанной в своей среде, комбинируя интересы всех элементов, стремящихся поддержать респ. власть" ("Известия", П., 1917, 23 сент.), т.к.«"Предпарламент" не может иметь функций правильного организованного парламента и Врем. пр-во не может

быть ответственно перед ним...» (там же), К. добился одобрения своей позиции: 25 сент. сформировано 3-е коалиц. пр-во; К. стал в нём мин.-пред. и Главковерхом. 7 окт. при открытии Предпарламента К. говорил: "Врем. Рос. Республики Пр-во... волею рев-ции, обладая всей полнотой власти, обязано присягою своей эту власть передать полномочному органу России – Учред. Собр ...Врем. пр-во полагает, что никакой дальнейшей отсрочки в его созыве быть не может... Задач, на к-рых должно быть сосредоточено всё внимание,– три: оборона страны, воссоздание боеспособности армии... Нужно создать в России элементарный правопорядок, восстановить право каждого на личную неприкосновенность и обезопасить жизнь каждого гражданина. Нужно восстановить производительность пром. жизни..." ("Известия", П., 1917, 8 окт.). По агр. вопросу К. ограничился указанием на то, что он подлежит окончат. разрешению Учред. Собранием.

13 окт. во Врем. пр-ве К. развивал точку зрения, что Врем. пр-во, к-рое обвиняют в бессилии власти, должно управлять страной до Учред. Собр., без физич. принуждения, могущего совершенно подорвать его авторитет в глазах сознательных масс, но оно всеми мерами подавит беспорядки, угрожающие гражд. войной; для борьбы же с анархией, порождаемой экон. разрухой, необходимы хотя и весьма быстрые, но законодат. меры, проводимые с санкции Предпарламента (см.: "Рев-ция 1917", т. 5, с. 80). В тот же день в Предпарламенте говорил об ожидавшемся выступлении большевиков: "...Врем. пр-во в курсе всех предположений и полагает, что никаких оснований для паники не должно быть: всякая попытка, если бы она была, противопоставить воле большинства и Врем. пр-ва насилие меньшинства встретит достаточное противодействие" (там же, с. 82). 17 окт. на совещании Врем. пр-ва по сообщению К. и других выяснилось, что большевики безусловно готовят выступление против Врем. пр-ва и Предпарламента, но подавляющее большинство Петрогр. гарнизона относится к выступлению отрицательно; поэтому была уверенность в том, что попытку вызвать беспорядки удастся ликвидировать в самом начале. Нужные меры уже приняты: имеется вполне достаточная воен. сила для охраны порядка (см. там же, с. 111–12). «До самого конца он совершенно не отдавал себе отчёта в положении. За четыре–пять дней до окт. большевист. восстания, в одно из наших свиданий в Зимнем дворце, я его прямо спросил, как он относится к возможности большевист. выступления, о к-ром тогда все говорили. "Я был бы готов отслужить молебен, чтобы такое выступление произошло",– ответил он мне. "А уверены ли вы, что сможете с ним справиться?"– "У меня больше сил, чем нужно. Они будут раздавлены окончательно"» (Набоков В.Д., указ. соч., с. 393).

В ночь с 22 на 23 окт., узнав от зам. мин.-пред. А.И. Коновалова о рассылке Петрогр. ВРК в части гарнизона телефонограммы о неподчинении приказам штаба воен. округа, если они не санкционированы ВРК, К. вызвал в Зимний дворец министров П.Н. Малянтовича, А.М. Никитина, С.Н. Прокоповича. На совещании К. предлагал принять меры к окончат. ликвидации ВРК, но ввиду донесения главкома Петрогр. ВО Г.П. Полковникова о переговорах с ВРК об увеличении числа представителей при штабе К. отдал по телефону распоряжение нач. штаба округа Я.Г. Багратуни предъявить Совету ультимативное требование об отмене телефонограммы; в противном случае воен. власти примут меры для восстановления законного порядка.

24 окт. в Предпарламенте К. заявил: "...я должен установить перед Врем. Советом Рос. Республики полное, явное и определ. состояние известной части населения Петербурга, как состояние восстания... В действительности это есть попытка поднять чернь против существующего порядка и сорвать Учред. Собр. и раскрыть фронт перед сплочёнными полками железного кулака Вильгельма...". К. заявил о намерении пр-ва решительными мерами ликвидировать восстание. "Я... требую,– закончил К.,– чтобы сегодня же в этом дневном заседании Врем. пр-во получило от вас ответ, может ли оно исполнить свой долг с уверенностью в поддержке этого высокого собрания" ("Известия", П., 1917, 25 окт.). Половинчатая резолюция Предпарламента не предоставила К. требуемых полномочий. Вечером 24 окт. К. заявил делегации соц. групп Предпарламента о намерении пр-ва выйти в отставку, т.к., по его мнению, формулировка резолюции содержала недоверие пр-ву. 25 окт. К. и Коновалов после ночного заседания Врем. пр-ва приняли участие в воен. совещании в штабе округа; в седьмом часу вернулись в Зимний дворец. По получении сведений об успехах ВРК они вновь направились в штаб округа, где уже начиналась паника. Затем К. выехал из Петрограда на автомобиле встречать вызванные им с фронта войска. В Гатчине он не нашёл воинских эшелонов и едва не был арестован. Вечером К. прибыл в Псков. Главком Сев. фронтом ген. В.А. Черемисов заявил, что приказ К. о посылке войск на Петроград им отменён, т.к. у него нет войск, к-рые он мог бы снять с фронта, и что он не может ручаться за личную безопасность К. в Пскове. После совещания с прибывшим в Псков ген. П.Н. Красновым и заверения последнего, что казаки совместно с пехотой пойдут на выручку Врем. пр-ву, К. решил вместе с Красновым ехать в г. Остров, чтобы оттуда двинуться на Петроград. В Пскове К. написал приказ № 814: "Наступившая смута, вызванная безумием большевиков, ставит гос-во наше на край гибели... Впредь до объявления нового состава Врем. пр-ва, если таковое последует, каждый должен оставаться на своём посту и исполнять свой долг перед истерзанной родиной... как и я сохраню свой пост Главковерха до изъявления воли Врем. пр-ва" ("Рев-ция 1917", т. 5, с. 280). Утром 26 окт. К. отдал приказ о движении 3-го конного корпуса Краснова на Петроград. Поход Керенского – Краснова успеха не имел. После ряда напряжённых боёв 31 окт. было заключено перемирие с сов.

войсками. К. скрылся. В 20-х числах ноября он явился в Новочеркасске к ген. А.М. Каледину, "но не был им принят" (см.: Деникин А.И., указ. соч., с. 379). Кон. 1917 провёл в скитаниях по отдалённым селениям под Петроградом и Новгородом. В "Деле Народа" 5 дек. опубликовано письмо-статья К. от 21 нояб., призывающая народ опомниться и восстать против "шайки безумцев, проходимцев и предателей"; статья заканчивалась словами: "Восемь месяцев, по воле рев-ции и демократии, я охранял свободу народа и будущее счастье трудящихся масс. Я вместе с лучшими привёл вас к дверям Учред. Собр. Только теперь, когда царствуют насилие и ужас ленинского произвола – его, с Троцким, диктатура,– и слепым стало ясно, что в то время, когда я был у власти, была действительная свобода и действительно правила демократия" ("Рев-ция 1917", т. 6, с. 101).

В нач. янв. 1918 К. тайно перевезли в Петроград. Он хотел выступить на Учред. Собр., но в эсеровском рук-ве это, очевидно, сочли нецелесообразным. К. перебрался в Финляндию, в кон. янв. вернулся в Петроград, в нач. мая – в Москву, где установил контакт с "Союзом возрождения России". Когда началось выступление Чехосл. корпуса, К. намерен был примкнуть к движению, но рук-во ПСР не разрешило ему этого. "Союз возрождения" предложил ему пробраться за границу для переговоров об орг-ции воен. интервенции в Сов. Россию. В июне 1918 К. выехал за рубеж. Жил во Франции, с 1940 в США. Один из организаторов "Лиги борьбы за нар. свободу". Автор мемуаров, ист. исследований, составитель и редактор документальных публикаций по истории рус. рев-ции.

Соч.: Речи, П., 1917; Дело Корнилова, М., 1918; Гатчина, М., 1922 (частично переизд. в ж. "Слово", 1990, № 11); Издалека. Сб. ст. (1920–1921), Париж, 1922; Россия на ист. повороте, "Вопросы истории", 1990, № 6–12, 1991, № 1–10. *М.М. Горинов.*

КИЗЕВЕ́ТТЕР Александр Александрович (10 мая 1866, Петербург,– 9 янв. 1933, Прага). Из семьи воен. юриста. В 1888 закончил ист.-филол. ф-т Моск. ун-та. Занимался рус. историей под рук. В.О. Ключевского и П.Н. Милюкова. В 1903 защитил магистерскую, в 1909 – докторскую диссертации. В 1893–1909 приват-доцент, в 1909–11 проф.

Моск. ун-та. В 1911 в знак протеста против реакц. политики мин. нар. просвещения Л.А. Кассо ушёл из ун-та вместе с группой профессоров и доцентов. Преподавал в Нар. ун-те А.Л. Шанявского и в Коммерч. ин-те. В 1904 вошёл в редакцию ж. "Рус. Мысль" и вступил в "Союз освобождения". Один из учредителей партии кадетов, в янв. 1906 избран членом её ЦК. Сотрудничал в газ. "Рус. Ведомости". Деп. 2-й Гос. Думы от Москвы. В годы 1-й мир. войны поддерживал милитарист. политику царизма. Когда за образованием Прогрессивного блока последовал роспуск пр-вом Гос. Думы на каникулы, на конференции кадетов в окт. 1915 К. был в числе "левых", упрекавших Милюкова в отступлении от принципов либерализма, призывавших искать в народе союзников для борьбы с пр-вом. С янв. 1916 чл. совета об-ва "Кооперация". 21 дек. 1916 на пленарном заседании партии кадетов выступил за необходимость заключения мира.

Восторженно встретил Февр. рев-цию 1917. В "Рус. Ведомостях" 8 марта в ст. "Амнистия" приветствовал свержение самодержавия. 12 марта в ст. "О воззвании гл. к-та Крест. союза" поддерживал идеи проведения социальных реформ. 18 марта в ст. "Партия Нар. Свободы и республика" писал: "...Партия Нар. Свободы, высказавшись в настоящий момент за введение в России респ. формы правления, останется всецело верной первоначальной принципиальной основе своего полит. мировоззрения", но вопрос "быть или не быть в России монархии вообще, а не той или иной её разновидности, мы и должны решать". В ст. "Большевизм" 28 марта выступал против клас. диктатуры, указывал на антибольшевист. настроения в заявлениях всех партий и групп; 30 марта в ст. "Седьмой съезд Партии Нар. Свободы" излагал тактику партии: признание республики, продолжение войны, поддержка социально-экон. преобразований, частичное сотрудничество с соц. группами, признающими путь парламентских социальных реформ.

11 апр. приказом мин. нар. просвещения восстановлен в должности проф. Моск. ун-та. 20 апр. подписал письмо с призывом к созданию дома-музея в память борцов за свободу. 7 мая ст. "Постольку... поскольку" направлена против контроля Петрогр. Советом РСД деятельности Врем. пр-ва, оценивает коалиц. пр-во как переходную ступень к Учред. Собр. С 13 мая К. выступал лектором на курсах для агитаторов при Моск. отделении кадетов. 28 мая в ст. "Хозяин земли русской" одобрил начало работы по подготовке Положения о выборах в Учред. Собр. 8 июня ст. "Искажение рев-ции и общая трусость" призывала к сплочению всех обществ. сил для созыва Учред. Собр. 28 июня в ст. "Итоги Моск. выборов" возмущался агитацией соц. партий против кадетов. 6 июля на собр. моск. кадетов по поводу выхода министров-кадетов из Врем. пр-ва произнёс речь об ист. судьбе партии и высказал уверенность в её победе. 23 июля на 9-м Всерос. съезде партии (23–28 июля) предложил одобрить поведение министров-кадетов, к-рые вышли из Врем. пр-ва; избран руководителем отдела агит. подготовки. 10 сент. в ст. "Самозванные победители и добровольные пленники" писал о разногласиях кадетов и соц. партий в оценке выступления ген. Л.Г. Корнилова. В окт. выдвинут канд. в члены Учред. Собр. от Москвы.

20 окт. в ст. "Мятеж против демократии" писал о готовящейся в Москве забастовке рабочих. В ст. "Враги народа" так оценивал Окт. рев-цию: "...всё это губительное и дикое изуверство обрушено на Москву и Россию кучкой русских граждан, не остановившихся перед этими неслыханными злодеяниями против своего народа, лишь бы захватить во что бы то ни стало власть в свои руки, надругавшись с таким беспредельным бесстыдством над теми самыми принципами свободы и братства, к-рыми они кощунственно прикрываются" ("Рус. Ведомости", 1917, 8 нояб.). 19 нояб. вышла ст. "Большевики и печать. (К сегодняшнему митингу журналистов)" о закрытии большевиками ряда газет и журналов. 25 нояб. в ст. "В защиту тёмных масс" подчёркивал вину интеллигенции перед народом. 31 дек. в ст. "Начало конца" выступал против Декрета о мире.

3 янв. 1918 в ст. "Кокошкин и Шингарёв" осудил убийство этих деятелей. 28 янв. в ст. "Бурж. природа большевист. движения" писал: "Большевист. движение... есть по существу опыт сотворить из пролетариата новую буржуазию со всеми минусами и без всяких плюсов бурж. жизненного уклада. Что же касается социализма, то он остаётся этикеткой, механически прикреплённой к этому глубоко антисоц. движению".

В кон. мая 1918 конференция кадетов приняла резолюцию по докладу К. об усилении борьбы с Сов. властью, о верности союзникам. В сент. К. был арестован как кадет, после письма Совета старост 2-го Моск. ун-та и вмешательства В.И. Ленина 13 янв. 1919 освобождён. Осенью 1919 в связи с ликвидацией "Нац. центра" и в 1921 подвергался арестам. В сент. 1922 вместе с группой учёных и обществ. деятелей выслан из Сов. России. Жил в Праге. Занимался науч. и пед. деятельностью.

Соч.: Партия Народной Свободы и её идеология, М., 1917; На рубеже двух столетий, Прага, 1929; Ист. силуэты. Люди и события, Берлин, 1931.

Лит.: Вишняк М., Памяти А.А. Кизеветтера, "Совр. записки", 1933, № 51; "Записки Рус. Ист. об-ва в Праге", 1937, кн. 3; Кончина А.А. Кизеветтера. Некролог, "Возрождение", Париж, 1933, 10 янв. *Л.И. Дёмина.*

КИРИЛЛ (Смирнов Константин Илларионович) (26 апр. 1863, Кронштадт,– 20 нояб. 1937). В 1887 окончил Петерб. духовную академию со степенью канд. богословия, рукоположен в священники. В 1902 пострижен в монашество. С 1904 епископ Гдовский, с 1909 – Тамбовский и Шацкий. В 1913 возведён в сан архиепископа.

Будучи монархистом, никогда не одобрял погромных настроений. Бо́льшую часть времени проводил в объездах своих епархий, появлялся всегда внезапно, когда его не ждали. В проповедях проявлял хорошее знание нар. жизни; пьянство, матерщина, предубеждение в народе против грамотности и школьного обучения – обычные темы его проповедей. Просвещение народа в духе Рус. правосл. церкви было его осн. жизненной целью. Его отличали твёрдая вера и светлый ум.

После Февр. рев-ции 1917 дал 4 марта телеграмму обер-прокурору Св. Синода В.Н. Львову: "...Духовенство г. Тамбова постановило приветствовать в Вашем лице зарю новой жизни для Правосл. Рос. Церкви, ищущей широкого простора для применения своих благодатных сил к делу религ. просвещения народа и осуществления в его жизни заветов Христовой любви и правды, а также устроение жизни самой церкви по внутр смыслу и духу канонов церкви..." ("Черниговский Епархиальный Вестник", 1917, № 10–11, 18 марта, с. 181). Из "Слова", сказанного в тот же день на всенощной обедне: «...До сих пор мы жили под постоянным надзором приставленных к нам опекунов, при настойчивом напоминании извне: "не ступи сюда", "не делай, не говори этого". Теперь настало время, когда мы должны внутри самих себя находить указания, как решать и выполнять то или другое дело, с таким расчётом, чтобы не вышло из него вреда, не столько нам самим, сколько другим людям, соединённым вместе с нами в одном Гос. устройстве, не вышло бы вреда Великой Родине Нашей» (там же, с. 247–48). В "Слове", произнесённом в Тамбовском кафедральном соборе 7 марта при благодарственном молебне по случаю принятия Россией нового гос. устройства, К. говорил: "...В этом Врем. пр-ве мы имеем нашу законную власть... к-рой обязаны повиноваться со всей искренностью, не за страх, а за совесть. Особенно тяжким несчастьем для Родины было бы, если дни начавшейся свободы омрачатся проявлением какой-либо злобы и мстительности по отношению к прошлому. Пусть в этом прошлом нашем было много, чем справедливо возмущались, но из были слов не выкинешь, прошлое это было всё-таки наше отечественное прошлое, прошлое нашей Родины... И мы, если не удержимся над глумлением над своим прошлым, то напишем такую первую страницу своей новой истории, к-рую следующие поколения будут читать с краской стыда на лице, готовы будут вырвать её, но нет таких ножниц, к-рыми можно было бы вырезать что-либо из нашей истории. Особенно кому нужно помнить ответ пред историей. Это вам, наша надежда и наша слава – дорогие воины Руси великой армии... Исполните же этот долг со всем терпением и самоотверженностью" (там же, с. 249–52).

На Всерос. Поместном Соборе Рос. Правосл. Церкви (авг. 1917–1918) избран пред. отдела преподавания закона божьего и входил в состав ряда др. отделов. Значился среди 25 кандидатов на должность патриарха всея Руси. На Соборе выступал сторонником патриаршества. Возглавлял делегацию Собора к А.Ф. Керенскому с требованием о восстановлении патриаршества. На Соборе избран членом Синода.

В дни Окт. вооруж. восст. побывал в осаждённом Моск. Кремле у юнкеров, выразил им поддержку.

19 марта 1918 назначен митрополитом Тифлисским и Бакинским, экзархом Кавказа. Но к месту назначения ему прибыть не удалось ввиду воен. действий. С сер. 1918 митрополит Казанский и Свияжский. В завещании патриарха Тихона был поставлен первым кандидатом на местоблюстительство, но принять эти обя-

занности не имел возможности. Постановлением Президиума ВЧК в авг. 1920 заключён в Соловецкий монастырь; в янв. 1922 амнистирован, но в авг. арестован и выслан в Коми область на 2 года; в дек. 1926 арестован в Вятке, в марте 1927 выслан в Сибирь на 3 года, в 1930 ссылка продлена на 3 года; после освобождения жил в Гжатске, в 1934 арестован и сослан на 3 года в Казахстан. По постановлению "тройки" УНКВД по Южно-Казахстанской обл. расстрелян в 1937. Реабилитирован в 1989.

Лит.: Рогельсон Л., Трагедия Рус. церкви. 1917–1945, Париж, 1977; Валентинов А., Чёрная книга ("Штурм небес"), Париж, 1925; Die Russischen Orthodoxen Bischofe von 1893 bis 1965, Erlangen, Teil 4, 1986; Рус. правосл. иерархи. Исповедники и мученики. Фотоальбом, Париж, 1986. *М.Е. Голостенов.*

КИ́РОВ (наст. фам. Костриков) Сергей Миронович (15 марта 1886, г. Уржум Вятской губ.,– 1 дек. 1934, Ленин-

град). Из семьи лесника. Окончил в 1904 Казан. пром. уч-ще; техник. Чл. РСДРП с 1904, большевик. В Рев-цию 1905–07 чл. Томского к-та РСДРП, организатор боевых дружин, подпольной типографии. Неоднократно был арестован. В 1909–11 и с 1912 сотрудник редакции газ. "Терек" во Владикавказе; в статьях обличал действия царских властей, выступал против неравноправного положения горских народов Сев. Кавказа. Пользовался известностью среди трудящихся горцев. Вёл рев. пропаганду, к кон. 1916 возглавил большевист. группу во Владикавказе.

После Февр. рев-ции 1917 участвовал в создании во Владикавказе в марте Совета РСД, Объединённого к-та РСДРП Терской обл. (секр. к-та). С мая совм. с С.Г. Буачидзе, М.Д. Орахелашвили, Ю.П. Фигатнером организовал большевист. группы во мн. городах области. Обладал ораторским талантом, выступал на мн. митингах и собраниях с пропагандой большевист. взглядов. Внёс значит. вклад в укрепление рев.-демокр. партии "Кермен" в Осетии. В условиях многонац. населения Сев. Кавказа вёл работу по преодолению нац. вражды и сплочению трудящихся разных национальностей в борьбе за рев. преобразования. В сент. избран чл. исполкома Владикавк. Совета РСД. С окт. член Владикавк. к-та РСДРП(б).

Дел. 2-го Всерос. съезда Советов РСД (от Владикавк. и Нальчикского Советов РСД); участник Окт. вооруж. восст. в Петрограде. 4 нояб. на заседании Владикавк. Совета РСД доложил о победе восстания в Петрограде, о решениях 2-го съезда Советов, призвал приветствовать соц. рев-цию. Провёл инструктивные совещания большевист. актива р-на Кавк. Минеральных Вод в Пятигорске, затем в Грозном. В Кабарде, Чечне, Ингушетии, Осетии участвовал в формировании рев. вооруж. отрядов. После разгрома 30 дек. Владикавк. Совета по приказу Терско-Дагестанского пр-ва (созд. 1 дек.) уехал в Пятигорск и участвовал в орг-ции освобождения арестованных членов Владикавк. Совета.

Дел. 1-го обл. съезда народов Терека (Моздок, 25–31 янв. 1918) от Пятигорского Совета РСД. Накануне съезда один из организаторов, а затем и руководитель соц. блока (врем. тактич. объединение делегатов–большевиков, меньшевиков, эсеров и керменистов). Благодаря умелой политике Буачидзе и К. удалось расстроить намерения казачьих верхов объявить на съезде войну чеченцам и ингушам. Выступив от имени соц. блока 29 янв., сумел предотвратить принятие несвоеврем. декларации о признании власти СНК РСФСР, что привело бы к расколу на съезде демокр. сил; призвал к единству и дружбе всех национальностей Терека:

"Терская обл. разбилась на неск. частей, ведущих между собой кровавые бои. И если в России широкой волной разливается Гражд. война, то у нас она представляет особенно грозную опасность. Если мы не создадим единого рев. крепкого фронта, то наше дело здесь будет погублено... Прежде чем выяснить, что такое власть Совета Нар. Комиссаров, надо ответить, как создать такой порядок, при к-ром интересы демократии будут удовлетворяться в первую очередь. Путь к этому один – это утверждение истинного народовластия. ...те товарищи, к-рые думают, что Совет Нар. Комиссаров одним мановением руки может водворить порядок, ошибаются. Только сама демократия Терской обл. может успокоить наш край, и никто другой... Если трудовой казак не будет жить мирно с трудовым горцем, то и СНК нам не поможет... Сам народ должен писать себе законы, и вы сами должны работать и думать, как лучше разделить земли помещиков и свободные земли... Между Терской обл. и СНК стоит с полчищами ген. Каледин, и пока там не будут разбиты контррев. полчища, с севера ждать помощи нельзя. Нам надо рассчитывать только на свои силы и задушить свою контррев-цию... И если в Терской обл. можно спасти положение, то только единым фронтом. Знайте, мы, рев. демократия, на это пошли во имя того, чтобы спасти область от кошмарного шествия гражд. войны" ("Съезды народов Терека. 1918", т. 1, Орджоникидзе, 1977, с. 42–43). К. заявил, что «...у нас есть демокр. платформа, на к-рую мы призываем встать весь съезд... Пусть все, кому дороги интересы крестьян и рабочих мозолистых рук, скажут: "Да здравствует Республика солдат, крестьян и рабочих!"» (там же, с. 44).

20 февр. 1918 на 2-м обл. съезде народов Терека в Пятигорске в докладе о текущем моменте, обрисовав тяжёлое положение Сов. Республики в связи с наступлением герм. войск, К.

подчеркнул, что перед лицом этих событий "мы должны признать, что все наши стремления могут быть осуществлены только при этом условии, если во всей России осуществится республика трудовых масс..." (там же, с. 100). К. подчеркнул, что в наст. момент "огромнейшее значение приобретает задача – разделить население области на две части, имущих и неимущих, и тем дать возможность демократии осознать себя" (там же, с. 101). К. вновь призвал к объединению всех рев. сил, к единству всех народов Терека: "Поймите, наконец, что единств. путь для вас, казаки, и для вас, горцы,– это во что бы то ни стало, ценою каких угодно жертв протянуть друг другу братскую руку. Ибо какие бы вы жертвы при этом не приносили, они будут несравненно меньше тех жертв, какие даёт война" (там же, с. 105). Съезд принял резолюцию, предложенную К., в к-рой указывалось, что "единств. выходом из создавшегося у нас в Терской обл. положения является путь, указанный на моздокском съезде, т.е. объединение всей рев. демократии без различия национальностей вокруг лозунга борьбы за республику рабочих, солдат, крестьян, трудовых казаков и горцев" (там же, с. 119). В период работы 2-го съезда народов Терека К. выступал и на окружных нар. съездах в Грозном и Моздоке, на собрании представителей проф. орг-ций Кавк. Минеральных Вод и др., везде призывая крепить дружбу народов Терека. Во время вооруж. столкновения между осет. и ингуш. селениями выезжал в составе мирной делегации, посланной съездом. После убийства главы делегации С. Каламбекова сам под пулями пошёл парламентёром к враждующим сторонам – в результате конфликт удалось прекратить.

В связи с воен. угрозой Сев. Кавказу со стороны герм. и тур. войск направлен 27 апр. 1918 большевист. орг-цией Владикавказа в Петроград за помощью. По распоряжению В.И. Ленина и Я.М. Свердлова было ускорено формирование эшелонов с оружием и боеприпасами для Сев.-Кавк. Кр. Армии. С авг. 1918 был одним из руководителей борьбы за Сов. власть на Сев. Кавказе, с 1919 – руководитель обороны Астрахани. После окончания Гражд. войны – на гос. и парт. работе. Убит террористом.

С о ч.: Избр. статьи и речи, М., 1957.

Лит.: Красников С.В., Киров, М., 1964; Синельников С., Киров, М., 1964; Кореневе Д.З., Рев-ция на Тереке. 1917–1918 гг., Орджоникидзе, 1967.

В.Н. Заботин.

КИШКИН Николай Михайлович (29 нояб. 1864, Москва,– 16 марта 1930, там же). По образованию врач-физиотерапевт. Совладелец и директор клиники в Москве, затем санатория. Член "Союза Освобождения". Один из лидеров партии кадетов и её моск. группы, член ЦК с 1905, занимал левые позиции. Зам. главноуполномоченного и член Гл. к-та (с сент. 1914) Всерос. союза городов. В апр. 1916 на заседании ЦК Партии Нар. Свободы предложил перейти к более активной тактике борьбы с самодержавием.

После Февр. рев-ции 1917 комиссар Врем. пр-ва в Москве. В апр. выступал за коалиц. пр-во, а в нач. июля решительно осудил постановление ЦК своей партии о выходе министров-кадетов из пр-ва. 12 июля А.Ф. Керенский предложил К. войти в пр-во в качестве "частного лица", однако это не осуществилось. Участник Совещания обществ. деятелей в Москве 8–10 авг., к-рое учредило для обсуждения текущих полит. и экон. вопросов Совет обществ. деятелей, куда вошёл и К. В нач. авг. предоставил свою квартиру под тайное совещание, на к-ром принял самое активное участие в обсуждении намерений ген. Л.Г. Корнилова остановить разруху и "разогнать" Советы. В день корниловского выступления (27 авг.) Керенский позвонил К., пользовавшемуся его личным доверием, и предложил войти в учреждаемую им директорию, где тот должен был представлять Москву. При встрече с мин.-пред. 28 авг. в Петрограде К., выполняя инструкции ЦК партии кадетов, посоветовал Керенскому для предотвращения гражд. войны уйти в отставку, передав власть ген. М.В. Алексееву, или "образовать директорию... с тем, чтобы Алексеев вошёл в её состав" (Думова-2, с. 199). 30 авг. вечером, когда провал корниловского выступления стал очевидным, Керенский вновь предложил ему войти в состав пр-ва в качестве мин. внутр. дел. К. поставил условие: "Чтобы никто не стоял за его плечами и чтобы никакими посторонними влияниями не связывали его свободу действий" (там же, с. 202), т.е. потребовал полной независимости от Совета РСД. К. получил от Керенского поручение вести от его имени в Москве офиц. переговоры по приглашению в пр-во представителей торг.-пром. кругов на посты гос. контролёра, мин. финансов, продовольствия и торговли. С 25 сент. мин. гос. призрения Врем. пр-ва.

В связи с наступлением нем. войск и нестабильностью полит. положения 5 окт. сделал доклад пр-ву о плане эвакуации Петрограда, переезде Врем. пр-ва и центр. учреждений в Москву. 6 окт. назначен руководителем Особого совещания по разгрузке Петрограда (вместо мин. внутр. дел А.М. Никитина). 17 окт. был упразднён к-т по эвакуации Петрограда при главнокомандующем Петрогр. ВО и все его функции и права переданы в распоряжение К. 25 окт. получил полномочия от Врем. пр-ва по водворению порядка в столице, с подчинением ему всех воен. и гражд. властей. К. своим приказом отстранил от должности за бездеятельность главнокомандующего Петрогр. ВО полк. Г.П. Полковникова и назначил на его место ген. Я.Г. Багратуни. Однако в тот же день К. вместе с др. министрами Врем. пр-ва был арестован в Зимнем дворце и посажен в Петропавл. крепость. 26 нояб. вместе с др. арестованными министрами подписал письмо председателю Учред. Собр. Вскоре К. был освобождён.

Работал в мед. гос. учреждениях. В 1919 за участие в "Тактическом центре" осуждён, но вскоре освобождён. В 1921 вместе с С.Н. Прокоповичем и В.Д. Кусковой организовал Всерос. к-т помощи голодающим. Арестован за антисов. деятельность; освобождён по амнистии. С 1923 работал в курортном отделе Наркомздрава РСФСР, неск. раз подвергался арестам. Ушёл на пенсию, но в кон. 20-х постановление о пенсии было отменено. *М.Е. Голостенов.*

КОБО́ЗЕВ Пётр Алексеевич (13 авг. 1878, с. Песочня Рязанского у. Рязанской губ.,– 4 янв. 1941, Москва). Из семьи ж.-д.

рабочего. В 1898 вступил в РСДРП. В 1899 окончил Моск. реальное уч-ще, в 1904 – Риж. политехнич. ин-т (инженер-технолог). Работал в Риж. с.-д. орг-ции, после 2-го съезда РСДРП (1903) большевик. В Рев-цию 1905–07 чл. Риж. к-та РСДРП, один из рук. Воен. орг-ции С.-д. партии Латыш. края; чл. редакции большевист. газ. "Голос Солдата". В 1906 на 3-м (Объединит.) съезде Латыш. с.-д. рабочей партии (ЛСДРП) избран в состав её ЦК. В 1915–16 в ссылке в Оренбурге, один из создателей местной большевист. орг-ции, член её к-та.

После Февр. рев-ции 1917 на 1-м Учред. съезде представителей Ташкент-Оренбургской ж.д. (апр., Оренбург) избран комиссаром дороги. С мая – в Петрограде. Член гор. управы Гор. думы, гл. инспектор Мин-ва путей сообщения. Летом в Оренбурге издана брошюра К. "Война и мир", написанная по материалам петрогр. большевист. газ. "Социал-демократ". Дел. 2-го Всерос. съезда РСД (25–27 окт.), чл. Президиума съезда. Участник вооруж. восст. в Петрограде.

С нояб. Чрезв. комиссар ВЦИК и СНК РСФСР в Зап. Сибири и Ср. Азии. Возглавлял рабочие боевые отряды в борьбе с выступлением атамана А.И. Дутова, подавленным в янв. 1918.

По возвращении в Петроград назначен наркомом путей сообщения. Получил от В.И. Ленина поручение "использовать положение наркома, связаться с Баку", т.е. проехать туда через Ташкент (др. пути из Центр. России в Баку были отрезаны), обдумать и осуществить с бакин. товарищами вопрос о национализации нефт. промыслов и обеспечить доставку нефти из Баку через Красноводск и Ташкент в Самару; К. также было поручено доставить деньги в Оренбург, Ташкент, Баку (св. 150 млн. руб.). 20 (21?) февр. 1918 прибыл в Ташкент, ознакомил местное рук-во с прод. положением в стране, призвал производить больше продовольствия на месте, лучше использовать помощь центр. р-нов. Затем отправился в Асхабад, руководил разоружением казач. частей. Доставил деньги в Баку и урегулировал вопрос о национализации нефт. промыслов, получив заверения, что будет усилена отгрузка нефти через Туркестан. В дискуссии о Брестском мире первоначально выступил против заключения мира с Германией. В обращении ко всем Советам Туркест. края писал: "Мы не примем герм. условий мира, как бы далеко не ступил герм. сапог в глубь России" ("Щит Народа", 1918, 4 марта). В дальнейшем пересмотрел свою позицию, поддержав ленинскую линию на заключение мира.

С нач. апр. 1918 – в Ташкенте. 10 апр. издал приказ Чрезв. комиссара: "...облечённый особыми полномочиями пр-ва по Ср. Азии, сего числа я вступил в общее управление Туркест. краем"; в нём же объявлен новый состав пр-ва Туркест. края ("Мужеств. борцы за дело коммунизма", сб. ст., Ташкент, 1957, с. 95). В марте–апр. проведена национализация ж.-д. транспорта, осн. пр-тий горной и хлопковой пром-сти, началась национализация лёгкой, пищ. пром-сти, садов. Под рук. К. подготовлен и проведён 5-й Краевой съезд Советов Туркестана (20 апр.– 1 мая). Выступал на нём с речами о национализации пром-сти, о работе ж.-д. транспорта, с докладом об автономии Туркестана на сов. началах, по к-рому единогласно принята предложенная им резолюция о создании Туркест. Авт. Сов. Соц. Республики (30 апр.); первый пред. ЦИК Туркест. АССР. В мае отозван в Москву, приступил к исполнению обязанностей наркома путей сообщений. В июне как чл. РВС республики и пред. Реввоенсовета Вост. фронта руководил разгромом белочехов в р-не Симбирск – Инза. В дальнейшем на гос. и науч.-пед. работе.

Лит.: Раджапова Р.Я., П.А. Кобозев, в сб.: Революцией призванные, Ташкент, 1987. *Р.А. Нуруллин.*

КОВА́РСКИЙ Илья Николаевич (1880, Динабург,– 8 июля 1962, Нью-Йорк). Окончил мед. ф-т Дерптского ун-та. Эсер, парт. стаж с 1899. Вёл рев. работу в Н.Новгороде, Петербурге, Москве. В мае 1909 5-м Советом Партии социалистов-революционеров (ПСР) избран в её ЦК.

Накануне Февр. рев-ции 1917 работал в Москве сан. врачом при Гор. управе. 22 марта 3-я Моск. конф. эсеров избрала К. в Моск. к-т партии. В апр. стал чл. муниципального отдела Совета РД. Опубл. в газ. "Труд" неск. статей об опыте работы думы. В июне работал в комиссии по выборам в моск. Гор. думу; 7 июля избран гласным думы, тов. гор. головы.

Окт. рев-цию не принял. 25 окт. избран чл. моск. К-та обществ. безопасности, задачей к-рого была борьба с большевиками. 1–2 нояб. был представителем этого к-та на переговорах с Моск. ВРК о мирном соглашении противостоящих полит. сил в городе. Неоднократно выступал с антибольшевист. позиций на заседании моск. Гор. думы, боролся против её роспуска. 22 нояб. на заседании уже запрещённой Гор. думы предложил принять постановление о том, что "великий хозяин земли Русской" – Учред. Собр.– должно "вернуть Москве завоевания рев-ции" ("Рев-ция 1917", т. 6, с. 103). Могилёвским избират. округом избран чл. Учред. Собр., в дек. вошёл в президиум бюро фракции правых эсеров в Учред. Собр.; по утверждению М.В. Вишняка, бюро пользовалось бóльшим влиянием, чем ЦК (см.: Вишняк М.В., Всерос. Учред. Собр., "Совр. записки", 1928, т. 34, с. 132). 10 дек. на первом заседании бюро сделал доклад о задачах фракции по созданию демокр. пр-ва.

После разгона 5 янв. 1918 Учред. Собр. фракция ПСР устроила своеобразный конкурс на лучшее воззвание к избирателям о текущем моменте и программе эсеров на будущее; лучшим единогласно было признано "Письмо в деревню" К., оно было подписано пред. и секр. Учред. Собр.– В.М. Черновым и М.В. Вишняком, размножено и разослано по стране. К. вступил в Москве в "Союз возрождения России", в мае вошёл в редакцию газ. "Возрождение". "Союзом" выдвинут в Моск. к-т членов Учред. Собр., к-рый командировал Я.Т. Дедусенко, С.С. Маслова и К. в июле 1918 в Астрахань как уполномоченных для ожидания десанта союзников и ведения с ними переговоров о восстановлении вост. фронта.

В 1919 эмигрировал во Францию. В 1921 вместе с О.С. Минором и В.В. Рудневым подписал письмо, обращённое к ЦК ПСР в России: "Нам чужда ваша всё растущая терпимость к Сов. власти, ваша готовность идти с нею единым фронтом для борьбы с антибольшевист. коалицией" (см.: Луначарский А.В., Бывшие люди. Очерк истории партии эсеров, М., 1922, с. 69). Сотрудничал в рус. журналах, основал рус. изд-во "Родник". Был членом, затем пред. Мечниковского мед. об-ва. В 1940 уехал в США, много лет возглавлял Об-во рос. врачей в Нью-Йорке.

Лит.: Р.Г., И.Н. Коварский (Некролог), "Новый журнал", 1962, № 69; Анин Д., Рев-ция 1917 г. глазами её руководителей, Рим, 1979.

Л.В. Бадя.

КÓГАН-БЕРНШТÉЙН Матвей Львович (1886, г. Дерпт,– 1918, д. Чёрный Затон, близ Сызрани). Род. в семье народовольцев; детство и юность провёл в Якутске и Вилюйске, куда были сосланы родители; отец был казнён в 1889 за вооруж. выступление полит. ссыльных против произвола администрации (Якутская трагедия). К.-Б. окончил гимназию в Красноярске; с 7-го класса участвовал в рев. кружке. В 1904 вместе с матерью, бежавшей из ссылки, поселился в Германии. В 1909 окончил Гейдельбергский ун-т, затем защитил докторскую диссертацию. Вступил в Баденский Союз эсеров. Выезжал в Россию для участия в Рев-ции 1905–07. Окончательно вернулся из-за границы в 1909. Сотрудничал в разл. эсеровских изданиях, пропагандировал легальные формы работы в профсоюзах, рабочих кассах и др. Служил в правлении Об-ва торг.-пром. служащих в Ростове-на-Дону. Руководил местной орг-цией эсеров. В 1914 арестован и выслан в Воронеж под надзор полиции. Работал в Центр. т-ве льноводов. Организовал группу эсеров, вместе с к-рой основал ж. "Запросы Жизни" (1916). Сторонник интернационалистской (Циммервальдской) платформы. Осенью 1916 призван в армию. В янв. 1917 по болезни освобождён от воен. службы, вернулся в Воронеж.

После Февр. рев-ции 1917 возглавил Воронежский губком ПСР, чл. редколлегии газ. "Социалист-революционер". Был избран гласным Гор. думы и деп. Воронежского Совета. 21–23 мая пред. губ. конф. эсеров, избравшей К.-Б. делегатом на 3-й съезд ПСР (25 мая – 4 июня). К.-Б., выдвинутый левым крылом съезда в ЦК партии, был забаллотирован. 20 июня на перевыборах Воронежского Совета избран его тов. пред. От Воронежского Совета РСКД дел. 1-го Всерос. съезда Советов РСД (3–24 июня); избран чл. ВЦИК. Оценивая работу съезда, писал: "Своим топтанием на месте и отсутствием действительно рев. мероприятий в области финанс.-хоз. политики и нерешительностью своей внеш. политики [социалисты большинства Советов] дают новые поводы к недовольству масс, и без того изнервничавшихся и возбуждённых" (М.Л. Коган-Бернштейн. Сб. ст. Ю. Подбельского, К. Буревого и др., М., б/г, с. 39). В то же время осуждал большевиков за стремление к сепаратному миру и захвату власти.

20–24 июля пред. 2-го губ. крест. съезда. Съезд единогласно одобрил телеграмму в поддержку мин. земледелия В.М. Чернова и потребовал передачи всей земли зем. к-там. 2–5 авг. под рук. К.-Б. состоялся 2-й губ. съезд эсеров, обсудивший текущий момент, агр. политику партии, избравший губком. 14 авг. на перевыборах Воронежского Совета К.-Б. избран его председателем. С 28 авг. пред. Рев. распорядит. к-та, созданного на экстренном заседании Совета в связи с телеграммой о движении ген. Л.Г. Корнилова на Петроград. 1 сент. Совет заслушал доклад К.-Б. о деятельности к-та. 5 сент. Совет принял резолюцию фракции эсеров, осуждающую "мятежную авантюру". "Рев. демократия" призывалась к отказу "от гибельной тактики оппортунизма". 8 сент. К.-Б. Гор. думой избран делегатом на Демокр. совещание. 2 окт. К.-Б. сложил с себя полномочия пред. Совета, но остался в его составе.

27 окт. он огласил на исполкоме телеграмму из Петрограда о вооруж. восст. и потребовал от фракции большевиков ответа об их отношении к происходящим событиям. В тот же день, после выступления К.-Б. на общем собр. Совета, было решено создать в городе для поддержания порядка и спокойствия Рев. К-т обществ. безопасности (большевики и левые эсеры отказались войти в него). 28 окт., после выступления К.-Б. на заседании Гор. думы, она присоединилась к этому решению. 6 нояб. после перехода власти в Воронеже к ВРК, созданному большевиками и левыми эсерами, К.-Б. покинул город. На выборах в Учред. Собр.

избран его членом от эсеров по Воронежскому окр. В этот период решительно отвергал вооруж. выступления против большевиков и настаивал на переговорах с ними.

В воронежской эсеровской газ. "Голос Труда" К.-Б. писал: "Можно быть и убеждённым противником большевизма, и в то же время стремиться, для спасения рев-ции и избежания гражд. войны внутри демократии, к соглашению о власти с большевиками и левыми эсерами; от такого соглашения зависит судьба и устойчивость Учред. Собр." (там же, с. 41). Предвидя "вероятный отказ большевиков от соглашения", он указывал, "что ответственность за это в глазах масс пала бы целиком на них" (там же). В нояб. воронежский ВРК вынес постановление, что К.-Б. задержанию не подлежит. К.-Б. до раскола солидаризовался с левым крылом эсеров, входил в ред. коллектив ж. "Наш Путь". После образования ПЛСР К.-Б. не вошёл в эту партию, критически отнёсся к самому расколу. На 4-м съезде ПСР подверг критике А.Ф. Керенского, предложил исключить из партии "воленародовцев" и выпрямить курс партии влево, иначе "мы будем осуждены историей" ("Рев-ция 1917", т. 6, с. 230), избран канд. в чл. ЦК, входил в рабочую комиссию ЦК ПСР. Перед Учред. Собр. работал в бюро парламентской фракции и комиссиях по рабочему вопросу и междунар. политике.

8 янв. 1918 на заседании ЦК эсеров назначен руководителем рабочей комиссии ЦК; с янв. редактор журнала ЦК эсеров "Парт. Известия"; опубликовал в нём ряд статей; по поводу результатов 4-го съезда ПСР в ст. "Наши расхождения" писал: "...мы, левые члены партии, не устанем повторять, что будущее возрождение партии, как руководительницы масс, и сохранение её рев.-соц. характера возможно лишь при твёрдом и бесповоротном отказе поднять бросаемую большевиками перчатку гражд. войны... И во имя соц. перевоспитания пролет. и крест. масс, временно идущих за большевиками, тактич. задача левых внутри партии ограничить её идейной борьбой против большевист. максимализма" ("Парт. Известия", 1918, № 5). На Воронежском губ. съезде КД избран делегатом на 3-й съезд Советов КД. После объединения Советов К.-Б. избирался чл. ВЦИК 3-го и 4-го созывов. Возглавил фракцию эсеров центра во ВЦИК. 18 апр. на заседании ВЦИК подверг резкой критике систему власти, устанавливаемую большевиками: "Вы должны в конце концов понять, что ваш строй, держащийся на штыках и на насилиях над большинством населения... является чем-то таким, что в конце концов должно быть отвергнуто и отринуто, и если вы сами это не в состоянии сознать, то в тот или иной момент вам придётся пережить те же, далеко не прекрасные ощущения... вам придётся встретиться с таким взрывом нар. негодования, к-рый вновь приведёт страну к катастрофе" ("Протоклы заседаний ВЦИК 4-го созыва". Стенографич. отчёт, М., 1920, с. 156). Принимал участие в 8-м Совете ПСР, на к-ром выступил с содокладом по вопросу о вооруж. борьбе с большевиками, разойдясь при этом с большинством ЦК, был "против" вооруж. борьбы с большевиками. Сотрудничал в разл. эсеровских изданиях.

14 июня на заседании ВЦИК после доклада Л.С. Сосновского "Выступления против Сов. власти партий, входящих в Советы" К.-Б. заявил: "Для нас совершенно ясна и известна нек-рая сторона, нек-рая часть закулисной подготовки нашего предполагаемого исключения... вы хотите... при помощи механич. устранения оппозиции из ВЦИК и Советов, хотите на съезде [5-м.– Автор] Советов создать второе официозное издание фракции большевиков. Если в окт. переворот вы уничтожили демократию, вы имели хоть нек-рое основание: ...вы говорили, что вы действуете от диктатуры пролетариата. Теперь, когда рабочая масса от вас уходит, когда вы должны инсценировать помощь деревенской бедноте, чтобы раздавить трудовое крест-во, вам нужна не диктатура пролетариата, а нужна диктатура над пролетариатом. Ясно, что вам враждебною рукою нужно искусств. отсечение представителей, к-рых вы не выбирали... если будет открытое выступление, то, конечно, наша орг-ция будет идти вместе с массами" (там же, с. 424).

Постановлением ВЦИК от 14 июня 1918 лишён депутатского мандата. В авг. нелегально перешёл Вост. фронт в р-не Саратова, перебравшись на терр. Комуча. Выступал с критикой правых элементов в ПСР, за что был отстранён от участия в работе ЦК (по др. сведениям, вышел сам). Демонстративно покинул Уфим. гос. совещание, декларировавшее необходимость свержения Сов. власти и аннулирование Брестского мира. В сент. решил вернуться в Сов. Россию. По словам М.В. Вишняка, К.-Б. направлялся в Саратов к В.М. Чернову (Вишняк М.В., Всерос. Учред. Собр., Париж, 1932, с. 168). При переходе фронта близ Сызрани был задержан и расстрелян как член Учред. Собрания.

Лит.: М.Л. Коган-Бернштейн. Сб. ст., [М., б/г]; 1917-й год в Воронежской губ. [хроника], сост. Б.М. Лавыгин, Воронеж, 1928.

Я.В. Леонтьев.

КОКО́ШКИН Фёдор Фёдорович (1871, г. Холм Люблинской губ.,– 7 янв. 1918, Петроград). Окончил Владимирскую гимна-

зию, юрид. ф-т Моск. ун-та; слушал лекции в Гейдельберге (Германия) и Париже. Магистр, приват-доцент, проф. кафедры гос. права Моск. ун-та (1897).

Помощник секр. Моск. гор. управы, член Моск. земской управы. В 1904–05 играл руководящую роль в земской кампании, входил в "орг. бюро" земских съездов и руководил их работой. Один из основателей партии кадетов,член её ЦК. С 1907 сотрудник газ. "Рус. Ведомости", ж. "Право" и "Рус. Мысль". Член 1-й Гос. Думы, её секретарь. По словам П.Н. Милюкова, К. был таким "удивительным спорщиком", что "противник охотно признавал себя побеждённым", "гибкость его мысли равнялась только твёрдости его осн. убеждений. Он понимал значение полит. компромисса, но знал и его границы" (Милюков П.Н., Воспоминания, М., 1991, с. 186). Специализировался как юрист-государствовед, в кадетской партии был признанным авторитетом в области нац. проблем. "Из всех вопросов нашей внутр. жизни, выдвинувшихся в непосредственной связи с войной, первое место принадлежит бесспорно нац. вопросу",– писал К. 1 янв. 1915 (см.: Думова-2, с. 24). Был в оппозиции к царскому пр-ву: "Пр-во Штюрмера и Протопопова привело страну к такому хаосу и такой всеми ясно сознаваемой опасности, что решительное выступление Думы против него безусловно необходимо. Иначе авторитет Думы рухнет бесповоротно" (там же, с. 76).

После Февр. рев-ции 1917 К.– пред. учреждённого Врем. пр-вом 20 марта Юрид. совещания, на рассмотрение к-рого передавались вопросы публичного права, возникающие в связи с установлением нового гос. порядка. 25 марта на открытии 7-го съезда партии кадетов сделал доклад о пересмотре парт. программы в части гос. строя России и след. образом сформулировал осн. принципы, из к-рых исходила партия:

"Наше представление о гос. жизни мы утверждаем на трёх осн. принципах... мы отстаивали всегда и будем неизменно отстаивать неприкосновенность начал гражд. свободы и гражд. равенства... Другим осн. принципом для нас... является начало обеспечения полного господства нар. воли, принцип демократический... И третий наш принцип... это осуществление начал социальной справедливости, широких реформ, направленных к удовлетворению справедливых требований трудящихся классов... Ведь наш полит. принцип есть прежде всего охрана гражд. свободы или равенства, охрана личности от подавления со стороны гос. власти, от чрезмерного сосредоточения этой власти в одном к.-н. органе. Наша программа есть действительное господство нар. воли, и этот пункт нашего положения обязывает позаботиться о том, чтобы нар. воля не могла бы подвергнуться в будущем респ. строе искажению, чтобы она не могла явиться объектом узурпации..." (Кокошкин Ф., Какой строй необходим России, "Новое время", 1991, № 10, с. 40, 41). Исходя из мирового опыта (в т.ч. США, Англии, Франции), К. предлагал след. основы для гос. строя России: "Мы считаем парламентарный порядок самым совершенным при данной ступени развития человечества, способом согласования действий исполнит. и законодат. власти. Исполнит. власть должна быть отделена от законодательной; она не может находиться в руках законодат. собрания, но, с др. стороны, она должна быть в своих действиях согласована с законодат. властью, и лучшим средством для этого является парламентаризм, управление через посредство ответственного пред нар. представительством мин-ва... Россия должна быть демокр. парламентарной республикой; законодат. власть должна принадлежать нар. представительству; во главе исполнит. власти должен стоять президент республики, избираемый на определ. срок нар. представительством и управляющий через посредство ответственного пред нар. представительством мин-ва" (там же, с. 42).

23 мая 1917 К. назначен Врем. пр-вом пред. Особого совещания по изготовлению проекта Положения о выборах в Учред. Собр.; считал невозможным быстрый его созыв. На 8-м съезде партии кадетов (май) вновь избран в ЦК, выступил с докладом о нац. вопросе. В принятой по докладу резолюции предусматривалось предоставление автономных прав в вопросах хоз., культурной жизни губ. или обл. органам самоуправления, но при сохранении за общегос. властью права контролировать соответствующую деятельность этих органов, вплоть до отмены постановлений. Отказался утверждать соглашение с укр. Центр. Радой о предоставлении ей начал автономии. Во 2-е коалиц. Врем. пр-во (июль – авг.) К. вошёл как гос. контролёр. Если во Врем. пр-ве 1-го состава роль лидера в кадетской группе министров принадлежала П.Н. Милюкову, а в 1-й коалиции – А.И. Шингарёву, то с этого времени она перешла к К. Отчитываясь 31 авг. перед Моск. к-том Партии Нар. Свободы, К. отмечал: "За месяц нашей работы совершенно не было заметно влияния на неё Совдепа. Влияние левых партий не мешало работе пр-ва. За этот месяц на заседаниях совершенно не упоминалось о решениях Совдепа... Министры-социалисты имели меньшее влияние на ход работ, чем мы, министры к.-д." (Думова-2, с. 185). 11 авг. решительно потребовал от А.Ф. Керенского включения в порядок дня Гос. совещания т.н. корниловской программы под угрозой выхода в отставку всей группы кадетов из пр-ва. На состоявшемся 20 авг. заседании кадетского ЦК высказался за установление воен. диктатуры. Но когда Керенский, объявив об "измене" Л.Г. Корнилова, потребовал предоставления себе диктаторских полномочий, К. выступил против этого требования и 27 авг. подал в отставку. В том же докладе Моск. к-ту подчёркивал: "Полит. момент чрезвычайно тревожный. Кажущийся успех пр-ва очень опасен – растёт волна большевизма, и Совдеп берёт руководящую роль. Центр. группа членов пр-ва... ясно сознаёт опасность и открыто ищет поддержки партии к.-д." (там же, с. 202). К. покинул и Юрид. совещание.

После Окт. рев-ции активно участвовал в подготовке к выборам в Учред. Собр., выступая на разл. митингах и собраниях. На основе декрета Совнаркома, объявившего кадетскую партию "партией врагов народа", 28 нояб. арестован на квартире у графини С.В. Паниной и отправлен в Петропавл. крепость вместе с др.

лицами, уже выбранными, как и К., депутатами Учред. Собр. от кадетов. Из-за болезни туберкулёзом пребывание в Трубецком бастионе крепости было для К. невыносимым. 6 янв. 1918 вместе с А.И. Шингарёвым был переведён в Мариинскую тюремную больницу, где зверски убит матросами и красногвардейцами в ночь с 6 на 7 янв.

Лит.: Два правдолюбца А.И. Шингарёв и Ф.Ф. Кокошкин, М., 1918; Винавер М., Трагедия рус. парламентария, в его кн.: Недавнее, Париж, 1926; Памяти погибших.

М.Е. Голостенов.

КОЛЕГА́ЕВ Андрей Лукич (22 марта 1887, Сургут, Тобольская губ.,– 23 марта 1937). Эсер с 1906. В 1907 за рев. деятельность исключён из Харьковского ун-та. Четырежды арестовывался, отбыл 1 год тюрьмы. В 1909 приговорён к 4 годам ссылки в Архангельскую губ., заменённой высылкой на 4 года за границу. В эмиграции пробыл 7 лет. Учился в Парижском ун-те. Входил в Парижскую (левую) группу содействия ПСР.

После Февр. рев-ции 1917 поверенный об-ва Моск.-Казан. ж.д. (Казань), с мая член губернской земской управы. Один из лидеров казан. левоэсеровской орг-ции, выделившейся в кон. марта; с мая возглавил Казан. "младший" к-т ПСР; чл. редакции левоэсеровской газ. "За Землю и Волю". Руководил работой 1-го губ. крест. съезда (май), избран пред. казан. губ. Совета КД. Один из авторов постановления Совета КД от 13 мая о передаче частновладельч. земель и имений в ведение волостных к-тов. На требование Врем. пр-ва отменить это постановление К. от имени Совета КД ответил телеграммой о защите принятого решения, подчеркнув, что "угрозы тюрьмой и карами... не остановят Совет при проведении до конца воли народа" ("Рев. борьба крестьян Казан. губ.", Казань, 1958, с. 54–55). "Младший" к-т ПСР занимал позицию, близкую к РСДРП(б), за что в местной прессе казан. левых эсеров называли большевиками. На 1-м съезде делегатов солд. секций Советов Казан. ВО (авг.) К. призвал рев. солдат присоединиться к борьбе пролетариата с имущими классами. На 2-м Казан. губ. крест. съезде (сент.) добился освобождения арестованных властями после Июльских событий руководителей агр. выступлений в губернии. С окт. гласный Гор. думы. 15 окт. на 8-й Петрогр. конф. ПСР избран чл. ПК эсеров. Настаивал на решит. размежевании с правыми эсерами.

Участник Окт. вооруж. восстания в Петрограде. Дел. 2-го Всерос. съезда Советов РСД (25–27 окт.), избран чл. ВЦИК. В нояб. вошёл в Центр. бюро по созыву учред. съезда левоэсеровской партии; на съезде (19–27 нояб.) избран чл. ЦК ПЛСР. Избранная Чрезв. Всерос. съездом Советов КД (11–25 нояб.) коллегия Наркомата земледелия во главе с К. явилась в быв. Мин-во земледелия, образовала две комиссии: по выработке положения о зем. к-тах и по выработке инструкций зем. к-там. 23 нояб., ещё до офиц. утверждения, издал приказ по Наркомзему о вступлении в должность. 24 нояб. ВЦИК утвердил, а 25 нояб. СНК назначил К. наркомом земледелия. 13 дек. Положение о зем. к-тах было опубл. за подписью В.И. Ленина и К.

От имени 4 членов Учред. Собр. (левых эсеров, избранных Казан. избират. округом) подписал обращение в поддержку роспуска Учред. Собр. из-за попыток его большинства "вырвать власть у Советов и совершенно стереть завоевания Окт. рев-ции ("За Землю и Волю", 1918, 17 янв.).

Вместе с И.А. Майоровым автор законопроекта о социализации земли; при подготовке закона К. трактовал собственность на землю как общенар. достояние, когда источником на право пользования землёй выступал личный труд, гос-во же имело это право как исключение из общего правила. Большевики стремились расширить рамки вмешательства гос-ва в хоз. жизнь деревни. Они добились того, что в законе были сняты все упоминания о земствах и зем. к-тах. Их место заняли Советы, т.е. гос-во получало все права пользования и распоряжения землёй. После утверждения закона 3-м Всерос. съездом Советов РСКД (янв. 1918) К. сказал: "Получился закон не о социализации, а о национализации земли" (Кабанов В.В., Нар. комиссар земледелия, в кн.: Первое Сов. пр-во, М., 1991, с. 292).

17 марта 1918 "Новая Жизнь" опубл. заявление К., в к-ром он выступал против ратификации Брестского договора, но отмечал, что "не следовало из-за этого саботировать Сов. власть, особенно в такой исключительно сложный момент". Согласно пост. ЦК ПЛСР, К. подал заявление с просьбой освободить его от должности наркома 24 марта, а не 18 марта, как все др. наркомы – левые эсеры; К. продолжал работу в качестве члена коллегии Наркомзема. 19 апр. в газ. "Знамя Труда" выступил со ст. "Отвод от власти", где писал, что во всех вопросах, кроме земельного, "мы и большевики, партии социального переворота, можем лишь тактически расходиться. Выйти из состава пр-ва – значит поставить перед крест-вом вопрос: отойти от власти или отойти от нас... Конечно, трудовое крест-во предпочтёт отойти от нас". Выход видел один – "войти в центр. Сов. власть, идя вместе с большевиками во всех вопросах социальной рев-ции, хотя бы и подчиняясь большинству, когда являемся меньшинством в едином отряде рев. социализма...". Эсеры не исключали возможности добиться отхода крестьян от Сов. власти. Но, скорее всего, полагал К., эта попытка приведёт к тому, что "первое – трудовое крест-во отойдёт от нас. Второе – рев-ция пройдёт мимо нас". Выступал против разрыва с большевиками в ЦК и во фракции ПЛСР во ВЦИК. На 2-м съезде ПЛСР (17–25 апр.) заявил о своём нежелании баллотироваться в ЦК. Просьба К. не была принята, но К. прошёл в ЦК минимальным кол-вом голосов. На 3-м съезде ПЛСР (28 июня – 1 июля) в ЦК избран не был.

В мае–июле 1918 пред. президиума исполкома Казан. губ. Совета. В программной ст. "Что делать?" назвал ошибочным выход левых эсеров из СНК, высказался за расширение социальной базы рев-ции за счёт клас. расслоения деревни и беспощадной борьбы с кулачеством ("За Землю и Волю", 1918, 29 мая).

Осудил левоэсеровский мятеж, о чём В.И. Ленин свидетельствовал в разговоре 7 июля по прямому проводу с членом РВС Вост. фронта К.А. Мехоношиным: "К. говорил мне лично, затем Зиновьеву и многим другим, что он, К., противник теперешней политики левоэсеровской партии" (Кабанов, с. 295). Один из организаторов Партии рев. коммунизма. В нояб. вступил в РКП(б). Участник Гражд. войны. В дальнейшем на хоз. работе. В 1936 арестован; 23 марта 1937 Воен. коллегией Верх. суда СССР за антисов. деятельность приговорён к расстрелу, приговор приведён в исполнение в тот же день. Реабилитирован в 1957.

С.И. Ионенко.

КОЛЛОНТА́Й (урожд. Домонтович) Александра Михайловна (19 марта 1872, Петербург,– 9 марта 1952, Москва).

Род. в семье полковника, с 1875 – ген.-майора Ген. штаба. Образование домашнее, в 1888 сдала экзамен на звание нар. учительницы. В рев. движении с 1890-х гг. Участница Рев-ции 1905–07 (Петербург). В 1906–15 примыкала к меньшевикам. С 1908 в эмиграции (Италия, Германия, Франция, Норвегия, Швеция, США); чл. С.-д. партии Германии, работала во Франц. соц. партии; делегат ряда конгрессов 2-го Интернационала, чл. Междунар. секретариата женщин-социалисток. В 1915 порвала с меньшевиками-"оборонцами", заняла большевист. позиции по отношению к империалистич. войне. Вела антивоен. пропаганду (брошюра "Кому нужна война", 1916; издана на гектографе Петерб. к-том РСДРП), выполняла поручения В.И. Ленина по сплочению с.-д.-интернационалистов в зап.-европ. странах, в США.

18 марта 1917 приехала в Петроград, с 21 марта сотрудник "Правды". От Воен. орг-ции при ПК РСДРП избрана деп. Петрогр. Совета РСД, чл. бюро большевист. фракции Совета. 4 апр. участвовала в объединённом собрании большевиков и меньшевиков в Таврическом дворце, где Ленин выступил с Апр. тезисами, одна из немногих поддержала тезисы. С сер. апр. член исполкома Петрогр. Совета РСД. Дел. 7-й (Апр.) Всерос. конф. РСДРП(б) от Петрогр. орг-ции; с докладами о решениях конференции выступала на кораблях Балтфлота (Кронштадт, Гельсингфорс). Вела рев. агитацию среди солдат Петрогр. гарнизона, женщин-работниц; К.– один из организаторов Союза солдаток при Петросовете. Сотрудничала в газ. "Солдатская Правда", ж. "Работница" (Петроград), газ. "Волна" (Гельсингфорс); опубл. брошюру "Кто такие с.-д. и чего они хотят?" (2 изд., П., 1917). Дел. 1-го Всерос. съезда Советов РСД (3–24 июня), выступала по нац. вопросу и вопросу о самоопределении Финляндии; избрана канд. в чл. ВЦИК. Одновременно по поручению ЦК РСДРП(б) участвовала 15–18 июня в работе 9-го съезда С.-д. партии Финляндии (Гельсингфорс); в своей речи на нём подчеркнула, что самоопределение Финляндии связано с борьбой за власть Советов в России, призвала фин. с.-д. порвать со 2-м Интернационалом и присоединиться к Циммервальдской левой группе с.-д.-интернационалистов. В кон. июня в Стокгольме совм. с В.В. Воровским участвовала в Информац. совещании Циммервальдского объединения с.-д.-интернационалистов.

В нач. июля при возвращении из Швеции арестована по распоряжению А.Ф. Керенского, заключена в петрогр.Выборгскую жен. тюрьму. На 6-м съезде РСДРП(б) (26 июля – 3 авг.) заочно избрана одним из почётных пред. съезда и членом ЦК. 19 авг. выпущена из тюрьмы в связи с ухудшением здоровья по ходатайству М. Горького и Л.Б. Красина под залог в 5 тыс. руб.; находилась под домашним арестом. Благодаря вмешательству Петросовета 9 сент. освобождена. 14 сент. делегат от большевиков на Демокр. совещании (Петроград). 20 сент. ЦК РСДРП(б) поручил К. создать группу для связи с заграницей и наладить эту связь. С 30 сент. член Финл. обл. бюро РСДРП(б). 5 окт. назначена ЦК партии его представителем в редакции ж. "Работница", включена в комиссию для подготовки к будущему парт. съезду проекта Программы партии.

10 окт. участвовала в заседании ЦК РСДРП(б), принявшего решение о вооруж. восстании. 11 окт. на 3-й Петрогр. общегор. конф. РСДРП(б) выступила с сообщением о решении ЦК. Участвовала в расширенном заседании ЦК 16 окт., подтвердившего решение от 10 окт. 24–25 окт. находилась в Смольном, выполняя разл. поручения ЦК партии и Петрогр. ВРК. Делегат и член Президиума 2-го Всерос. съезда Советов РСД (25–27 окт.), избрана чл. ВЦИК. 30 окт., после беседы с К., Ленин вручил ей тут же написанное на бланке Петрогр. ВРК удостоверение: "Республиканское Пр-во Совет Нар. Комиссаров уполномочивает т. А. Коллонтай нар. комиссаром общественного призрения. Пред. В. Ульянов (Ленин)" ("Ист. архив", 1957, № 5, с. 5). 12–15 нояб. участвовала в работе 1-й Петрогр. конф. женщин-работниц (выступала с докладом об охране материнства и младенчества). Деп. Учред. Собр. от Ярославского избират. округа. 31 дек. подписала постановление об орг-ции Отдела материнства и младенчества Наркомата гос. призрения.

19 янв. 1918 на заседании ЦК РСДРП(б) было решено послать К. за границу от ЦК в составе делегации ВЦИК для установления связей Сов. России с левыми с.-д.-интернационалистами европ. стран и для подготовит. работы по созыву междунар. соц. конференции по вопросу борьбы за мир (делегация утверждена ВЦИК 2 февр., но конференция не состоялась). 17 февр.– 2 марта выезжала во главе де-

легации ВЦИК в Финляндию, Швецию, Англию, Францию для информации о положении в Сов. России. По вопросу о заключении мира с Германией входила в группу "левых коммунистов".

Дел. 7-го съезда РКП(б) (6–8 марта 1918) от ЦК партии; по вопросу о Брестском мире заявила: "...этот мир... едва ли будет представлять нечто большее, чем бумажку, к-рую подпишут обе стороны, с тем, чтобы её не соблюдать... Может быть, товарищи, к-рые стоят за подписание мира, рассчитывают именно на то, чтобы в этот короткий промежуток времени передышки собрать силы и напасть на врага... Но я думаю, что сама жизнь не даёт возможности этой передышки... Мы чувствуем, что старая война, империалистич. война,окончена... сейчас уже началась другая война, определённая, ясная война белых и красных... подписание мира не укрепит этой рев. воли, этой рев. интернац. солидарности, к-рая зарождается в разрастающейся борьбе,– войне красных и белых... И мы должны использовать этот момент, создавая интернац. рев. армию. И если погибнет наша Сов. Республика, наше знамя поднимут другие... Да здравствует рев. война!" ["7-й Экстренный съезд РКП(б)". Стенографич. отчёт, М., 1962, с. 88–89]. Дел. 4-го Чрезв. Всерос. съезда Советов РСКД (14–16 марта), на к-ром также выступила против заключения мира.

19 марта 1918 была освобождена от поста наркома гос. призрения. Весной – летом этого года объезжала по решению ЦК РКП(б) с лекциями р-ны Поволжья, осенью – Орехово-Зуево, Кинешму, Иваново-Вознесенск и др., вела парт. пропаганду среди женщин. В нояб. на 1-м Всерос. съезде работниц и крестьянок выступила с докладом "Семья и коммунистич. гос-во". С кон. 1918 чл. комиссии при ЦК РКП(б) по работе и агитации среди женщин, на др. парт. работе. С 1922 на дипл. работе; первая в мире женщина-посол.

С о ч.: Избр. статьи и речи, М., 1972; Из моей жизни и работы. Восп. и дневники, М., 1974; Восп. об Ильиче, М., 1971; В тюрьме Керенского, М., 1928.

Лит.: О л е с и н М., Первая в мире. Биогр. очерк об А.М. Коллонтай, М., 1990; Ш е й н и с З.С., Путь к вершине. Страницы жизни А.М. Коллонтай, 2 изд., М., 1987.

А.Л. Райхцаум, В.Н. Заботин.

КОЛЧА́К Александр Васильевич (4 нояб. 1874, с. Александровское Петербургского у.,– 7 февр. 1920, Иркутск). Род. в семье штабс-капитана мор. артиллерии, в дальнейшем ген.-майора В.И. Колчака. Окончил в 1894 Мор. кадет. корпус, произведён в мичманы. Служил на воен. кораблях (в Петербурге, Владивостоке), в 1896–99 совершил плавание на "Крейсере", в осн. в водах Тихого океана. В 1900 произведён в лейтенанты, начал заниматься науч. деятельностью (гл. обр. океанография и гидрология). Участник полярной экспедиции Э.В. Толля 1900–02 (по её итогам в 1906 избран действит. членом Рус. Географич. об-ва, а один из островов Карского моря назван его именем). С началом рус.-япон. войны отправился в Порт-Артур, где командовал эсминцем; затем береговой арт. батареей. После сдачи крепости оказался в плену, в апр. 1905 вернулся через Америку в Петербург, был награждён орденами и золотой саблей с надписью "За храбрость".

С образованием в 1906 Мор. Генштаба (в т.ч. по инициативе К.) был нач. отдела, занимался разработками по реорганизации воен.-мор. флота, выступал в Гос. Думе в качестве эксперта по воен.-мор. вопросам. В 1908 перешёл на работу в Мор. академию, в 1909 опубликовал своё наиб. крупное исследование "Лёд Карского и Сибирского морей". Участвовал в разработке проекта экспедиции с целью исследования Сев. мор. пути. В 1909–10 экспедиция, в составе к-рой К. командовал кораблём, совершила переход из Балт. моря во Владивосток, затем – плавание по направлению к мысу Дежнева. С 1910 в Мор. Генштабе занимался разработкой судостроит. программы России, в 1912 перешёл на Балт. флот, в дек. 1913 произведён в капитаны 1-го ранга, занимал должность флаг-капитана оперативной части штаба командующего флотом. В период 1-й мир. войны организовал успешную постановку мин и нападения на караваны герм. торг. судов. С сент. 1915 командовал минной дивизией, затем мор. силами в Рижском заливе. В апр. 1916 произведён в контр-адмиралы, в июне назначен командующим Черномор. флотом (с производством в вице-адмиралы).

26 февр. 1917, получив от М.В. Родзянко телеграмму о событиях в Петрограде, распорядился прервать почтовую и телегр. связь Крыма с Россией, затем приказал вывести осн. силы флота в море, дабы самому контролировать и доводить до сведения экипажей все сообщения о происходящем в стране. 5 марта распорядился устроить молебен и парад по случаю победы рев-ции, на митинге в Севастополе "выразил преданность Врем. пр-ву" (Хесин С.С., Окт. рев-ция и флот, М., 1971, с. 53). 12 марта привёл флот к присяге. Позднее, в 1920, К. на допросе показывал, что "приветствовал рев-цию как возможность рассчитывать на то, что она... даст возможность закончить победоносно эту войну, к-рую я считал самым главным и самым важным делом, стоящим превыше всего,– и образа правления, и полит. соображений" ("Арестант пятой камеры", М., 1990, с. 284). 6 марта в телеграмме М.В. Алексееву, оценивая Приказ № 1, сообщал, что "большое смущение в войсках вызвала внезапность воззвания рабочих и

солд. депутатов об общих гражд. правах вне службы" (Хесин С.С., указ. соч., с. 95). К. просил Алексеева, чтобы "Врем. пр-во объявило всем военнослужащим обязательно исполнять все до сих пор существовавшие законы" (там же, с. 49). Тогда же К. сообщал Алексееву, что "представители нижних чинов, собравшиеся в Черномор. экипаже, обратились ко мне с просьбой иметь постоянное собрание из выборных для обсуждения их нужд. Я объяснил им несовместимость этого с понятием о воинской чести и отказал" (там же, с. 83). Однако на след. день созванное К. собрание офицеров гарнизона избрало представителей от офицерства в уже созданный матросами и солдатами Центр. воен.-исполнит. к-т (ЦВИК), К. санкционировал это решение. На допросе в 1920 К. показывал: "Я считал, что в переживаемый момент необходимы такие учреждения, через к-рые я мог бы сноситься с командами. Больше того,– я скажу даже, что вначале эти учреждения вносили известное спокойствие и порядок". "Первое время,– отмечал К.,– отношения были самые нормальные" ("Арестант пятой камеры", с. 292). 16 марта в письме быв. мор. министру И.К. Григоровичу подчёркивал, что ему "удалось пока сохранить доверие личного состава флота, рабочих и гор. населения". "К сожалению,– добавлял К.,– у меня нет никакой уверенности, что это удастся в будущем так же, как это удалось до сего дня" (Хесин С.С., указ. соч., с. 53). А.И. Гучков от имени Врем. пр-ва выразил К. благодарность "за быстрые разумные действия, коими вы способствовали... сохранению порядка на Черномор. флоте" (Хесин С.С., указ. соч., с. 53). 19 марта К. утвердил разработанное А.И. Верховским для ЦВИК "Положение об орг-ции чинов флота, Севастопольского гарнизона и работающих на гос. оборону рабочих", сводившее задачи к-тов к рассмотрению вопросов быта и внутр. жизни кораблей и особо подчёркивавшее, что "все мероприятия общего распорядка по войскам и флоту приобретают законную силу по утверждении команд. флотом и опубликовываются его приказом". 21 марта К. выступил в ЦВИК, после чего тот на предложенную К. "солидарность с к-том выразил ему взаимную солидарность" (Хесин С.С., указ. соч., с. 25). Однако в связи с образованием Севастопольского Совета К. 17 марта телеграфировал Гучкову, что в городе "создалось положение, исключающее всякий порядок в отношении охраны и безопасности", и просил у министра срочных распоряжений о подчинении ему всех гражд. властей (там же, с. 85). 22 марта К. телеграфировал мор. министру: "Прошу распоряжения о безусловном запрещении въезда в Севастополь как базу флота лиц, не имеющих отношения к службе и обороне". Такое распоряжение было им получено. Сам К. впоследствии объяснял это решение наплывом "всевозможных депутаций из Балт. флота" и массы "самых подозрительных и неопределённых типов" ("Арестант пятой камеры", с. 294). В сер. апр. К. выехал в Одессу для встречи с находившимся там Гучковым, подчеркнув, что его "чрезвычайно заботит то направление, тот путь, по к-рому пошёл Черномор. флот под влиянием измен, под влиянием пропаганды и появления неизвестных лиц, бороться с к-рыми я не могу, т.к. теперь под видом свободы слова эта агитация может проходить совершенно свободно" (там же, с. 295).

В нач. 20-х чисел апр. был вызван кн. Г.Е. Львовым в Петроград для доклада "о положении вещей" (там же, с. 295). В беседе с Гучковым заявил, что "та система, к-рая установилась по отношению к нашей вооруж. силе, и те реформы, к-рые теперь проводятся, неизбежно и неуклонно приведут к развалу нашей вооруж. силы" (там же, с. 298). В ответ на предложение Гучкова принять командование Балт. флотом, над к-рым пр-во теряло контроль, К. сказал, что с его переводом ухудшится обстановка на Черномор. флоте, где "вовсе не так благополучно, как кажется" (там же). Встретившись по совету Родзянко с Г.В. Плехановым (20 апр.), К. просил его прислать "своих работников, к-рые могли бы бороться с этой пропагандой разложения" (там же, с. 299). Плеханов обещал свою помощь.

Вернувшись на Черномор. флот, К. 25 апр. выступил на собрании офицеров с докладом "Положение нашей вооруж. силы и взаимоотношения с союзниками" (Дроков С.В., А.В. Колчак, "Вопросы истории", 1991, № 1, с. 57). "Мы стоим,– отмечал К.,– перед распадом и уничтожением нашей вооруж. силы", ибо "старые формы дисциплины рухнули, а новые создать не удалось" (Хесин С.С., указ. соч., с. 175–76). К. требовал "прекратить доморощенные реформы, основанные на самомнении невежества" и "принять формы дисциплины и орг-ции внутр. жизни, уже принятые у союзников" (там же, с. 176, 184). 29 апр. с санкции К. из Севастополя выехала делегация в составе ок. 300 матросов и севастопольских рабочих "с целью повлиять на Балт. флот и армии фронта, чтобы вели войну активно при полном напряжении сил", как докладывал К. в Ставку (там же, с. 213).

В нач. мая помощник командира Севастопольского порта был обвинён в спекуляции казённым имуществом, в связи с чем ЦВИК предложил К. арестовать его. К. считал, что арест и следствие должны быть произведены в законном порядке, однако ЦВИК произвёл арест без санкции Колчака. 12 мая К. телеграфировал министру-председателю, мор. министру и Верх. главнокомандующему, что ЦВИК "в последнее время своею деятельностью сделал невозможным командование флотом", и просил освободить его от командования, предупредив, что "никакой командующий не будет в состоянии исполнять свои обязанности, если деятельность к-та не будет ограничена распоряжениями Врем. пр-ва в пределах установленных для к-тов правил" (Хесин С.С., указ. соч., с. 178). Врем. пр-во, Верх. главнокомандующий и Бюро исполкома Петросовета потребовали освобождения пом. командира Севастоп. порта, что и было сделано. 17 мая в Севастополь приехал Керенский, попытавшийся уговорить К. не сдавать командование. Однако приезд Керенского не изменил положения на флоте, где стали раздаваться требования об отстранении офицеров, усиливалась большевист. агитация. 27 мая на Черномор. флот прибыли представители "Кронштадтской республики", в эти же дни приехали и направленные из центра большевики. На митингах заявлялось, что К.– крупный землевладелец, что офицеры готовят контррев. заговор и т.п. (см.: А.В. Книпер, Фрагменты воспоминаний, публ. К. Громова и С. Боголепова, в кн.: "Минувшее". Ист. альманах, в. 1, М., 1990, с. 171). 4 июня К. телеграфировал мор. министру об "агитации большевиков, прибывших в Севастополь с депутацией балт. матросов". На след. день он сообщил, что "представители Балт. флота, присланные проводить идеи кронштадтских большевиков, имеют в массе полный успех" (Хесин С.С., указ. соч., с. 123).

6 июня делегатское собрание приняло решение отстранить от должностей К., его начштаба и пом. командира Севастоп. порта, причём вопрос об аресте К. передать на рассмотрение судовых и полковых к-тов, отобрать оружие у офицеров и взять под охрану воен. склады. К. телеграфировал мор. министру и нач. штаба Верх. главнокомандующего, что "анархическое движение развивается, происходят митинги, приводящие свои постановления в исполнение без санкции центр. к-та" (там же, с. 180). 7 июня стало известно, что большинство к-тов высказалось против ареста К. Однако последний, возмущённый решением об изъятии оружия у офицеров, выбросил свой кортик в море, сказав: "Раз не хотят, чтобы у нас было оружие, так пусть идёт в море" (Дроков С.В., указ. соч., с. 57). В тот же день К. сдал дела контр-адмиралу В.К. Лукину. (Позднее, поднятый со дна моря кортик К. был вручён ему с надписью "Рыцарю чести адм. Колчаку от Союза офицеров армии и флота".)

Врем. пр-во 7 июня приказало К. и Смирнову немедленно выехать в Петроград как "допустившим явный бунт" (Хесин С.С., указ. соч., с. 181). 10 июня в Петрограде К. провёл пресс-конференцию, на к-рой заявил, что последние события на Черномор. флоте "объясняются отчасти агитацией герм. генерального штаба", но "кампания против него обусловлена его полит. взглядами" (там же, с. 182). Выступив на заседании пр-ва, обвинил его в развале армии и флота. 13 июня консервативно-националистич. "Маленькая Газета" в воззвании редакции призывала: "Пусть кн. Львов уступит место председателя в кабинете адм. Колчаку. Это будет министр победы..." ("Рев-ция 1917", т. 3, с. 64).

По приглашению амер. воен.-мор. миссии в России К. в нач. авг. в качестве нач. российской воен.-мор. миссии из 6 офицеров отбыл в США. "Мне нет места здесь во время великой войны,– заявлял К.,– и я хочу служить своей Родине так, как я могу, т.е. принимая участие в войне, а не в пошлой болтовне, к-рой все заняты" (Дроков С.В., указ. соч., с. 58). Пребывая в Англии, принял участие в одной из операций мор. авиации. По прибытии в Вашингтон К. выяснил, что амер. офиц. лица не понимают цели приезда миссии. К. был вынужден сосредоточиться на сборе технич. информации об амер. воен. приготовлениях, давая нек-рые воен.-технич. консультации. В нач. окт. участвовал в воен.-мор. манёврах. К сер. окт. принял решение вернуться в Россию.

Узнав о захвате власти большевиками, поначалу не придал этому серьёзного значения. Ответил согласием на телеграмму с предложением выставить свою кандидатуру в Учред. Собр. от кадетов и группы беспартийных по Черномор. флотскому округу, однако его ответ был получен с опозданием. Прибыв в нояб. в Японию, узнал о намерении большевиков заключить мир, после чего решил в Россию не возвращаться. В нач. дек. обратился к англ. послу с просьбой принять его на англ. воен. службу, т.к. "задача победы над Германией – единств. путь к благу не только его страны, но и моей Родины" (Дроков С.В., указ. соч., с. 59). В кон. дек. принят на британскую воен. службу. В автобиографии писал: "Ни большевист. пр-ва, ни Брестского мира я признать не мог, но как адмирал Рус. флота я считал для себя сохраняющими всю силу наши союзнические обязательства в отношении Германии" (там же, с. 59).

С апр. по сент. 1918 занят формированием вооруж. сил для борьбы с "германо-большевиками". 4 нояб. прибыл в Омск, короткое время был воен. и мор. министром пр-ва Директории, к-рую 18 нояб. отстранил от власти, провозгласив себя Верх. правителем России. Руководил борьбой с войсками Сов. пр-ва в Сибири, на Урале и Д. Востоке. В июне 1919 отклонил предложение К.Г. Маннергейма двинуть 100-тысячную армию на Петроград в обмен на признания независимости Финляндии, заявив, что "не поступится никогда и ни за какие минутные выгоды" "идеею великой неделимой России" (см.: "Минувшее", с. 175–76). 6 янв. 1920, потерпев поражение, сложил звание Верх. правителя, передав его А.И. Деникину. В сер. янв. был арестован чехословаками, к-рые передали его иркутскому "Политцентру"; после перехода власти в Иркутске к ВРК в его распоряжение был передан и К. Узнав о пленении К., В.И. Ленин поручил зам. пред. РВС Республики Э.М. Склянскому направить шифром члену РВС 5-й армии И.Н. Смирнову распоряжение: "Не распространяйте никаких вестей о Колчаке, не печатайте ровно ничего, а после занятия нами Иркутска пришлите строго офиц. телеграмму с разъяснениями, что местные власти до нашего прихода поступили так под влиянием угрозы Каппеля и опасности белогв. заговоров в Иркутске. Ленин. [Подпись тоже шифром.– Автор]. I. Берётесь ли сделать архи-надёжно?..." (Дроков С.В., указ. соч., с. 67). Смирнов дал соответствующее указание иркутскому ревкому, после чего тот принял решение о расстреле К. с мотивировкой, указанной Лениным. Тело К. было сброшено в прорубь.

Лит.: Мельгунов С.П., Трагедия адм. Колчака, т. 1–3, Белград, 1930–31.

В.В. Юрченко.

КОНДРА́ТЬЕВ Николай Дмитриевич [4 марта 1892, д. Голуевская (Голуиха) Кинешемского у. Костромской губ.,– 17 сент. 1938]. Из крест. семьи. По окончании церк.-приходской школы учился в церк.-учительской семинарии. С 1905 эсер, в 1906 чл. Кинешемского к-та ПСР, чл. забастовочного к-та текстильщиков, за рев. деятельность исключён из семинарии, около 7 мес. провёл в тюрьме. Кружковую работу вёл вплоть до 1917. В 1913 вновь арестовывался, месяц находился

в заключении. Учился на общеобразоват. курсах. В 1911 сдал экзамен на аттестат зрелости и поступил на юрид. ф-т Петерб. ун-та; учителями К. были экономист М.И. Туган-Барановский, историк А.С. Лаппо-Данилевский, социолог М.М. Ковалевский, ближайшим другом – социолог Питирим Сорокин. В 1915 окончил ун-т, оставлен при кафедре полит. экономии для подготовки к профессуре. Учёные занятия совмещал с практич. деятельностью – с 1916 зав. статистико-экон. отделом Земского союза Петрограда. В янв. 1917 опубликовал ст. "Прод. кризис и задача организации х-ва" ("Ежемесячный Журнал", 1917, № 1), где развивал идею планомерного гос. регулирования экон. жизни в целях преодоления прод. кризиса.

Февр. рев-цию 1917 К. встретил как активный участник: "С первых часов её был в Таврическом дворце и был назначен Советом РД тов. пред. Гос. прод. к-та" [Curriculum vitae (Автобиография) Н.Д. Кондратьева, ЦГАНХ, ф. 7733, оп. 18, д. 4161]. Сторонник гос. хлебной монополии при условии гос. распределения необходимых деревне пром. товаров, стабилизации цен и осуществления др. мер по орг-ции нар. х-ва как целого, преодоления "противодействия капиталистич. пром-сти... во имя интересов гос-ва" ("Дело Народа", 1917, 1 апр., 7 мая). Нек-рое время работал секретарём А.Ф. Керенского по делам с. х-ва. Участвовал в подготовке и работе 1-го Всерос. съезда КД (4–28 мая), выступал с докладом по прод. вопросу, 19 мая избран чл. Исполкома Всерос. Совета КД; в качестве представителя Совета стал тов. пред. Общегос. прод. к-та. 26 мая выступал на 3-м съезде ПСР с поддержкой Врем. пр-ва.

Весной – летом 1917 публикуются программные работы К. В брошюре "Агр. вопрос: о земле и зем. порядках" (М., 1917) он развивает и обосновывает эсеровскую программу социализации земли – передачи её в трудовое пользование крестьянам на уравнительных началах по "трудопотребительским нормам". Трудовое право на землю "означает, что никто не может быть собственником земли", "продавать её, закладывать, сдавать в аренду и вообще делать предметом торга и нетрудовых доходов... Наоборот, на землю имеет право всякий, кто желает на ней трудиться. И пока он или его семья работают над этой землёй, никто не имеет права мешать ему пользоваться, улучшать её и получать с неё доходы". Социализация земли принесёт социальное освобождение: "Уничтожится зависимость и гнёт крест-ва со стороны землевладельцев, т.к. их не будет. Ослабнет и скоро совсем уничтожится давление на крест-во со стороны торговых посредников и ростовщиков, т.к. крест-во... будет объединяться в кооперативы и само поведёт дело сбыта, закупки и кредита" (с. 9–10). Будущее, как считал тогда К., принадлежит крупному кооп. х-ву: "Растущая кооперация с разл. сторон объединяет крест. х-ва. Последней ступенью этого объединения в конце концов должно стать объединение самого с.-х. произ-ва" (с. 53–54).

В авг. Гл. зем. к-т обсуждал доклады Н.П. Макарова и К. "О крупно-крест. х-вах". Позиция К.: "Все соображения экон., нар.-хоз. порядка и соображения социальной справедливости приводят к выводу, что полутрудовые х-ва не могут рассчитывать на поддержку со стороны гос-ва. Мерами, связанными с общей агр. реформой, и мерами спец. характера они должны быть направлены по руслу эволюции к формам трудового х-ва... Принципом экон. политики... должно служить след. положение: допустимы и желательны лишь те меры воздействия... к-рые ...усиливают производительность нар. х-ва и ...по возможности более соответствуют правосознанию масс" ("О крупно-крест. х-вах". Доклады Кондратьева Н.Д. и Макарова Н.П. и прения по ним, П., 1917, с. 24–26). Осуществление социализации земли, как и др. социальных преобразований, К. связывал с решениями Учред. Собр.– только тогда "наступит время проведения закона о земле" ("Агр. вопрос...", с. 62).

С победой демокр. рев-ции, считал К., наступает время созидат. работы, требующей возможно более широкой консолидации обществ. сил. Он призывал социалистов "не увлекаться парт. жизнью и словесными призывами, не колебать начал устанавливаемого нового гос. порядка... В своих социальных задачах мы, конечно, идём гораздо дальше, чем либералы, и следовательно, Врем., в большинстве либеральное, пр-во. Но значит ли это, что мы должны вступить с ним сейчас же в борьбу? ...Нет ...пока слишком многое объединяет нас с ним: оно, как и мы, занято укреплением нового строя и гражд. свобод. В этом мы должны... быть с ним. Мы обязаны помочь ему, принять участие в гос. строительстве. Эта работа вместе с ним совпадает с нашими задачами: подготовляет страну к постановке и решению осн. вопросов обществ. строения и развития России" ("Творч. задачи", "Ежемесячный Журнал", 1917, № 5–6, с. 231).

Помимо напряжённой работы над разрешением прод. проблемы К. активно участвовал в деятельности Лиги агр. реформ и Гл. зем. к-та. Во время выступления Л.Г. Корнилова (авг.) от Исполкома Всерос. Совета КД входил в К-т нар. борьбы с контррев-цией. В сент. участник Демокр. совещания; чл. Врем. Совета Рос.

Республики (Предпарламента). С 5 окт. тов. мин. продовольствия (С.Н. Прокоповича), ведающий снабжением населения предметами первой необходимости. Избран чл. Учред. Собр. (от Костромской губ., по списку ПСР). Выступал против созыва 20 окт. 2-го Всерос. съезда Советов РСД, т.к. считал, что он "грозит пройти под знаком большевизма и создать новые осложнения своей политикой захвата власти" ("Дело Народа", 1917, 5 окт.).

Окт. рев-цию воспринял как переворот, разрушительный по своим результатам. Участвовал в работе подпольного Врем. пр-ва, пытавшегося функционировать до 16 нояб. Отказывался передать Сов. власти прод. дело. 8 нояб. "Воля Народа" опубл. его письмо в Исполком Всерос. Совета КД, в к-ром он заявил, что возможность решения прод. вопроса "наступившей смутой выбита из рук... Разложение прод. аппарата, разрушение и расстройство телеграфа и ж.-д. транспорта ставит непреодолимые препятствия работе в области дела снабжения населения предметами первой необходимости. Вот уже две недели длится время полного бездействия... снимаю ответственность с себя и своих сотрудников за промедление в работе. Эта ответственность ложится исключительно на тех, кто вызвал гражд. войну и способствовал ей". Дел. 2-го Всерос. съезда Советов КД (26 нояб.– 10 дек.). 4 дек. был в числе 347 делегатов, к-рые покинули съезд и организовали 2-й Всерос. съезд Советов КД, стоящих на защите Учред. Собр. (5–11 дек.). На этом съезде сделал доклад по прод. вопросу.

В издании "Большевики у власти. Социально-полит. итоги Окт. переворота" (М., 1918) опубл. ст. "По пути к голоду" с резкой критикой большевиков: "Необходим коренной пересмотр всей экон. и прод. политики в соответствии с конкретными условиями настоящего. Всё, что без нужды и цели тормозит самодеятельность народа, его творческий дух предприимчивости, необходимо смело и решительно отмести. Нужно забыть думать, что равенство в голоде, нищете и безработице есть равенство социалистическое" (с. 261). В др. статье того же времени К. писал о невозможности "национально-хоз. возрождения" до тех пор, "пока нет нац. власти, пока существует чисто клас. утопическая власть и проделывает с нар. х-вом самые дикие опыты" ("Год рев-ции с экон. точки зрения.– Год рус. рев-ции. 1917–1918", М., 1918, с. 222). Однако в дальнейшем отношение К. к большевист. рев-ции решительно изменилось. "В 1919 вышел из партии [ПСР.– Авторы] официально ввиду резкого углубления разногласий с ЦК" (Автобиография). Вслед за тем стало возможно и прямое сотрудничество К. с Сов. властью.

С 1918 К. в Москве. Заведовал Экон. отделом Совета с.-х. кооперации, работал в правлении Центр. т-ва льноводов, Высшем семинарии с.-х. экономии и политики Петровской с.-х. академии, преподавал в вузах. С 1920 в Наркомземе нач. управления с.-х. экономии, руководил разработкой 1-го перспективного плана развития с. х-ва РСФСР на 1923/24 – 1927/28 ("пятилетка Кондратьева"). Проф. К.– организатор и директор Конъюнктурного ин-та (1920–28), автор теории больших циклов экон. конъюнктуры.

В авг. 1920 проходил по делу "Союза возрождения", был заключён в концлагерь "до конца Гражд. войны", но через месяц усилиями И.А. Теодоровича и А.В. Чаянова освобождён; вторично арестовывался в авг. 1922 с целью высылки за границу, но по настоянию Наркомфина был оставлен и выпущен из тюрьмы. В 1928 "кондратьевщина" объявлена "идеологией кулачества", "реставрацией капитализма". Отстранён от руководства ин-том, к-рый в 1929 был закрыт. В 1930 К. арестован, в 1931 по сфабрикованному делу о т.н. "Трудовой крест. партии" осуждён к 8 годам тюрьмы. 17 сент. 1938 расстрелян. Реабилитирован посмертно в 1987.

Соч.: Проблемы экон. динамики, М., 1989; Осн. проблемы экон. статики и динамики, М., 1991; Рынок хлебов и его регулирование во время войны и революции, М., 1991.

Лит.: Н.Д. Кондратьев, Н.П. Макаров, А.В. Чаянов, А.Н. Челинцев. Указатель лит-ры, М., 1988; Науч. наследие Н.Д. Кондратьева и современность, ч. 1–2, М., 1991; Ефимкин А.П., Дважды реабилитированные: Н.Д. Кондратьев, Л.Н. Юровский, М., 1991.

В.П. Данилов, И.Л. Лунден.

КОНОВА́ЛОВ Александр Иванович (17 сент. 1875, Москва,– 1948, Нью-Йорк). Из семьи хл.-бум. фабрикантов. В 1894–95 учился на физ.-мат. ф-те Моск. ун-та, с 1895 – в проф.-технич. Школе прядения и ткачества в Мюльгаузене (Эльзас, Германия),

стажировался на текст. пр-тиях Германии и Франции. Одарённый музыкант, пианист.

С 1897 пред. правления Т-ва мануфактур "Иван Коновалов с сыном". Применив новейшие технологии и орг-ции труда, вывел фирму в число ведущих в отрасли. Проводил политику патернализма в отношении рабочих, стремился улучшить их положение. С 1900 ввёл на ф-ках 9-час. рабочий день; за счёт прибылей фирмы к 1912 построены 2 школы, бесплатная библиотека-читальня, клуб, 2 больницы и родильный приют с бесплатным лечением, ясли, казармы-общежития для холостых, посёлок для семейных рабочих. Инициатор создания Хлопкового к-та при Моск. бирже (1907), пред. Костром. к-та торговли и мануфактур (1905–08), тов. пред. (1908–11) Моск. биржевого к-та, пред. совета Рос. взаимного страхового союза (1908–11), один из учредителей и член совета Моск.

банка Рябушинских (1912), а также Рус. акц. льнопром. об-ва (1912).

В нояб. 1905 один из организаторов Торг.-пром. партии. Входил в группу т.н. молодых капиталистов во главе с П.П. Рябушинским (участвовал в проводимых Рябушинским в 1908–12 "экон. беседах" с либеральными профессорами). С 1909 один из финансистов газ. "Утро России". По инициативе К. в февр. 1911 в газ. "Рус. Ведомости" опубл. протест 66 моск. промышленников и торговцев против репрессий студенчества со стороны царской администрации. В 1912 К.– член ЦК партии прогрессистов. Деп. 4-й Гос. Думы; член фракции прогрессистов, член думских комиссий (финанс., по торговле и пром-сти, по рабочему вопросу); до апр. 1914 тов. пред. Думы. С 1912 член масонской ложи "Великий Восток народов России". В июне 1913 внёс в Думу законопроект по рабочему вопросу: охрана труда женщин и малолетних, стр-во жилищ для рабочих, страхование по инвалидности, старости и др. Весной 1914 вместе с Рябушинским пытался организовать блок оппозиционных (прогрессисты, кадеты, левые октябристы) и левых (эсеры, с.-д.) партий для внедумского давления на пр-во И.Л. Горемыкина. С кон. июля 1915 тов. пред. Центр. Воен.-Пром. к-та, в июне – июле 1915 тов. пред. Моск. Воен.-Пром. к-та; в июле – авг. один из организаторов думского Прогрессивного блока, поддерживал лозунг образования "ответственного министерства" ("кабинета нац. обороны"). После роспуска Думы в сент. 1915 на каникулы выступал против переговоров с царским пр-вом, за создание "рабочих групп" при Воен.-Пром. к-тах и созыв Всерос. рабочего съезда для формирования массовой легальной орг-ции рабочих, к-рая подвела бы широкую социальную базу под оппозиц. деятельность либеральных партий.

В сент. 1916 на совещании моск. промышленников заявил, что "на другой день после мира у нас начнётся кровопролитная внутр. война. Это будет анархия, бунт, страшный взрыв исстрадавшихся масс... Спасение в одном – в орг-ции себя, с одной стороны, в орг-ции рабочих – с другой. Если мы будем смотреть на орг-цию рабочих враждебно, мешать ей, то мы лишь будем содействовать анархии, содействовать собств. гибели" ("Буржуазия накануне Февр. рев-ции", сост. Б.Б. Граве, М.–Л., 1927, с. 140). В связи с арестом "рабочей группы" при Центр. Воен.-Пром. к-те по обвинению в заговорщической деятельности К. выступил 17 февр. 1917 в Думе с протестом, подчёркивая, что "группа готовилась быть оплотом против других опасных течений в рабочей массе" ("Гос. Дума. 4-й созыв". Стенографич. отчёты. Сессия V, П., 1917, стлб. 1530).

В дни Февр. рев-ции 1917 чл. Врем. К-та Гос. Думы; 3 марта участвовал в переговорах с вел. кн. Михаилом Александровичем, на к-рых последний отказался от престола. Мин. торговли и пром-сти (2 марта – 18 мая) первого состава Врем. пр-ва; в заявлении прессе 8 марта заверил, что "приложит все усилия к тому,чтобы обеспечить рабочему законодательству развитие, согласное с назревшими потребностями", с целью "поддержания социального мира в стране для победы над врагом" ("Торг.-Пром. Газета", 1917, 8 марта). Выступал против стихийного введения 8-час. рабочего дня, призывал "руководящие элементы Совета РСД овладеть движением и направить его в русло закономерной клас. борьбы" ("Вестник Врем. Пр-ва", 1917, 18 мая). Один из организаторов Всерос. союза торговли и пром-сти, на его 1-м съезде (19–20 марта) избран тов. председателя. 15 марта в Особом совещании по топливу указал, что лозунг «"Всё для войны" должен объединить всех верных сынов Родины» ("Рев-ция 1917", т. 1, с. 98). Из-за разногласий с мин. земледелия А.И. Шингарёвым и мин. труда М.И. Скобелевым по вопросам о формах и пределах гос. регулирования экономики, а также вмешательства в дела предпринимателей Советов и фабзавкомов вышел из Врем. пр-ва. 19 мая заявил, что причиной его отставки является "отсутствие уверенности, что Врем. пр-во при данных условиях сможет проявить полноту власти" (там же, т. 2, с. 172). Считал, что, "если хозяева не будут полноправными владельцами своих пр-тий, то пр-тия не смогут нормально работать и тогда неизбежен экон. тупик" ("Финансовое Обозрение", 1917, № 18–19, с. 15).

Участвовал в работе 1-го Всерос. съезда Советов РСД (3–24 июня). С июля кадет, вошёл в ЦК партии; выступал за сепаратный мир, в сент. на совещании представителей кадетской партии сформулировал дилемму: "Разумный мир или неминуемое торжество Ленина" (Нольде Б.Э., Набоков в 1917, "Архив рус. рев-ции", 1991, т. 7, с. 11). 8–10 авг. участвовал в Совещании обществ. деятелей в Москве (избран в его пост. бюро), а также в авг. в моск. Гос. совещании.

25 сент. 1917 вошёл в 3-е коалиц. Врем. пр-во в качестве мин. торговли и пром-сти, а также зам. мин.-пред. По воспоминаниям В.Д. Набокова, К. "как мин. торговли и пром-сти яснее видел экон. разруху и не надеялся на благоприятный исход событий" (там же, с. 52–53). Был избран чл. Учред. Собр. Утром 25 окт., перед отъездом из Петрограда, А.Ф. Керенский поручил К. орг-цию вооруж. сопротивления большевикам в столице. В 19 ч. 02 мин. этого дня К. послал из Зимнего дворца в Ставку последнюю телеграмму: «Петрогр. Совет объявил пр-во низложенным, потребовал передачи власти угрозой бомбардировки Зимнего дворца пушками Петропавл. крепости и крейсера "Аврора". Пр-во может передать власть лишь Учред. Собранию, решило не сдаваться и передать себя защите народа и армии. Ускорьте посылку войск» ("Окт. вооруж. восст. в Петрограде". Док-ты и мат-лы, Л., 1957, с. 410). 26 окт. в 1 ч. 50 мин. К. вместе с др. министрами Врем. пр-ва был арестован, заключён в Петропавл. крепость. 26 нояб. передал письмо на имя пред. Учред. Собр., подписанное всеми министрами, заключёнными в крепости, в к-ром Врем. пр-во передавало всю власть Учред. Собранию.

В нач. 1918 К. был освобождён, эмигрировал во Францию. В 1921 вступил в Респ.-демокр. группу, в к-рой объединились правые эсеры и кадеты, поддерживавшие "новую тактику" П.Н. Милюкова. Выступал за продолжение борьбы с большевиками. С 1924 пред. Совета обществ. орг-ций, объединившего левые эмигрант. круги. Вместе с кн. Г.Е. Львовым и Н.Д. Авксентьевым руководил Рос. Земско-Гор. союзом (Земгор) – орг-цией по устройству русских за рубежом и школьному образованию детей эмигрантов. В 1924–40 пред. правления редакции газ. "Последние Новости", издававшейся Милюковым в Париже. С нач. 2-й мир. войны К. переехал в США.

Соч.: Нек-рые соображения о совр. рабочем движении и необходимых мерах к его урегулированию, "Красный архив", 1933, т. 2 (совм. с П. Козакевич и Омельченко).

Лит.: Волобуев П.В., Экон. политика Врем. пр-ва, М., 1962; Лавёрычев В.Я., По ту сторону баррикад. (Из истории борьбы моск. буржуазии с рев-цией), М., 1967; Старцев В.И., Взгляды А.И. Коновалова по рабочему вопросу, в кн.: Пролетариат России и его положение в эпоху капитализма, [в. 2, Львов], 1972; Думова Н.Г., Кадетская контррев-ция и её разгром (окт. 1917–1920 гг.), М., 1982; Берберова Н., Люди и ложи, Париж, 1986.

Ю.А. Петров.

КОРНИ́ЛОВ Александр Александрович (18 нояб. 1862, Петербург,– 26 апр. 1925, Ленинград). Из потомств. дворян; род. в семье морского офицера. Окончил в 1886 ист.-филол. ф-т Петерб. ун-та. Служил комиссаром по крест. делам в Царстве Польском, в 1894–1900 чиновником по особым поручениям при иркутском ген.-губернаторе. В апр. 1901 за участие в протесте 42 литераторов против избиения молодёжи на площади перед Казанским собором в Петербурге выслан в Саратов. В 1904 жил в Париже, работал в редакции журнала П.Б. Струве "Освобождение". Участвовал в образовании партии кадетов, секр. и член ЦК. По мнению многих, К. был одним из тех работников, на к-рых держалась партия. С 1909 проф. Петерб. политехнич. ин-та (читал курс истории России 19 в.). Его друзьями были С.Ф. Ольденбург, В.И. Вернадский, Д.И. Шаховской. 24 марта 1915 на заседании ЦК партии только А.Р. Ледницкий и К. требовали для Польши независимости, а не автономии. Руководил Петрогр. гор. к-том кадетов; отдавал много сил работе в попечительстве 14-го р-на на Выборгской стороне. На 6-м съезде партии (февр. 1916) предупреждал, что народ и армия хотят мира. В апр. 1916 выразил (как секр. ЦК) несогласие с предложением об орг-ции дворцового переворота, т.к. "из него вытекали бы такие практич. выводы, к-рые сводились бы к заговорщицкой деятельности и к-рые не подлежали бы даже рассмотрению в ЦК кадетской партии. Все внутр. переговоры во время войны были бы только водой на мельницу Вильгельма" (Думова-2, с. 82).

После Февр. рев-ции 1917 в публич. лекции "Партия Нар. Свободы. Ист. очерк" (20 марта) констатировал: "Конституционно-демокр. партия попала в довольно странное положение. Считается, что существование партии обусловливается осуществлением выставленной ею программы. Мы же теперь достигли не только всего, что записано в нашей программе, но и гораздо более того, что в ней обозначено" (Думова-3, с. 36). На 7-м съезде партии (март) в докладе по агр. вопросу подчёркивал, что "до окончания войны, когда сел. население на фронте, проведение коренных реформ трудно осуществимо" (Думова-2, с. 130). С 30 марта один из руководителей агит.-издат. (лит.-издат.) комиссии; до июня ею было выпущено ок. 20 брошюр, посвящённых истории партии, её программе и тактике. На 8-м съезде партии (май) вновь избран в ЦК, получив наиб. число голосов. На Моск. обл. съезде кадетов (14–15 июня) К. сообщил о решениях ЦК, в соответствии с к-рыми страна разделялась на парт. округа, в каждом назначался кадетский комиссар, обязанный принять меры для орг-ции местных к-тов, а к-ты губ. городов превращались в губ. к-ты включением в них представителей уездов; планировалось проведение с 1 по 10 июля губ. съездов; избранные ими к-ты должны были создать уездные, а те, в свою очередь, волостные группы.

В сент. 1917 К. тяжело заболел, перенёс два инсульта и для поправки здоровья был вынужден неск. лет прожить в Кисловодске, где был лектором Кисловодского нар. ун-та.

С 1920 в Петрограде, проф. экон. ф-та 1-го Петрогр. политехнич. ин-та (до сер. 1923). В дальнейшем занимался науч. работой. Автор трудов о крест. реформе в Польше, обществ. движении в России, о М.А. Бакунине.

М.Е. Голостенов.

КОРНИ́ЛОВ Лавр Георгиевич (18 авг. 1870, станица Каркаралинская Семипалатинской обл.,– 13 апр. 1918, Екатеринодар).

Род. в семье казака (хорунжего). Окончил Омский кадет. корпус и в 1892 Михайловское арт. уч-ще, в 1898 Академию Генштаба. 6 лет служил в штабе Туркест. ВО. Публиковал в журналах обзорные статьи о Персии и Индии, в 1901 выпустил кн. "Кашгария и Вост. Туркестан". В 1904–05 участвовал в рус.-япон. войне. В 1905–07 на разл. должностях в воен. округах. В 1907–11 воен. агент (атташе) в Китае. С нач. 1-й мир. войны врем. нач. 49-й, затем нач. 48-й пех. дивизии, к-рая под его началом осенью 1914 попала в окружение и вышла из него с большими потерями. В апр. 1915 К. попал тяжелораненым в плен, из к-рого в июле 1916 бежал. С этого времени имя К. стало известно всей России. Осенью 1916 назначен ком. 25-го пех. корпуса (Юго-Зап. фронт).

2 марта 1917 по просьбе М.В. Родзянко Николай II одновременно с отречением от престола назначил К. командующим Петрогр. ВО. 7 марта по распоряжению Врем. пр-ва К. осуществил арест быв. императрицы и её детей, находившихся в Царском Селе. Вместе с воен. министром А.И. Гучковым с согласия Ставки разрабатывал план создания Петрогр. Отдельной армии для прикрытия столицы с включением в её состав Петрогр. гарнизона. Во время Апр. кризиса предложил Врем. пр-ву разогнать демонстрации вооруж. силой, предложение не было принято, а исполком Петрогр. Совета РСД предложил К. воздержаться от вызова войск. 21 апр. приказал вывести на Дворцовую пл. две батареи Михайловского арт. уч-ща, но собрание офицеров и солдат уч-ща постановило: приказ К. не исполнять и пушек не давать. Когда же исполком Совета РСД возбудил вопрос о контроле распоряжений К., он подал в отставку с поста командующего ВО. Несмотря на просьбу Гучкова, Верх. главнокомандующий М.В. Алексеев отказался назначить К. главкомом Сев. фронта. С нач. мая К.– командующий 8-й армией, к-рая в июньском наступлении Юго-Зап. фронта имела наибольший успех.

Вечером 7 июля принял командование Юго-Зап. фронтом. В тот же день направил Врем. пр-ву телеграмму, в к-рой говорилось: "Армия обезумевших тёмных людей, не ограждавшихся властью от систематического развращения и разложения, ...бежит... Необходимо немедленно... введение смертной казни и учреждение полевых судов на театре воен. действий"; в случае отказа применить эту меру "вся ответственность падёт на тех, кто словами думает править на тех полях, где царят смерть и позор предательства, малодушие и себялюбие" (Иоффе Г.З., Белое дело. Генерал Корнилов, М., 1989, с. 78). 8 июля Брусилов телеграфировал Врем. пр-ву, что считает "безусловно необходимым немедленное проведение в жизнь мер, просимых ген. Корниловым" ("Гос. Совещание", с. 351). К., не дожидаясь правительств. санкции, вечером того же дня телеграммой приказал командирам и комиссарам в случае самовольного ухода с позиций, "не колеблясь", применять "против изменников огонь пулемётов и артиллерии" (там же, с. 352). 9 июля А.Ф. Керенский одобрил все мероприятия К. 16 июля направил в Ставку телеграмму, в к-рой требовал усиления власти войсковых начальников всех уровней при сохранении ин-та комиссаров и войсковых к-тов, но с урезанными полномочиями последних, распространения и на внутр. ВО закона о смертной казни и рев.-полевых судах для военнослужащих, иначе "армии будут ...вместо пополнений... [получать] банды распущенных необученных солдат, к-рые способны разлагать даже самые крепкие части" (Поликарпов В.Д., Военная контррев-ция в России. 1905–1917, М., 1990, с. 213), запрещения ввоза в р-н расположения армии "лит-ры и газет большевист. направления", запрещения приезда в армию "всякого рода делегаций, депутаций и агитаторов без предварит. разрешения... воен. властей" (там же, с. 212). 19 июля К. назначен Главковерхом. Телеграфировал Врем. пр-ву о согласии принять пост при условии "ответственности перед собств. совестью и всем народом" (Иоффе Г.З., указ. соч., с. 83). К. разработал программу стабилизации положения в стране, в основу к-рой была положена идея о необходимости создания "армии в окопах, армии в тылу и армии железнодорожников", причём все три надлежало подчинить железной дисциплине (там же, с. 88). 3 авг. К. представил Керенскому вариант программы, к-рый был сочтён чрезмерно резким по форме, хотя Керенский и выразил согласие с предложенными мерами. Позже он писал: "Существо требований ген. Корнилова являлось только своеобразной формулировкой тех мер, к-рые уже отчасти проводились, отчасти проектировались Врем. пр-вом, и это существо отвечало настроениям ответственных демокр. и либеральных кругов" (Керенский А.Ф., Дело Корнилова, М., 1918, с. 4). 10 авг. доработанный текст был вновь передан Керенскому. "Воен. раздел" предусматривал восстановление дисциплинарной власти начальников в полной мере, резкое ограничение полномочий комиссаров и к-тов, введение смертной казни в тылу. В "Гражд. разделе" предусматривалось объявление жел. дорог и работающих на оборону з-дов и шахт на воен. положении, запрещение митингов, забастовок и вмешательства рабочих в хоз. дела. Подчёркивалось, что "указанные мероприятия должны быть проведены в жизнь немедленно с железной решимостью и последовательностью" (там же, с. 93–94).

Прибывшему 13 авг. в Москву К. была устроена восторженная встреча на вокзале. 14 авг. он выступил на Гос. совещании, осн. причиной развала армии назвал "законодат. меры", принятые после Февраля. Заявил, что "разницы между фронтом и тылом относительно суровости необходимого для спасения страны режима не должно быть", в заключение подчеркнул, что "нельзя терять ни одной минуты. Нужна решимость и твёрдое непреклонное проведение намеченных мер" ("Гос. Совещание", с. 65–66). С нач. авг. стал перебрасывать к Петрограду верные ему части – 3-й кон. корпус ген. А.М. Крымова, Кавк. Туземную ("Дикую") дивизию, 5-ю Кавк. кав. дивизию и др. В дни Гос. совещания в своём поезде вёл конфиденциальные переговоры о предстоящем "выступлении" с лицами, к-рые могли бы оказаться полезными (с ген. М.В. Алексеевым, с лидером кадетов П.Н. Милюковым, лидером монархистов В.М. Пуришкевичем, с крупными предпринимателями А.И. Путиловым и А.И. Вышнеградским и др.). Со 2-й пол. авг. деятельность К. вступила в новую фазу, особенно после падения Риги (21 авг.), к-рое, как писала бурж. печать, свидетельствовало об опасности, нависшей над столицей. Рум. посланник К. Диаманди излагал свою беседу с К. в телеграмме премьер-министру Румынии И. Братиану: "Генерал прибавил, что войска оставили Ригу по его приказанию и отступили потому, что он предпочитал потерю территории потере армии.

Ген. К. рассчитывает также на впечатление, к-рое взятие Риги произведёт в обществ. мнении в целях немедленного восстановления дисциплины в рус. армии" (Минц И.И., История Великого Октября, т. 2, с. 728). Сдачей Риги стали объяснять важность сосредоточения под Петроградом сил, необходимых для его обороны. В ближайшем окружении К. и с его участием разрабатывались планы установления в России новой формы правления. Во главе страны предполагалось поставить Совет нар. обороны (пред.– К., тов. пред.– Керенский, члены – ген. Алексеев, адм. А.В. Колчак, Б.В. Савинков, М.М. Филоненко). При Совете должно было существовать пр-во с широким представительством полит. сил: от царского министра Н.Н. Покровского до Г.В. Плеханова (см.: Иоффе Г.З., указ. соч., с. 110). Через посредников К. вёл переговоры с Керенским, стремясь добиться мирной передачи ему всей полноты власти.

23 авг. Савинков, приехавший в Ставку, сообщил К., что основанный на его предложениях законопроект Врем. пр-во одобрило. В ходе бесед К. с Савинковым 23–24 авг. К. указывал, что после подавления "выступления большевиков" должна быть установлена твёрдая власть, причём К. не исключал возможность установления "единоличной или коллективной" диктатуры "в зависимости от дальнейшего хода событий" ("Рев. движение в России в авг. 1917 г. Разгром корниловского мятежа", М., 1959, с. 450). Савинков, в осн. разделявший взгляды К., указывал только, что "власть революционная не может быть властью единоличной" (там же, с. 451). Вечером 24 авг. К. назначил ген. А.М. Крымова командующим Отдельной (Петрогр.) армией, а ген. П.Н. Краснова командиром 3-го кон. корпуса. Крымову было приказано, как только произойдёт "выступление большевиков", немедленно занять столицу, обезоружить гарнизон и рабочих и разогнать Совет. Крымов заготовил приказ по Отдельной армии, к-рым вводилось осадное положение в Петрограде, Петрогр. губ., Кронштадте, Финляндии и Эстляндии; предписывалось создавать военно-полевые суды. Запрещались митинги, собрания, забастовки, появление на улицах раньше 7 ч. утра и позже 7 ч. вечера, выход газет без предварит. цензуры. Виновные подлежали расстрелу на месте (там же, с. 433–34). В помощь Крымову, по распоряжению К., должны были прибыть части действующей армии. 26 авг. К. направил телеграмму Савинкову: "Корпус (3-й конный) сосредоточился в окрестностях Петрограда к вечеру 28 авг. Я прошу объявить Петроград на воен. положении 29 авг." (там же, с. 439). В тот же день В.Н. Львов, посредник между К. и Керенским (роль Львова противоречиво трактуется в источниках и историографии), передал последнему требования К. в таком изложении: 1) Объявить Петроград на воен. положении. 2) Передать всю власть, военную и гражданскую, в руки Верх. главнокомандующего. 3) Отставка всех министров, не исключая и мин.-пред. и передача врем. управления министерствами товарищам министров впредь до образования кабинета Верх. главнокомандующим" (Керенский А.Ф., указ. соч., с. 106). Керенский отказался от дальнейших переговоров и утром 27 авг. отправил в Ставку телеграмму, в к-рой предписывал К. сдать должность Главковерха и прибыть в Петроград. К. не подчинился и утром 28 авг. передал по радио заявление: "Врем. пр-во под давлением большевист. большинства Советов действует в полном согласии с планами герм. генерального штаба, ...убивает армию и потрясает страну внутри" и далее: "Тяжёлое сознание неминуемой гибели страны повелевает мне в эти грозные минуты призвать всех рус. людей к спасению умирающей Родины... Я, генерал К.,– сын казака-крестьянина, заявляю всем и каждому, что мне лично ничего не надо, кроме сохранения Великой России, и клянусь довести народ – путём победы над врагом – до Учред. Собр., на к-ром он сам решит свои судьбы и выберет уклад своей новой гос. жизни" (там же, с. 446). Одновременно обнародовал обращение к железнодорожникам, где требовал "безусловного выполнения" его распоряжений о перевозке войск ген. Крымова в Петроград и предупреждал, что в случае неисполнения "будет карать беспощадно" (там же, с. 455). К. направил телеграмму донскому атаману А.М. Каледину, чтобы тот поддержал начавшееся выступление. В Киев послал курьера к ген. А.М. Драгомирову с предложением взять власть в городе в свои руки. Главнокомандующему Зап. фронтом ген. П.С. Балуеву предписал занять кав. частями станции Орша и Витебск, чтобы не допустить переброски войск с фронта для защиты Врем. пр-ва. Всё это стало известно пр-ву, и К. был объявлен мятежником.

План захвата Петрограда войсками Крымова провалился, действиями Советов Белоруссии Ставка была отрезана от фронтов, 29 авг. Исполком Юго-Зап. фронта арестовал своего главнокоманд. Деникина, одновременно армейские к-ты всех армий этого фронта арестовали своих командармов. Были арестованы и др. сторонники К. на фронте и в ряде городов страны. В Москве по приказу командующего МВО А.И. Верховского был сформирован экспедиц. корпус для похода на Могилёв. Попытки К. получить поддержку не увенчались успехом, 2 сент. он был арестован. Находясь под арестом в Быхове и обсуждая с др. участниками выступления ситуацию в стране, настаивал на продолжении борьбы; один из авторов т.н. "Быховской программы", предусматривавшей установление сильной гос. власти, возрождение армии, продолжение войны с Германией, созыв Учред. Собр. (см.: Иоффе Г.З., указ. соч., с. 171–72). 19 нояб. при содействии Н.Н. Духонина К. бежал. Пытался пробиться на Дон во главе небольшого отряда, к-рый был разбит. Переодевшись в солд. шинель, К. 6 дек. добрался до Новочеркасска.

Вместе с Алексеевым и Деникиным К. участвовал в формировании Добровольч. армии, о создании к-рой было объявлено 27 дек. (верх. руководитель – Алексеев, главнокоманд.– Корнилов, нач. штаба – А.С. Лукомский). Вошёл в триумвират (Алексеев, Деникин, К.), возглавлявший Донской гражд. совет, от имени к-рого в кон. дек. была выпущена полит. декларация. Её осн. цель – создание "врем. сильной верх. власти из государственно мыслящих людей", к-рая должна восстановить "права граждан", "свободу слова и печати", "свободу пром-сти и торговли" и существить денационализацию пром-сти, прекратить раздел и передел земли до разрешения зем. вопроса Учред. Собранием, создать армию без выборных должностей, добиться созыва Учред. Собр. (там же, с. 231–32). В янв. 1918, выступая перед офицерами, К. заявил: "Я даю вам приказ, очень жестокий: пленных не брать! Ответственность за этот приказ перед Богом и рус. народом я беру на себя!" (там же, с. 233). В сер. янв. Добрармия (до 4 тыс. чел.) была переведена из Новочеркасска в Ростов, затем 9 февр.– на Кубань, где 2 месяца совершала т.н. 1-й Кубанский (Ледяной) поход. Накануне очередной попытки штурма Екатеринодара К. погиб в штабе от разрыва снаряда.

В.И. Миллер, В.В. Юрченко.

КОРОЛЕ́НКО Владимир Галактионович (15 июля 1853, Житомир,– 25 дек. 1921, Полтава). Отец – уездный судья,

мать – дочь польск. помещика. Учился в Петерб. технологич. ин-те (1871–74), затем в Петровской с.-х. академии (1874–76). В 1876 за участие в студенч. волнениях сослан в Кронштадт. В 1877 поступил в Петерб. горный ин-т. В 1879–81 находился в тюрьмах и ссылках. В 1881 за отказ от присяги Александру III сослан в Якут. обл. В 1885–96 жил под надзором полиции в Н. Новгороде, активно участвовал в либеральной оппозиции, сотрудничал в либеральных периодич. изданиях "Рус. Ведомости", "Сев.Вестник", "Нижегородские Ведомости". В 1895–1917 К.– один из офиц. издателей ж. "Рус. Богатство" В публицистике К. проводятся идеи правового гос-ва, последовательно осуждается пр-во за разжигание сословной ("диктатура дворянства" – очерки "В Голодный год", 1891–92) и нац. (статьи о "Мултанском деле", 1895–96, деле Бейлиса, 1911–13) розни. Участвовал в либеральном движении, считая себя "беспарт. социалистом". В период 1-й мир. войны К. занимал "патриотич." позицию, хотя и разошёлся с кадетской газ. "Речь" по вопросам аннексий и не одобрял "кадетскую воинственность".

Отношение к Февр. рев-ции 1917 выразил в выступлении 6 марта на митинге в Полтаве: "Монарх уходит – Россия остаётся... Будем же едины... враг ещё на нашей земле"; предостерегал от "насилий и мести" (ПСС, т. 32, с. 99). 11 марта избран пред. митинга солдат Полтав. гарнизона и призвал их к единению с народом и сохранению спокойствия и дисциплины ("Рус. Ведомости", 1917, 14 марта). Депутаты от Нар.-соц. партии на проходившем в Полтаве 17 апр. съезде крестьян предложили К. выдвинуть его депутатом в Учред. Собр., он отказался, ссылаясь на нездоровье. 2–4 мая в газ. "Рус. Ведомости" напечатана его ст. "Падение царской власти. (Речь простым людям о событиях в России)", где К. указывал, что "царской власти уже нет места" в будущей России, и Учред. Собр., как некогда Земский собор, "установит будущую форму правления рус. гос-вом", подчёркивал, что "нужно много мудрости, чтобы прекратить внутри страны разногласия, опасные споры о власти и междоусобия", "пока родине грозит нашествие и гибель его молодой свободы". Статья выдержала в 1917 ок. 40 отд. изданий общим тиражом 600 тыс. экз. (см.: Негретов П.И., В.Г. Короленко. Летопись жизни и творчества. 1917–1921, М., 1990, с. 20). В ст. "Война, отечество и человечество" ("Рус. Ведомости", 1917, 15–27 авг.) выступил против "пораженцев" и доказывал, что распространение убеждения, "что Родина не нужна, что она не дело всего народа, а только дело каких-нибудь классов", приведёт к анархии и "войне всех против всех".

Позиция К. по отношению к Окт. перевороту определялась его убеждением, что "сила большевизма всякого рода в демагогич. упрощённости" (Негретов, с. 29). 2 нояб. обратился с воззванием "Граждане, члены Совета рабочих и солд. деп.",в к-ром писал: "Я заявляю, что не признаю вашей власти, и обращаюсь к вам с братским призывом: остановитесь!.. Не обманывайте же граждан, солдат и народ. Никто кроме вас не покушается на свободу в нашем крае. Откажитесь от поддержки междоусобия и распада, и пусть дальше идёт братская работа над сложным делом созидания нового строя" (там же, с. 35). В ряде статей протестовал против ограничения свободы печати, призывал "поставить интересы всего населения выше парт. борьбы". В ст. "Торжество победителей" К., обращаясь к А.В. Луначарскому, писал: "Вы торжествуете победу, но эта победа гибельная для победившей с вами части народа, гибельная, быть может, и для всего рус. народа в целом", поскольку "власть, основанная на ложной идее, обречена на гибель от собственного произвола" ("Рус. Ведомости", 1917, 3 дек.). 22 нояб. 1917 избран почётным пред. Полтав. к-та полит. Кр. Креста.

В период занятия Полтавы войсками укр. Центр. Рады и А.И. Деникина К. также выступал против террора и мести. 22 июня 1919 в интервью корреспонденту РосТА утверждал: "Осн. ошибка Сов. власти – это попытка ввести социализм без свободы... Социализм придёт вместе со свободой или не придёт вовсе" (Негретов, с. 111). В 1919–21, не имея возможности выступать в печати, К. обратился с серией писем к Луначарскому и пред. СНК УССР Х.Г. Раковскому, осн.

содержание к-рых – протест против бессудных расправ ЧК.

Соч.: Полн. собр. соч., т. 1–51, Харьков, 1922–29; Восп. Статьи. Письма, М., 1988; Письма А.В. Луначарскому, "Новый мир", 1988, № 10; Письма Х.Г. Раковскому, "Вопросы истории", 1990, № 10.

Лит.: Короленко В.Г., Книга об отце, Ижевск, 1968; В.Г. Короленко в воспоминаниях современников, М., 1962.

Н.П. Соколов.

КРЕСТИ́НСКИЙ Николай Николаевич (13 окт. 1883, Могилёв,– 15 марта 1938, Москва). Из семьи учителя гимназии. В 1901 закончил с золотой медалью гимназию в Вильно, в 1907 – юрид. ф-т Петерб. ун-та, пом. присяжного поверенного, затем присяжный поверенный. С 1903 чл. РСДРП, большевик. Вёл парт. работу в Вильно, Витебске, Каунасе, Петербурге. Участник Рев-ции 1905–07. Неоднократно подвергался арестам. Сотрудничал в газ. "Правда", "Звезда", ж. "Вопросы Страхования", "Просвещение", в изд-ве "Прибой". Входил в состав юрид. комиссии с.-д. фракции 3-й и 4-й Гос. Дум, выдвигался канд. в деп. 4-й Гос. Думы. В 1914, после объявления войны, выслан в адм. порядке на Урал.

После Февр. рев-ции 1917 сразу выехал из Кунгура в Пермь. 12 марта совещание парт. работников Урала создало Орг. к-т

по восстановлению обл. орг-ции РСДРП; К. стал руководителем Орг. к-та. 5–7 марта в Перми образован Уралсовет, в к-рый избран К. Во 2-й пол. марта выехал в Петроград, где участвовал в работе Всерос. совещания Советов и Всерос. совещания парт. работников, на к-ром занимал бескомпромиссную позицию по вопросу об объединении с меньшевиками, а также по отношению к Врем. пр-ву: "Врем. пр-во и мы – две враждебные силы" ("Вопросы истории КПСС", 1962, № 5, с. 119). Вместе с Я.М. Свердловым подготовил и провёл 14–15 апр. в Екатеринбурге 1-ю (Свободную) Уральскую обл. с.-д. конф., на к-рой в докладе об отношении партии к Врем. пр-ву отметил, что "...только давление рев. демократии заставляет пр-во осуществлять его программу в полит. области..." ("Уральский Край", 1917, 17 апр.); избран пред. Екатеринбургского обл. к-та РСДРП(б). Был тов. пред. Екатеринбургского к-та партии, членом Екатеринбургского Совета РСД, членом Уральского к-та Советов РСД, членом редакции и сотрудником "Уральской Правды" и "Уральского Рабочего". 3 мая пред. совещания по выборам в Гор. думу (с 30 июля гласный думы). 6-й съезд РСДРП(б) (26 июля – 3 авг.) заочно избрал К. членом ЦК. В сент. участник Всерос. Демокр. совещания. Об этом периоде К. писал: "Работая на Урале, в сов. работе непосредственно принимал небольшое участие. Был лишь членом исполкома Екатеринбургского Совета, участвовал на всех обл. и окр. съездах и на последнем, перед Октябрём, окр. Екатеринбургском съезде, где большевики получили большинство,– председательствовал" (Гранат, с. 463). Переход власти к Советам в Екатеринбурге прошёл бескровно.

9 дек. Екатеринбургская гор. конф. РСДРП(б) приняла предложенную К. резолюцию, в к-рой говорилось: "...Учред. Собр. только в том случае будет истинным выразителем воли и большинства народа, если пойдёт по намеченному пути – создания на обломках капиталистич. строя основ нового соц. об-ва и признает Советы РСКД единств. органами власти... Каково бы ни было соотношение парт. сил в Учред. Собр.– представителям бурж. партий не место в нём" ("Уральский Рабочий", 1917, 15 дек.). 16 дек. участвовал в работе губ. съезда Советов РСД. 22 дек. выехал в Петроград для участия в Учред. Собр.

С кон. дек. 1917 чл. коллегии Наркомфина. В период Брестских переговоров был против договора с Германией. 15 янв. 1918 подписал Заявление группы членов ЦК и нар. комиссаров о немедленном созыве парт. конференции для решения этого вопроса. 18 февр. при голосовании в ЦК по вопросу "следует ли немедленно обратиться к нем. пр-ву с предложением мира?" был "против". На Заявлении в ЦК группы "левых коммунистов" о развёртывании широкой агитации против линии ЦК, обращённом к заседанию 22 февр., вместе с А.А. Иоффе и Ф.Э. Дзержинским сделал приписку: "Считая неправильным решение, принятое большинством ЦК... не можем присоединиться к настоящему заявлению, т.к. полагаем, что широкая агитация в парт. кругах против политики большинства ЦК может в настоящее время повести к расколу, к-рый мы считаем недопустимым" ["Протоколы ЦК РСДРП(б)", с. 210]. 23 февр. подписал вместе с ними же заявление в ЦК о том, что возможный раскол партии опаснее для рев-ции, чем договор с Германией: "...не будучи в состоянии голосовать за мир, мы воздерживаемся от голосования по этому вопросу" (там же, с. 216).

С марта 1918 зам. гл. комиссара Нар. банка, с апр. комиссар юстиции Петрогр. коммуны и Союза коммун Северной обл. Затем на ответств. гос. и парт. работе. В 1937 арестован. Единственный, кто на процессе по делу "Правотроцкистского антисов. блока" в 1938 попытался оспорить свою виновность. Приговорён к расстрелу. Реабилитирован посмертно.

Лит.: Возвращённые имена, ч. 1, М., 1989; Попов Н., На службе рев-ции, "Урал", 1977, № 8; Соколов В., Н.Н. Крестинский – революционер, дипломат, "Новая и новейшая история", 1989, № 5.

В.М. Воинов, С.А. Павлюченков.

КРОПО́ТКИН Пётр Алексеевич (27 нояб. 1842, Москва,– 8 февр. 1921, Дмитров Московской губ.). Князь, из семьи ген.-майора. В 1857–62 обучался в Пажеском корпусе. В 1861 произведён в фельдфебели корпуса и назначен камер-пажом Александра II. В 1862 произведён в офицеры и по личной просьбе направлен в Амурское Казачье войско. Провёл ряд экспедиций по неисследованным р-нам Вост. Сибири и Д. Востока. В 1867 вышел в отставку, с сент. на службе в Статистич. к-те МВД, одноврем. (до 1871) учился на

матем. отделении физ.-мат. ф-та Петерб. ун-та, вёл науч. деятельность, занимался изучением орографии, разработал собств. теорию ледникового периода. С февр. 1872 в Швейцарии изучал деятельность 1-го Интернационала. В Цюрихе вступил в его местную секцию. Знакомится с "федералистами", пропагандирующими идеи М.А. Бакунина, теоретич. положения к-рого склонили К. на сторону анархизма. В мае 1872 возвратился в Россию, вошёл в об-во "чайковцев". Вёл активную пропаганду среди петерб. рабочих. Составил два документа: "Должны ли мы заняться рассмотрением идеала будущего строя?" (1873) и "Программа рев. пропаганды" (1874), в к-рых впервые в общих чертах сформулировал свою анархистскую программу. В марте 1874 арестован, в 1876 переведён из-за болезни в Николаевский воен. госпиталь, откуда 30 июня бежал и эмигрировал. После смерти Бакунина (1876) – наиб. авторитетный теоретик анархизма, занимался рев.-публицистич. деятельностью, участвовал в междунар. соц. конгрессах и конгрессах анархистов. Подвергался репрессиям. Участвовал в европ. соц. движении; продолжал исследования в области биологии, географии, геологии, этики, социологии, истории; сотрудничал во мн. изданиях. В кон. 1870-х – нач. 1890-х гг. разработал и постоянно совершенствовал собств. теорию, к-рую назвал анархо-коммунизмом. В борьбе с противниками дарвинизма развил его положение о взаимопомощи в живой природе, пытался перенести эти взгляды в сферу социальных отношений людей, сформулировал закон взаимной помощи и солидарности. С кон. 1890-х гг. активно участвовал в деятельности рос. рев. эмиграции, сотрудничал в "Фонде вольной рус. прессы", в 1904 создал Лондонскую группу рус. рабочих-анархистов с целью издания пропагандист. лит-ры для России. В годы Рев-ции 1905–07 выступал против карат. политики царизма. Один из организаторов съезда рос. анархистов (дек. 1904), собрания рос. анархистов-эмигрантов (сент. 1905), съезда рос. анархистов (сент. 1906), конференции анархистов-эмигрантов (янв. 1907), разработавших стратегию и тактику анархистов в рев-ции. В 1906 в Петербурге опубл. "Речи бунтовщика". Во время 1-й мир. войны призывал к войне "до конца герм. милитаризма".

После Февр. рев-ции 1917 вернулся 30 мая в Россию. В Петрограде его встречали многотыс. массы народа во главе с А.Ф. Керенским, Н.В. Чайковским и др. В июне – июле Керенский тщетно пытался уговорить К. войти в состав пр-ва. Верный анархич. мировоззрению, он отказался: "Я считаю ремесло чистильщика сапог более честным и полезным" (Гольдман Э., П.А. Кропоткин, "Былое", 1922, № 17, с. 102). Отказался и от предложенной Врем. пр-вом ежегодной пенсии в 10 тыс. руб. В авг. переехал в Москву. Участвовал в работе Гос. совещания, речь на к-ром 15 авг. началась с призыва "стать дружною стеной на защиту Родины и нашей рев-ции... Родина сделала рев-цию, она должна её довести до конца... пообещаемте же наконец друг другу, что мы не будем делиться на левую часть этого театра и на правую. Ведь у нас одна Родина, и за неё мы должны стоять и лечь, если нужно, все мы и правые и левые... мы не предвосхитили ничего из прав Учред. Собрания... если мы, Собор рус. земли, громко выразим наше желание, чтобы Россия была провозглашена республикой... Мы этим только облегчим работу Учред. Собранию..." ("Гос. совещание", с. 229–32). В Москве был пред. Лиги федералистов, пропагандировавшей идеи федерализма и децентрализма (1917–18).

Окт. рев-цию принял в целом положительно: "Я вижу сквозь эту разруху новый просвет для всей совр. цивилизации. Но муки родов от того не менее мучительны" (Пирумова Н.М., П.А. Кропоткин, М., 1972, с. 195). Прод., топливный кризис и др. неблагоприятные условия жизни заставили К. в мае 1918 переехать в Дмитров (в 65 км от Москвы). С лета фактически отошёл от практич. участия в рос. анархич. движении. Начавшийся "красный террор" и "верховодство людей партии" изменили отношение К. к рев-ции. В письмах к В.И. Ленину выступал с резкой критикой диктатуры большевист. партии, массовых репрессий, института заложничества, преследования кооператоров и кооперации, рассматривал вопросы улучшения социальных условий жизни населения. Неоднократно обращался с просьбами об освобождении близких ему представителей интеллигенции, соратников-анархистов. В 1918–20 неск. раз встречался с Лениным. Выход из сложившейся ситуации видел в самоуправлении. "Нужно, необходимо,– писал он Ленину 4 марта 1920,– местное строительство, местными силами. Без... строительства снизу самих крестьян и рабочих – постройка новой жизни невозможна" (Пирумова Н.М., Письма и встречи, "Родина", 1989, № 1, с. 29–30). Несмотря на частые болезни, подготавливал к новым изданиям свои произведения, участвовал в обществ. жизни. В кон. дек. 1920 направил последнее открытое письмо в адрес 8-го Всерос. съезда Советов, в к-ром отстаивал возможность существования вольных изд-в.

Соч.: Собр. соч., т. 1–7, СПб., 1906–07; Гос-во и его роль в истории, М., 1917; Поля, ф-ки и мастерские. Пром-сть, соединённая с земледелием, и умственный труд с ручным, пер. с англ., 4 изд., П.–М., 1918; Записки революционера, М., 1990.

Лит.: Старостин Е.В., П.А. Кропоткин (1842–1921). Библ. указатель печатных трудов, в. 1–2, М., 1980; Ударцев С.Ф., Кропоткин, М., 1989. *В.В. Кривенький.*

КРЫЛЕ́НКО Николай Васильевич (2 мая 1885, д. Бехтеево Сычёвского у. Смоленской губ.,– 29 июля 1938). Из семьи служащего, ссыльного участника рев. движения 1880-х гг. Сту-

дентом ист.-филол. ф-та Петерб. ун-та в 1904 вступил в РСДРП, большевик. В Рев-цию 1905–07 член Воен. орг-ции при ПК партии, Совета РД, ПК РСДРП. В 1909 сдал экстерном экзамены за курс Петерб. ун-та. В 1911–13 сотрудник большевист. газ. "Звезда" и "Правда". В 1914 сдал экзамены за юрид. ф-т Харьковского ун-та. Неоднократно был арестован, находился в эмиграции. В 1916 мобилизован в армию; прапорщик 13-го Финл. стрелк. полка 11-й армии Юго-Зап. фронта.

После Февр. рев-ции 1917 пред. полкового, дивизионного к-тов. 15 апр. в Каменец-Подольске открыл Съезд делегатов 11-й армии; пред. съезда; избран пред. армейского к-та. В мае делегат общеармейского съезда фронтовиков в Петрограде, представитель ЦК РСДРП(б) на Съезде делегатов Юго-Зап. фронта в Каменец-Подольске; избран делегатом 1-го Всерос. съезда Советов РСД. 26 мая сложил с себя обязанности пред. армейского к-та из-за разногласий с его эсеро-меньшевист. большинством. Перед отъездом на съезд Советов обратился к солдатам фронта с прокламацией, в к-рой изложил осн. взгляды большевиков по вопросам войны, мира и власти, сформулировал требования солдат фронта к 1-му съезду Советов. На 1-м Всерос. съезде Советов РСД (июнь) член Президиума от большевист. фракции; избран членом ВЦИК. Участвовал в подготовке, был делегатом и членом президиума Всерос. конференции фронтовых и тыловых воен. орг-ций РСДРП(б), на к-рой выступал с докладами "Война, мир и наступление" и "Демократизация армии"; избран членом Всерос. бюро Воен. орг-ций при ЦК РСДРП(б). Сотрудничал в большевист. газ. "Солдатская Правда" (апр.– июль), "Солдат" (сент.– окт.). 2 июля по заданию Всерос. бюро выехал на фронт. После Июльских дней арестован в Могилёве, по приказу А.Ф. Керенского содержался на гауптвахте в Петрограде. В сер. сент. освобождён; включился в подготовку вооруж. восстания.

В окт. был пред. Съезда Советов Северной обл. в Петрограде; избран членом исполкома. Вошёл в Петрогр. ВРК, один из его руководителей. 16 окт. на расширенном заседании ЦК РСДРП(б) доложил о готовности солдат гарнизона к восстанию. 24–25 окт. один из руководителей захвата и охраны важнейших объектов города. Делегат и член Президиума 2-го Всерос. съезда Советов РСД; избран членом ВЦИК, назначен наркомом – членом К-та по воен. и мор. делам. Один из руководителей подавления выступлений А.Ф. Керенского – П.Н. Краснова и юнкеров. С 9 нояб. Верх. главнокомандующий. 12 нояб. отдал приказ всем частям на фронте начать переговоры о перемирии, 13 нояб. направил парламентёров с предложением командованию герм. войск начать переговоры, к-рые 2 дек. завершились подписанием перемирия. Ставка отказалась выполнять приказы К. и под его рук-вом 20 нояб. в Могилёве была ликвидирована. В обращении к солдатам осудил самосуд над ген. Н.Н. Духониным. В дек. в Могилёве выступил на Общеарм. съезде с докладом о демократизации армии, о мире. Обеспечивал переброску рев. войск на подавление выступивших против установления Сов. власти казачьих атаманов А.М. Каледина и А.И. Дутова. 18 дек. доложил СНК об утрате армией боеспособности и необходимости принять герм. условия мира. 25 дек. издал приказ о формировании из солдат-добровольцев Нар.-соц. гвардии. Деп. Учред. Собр. от Рум. и Юго-Зап. фронтов.

Дел. 3-го Всерос. съезда Советов РСКД (янв. 1918); избран членом ВЦИК. С 21 янв. 1918 член Всерос. коллегии по организации и формированию РККА. Получив телеграмму Л.Д. Троцкого о прекращении войны, 10 февр. сообщил командующим об окончании войны и демобилизации армии. После информации от В.И. Ленина о разрыве переговоров 11 февр. издал приказ о прекращении перемирия. 19 февр. отдал приказ оказывать сопротивление наступающим герм. войскам. В февр. – марте чл. бюро К-та рев. обороны Петрограда. Ночью 24 февр. на объединённом заседании фракций ВЦИК доложил о тяжёлом положении на фронтах и необходимости подписать мир на любых условиях. С марта член коллегии Наркомюста РСФСР, один из организаторов сов. суда и прокуратуры.

С 1922 на др. гос. и парт. работе. 31 янв. 1938 арестован по обвинению в принадлежности к антисов. орг-ции и 29 июля 1938 Воен. коллегией Верх. суда СССР приговорён к расстрелу, приговор приведён в исполнение в тот же день. Реабилитирован в 1955.

Лит.: Симонян М.Н., Его профессия – рев-ция, 2 изд., М., 1985; Муратов Х.Ш., Первый сов. Главковерх, М., 1979; Максимов Е.В., Н. Крыленко, М., 1982. *В.Н. Заботин.*

КСЕНОФО́НТОВ Иван Ксенофонтович (28 авг. 1884, д. Савинки Гжатского у. Смоленской губ.,– 23 марта 1926, Москва). Из крестьян. С 1896 работал в Москве на текст. ф-ках. С 1903 чл. РСДРП, большевик. Участник Рев-ции 1905–07. В 1906–09 служил в армии. С 1909 вёл рев. работу в Москве, с 1912 секр. профсоюза водопроводчиков Моск. пром. р-на. Неоднократно арестовывался. С нач. 1-й мир. войны призван в армию, служил телеграфистом при штабе 2-й армии Зап. фронта, вёл рев. агитацию среди солдат.

После Февр. рев-ции 1917 один из организаторов (март) в г. Несвиж Совета РСД, избран пред. исполкома Совета. Дел. 1-го съезда 2-й армии в Несвиже (1–6 мая), избран членом арм. исполкома. Дел. 1-го Всерос. съезда Советов РСД (Петроград, 3–24 июня). Вернувшись со съезда, создал в Несвиже большевист. орг-цию. В дни выступления ген. Л.Г. Корнилова (авг.) привёл гарнизон в боевую готовность, организовал охрану Совета РСД. Участвовал в работе 1-й Сев.-Зап. обл. конференции РСДРП(б) и Зап. фронта (Минск, 15–18 сент.). Установил тесную связь с минским Советом РСД, Сев.-Зап. обл. к-том РСДРП(б), с большевист. орг-циями 3-й и 10-й армии Зап. фронта. В сент. штаб Зап. фронта переехал в Слуцк, где К. удалось вскоре большевизировать местный Совет РСД, избран пред. Совета. Одноврем. возглавлял большевист. орг-цию. После известий о свержении Врем. пр-ва по предложению К. исполком Совета установил усиленное дежурство в воинских частях, занял телеграф, ввёл контроль над распоряжениями штаба армии, ознакомил солдат с событиями в Петрограде. 26 окт. провёл заседание Совета, на к-ром принято решение взять власть в уезде, не пропускать в Петроград контррев. части, поддерживать постоянную связь с Минским Советом РСД и Сев.-Зап. обл. к-том партии, немедленно приступить к конфискации помещичьих земель и образованию крест. к-тов. В нояб. избран чл. Учред. Собр. (от Зап. фронта, Минского и Могилёвского избират. округов). Дел. 2-го съезда Зап. фронта (Минск, 20–25 нояб.). В кон. нояб. ЦК РСДРП(б) направил К. в распоряжение пред. ВЦИК Я.М. Свердлова. 7 дек. назначен СНК членом ВЧК, с 8 дек. член Президиума ВЧК и её секр. Участвовал в обысках и арестах, вёл следствие.

В июне 1918 вместе с Д.Г. Евсеевым и И.Н. Полукаровым руководил работой 1-й Всерос. конф. ЧК; по предложению К. конференция приняла решение об образовании при всех ЧК контрольных коллегий с участием члена ЧК и двух представителей местного к-та большевиков. В июле участвовал в ликвидации левоэсеровского мятежа в Москве. С лета ведал орг. работой в ВЧК – координировал деятельность отделов, отвечал за делопроизводство, соблюдение правил внутр. распорядка, совершал инспекц. поездки на места. В 1919–21 зам. пред. ВЧК, одноврем. по совместительству представитель ВЧК в Верх. ревтрибунале при ВЦИК. С 1921 на парт. и гос. работе.

Лит.: Велидов А., И.К. Ксенофонтов, в кн.: Чекисты, М., 1987. *А.С. Велидов.*

КУЛАКО́ВСКИЙ Алексей Елисеевич (4 марта 1877, 4-й Жексогонский наслег Ботурусского улуса Якутской обл.,– 6 июня 1926, Москва). Из семьи зажиточного крестьянина-якута. Окончил реальное уч-ще. Чиновник в низовых органах власти, учитель. Один из первых якут. писателей, краевед.

В обращении "Якут. интеллигенции", предназначенном в качестве программы Якут. обл. "инородческому" съезду (авг. 1912), предложил план "спасения якут. народности" путём сплочения её вокруг "здорового ядра" – тойоната (байства): "Богачи-кулаки, высасывая у голытьбы всё возможное и тем самым держа её в чёрном теле, делали бессознательно доброе дело ей: они отнимали у неё те средства, к-рые давали возможность предаваться азарту, страсти и праздности; они доводили бедноту до необходимости бороться за своё существование путём усиленных трудов, чем воспитывали у неё энергию и трудоспособность. В данное время надежды только на тойонов и интеллигенцию" (Демидов В.А., Октябрь и нац. вопрос в Сибири. 1917–1923 гг., Новосибирск, 1978, с. 52).

С лета 1917 комиссар Врем. пр-ва в Верхоян. округе Якут. обл. Окт. рев-цию не принял, активно поддерживал Якут. обл. совет (тойоната и нац. интеллигенции) в его непризнании власти СНК РСФСР и ЦИК Советов Сибири. Руководимый им Верхоян. окр. съезд (март 1918) объявил большевиков "неверными сынами своей Родины, как в России, так и в Сибири". При кратком (июль – авг.) существовании на С.-В. Якутии Сов. власти, захватив казну, скрывался в тундре. Возвратился на свой пост с установлением власти Врем. Сиб. пр-ва. После разгрома А.В. Колчака работал в культ.-просвет. учреждениях и преподавал в школе. С нач. 1922 присоединился к антисов. нац. "повстанчеству". После подавления антисов. сил и амнистии ЦИК Якут. АССР лидерам "повстанчества" вернулся в 1924 из Оймякона в Якутск, где готовил к изданию свои лит. и краеведч. труды. Один из основоположников якут. письменной лит-ры.

Соч.: Науч. труды, Якутск, 1979; Якутской интеллигенции, "Полярная звезда", 1990, № 5.

Лит.: Демидов В.А., Вымысел и правда истории (К дискуссии вокруг А.Е. Кулаковского), в кн.: История парт. руководства соц. строительством в Сибири, Новосибирск, 1990. *В.С. Познанский.*

КУЛЬЧИ́ЦКИЙ Николай Константинович (16 янв. 1856, Кронштадт,– 30 янв. 1925, Оксфорд). Из семьи офицера. Нач. образование получил в Тамбовской гимназии. По окончании мед. ф-та Харьковского ун-та оставлен стипендиатом для подготовки к проф. званию. В 1883–1910 занимал в Харьковском ун-те кафедру гистологии и эмбриологии: внештатный, затем заслуженный проф., декан. Автор работ по гистологии и эмбриологии. С февр. 1912 попечитель Казан. учебного окр. В 1913 Советом экспертов при Всерос. гигиенич. выставке в Петербурге награждён почётным дипломом за содействие в деле устройства занятий по школьной гигиене на курсах учителей. В 1914–16 попечитель Петрогр. учебного окр. 20 янв. 1916 назначен сенатором с оставлением на должности попечителя. С 27 дек. 1916 мин. нар. просвещения. По словам корреспондентов, высказал следующий взгляд на задачи управления министерством: "...не станет ломать того, что было сделано его предшественниками, и не возьмёт из Гос. Думы ни одного законопроекта из внесённого ранее" ("Вестник Воспитания", 1917,

№ 2, с. 45–46). Деятельность начал с распоряжения всем чиновникам учебного ведомства являться на службу в форменной одежде. 2-мес. деятельность на посту министра ничем серьёзным не ознаменовалась. Как член Совета министров выступал за роспуск Гос. Думы и назначение новых выборов. После Февр. рев-ции 1917 эмигрировал. В 1925 упал по рассеянности в пролёт лифта. *О.Л. Сорокина.*

КУСКОВА (Прокопович) Екатерина Дмитриевна (1869, Уфа,– 22 дек. 1958, Женева). Отец – учитель гимназии, затем акцизный чиновник (в 1881 оставил семью, в 1884 застрелился), мать незадолго до окончания К. гимназии умерла. В 16 лет К. вышла замуж за 32-летнего учителя И.П. Ювеналиева. Занимаясь самообразованием, К. вступила в молодёжный народнич. кружок; в 1888 с мужем посетили в Саратове Н.Г. Чернышевского (его болезненный вид произвёл на К. тяжёлое впечатление). В 1889 её муж умер от туберкулёза. .

За участие в народнич. кружках была выслана в Н. Новгород, где познакомилась с С.Н. Прокоповичем и стала его женой. В 1896 после ссылки эмигрировала и в 1897 вступила в "Союз русских с.-д. за границей"; стояла на позициях бернштейнианцев.

В 1899, по словам К., для "удобства" в спорах о характере рабочего движения и задачах нарождающейся с.-д. орг-ции написала "Краткое изложение взглядов", набросок, сделанный спешно и не для печати ("бумажонка"), где высказала суждение о том, что марксизм нетерпимый, отрицающий, примитивный уступит место марксизму демократическому и положение партии в об-ве резко изменится.

В среде ортодоксальных с.-д. этот документ, названный (без ведома автора) А.И. Ульяновой-Елизаровой "Кредо" в письме к В.И. Ленину, толковался как программа "экономистов". Ленин в Минусинской ссылке составил от имени 17 ссыльных "Протест рос. с.-д.". Туруханская колония во главе с Ю.О. Мартовым вынесла резолюцию о присоединении к "Протесту". "Протест" поддержала также колония ссыльных с.-д. г. Орлова Вятской губ. В нач. 1900 Г.В. Плеханов переиздал "Протест" в сборнике против "экономистов"– "Vademecum" ("Путеводитель"). Ортодоксы марксизма вели ожесточённую борьбу с "экономизмом" и обвинили К. в том, что она подвела под него "теоретич. фундамент". К., порвав с с.-д., вместе с Прокоповичем вошла в "Союз Освобождения".

В период Рев-ции 1905–07 К. стала одним из видных обществ. деятелей. На 1-м съезде кадетов (окт. 1905) заочно избрана в состав ЦК, но от вступления в партию отказалась. Увлеклась масонством. Вместе с Прокоповичем и В.Я. Богучарским издавала еженед. ж. "Без заглавия" (в янв.– мае 1906 вышло 16 номеров), где вела внутр. обозрение и провозгласила себя идейным сторонником зап.-европ. "критич. социализма". Активно участвовала в создании и работе кооперации. Цели и идеалы кооп. движения рабочего класса изложила в работе "Сон под первое мая (сказка-правда)", вышедшей в легальных и нелегальных изданиях. Участвовала в движении за жен. равноправие. В период думской борьбы за мин-во "обществ. доверия" на квартире К. в Москве в апр. 1916 состоялось собрание представителей либеральных партий, обсуждавших состав будущего Врем. пр-ва.

После Февр. рев-ции 1917 деятельность К. сосредоточилась в кооп. движении. Установилась связь с А.Ф. Керенским, к-рая окрепла, когда в июле во Врем. пр-во вошёл Прокопович. С апр. К. начала издавать в Москве ежедневную "демокр. и соц. газету" "Власть Народа". Газета ставила задачи: "в области политической – укрепление демокр. республики, проведение идей народовластия в сознании широких масс населения; в области социальной – защита интересов трудящихся классов и объединение трудовых масс на творч. работе преобразования всего хоз. строя на основах социализма" ("Власть Народа", 1917, 28 апр., № 1). Особое внимание в ней уделялось вопросам кооп. движения. В газете выступали А.М. Винавер, С.П. Мельгунов, А.Н. Потресов, С.Н. Прокопович, Б.Н. Савинков (Ропшин), Н.В. Чайковский, А.В. Чаянов и др. К. вела отдел внутр. жизни, её обзоры печатались под общим назв. "Дневник", а с июля (чаще)– "Петрогр. письма". К. высказывала тревогу по поводу многочисл. митингов, собраний, дискуссий, к-рые захлёстывали созидат. работу. Она призывала представителей всех собраний ввести "в русло говорильный поток!" и оказать деловую помощь Керенскому, ибо полит. положение в стране "усложняется и ухудшается" (там же, 29 апр.). Большевиков-ленинцев она отождествляла со смутьянами. "...Ленин – вреден. Ленин действует на несознательные головы. Ленин вносит сумбур и разложение в армию. Ленин приглашает к захватам... Лениных в России – многое множество. Ленин – это безответственная демагогия. Ленин – это в лучшем случае – утопист, не чувствующий под ногами почву... С ленинством, т.е. **со стихией, не знающей земли**, надо бороться убеждением... Надо бороться призывами масс к практич. работе" (там же, 7 мая). После Июльских событий в передовой статье К. утверждала: "Предатель Ленин или нет, это дело не меняет ни на иоту. Вся его политика есть политика предательства. Вся его политика – кинжал в спину не только армии, но и рев-ции" (там же, 7 июля).

К. считала, что только после победы над внеш. врагом можно осуществить постепенный переход к социализму через капитализм и через "воспитание в народе совершенно новых привычек, новых навыков в хоз. и культурной жизни", ибо "социализм, насаждаемый на бесплодной почве, не только не привьётся к нам, но уничтожит тот капитализм, через к-рый мы неизбежно должны пройти" (там же, 25 июля). К. утверждала, что необходимо сплочение всех демокр. сил, преодоление межпарт. распрей. Она призывала социалистов и кадетов "оставить позади старые ошибки" и протянуть "друг другу руки" (там же, 29 июля). К. упрекала кадетов, к-рые в июле "убежали" из Врем. пр-ва и тем ослабили демократию. После неудавшейся попытки "взбунтовавшегося главнокомандующего" призывала кадетов вернуться в коалицию, поскольку "корниловщина – противостоит демократии", а "рев-ция – диктатура односторонних сил – всегда уязвима и всегда стоит на глиняных ногах". Доказывала, что "победившие слои буржуазии так же будут бессильны в России без коалиции с демократией, как бессильны социалисты без коалиции с имущими классами" (там же, 31 авг.).

12 сент. выступила на Чрезв. Всерос. кооп. съезде: "Вчера Хинчук говорил, что коалиция изжила себя и её нужно заменить коммуной. Это не правда. Коалицию мы не только не пережили, мы её ещё и не нюхали. Фактически все шесть месяцев со дня переворота мы живём в коммуне. Врем. пр-во представляло нуль. В провинции в бесконечных рев. к-тах, захвативших в свои руки власть, отсутствовал всякий намёк на коалицию. Власть рев. органов подчиняла себе всё... Приходится говорить не о лицах, а о принципе власти, к-рая обязательно должна располагать началом принуждения. Безвластие привело нас к корниловщине.

Корниловский мятеж народил по всей стране огромное кол-во к-тов спасения. Чем они занимаются? Смещением комиссаров, орг-цией безвластия... Рев. власть центра борется с рев. властью на местах!.. Мы в конце концов увидим, что армия останется без хлеба, войска хлынут в тыл и солдаты с винтовками в руках придут добывать себе в деревне пищу, устроив для этого братоубийственную войну.

Народ, измученный анархией, мечтает о порядке. Кооператоры не только должны поддержать центр. власть, но и начать борьбу за независимость и устойчивость власти на местах. Мы должны бороться против тех Советов РД, к-рые вырождаются в коммуны и над к-рыми зиждется герм. штык, так что не разберёшь, где кончается рус. коммунар, и где начинается нем. шпион" (там же, 13 сент.).

На Демокр. совещании (сент.) К. как "наиб. влиятельная представительница" вошла в число 18 делегатов от кооператоров в члены Всерос. Совета Рос. Республики (Предпарламента). На заседании Совета Республики 10 окт. она выступила от имени кооп. группы. К. подчёркивала, что в основе кооп. движения лежит стремление утвердить строй соц. типа. В то же время кооперация стоит на оборонч. позициях, поскольку речь идёт о защите России. Отмечая роль кооперации в хоз. жизни, утверждала, что если голод и разруха пришли только в начале 4-го года войны, то "этим Россия в значит. степени" обязана миллионам кооператоров, к-рые своим трудом поддерживали экономику (см.: "Речь", 1917, 13 окт.). К. поддержала Н.В. Чайковского, утверждавшего, что "проведение социально-рев. преобразований во всём их объёме во время войны есть преступление". К. предупреждала, что "никакая сильная власть не может быть до тех пор, пока власть не будет знать, на кого она опирается и кто её поддерживает. К великому нашему несчастью, этой поддержки у власти пока нет" (там же). Она требовала от Врем. пр-ва решит. действий и призывала Предпарламент "оставить декларации", учитывать "несознательность и неорганизованность масс", к-рые "безумно устали от того, что делаем мы, их интеллигентные вожди", призывала "наметить те точки единения, к-рые действительно обеспечили бы оборону страны", и наметить их "в ближайшие дни и часы".

Во время Окт. вооруж. восст. К. делала всё, чтобы помочь осаждённым в Зимнем дворце министрам и организовать поддержку Врем. пр-ву. После победы Октября К., проживая в Москве, не примкнула ни к какой из борющихся сторон, видя свою задачу в том, чтобы предотвратить гражд. войну. Но издававшиеся ею газ. "Власть Народу" и газ. "Право Народа", где она была членом редакции, находились в непримиримой оппозиции к большевикам.

Летом 1918, когда Сов. власть закрыла всю оппозиц. печать, К. лишилась возможности полит. влияния. Во время Гражд. войны "нинистка"– "ни Ленин, ни Колчак". Но была в числе первых из небольшевист. лагеря, кто пошёл на сотрудничество с Сов. властью. В 1921 К.– активный деятель "Всерос. к-та помощи голодающим" ("Помгола"). В 1922 выслана за границу. Проживала в Праге, затем в Женеве, сотрудничала в эмигрант. печати.

Соч.: Давно минувшее, "Новый журнал", 1955, № 43; 1956, № 44, 45, 47; 1957, № 48–51; 1958, № 54.

Лит.: Аронсон Г.Я., Е.Д. Кускова, "Новый журнал", 1954, № 37; Карпович М.М., Е.Д. Кускова, там же, 1959, № 56.

В.Л. Боечин.

КУ́ТЛЕР Николай Николаевич (1859 – 10 мая, 1924, Москва). Из семьи дворян-землевладельцев Тульской губ. Окончил юрид.

ф-т Моск. ун-та (1882). В 1892–1904 вице-директор, директор Департамента окладных сборов Мин-ва финансов. В 1904–05 тов. мин. внутр. дел, в 1905 тов. мин. финансов и управляющий гос. Дворянским и Крест. зем. банками. С окт. 1905 главноуправляющий землеустройства и земледелия (мин. земледелия) в Совете министров С.Ю. Витте. В марте 1906 по требованию консервативной дворянской оппозиции, поддержанному царём, вышел в отставку из-за предложенного им проекта отчуждения части помещичьих земель (сдаваемой в аренду) в пользу малоземельных крестьян. С 1906 кадет, чл. ЦК партии, автор её агр. программы. В 1907 избран во 2-ю Гос. Думу. В 3-ю Гос. Думу не баллотировался, но в 1909, после выхода из неё одного из петерб. депутатов, выставил свою кандидатуру и был избран. Энергично отстаивал агр. программу кадетов в Гос. Думе. Занимался публицистикой. В 1913 один из авторов "Нового энциклопедич. словаря", издававшегося Брокгаузом и Ефроном. Масон (см.: Берберова Н., Люди и ложи, "Вопросы лит-ры", 1990, № 4, с. 195). Был тесно связан с ведущими финанс.-пром. кругами России. Член Акц. об-ва соединённых з-дов "Донецкий" и "Союз", член Совета Азовско-Донского банка. В 1-ю мир. войну член Центр. Воен.-Пром. к-та (ЦВПК).

Накануне Февр. рев-ции 1917 пред. Совета съездов горнопромышленников Урала. 29 янв. участник собрания ЦВПК, на к-ром была выражена поддержка Рабочей группе ЦВПК, арестованной царским пр-вом в ночь на 27 янв. На первом после свержения самодержавия заседании Совета съездов представителей пром-сти и торговли 7 марта избран пред. Совета съездов. 8 марта на первой встрече министров Врем. пр-ва с руководителями торг.-пром. орг-ций в Петрограде заявил, что "пром-сть счастлива предоставить все свои силы, средства и опыт в полное распоряжение нового пр-ва" ("Торгово-пром. Газета", 1917, 10 марта). 16 марта на совещании, созванном мин. торговли и пром-сти А.И. Коноваловым, выдвинул от имени предпринимателей их программу первоочередных мероприятий Врем. пр-ва в области пром-сти: урегулирование взаимоотношений между работодателями и рабочими; орг-ция торг.-пром. класса на началах самоуправления; демобилизация пром-сти; разработка акц. законодательства и пересмотр горн. законодательства; пересмотр торг. устава (см. там же, 17 марта). 19 марта участвовал в открытии в Москве учред. съезда Всерос. торг.-пром. союза, избран в президиум съезда. 18 и 24 марта Совет съездов представителей пром-сти и торговли поручил К. договориться с руководителями Мин-ва торговли и пром-сти о выработке приемлемого для предпринимателей социального законодательства. 29 марта под рук. К. Совет съездов согласился на паритетное представительство предпринимателей и рабочих в Особом к-те отдела труда Мин-ва торговли и пром-сти, но с условием включения в этот к-т также представителей ЦВПК, Всерос. Союзов земств и городов.

С апр. один из руководителей Об-ва экон. возрождения России, созданного по инициативе А.И. Путилова и А.И. Вышнеградского для того, чтобы противодействовать Советам РСД на фронте и в тылу. Делегация представителей металлургич. и металлообрабат. пром-сти во главе с К. 10 мая посетила заседание Врем. пр-ва, на к-ром выступила с требованием более решит. действий Врем. пр-ва против рабочего движения, требовавшего повышения зарплаты. 12 мая на 8-м съезде кадетской партии сообщил о положении в пром-сти, возложил ответственность за пром. разруху на рабочих, обвинив их в "непомерных требованиях" ("Речь", 1917, 13 мая). 1 июня в Петрограде под председательством К. открылся Всерос. съезд представителей пром-сти и торговли (т.н. "конференция 1–2 июня"). Призывал к консолидации сил моск. и петрогр. предпринимателей под эгидой финанс.-пром. кругов Петрограда. Одной из гл. задач была провозглашена задача всемерно препятствовать установлению рабочего контроля над произ-вом. 22 июня К. и пред. Моск. биржевого к-та С.Н. Третьяков на встрече с мин. финансов А.И. Шингарёвым и мин. почт и телеграфа И.Г. Церетели в связи с объявленным Врем. пр-вом 12 июня повышением налогов на доходы предпринимателей указали, что уплата единоврем. налога за 1916 крайне затруднительна, если не невозможна, т.к. прибыли уже распределены и дивиденды выплачены. 7 июля президиум Совета съездов горнопромышленников Урала во главе с К. обратился к тов. мин. торговли и пром-сти, пред. Особого совещания по обороне гос-ва П.И. Пальчинскому с просьбой вернуть владельцам Ревдинские з-ды, над к-рыми рабочие установили свой контроль, и направить туда правительств. комиссара для управления этими з-дами. 15 июля К. и Третьяков встретились с воен. мин. А.Ф. Керенским и вручили ему декларацию с требованием предпринимателей восстановить боевую мощь армии и утвердить дисциплину на фронте и в тылу.

8–10 авг. участвовал в Моск. совещании обществ. деятелей (избран в постоянное бюро этого совещания), затем в работе Гос. совещания, на к-ром выступил с программной речью от имени группы торг.-пром. орг-ций. Установление рабочими контроля над пр-тиями охарактеризовал как "анархич. акты" и заявил, что упадок производительности труда в пром-сти вызван прежде всего чрезмерным повышением зарплаты рабочим, сокращением рабочего времени и переходом от сдельной зарплаты на почасовую и подённую; выступил против планов установления Врем. пр-вом гос. контроля над пром-стью, а также против повышения налогов, введённого 12 июня; призвал сократить гос. расходы. По воспоминаниям А.И. Путилова, 26 авг. К. участвовал в совещании рук-ва Об-ва экон. возрождения России, на к-ром было решено выдать св. 1 млн. руб. офицерским орг-циям в Петрограде, к-рые должны были поддержать выступление ген. Л.Г. Корнилова ("Последние Новости", Париж, 1937, 20 и 24 янв.). В окт. избран пред. торг.-пром. группы во Врем. Совете Рос. Республики (Предпарламенте), но из-за болезни не участовал в его деятельности.

Окт. рев-цию не принял. В ночь на 29 нояб. арестован на основании Декрета СНК "Об аресте вождей гражд. войны против рев-ции". Вскоре освобождён. В дек. передал 1 млн. руб. (получены от торг. дома "И. Стахеев и К°", табачной ф-ки Богданова, Кавк., Тульск. и Моск. нар. банков) в фонд помощи бастующим чиновникам 9 банков. С лета 1919 начал сотрудничать с Сов. властью, член Ин-та экон. исследований Наркомата финансов. В 1921 вместе с С.Н. Прокоповичем, Н.М. Кишкиным, Е.Д. Кусковой организовывал Всерос. к-т помощи голодающим. Чл. правления Гос. банка РСФСР, участвовал в подготовке и практич. реализации мероприятий ден. реформы 1922–24. *Н.А. Сахаров.*

Л

ЛА́ЦИС Мартын Иванович (Мартин Янович) (наст. фам. и имя Судрабс Ян Фридрихович) (13 или 14 дек. 1888, усадьба Паутины Розенбекской вол. Веденского у. Лифляндской губ.,– 11 февр. 1938). Из семьи батрака. Окончил приходское уч-ще. С 1905 чл. С.-д. Латыш. края (СДЛК). В Рев-цию 1905–07 пропагандист Рижского к-та и ЦК СДЛК, участник вооруж. крест. выступлений. Сдав экзамен на звание нар. учителя (1908), работал в приходском уч-ще; с 1912 – в Москве, учился в Нар. ун-те А.Л. Шанявского. В 1915 один из организаторов "Тверской с.-д. латыш. группы" при МК РСДРП. Подвергался арестам, в авг. 1915 сослан в Иркут. губ. В 1916 бежал; приехав в Петроград, был введён в ПК РСДРП.

После Февр. рев-ции 1917 один из руководителей Выборгского райкома РСДРП и организаторов Кр. Гвардии. Дел. 7-й (Апр.) Всерос. конф. РСДРП(б). Чл. Выборгского Совета РСД и ПК РСДРП(б). Чл. большевист. фракции Междунар. совещания районных Советов РСД. Дел. 6-го съезда РСДРП(б) (июль – авг.); выступал с докладом мандатной комиссии. 24 сент. докладывал ПК РСДРП(б) о боевой готовности отрядов Кр. Гвардии. 16 окт. на заседании ЦК РСДРП(б) подчеркнул, что резолюция ЦК РСДРП(б) от 10 окт. о подготовке вооруж. восстания будет выполнена. С окт. чл. Выборгского районного штаба по подготовке восстания.

В дни Окт. вооруж. восст. член Петрогр. ВРК и руководитель Бюро комиссаров ВРК. 15 нояб. утверждён СНК членом коллегии НКВД, ведал отделом местного управления. С 20 мая 1918 одноврем. чл. коллегии ВЧК, в мае – июле нач. отдела ВЧК по борьбе с контррев-цией, в июле – нояб. пред. ЧК и Воен. трибунала, чл. РВС Вост. фронта, затем на др. постах в органах госбезопасности. После дискуссий о заключении Брестского мира с Германией считал необходимым немедленно удалить из ВЧК левых эсеров, непринятие такой меры называл позднее "просмотром" Ф.Э. Дзержинского. В кон. 1918 выступал против предложения Наркомата юстиции об изъятии у ЧК права выносить приговоры, полагал необходимым оставить за ЧК надзор за контррев. элементами, предварит. расследование и адм. наказания. Позже заявлял о целесообразности передачи аппарата ЧК в НКВД, считая ВЧК органом чрезвычайным и временным, утверждал, что "пройдёт время гражд. войны, время чрезв. условий существования Сов. власти и ЧК станут лишними и будут вычеркнуты из аппарата Сов. власти" (Лацис М., Чрезв. комиссии в борьбе с контррев-цией, М., 1921, с. 27).

Как офиц. историограф ВЧК составил отчёт о её деятельности за 4 года, написал ряд брошюр и статей о работе ЧК. Свои взгляды на органы госбезопасности наиб. полно выразил в кн. "Чрезв. комиссии в борьбе с контррев-цией" (М., 1921), в к-рой писал: "ЧК – это не следств. комиссия и не суд. Это – орган боевой, действующий по внутр. фронту гражд. войны, пользующийся в своей борьбе приёмами и следств. комиссий, и судов, и трибуналов, и воен. сил... Это – боевой орган Сов. власти, обеспечивающий возможность мирного стр-ва для миллионов рабочих и крест. масс, ставших у власти... Это – боевой орган партии будущего, партии коммунистической... Но это и не гильотина, отсекающая голову по постановлению трибунала. Нет, она или уничтожает без суда, застав на месте преступления, или изолирует от об-ва, заключая в концентрационный лагерь, или передаёт трибуналу, когда дело требует подробного исследования и широкой гласности... Мы всё время были чересчур мягки, великодушны к побеждённому врагу и недооценивали его жизнеспособность и подлость... В самом начале необходимо проявить крайнюю строгость, неумолимость, прямолинейность: что слово, то закон; за преступлением должно следовать заслуженное наказание, тогда гораздо меньше падёт жертв как с той, так и с др. стороны. Вот мудрость, к-рой нас научили эти три года гражд. войны..." (с. 8–9). "Во всех областях нашей жизни контррев-ция развивалась везде и повсюду, проявляясь в самых разнообразных формах. Отсюда ясно, что и работа ВЧК должна распространяться на все те области сов. жизни, где вкоренилась контррев-ция... ВЧК должна смотреть за всем: за воен. жизнью, за продработой, за нар. просвещением, за всеми положительно хоз. орг-циями, за санитарией, за пожарами, за нар. связью и т.д. и т.д." (там же, с. 8–9, 24).

С 1921 на адм.-хоз., парт. и гос. работе. 29 нояб. 1937 арестован по обвинению в принадлежности к контррев. националистич. орг-ции; 11 февр. 1938 комиссией НКВД и Прокурора СССР приговорён к расстрелу. Воен. коллегией Верх.суда СССР реабилитирован 2 июня 1956.

Лит.: Королев В.Г., Я. Лацис, М., 1980.

В.И. Виноградов, А.А. Зюбченко.

ЛАШЕ́ВИЧ Михаил Михайлович (1884, Одесса,– 30 авг. 1928, Харбин). Из купеческой семьи. В Одессе был членом нелег. уче-

нич. кружков; исключён из гимназии за рев. пропаганду. В 1901 вступил в РСДРП; после 2-го съезда партии (1903) большевик.

Был членом к-тов РСДРП в Одессе, Николаеве, Екатеринославе, Петербурге. Неоднократно арестовывался, ссылался в Вологод. губ., Нарым. край. Участвовал в работе редакции газ. "Правда". В 1915 мобилизован в армию; старший унтер-офицер, на фронте дважды ранен; вёл рев. пропаганду среди солдат.

После Февр. рев-ции 1917 из армии приехал в Москву, откуда решением Бюро ЦК РСДРП 17 марта направлен в Петроград. А.Г. Шляпников вспоминал: "Я поставил своей задачей найти подходящего человека для постоянной агитации среди солдат... Желателен был воен. человек, к-рому... солдаты доверяли больше, чем штатскому. Такой человек скоро нашёлся... Это был солдат М. Лашевич" ("Канун семнадцатого года. Семнадцатый год", т. 2, М., 1992, с. 179). Избран чл. Петрогр. Совета РСД (позже был секр., пред. большевист. фракции) и ПК РСДРП(б). Вёл агит.-проп. работу в частях Петрогр. гарнизона. Дел. 1-го Всерос. съезда Советов РСД (3–24 июня); избран чл. ВЦИК. 22 июня на частном совещании членов ЦК, ПК и воен. орг-ции большевиков, обсуждавшем вопрос "о текущем моменте", говорил: "Надо удерживать горячие головы от всяких эксцессов... нам грозит серьёзная опасность со стороны зорко следящей за каждым нашим шагом контррев. клики. И нам необходимо... дать... директивы, как должны реагировать наши товарищи... в случае появления вызова со стороны контррев. элементов, ...желающих... спровоцировать с нашей стороны (выступления)" ("Первый легальный Петерб. к-т большевиков в 1917 г.", М.– Л., 1927, с. 202). На митинге 1-го пулемётного запасного полка 2 июля Л. от имени полка заявил, что "в наступление полк не пойдёт, а если сложит свои головы, то только за дело рев-ции" ("Рев-ция 1917", т. 3, с. 305). Во время Июльских событий на митинге двух полков у особняка Кшесинской, проходившем под лозунгом "Вся власть Советам!", безуспешно убеждал солдат в преждевременности выступления, призывал их вернуться в казармы. Дел. 6-го съезда РСДРП(б) (26 июля – 3 авг.) от Петрогр. орг-ции; 27 июля на заседании съезда В. Володарский и Д.З. Мануильский от себя и от имени Л. предложили резолюцию, в к-рой отвергались обвинения В.И. Ленина и Г.Е. Зиновьева в попытке свергнуть Врем. пр-во. Вместе с тем содержалось разрешение их явки на суд, если будут соблюдены условия: "1) принятие всех абсолютно мер, необходимых для обеспечения арестованным полной личной безопасности; 2) гласное ведение следствия и устранение от него бесчестных слуг старого режима; 3) участие в следствии представителей ЦИК Советов РСД и Советов КД; 4) возможно более скорый разбор всего дела гласным нар. судом – судом присяжных" ["6-й съезд РСДРП(б)", с. 32]. Выступая, Л. заявил: "При решении этого вопроса мы должны исходить из интересов партии. Я уверен, что на этом суде мы из подсудимых обратимся в обвинителей... Если бы Ленин явился, мы настояли бы, чтобы судили и нас. Пусть они судят петрогр. пролетариат в целом, а не Ленина и Зиновьева" (там же, с. 33). 6 сент. ЦК РСДРП(б) включил Л. в состав делегации на Демокр. совещание (14–22 сент., Петроград). 11 сент. на заседании Петрогр. Совета РСД внёс резолюцию по поводу самосудов солдат над офицерами. Осудив эти самосуды, гл. ответственность за них возложил на Врем. пр-во, к-рое "пыталось ввести в рев. армии корниловские порядки". Петрогр. Совет призывался проводить в жизнь "начала демокр. армии", осудить самосуды, к-рые "не могут быть средством рев. очищения и возрождения армии", удерживать "малосознательных товарищей от стихийной расправы над заподозренными офицерами" ("Рев-ция 1917", т. 4, с. 198–99). Петрогр. Совет принял резолюцию Л. 5 окт. при обсуждении в ПК ленинского "Письма в ЦК, МК, ПК и членам Советов Питера и Москвы большевикам" (ПСС, т. 34, с. 340–41) говорил: "Власть идёт к нам. Это – факт. Взять её надо, хотя 98 шансов за то, что... мы будем побеждены... Но надо ли брать власть **сейчас**? Я думаю, что нельзя форсировать события... нет гарантии, что нам удастся удержать власть. Взяв власть сейчас, мы этим отметём элементы, к-рые потом пошли бы за нами... Стратегич. план, предложенный т. Лениным, хромает на все четыре ноги... не будем, товарищи, себя обманывать. Хлеба мы не дадим... и мира мы не сможем дать... Тов. Ленин не дал нам объяснения, почему надо сделать это сейчас, до съезда Советов... В съезде Советов мы будем иметь аппарат: если за взятие власти выскажутся все делегаты... тогда – дело другое. А сейчас это будет только вооруж. восстанием, к-рое постараются подавить... мы должны идти вперёд, но время терпит ещё" ("Первый легальный Петерб. к-т большевиков в 1917 г.", М. – Л., 1927, с. 297).

На съезде Советов Северной обл. (11–13 окт.) от имени большевист. фракции 12 окт. призвал последовать на местах примеру Петрограда, создавшего ВРК, к-рый будет иметь возможность распоряжаться рев. солдатами; заявил, что лозунг "Вся власть Советам!" "ныне перестал быть лозунгом и должен стать делом" ("Рев-ция 1917", т. 5, с. 72). По инициативе Л. съезд 13 окт. принял воззвание, в к-ром опровергалось утверждение Врем. пр-ва о том, что намечаемый созыв съезда Советов сорвёт Учред. Собр. (там же, с. 77–78). 17 окт. член делегации Петрогр. Совета, направленной в Ставку командования Сев. фронта с целью предотвращения отправки рев. частей Петрогр. гарнизона на фронт; участник 3-го съезда 5-й армии (16–20 окт.) в Двинске. Чл. Петрогр. ВРК (в ряде случаев подписывал распоряжения и приказы за пред. ВРК). Выступая 21 окт. на экстренном общем собр. полковых к-тов Петрогр. гарнизона, заявил, что "гражд. войну провоцирует пр-во, созданное оборонцами; Сов. пр-во предложит всем народам заключить честный демокр. мир" (там же, с. 145).

24 окт. ЦК РСДРП(б) поручил Г.И. Благонравову и Л. организовать в Петропавл. крепости запасной штаб по рук-ву вооруж. восстанием. Вечером 24 окт. Л.

отдал приказ комиссару ВРК на крейсере "Аврора" А.В. Белышеву восстановить движение на захваченном юнкерами Николаевском мосту. Назначен комиссаром ВРК в Кексгольмский гвард. резервный полк; в ночь на 25 окт. руководил солдатами и матросами при захвате телеграфа, почты, госбанка, Павловского воен. уч-ща. Дел. 2-го Всерос. съезда Советов РСД от Петросовета; избран чл. ВЦИК. Чл. Президиума Петрогр. Совета РСД. 21–23 нояб. чл. большевист. фракции на Чрезв. съезде армий Юго-Зап. фронта (Бердичев). На заседании ЦК РСДРП(б) 29 нояб. откомандирован в распоряжение Я.М. Свердлова для посылки на арм. съезды в качестве представителя ЦК. С дек. член Президиума ВЦИК. Дел. 7-го съезда РКП(б) (6–8 марта 1918) от большевист. фракции Петросовета; избран чл. ЦК.

В марте 1918 чл. Петрогр. бюро ЦК РКП(б), одноврем. в апр.– сент. политкомиссар Сев. участка Отрядов завесы, в авг.– нояб. чл. РВС, в дек. 1918 – марте 1919 команд. 3-й армией Вост. фронта, затем на др. воен., полит. работе. С 1925 зам. пред. правления КВЖД. За принадлежность к троцкист. оппозиции 15-м съездом ВКП(б) (1927) исключён из партии; в 1928 восстановлен. *Б.Я. Хазанов.*

ЛЕВИЦКИЙ (наст. фам. Цедербаум) Владимир Осипович (Иосифович) (28 февр. 1883, Петербург,– 22 февр. 1938, Уфа). Из семьи служащего. Мл. брат Ю.О. Мартова. С 1897, будучи гимназистом, участвовал в с.-д. движении, входил в гр. "Рабочее знамя", в об-во "Красный крест". Впервые арестован в 1899. Учился в Петерб. ун-те. В 1901 за орг-цию студенч. демонстрации выслан. После ссылки жил в Полтаве; агент "Искры" с 1902. Неоднократно арестовывался. В 1904 – за границей. Участник Рев-ции 1905–07 в Петербурге. Дел. 4-го (Объединит.) съезда РСДРП (1906); в 1906 чл. ПК РСДРП. В годы реакции – "ликвидатор". Во время 1-й мир. войны поддерживал крайне правую группу "оборонцев". Ответств. ред. ж. "Дело". Один из авторов меньшевист. пятитомника "Общественное движение в России в нач. XX в." (П., 1909–14).

После Февр. рев-ции 1917 общим собр. меньшевиков Москвы 17 марта избран членом Врем. парт. к-та. 26 апр. на собр. Замоскворец. р-на Моск. орг-ции РСДРП выступал за участие меньшевиков во Врем. пр-ве. В мае Всерос. конф. меньшевиков приняла по докладу Л. резолюцию об участии в выборах в органы местного самоуправления по самостоят. спискам. Дел. Моск. обл. конф. (10–13 июля) и Моск. общегор. конф. (5 авг.) меньшевиков. Чл. МК меньшевиков, чл. редакции меньшевист. газ. "Вперёд", "Рабочей Газеты". В сент. на съезде РСДРП(о) избран чл. ЦК. Подписал Декларацию меньшевиков-"оборонцев" Демокр. совещанию:"... Вне коалиц. власти нет спасения для раздираемой клас. ненавистью и клас. эгоизмом России и пусть Демокр. совещание отбросит всякие попытки одностороннего захвата власти, ещё раз утвердит своим авторитетным решением коалиц. власть" ("Единство", 1917, 7 сент.).

Окт. рев-цию не принял. 12 нояб. подписал коллективное заявление: «Ввиду занятой "Рабочей Газетой" позиции по вопросу о соглашении с большевиками, к-рую мы считаем гибельной с точки зрения интересов пролетариата и рев-ции, мы, нижеподписавшиеся, заявляем о своём выходе из состава сотрудников "Рабочей Газеты"» ("Рабочая Газета", 1917, 12 нояб.). На Экстренном съезде РСДРП(о) выступил против союза с большевиками и отметил, что "...тактика подлаживания к стихийным настроениям масс никогда не приводила к укреплению начал с.-д-тии" ("День", 1917, 1 дек.). В работе "Чего хотят социал-демократы?" (М., 1917) Л. писал, что в России не может быть соц. рев-ции, т.к. нет ещё сильного организов. пролетариата, и что "полная полит. свобода означает:...неограниченную свободу совести, слова, печати, собраний, союзов и стачек... право на самоопределение за всеми нациями, входящими в состав гос-ва" (с. 11); предлагал, чтобы "пр-во Рос. Республики выступило с предложением др. гос-вам о соглашении насчёт постепенного сокращения сухопут. и мор. вооружений с целью подготовить почву для общего разоружения всех народов и создания всемирного союза демокр. гос-в" (с. 16).

После Окт. рев-ции неоднократно арестовывался органами Сов. власти. Во время очередного следствия умер в тюрьме.

Соч.: Борьба европ. рабочих за свободу коалиций, М., 1917; Чего хотят социал-демократы?, М., 1917; Кто такие меньшевики, в кн.: К выборам в Учред. Собр., т. 7, П., 1917; Ист. очерк развития Рос. Социал-Демокр. Рабочей Партии, М., 1917; Капиталистич. строй, клас. борьба и полит. партии, М., 1918; За четверть века. Рев. воспоминания, т. 1, ч. 1–2, М., 1926–27.

Лит.: В.О. Цедербаум-Левицкий (Краткая биография), в кн.: Мартов и его близкие, Нью-Йорк, 1959; Бургина.

Т.Ю. Попова (Цедербаум).

ЛЕ́НИН (Ульянов) Владимир Ильич (10 апр. 1870, Симбирск,– 21 янв. 1924, Горки, близ Москвы). Род. в семье деятеля нар. просвещения; дворянин; старший брат Александр казнён в 1887 за подготовку покушения на Александра III. По окончании с золотой медалью гимназии (1887) поступил на юрид. ф-т Казан. ун-та. В дек. 1887 арестован за участие в студенч. сходке, исключён из ун-та и выслан к семье в д. Кокушкино Казан. губ. По возвращении осенью 1888 в Казань изучал марксизм. В 1891 сдал экстерном экзамены за юрид. ф-т при Петерб. ун-те; в 1892–93 в Самаре помощник присяжного поверенного. С авг. 1893 – в Петербурге; вошёл в марксист.

кружок студентов Технологич. ин-та, вёл занятия в рабочих кружках; этот год Л. чаще всего называл годом своего вступления в партию. В 1894–95 написаны первые крупные работы «Что такое "друзья народа" и как они воюют против с.-д.» и "Экон. содержание народничества и критика его в книге г. Струве (отражение марксизма в бурж. лит-ре)", в к-рых Л. трактовал марксизм как единственно верную рев. теорию и проводил мысль о необходимости его творч. развития и применения к рос. условиям. Первоочередной задачей с.-д. Л. считал орг-цию соц. рабочей партии, способной возглавить пролетариат в борьбе против царизма, а затем и капитализма (см.: ПСС, т. 1, с. 304, 311–12). Тогда же (1894) Л. познакомился с Н.К. Крупской, ставшей через 4 года его женой и соратницей.

В апр. 1895 Л. выезжал за границу для установления связей с гр. "Освобождение труда" и деятелями зап.-европ. с.-д-тии. В Швейцарии познакомился с Г.В. Плехановым, к-рый, как утверждает Н. Валентинов (Н.В. Вольский), позднее вспоминал, что Л. "всё время пытался убедить меня, что либералы и демократы – разновидности буржуазии... То, что либеральная буржуазия должна дать стране и везде в Европе уже дала, никогда не приходило в голову Л., и потому вместо того, чтобы привлечь и завербовать либералов как союзников в борьбе против абсолютизма и старого допотопного порядка, он видел в них только злейших врагов" (Valentinov N., The early years of Lenin, Ann Arbor, 1969, p.244–45). П.Б. Аксельрод (также позднее) писал: "Я тогда почувствовал, что имею дело с человеком, к-рый будет вождём рус. рев-ции. Он не только был образованным марксистом – таких было очень много,– но он знал, что он хочет сделать и как это надо сделать. От него пахло рус. землёй" (Луначарский А., Радек К., Троцкий Л., Силуэты. Полит. портреты, М., 1991, с. 48). В сент. 1895 Л. стал одним из организаторов Петерб. "Союза борьбы за освобождение рабочего класса", в дек. этого года был арестован, в февр. 1897 выслан на 3 года в Сибирь. В ссылке написал св. 30 работ, в т.ч. кн. "Развитие капитализма в России" (СПб., 1899; под псевд. В. Ильин), в к-рой доказывал, что в России сложились капиталистич. социально-экон. отношения, предопределяющие ведущую роль пролетариата в рев. движении. Л. разработал план воссоздания РСДРП, оказавшейся несмотря на состоявшийся 1-й съезд (1898, Минск) недееспособной; центр. звено плана – регулярный выпуск за границей и распространение по всей России нелег. полит. газеты. В июле 1900 Л. выехал за границу. Добился выпуска с дек. 1900 газ. "Искра", взял в свои руки рук-во её агентами и местными орг-циями РСДРП.

В янв. 1901 В.И. Ульянов впервые подписал письмо Г.В. Плеханову псевдонимом Ленин (а в дек. 1901 и публикацию в № 2–3 ж. "Заря").

Л.Д. Троцкий писал позднее: «Л. приехал за границу не как марксист "вообще"... и не вождь "вообще", а вождь той рев-ции, к-рая нарастала... Он приехал, чтобы в кратчайший срок создать для этой рев-ции идейную оснастку и орг. аппарат... поставил себе практич. целью: ускорить пришествие рев-ции и обеспечить её победу» (Луначарский А., Радек К., Троцкий Л., указ. соч., с. 33). В брошюре "Что делать?" (1902) Л. выступил с планом построения с.-д. партии: отсутствие полит. свободы в России вынуждает партию стать жёстко централизованной орг-цией (с властным ЦК), ядром к-рой являются профессиональные революционеры; "Дайте нам орг-цию революционеров и мы перевернём Россию!" (ПСС, т. 6, с. 127). По свидетельству А.Н. Потресова, "Плеханова – почитали, Мартова – любили, но только за Л. беспрекословно шли, как за единственным, бесспорным вождём. Ибо только Л. представлял собою... редкостное явление человека железной воли, неукротимой энергии, сливающего фанатич. веру в движение, в дело с не меньшей верой в себя... Людовик XIV мог говорить: Гос-во – это я... Л. без излишних слов неизменно чувствовал, что партия – это он, что он – концентрированная в одном человеке воля движения. И соответственно этому действовал..." ("Коммунист", 1990, № 5, с. 118).

Л. проделал большую работу по подготовке 2-го съезда РСДРП (июль – авг. 1903, Брюссель и Лондон), к-рый принял программу партии (с положением о диктатуре пролетариата как условии победы социальной рев-ции и о праве наций на самоопределение) и устав. На съезде произошёл раскол РСДРП на две фракции – радикально-революционную (большевики) и умеренную (меньшевики). После неудачных поисков компромисса Л. взял курс на обособление большевиков. В.И. Засулич говорила Л.: "Жорж (Плеханов) – борзая: потреплет, потреплет и бросит, а вы – бульдог: у вас мёртвая хватка" (Луначарский А., Радек К., Троцкий Л., указ. соч., с. 13–14).

В 1904 Ю.О. Мартов впервые употребил термин "ленинизм" (см. его брошюру «Борьба с "осадным положением" в Рос. с.-д. рабочей партии», Женева, с. 68).

В период Рев-ции 1905–07 Л. ориентировал большевиков на вооруж. восстание против царизма, на установление демокр. республики (см.: ПСС, т. 11, с. 10, 12, 32, 61–62). В кн. "Две тактики с.-д-тии в демокр. рев-ции" (авг. 1905) обосновывал стратегию и тактику, вытекавшие из идеи гегемонии пролетариата (а не буржуазии, как утверждали меньшевики) в рос. бурж.-демокр. рев-ции, необходимость увенчать её победу установлением рев.-демокр. диктатуры пролетариата и крест-ва. Обобщив требования крест. депутатов 2-й Гос. Думы, в 1906 выдвинул в качестве центр. пункта агр. программы большевиков национализацию земли. Он теоретически предусматривал возможность перерастания рев-ции в социалистическую (см.: ПСС, т. 11, с. 16, 90, 104, 222). В нояб. 1905 Л. нелегально возвратился в Петербург и возглавил большевиков. Но в 1905–07 Л., по оценкам современников, не играл ещё первостепенной роли в рев. движении России. В новых условиях он стремился к смягчению фракц. борьбы, к сотрудничеству с меньшевиками. 9 мая 1906 впервые выступал на митинге. С возросшей опасностью полицейских репрессий летом 1906 переехал из Петербурга в Куоккалу (Финляндия). В дек. 1907 вновь эмигрировал.

После поражения рев-ции Л. стремился спасти партию от разгрома и внутр. кризиса. С 1910 предпринял шаги к возрождению центр. органов партии. В янв. 1912 6-й Всерос. конференцией РСДРП (Прага) был избран членом ЦК. По его инициативе была создана газ. "Правда". В докладе по нац. вопросу на Летнем 1913 совещании ЦК РСДРП с парт. работниками Л. подчёркивал, что борьба против нац. угнетения связана с борьбой против царизма. В написанной им резолюции отмечалось, что право наций на самоопределение, т.е. на отделение и образование самостоят. гос-ва, безусловно отстаивается с.-д. партией (см.: ПСС, т. 24, с. 58). И далее: вопрос этот "непозволительно смешивать с вопросом о целесообразности отделения той или иной нации" (там же, с. 59). Л. участвовал в деятельности 2-го Интернационала: с окт. 1905 по 1912 представлял РСДРП в Междунар. соц. бюро, возглавлял большевист. делегацию на Штутгартском (1907) и Копенгагенском (1910) конгрессах.

В нач. 1-й мир. войны находившийся на терр. Австро-Венгрии (в Поронине) Л. был арестован по подозрению в шпионаже в пользу России. Освобождённый благодаря ходатайству австр. и польск. с.-д. 23 авг. 1914 переехал в Швейцарию. В написанном Л. совм. с Г.Е. Зиновьевым Манифесте РСДРП "Война и рос. с.-д-тия" (опубл. 1 нояб. 1914) рев. с.-д. всех стран призывались раскрывать обманутым массам империалистич., грабитель-

ский характер войны, разоблачать шовинистов. Исходя из предвоен. решений конгрессов 2-го Интернационала, Л. выдвинул лозунг превращения войны империалистической в войну гражданскую, а с точки зрения рев. перспектив считал поражение царизма "наименьшим злом" (см.: ПСС, т. 26, с. 21–22). Англ. посол Дж. Бьюкенен позднее писал: "Россия была лишь пешкой в той игре, к-рую играл Л. Для осуществления его мечты о мировой рев-ции война, к-рую вела Россия против Германии, должна превратиться в гражд. войну внутри страны; такой была отныне конечная цель его политики" ("Мемуары дипломата", М., б/г, с. 227). Патриотизм Л. видел не в оборончестве и поддержке царского пр-ва, а в борьбе с монархией и буржуазией, ввергнувших страну в кровавую бойню. В этом духе он направлял деятельность Рус. бюро ЦК и местных парт. орг-ций. Считаясь с фактом краха 2-го Интернационала, прилагал усилия к сплочению интернационалист. сил. Участвовал в междунар. соц. конференциях в Циммервальде (авг. 1915) и Кинтале (апр. 1916).

В кон. лета 1915 Л. сформулировал вывод, что в эпоху империализма, в силу неравномерности развития капитализма, "возможна победа социализма первоначально в немногих или даже в одной, отдельно взятой, капиталистич. стране" (ПСС, т. 26, с. 354; разрядка моя. – Автор). В кн. "Империализм как высшая стадия капитализма" (1916) Л. доказывал: в социальной и экон. структуре передовых капиталистич. стран с переходом к империализму произошли качественные изменения, что привело "к самому всестороннему обобществлению про-из-ва"; монополистич. капитализм "втаскивает, так сказать, капиталистов, вопреки их воле и сознанию, в какой-то новый обществ. порядок, переходный от полной свободы конкуренции к полному обобществлению", т.е. к социализму (см.: ПСС, т. 27, с. 320–21). В этой связи Л. полагал, что на империалистич. стадии мировой капитализм как система в целом созрел для перехода к социализму, а война, обострив его обществ. противоречия и впервые создав угрозу гибели цивилизации, поставила этот переход в порядок дня. Применительно к России Л. исходил из того, что здесь на очереди стоит бурж.-демокр. рев-ция, и был убеждён, что её победа зажжёт соц. рев-цию в Европе и тем приблизит её наступление в России (см.: ПСС, т. 27, с. 49–51, 81).

Годы войны были одним из самых трудных периодов в жизни Л. В окт. 1916 он писал А.Г. Шляпникову: "О себе лично скажу, что заработок [литературный.– Автор] нужен. Иначе просто околевать, ей-ей! Дороговизна дьявольская, а жить нечем" (ПСС, т. 49, с. 302). Источники свидетельствуют, что воспитанная годами лишений личная бытовая неприхотливость сохранилась у Л. на всю жизнь.

О победе Февр. рев-ции 1917 в Петрограде Л. узнал из швейц. газет от 15(2) марта. Уже 16(3) марта в письме к А.М. Коллонтай он пишет: «Мы создадим попрежнему свою особую партию и обязательно соединим легальную работу с нелегальной [разрядка моя.– Автор]. Ни за что снова по типу второго Интернационала!.. Республиканская пропаганда, борьба против империализма, попрежнему рев. пропаганда, агитация и борьба с целью международной пролет. рев-ции и завоевания власти "Советами РД"» (ПСС, т. 49, с. 400; разрядка моя.– Автор), в письме от 17(4) марта к ней же: "Сейчас удалось составить, вместе с Зиновьевым, первый набросок тезисов, черновой" (там же, с. 402). Этот "набросок" давал первую оценку перспектив развития рус. рев-ции и формулировал задачи большевиков (см. там же, с. 402–03). 7–12 марта Л. в "Письмах из далека" разработал осн. положения большевист. стратегии и тактики в рев-ции, сутью к-рых была идея "перехода от первого [бурж.-демокр.– Автор] к второму [соц.– Автор] этапу рев-ции" (ПСС, т. 31, с. 21–22; разрядка моя.– Автор).

6 марта, после отказа англ. и франц. пр-в пропустить в Россию полит. эмигрантов, совещание их представителей [Ю.О. Мартов – меньшевик, Г.Е. Зиновьев – большевик, М.А. Натансон – эсер, В. Косовский (М.Я. Левинсон) – бундовец] рассмотрело вопрос о способах возвращения в Россию и приняло выдвинутый Мартовым план проезда через Германию. Л. участвовал в выработке условий проезда, к-рые 22 марта были переданы швейц. социалистом Ф. Платтеном герм. посланнику в Швейцарии. 24 марта Платтен сообщил Л. о согласии герм. пр-ва на проезд полит. эмигрантов через Германию на выдвинутых ими условиях (за вагоном признаётся право экстерриториальности, сношения с герм. властями и чиновниками ведёт лишь Платтен, пассажиры ни при каких условиях вагон не покидают и т.п.). Мотивы, к-рыми руководствовалось герм. пр-во, позднее ген. Э. Людендорф изложил следующим образом: "...с воен. точки зрения пропуск Л. в Россию был оправдан: Россию необходимо было разбить любыми средствами" (Ludendorff E., Meine Kriegserinnerungen 1914 – 1918, Berlin, 1919, S. 407). 25 марта в Берне Платтен, франц. социалист Ф. Лорио, франц. публицист А. Гильбо, герм. с.-д. П. Леви, польск. с.-д. М.Г. Бронский, познакомившись с "Протоколом о проезде через Германию", подготовленным под рук. Л. (см.: Ленинский сб-к, т. 2, с. 385), подписали "Заявление" для печати: "Мы, нижеподписавшиеся интернационалисты Франции, Швейцарии, Польши, Германии, полагаем, что наши рус. единомышленники не только вправе, но обязаны воспользоваться представившимся им случаем проезда в Россию" (В.И. Ленин, Биогр. хроника, т. 4, М., 1973, с. 40). 27 марта вагон с эмигрантами в сопровождении Платтена отбыл из Швейцарии.

Возвращение в Россию выдвинуло Л. на авансцену полит. борьбы. Имя Л. как деятеля с.-д. движения (и не только российского), лидера большевиков получило широкую известность (до 1917 было опубл. 15 биогр. справок в популярных словарях и энциклопедиях). Фигура Л. обрела черты вождя соц. рев-ции, в чём, по оценкам современников, немалую роль сыграло и своеобразие его личных качеств. Н.А. Бердяев писал: "Л. потому мог стать вождём рев-ции и реализовать свой давно выработанный план, что он не был типическим рус. интеллигентом. В нём черты рус. интеллигента-сектанта сочетались с чертами рус. людей, собиравших и строивших рус. гос-во. Он соединял в себе черты Чернышевского, Нечаева, Ткачёва, Желябова с чертами великих князей московских, Петра Великого и рус. гос. деятелей деспотич. типа... Л. был революционер-максималист и гос. человек. Он соединял в себе предельный максимализм рев. идеи, тоталитарного рев. миросозерцания с гибкостью и оппортунизмом в средствах борьбы, в практич. политике... Он соединял в себе простоту, прямоту и нигилистич. аскетизм с хитростью, почти с коварством" ("Истоки и смысл рус. коммунизма", М., 1990, с. 95).

3 апр. Л. возвратился в Петроград. "Правда" писала, что на площади Финл. вокзала он "приветствовал рев. рус. пролетариат и рев. рус. армию, сумевших не только Россию освободить от царского деспотизма, но и положивших начало социальной рев-ции в международном масштабе" (ПСС, т. 31, с. 98; разрядка моя.– Автор). В ночь с 3 по 4 апр. выступил во дворце Кшесинской на собрании большевиков с Апр. тезисами. Н.Н. Суханов писал: "Мне не забыть этой громоподобной речи, потрясшей и изумившей не одного меня, случайно забредшего еретика, но и всех правоверных... Казалось, из своих логовищ поднялись все стихии, и дух всесокрушения, не ведая ни преград, ни сомнений, ни людских трудностей, ни людских расчётов, носится по зале Кшесинской над головами зачарованных учеников. Л. вообще хороший оратор – не оратор законченной, круглой фразы, или яркого образа, или захватывающего пафоса, или острого словца,– но оратор огромного напора, силы, разлагающий тут же, на глазах слушателя, сложные системы на простейшие, общедоступные элементы и долбящий ими, долбящий, долбящий по головам слушателей до бесчувствия, до приведения их к покорности, до взятия в плен" ("Записки о рев-ции", т. 2, кн. 3–4, М., 1991, с. 11).

4 апр. ок. 12 ч. Л. приехал в Таврический дворец на собрание большевиков – участников Всерос. совещания Советов РСД. Здесь он выступил с докладом и разъяснениями своих тезисов: вместо завершения бурж.-демокр. рев-ции партия должна взять курс на переход от неё ко второму, соц. этапу рев-ции, а вместо обычной бурж.-парламентарной республики призвать массы установить республику Советов; первоочередная полит. задача – переход всей власти к Советам РСКД, к-рый в условиях двоевластия может быть осуществлён безболезненным мирным путём. Заканчивая доклад, отметил: "Я

слышу, что в России идёт объединит. тенденция, объединение с оборонцами. Это – предательство социализма" (ПСС, т. 31, с. 112). План объединения РСДРП, выдвинутый ОК меньшевиков и поддержанный Рус. бюро ЦК, был сорван. Вскоре Л. писал: "Не объединение с этими мелкими буржуа (Чхеидзе, Церетели, Стеклов), а разбитие этой с.-д-тии, губящей рев-цию пролетариата" (там же, с. 123). Объединение, считал Л., возможно только с теми, кто готов идти на углубление рев-ции. Ему удалось добиться того, что на уровне рук-ва большевиков и меньшевиков объединение рос. с.-д-тии было исключено. Но на местах до осени 1917, а в ряде случаев и позже существовало много объединённых с.-д. орг-ций.

Участвуя 4 апр. в заседании исполкома Петрогр. Совета РСД, Л. сделал сообщение об обстоятельствах проезда полит. эмигрантов через Германию. Был введён в состав исполкома Петрогр. Совета РСД.

С 5 апр. Л.– редактор газ. "Правда". 6 апр. ЦК РСДРП(б) не поддержал Апр. тезисы. 7 апр. "Правда" опубл. его ст. "О задачах пролетариата в данной рев-ции", к-рая содержала Апр. тезисы. 8 апр. в "Правде" против "разлагающего влияния" ленинских тезисов выступил Л.Б. Каменев (ст. "Наши разногласия"), возражавший против признания бурж.-демокр. рев-ции законченной и вытекавшего отсюда курса на её перерастание в соц. рев-цию. Дискуссия по тезисам состоялась в тот же день на заседании ПК большевиков, при голосовании – 2 "за", 13 "против", воздержался 1 (см.: "Первый легальный Петерб. к-т большевиков в 1917 г.", М., 1927, с. 88). «И тезисы и доклад мой,– признавал Л.,– вызвали разногласия в среде самих большевиков и самой редакции "Правды"» (ПСС, т. 31, с. 131). Настойчиво разъясняя идеи Апр. тезисов, Л. добился в короткий срок их поддержки большинством парт. орг-ций. В ходе развернувшейся полемики о возможности социализма в России Л. отверг все критич. аргументы меньшевиков, эсеров и др. полит. противников о неготовности страны к соц. рев-ции ввиду её экон. отсталости, слабости, недостаточной культурности и организованности трудящихся масс, в т.ч. пролетариата, об опасности раскола рев.-демокр. сил и неизбежности гражд. войны.

20–21 апр. во время Апр. кризиса, вызванного нотой П.Н. Милюкова союзным державам о продолжении Россией войны до победы, когда солдаты и рабочие Петрограда вышли на первую антиправительств. демонстрацию под лозунгами "Долой Милюкова!", "Долой Врем. пр-во!", "Вся власть Советам!", ЦК большевиков принял (21 апр.) написанную Л. резолюцию. В ней отмечалось, что Врем. пр-во не может окончить империалистич. войну, а меньшевики и эсеры, поддерживая его, проводят ошибочную политику (см.: ПСС, т. 31, с. 309–11). Демонстранты 21 апр. требовали не только мира, а и свержения Врем. пр-ва. Пресса обвиняла Л., большевиков в подготовке гражд. войны; Суханов утверждал позднее, что Л. бурж. "обыватели припутали к кризису без всяких оснований", он был тогда "тише воды, ниже травы" (Суханов Н.Н., указ. соч., т. 2, кн. 3–4, с. 109). 22 апр. ЦК принял резолюцию Л., в к-рой лозунг "Долой Врем. пр-во!" осуждался как авантюристический и противоречащий курсу на мирное развитие рев-ции (см.: ПСС, т. 31, с. 319–20).

Одобренные после острой дискуссии 7-й Всерос. (Апр.) конференцией РСДРП(б) (24–29 апр.) Апр. тезисы легли в основу политики партии. Многим как в партии, так и особенно вне её это казалось непостижимым. Типичным для определ. кругов общественности было мнение ген. А.И. Деникина: "Первоначальные выступления Л. казались такими нелепыми и такими явно анархическими, что вызвали протест не только во всей либеральной, но и в бо́льшей части соц. печати" (Деникин А.И., Очерки рус. смуты, т. 1, М., 1991, с. 326). Меньшевистская "Рабочая Газета" 2 мая писала об итогах конференции: «Знаменитые ленинские "тезисы" перестали быть продуктом личного творчества Л., товаром, привезённым из-за границы, диковинкой, к-рую оглядывают с любопытством, но к к-рой нельзя относиться серьёзно. Сто сорок делегатов большевист. конференции, почти как один человек, приняли резолюции, к-рые в развёрнутом виде излагали осн. мысли тех же "тезисов"... И тем более настоятельной является серьёзная идейная борьба с ленинизмом во всех его проявлениях».

Реализуя свою программу углубления рев-ции, Л. работал с исключит. напряжением. В печати регулярно появлялись написанные им статьи, брошюры, воззвания, он постоянно выступал на собраниях и митингах, съездах и конференциях. При обосновании и пропаганде своего соц. проекта он исходил из того, что, по словам П.Н. Милюкова, "рус. рев-ция не была бы рев-цией, если бы она остановилась на первой стадии и не дошла до крайностей" ("Россия на переломе. Большевист. период рус. рев-ции", т. 1, Париж, 1927, с. 40). Л. утверждал, что "только власть Советов РКСД поможет начать решит. борьбу и за мир, и за землю, и за социализм" (ПСС, т. 32, с. 50). В этом же контексте трактовал он и перспективы решения нац. вопроса: "...великороссы не будут насильно удерживать ни Польши, ни Курляндии, ни Украины, ни Финляндии, ни Армении, вообще ни одного народа. Великороссы предлагают братский союз всем народам и составление общего гос-ва по добровольному согласию каждого отдельного народа, а никоим образом не через насилие" (там же, с. 41). Идею пролет. рев-ции в России он изначально поставил в прямую связь с надеждами мн. социалистов разл. направлений на близкую мировую рев-цию и рассматривал рос. рев-цию как пролог, начало и детонатор всемирной. Л. полагал, что "отсталая страна может легко начать [рев-цию.– Автор], потому что гнил её противник, потому что неорганизована её буржуазия..." (ПСС, т. 36, с. 252). Та же "отсталость России своеобразно слила пролет. рев-цию против буржуазии с крест. рев-цией против помещиков" (ПСС, т. 38, с. 306).

Л. был согласен с оппонентами, что Россия не созрела экономически для социализма, но считал, что в виде крупной пром-сти, транспорта, банков и монополий у неё имеются элементы его материальных предпосылок. "Социализм,– подчёркивал Л.,– ставится нами не как прыжок, а как практич. выход из создавшейся разрухи" (ПСС, т. 31, с. 446). Проект Л. на том этапе не предусматривал немедленного "введения" социализма и крутой ломки сложившихся обществ. укладов, а напротив, учитывая уровень развития страны и подготовленности населения, исходил из необходимости переходных шагов и мероприятий (национализация банков и монополизиров. пром-сти, ликвидация помещичьего землевладения и национализация всей земли, рабочий контроль над произ-вом и распределением продуктов и т.п.). Общедемокр. задачу спасения страны от нац. катастрофы, её полит., социального и экон. обновления и возрождения, по мнению Л., мог решить только рев. пролетариат, выходя за пределы капиталистич. системы. Итоговый его аргумент об ист. необходимости соц. рев-ции в России: "А не мог ли народ, встретивший рев. ситуацию, к-рая сложилась в первую империалистич. войну, не мог ли он, под влиянием безвыходности своего положения, броситься на такую борьбу, к-рая хоть какие-либо шансы открывала ему на завоевания для себя не совсем обычных условий для дальнейшего роста цивилизации?" (ПСС, т. 45, с. 380).

На 1-м Всерос. съезде Советов РСД (3–24 июня) в ответ на заявление И.Г. Церетели, что "в настоящий момент в России нет полит. партии, к-рая говорила бы: дайте в наши руки власть, уйдите, мы займём ваше место", раздался громкий голос Ленина: "Есть!". Общий смех в зале не смутил его, и он в своём выступлении сказал: «Я отвечаю: "Есть! Ни одна партия от этого отказаться не может, и наша партия от этого не отказывается: каждую минуту она готова взять власть целиком"» (ПСС, т. 32, с. 267). И вслед: "Вы говорите о войне против аннексий и о мире без аннексий, а в России продолжаете политику аннексий... Вы и ваше пр-во, ваши новые министры на деле продолжаете с Финляндией и Украиной политику аннексий... Это – политика, к-рая представляет надругательство над правами народности... Это значит бояться отдельных республик. С точки зрения рабочих и крестьян это не страшно. Пусть Россия будет союзом свободных республик" (там же, с. 286). С целью выразить съезду приверженность рабочих и солдат лозунгу "Вся власть Советам!" Л. поддержал проведение в Петрограде 10 июня массовой мирной демонстрации, но после её запрещения съездом призвал подчиниться этому решению.

18 июня в Петрограде проходила демонстрация (ок. 500 тыс. чел., её осн. лозунг – "Вся власть Советам!"). Вечером того же дня, по воспоминаниям Н.И. Подвойского, Л. в кругу членов ЦК якобы сделал вывод: демонстрацией пролетариат ничего не добился; "Он должен с нею вместе похоронить иллюзию на мирную возможность передачи власти Советам. Власть не передают: её берут с оружием в руках... Необходимо дать пролетариату указания, что вся орг-ция его силы в конечном счёте имеет [целью] восстание, если не через дни, не в ближайшие недели, то, во всяком случае, в ближайшем будущем" ("Красная летопись", 1923, № 6, с. 76). Часть большевиков вразрез со сдержанно-выжидат. позицией Л. настроилась на скорый переход власти к Советам. Особую активность проявляли деятели Воен. орг-ции большевиков. Выступая 20 июня на Всерос. конференции фронтовых и тыловых орг-ций, Л. подчёркивал: "Мы должны быть особенно внимательны и осторожны, чтобы не поддаться провокации... Один неверный шаг с нашей стороны может погубить всё дело... Выжидательная тактика – наилучшая сейчас. Время работает за нас" ("Пролет. рев-ция", 1927, № 6, с. 226–27). Однако предотвратить драматич. события в столице в нач. июля не удалось.

Срочно возвратившись в Петроград с отдыха, Л. призывал 4 июля демонстрантов к "выдержке, стойкости и бдительности" (ПСС, т. 34, с. 24). Зиновьев вспоминал: "В июльские дни весь наш ЦК был против немедленного захвата власти. Так же думал и Л. Но, когда 3 июля высоко поднялась волна народного возмущения, тов. Л. встрепенулся... состоялось маленькое совещание [видимо, 4 июля.– Автор], на к-ром были Троцкий, Л. и я. И Л., смеясь, говорил нам: а не попробовать ли нам сейчас?.. нет, сейчас брать власть нельзя, ... потому что фронтовики ещё не все наши, сейчас обманутый Либерданами фронтовик придёт и перережет питерских рабочих" (Зиновьев Г., Н. Ленин. В.И. Ульянов. Очерк жизни и деятельности, П., 1918, с. 56–57). Иначе воспринимал происходящее П.Н. Милюков: "3 июля вечером Л. уже занял свой знаменитый балкон в доме Кшесинской и приветствовал солдат... сюда направлялись и отсюда рассылались приходившие воен. части. Словом, воен. штаб восстания был налицо..." ("Воспоминания", М., 1991, с. 510).

С началом репрессий против большевиков, рев. рабочих и солдат Л. был обвинён в орг-ции восстания против Врем. пр-ва и шпионаже в пользу Германии; был выдан ордер на его арест с последующим преданием суду (обвинение в шпионаже тогда же было отвергнуто лидерами ВЦИК Н.С. Чхеидзе и И.Г. Церетели). [Специально исследовавший этот вопрос амер. историк Дж.Ф. Кеннан пришёл к выводам, что "на каждом шагу обнаруживаются серьёзные несоответствия между обстоятельствами, о к-рых идёт речь в документах (о получении нем. денег.– Автор), и общеизвестными ист. фактами" ("The Jornal of Modern History", v. 28, № 2, June, 1956, p. 137); "...немцы не испытывали никаких иллюзий относительно личной порядочности большевист. лидеров" (там же, с. 154); рук-во воен. разведки Врем. пр-ва после Июльских событий "было крайне заинтересовано выяснить связи между большевиками и немцами" (там же, с. 147)]. 7 июля Л. был согласен на арест, но ЦК принял решение о его переходе на нелегальное положение, и в тот же день Л. покинул Петроград, скрываясь сначала (вместе с Зиновьевым) на оз. Разлив (до

8 авг.), а затем в Финляндии (Ялковала, Гельсингфорс, Выборг).

Поражение большевиков в Июльские дни, окончание периода двоевластия заставили Л. пересмотреть тактику партии. Он пришёл к выводу, что "власть нельзя уже мирно взять" (ПСС, т. 34, с.13; разрядка моя.– Автор). Снимая лозунг "Вся власть Советам!", он считал, что "Советы могут и должны будут появиться..." вновь, что даст возможность большевикам вернуться к идее построения всего гос-ва по типу Советов (там же, с. 16). По воспоминаниям Г.К. Орджоникидзе, уже в кон. июля Л. говорил, что вооруж. восстание "не заставит ждать себя долго. Восстание будет не позже сентября – октября" ("Воспоминания о В.И. Ленине", т. 2, М., 1984, с. 418). Через ЦК и "Правду" Л. осуществлял общее рук-во партией. 6-й съезд РСДРП(б) (26 июля – 3 авг.) ориентировал партию на общеполит. подготовку завоевания власти путём вооруж.восстания. 3 авг. Л. внёс коррективы в агр. программу и политику большевиков, предложив поддержать требования крест-ва, сформулированные в 242 крест. наказах, представленных 1-му Всерос. съезду Советов КД (4–28 мая) и обобщённых эсеровским Исполкомом Всерос. Совета КД (о ликвидации частной собственности на землю вообще и помещичьего землевладения в первую очередь, о недопустимости наёмного труда, об уравнительно-трудовом принципе землепользования).

30 авг. Л. писал в ЦК партии: "Восстание Корнилова есть крайне неожиданный (в такой момент и в такой форме неожиданный) и прямо-таки невероятно крутой поворот событий", к-рый требует пересмотра и изменения тактики большевиков (см.: ПСС, т. 34, с. 119). И далее: "...мы воюем с Корниловым, как и войска Керенского, но мы не поддерживаем Керенского... мы видоизменяем форму нашей борьбы с Керенским" (там же, с. 120). "Развитие этой войны одно только может нас привести к власти... войну против Корнилова надо вести революционно, втягивая массы, поднимая их, разжигая их" (там же, с. 121).

В нач. сент., после провала выступления ген. Л.Г. Корнилова, Л. предложил меньшевикам и эсерам сформировать пр-во на основе перехода власти к существующим Советам, с целью мирного развития рев-ции. Обосновывая необходимость и возможность такого компромисса, Л. писал в ст. "Рус. рев-ция и гражд. война": "Если есть абсолютно бесспорный, абсолютно доказанный фактами урок рев-ции, то только тот, что исключительно союз большевиков с эсерами и меньшевиками, исключительно немедленный переход всей власти к Советам сделал бы гражд. войну в России невозможной. Ибо против такого союза, против Советов РСКД никакая буржуазией начатая гражд. война немыслима..." (ПСС, т. 34, с. 222). Ту же мысль Л. развивал в ст. "Задачи рев-ции": "Если эта возможность будет упущена, то весь ход развития рев-ции... указывает на неизбежность самой острой гражд. войны между буржуазией и пролетариатом" (там же, с. 238). Лидеры меньшевиков и эсеров всё-таки сохранили курс на коалицию с буржуазией. 9 сент. ЦО ПСР "Дело Народа" оценил предложение Л. как желание большевиков возложить на эсеров и меньшевиков "всю чёрную и ответственную работу власти, себе же отводят удобную роль контролёров... Сов. пр-во погибло бы под тяжестью противоречий между клас. характером его программы и необходимостью осуществлять внеклас. политику". А ЦО меньшевиков "Рабочая Газета" 10 сент. объясняла, что тактика большевиков "неизбежно привела бы, в случае своего успеха, к изоляции пролетариата и к поражению его в гражд. войне против огромного большинства населения..."

Между Л. и др. руководящими деятелями партии, гл. обр. членами ЦК, разногласия по коренным вопросам развития рев-ции обострялись. Л. настаивал, чтобы ЦК приложил усилия к ускорению свержения Врем. пр-ва, но ЦК не согласился. Позднее Л. признал, что был неправ, когда, будучи эмигрантом, внёс в ЦК слишком "левое" предложение, хотя условия для этого ещё не созрели (см.: ПСС, т. 53, с. 14).

В подполье Л. написал кн. "Гос-во и рев-ция", брошюры "Грозящая катастрофа и как с ней бороться", "Удержат ли большевики гос. власть?". Помимо актуальных полит. проблем (о соц. рев-ции и диктатуре пролетариата, о соотношении этой диктатуры и демократии, о значении Советов как органов рев. власти и нар. самоуправления и т.д.) в них обосновывались экон. программа и неотложные мероприятия по борьбе с хоз. разрухой и по гос. строительству после прихода большевиков к власти.

15 сент. ЦК получил от Л. 2 письма, написанных между 12 и 14 сент.,– "Большевики должны взять власть" и "Марксизм и восстание". В письмах Л., отметив, что большевики получили большинство в обоих столичных Советах и что "большинство народа за нас", предложил начать немедленную подготовку к вооруж. восстанию для взятия гос. власти в свои руки (см.: ПСС, т. 34, с. 239–41, 242–47). Н.И. Бухарин вспоминал: "Письмо было написано чрезвычайно сильно и грозило нам всякими карами. Мы все ахнули. Никто ещё так резко вопроса не ставил" ("Пролет. рев-ция", 1922, № 10, с. 319). На заседании ЦК было решено письма сжечь, сохранив лишь по одному экземпляру, и принять меры к тому, чтобы о письмах Л. не стало известно петерб. рабочим, ПК и МК партии (см. там же). Л. приходит к выводу, что по вопросу о восстании "замечается какое-то равнодушие" (ПСС, т. 34, с. 391). В 1918 Зиновьев писал: «Почти всем нам казалось, что ещё рано, что меньшевики и эсеры имеют ещё довольно много сторонников. Тогда Л., не долго думая, бросает своё убежище и "самочинно", не считаясь с опасениями друзей, приезжает из Финляндии в Питер, чтобы проповедовать немедленное восстание... И – добивается своего... Не возьми мы власть в октябре, нас раздавили бы Савинков и Пальчинский в ноябре...» (Зиновьев Г., указ. соч., с. 60).

О точной дате возвращения Л. в Петроград документальных сведений нет, называются и 22, и 29 сент., и время между 3 и

10 окт. (см.: "В.И. Ленин. Биографич. хроника", т. 4, с. 373), вероятнее всего – 29 сент. Заручившись поддержкой Л.Д. Троцкого и вопреки возражениям "правых" – Каменева и Зиновьева, Л. на заседании ЦК 10 окт. добился принятия решения о практич. подготовке вооруж. восстания. 16 окт. ЦК подтвердил резолюцию от 10 окт. Л. убеждал рук-во и актив партии не ожидать 2-го Всерос. съезда Советов РСД (как предлагал Троцкий), назначенного на 20 и затем на 25 окт. Альтернатива в эти дни, по оценке Л., была такова: победа пролет. восстания и переход власти к Советам или победа контррев. военщины (см.: ПСС, т. 34, с. 205, 406). Л. торопил с восстанием, аргументируя это тем, что при слабом ("опереточном", по определению Суханова; см. его указ. соч., т. 3, кн. VII, Берлин, 1923, с. 48) пр-ве Керенского власть могла перехватить воен. клика. Л. говорил также об угрозе "бесконечно свирепого крест. восстания", т.е. стихийного бунта (см.: ПСС, т. 34, с. 205). В.М. Чернов утверждал, что для Л. существовала лишь "одна добродетель: воля к власти для осуществления... своей программы. Одно преступление: нерешительность, упускающая шансы успеха" ("Воля России", Прага, 1924, № 3, с. 30).

Вечером 24 окт. Л. прибыл в Смольный и придал подготовке восстания решающий импульс. Троцкий позднее в характерной для него манере писал: "Не будь меня в 1917 г. в Петербурге, Окт. рев[-ция] произошла бы – при условии наличности и рук-ва Л. Если б в Петербурге не было ни Л., ни меня, не было бы и Окт. рев-ции: рук-во большевист. партии помешало бы ей свершиться... Если б в Петербурге не было Л., я вряд ли справился бы... исход рев-ции оказался бы под знаком вопроса. Но, повторяю, при наличии Л. Окт. рев-ция всё равно привела бы к победе" ("Дневники и письма", Тэнфлей, 1990, с. 84–85). Открывшийся 25 окт. 2-й Всерос. съезд Советов РСД провозгласил переход всей полноты власти в центре и на местах к Советам и тем подтвердил победу большевиков и их союзников – левых эсеров. На съезде 26 окт. по докладам Л. были приняты декреты о мире и о земле. В ночь с 26 на 27 окт. съезд образовал первое, чисто большевист. Сов. пр-во – СНК во главе с Л.

В дни похода на Петроград войск А.Ф. Керенского – П.Н. Краснова, выступления против Сов. власти в столице юнкеров и под угрозой объявления Викжелем (Всерос. Исполкомом ж.-д. профсоюза) всеобщей ж.-д. забастовки Л. согласился на переговоры о создании "однородного соц. пр-ва" (от нар. социалистов до большевиков), с идеей к-рых выступил Викжель. После подавления очагов вооруж. сопротивления Л. торпедировал создание "однородного соц. пр-ва". 1 нояб. он заявил на заседании ЦК партии: "Разговаривать с Викжелем теперь не приходится... Переговоры должны были быть как дипл. прикрытие воен. действий" ["Протоколы ЦК РСДРП(б)", с. 126–27]. Вместе с тем он содействовал расширению полит. базы Сов. пр-ва за счёт вхождения в него левых эсеров.

М.Н. Покровский отмечал у Л. "колоссальное полит. мужество... он не боялся брать на свою ответственность полит. решения какого угодно размера. Он не отступал в этом отношении ни перед каким риском, брал на свою ответственность шаги, от к-рых зависела участь не только его личности, не только его партии, но всей страны и до нек-рой степени мировой рев-ции" ("Ленин как тип рев. вождя", в кн.: "Ленин. Человек. Мыслитель. Революционер", М., 1990, с. 268). Иначе оценивал его деятельность А.Ф. Керенский: "Для него всё, что было на пользу и выгодно рабочему классу, представлялось этичным, а всё, что вредно,– неэтичным. Такая доктрина морального релятивизма, если следовать ей до логич. конца, неизбежно ведёт к той аморальности, к-рая предельно сжато сформулирована... если Бога нет, то всё позволено. И именно эту сжатую формулу духовного и морального нигилизма Л. и его соратники использовали в качестве руководящего принципа всей своей рев. деятельности" ("Россия на ист. повороте", "Вопросы истории", 1991, № 2–3, с. 170).

Образование пр-ва во главе с Л. вызвало негодование др. соц. партий. Даже ранее близкий к нему М. Горький 10 нояб. писал: «Л. ... является одною из наиболее крупных и ярких фигур междунар. с.-д-тии... человек талантливый, он обладает всеми свойствами "вождя", а также и необходимым для этой роли отсутствием морали и чисто барским, безжалостным отношением к жизни нар. масс... Рабочий класс для Лениных то же, что для металлиста руда... Сознательные рабочие, идущие за Л., должны понять, что с рус. рабочим классом проделывается безжалостный опыт, к-рый уничтожит лучшие силы рабочих и надолго остановит нормальное развитие рус. рев-ции» ["Несвоевременные мысли и рассуждения о рев-ции и культуре (1917–1918)", М., 1990, с. 83–84].

В нояб. Л. был избран от Балт. флота членом Учред. Собр. На выборах в Учред. Собр. большинство голосов по стране получили эсеры. 17 нояб. группа министров Врем. пр-ва объявила об открытии 28 нояб. Учред. Собр. По инициативе Л. были закрыты опубликовавшие это сообщение 9 газет. 21 нояб. Л. говорил: "Большим влиянием пользовалась партия с.-р. Но... народ фактически голосовал за партию, к-рая уже не существовала... Право отзыва должно быть предоставлено Советам... тогда переход власти от одной партии к другой может происходить... путём простого перевыбора" (ПСС, т. 35, с. 110–11). Созданный 23 нояб. Петрогр. Союз защиты Учред. Собр. писал в воззвании 25 нояб.: Учред. Собр., "а не большевист. декреты" даст народу "достойный России" мир, "создаст всеми признанную власть"; "большевики... грозят уже разогнать само Учред. Собр." ("Рев-ция 1917", т. 6, с. 470). 26 нояб. Л. подписал Декрет СНК, к-рый определял, что откроет Учред. Собр. при наличии в зале не менее 400 его членов, уполномоченных СНК (см.: "Декреты Сов. власти", М., т. 1, с. 150). В ответ на организованную 28 нояб. Союзом защиты Учред. Собр. демонстрацию Л. вечером того же дня подписал "Декрет об аресте вождей гражд. войны против рев-ции", объявив кадетов партией врагов народа (см.: ПСС, т. 35, с. 126). 1 дек. на заседании ВЦИК Л. говорил: "Мы делали переворот для того, чтобы иметь гарантии, что Учред. Собр. не будет использовано против народа, чтобы эти гарантии были в руках пр-ва... мы будем подавлять сопротивление имущих [классов.– Автор] всеми теми средствами, к-рыми они подавляли пролетариат,– др. средства не изобретены" (там же, с. 135–36). Тем временем ЦК ПСР начал подготовку вооруж. выступления, приуроченного к открытию Учред. Собр., с целью захвата власти [см.: Соколов Б. (пред. воен. комиссии ЦК ПСР.– Автор), Защита Всерос. Учред. Собрания, в кн.: "Архив Рус. рев-ции", т. 13, Берлин, 1924, с. 40–70]. Л., поддержанный левыми эсерами, настоял на роспуске Учред. Собр. Его разгон, равно как и вооруж. разгон демонстрации сторонников Учред. Собр., был расценен противниками большевиков как серьёзный удар по демократии.

Первостепенное значение Л. придавал созданию нового гос. аппарата. Работая по 15–18 ч. в сутки, он добился такой орг-ции работы СНК, что последний, по оценке зап. исследователей, "в течение первых неск. месяцев своего существования достиг такого же уровня, к-рого брит. кабинет министров смог достичь приблизительно к этому же времени, но уже имея за плечами почти двухсотлетний опыт. По существу, добиться такой отлаженности аппарата, к-рый достиг СНК к концу гражд. войны, брит. кабинет смог лишь в течение и после 2-й мир. войны" (Rigly T., Lenin's Goverment. Sovnarkom. 1917–1922, Cambridge – London – New-York – Melbourne, 1979, p. 223–24).

Первым серьёзным испытанием для Л. как руководителя Сов. гос-ва был поиск выхода из войны. Отказ союзников России начать переговоры о мире вынудил СНК встать на путь сепаратных переговоров с Германией и её союзниками. Л., сломив сопротивление "левых коммунистов", Троцкого и его сторонников, добился заключения 3 марта 1918 сепаратного Брестского мира с Германией – по его определению, "позорного", "грабительского", но давшего Сов. Республике мирную передышку (см.: ПСС, т. 36, с. 17, 21, 25).

По предложению Л. СНК принял решение о своём переезде. 11 марта 1918 СНК и ЦК РКП(б) прибыли в Москву. Местом расположения пр-ва стал Кремль, где были рабочий кабинет и квартира Л. В апр. Л. публикует в "Правде" первую крупную после-окт. работу "Очередные задачи Сов. власти"; в ней выдвигалась программа преобразований, создающих условия для построения социализма в стране с учётом её ист. условий, в частности многоукладности экономики, и сформулированы принципы экон. политики, рассчитанной на восстановление и подъём нар. х-ва. Обоснована идея об использовании гос. капитализма, а также о том, что "без рук-ва специалистов разл. отраслей знания, техники, опыта переход к социализму невозможен" (там же, с. 178).

Чрезв. обстоятельства – угроза голода – заставили СНК подтвердить введённую ещё в марте Врем. пр-вом хлебную монополию, с кон. 1917 направлять в деревню для заготовки хлеба продотряды, с мая 1918 ввести декретом ВЦИК и СНК прод. диктатуру. Л. в мае писал А.Г. Шляпникову: "Мы явно погибнем и погубим всю рев-цию, если не победим голода в ближайшие месяцы" (ПСС, т. 50, с. 82). Он был сторонником жёстких, принудит. мер против "саботажников", "спекулянтов" и "кулаков", основных, по его мнению, держателей хлеба и виновников голода. "Либо сознательные передовики – рабочие... заставят кулака подчиниться... либо буржуазия при помощи кулаков... сбросит Сов. власть" (ПСС, т. 36, с. 360). Л. призвал рабочий класс организовать великий "крестовый поход" против них (там же, с. 361). Борьба за хлеб ускорила летом 1918 перегруппировку клас. сил в деревне. Суть её состояла в том, что власть в деревне была передана от общекрест. Советов к-там бедноты. Л. считал заслугой РКП(б), что она "сверху" внесла гражд. войну в деревню, расколола крест-во, чтобы в лице беднейшего крест-ва получить опору против деревенской буржуазии (см.: ПСС, т. 37, с. 310, 315, 508–09).

Оценивая деятельность Л. с позиции рус. интеллигента-либерала, Н.А. Бердяев писал: "Он решил воспользоваться крест-вом для пролет. рев-ции, и он успел в этом деле, ...совершил прежде всего агр. рев-цию, воспользовавшись многим, что раньше утверждали социалисты-народники... Это сопровождалось провозглашением новой рев. морали, соответствующей новому психич. типу и новым условиям" (Бердяев, указ. соч., с. 102).

Диктатура пролетариата стала осуществляться во всё более суровой форме. Заключение Брестского мира, установление прод. диктатуры привели к расколу правительств. коалиции большевиков с левыми эсерами. Последние организовали антибольшевист. вооруж. выступления в нач. июля 1918 в Москве. Одноврем. правые эсеры подняли восстание в Ярославле и др. местах, а затем перешли к тактике индивидуального террора против руководителей большевист. партии (в т.ч. 30 авг. покушение на Л.). Развёртывание с лета 1918 крупномасштабной Гражд. войны подтолкнуло большевиков осенью 1918 к возведению "красного террора", применявшегося и ранее, в ранг гос. политики. Л., рассматривая террор как неизбежное зло, присущее всем рев-циям прошлого, как необходимую и оправданную составную часть защиты рев-ции (см.: ПСС, т. 38, с. 261–62; т. 36, с. 475–77), высоко оценивал заслуги ЧК, осуществлявшей этот террор, видя в ней проводника диктатуры пролетариата (см.: ПСС, т. 37, с. 173–74). "Красный террор" принял наиб. жестокие и массовые формы в 1919–20, вызвав резкий протест в гуманистически настроенных слоях об-ва (см.: Короленко В.Г., Письма А.В. Луначарскому, "Новый мир", 1988, № 10; его же, Письма Х.Г. Раковскому, "Вопросы истории", 1990, № 10).

Обострение Гражд. войны поставило перед Сов. властью альтернативу: гибель или победа. 30 нояб. 1918 был создан Совет рабочей и крест. обороны, пред. к-рого стал Л. Заявляя, что он не разбирается в военно-стратегич. вопросах, относя их к компетенции высшего воен. командования, Л. проявил себя полит. деятелем, обеспечившим единство действий воен., гос., хоз. и парт. органов; Л. показал себя жёстким, а порой жестоким по отношению к врагам Сов. власти политиком; слово "расстрелять!"– одно из часто употребляемых им в те годы (иногда: "нас следовало бы расстрелять"). П.Б. Струве отмечал: "В Л. пугало это сочетание в одном лице настоящего самобичевания, к-рое лежит в основе всякого подлинного аскетизма, с бичеванием др. людей, выражавшемся в отвлечённой социальной ненависти и холодной полит. жестокости" ("Новый мир", 1991, № 4, с. 220).

Л. был последовательным сторонником политики "воен. коммунизма", проводившейся в 1919–20 и обеспечившей мобилизацию материальных и людских ресурсов для защиты рев-ции. Он отдал дань иллюзии, считая одно время, что политика "воен. коммунизма" могла обеспечить прямой переход России от капитализма к социализму. Б. Шоу писал 21 янв. 1921: "В данный момент есть один только интересный гос. деятель Европы: имя его Л. По мнению Л., социализм не вводится большинством народа путём голосования, а наоборот, осуществляется энергичным убеждённым меньшинством" ("Глазами человечества", М., 1957, с. 140).

В это же время Л. занимался и теоретич. проблемами, написав книги "Пролет. рев-ция и ренегат Каутский" (1918) и «Детская болезнь "левизны" в коммунизме» (1920). Под рук. Л. прошли 7-й (1918), 8-й (1919), 9-й (1920), 10-й (1921) съезды РКП(б), на к-рых Л. выступал с полит. докладами и избирался членом ЦК. С марта 1919 Л.– член Политбюро ЦК и его фактич. руководитель. Непременный участник всех Всерос. съездов Советов в 1918–21 и докладчик на них от имени СНК и ВЦИК. Оставаясь верным идее мировой рев-ции, Л. стал инициатором создания 3-го Интернационала. При руководящем участии Л. проведены 1-й (март 1919) – 4-й (нояб.– дек. 1922) конгрессы Коминтерна.

Завоёванная ценой тяжелейших людских и материальных жертв победа в Гражд. войне обернулась острейшим полит. и экон. кризисом Сов. гос-ва, массовым недовольством политикой "воен. коммунизма" и прежде всего продразвёрсткой. Крутой поворот РКП(б) к нэпу в марте 1921 связан с именем Л. Вобравшая в себя сотни тысяч рабочих и крестьян, "не знавших,– по определению Суханова,– иной выучки, кроме царской нагайки" (указ. соч., т. 2, кн. 3–4, с. 23), опьянённая вчерашними успехами на полях сражений большевист. партия не сразу поняла катастрофичность ситуации. Многими, гл. обр. молодыми, коммунистами переход к нэпу был воспринят как отступление от завоёванных рубежей.

В мае 1921 Л. писал: «...кто не понимает смены лозунга "гражд. война" лозунгом "гражд. мир", тот смешон, если не хуже» (ПСС, т. 44, с. 78), в ноябре: «Новым в настоящий момент является для нашей рев-ции необходимость прибегнуть к "реформистскому", постепеновскому, осторожно-обходному методу действий в коренных вопросах экон. строительства» (там же, с. 221; разрядка моя.– Автор), и далее: «Настоящие революционеры погибнут (в смысле не внеш. поражения, а внутр. провала их дела) лишь в том случае,– но погибнут наверняка в том случае,– если потеряют трезвость и вздумают, будто "великая, победоносная, мировая" рев-ция обязательно все и всякие задачи при всяких обстоятельствах во всех областях действия может и должна решать по-революционному» (там же, с. 223; разрядка моя.– Автор). Новая экон. политика предусматривала постепенный переход к социализму на основе смешанной экономики (включавшей соц., госкапиталистич., частнокапиталистич., мелкотоварный, патриархальный уклады) (см.: ПСС, т. 43, с. 207), широкого использования товарно-ден. отношений: "...теперь допущены и развиваются свободная торговля и капитализм, к-рые подлежат гос. регулированию, а, с др. стороны, гос. пр-тия переводятся на т.н. хоз. расчёт, т.е. по сути в значит. степени на коммерческие и капиталистич. начала" (ПСС, т. 44, с. 342). Несмотря на тяжелейшие последствия голода 1921, начался процесс быстрого восстановления экономики страны. К. Каутский, постоянно полемизировавший с Л., констатировал: "Нужно быть сумасшедшим, чтобы не признать величия Л. Собрать в единое целостное гос. образование погрязшую в анархии, подстерегаемую со всех сторон контррев-цией, до смерти вымотанную Россию – это достижение, равное к-рому вряд ли можно найти в истории" (Kautsky K., Ein Brief über Lenin, в кн.: Kautsky gegen Lenin, Bonn, 1981, S. 81).

Состоявшийся 27 марта – 2 апр. 1922 11-й съезд РКП(б) был последним, на к-ром присутствовал и выступал Л. Он оправдывал и считал нормой утвердившуюся в стране однопартийность и был решит. сторонником жёсткой дисциплины в РКП(б). По настоянию Л. 10-й съезд РКП(б) (март 1921) принял резолюцию "О единстве партии", к-рая, формально не отрицая внутрипарт. демократию, запрещала любую фракц. деятельность. Очень скоро эта резолюция стала использоваться для пресечения любой попытки критики парт. рук-ва. Отстаиваемый Л. принцип в построении партии ("демокр. централизм"), получив одностороннее истолкование, способствовал её превращению со временем в стержень складывавшейся в стране авторитарно-бюрократич. системы. Выступая за демократизацию сов. об-ва, свёрнутую в годы Гражд. войны, Л. ставил ей жёсткие ограничения, защищал большевист. монополию на власть. На предложение о введении свободы печати отвечал: "Мы самоубийством кончать не желаем и потому этого не сделаем" (ПСС, т. 44, с. 79). Как гос. деятель Л. отличался воинствующим атеизмом, жестокостью в борьбе с влиянием церкви. В марте

1922 призвал, используя ситуацию голода в Поволжье, провести изъятие церковных ценностей "с беспощадной решительностью... Чем большее число представителей реакц. духовенства и реакц. буржуазии удастся нам по этому поводу расстрелять, тем лучше. Надо именно теперь проучить эту публику так, чтобы на неск. десятков лет ни о каком сопротивлении они не смели и думать" ("Известия ЦК КПСС", 1990, № 4, с. 193).

Непомерно напряжённая работа и ранение подорвали здоровье Л. В мае 1922 он тяжело заболел и лишь в нач. окт. вернулся к работе, но в дек. болезнь обострилась, и Л. был переведён на лечебный режим. Последние год-полтора жизни Л. трагичны. Болезнь не давала возможности довести до конца задуманное и начатое. Между его ближайшими соратниками развернулась борьба за "ленинское наследие". Как свидетельствовала Н.К. Крупская, его болезнь усугублялась "нравами, водворившимися в наших верхах" ("Известия ЦК КПСС", 1989, № 2, с. 202). Превозмогая болезнь, Л. в кон. дек. 1922 – нач. февр. 1923 продиктовал ряд статей и писем, составивших его "Полит. завещание" и предназначенных для 12-го съезда партии. В них Л. поставил вопрос о необходимости "признать коренную перемену всей точки зрения нашей на социализм" (разрядка моя.– Автор), наметил в общих чертах направление этой перемены: социализм – строй цивилизованных кооператоров при обществ. собственности на средства произ-ва; перенесение центра тяжести на мирную организационную, культурную в широком смысле слова работу (см.: ПСС, т. 45, с. 373, 376–77). Обосновывая план федеративного союза равноправных республик – СССР, Л. писал: «Я, кажется, сильно виноват перед рабочими России за то, что не вмешался достаточно энергично и достаточно резко в пресловутый вопрос об автономизации... Видимо, вся эта затея "автономизации" в корне была неверна и несвоевременна. Говорят, что требовалось единство аппарата [союзного гос-ва.– Автор]... "свобода выхода из союза", к-рой мы оправдываем себя, окажется пустой бумажкой, неспособной защитить рос. инородцев от ...насильника, каким является типичный рус. бюрократ» (там же, с. 356–57). И далее: "...надо ввести строжайшие правила относительно употребления нац. языка в инонац. республиках, входящих в наш союз" (там же, с. 361; разрядка моя.– Автор), а возвращаясь к вопросу о едином гос. аппарате: "...оставить союз сов. соц. республик лишь в отношении военном и дипломатическом, а во всех др. отношениях восстановить полную самостоятельность отдельных наркоматов" (там же, с. 361–362; разрядка моя.– Автор). В "Письме к съезду" Л. предложил переместить И.В. Сталина с поста ген. секретаря на др. пост, убеждённый, что он, сосредоточив в своих руках необъятную власть, не сумеет пользоваться ею "достаточно осторожно" (там же, с. 345–46).

10 марта 1923 у Л. произошло новое обострение болезни, к-рое окончательно вывело его из строя. В мае Л. был перевезён в Горки. 21 янв. 1924 в 6 ч. 50 мин. после очередного приступа болезни Л. скончался.

Смерть Л. вызвала разнообразные, часто взаимоисключающие итоговые оценки его деятельности. Так, Сунь Ятсен на траурном митинге в Кантоне, обращаясь к портрету Л., говорил: "За многие века мировой истории появились тысячи вождей и учёных с красивыми словами на устах, к-рые никогда не проводились в жизнь. Ты, Л., исключенье. Ты не только говорил и учил, но претворил свои слова в действительность. Ты создал новую страну. Ты указал нам путь..." ("Глазами человечества", с. 107–08). У. Черчилль писал о Л.: "Ни один азиатский завоеватель, ни Тамерлан, ни Чингис-хан, не пользовались такой славой, как он. Непримиримый мститель, вырастающий из покоя холодного сострадания, здравомыслия, понимания реальной действительности. Его оружие – логика, его расположение души – оппортунизм. Его симпатии холодны и широки, как Ледовитый океан; его ненависть туга, как петля палача. Его предназначение – спасти мир; его метод – взорвать этот мир. Абсолютная принципиальность, в то же время готовность изменить принципам... Он ниспровергал всё. Он ниспровергал Бога, царя, страну, мораль, суд, долги, ренту, интересы, законы и обычаи столетий, он ниспровергал целую ист. структуру, такую как человеческое об-во. В конце концов он ниспроверг себя... Интеллект Л. был повержен в тот момент, когда исчерпалась его разрушит. сила и начали проявляться независимые, самоизлечивающие функции его поисков. Он один мог вывести Россию из трясины... Рус. люди остались барахтаться в болоте. Их величайшим несчастьем было его рождение, но их следующим несчастьем была его смерть" [Churchill W.S., The Aftermath (The world Crisis. 1918–1928), New-York, 1929, p. 64–66]. К. Каутский признавал: "Наши разногласия не должны делать нас слепыми к величию усопшего".

П.В. Волобуев.

ЛЕО́НТЬЕВ Сергей Михайлович (1880, имение Воронино Ростовского у. Ярославской губ., по др. сведениям, 1879, Москва,– ?). Из семьи помещика. Окончив ист.-филол. ф-т Моск. ун-та (1905), работал в земских учреждениях Ярославской губ. Кадет. С 1915 зав. отделом заказов и член Гл. по снабжению армии к-та Всерос. земского и гор. союзов (ВЗГС).

После Февр. рев-ции 1917 один из организаторов и с 1 марта по 20 апр. чл. исполкома Моск. обществ. орг-ций как представитель цензовой группы от ВЗГС; одноврем. 2 марта – 20 апр. врид моск. градоначальника, комиссар Моск. обществ. орг-ций по гражд. части. 20 апр.– 2 июля тов. мин. внутр. дел Врем. пр-ва, курировал Гл. управление по делам местного х-ва, руководил разработкой реформы местного самоуправления. После Июльских событий в Петрограде вышел из Врем. пр-ва. В нач. авг. один из организаторов Совещания обществ. деятелей (СОД), участвовал в разработке программы действий СОД (доведение войны до победного конца в единстве с союзниками, активное противодействие соц. течениям в экон. жизни, восстановление крепкого и упорядоченного строя и т.п.). 12–15 авг. участник Гос. совещания в Москве; совм. с Д.М. Щепкиным и А.Е. Грузиновым выступал за подготовку раскола среди участников Гос. совещания для объединения всех элементов, не вошедших в руководимые меньшевиками и эсерами Советы РСД, с целью воздействия на Врем. пр-во, чтобы добиться введения в армии "старой" дисциплины и прекращения рев. пропаганды и агитации. Был членом Предпарламента. В сер. окт. вошёл в рук-во СОД, а после отъезда в кон. окт. М.В. Родзянко из Москвы стал зам. пред. СОД; в февр.– марте 1918 участвовал в разработке его программы (борьба с Сов. властью, восстановление частной собственности, признание в качестве единств. формы правления в России конституц.монархии), придерживался прогерм. ориентации.

В марте 1918 один из организаторов "Правого центра" (объединение антисов. орг-ций Москвы), распавшегося осенью. С апр. 1918 работал чл. правления Центр. кооп. т-ва плодоводов и огородников (Плодоовощ). С образованием весной 1919 "Тактич. центра" делегирован в него от СОД, входил в его воен. комиссию. Проф. юрид. ф-та МГУ С.А. Котляревский писал: «Л. считался человеком исключительно сильной воли и ясного практич. ума и импонировал даже более левым членам "Союза возрождения", к-рые существенно расходились с ним в программных вопросах. Л. при своей кажущейся относительной правизне относился к большевизму как к гос. силе с уважением, но его возмущал полубольшевизм эсеров и меньшевиков» ("Красная книга ВЧК", т. 2, М., 1989, с. 156).

В февр. 1920 арестован; в авг. приговорён к расстрелу, но, приняв во внимание раскаяние Л., осуждение "белого движения" и иностр. воен. интервенции, желание участвовать в восстановлении нар. х-ва, Верх. ревтрибунал заменил расстрел 10 годами лишения свободы. В авг. 1921 освобождён. В мае 1924 арестован, в июне освобождён. В окт. 1930 арестован, в янв. 1931 выслан на 3 года на Урал, в авг. 1932 освобождён. Реабилитирован в янв. 1989. *А.И. Степанов.*

ЛИБЕР (наст. фам. Гольдман) Михаил Исаакович (24 мая, 1880, Вильно,– 4 окт. 1937). Род. в семье коммерсанта, поэта

И.М. Гольдмана, писавшего на древнеевр. яз. Окончил 7 классов гимназии. Частный учитель. В 1896 вступил в С.-д. партию Литвы. Один из лидеров Бунда с момента его образования в 1897. Впервые арестован в 1899. В 1900 эмигрировав, вошёл в Загран. к-т Бунда. На 2-м съезде РСДРП (1903) возглавлял делегацию Бунда, занимал антиискровскую позицию. С 1904 чл. ЦК Бунда. Участник Рев-ции 1905–07, чл. исполкома Петерб. Совета. На 4-м Объединит. (1906) и 5-м (1907) съездах РСДРП представлял Бунд; на 5-м съезде избран чл. ЦК РСДРП; "ликвидатор". В 1912 участвовал в Авг. конф. меньшевиков. Во время 1-й мир. войны "оборонец". Неск. раз подвергался арестам и ссылке. В 1911 вновь эмигрировал.

После Февр. рев-ции 1917 по прибытии в столицу избран чл. исполкома Петрогр. Совета РСД; возглавлял прав. крыло Бунда и меньшевиков. На 10-й конф. Бунда (апр.) в докладе по вопросу о войне призывал к обороне страны и поддержке Врем. пр-ва, но против участия в нём с.-д. На Всерос. совещании делегатов Советов РСД от имени меньшевист. фракции огласил резолюцию, к-рая призывала Врем. пр-во"... сделать дальнейшие шаги по пути, на к-рый оно встало, и в соответствии с новым положением, созданным рус. рев-цией, обратиться к воюющим странам с предложением заявить готовность к заключению мира на основе отказа от аннексий и контрибуций и признания за всеми народами права на самоопределение" ("Известия Петрогр. Совета", 1917, 7 апр.). 13 апр. избран чл. Бюро исполкома Петрогр. Совета. 1 июня на общем заседании с.-д.-делегатов 1-го Всерос. съезда Советов РСД говорил, что "Россия не ведёт империалистич. политики", что прекратить войну можно только путём междунар. конференции, что "призывы Троцкого и Ленина к социальной рев-ции" утопичны ("Рев-ция 1917", т. 3, с. 11). Осн. причину кризиса, в к-ром находилась страна, видел в том, что "...у нас в России нет ни одного политического организованного класса, вполне самоопределившегося. У нас получилось трагич. скрещение двух рев-ций: буржуазной и начинающейся социальной, трагич. скрещение национализма и интернационализма – вот истинная причина кризиса" ("Известия Петрогр. Совета", 1917, 3 июня).

Участвовал в подготовке 1-го Всерос. съезда Советов РСД (3–24 июня), на к-ром 4 июня по поручению исполкома Петрогр. Совета изложил его тактику по отношению к Врем. пр-ву: оно "...имело перед собой две задачи... война, к-рая является гл. препятствием к укреплению нового строя в России, чтобы она была возможно скорее... ликвидирована... Рус. рев. демократия на конференции Советов определённо сказала: она не верит в такой исход войны, к-рый определяет победу одной коалиции над другой..." ("1-й съезд Советов", т. 1, с. 47), "война может быть окончена только победой коалиции трудовой демократии всех стран против коалиции империалистов всех стран... Политика Врем. пр-ва, представленная Милюковым, была политика, шедшая вразрез с этим... в области внутренней... [политики.– Авторы] ...в центре слабело внимание к вопросу о демократизации всего внутр. строя России... о создании такой власти на местах, власти крепкой именно своим доверием широких нар. масс, отсутствием решит. мероприятий в этой области, пр-во подготовило два кризиса. Рев. страна ждать не могла. ...комиссаров, к-рые назначались пр-вом, оставили сидеть, а создалась единственная властная орг-ция: местный Совет РД. ...вина за создавшееся положение ложится не на рев. демократии..." (там же, с. 48);"... на местах начиналось то расхищение рев. власти, свидетелями к-рого мы являемся теперь, ...это ослабляло центр и не увеличивало центробежную силу рев-ции... мы не боимся этой крепкой, сильной рев. власти... без чего стране немыслимо выйти из того тупика, в к-ром она оказалась..." (там же, с. 49); "...Врем. пр-во... потребовало от представителей соц. партий разделить с ними бремя власти и управления страной... Исходы были такие: ...переход всей власти в руки бурж.-цензового пр-ва... Разве мыслимо представить себе это политически и психологически? ...Бурж. однородное пр-во не просуществовало бы и неск. дней и рухнуло бы именно потому, что должно было бы оказаться безвластным, или сильная власть – она была бы направлена против гл. [там же, с. 50] сил рев-ции...

...переход всей власти в руки Совета РСД... попытка осуществления этого лозунга обозначала бы во всерос. масштабе не что иное, как эксперимент Петрограда, т.е. не усиление власти революционной в стране... а распад единой рев-ции, полная изоляция рабочего класса... [там же, с. 51]. Вот та трагич. обстановка, к-рая создалась в тот момент, когда наши товарищи, стоявшие на той точке зрения,– и я лично присоединился к ним,– что нецелесообразно входить в состав пр-ва, они самим ходом событий, ...к-рые предотвратить они были не в состоянии, оказались вынужденными принять участие в создании этого коалиц. пр-ва, потому что за пределами орг-ции рабочей демократии...– область авантюр, сепаратных выступлений отд. городов, область всерос. анархии и военных диктатур... [там же, с. 52] ...Наша задача – теснее сплотиться вокруг Совета РСД..." [там же, с. 53].

20 июня на съезде в докладе по нац. вопросу осуждал сепаратист. стремления представителей отд. национальностей: "Дело освобождения всех народов вместе и каждого народа в России в отдельности находится в полной и абсолютной зависимости от того, насколько победа рев-ции упрочена и закреплена. Теперь, в обстановке рев-ции, отд. областям и отд. народам может казаться, что если они теперь, немедленно отделившись от общего демокр. движения, постараются закрепить свою победу только для себя, то это закрепление останется в их руках. Но в этом, товарищи, жестокая ошибка... если в центре не будут закреплены бесповоротно завоевания рев-ции, то никакое самое радикальное освобождение отд. народов не будет обеспечено, ...ибо если контррев-ции удастся восторжествовать хотя бы на время, она выкинет старые лозунги натравливания одной национальности на другую, лозунг восстановления мнимо нарушенного нац. единства страны" (там же, т. 2, с. 170). Во избежание краха рев-ции призывал все заинтересованные стороны в нац. вопросе пойти на взаимные уступки: "Рев-ция должна быть едина, а для сохранения этого единства рев. сил необходимо разрешить нац. вопрос наиб. демократическим и наиб. целесообразным путём" ("Рабочая Газета", 1917, 22 июня). 20 июня был утверждён съездом членом ВЦИК Советов РСД, впоследствии избран чл. Президиума, тов. пред. ВЦИК.

13 июля на объединённом заседании ВЦИК Советов РСД и Исполкома Всерос. Совета КД поддержал требование Ф.И. Дана судить лидеров большевиков за лозунг "Грабь награбленное!" и заявил: "Большевики объединили самые тёмные элементы петрогр. населения, к-рые хотят только мародёрствовать" ("Единство", 1917, 14 июля). Нетерпимо относясь к любому насилию, Л., по воспоминаниям И.Г. Церетели,– "один из самых решит. противников большевиков", узнав о приказе арестовать В.И. Ленина и др. руководителей Июльских событий, воскликнул: "История будет считать нас преступниками!" и "с ним произошёл сильный нервный припадок" ("Воспоминания о Февр. рев-ции", т. 2, Париж, 1963, с. 411). Условия, при к-рых с.-д-тия могла поддержать Врем. пр-во после Июльского кризиса, по мнению Л., были следующие: "...чтобы пр-во опиралось на трудовые массы населения через посредство рев.-демокр. учреждений. Пр-во Спасения Рев-ции должно вести энергичную борьбу за мир и [необходимо, чтобы.– Авторы] его диктатура была творческой, а не диктатурой репрессий" ("Рабочая Газета", 1917, 23 июля). Неразрывно связывал заключение мира с обороной страны: "...единств. способ – это борьба самой демократии за мир в междунар. масштабе. Для нас оборона страны является неразрывной предпосылкой борьбы за мир" (там же, 24 авг.).

На Объединит. съезде РСДРП (19–26 авг.), представлявшем все течения меньшевизма, 19 авг. выступал против сепаратного мира и за победу на фронте; 20 авг., оценивая положение страны, говорил: "Речь сейчас может идти не о расширении рев-ции, а о закреплении её, т.к. она катится назад... Блок рабочих и крестьян в Советах уже дал трещину. Крестьяне отходят и не могут во всём поддерживать рабочих. Собрать вокруг задач рев-ции наиб. количество сил – вот что нужно..." (там же, 22 авг.); 25 авг. съездом избран чл. ЦК РСДРП(о). Выступая на пленарном заседании ВЦИК Советов РСД и Исполкома Всерос. Совета КД, указывал: "...заговор Корнилова есть проявление слабости демократии. Он не удался потому, что политически был подорван на Совещании в Москве. Диктатура пролетариата, к-рая нам предлагается, была бы гибельна для рев-ции. Перед изолированным пролетариатом встали бы непосильные задачи" (там же, 3 сент.). На совещании меньшевиков выступил за коалиц. пр-во с цензовыми элементами (буржуазией, гл. обр. промышленной), но против участия в нём кадетов ("День", 1917, 15 сент.). Участник Всерос. Демокр. совещания. Вошёл от РСДРП(о) во

Всерос. Демокр. Совет (Предпарламент).В выступлении от имени фракции с.-д. (объединённой) в Петрогр. Совете РСД в ответ на лозунг Л.Д. Троцкого "Да здравствует прямая и открытая борьба за рев. власть в стране!" Л. заявил: "Одно дело взять в свои руки власть, другое – сохранить её. Наша совесть и ответственность перед страной не позволили нам взять власть. Мы никогда не были демагогами, мы знали, что всякое обещание должно быть исполнено. И когда мы убедились, что в бурж. стране нельзя создать соц. власти, мы решили дать народу хоть немного того, к чему он стремился. И только в этом смысле мы и мыслим участие во Врем. Совете Республики" ("Известия Совета РСД", 1917, 10 окт.). В Предпарламенте участвовал в работе комиссии по борьбе с контррев-цией и анархией и укреплению респ. строя, в комиссии по нац. вопросу.

На экстренном заседании ВЦИК Советов РСД и Исполкома Всерос. Совета КД вечером 24 окт. заявил, что "власть Советов не может выполнить всех задач и обещаний, к-рые она даёт сейчас широким нар. массам", и называл призывы к захвату власти "демагогич. игрой". Убеждал не приносить в жертву сегодняшнему дню завтрашний день и выражал надежду, что ВЦИК не поддержит авантюру захвата власти (там же, 25 окт.). 25 окт. вышел из состава ВЦИК. 1 нояб., после принятия ЦК РСДРП(о) решения о переговорах с большевиками по вопросу о создании "однородного соц. пр-ва", вышел из ЦК. На Чрезв. съезде РСДРП(о) (30 нояб.– 7 дек.) назвал Окт. переворот исключительно удавшейся контррев-цией, выступил за объединение с кадетами для борьбы против большевиков ("Вперёд", 1917, 6 дек.). Выдвинул идею формирования на основе органов местного самоуправления обл. пр-в как форпостов борьбы против Сов. власти; возглавлял фракцию "оборонцев", к-рая отказалась выделить представителей в ЦК.

В февр.– апр. 1918 выступал в ряде городов с лекцией, в опубл. конспекте к-рой, в частности, говорилось: «1. Подлинный смысл "коммунизма" большевиков – захват и передел собственности, а не соц. орг-ция производства и распределения; 2. Захват банков и контрибуции. 3. Национализация и рабочий контроль. 4. Насаждение "социализма" декретами. 5. Разрушение основ демокр. строя: а) отношение к демокр. свободам и всеобщему избират. праву; б) теория "сов." гос. строя; в) парт. олигархия и охлократия (власть немногих и власть худших)» (Гольдман-Либер М.И., Что такое социальная рев-ция?, [б.м.], 1918, с. 4). На Всерос. совещании меньшевиков (май) вновь вошёл в ЦК как представитель правого крыла меньшевиков. "Жажда власти у этой кучки авантюристов,– писал Л. про большевиков в своей книге,– оказалась настолько сильна, что в борьбе за её удержание в своих руках они не останавливаются ни перед какими преступлениями" ("Кризис рев-ции и задачи демократии", Екатеринослав, 1918, с. 31). В годы Гражд. войны пропагандировал союз с Антантой для борьбы с большевиками. С 1923 неоднократно подвергался арестам и ссылке. От полит. деятельности отошёл, был на хоз. работе. В марте 1937 арестован, 4 окт. Воен. коллегией Верх. суда СССР приговорён к расстрелу. Реабилитирован по "делу" 1937 в 1958, по др. "делам"– в 1990.

Соч.: Задачи рабочего класса в рус. рев-ции, М., 1917; Дела большевиков, Екатеринослав, 1918; Полит. автономия областей и задачи с.-д-тии, Екатеринослав, 1918; Социальная рев-ция или социальный распад?, Екатеринослав, 1918.

Лит.: Абрамович Р.А., М.И. Либер (1873–1937), "Соц. вестник", 1947, № 4; Бургина.

В.В. Ворошилов, М.М. Червякова, Г.И. Ильящук, Т.Ю. Попова.

ЛИВЕРО́ВСКИЙ Александр Васильевич (23 авг. 1867, Петербург,– 19 дек. 1951, Ленинград). Из семьи агронома-лесничего. Окончил в 1889 физ.-мат. ф-т Петерб. ун-та, в 1894 – Ин-т инженеров путей сообщения. Участвовал в стр-ве Тимирязево-Нижегород., Сиб. и Уральской ж.д. С сент. 1915 пом. нач., затем нач. Управления по сооружению ж.д. Мин-ва путей сообщения. Осуществлял общее рук-во стр-вом ряда стратегич. ж.д., в т.ч. построенной за один год Мурман. ж.д. Беспартийный.

После Февр. рев-ции 1917 с 7 марта тов. мин. путей сообщения; в марте стал пред. Врем. центр. совета Союза инженеров и техников, работающих по путям сообщения. В дни корниловского выступления (авг.) после отказа мин. путей сообщения П.П. Юренева передать обращение Врем пр-ва к железнодорожникам Л. способствовал его передаче в Ставку. На основе полученной там его телеграммы с текстом обращения Врем. пр-ва были прекращены перевозки корниловских войск в направлении Петрограда. С 31 авг. управляющий Мин-вом путей сообщения, с 25 сент. министр.

26 окт. в 1 ч. 50 мин. Л. вместе с др. министрами Врем. пр-ва был арестован, заключён в Петропавл. крепость. После освобождения из-за болезни жил в Крыму и на Сев. Кавказе. С 1922 в системе Наркомата путей сообщения, на науч. и преподават. работе. Работал над проектами мн. жел. дорог. Участвовал в проектировании "Дороги жизни" (1942) в осаждённый Ленинград.

Соч.: Последние часы Врем. пр-ва, "Ист. архив", 1960, № 6, с. 38–48.

Лит.: Соколова М.В., Смагин И.С., А.В. Ливеровский, Л., 1959; Зензинов Н.А., Рыжак С.А., Выдающиеся инженеры и учёные ж.-д. транспорта, М., 1990, с. 170–87. *А.С. Сенин.*

ЛО́МОВ А. (наст. фам. и имя Оппоков Георгий Ипполитович) (28 янв. 1888, Саратов,– 2 сент. 1937). Из дворян. Окончил юрид. ф-т Петерб. ун-та (учился в 1906–10, в 1913 экстерном сдал гос. экзамен). Чл. РСДРП с 1903, большевик. Парт. работу вёл в Саратове, Петербурге, Иваново-Вознесенске, Москве. Участник Рев-ции 1905–07. Сотрудничал в газ. "Новая Жизнь" (Петербург), "Волна" (Саратов) и "Борьба" (Москва), в ж. "Школа и Жизнь" (Саратов). Дел. 3-й ("Второй Общерос.") парт. конф. (21–23 июля 1907, Котка, Финляндия). В кон. 1907–08 чл. Моск. окружного к-та, МК РСДРП, ответств. организатор Лефортовского р-на. С 1909 чл. ПК и его Исполнит. комиссии, секр. ПК РСДРП. Примыкал к "впередовцам". В июле 1910 был арестован, выслан на 3 года под гласный надзор полиции в Архангельскую губ. Вёл парт. работу среди ссыльных и местных рабочих, участвовал в науч. экспедициях по Сев. Ледовитому океану. В февр. 1913 амнистирован (в связи с 300-летием дома Романовых). Вновь вёл парт. работу в Москве и Саратове, сотрудничал в "Правде" В годы 1-й мир. войны интернаци-

оналист. Редактировал легальную рабочую "Нашу Газету" (1915, № 1–9, Саратов), работал в об-ве "Маяк", в больничных кассах и профсоюзах. В апр. 1916 сослан в Иркутскую губ.

После Февр. рев-ции 1917 вернулся в Москву. По заданию Рус. бюро ЦК партии объехал ряд пром. городов. На 1-й Моск. общегор. конф. РСДРП 3–4 апр. докладывал о подготовке общерос. парт. конференции. Публиковался в газ. "Социал-демократ" и "Правда", в ж. "Просвещение", "Рабочий", "Спартак". На 1-й Моск. обл. конференции большевиков (19–21 апр.) избран чл. Моск. обл. бюро. Дел. 7-й (Апр.) Всерос. конф. РСДРП(б). 11 мая на 3-й Моск. общегор. парт. конференции выступил в поддержку её решений. На Моск. обл. съезде Советов РСД (28 мая – 2 июня) избран чл. Моск. обл. бюро Советов. В Июльские дни на собрании парт. актива Москвы 4 июля настаивал на захвате почты, телеграфа, телеф. станции и др. учреждений, однако его предложение было отклонено. На 2-й Моск. обл. конф. РСДРП(б) (21–23 июля) сделал доклад о пересмотре полит. части программы-минимум. Рев-ция в России, как утверждал Л., идёт гораздо дальше, чем рев-ции в странах Запада. С учётом этого должна строиться наша тактика. "Жизнь столкнёт мелкобурж. элементы и передаст рук-во в руки более последоват. слоёв пролетариата". Говоря о проектах программы партии, разработанных В.И. Лениным и Г.Я. Сокольниковым, Л. выразил неудовлетворённость обоими, потребовал проведения широкой дискуссии и переработки положений программы "ввиду изменения общих условий экон. жизни"; по существу, выступил против всеобщего избират. права, к-рое, по его мнению, не гарантирует демократию и интересы пролетариата (см.: "Пролет. Рев-ция", 1930, № 2/3, с. 116, 118, 119).

Дел. 6-го съезда РСДРП(б) (26 июля – 3 авг.), где выступал в прениях по докладу В.П. Милютина об экон. положении; выразив согласие с осн. выводами докладчика, Л. указал на необходимость сказать в резолюции о саботаже не только русских, но и иностр. капиталистов, о дезорганизующей экономику деятельности Врем. пр-ва, о заинтересованности в рабочем контроле как пролетариата, так и низов деревни, о необходимости всерос. контроля над произ-вом и распределением [см.: "6-й съезд РСДРП(б)", с. 145, 155–56]; входил в комиссию по редактированию резолюции о полит. положении, внесённой И.В. Сталиным; избран канд. в чл. ЦК партии. Впоследствии писал: "Целый ряд наших товарищей, избранных в ЦК, сидели по тюрьмам, часть членов ЦК вынуждена была скрываться. Поэтому, хотя я и был кандидатом, сразу же после съезда вошёл в состав Центр. К-та" ("Пролет. Рев-ция", 1927, № 10, с. 166). На заседании ЦК 3 окт. информировал о положении в Моск. парт. орг-ции и в Центр. пром. р-не, о настроении рабочих, довёл до сведения резолюцию Моск. обл. бюро РСДРП(б) от 27–28 сент., в к-рой участие большевиков в Предпарламенте квалифицировалось как ошибка и содержалось требование к ЦК взять ясную и определ. линию на восстание. 5 окт. избран чл. Моск. обл. исполкома Советов РСКД. На заседаниях ЦК РСДРП(б) 10 и 16 окт. голосовал за резолюцию о восстании. 11 окт. на съезде Советов Сев. области заявил, что хотя Москва и не входит в эту область, но в минуту опасности для рев-ции моск. пролетариат и гарнизон не могут оставаться в стороне от событий, к-рые имеют значение для всей России (см.: "Рабочий Путь", 1917, 13 окт.). 20 окт. на заседании бюро и правлений моск. проф. союзов говорил: "...изданием только декретов Советами мы отнюдь не думаем разрешать борьбу рабочих и капитала: за декретами, если их окажется недостаточно, для того чтобы предприниматели удовлетворили требования рабочих, должно последовать действие" ("Моск. Совет проф. союзов в 1917 г. Протоколы", М., 1927, с. 166). 22 окт. выступил на заседании Петрогр. Совета с сообщением о разгроме войсками Врем. пр-ва Калужского Совета.

24–25 окт. находился в Смольном, участвовал в рук-ве восстанием. Утром 25 окт. В.П. Ногин и Л. информировали о событиях в столице МК РСДРП(б) и Моссовет. Дел. 2-го Всерос. съезда Советов РСД. Избран в состав первого Сов. пр-ва на пост наркома юстиции, однако к этой работе фактически не приступал. Вечером 26 окт. по заданию ЦК выехал в Москву, вошёл в ВРК, выступал за активные боевые действия против сил К-та обществ. безопасности и Гор. думы. 14 нояб. избран чл. Президиума и зам. пред. Моск. Совета РСД. "Жил в Моссовете,– вспоминал Л.,– бросил всё, кроме работы в нём, и из Совета выезжал только на митинги и собрания. Большей частью председательствовал на заседаниях" (Коновалов Д.П., Г.И. Оппоков-Ломов, Саратов, 1976, с. 16).Член Учред. Собр. (от Владимирского избират. округа).

С янв. 1918 работал в Петрограде, чл. Президиума ВСНХ, зам. пред. ВСНХ, возглавлял топливоснабжение республики. В период дискуссии по вопросу о войне и мире – "левый коммунист", выступал против заключения Брестского мира, за объявление "рев. войны" Германии. На 7-м Экстренном съезде партии (март) избран канд. в чл. ЦК РКП(б). В дальнейшем на сов., парт. и хоз. работе. Арестован в июне 1937 и по приговору Воен. коллегии Верх. суда СССР расстрелян 2 сент. 1937; реабилитирован в 1956.

Соч.: Разложение капитализма и орг-ция коммунизма, М., 1918; Творчество бурж. гения и посрамление коммунистов, М., 1918; Смольный в огне, "Сов. Сибирь", 1927, 6 нояб.; В дни бури и натиска (В Октябре 17 года), [М.], 1931.

Лит.: Из бури в бурю, в кн.: Давыдов Л. Д., Высокое стремленье, М., 1985; Кузьмина Т. Ф., Народный комиссар юстиции Г.И. Оппоков (Ломов), в кн.: Первое Сов. пр-во. Окт. 1917 – июль 1918, М., 1991.

А.А. Чернобаев.

ЛОПА́ТИН-БАРТ Бруно Германович (6 февр. 1877, Лондон,– 18 июня 1938, Ленинград). Сын рев. деятеля Г.А. Лопати-

на, по конспиратив. соображениям временно проживавшего по док-там англ. подданного Барта. Закончил в 1901 юрид. ф-т Моск. ун-та. В качестве защитника в 1902–15 под фам. Барт провёл св. 300 полит. процессов, в т.ч. дело боевой орг-ции эсеров в 1904, дело боевой орг-ции РСДРП и дело о Выборгском воззвании в 1906, дело С.-Петерб. к-та РСДРП в 1907. Активный член кружка полит. защитников и общеадвокатского союза. За орг-цию протеста по делу Бейлиса в 1914 приговорён к заключению, а затем зачислен рядовым санитаром Кр. Креста. Член партии эсеров с 1914.

После Февр. рев-ции 1917 демобилизовался в июне; тогда же получил разрешение носить фам. Л.-Б. Вскоре вошёл в Респ.-демокр. (затем – Рос. Радикально-демокр.) партию, чл. её ЦК. Перспективу развития видел в респ. форме правления и господстве демократии, "...к-рую решительно отстаивают широкие нар. массы... развивают и углубляют передовые отряды демократии – соц. партии"; полагал, что Россия, выступая против абсолютист. режима Германии, должна довести войну до победного конца ("Отечество", 1917, 16 июля, № 1). 22 июля вместе с М.А. Славинским, С.В. Познером и А.А. Барышниковым участвовал в совещании представителей разл. партий и Врем. пр-ва. Один из организаторов издававшейся Радикально-демокр. партией газ. "Отечество". Считая конституц. подход единственно возможным при решении осн. вопросов жизни страны, осудил акт финл. Сейма об отделении от России и одобрил его роспуск Врем. пр-вом: "Рус. власть... не могла и не может допустить в разгар мировой войны колебания суверенитета России... Финляндия... восстановленная по инициативе рус. рев. власти во всех своих правах, обязана была в столь ответственное время не обострять и не форсировать положение, а пользоваться... законным путём" (там же, 22 июля, № 6). Осенью выдвигался в Учред. Собр.

После Окт. рев-ции в связи с расформированием адвокатуры работал юрисконсультом. 8 июня 1938 "тройкой" УНКВД Ленинградской обл. приговорён к расстрелу "за участие в антисов. эсеровской орг-ции". Реабилитирован в 1957.

Е.Б. Лопатина, О.А. Силаева.

ЛУНАЧА́РСКИЙ Анатолий Васильевич (11 нояб. 1875, Полтава,– 26 дек. 1933, Ментона, Франция). Отец – действит. статский советник А.И. Антонов; мать состояла в офиц. браке с действит. статским советником В.Ф. Луначарским. Гимназистом в Киеве в 1895 вошёл в с.-д. движение. Окончив гимназию, в 1895–96 в Цюрихском ун-те изучал под рук. Р. Авенариуса философию и естествознание. В 1896–98 жил во Франции, Италии; познакомился с П.Б. Аксельродом, Г.В. Плехановым, В.И. Засулич, П.Л. Лавровым и др., а также с зап.-европ. с.-д. Пережил период противоречивого процесса выработки марксист. мировоззре-

ния и увлечения идеалистич. философией Авенариуса, что наложило глубокий отпечаток на филос. и эстетич. взгляды Л. С 1898 – в России; вёл рев. работу в Москве, Киеве и др. городах. Неоднократно арестовывался, был в ссылке. Сблизился с А.А. Богдановым, испытал его влияние как философа и личности. Полемизировал с Н.А. Бердяевым (познакомились во время учёбы в Киевской гимназии), С.Н. Булгаковым.

По предложению В.И. Ленина, высоко ценившего ораторский талант и лит. дарование Л., в 1904 приехал в Женеву (к большевикам примкнул в 1903 после 2-го съезда РСДРП). Вошёл в редакции большевист. газ. "Вперёд", "Пролетарий". Дел. 3-го съезда РСДРП (1905), выступил с докладом о вооруж. восстании. С 1906 в эмиграции. В 1909 один из организаторов группы "Вперёд". Филос. разногласия, возникшие с Лениным в 1904–07, обострились и в 1908–10 переросли в полит. борьбу (см. его кн. "Религия и социализм", т. 1–2, СПб., 1908–11). В 1911–15 постоянный корреспондент ряда рос. газет и журналов, в к-рых откликался на все сколько-нибудь заметные события зап.-европ. худ. культуры. С нач. 1-й мир. войны выступал против шовинизма в политике и иск-ве. 9 янв. 1917 в речи на митинге в Женеве утверждал, что "Россия должна сейчас воспользоваться бессилием пр-ва и усталостью солдат, чтобы с помощью рев-ции произвести коренной переворот" ("Лит. наследство", т. 80, М., 1971, с. 627). Тем не менее известие о Февр. рев-ции "поразило его как громом", и он немедленно вступил в переписку и переговоры с Лениным. Считал "ошибкой" Ленина, к-рая "может дурно отразиться на будущем его", "его безусловное согласие ехать при согласии одной Германии безо всякой санкции из России" (там же, с. 637). Однако и сам Л., оставив жену с сыном в Швейцарии, вторым поездом с группой политэмигрантов выехал через Германию и сканд. страны в Россию.

Л. приехал в Петроград 9 мая. По заданиям ЦК и ПК РСДРП(б) вёл агит.-проп. работу, разъясняя и отстаивая позиции большевиков. Дел. 1-го Всерос. съезда Советов РСД (3–24 июня); от фракции объединённых с.-д. избран чл. Президиума съезда. 4 июня от имени большевиков и с.-д.-интернационалистов внёс проекты двух резолюций с требованием "упразднить" Гос. Думу как орг-цию "наиб. реакц. элементов цензовой России" и Гос. совет как "обломок чёрной реакции" и обеспечить "переход всей власти в руки трудовых классов народа в лице исполнит. к-та Всерос. Союза Советов РСКД, при контроле Врем. Рев. Парламента" ("1-й съезд Советов", с. 84). 9 июня заявил съезду, что большевики уполномочили его,– "я не принадлежу к этой фракции, но говорю по их поручению" (там же, с. 379),– подчеркнуть мирный характер демонстрации 10 июня и сообщить, что сейчас ЦК и ПК большевиков обсуждают вопрос об отмене демонстрации; 11 июня произнёс речь в защиту позиции большевиков по отношению к войне. Со 2 июля был зав. культурно-строит. отделом газ. "Новая Жизнь", созданной М. Горьким. 4 июля на объединённом заседании ВЦИК и Исполкома Всерос. Совета КД говорил: "Наш долг взять власть в свои руки, как бы безнадёжно положение не было. Пусть мы захлебнёмся, пусть мы погибнем, мы будем апеллировать к истории и выполним свой долг"; затем предложил резолюцию о передаче власти в руки пр-ва, состоящего "из делегатов центр. органа Всерос. Советов РСКД" ("Рев-ция 1917", т. 3, с. 145, 146). 5 июля в письме к жене – А.А. Луначарской в Цюрих объяснял свою позицию в дни Июльского кризиса: "Мне пришлось солидаризироваться с большевиками, я произнёс самую тактичную речь в их защиту... Но... они далеко не считаются с моими советами... Я предупреждал на мн. митингах... что петрогр. пролетариат и рев. часть гарнизона, оторвавшись от всей значительно отставшей рос. демократии,– погибнет и, вероятно, и рев-цию погубит. Теперь мужество заключается в том, чтобы просвещать массы и сдерживать их от чрезмерного напора, сравнительно лёгкого в Петрограде, но гибельного в целом... Большевики и Троцкий на словах соглашаются, но на деле уступают стихии. А за ними уступаю и я" [Письма А.В. Луначарского жене (март – дек. 1917), "Вопросы истории КПСС", 1991, № 2, с. 35]. Из письма от 13 июля: "Был, есть и буду враг вооруж. авантюры..." (там же, с. 36). Выражением этой позиции было и его заявление на совм. пленарном заседании ВЦИК и Исполкома Всерос. Совета КД 17 июля, что "спасение рев-ции – в нахождении средней линии тактики" "разл. обществ. групп", к-рые "в общей борьбе всё же будут самостоятельны" ("Рев-ция 1917", т. 3, с. 337).

В ночь на 23 июля арестован Врем. пр-вом по обвинению в гос. измене и заключён в тюрьму "Кресты". На 6-м съезде РСДРП(б) (26 июля – 3 авг.) избран 26 июля заочно одним из почётных пред. съезда; в составе "межрайонцев" принят в большевист. партию; выдвинут съездом кандидатом в Учред. Собр. Освобождённый из тюрьмы 8 авг., выступил на 2-й Петрогр. конф. фабзавкомов и предложил выработать резолюцию протеста по поводу арестов большевиков; 11 авг. на конференции выступил с докладом о культ.-просвет. деятельности пролетариата. 20 авг. избран гласным петрогр. Гор. думы; руководитель большевист. фракции. 20 авг. на заседании узкого состава ЦК РСДРП(б) введён в расширенную редколлегию газ. "Пролетарий" (одно из назв. "Правды") как зав. лит. отделом, а также в ж. "Просвещение". Из письма жене от 23 авг.: "...я действительно популярный вождь пролет. масс. Быть может, ни одно имя, кроме Троцкого и Ленина, не пользуется такой известностью и любовью" ("Вопросы истории КПСС", 1991, № 2, с. 38). В день выступления ген. Л.Г. Корнилова (27 авг.) на совм. заседании ВЦИК и Исполкома Всерос. Совета КД от имени большевиков высказался против создания Директории, на чём настаивал А.Ф. Керенский, за передачу власти Советам; огласил проект резолюции большевиков о полит. моменте и программе действий. 30 авг. подал в ЦК РСДРП(б) вместе с А. Лозовским (С.А. Дриздо), Ф.И. Драбкиной и др. сотрудниками газ. "Новая Жизнь" заявление с выражением несогласия с требованием ЦК выйти из состава сотрудников газеты [см.: "Протоколы ЦК РСДРП(б)", с. 36]. Из письма от 13 сент.: "Работаю я вовсю. Последнюю неделю я выступал 4 раза на громадных собраниях с лекциями. Теперь моя нормальная аудитория – 4000 чел. Всякая зала, в к-рой я читаю, полна... Но гл. работа – культурно-просветительная городская. Сегодня целый день объезжал уч-ща... Большую работу делаю я и по созыву конференции... пролет. просветит. об-в" (там же, с. 38–39). 15 сент. сообщал жене о дискуссии в ЦК РСДРП(б) и на заседании большевист. фракции в Демокр. совещании: "Троцкий стоял на точке зрения бойкота Предпарламента, его поддерживала ровно половина ЦК. Другая – стояла за использование этой трибуны: в ЦК защищал эту точку зрения я, а во фракции Рыков, Каменев и Рязанов. Неприятие участия могло бы быть истолковано массами как призыв к выступлениям. С этой стороны принятие мнения Троцкого было чревато опасностями. К счастью, оно было отклонено 78 голосами против 50" (там же, с. 39). Был избран зам. петрогр. Гор. головы, пред. культ.-просвет. секции. "...Моя роль первой скрипки в культурно-просветительском деле получила широкое признание и среди большевиков, и в Советах вообще, и в Думе, и в пролетариате, и даже среди специалистов" (из письма жене от 25 сент., там же, с. 40). 20 сент. утверждён ЦК партии чл. Муниципальной группы ЦК. Был избран во Врем.-Совет Рос. Республики (Предпарламент) и от профсоюзов в Гос. комиссию по нар. образованию. 16 окт. открыл 1-ю общегор. конф. Пролеткульта в Петрограде и выступил с докладом о задачах культ.-просвет. движения пролетариата.

В окт. письма жене свидетельствуют о неприятии Л. курса на вооруж. восстание. 2 окт.: "Положение России ужасно, и сердце болит всё время за неё. С нею пропадём мы все" (там же, с. 41). 10 окт.: "Озлобление против нас колоссально растёт на правом полюсе... Растёт страшное недовольство и в рабочей, солд., крест. среде, оно здесь пугает меня, и теперь много анархического, пугачёвщинского. Эта серая масса, сейчас багрово-красная, может наделать больших жестокостей, а с др. стороны, вряд ли мы при зашедшей так далеко разрухе сможем, даже если власть перейдёт в руки крайне левой, наладить сколько-нибудь жизнь страны. И тогда, вероятно, мы будем смыты той же волной отчаяния, к-рая вознесёт нашу партию к власти. Кадеты как будто на это и держат курс" (там же, с. 43). 18 окт.: "Мы образовали нечто вроде блока правых большевиков: Каменев, Зиновьев, я, Рязанов и др. Во главе левых стоят Ленин и Троцкий. У них – ЦК, а у нас все руководители отдельных работ: муниципальной, профсоюзной, фаб.-зав. к-тов, военной, советской" (там же). 21 окт.: "Быть может, левая демократия сделает героич. усилие одновременно социалистического и глубоко-патриотич. характера, но, вероятно, погибнет на этом" (там же, с. 44). 20 окт. в газ. "Рабочий Путь" (одно из назв. "Правды") было опубл. заявление Л. о том, что в "Биржевых Ведомостях" помещена ложная информация о предоставлении им сведений гор. милиции о готовящемся восстании. "Если кто-нибудь обращался бы с такого рода вопросом [о восстании.– Автор], то я ответил бы слово в слово то же, что т. Троцкий заявил 18 окт. на заседании Петрогр. Совета РСД" (Троцкий, в частности, утверждал, что "никаких вооруж. выступлений нами не было назначено".– См. "Рев-ция 1917", т. 5, с. 120–21).

Утром 25 окт. Л. выступил в Гор. думе в поддержку линии партии, о чём позже писал жене: "Политически я, конечно, солидаризировался с большевиками. Для меня ясно, что вне перехода власти к Советам нет спасения для России. Правда, есть ещё выход – чисто демокр. позиция, т.е. фронт: Ленин – Мартов – Чернов – Дан – Верховский. Но для этого нужно со всех сторон столько доброй воли и полит. мудрости, что это, по-видимому, утопия... Созыв Учред. Собр. при толковой оппозиции большевиков, может быть, при участии их в общедемокр. пр-ве, и тут трудности велики, но это – лучший исход" ("Вопросы истории КПСС", 1991, № 2, с. 45). Днём 25 окт. выступал на экстренном заседании Петрогр. Совета РСД (после Ленина и Троцкого, объявивших о победе рев-ции); вечером избран чл. Президиума 2-го Всерос. съезда Советов РСД; в выступлении заявил, что "к тем, к-рые ушли [со съезда ушли меньшевики и эсеры.– Автор], давно уже неприменимо название революционеров,– они... открыто переходят в лагерь корниловцев. С ними нам разговаривать не о чем" ("2-й съезд Советов", с. 9). Огласил написанное Лениным воззвание "Рабочим, солдатам и крестьянам!" (извещало о победе рев-ции и переходе власти к Советам). Избран чл. ВЦИК и утверждён наркомом просвещения (находился на этом посту до 1929).

27 окт. писал жене: "Для меня он [переворот.– Автор] был неожиданным. Я, конечно, знал, что борьба за власть Советов будет иметь место, но что власть будет взята накануне съезда – этого, я думаю, никто не знал. Может быть, даже ВРК решил перейти в наступление внезапно, из страха, что, занимая чисто оборонит. позицию,– можно погибнуть и погубить всё дело. Переворот был сюрпризом и со стороны лёгкости, с к-рой он был произведён... положение страшно опасно и ответственно. Повторяю – несколько дней до конца. Выходом была бы демокр. коалиция. Я, Зиновьев, Каменев, Рыков за неё. Ленин, Троцкий – против... оборонцы... так же мало способны пойти на компромисс, как наши левые большевики" ("Вопросы истории КПСС", 1991, № 2, с. 45–46). 28 окт.: "Я пойду с товарищами по пр-ву до конца. Но лучше сдача, чем террор. В террористич. пр-ве я **не стану участвовать**... Лучше самая большая беда, чем малая вина" (там же, с. 47). 29 окт.: "Ясно одно – с властью у нас ничего не выходит. **Одни** мы ничего не сумеем наладить. Сойдутся ли социалисты на чисто демократическом мин-ве?– Не знаю. Но вне этого,– должно быть, кроме гибели для рев-ции, ничего нет. К тому же я глубоко не сочувствую нек-рым мерам. Напр., длительному запрещению не только буржуазной, но и соц. печати. [Декрет СНК от 27 окт.– Автор] ...Погибнуть за нашу программу – достойно. Но прослыть виновником безобразий и насилий – ужасно... Пусть сорвёмся: декреты о мире, земле и контроле над произ-вом народ не забудет" (там же, с. 47).

2 нояб. подал в СНК заявление о выходе из пр-ва, ввиду того, что не может работать под гнётом таких фактов, как разрушение Кремля, уничтожение соборов Успенского, Василия Блаженного и др. ист. памятников, о чём появились сообщения в газетах. Когда выяснилась частичная ложность этой информации и после разговора с Лениным 3 нояб. Л. опубл. обращение "Ко всем гражданам России!", в к-ром сообщал, что его отставка не принята и что он остаётся на посту, "пока ваша воля не найдёт более достойного заместителя". 8 нояб. ВЦИК заслушал сообще-

ние Л. о первых шагах Наркомпроса, 9 нояб. на основе его сообщения утвердил декрет об учреждении Гос. комиссии по просвещению. 24 нояб. ВЦИК по предложению Л. постановил передать Украине хранящиеся в Петрограде укр. реликвии и трофеи.

В первые месяцы после Окт. рев-ции Л. предпринимал усилия по сохранению худ., культурно-ист. сокровищ и памятников, для привлечения старой интеллигенции, к-рая, по словам Л., "нас ненавидит лютой ненавистью" ("Вопросы истории КПСС", 1991, № 2, с. 50), на сторону Сов. власти, для развития пролет. культуры. В годы Гражд. войны был уполномоченным РВС Республики на фронтах и в прифронтовых р-нах. В 1933 назначен полпредом СССР в Испании.

Соч.: Собр. соч., т. 1–8, М., 1963–67; Силуэты, М., 1965; Воспоминания и впечатления, М., 1968; В.И. Ленин и А.В. Луначарский, "Лит. наследство", т. 80, М., 1971.

Лит.: Луначарская-Розенель Н.А., Память сердца. Восп., 4 изд., М., 1977; Павловский О., А. Луначарский, М., 1980; А.В. Луначарский. Указатель трудов, писем и лит-ры о жизни и деятельности, т. 1–2, М., 1975–79. *А.Ф. Ростов.*

ЛЬВОВ Владимир Николаевич (2 апр. 1872–1934). Из дворян. Крупный землевладелец Бугурусланского у. Самарской губ. Окончил юрид. и ист.-филол. ф-ты Моск. ун-та (после ун-та готовил себя к поступлению в монастырь), вольнослушатель Моск. духовной академии. В 1905 участвовал в орг-ции в Самаре и Самар. губ. отделений "Союза 17 окт.", сотрудник газ. "Голос Самары". Гласный Бугурuслан. уездной и Самар. губ.земских управ с 1907. Чл. партии "октябристов". Деп. 3-й (во фракции "Союза 17 окт.", затем – независимых националистов) и 4-й (пред. фракции центра) Гос. Дум от Самар. губ. (в Думе числился под фам. Львов 2-й). В обеих Думах пред. комиссии по делам Рус. правосл. церкви. В авг. 1915 вошёл в Прогрессивный блок. Из шести списков будущего пр-ва, составленных и опубликованных в 1915, фигурировал в четырёх в качестве обер-прокурора Св. Синода.

Во время Февр. рев-ции 1917 избран 27 февр. членом Врем. К-та Гос. Думы. 2 марта вошёл во Врем. пр-во как обер-прокурор Св. Синода. 3 марта участвовал в переговорах с вел. кн. Михаилом Александровичем о его отречении от престола. 14 апр. реорганизовал состав Синода. Выступал за созыв Св. Собора Правосл. Рос. Церкви и восстановление патриаршества. 21 июля вслед за А.Ф. Керенским подал в отставку и на заседании Врем. пр-ва вместе с представителями ЦК партий меньшевиков, эсеров и кадетов заявил, что "видит спасение в сильной власти с Керенским во главе, с условием, что он привлечёт в пр-во лиц по своему выбору, хотя бы вопреки желанию партий и орг-ций"

("Рев-ция 1917", т. 3, с. 204). Участвовал в орг-ции корниловского выступления – по собств. инициативе был посредником между Керенским и ген. Л.Г. Корниловым: 22 авг. встречался с Керенским, 25 авг.– с Корниловым, 26 авг.– вновь с Керенским (противоречивые показания Л., Корнилова и Керенского об этих встречах см.: Катков Г.М., Дело Корнилова, Париж, 1987). 26 авг. арестован. Был кандидатом на выборах в Учред. Собр., но не избран.

Октябрь встретил в г. Бугуруслан, полит. деятельностью не занимался. Отступая с войсками А.В. Колчака, в янв. 1920 выехал в Японию, затем Францию. В нояб. 1921 примкнул к "сменовеховству", выступил в Париже с докладом на тему "Сов. власть в борьбе за рус. государственность", изданным в 1922 отд. брошюрой в Берлине; признал Сов. власть и в 1922 вернулся на родину, до 1927 работал в Высшем церк. управлении. Принимал активное участие в движении "Живая церковь". 2 февр. 1927 арестован по уголов. делу и по постановлению Коллегии ОГПУ от 29 апр. выслан в Томск на 3 года. В сент. 1929 из ссылки освобождён и остался на жительство в Томске.

М.Е. Голостенов, В.Н. Сачков.

ЛЬВОВ Георгий Евгеньевич (21 окт. 1861, Дрезден,– 7 марта 1925, Париж). Князь. Крупный помещик. Окончил юрид.

ф-т Моск. ун-та (1885). Пред. Тульской губ. земской управы (1903–05), гласным в ней состоял 17 лет. Главноуполномоченный общеземских орг-ций по оказанию помощи больным и раненным воинам в рус.-япон. войну, затем – по борьбе с голодом. Участник земских съездов 1904–05. В 1905 избран в 1-ю Гос. Думу от Тульской губ., вступил в кадетскую партию, но вскоре покинул её, хотя и в дальнейшем, по словам П.Н. Милюкова, сохранил "большие личные отношения с кадетизмом" (Думова-2, с. 33). В 1908 Л. и его сотрудники приняли участие в орг-ции переселенческого движения в Сибирь. В 1913 кандидат в гор. головы Москвы. С 1914 пред. (главноуполномоченный) Всерос. земского союза помощи больным и раненным воинам (ВЗС). ВЗС снабжал армию хирургич. материалами и перевязочными средствами, подбирал мед. персонал, снаряжал эвакуац. поезда, организовывал госпитали и склады. Один из руководителей Объединённого к-та Земско-Гор. союза (Земгор). В авг. 1915 общественностью было составлено 6 списков кандидатов в пр-во – в 4 списках фигурирует Л. (премьер-мин. либо мин. внутр. дел). А.И. Гучков, со ссылкой на рассказ А.И. Хатисова, говорил, что в дек. 1916 Л. предложил план "дворцового переворота", по к-рому "сделать этот переворот" должен вел. кн. Николай Николаевич. Л. просил Хатисова сообщить о своём плане вел. князю, при этом сам Л. хотел войти в пр-во при Николае Николаевиче. Вел. князь был информирован об этом плане (см.: "А.И. Гучков рассказывает...", "Вопросы истории", 1991, № 7–8, с. 212–13).

Во время Февр. рев-ции 1917 в ночь с 1 на 2 марта, после обсуждений во Врем. К-те Гос. Думы и с представителями Петрогр. Совета РСД, был составлен список членов пр-ва во главе с Л. 2 марта Николай II, по предложению Врем. К-та, издал указ о назначении Л. пред. Совета Министров. 3 марта утренние газеты опубликовали офиц. сообщение о создании Врем. пр-ва во главе с Л. (он же и мин. внутр. дел). По словам Милюкова, он уделил "24 часа (а тогда ведь почва под ногами горела), чтобы отстоять кн.Л. против кандидатуры М.В. Родзянко" (там же, с. 98). Участвовал 3 марта в переговорах с Михаилом Романовым: "Верных войск в нашем распоряжении уже нет. На вооруж. силу рассчитывать не приходится. Общее настроение масс – опьянение переворотом. В этой атмосфере монархич. традиция не может быть действенной, объединяющей и собирающей силой..." (Думова-3, с. 20–21). 19 марта заявил представителям печати, что в лице местных обществ. к-тов и др. подобных орг-ций "жизнь создала уже зародыш местного демокр. самоуправления, подготавливающего население к будущим реформам. В этих к-тах я вижу фундамент, на к-ром должно держаться местное самоуправление, до создания новых его органов. Комиссары Врем. пр-ва... имеют своей задачей не становиться поверх создавшихся органов в качестве высшей инстанции, но лишь служить посредствующим звеном между ними и центр. властью и облегчить процесс их орг-ции и оформления" ("Рев-ция 1917", т. 1, с. 107–08). В разосланном Л. 8 апр. циркуляре предписывалось губ. комиссарам всеми законными средствами, не исключая вызова воинских команд, устранять агр. беспорядки и посягательства на агр. почве против личности и собственности граждан (см.: там же, т. 2, с. 24). 21 апр. на совещании Врем. пр-ва и исполкома Петрогр. Совета РСД Л. выступил с заявлением: "Острое положение, создавшееся на почве ноты 18 апр. (нота П.Н. Милюкова пр-вам Антанты о войне "до решительной победы".– Автор), есть только частный случай. За последнее время пр-во вообще взято под подозрение. Оно не только не находит в демократии поддержки, но встречает там попытки подрыва его авторитета. При таком положении пр-во не считает себя вправе нести ответственность" (Думова-3, с. 105). 27 апр. на торжеств. заседании депутатов Гос. Думы всех 4 созывов в своей речи отметил, что Февр. рев-ция "охватила интересы не только рус. народа, но и всех народов мира": "Душа рус. народа оказалась мировой демокр. душой по самой своей природе. Она готова не только слиться с демократией всего мира, но и встать впереди и вести её по пути развития человеческого на великих началах свободы, равенства и братства" ("Рев-ция 1917", т. 2, с. 76). В тот же день в письме на имя пред. Петрогр. Совета РСД Н.С. Чхеидзе уведомил, что "пр-во возобновит усилия, направленные к расширению его состава", и просил "довести об указанных предположениях до сведения Исполнит. к-та и партий, представленных в ...Совете" (там же, с. 78). 16 мая Л. направил губ. комиссарам след. циркуляр: "В МВД поступает ряд сведений о случаях разгрома имущества, отстранения от должностей управляющих ф-ками и з-дами, самовольного обложения налогами населения, возбуждения одной части населения против другой на почве клас. розни. Предлагаю принять самые решит. меры к ликвидации указанных явлений" (там же, с. 164). А 19 мая разослал распоряжения "приступить к ликвидации дезертирства самыми решит. мерами, требуя, в случае необходимости, содействия воен. властей" и запрещение обществ. к-там "вмешиваться в церк. жизнь" (там же, с. 172).

8 июля 1917 министры-социалисты опубликовали программу преобразований под назв. "Декларация Врем. пр-ва". Накануне Л. заявил о своей отставке в связи с неприемлемостью для него этой программы в следующем: "немедленное провозглашение респ. правления, являющееся узурпацией верх. прав Учред. Собр."; "таким же вторжением в права Учред. Собр. является проведение намеченной агр. программы"; роспуск Гос. Думы и Гос. совета носит характер "выбрасывания массам, во имя демагогии и удовлетворения их требований мелкого самолюбия, гос., моральных ценностей"; "зем.законы, внесённые мин. земледелия на утверждение Врем. пр-ва, неприемлемы для меня не только по их содержанию, но и по существу всей заключающейся в них политики... Они... оправдывают гибельные, происходящие по всей России самочинные захваты..." (там же, т. 3, с. 162–63).

После Окт. рев-ции арестован в кон. янв. 1918 в Тюмени, привезён в Екатеринбург, содержался в тюрьме 3 мес. В 1918 эмигрировал во Францию, вошёл в состав "Рус. полит. совещания".

О первом, после падения царизма, рус. премьере оставили воспоминания его современники: Милюков – "Надо признать, что выбор князя Львова главой рев. пр-ва был столь же неудачен, сколько он был в своё время неизбежен. Гамлетовская нерешительность, прикрытая толстовским непротивленчеством и облечённая в слащаво-елейный официально-оптимистич. стиль,– это было прямо противоположно тому, что требовалось от рев. премьера" (Думова-3, с. 183); В.Д. Набоков – "Он не только не делал, но и не пытался сделать что-нибудь для противодействия всё растущему разложению. Он сидел на кóзлах, но даже не пробовал собрать вожжи. Он чужд был честолюбия и никогда не цеплялся за власть" ("Врем. пр-во", "Архив рус. рев-ции", Берлин, 1991, т. 1, с. 40).

Лит.: [Некролог], "Совр. записки", 1925, № 24; Полнер Т.И., Жизненный путь кн. Г.Е. Львова, Париж, 1932; Милюков П.Н., Воспоминания гос. деятеля, Нью-Йорк, 1982.

М.Е. Голостенов.

МАЙÓРОВ Илья Андреевич (1891, д. Гордеево Юматовской вол. Свияжского у. Казанской губ.,– 11 сент. 1941, Медведевский Лес, близ Орла). Из крестьян. Эсер со времени Рев-ции 1905–07. Учился на юрид. ф-те Казан ун-та. За принадлежность к Казан. орг-ции ПСР в апр. 1914 арестован и в июле выслан на 3 года в Сибирь.

После Февр. рев-ции 1917 вернулся в Казань. Избран в Совет КД. В июне – нояб. пред. Свияжского уездного зем. к-та и уездной земской управы; считал, что крест-во должно незамедлительно и "силой вырвать у паразитов нашу матушку-землю"; 16 июня подписал постановление зем. к-та о распределении между крестьянами помещичьих угодий, скота и инвентаря ("Рев. борьба крест-ва Казан. губ. накануне Октября", Казань, 1958, с. 631). Добивался орг-ции уездных, волостных и сельских Советов, сотрудничал с большевиками; полагал необходимым единение крестьян и рабочих в борьбе с эксплуататорами. В ответ на обвинения в большевизме, в пренебрежении законами заявил 14 авг. на заседании зем. к-та: "Рус. рев-ция совершается не по нормам... гражд. права, а по законам истории" (там же, с. 643). Ближайший помощник лидера казанских левых эсеров А.Л. Колегаева, после отъезда к-рого на 2-й Всерос. съезд Советов РСД заменил его на постах пред. "младшего" (левоэсеровского) губкома ПСР и пред. губ. Совета КД. Участник борьбы за установление Сов. власти. В нояб. избран чл. Учред. Собр. На 1-м съезде ПЛСР (19–28 нояб., Петроград) избран канд. в чл. ЦК.

Дел. 3-го Всерос. съезда Советов КД (13 янв. 1918, Петроград). Объединённым 3-м Всерос. съездом Советов РСД и КД (13–18 янв., Петроград) избран чл. ВЦИК, вошёл в исполком крест. секции ВЦИК. Вместе с Колегаевым был автором "Осн. закона о социализации земли", по определению В.И. Ленина – "первого в мире закона об отмене всякой собственности на землю" (ПСС, т. 35, с. 330). Съезд одобрил закон и утвердил его "Общие положения"; остальные статьи передал на доработку в крест. секцию ВЦИК. С янв. член коллегии Наркомзема РСФСР, вышел из неё в сер. июня, подчиняясь решению ЦК ПЛСР.

24 апр. 1918 выступил на 2-м съезде ПЛСР (17–25 апр., Москва) с докладом по агр. политике. "Задача настоящего съезда – переработка старой агр. программы и её конкретизация в духе времени",– заявил М. "Решение вопроса о социализации земли осложняется результатами столыпинского зем. закона, насадившего в деревне частную собственность на землю... Это так усложнило положение, что партия с.-р., оказавшись у власти, не представляла себе ясно реальной формы проведения социализации земли... Отколовшиеся от оппортунистич. партии левые с.-р. при помощи крест. массы издают закон, к-рый служит в настоящее время и программой нашей партии..."; но закон принимался "под давлением противодействующих сил, под давлением большевиков; в нём местами имеются и принципиальные недочёты с точки зрения чистоты идеи социализации земли... Вот почему является насущно необходимым пересмотреть и отчеканить редакцию этого закона в комиссии, особо избранной для этой цели парт. съездом, дабы он вполне отражал лицо партии левых с.-р. в зем. вопросе" ("Знамя Труда", 1918, 30 апр.). На съезде избран чл. ЦК ПЛСР. Вскоре выпустил брошюру "К вопросу о нашей агр. программе" ("Практическое проведение социализации земли", Саратов, 1918), где писал: "Социализация земли или обобществление земли слагается из трёх осн. моментов: уничтожения частной собственности на землю,

замены её трудовым землепользованием и распределением земли на уравнит. началах по потребительно-трудовой норме. Первый из этих моментов нашёл уже своё практич. осуществление, как в издании осн. закона, так и в самом факте отчуждения земель... Второй момент ещё только начинает осуществляться. Наконец, третий момент уже тоже осуществился, но только пока не в той форме, какую мы ему собираемся придать". Зем. передел происходил не по потребительно-трудовой норме, а "как смогли, наспех, где по едокам, где по дворам, где по работникам". Самым важным моментом "в развитии с. х-ва и, пожалуй, всей рус. рев-ции" М. считал "экспроприацию всех нетрудовых земледельч. х-в". Относительно третьего элемента формулы М. писал: "Я не хочу сказать, что уравнит. распределение земли по потребительно-трудовой норме абсолютно бессмысленно, но я подчёркиваю, что оно имеет маловажное значение, как во всём ходе агр. эволюции, так и в смысле приближения к социализму". О выработке осн. положений новой агр. программы ПЛСР заявлял: "...мы не только должны ускорить процесс замены совр. общины трудовой артелью и коммуной, но заявить перед трудовыми массами, что эти две формы х-ва наиб. выгодные... Наша парт. программа должна в настоящее время включать в себя указания преимуществ коллективного землепользования перед единоличным, и не только в области чисто экономической, но и культурно-просветительной, в смысле воспитат. значения и приближения к соц. строю об-ва".

После 2-го съезда ПЛСР вышел из коллегии Наркомзема и вернулся в Казань. Участвовал в мае в губ. конференции левых эсеров, избран в губком; местной орг-цией ПЛСР делегирован на 3-й съезд партии (28 июня – 1 июля 1918, Москва). На съезде, в прениях, отмежевался от лояльных по отношению к большевикам левых эсеров, заявил: "...идите в Кремль, к Ленину!"; обвинил большевиков в преследованиях трудового крест-ва, протестовал против комбедов, твёрдых цен, смертной казни, террора и закончил утверждением: "Пролетариат, измученный, уходит с рев. сцены, на смену ему идёт крест-во" (ЦПА ИМЛ, ф. 564, оп. 1, д. 4, л. 278); избран чл. ЦК. Участвовал в практич. действиях ЦК ПЛСР, направленных на срыв Брестского мира. 24 июня 1918 был избран в Бюро ЦК (кроме него, Л.Б. Голубовский и М.А. Спиридонова), к-рому поручались "учёт и распределение всех парт. сил" в интересах осуществления "ряда террористич. актов в отношении виднейших представителей герм. империализма", развязывание вооруж. восстания против оккупантов ("Красная книга ВЧК", т. 1, М., 1989, с. 185). После разгрома левоэсеровского мятежа в Москве 6–7 июля, вернувшись в Казань, перешёл на нелег. положение; выступал в орг-циях левых эсеров и в печати в поддержку политики ЦК; участвовал в работе 4-го съезда ПЛСР (2–7 окт., Москва); по возвращении в Казань арестован, в нач. нояб. вывезен в Москву. 27 нояб. 1918 Рев. трибуналом при ВЦИК за участие в контррев. заговоре ЦК ПЛСР приговорён к 3 годам заключения. По состоянию здоровья (туберкулёз) амнистирован ВЦИК. В 1919 вновь арестован. С 1923 находился в ссылках: работал экономистом; женился на М.А. Спиридоновой. В 1937 арестован, 8 янв. 1938 Воен. коллегией Верх. суда СССР приговорён к 25 годам лишения свободы, а 8 сент. 1941 – к расстрелу. Реабилитирован в 1990.

С.И. Ионенко, Я.В. Леонтьев, А.И. Разгон.

МА́ЙСКИЙ В. (наст. фам. и имя Ляховецкий Иван Михайлович) (19 янв. 1884, г. Кириллов Новгородской губ.,– 3 сент. 1975, Москва). Род. в семье воен. врача. В 1901 окончил Омскую гимназию и поступил на ист.-филол. ф-т Петерб. ун-та. За участие в студенч. движении исключён в 1902 из ун-та и выслан в Омск. Вступил в 1903 в РСДРП, меньшевик. Принимал участие в орг-ции профдвижения. В период Рев-ции 1905–07 член Саратовского Совета РД. В 1906 арестован, выслан в Тобольскую губ. В 1908 бежал в Германию, окончил экон.ф-т Мюнхенского ун-та (1912), переехал в Англию.

В мае 1917 возвратился в Россию. С 19 мая работал в аппарате Петрогр. Совета РСД, участвовал в ряде проф. съездов и конференций. 27 июня на Всерос. конф. профсоюзов выступил с докладом о примирительных камерах (учреждения, имеющие целью разрешение трудовых споров между нанимателями и рабочими путём соглашения). К Окт. рев-ции отнёсся отрицательно. На Чрезв. съезде РСДРП (о) (30 нояб.– 7 дек.) выступил 5 дек. с докладом о рабочем контроле (контроль порождает анархо-синдикалист. иллюзии, партия должна вести борьбу против рабочего контроля, за гос. систему регулирования экон. жизни); избран в ЦК партии.

На 1-м Всерос. съезде профсоюзов (янв. 1918) выступил против централизации рук-ва профсоюзами и, в частности, заявил: "...большинство рабочих сейчас увлечено большевист. лозунгами, увлечено иллюзиями, оно, может быть, искренно верит, что эта рев-ция не есть рев-ция буржуазная, а является рев-цией социалистической. Они, эти массы, становятся глухи к тем увещеваниям, к-рые раздаются по их адресу со стороны... меньшинства, остающегося на старых позициях" ("1-й Всерос. съезд профсоюзов", П., 1918, с. 10). 1 февр. 1918 писал в приветствии ж. "Рус. Богатство" (в связи с его 25-летием): «Теперь растоптана душа соц. интеллигенции, ибо её вере в народ самим же народом нанесён бесконечно тяжкий и мучительный удар. И под влиянием этого удара смерть и разложение внесены в её ряды: одни, полные отчаянья и боли, судорожно пытаются плыть против течения, другие отходят в сторону и замыкаются в состоянии тупой апатии, третьи – раздражённые и обиженные "неблагодарностью" масс уходят в стан явных и тайных врагов народа... Что случилось? Случилось то, что часто бывает в истории: реальная жизнь обманула ожидания идеологов, она оказалась совсем не такой, какой её воображают себе люди мысли, слова и поэтич. вдохновения» ("Минувшее. Ист. альманах", т. 1, М., 1990, с. 308). На 4-й Всерос. конф. профсоюзов (март 1918) избран в состав президиума конференции, в своём выступлении отрицал соц. характер Окт. рев-ции.

Когда эсеры решили открыть заседания Учред. Собр. на территории, освобождённой от Сов. власти, М. предложил ЦК РСДРП "послать в Самару полномочную делегацию ЦК, к-рая вне пределов Сов. России могла бы оказывать известное влияние на эсеровскую политику по ту сторону фронта" (Майский И.М., Демокр. контррев-ция, М.–П., 1923, с. 12). ЦК меньшевиков отклонил это предложение. 31 июля 1918 М. выехал из Москвы в Казань, 7 авг. город был занят войсками К-та Учред. Собрания (Комуча), и М. вступил в контакт с лидерами эсеров. Вскоре переехал в Самару, где в пр-ве Комуча стал управляющим ведомством труда в Директории. 15 авг. это было санкционировано Обл. к-том меньшевиков, но в сент. М. был выведен меньшевист. ЦК из своего состава и исключён из РСДРП. После разгона А.В. Колчаком Комуча М. уехал в экспедицию в Монголию.

В 1919 порвал с меньшевиками, в февр. 1921 вступил в РКП(б). С 1922 на дипл. и науч. работе. Акад. АН СССР с 1946. В февр. 1953 арестован, освобождён в 1956, восстановлен в партии.

Лит.: Международные отношения. Политика. Дипломатия. XVI–XX вв. Сб. ст. к 80-летию акад. И.И. Майского, М., 1964.

М.Е. Голостенов, А.Л. Райхцаум.

МАКА́РОВ Николай Павлович (20 дек. 1886, Харьков,– 1 окт. 1980, Москва). Из семьи служащего. По окончании в 1911 экон. отделения юрид. ф-та Моск. ун-та оставлен при кафедре экономики для подготовки к проф. званию, к-рую вскоре покинул в знак протеста против нарушения автономии ун-та министром просвещения Л.А. Кассо. В 1914–18 зав. кафедрой полит. экономии и статистики Воронежского с.-х. ин-та; за работу "Крест. х-во и его эволюция" удостоен звания профессора (1918).

После Февр. рев-ции 1917 член распорядит. к-та Лиги агр. реформ, в мае избран чл. Совета Гл. зем. к-та. Полагал, что будущее не за капиталистич. с. х-вом, а за крестьянским, развитие к-рого "ведёт за собой развитие и оживление всего рус. нар. х-ва" ("Крест. х-во и его интересы", М., 1917, с. 107–08). Считал, что в условиях России "власть народа" означает в значит. мере власть крест-ва, защиту интересов к-рого должна взять на себя особая "действительно – крестьянская" партия с широкой программой гос. с.-х. политики (там

же, с. 79, 81). Формулируя в этой связи задачи земской обществ. агрономии, писал, что необходимо "помочь крест-ву как новой полит. силе в самосознании своих полит.-хоз. интересов и задач. Продумывание вместе с народом его интересов, его задач в плоскости с.-х. политики, выделение вопросов местной с.-х. политики и активное участие в их проведении в местной жизни через новые нар. земства, выделение вопросов гос. с.-х. политики и вознесение их, как голос и мнение народа, до гос. высоты – вот те новые широкие задачи и перспективы, к-рые возникают перед рус. агрономией" ("Обществ. агрономия и агр. проблема", "Вестник С. Х-ва", 1917, № 17, с. 4). Выступал против стихийных захватов земли и "чёрного передела" (см. «Пролог к драме "Зем. реформа"», там же, № 21–22, с. 5). Участвовал в разработке вопроса о нормах наделения и отчуждения земель, с докладом по к-рому выступил 24 июня на 2-м Всерос. съезде Лиги агр. реформ ("О нормах обеспечения сел. населения землёй", там же, № 39–44). При обосновании нормы землепользования исходил из порайонных организ.-хоз. особенностей и экон. природы крест. х-ва. Полагал, что "после того как гос-во подойдёт со своей нормой к дверям волости или даже отд. сел. об-ва, дальше к отд. х-вам оно подойти не может и не должно; ибо думать, что по одной норме можно снабдить землёй все х-ва и этим поставить их в равное положение – является довольно утопичным" ("О нормах расширения крест. землепользования", "Труды 2-го Всерос. съезда Лиги агр. реформ", в. 2, М., 1917, с. 48). Был противником запрещения наёмного труда и аренды в с. х-ве (там же, с. 49). Считал, что право собственности на распределяемую землю должно быть у органов местного самоуправления, к-рые в свою очередь сдают её в долгосрочную аренду общинам или х-вам. Излишки же земли (сверх районной нормы) поступают в общегос. распоряжение для орг-ции переселения и пр. ("Крест. х-во и его интересы", с. 97). Признавал необходимость умеренного выкупа за отчуждаемые земли за счёт всего "класса капиталовладельцев" (там же, с. 100–02).

С критикой "мечтателей" об уничтожении товарного оборота земли выступил 6 нояб. на 3-м съезде Лиги агр. реформ. «И сколько бы всеми "осн. законами о земле" в наступающем полит. периоде рус. жизни мы не уничтожали "частной собственности на землю" и "товарного оборота земли...", экон. содержание возмездных сделок в области зем. оборота неустранимо, неотвратимо и неуничтожаемо» ("Оборот земли в крест. х-ве", "Труды 3-го Всерос. съезда Лиги агр. реформ", в. 1, М., 1918, с. 17, 44–47). Для регулирования процесса социальной дифференциации предлагал дать право общинам и сел. об-вам не допускать скопления земли в одних руках свыше установленной нормы. Однако замечал: "Насколько эти мероприятия нужны самому населению, покажет то, насколько оно само воспользуется предоставленным ему правом" (там же, с. 29). В вопросе о судьбе крест. общины придерживался позиции, что "всякая личность, не желающая жить в общине, должна иметь право выхода", но без нанесения ущерба последней ("Крест. х-во и его интересы", с. 98–99). Выступал за сохранение "культурных" помещичьих х-в ("О нормах расширения крест. землепользования", "Труды 2-го Всерос. съезда Лиги агр. реформ", в. 2, М., 1917, с. 1). Не отрицал и "хоз.-прогрессивного" значения крупно-крест. полукапиталистич. х-в («Пролог к драме "Зем. реформа"», "Вестник С. Х-ва", 1917, № 21–22, с. 4).

Окт. переворот связывал с восстанием бедноты и гибелью рев-ции, однако в будущее смотрел с оптимизмом. В марте 1918 утверждал, что проникнутые христ.-этическим настроением славянофилов идеи равенства и социальной справедливости народничества потерпели крах при соприкосновении с жизнью. «Социальный "большевизм" выступил гораздо раньше большевиков с их переворотами и восстаниями; рус. с.-р. были первыми максималистами, первыми большевиками, к-рых узнала вторая рус. рев-ция. Они провозгласили во всей чистоте свои лозунги, требуя чистоты их осуществления... Но, перейдя в широкие массы, эта психология превратилась из тонкой, интимной религии в упрощённую грубую религ. обрядность масс. В те же самые социалистически-народнические понятия массы... вкладывают иное содержание; сохранилась форма, оболочка лозунга, но... исчезало настроение его» ("Социально-этические корни в рус. постановке агр. вопроса", Харьков, 1918, с. 22–23). Необходима новая идеология,– подчёркивал М.,– связанная со "здоровым" трудовым крест. х-вом. Утверждал, что примат производств. начала, а не распределительного – гл. фактор нар. богатства при крест. формах с. х-ва. Цель – в создании "блага" для личности, её раскрепощении, "забыта была сама личность человека, о благе к-рой пекутся, полюбили лишь форму тех путей, к-рыми мечтали достичь благ для личности" (там же, с. 29). Задачей интеллигенции считал не "страдание за народ", а участие в "действительном творчестве жизни" – "службу" у народа и "работу" с народом (там же, с. 27). Важную роль в развитии крест. х-ва отводил с.-х. кооперации.

С дек. 1918 тов. пред. президиума Сельскосовета. В 1919–20 проф. МГУ и Моск. кооп. ин-та. Летом 1920 выезжал в загран. командировку для ознакомления с опытом орг-ции с.-х. произ-ва США и Зап. Европы. С 1924 проф., затем декан экон. ф-та Моск. с.-х. академии им. К.А. Тимирязева, чл. президиума Земплана Наркомзема РСФСР. Участвовал в работе над "пятилеткой Кондратьева". Выступал за форсиров. развитие с. х-ва как базы индустриализации и экон. подъёма страны в условиях нэпа. В 1930 репрессирован (реабилитирован в 1987). После освобождения работал в 1935–47 агрономом, плановиком совхоза и МТС, участник антифашист. подполья. С 1948 проф. Ворошиловградского с.-х. ин-та, в 1955–73 – Всес. с.-х. ин-та заочного образования.

Соч.: О нормах зем. обеспечения при предстоящей зем. реформе. Стенограмма доклада комиссии Зем. к-та, П., 1917; Агроном и кооператор на распутьи современности, "Вестник С. Х-ва", 1918, № 9–10, с. 3–5.

Лит.: Яковлев Б.И., Н.П. Макаров, "Вестник с.-х. науки", 1987, № 12, с. 137–39; Лунден И.Л., Н.П. Макаров, в кн.: Истоки, в. 2, М., 1990, с. 314–18; Н.Д. Кондратьев, Н.П. Макаров, А.В. Чаянов, А.Н. Челинцев. Указ. лит-ры, М., 1988. *И.Л. Лунден.*

МАКЛАКÓВ Василий Алексеевич (10 мая 1869, Москва,– 15 июля 1957, Баден, близ Цюриха, Швейцария). Отец – видный моск. врач-окулист, затем проф. мед. ф-та; мать – из богатой помещичьей семьи; брат – Н.А. Маклаков – чернигов. губернатор, мин. внутр. дел. В 1890 М. арестован и исключён с естеств. отделения физ.-мат. ф-та Моск. ун-та за неблагонадёжность. В 1894 окончил ист.-филол. ф-т Моск. ун-та, в 1896 сдал экстерном экзамен за юрид. ф-т. С 1896 присяжный поверенный округа Моск. суд. палаты. Участник крупных процессов, в т.ч. Бейлиса. Особенно выдвинулся в 1905–07 в полит. процессах известного большевика Н.Э. Баумана и др. М. считался одним из лучших адвокатов России. (По словам М. Горького, М. послужил одним из прототипов гл. героя романа "Жизнь Клима Самгина".) Чл. 2–4-й Гос. Дум. В Думе (особенно в 3-й) пользовался успехом у представителей почти всех партий, выступал обличителем беззакония и произвола в действиях пр-ва. Славился как один из самых блестящих ораторов Думы. Как политик имел склонность к компромиссам. Член многих комиссий Думы. С 1906 чл. ЦК партии

кадетов, занимал в нём правые позиции. Масон. С 1914 активно работал во Всерос. земском союзе. В его ст. "Трагическое положение" ("Рус. Ведомости", 1915, № 221), к-рая распространялась в многочисл. копиях, в "безумном шофёре", к-рый "править не может", "ведёт к гибели вас и себя", но "цепко ухватился за руль" и не пускает людей, "к-рые умеют править машиной",– все узнали царя. С 1915 один из лидеров моск. кадетов, позиция к-рых по отношению к пр-ву и войне была след. образом выражена на заседании ЦК 29 сент. 1915: "Отложить счёты с властью до момента поражения внеш. врага" (Думова-2, с. 66). Чл. Прогрессивного блока. Одобрял убийство Г.Е. Распутина, был Ф.Ф. Юсуповым поставлен в известность о заговоре, но от участия в нём отказался.

Во время Февр. рев-ции 1917 назначен 28 февр. комиссаром в Мин-во юстиции. Во Врем. пр-ве ему был обещан пост мин. юстиции, но был передан А.Ф. Керенскому. М. возглавил вначале юрид. совещание при Врем. пр-ве в качестве его пред., но затем был заменён Ф.Ф. Кокошкиным. "Можно горько пенять,– говорил М. на частном совещании членов Думы 4 мая,– что Врем. пр-во не поняло в своё время, какую поддержку ему могла бы оказать Гос. Дума" (Думова-3, с. 136). Вместе с П.Н. Милюковым требовал обуздать рев-цию, т.к. Россия "оказалась недостойной той свободы, к-рую она завоевала" (Думова-2, с. 159). Чл. Особого совещания по изготовлению проекта Положения о выборах в Учред. Собр. Выступил с решит. защитой избират. прав императорской фамилии: "Легальное происхождение нашей власти идёт не только от рев-ции, а идёт и от нек-рых актов царствовавшего дома. Ограничение [семьи Романовых.– Автор] возможно лишь позднее, когда и если – будет провозглашена республика" (Думова-2, с. 140). Принимал активное участие в выборной кампании в Москве в мае – июне, особенно в Арбатском р-не.

Участник Совещания обществ. деятелей в Москве 8–10 авг., избран членом пост. Совета обществ. деятелей. В сер. авг. говорил Л.Н. Новосильцеву: "Передайте ген. Корнилову, что ведь мы его провоцируем... Ведь Корнилова никто не поддержит, все спрячутся..." (Деникин А.И., Очерки рус. смуты, т. 2, М., 1991, с. 31). Во время корниловского выступления в разговоре по прямому проводу М. подсказывал генералу единств. возможность спасти положение: "Ваше предложение принято здесь как желание насильств. переворота. Глубоко рад, что это, по-видимому, недоразумение. Вы недостаточно осведомлены о полит. настроении... Необходимо принять все меры, ликвидировать все недоразумения без соблазнов и огласки... при личных объяснениях [с Керенским.– Автор]" (Думова-2, с. 198). Ещё до корниловского выступления пришёл к убеждению, что гл. изменение в полит. ситуации в тот момент должно коснуться не отд. лиц, но самой природы существующего строя: «Если настаивать на сохранении состояния "рев-ции", процесс будет продолжаться, и придётся испить чашу до дна. Поэтому, если бы Корнилов попытался остановить рев-цию, он должен был возвратиться к "законности". Законность кончилась с отречением вел. кн. Михаила, и поэтому необходимо было бы вернуться к этой исходной точке. Он должен был бы опереться на акт отречения имп. Николая II, к-рый был последним законным актом, и восстановить монархию...» (Думова-3, с. 256–57). М. считал, что Учред. Собр. "неизбежно должно было утопить небольшое рус. культурное меньшинство в массе тёмных людей. Когда же в Предпарламенте вместо выборов прибегали к представительству бытовых группировок по назначению, то все признавали тогда, что лучших по составу собраний выборы дать не могли бы" (Думова-2, с. 210). Член Предпарламента.

Окт. рев-цию М. встретил в Париже в качестве посла Рос. Республики. 17 нояб. приказом Л.Д. Троцкого был лишён звания посла во Франции и права представлять Россию на мирной конференции. 24 нояб. избран по списку кадетов в Учред. Собр. (от Москвы). Не веря в предназначение Учред. Собр., писал в кон. дек.: "Для народа, большинство к-рого не умеет ни читать, ни писать, и при всеобщем голосовании для женщин наравне с мужчинами – Учред. Собр. явится фарсом" (Думова-1, с. 79). М. обладал обширными связями в правительств. кругах Франции, пользовался значит. весом в междунар. дипл. сферах. В 1919 вошёл в состав Рус. полит. совещания – орг-ции, созданной в Париже в кон. 1918 и являвшейся центром "белого дела" за рубежом. В сент. 1920 посетил Крым, где встречался с П.Н. Врангелем. С 1924 пред. Эмигрантского к-та, к-рый ставил своей целью защиту рус. интересов и выдавал удостоверения рус. эмигрантам.

Соч.: Власть и общественность на закате старой России, т. 1–3, Париж, 1936; Из воспоминаний, Нью-Йорк, 1954.

Лит.: Адамович Г., В.А. Маклаков. Политик, юрист, человек, Париж, 1959; Ковалевский П.Е., Зарубежная Россия, Париж, 1971; Рус. эмиграция.

М.Е. Голостенов.

МАКСУ́ДОВ (Максуди) Садретдин (Садри) Низаметдинович (в эмиграции Арсал Садри Максуди) (1872, по др. данным, 1879, д. Ташсу Казанского у. Казанской губ.,– 20 февр. 1957, Стамбул). Род. в семье муллы, землевладельца. С 1888 учился в медресе в Казани, с 1897 в тат. правительств. школе. Учитель начальных школ. В 1901–06 учился на юрид. ф-те Парижского ун-та, кандитат права. Одноврем. посещал лекции в Сорбонне и сам читал лекции о жизни мусульм. народов России. В 1906 вернулся в Казань. Включился в полит. жизнь, избран в созданный в ходе 3-го Всерос. мусульм. съезда (Н. Новгород, авг. 1906) ЦК партии "Иттифак-аль-муслимин" ("Союз мусульман"). Деп. 2-й Гос. Думы (от Казан. губ.), тов. секретаря Думы и чл. фракции кадетов; в 3-й Гос. Думе организовал и возглавил мусульм. фракцию. В 1910 совершил поездку в Поволжье, на Урал, в Туркестан, на Кавказ для ознакомления населения с деятельностью Думы и мусульм. фракции. Публицист, писатель, адвокат в Казани, член юрид. комиссии Гор. управы.

После Февр. рев-ции 1917 член Казан. мусульм. к-та (создан 7 марта), член Врем. центр. бюро рос. мусульман, избранного в сер. марта в Петрограде по инициативе мусульм. фракции 4-й Гос. Думы. На 7-м съезде кадетской партии как делегат от Оренбурга заявил 25 марта, что мусульмане России стоят за демокр. респ., при к-рой всем народностям можно было бы жить так, как они этого желают, чтобы все области имели широкие права самоопределения и самоуправления; 30-миллионное "мусульм. население России шло в прошлом вместе с Партией Нар. Свободы и впредь будет идти с ней" ("Рев-ция и нац. вопрос. Док-ты и мат-лы по истории нац. вопроса в России и СССР в XX в.", т. 3, М., 1930, с. 287–88). Такое утверждение вызвало 29 марта протест Врем. центр. бюро рос. мусульман; в протесте указывалось, что М. выразил своё мнение, а не мнение бюро, и что, напротив, после объявления мин. иностр. дел кадетом П.Н. Милюковым курса на продолжение войны до победного конца мусульмане России не пойдут за таким лозунгом, т.к. они, защищая свободу России, не хотят нести позор и унижения др. народам, где бы эти народы ни находились. М. вышел из партии кадетов. 5 апр. назначен Врем. пр-вом членом Туркест. к-та. В мае на 1-м Всерос. мусульм. съезде в Москве избран членом исполкома Всерос. мусульм. Совета (Милли Шуро). Один из идеологов и организаторов культ.-просвет. движения среди тюрк. народов России. 18 авг. писал в органе Мусульм. нар. к-та газ. "Ил" ("Страна"): "Такие светлые ист. дни, к-рые открыли сейчас перед нашей нацией чрезвычайно большие возможности, не повторятся ещё раз. Если наша нация желает устроить свою жизнь по своему усмотрению, то это возможно только теперь".

Окт. рев-цию не принял, противник Сов. власти. Был пред. Нац. парламента мусульман Внутр. России и Сибири (Милли меджлис) в Уфе (20 нояб. 1917 – 11 янв. 1918), к-рый избрал его пред. Нац. управления тюрко-тат. мусульман Внутр. России и Сибири (Милли идарэ) и пред. Коллегии по осуществлению культурно-нац. автономии мусульман Внутр. России и Сибири. Во время Гражд. войны эмигрировал во Францию, впоследствии переехал в Турцию, где при Ататюрке дважды избирался депутатом парламента, был членом тур. делегации в Лиге Наций. С 1945 проф. Стамбульского ун-та; опубл. труды по вопросам права и лингвистики. *С.М. Исхаков.*

МАНА́ТОВ Шариф Ахметзянович (20 окт. 1887, по др. данным, 1892, д. Манатова Катайской вол. Челябинского у. Оренбургской губ.,– 1936, д. Кучуково Учалинского р-на Башк. АССР). Род. в семье муллы. Учился в Петерб. психоневрологич. ин-те (дружил с М. Вахитовым), затем в Стамбуле (с 1914). В Цюрихе встречался с В.И. Лениным. Социолог, журналист. В 1914 в газ. "Тормош" ("Жизнь", Уфа) опубл. статью, в к-рой писал, что мусульмане России всегда будут работать рука об руку с рус. интеллигенцией. С янв. 1917 меньшевик-интернационалист.

После Февр. рев-ции 1917 вернулся в Оренбург. Один из организаторов движения за создание автономии Башкортостана. На 2-м Башк. съезде в Уфе (авг.) избран пред. Башк. обл. Шуро (Совет).

После Окт. рев-ции в Петрограде переехал вместе с Шуро в Оренбург, где Шуро примкнуло к сформированному в окт. К-ту спасения Родины и Рев-ции во главе с атаманом А.И. Дутовым и в сер. нояб. провозгласило нац.-терр. автономию башк. народа (в пределах территорий Оренбургской, Уфимской, Самарской губ.). Чл. Учред. Собр. (по списку башкир-федералистов Оренбургской губ.). Как пред. Башк. обл. Шуро был уполномочен вести переговоры с СНК об автономии Башкортостана, утверждённой Башк. Курултаем (парламентом) в Оренбурге (дек.).

7 янв. 1918 при встрече с Лениным заявил, что есть люди, к-рые стараются представить башк. движение как якобы направленное против рев-ции, что не соответствует действительности; Ленин предложил создать центр. мусульм. учреждение, заметив при этом (согласно восп. М.): если будете действовать заодно с И.В. Сталиным, то добьётесь всего, чего желаете ("В.И. Ленин и Башкирия". Док-ты, мат-лы, восп., 3-е изд., доп.– Уфа, 1984, с. 368). Зам. пред. Комиссариата по делам мусульман Внутр. России, созданного декретом СНК от 17 янв. при Наркомнаце РСФСР. Сотрудничал в первой газете на тат. яз. "Чулпан" ("Утренняя Звезда"). В кон. янв. заявил: "...личные беседы с нар. комиссарами дают мне большую надежду на то, что башк. автономия будет утверждена" (Юлдашбаев Б.Х., Нац. вопрос в Башкирии накануне и в период Окт. рев-ции, Уфа, 1984, с. 68). После ареста Шуро и Башк. пр-ва (избрано на Башк. курултае в Оренбурге в дек.) 4 февр. Оренбургским ВРК Врем. рев. Совет Башкортостана (сформирован в тот же день) обратился в Наркомнац с требованием ареста М., на что Сталин ответил: М. "утверждён членом Мусульм. комиссариата при СНК. Он по вашей телеграмме арестован не будет, не будет также снят с занимаемой им должности" ("Образование БАССР". Сб. док-тов и мат-лов, Уфа, 1959, с. 871). М. подписал вместе со Сталиным и др. "Положение Наркомнаца об образовании Татаро-Башк. Сов. Республики" (опубл. 23 марта в "Правде"). В мае 1918 вступил в РСДРП(б).

В 1919 послан Сталиным в Турцию для оказания помощи в создании коммунистич. партии. С окт. 1920 полномочный представитель Наркомнаца в Башк. АССР. Затем на гос., парт. и преподават. работе в Туркестане, Баку, Фрунзе, Ереване. В 1935 исключён из партии "как не изживший контррев. бурж.-националистич. идеологии". Реабилитирован в 1962.

С о ч.: Башк. Авт. Республика. Жизнь национальностей, кн. 1, 1923.

Лит.: Незабываемые встречи (Восп. о В.И. Ленине), Казань, 1986 Н а с ы р о в Р., От имени башкир, в кн.: Возвращённые имена, Уфа, 1991.

Р.А. Давлетшин, С.М. Исхаков.

МАНУ́ЙЛОВ Александр Аполлонович (22 марта 1861, Одесса,– 20 июля 1929, Москва). Из дворян. Окончил в 1883

юрид. ф-т Новороссийского ун-та (Одесса). В 1885 уехал в Германию и 2 года слушал лекции в Берлине и Гейдельберге. В кон. 90-х гг. ездил в Англию и Ирландию для изучения агр. отношений. С этого же времени примыкал к либеральному народничеству. С 1885 преподавал полит. экономию в Моск. ун-те;

ректора, в 1905–08 проректор, с 1908 ректор. Чл. Гос. совета от АН и ун-тов (1906–11). Чл. партии кадетов и её ЦК с 1905. Проект агр. реформы М. лёг в основу агр. программы кадетов. Был ред. "Рус. Ведомостей". В 1911 подал в отставку с поста ректора. В своём заявлении об отставке писал, что поскольку полицейская власть распоряжается в ун-те самостоятельно, ректор в таких условиях является бесполезным; получил широкую известность в связи с этим. Вместе с М. в отставку ушли св. 30 ведущих профессоров, в т.ч. П.Н. Лебедев, В.П. Сербский, В.И. Вернадский, М.М. Хвостов, С.А. Чаплыгин, К.А. Тимирязев. С 1914 пред. Экон. совета Всерос. союза городов. Во время подготовки Прогрессивным блоком в 1915–16 "пр-ва обществ. доверия" взамен царского пр-ва в одном из вариантов предполагался министром нар. просвещения.

После Февр. рев-ции 1917 М. вошёл в первый состав Врем. пр-ва в качестве мин. нар. просвещения (ушёл в отставку в июле). Забота о скорейшем возобновлении занятий проявилась в его первом циркуляре, адресованном попечителям учебных округов. 11 апр. поддержал проект гос. страхования уч-ся вузов (не был доведён до конца). Циркуляром от 15 апр. предоставил ф-там вузов право самостоятельно устанавливать способы замещения вакансий. В мае ректорам вузов предложено уволить с проф. должностей всех лиц, назначенных после 27 авг. 1905 без представления ф-тов и советов; отменено исключение из гимназий и реальных уч-щ без права поступления в др. учебные заведения (все ранее исключённые могли поступать на общих основаниях); попечители учебных округов должны были начать (в соответствии с циркуляром, содержавшим осн. правила упрощения) реформу рус. правописания. Считал невозможной и бесперспективной деятельность пр-ва в условиях пост. конфронтации с Советами РСД; полагал, что Врем. пр-во в такой ситуации должно уйти, объяснив стране, почему оно считает свою деятельность бесплодной. До того как он пришёл к такому выводу, М. в апр. настаивал на принятии декларации-воззвания, где социалистам предлагалось принять участие в пр-ве, в результате чего в состав пр-ва вошли И.П. Церетели и М.И. Скобелев.

В.Д. Набоков в воспоминаниях "Врем. пр-во" писал: «М. как-то скорее других проникся безнадёжностью в отношении деятельности Врем. пр-ва вообще и чаще других говорил о необходимости ухода Врем. пр-ва ввиду невозможных условий работы, создаваемых контролем и пост. помехой со стороны Совета РД... По существу, он не был боевой натурой, борцом. Он и раньше гл. методом борьбы избирал отставку... Среди др. министров М. имел исключительно "дурную прессу". На него нападали и справа и слева: справа – за бездеятельность и апатию перед растущей рев. волной... Слева его обвиняли в бюрократизме, в сохранении канцелярской рутины, в призыве деятелей старого режима... М. не умел отбиваться и огрызаться. Он приходил в уныние и отчаяние. В сущности говоря, он, может быть, был вполне прав, признавая положение безнадёжным. Но и в этом случае ему следовало действовать иначе: решительнее,– я бы сказал – демонстративнее» ("Наше наследие", 1990, № 6, с. 69–70).

В июле на 9-м съезде партии кадетов сделал доклад, в к-ром перед партией ставилась задача сформулировать "экон. программу чисто практического характера": "Мы должны открыто и громко сказать, что развитие нар. х-ва базируется на свободе личного почина. Мы должны сказать, что в области пром-сти, так же как и в агр. программе, не отрицаем личную собственность" ("Речь", 1917, 27 июля). После ухода из пр-ва вернулся в "Рус. Ведомости" на должность гл. редактора (газета после Октября не раз меняла своё название). На расширенном заседании ЦК кадетов 11–12 авг., большинство к-рого склонялось к установлению воен. диктатуры для "спасения страны от анархии", М. заявил: "Уговорами управлять нельзя... Остаётся утвердить власть на физич. силе" (Думова-2, с. 195).

После Окт. рев-ции М. выехал (без семьи) в Тифлис, откуда направил письмо В.И. Ленину о своём желании сотрудничать с Сов. властью. По возвращении в Москву в янв. 1918 преподавал в Моск. ун-те, в 1919–20 консультант наркома финансов, активно участвовал в проведении ден. реформы 1922. С 1924 член правления Госбанка. *Н.Л. Туманова.*

МА́РТОВ (наст. фам. Цедербаум) Юлий Осипович (12 нояб. 1873, Константинополь, – 4 апр. 1923, Шёмберг, Германия). Из семьи служащего. В 1891 по-

ступил на естеств. ф-т Петерб. ун-та. Осенью этого года организовал Петерб. с.-д. группу "Освобождение труда". Неоднократно подвергался арестам. В окт. 1895 вместе с В.И. Лениным и др. участвовал в создании Петерб. "Союза борьбы за освобождение рабочего класса". В 1896 сослан в Туруханск. Отбыв ссылку (в. 1900), включился в осуществление ленинского плана создания марксист.партии в России и общерус. полит. газеты. В марте 1901 в Мюнхене вошёл в редакцию "Искры". Участвовал в подготовке проекта Программы РСДРП. Дел. 2-го съезда РСДРП (1903), на к-ром внёс альтернативное ленинскому определение членства в партии – содействие РСДРП под рук-вом одной из орг-ций вместо обязат. участия в орг-ций вместо обязат. участия в её работе (проект М. был принят 28 голосами против 22); не согласился М. и с предложением Ленина ограничить редколлегию "Искры" Г.В. Плехановым, Лениным и М., т.к. усмотрел в этом возможность поставить партию под контроль ред. "Искры"; отказался работать в "Искре"; бойкотировал выборы в центр. органы РСДРП; чл. негласного бюро меньшевиков. После выхода Ленина из редакции вернулся в неё, был введён в Совет партии. Обвинял большевиков в стремлении установить в партии режим диктатуры. В окт. 1905 вернулся в Россию, работал в исполкоме Петерб. Совета РД, в Орг. к-те (меньшевист. фракц. центр), в ред. газ. "Начало". С дек. 1905 чл. ЦК РСДРП и ред. "Парт. Известий". Участвовал во многих меньшевист. изданиях. Отвергал тактику бойкота Гос. Думы. В 1906 выслан за границу. Один из идеологов ликвидаторства, но предостерегал против абсолютизации легальной деятельности. Один из авторов и редакторов 5-томника "Обществ. движение в России в нач. XX в." (П., 1909–14). На янв. пленуме (1910) ЦК РСДРП критиковал "раскольнич. курс" большевиков, выступал за примирение всех фракций. В 1911 сблизился с меньшевиками-партийцами. В 1912 дел. Августовской конф. с.-д. (Вена), вошёл в Загран. секретариат ОК. В нач. 1-й мир. войны "интернационалист", затем "центрист". Выступал за скорейшее окончание войны и демокр. мир, отрицал ленинский тактич. лозунг поражения своего пр-ва и превращения империалистич. войны в гражд. войну. Участник Циммервальдской (авг. 1915) и Кинтальской (апр. 1916) междунар. соц. конференций, представлял левоцентрист. крыло.

О Февр. рев-ции 1917 узнал в Швейцарии. Вначале сохранял убеждённость в правоте меньшевист. тактики 1905 (предоставление власти буржуазии под контролем рабочего класса с целью радикализации политики пр-ва), но опасался распространения в меньшевизме идей "рев. оборончества" (ЦПА ИМЛ, ф. 362, оп. 1, д. 51, л. 127). Исходя из обязательности для успешной соц. рев-ции высокого уровня развития экономики и культуры, прочных демокр. традиций и превращения рабочего класса в большинство нации, утверждал: "Врем. полит. диктатура или полнота власти всех демокр. слоёв бурж. об-ва является неизбежной фазой развития всякого глубокого переворота, преобразующего сословно-полицейское гос-во в современно-буржуазное" (там же, ф. 275, оп. 1, д. 12, лл. 10–11 об.; д. 52, лл. 8, 94). Считал, что буржуазия способна сыграть свою роль только при свержении самодержавия, а затем, в ходе переустройства об-ва, возможен её отход от рев-ции. Когда буржуазия "исчерпает себя", допускал свержение бурж. кабинета и замену его "трудовическим" или "трудовическо-патриотическим" пр-вом (там же, ф. 362, оп. 1, д. 51, л. 130 об.). Переход власти к радикальной мелкобурж. демократии мыслил лишь после обретения ею полит. сознательности. В тактике большевиков М. усматривал стремление "добраться до власти не силой собств. класса", а увлечением за собой "солдат-крестьян", сил, чуждых, как считал М., социализму. Решил "остаться на далёком расстоянии с Лениным и Троцким" (там же, л. 142 об.).

9 мая 1917 через Германию вернулся в Россию. В тот же день на Всерос. конф. меньшевист. и объединённых орг-ций РСДРП критиковал вступление социалистов в коалиц. Врем. пр-во, осуждал "рев. оборончество". Его речь была встречена большинством делегатов враждебно. М. и его сторонники заявили о сложении с себя полит. ответственности за решения конференции, не участвовали в выборах меньшевист. центров. М. отказался войти в ред. ЦО РСДРП "Рабочую Газету". Он остался в оппозиции, во главе немногочисл. группы меньшевиков-интернационалистов. В кон. мая один из организаторов "Летучего Листка Меньшевиков-Интернационалистов", в июне их Врем. центр. бюро.

В сер. июня писал: «В качестве правительств. партии... с.-д-тия, в лице меньшевист. фракции, осудила себя на постоянное торможение пробуждающейся в крест.-солд. массе полит. самодеятельности, на удержание Советов от попыток активно влиять на ход правительств. политики... меньшевики и эсеры неизбежно способствовали тому, что нарастающее... недовольство пролет. и даже части крест.-солд. масс бросило их в объятия ленинизма. Ибо ленинизм бросил в эти массы лозунг "Вся власть Советам"... Видя, ...что три месяца рев-ции ещё не дали заметного улучшения жизни, массы склонны искать выхода в устранении от власти представителей враждебных им капиталистич. классов». Отметив, что это может привести к изоляции пролетариата и к господству контррев. буржуазии, М. выдвинул лозунг перехода власти в руки мелкобурж. демократии ("Летучий Листок Меньшевиков-Интернационалистов", 1917, № 2, с. 5).

Дел. 1-го Всерос. съезда Советов РСД (3–24 июня); неоднократно выступал, избран чл. ВЦИК. В речи на съезде и в проекте резолюции о войне и мире, не получившем поддержки большинства делегатов, констатировал бесплодность усилий меньшевиков по созыву междунар. соц. конференции в Стокгольме, но отмежевался от ленинской программы мира; предлагал требовать от Врем. пр-ва, чтобы оно добивалось (вплоть до угрозы выхода из антигерм. коалиции) согласия союзников на переговоры, отказа их от аннексий и контрибуций. Осуждал политику наступления на фронте. В обстановке приближающегося полит. кризиса в частном письме 17 июня писал: "Такое у всех чувство, что всё это рев. великолепие на сносях, что не сегодня-завтра что-то новое будет в России, то ли крутой поворот назад, то ли красный террор... А пока незаметно и неуловимо организуется какая-то контрреволюция, к-рая уже собирает свои силы" (ЦПА ИМЛ, ф. 362, оп. 1, д. 51, л. 154).

В Июльские дни, в ночь с 4 на 5 июля, на заседании исполкома Петрогр. Совета, когда эсеры и меньшевики торжествовали по поводу прибытия воинских частей с фронта для "наведения порядка в столице", заметил: "Классич. сцена начала контррев-ции" (Суханов Н., Записки о рев-ции, т. 2, кн. 3–4, М., 1991, с. 340). С кон. июля всё более склонялся к идее пр-ва рев. демократии. 15 июля на 2-й Петрогр. конф. меньшевиков внёс резолюцию, осуждавшую капитулянтскую позицию лидеров Советов в Июльские дни и допускавшую возможность сосредоточения власти в руках Советов (резолюция собрала 36 голосов против 37, поданных за резолюцию Дана, одобрявшую коалицию с буржуазией). Указывал, что развал Врем. пр-ва из-за обструкции его бурж. кругами стал сигналом к стихийному бунтарству 3–5 июля, что наметившееся осуществление лозунга "Вся власть Советам!" не было доведено до конца, т.к. мелкобурж. сознание ещё не освоило, что для этого нужно перешагнуть "через либеральную буржуазию в целом". В кон. июля вместе с И.С. Астровым от имени Центр. бюро меньшевиков-интернационалистов обратился к 6-му съезду РСДРП(б) с приветствием, в к-ром выражалось "глубокое возмущение против клеветнич. кампании, к-рая целое течение в рус. с.-д-тии стремится представить агентурой герм. пр-ва". Выразив надежду на "сотрудничество отд. интернационалистич. течений (т.е. большевиков и меньшевиков-интернационалистов.– Авторы) в деле борьбы с оппортунистич. и националистич. влияниями, проявляющимися в рабочем движении", авторы обращения указывали, что "не должна быть допущена подмена завоевания власти большинством рев. демократии задачей завоевания власти в ходе борьбы с этим большинством и против него" ["6-й съезд РСДРП(б)", с. 194].

Делегат Объединит. съезда РСДРП (авг.), избран чл. ЦК. Выступал от интернационалист. крыла; в докладе "Полит. момент и задачи партии" протестовал против блока с буржуазией, понимая его как коалицию с воен.-контррев. кругами, назвал послеиюльской движущей силой рев-ции гор. и сел. мелкую буржуазию, к-рая могла бы участвовать в борьбе за рев.-демокр. влияние только в союзе с рабочим классом и при его руководящей роли. Критиковал меньшевист. рук-во: "Для нас та полит. линия, к-рую вело большинство меньшевист. партии до сих пор, ...представлялась до конца политикой полного забвения и отрицания... рев. стороны марксизма" (ЦПА ИМЛ, ф. 275, оп. 1, д. 12, л. 13, 14). До съезда М. допускал возможность орг. разрыва с "оборонцами", но потом признал (в частном письме от 25 авг.), что этому помешала расколобоязнь большинства делегатов-интернационалистов: «Стало невозможно идти против своих собственных "каутскианцев"... Пришлось снова ограничиться заявлением, что не будем связывать себя дисциплиной и просто будем выступать, когда нужно, против большинства» (ЦПА ИМЛ, ф. 362, оп. 1, д. 51, л. 160).

Сотрудничал в "Новой Жизни", "Кронштадтской Искре" (июль – сент.), "Искре" (с сент.). Оценивая положение после выступления Л.Г. Корнилова, писал: "Почувствовав, что ею держится порядок в стране, что ею одной держится армия и что ею одной охраняется завоёванная свобода, демократия осваивается с мыслью, что ей одной должна принадлежать и власть в гос-ве... Гос. машина должна перейти в руки демократии: без этого Россия не добьётся мира, не справится с экон. разрухой, не одолеет своих контррев. врагов, покушающихся на землю и волю". Отметив, что затормозить переход власти в руки демократии может только раскол в её среде между пролет. меньшинством и крест.-солд. большинством, продолжал: "Это значит, что всякие попытки навязать нашей демокр. рев-ции задачу немедленного приступа к осуществлению социализма тотчас же бы отбросили от пролетариата большую часть демократии, помогли бы её врагам внести смуту в её ряды и тем раздавить её" ("Кронштадтская Искра", 1917, 11 сент.).

Участник Всерос. Демокр. совещания (сент.), высказался против коалиции с буржуазией; вошёл во Врем. Совет Рос. Республики (Предпарламент), возглавил фракцию меньшевиков-интернационалистов. После образования последнего состава Врем. пр-ва писал: "Дело, конечно, не в личных качествах этих людей. Дело в том, что они связаны с классами, тянущими их назад, в то время, как лишь энергич. инициатива пр-ва в деле руководства рев-цией может ещё устранить неизбежность гражд. войны. Вот почему меньшевики-интернационалисты... будут добиваться замены его тем рев.-демокр. пр-вом, вне к-рого неизбежны банкротство, разруха и гражд. война" ("Искра", 1917, 3 окт.).

Накануне Октября М. предвидел неизбежность рев. взрыва, но взятие власти пролетариатом считал полит. ошибкой, призывал рабочих и солдат воздержаться от вооруж. восстания. На заседании ВЦИК 24 окт. заявил: "...Хотя меньшевики-интернационалисты не противятся переходу власти в руки демократии, но они высказываются решительно против тех методов, к-рыми большевики стремятся к власти" ("Рабочая Газета", 1917, 26 окт.), однако не отрицал, что политика РСДРП(б) имеет почву "в неудовлетворённых нуждах народа". Спасение рев-ции связывал с пр-вом, способным заключить мир и готовым к радикальным социальным реформам.

Дел. 2-го Всерос. съезда Советов РСД (25–27 окт.); в начале 1-го заседания потребовал начать работу съезда с обсуждения возможности мирного разрешения кризиса, вызванного вооруж. восстанием, призвал провести с этой целью и для орг-ции демокр. власти переговоры "с др. соц. партиями и орг-циями" ("Второй Всерос. съезд Советов РСД", М.–Л., 1928, с. 34). Принятое (в т.ч. большевиками) предложение М. было сорвано правыми группами, к-рые ушли со съезда, заявив протест против захвата власти большевиками. М. повторил идею межпарт. переговоров и предложил приостановить работу съезда до создания однородной демокр. власти. Л.Д. Троцкий внёс альтернативную резолюцию, осуждающую ушедших за попытку сорвать съезд и приветствующую победоносное восстание. Предложение М. даже не обсуждалось, и он вместе со своими сторонниками покинул зал.

Окт. рев-цию рассматривал как катастрофу, хотя признавал её неотвратимость. В нач. нояб., во время переговоров при Викжеле, М. вновь требовал создания "однородного соц. пр-ва".

В сер. нояб. писал П.Б. Аксельроду в Стокгольм: "Вот положение. Оно трагично... Перед нами победившее восстание пролетариата, т.к. почти весь пролетариат стоит за Лениным и ждёт от переворота социального освобождения и при том понимает, что он вызвал на бой все антипролет. силы. При этих условиях не быть, хотя бы в роли оппозиции, в рядах пролетариата – почти нестерпимо. Но́ демагогич. формы, в к-рые облечён режим, и преторианская подкладка господства Ленина не дают смелости идти туда...". М. предлагал "ни в коем случае не участвовать в разгроме пролетариата, хотя бы он и шёл по ложному пути", а далее констатировал: "...я не думаю, чтоб ленинская диктатура была обречена на гибель в скором уже времени. Армия на фронте окончательно переходит, как видно, к нему, Германия и Австрия фактически его признали и, возможно, что союзники займут выждат. позицию" ("Меньшевики". Сб. статей, восп. и док-тов, Бенсон, 1988, с. 153). 30 дек. в частном письме М. объяснял своё неприятие Окт. рев-ции: "Дело не только в глубокой уверенности, что пытаться насаждать социализм в экономически и культурно отсталой стране – бессмысленная утопия, но и в органич. неспособности моей примириться с тем аракчеевским пониманием социализма и пугачёвским пониманием клас. борьбы, к-рые порождаются, ...фактом, что европ. идеал пытаются насадить на азиат. почве" (там же, с. 155).

Совместно с 10 членами и кандидатами в чл. ЦК РСДРП(о) – меньшевиками-интернационалистами М. подписал обращение к местным парт. орг-циям (опубл. 19 нояб.), где констатировалось и подтверждалось "фактом последних неудач на полит. выборах" поражение меньшевиков 25 окт. как одной из партий, "на к-рые опиралось Врем. пр-во", как пролет. партии, как орг-ции, к-рая "находится в состоянии внутр. анархии"; ответственность за поражение РСДРП(о) возлагалась на политику её рук-ва. На Чрезв. съезде меньшевиков (30 нояб. – 7 дек., Петроград) М. отвергал требования правоцентрист. крыла "признать за народом право восстания против большевиков", напомнил, что "переворот 25 окт." был предопределён "всем ходом рус. рев-ции", в т.ч.– исчерпавшей себя в массах коалиц. политикой. Шанс спасения рев-ции видел в восстановлении единства рабочего движения, координации его сил с мелкобурж. демократией и в возвращении к лозунгу единой (однородной) соц. рев. власти ("Вперёд", 1917, 6 дек.). Победа на съезде левоцентрист. сил после соглашения между сторонниками Ф.И. Дана и М. выдвинула его в лидеры партии. Избран чл. ЦК, вошёл в новую ред. ЦО – "Рабочей Газеты".

В марте 1918 переехал в Москву. Выступал неоднократно с лекцией, вскоре опубликованной, в к-рой, отметив, что "перед нами прошёл почти полугодовой опыт т.н. пролет. диктатуры", утверждал:

"Диктатура эта фактически осуществляется интеллигентской богемой, известной частью гор. пролетариата и приобщившейся к власти части мелкой буржуазии. Получается карикатура на диктатуру пролетариата, картина своеобразного рус. якобинства" ("Мелкобурж. стихия в Рос. рев-ции", М., 1918, с. 1). Говоря о партии большевиков, М. подчёркивал: "В конгломерате составляющих её элементов первое место, бесспорно, принадлежит мелкобурж. слоям, дающим осн. тон её программе действий и методам. И мы видим, как при этой якобы пролет. диктатуре выявляется её зависимость от мелкобурж. стихии. Разоряющаяся мелкая буржуазия ...представляет собой весьма анархич. класс, протест её принимает всегда крайне анархич. формы" (там же, с. 3). Формулируя задачи, говорил: "Организованные обществ. силы, стоящие на точке зрения демократии, должны приложить все силы к созданию в нар. слоях движения к осуществлению демокр.-респ. строя, способного регулировать интересы отд. групп населения без гражд. войны. От возможности создать такое движение зависит, не явится ли ликвидация большевизма переходом к собственнич. и монархич.-помещичьей контррев-ции" (там же, с. 4). Боролся против заключения Брестского мира, на 4-м Чрезв. Всерос. съезде Советов (14–16 марта 1918) убеждал не ратифицировать договор, требовал создать новую власть, "к-рая могла бы найти за собой достаточно сил и возможностей, чтобы сорвать этот мир" ("Стенографич. отчёт 4-го Чрезв. съезда Советов рабочих, солд. и казач. депутатов", М., 1920, с. 33). В апр. был судим Моск. Ревтрибуналом печати по обвинению к клевете на И.В. Сталина (за публикацию в № 51 газ. "Вперёд" ст. "Об арт. подготовке", где упоминалось исключение Сталина из партии за причастность к экспроприациям); по приговору М. было выражено обществ. порицание (с обязат. публикацией во всей моск. прессе) "за легкомысленное для обществ. деятеля и недобросовестное в отношении народа преступное пользование печатью" ("Родина", 1990, № 8, с. 16). Дел. меньшевист. Всерос. парт. совещания (Москва, май), к-рое призвало к "замене Сов. власти властью, сплачивающей силы всей демократии". Вновь избран чл. ЦК партии. После пост. ВЦИК (14 июня) об исключении правых эсеров и меньшевиков из своего состава и из местных Советов М. находился на полулегальном положении, подвергался кратковрем. арестам (в т.ч. домашнему) за резкую критику "прод. диктатуры" и "красного террора".

В 1918–20 деп. Моссовета и чл. ВЦИК. На Июльском (1918) пленуме ЦК отстаивал резолюцию против интервенции и участия в вооруж. борьбе с большевиками, автор письма к меньшевист. орг-циям с разъяснением этой позиции ЦК. В дек. 1918 на Всерос. парт. совещании меньшевиков выступил в поддержку Сов. власти в борьбе с контррев-цией, за снятие лозунга Учред. Собр. Предложил принять "за исходный пункт своей борьбы Сов. строй, как факт действительности, а не принципа" (принято совещанием). Как реальный олитик М. учитывал существование Сов. власти, но оставался сторонником демокр.-респ. строя и продолжал критику большевист. внутр. политики. После легализации меньшевиков (30 нояб.) вошёл в редакцию их легального ЦО – газ. "Всегда Вперёд" (затем "Интернационал"), сотрудничал в харьковских с.-д. газ. "Наш Голос" и ж. "Мысль", где начал публикацию цикла статей "Мировой большевизм". Один из авторов платформы РСДРП "Что делать?" (июль 1919), к-рая требовала от Сов. власти демократизации полит. строя, отказа от национализации значит. части пром-сти, изменения агр. и прод. политики. В 1919 упрекал большевиков уже не за преждевременность "соц. эксперимента", а за отсутствие у них целостной разработанной системы рев. политики для всего переходного периода (Мартов Л., Предисловие к кн. Нэна Ш. "Диктатура или демократия" и кн. Адлера М. "Проблемы социальной рев-ции", Харьков, 1919, с. 5–7). Автор "Апр. тезисов" (1920) о диктатуре пролетариата и демократии (легли в основу меньшевист. платформы "Мировая социальная рев-ция и задачи с.-д-тии", принятой Всерос. парт. совещанием при ЦК РСДРП в апр. 1920), где выдвинул идею объединения всех "марксист. соц. партий", включая РКП(б), на основе последоват. народовластия, самой широкой свободы идейной борьбы и пропаганды.

В окт. 1920 М. легально выехал за границу по поручению ЦК меньшевиков в качестве представителя партии в Интернационале; до своей смерти оставался сов. гражданином. В речи в Галле (нояб. 1920) на съезде Герм. независимой с.-д. партии призвал к защите рос. рев-ции от междунар. империализма и рус. контррев-ции, подчеркнул необходимость критики "тех внутр. противоречий и слабостей рус. рев-ции, без преодоления к-рых она погибнет от внутр. бессилия", считал наилучшим исполнением междунар. солидарности по отношению к ней защиту мирового рабочего движения "от разлагающих влияний примитивно-коммунистич. большевизма". В февр. 1921 основал в Берлине и редактировал ж. "Соц. Вестник" (с 1922 – ЦО меньшевиков), организовал и возглавил Загран. делегацию РСДРП – эмигрантский парт. центр меньшевизма; стал одним из создателей и лидеров Венского $2^1/_2$-го Интернационала. Из-за обострения туберкулёзного процесса с нояб. 1922 был прикован к постели. Похоронен в Берлине.

Соч.: Полит. партии в России, 2 изд., М., 1917; Итоги войны и революции, М., 1918; История рос. с.-д-тии, П., 1918; Мировой большевизм, Берлин, 1923; Записки с.-д., М., 1924; Письма П.Б. Аксельрода и Ю.О. Мартова, Берлин, 1924; Из писем 1917 г., "Свободная мысль", 1991, № 16.

Лит.: Памяти Мартова, "Соц. Вестник", 1923, № 8/9; Мартов и его близкие, Нью-Йорк, 1959; Иоффе Г.З., Ю.О. Мартов, в кн.: Россия на рубеже веков, М., 1991; Бургина. *Г.И. Ильящук, В.И. Миллер.*

МАРТЫНОВ (Пикер) Александр Самойлович (5 янв. 1865, Пинск,– 5 июня 1935, Москва). Род. в семье купца-лесоторговца.

Поступил в 1884 на юрид. ф-т Петерб. ун-та. Участвовал в народовольч. кружках сер. 1880-х гг., поддерживал контакты с с.-д. группой Д. Благоева. После второго ареста (1886) исключён из ун-та и выслан на родину, там снова был арестован и через два года сослан на 10 лет в Вост. Сибирь, где перешёл на с.-д. позиции. Возвратившись из ссылки (1899), вошёл в ред. газ. "Южный Рабочий". После краткого тюремного заключения (1900) эмигрировал, вступил в "Союз рус. с.-д.". На 2-м съезде РСДРП (1903) отстаивал позиции "экономизма", работал в программной комиссии. После съезда примкнул к меньшевикам и вскоре вошёл в руководящее ядро их фракции; один из редакторов многих центр. меньшевист. органов печати. В брошюре "Две диктатуры" (1905) обосновывал меньшевист. тактику в Рев-ции 1905–07. Один из видных публицистов-меньшевиков. Весной 1906 арестован, после освобождения эмигрировал. Дел. 4-го (Объединит.) съезда РСДРП (1906). На 5-м (Лондонском) съезде РСДРП (1907) избран чл. ЦК. В годы реакции "ликвидатор", участвовал в издании и редактировании 5-томника "Обществ. движение в России в нач. XX в."(П., 1909–14). В годы 1-й мир. войны "интернационалист", чл. Загран. секретариата ОК меньшевиков, примыкал к группе Ю.О. Мартова.

После Февр. рев-ции 1917 вернулся вместе с Мартовым и др. 9 мая в Россию. Участвовал в работе Всерос. конференции меньшевист. и объединённых орг-ций (7–12 мая). Был избран в К-т Петрогр. орг-ции меньшевиков, состоявший в осн. из интернационалистов. Вошёл в ред. "Рабочей Газеты", из к-рой вышел после того, как она стала только органом ОК, стоявшего на позициях "рев. оборончества". Один из редакторов петрогр. ж. "Интернационал". Резко критиковал вступление социалистов во Врем. пр-во, политику продолжения войны; в то же время отвергал соц. перспективу рос. рев-ции, считая её для России того времени невозможной и губительной. Выступая против ленинских "Апр. тезисов", писал: "...пропаганда немедленной диктатуры рабочих и батраков не привлечёт крест. массу к пролетариату, а оттолкнёт её от него... Тактика Ленина отбросит от пролетариата демокр. слои буржуазии и крест-ва... Если мы пойдём по ленинскому пути, мы в близком будущем пойдём не к диктатуре пролетариата, а к диктатуре контррев. слоёв буржуазии" ("Летучий Листок Меньшевиков-Интернационалистов", П., 1917, № 1, с. 12). В авг. на 3-й Петрогр. конф. меньшевиков был докладчиком по вопросу о полит. положении страны, его резолюция получила 57 голосов "за", 42 – "против"; вновь избран чл. ПК меньшевиков.

Делегат Объединит. съезда РСДРП (19–26 авг.). 20 авг. на

съезде говорил: "Отход цензовой России [от рев-ции.– Авторы] начался с момента постановки в порядок дня демокр. задач. Особенно ярко это проявилось на Моск. [Гос.– Авторы] совещании – с одной стороны, вся демократия, с другой – элементы, выкинувшие знамя подавления рев. демократии... Творческая программа была найдена демократией, но не была проведена в жизнь. Надо было привести в соответствие слово с делом... Вопрос не в том, чтобы сейчас добиваться перехода власти [к демократии.– Авторы], а в том, чтобы создать условия, дающие возможность при новой волне возобновить борьбу. В момент нового подъёма гор. масса пойдёт за рев-цией, в тонущий корабль никто не идёт" ("Рабочая Газета", 1917, 22 авг.). Внёс дополнение к резолюции о текущем моменте – против участия с.-д. во Врем. пр-ве (отвергнуто большинством). 22 авг. выступал одним из докладчиков по вопросу о войне и мире; указывал, что наступление рус. армии подготовило её разгром, и высказал предположение, что "в результате тактики оборонцев явится белый генерал, к-рый зажжёт лозунгом мира сердца солдат... Мир должен быть заключён под давлением масс, а для этого надо разбудить их революционность... Лучшее средство обороны страны, если армия знает, за что она борется – за скорейшее заключение мира на демокр. началах" (там же, 24 авг.). Избран чл. ЦК РСДРП(о) от интернационалистов, присоединился к "Заявлению 26-ти" о праве выступать с критикой парт. решений и мобилизовывать массы, не согласные с таковыми, в целях воздействия на центр. учреждения РСДРП(о). Вместе с тем выступал против орг. разрыва меньшевиков-интернационалистов Петрограда с "оборонцами".

Участник Всерос. Демокр. совещания (сент.). В дни его работы писал: "Чтобы спасти рев-цию, Демокр. совещание должно, наконец, создать однородную твёрдую власть, ответственную перед организованной объединённой демократией [Советами.– Авторы] и только перед ней до созыва Учред. Собр. Это пр-во должно будет самым решительным образом завершить корниловское дело, уничтожить Гос. Совет, Гос. Думу и все контррев. гнёзда, реорганизовать армию на демокр. основах и приступить немедленно к осуществлению программы нашей рев-ции во внутр. и внеш. политике"; только после этого "можно будет остановить процесс распада в народе... предупредить анархич. выступления крайних элементов... задержать уже начавшийся... опасный раскол между рабочими и крестьянами. ...наш лозунг: не запугивать демократию, мелкобуржуазную в своём огромном большинстве, красным призраком социализма и не превращать её в придаток к капиталистич. буржуазии, а помочь ей в создании однородной рев. власти" ("Искра", 1917, 26 сент.). В окт. вошёл во Врем. Совет Рос. Республики (Предпарламент) и в Бюро фракции меньшевиков-интернационалистов.

Окт. рев-цию не принял. Но в кон. окт. выступил за участие ЦК РСДРП(о) в переговорах с большевиками. В нояб. вместе с др. интернационалистами – членами ЦК РСДРП(о) подписал письмо местным парт. орг-циям, в к-ром, в частности, говорилось: "...Официальная политика партии сделала поражение Керенского и его кабинета её поражением, она же питала анархию в рядах партии и стоила ей потери почти всякого влияния на широкие массы". Выход из создавшегося положения лидеры левого крыла партии видели в её сплочении на пути "немедленного мира и отказа от коалиции" (Подболотов П.А., Спирин Л.М., Крах меньшевизма в Сов. России, Л., 1988, с. 58–59). На Чрезв. съезде меньшевиков (30 нояб.– 7 дек.) поддерживал Мартова, вместе с О.А. Ерманским констатировал кризис партии, выход из к-рого видел в размежевании с "оборонцами"; "Лёд и пламень, вода и камень не могут быть так различны, как мы с вами" ("Вперёд", 1917, 15 дек.). Вновь был избран чл. ЦК РСДРП(о); вместе с Мартовым и Ф.И. Даном вошёл в редакцию ЦО РСДРП(о) "Новый Луч", т.к. в целях консолидации партии орган интернационалистов "Искра" был закрыт.

В послесловии "Об окт. перевороте" ко 2-му изд. своей кн. "Две диктатуры" (1918) пришёл к выводу, что "якобинскую диктатуру Ленина" подготовила "жирондистская диктатура Керенского", «в итоге мы видим, что пр-во Ленина, именующее себя рабочим пр-вом, ведёт рабочий класс не к социализму, а к анархии, что оно лишь разрушает пром. основу рабочего движения, и само это движение пролетариата растворяет в анархически-бунтарском движении солдатско-крестьянско-пролетарской "бедноты", смутно стремящейся к мелкобурж. "уравнительному" социализму, к "разделу" имущества и богатства» (с. 102).

В мае 1918 дел. Всерос. совещания меньшевиков; был избран чл. ЦК. В июне выехал с семьёй на Украину, отошёл от парт. работы. С введением нэпа заявил об отсутствии разногласий с РКП(б), на её 12-м съезде был принят в эту партию. В 1922 активно агитировал за ликвидацию меньшевист. орг-ций в Грузии. Работал в Ин-те Маркса и Энгельса, изд-ве "Красная Новь". Подвергался резкой критике меньшевист. эмиграции как ренегат; в свою очередь, отождествлял её лидеров с махровой реакцией. Читал лекции в Коммунистич. академии и Свердловском коммунистич. ун-те. Работал в Коминтерне. До конца жизни член редколлегии ж. "Коммунистич. Интернационал".

Соч.: О меньшевизме и большевизме, М., 1923; Великая ист. проверка, "Красная Новь", 1923, № 4.

Г.И. Ильящук, В.И. Миллер.

МА́СЛОВ Семён Леонтьевич (1873, по др. данным, 1 февр. 1874, с. Нижнее Долгое Ливенского у. Орловской губ., – 20 июня 1938, Москва). В 1894 поступил на мед. ф-т Моск. ун-та. В 1897 выслан в Казань. С 1902 статистик Казан. земской управы. Окончил юрид. ф-т Казан. ун-та (1903). Эсер с 1902. В 1906 редактировал казан. "Крест. Газету", в 1907–10 чл. редакции эсеровской нелег. газ. "Земля и Воля". С 1914, после отбытия 3-летнего заключения, работал в Москве в с.-х. кооперации. Учёный-экономист и публицист.

После Февр. рев-ции 1917 Всерос. кооп. съездом 27 марта избран членом Совета Всерос.

кооп. съездов; на съезде Всерос. Совета КД избран 18 мая членом Исполкома Всерос. Совета КД. С апр. зам. пред. Гл. зем. к-та, выступал против захвата крестьянами помещичьих земель. Автор одного из первых проектов закона о земле; неоднократно выступал на заседаниях ЦК ПСР по прод. и агр. вопросам. На 3-м съезде эсеров 3 июня зачитал проект резолюции по агр. политике, в к-ром не указывалось, что земля должна быть передана крестьянам без выкупа, хотя пояснил, что об этом, как о само собой разумеющемся, специально говорить не стоит. Министр земледелия 3-го коалиц. Врем. пр-ва, заявил о намерении продолжать курс своего предшественника – В.М. Чернова. 28 сент. внёс в пр-во свой законопроект о замене зем. комиссаров особыми к-тами Врем. пр-ва, предусматривающий участие в них представителей демокр. и обществ. орг-ций. В 1-й пол. окт. предложил ряд законопроектов, в т.ч. "Об урегулировании зем. к-тами зем. и с.-х. отношений". Законопроект был внесён на рассмотрение Врем. пр-ва, но отправлен на доработку из-за противодействия кадетов и нар. социалистов. Законопроект поддержал Исполком Всерос. Совета КД, он был поставлен в повестку заседания Врем. пр-ва 24 окт. и отложен до Учред. Собр.

На заседании пр-ва 25 окт. М. призывал немедленно "отбить" почту, телеграф, занять штаб ВО; послал записку в Гор. думу, в ответ на к-рую С.Н. Прокопович организовал шествие членов думы к Зимнему дворцу. 26 окт. в 1 ч. 50 мин. арестован в Зимнем дворце вместе с др. членами Врем. пр-ва, затем освобождён. До 16 нояб. принимал участие в заседаниях подпольного Врем. пр-ва, подписал его обращение "Ко всем гражданам Рос. Республики", за что вновь арестован по приказу Петрогр. ВРК 19 нояб. и выслан в Кронштадт. Член Учред. Собр. (от Орловского Совета КД и эсеров). Во время переговоров о составе пр-ва при Викжеле (кон. окт. – нач. нояб.) его кандидатура выдвигалась на пост мин. земледелия. 29 нояб. на 4-м Всерос. съезде ПСР (Петроград) обвинил ЦК партии в недостаточной поддержке "демокр. государственности" (т.е. пр-ва А.Ф. Керенского), в забвении интересов Родины. По его мнению, партия стоит на пути к разложению ввиду откола ряда групп, а стране и рев-ции грозит гибель. Причину он видел в том, что рев-ция охватила страну в период "страшнейшего" экон. упадка и войны, а демократия стала на "бунтарскую почву", вся её деятельность была направлена на критику, вместо того чтобы управлять страной и поддерживать порядок. Считал, что защита Родины – непременное условие для всякого социалиста (см.: "Дело Народа", 1917, 1 дек.).

Переехав в Москву, отошёл от полит. деятельности. До 1929 член правления Центросоюза, преподавал в МГУ и др. вузах, затем на пенсии. В 1930 арестован по обвинению в принадлежности к нелег. эсеровской орг-ции и по решению особого совещания при коллегии ОГПУ от 18 авг. 1931 сослан на 3 года в Казахстан и Уфу. В 1934 вернулся в Москву. 21 февр. 1938 вновь арестован по прежнему обвинению и 20 июня 1938 Воен. коллегией Верх. суда СССР приговорён к расстрелу; приговор исполнен в тот же день. Реабилитирован в 1988.

М.Е. Голостенов, В.Н. Сачков.

МАХНО́ Нестор Иванович (27 окт. 1888, с. Гуляйполе Александровского у. Екатеринославской губ.,– 6 июля 1934, Париж). Из бедной крест. семьи. С 7-летнего возраста подпасок, с 12-летнего возраста, после окончания начальной школы, работал в экономиях нем. колонистов и в имениях помещиков, затем на гуляйпольском чугунолитейном з-де. В 1906 вступил в кружок молодёжи Укр. группы хлеборобов анархистов-коммунистов. Участвовал в террористич. актах, дважды в 1906–07 арестовывался. В 1908 застрелил чиновника воен. управы и вскоре был арестован. В марте 1910 приговорён к повешению, просидел в камере смертников 52 дня. Но т.к. к моменту совершения преступления М. не достиг совершеннолетия (21 год), смертная казнь была заменена на бессрочную каторгу. Отбывал её в Бутырской каторжной тюрьме (Москва). Здесь сблизился с

анархистом П.А. Аршиновым, оказавшим большое влияние на дальнейшее формирование взглядов М. Он постарался использовать тюрьму "в целях самообразования и проявил в этом отношении крайнюю настойчивость. Он изучил рус. грамматику, занимался математикой, рус. лит-рой, историей культуры и полит. экономией... Упорный, не могущий помириться с полным бесправием личности... он всегда спорил с начальством и вечно сидел по холодным карцерам, нажив себе, таким образом, туберкулёз лёгких" (Аршинов П., История махновского движения, Берлин, 1923, с. 50).

В ходе Февр. рев-ции 1917 вышел 2 марта из тюрьмы. Связался с Лефортовской группой анархистов. В Гуляйполе приехал ок. 24 марта с убеждением, что отсюда, "из недр населяющего крестьянства, родится та мощная рев. волна самодеятельности масс, на к-рую рев. анархизм должен опереться" (Махно Н.И., Воспоминания, кн. 1, К., 1991, с. 10). 25 марта М. сделал доклад группе анархистов, в к-ром говорил о необходимости орг-ции Крест. союза, что «даст возможность крестьянам самим подойти вплотную к вопросу о земле и провозгласить её обществ. достоянием, не дожидаясь решения об этом важном для крестьян вопросе "рев. пр-ва"» (там же, с. 12). В тот же день М. выступил на собрании местного Обществ. к-та, возглавлявшегося офицерами пулемётной команды, где добился решения о его перевыборах и о том, что будущий к-т перейдёт под контроль организующегося Крест. союза. Это было необходимо, как считал М., для того, чтобы помочь рабочим и крестьянам понять, "что они, при сознательном отношении к делу рев-ции, окажутся единственно верными носителями идеи самоуправления, без опеки каких бы то ни было полит. партий и их слуг-правительств" (там же, с. 15). На выборах в к-т Крест. союза 28–29 марта М. был единогласно избран его членом, а вскоре и председателем. Почти одновременно был избран чл. Обществ. к-та. М. не отказывался от важного, с точки зрения анархизма, средства борьбы – экспроприаций. Вскоре после приезда он во главе отряда захватил в ссудо-сберегат. кассе с. Жеребцы неск. тысяч руб., на к-рые закупил оружие. 1 мая М. был организатором манифестации под лозунгом "Долой пр-во и все партии, стремящиеся навязать нам этот позор" (войну до победы.– Автор). В мае на уездном крест. съезде в Александровске М. заявил, что трудовое крест-во не доверяет дела рев-ции Обществ. к-там, был поддержан эсерами, и съезд вынес резолюцию о переходе земли в пользование трудового об-ва без выкупа, избрал зем. к-т.

Вскоре Гуляйпольский Крест. Совет принял декларацию о том, что трудовое крест-во р-на "считает своим неотъемлемым правом провозгласить помещичьи, монастырские и гос. земли обществ. достоянием". Декларация получила популярность среди сел. населения юго-вост. Украины. К М. приезжали делегации с вопросом: с чего и как начать? (там же, с. 32–33). В июне по просьбе металлистов и деревообделочников вступил в их профсоюз и руководил забастовкой с требованием повышения зарплаты. Хозяева уступили. Июльский расстрел демонстрации в Петрограде М. назвал "гнусным, ничем не оправданным преступлением буржуазии" (там же, с. 46). В том же месяце назначил себя комиссаром Гуляйпольского р-на. В авг. М. был делегатом губ. съезда Советов рабочих, крест., солд. и казачьих деп., постановившего реорганизовать на местах все крест. союзы в крест. советы. М. осудил участие в работе Гос. совещания П.А. Кропоткина, к-рого очень уважал и считал одним из столпов анархизма. По получении телеграммы о выступлении ген. Л.Г. Корнилова М. организовал митинг. Был избран главой К-та защиты рев-ции, к-рый он мыслил как орган защиты "не только от отрядов Корнилова, но и от Врем. пр-ва и от всех, его идеям следующих соц. партий" (там же, с. 65). К-т постановил создавать вооруж. отряды, начать разоружение буржуазии и ликвидировать частную собственность в р-не. После ликвидации корниловщины волостной съезд Советов (сент.) принял резолюцию, отвергающую Врем. пр-во во главе с А.Ф. Керенским и Учред. Собрание, было заявлено, что "анархиста М. по-прежнему считают своим другом и руководителем в рев.-обществ. делах" (там же, с. 72–73). В авг.– сент. в р-не началась конфискация земель помещиков, наложение на них контрибуции, многие из землевладельцев уезжали; крестьяне не платили за аренду, земля осталась в распоряжении зем. к-тов; рабочие осуществляли контроль над предприятиями.

Отношение М. к Окт. рев-ции неоднозначно. Будучи убеждённым антигосударственником, он отмечал как положительное то, что покончено с бурж. гос-вом. Но "то обстоятельство, что этот рев. переворот привёл к власти партию большевиков и левых социалистов-революционеров, не обольщало укр. рев. тружеников", по его мнению, "сознательные крестьяне и рабочие видели в этом новый этап вмешательства власти в рев. творчество тружеников на местах и, следовательно, новую волну борьбы власти с народом" (там же, с. 96). С др. стороны, М. утверждал, что Октябрь 1917 явился "инициатором в борьбе против пр-ва за право расширения и углубления антигосударственнического рев. процесса", а потому "в первые два месяца... торжество окт. переворота в России укр. тружениками на местах было только приветствовано" (там же, с. 99). В дек. в Екатеринославле на губ. съезде Советов М. выступил против украинцев-"шовинистов" членов "Селянской спилки". Вернувшись, на волостном съезде Советов призвал к вооруж. борьбе с армией Укр. Нар. Республики: "Это дубьё несёт на своих штыках смерть рев-ции и жизнь врагам её" (там же, с. 111). М. приветствовал Брест-Литовский договор и считал его одним из самых удачных тактических манёвров, какие могли только развернуться в общей рев. стратегии (см.: Комин В.В., Н. Махно: мифы и реальность, Калинин, 1990, с. 16). После оккупации Украины М. возглавил в р-не отряды "рев. повстанчества". В отместку укр. и нем. военные власти сожгли дом его матери и расстреляли старшего брата. К кон. апр. 1918 отряды М. отступили к Таганрогу и по решению конференции повстанцев самораспустились.

В мае 1918 М. приехал в Москву, посетил Аршинова и др. известных анархистов. Пришёл к выводу, что здесь "центр бумажной рев-ции", способный только на советы. Но на всю жизнь запомнились слова, сказанные ему П.А. Кропоткиным: "Нужно помнить, дорогой товарищ, что борьба не знает сентиментальностей. Самоотверженность, твёрдость духа и воли к намеченной цели побеждают всё" (там же, с. 13). Встречался с Я.М. Свердловым и В.И. Лениным. После беседы с Лениным, заявившим о готовности сотрудничать с такими анархо-коммунистами, как М., последний заявил: "Я лично почувствовал, что начинаю благоговеть перед Лениным" (там же, с. 14–15). 29 июня М. покинул столицу, чтобы продолжить вооруж. борьбу с оккупантами и гетманщиной. Родилась "махновщина", к-рую сам М. характеризовал как "могучее антигос. рев. движение широких укр. масс" ("Воспоминания", с. 5–6). Гуляйпольским анархистам М. 4 июля писал: "Общими усилиями займёмся разрушением рабского строя, чтобы вступить самим и ввести других наших братьёв на путь нового строя. Организуем его на началах свободной общественности, содержание к-рой позволит всему не эксплуатирующему чужого труда населению свободно и независимо от гос-ва и его чиновников, хотя бы и красных, строить всю свою социально-обществ. жизнь совершенно самостоятельно у себя на местах, в своей среде... Да здравствует наше крест. и рабочее объединение! Да здравствуют наши подсобные силы – бескорыстная трудовая интеллигенция! Да здравствует Укр. социальная рев-ция!" (Комин, с. 15–16).

Возглавив вначале небольшой партиз. отряд, М. проявил незаурядные организаторские способности и личное бесстрашие (за годы Гражд. войны был ранен 14 раз). Его отряды в кон. нояб. насчитывали ок. 6 тыс. чел. М. отверг предложение Директории о союзе, заявив: "Петлюровщина – авантюра, отвлекающая внимание масс" (Комин, с. 21). В дек. 1918 заключил соглашение с Кр. Армией, но в мае 1919 нарушил его и 8 июня был объявлен Сов. властью вне закона. Осенью этого года заключил новый союз с Кр. Армией. 26 сент. прорвал фронт белых и совершил дерзкий рейд в направлении на Бердянск и Таганрог, отвлекая на себя крупные силы деникинцев. За эту операцию был награждён орденом Красного Знамени (№ 4).

9 янв. 1920 отказался выступить на фронт против поляков и снова был объявлен вне закона. В июле отклонил предложение П.Н. Врангеля о союзе против Советов и до кон. сент. вёл войну на два фронта. 27 сент. подписал соглашение с Кр. Армией. Его части участвовали в штурме Перекопа и освобождении Крыма. 26 нояб., после отказа влиться в Кр. Армию, части были окружены и разгромлены. В дек. М. формирует свою последнюю армию (10–15 тыс. чел.). Его борьба против "большевист. диктатуры и её контррев-ции" продолжалась до 23 авг. 1921, когда он, преследуемый Кр. Армией, с малочисленным отрядом ушёл в Румынию. В 1922 жил в Польше. С 1923 во Франции. Работал в типографии, сапожничал. Часто и тяжело болел от ран и туберкулёза.

С о ч.: Рус. рев-ция на Украине, т. 1, Париж, 1929; Под ударами контррев-ции, т. 2, Париж, 1936; Украинская рев-ция, т. 3, Париж, 1937.

Лит.: В о л и н, Нестор Махно [некролог], "Дело Труда", Чикаго, 1934, окт.– нояб., № 82. *А.П. Федоренко.*

МЕЛЬГУНО́В Сергей Петрович (25 дек., по др. данным, 24 дек. 1879, Москва, – 29 мая 1956, г. Шампиньи, близ Парижа). Из старинного дворянского рода; отец – историк, педагог. По окончании ист.-филол. ф-та Моск. ун-та в 1904 поступил на его юрид. ф-т, затем в Лазаревский Ин-т вост. языков (Москва), но курса не закончил. Будучи студентом, занимался подготовкой популярных брошюр по истории в кружке, к-рый составил Ист. комиссию при Учебном отделе Об-ва по распространению технич. знаний в России, входил в Пед. об-во при Моск. ун-те. Участник студенч. волнений в янв. 1901. В 1904 причастен к деятельности пропагандист. с.-д. группы. Опубликовал работу "Из истории студенч. об-в в рус. ун-тах" (М., 1904). В 1906 кадет. С 1907 чл. Нар.-соц. партии (НСП). На совещании 6–8 февр. 1909 членов Орг. к-та и представителей Моск. и Петерб. групп НСП избран в ред. комиссию по изданию парт. лит-ры. С 1900 сотрудничал в газ. "Рус. Ведомости", в ж. "Рус. Богатство", "Вестник Европы", "Рус. Мысль", "Вестник Воспитания" и др. Работал преподавателем рус. истории в средних уч. заведениях Москвы. Во время Рев-ции 1905–07 организовал с педагогом П.М. Шестаковым изд-во "Свободная Россия". В 1911 один из основателей кооп. изд-ва "Задруга". В 1913–23 ред.-издатель совм. с В.И. Семевским, П.Н. Сакулиным и А.К. Дживелеговым ист. ж. "Голос Минувшего". Автор ряда науч. работ по истории Рус. церкви ("Церковь и гос-во в России", т. 1–2, М., 1907–09, и др.), рус. обществ. и рев. движения 18–20 вв., в к-рых выступал с либерально-народнич. позиций. Поддерживая в ходе 1-й мир. войны меры по обороне страны, М. критически относился к всплеску шовинистич. настроений.

С нач. Февр. рев-ции 1917 вошёл в Орг. к-т НСП. С марта назначен Врем. пр-вом уполномоченным по обследованию архивов. Развил энергичную деятельность по сохранению и упорядочению архивов Моск. губ. жандармского управления и охранного отделения, изучению и публикации их док-тов. В изд-ве "Задруга" выпускал пропагандист. лит-ру НСП. Член редакции газ. "Власть Народа"; на Всерос. съезде редакторов ежедневных газет (апр.) избран в Совет по орг-ции Всерос. съездов деятелей печати. В мае участвовал в орг-ции Совета депутатов трудовой интеллигенции. Как специалист по церк. проблемам в своих публицистич. статьях выступал за немедленное "отделение церкви от гос-ва, т.е. за полную и действит. свободу совести" ("Нар. Социалист", 1917, № 1, с. 3), за предоставление равных прав представителям разл. вероисповеданий. Сторонник широкой коалиции всех демокр. сил, М. на 1-м съезде НСП 17 июня призывал к "объединению всех соц. сил", т.к. "дыхание контррев-ции уже чувствуется, и только [её.– Автор] отвержение выведет Россию на путь, предначертанный основоположниками наших учений" ("1-й съезд Нар.-соц. партии...", П., 1917, с. 6). При обсуждении нац. вопроса 20 июня выступил за превращение федерации в "лозунг дня" и отмечал, что "в рус. соц. партиях, к сожалению, много психологич. централизма" (там же, с. 41). Рассматривая демокр. коалицию как залог "твёрдой власти для решит. прекращения разрушающей страну анархии", предостерегал от "апофеоза беспартийности" ("Нар. Слово", 1917, 17 окт., с. 1). В кон. июня на 1-м съезде Трудовой Нар.-соц. партии (ТНСП) был избран чл. ЦК партии. Занимал должность тов. пред. ЦК (пред.– А.В. Пешехонов), редактировал моск. орган ТНСП ж. "Нар. Социалист". В авг. участник моск. Гос. совещания. Чл. партийной комиссии по выборам в Учред. Собр., выдвигался кандидатом в чл. Учред. Собр. от моск. обл. орг-ции ТНСП, избран не был. Касаясь неудачного ведения партией предвыборной кампании, на 2-м съезде ТНСП (сент.) говорил о важности "сохранения наших лозунгов, чуждых примеси демагогии, не смущаясь врем. неуспехом" ("Нар. Социалист", 1917, № 9, с. 13).

К Окт. рев-ции отнёсся крайне отрицательно. Убеждённость в необходимости федеративного принципа построения рос. государственности предопределила вхождение его в кон. нояб. в число организаторов Лиги федералистов. Участник Моск. к-та защиты Учред. Собр. В янв. 1918 вошёл во Врем. совет Лиги федералистов. Весной член лекторско-ораторской комиссии ТНСП, читал лекции "церковь и гос-во", выступал в Моск. ун-те с публич. докладами о совр. положении. Ред. газ. "Нар. Слово" и ж. «Понедельник "Нар. Слова"». Один из немногих соц. деятелей, вступивших в сотрудничество с подпольными монархич. офицерскими орг-циями. В программной ст. "Борьба до конца" заявлял, что "у нас когда-то был один общий враг. И теперь вновь он только один. Для борьбы с ним в данный момент должны объединиться все интеллигентные демокр. силы" ("Нар. Слово", 1918, 21 апр., с. 5). Утверждал, что создание Добровольч. армии приемлемо для демократов. Участник антисов. орг-ций "Союз Возрождения России" (с апр. 1918) и "Тактич. центр" (с марта 1919).

В 1918–22 неоднократно арестовывался органами ВЧК. По делу "Тактич. центра" в 1920 был приговорён к смертной казни, заменённой 10 годами тюремного заключения; освобождён под давлением науч. общественности, благодаря инициативе В.Н. Фигнер и П.А. Кропоткина (1921). В окт. 1922 выслан за рубеж.

Чл. Загран. к-та ТНСП. Издавал в 1923–28 совм. с В.А. Мякотиным и Т.А. Полнером ист.-лит. ж. "На чужой стороне" (с 1926 – «"Голос Минувшего" на чужой стороне»). Наряду с П.Н. Милюковым автор первого в эмиграции науч. анализа истории Февр., Окт. рев-ций и Гражд. войны. В 1920–50 написал серию книг, ценных фактич. содержанием. В 1925 заявил в печати, что вооруж. борьба – единств. средство свержения власти большевиков. Полагал необходимым создание единого антикоммунистич. фронта всего полит. спектра рус. эмиграции, допускал возможность интервенции (см.: "Возрождение", 1925, 25 нояб.). С 1926 неск. лет издавал ж. "Борьба за Россию". Во время 2-й мир. войны, находясь под Парижем, решительно отвергал любую форму сотрудничества с фашистскими оккупантами. В 1949–54 ред. ж. "Возрождение". Непримиримый противник Сов. власти, делал многочисленные, но безуспешные попытки создания антикоммунистич. орг-ций.

Соч.: Как создавалась в России гос. церковь, М., 1917; Наши монастыри. (К вопросу о секуляризации монастырских земель), П.– М., 1917; Последний самодержец. (Черты для характеристики Николая II), М., 1917; Церковь в Новой России, М., 1917; На путях к дворцовому перевороту. (Заговоры перед рев-цией 1917 г.), Париж, 1931; "Золотой немецкий ключ" к большевист. рев-ции, Париж, 1940; Как большевики захватили власть. Окт. переворот 1917 г., Париж, 1952; Мартовские дни 1917 г., Париж, 1961; Воспоминания и дневники, в. 1–2, Париж, 1964; "Красный террор" в России. 1918–1923, М., 1990.

Лит.: Рудинский В., Памяти Мельгунова, "Возрождение", 1956, № 55; Ковалевский П.Е., С.П. Мельгунов. Его вклад в советоведение, "Вестник ин-та по изучению СССР", 1956, № 20; Вишняк М.В., Мемуарист, историк, политик, человек в "Воспоминаниях" П.Н. Милюкова, "Новый журнал", 1956, № 44; Тимашев Н.С., С.П. Мельгунов, там же, 1957, № 48; Опишня И., Легенды о В. Маклакове и С. Мельгунове, там же, 1959, № 86; Постников; Рус. эмиграция; Фостер.

И.В. Чубыкин.

МЕНЖИ́НСКИЙ Вячеслав Рудольфович (19 авг. 1874, Петербург,– 10 мая 1934, дача "Шестые Горки", Моск. обл.). Из семьи дворянина, преподавателя истории Петерб. кадетского корпуса. Окончив юрид. ф-т Петерб. ун-та (1898), работал в адвокатуре. Вёл занятия в вечерне-воскресных школах для рабочих, в нелег. рабочих кружках. С 1902 чл. РСДРП. После 2-го съезда РСДРП (1903) большевик. Участник Рев-ции 1905–07 (Ярославль, Петербург; чл. Воен. орг-ции при ЦК РСДРП). С 1907 в эмиграции, сотрудничал во мн. большевист. изданиях.

После Февр. рев-ции 1917 вернулся (июль) в Петроград; в авг. решением ЦК РСДРП(б) возглавил совм. с Ф.Э. Дзержинским "Т-во рабочей печати", введён в состав Всерос. бюро воен. орг-ций РСДРП(б), в редакцию газ. "Солдат". В дни выступления ген. Л.Г. Корнилова (авг.) участвовал в формировании отрядов Кр. Гвардии, в орг-ции обороны Петрограда. В сер. окт. при обсуждении во Всерос. бюро воен. орг-ций вопроса о вооруж. восстании выступал в поддержку

точки зрения В.И. Ленина о недопустимости промедления с началом восстания.

В дни Окт. вооруж. восст. член Петрогр. ВРК, комиссар ВРК в Мин-ве финансов, руководил занятием гл. конторы Госбанка, участник штурма Зимнего дворца. После победы восстания назначен зам. наркома финансов (фактически исполнял обязанности наркома, т.к. назначенный наркомом И.И. Скворцов-Степанов к работе не приступал). Подготовил и вместе с Лениным подписал опубликованное 30 окт. "Постановление об открытии банков", в к-ром, в частности, указывалось: "Рабочее и Крест. пр-во предписывает открыть завтра, 31 окт., банки в обычные часы... В случае, если банки не будут открыты и деньги по чекам не будут выдаваться, все директора и члены правления банков будут арестованы, во все банки будут назначены комиссары врем. зам. нар. комиссара по Мин-ву финансов, под контролем к-рого и будет производиться уплата по чекам, имеющим печать подлежащего фаб.-зав. к-та..." ("Декреты Сов. власти", т. 1, М., 1957, с. 30–31). 8 нояб. ВЦИК заслушал доклад

М. о сопротивлении служащих Госбанка и принял резолюцию "О саботаже", в к-рой предложил СНК принять меры для ликвидации саботажа служащих. Во исполнение этой резолюции М. 11 нояб. подписал и лично объявил сотрудникам Мин-ва финансов приказ-ультиматум: "Все служащие и чиновники, не признающие власти СНК, считаются уволенными со службы без сохранения права на пенсию. Все военнообязанные, уволенные по сему приказу, снимаются с учёта, о чём будет сообщено надлежащим властям. Служащие и чиновники, желающие продолжать работу и всецело подчиняться Рев. власти СНК, должны в понедельник приступить к занятиям. Списки приступивших к работе должны быть представлены в кабинет мин. финансов (Мойка, 43) в понедельник 13 нояб. с.г. к 6 ч. вечера. Уволенные чиновники, пользующиеся казёнными квартирами, должны их очистить в течение трёх дней, считая с 13 нояб. с.г." (Смирнов М., В. Менжинский, рукопись, ЦАМБ РФ, д. 1721, с. 279–80).

С кон. дек. член коллегии ВЧК, одноврем. в янв.– марте 1918 нарком финансов РСФСР и член коллегии Наркомата юстиции (возглавлял уголов. сектор Комиссариата юстиции Петрогр. трудовой коммуны), чл. президиума Петрогр. Совета РСД и Петрогр. ЧК. В апр.– нояб. 1918 ген. консул РСФСР в Берлине, затем член коллегии НКИД. С 1919 в аппарате ВЧК, с 1923 зам. пред., с 1926 пред. ОГПУ.

Лит.: Гладков Т., Смирнов М., Менжинский, М., 1969.

В.И. Виноградов, А.А. Зюбченко.

МЕФО́ДИЙ (Герасимов Маврикий Львович) (22 февр. 1856, Томская губ.,– 1932, Харбин). Сын священника. Окончил в 1882 Казан. духовную академию. В сент. 1885 пострижен в монашество, с дек. иеромонах. С янв. 1892 канд. богословия. С мая 1893 архимандрит, с июля нач. Алтайской миссии. 2 июня 1894 посвящён в епископа Бийского, викария Томской епархии. С дек. 1898 епископ Забайкальский и Нерчинский, с дек. 1912 – Томский и Алтайский, с июля 1914 – Оренбургский и Тургайский.

После получения известия об отречении Николая II М. призвал православных епархии к повиновению Врем. пр-ву ("Оренбургский Церк.-обществ. Вестник", 1917, 2 апр.). Местное духовенство, полагая, что М. могут отозвать, послало обер-прокурору Св. Синода телеграмму: "...вопрос о перемещении из Оренбурга Епископа М., как идущего навстречу обновлению церк. жизни на началах, указанных Врем. пр-вом и соответствующих учению Христа, не возбуждать" (там же, 13 апр.). Призывая к продолжению войны до победы, в нач. июльского наступления рус. армии М. выпустил воззвание: "...Все народы мира сейчас хотят жить свободною жизнью; одна только Германия с бусурманской Турцией защищают деспотизм и порабощение народов" (там же, 8 июля). В авг. отбыл для участия в Св. Соборе Правосл. Рос. Церкви. Выступал с докладом о богослужебном языке, участвовал в работе богослужебного отдела.

13 дек. вернулся из Москвы – во время боёв под Оренбургом между красногвардейцами, наступавшими со стороны Бузулука, и частями атамана А.И. Дутова. 2 янв. 1918 в кафедральном соборе произнёс "Слово при погребении офицера и юнкера, убитых во время братского междоусобия": "Народ получил свободу, но свободный гражданин – народ стал жестоким тираном рус. интеллигенции... Падает, как подкошенная трава, благородное офицерство, одинокое в защите нар. свободы и чести, одно только казачество идёт к нам на помощь" (там же, 1918, 14 янв.). 18 янв. казаки отступили из города. 20 янв. М. вызывался на допрос матросами Сев. летучего отряда, его ответы, проповедовавшие мир и спокойствие, удовлетворили их. 12 апр. возведён в сан архиепископа. 3 июля в Оренбург вошли казаки Дутова. В "Приветственном слове братьям казакам и славянам освободителям Оренбурга" М. говорил: "...Пять месяцев мы жили под игом кровавой власти, пять месяцев эта страшная власть производила свою расправу, день и ночь совершала казни... Кто были эти люди, обречённые на истребление как хищные звери? Это были лучшие люди, благороднейшие граждане, боровшиеся за свободу. Не за власть, не за диктатуру они умирали, а за свободу; не за буржуазию боролись, пусть эта гнилая клевета смолкнет, а за право и свободу всех граждан" (там же, 14 июля). Приветствовал начало Гос. совещания в Уфе телефонограммой. 18 сент. в приветствии депутатам открывающегося Войскового Круга Оренбургского казач. войска выразил надежду, что "...казачество не сложит оружия в борьбе за возрождение Родины..." ("Оренбургский Казачий Вестник", 1918, 19 сент.). 15 дек. из Челябинска послал А.В. Колчаку телеграмму: "...Да благословит Господь успехом ваши труды на возрождение дорогой Родины и доблестной рус. армии" ("Утро Сибири", 1918, 18 дек.).

В нач. 1919 эмигрировал. С 1920 архиепископ Харбинский, с 1929 митрополит.

Лит.: Manuil (Lemeševskij), Die Russischen Orthodoxen Bischöfe..., Teil 4, Erlangen, 1986, S. 338–39; Seide G., Die Russische – Orthodoxe Kirche in China und in der Mandschurci seit 1918, Ostkirchliche Studien, Würzburg, 1976, Bd 25, S. 166–92.

В.М. Войнов, М.Е. Голостенов.

МИЛЮКО́В Павел Николаевич (15 янв. 1859, Москва,– 31 марта 1943, г. Эксле-Бен, Франция; позже прах перезахоронен в семейном склепе в Париже). Род. в семье преподавателя худ. уч-ща. В конце гимназич. курса "ввиду обеднения" семьи М. давал частные уроки. В 1877 поступил в Моск. ун-т (занятия у П.Г. Виноградова, В.О. Ключевского, Н.С. Тихонравова); за участие в запрещённой студенч. сходке в 1881 был исключён, но в 1882 окончил ун-т, оставлен на кафедре рус. истории. С 1886 приват-доцент (одноврем. учительствовал). В 1892 получил степень магистра рус. истории (за диссертацию ему присуждена премия С.М. Соловьёва). В 1892–95 имел успех его курс по "Истории рус. культуры", поставивший М. в ряд крупнейших и авторитетнейших рос. учёных-историков. Встречался и дискутировал с Л.Н. Толстым. В нач. 1895 уволен из ун-та с запрещением преподавания где бы то ни было (за "вредное влияние на молодёжь"), выслан в Рязань (1895–97), затем за границу – читал два курса в Высшем уч-ще в Софии; после

отстранения по требованию рос. властей от преподавания путешествовал по Македонии, публикуя "Письма с дороги" в "Рус. Ведомостях" (1897–99). В февр 1900 в Петербурге председательствовал на вечере, посвящённом памяти П.А. Лаврова, произнёс "поминальное слово", за что был арестован и осуждён на 6 мес. тюрьмы с запрещением в последующем проживать в столице (заступничество Ключевского перед царём привело к сокращению срока вдвое). В 1902 подготовил проект программного заявления ж. "Освобождение".

В 1903–05 предпринял длит. заруб. поездку: чтение лекций в США о России и славянах, знакомство с нац. слав. движением на Зап. Балканах, встреча в Лондоне с Н.В. Чайковским, П.А. Кропоткиным, Е.К. Брешко-Брешковской, Р. Макдональдом, "с англ. радикалами". Беседовал с В.И. Лениным (по инициативе последнего). Был в Канаде, где подготовил издание кн. "Россия и её кризис" (на англ. и франц. языках; на англ. яз., Чикаго, 1905).

В апр. 1905 М. возвращался в Россию, имея "репутацию начинающего полит. деятеля" и одного из немногих "наблюдателей полит. жизни и внеш. политики демокр. гос-ва. А дома происходили события, к-рые требовали применения этих наблюдений, и требовали именно от меня",– писал М. ("Воспоминания", М., 1991, с. 176; в дальнейшем везде даётся "Восп." и указываются страницы источника). На родине М. "нашёл" серьёзные "разногласия" среди обществ. сил, по отношению к к-рым он занял позицию "сохранения личной независимости" ("Восп.", с. 176). Среди выявившихся тенденций в обществ. мысли его внимание остановили две противостоящие друг другу линии: если будущие "веховцы" (П.Б. Струве, Н.А. Бердяев, С.Н. Булгаков, П.И. Новгородцев), по его оценке, «уже готовились вернуться к очень старой формуле: "не учреждения, а люди", "не политика, а мораль" и выдвинули "обвинение против рус. интеллигенции прошлого и настоящего, считая её огулом виновницей провала рев-ции 1905 г.», то сторонники идеи "победы рабочего класса" рассматривали эту победу "как единств. фактор при введении немедленного социализма в междунар. масштабе во всех цивилизов. странах мира" ("Восп.", с. 177–78). 24 мая 1905 на открывшемся съезде Союза союзов (инженеров, профессоров, учителей ср. школы, еврейского, крестьянского и др.) М. был избран пред. съезда; съезд принял предложенное им воззвание к об-ву и народу, в к-ром "была выдвинута идея Учред. Собр.", к-рое могло бы "как можно скорее покончить с войной и с господствующим до сих пор полит. режимом" ("Восп.", с. 198).

М. поставил перед собой цель сыграть "умеряющую роль" ("Восп.", с. 181), создать "не революционную, а конституционную партию, задачей к-рой должна стать борьба парламентскими средствами" ("Восп.", с. 200). На учред. съезде Конституционно-демокр. партии (окт. 1905) М. было поручено сделать вступит. обращение к съезду и доклад о тактике. Но окончат. решения по вопросам тактики, идеологии и орг-ции Партии Нар. Свободы были приняты на её 2-м съезде (янв. 1906); доклад о тактике произнёс снова М.: Россия должна быть «конституционной и парламентской монархией. Борьба "за демокр. республику" этим окончательно вычёркивалась из задач партии. "Учред. Собр." ...было заменено "Думой с учред. функциями"» ("Восп.", с. 237). С 1905 член ЦК партии. В янв. 1906 партия насчитывала "ок. 100 000 зарегистрированных членов" ("Восп.", с. 236). С февр. 1906 соредактор (вместе с И.В. Гессеном) фактич. органа партии газ. "Речь", автор почти всех её передовиц (собраны в кн. "Год борьбы", П., 1907), её идеолог и лидер на протяжении 1906–17. На 3-м съезде партии (сент. 1906) по предложению М. были проведены два принципа тактики: "Не штурм, а правильная осада; положить наконец окончат. грань между нашей тактикой и тактикой левых" ("Восп.", с. 275). С 1907 бессменный пред. ЦК партии. После роспуска 1-й Гос. Думы М.– составитель Выборгского воззвания (на основе идеи И.И. Петрункевича и Ф.Ф. Кокошкина о пассивном сопротивлении), призывавшего население к гражд. неповиновению.

Депутат 3–4-й Гос. Дум. «"Право" и "закон" теперь оставались нашей спец. целью борьбы, несмотря ни на что» ("Восп.", с. 288),– писал М. о позиции партии кадетов в 3-й Думе, ибо рев-ция "сошла со сцены". Как пред. фракции кадетов М. взял на себя выступления в Думе по вопросам конституционно-полит. характера; но главной его "специальностью" стали вопросы иностр. политики, в к-рых у него практически не было конкурентов.

В момент объявления войны 26 июля 1914 на Чрезв. сессии Думы М. зачитал написанное им и одобренное ЦК и фракцией партии заявление: "Мы боремся за освобождение Родины от иноземного нашествия, за освобождение Европы и славянства от герм. гегемонии, за освобождение всего мира от невыносимой тяжести всё увеличивающихся вооружений... В этой борьбе мы едины; мы не ставим условий, мы ничего не требуем" ("Восп.", с. 395). М. называли "лидером думской оппозиции".

В 1915 М. стал инициатором создания Прогрессивного блока: «Меня называли "автором блока", "лидером блока" и от меня ждали направления политики блока. ...Это был кульминац. пункт моей полит. карьеры» ("Восп.", с. 404). И хотя активная деятельность блока падает на май – сент., М. считал, что "последствия" блока "сказались и дальше – вплоть до Февр. переворота 1917" ("Восп.", с. 405). Программа блока исходила из след. положения: "Создание... пр-ва... из лиц, пользующихся доверием страны... Радикальное изменение приёмов управления... общая амнистия за полит. и религ. преступления и проступки, возвращение полит. ссыльных, прекращение религ. преследований, дарование автономии Польше, отмена ограничений, налагаемых законодательством на евреев, запрещение преследования украинцев в России и Галиции, восстановление проф. рабочих союзов. ...уравнение крестьян в правах с др. классами, ...реформа гор. и земских учреждений" ("Восп.", с. 411–12). Программа блока по его представлению была принята Гос. советом, а также оглашена им с трибуны Думы 21 авг., что вызвало крайнее недовольство со стороны пр-ва, окружения царя и самого Николая II.

В 1916 М. в составе делегации Думы и Гос. совета посетил Швейцарию, Норвегию, Англию, Францию и Италию (апр.– июнь). В авг.– сент. совершил поездку снова в Англию (сенат Кембриджского ун-та присвоил ему звание почётного доктора), Швейцарию и Норвегию. Его известное высказывание "Мы не оппозиция Его Величеству, мы – оппозиция Его Величества" обошло многие заруб. и отеч. издания. (До этого, в 1907–09, был в США, на Балканах, в Англии; в 1913 вновь предпринял поездку на Балканы.)

1 нояб. 1916 М. произнёс в Думе свою знаменитую речь, к-рая была запрещена для печати, но, размноженная в литографич. оттисках, разошлась по стране; М. вспоминал: «Я говорил о слухах об "измене", ...о действиях пр-ва, возбуждающих обществ. негодование, причём в каждом случае представлял слушателям решить, "глупость" это "или измена". ...Но наиболее сильное... место речи я замаскировал цитатой "Neue Freie Press". Там упомянуто было имя императрицы в связи с именами окружавшей её камарильи. ...Впечатление получилось, как будто прорван был наполненный гноем пузырь и выставлено на показ коренное зло, известное всем, но ожидавшее публичного обличения» ("Восп.", с. 445). Пред. Совета министров Б.В. Штюрмер был немедленно уволен в отставку.

В кон. 1916 – нач. 1917 зрела идея дворцового переворота, авторами к-рой были А.И. Гучков, кн. Г.Е. Львов. Во время обсуждения этого вопроса среди членов Прогрессивного блока "исходили из предположения, что при перевороте так или иначе Николай II будет устранён от престола. Блок соглашался на передачу власти монарха к законному наследнику Алексею и на регентство до его совершеннолетия – вел. кн. Михаилу Александровичу. Мягкий характер вел. князя и малолетство наследника казались лучшей гарантией перехода к конституц. строю. Разговоры на эти темы, конечно, происходили в эти дни и помимо блока. ...мы были через М.М. Фёдорова приглашены принять участие в совещании, устроенном в помещении Военно-Пром. к-та. ...Мы пришли туда уже с готовым решением, и, после обмена мнений, наше предложение было принято" ("Восп.", с. 449).

27 февр. на частном совещании Думы М. "выступил с предложением выждать, пока выяснится характер движения, а тем временем создать врем. к-т членов Думы "для восстановления порядка и для сношений с лицами и учреждениями" ("Восп.", с. 454). Предложение было принято, а М. был избран членом Врем. К-та Гос. Думы. Проходили заседания бюро Прогрессивного блока, Врем. К-та, на к-рых М. активно участвовал при обсуждении всех вопросов рев-ции, в т.ч. состава пр-ва. Сам он был против того, чтобы Дума "взяла власть" ("Восп.", с. 455).

28 февр. К-т независимо от пред. Думы М.В. Родзянко «наметил состав Врем. пр-ва. Не он [Родзянко.– Автор], а кн. Львов должен был это пр-во возглавить, а не "назначить". Роли блока, председателя [Родзянко.– Автор] и намеченного премьера были определены окончательно – как и решение династич. вопроса» ("Восп.", с. 457). Как утверждает В.В. Шульгин, он предложил М. составить пр-во: "Только вы можете это сделать" (Шульгин В.В., Дни. 1920, М., 1990, с. 214). М. писал: Родзянко "продолжал мнить себя вождём и спасителем России... Его надо было сдвинуть с этого места, и я получил соответств. поручение, согласовавшееся с моими собств. намерениями. Заменить в планах блока пред. Думы председателем земской орг-ции было нелегко. Но я эту миссию исполнил" ("Восп.", с. 444). Именно он предложил кандидатуру кн. Львова в премьеры: "Я знал князя очень мало и поверхностно. Другие знали его меньше и поверили моему выбору на слово" ("Восп.", с. 458). Однако приехавший из Москвы 1 марта кн. Львов "сильно разочаровал" М.: "Князь был уклончив и осторожен: он реагировал на события в мягких, расплывчатых формах и отделывался общими фразами"; «"Всё образуется"– к этому сводилась его философия» ("Восп.", с. 459). Социалисты, как считал М., "принципиально не хотели входить в пр-во": «Помимо принципиального взгляда на пр-во как на "буржуазное", была и др. причина... Они были застигнуты врасплох, не успев организовать своих единомышленников» ("Восп.", с. 461).

1 марта "между бесконечными разговорами с тысячью людей, принятием депутаций, речами... Милюков, присевший где-то на уголке стола, писал список министров" (Шульгин, указ. соч., с. 222). Поздно вечером по инициативе исполкома Петрогр. Совета РСД состоялась встреча его представителей с членами Врем. К-та Гос. Думы и нек-рыми намеченными членами пр-ва, на к-рой обсуждались условия поддержки пр-ва демокр. орг-циями. Представители Совета принесли готовый текст.«Шаг за шагом,– писал М.,– я отвоёвывал у делегации то, что было в их тексте неприемлемого. Так, я не согласился считать "вопрос о реформе правления открытым" (они тут хотели провести респ. форму). Они согласились также вычеркнуть требование о выбор-

ности офицеров... Я ...отстоял "сохранение строгой воинской дисциплины в строю и при несении воен. службы... Но я не мог возражать против... невывода с Петрограда воинских частей, принимавших участие в рев. движении... Ведь было неизвестно в тот момент, не придётся ли им сражаться далее с посланными на столицу "верными" частями» ("Восп.", с. 462–63). Когда соглашение было достигнуто, М. потребовал, чтобы Совет составил декларацию, в к-рой было бы указано, что данное пр-во образовалось по соглашению с Советом, что постольку это пр-во должно быть признано законным в глазах нар. масс и заслуживает их доверия. Он настаивал, чтобы в этой декларации был призыв к доверию офицерству и признанию солдатами командного состава (см.: "Рев-ция 1917", т. 1, с. 51). Представители Совета сочли этот вопрос "справедливым. Н.Д. Соколов тут же набросал проект такого заявления от имени Совета. Я,– пишет М.,– признал его неприемлемым и написал свой. Мой проект был принят" ("Восп.", с. 463). Спор закончился в 4 ч. утра 2 марта, и принятие окончат. формулировок было перенесено на вечер.

2 марта ок. 3 ч. дня М. произнёс речь в Екатерининском зале Таврического дворца и объявил под крики одобрения и протеста состав Врем. пр-ва во главе с кн. Львовым. "Кто вас выбрал?– последовал вопрос.– Нас выбрала рев-ция",– последовал ответ (см.: "Рев-ция 1917", т. 1, с. 56). О царе и династии М. сказал: "Старый деспот, доведший Россию до полной разрухи, добровольно откажется от престола – или будет низложен. Власть перейдёт к регенту вел. кн. Михаилу Александровичу. Наследником будет Алексей" ("Восп.", с. 465). Это заявление М. широко распространилось по городу. Пришедшим вечером во дворец офицерам М. заявил, что слова о династии являются его "личным" мнением (см.: "Рев-ция 1917", т. 1, с. 56).

Однако 3 марта стало известно, что Николай II отрёкся от престола в пользу брата. На заседании Врем. К-та Гос. Думы и членов Врем. пр-ва с участием Михаила Александровича М. выступил против отречения вел. князя, аргументируя свою позицию тем, что "сильная власть, необходимая для укрепления нового порядка, нуждается в опоре привычного для масс символа власти", что «Врем. пр-во одно, без монарха, является "утлой ладьёй", к-рая может потонуть в океане нар. волнений», что "стране при этих условиях может грозить потеря сознания государственности и полная анархия раньше, чем соберётся Учред. Собр." (там же, с. 58–59).

После Февраля М. так определяет исходные пункты политики кадетов: Партия Нар. Свободы «не была ни партией "капиталистов", ни партией "помещиков", как её старалась характеризовать враждебная пропаганда. Она была "надклассовой" партией, не исключающей даже тех надклассовых элементов, к-рые имелись в социализме. Она отрицала лишь исключит. клас. характер соц. доктрины и то, что в тогдашнем социализме было антигосударственного и утопического. И в этом отношении её взгляды поневоле разделялись всей той умеренной частью социализма, к-рая вместе с нею делала "буржуазную" рев-цию. Это внутр. противоречие продолжало существовать на всём протяжении существования Врем. пр-ва. От него были свободны и внутренне последовательны только большевики» ("Восп.", с. 471). Свою же линию в качестве министра он видел в "активной борьбе на три фронта: оборона против циммервальдизма за сохранение общей внеш. политики с союзниками, против стремлений Керенского к усилению его собств. власти и за сохранение полноты власти пр-ва, созданного рев-цией", и с горечью констатировал: "Во всех трёх направлениях мои усилия оказались тщетными..." ("Восп.", с. 473).

11 марта на торжеств. приёме послов Франции, Великобритании, Италии М. подтвердил линию пр-ва неуклонно соблюдать заключённые договоры и вытекающие из них соглашения. 23 марта в беседе с представителями газет высказался за "освобождение слав. народностей, населявших Австро-Венгрию" ("Рев-ция 1917", т. 1, с. 117), за образование чешско-слав. и сербско-хорв. гос-в, слияние укр. земель Австро-Венгрии с Россией, за обладание Константинополем и проливами. М. составил "Заявление Врем. пр-ва о целях войны" от 27 марта: «Я не хотел только,– писал он,– вставлять в текст её циммервальдскую формулу "без аннексий и контрибуций" и заменил её описательными выражениями, не исключавшими моего понимания задач внеш. политики...: "Представляя воле народа (т.е. Учред. Собр.– П.М.) в тесном единении с союзниками окончательно решить все вопросы, связанные с мировой войной, Врем. пр-во считает своим правом и долгом ныне же заявить, что цель свободной России – не господство над др. народами, не отнятие у них их нац. достояния, не насильств. захват чужих территорий, но утверждение прочного мира на основе самоопределения народов". ...29 марта съезд р. и с. деп. признал декларацию [Всерос. совещание делегатов Советов РСД 30 марта по предложению Церетели от имени исполкома Петрогр. Совета РСД.– Автор] "важным шагом навстречу осуществлению демокр. принципов в области внеш. политики"». М. настоял также, чтобы декларация была обращена не к союзникам, а "к рус. гражданам, т.е. предназначена для внутр. употребления" ("Восп.", с. 486).

Однако левый фланг полит. сил (от большевиков до А.Ф. Керенского) усиливал давление на пр-во, требовал от него немедленного обращения к союзникам с предложением тоже отказаться от "аннексий и контрибуций". Началась новая кампания против М. как министра иностр. дел, на сей раз поддержанная англ. послом Д.У. Бьюкененом, к-рый Керенского и М.И. Терещенко считал более сильными полит. фигурами, чем М. и Гучков. В этой обстановке М. отправил одобренную Врем. пр-вом ноту союзникам, "но не с нашими требованиями от них, а с сообщением им к сведению о наших взглядах на цели войны", выраженных в "Заявлении" от 27 марта ("Восп.", с. 494). Нота послужила поводом для Апр. кризиса – первой вооруж. демонстрации против Врем. пр-ва 20 и 21 апр., участники к-рой требовали "Долой Милюкова!", "Долой Врем. пр-во!". Возникла контрдемонстрация с лозунгами: "Доверие Милюкову!", "Да здравствует Врем. пр-во!", "Долой Ленина!". Произошли вооруж. столкновения, началась стрельба и были жертвы. 21 апр. состоялось совещание Врем. пр-ва с исполкомом Совета: "...отношение Исполнит. к-та к пр-ву было примирительно. Церетели... после моего отказа публиковать новую ноту согласился ограничиться разъяснениями только двух мест, вызвавших особо ожесточённые нападки"("Восп.", с. 496). 22 апр. текст разъяснения был обсуждён в пр-ве и одобрен Церетели. В нём говорилось, что нота министра иностр. дел была предметом тщательного обсуждения пр-ва и текст ноты был принят единогласно. Отмечалось, что нота, говоря о "решит. победе над врагами", имеет в виду достижение тех задач, к-рые поставлены "Заявлением" от 27 марта. А под упомянутыми в ноте "санкциями и гарантиями" прочного мира Врем. пр-во "имеет в виду такие меры, как ограничение вооружений, междунар. трибунал и пр." ("Восп.", с. 496). Исполком Совета признал разъяснения удовлетворительными, а инцидент исчерпанным.

А в эти дни Бьюкенен писал: "Львов, Керенский и Терещенко пришли к убеждению, что... единств. средство положить конец двоевластию – это образовать коалицию" ("Восп.", с. 497). М. решительно выступил против введения в пр-во социалистов, ибо эта акция "ослабит авторитет власти". 29 апр. он изложил кн. Львову своё вúдение альтернативы: "Или последовательно проводить программу твёрдой власти и в таком случае отказаться от идеи коалиц. пр-ва, пожертвовать Керенским, к-рый уже заявил о своей отставке, и быть готовым на активное противодействие захватам власти со стороны Совета, или же пойти на коалицию, подчиниться её программе и рисковать дальнейшим ослаблением власти и дальнейшим распадом гос-ва". Он предупредил премьера, что при создании коалиц. пр-ва не примет предлагавшейся смены портфеля министра иностр. дел на портфель министра нар. просвещения (см.: "Рев-ция 1917", т. 2, с. 90). 2 мая на переговорах представителей исполкома Петрогр. Совета с Врем. пр-вом опять возражал против самого принципа коалиции; когда же узнал, что в его отсутствие семь членов пр-ва решили оставить за ним пост министра нар. просвещения, категорически отказался от такой комбинации и покинул заседание. "С чистой совестью могу сказать,– заявил он ,через день на частном совещании членов Гос. Думы,– что не я ушёл, а меня ушли" (там же, с. 105). М. отказался подчиниться и настоянию ЦК своей партии принять портфель министра нар. просвещения. Гучков вспоминал об этих днях: "В кого я верил – это Милюков, и больше никто... Керенский и Терещенко взяли на себя инициативу и самым резким образом напали на... всю роль Милюкова в составе Врем. пр-ва. Я его поддерживал... Остальные молчали, либо критиковали Милюкова, его политику... Особенно резко нападал Терещенко..." ("А.И. Гучков рассказывает...", "Вопросы истории", 1991, № 11, с. 192–93).

В своём докладе о полит. моменте и ближайших задачах партии кадетов на её 8-м съезде (май) М. выделял три гл. полит. течения в стране: контрреволюционное; выступающее за сохранение и закрепление полит. и социальных завоеваний рев-ции (огромное большинство в стране во главе с кадетами); выдвигающее лозунг "рев-ция продолжается" и считающее второе течение контрреволюционным. Он предлагал и линию поведения партии по отношению к Врем. пр-ву: соблюдение обязательств в единении с союзниками; запрещение каким бы то ни было орг-циям вторгаться в сферу законодательства и управления Врем. пр-ва; применение принуждения против "преступных и анархич. элементов", к нарушителям права и порядка; поддержание дисциплины и боевой мощи армии; запрещение Врем. пр-ву вмешиваться в будущие функции Учред. Собр. В другой своей речи на съезде он сказал: "Попытаемся воздействовать убеждением; если не поможет убеждение – применением силы в тех случаях, когда сюда являются люди, заведомо находящиеся на службе у Германии" ("Рев-ция 1917", т. 2, с. 134).

Тема большевизма и "ленинцев" постоянно присутствует в выступлениях М. Он настаивал в пр-ве на немедленном аресте Ленина, когда тот по приезде из эмиграции "начал с балкона дома Кшесинской произносить свои криминальные речи" ("Восп.", с. 493), но М. не поддержали. Считал, что 21 апр. большевики впервые "попытались начать вооруж. борьбу" ("Восп.", с. 496). 3 июня на частном совещании членов Гос. Думы призвал "всё рус. об-во" "сплотиться в борьбе с опасностью от большевизма" ("Рев-ция 1917", т. 3, с. 20). 7 июня в "Речи" писал: "Я... недоволен тем, что гг. Ленин и Троцкий гуляют на свободе... они достаточно нагрешили против уголов. кодекса... эти господа вносят заразу в рус. об-во и в рус. армию" (там же, с. 38). 9 июня на Казачьем съезде на вопрос о ленинцах М. заявил, что "пора с этими господами кончать" (там же, с. 51).

Говоря о выходе министров-кадетов из 1-го коалиц. пр-ва в нач. июля, М. причину этого видел в «несоблюдении условий честной коалиции и подмене общенародных задач коалиции узкопартийными задачами соц. блока, стремившегося направить бурж. рев-цию в соц. русло руками т.н. "буржуазии"» ("Гос. совещание", 1930, с. 132).

В 1-й декаде авг. М. присутствовал на двух тайных совещаниях представителей общественности с участием секретаря Гл. к-та Союза офицеров армии и флота капитана В.И. Роженко и нач. дипл. канцелярии Ставки кн. Г.Н. Трубецкого. Н.В. Савич так передаёт содержание выступлений М.: "сочувствует намерениям Ставки остановить разруху и разогнать совдеп"; "заранее можно сказать", что обществ. массы будут против них, "если они активно выступят против пр-ва и совдепа. Поэтому на Милюкова и его единомышленников рассчитывать нельзя" (см.: Деникин А.И., Очерки рус. смуты, т. 2, М., 1991, с. 32). Такая же оценка содержится и в письме А.И. Деникина Н.И. Астрову (см.: Думова-2, с. 190). 13 авг. М. встречался с Л.Г. Корниловым и позднее так рассказал об этом: "Я предупредил ген. Корнилова, что, на мой взгляд, разрыв с Керенским несвоевремен, и он не особенно это оспаривал. Я сказал то же самое Каледину, с к-рым я также виделся в те же дни. Это, по-видимому, совпадало с намерением Корнилова, о к-ром стало известно лишь позже,– оставить Керенского в кабинете. Ген. Корнилов не сообщил мне никаких деталей о готовившемся выступлении, но высказал пожелание, чтобы партия к.д. его поддержала,– хотя бы отставкой министров-к.д.– в решит. минуту" (там же, с. 196). Выступая 14 авг. на Гос. совещании в Москве, М. солидаризировался с предложениями Корнилова и высказался за их "немедленное исполнение" (см.: "Гос. совещание", 1930, с. 133). Состоявшееся 20 авг. совещание кадетского ЦК большинством голосов высказалось за установление воен. диктатуры. "Жизнь толкает об-во и население к мысли о неизбежности хирургич. операции",– резюмировал М. (Думова-2, с. 197). Однако М. не ожидал, что Керенский в последний момент "цепко ухватится за власть и пожелает сохранить её во что бы то ни стало" (там же). 27 авг. М. и ген. М.В. Алексеев пытались убедить Керенского сговориться с Корниловым, М. вызывался даже для этой цели ехать в Ставку. Когда из этого ничего не вышло, М. выступил активным сторонником идеи передачи полномочий министра-председателя Алексееву и уговорил последнего согласиться стать во главе пр-ва (см.: Катков Г.М., Дело Корнилова, пер. с англ., Париж, 1987, с. 122–27). 28 авг. М. говорил Керенскому, что "мятеж большевиков грозил воцарением полной анархии, тогда как планы Корнилова имеют целью спасти Россию от окончат. распада" ("Рев-ция 1917", т. 4, с. 111). Им была написана передовая статья газ. "Речь", предназначенная для номера от 30 авг.; приветствовал в ней победу Корнилова и "требовал, чтобы пр-во немедленно достигло с ним согласия" (см.: Керенский А.Ф., Россия на ист. повороте, "Вопросы истории", 1991, № 7/8, с. 142). Керенский вместе с М.М. Винавером и В.Д. Набоковым после "откровенного обсуждения" пришли к единому мнению, что М. следует на время устраниться от рук-ва партией и редактирования "Речи" и уехать за границу или на Юг. И М. тотчас же выехал в Крым (см. там же, с. 143).

В окт. выступил одним из докладчиков о платформе партии на её 10-м съезде. По существу это было в осн. повторение идей, выдвинутых им в мае – июне. Вошёл от партии во Врем. Совет Рос. Республики (Предпарламент). Представитель франц. пр-ва в России Э. Пети, встречавшийся с М. в сер. окт., рассказывал об убеждённости М. и его друзей в том, что большевизм не представляет слишком большой угрозы и что в России существуют лишь две партии: "партия порядка" во главе с Корниловым и "партия распада" во главе с Керенским (см. там же, с. 162). Окт. переворот встретил, естественно, враждебно. Сразу уехал из Петрограда в Москву, чтобы организовать там сопротивление большевикам, успех к-рых считал быстротечным. 13 нояб. следств. комиссия воен. отдела исполкома Петрогр. Совета обратилась в ВРК с просьбой выдать ордер на его арест (см.: "Рев-ция 1917", т. 6, с. 137). 14 нояб. избран в Учред. Собр. (от Петрограда).

После установления Сов. власти в Москве выехал в Новочеркасск, где начала создаваться Добровольч. армия (автор её Декларации). Когда Алексеев в февр. 1918 попросил М. ознакомиться с проектом т.н. "Полит. программы ген. Корнилова", М. выразил несогласие с тем, что проект создан без консультаций с полит. партиями. Отклонил и попытку Корнилова единолично создать пр-во. М. считал, что публикация программы лишит добровольч. движение поддержки широких слоёв населения (см.: Катков Г.М., указ. соч., с. 165).

Перебравшись с Дона в Киев, вступил в контакт с командованием герм. войск и надеялся подавить Сов. власть при помощи нем. оккупантов. Кадетский ЦК осудил его политику, и М. сложил с себя обязанности пред. ЦК. В кон. окт. признал свою политику по отношению к нем. армии ошибочной. Приветствовал воен. интервенцию гос-в Антанты. С кон. 1918 – за границей (в Румынии, Париже, Лондоне). Весной 1920 совершил ещё один резкий поворот, разошедшись с подавляющим большинством однопартийцев: "После Крымской катастрофы,– говорил он на совещании членов ЦК кадетов,– с несомненностью для меня выяснилось, что даже воен. освобождение невозможно, ибо оказалось, что Россия не может быть освобождена вопреки воле народа" ("Восп.", с. 8).

В 1920 обосновался в Париже. Гл. редактор наиб. влиятельной заруб. рус. газ. "Последние Новости" (март 1921–41). Выдвинул тезис об "эволюции сов. системы". К этой эволюции считал необходимым приноравливать тактику эмиграции, способствуя разложению сов. строя всеми возможными средствами. В 1922 во время выступления в Берлине на него было совершено покушение монархистами, но пуля попала в В.Д. Набокова, к-рый бросился защищать его. В 1929, когда М. исполнилось 70 лет, были устроены юбилейные собрания в Париже, Праге, Софии, Варшаве, Риге. Болг. пр-во поднесло М. как верному защитнику слав. идеи чек на 270 тыс. левов, что дало ему возможность приобрести дом на юге Франции. Приветствовал в 1939 заключение пакта СССР с Германией и объявление СССР войны Финляндии. С начала нападения Германии на СССР заявил о солидарности с пр-вом СССР, тяжело переживал поражение Кр. Армии.

С о ч.: История второй рус. рев-ции, в. 1–3, София, 1921–23; Дневник, "Красный архив", 1932, т. 54/55; Прогрессивный блок в 1915–1917 гг., там же, 1932–33, т. 50–51, 52, 56; Россия на переломе, т. 1–2, Париж, 1927; Bolschevism an international Danger, London, 1920.

Лит.: П.Н. Милюков. Сб. мат-лов по чествованию его 70-летия (1859–1929), Париж, 1929 (библ. трудов, сост. Б. Евреинов); С е д ы х А., Далёкие, близкие, [Нью-Йорк, 1970].

А.Ф. Ростов.

МИЛЮ́ТИН Владимир Павлович (5 нояб.1884, д. Александрово Льговского у. Курской губ.,– 30 окт. 1937). Род. в семье сел. учителя. Учился в Петерб. ун-те. Чл. РСДРП с 1903, меньшевик, с 1910 большевик. Вёл парт. работу в Курске, Москве, Орле, Петербурге, Туле. За рев. деятельность подвергался арестам

8 раз, сидел в тюрьме 5 раз, 2 раза был в ссылке.

После Февр. рев-ции 1917 пред. Саратовского Совета РСД, чл. к-та РСДРП(б). Дел. 7-й (Апр.) Всерос. конф. РСДРП(б), на к-рой избран членом ЦК. 2 июня, говоря о решении Апр. конф. об осн. направлениях программы РСДРП(б), отметил, что они "требуют своей конкретизации и развития и, наконец, требуется внести немало и новых пунктов" ("Материалы по пересмотру парт.программы", М., 1917, с. 6). Во время 1-го Всерос. съезда Советов РСД (3–24 июня) при анализе причин экон. кризиса на объединённом заседании финанс.-экон. и рабочей секций съезда 15 июня отмечал: "...буржуазия заботится не о том, чтобы урегулировать произ-во", а "занимается саботажем и локаутами...", "вывести страну из разрухи могут только Советы, взяв в свои руки гос. власть" (ЦГАОР, ф. 6978, оп. 1, д. 66,л. 54, 55); съездом избран членом ВЦИК. На 6-м съезде партии (июль – авг.) в докладе "Об экон. положении" страны 31 июля М. заявил, что в условиях нарастания кризиса "рабочий контроль – действительное средство борьбы с разрухой, и там, где удавалось его проводить, положение действительно улучшалось", он явился "первой брешью, к-рую мы пробивали, чтобы дать возможность рабочим ближе и непосредственно войти в область регулирования и управления произ-вом" ["6-й съезд РСДРП(б)", с. 152, 154].

6 авг. 1917 вопрос о 2-й Петрогр. конф. фабзавкомов обсудил ЦК РСДРП(б) и командировал для участия в её работе М. В докладе о текущем моменте и рабочем контроле он отметил задачи, вставшие перед рабочим классом: в области внеш. политики – прекращение войны; в области внутренней – переход власти в руки пролетариата и беднейшего крест-ва; в области экономики – рабочий контроль над произ-вом и распределением продуктов (см.: "Окт. рев-ция и фабзавкомы", т. 2, Л.– М., 1927, с. 202). С возражениями ему выступил меньшевик Ф.А. Череванин, убеждавший, что нельзя устранять буржуазию от регулирования произ-ва. Делегаты в большинстве своём (80%) проголосовали за резолюцию, предложенную М. На 1-й Всерос. конф. фабзавкомов (17–22 окт.) М. выступил с приветствием от имени ЦК РСДРП(б) и докладом о рабочем контроле, в к-ром утверждал, что установление рабочего контроля в разл. отраслях хоз. жизни есть первонач. форма деятельности рабочего класса на пути к общегос. регулированию произ-ва; он должен быть распространён и на банки, транспорт, торговлю (ЦГАОР, ф. 472, оп. 1, д. 3, л. 86); в органах рабочего контроля 2/3 голосов должны быть отданы рабочим, 1/3– науч.-технич. персоналу; успешное осуществление рабочего контроля возможно лишь при переходе власти к Советам. С требованием анархистов передать пр-тия в руки рабочих нельзя согласиться, т.к. это не приближает к социализму, надо пройти переходный этап, "каковым является введение рабочего контроля над произ-вом" ("Окт. рев-ция и фабзавкомы", т. 2, с. 194).

В 1917 в Москве опубл. кн. "Сколько стоит война и кто должен расплачиваться за неё", в к-рой раскрыл механизм обогащения капиталистов и резкого обнищания трудящихся в ходе войны. Саратовский к-т РСДРП(б) издал его брошюру "Зачем нам нужна демокр. республика" (СПб, 1917). В ней даны ответы на вопросы о сущности и задачах демокр. республики, Учред. Собрания.

В ходе обсуждения вопроса о восстании на расширенном заседании ЦК 16 окт. М. говорил: "Либо мы делаем первый шаг, либо этот шаг будет сделан нашими врагами. В резолюции недостаточно учтена возможность второй перспективы, т.е. возможность не восстания, к-рое предполагает нашу инициативу, но столкновения, к-рое является результатом объективных условий" ["Протоколы ЦК РСДРП(б)", с. 97]. Доклад М. о рабочем контроле предусматривался на 2-м Всерос. съезде Советов РСД. М. вошёл в редакцию ж. "Просвещение" и изд-ва "Прибой". 21 окт. ЦК поручил Я.М. Свердлову, И.В. Сталину и М. руководить большевист. фракцией 2-го съезда Советов. Утром 24 окт. Петрогр. ВРК назначил М. организатором прод. дела (он был чл. Гор. управы); прибыв в 7 ч. вечера в Особое присутствие по продовольствию, М. предложил служащим вступить в контакт с ВРК для охраны прод. запасов и правильного снабжения города. У прод. складов была выставлена охрана.

В первое Сов. пр-во М. был назначен наркомом земледелия. Характеризуя Декрет о земле, отметил, что "один из самых острых, самых больших вопросов рус. истории был решён радикальным и решительным образом" (Милютин В.П., Зем. вопрос в России, П., 1918, с. 3). В нояб. выступил за создание коалиц. пр-ва с участием меньшевиков и эсеров, заявил о несогласии с политикой партии, вышел из ЦК, пр-ва. Позже квалифицировал свою позицию как ошибочную.

С 1918 зам. пред. ВСНХ. В докладе об экон. положении и экон. политике 23 мая на 1-м Всерос. съезде Совнархозов утверждал: "...проведение социализма в России – не утопия и не абстракция, а необходимость, диктуемая железными условиями жизни, её ломкой, тем соотношением сил, к-рое сейчас создалось в стране" [Милютин В.П., Совр. экон. развитие России и диктатура пролетариата (1914–1918 гг.), М., 1918, с. 49].

М.– один из создателей сов. статистики. "Перед нами задача – это учёт того, что мы имеем, без чего вообще немыслимо сколько-нибудь правильное ведение нашего громадного и к тому же расстроенного х-ва. Затем работа статистиков должна выявить полную картину положения произ-ва в разл. областях, и, наконец, опираясь на прошлую статистику, давшую нам цифровую историю того, что сделано в области труда и пром-сти при старых формах произ-ва, настоящая статистика должна указать, что нам предстоит, она должна лечь в фундамент нового способа произ-ва – трестирование пром-сти и создание крупных сов. сельских х-в" ("Экон. Жизнь", 1918, 19 дек.).

С 1921 на руководящей гос. работе. В публикациях М. исследовались гл. черты проведённой в стране национализации пром-сти, подчёркивалось значение рабочего контроля и национализации как осн. мероприятий в становлении нового способа произ-ва. В них говорилось о преобладающей инициативе "снизу" в национализации пр-тий в первые месяцы Сов. власти, о высоком удельном весе крупных пр-тий тяжёлой пром-сти среди национализированных в это время ф-к и з-дов, о закономерности осн. этапов проведения национализации. В июле 1937 арестован и 29 окт. Воен. коллегией Верх. суда СССР по обвинению в принадлежности к контррев. орг-ции "правых" осуждён к расстрелу. Реабилитирован в мае 1956.

Соч.: Что такое Учред. Собрание, Полтава, 1917; Социализм и сел. х-во, М., 1919; Два года экон. диктатуры пролетариата в России, в кн.: Два года диктатуры пролетариата. 1917–1919 гг., М., 1919.

Лит.: Берштейн-Коган С., Рецензия на книгу В.П. Милютина "Рабочий вопрос в с. х-ве России", П., 1917 г., "Рус. Мысль", 1917, № 1, с. 13; Лидак О.А., Рецензия на кн. "Агр. рев-ция", в 4 тт., т. 2– Крест. движение в 1917 г., под ред. и с предисловием В.П. Милютина, "Историк-марксист", 1928, № 7, с. 299–302; Герои Октября, т. 2, М., 1967; Великий Октябрь, М., 1987, с. 272.

М.Л. Иткин.

МИНОР Осип (Иосиф) Соломонович (12 нояб. 1861, Минск,– 1934, Париж). Из семьи раввина, евр. писателя С.А. Залкинда (псевдоним – Минор). Студентом Моск.ун-та участвовал в рев. кружках, впервые арестован в 1884. Учился в Ярослав. юрид. лицее, член гр. "Нар. воля", арестован в 1886, выслан на 10 лет. За участие 22 марта 1889 в т.н. якут. трагедии, когда ссыльные вступили в вооруж. конфликт с властями, приговорён к смертной казни, заменённой бессрочной каторгой. В 1897 по

царскому манифесту отправлен на поселение в Читу, с 1900 – в Вильно. С 1902 эсер. В 1902–05 – в Женеве; разрабатывал агр. программу ПСР; участник 1-го и 2-го съездов партии. С 1905 на парт. работе в России, в 1907–08 – в Париже. 2 янв. 1909 арестован в результате провокации Е.Ф. Азефа. В нач. 1910 приговорён за принадлежность к ПСР к 8 годам каторжных работ.

После Февр. рев-ции 1917 приехал 20 марта в Москву. В тот же день на 3-й гор. конф. эсеров избран почётным пред. собрания. С марта один из редакторов моск. эсеровской газ. "Труд", чл. Моск. к-та эсеров. 29 апр. выступал с приветствием от Моск. к-та на открытии Моск. губ. съезда КД. 30 апр.– 1 мая участвовал в работе 6-го Совета партии эсеров, выступал с докладом "Политика партии в нац. вопросе и отношение к нац. соц. партиям". 25 мая – 4 июня дел. 3-го съезда эсеров, чл. мандатной комиссии, чл. президиума; избран членом ЦК, вошёл в комиссии (издательскую, иногороднюю, по нац. вопросу и сношениям с нац. соц. партиями). 7 июля на 1-м заседании новой моск. Гор. думы избран её пред. ("за" – 129 голосов, "против" – 22). 7 авг. на совещании по обороне страны, созванном ВЦИК, выступил в прениях, поддержав позицию Врем. пр-ва. 18 сент. на Всерос. Демокр. совещании высказался за создание коалиц. пр-ва. 23 сент. представлял эсеров в президиуме первого заседания Всерос. Демокр. Совета.

Окт. рев-цию не принял. После решения Моск. ВРК от 6 нояб. о роспуске Думы вместе с её др. членами продолжал противостояние большевикам, пытаясь создать единый демокр. фронт. 25 нояб. пред. предварит. совещания делегатов 4-го съезда ПСР; 26 нояб. чл. президиума на открытии съезда; 1 дек. выступал с информацией о переговорах по поручению ЦК с Нар. банком об открытии кредита в 1 млн. руб.: «...ЦК не счёл нужным взять все деньги в трёхнедельный срок, а к этому времени полит. конъюнктура изменилась... я снова обратился к директору Нар. банка и получил ответ: "Мы даём деньги при известной полит. конъюнктуре. Когда была власть в руках с.-р., мы давали деньги, а в наст. время она неустойчива, и мы подождём"...» ("Рев-ция 1917", т. 6, с. 252–53). 14 дек. пред. заседания моск. Гор. думы, принявшего резолюцию против насилия большевиков над печатью. Член Учред. Собр. от Москвы. "Для нас Учред. Собр... представлялось тем фокусом, куда сойдутся лучи истинной рус. воли... Мы верили, что крест-во и пролетариат дадут Учред. Собр. устойчивое положение, помогут ему создать истинно народную трудовую власть" (Минор О.С., Один день Учред. Собр., в кн.: Пережитое, кн. 1, М., 1918, с. 122).

20 янв. 1918 Моск. рев. трибунал приговорил М. к штрафу в 10 тыс. руб. или 3-мес. заключению как редактора "Труда" за публикацию заметки о неучастии в большевист. манифестации 9 янв. представителей 193-го пех. полка. Арестован и вскоре освобождён. Вторично по аналогич. делу за неуплату штрафа арестован 7 февр. Арест "престарелого революцио-

нера", пользовавшегося "большой любовью и уважением" моск. эсеров, вызвал протест членов их орг-ции, к-рая выразила сочувствие М. "как жертве рус. злого безвременья, напоминающего время былых кар царских палачей над социалистами" ("Утро России", 1918, 9 февр.). Освобождён из тюрьмы благодаря неизвестному лицу, внёсшему 10 тыс. руб.

В сент. 1918 уехал в Симбирск, затем в Уфу. Избежав ареста во время наступления А.В. Колчака, с помощью чехосл. социалистов в воинском эшелоне доехал до Владивостока, откуда перебрался в Париж. В 1921 вместе с И.Н. Коварским и В.В. Рудневым подписал письмо, обращённое к ЦК ПСР в России: "Нам чужда ваша всё растущая терпимость к Сов. власти, ваша готовность идти с нею единым фронтом для борьбы с антибольшевист. коалицией" (см. в кн.: Луначарский А.В., Бывшие люди. Очерк истории партии эсеров, М., 1922, с. 69). 16 мая 1921 подписал вместе с А.Ф. Керенским, Н.Д. Авксентьевым и др. манифест правой группы партии эсеров с призывом к новой интервенции против Сов. России. Постановлением распорядит. заседания суд. коллегии Верх. трибунала ВЦИК от 23 мая 1922 дело в отношении М., как находящегося за границей, было выделено из процесса о партии эсеров. В эмиграции продолжал активно работать в партии, с сент. 1920 чл. редакции газ. "Воля России" (Прага), с 1922 – журнала под тем же назв., где М. часто публиковался.

Соч.: Это было давно. Воспоминания солдата рев-ции, Париж, 1933.

Лит.: Сухомлин В.В., Полвека на службе рев-ции (К 70-летию Минора), "Воля России", 1931, № 7/9. *Л.В. Бадя.*

МОЛОТОВ (наст. фам. Скрябин) Вячеслав Михайлович (25 февр. 1890, слобода Кукарка Нолинского у. Вятской губ.,– 8 нояб. 1986, Москва). Из семьи приказчика. С 1902 учился в Казан. реальном уч-ще. Участник Рев-ции 1905–07 (Казань). С 1906 чл. РСДРП, большевик. С 1911 студент Петерб. политехнич. ин-та. Сотрудник большевист. газ. "Звезда", с 1912 чл. редколлегии "Правда", чл. ПК РСДРП. Неоднократно арестовывался, ссылался; в 1916 бежал из сиб. ссылки. Кооптирован в члены Рус. бюро ЦК РСДРП (Петроград).

После Февр. рев-ции 1917 решением Рус. бюро ЦК РСДРП 4 марта введён в редакцию "Правды". С марта депутат и член исполкома Петрогр. Совета РСД. На Всерос. совещании парт. работников РСДРП(б) в Петрограде (27 марта – 2 апр.) по вопросу об отношении к Врем. пр-ву

левое крыло во главе с М. настаивало на том, что "Врем. пр-во с первого момента своего возникновения является не чем иным, как орг-цией контррев. сил. Поэтому никакого доверия, никакой поддержки этому пр-ву оказывать нельзя, наоборот, с ним необходима самая решит. борьба" ("Пролетарская рев-ция", 1927, № 4, с. 154). В ст. "В партию!" ("Правда", 1917, 28 марта) призвал к сплочению и объединению "всех рев. рабочих под знаменем рев. социал-демократии"; указывал, что РСДРП "должна дать свои ответы, свои решения поставленных задач", к к-рым отнёс созыв Учред. Собр. и установление гос. устройства, решение вопроса о земле; общее улучшение положения рабочих, вопрос о прекращении войны и мире. Подчеркнул, что "самостоят. работа партии имела бы огромное значение для дела рев-ции, для объединяющих всю демократию рев. орг-ций, как Советы Рабочих и Солд. Депутатов". С апр. член ПК РСДРП. Дел. 7-й (Апр.) Всерос. конф. РСДРП(б) (24–29 апр.); выдвигался в состав ЦК, но избран не был. С мая чл. Исполнит. комиссии ПК РСДРП(б). Дел. 6-го съезда РСДРП(б) (26 июля – 3 авг.) от Петрогр. орг-ции; на заседании 31 июля высказался за необходимость вооруж. восст.: «В изменении мирного характера рев-ции и есть переломный момент. Власть можно получить только силой... До 3–5 июля лозунг "Вся власть Советам!" означал мирное, безболезненное развитие рев-ции и был большим шагом вперёд для всей демократии, к-рая в таком случае порывала бы с буржуазией и на опыте училась бы изживать иллюзии. При этом мы могли надеяться, что мелкая буржуазия, учась вместе с пролетариатом гос. власти, пошла бы за ним и далее, окончательно разорвав с крупной буржуазией. Но рев-ция не окончена, т.к. крестьяне не получили земли и мира, и этих вопросов теперь мирно разрешить невозможно... нам на деле надо указать единств. выход из создавшегося положения – диктатуру пролетариата и беднейшего крест-ва» ["6-й съезд РСДРП(б)", с. 136–37].

В дни Окт. вооруж. восст. член Петрогр. ВРК. На заседании ПК РСДРП(б) 2 нояб. выступил с докладом о ходе переговоров с соц. партиями: "Из партий за нами идут только левые социалисты-революционеры, определённо против нас меньшевики-интернационалисты, враждебно настроены против нас меньшевики-оборонцы и правые социалисты-революционеры, Викжель занимает нейтральную позицию. Он предлагает кончить кризис соглашением. Он предлагает, чтобы в новое пр-во вошли представители всех соц. партий, начиная нар. социалистами и кончая большевиками. Сочувствием широких масс Викжель не пользуется. Во время переговоров выяснилось, что нар. социалисты даже не могут вести переговоры с большевиками, а меньшевики-оборонцы и правые социалисты-революционеры не соглашаются на мин-во, в к-ром будут принимать участие большевики... Всем этим переговорам придавался вид, что мы, большевики, не сможем удержать власть. Переговоры в их глазах имели большое значение. У нас этим переговорам придавала значение только часть товарищей. От уступок представители ЦК не отказывались. Они ничего не имели против, чтобы в мин-во вошли представители др. соц. партий, но при непременном соблюдении и признании уже опубликованных декретов и законов, при соблюдении трёх условий: 1) признание декретов о земле и мире; 2) новое пр-во должно быть ответственно перед ЦИК и 3) беспощадная борьба против бурж. контрреволюционеров – Корнилова, Керенского, Каледина. С самого начала было очевидно, что эти условия неприемлемы для большинства соглашающихся сторон. Было ясно, что с нами пойдут, может быть, левые социалисты-интернационалисты" ("Первый легальный ПК большевиков в 1917 г.", М.–Л., 1927, с. 339–40).

Избирался членом ВЦИК и членом исполкома Петрогр. Совета РСД. С нояб. 1917 пред. СНХ Петрогр. р-на. С 1919 на гос. и парт. работе. С 1921 секр. ЦК РКП(б), ЦК ВКП(б). С 1930 пред. СНК СССР, в 1941–57 1-й зам. пред. СНК и СМ СССР.

Т.О. Максимова, Н.М. Таранев.

МУРАВЬЁВ Михаил Артемьевич (13 сент. 1880, д. Бурдуково Ветлужского у. Костромской губ.,– 11 июля 1918, Симбирск). Из крестьян. Учился в учительской семинарии. В 1898 сдал экзамен на вольноопределяющегося и служил в армии, в 1901 окончил Казан. пех. уч-ще. Участник рус.-япон. (1904–05) и 1-й мир. (1914–18) войн; подполковник (1917).

Во время Февр. рев-ции 1917 находился на Юго-Зап. фронте. На 1-м съезде Юго-Зап. фронта (Каменец-Подольск, 7–20 мая) выступил с инициативой создания добровольч. ударных частей. В Петрограде возглавил Оргбюро Всерос. центр. к-та для вербовки волонтёров в ударные части, вёл работу по формированию добровольч. ударных батальонов. После Июльских событий в Петрограде и особенно во время выступления ген. Л.Г. Корнилова в авг. 1917 стал в оппозицию к политике Врем. пр-ва, примкнул к левым эсерам.

После Окт. рев-ции предложил свои услуги Сов. пр-ву. Во время наступления на Петроград войск А.Ф. Керенского – П.Н. Краснова с 27 окт. член штаба Петрогр. ВРК, с 28 окт. нач. обороны Петрограда, с 30 окт. команд. сов. войсками. 29 окт. назначен главнокоманд. войсками Петрогр. ВО, но 7 нояб. заявил о сложении своих полномочий в связи с отзывом левыми эсерами своих представителей с ответств. гос. постов. 8 дек. назначен нач. штаба наркома по борьбе с контррев-ций на Ю. России В.А Антонова-Овсеенко. Совм. с команд. войсками Моск. ВО Н.И. Мураловым в Москве формировал красногв. отряды для отправки на Дон против войск атамана А.М. Каледина.

В янв.– февр. 1918 командовал группой войск на Киевском направлении. 14 февр. назначен команд. Рус.-Рум. фронтом. С сер. марта нач. штаба Верх. главнокоманд. войсками Юга России Антонова-Овсеенко. В апр. отозван в Москву и арестован по обвинению в злоупотреблении властью; следств. комиссия не подтвердила обвинение и постановлением Президиума ВЦИК от 9 июня дело "за отсутствием состава преступления" было прекращено (ЦГАОР, ф. 1029, оп. 1, л. 120).

13 июня 1918 назначен команд. Вост. фронтом. После левоэсеровского мятежа в Москве (6–7 июля) поднял мятеж 10 июля в Симбирске, занял неск. объектов города и арестовал ряд сов. и парт. работников (в т.ч. команд. 1-й армией М.Н. Тухачевского). Выступил против заключения Брестского мира с Германией, объявил себя "главкомом армии, действовавшей против Германии", телеграфировал в СНК РСФСР, герм. посольству в Москве и командованию Чехосл. корпуса об объявлении войны Германии. Войскам фронта и Чехосл. корпусу предписывалось двигаться к Волге и далее на запад для отпора наступавшим герм. войскам. СНК РСФСР декретом 11 июля квалифицировал действия М. как контрреволюционные и объявил его вне закона (см.: "Декреты Сов. власти", т. 3, 1964, с. 9–10). 11 июля при аресте оказал вооруж. сопротивление и был убит.

Лит.: Гусев К.В., Партия эсеров: от мелкобурж. революционаризма к контрреволюции. Ист. очерк, М., 1975; Антонов-Овсеенко В.А., Записки о Гражд. войне, т. 1, М., 1924.

К.М. Белоцкий.

МУРАВЬЁВ Николай Константинович (21 марта 1870, с. Щербинино Тверского у. Тверской губ.,– 31 дек. 1936, Москва). Из

дворян. В 1890–96 изучал медицину и право в Моск. и Казан. ун-тах. Присяжный поверенный. В 1896–1917 выступал защитником на процессах рабочих, крестьян, сектантов, полит. партий. Среди процессов с участием М.: беспорядки на з-дах Брянского об-ва в Орле и Екатеринославе, дело крестьян Харьковской и Полтавской губ., процесс сормовских рабочих, процесс Нижегородской демонстрации (П.А. Заломов и др.), процесс вооруж. восстания на Пресне в Москве, дело Петерб. Совета РД (Л.Д. Троцкий и др.), процессы с.-д. фракций 1-й, 2-й и 3-й Гос. Дум, дело Моск. орг-ции РСДРП (М.П. Томский и др.) и т.д. (помогал Л.Н. Толстому составить завещание с отказом от собственности на его произведения). Относил себя к независимым беспарт. социалистам. В кон. 1890-х гг. избирался членом Тверского окр.

земства, в 1916 моск. Гор. думы. Автор трудов "Рус. еврей и рус. рабочий" (М., 1907), "Законы о полит. и обществ. преступлениях" (СПб., 1910; в соавторстве с П.Н. Малянтовичем). За участие в рев. движении подвергался арестам в 1891, 1894, 1898, 1905 и ссылкам.

После Февр. рев-ции 1917 назначен 4 марта Врем. пр-вом пред. "Чрезв. следств. комиссии для расследования противозаконных по должности действий быв. министров, главноуправляющих и прочих высших должностных лиц как гражд., так и воен. и мор. ведомств", с правами тов. мин. юстиции. На 1-м Всерос. съезде Советов РСД (июнь) М. сделал доклад 16 июня, в к-ром обосновал правовую базу обвинения высших администраторов быв. Рос. империи в нарушениях законов не рев. времени, а законов ими же разработанных и принятых, действовавших до падения самодержавия:

"...мы создаём и ставим процессы, к-рые не могут не иметь мирового значения... с этой точки зрения важна и ценна та позиция, на к-рую нам удалось стать, потому что при иной точке зрения, если бы суд этот положил в свою основу законы какие-нибудь иные, а не существовавшие тогда, их сторонники могли бы перед всем миром сказать: да эти законы ваши, а не наши, это законы вашего времени, мы жили при др. условиях, как же вы хотите карать и наказывать нас за то, что мы сотворили, по законам, установленным уже после того, как вы отогнали нас от власти?.. в высшей степени важно... чтобы они не могли сказать рев. демократии, что их судят за то, что не было запретным в их времена... вся деятельность правительств. власти старого режима... с точки зрения тогда существовавших законов оказывается нарушающей этот закон... Есть целые ведомства, к-рые ни одного дня не могли прожить без преступления..." ("1-й съезд Советов", т. 2, с. 46–47). Комиссия до Окт. рев-ции не завершила свою работу, её стенографич. отчёты опубл. в 7 тт. в 1924–27 под назв. "Падение царского режима".

После Окт. рев-ции М. работал юрисконсультом Моск. нар. банка. С янв. 1918 по 1922 пред. К-та политического Кр. Креста. Выступал защитником на полит. процессах, в т.ч. по делу "Тактич. центра". В 1922, будучи защитником на процессе ЦК правых эсеров, в знак протеста против разрешённого трибуналом вмешательства в процесс демонстрантов, требовавших смертной казни для обвиняемых, отказался далее вести защиту; был арестован и выслан, в 1923 вернулся в Москву. В 1930 вышел из Коллегии защитников.

Лит.: Янсен М., Адвокатура в первые годы Сов. власти: Н.К. Муравьёв, "Рев. Россия", 1990, № 2, с. 210–22 (на англ. яз.).

М. Янсен.

МУРА́НОВ Матвей Константинович (29 нояб. 1873, с. Рыбцы Полтавской губ.,– 9 дек. 1959, Москва). Из крестьян. С 1900 ж.-д. рабочий в Харькове, в 1904 вступил в РСДРП, большевик; там же участвовал в Рев-ции 1905–07. Деп. 4-й Гос. Думы (от рабочей курии Харьковской губ.). В нояб. 1914 арестован вместе с др. депутатами-большевиками, с 1915 в ссылке в Енисейской губ.

После Февр. рев-ции 1917 вернулся 12 марта в Петроград, введён в Рус. бюро ЦК РСДРП(б) и 16 марта утверждён издателем газ. "Правда". С апр. участвовал в создании газ. "Пролетарий" в Харькове, избран почётным членом гор. к-та партии. Делегат и член Президиума 7-й (Апр.) Всерос. конф. РСДРП(б). Вёл рев. работу в Харькове, Крыму. В июле избран в харьковскую Гор. думу. Дел. 1-й обл. конф. РСДРП(б) Донецко-Криворожского бассейна в Екатеринославе. Дел. 6-го съезда РСДРП(б) (26 июля – 3 авг.), избран членом ЦК и членом узкого состава ЦК. Введён в большевист. фракцию петрогр. Гор. думы. В сент. участвовал во Всерос. Демокр. совещании, на к-ром выступил против участия большевиков в Предпарламенте.

Во время Окт. вооруж. восст. работал в Петрогр. ВРК. Делегат и член Президиума 2-го Всерос. съезда Советов, избран чл. ВЦИК. В нояб.– дек. зам. наркома внутр. дел. Чл. Учред. Собр. (от Харькова).

В янв. 1918 на 3-м Всерос. съезде Советов избран чл. Президиума ВЦИК. В 1917–23 работал в аппарате ЦК партии, дел. 7-го съезда РКП(б) (1918). С 1923 на парт. и сов. работе.

Лит.: Дроздова К.Ф., М.К. Муранов, Харьков, 1958; Шишов И.Т., С пролетарским мандатом, 2 изд., Харьков, 1987.

В.Н. Заботин.

МЯКО́ТИН Венедикт Александрович (12 марта 1867, г. Гатчина,– 11 сент. 1937, Прага). Сын почтмейстера. В 1891 окончив ист.-филол. ф-т Петерб. ун-та, был оставлен там же для подготовки к профессорскому званию. С 1891 читал лекции в Александровском лицее и Александровской воен.-юрид. академии. С 1893 сотрудничал в ж. "Рус. Богатство" (с 1904 чл. редакции). В 1901 во время студенч. волнений арестован и выслан до 1904 в г. Валдай. 8 янв. 1905 участвовал в депутации представителей петерб. интелли-

генции к министрам. С 1906 чл. Партии нар. социалистов, один из её организаторов и руководителей (после 3 июня 1907 партия приостановила свою деятельность). В 1911 приговорён за брошюру "Надо ли идти в Гос. Думу?" к 1 году заключения в крепости. Во время 1-й мир. войны "оборонец".

Февр. рев-ция 1917, по оценке М., "разразилась стихийно, в значит. мере неожиданно, явившись прямым результатом всего внутр. строя гос-ва и лёгшей на него непосильной тяжестью жестокой войны" ("На распутье", "На чужой стороне", 1923, № 1, с. 199). С марта член исполкома Петрогр. Совета РСД от возродившейся Партии нар. социалистов. 11 мая по постановлению Врем. пр-ва вошёл в Особое совещание по выработке положения о выборах в Учред. Собр. На 1-м Всерос. съезде КД (4–28 мая) избран 17 мая в Исполком Всерос. Совета КД. 25 мая на заседании Особого совещания избран тов. пред. 2 июня комиссия Особого совещания рассматривала 2 проекта системы выборов: бельгийскую, пропорциональную систему (за неё было подано большинство голосов) и мажоритарную, за к-рую голосовали сторонники М. По его словам, "выборы по этой системе будут всецело отданы в руки партий" ("Речь", 1917, 3 июня). 9 июня на заседании Особого совещания высказался против предложения А.С. Зарудного об увеличении числа членов Учред. Собр. до 1600 (голосованием установлено 800 чел.). 17 июня на 1-м Всерос. съезде нар. социалистов избран членом президиума; во вступит. речи дал очерк возникновения Нар.-соц. партии и пройденных ею этапов. 19 июня от имени партии приветствовал Всерос. съезд Трудовой группы и призвал её к объединению. 22 июня на открывшемся 21 июня объединённом съезде Трудовой Нар.-соц. партии прочёл доклад по вопросам тактики новой партии, в т.ч. о возможности соглашения с разл. партиями; избран в ЦК. 2 авг. на заседании Особого совещания выбран запасным кандидатом во Всерос. комиссию подготовки к Учред. Собр. С 16 сент. участвовал в работе парт. двухнедельных курсов для подготовки к выборам, выступил с докладами "История рус. народничества" и "История Трудовой группы и Нар.-соц. партии".

26 сент. на 2-м Всерос. съезде Трудовой Нар.-соц. партии избран в президиум, сделал доклад о задачах партии: выступать за сохранение гос. единства, быть сторонницей федеративного строя; отмечал невозможность блокировки ни с одной полит. группой, но находил полезным соглашения с нек-рыми из них по тактич. вопросам. 28 сент. съезд принял резолюцию по вопросу о тактике, предложенную М. 14 окт. в "Нар. Слове" М. опубл. ст. "На ложном пути" с критикой состава Врем. Совета Рос. Республики. 15 окт. в ст. "Разброд в партии социалистов" (там же) выражал недоумение по поводу двух списков эсеров по выборам в Учред. Собр. и высказывал пожелание сотрудничества с др. народническими группами.

Окт. рев-цию не принял. Позже, оценивая её, писал: "В стране,задавленной рабством, разразилась рев. буря, снёсшая с лица земли старый порядок и старые учреждения, но на их место не были поставлены новые, действительно демокр. учреждения, не был создан новый твёрдый порядок. Воля народа была провозглашена в теории, но осталась только словом, не воплощённым в практику жизни" ("На чужой стороне", с. 205). Выбран в Учред. Собр. от Трудовой Нар.-соц. партии.

С 10 апр. 1918 чл. редакции газ. "Нар. Слово" (Петроград); в ст. "На дне пропасти" (№ 1) выступал против условий заключения Брестского мирного договора, возлагал надежды на вмешательство союзников. 13 апр. ст. "Странные речи" содержала критику внешнеполит. курса большевиков в связи с высадкой япон. десанта во Владивостоке. 17 апр. в ст. "Гора и Магомет" выступал против сотрудничества интеллигенции с Сов. властью, её соучастия в "узурпации власти" большевиками. 19 апр. ст. "Новый удар" также содержала критику внешнеполит. курса СНК в связи со взятием Батума тур. войсками. В кон. апр. один из учредителей в Москве "Союза возрождения России", объединявшего кадетов, правых эсеров, меньшевиков и нар. социалистов. Участвовал в выработке задач "Союза": воссоздание рус. гос. власти, воссоединение с Россией отторгнутых от неё территорий путём соглашения с союзниками против Германии; власть должна опираться на органы местного самоуправления, собрать новое Учред. Собр., к-рое и установит формы гос. правления. "Союз" рассчитывал опереться на офицерские кадры, строился как внепарт. орг-ция, но его деятели отражали интересы своих партий. С сент. 1918 М. находился по делам "Союза" в Киеве, Одессе, Новороссийске, Ростове, Николаеве, вёл переговоры с командованием Добровольч. армии.

В кон. 1920 арестован по делу "Тактич. центра". В нач. апр. 1921 освобождён. В 1922 выехал из Сов. России. Занимался науч. и пед. деятельностью, сотрудничал в эмигрант. прессе.

Лит.: Алданов М., Памяти В.А. Мякотина, "Совр. записки", 1937, № 65; Красная книга ВЧК, 2 изд., т. 1, М., 1989.

Л.И. Дёмина.

Н

НАБО́КОВ Владимир Дмитриевич (21 июля 1869, Петербург,– 28 марта 1922, Берлин). Потомств. дворянин, сын Д.Н. Набокова – мин. юстиции при Александре II. Окончил юрид. ф-т Петерб. ун-та. В 1894–99 на службе в Гос. канцелярии при Гос. совете, камер-юнкер. Одноврем. (с 1895) проф. уголов. права в Уч-ще правоведения. Секр. С.-Петерб. юрид. об-ва при ун-те. Автор учебника, статей по уголов. праву, редактор газ. "Право". Гласный петерб. Гор. думы. Как приверженец либерального движения выступил против евр.

погрома в Кишинёве. В 1904 за свои полит. убеждения лишён придворного звания камер-юнкера. Чл. "Союза Освобождения", ЦК кадетской партии с момента её образования (окт. 1905); издатель-ред. печатного органа партии – ж. "Вестник Партии Нар. Свободы", соредактор газ. "Речь". Чл. 1-й Гос. Думы; за подписание Выборгского воззвания, призывавшего население к гражд. неповиновению, отбыл 3-мес. заключение в петерб. "Крестах". В 1-ю мир. войну офицер ополчения (июль 1914 – сент. 1915), делопроизводитель в Гл. Штабе в Петрограде. Считая, что во время войны по своему служебному положению он должен быть вне полит. и парт. жизни, Н. "следил за нею только извне как сторонний наблюдатель" (Набоков В.Д., Врем. пр-во, в сб.: Архив рус. рев-ции, т. 1, М., 1991, с. 12).

В дни Февр. рев-ции 1917 отношение Н. к своему месту в политике изменилось. Утром 2 марта по просьбе сослуживцев он "сказал краткую речь", смысл к-рой "заключался в том, что деспотизм и бесправие свергнуты, что победила свобода, что теперь долг всей страны её укреплять, что для этого необходима неустанная работа и дисциплина" (там же, с. 14). Уволившись с прежней службы, активно включился в формирование и работу центр. органов новой власти. 3 марта, сославшись на свою неподготовленность, отказался от поста финл. ген.-губернатора и был назначен управляющим делами Врем. пр-ва; считал, что этот пост "приобретал особое значение. Здесь... предстояло создать твёрдые внеш. рамки правительств. деятельности, дать ей правильную однообразную форму. Разрешить целый ряд вопросов, к-рые никого из министров в отдельности не интересовали" (там же, с. 23–24). Иначе описывает реакцию Н. на это назначение И.И. Петрункевич: "Он сам не только удивился этому, но и огорчился: он не мог скрыть от меня, что не без чувства обиды перенёс такую оценку его способностей" (Думова-2, с. 101).

3 марта вместе с бароном Б.Э. Нольде составил акт отречения вел. кн. Михаила Александровича, в к-ром не исключалась возможность восстановления монархич. строя с санкции Учред. Собр. Н. считал, что восшествие Михаила Александровича на престол невозможно, т. к. противоречит закону о престолонаследии. С др. стороны, "если б династия удержалась на троне, власть и её престиж были бы сохранены. Но я не вижу, каким образом это могло бы удасться Врем. пр-ву без монарха" (Набоков В.Д., указ. соч., с. 62). Н. был убеждён, "что одной из осн. причин рев-ции было утомление войной и нежелание её продолжить" (там же, с. 41). Весной Н. старался убедить П.Н. Милюкова в том, "что трёхлетняя война осталась чуждой рус. народу, что он ведёт её нехотя, из-под палки, не понимал ни значения её, ни целей, что он ею утомлён, что в том восторженном сочувствии, с к-рым была встречена рев-ция, сказалась надежда, что она приведёт к скорому окончанию войны" (там же, с. 61). Но позднее, 2 сент., Н. выступил в петрогр. Гор. думе в защиту смертной казни за антивоен. пропаганду. По мнению А.В. Тырковой, "из всех его речей это была самая мужественная. Как юрист, как либеральный правовед и гуманист, он был убеждённый противник смертной казни... Но в эти поворотные решающие для России месяцы он понял, что спасти армию, вести дальше войну до победного конца можно только при суровой дисциплине, и он имел смелость сказать это во всеуслышание" (Думова-3, с. 180). Вошёл в состав Комиссии по выработке закона об Учред. Собр. С кон. марта член Юрид. совещания для предварит. юрид. заключений по "мероприятиям Врем. пр-ва, имеющим характер законодат. актов", позже также член Комиссии по пересмотру и введению в действие Уголов. Уложения.

В дни Апр. кризиса сочувственно отнёсся к предложению левого кадета Н.В. Некрасова пойти на коалицию с эсеро-меньшевиками и на компромисс с Советами. В период Июльского кризиса выступил в ЦК партии кадетов против решения о разрыве правительств. коалиции и отставки министров-кадетов. Н. был в числе тех, кому А.Ф. Керенский предложил войти в пр-во в качестве "частных лиц", однако соглашение не состоялось. По мнению М.М. Винавера, Н. "в дни Врем. пр-ва являлся излюбленным для левых, в частности для Керенского, кандидатом из кадетов" (Думова-2, с. 182). В авг. Н. пришёл к выводу о неспособности Врем. пр-ва вывести страну из кризиса; на заседании ЦК партии кадетов накануне моск. Гос. совещания заявил, что "воен. диктатура и бурж. мин-во – это последние судороги, чтобы спасти существование гос-ва" (Думова-3, с. 242). Выступая на Гос. совещании, выдвинул платформу, фактически повторявшую все требования Л.Г. Корнилова. После провала корниловского выступления и отъезда в Крым Милюкова Н. "принимал деятельное участие в этом последнем фазисе существования Врем. пр-ва... фактически стоял во главе Центр. К-та" (Набоков В.Д., указ. соч., с. 79). На совещании 22–25 сент. в Зимнем дворце по вопросам орг-ции власти выступил за создание Предпарламента только как совещат. органа. В окт. в составе кадетской фракции вошёл в Предпарламент (Врем. Совет Рос. Республики): член Совета старейшин, тов. пред. комиссии по иностр. делам и тов. пред. Предпарламента. По заданию ЦК партии кадетов М.С. Аджемов и Н. вступили в переговоры с лидерами эсеров и меньшевиков (А.Р. Гоцем, Ф.И. Даном, М.И. Скобелевым), преследуя "совершенно определ. цель – укрепление Врем. пр-ва в его борьбе с большевизмом" (там же, с. 79).

После победы Окт. вооруж. восст. в Петрограде Н. вместе с С.В. Паниной и В.А. Оболенским вошёл от кадетской фракции Гор. думы в К-т спасения Родины и Рев-ции. "Но увы,– вспоминал он,– только в самые первые дни можно было предаваться иллюзиям и думать, что Гор. дума вместе с К-том спасения смогут стать каким-то организующим центром, к-рый окажет большевикам организов. сопротивление. Очень скоро стало ясно, что никакой организов. силы в их распоряжении не имеется" (там же, с. 87). В нояб. как тов. пред. принимал участие в возобновившей свою работу комиссии по выборам в Учред. Собр.; на одном из её заседаний, проходившем под председательством Н., комиссия постановила "безусловно игнорировать СНК, не признавать его законной властью и ни в какие отношения с ним не вступать" (там же, с. 93). 23 нояб. декретом СНК комиссия была распущена, её члены, в т.ч. Н., арестованы и помещены в Смольный. Освобождён 28 нояб. Утром 29 нояб. Н. прочёл "декрет, ставящий партию к.-д. вне закона и предписывающий арест её руководителей" (там же, с. 96). Вечером того же дня он выехал к семье в Гаспру (Крым), возможно, не зная, что избран единств. кадетом – членом Учред. Собр. по Петрогр. губ.

С 15 нояб. 1918 мин. юстиции Крымского краевого пр-ва С.С. Крыма. С 15 апр. 1919 в эмиграции; издавал с Милюковым в Лондоне ж. "New Russia". Затем их полит. позиции разошлись. В 1920 переехал в Берлин: член и председатель разл. рус. эмигрант. орг-ций, соредактор газ. "Руль". Погиб при покушении на Милюкова, бросившись на террориста и пытаясь обезоружить его.

Соч.: Испытания дипломата, Стокгольм, 1921; Другие берега, Нью-Йорк, 1978; Временное пр-во, М., 1991.

Лит.: Нольде Б.Э., В.Д. Набоков в 1917 г., в сб.: Архив рус. рев-ции, т. 7, М., 1991.

А.П. Федоренко.

НАЛИ́ВКИН Владимир Петрович (25 февр., по др. сведениям, 15 июля 1852, Калуга,– 20 янв. 1918, Ташкент). Окончил 1-ю

воен. гимназию и Павловское воен. уч-ще в Петербурге. Участник Хивинского и Кокандского воен. походов 1873–75; действия ген. М.Д. Скобелева, оборачивавшиеся жестокостями и по отношению к мирному населению ханств, побудили Н. подать в отставку. Назначен пом. нач. Наманганского у. Ферганской обл., в 1878 оставил этот пост. Владение узб., тадж. и перс. языками, знание жизни населения позволили Н. и его жене – М.В. Наливкиной издать в 1886 единственное в то время описание обществ. и семейного быта женщин оседлого населения Ферганской обл. (удостоено Большой золотой медали Рус. Географич. об-ва). С 1884 Н. – первый учитель рус.-туземной школы в Ташкенте, затем преподаватель среднеазиат. языков в Туркестанской учительской семинарии. В 1890–95 инспектор нар. уч-щ Сырдарьинской, Ферганской и Самаркандской областей, с 1901 пом. воен. губернатора Ферганской обл., одновременно возглавлял обл. правление. Автор узб.-рус., рус.-узб., перс.-рус., рус.-перс. словарей, грамматики узб. яз. т.н. андижан. наречия, "Краткой истории Кокандского ханства" (1886, Казань; пер. на франц. яз., Париж, 1899), работ по истории, совр. положению и задачам нар. образования в Туркест. крае, очерков ист.-этнографич. характера. Как выразитель интересов населения края, Н. приобрёл популярность и признание. Был близок к с.-д. В 1907 избран деп. 2-й Гос. Думы (от Сырдарьинской обл.); при отъезде в Петербург, обращаясь к провожавшим его рабочим, заверял, что "стойко будет защищать нар. интересы и постарается оправдать доверие народа" ("Ташкентский Курьер", 1907, № 132).

Сохранившаяся рукопись "Моё мировоззрение" (1908) свидетельствует, что Н. был носителем идей утопич. социализма и рев. народничества, с налётом толстовства. Речь Н. от имени с.-д. фракции 30 марта 1907 в Думе как быв. офицера с требованием отмены военно-полевых судов привлекла внимание общественности; на следующий день Н. был встречен на улице студентами и рабочими, на руках внёсшими его в здание Таврического дворца.

Февр. рев-цию 1917 Н. встретил восторженно, подчёркивая, что в борьбе "против старого мира рев-ция должна действовать только мощью слова и убеждения, ибо гуманные средства много сильнее средств франц. рев-ции" и что долг интеллигенции смешаться с народом, научиться у него жить по простоте, делясь с народом знаниями, культурностью, к-рые из поколения в поколение мы приобретали на трудовые деньги того же народа. Повысится уровень жизни и образования крест-ва и она даст мощный толчок индустрии" (неопубл. рукопись Н. "Моё мировоззрение", хранится у Б.В. Лунина). 21 июня на 2-м краевом съезде туркест. орг-ции РСДРП выразил уверенность, что "искусная рука жизни создаст величественную триумфальную арку, пройдя под сводами к-рой мировой пролетариат вступит, наконец, победоносно в заветные пределы с.-д. республики" ("Туркестанские Ведомости", 1917, 23 июня).

19 июля Н. был назначен пред. Туркест. к-та Врем. пр-ва. Неприятие Н. идеологии насилия и волевого решения проблем обществ. жизни всё более отдаляло его от большевиков. В то же время он не оставлял попыток примирить большевиков и меньшевиков, что не имело успеха.

После провала выступления ген. Л.Г. Корнилова Ташкентский Совет принял 11 сент. резолюцию о необходимости перехода власти к Советам; было решено 12 сент. провести митинг; в ответ возглавляемый Н. Туркест. к-т запретил на три дня в городе митинги, шествия и собрания. Однако митинг состоялся, он поддержал решение о переходе власти к Советам и избрал в качестве органа краевой власти Врем. рев. к-т (5 левых эсеров, 4 большевика, 3 меньшевика-интернационалиста и 2 анархиста). В тот же день по приказу Туркест. к-та и рук-ва краевого Совета члены ВРК были арестованы; это вызвало возмущение рабочих и солдат и арестованные были освобождены. 13 сент. власть в Ташкенте фактически перешла в руки исполкома Ташкентского Совета и ВРК. В этих условиях Н. объявил себя врем. главнокомандующим войсками Туркест. ВО и обратился с просьбой о вооруж. помощи во ВЦИК Советов и лично к А.Ф. Керенскому, одновременно требуя "немедленно назначить командующего войсками из Петрограда" ("Победа Сов. власти в Ср. Азии и Казахстане", Ташкент, 1967, с. 309). Используя контроль над почтой и телеграфом, Н. в значит. степени изолировал восставший Ташкент от остальной страны. 17 сент. он ультимативно предложил Совету признать власть Туркест. к-та и подчиниться ему. 18 сент. Н., выступая в Совете, настаивал на безоговорочном признании власти Врем. пр-ва и отказывался от компромисса. На заседание явились представители пр-тий города с резолюциями о поддержке Совета, Н. был вынужден пойти на уступки и подписать соглашение с Советом; в соглашении содержался отказ от ультиматума, гарантировались неприкосновенность лиц и частей, участвовавших в последних событиях, давалось обещание сообщить Керенскому о ненужности отправки в Ташкент карат. отряда; обещания Н. не выполнил. 19 сент. появилось сообщение об отправке в Ташкент карателей с ген. П.А. Коровиченко во главе. 24 сент. прибыл первый эшелон, к-рый был встречен на вокзале членами Туркест. к-та хлебом и солью. Коровиченко был объявлен ген. комиссаром Врем. пр-ва по управлению Туркест. краем и назначен команд. войсками Туркест. ВО, а Н. отправлен в отставку. После вооруж. восстания в Ташкенте 1 нояб. и перехода власти к Советам перешёл на нелег. положение.

20 янв. 1918 Н. покончил жизнь самоубийством. В записке на имя родных он просил никого не винить в его смерти и добавлял: "Я не могу согласиться с тем, что делается, но быть врагом народа тоже не хочу и (потому) ухожу из Жизни".

Соч.: Туземный пролетариат, "Туркестанские Ведомости", 1917, № 40, 41, 44, 50, 55, 62, 72.

Лит.: В.П. Наливкин, в кн.: Историография обществ. наук в Узбекистане. Биобиблиогр. очерки, сост. Б.В. Лунин, Ташкент, 1974; Наливкин Владимир Петрович, в кн.: Биобиблиогр. словарь отеч. тюркологов. Дооктябрьский период, М., 1974.

Б.В. Лунин, В.И. Миллер.

НАТАНСО́Н Марк Андреевич (25 дек. 1850, г. Свенцяны Виленской губ.,– 29 июля 1919, г. Берн, Швейцария). Из мещан. Учился в Петерб. медико-хирургич. академии (1868–71) и в Земледельч. ин-те (1871). Участвовал в студенч. движении, выступал против тактики С.Г. Нечаева, арестовывался в 1869 и 1870. В 1869 один из основателей и руководителей народнич. орг-ции (т.н. "чайковцев"). В нояб. 1871 арестован, в февр. 1872 выслан в г. Шенкурск Архангельской губ., в апр. 1873 переведён в г. Бобров Воронежской губ. В дек. 1874 вернулся в Петербург и занялся объединением разрозненных и деморализованных народнич. групп, уцелевших после разгрома массового "хождения в народ" летом 1874. Весной и осенью 1875 участвовал в двух съездах народников, пытаясь создать всерос. орг-цию. В 1876 один из организаторов об-ва "Земля и воля". Руководил подготовкой и проведением демонстрации на Казанской площади 6 дек. 1876. Был организатором и руководителем рабочего кружка "Земли и воли". В июне 1877 арестован. До дек. 1878 находился под следствием в Петропавл. крепости. Выслан в 1879 в Верхоленск (Иркутской губ.), затем в 1881 переведён в Якутскую обл., в 1886 – в Иркутск. После окончания ссылки летом 1889 приехал в Гельсингфорс, в 1890 поселился в Саратове. Вокруг него группировались рев. деятели. В 1892 переехал в Орёл. Летом 1893 по его почину в Саратове состоялся съезд представителей рев. кружков, положивший начало партии "Нар. права", к-рая ставила задачей объединение всех оппозиц. элементов страны для уничтожения самодержавия. В февр. 1894 переехал в Петербург, куда переместился центр партии. В апр. 1894 был арестован, в кон. 1895 выслан в Вост. Сибирь. Ссылку отбывал в Иркутской губ. и в Иркутске.

Вернувшись из ссылки летом 1902, примкнул к только что возникшей партии эсеров. Жил в Тифлисе, затем в Баку, где служил бухгалтером в гор. управе. Выступал за необходимость союза всех рев. партий. Весной 1904 приехал в Женеву, восстановил знакомство с Г.В. Плехановым, к-рого ещё в 70-х гг. ввёл в народнич. движение. Здесь же познакомился с В.И. Лениным, к-рый очень им "увлёкся". «Н. был великолепным организатором... Он знал массу людей...

понимал, кто на что способен... он прекрасно знал состав не только своих, но и наших с.-д. орг-ций лучше, чем многие наши тогдашние цекисты... Владимиру Ильичу показалось, что Н. можно бы убедить стать с.-д. Н. очень был близок к с.-д. точке зрения... Об одном не мог Владимир Ильич сговориться с Н.: не согласен Н. был с подходом с.-д-тии к крест-ву... Н. хорошо знал Плеханова, был с ним на "ты". Владимир Ильич разговорился с ним как-то о наших парт. делах, о расколе с меньшевиками. Н. предложил поговорить с Плехановым. От Плеханова вернулся каким-то растерянным: надо идти на уступки» (Крупская Н.К., Воспоминания о Ленине, 3 изд., М., 1988, с. 85–86). Участвовал в работе 1-го съезда ПСР (29 дек. 1905 – 4 янв. 1906); единогласно был избран чл. ЦК. В период Рев-ции 1905–07 жил в Финляндии, в кон. 1907 эмигрировал. Жил во Франции, Англии, в Швейцарии, заведовал финансами партии. Во время 1-й мир. войны "интернационалист". Участвовал в междунар. соц. конференциях в Циммервальде (5–8 сент. 1915) и Кинтале (11–17 апр. 1916) как делегат от левого крыла ПСР. Вместе с Лениным и П.Б. Аксельродом подписал от имени рус. делегации воззвание Циммервальдской конференции, обращённое к пролетариату Европы.

В Россию Н. вернулся после Февр. рев-ции 1917, со вторым эшелоном политэмигрантов (9 мая). Участник 1-го Всерос. съезда КД (4–28 мая, Петроград). Избран в Исполком Всерос. Совета КД от Самарской губ. На 3-м съезде ПСР (25 мая – 4 июня, Москва) возглавил т.н. "оппозицию 42-х", подвергшую резкой критике платформу ЦК по всем осн. вопросам повестки дня: аграрному, об отношении к Врем. пр-ву, задачам партии. Выступил с содокладом по вопросу о междунар. политике и возрождении Интернационала, осудил продолжавшуюся войну и оборонч. политику ЦК ПСР. Избран чл. ЦК (207 голосами из 270). Был одним из авторов программного документа левых эсеров – "резолюции 34-х", внесённой на 7-м Совете ПСР, открывшемся 6 авг. В ней констатировалась неспособность Врем. пр-ва предпринять "активные шаги для воплощения политики мира", торможение им радикальных финанс. и экон. реформ, "оттяжку всех зем. законов". Были сформулированы осн. требования лидеров нарождающейся партии: заключение перемирия на всех фронтах, передача всей земли зем. к-там, а власти – Советам, прекращение травли "партий левого крыла рев. социализма" (см.: "Дело Народа", 1917, 11 авг.).

Во время переговоров левых эсеров и большевиков 6–7 окт., связанных с отношением к Предпарламенту, обещал полную поддержку большевикам "в случае рев. выступления вне его стен" (Штейнберг И., От Февраля по Октябрь 1917 г., Берлин – Милан, 1919, с. 115). Добиваясь свободы критики ЦК, автономии левых эсеров в пределах ПСР Н. не форсировал окончат. раскола. Он делал ставку на легитимное – через решения очередного съезда – изменение (по левоэсеровскому образцу) и политики, и состава ЦК. "Молодым вождям" – В.А. Алгасову, П.П. Прошьяну и др. – поведение Н. казалось недостаточно наступательным. Даже В.М. Чернов склонен был считать его "широчайшим соглашателем и коалиционистом" (цит. по: Фельштинский Ю., Крушение мировой рев-ции. Очерк первый. Брестский мир. Окт. 1917 – нояб. 1918, Лондон, 1991, с. 93).

Однако во время Окт. вооруж. восст. в Петрограде Н. без колебаний использовал свой авторитет для того, чтобы левые эсеры остались в Петрогр. ВРК и продолжали сотрудничать с большевиками (ЦПА ИМЛ, ф. 70, оп. 4, д. 377, л. 38). Он вошёл во ВЦИК, избранный 2-м съездом Советов РСД, был избран в Президиум ВЦИК. Н. пытался наладить диалог между разл. группами эсеров, но, когда 29 окт. ЦК ПСР исключил из партии всех эсеров, не пожелавших покинуть 2-й съезд Советов РСД, а затем распустил петрогр., гельсингфорсскую и воронежскую орг-ции ПСР, он принял участие в работе Врем. центр. бюро левых эсеров, к-рое подготовило созыв собств. парт. съезда. Н. был избран в Президиум 1-го съезда ПЛСР (19–28 нояб., Петроград), а затем и в ЦК, получив при выборах самое большое кол-во голосов. На съезде 20 нояб. Н. говорил: "Наша рев-ция не только политическая, как утверждают меньшевики, в громадном большинстве ведущие соглашательскую политику. Этот вопрос... мне пришлось поставить... в ЦК партии Гоцу, Авксентьеву, к-рые в союзе с меньшевиками. Меньшевики... считают, что рев-ция не социальная, а политическая и поэтому нужно соглашательство с буржуазией, т.к. в дальнейшем она пойдёт путём эволюции. С.-р. же говорили, что мы будем ломать все основы капиталистич. строя, не будем останавливаться. Междунар. социализм Запада решил этот вопрос: мы стоим в периоде социальной рев-ции... Почему мы можем быть с большевиками, потому что в основе понимания, вступаем ли в период социальной рев-ции или должны стоять на точке зрения полит. рев-ции, в этом пункте мы сходимся с ними. Вот основа, к-рой мы можем провести грань между правыми и левыми эсерами, междунар. и нац. социалистами. У мн. товарищей... сознание затемнено войной, может быть, нек-рая часть вернётся к рев. социализму. Но большая часть их... переходила на точку зрения нац. социализма, т.е. по существу против социальной рев-ции и против коренных перемен... ЦК партии, к-рый был в большинстве захвачен нац. оборонч. чувствами, видел, что массы от него отходят, и должен был вступить на путь насилия. Др. средства у него не было. Не насильник только тот, кто чувствует, что он выражает массовое желание. Всякий, кто стоит в меньшинстве, кто хочет диктатуры меньшинства, тот будет только насильником. И наш ЦК начал... сначала откладывать съезд, а потом фальсифицировать съезд, к-рый должен был решить все вопросы... мы можем признать только такой съезд, к-рый представляет все орг-ции Партии С.-Р., а не те, к-рые стоят на точке зрения ЦК... Мы должны... на этом съезде выпустить свою декларацию, свой символ веры левых С.-Р. Она будет гласить, что мы интернационалисты, стоящие на точке зрения междунар. социализма Циммервальда и Кинталя, признаём, что вступили в фазу социальной рев-ции, т.е., что всё, что мы можем смести в бурж. об-ве,– всё сметём, что будет в наших силах, что мы будем действовать именем Советов, именем трудового народа. Что мы будем обращаться ко всем трудовым народам с призывом нас поддержать. И мне кажется, будет ясно, что это говорит организованный Рос. трудовой народ" ["Протоколы 1-го съезда Партии левых социалистов-революционеров (интернационалистов)", б.м., 1918, с. 21–23].

Был избран в Исполком Всерос. Совета КД на Чрезвычайном (11–25 нояб.), а затем на 2-м (26 нояб.– 10 дек.) Всерос. съездах Советов КД. В нояб.– дек. участвовал в переговорах с большевиками об условиях слияния ВЦИК Советов РСД и Исполкома Всерос. Совета КД, об образовании коалиц. Совнаркома.

В дек., когда определилось правоэсеровское большинство в Учред. Собр., заявил о необходимости роспуска Учред. Собр. Считал ошибкой выход левых эсеров из СНК в марте 1918, пытался препятствовать разрыву правительств. блока большевиков и левых эсеров, не был согласен с частью членов ЦК ПЛСР, утверждавших, что большевики срывают социализацию земли. Выступая на 2-м съезде ПЛСР (17–25 апр., Москва), говорил: «Левые эсеры с большевист. партией... составили договор. В определённой части этого договора большевики теоретически расходились с нами в вопросе социализации. Они пошли против своих теоретич. положений. Причём такие товарищи, как Ленин [заявляли]: "Народ хочет. Мы идём с народом". Я должен сказать, что за всё время, пока Мин-во земледелия было в руках левых эсеров, большевики в этом отношении до конца честно выполняли это дело. В основе они предоставили левым эсерам проводить социализацию земли»; был поддержан М.А. Спиридоновой, предупреждавшей: "В настоящее время нам разрывать свою связь с большевиками – это значит... подкосить Сов. власть" (ЦПА ИМЛ, ф. 564, оп. 1, д. 2, л. 79, 104). Съезд не согласился с позицией обоих лидеров, одобрил выход наркомов – левых эсеров из СНК, но избрал Н. и Спиридонову в новый состав ЦК. 3-й съезд ПЛСР (28 июня – 1 июля 1918, Москва) и мятеж левых эсеров 6 июля застали Н. в Швейцарии, где он находился в составе "Заруб. делегации", направленной ЦК для налаживания контактов с социалистами Зап. Европы и организации в Женеве крупного левоэсеровского издат. центра [ж. "Знамя", 1920, № 1 (3)]; на съезде заочно избран в ЦК. Вернувшись в Сов. Россию, Н. осудил вооруж. акцию левых эсеров в Москве. Вместе с А.Л. Колегаевым, А.М. Устиновым выступил одним из инициаторов создания "Партии рев. коммунизма", объединившей неск. тысяч левых эсеров, к-рые признали недопустимость срыва Брестского мира и борьбы с коммунистами с целью захвата власти.

Из-за прогрессирующей болезни с осени 1918 Н. постепенно отходит от активной полит. деятельности, в 1919 выехал на лечение в Швейцарию.

Лит.: Фигнер В.Н., М.А. Натансон, Полн. собр. соч., т. 5, М., 1932.

Н.А. Тюкачев, А.И. Разгон.

НЕ́ВСКИЙ Владимир Иванович (наст. фам. и имя Кривобоков Феодосий Иванович) (2 мая 1876, Ростов-на-Дону,– 25 мая 1937). Из семьи купца. Окончил естеств. ф-т Харьковского ун-та (1911). Чл. РСДРП с 1898. После 2-го съезда РСДРП (1903) большевик. Участник Рев-ции 1905–07 (юж. города, Москва, Воронеж, чл. Воен. орг-ции при ПК РСДРП); дел. 4-го съезда РСДРП (1906). Неоднократно был арестован, ссылался. В 1913 член редакции газ. "Правда", чл. Рус. бюро ЦК РСДРП. С 1914 вёл рев. работу на Урале.

В дни Февр. рев-ции 1917 находился в Екатеринбурге. В марте вызван в Петроград, введён в ПК РСДРП и его Исполнит. комиссию (бюро); один из руководителей Воен. орг-ции при ПК РСДРП [с мая – при ЦК РСДРП(б)]. В апр.– июле и с окт. чл. редколлегии газ. "Солдатская Правда". Дел. 7-й (Апр.) Всерос. конф. РСДРП(б) от Воен. орг-ции. Один из организаторов и делегат Всерос. конф. фронтовых и тыловых воен. орг-ций РСДРП(б) (16–24 июня); выступал с докладами о целях и задачах воен. орг-ций и об общерос. солд. и крест. газете. В частности, говорил: "Никогда ещё деревня так близко не подходила к городу, как теперь. Ни в одной рев-ции не было таких громадных крест. масс, сконцентрированных в армии, никогда не было лучших условий для того, чтобы из армии выработать могучий оплот рев-ции" ("Борьба партии большевиков за армию в соц. рев-ции". Сб. док-тов, М., 1977, с. 183). Был избран членом Всерос. центр. бюро Воен. орг-ции при ЦК РСДРП(б). Считал, что условия созрели для перехода власти к Советам РСД. Об Июльских событиях Н. вспоминал в 1932: "Теперь уже нечего скрывать, что все ответств. руководители воен. орг-ции, т.е. гл. обр. Н.И. Подвойский, пишущий эти строки... своей агитацией, пропагандой, огромным влиянием и авторитетом в воен. частях способствовали тому настроению, к-рое вызвало выступление". И далее: "Когда воен. орг-ция, узнав о выступлении пулемётного полка, послала меня... уговорить массы не выступать, я уговаривал их, но уговаривал так, что только дурак мог бы сделать вывод из моей речи о том, что выступать не следует" ("Окт. вооруж. восстание в Петрограде". Воспоминания, Л., 1956, с. 143).

После Июльских событий уехал из Петрограда, налаживал связи с местными воен. орг-циями партии в ряде губерний. В нач. авг. вернулся в Петроград, создал при Воен. орг-ции при ЦК РСДРП(б) комиссию агитаторов для деревни. В авг.– окт. член редакции газ. "Солдат", 20 авг. на заседании ЦК РСДРП(б) введён в редакцию газ. "Пролетарий" (возглавлял солд. и крест. отделы), с окт (до марта 1918) член редакции газ. "Деревенская Беднота".

11 окт. на 3-й Петрогр. общегор. парт. конф. выступил с докладом о подготовке Кр. Гвардии к вооруж. восстанию, 15 окт. на заседании ПК РСДРП(б) – с докладом о готовности Воен. орг-ции в Петрограде к боевым действиям, однако выразил сомнение в готовности др. городов и деревни поддержать восстание в Петрограде, указал на неопределённость положения в 5-й армии Сев. фронта (ближайшей к столице) (см.: "Первый легальный ПК большевиков в 1917 г.", М.–Л., 1927, с. 310–12). Вошёл от Воен. орг-ции при ЦК партии в Петрогр. ВРК. В канун восстания направлен в Гельсингфорс и Выборг для координирования действий воен. орг-ций РСДРП(б). 24 окт. вернулся в Петроград, участвовал в занятии штаба Петрогр. ВО, ж.-д. узла, в орг-ции штурма Зимнего дворца.

С нояб. 1917 зам. наркома, в июле 1918 – марте 1919 нарком путей сообщения РСФСР. На 2-м Чрезв. Всерос. ж.-д. съезде (дек. 1917 – янв. 1918) избран чл. коллегии Викжедора. 6–8 марта 1918 дел. 7-го съезда РКП(б) от Воен. орг-ции при ЦК партии. С 1919 на др. гос., парт. и науч. работе. Один из первых историков большевист. партии. Воен. коллегией Верх. суда СССР 25 мая 1937 осуждён к расстрелу, приговор приведён к исполнению в тот же день. Реабилитирован 1 июня 1955.

Лит.: Васильев А.Т., В.И. Невский, "Вопросы истории КПСС", 1966, № 5; Гапочко Л.В., В.И. Невский, "История СССР", 1967, № 1. *В.Н. Заботин.*

НЕКРА́СОВ Николай Виссарионович (1 февр. 1879, Петербург,– 7 мая 1940). Род. в семье священника. Окончил Ин-т инженеров путей сообщения (1902). Профессор Томского технологич. ин-та. Два года находился за границей. Дел. 1-го съезда партии кадетов (1905) от Таврической губ., где был руководителем

Ялтинского отделения партии. Деп. 3-й Гос. Думы от Томской губ.; избран в комиссии путей сообщения и финансовую. После 1910 масон, входил в известную "масонскую пятёрку" (вместе с А.И. Коноваловым, М.И. Терещенко, А.Ф. Керенским, И.Н. Ефремовым). В 1912 избран в 4-ю Гос. Думу. В 1909–17 член ЦК партии кадетов, лидер её левого крыла.

С кон. 1915 выступал в пользу активного сотрудничества с соц. партиями оборончеcкого плана; его требования: "единение демокр. элементов страны, тесная связь партии с нац. группами демократии и активные приёмы деятельности в стране и Гос. Думе" (Думова-2, с. 68). В годы 1-й мир. войны член к-та Сиб. об-ва подачи помощи больным и раненным воинам и пострадавшим от войны, член Особого совещания по обороне гос-ва. 6 нояб. 1916 избран тов. пред. 4-й Гос. Думы. Вместе с А.И. Гучковым участвовал в подготовке заговора с целью смещения Николая II, был сторонником решит. действий. Больше других настаивал на том, чтобы Дума не подчинялась указу царя о перерыве в её работе до апр. 1917. При этом на позиции Н., как отмечали В.А. Оболенский, А.В. Тыркова и др., существ. влияние оказывали его личные неприязненные отношения с П.Н. Милюковым, честолюбивые устремления Н.: "Он жаден к почёту и неразборчив в средствах",– замечала Тыркова (там же, с. 72).

Во время Февр. рев-ции 1917 поначалу сторонник воен. диктатуры; член Врем. К-та Гос. Думы. В ночь на 3 марта составил проект декрета об объявлении России республикой. Милюков писал: "Я тогда имел основание считать Н.В. Некрасова попросту предателем" (Старцев В.Н., Внутр. политика Врем. пр-ва, Л., 1980, с. 119). Со 2 марта по 2 июля Н.– мин. путей сообщения. В своих первых выступлениях перед железнодорожниками заявил, что "переустройство гос. жизни должно покоиться на воле народа", "пусть железнодорожный мир организуется так, как он этого хочет и понимает"; стремился развеять слухи об имеющихся разногласиях между Врем. пр-вом и Советом РСД: "Никто никому никаких решений не навязывает". Выступая 24 марта в отделе путей сообщения Земгора, заявил об удовлетворении требований рабочих и служащих о повышении зарплаты: "Орг-ция нар. масс – это первое наше дело, и когда это будет сделано, тогда никакие эксцессы никому не будут страшны" ("Вестник Южных Железных Дорог", 1919, № 14/15, с. 20).

В марте – апр. на заседаниях ЦК и 7-м съезде партии кадетов выступал самым активным сторонником создания межпарт. правительств. коалиции. 24 апр. сказал об этом на приёме в Таврическом дворце делегатов от воинских частей Действующей армии: "Я как и при образовании Врем. пр-ва, так и теперь считаю необходимым включить в состав Врем. пр-ва представителей демократии, соц. течений её..." (Старцев В.И., Рев-ция и власть, М., 1978, с. 217). Впрочем, в интервью корреспондентам газет он же заявил, что в результате правительств. кризиса в ночь на 3 мая "мы, желая сохранить преемственность власти, остановились на возможном исходе – создать личную диктатуру. Мы решили передать всю власть в руки одного человека. Были даже созваны знатоки гос. права, чтобы оформить новый порядок правления в виде указа Врем. пр-ва Сенату" ("Рус. Слово", 1917, 16 мая). На 8-м съезде кадетов 9 мая резко критиковал Милюкова за его негативное отношение к правительств. коалиции с социалистами, за внешнеполит. курс, призывал партию отказаться от принципа поддержки пр-ва "постольку – поскольку", считал первой задачей пр-ва ускорение созыва Учред. Собрания.

27 мая издал правительств. циркуляр о совм. деятельности ж.-д. администрации с профсоюзом железнодорожников: последнему предоставлялось право обществ. контроля и наблюдения за работой ж.д. и дачи указаний ответств. лицам. Участник 1-го Всерос. съезда Советов РСД (июнь). В кон. июня в составе делегации пр-ва (А.Ф. Керенский, М.И. Терещенко, И.Г. Церетели) участвовал в переговорах с укр. Центр. Радой и подготовке проекта декларации, послужившего одной из причин правительств. кризиса. 7 июля заявил (вместе с Терещенко) представителям печати, что пр-во чрезвычайно недовольно публикацией материалов по делу В.И. Ленина (обвинения в гос. измене). В период Июльского кризиса вышел из партии кадетов и 8 июля занял пост зам. министра-председателя Врем. пр-ва. 21 июля вслед за Керенским подал в отставку; в новом коалиц. пр-ве с 24 июля на постах зам. министра-председателя и мин. финансов представлял Рос. Радикально-демокр. партию. 12 авг. выступил на Гос. совещании с докладом о финанс. положении страны, в к-ром заявил: "Для спасения родины нам нужны все эти три элемента – и порядок, и жертвы, и оборона" ("Гос. совещание", с. 43). В первые часы выступления ген. Л.Г. Корнилова Н. пообещал Керенскому свою полную поддержку. С его участием была составлена телеграмма железнодорожникам, призывавшая их не исполнять распоряжения генерала. Для предотвращения вооруж. столкновения поддержал мнение министров А.С. Зарудного и Терещенко об отставке Керенского, за что был немедленно удалён из состава пр-ва.

В первых числах сент. назначен ген.-губернатором в Финляндию. В своей деятельности обещал руководствоваться двумя лозунгами: лояльность и законный порядок; самым строгим образом соблюдать финл. конституцию: "...я надеюсь встретить со стороны ответств. финл. кругов столь же лояльное отношение к законным правам и интересам рос. государственности" ("Речь", 1917, 13 сент.). 17 окт. на заседании Врем. пр-ва выступил с докладом о положении в Финляндии.

После Окт. рев-ции принимал участие в заседаниях подпольного Врем. пр-ва, но его обращение "Ко всем гражданам Рос. Республики" не подписал. Управляющий моск. конторы "Синкредсоюза", статистик в Наркомпроде. С 1919 жил и работал в Казани. В марте 1921 арестован, доставлен в Москву, в мае освобождён после встречи с В.И. Лениным. Позднее вспоминал: «Когда доставили меня в Кремль, я, несмотря на опыт, струхнул... Владимир Ильич встал со стула, пожал руку и пригласил сесть... спросил... "где бы желали вы работать?" Не задумываясь, я ответил, что хотел бы работать в кооперации.– "Вот, вот и мы предварительно обсуждали с товарищами и решили рекомендовать Вас в Центросоюз"» (Днепровский С.П., Кооператоры. 1898–1968, М., 1968, с. 343–44). В 1921–30 чл. правления Центросоюза РСФСР и СССР. Преподавал в Моск. ун-те и Моск. ин-те потребкооперации. 3 нояб. 1930 арестован и 25 апр. 1931 Коллегией ОГПУ приговорён к 10 годам заключения по делу т.н. "ЦК РСДРП(м)". В марте 1933 досрочно освобождён, работал на строительстве канала Москва – Волга служащим. 13 июня 1939 вновь арестован и по приговору Воен. коллегии Верх. суда СССР расстрелян 7 мая 1940. Реабилитирован в 1990.

М.Е. Голостенов, А.С. Сенин.

НЕ́СТОР (Анисимов Николай Александрович) (9 нояб. 1884, Вятка,– 4 нояб. 1962, Москва). Отец – воен. чиновник (статский советник), мать – дочь протоиерея. Окончил Казан. реальное уч-ще; послушник казан. Спасского монастыря. В 1907 пострижен в монахи, отправлен миссионером на Камчатку. Изучил тунгусский и корякский языки, перевёл на них божеств. литургии и Евангелие. Сделал доклад в Гос. Думе о Камчатской обл. В 1914–15 ушёл добровольцем на фронт, организовал сан. отряд. С 1916 епископ Камчатский и Петропавловский.

В авг. 1917–1918 член Св. Собора Правосл. Рос. Церкви. Принял участие в дискуссии на Соборе по поводу обстрела Моск. Кремля и нанесения повреждений кремлёвским соборам. В ответ на замечание, что по Кремлю стреляли и большевики, и юнкера, Н. ответил: "Кто будет разбираться, умышленно или случайно повреждены соборы... Разумеется, не наши войска стреляли в храмы Божьи... Сейчас нам дорог каждый факт, способный возбудить в народе ненависть к большевикам. Люди знают, что большевики против религии. Это обстоятельство следует использовать нам обязательно. Предлагаю немедленно составить короткую, но яркую книжку, где подробно рассказать о разрушениях и указать их виновников. На народ, привыкший к почитанию святынь, это подействует должным образом" (см.: Чертков А., Крах, М., 1968, с. 38–39). Н. написал эту брошюру под назв. "Расстрел Моск. Кремля" (М., 1917), в к-рой писал: "Увы, безумная стратегия становится характерной для всех представителей самозванного пр-ва, и то же, что они сделали с Кремлём, делают нынче со всей Россией, разыскивая в ней орудиями смерти врагов своих бредовых утопий" (с. 28). Сотрудничал с А.В. Колчаком.

В 1919 Н. возвратился на Камчатку через Европу, Африку и Азию, т.к. осн. путь через Сибирь был закрыт из-за Гражд. войны. После установления Сов. власти на Камчатке перебрался в Харбин, где основал Камчатское подворье (1921). В 1933 возведён в сан архиепископа. В 1945 встречал сов. войска в Харбине.

В 1948 арестован, содержался в лагере в Мордовии. В 1956 назначен митрополитом Новосибирским и Барнаульским, в

1958 – Кировоградским и Николаевским.

Лит.: Митрополит Нестор (некролог), "Журнал Моск. Патриархии", 1962, № 12; Manuil [Lemeševskij], Die Russischen Orthodoxen Bischöfe von 1893 bis 1965, Teil 5, Erlangen, 1987. *М.Е. Голостенов.*

НИКИТИН Алексей Максимович (12 февр. 1876, Ниж. Новгород,– ?). Из купеч. семьи. Окончил Моск. ун-т, юрист. Чл. РСДРП с 1899, с 1903 меньшевик. Во время Февр. рев-ции 1917 пред. моск. ВРК, с 1 марта пред. Моск. Совета РД, с 5 марта нач. милиции Москвы, с 11 апр. член президиума исполкома Моссовета, с 25 июня зам. пред. моск. Гор. управы. В нач. июля осуществлял конфискацию оружия у рабочих, требовал разоружения Кр. Гвардии. С 24 июля министр почт и телеграфов Врем. пр-ва, с 1 сент. член Директории, с 25 сент. одновременно министр внутр. дел. 22 сент. на совм. заседании Врем. пр-ва, моск. группы промышленников, представителей Демокр. совещания и членов ЦК кадетов выступал за коалиц. пр-во на основе взаим-

ного доверия и уступчивости. В тот же день в циркулярной телеграмме по почтово-телегр. ведомству, в связи с призывом объявить забастовку на ж.-д. транспорте, предписал "задерживать все телеграммы" по этому поводу, т.к. забастовка в условиях войны "есть наказуемое по закону преступление, равное измене родине" ("Рев-ция 1917", т. 4, с. 261).

27 сент. на заседании Врем. пр-ва выступил с докладом об анархии в стране; по докладу Н. пр-во признало необходимым не останавливаться перед самыми решит. мерами для подавления беспорядков. 28 сент. общее собрание почтово-телегр. служащих выразило Н. как министру недоверие, а ЦК РСДРП(о) предложил ему покинуть ряды партии в связи с его действиями во время ж.-д. забастовки. До 5 окт. руководил Особым совещанием по разгрузке Петрограда. 2 окт. ЦК РСДРП(о) принял постановление, что Н. "более не является офиц. представителем партии в пр-ве" "как не поддерживающий контакты с партией" и "за его действия она ответственности не несёт" (там же; т. 5, с. 9).

15 окт. Предпарламент принял подготовленный Н. проект закона о создании К-тов обществ. безопасности. 17 окт. на заседании пр-ва заверял, что планируемое выступление большевиков будет ликвидировано в самом начале. 20 окт. выступил с заявлением о необходимости воевать до того момента, пока Россия не вернёт захваченных неприятелем территорий. 24 окт. призвал Предпарламент санкционировать применение вооруж. силы и репрессий для борьбы со всеми проявлениями анархии в стране. Арестован 25 окт. в Зимнем дворце. Освобождён 29 окт. В связи с юнкерским восстанием в Петрограде разослал телеграмму о том, что "события в Петрограде развиваются благоприятно... население относится к большевикам с ненавистью. Врем. пр-во принимает необходимые к восстановлению деятельности всего правительств. аппарата меры, опираясь на полную поддержку служащих..." (там же, т. 6, с. 24–25). Принимал участие в заседаниях подпольного Врем. пр-ва. На заседании пр-ва 12 нояб. осудил его и отказался участвовать в его дальнейших заседаниях потому, что оно "фактически не нашло возможным хотя бы морально поддержать ген. Духонина в момент, когда на него пала тяжёлая ответственность перед страной – одному решать вопрос о перемирии, к-рого от него потребовали большевики" (см.: Мельгунов С., Как большевики захватили власть, 2-е изд., Париж, 1984, с. 251). Подписал 17 нояб. вместе с др. министрами обращение Врем. пр-ва "Ко всем гражданам Рос. Республики". 19 нояб. был арестован и выслан в Кронштадт под надзор исполкома Совета РСД. С кон. дек. входил в Петрогр. стачечный к-т гор. служащих.

В янв. 1918 уехал в Ростов-на-Дону. В мае 1920 арестован, доставлен в Москву, осуждён по обвинению в сотрудничестве с Добровольч. армией к расстрелу, заменённому 15 годами лишения свободы, в 1921 помилован и освобождён. Работал в Москве. 11 авг. 1930 арестован по обвинению в принадлежности к антисов. группе. 13 дек. 1930 по решению Особого совещания при коллегии ОГПУ освобождён и дело прекращено. Дальнейшая судьба неизвестна.

М.Е. Голостенов, В.Н. Сачков.

НИКОЛАЙ II (Романов Николай Александрович) (6 мая 1868, Петербург,– 17 июля 1918, Екатеринбург), последний рос. импе-

ратор. Старший сын имп. Александра III. Образование домашнее (расширенный курс гимназии, университетский курс по объединённой программе гос. и экон. отделений юрид. ф-та, курс Академии Генштаба). Воен. стажировку Н. проходил в лейб-гв. Преображенском и Гусарском полках; полковник. Большое влияние на мировоззрение Н. оказал один из его учителей – обер-прокурор Синода К.П. Победоносцев – убеждённый сторонник неогранич. монархии. По воспоминаниям С.Ю. Витте, Н. был человеком добрым, далеко не глупым, но неглубоким; "основные его качества – любезность, когда он этого хотел, ...хитрость и полная бесхарактерность и безвольность" ("Избранные воспоминания", М., 1991, с. 596–97); он "не переносил лиц, представляющих собою определённую личность, т.е. лиц твёрдых в своих мнениях, своих словах и своих действиях" (там же, с. 308–09). Сходную оценку Н. давал и П.Н. Милюков: "Н. боялся влияния на себя сильной воли. В борьбе с ней он употреблял... единственное ему доступное средство – хитрость и двуличность" ("Воспоминания", М., 1991, с. 257).

Вступил на престол 21 окт. 1894, после смерти отца (короновался 18 мая 1896 в Москве). С нояб. 1894 женат на Александре Фёдоровне [Алисе принцессе Гессенской и Рейнской (1872–1918); их дети: Ольга (1895–1918); Татьяна (1897–1918; Мария (1899–1918); Анастасия (1901–18); Алексей (1904–18) – наследник престола, имел наследств. заболевание – недостаточность системы свёртывания крови (гемофилия)].

Царствование Н. совпало с развитием капитализма в стране. При Н. Россия потерпела поражение в рус.-япон. войне 1904–05. Хотя Н. называл возможность нар. представительства "несбыточными мечтаниями", он был вынужден идти на уступки общественности, ограничивая самодержавие. В ходе Рев-ции 1905–07 опубл. Манифест 17 октября, декларировавший полит. свободы и создание законодат. Гос. Думы. По словам Витте, Н. никогда бы не пошёл на это, если бы "не видел, что в данный момент у него нет др. выхода, обещающего успокоение" (Витте С.Ю., указ. соч., с. 598). Перед началом 1-й мир. войны среди ближайшего окружения Н. выделялся "старец" Г.Е. Распутин, к-рый, оказывая помощь больному наследнику, приобрёл неогранич. доверие императрицы; "Распутин при дворе получил столь исключит. влияние, что несмотря на участие его в самых тёмных шантажистских делах, на непозволительное афиширование своих отношений, вконец дискредитировавших престиж династии, любовь к нему и какая-то слепая вера в него не иссякали у царя" (Мельгунов С., Последний самодержец, "Власть Народа", 1917, 7 мая, № 9); вместе с тем приписываемое Распутину влияние на Н. (оппозиционной и левой и правой прессой) не всегда подтверждается фактами. Пр-во Н. проводило политику сближения с Францией; Рос. империя вошла в Антанту, в составе к-рой вступила в 1-ю мир. войну (1914–18). В авг. 1915 Н., несмотря на противодействие пр-ва и обществ. кругов, занял пост Верх. главнокомандующего, постоянно находился в разъездах между Царским Селом (здесь жила семья) и Могилёвом (Ставка), что затрудняло рук-во гос-вом и армией; армию фактически возглавлял ген. М.В. Алексеев.

В кон. 1916 – нач. 1917 разросшийся конфликт пр-ва с обществ. орг-циями и Гос. Думой привёл к острому полит. кризису. Н. многократно предупреждали о назревающих событиях. 3 дек. 1916 по поручению "семейного совета" династии Романовых с Н. беседовал его дядя вел. кн. Павел Александрович. Он просил как можно скорее "даровать конституцию" или хотя бы "мин-во доверия", к-рое могло бы работать при поддержке Гос. Думы. Однако, как вспоминала его жена О.В. Палей, "на всё, что он просил, был дан решит. отказ" ("Страна гибнет сегодня", М., 1991, с. 175–76). В кон. дек. 1916 вел. кн. Александр Михайлович, двоюродный дядя, шурин и личный друг Н., писал ему, что "нача́ла рев-ции следовало ожидать никак не позже весны" ("Вел. кн. Александр Михайлович. Книга воспоминаний", М., 1991, с. 220); и далее: "Приходишь в полное отчаяние, что ты не хочешь внять голосам тех, к-рые знают, в каком положении находится Россия, и советуют принять меры, к-рые должны вывести нас из хаоса" ("Моск. новости", 1991, 14 апр.). 7 янв. 1917 у Н. был с докладом пред. Гос. Думы М.В. Родзянко, к-рый убеждал царя, что положение в гос-ве более опасное, чем когда-либо, что "можно ожидать самых серьёзных потрясений"; "Государь сжал обеими руками голову, потом сказал: Неужели я двадцать два года старался, чтобы всё было лучше, и двадцать два года ошибался?.." (Родзянко М.В., Крушение империи, Харьков, 1990, с. 206–07). Свои предчувствия рев-ции и "анархии, к-рую никто не удержит", Родзянко повторил 10 февр., но и на них Н. не прореагировал (там же, с. 212–13). Личный информатор царя чиновник А.А. Клопов 6 февр. писал Н.: «...Россия переросла своё пр-во, и теперь от Вас зависит, что будет написано на страницах её истории: "Рев-ция" или "Великие преобразования"» ("Моск. новости", 1991, 24 февр.). Все эти обращения влияния на позицию Н. не оказали.

25 февр. (по др. данным, утром 26 февр.), после получения информации о волнениях в столице, Н. телеграфировал команд. войсками Петрогр. ВО ген.-лейт. С.С. Хабалову: "Повелеваю завтра же прекратить в столице беспорядки, недопустимые в тяжёлое время войны против Германии и Австрии" (Ольденбург С.С., Царствование имп. Николая II, СПБ., 1991, с. 627). 27 февр. главнокомандующий армиями Сев. фронта Н.В. Рузский переслал Н. телеграмму М.В. Родзянко, в к-рой, в частности, говорилось: "Считаю единственным и необходимым выходом... признание лица... к-рому будет вручено составить пр-во, пользующееся доверием населения" ("Отречение Николая II", М., 1990, с. 224). Однако Н. не смог полностью оценить происходившие события, 27 февр. он записал: "Отвратительное чувство быть так далеко и получать отрывочные неспокойные известия!" ("Дневник Николая Ро-

манова", "Красный архив", 1927, № 1, с. 136), вечером этого дня назначил ген. Н.И. Иванова главнокомандующим Петрогр. ВО с чрезв. полномочиями, указав: "...с войском водворить порядок" (там же, с. 136). Иванову придавался ряд частей из войск Сев. и Зап. фронтов. Вечером 28 февр. Н. отбыл в Царское Село, однако ночью поезда (царский и свитский) повернули назад, т.к. путь оказался занятым восставшими. Связь со Ставкой Н. утратил. Прибыв в сер. дня 1 марта в Псков, в штаб Сев. фронта, Н. получил телеграмму от ген. Алексеева с проектом манифеста, по к-рому Н. признавал "необходимость призвать ответственное перед представителями народа мин-во, возложив образование его на... Родзянко" ("Отречение...", с. 231). После переговоров с Рузским Н. в первом часу ночи 2 марта телеграфировал ген. Иванову: "Прошу до моего приезда и доклада мне никаких мер не принимать" ("Отречение...", с. 231), в 5 ч. 15 мин.– ген. Алексееву: "Можно объявить представленный манифест" (там же, с. 235). Однако образованный 27 февр. Петрогр. Совет РСД требовал отречения Н., о чём в 10 ч. 2 марта Рузский информировал Н. и предложил обсудить ситуацию после выяснения позиций главнокомандующих фронтами. Получив ответы главнокомандующих (все поддержали отречение), ок. 15 ч. 2 марта Н. решил отречься в пользу сына при регентстве брата вел. кн. Михаила Александровича, но отправку телеграмм Родзянко и Алексееву о своём решении задержал, дожидаясь направленных в Псков представителей Врем. К-та Гос. Думы – А.И. Гучкова и В.В. Шульгина. Лечащий врач наследника С.П. Фёдоров подтвердил, что болезнь Алексея неизлечима. В 22 ч. прибыли Гучков и Шульгин. Гучков заявил о необходимости отречения в пользу Алексея, однако Н., как отмечено в стенограмме совещания, ответил: "...во имя блага и спасения России я был готов отречься от престола в пользу своего сына, но... пришёл к заключению, что ввиду его болезненности мне следует отречься одновременно и за себя и за него" (там же, с. 220). 2 марта в 23 ч. 40 мин. Н. передал Гучкову манифест, помеченный 15 ч. (т.е. временем до прибытия Гучкова и Шульгина). В нём писал: "Судьба России... будущее дорогого нашего Отечества требуют доведения войны во что бы то ни стало до победного конца... Заповедуем брату нашему править делами государственными в полном и ненарушимом единении с представителями народа... принеся в том нерушимую присягу" (там же, с. 223); затем по просьбе Гучкова и Шульгина Н. подписал указы с назначением главой пр-ва кн. Г.Е. Львова, Верх. главнокомандующим – вел. кн. Николая Николаевича, главнокомандующим Петрогр. ВО – ген. Л.Г. Корнилова. В дневнике Н. записал: "В час ночи уехал из Пскова с тяжёлым чувством пережитого. Кругом измена и трусость и обман!" (запись от 2 марта, "Дневник...", с. 137). 3 марта в Могилёве писал: "Оказывается, Миша отрёкся. Его манифест кончается четырёххвосткой [всеобщие, равные, прямые выборы при тайном голосовании.– Авторы] для выборов через 6 мес. Учред. Собрания. Бог знает, кто надоумил его подписать такую гадость! В Петрограде беспорядки прекратились – лишь бы так продолжалось дальше" (там же, с. 138). 8 марта Н. подписал прощальное обращение армии: "Исполняйте же ваш долг, защищайте доблестно нашу Великую Родину, повинуйтесь Врем. пр-ву... помните, что всякое ослабление порядка только на руку врагам" (Жильяр П., Имп. Николай II и его семья, М., 1991, с. 154). По указанию Врем. пр-ва обращение не было доведено до армии. Встретившись в Могилёве с представителями Антанты, Н. подчёркивал, что "теперь надо поддерживать Врем. пр-во, что является лучшим способом сохранить Россию для союза, созданного для завершения войны..." (Ольденбург С.С., Император Николай II, "Рус. летопись", кн. 7, Париж, 1925, с. 165).

Исполком Петрогр. Совета РСД 3 марта постановил "арестовать династию Романовых и предложить Врем. пр-ву произвести арест совм. с Советом РД... В случае отказа запросить, как отнесётся Врем. пр-во, если Исполнит. К-т сам произведёт арест" ("Петрогр. Совет РСД. Протоколы заседаний Исполкома и Бюро ИК", М.–Л., 1925, с. 9). 6 марта Петросовет повторил своё требование. Однако Врем. пр-во 6 марта в лице П.Н. Милюкова запросило мнение Лондона через англ. посла Дж. Бьюкенена о возможности выезда Н. в Великобританию (9 марта согласие было получено, но вскоре англ. пр-во уклонилось от дальнейших шагов). Под давлением Петросовета Врем. пр-во приняло 7 марта постановление: "Признать отрекшегося императора Николая II и его супругу лишёнными свободы и доставить отрекшегося императора в Царское Село" ("Вестник Врем. Пр-ва", 1917, 8 марта). 8 марта в сопровождении 4 эмиссаров Врем. пр-ва Н. отбыл из Могилёва. 8 марта исполком Петросовета постановил арестовать царскую семью. и доставить её в Трубецкой бастион Петропавл. крепости ("Петрогр. Совет...", с. 29), но Врем. пр-во убедило Совет, что в Царском Селе, куда Н. прибыл 9 марта, он будет находиться под надёжной охраной. 10–11 марта Н. приводил в порядок свои бумаги, уничтожив ряд документов [запись от 23 марта: "Разбирался в своих вещах и в книгах и начал откладывать то, что хочу взять с собой, если придётся уехать в Англию" ("Дневник...", с. 141)].

Н. внимательно следил за развитием событий в стране, о чём свидетельствуют его записи в дневнике: 18 апр.– "за границей сегодня 1 мая, поэтому наши болваны решили отпраздновать этот день шествиями по улицам с хорами музыки и красными флагами" (там же, с. 145); Н. отрицательно отнёсся к отставке Корнилова и Гучкова, вызванной их конфликтом с Петросоветом. Действия Петросовета вызвали у Н. тревогу: "Что готовит провидение бедной России? Да будет воля божья с нами!" (запись 1 мая, "Дневник...", "Красный архив", 1927, № 2, с. 79). Н. был поглощён семейными делами, не помышляя о каком-либо дальнейшем участии в полит. жизни; 9 июня он записал: "Тяжело быть без известий от дорогой мамá, а в остальном мне безразлично" (там же, с. 86). В июне приветствовал начало наступления Юго-Зап. фронта: "Совсем иначе себя чувствуешь после этой радостной вести" (там же, с. 88). С началом в Петрограде Июльских событий отметил: "А где те люди, к-рые могли бы взять это движение в руки и прекратить раздоры и кровопролитие? Семя зла в самом Петрограде, а не во всей России" (там же, с. 90). Из деятелей Врем. пр-ва наиб. высоко оценивал А.Ф. Керенского, к-рый неоднократно посещал его: "Это человек положительно на своём месте в нынешнюю минуту, чем больше у него будет власти, тем будет лучше" (запись 8 июля; там же, с. 91). Положительно отнёсся к введению смертной казни на фронте, записав 13 июля: "Лишь бы принятие этой меры не явилось запоздалым" (там же, с. 92).

В кон. июля Врем. пр-во приняло решение о переводе Н. в отдалённый район; был назначен Тобольск. "А мы-то все так рассчитывали на долгое пребывание в Ливадии", – записал Н. 28 июля (там же, с. 94). 31 июля Н. вместе с семьёй отправлен, а 6 авг. прибыл в Тобольск и помещён в дом губернатора. Режим был установлен довольно свободный. 20 окт. Н. записал: "Сегодня уже 23-я годовщина кончины дорогого папа и вот при каких обстоятельствах приходится её переживать! Боже, как тяжело за бедную Россию!" ("Дневник...", "Красный архив", 1927, № 3, с. 83).

Известие об Окт. рев-ции дошло до Н. лишь через неск. недель: "Тошно читать описание в газетах того, что произошло две недели тому назад в Петрограде и Москве! Гораздо хуже и позорнее событий Смутного времени!" (запись за 17 нояб.; там же, с. 86). О годовщине своего отречения Н. записал: "Вспоминаются дни в прошлом году в Пскове и поезде! Сколько ещё времени будет наша несчастная Родина терзаема и раздираема внеш. и внутр. врагами? Кажется, иногда, что дальше терпеть нет сил, даже не знаешь, на что надеяться, чего желать?" (запись от 15 марта 1918; "Дневник...", "Красный архив", 1928, № 2, с. 119).

В 1917 и 1918 действовали разл. конспиративные монархич. группы, ставившие целью освобождение Н., но ни сами орг-ции, ни их действия серьёзного характера не носили и были обречены на неудачу авантюрностью планов. В то же время сторонники реставрации монархии не делали ставку на Н., рассматривались кандидатуры разл. вел. князей.

В апр. 1918 по решению ВЦИК Н. с семьёй был переведён в Екатеринбург. При приближении к Екатеринбургу частей Чехосл. корпуса Н. и его семья в ночь на 17 июля по решению Уральского обл. Совета были расстреляны (чеш. войска вошли в город 25 июля).

16 июля в ответ на запрос дат. газеты по поводу слухов о казни Н. была подготовлена правительств. телеграмма (за подписью В.И. Ленина), в к-рой говорилось о беспочвенности слухов, распространяемых капиталистич. прессой (телеграмма отправлена не была – из-за отсутствия связи) ("В.И. Ленин. Биогр. хроника", М., 1974, т. 5, с. 640). 18 июля Президиум ВЦИК по докладу Я.М. Свердлова одобрил действия Уралсовета.

Лит.: Переписка Николая и Александры Романовых, т. 5, М.–Л., 1927; И о ф ф е Г.З., Великий Октябрь и эпилог царизма, М., 1987 (библиография); М э с с и Р., Николай и Александра, М., 1990; С т а р ц е в В.И., Свержение монархии и судьбы России, "Свободная мысль", 1992, № 7.

К.А. Залесский, В.П. Боечин.

НОВГОРÓДЦЕВ Павел Иванович (28 февр. 1866, Бахмут Екатеринославской губ.,– 23 апр. 1924, Прага). Род. в семье харьковского 2-й гильдии купца. Окончил в 1884 с золотой медалью Екатеринослав. гимназию и юрид. ф-т Моск. ун-та (1888) и был оставлен для приготовления к проф. званию по кафедре философии и права. Более 4 лет с перерывами слушал лекции в Берлине и Париже. С 1896 приват-доцент Моск. ун-та. В 1897 защитил диссертацию на степень магистра, в 1902 – на степень доктора гос. права. В 1902 составитель и участник сб. "Проблемы идеализма". В 1903 ординарный проф. Моск. ун-та. С 1904 член Совета "Союза Освобождения", чл.-учредитель кадетской партии, кооптирован в состав ЦК в 1906. Деп. 1-й Гос. Думы (от Екатеринослав. губ.). Подписал Выборгское воззвание, призывавшее к гражд. неповиновению, осуждён на 3 мес. тюрьмы, лишён права занимать должности в обществ. орг-циях. Избран директором Моск. высш. коммерч. курсов (с 1907 – Коммерч. ин-т), проф. этого ин-та. В годы 1-й мир. войны тов. пред. Экон. совета при Гл. к-те Всерос. союза городов. Принадлежал к правому крылу кадетской партии. Сторонник монархии.

Вокруг Н. как учёного и его идей сложилась школа философии права и социальных философов; его учениками были И.А. Ильин, Б.П. Вышеславцев и др.; идеи Н. разрабатывались С.Л. Франком и др. Гл. труд Н.– первый том задуманной им трилогии "Об обществ. идеале" (М., 1917)– посвящён анализу идей К. Маркса и его последователей; Н. доказывал наличие в марксизме двух абсолютно несовместимых комплексов идей – основанного на науч. анализе эволюц. учения об об-ве и псевдорелиг. рев. учения.

После Февр. рев-ции 1917, к-рую Н. встретил с тревогой, на 8-м съезде партии (май) вновь избран чл. ЦК. Поддержал П.Н. Милюкова в том, что единств. "путь отрезвления – физич. сила"; выражал надежду, что к осознанию этого придут и министры-социалисты: "они быстро учатся", начинают "понимать элементарные истины". Предлагал припугнуть социалистов уходом кадетов из пр-ва (Думова-2, с. 173). В июле настаивал на твёрдости и неуступчивости по отношению к социалистам, пользуясь готовностью А.Ф. Керенского принять любые условия Партии Нар. Свободы. На 9-м съезде партии (июль) заявил, что кадеты никогда не вступят в кабинет, проводящий соц. курс; по его словам, будущее России зависит от того, удастся ли "сдержать" социалистов и создать пр-во, основанное на "подлинно нац. программе" (там же, с. 183). В авг. на заседании кадетского ЦК заявил: "Воевать с врагом нельзя, не уничтожив Советов РД. Страна ждёт власти и порядка. Надо покончить с большевист. рев-цией! Тут предлагалось ждать и попробовать коалиции. Но нельзя, нельзя больше длить теперешнее гнилое положение. Всё равно – дело идёт на разрыв!" (Думова-3, с. 234).

Вспоминая о настроениях Н. в период между двумя рев-циями, И.А. Ильин писал: "В эти тягостные постыдные месяцы 17-го года он был весь – зоркость, тревога, отвращение. Он один из первых понял обречённость этого безмолвия, этой сентиментальности, этого сочетания интернац. авантюризма с ист. мечтательностью... Он понимал всю радикальность необходимых средств..." (см.: Соболев А.В., На путях к правовому гос-ву. П.И. Новгородцев, "Новый мир", 1991, № 12, с. 205).

После Окт. рев-ции избран по списку кадетов в Учред. Собр. (от Москвы). 15 нояб. на заседании моск. Гор. думы выступил за то, чтобы Врем. пр-во просуществовало до Учред. Собр., "конечно, не для великих задач спасения родины, но для исполнения текущих дел, к-рые на нём лежат, и для борьбы с незаконной властью"– "только дотянуть страну до Учред. Собр." (Мельгунов С., Как большевики захватили власть, Париж, 1984, с. 267). 28 нояб.– в день, назначенный Врем. пр-вом для открытия Учред. Собр., участник антибольшевист. демонстрации, затем тов. пред. частного совещания членов Учред. Собр., на к-ром вместе с Ф.И. Родичевым предложил считать арест членов Собр. "преступным посягательством на Учред. Собр." ("Рев-ция 1917", т. 6, с. 225). В дек. на 3-м Моск. обл. съезде кадетов сделал доклад по тактич. вопросам. Один из авторов подготовленного в Москве филос.-публицистич. сб. "Из глубины" (М.–П., 1918; был запрещён; издан в СССР в 1991), явившегося прямым преемником сб. "Вехи". Активный деятель "Правого центра", организованного на базе Совета обществ. деятелей, Торг.-Пром. союза, кадетской партии, Всерос. союза зем. собственников и монархич. групп. Возглавлял весной – летом 1918 моск. кадетскую орг-цию. 21 июня кадеты вышли из "Правого центра". Один из руководителей "Нац. центра".

В окт. 1918 уехал на Юг. Сотрудничал с А.И. Деникиным со 2-й пол. 1919, оставался в Крыму при П.Н. Врангеле. В июне 1920 писал из Крыма за границу Н.И. Астрову, что кадеты "вместе с Деникиным неумолимым ист. роком выброшены из полит. борьбы" и он не видит условий, при к-рых они "могут вернуться в ближайшем будущем к активной полит. роли". Эта роль, отмечал он, по праву принадлежит теперь бюрократам старой закалки, и вот почему: "Большевики победили кадетов своим умением властвовать... и способностью осуществлять свои мысли. Этот дар власти... они взяли из той школы суровой парт. дисциплины... к-рую они все прошли и к-рая подобрала у них особый отбор людей с особым закалом воли... И естественно, что... на смену кадетам должны были придти люди, выросшие также в атмосфере служебной дисциплины, гос. служения, практич. дела" (Думова-1, с. 340).

После разгрома Врангеля (1920)– в эмиграции. В 1922 один из инициаторов создания и руководитель Рус. юрид. ин-та (ф-та) в Праге.

Соч.: Кризис совр. правосознания, М., 1909; Полит. идеалы древнего и нового мира, в. 1–2, М., 1910–13; Об обществ. идеале, в. 1, Берлин, 1921. *М.Е. Голостенов.*

НОГИ́Н Виктор Павлович (2 февр. 1878, Москва,– 22 мая 1924, там же). Из семьи приказчика. В 1892 окончил 4-клас. уч-ще в Калязине Тверской губ. С 1896 рабочий на текст. ф-ке в Петербурге. В 1898 чл. с.-д. группы "Рабочее знамя", впервые арестован, сослан в Полтаву. В 1900 эмигрировал. С 1901 агент "Искры". После 2-го съезда РСДРП (1903) большевик. Участник Рев-ции 1905–07 (Петербург, Баку, Москва). Дел. 5-го съезда РСДРП (1907), избран чл. ЦК, с 1910 чл. Рус. бюро ЦК. Неоднократно подвергался арестам (насчитывал до 50 тюрем, куда он был заключён) и ссылкам, был в эмиграции. С 1914 чл. Саратовской группы большевиков. С 1916 чл. Моск. обл. бюро ЦК РСДРП.

В Февр. рев-цию 1917 один из организаторов Моск. Совета РД, 1 марта избран зам. пред. Совета. Прибыв с делегацией моск. рабочих в Петроград, выступил на заседании Петрогр. Совета РСД с призывом не поддерживать

бурж. Врем. пр-во, не продолжать империалистич. войну. Дел. 7-й (Апр.) Всерос. конф. РСДРП(б), избран чл. ЦК; был в числе тех, кто не поддержал курс на соц. рев-цию: "... При Советах же, как они есть теперь, республика-коммуна у нас не осуществится" ["7-я (Апр.) Всерос. конф. РСДРП(б)", с. 103]. 11 мая на 3-й Моск. общегор. парт. конф. выступил с докладом о решениях Апр. конференции. Выезжал на фронт для рев. агитации среди солдат. На 1-м Всерос. съезде Советов РСД (3–24 июня) избран членом его Президиума, чл. ВЦИК.

Дел. 6-го съезда РСДРП(б) (26 июля–3 авг.), избран чл. ЦК. На съезде занял настороженную позицию в вопросе о подготовке вооруж. восстания: "Тогда [в апр.– Автор] мы находили, что ещё стоим перед переходом к соц. рев-ции. Неужели, товарищи, наша страна за два месяца сделала такой прыжок, что она уже подготовлена к социализму?" ["6-й съезд РСДРП(б)", с. 128]. «Где же наши союзники? Пока что нам обеспечено лишь платоническое сочувствие зап-европ.

пролетариата... активную поддержку мы найдём только в "гнилых" Советах» (там же, с. 129). По поручению ЦК руководил парт. работой в Моск. обл. В авг. вошёл во Врем. к-т по борьбе с контррев-цией для орг-ции отпора корниловским заговорщикам. 17 сент. избран первым большевист. пред. Моск. Совета РД. На Всерос. Демокр. совещании высказался за участие большевиков в Предпарламенте.

24–25 окт. участвовал в рук-ве вооруж. восстанием в Петрограде; 25 окт. по телефону передал в Москву текст обращения Петрогр. ВРК "К гражданам России!" о победе соц. рев-ции. Чл. Президиума 2-го Всерос. съезда Советов РСД, избран чл. ВЦИК и назначен наркомом торговли и пром-сти в первом СНК. 26 окт.– 1 нояб. работал в Моск. ВРК. Н. стремился избежать кровопролития в борьбе с антисов. войсками, по его инициативе и при его участии велись переговоры с командующим. войсками Моск. ВО полк. К.И. Рябцевым о переходе власти к Моссовету мирным путём. 1 нояб. на заседании ЦК партии выступил сторонником "однородного соц. пр-ва". В тот же день на заседании ПК РСДРП(б) говорил: «Товарищам слишком опротивело слово "соглашение". Дело не в соглашении, а в вопросе: как быть, если мы оттолкнём др. партии? Социалисты-революционеры ушли из Совета после рев-ции, меньшевики – также. Но это значит, что распадутся Советы» ("Вопросы истории", 1989, № 10, с. 119). 3 нояб., докладывая СНК о положении в Москве, отметил, что идут тяжёлые бои, рев. сил мало, что "чрезвычайно важно привлечь на свою сторону Викжель" (см.: "Утро страны Советов", Л., 1988, с. 148–49).

4 нояб. совм. с другими подписал Заявление во ВЦИК и выступил с ним на пленарном заседании ВЦИК. В Заявлении говорилось о необходимости "образования соц. пр-ва из всех сов. партий... вне этого есть только один путь: сохранение чисто большевист. пр-ва средствами полит. террора. На этот путь вступил Совет нар. комиссаров... Нести ответственность за эту политику мы не можем и поэтому слагаем с себя перед ЦИК звание нар. комиссаров" ["Протоколы ЦК РСДРП(б), с. 136]. В тот же день подписал Заявление в ЦК РСДРП(б), где было сказано, что решимость ЦК не допустить образования пр-ва соц. партий является гибельной политикой, проводимой "вопреки громадной части пролетариата и солдат, жаждущих скорейшего прекращения кровопролития между отдельными частями демократии... Мы уходим из ЦК в момент победы... потому, что не можем спокойно смотреть, как политика руководящей группы ЦК ведёт к потере рабочей партией плодов этой победы" (там же, с. 135). 29 нояб. ЦК РСДРП(б) рассмотрел заявление Н. с признанием им его ошибок (там же, с. 154). С 17 нояб. комиссар труда Моск. обл. Чл. Учред. Собр. (от Москвы). С 3 апр. 1918 зам. наркома труда РСФСР, затем на др. гос. и хоз. работе.

Соч.: Среди московских большевиков, в кн.: Год борьбы, М.–Л., 1927.

Лит.: Архангельский В.В., Ногин, 2 изд., М., 1966; Чернов Ю.М., Любимый цвет – красный, 2 изд., М., 1977.

В.Н. Заботин.

НО́ЛЬДЕ Борис Эммануилович (1876–1948, Лозанна, Швейцария), барон. Сын видного рус. сановника. По окончании юрид. ф-та Петерб. ун-та причислен к МИД, позднее занимал посты директора юрид., экон. и адм. отделов и нач. 2-го Департамента. Проф. Александровского лицея, Высших женских (Бестужевских) курсов и Политехнич. ин-та, читал курсы междунар. права. Кадет, один из гл. экспертов партии в области междунар. отношений. В годы 1-й мир. войны советник главы МИД С.Д. Сазонова.

В дни Февр. рев-ции 1917 вместе с Н.В. Некрасовым, В.Д. Набоковым и В.В. Шульгиным составил манифест вел. кн. Михаила Александровича об отречении от престола и передаче всей власти до созыва Учред. Собр. Врем. пр-ву. Позже вспоминал: "Акт 3 марта, в сущности говоря, был единств. конституцией периода существования Врем. пр-ва" и указывал, что с ней можно было дожить до Учред. Собр. при условии, если бы Врем. пр-во могло реально осуществлять "полноту власти" (Нольде Б.Э., Далёкое и близкое, Париж, 1930, с. 152). С сер. марта тов. мин. иностр. дел (у П.Н. Милюкова). С 28 марта член Юрид. совещания Врем. пр-ва, участник обсуждения вопроса об отношениях с Финляндией. Предложил проект решения: Россия соглашалась до Учред. Собр. оставить всю власть в руках избранного Сеймом лица при сохранении за Россией полноты власти в отношении междунар. и воен. дел. Такой подход оттягивал решение финл. вопроса до окончания войны, когда, по мнению Н., междунар. конъюнктура должна была сложиться в пользу России.

С кон. мая член Особого совещания по выработке закона о выборах в Учред. Собр., подготовил предложения об орг-ции выборов на фронте. Как эксперт участвовал в работе Комиссии по расследованию деятельности царских министров; пришёл к выводу, что большинству из них, комиссии на основании существовавших к тому времени законов ничего не удастся вменить в вину, кроме мелких правонарушений. Рекомендовал "не срамиться", дела прекратить, арестованных отпустить, посоветовав впредь не грешить ("Новый журнал", 1948, № 19, с. 279). На 9-м съезде партии кадетов (Москва, кон. июля) выступил с докладом по нац. вопросу, где от имени ЦК предложил отвергнуть принцип нац. самоопределения и поддержать идею т.н. нац. "союзов", ведению к-рых должны подлежать только решение проблем культуры соответствующих этнографич. групп. Съезд поддержал эти предложения и внёс соответств. уточнения в парт. программу.

В 20-х числах сент. выступил на заседании ЦК партии с докладом, где указывал, что "армия наша всё в большей степени становится добычей большевизма" и что "нам нужно напрячь все силы для того, чтобы побудить союзников к мирным переговорам" (Думова-2, с. 216). Те же идеи высказывал на совещании у кн. Г.Н. Трубецкого, где присутствовали А.И. Коновалов, С.Н. Третьяков, М.И. Терещенко;

получил поддержку Коновалова, заявившего, что "то пр-во, к-рому удалось бы дать России мир, приобрело бы огромную популярность и сделалось бы чрезвычайно сильным" (там же, с. 216–17). Позже Н. вспоминал, что на этом совещании была "ясно и просто сформулирована дилемма, к к-рой Россию прижали события,– разумный мир или немедленное торжество Ленина" ("Архив рус. рев-ции", т. 7, Берлин, 1922, с. 11). Член Предпарламента.

Участвовал в работе Всерос. к-та по выборам в Учред. Собр. После Окт. рев-ции вместе с др. членами к-та подписал в нояб. заявление с протестом против вмешательства Сов. пр-ва в дела к-та. Был арестован, но через 4 дня освобождён. Кандидат на выборах в Учред. Собр. (от Рязани), но не прошёл.

Весной 1918 вошёл в "Правый центр"; принадлежал к числу его членов, сменивших антантовскую ориентацию на германскую. Один из первых кадетов, установивших связи с герм. миссией в Петрограде. В беседе с петрогр. корреспондентом герм. газ. "Фоссише цайтунг" говорил: "Поворот в образе действий нашей партии является логическим последствием событий прошлого года... От союзников мы тогда ожидали поддержки, но они нас обманули. При образовании кабинета Керенского мы убедились, что наши западные друзья ведут с нами фальшивую игру и продались с.-р. ...Нашей партии пришлось переменить свою ориентацию, приняв за директивы принципы прежней партии октябристов, объединившейся с укр. националистами" (Думова-1, с. 107). Группу Н. герм. посол В. Мирбах относил к элементам, "к-рые, возможно, составят ядро будущего нового порядка" и с к-рыми целесообразно установить контакт "на случай, если они в один прекрасный день заменят нынешний режим" (там же). Линию на сотрудничество с Германией Н. отстаивал и на совещании в ЦК партии кадетов, собравшемся 8 мая после получения известий о возможной интервенции стран Антанты; указывал, что обещанная Антантой помощь несерьёзна, т.к. англо-франц. войска не могут появиться в России в значит. кол-ве, остаётся – соглашение с Германией. ЦК отверг предложения Н. и продолжал придерживаться антантовской ориентации (там же, с. 112–13). Летом на заседании ЦК Н. указал на необходимость добиваться вступления на Д. Восток не одних японских, но и др. союзнич. войск, в особенности американских.

До весны 1919 читал лекции в Петрогр. ун-те и в Мор. академии. Летом покинул Россию. Осенью участвовал в переговорах с пр-вом Финляндии от имени пр-ва А.В. Колчака. Считал, что платой за признание "белой Россией" самостоятельности Финляндии должно быть её участие в завоевании Петрограда. Рук-во Финляндии, не отказывая в помощи белым, требовало признания её суверенитета Колчаком, но он отклонил это требование.

С весны 1920 член Парижской группы кадетов, возглавлявшейся П.Н. Милюковым. С сер. 1920-х гг. от политики отошёл. Достойно вёл себя в годы 2-й мир. войны во время герм. оккупации Франции (награждён орденом Почётного легиона). Многолетний член Междунар. ин-та права и с 1947 его председатель.

М.Е. Голостенов.

О

ОБОЛЕ́НСКИЙ Владимир Андреевич (1869, Петербург,– 1950, Бюсси-ан-От, Франция). Князь. Окончил естеств. ф-т Петерб. ун-та (1891), увлекался политэкономией. Был дружен с А.Н. Потресовым и близок с П.Б. Струве, М.И. Туган-Барановским, С.Ф. Ольденбургом. В 1892–93 продолжил образование в Берлинском ун-те. В 1896–1903 земский статистик в Смоленске, Пскове, Орле. С 1903 в Крыму занимался земской деятельностью. Член партии кадетов с момента её образования в 1905, с 1906 пред. её Таврического губ. к-та, создатель и редактор газ. "Жизнь Крыма". Чл. 1-й Гос. Думы, подписал Выборгское воззвание, призывавшее к гражд. неповиновению. В дек. 1907 привлекался к суду, выслан из Крыма на 2 года. С 1910 член ЦК партии кадетов, принадлежал к радикальному крылу; неск. лет был тов. пред. Петерб. к-та кадетов. Зимой 1910/11 стал масоном, в 1913–16 член Верх. совета рус. масонства. В 1916–17 пред. Петрогр. к-та Союза городов.

К Февр. рев-ции 1917 отнёсся настороженно: «...хорошего мы от неё не ждали, а потому с первого же дня... всячески старались препятствовать "углублению рев-ции"... К тому же мы принадлежали к поколению, уже пережившему одну рев-цию, а с нею вместе и свои рев. иллюзии» (Оболенский В.А., Моя жизнь. Мои современники, Париж, 1988, с. 518). В то же время, являясь по своим взглядам республиканцем, уже 28 февр. О. считал нежелательным бороться за монархию. С марта секр. ЦК партии кадетов. Был возмущён принятым Петрогр.

Советом 1 марта Приказом № 1 по Петрогр. гарнизону, разрушавшим, по его мнению, в армии дисциплину, без к-рой невозможно ведение войны. В апр. читал лекции на курсах по обществ.-полит. вопросам, организованных кадетской партией. После Апр. кризиса голосовал в ЦК за участие кадетов в коалиц. пр-ве при условии "полной независимости пр-ва от Совета РСД". В июле избран гласным петрогр. Гор. думы. С авг. редактор кадетской газ. "Свободный Народ". Участник моск. Гос. совещания (12–15 авг.), на к-ром вместе с В.Д. Набоковым и др. "левыми" кадетами выступал за поддержку Врем. пр-ва и укрепление его независимой от Совета РСД позиции, возражал лидеру партии П.Н. Милюкову, искавшему союза с ген. Л.Г. Корниловым и готовому порвать связи с соц. партиями. Был в числе представителей кадетов в Предпарламенте, хотя считал его "суррогатом нар. представительства": "Для нас было ясно, что никакая новая говорильня не может укрепить власть в такой момент, когда не обществ. мнение, а одна только физич. сила приобретала решающее значение" (Думова-2, с. 218). Выдвигался кандидатом в члены Учред. Собр. от Псковской губ.

Решительный и принципиальный противник Окт. переворота. В ночь на 26 окт. избран от кадетской фракции Гор. думы членом К-та спасения Родины и Рев-ции. Активно выступал против большевиков, осуществлял связь ЦК партии кадетов с ЦК партии эсеров. 15 дек. уехал в Крым, где продолжил борьбу против Сов. власти, выступая за "воссоздание единой России". Пред. Земской управы Таврической губ. при пр-ве С.С. Крыма и ген. А.И. Деникина. С нояб. 1920 в эмиграции.

Соч.: Крым в 1917–20, "На чужой стороне", 1924, № 5; Крым при немцах, там же, № 6; В период крымского пр-ва, там же, № 7.

Лит.: Херасков И.М., Памяти В.А. Оболенского, "Возрождение", 1951, № 16; Тыркова-Вильямс А.В., Кн. В.А. Оболенский, там же, № 17; Фостер.

А.Ф. Ростов.

ОГАНО́ВСКИЙ Николай Петрович [1 нояб. 1874, Вильно,– 1938 (?)]. Род. в семье офицера Ген. штаба. Учился в

Киевском кадетском корпусе, в 1897 окончил ист.-филол. ф-т Петерб. ун-та. Служил секр. областного и войскового статистич. к-та Уральского обл. правления, чиновником особых поручений при воен. губернаторе области. С 1902 в отставке. В 1906 в Саратове ред.-издатель газет народнич. направления "Голос Деревни" и "Нар. Листок", дважды привлекался к суду. Автор серии популярных брошюр по агр., общеэкон. и полит. вопросам. Выступал с критикой реформы П.А. Столыпина, за сохранение и приспособление крест. общины к условиям интенсификации с.-х. произ-ва. В труде "Закономерность агр. эволюции" (ч. 1–3, Саратов – М., 1909–14) изложены народнич. воззрения на агр. процесс в России. По подозрению в принадлежности к эсерам в 1910 арестован, но за отсутствием улик выпущен. С 1913 приват-доцент кафедры полит. экономии Моск. Коммерч. ин-та. Сотрудничал в народнич. ж. "Рус. Богатство", "Заветы" и др., в книгоиздат. т-ве "Задруга", редактировал ж. "Новый Колос" (1916). За исследования в области агр. отношений в России был удостоен ряда премий. В годы 1-й мир. войны "оборонец". В 1915–16 зав. статистич. бюро Всерос. земского союза. Склонялся к сотрудничеству с лев. кадетами. В июле – авг. 1915 по просьбе А.Ф. Керенского готовил для Трудовой группы проект закона о зем. аренде – в противовес проекту, вырабатывавшемуся в правых фракциях Гос. Думы. Сблизился с деятелями Нар.-соц. партии (НСП).

К Февр. рев-ции 1917 чл. моск. группы НСП. Рев-цию встретил как награду за "долготерпение и тяжкий труд", сознавая ответственность за "судьбу корабля Рос. державы" ("Зем. вопрос в Учред. Собр.", 3 изд., М., 1917, с. 2–3). С марта редактировал газ. "Крест. Союз", чл. Орг. к-та НСП. С апр. чл. Гл. зем. к-та, учреждённого Врем. пр-вом для подготовки зем. реформы и для разработки неотложных мер до разрешения зем. вопроса Учред. Собранием, чл. Распорядит. к-та Лиги агр. реформ, позже чл. редколлегии органа НСП – газ. "Нар. Слово". Совместно с А.В. Чаяновым редактировал "Статистич. справочник по агр. вопросу" (М., 1917). 4–28 мая как один из лидеров Всерос. Крест. союза участвовал в работе 1-го Всерос. съезда Советов КД. Считал необходимым уничтожение частной собственности на землю, передачу её в общенар. достояние и "равномерное распределение земли между всеми нуждающимися", однако обязат. условием такого распределения полагал "создание на местах, по всей России, единой и сильной власти, к-рая могла бы своим авторитетом удержать отд. лиц, грозящих зем. реформе, удержать их стремление к захвату... эта власть нужна только для того, чтобы, сохранивши зем. фонд в разных губерниях, довести его целиком до Учред. Собр. ...", к-рое примет единый закон о земле ("Прошлое и настоящее зем. вопроса", П., 1917, с. 12 – 13). Подчёркивал опасность мелкобурж. стихии "единоличного, группового или даже обл. захвата земли частных владельцев, гос-ва, церквей и учреждений, являющейся фондом для дополнит. наделения малоземельного крест-ва" (там же, с. 19). Возможность устранения этой опасности О. находил в "объединении деятельности зем. к-тов и Советов КД", в тесном взаимодействии центр. и местных властей. Считал, что "только через единую сильную власть и правильный закон добудет крест-во землю и волю" (там же), что трудовое крест-во – наилучший базис для развития производит. сил и, при кооперировании, конкурентноспособнее капиталистов в земледелии ("Агр. эволюция в России после 1905 г.", М., 1917, с. 100). 19 мая избран чл. Исполкома Всерос. Совета КД и в тот же день выступил на 1-м заседании Гл. зем. к-та, к-рому рекомендовал "войти в контакт с Советом КД для посылки комиссаров на места" с целью детального изучения создавшейся ситуации ("Известия Петрогр. Совета РСД", 1917, 20 мая, с. 3–4). 20 мая вошёл в Совет Гл. зем. к-та.

18 июня на 1-м съезде Трудовой Нар.-соц. партии (ТНСП) выступил со своим проектом агр. части программы ТНСП, соответств. пункты к-рого предусматривали: "В нац. фонд обращаются все земли (имеющие с.-х. значение), превышающие трудовую норму землевладения... Часть земель переходит в распоряжение центр. правительств. органов и местного самоуправления, другая – в пользование безземельного и малоземельного населения... В распоряжении правительств. и зем. органов остаются лесные угодья, х-ва заводского типа, имения с высокоинтенсивной культурой, племенные питомники, семенные х-ва. За вычетом указанных владений все земли, отчуждённые и поступившие в нац. зем. фонд, распределяются между нуждающимися в земле в пределах до потребит. нормы... Право на получение земли из нац. фонда приобретает, в первую очередь, местное безземельное и малоземельное земледельч. население и население смежных волостей, уездов и губерний... Земли, находящиеся во владении земледельч. населения в пределах трудовой нормы, оставляются в собственности их владельцев с запрещением продажи земли др. лицам, залога, сдачи в аренду без разрешения сел. об-в. Передача по наследству, дарение и пр. безвозмездные переходы земель регулируются особыми правилами, устраняющими возможность концентрации земель сверх пределов трудовой нормы" ("Нар. Слово", 1917, 20 июня, с. 2–3). В основе проект О. соответствовал резолюции по агр. вопросу 1-го съезда ТНСП (там же, 23 июня, с. 2), но в ходе обсуждения доклада О. обнаружились разногласия, критике подверглась тенденция уравнительности в установлении норм наделения и землепользования. О., придавая этим разногласиям принципиальное значение, подчёркивал, что "задача зем. реформы в значит. степени заключается в перераспределении земель между самими крестьянами. Арендный фонд должен быть передан из ведения зажиточного крест-ва в распоряжение крестьян безземельных и малоземельных. Если же... мы закрепим существующее географич. и социальное неравенство, то от перехода нетрудового фонда в пользование крест-ва выиграет 1/3 и самое большее 1/2 безземельных и малоземельных крестьян. Остальные останутся без земли..."; при этом О. считал недопустимым игнорирование интересов помещиков, высказываясь за выплату им гос-вом компенсации за национализиров. земли, указывал, что процесс осуществления зем. реформы потребует мн. десятилетий ("Нар. Слово", 1917, 20 июня, с. 3; 25 июня, с. 2). Сторонник передачи земли не в единоличное пользование или собственность, а в "совместное пользование трудовых землеробов" ("Зем. вопрос в Учред. Собр.", с. 9, 19). Съезд избрал О. чл. ЦК партии.

Обострившиеся социальные противоречия в деревне изменили мнение О. о сроках решения зем. вопроса. 3 июля на совещании представителей фронта с членами Исполкома Всерос. Совета КД и с представителями Мин-ва земледелия в губ. зем. к-тах О. заявил, что "вопрос достаточно выяснен и если теперь не узаконить зем. отношения, то начнётся анархия... необходимо скорейшее проведение в жизнь законов, выработанных в Зем. к-те..." ("Известия Всерос. Совета КД", 1917, 4 авг., с. 4). Осудил действия большевиков во время Июльских событий как инспирированные немцами и несущие угрозу родине и рев-ции (там же, 14 июля). В авг. участвовал в работе моск. Гос. совещания. В ст. "В огне испытаний" призвал крест-во в ответ на мятеж "предателя родины Корнилова" "тесней сплачиваться вокруг крест. Советов" (там же, 30 авг.). В сент. делегат Всерос. Демокр. совещания, на к-ром избран чл. Всерос. Демокр. Совета, затем вошёл в Предпарламент. Из-за разногласий с рук-вом партии О. в сент. вышел из ТНСП и примкнул к прав. крылу эсеров.

Окт. рев-цию не принял. На заседании Исполкома Всерос. Совета КД 8 нояб. в докладе о проекте урегулирования зем. отношений, одобренном подпольным Врем. пр-вом, предлагал срочно начать действовать зем. к-там на местах. По мнению О., они должны были действовать независимо от большевист. пр-ва, с тем, чтобы перехватить у него инициативу в проведении зем. реформы (там же, 10 нояб., с. 3). Чл. Учред. Собр., с к-рым связывал надежды на установление всенар. власти, признаваемой всеми областями и народами России (см.: Огановский Н.П., "Герм. мир – рус. крест-ву петля", М., 1918, с. 7). В дек. работал в агр. комиссии фракции эсеров по выработке осн. положений зем. законопроекта. Негативно оценил поведение пред. Учред. Собр. В.М. Чернова, нанесшего "непоправимый удар, оборвав заседание, и Учред. Собранию, и партии, и зем. реформе, и без того висевшей на волоске..." (Огановский Н.П., Дневник члена Учред. Собр., "Голос минувшего", 1918, № 4/6, с. 160). Участвовал в последних заседаниях Гл. зем. к-та, проходивших нелегально.

Весной 1918 работал в моск. органе эсеров – газ. "Земля и Воля", читал лекции по агр. проблемам в Моск. ун-те. Выступал против заключения Брестского мира. Летом перебрался в Поволжье, где сотрудничал с Комучем, в сент. участник уфим. Гос. совещания; тов. мин. земледелия уфим. Директории. После колчаковского переворота (18 нояб.) отошёл от полит. деятельности, но в июне 1919, надеясь на реализацию агр. реформы, согласился на назначение пред. зем. комиссии Гос. экон. совещания, созданного при пр-ве сии срастётся в единый мощный гос. организм, образуется сильная центр. власть, к-рая будет в состоянии... провести в жизнь зем. реформу" ("Агр. реформа и кооп. земледелие", П., 1919, с. 6). Был противником "интеллигентского максимализма" большевиков и левых эсеров, "пришпоривания" коллективизации в годы "воен. коммунизма". Полагал, что переход "из царства индивидуального х-ва в царство социализированного произ-ва" – длительный эволюц. процесс (там же, с. 35, 46, 49). Нерешение агр. проблемы, доведение кооперации до удручающего положения, разгул казнокрадства и спекуляции при Колчаке, приход к убеждению, что с. х-во в Сов. России оказалось всецело в руках трудового крест-ва и что кооперация сыграет решающую роль в реорганизации с. х-ва, привели О. к сотрудничеству с большевиками. Работал в сиб. кооперации, проф. Омского с.-х. ин-та и Томского ун-та. С сент. 1921 в Наркомземе, в Москве, вёл науч. деятельность, проф. 1-го МГУ, преподавал экон. географию в МГУ, в Ин-те им. Г.В. Плеханова, в Моск. пром.-экон. ин-те им. А.И. Рыкова.

Ст. "Десница и шуйца (системы натурналога)" (газ. "С.-х. Жизнь", 1922, 6 мая) о необходимости пересмотра – в сторону снижения – норм продналога в декрете ВЦИК и СНК "Об едином натуральном налоге на предметы сел. х-ва на 1922–23 гг." навлекла гнев В.И. Ленина, предложившего "взять под особый надзор" О. и проверить его на предмет принадлежности к правым эсерам (см.: ПСС, т. 54, с. 262). В окт. 1922 арестован. Коллегия ГПУ постановила выслать О. за границу на 3 года, но по ходатайству Наркомзема и 1-го МГУ О. был освобождён. Участвовал в разработке 1-го перспективного плана развития сел. х-ва СССР на 1923/24 – 1927/28 ("Пятилетки Кондратьева"), автор неск. проектов по сел. х-ву 1-й пятилетки (1929–32), выступал за сбалансиров. экон. рост, против сверхиндустриализации. В марте 1931 Коллегией ОГПУ приговорён к 5 годам лишения свободы, в 1933 на оставшийся срок выслан в Башкирию. Реабилитирован посмертно в 1989.

Соч.: Откуда пошла крест. зем. нужда (История зем. вопроса со 2-й пол. 18 в.), 2 изд., М., 1917; Рев-ция наоборот (Разрушение общины), П., 1917; Агр. вопрос и кооперация, М., 1917; Война и зем. кооперация, П.–М., 1917; Зем. вопрос и зем. политика, 2 изд., М., 1917.

И.В. Чубыкин, И.Л. Лунден.

ОЛЬДЕНБУ́РГ Сергей Фёдорович (14 сент. 1863, с. Бянкино Забайкальской обл.,– 28 февр. 1934, Ленинград). Потомств. дворянин. Окончил ф-т вост. языков Петерб. ун-та (1885). Востоковед, один из основателей рус. индологич. школы, археолог, этнограф; организатор науки. С 1900 академик, в 1904–29 непременный секр. Академии наук. Кадет. Деп. 4-й Гос. Думы, чл. Гос. совета от академич. курии.

После Февр. рев-ции 1917 выступал за учреждение Мин-ва изящных искусств (охрана памятников, "насаждение" иск-ва в широких массах народа и др.) – под его председательством 7 марта состоялось собр. представителей всех родов иск-ва, где обсуждался этот вопрос. Чл. ЦК партии кадетов с мая. 22 мая на собр. в АН избран в состав совета об-ва "Дом-музей памяти борцов за свободу". 1 июля на заседании ЦК партии кадетов поддержал П.Н. Милюкова, высказавшегося против проекта соглашения с укр. Центр. Радой об автономии. 14 июля в газ. "Биржевые Ведомости" выступил против "травли Горького", оговорив при этом своё несогласие с направлением его газ. "Новая Жизнь". С 24 июля по 25 сент. мин. нар. просвещения Врем. пр-ва (заместителями стали графиня С.В. Панина и его друг акад. В.И. Вернадский) и возглавил Комиссию по учёным учреждениям и пр-тиям. Чл. Комиссии по реформе высших учебных заведений; этой комиссией были представлены на утверждение Врем. пр-ва проекты создания Тифлисского политехнич. ин-та, ун-тов в Перми, Ростове-на-Дону, Иркутске и др. 6 окт. сделал доклад о проекте учреждения польских филос.-религ. курсов в Петрограде. Под рук. О. обсуждались проекты орг-ции франко-рус. ин-та с технич. уклоном и обучением на франц. яз. и об образовании Укр. АН в Киеве. О. был чл. Чрезв. следств. комиссии по расследованию противозаконных действий министров и др. высших должностных лиц прежнего режима и пред. её ред. комиссии. От партии кадетов вошёл в Предпарламент, где работал товарищем пред. Комиссии по нац. делам.

После Окт. рев-ции Рос. АН при участии О. приняла резолюцию с осуждением большевист. переворота. В отчёте о деятельности Рос. АН за 1917, прочитанном в публичном заседании 29 дек., заявил: "Тёмные, невежественные массы поддались обманчивому соблазну легкомысленных и преступных обещаний, и Россия стала на край гибели" (Алексеев П.В., Рев-ция и науч. интеллигенция, М., 1987, с. 268). О.– постоянный защитник деятелей культуры и науки, подвергавшихся гонениям и лишениям (сам О. был арестован 4 сент. 1919). 16 нояб. в газ. "Рус. Ведомости" опубликовано заявление, с к-рым О. обратился к большевикам после посещения узников Петропавл. крепости: "Перестаньте быть тюремщиками невинных людей, к-рым вы можете поставить в вину лишь то, что они – ваши полит. противники. Томление этих людей в крепостном каземате не к вашему благу и не к вашей чести".

Выражая тревогу за судьбу науки и культуры, оказался, по словам А.В. Луначарского, "одним из самых крепких и самых нужных звеньев между Сов. властью и крупнейшей мировой и нашей интеллигенцией и сыграл в этом отношении выдающуюся роль" (Думова–3, с. 202). В нач. 1918 на запрос наркома просвещения Луначарского Рос. АН за подписями своего президента А.П. Карпинского и непременного секр. О. ответила, что "она всегда готова по требованию жизни и гос-ва на посильную науч. теоретич. разработку отд. задач, выдвинутых нуждами гос. строительства, являясь при этом организующим и привлекающим учёные силы страны центром" (Думова–1, с. 72). В апр. В.И. Ленин поручил секр. СНК Н.П. Горбунову посетить О. и сообщить ему, что СНК считает крайне желательным возможно широкое ему, что СНК считает крайне желательным возможно широкое развитие науч. предприятий академии и приглашает её "довести до сведения Совета об имеющихся предложениях экспедиций, предприятий и изданий Академии с тем, чтобы им могло быть оказано скорейшее содействие" (там же, с. 73). В письме Вернадскому летом О. резко осудил тактику укр. кадетов и сообщал, что "академия действует прекрасно и имеет большие субсидии от СНК на науч. исследования" (там же, с. 77). Выступая в кон. 1918 с отчётом о деятельности АН, О. говорил: "В наши трудные и сложные дни многие склонны падать духом и не понимать величайших переворотов... глубоко болезненных и мучительных, но тем не менее великих и замечательных. И многим из нас – людям науки, начинает казаться, что и наука гибнет от непонимания и невнимания к ней. Опасения эти напрасны..." (там же, с. 73). Современник Н. Крамер характеризовал О.: "Перед большевиками ему даже не надо особенно лукавить... его внутр. потребность деятельности, заставляющая его кидаться во всякое дело... и принимать всякие просьбы и предложения об участии в чём-нибудь, с к-рыми к нему обращаются власти, создаёт к нему то, по-видимому, доверчивое и благожелат. отношение правителей, благодаря к-рому ему удаётся охранять Академию и вести её насколько возможно вперёд в её естеств. задачах и требованиях" ("Минувшее". Ист. альманах, т. 1, М., 1990, с. 330).

Лит.: Акад. С.Ф. Ольденбург. К 50-летию науч.-обществ. деятельности, П., 1934; "Память", в. 3, М., 1978 – Париж, 1980, с. 447–54; С.Ф. Ольденбург. Сб., М., 1986.

М.Е. Голостенов.

ОРДЖОНИКИ́ДЗЕ Георгий (второе имя – Серго) Константинович (12 окт. 1886, с. Гореша Шарапанского у. Кутаисской губ.,– 18 февр. 1937, Москва). Из обедневших дворян. В 1898 окончил 2-классное Белогорское (Харагоульское) уч-ще. В 1901 поступил в фельдшерскую школу в Тифлисе; был членомученич. с.-д. кружка. В 1903 вступил в РСДРП, большевик. В 1905 окончил фельдшерскую школу и работал в Зап. Грузии; чл. Сухумского к-та РСДРП. Неоднократно подвергался арестам. В 1907 чл. Бакинского к-та РСДРП. В 1908 сослан на вечное посе-

ление в Енисейскую губ. В 1909 бежал из ссылки, вёл рев. работу в Баку; осенью 1909 направлен Бакинским к-том РСДРП в Персию для оказания помощи повстанцам Иранской анти феод. и антиимпериалистич. рев-ции 1905–11. Поддерживал постоянную связь с Бакинским к-том РСДРП и сотрудничал в большевист. печати. В 1911 слушатель ленинской Парт. школы в Лонжюмо (под Парижем). В июле – сент. 1911 один из руководителей Рос. организац. комиссии по созыву 6-й парт. конф. В янв. 1912 дел. 6-й (Пражской) Всерос. конф. РСДРП, избран чл. ЦК и Рус. бюро ЦК РСДРП. В апр. 1912 арестован в Петербурге, приговорён к 3 годам каторги (отбывал в Шлиссельбургской крепости). В окт. 1915 сослан в Якутию.

После Февр. рев-ции 1917 избран 3 марта членом ревкома Якутска, затем комиссаром К-та обществ. безопасности. Один из руководителей Якут. к-та РСДРП и исполкома Совета РСД. Участвовал в орг-ции и проведении 1-го съезда якутов и рус. крестьян (принявшего решение о национализации земли) и обл. съезда врачей и фельдшеров. 23 мая выехал в Петроград, куда прибыл в сер. июня. Введён в ПК РСДРП(б) и исполком Петрогр. Совета РСД. Вёл рев. работу на з-дах и в воинских частях в Нарвском р-не. В дни Июльских событий вместе с др. большевиками принимал меры по предотвращению преждеврем. выступления рабочих и солдат против Врем. пр-ва, по переводу выступления в мирную полит. демонстрацию. 7 июля, после известия о приказе Врем. пр-ва арестовать В.И. Ленина, совм. с В.П. Ногиным вёл переговоры с членом Президиума ВЦИК меньшевиком В.А. Анисимовым об условиях содержания Ленина в тюрьме в случае его явки к властям; не получив гарантий безопасности Ленина, заявил: "Мы вам Ильича не дадим" (см.: Дубинский-Мухадзе И., Орджоникидзе, М., 1967, с. 150–51). Один из организаторов перехода Ленина в подполье. В июле и авг. посещал в Разливе (под Петроградом) Ленина и Г.Е. Зиновьева, информировал о положении дел в партии.

Дел. 6-го съезда РСДРП(б) (26 июля – 3 авг.) от Петрогр. орг-ции; 27 июля, выступая с докладом по вопросу о явке Ленина и Зиновьева на суд Врем. пр-ва, заявил: «Известно, что нашим товарищам предъявлено обвинение по тем самым статьям, по к-рым [оно] предъявлялось и при старом режиме... Как же большинство Совета [Президиум ВЦИК и исполком Петросовета.– Автор] отнеслось к этому обвинению? Церетели заявил, что грязной клевете на Ленина, брошенной Алексинским, конечно, никто не может поверить, и она будет снята с т. Ленина [в печати он и др. большевики объявлялись герм. шпионами.– Автор]. ...Чхеидзе... сказал: "Я отношусь так: если сегодня арестовали Ленина, то завтра будут арестовывать меня". ...вожди меньшевиков и эсеров не верили в вину Ленина... Они должны были потребовать энергично расследовать дело Ленина и Зиновьева, но они этого не сделали... Мы ни в коем случае не должны выдавать т. Ленина... должны... сохранить в безопасности наших товарищей до тех пор, когда будут даны гарантии справедливого суда» ["6-й съезд РСДРП(б). Протоколы", М., 1958, с. 30–31]. После съезда выступал с докладами о его решениях на мн. собраниях и митингах. В кон. авг. направлен в Закавказье для оказания помощи большевист. орг-циям; вёл работу в Бакинской, Тифлисской, Эриванской и Кутаисской губ.

По вызову ЦК РСДРП(б) 24 окт. прибыл в Петроград. Как уполномоченный Петрогр. ВРК выехал навстречу 3-му самокатному батальону, двигавшемуся по приказу А.Ф. Керенского в Петроград на подавление восстания. После выступления О. солдаты решили идти на помощь восставшим и послали своих представителей на 2-й Всерос. съезд Советов РСД. Присутствовал 25–26 окт. на заседаниях съезда, выполнял разл. поручения Петрогр. ВРК и ЦК партии. В ночь на 29 окт. вместе с Д.З. Мануильским направлен под Пулково в помощь рук-ву сов. войсками, ведущими бои против войск А.Ф. Керенского – П.Н. Краснова. Вернувшись в Петроград, вёл пропагандист. работу.

16 нояб., выступая на заседании ПК РСДРП(б), говорил: "Наши шаги хоронят войну, это несомненно. Мы предприняли всё, чтобы мир был всеобщим, и если этого не добьёмся, то сепаратный мир, как и заявил тов. Ленин, ляжет всецело на наших союзников... Мы делаем всё возможное для развития рев. движения... Тов. Нарчук [чл. ПК РСДРП(б).– Автор] не надеется на социальную рев-цию на Западе, однако о том, что она назревает, знает всякий марксист, и мы должны сделать всё возможное, чтобы подталкивать её. Что касается лозунга рев. войны, то когда это будет необходимо, все пойдут на неё... Борясь за землю, борясь за мир, мы ...сделались общенар. партией" ("Первый легальный ПК большевиков в 1917 г.", М.– Л., 1927, с. 357). На этом заседании О. избран членом Исполнит. комиссии ПК РСДРП(б). 20–22 нояб. по поручению ЦК партии участвовал в работе 2-го фронтового съезда Зап. фронта (Минск), выступил с докладом о текущем моменте. На заседании ЦК РСДРП(б) 29 нояб. откомандирован в распоряжение Я.М. Свердлова для представительства на областных и фронтовых съездах.

19 дек. решением ЦК РСДРП(б) и СНК назначен Врем. чрезв. комиссаром р-на Украины (цель – объединение всех сов. орг-ций вокруг Всеукр. ЦИК для решения полит., воен., прод., банковских вопросов). В янв.– февр. 1918 гл. внимание уделял отправке хлеба в голодающие пром. города Центра России. В марте занимался созданием единого фронта обороны Крыма, Донбасса и южных губерний РСФСР для борьбы против герм. оккупантов. 16 марта декретом СНК РСФСР уполномочен на принятие чрезв. мер для эвакуации в глубь страны прод. и др. грузов из местностей, к-рым угрожала герм. оккупация. 9 апр. декретом СНК РСФСР О. поручено организовать и возглавить Врем. комиссариат Юж. р-на, объединяющий Крым, Донскую и Терскую обл., Черноморскую губ., весь Сев. Кавказ и Черномор. флот. 9–14 апр. участвовал в работе 1-го съезда Советов Донской сов. республики (Ростов-на-Дону); в своём выступлении подчеркнул: "Совет Нар. Комиссаров верил, что трудовое казачество не пойдёт против власти Советов, и в этом СНК и вся трудовая Россия не обманулись... В наст. время перед нами стоят две задачи: дать отпор зап.-европ. хищникам, вторая задача – построить новую жизнь внутри Сов. республики. И я хотел бы, чтобы в этой борьбе мы шли вместе..." (Орджоникидзе Г.К., Статьи и речи, т. 1, М., 1956, с. 33–34). На съезде избран членом ЦИК Советов Донской сов. республики. 2 мая в составе делегации Донской республики вёл переговоры с герм. командованием в Таганроге по вопросу о прекращении воен. действий. В мае был одним из организаторов обороны Кубани, Царицына, Донской республики. 28–30 мая в Екатеринодаре участвовал в работе 3-го чрезв. съезда Советов Кубани и Черномор. губ., на к-ром была создана единая Кубано-Черномор. сов. республика. В июне организовал отправку хлеба Бакинской коммуне из Ставропольской губ. и Терской обл. 3 июня выступил на заседании фракции большевиков ЦИК Донской республики в Царицыне с докладом о работе ЦИК; предложил перенести резеденцию пр-ва Дона в пределы Донской обл. для оперативного рук-ва на местах. Участвовал в формировании красных казач. частей.

Выполняя директиву СНК РСФСР от 14 июня о немедленном прекращении воен. действий на сов.-герм. фронте, вёл переговоры и добился подписания соглашения с герм. командованием об установлении демаркац. линии между нем. и сов. войсками. В выступлении 5 июля на 1-м Северокавк. съезде Советов в Екатеринодаре обосновывал необходимость заключения Брестского мира с Германией. "Мы в наст. момент против войны, потому что у нас нет армии, нет продовольствия, нет путей сообщения, нет вообще налаженного гос. аппарата... Мы не должны делать преступления перед народом, посылать его против вооружённого до зубов немца..." (там же, с. 39). 6 июля выступил с докладом об объединении всех областей Сев. Кавказа в единую республику: "Советы будут звеньями, к-рые должны спаять между собой свободных рабочих, крестьян, казаков и горцев. Интересы всего народа диктуют Сев. Кавказу сплотиться и протянуть руку пролетариату остальной России" (там же, с. 40); на съезде была образована Северокавк. сов. республика. После окончания работы съезда О. выехал на Терек, где вспыхнул антисов. казач. мятеж. Участник Гражд. войны. С 1919 находился на разл. руководящей воен.-полит., парт. и гос. работе.

В условиях массовых репрессий, не желая разделять ответственность за преступления И.В. Сталина и его сторонников, покончил жизнь самоубийством.

Соч.: Статьи и речи, т. 1–2, М., 1956–57.

Лит.: Г.К. Орджоникидзе (Серго). Биография, М., 1962; Орджоникидзе З., Путь большевика, М., 1986.

В.Н. Заботин.

ПАЛЕОЛО́Г (Paleologue) Жорж Морис (13 янв. 1859, Париж,– 21 нояб. 1944, там же). С 1880 служил в МИД Франции, в 1912–14 директор полит. департамента МИД. Был близок к президенту Франции Р. Пуанкаре, занимал антигерм. позиции. С янв. 1914 посол Франции в Петербурге; способствовал вовлечению России в 1-ю мир. войну, во время к-рой, отстаивая интересы Франции, пытался оказывать давление на рос. пр-во с целью более активного участия войск Рос. империи в воен. действиях. Приобрёл широкие знакомства в аристократич., правительств. и обществ. кругах Петрограда.

В условиях 1917 деятельность П. стала реальным фактором полит. жизни России. В янв. имел постоянные контакты с мин. иностр. дел Н.Н. Покровским. В беседе с ним 27 февр., после получения информации о планах Совета министров сформировать новый кабинет во главе с ген. Н.В. Рузским (в авг. 1916– апр. 1917 главком Сев. фронта), рекомендовал как единств. выход из создавшегося положения "немедленное назначение мин-ва, внушающего доверие Думе" (Палеолог М., Царская Россия накануне рев-ции, пер. с франц., 2 изд., М., 1991, с. 459). 28 февр. вместе с англ. послом Дж. Бьюкененом посетил Покровского и высказался за необходимость того, "чтобы император немедленно преклонился перед совершившимся фактом, назначив министрами Врем. К-т Гос. Думы, и амнистировал мятежников... если бы он лично показался армии и народу, если бы он сам с паперти Казан. собора заявил, что для России начинается новая эра, его бы приветствовали... Но завтра это было бы уже слишком поздно..." (там же, с. 462). Возвращаясь в посольство после беседы, П. был остановлен толпой у Летнего сада и на предложение приветствовать рус. рев-цию ответил: «Я не могу лучше почтить рус. рев-цию, как предложив вам крикнуть вместе со мной: "Да здравствует война!"» (там же, с. 463). Вечером, встретившись с представителем председателя Врем. К-та Гос. Думы, подчеркнул осн. цели франц. дипломатии в России: "...чтобы влияние рев-ции было, по возможности, ограничено и чтобы порядок был поскорее восстановлен... франц. армия готовится к большому наступлению и ...честь обязывает рус. армию сыграть при этом свою роль" (там же, с. 464). Говоря о будущем гос. устройстве России, занял позицию сохранения монархии при возможном отречении имп. Николая II. 2 марта в телеграмме франц. министру иностр. дел А. Бриану рекомендовал немедленно направить через А.Ф. Керенского (считал его центр. фигурой происходящих событий) воззвание франц. социалистов, обращённое к чувству патриотизма рус. социалистов (с целью сохранения Антанты). Отречение Николая II считал неизбежным: "...уже месяцы несчастный монарх чувствовал себя осуждённым" (там же, с. 472).

По просьбе мин. иностр. дел Врем. пр-ва П.Н. Милюкова 3 марта посетил его; поддержал Врем. пр-во: "Я ещё не имею возможности заявить Вам, что пр-во Республики признает режим, к-рый вы установили, но ...уверяю Вас в своей самой деятельной и самой сочувственной поддержке" (там же, с. 476). Одноврем. П. потребовал, "чтобы пр-во немедленно провозгласило о своём решении продолжать войну... до конца" (Игнатьев А.В., Внеш. политика Врем. пр-ва, М., 1974, с. 125). Оценивая начальную деятельность Врем. пр-ва, отмечал, что "...ни один из людей, стоящих в наст. время у власти, не обладает ни полит. кругозором, ни решительностью, ни бесстрашием и смелостью, к-рых требует столь ужасное положение" ("Царская Россия...", с. 478). Прогнозируя перспективу развития событий, решающее место отводил Петрогр. Совету РСД: "Назову лишь Чхеидзе, Церетели, Зиновьева и Аксельрода. Вот настоящие герои начинающейся драмы" (там же).

Не ограничиваясь получаемой из рос. МИД информацией, ежедневно старался бывать на улицах Петрограда, в местах публич. собраний. 5 марта телеграфировал франц. МИД: "...способно ли новое пр-во быстро осуществить необходимые реформы? Оно искренне утверждает это, но я нисколько этому не верю. В воен. и гражд. администрации царит уже не беспорядок, а дезорганизация и анархия" (там же, с. 479). После опубликования обращения Врем. пр-ва к гражданам России 6 марта, в к-ром лишь коротко говорилось об обязательстве "соблюдать все союзы", 7 марта П. посетил Милюкова: "Я не удивлён выражениями, в к-рых обнародован... манифест ...я тем не менее возмущён ими. Не заявлена даже решимость продолжать войну до конца..." (там же, с. 484). П. всё более мрачно оценивал складывающуюся ситуацию: "Я вижу, как утверждается тирания Совета, деспотизм крайних партий, засилье утопистов и анархистов" (там же, с. 489). Вечером 11 марта присутствовал на офиц. церемонии признания Врем. пр-ва в Мариинском дворце. Заявил о признании пр-ва Франц. Республикой, вновь подчеркнув необходимость продолжения войны. 17 марта отметил, что "Россия обречена на федерализм, ...нынешнее движение гораздо более сепаратистское, чем областное... оно стремится ни больше ни меньше как к нац. распаду" (там же, с. 500). Отстаивал мысль, что результаты рев-ции непредсказуемы: "...примите в расчёт, что рус. рев-ция едва началась и что известные силы, к-рым суждено сыграть в ней огромную роль, как то: агр. вожделения, расовые антагонизмы, социальный распад, экон. разруха, еврейская страстность, действуют пока ещё скрыто" (там же, с. 503).

В эти дни в печати начали распространяться мнения о необходимости смены П. из-за его ярко выраженной антисоц. позиции и крайне недоверчивого отношения к Петрогр. Совету РСД и Врем. пр-ву. 23 марта П. телеграфировал новому мин. иностр. дел Франции А. Рибо о своей готовности покинуть пост посла. В мемуарах своё заявление объяснял тем, что "пользовался доверием старого режима и не питал никакого доверия к новому режиму" (там же, с. 507). 25 марта присутствовал на концерте в пользу жертв рев-ции; узнав, что будет выступать пред. Петрогр. Совета РСД Н.С. Чхеидзе с требованием выхода России из войны, покинул зал. 1 апр. принял в посольстве прибывших в Петроград франц. социалистов – депутатов Нац. Собрания; несмотря на разногласия по поводу оценки положения в России, П. и социалисты пришли к согласию, что их гл. целью будет удержание России в войне. 7 апр. на встрече с франц. социалистами резко критиковал их деятельность в Петрограде; характеризуя события, заявил: "Рус. рев-ция... может привести лишь к ужасной демагогии черни и солдатчины, к разрыву всех нац. связей, к полному развалу России. При необузданности, свойственной рус. характеру, она скоро дойдёт до крайности: она неизбежно погибнет среди опустошения и варварства, ужаса и хаоса... Можно ли предотвратить катастрофу такими средствами, как учред. собрания или воен. переворот? Я сомневаюсь в этом... Поддержка, к-рую вы оказываете крайним элементам, ускорит окончат. катастрофу" (там же, с. 519).

Прибывший в Петроград со спец. миссией франц. министр вооружений и пром-сти А. Тома 10 апр. передал письмо Рибо П. об отзыве его "в отпуск". П. телеграфировал 13 апр. Рибо: "Решительный тон, к-рый я позволю себе рекомендовать Вам, конечно, рискует привести, как к крайнему последствию, к разрыву союза..." (там же, с. 527); рекомендовал резко сократить сумму предоставляемых России франц. займов. Тома направил телеграмму с противоположной точкой зрения (положительно оценивал ситуацию в России). На запрос о состоянии дел в России П. отправил тезисы: "1. Анархия распространяется по всей России и надолго парализует её... 2. ...при самых благоприятных условиях она не в состоянии будет вполне ликвидировать свой союзный долг раньше месяцев... 4. ...нам приходится, не откладывая дальше, очень конспиративно искать способ склонить Турцию к тому, чтобы она предложила мир" (там же, с. 540). Франц. пр-во встало на более оптимистич. точку зрения Тома.

3 мая П. уехал во Францию. В 1917–18 играл активную роль в подготовке франц. воен. интервенции в Сов. Россию. В 1920–21 ген. секр. МИД Франции. С 1921 в отставке; занимался лит. деятельностью. В 1928 избран членом Франц. академии. *К.А. Залесский.*

ПА́НИНА Софья Владимировна (1871–1957). Из старинного знатного рода, дед – граф В.Н. Панин – мин. юстиции при Александре II; мать – из рода миллионеров Мальцевых, вторым браком жена И.И. Петрункевича. Богатая наследница. Славилась своей красотой. В 20 лет сочеталась браком с офицером-аристократом А.А. Половцевым, сыном царского сановника; Александр III был посажённым отцом на этой свадьбе. Вскоре развелась. Окончила Высшие женские курсы в Петербурге. Посвятила свою жизнь благотворит. целям. На её средства построен Лиговский Нар. дом, открытый в 1903; в нём устраивались спектакли и концерты для рабочих. Пред. "Об-ва для пособия учащимся в гор. нар. уч-щах", "Об-ва дешёвых помещений для женщин, ищущих работы", член "Рос. об-ва защиты женщин", "Об-ва бесплатных столовых для бедных детей, учащихся в гор. уч-щах Александро-Невской части". В 1915 организатор "Биржи труда". Когда Моск. Худ. театр оказался в трудном финанс. положении, П. стала одним из его пайщиков. Через мать и отчима П. была связана с либер. кругами. В полицейских донесениях её именовали "красной графиней" и указывали на её принадлежность к с.-д. Поддерживала материально Всерос. Земский союз.

27 февр. 1917 пришла в Гос. Думу и призывала депутатов возглавить солдат, иначе это может вылиться в солд. бунт: "Идите к ним, возьмите их в свои руки" (Думова-2, с. 94). С 24 мая чл. ЦК партии кадетов. Тов. мин. гос. призрения Врем. пр-ва. Сторонница монархии. Выступала за войну до победного конца и созыв Учред. Собр., но только после войны. С 14 авг. тов. мин. нар. просвещения. Деп. петрогр. Гор. думы.

25 окт. члены Гор. думы, опасаясь, что "пр-во может погибнуть под развалинами", и чтобы предупредить обстрел Зимнего дворца, послали на крейсер "Аврора" делегацию во главе с П., однако делегатов не пропустили войска. Член К-та спасения Родины и Рев-ции, член подпольного Врем. пр-ва, созданного из тов. министров, к-рое собиралось ежедневно на квартире П. и руководило забастовкой гос. служащих. 28 нояб. арестована на основании декрета СНК о "предании суду Ревтрибуналов членов руководящих учреждений партии кадетов" как "партии врагов народа" и как одна из руководителей кампании за своеврем. созыв Учред. Собр. П. отказалась передать Сов. власти ден. средства Мин-ва нар. просвещения – они были помещены ею в иностр. банк и могли быть выданы только "законному режиму". Следств. комиссия постановила освободить П. из-под стражи до суда под ден. залог, но П. заявила "принципиальный от-

каз". Ревтрибунал, учитывая заслуги П. перед рос. освободит. движением и её человеческие достоинства, ограничился вынесением обществ. порицания, обязав внести в кассу Наркомпроса изъятую ранее сумму. 19 дек. освобождена из тюрьмы.

В окт. 1918 бежала из Москвы на Юг, увозя в чемоданчике драгоценности родов Паниных и Мальцевых, чтобы передать их на нужды белой армии, но на одной из станций в суете чемоданчик затерялся. Входила в "Нац. центр". До весны 1920 пробыла на Дону, активно помогая "белому делу". Здесь стала гражд. женой Н.И. Астрова. С 1920 в эмиграции – во Франции, затем в Швейцарии и США.

Соч.: На Петерб. окраине, "Новый журнал", 1957, № 48; Война и рев-ция, там же, № 49.

Лит.: С.П. Мельгунов и С.В. Панина, "Новый журнал", 1957, № 48. *М.Е. Голостенов.*

ПЕПЕЛЯ́ЕВ Виктор Николаевич (1884, Томск,– 7 февр. 1920, Иркутск). Из семьи офицера. Окончил юрид. ф-т Томского ун-та (1909). После сдачи дополнит. экзаменов за ист.-филол. ф-т того же ун-та преподавал историю в гимназии г. Бийск. Кадет. В 1912 избран деп. 4-й Гос. Думы (от Томска). В Думе выступал по вопросам бюджета и политики Мин-ва нар. просвещения. В 1913 участвовал в работе Всерос. съезда деятелей нар. образования. В нач. 1-й мир. войны П. вместе с др. депутатом от Сибири возглавил 3-й Сиб. сан. отряд Всерос. Союза городов и в периоды между думскими сессиями находился на фронте.

Февр. рев-цию 1917 встретил в Петрограде. 28 февр. с др. депутатами Думы выезжал приветствовать вступавшие из пригородов в столицу для помощи рев-ции воинские части. Вместе с С.А. Таскиным послан Врем. К-том Гос. Думы в Арсенал, где с помощью вооруж. отряда им удалось прекратить раздачу оружия рабочим. В тот же день назначен комиссаром Врем. К-та в Петрогр. градоначальство. В марте направлен комиссаром Врем. пр-ва в Кронштадт. Освободил часть арестованных 1 марта офицеров. Настаивал на аресте и суде над матросами, расправившимися с рядом офицеров, требовал силой ликвидировать Кронштадтский Совет. Был арестован матросами и 2 недели просидел в каземате. 16 мая Кронштадтский Совет рассмотрел вопрос "О комиссаре Пепеляеве" и постановил упразднить должность комиссара Врем. пр-ва. Член ЦК кадетской орг-ции Л.А. Кроль говорил о П.: "Правый до этого, он вышел из Кронштадта архиправым" (Думова-1, с. 171). Летом П. нек-рое время вёл агит. работу за войну до победы среди солдат и матросов в кадетском "воен. клубе" Петрограда как пред. гор. воен. к-та ЦК кадетов. Накануне корниловского выступления вступил добровольцем в Сиб. стрелк. корпус, входивший в состав войск, на к-рые собирался опереться Л.Г. Корнилов.

После Окт. рев-ции П. "оказался в первых рядах... в том обществ. движении, к-рое поставило перед собой цель борьбы с большевиками до конца" ("Памяти погибших", с. 161); вместе с П.В. Герасимовым по поручению ЦК кадетов вёл работу по созданию вооруж. подпольных групп из юнкеров, офицеров, бурж. молодёжи.

Весной 1918 вошёл в моск. "Нац. центр" и в "Союз возрождения России". Летом отправлен в Сибирь по заданию "Нац. центра" и ЦК кадетов. В Челябинске в беседе с Кролем говорил: "ЦК совершенно определённо встал на точку зрения, что вне диктатуры никакого выхода нет и что в этом направлении должны быть направлены все усилия" (Думова-1, с. 170). Был противником образования эсеро-меньшевист. Врем. Всерос. пр-ва – Директории. 9 нояб. избран в Омске пред. Вост. отдела ЦК кадетов. 15 нояб. на парт. конференции вновь отвергал Директорию и призывал к установлению воен. диктатуры. Вечером 18 нояб. как один из организаторов колчаковского переворота предложил продолжавшейся конференции приветствовать новую власть. П. возглавил департамент милиции и гос. охраны, заявив, что "все свои силы и энергию отдаст на борьбу с анархией и большевизмом" (там же, с. 208). В дек. П. вышел из кадетской партии. С весны 1919 мин. внутр. дел, чл. Совета Верх. правителя. 10 нояб. бежал в Иркутск. В качестве премьера (с 23 нояб.) "ответств. мин-ва" на неофиц. встрече с эсерами из Политцентра заявил, что намерен ликвидировать воен. режим, перейти к "новому гражд. управлению", и получил ответ, что для доверия новому пр-ву "нужно устранить всех виновных в создании диктатуры и её ужасов, и прежде всего одного человека...– Вас, Виктор Николаевич" (там же, с. 323). 26 дек. поезд с А.В. Колчаком и П. был задержан по приказу союзников и взят под охрану белочехами, к-рые 15 янв. 1920 передали обоих в Иркутске эсеро-меньшевист. Политцентру в обмен на свободное продвижение во Владивосток. 6 февр. ВРК, власть к к-рому перешла 21 янв., постановил обоих расстрелять. В ночь на 7 февр. приговор был приведён в исполнение.

А.П. Федоренко.

ПЕТЛЮ́РА Симон Васильевич (10 мая 1879, Полтава,– 25 мая 1926, Париж). Род. в семье мещан, происходившей из казаков. В духовной семинарии (Полтава) участник полит. кружка, ставшего позднее ядром Полтавской орг-ции Рев. Укр. партии (РУП). Чл. РУП с 1900. В 1901 исключён из семинарии. Скрываясь от полиции, в 1902 переехал в Екатеринодар, в дек. 1903 арестован как член Черномор. Вольного об-ва (Кубанская орг-ция РУП). В марте 1904, после освобождения "на поруки", выехал в Киев, затем во Львов для учёбы в ун-т. Вёл парт.-организаторскую работу, участвовал в редактировании органа РУП "Селянин". В янв. 1906 делегат Укр. с.-д. рабочей партии (УСДРП, бывшей РУП) на съезде галицийской Укр. с.-д. партии (УСДП). Редактор и сотрудник ряда укр. изданий. Полит. преследования вынудили П. переехать в Москву, где он служил бухгалтером в страховом об-ве "Россия". Вместе с А. Саликовским редактировал ж. "Укр. Жизнь" (на рус. яз., 1912–17). С началом 1-й мир. войны опубликовал воззвание "Война и украинцы", в к-ром опровергал мнение о будто бы "австр. ориентации" украинцев России, указывал, что украинцы "выполнят долг граждан России в это тяжёлое время до конца...", призывал гос. и воен. круги к "толерантному отношению к укр. населению Австро-Венгрии" как "части национального укр. целого, связанного с Россией" ("Укр. Жизнь", 1914, № 7). С 1916 по март 1917 зам. уполномоченного "Союза Земств" на Зап. фронте.

После Февр. рев-ции 1917 был в апр. избран пред. Укр. Фронтового Совета войск Зап. фронта (Минск). 4–5 апр. участвовал в работе конференции УСДРП, к-рая постановила поддержать Врем. пр-во, принцип федеративного устройства Рос. Республики и подтвердила требование партии об "автономии Украины, как первой, неотложной, актуальной задаче... пролетариата и всей Украины" (Дорошенко Д., Історія України, 1917–1928 pp., т. 1, Ужгород, 1932, с. 51). Укр. Советом Зап. фронта П. был делегирован на 1-й Укр. воен. съезд (18–21 мая, Киев). Съезд создал Ген. Воен. к-т при Центр. Раде, к-рый возглавил П.; принял постановление о сохранении фронта и провозгласил немедленную украинизацию армии по нац.-терр. принципу. 28 июня Центр. Рада создала исполнит. орган – Ген. Секретариат, П. был назначен ген. секретарём воен. дел, но Врем. пр-во этот пост не утвердило. П., как и др. лидеры УСДРП, определявшие воен. политику Центр. Рады, видел в регулярной армии орудие господства бурж. классов. Деятельность П. не шла дальше украинизации частей в рос. армии, т.к. он опасался углубить противоречия между Радой и Врем. пр-вом, что могло отрицательно сказаться на провозглашении автономии Украины и способствовать "разрыву единого рев. фронта". Был избран чл. Учред. Собр.

После Окт. вооруж. восстания в Петрограде на закрытом заседании (25 окт.) Малой Рады, Укр. Ген. воен. к-та, Всеукр. Совета РД, Киевского Совета РД и др. обществ. орг-ций был образован Краевой к-т охраны рев-ции на Украине, к-рому подчинялись все силы рев. демократии; П. вошёл в него. 15 нояб. Центр. Рада назначила его ген. секретарём воен. дел Украины. В этот же день П. сообщил в Гл. штаб Рос. армии, что воен. части и учреждения, что воен. власть на Украине, за исключением фронта, перешла в его руки. По приказу П. с 1 дек. украинизированные воинские части, находившиеся вне Украины (в Моск. и Казанском ВО), переподчинялись местным укр. воен. советам, в Петрограде – Укр. петрогр. воен. штабу с целью возврата на Украину. Стремясь не допустить дальнейшей большевизации войск и восстания на терр. Украины, в ночь с 30 нояб. на 1 дек. по приказу П. были разоружены мн. части рус. армии, дислоцированные на Украине, солдаты высланы в Россию. В то же время Ген. Секретариат обратился к образовавшимся пр-вам Молдавии, Крыма, Башкирии, Кавказа, Сибири, Юго-Вост. союзу казаков и др. с предложением сформировать, в противовес пр-ву Сов. России, Общерос. федеративное пр-во. Пр-во Дона по договорённости с П. отправило на Украину укр. части и получило подкрепление для войск ген. А. М. Каледина, переправленное через терр. Украины. Это стало осн. причиной написанного 3 дек. и переданного в ночь на 4 дек. по телефону ленинского "Манифеста к укр. народу с ультимативными требованиями к Укр. Раде" и воен. действий сов. войск против Укр. Нар. Республики (УНР). 4 дек. после получения манифеста СНК на съезде Советов РСКД Украины в Киеве П., не зачитывая его текста, заявил: "...большевики готовят Укр. Нар. Республике удар в спину, они сосредоточивают своё войско на Волыни, в Гомеле и Брянске, чтобы идти походом на Украину. Т. о. укр. пр-во вынуждено принять меры для обороны и призвать на помощь армии Вольное казачество" (Дорошенко Д., указ. соч., с. 221). Одновременно В. К. Винниченко и П. обратились с воззванием "К войску украинскому (Юго-Западного и Румынского) фронта и тыла", в к-ром указывалось, что Ген. Секретариат предпринял меры по реорганизации армии на новых демокр. принципах. Полит. рук-во Центр. Рады подозревало в намерениях правого переворота высшее офицерство быв. царской армии, предлагавшее свои услуги УНР. П. расформировал и отправил на фронт 1-й Укр. корпус ген. П. П. Скоропадского, к к-рому примкнули части Вольного казачества. Приверженец антантовской ориентации, П. после решения Центр. Рады включиться в мирные переговоры в Брест-Литовске и пригласить на Украину нем. и австро-венг. войска, а также из-за разногласий с главой пр-ва Винниченко 31 дек. подал в отставку.

В янв. 1918 выехал на Левобережье, где создал "Укр. Гайдамацкий Кош Слободской Украины". В янв.– февр. Гайдамацкий Кош под команд. П. совместно с Сечевыми стрельцами сыграл гл. роль в боях за Киев и в локализации большевист. восстания. Потерпев поражение в боях с войсками М. А. Муравьёва под Крутами и Киевом, укр. части отступили на запад. После заключения Брестского договора на Украину прибыли нем. и австро-венг. войска. Оценивая это событие, П. писал в 1925: "Нужно только одного не забывать: если бы Центр. Рада и не позвала бы немцев, то они бы сами пришли к нам. Немцы тогда были очень большой силой... И поскольку они хорошо знали, что фронта уже нет, а на Украине тоже нет ни большого, дисциплинированного войска, ни твёрдой власти, то им дорога к нам будет свободной: никто не остановит" (цит. по кн.: Симон Петлюра. Зб. студійно-наукової конференції в Парижі, Мюнхен – Париж, 1980, с. 31). В апр. П. был избран главой Киевского губ. земства и Всеукр. Союза Земств. После гетманского переворота (29 апр.) и разгона Центр. Рады новая администрация развернула гонения на демокр. земства и самоуправления, начались аресты и карат. экспедиции против крест-ва, причастного к разгромам помещичьих имений. Возглавляемый П. Всеукр. Союз Земств находился в открытой оппозиции к пр-ву П. П. Скоропадского. В мае нем., австро-венг. и болг. послам в Укр. Державе был направлен подписанный П. меморандум, в к-ром констатировались нарушения гос. властью демокр. свобод, обращалось внимание на карат. акции против укр. крест-ва, аресты и притеснения полит. и земских деятелей. 16 июня Всеукр. Земский съезд принял документ, направленный Скоропадскому, в к-ром подчёркивалось, что "дальнейшее продолжение высшей властью политики антидемократической, антинациональной и антигосударственной грозит тяжёлыми последствиями и исключает всякую возможность сотрудничества нар. самоуправления с данной властью" (Христюк П., Замітки і матеріали до історії української революції, 1917–1920 рр., т. 3, Відень, 1921, с. 83). 27 июля 1918 П. был арестован по подозрению в антиправительств. заговоре, освобождён 13 нояб. и на следующий день выехал в Белую Церковь, откуда руководил вооруж. восстанием против гетманского режима. Был избран чл. Директории в Киеве (заочно) и возглавил армию УНР.

После отступления войск УНР 4 февр. 1919 из Киева и отставки Винниченко П. стал Главой Директории (11 февр. 1919), выйдя одновременно из УСДРП. Отношение П. к большевист. России, как и к "единой неделимой" России к-рую стремились восстановить лидеры "белого движения", было отрицательным. "Между царской Россией и современной коммунистической для нас нет разницы, ибо обе они представляют собой только разные формы моск. деспотии и империализма. Идеал государственности украинской не может быть втиснут в узкие рамки федерации, конфедерации, тем более автономии, ни с Россией, ни с кем бы то ни было",– писал позднее П. (цит. по: Лотоцький Олександер, Симон Петлюра, Відень, 1936, с. 14).

В окт. 1920 вместе с пр-вом УНР эмигрировал в Польшу; после настоятельных требований СССР выдать его сов. властям П. в кон. 1923 переехал в Будапешт, а затем – в Вену и Женеву, в кон. 1924 – в Париж. 25 мая 1926 был убит С. Шварцбартом, к-рый в ходе судебного процесса инкриминировал П. орг-цию евр. погромов на Украине.

Лит.: С. Петлюра, в кн.: Незабутні. Зб. статей про українських діячів культури, К., 1918; С. Петлюра. Статті. Листи. Документи, Нью-Йорк, 1956–1978; Сучасна українська еміграція та її завдання, Щипьорно, 1928; Д о р о ш е н к о Д., Історія України, 1917–1923, т. 1–2, Ужгород, 1932; Збірник пам'яті Симона Петлюри, Прага, 1980; Л о т о ц ь к и й О., С. Петлюра, Варшава, 1936; С. Петлюра. Зб. студійно-наукової конференції в Парижі, Мюнхен – Париж, 1980; Трагедія двох народів, Прага, 1928.

Т.С. Осташко.

ПЕТРО́ВСКИЙ Григорий Иванович [22 янв. 1878 (по уточнённым сведениям), Харьков,– 9 янв. 1958, Москва]. Из семьи

ремесленника. 2,5 года учился в школе при Харьковской семинарии. С 1892 ученик токаря, затем токарь. С 1897 член Екатеринослав. "Союза борьбы за освобождение рабочего класса". После 2-го съезда РСДРП (1903) большевик. Участник Рев-ции 1905–07 (член Екатеринослав. Совета РД). Неоднократно подвергался арестам. В окт. 1912 избран деп. 4-й Гос. Думы (от рабочей курии Екатеринослав. губ.). В янв. 1913 кооптирован в чл. ЦК РСДРП. С 1913 пред. большевист. фракции Гос. Думы, офиц. издатель газ. "Правда". Сотрудничал в ж. "Просвещение" и "Вопросы Страхования". В нояб. 1914 арестован, в 1915 сослан на "вечное поселение" в Вост. Сибирь.

После Февр. рев-ции 1917 избран в марте членом Рев. к-та в Якутске, пред. Якут. к-та обществ. безопасности, пред. Якут. к-та РСДРП, комиссар Якут. обл. 26 марта – 16 апр. пред. крест. съезда Якут. обл. 23 мая выехал в Петроград. 26 июля направлен представителем ЦК РСДРП(б) в Екатеринослав и Донбасс. С авг. член Екатеринослав. к-та РСДРП(б), гласный Гор. думы и руководитель её большевист. фракции. В сент. делегат Всерос. Демокр. совещания в Петрограде; вместе с др. большевиками покинул Предпарламент.

Избран деп. Екатеринослав. Совета. Член Учред. Собр. (от Екатеринослав. избират. округа). Один из руководителей установления Сов. власти в Донбассе. С 30 нояб. нарком внутр. дел РСФСР (до марта 1919), участвовал в разработке организац. структуры органов Сов. власти.

Дел. 3-го Всерос. съезда Советов (янв. 1918). 3 марта 1918 как член сов. делегации на переговорах с Германией подписал договор о Брестском мире. Дел. 7-го съезда РКП(б) (1918), избран канд. в члены ЦК. Дел. 4–5-го Всерос. съездов Советов (1918). Участвовал в разработке первой Конституции РСФСР 1918. В 1919–38 пред. Всеукр. ЦИК, затем на хоз. работе.

С о ч.: Избр. произв., М., 1987; Наш мудрый вождь, М., 1970; Великое начало. Восп., М., 1957.

Лит.: М е л е н е в с к и й А.Ф., К у р и й Г.Н., Г.И. Петровский, К., 1987; О Г.И. Петровском. Восп., очерки, статьи современников, 2 изд., М., 1987; Б е г а Ф.Ф., А л е к с а н д р о в В.Г., Петровский, М., 1963; Гранат.

В.Н. Заботин.

ПЕТРУНКЕ́ВИЧ Иван Ильич (23 дек. 1843, по др. данным, 1844, имение Плиски Борзнянского у. Черниговской губ.,– 14 июня 1928, Прага). Дворянин, крупный землевладелец. Его первая жена – графиня А.С. Панина, падчерица – графиня С.В. Панина. Окончил юрид. ф-т Петерб. ун-та (по др. данным, Ун-т Св. Владимира в Киеве) в 1866. С кон. 70-х гг. участник земского движения в Чернигов. губ., в 1879 выслан в г. Галич Костром. губ. Вернувшись в 1886, избран в гласные Черниговского земства. За антиправительств. деятельность и пропаганду либеральных идей выслан вскоре вновь с запрещением проживать на Украине. Переселился в Тверскую губ. (1886–1904); земский гласный – губернский и уездный. Один из организаторов и пред. об-ва "Освобождение России" (1903), организатор и пред. "Союза Освобождения" (1904). В янв. 1904 выслан за антиправительств. деятельность из Твери вместе с др. земскими деятелями. Один из основателей партии кадетов, член её ЦК (1905–17) и пред. партии (1909–15; после 1915 почётный пред.). Деп. 1-й Гос. Думы, пред. кадетской фракции, пред. бюджетной комиссии. После разгона Думы подписал "Выборгское воззвание к народу", к-рое призвало к гражд. неповиновению пр-ву (к отказу от выплаты налогов, призыва на воен. службу и др.). Арестован в числе 183 депутатов Думы, осуждён на 3 мес., лишён права занимать обществ. должности и быть избранным в Думу. В 1908–17 издатель газ. "Речь". П. называли "совестью партии".

После Февр. рев-ции 1917 на 8-м съезде партии (май) вышел из состава ЦК по старости и болезни. В письме к М.М. Винаверу П. писал: "Под внеш. формой профессиональной борьбы в действительности незначит. часть рабочего класса вступает в борьбу за власть в виде полного гос. и социального переворота... Вот почему я считаю право стачек... чистейшим абсурдом и не только с точки зрения факта, но и с точки зрения права" (Думова-2, с. 76). В июле писал: "Какой опасности, какого риска избежала бы Россия, если бы 16 мая был отдан приказ об аресте Ленина и всей его К° и о назначении смертной казни на фронте..." (Думова-3, с. 181).

Ещё до Окт. рев-ции П. уехал в Крым. Когда П.Н. Милюков решил обратиться к немцам за поддержкой, П. "умолял отказаться от этой нелепой и вредной мысли" (Думова-2, с. 111). Принимал участие в совещании 15 окт. 1918 на своей даче в Гаспре, на к-ром кадетские лидеры обсуждали план совм. действий с представителями рос. промышленников – П.П. Рябушинским и Д.В. Сироткиным. Участвовал и во 2-й встрече парт. лидеров 17 окт. в Ялте, где обсуждался вопрос о создании крымского пр-ва; одновременно. "признано было, что до орг-ции собств. воен. силы придётся иметь дело с немцами и опираться на них" (там же, с. 184). В февр. 1919 эмигрировал за границу.

Соч.: О рус. интеллигенции, в кн.: Пасманик Д.С., Рев. годы в Крыму, Париж, 1926; Из записок обществ. деятеля, Берлин, 1934 ("Архив рус. рев-ции", т. 21).

М.Е. Голостенов.

ПЕШЕХО́НОВ Алексей Васильевич (21 янв. 1867 – 3 апр. 1933, Рига, похоронен в Ленинграде). Учился в Тверской духов-

ной семинарии, в 1884 исключён как "неблагонадёжный". В 1894 подвергался аресту в Орле по делу партии "Нар. права". Работал статистиком в ряде земств, выпустил неск. статистич. работ. С 1899 в Петербурге вёл внутр. обзор в ж. "Рус. Богатство" (с 1904 член его ред. к-та). С 1903 активный участник "Союза Освобождения". Сотрудничал в эсеровском ЦО "Рев. Россия". Входил в депутацию обществ. деятелей, к-рая, посетив 8 янв. 1905 пред. Кабинета министров и мин. внутр. дел, пыталась предотвратить кровавую расправу с рабочими 9 янв.; был арестован, заключён в Петропавл. крепость, затем выслан. С нояб. 1905 один из ред. эсеровской газ. "Сын Отечества". Летом 1906 один из основателей Партии нар. социалистов, её программные положения изложены в статьях П. ("Рус. Богатство", март – авг. 1906), чл. редакции её органа "Нар.-соц. Обозрение". Автор ряда работ по агр. вопросу.

После Февр. рев-ции 1917 чл. исполкома Петрогр. Совета РСД; 1 мая вошёл в комиссию Совета для переговоров с Врем. пр-вом, участвовал в разработке условий, на к-рых представители Совета соглашались войти в пр-во. Член совета Гл. зем. к-та. 5 мая – 31 авг. мин. продовольствия Врем. пр-ва. 18 мая забаллотирован на 1-м Всерос. съезде КД (4–28 мая) при выборах в Исполком Всерос. Совета КД. 21 мая на Всерос. прод. съезде высказался за равномерное распределение продуктов и сокращение потребления, за планомерное гос. вмешательство в хоз. жизнь. Дважды выступал с докладами о прод. положении в стране на 1-м Всерос. съезде Советов РСД (июнь). Член ВЦИК. На съезде партии энесов (июнь) сделал доклад об экон. части программы, а после объединения этой партии с трудовиками в Трудовую Нар.-соц. партию (22 июня) издатель её газ. "Нар. Слово". Требовал объявить хлеб общенар. достоянием, выдачи вознаграждения за отчуждаемые земли. Сторонник коалиции с кадетами, на объединённом заседании ВЦИК Советов РСД и Исполкома Всерос. Совета КД 24 июля говорил: "Чем больше мы привлекаем сил справа, тем меньше остаётся их в стане наших врагов" ("Рев-ция 1917", т. 3, с. 216). Тов. пред. Предпарламента; на его заседании 23 окт. настаивал на совместном с союзниками продолжении войны для достижения приемлемого мира.

После Окт. рев-ции входил в "Союз возрождения России", был представителем союза в Добровольч. армии. В 1922 по обвинению в контррев. деятельности выслан за границу. Жил в Риге, Праге, Берлине. С 1927 консультант торгпредства СССР в Прибалтике. Неоднократно обращался к Сов. пр-ву с просьбой разрешить ему вернуться в Россию.

Лит.: Милюков П.Н., Воспоминания гос. деятеля, Нью-Йорк, 1982.

М.Е. Голостенов.

ПИНКЕ́ВИЧ Альберт Петрович (5 янв. 1884, д. Урунда Уфимской губ.,– 25 дек. 1937, Москва). Сын дворянина-поляка, сосланного на Урал за участие в восстании 1863–64. В 1902 окончил Уфим. гимназию и поступил в Казан. ун-т. В 1903–08 чл. РСДРП, большевик. Участник Рев-ции 1905–07 (в Самаре, Екатеринбурге, Ниж. Тагиле). В 1907 был арестован, но вскоре освобождён, был под надзором полиции. Вновь поступил в ун-т и окончил его в 1909. Преподавал в Вольском кадетском корпусе и Вольской учительской семинарии, затем в Петрограде.

После Февр. рев-ции 1917 активно участвовал в обществ.-полит. жизни. «Я вошёл,– указывает

П. в автобиографии,– в число ближайших сотрудников "Новой Жизни". Принял участие в орг-ции с.-д. группы петрогр. учительства и группы "Свободный труд". При моём ближайшем участии... организовано Петрогр. отделение Всерос. союза стекольщиков, а затем был создан Всерос. союз этой же орг-ции. Членом правления и Совета Всерос. союза я состоял по окт. 1918». По списку с.-д.-интернационалистов избран членом петрогр. Гор. думы, а затем и Гор. управы. В авг. делегат Объединит. съезда РСДРП. Постоянный оппонент большевиков на митингах и собраниях. На проходившем в окт. Новгородском губ. съезде Советов и демокр. орг-ций, по свидетельству Ф.Ф. Раскольникова, председателем «был избран приехавший из Питера "новожизненец" А.П. Пинкевич, автор научно-популярных работ по естествоведению... Доклад по текущему моменту был сделан мною. В прениях участвовали Пинкевич, левый эсер Ромм и др. Пинкевич, вообще производивший очень приличное впечатление, полемизировал мягко. Возражая против нашей тактики, он особенно порицал нас, большевиков, за подготовку переворота, угрожающего гражд. войной...» (Раскольников Ф.Ф., Кронштадт и Питер в 1917 г. Воспоминания, 2 изд., М., 1990, с. 224).

Окт. рев-цию не принял. 27 окт. газ. "Новая Жизнь" так писала о его выступлении в Гор. думе: "Представитель фракции меньшевиков-интернационалистов Пинкевич горячо протестует против тех заявлений, к-рые были сделаны с этой трибуны от имени фракции большевиков. Эти заявления оратор считает сплошным нарушением истинно-рев. и истинно-демокр. платформы. Новая власть признана не всем съездом Советов, из к-рого ушли целый ряд фракций. Съезд вообще представлен лишь меньшинством Советов, и, главное, там нет Советов КД. Высказывается оратор и против вмешательства комиссаров ВРК в компетенцию гор. самоуправления...". Выступая в петрогр. Гор. думе 30 окт., П. говорил, что нельзя относить к лагерю контррев-ции всех оппонентов большевиков: "Если всякий, кто против большевиков, есть контрреволюционер, то я не понимаю, в чём разница между рев-цией и анархией... Большевики подчиняются всем страстям разнузданных масс, а у нас нет ничего, кроме нравств. силы. Мы протестуем против насилия и погромов как с той, так и с др. стороны. Наша цель найти мирный выход из положения" (см.: Рид Д., Десять дней, к-рые потрясли мир, М., 1957, с. 176). Несмотря на разногласия с большевиками, П. принял предложение о сотрудничестве с Сов. властью. Уже в окт. (по инициативе А.В. Луначарского) вошёл в состав культ.-просвет. комиссии, затем активно включился в работу по преобразованию школы. Делегат Чрезв. съезда РСДРП (о) (30 нояб.–7 дек.), избран чл. ЦК.

В мае 1918 возглавил Совет экспертов по нар. образованию при Комиссариате просвещения Союза коммун Сев. области. Под рук. П. и при непосредственном его участии был разработан вариант проекта "Положения о единой трудовой школе", в к-ром, в отличие от проекта Наркомпроса РСФСР, предусматривались сохранение классно-урочной системы занятий в школе, систематич. изучение предметов, обязательности домашних заданий. Чл. РКП(б) с 1923. П.– один из организаторов и первый ректор Гос. пед. ин-та им. А.И. Герцена (Петроград) и Уральского гос. ун-та, ректор 2-го МГУ, был на руководящей работе в системе Наркомпроса. Автор св. 300 работ, многие из к-рых переведены на иностр. языки.

По приговору Воен. коллегии Верх. суда СССР расстрелян. Реабилитирован в 1956.

Лит.: А.П. Пинкевич. Библиогр. ук., М., 1984. *М.Е. Главацкий.*

ПЛАТО́Н (Рождественский Порфирий Фёдорович) (23 февр. 1866, Курская губ.,– 20 апр. 1934, США). По окончании Курской духовной семинарии 6 янв. 1887 рукоположен в священники; приходской священник и учитель церк.-приходских школ (1887–91). В 1895 окончил Киевскую духовную академию (в 1894 пострижен в монахи), был оставлен проф. стипендиатом для подготовки к занятию кафедры. Инспектор и ректор духовной семинарии. В 1898 удостоен степени магистра богословия, звания экстраординарного профессора и возведён в сан архимандрита. В 1902 ректор Киевской духовной академии, возведён в сан епископа Чигиринского. С 1906 издавал ж. "Церковь и Народ". Чл. 2-й Гос. Думы (от Киева). В 1907 назначен архиепископом Алеутским и Сев.-Американским. С 1914 архиепископ Кишинёвский и Хотинский, в 1915 утверждён архиепископом Картлийским и Кахетинским, экзархом Грузии и членом Св. Синода.

После Февр. рев-ции 1917 назначен 17 июня пред. Совета по упрочению и распространению веры. 15 июля произнёс речь у Исаакиевского собора на похоронах казаков, убитых 5 июля при разгоне вооруж. демонстрации, руководившейся большевиками: "Какая поразительная по своей громадности разница между этими, к-рых мы сейчас оплакиваем, и теми, вышедшими тоже из народа нашего, к-рые, прикрываясь святым именем рус. солдата, творят предательство родины и измену ей! ...Чувство глубокой скорби и печали вызывает действие тех рус. воинов, к-рые под влиянием агитаторов готовы покончить со своим долгом перед родиной и любовью к ней. Это чувство, мы уверены, разделяет вся, верная благу родины, Россия. Вся, не забывшая себя Русь, скорбит о народившейся новой измене народу... Не думала она, что наступит время, когда нек-рые русские, перед лицом врага, перестанут быть русскими... Рус. рукой убиты дети рус. земли!" (см.: Введенский А.И., Церковь и гос-во... 1918–1922, М., 1923, с. 51–52).

На Гос. совещании в Москве выступил 14 авг. с речью: "Другого по трудности такого момента не знала наша история. Но тяжесть эта должна удвоить силу и мощь нар. воли, должна не убить, а поднять нар. дух. Крайне стеснённая, страна наша всё-таки должна отстоять своё мировое положение и должна устроить свою внутр. жизнь на новых началах, при новых условиях, соответствующих её благу, её счастью... Народ достиг свободы, гражданин стал свободным. И хочется со всей силы рус. груди крикнуть: свободный гражданин, иди к этому очагу, вздуй пламя этого огня, чтобы к нему устремились, подошли все народы, населяющие Россию, чтобы им у этого очага было тепло и уютно" ("Гос. совещание", с. 66).

Был участником Св. Собора Правосл. Рос. Церкви (авг. 1917–1918), совершил торжеств. литургию на открытии Собора 15 авг. в Москве; на Соборе избран пред. отдела внеш. и внутр. миссии, член ряда др. отделов.

Во время окт. боёв в Москве вёл переговоры с большевиками о перемирии и прекращении воен. действий. 2 нояб. П. вместе с епископом Нестором и др. с пением молитв отправились в Моск. ВРК; П. попытался склонить руководителей к прекращению борьбы с юнкерами. У входа в ВРК толпа солдат встретила их словами: "Где вы были раньше? Зачем мешается религия в наши дела? Зачем здесь духовенство? Идите лучше к своим юнкерам!" (ЦГАОР, ф. 3431, оп. 1, д. 470, л. 24). С 23 нояб. архиепископ Тифлисский и Бакинский, экзарх Кавказа. 7 дек. избран членом Св. Синода и его председателем. 7 янв. 1918 выступил на открытии Всеукр. Собора как представитель патриарха Тихона и вручил устав Собора, утверждённый в Москве. С 9 февр. назначен митрополитом Одесским и Херсонским. По словам В.В. Шульгина, формировал белогв. отряды для борьбы с Сов. властью. Из обращения П. "К дорогим союзникам" в 1918: "Помогите измученному народу. Есть ещё силы для борьбы с большевизмом в России... Возьмите эту армию [Добровольческую.– Автор] как исходную опорную точку для своих операций, поддержите её..." (см.: "Наука и религия", 1960, № 11, с. 24).

В 1920 эмигрировал в Америку, где в 1921 принял управление Сев.-Амер. епархией. В 1922 признан Амер. церк. Собором правящим архиереем и утверждён митрополитом всея Америки и Канады. В 1923 патриарх Тихон назначил его управляющим Сев.-Амер. епархией. Но 16 янв. 1924 патриархом Тихоном и Св. Синодом он был уволен от управления Сев.-Амер. епархией. П. указания патриарха не выполнил и продолжил управление. Всеамериканский Собор в 1924 подтвердил правление митрополита П. и объявил Сев.-Амер. епархию самоуправляющейся церковью.

М.Е. Голостенов.

ПЛЕХА́НОВ Георгий Валентинович (29 нояб. 1856, д. Гудаловка Липецкого у. Воронежской губ.,– 30 мая 1918, Питкеярви,

Финляндия). Из дворян. В 1874 поступил в Петерб. горный ин-т. С 1876 чл. народнич. кружка "бунтарей" (сторонников М.А. Бакунина). Один из организаторов первой в России полит. демонстрации студентов и рабочих в дек. 1876 у Казан. собора; речь против самодержавия в защиту идей Н.Г. Чернышевского закончил словами «Да здравствует "Земля и воля!"». Избегая ареста, перешёл на нелег. положение, став профессиональным революционером. С июля 1877 чл. рук-ва орг-ции "Земля и воля", разрабатывал её программу, один из ред. одноимённой газеты. После раскола "Земли и воли" в 1879 возглавил орг-цию "Чёрный передел". В янв. 1880 эмигрировал. Слушал лекции в Сорбоннском ун-те. С осени 1881 жил в Швейцарии. Изучал марксист. лит-ру, историю зап.-европ. рабочего движения, сотрудничал в европ. соц. печати, рос. журналах, посещал лекции в Женевском ун-те, давал частные уроки.

В 1882 перевёл на рус. яз. "Манифест Коммунистич. партии" К. Маркса и Ф. Энгельса. В сент. 1883 организовал и возглавил гр. "Освобождение труда", автор 1-го и 2-го "Проекта Программы рус. с.-д.". Первым в рос. обществ. движении дал критич. анализ народнич. идеологии с позиций марксизма ("Социализм и полит. борьба", 1883; "Наши разногласия", 1885, и др.). Несмотря на то, что с 1887 болел туберкулёзом, вёл активную теоретич. и орг. работу по изданию и переправке в Россию марксист. лит-ры. За 20 лет существования группы написал и издал 147 работ. Кн. "К вопросу о развитии монистич. взгляда на историю" (СПБ, 1895, под псевд. Н. Бельтов) способствовала широкому распространению марксист. взглядов в России. На теоретич. трудах П. воспитывалось целое поколение рос. с.-д. С нач. 90-х гг. один из лидеров 2-го Интернационала, активный участник его конгрессов. В кон. 1894 – нач. 1895 по инициативе П. создан "Союз рус. с.-д. за границей". В 1900–03 участвовал в создании и рук-ве газ. "Искра". В 1901 П.– один из организаторов "Загран. Лиги рус. с.-д-тии". Принял непосредств. участие в подготовке и работе 2-го съезда РСДРП (1903), один из авторов проекта Программы РСДРП, выступал по важнейшим вопросам порядка дня; избран членом редколлегии ЦО – газ. "Искра" и пред. Совета партии. В споре между "большинством" и "меньшинством" не одобрял ни стремлений к крайней централизации, когда в орг-ции "всё вертится вокруг одного человека", к-рый "соединяет в себе все власти", ни стремления к крайней децентрализации, доводящей орг-цию "до того децентрализованного состояния, к-рое свойственно туманным массам" ("Дневник социал-демократа", 1905, № 2, с. 48–49). Поддержав "большинство", стремился примирить обе фракции. После съезда, из-за углубления разногласий с В.И. Лениным и большевиками, перешёл на сторону меньшевиков, стал одним из их лидеров.

Во время Рев-ции 1905–07 П. порывался вернуться в Россию, из-за обострения болезни не смог приехать. В февр. 1905 в ст. "Врозь идти, вместе бить", опубликованной в "Искре", призывал к вооруж. восст. против самодержавия, к тщательной подготовке этого восстания, особое внимание при этом обращал на необходимость агитации в армии. Осмысливая причины поражения Дек. вооруж. восст. 1905, пришёл к выводу, что "несвоевременно начатая полит. забастовка привела к вооруж. восст. в Москве, Сормове, в Бахмуте и т.д. В этих восстаниях наш пролетариат показал себя сильным, смелым и самоотверженным. И всё-таки его сила оказалась недостаточной для победы. Это обстоятельство нетрудно было предвидеть. А потому не нужно было и браться за оружие" (Плеханов Г.В., Ещё о нашем положении, Соч., т. 15, с. 12).

В 1906–07 выступал за участие с.-д. в выборах в Гос. Думу, за блок с кадетами. В период реакции, борясь с меньшевиками-ликвидаторами, возглавил группу меньшевиков-партийцев, вступил в блок с большевиками. Опубл. ряд статей в защиту философии марксизма, против А.А. Богданова, В. Базарова, А.В. Луначарского и др. Сотрудничал в общепартийной газ. "Социал-демократ" и в большевист. изданиях ("Звезда" и др.). В 1912 отказался участвовать в 6-й (Пражской) Всерос. конф. РСДРП, осудил её решение об орг. разрыве с "ликвидаторами", но не принял участия и в Авг. конф. меньшевиков (Вена). В 1913 опубл. в "Правде" серию статей против "ликвидаторов" (под общим назв. "Под градом пуль"), в то же время стремился примирить "враждующих братьев" и с этой целью с мая 1914 издавал газ. "Единство". С 1909 работал над фундаментальным трудом "История рус. обществ. мысли", вышло 3 тома (СПб., 1914–16), предполагал написать 4-й том. В этом труде П. впервые наряду с борьбой классов указывает на их "сотрудничество там, где заходит речь о защите страны от внеш. нападений" (Соч., т. 20, с. 13).

С нач. 1-й мир. войны П. занял оборонч. позицию, стал на сторону союзных стран, против Германии, призывал к борьбе с нем. империализмом. Резко критиковал "интернационалистов", считал, что их требования о заключении мира без аннексий и контрибуций не достигают гл. цели – устранения причин войны, а лозунг братания солдат на фронте назвал "бесстыдной провокацией" (Плеханов Г.В., Год на Родине, т. 1, с. 153).

Февр. рев-ция 1917 позволила П. после 37 лет изгнания, пожилым и больным, вернуться в Петроград; 31 марта на Финл. вокзале от Петрогр. Совета РСД его приветствовали Н.С. Чхеидзе, И.Г. Церетели, М.И. Скобелев. В краткой речи П. сказал: "Я счастлив, что вернулся на Родину, я отдам остаток своих сил работе для победы рев-ции. Надеюсь ещё поработать (ещё пожить), но готов и умереть за эту победу"(Плеханова Р.М., Год на родине, "Диалог", 1991, № 9, с. 81). 2 апр. выступил на Всерос. совещании Советов РСД, где изложил своё отношение к рев. событиям в России, высказался за продолжение войны для защиты Родины и рев-ции "от немцев", "от Гогенцоллернов", призывал бороться как "против врага внутреннего, так и против врага внешнего", избегать всего, что может вызвать "преждеврем. гражд. войну" и "порождать недоразумения между населением и армией" ("Единство", 1917, 5 апр.). В нач. апр. по просьбе мин. путей сообщения Н.В. Некрасова возглавил особую комиссию для выработки новых ставок оплаты труда железнодорожников. Денежные прибавки были введены в сер. 1917, но не удовлетворили ж.-д. рабочих. Возглавил малочисл. группу "Единство", к-рая не вошла в меньшевист. орг-цию, руководимую ОК РСДРП.

Здоровье П. неуклонно ухудшалось и он вынужден был ограничиваться редактированием своей газ. "Единство", где публиковал статьи с откликами на важнейшие полит. события, вёл спор с оппонентами и идейными противниками. Полемизируя с Лениным по поводу Апр. тезисов, П. упрекал его в том, что тот считает войну грабительской, империалистической лишь со стороны России, но ничего не говорит о Германии. Считая Германию гл. виновницей войны, П. заявлял, что призыв Ленина "покончить с войной" путём "свержения капитала" не найдёт поддержки, т.к. "масса просто-напросто не поверит" этому. П. обвинял Ленина в отступлении от науч. социализма, поскольку тот призывает к свержению капитализма в России, где он ещё не достиг такой ступени, чтобы препятствовать развитию производит. сил. Россия страдает от недостатка развития капитализма, писал П., что признаёт и Ленин. Поэтому призывать к "свержению капитала" в России преждевременно. П. характеризовал в целом Апр. тезисы как "безумную и крайне вредную попытку посеять анархич. смуту в Рус. Земле" (там же, 12 апр.).

В ст. "Наша тактика" доказывал, что рус. пролетариат, участвуя в войне, "не изменяет своему клас. интересу, а напротив, защищает его с оружием в руках" (там же, 20 апр.). Во время Апр. кризиса Врем. пр-ва выступил в его поддержку, вошёл в "Союз личного примера". В "Воззвании", подписанном Л.Г. Дейчем, В.И. Засулич и П., говорилось, что, ведя войну, "мы защищаем свою и чужую свободу. Россия не может изменить своим союзникам. Это покрыло бы её позором и навлекло бы на неё справедливый гнев и презрение всей демокр. Европы" (там же, 22 апр.). Полемизируя с эсерами в ст. "Старая погудка на старый лад...", писал: "Народ, совершивший рев-цию в тяжёлых муках войны, отнюдь не должен подчиняться неприятелю. Напротив, обновив и умножив свои силы, посредством переворота, он может и обязан дать врагу гораздо более, чем прежде, энергичный отпор" (Плеханов Г.В., Год на Родине, т. 1, с. 144). В речи на митинге в связи с началом июньского наступления на фронте убеждал демонстрантов: "Мы защищаем себя, защищаем весь мир. Каждый из нас обязан стать на защиту своей Родины и добиться её победы" (там же, с. 220).

Такая позиция импонировала социальным силам, стоявшим на позициях оборончества, их представители наносили визиты больному П. и выражали солидарность с ним. А.В. Колчак, рассказывая П. о растущей деморализации на флоте, "плакал, как дитя". "Если надо, я буду служить вам, социалистам-революционерам, лишь бы спасти Россию. Сознаюсь, социал-демократов я не люблю". П. ответил адмиралу, что он принадлежит именно к этой партии, к-рая не пользуется его симпатией. Колчак смутился, но, оправившись, сказал, что он в этом ничего не понимает и знает только одно – "надо спасти Родину", а для этого он "готов стать на сторону революционеров, задающихся этой целью"(Плеханова Р.М., Год на Родине, "Диалог", 1991, № 10, с. 83). Во время своего визита М.В. Пуришкевич упрашивал П. взять на себя управление страной, к-рой грозит гибель. "Вы мой полит. враг, но я знаю, что вы любите Родину. И это сознание внушает мне глубокое доверие к Вам". П. не вступил с ним в длинный разговор, а когда тот ушёл, заметил: "Это русский Дерулед" [Дерулед Поль (1846–1914) – франц. полит. деятель, пытавшийся совершить гос. переворот] (там же). Иным был мотив визита М.В. Родзянко. Представляясь и зная о предложении П. войти в состав пр-ва, он сказал: "Я пришёл с Вами познакомиться, т.к. мне говорили, что Вы очень умный человек". Завязался полный полит. интереса разговор. В заключении Родзянко просил разрешения посетить ещё раз П., но больше не приходил (там же). Гл. задачей момента П. считал консолидацию и единство всех "живых" сил страны.

П. был одним из немногих политиков, к-рые призывали выйти за рамки господствовавшей тогда конфронтационной, сугубо классовой полит. культуры. В № 1 газ. "Единство" 29 марта был напечатан ответ П. на приветствие редакции "Призыв" в связи с 40-летием его рев. деятельности: «С социалистами-революционерами мне приходилось вести борьбу... а теперь мы идём рядом... потому что это было нужно для торжества наших понятий. "Призыв" тем и дорог мне, что он прокладывает дорогу для взаимного сближения мыслящих элементов с.-д. партии с такими же элементами ПСР. От этого много может выиграть наше соц. движение». В апр. в письме делегатам конференции железнодорожников призывал "сплотиться вокруг Врем. пр-ва", к-рое выражает интересы "всей демокр. России". Утверждал, что "великое счастье рус. пролетариата наших дней" в том, что "его клас. интерес совпадает теперь в борьбе за новый строй с интересами тех слоёв населения, к-рые хотят раз и навсегда покончить с пережитками старого порядка". Пролетариат "должен выдвигать теперь вперёд не то, что разъединяет его с этими слоями, а то, что объединяет его с ними" ("Единство", 1917, 17 авг.). П. писал: "Клас. борьба не есть самоцель. Она есть только средство для защиты клас. интересов", поэтому всякий обществ. класс не должен вести клас. борьбу там, где она "вредна с точки зрения клас. интереса". "Наше спасение не в гражд. войне, а в сознательном, всесторонне обдуманном, планомерном и добросовестном соглашении тех двух классов, совокупные усилия к-рых одинаково важны, при нынешних конкретных условиях, для экон. обновления России" (Плеханов Г.В., Год на Родине, т. 2, Париж, 1921 с. 81). Это положение он развернул в выступлении 15 авг. на Гос. совещании в Москве. Обращаясь к представителям буржуазии, призывал их пойти на "соглашение" "с крайней рев. демократией". Представителей рабочего класса он убеждал пойти на уступки буржуазии. Доказывал, что не может быть бурж. рев-ции, в к-рой не участвовала бы буржуазия. Поскольку впереди ещё период капиталистич. развития, оба класса должны искать пути "экон. и полит. соглашения". Усиление борьбы между ними приведёт к поражению и гибели России (там же, с. 106–108).

П. стремился примирить и крестьян с помещиками. В письме Всерос. крест. съезду он предлагал подумать – стоит ли требовать конфискации помещичьей земли, объясняя, что помещик является богатым человеком, пока он владеет землёй; когда у него возьмут землю без выкупа, он станет нищим. "В вашем ли интересе плодить нищенство на Руси?",– спрашивал П. и отвечал: "Это противно вашим интересам, равно как и интересам всего гос-ва". Он предлагал учесть интересы и тех и других и "дать частным землевладельцам известное вознаграждение" за передаваемую крестьянам землю (там же, т. 1; с. 151). Осудив выступление ген. Л.Г. Корнилова, призывал к консолидации демокр. сил перед лицом возможной попытки гос. переворота и грозящей экон. разрухи. Резко осуждал стремление большевиков взять в свои руки полит. власть. Считал, что Россия ещё не созрела для соц. рев-ции и для перехода к социализму. Опасался, что, если В.И. Ленин займёт место А.Ф. Керенского, "это будет началом конца нашей рев-ции. Торжество ленинской тактики принесёт с собой такую гибельную, такую страшную экон. разруху, что весьма значит. большинство населения страны повернётся спиной к революционерам" (там же, т. 2, с. 139).

Окт. рев-цию встретил отрицательно. 28 окт. опубликовал в "Единстве" "Открытое письмо к петрогр. рабочим", в к-ром указывал, что соц. рев-ция в России преждевременна, т.к. пролетариат составляет в стране меньшинство и не готов к такой миссии; "наш рабочий класс ещё далеко не может, с пользой для себя и для страны, взять в свои руки всю полноту полит. власти. Навязать ему такую власть, значит толкать его на путь величайшего ист. несчастья, к-рое было бы в то же время величайшим несчастьем и для всей России". Предупреждал, что крест-во, получив землю, не будет развиваться в сторону социализма, а надежда на скорую рев-цию в Германии нереальна. Предостерегал, что захват власти "одним классом или – ещё того хуже – одной партией" может иметь печальные последствия (см. "Вопросы истории", 1989, № 12, с. 105–06). Однако на предложения Б.В. Савинкова возглавить антибольшевист. пр-во ответил: "Я сорок лет своей жизни отдал пролетариату, и я не буду его расстреливать даже тогда, когда он идёт по ложному пути" ("Борис Савинков перед Воен. коллегией Верх. суда СССР", М., 1924, с. 182).

Здоровье П. продолжало ухудшаться, он был помещён в больницу, затем в санаторий близ г. Териоки (ныне Зеленогорск), где скончался.

Соч.: Соч., т. 1–24, М.– Л., 1923–27; Избр. филос. произв., т. 1–5, М., 1956–58.

Лит.: Дейч Л.Г., Плеханов Г.В. в России (1917 г.), "Вопросы истории КПСС", 1991, № 8; Лифшиц М., Г.В. Плеханов. Очерк обществ. деятельности и эстетич. взглядов, М., 1983; Плеханова Р., Год на Родине, "Диалог", 1991, № 8–12; Тютюкин С.В., Первая русская рев-ция и Г.В. Плеханов М., 1981. *В.П. Боечин.*

ПОДВО́ЙСКИЙ Николай Ильич (16 февр. 1880, с. Кунашёвка Нежинского у. Черниговской губ.,– 28 июля 1948, санаторий под

Москвой). Из семьи сел. учителя (затем сел. священника). Окончив духовное уч-ще, поступил в Черниговскую духовную семинарию, исключён в 1901 за рев. деятельность и поступил в Демидовский юрид. лицей (Ярославль). Чл. РСДРП с 1901 (в рев. движении с 1898); после 2-го съезда РСДРП (1903) большевик. В Рев-цию 1905–07 чл. Ярославского к-та РСДРП, один из организаторов первого Совета РД в Иваново-Вознесенске. В окт. 1905 во время демонстрации зверски избит черносотенцами (17 тяжёлых ран). Неоднократно был арестован. С 1907 в Петербурге: в 1908 один из руководителей большевист. изд-ва "Зерно", в 1911–14 член редколлегий газ. "Звезда", "Правда", в 1915–17 – ж. "Вопросы Страхования". Член финанс. комиссии Рус. бюро ЦК РСДРП. В нояб. 1916 арестован, в февр. 1917 был приговорён к сиб. ссылке.

Освобождён Февр. рев-цией 1917. Совм. с Г.В. Елиным возглавил солдат бронедивизиона, захвативших дворец Кшесинской, где затем разместились ПК, ЦК и др. учреждения большевиков. Введён в ПК РСДРП, член его Исполнит. комиссии. Избран деп. Петрогр. Совета РСД и членом его исполкома. С 31 марта возглавил Воен. орг-цию при ПК РСДРП [с мая – при ЦК РСДРП(б)]; инициатор создания воен. «Клуба "Правды"»– курсов солд. агитаторов. Участвовал в формировании отрядов Кр. Гвардии, в орг-ции их воен. обучения. Один из ред. газ. "Солдатская Правда" (апр.– июль), "Рабочий и Солдат" (авг.), "Солдат" (авг.– окт.). Дел. 7-й (Апр.) Всерос. конф. РСДРП(б) (24–29 апр.) от Воен. орг-ции. Дел. 1-го Всерос. съезда Советов РСД (3–24 июня), избран канд. в чл. ВЦИК.

Один из организаторов Всерос. конференции фронтовых и тыловых воен. орг-ций РСДРП(б) (16–23 июня), член её президиума; 16 июня П. в докладе о целях, задачах и формах деятельности ВО говорил: "Нам необходимо создать такой организац. аппарат, через к-рый могло бы проникнуть наше влияние на солдат, чтобы создать материальный оплот рев-ции. Гегемония в рев-ции принадлежит пролетариату, губицами рев-ции являются солдаты. ...Наша цель – зарядить возможно больше голов, чтобы они, возвращаясь в деревню, являлись там бродильным грибком, тем организующим началом, посредством к-рого мы можем достигнуть влияния в деревне" ("Борьба партии большевиков за армию в соц. рев-ции". Сб. док-тов, М., 1977, с. 183); ту же мысль П. развивал 19 июня в докладе об орг-ции крест.-солд. газеты: "Если каждое явление крест. жизни найдёт отражение в солд. газете, то несомненно, что она будет иметь успех, и необходимость в издании двух газет т.о. отпадёт" (там же, с. 185). Вошёл во Всерос. центр. бюро воен. орг-ций РСДРП(б) при ЦК партии и был избран его председателем.

Участвовал в орг-ции демонстраций в Петрограде в апр., июне и июле. 16 июля на 2-й общегор. Петрогр. конф. большевиков П. так оценивал итоги Июльских дней: "Если бы вопрос шёл о битве, то перевес был бы на нашей стороне в смысле материальной силы. Но принимать битву при той полит. ситуации, к-рую мы переживали, мы считаем безумием, почему и подчинились решению ЦК. Настоящее у нас ещё тяжелее, чем в др. пролет. орг-циях, у нас всё почти отобрано, кроме нек-рых важных документов; пришлось установить полулегальную явку. Характерно, что нигде большевики не арестовывались самими солдатами, и даже в Семёновском полку офицерам только при пособничестве юнкеров и казаков удалось арестовать наших товарищей" (там же, с. 220). 21 июля провёл делегатское собрание представителей восстановленных парт. воен. орг-ций частей гарнизона, на к-ром избран делегатом на 6-й съезд РСДРП(б) (26 июля – 3 авг.). На съезде 28 июля выступил с докладом о работе Воен. орг-ции, в к-ром указывал: "После событий 3–5 июля наше влияние осталось прежним в тех полках, где мы были в большинстве до демонстрации. Только в трёх из этих полков наше влияние упало... Но работа на фронте сильно расстроилась, потому что на фронт очень трудно проникать" (там же, с. 270). Был одним из организаторов в солд. среде "крест.

землячеств" для связи с деревней, к-рые сыграли важную роль в период выборов в Учред. Собр. В авг. инициатор создания при Воен. орг-ции курсов инструкторов Кр. Гвардии. 4 сент. провёл совещание 230 представителей парт. орг-ций 68 частей гарнизона. Маскируясь под курсы организаторов выборов в Учред. Собр., создал при Воен. орг-ции 24 сент. курсы подготовки руководителей восстания на местах.

12 окт. один из организаторов Петрогр. ВРК, член его Бюро. 14 окт. участвовал в совещании, к-рое провёл В.И. Ленин по практич. вопросам орг-ции восстания; 20 окт. на совещании с участием Ленина, В.А. Антонова-Овсеенко и В.И. Невского доложил о готовности Кр. Гвардии и рев. частей гарнизона, о направлении представителей Воен. орг-ции на Сев. фронт, чтобы обеспечить поддержку восстания со стороны действующей армии. 22 окт. совм. с Я.М. Свердловым провёл общегор. конференцию Кр. Гвардии. Утром 24 окт. П. и Антонов-Овсеенко подписали "Предписание № 1" Петрогр. ВРК о проведении в боеготовность частей гарнизона, верных большевикам. Подписывая днём приказы "за председателя" ВРК, привёл в боевую готовность Петропавл. крепость, назначил А.В. Белышева комиссаром крейсера "Аврора", приказал 2-му пулемётному запасному полку закрыть пути подхода юнкеров из Ораниенбаума и Петергофа, Гренадерскому резервному полку подготовить команды для охраны мостов через Неву. Совм. с Антоновым-Овсеенко и Г.И. Чудновским выработал оконч. план восстания.

В дни Окт. вооруж. восст. П.– пред. ВРК. Участник штурма Зимнего дворца в рядах Павловского резервного полка. В 1920 вспоминал: «25 окт. открылся Второй Всерос. съезд Советов РСД. Предположено было поставить съезд перед фактом низвержения Врем. пр-ва. Задержка во взятии Зимнего дворца волновала до чрезвычайности весь Смольный... Тов. Ленин присылал... десятки записок, в к-рых ругался, что мы затягиваем открытие съезда... "Надо открывать заседание съезда, а Зимний ещё не взят". Штурма Зимнего с ещё большим волнением ожидали солдаты. Они... требовали продвижения вперёд немедленно, язвили: "И большевики начали дипломатию разводить!"... Мы добивались, чтобы оно [Врем. пр-во.– Автор] сложило оружие перед силой рев-ции, к-рую мы в данный момент представляли... Нам не нужна была кровь повергнутого врага» ("Пролет. рев-ция", 1922, № 10, с. 78–79). Один из организаторов обороны Петрограда и разгрома войск А.Ф. Керенского – П.Н. Краснова, юнкерского выступления в Петрограде. Избран чл. Учред. Собр. (от Сев. фронта).

23 нояб. назначен наркомом по воен. делам (с оставлением на посту пред. Петрогр. ВРК). В этом качестве подписал 16 дек. декреты СНК "О выборном начале и орг-ции власти в армии" и "Об уравнении всех военнослужащих в правах". Один из организаторов демобилизации старой армии. При обсуждении вопроса о создании соц. армии на заседании ВО при ЦК РСДРП(б) 26 дек. говорил: "Для того, чтобы мы могли отвергнуть похабные условия мира, предлагаемые нам Германией... мы должны быть сильны... мы должны влить в ряды уставших товарищей с фронта свежие элементы, цементировать армию и дать возможность уйти элементам, вносящим дезорганизацию. ...за $1^1/_2$ месяца можно создать 300 тыс. штыков соц. армии, к-рые послужат цементом и скелетом новой армии" ("Борьба партии большевиков за армию...", с. 420–42); с этим планом выступил 27 дек. на Всеарм. съезде по демобилизации, а в янв. 1918 – на заседании солд. секции 3-го Всерос. съезда Советов РСД (10–13 янв.). На заседании СНК 15 янв. изложил проект декрета о создании Кр. Армии, а затем вместе с др. членами СНК подписал этот декрет. Назначен пред. Всерос. коллегии по орг-ции и формированию РККА. С 21 февр. член бюро К-та рев. обороны Петрограда от наступавших герм. войск. С нач. марта (до сент.) член Высш. Воен. Совета (гл. командования Кр. Армии), одноврем. с апр. 1918 по сент. 1919 пред. Высш. воен. инспекции РККА. В июле 1918 один из организаторов подавления левоэсеровского мятежа в Москве. В сент. 1918 – июле 1919 член РВС Республики. С нояб. 1919 на др. воен., парт. и сов. работе. С 1935 персональный пенсионер.

Соч.: Год 1917, М., 1958.

Лит.: Тарасов Е.П., Н.И. Подвойский, в сб.: Комиссары, М., 1986. *В.Н. Заботин.*

ПОКРО́ВСКИЙ Михаил Николаевич (17 авг. 1868, Москва,– 10 апр. 1932, там же). Из дворян. В 1891 окончил ист.-фи-

лол. ф-т Моск. ун-та, оставлен "для приготовления к проф. званию". В 1891–1905 работал в учебных заведениях и просветит. орг-циях Москвы. Чл. РСДРП с 1905, большевик. Участник Рев-ции 1905–07, в 1906–07 чл. МК РСДРП, сотрудник большевист. прессы. Дел. 5-го съезда РСДРП (1907), избран в ред. газ. "Пролетарий" и в Большевист. центр. В 1907 переехал в Финляндию, затем во Францию. В 1909 входил в группу "Вперёд". В кон. 1910 объявил себя "внефракционным" с.-д. Сотрудничал во мн. изданиях. Занимался науч. деятельностью: в 1910–15 в первом издании в моск. изд-ве "Мир" вышли 1–5-й тт. "Рус. истории с древнейших времён", в 1915–18 – "Очерк истории рус. культуры" (1 изд., М., ч. 1–2). В годы 1-й мир. войны "интернационалист", вновь сближается с большевиками.

После Февр. рев-ции 1917 избран тов. пред. исполкома парижского Совета представителей 23 полит. и проф. орг-ций рус. эмигрантов. Вёл переговоры с Врем. пр-вом, Петрогр. Советом РСД, др. орг-циями "в целях защиты интересов оставшихся вне России полит. эмигрантов, добиваясь, прежде всего, ускорения их отправки в Россию" (ЦПА ИМЛ, ф. 147, оп. 1, д. 3, л. 3). Вёл пропаганду среди солдат рус. войск во Франции. В нач. сент. вернулся в Москву. Избран чл. Моск. Совета РД. 9 и 23 сент. выступал с докладами о положении рус. рев. эмиграции на заседаниях исполкомов Советов РД и СД. Участник Демокр. совещания (сент.). Чл. редакции газ. "Известия Моск. Совета РД".

Во время Окт. вооруж. восстания в Москве (25 окт. – 2 нояб.) разрабатывал проекты постановлений и декретов Моск. ВРК (о политике в области печати, по поводу изъятия денег из Гос. банка для зарплаты рабочим и служащим и др.), обращения к населению города; опубл. в "Известиях Моск. ВРК" статьи "Демокр. мир", "Европа и вторая рев-ция", "В Москве", "Успехи рев. войск". Вечером 27 окт., после предъявления командующим Моск. ВО полк. К.И. Рябцевым ультиматума, первым высказался на заседании Моск. ВРК за необходимость решительных боевых действий. 3–10 нояб. редактировал "Известия Моск. ВРК". 5 нояб. Моск. ВРК делегировал П. в комиссию по установлению взаимоотношений консулов иностр. гос-в и ВРК, затем назначил его комиссаром по иностр. делам. 11 нояб. введён в Моск. ВРК. 14 нояб. объединённый пленум Моск. Советов РД и СД избрал его пред. Моссовета. В нояб. избран членом Учред. Собр.

3 дек. телеграммой Л.Д. Троцкого вызван в Брест-Литовск для присоединения к сов. делегации на мирных переговорах. По 29 янв. 1918 участвовал в работе подкомиссий по полит., экон. и правовым вопросам. Примыкал к "левым коммунистам". Считал, что без соц. рев-ции "во всеевроп. масштабе" Сов. Республика не устоит под натиском империалистич. гос-в, единств. выход – рев. война, "но пойдут ли на этот выход мужички, и можно ли воевать без мужичков – на этот счёт мнения расходятся" (там же, д. 49, л. 56). Сомневался, что зап.-европ. рев-ция вскоре вспыхнет, и призывал к укреплению обороноспособности страны. Резко негативно отнёсся к заявлению Троцкого, что Сов. пр-во из войны выходит, демобилизует армию, но мира на герм. условиях не подписывает. "Я не стал разбираться, чего тут больше, наивности или трусости (было достаточно и того и другого), но тоже с откровенностью заявил, что этого я во всяком случае не подпишу",– отметил П. 19 янв. в дневнике (см.: там же, д. 7, лл. 56–57). В ночь с 4 на 5 марта выступил с содокладом на Моск. парт. конференции: подписанный мир "не следует исполнять. Если мы его исполним, то нашей соц. рев-ции придёт гибель... Но раскола ни в коем случае не надо устраивать..." (МПА, ф. 3, оп. 1, д. 18, лл. 2–3). Позицию ЦК поддержало большинство конференции, позицию П.– "значит. меньшинство" (там же, л. 7).

С образованием 11 марта 1918 СНК Москвы и Моск. обл. П. стал его пред. Поскольку Моск. СНК часто дублировал центр. правительств. органы, начали возникать конфликты. 20 мая обл. СНК был ликвидирован. П. был назначен зам. наркома просвещения. Возглавлял Коммунистич. академию и др. ведущие науч. учреждения страны. Организатор Ин-та красной профессуры. С 1929 акад. АН СССР. В 20-х гг. в ист. науке сложилась "школа П.".

С о ч.: Рус. история в самом сжатом очерке, ч. 1–3, М., 1920–23; Окт. рев-ция. Сб. статей, М., 1929.

Лит.: С о к о л о в О.Д., М.Н. Покровский и сов. ист. наука, М., 1970, гл. 2; Ч е р н о б а е в А.А., "Профессор с пикой", или три жизни историка М.Н. Покровского, М., 1992.

А.А. Чернобаев.

ПОКРО́ВСКИЙ Николай Николаевич (1865, Петроград,– дек. 1930). Образование получил на юрид. ф-тах Моск. и Петрогр. ун-тов (курс окончил со степенью кандидата). С 1889 на службе в Мин-ве финансов. В 1902–03 вице-директор (с 1904 директор) Департамента окладных сборов Мин-ва финансов; в 1906 тов. мин. финансов, заведовал преим. делами окладных сборов; за время пребывания в двух последних должностях под рук. П. был выработан ряд законопроектов. В 1914–16 член Гос. совета (с оставлением в должности тов. мин. финансов до июля 1914), входил в пост. экон. комиссию Совета дворянских об-в. В янв.– нояб. 1916 Гос. контролёр, с 30 нояб. мин. иностр. дел. Англ. газеты, по сообщению "Нового Времени", расценили его назначение как "признаки окончат. подавления германофильской агитации в России". 19 нояб. 1916 выступил в Гос. Думе с правительств. заявлением о том, что "заключённое нами в 1915 с Великобританией и Францией соглашение, к к-рому присоединилась и Италия, окончательно устанавливает право России на проливы и Константинополь"; по вопросу о заключении мира с Германией заявил, что "этому не бывать", что вызвало бурные аплодисменты ("Новое Время", 1916, 3 дек.). За свою 3-месячную министерскую деятельность подавал 4 раза в отставку из-за несогласия с политикой, проводимой мин. внутр. дел А.Д. Протопоповым.

Положительно отнёсся к привлечению амер. капиталов в рус. экономику; при поддержке Мин-ва финансов выступил с предложением о посылке в США спец. финанс.-экон. миссии. В янв. 1917 П. была подготовлена записка, в к-рой отстаивалась идея установления тесных связей с США "ввиду решающей роли, к-рую пр-во США несомненно призвано сыграть при ликвидации войны". Являлся пред. Межсоюзного совещания, собравшегося в России 9 янв.– 7 февр. Во "всеподданнейшей записке" царю 21 февр. выражал уверенность в победе над Германией, ставил вопрос о подготовке к окт. 1917 экспедиц. корпуса для высадки в Константинополе. На заседании Совета министров с 25 на 26 февр. предложил отставку всего пр-ва. Был направлен на переговоры с руководителями Гос. Думы и Прогрессивного блока. 26 февр. на заседании Совета министров в Мариинском дворце доложил о своих переговорах с Прогрессивным блоком, к-рый был представлен В.А. Маклаковым, высказавшимся за отставку пр-ва.

После Февр. рев-ции возглавил Рус.-Амер. к-т содействия экон.

сближению России и США (апр.). После Окт. рев-ции эмигрировал; занимался наукой, читал лекции в Ковенском ун-те. Написал "Основы финансовой науки" (1925).

О.Л. Сорокина.

ПО́ТРЕСОВ Александр Николаевич (19 авг. 1869, Москва или Харьков,– 11 июля 1934, Париж). Из дворянской семьи,

отец – ген.-майор. Окончил естеств. ф-т и два курса юрид. ф-та Петерб. ун-та. В студенч. годы стал марксистом. В 1892 установил связь с гр. "Освобождение труда". В 1895 сблизился с руководителями Петерб. "Союза борьбы за освобождение рабочего класса", вошёл в него в 1896. В дек. 1896 арестован, сослан на 2 года. В апр. 1900 заключил с В.И. Лениным и Ю.О. Мартовым "тройственный союз" для подготовки с.-д. общепарт. газеты и выехал за границу. Член редакции газ. "Искра" и ж. "Заря". На 2-м съезде РСДРП (1903) определился как меньшевик; внёс резолюцию об отношении к либерально-демокр. движению, в к-рой отразились будущие разногласия между большевиками и меньшевиками. Предлагал не только разоблачать соглашательство либерализма с самодержавием (в этом была суть резолюции Ленина), но и выдвинуть такие требования (лозунг всеобщего избират. права и др.), к-рые могли бы стать основой для совм. действий с.-д. и либералов. Вернулся в ред. "Искры" после выхода из неё Ленина. В своих статьях характеризовал большевизм как разновидность рос. марксизма "кружкового подполья", идеологию "отщепенской" интеллигенции, к-рая отождествляла "проф.-рев. коллектив" с РСДРП. После амнистии в нояб. 1905 вернулся в Петербург; чл. редколлегии меньшевист. газ. "Начало". Поддержал идею П.Б. Аксельрода о "рабочем съезде". После поражения Рев-ции 1905–07 руководил меньшевист. легальной печатью. Один из авторов и редакторов пятитомника "Обществ. движение в России в нач. XX в.". Один из идеологов ликвидаторства, призывал РСДРП "...из самодовлеющего парт. организма превратиться в пропагандистско-агитац.-технич. аппарат, обслуживающий орг-ции пролетариата" (Потресов А.Н., Посмертный сб-к произведений, Париж, 1937, с. 176–77). В годы 1-й мир. войны "оборонец". Поддерживал создание рабочих групп при воен.-пром. к-тах, видел в них средство борьбы за полит. преобразование страны. В 1916 один из авторов и редакторов сб-ка "Самозащита".

После Февр. рев-ции 1917 выступил 6 марта на собр. петрогр. меньшевиков против лозунга "Долой войну!", предложил формулу "...требование междунар. мира на определ. условиях, обращённых к пр-вам и пролетариату" ("Рабочая Газета", 1917, 8 марта). Сблизился с "рев. оборонцами", один из лидеров прав. крыла меньшевиков, с кон. мая член редакции газ. "День". Считал рев-цию общедемократической, выступал за широкое объединение сил рос. об-ва для решения общенац. задач и обороны страны. Поддерживал Врем. пр-во, отводил буржуазии решающую роль как наиболее "...социально и политически подготовленной для решения общенац. задач..."; считал, что ей "...на ближайший, хотя бы и на короткий, период истории, на время укрепления в стране порядка развитого капиталистич. строя уготовлена роль хозяина-распорядителя" ("Дело", 1917, № 3). Определял функции Совета РСД "...смотреть за властью, но он сам при всей своей властности – отнюдь не есть власть" ("Вперёд", 1917, 23 марта). Оборонч. резолюция П. на Всерос. конф. меньшевист. и объединённых орг-ций РСДРП в мае получила лишь 9 голосов. Требовал от меньшевиков резкого отмежевания от большевизма, разрыва с меньшевиками-интернационалистами (называл их идеи "половинчатым большевизмом") (ЦПА ИМЛ, ф. 275, оп. 1, д. 3, л. 44), допускал соглашение лишь с "рев. оборонцами". Критикуя ОК РСДРП, П. писал: "Убожество парт. инициативы, парт. политики... особенно бросается в глаза на фоне деятельности Советов..." ("День", 1917, 3 авг.). Докладчик на Объединит. съезде РСДРП, П. 19 авг. подчёркивал, что Февр. рев-ция не исчерпала задач пролетариата, общих с буржуазией. "...Мы не можем скинуть со счетов нашего естеств. союзника, данного нам историей... В стране, к-рая страдает от недостаточности капитализма, нельзя говорить, что буржуазия раньше, чем она упрочит порядок, уже вся перешла в лагерь контррев-ции" (там же, 20 авг.). В сент. участник Демокр. совещания; на заседании его меньшевист. фракции выступал в защиту коалиц. пр-ва. Был членом Врем. Совета Рос. Республики (Предпарламента). Осенью П. и его сторонники фактически отмежевались от ЦК РСДРП(о), где большинство перешло к интернационалистам.

Окт. рев-цию категорически не принял, выступал против любых соглашений с большевиками и межпарт. переговоров при Викжеле. 19 нояб., выступая с докладом о текущем моменте на Петрогр. конф. меньшевиков-"оборонцев", отмечал, что "воен. характер рев-ции определил слабое участие рабочих масс в строительстве рев. общественности. С.-д-тия в лице меньшевиков не смогла стать массовой партией в силу внутр. противоречий, к-рые она в себе соединила. Движение масс заменено было комбинированием представителей рабочих. Это привело к краху партии, к-рый особенно рельефно отразился на выборах в Учред. Собр. Наступающий период – это период упорной, массовой работы с.-д-тии в рабочем классе... в области международной нужно бороться против сепаратного мира большевиков, подчёркивая необходимость отстаивания гос. самостоятельности России, её независимость от агрессивного империализма Германии. В области внутр. политики необходимо отстаивать идею создания общенац. власти как единственно способной возродить гос. организм России. Предшествовавший период, к-рый под видом коалиции был в действительности периодом гегемонии рев. демократии, показал всю безжизненность идеи однородной соц. власти" ("Заря", 1917, 22 нояб.). На Чрезв. съезде РСДРП(о) (нояб.– дек.) был содокладчиком по вопросу "О войне и перемирии", призывал "...всеми силами способствовать низвержению большевизма и, объявив войну сепаратному миру, апеллировать к соц. партиям всех стран в целях скорейшего заключения мира" ("А.Н. Потресов. 1869–1934", Париж, 1937, с. 80). Съезд не поддержал П., рук-во РСДРП перешло к левоцентрист. крылу во главе с Ф.И. Даном и Мартовым. П. отказался войти в ЦК партии.

В дальнейшем работал в архивных учреждениях. В сент. 1918 опубл. заявление о разрыве с "офиц. меньшевизмом". Участвовал в создании антибольшевист. орг-ций, вступил в "Союз возрождения России" (позднее признал это ошибкой). 1 сент. 1919 арестован, но вскоре в связи с болезнью освобождён; от полит. деятельности отошёл, занимался науч. работой. В кон. 1924 получил разрешение выехать на лечение за границу, где не присоединился ни к одному из меньшевист. течений. С 1931 выпускал ж. "Записки социал-демократа" (вышли № 1–23). Сохранил убеждение, что рос. революция может быть лишь бурж.-демократической и после краха большевист. "иллюзий максимализма" неизбежно вернётся в эти рамки.

Соч.: Петербург и Москва, П., 1918; В плену у иллюзий. Мой спор с офиц. меньшевизмом, Париж, 1927.

Лит.: Гарви П.А., А.Н. Потресов – человек и политик, "Соц. вестник", 1934, № 14; Дан Ф.И., Памяти А.Н. Потресова, там же, № 12; Иванович С., А.Н. Потресов. Опыт культурно-психологич. портрета, Париж, 1938; Бургина. *Г.И. Ильящук.*

ПРЕОБРАЖЕНСКИЙ Евгений Алексеевич (15 февр. 1886, г. Болхов Орловской губ.– 13 июля 1937, Москва). Из семьи священника. В 1907–08 учился на юрид. ф-те Моск. ун-та. В РСДРП с 1903, большевик. В Рев-цию 1905–07 участник дек. вооруж. восст. в Москве, чл. Уральского обл. бюро РСДРП. Неоднократно

арестовывался, с осени 1909 в ссылке в Иркутской губ.

После Февр. рев-ции 1917 с сер. марта тов. пред. Совета РСД, чл. президиума К-та обществ. орг-ций Читы. Выступал за сотрудничество этих орг-ций, за условную поддержку Советами Врем. пр-ва, т.к. считал, что происходящая рев-ция "является буржуазной по своим задачам, но осуществляется силами рев. пролетариата и крест-ва" ("Забайкальский Рабочий", Чита, 1917, 31 марта); для того чтобы достичь социализма, "нужна не только вторая, на этот раз уже соц. рев-ция, но и то, чтоб развитие нашей пром-сти достигло такой степени, что устранение капитала могло бы совершиться легко и безболезненно. Пока же нам до этого далеко" (там же, 1917, 22 марта). Дел. 1-го Вост.-Сиб. съезда Советов РСКД (7–13 апр.), чл. президиума. На съезде заявил: "Не согласен, что захват власти рабочим классом ведёт к осуществлению социализма... Возможно, что Совет РСД принуждён будет проявлять требования в пределах бурж. строя" (см.: Агалков В.Т., Советы Сибири 1917–18, Новосибирск, 1978, с. 20–21). Дел. 1-го Всерос. съезда Советов РСД (3–24 июня), на к-ром отмечал: "Я думаю, что мы находимся накануне перелома рус. рев-ции и, быть может, нам скоро придётся сказать, что рус. рев-ция кончилась, что рус. рев-ция дала максимум того, что она могла дать" ("1-й съезд Советов", т. 1, с. 218). На съезде огласил большевист. резолюцию по вопросу о войне. Работал в комиссии по нац. вопросу. 20 июня заявил: "...представители евр., мусульм. и всякого др. пролетариата... заинтересованы в том, чтобы создать свою собств. пролет. культуру не путём объединения со своей буржуазией, а путём объединения с пролетариями др. национальностей. По этим мотивам мы высказываемся против культурно-нац. автономии и ни в коем случае не посягаем на права отд. национальностей" (там же, т. 2, с. 176). На том же заседании внёс от фракции большевиков резолюцию, осуждающую политику Врем. пр-ва, оттягивающего решение вопросов, связанных с осуществлением нац. прав угнетённых народов; съезд резолюцию не принял (см. там же, с. 182). 22 июня от комиссии по нац. вопросу выступил с резолюцией о борьбе с антисемитизмом, к-рая была единогласно принята (см. там же, с. 239–40). Избран чл. ВЦИК. На пути на съезд Советов (в мае–июне) и после него работал на Урале, в Златоусте, член местного к-та. Дел. 2-й Уральской обл. с.-д. конф. (14–18 июля), тов. пред. президиума, избран членом обл. к-та; командирован в Петроград и Москву, чтобы передать ЦК и Моск. обл. бюро ЦК о решениях конференции и в случае необходимости войти в Орг. бюро по созыву съезда.

Дел. 6-го съезда РСДРП(б) (26 июля – 3 авг.), избран канд. в чл. ЦК. Полемизировал с докладчиком ЦК И.В. Сталиным, утверждавшим, что мирный период рев-ции кончился и следует снять лозунг "Вся власть Советам!". П. говорил: «...кончилась ли у нас рев-ция в первой её стадии или нет? ...Роль мелкой буржуазии в дальнейшей стадии рев-ции для нас ещё недостаточно выяснена. Отход её вправо объясняется двумя причинами: выступлением пролетариата и прорывом фронта. Мелкая буржуазия поставлена перед необходимостью защищать страну, но для защиты страны необходим аппарат, к-рый находится в руках империалистов... началось сближение мелкой буржуазии с империалистами... Возможно, что победа контррев-ции может оказаться более глубокой, чем мы думаем, и тогда рев-ция в нац. пределах кончена. В этом случае я не могу согласиться с утверждением о неизбежности нового взрыва. Я считаю вполне возможным соглашение между контррев. буржуазией, капиталистами, помещиками и крестьянами... Но возможно и другое. На почве невозможности разрешить все конфликты мелкой буржуазии с крупной и при условии воен. успехов на фронте мы будем поставлены перед новым взрывом рев-ции. Но кто будут её участники? Что т. Сталин понимает под "беднейшими слоями крест-ва"? В марксист. лит-ре нет до сих пор определения понятия беднейшего крест-ва, о к-ром говорится в резолюции. Если это – батраки или тот слой крест-ва, к-рый при проведении радикальной зем. реформы не проигрывает, а выигрывает, то я скажу: роль Советов ещё не кончена. Их состав может измениться. Лозунг "Вся власть Советам!" должен быть сохранён постольку, поскольку возможность агр. рев-ции не исключена. Здесь говорилось о новых взрывах. О каких взрывах? Если о взрывах, участником к-рых будет только пролетариат, к-рые совершенно не будут поддержаны широкими нар. слоями, то у нас повторится 3–4 июля. Но если выступления будут иметь резонанс в крест-ве, они будут иметь громадное значение. И в этом смысле я высказываюсь за эти взрывы, но как за подсобное средство, а не как за осн. средство борьбы» ["6-й съезд РСДРП(б)", с. 115–16].

При голосовании 9-го пункта резолюции "О полит. положении", в к-ром перед рев. классами России ставилась задача взятия власти и её направления "в союзе с рев. пролетариатом передовых стран к миру и к соц. переустройству об-ва" (там же, с. 244), предложил иную редакцию: "для направления её к миру и, при наличии пролет. рев-ции на Западе, к социализму" (там же, с. 250). Съезд поправку отклонил.

После съезда возвратился на Урал. «В г. Златоусте, куда я вернулся работать, наша партия среди рабочих была в меньшинстве, даже в Окт. дни. Большинство рабочих было за с-р-ов [социалистов-революционеров.– Авторы]. В Окт. дни я участвовал в вооруж. демонстрации нашей партии с лозунгами "Вся власть Советам!" и до полной потери голоса убеждал рабочих Златоустовского з-да вместе с др. товарищами поддержать переход власти к Советам. Это нам удалось только отчасти" ("Гранат", с. 590). Баллотировался в Учред. Собр. по Уфим. губ. На 2-м Всерос. съезде Советов РСД (25–27 окт.) избран чл. ВЦИК. На 3-й Уральской обл. парт. конф. (2–5 янв. 1918) избран канд. в члены обл. к-та большевиков. Чл. редколлегии "Уральского Рабочего".

Дел. 3-го Всерос. съезда Советов РСД (10–13 янв. 1918), в полемике с объединёнными интернационалистами отстаивал точку зрения, что "рев-цию сделали не усталые солдаты и не жадно тянущиеся к земле собственники-крестьяне, как утверждают объединённые интернационалисты. Точно также неверно, что с большевиками мало пролетариев... большевики не закрывают глаз на то, что крестьяне ещё не достаточно ясно представляют себе соц. строй, но дальнейшее развитие рев-ции создаст объективные условия, при к-рых крест-во осуществит социализацию земли" ("Правда", 1918, 27 янв.).

Весной, во время Брестских переговоров о мире, один из лидеров "левых коммунистов": "Бумажный договор с Германией, не опирающийся на реальное соотношение сил, не представляет никакой защиты для Сов. власти... Рев. война, как бы слабо мы не были к ней подготовлены, неизбежна... Эта война укрепит Сов. власть внутри страны и никакие поражения на внеш. фронте не в состоянии будут её свалить" ("Уральский Рабочий", 1918, 3 марта); "Весь план тов. Ленина является, в сущности говоря, попыткой спасти жизнь Сов. власти посредством самоубийства" (там же, 6 марта). С мая пред. президиума Уральского обкома РКП(б), один из организаторов борьбы с антисов. выступлением Чехосл. корпуса. Затем на руководящей парт., сов. работе. Автор (совм. с Н.И. Бухариным) "Азбуки коммунизма" (М., 1919). В 1927, 1933 исключался из партии. Необоснованно репрессирован; реабилитирован посмертно.

Соч.: О крест. коммунах. (Разговор коммуниста-большевика с крестьянином), М.–П., 1918; Нужна ли хлебная монополия?, М., 1918; С кем идти крест. бедноте?, Смоленск, 1918; Крест. Россия и социализм, П., 1918; Анархизм и коммунизм, М.–П., 1918; Трёхлетие Окт. рев-ции, М., 1920.

Лит.: Постников.

М.М. Горинов, С.В. Цакунов.

ПРОКОПО́ВИЧ Сергей Николаевич (1871, Царское Село Петербургской губ., – 1955, Женева, Швейцария). Род. в семье воен-

ного, впоследствии ген.-майора; мать владела поместьем в Нижегородской губ. В 1899 окончил Брюссельский ун-т (Бельгия), вступил в "Союз рус. с.-д. за границей", принадлежал к крайне прав. крылу "экономизма". В 1904 вошёл в "Союз Освобождения". В 1905 чл. ЦК кадетской партии, но вскоре вышел из неё. В 1906 совм. с Е.Д. Кусковой и В.Я. Богучарским издавал в Петербурге ж. "Без заглавия". Масон. Д-р философии Бернского у-та (1913). Член Вольного экон., Рус. технич. и ряда др. об-в. Служил в Моск. обл. Воен.-Пром. к-те (1914–17). Считал себя "нефракционным социалистом".

После Февр. рев-ции 1917 на Всерос. кооп. съезде 27 марта избран в Совет всерос. кооп. съездов; чл. исполкома К-та моск. обществ. орг-ций, в мае пред. Третейского суда по трудовому конфликту рабочих Орехово-Зуевского уезда с предпринимателями. С 25 мая пред. Гл. экон. к-та и зам.пред. Экон. совета Врем. пр-ва (по 25 сент.). Чл. Особого совещания Врем. пр-ва по изготовлению проекта Положения о выборах в Учред. Собр. С 24 июля мин. торговли и пром-сти Врем. пр-ва, с 25 сент. мин. продовольствия. На Гос. совещании в Москве председательствовал на ряде заседаний, 12 авг. сделал доклад; выступал за гос. контроль над пр-тиями, за обеспечение прав владельцев в руководстве делом, установление твёрдых цен на большинство предметов потребления, распространение коллективных договоров, но против вмешательства рабочих в управление пр-тиями и введения рабочего контроля, за решит. меры в борьбе с рев. движением. 13 окт. на заседании Врем. пр-ва П., вернувшийся из поездки по Югу, заявил, что с проявлением твёрдой власти "медлить нельзя", "анархия" должна быть подавлена. 16 окт. на заседании пр-ва и Предпарламента сокращение подвоза продовольствия объяснял беспорядками на жел. дорогах, где крестьяне и вооруж. отряды останавливают и разгружают прод. эшелоны; вновь настаивал на твёрдой власти для борьбы с "анархией".

25 окт. арестован и доставлен в Смольный ин-т. После допроса освобождён. Поздно вечером организовал шествие 400 чл. Гор. думы к Зимнему дворцу, к-рое было остановлено матросами. Входил в К-т спасения Родины и Рев-ции. Принимал активное участие в работе подпольного Врем. пр-ва; 5 нояб. на его заседании избран пред. на время отсутствия А.Ф. Керенского. На заседании пр-ва 9 нояб. было принято предложение П. о посылке в Ставку представителей с поручением заявить, что Врем. пр-во высказывается против создания как нового пр-ва в Ставке, так и "однородного соц. пр-ва" с участием большевиков. Врем. пр-во 11 нояб. постановило (по предложению П.) отпустить средства из казны на противобольшевист. агитацию. 16 нояб. как мин.-пред. подписал постановление Врем. пр-ва о созыве 28 нояб. в 2 ч. дня в Петрограде в Таврическом дворце Учред. Собрания. 17 нояб. вместе с др. министрами подписал обращение Врем. пр-ва "Ко всем гражданам Рос. Республики!", в к-ром заявлялось, что оно "в наст. время является единственной в стране законной властью", продолжает работу "по обслуживанию осн. нужд населения и армии, не допуская мятежников овладеть гос. органами", призывает армию и население дать отпор попыткам Сов. власти заключить сепаратный мир. Обращение заканчивалось призывом встать на защиту Учред. Собр. 19 нояб. П. арестован и отправлен в Кронштадт под надзор исполкома Совета РСД, вскоре освобождён.

Весной 1918 вошёл в "Союз возрождения России". В 1921 вместе с Е.Д. Кусковой и Н.М. Кишкиным работал во Всерос. к-те помощи голодающим Поволжья (Помгол). В 1922 выслан из РСФСР. В эмиграции в Берлине, Праге, Женеве, с 1939 в США. В 20–30-х гг.руководил ж. "Экон. сб-к", "Рус. экон. сб-к".

Соч.: Кооп. движение в России. Его теория и практика, 2 изд., М., 1918; Народное хоз-во в дни революции, М., 1918.

М.Е. Голостенов.

ПРОТОПО́ПОВ Александр Дмитриевич (18 дек. 1866, с. Марысово Нижегородской губ.,– 27 окт. 1918). Потомств. дворянин. Окончил Кадетский корпус, Николаевское кав. уч-ще (1885). В 1888–90 слушатель Академии Генштаба. В 1890 вышел в отставку, поселился в Симбир. губ., где имел в Корсунском у. 4657 десятин земли, лесопильный з-д, ф-ку сукон. Служил по выборам земским губернским и уездным гласным, почётным мировым судьёй, с окт. 1905 уездный предводитель дворянства. Был пред. Союза суконных фабрикантов, членом имп. Географич. об-ва, мн. обществ. и благотворит. учреждений; имел науч. и лит. труды, гл. обр. в области текстильного произ-ва и крест. землевладения. Во время Рев-ции 1905–07 проявил активность в борьбе с рабочим движением. "Октябрист". Чл. 3-й и 4-й Гос. Дум. Отстаивал позиции промышленников. С 1914 тов. пред. Гос. Думы, чл. Прогрессивного блока. С 1916 пред. Совета съездов металлургич. пром-сти и кандидат в пред. Совета съездов пром-сти и торговли. Основатель и редактор монархич. газ. "Русская Воля" (дек. 1916 – окт. 1917). Порвал с бурж.-помещичьей оппозицией и стал сторонником жёсткой правительств. политики.

18 сент. 1916 назначен управляющим Мин-вом внутр. дел и главноначальником отд. корпуса жандармов; 2 дек. утверждён министром внутр. дел; при поддержке царицы и Г.Е. Распутина добивался передачи прод. дела в Мин-во внутр. дел; этот план, вызвавший недовольство общественности, не был реализован. Нояб. сессия Гос. Думы выступила за отставку П.; с таким же предложением обратился к Николаю II и премьер-министр. Николай II, пообещав предоставить отставку, под давлением императрицы обещание не выполнил. К нач. 1917 П. провёл ряд мероприятий против рабочего движения; был разработан план подавления возможных беспорядков (Петроград был разбит на р-ны, в к-рых охрана порядка возлагалась на специально выделенные гвард. части; намечалось использовать ок. 12 тыс. солдат запасных батальонов гвард. полков в дополнение к 6 тыс. полицейских; для большей самостоятельности ген. С.С. Хабалова был выделен Петрогр. ВО из состава Сев. фронта).

В нач. февр. 1917 П. был болен. М.В. Родзянко направил Николаю II прошение об удалении П. из пр-ва. 24–25 февр. П. дал первые сообщения в Ставку о "беспорядках в столице"; доносил, что успешно справляется с положением и что в Москве спокойно. В ночь с 25 на 26 февр. на совещании министров по вопросу о роспуске Гос. Думы проголосовал за её роспуск. 27 февр. министры пришли к решению убрать П. из кабинета как препятствующего соглашению с Думой, но не осмелились принять постановление об отставке П., а сочли возможным "заболеть его". 28 февр. П. явился в Таврический дворец и объявил первому встречному: "Я – Протопопов". Был сопровождён в министерский павильон. 29 февр. П. был переведён в Петропавл. крепость. Чрезв. следств. комиссией Врем. пр-ва был привлечён к суду. На следствии искусно лавировал, давал неопределённые ответы, играл в искренность и наивность, но ничего существенного не говорил.

После Окт. рев-ции с версией о "ненормальности" был переведён в лечебницу для нервных больных, летом 1918 оттуда препровождён в Москву, в Таганскую тюрьму. Расстрелян в порядке "адм. усмотрения" по решению ЧК. *О.Л. Сорокина.*

ПРОТОПО́ПОВ Дмитрий Дмитриевич (1864, по др. данным, 1865 или 1866,– окт. 1918). Из дворян. Окончил гимназию и Петерб. ун-т. Публицист, земский деятель, губернский гласный и гласный Николаевского уездного земства. Состоял под надзором полиции в 1895–99, был выслан в Финляндию за пропаганду среди крестьян на 3 года. Землевладелец и владелец крупной суконной ф-ки. Издатель "Земского Дела". Чл. "Союза Освобождения". Чл. Партии Нар. Свободы, чл. ЦК партии с 1906. Чл. 1-й Гос. Думы от Самар. губ. За подписание Выборгского воззвания, призывавшего к гражд. неповиновению, был приговорён к 3-месячному заключению.

После Февр. рев-ции 1917 претензии кадетов на руководящую роль во Врем. пр-ве мотивировал их компетентностью в искусстве гос. управления, подготовленностью к приёму власти. «Присущие нашей партии качества,– писал в "Речи" П.,– ум, знания, опытность, уменье работать обеспечили нам подобающее положение» (18 марта). На заседании кадетского ЦК 19–20 июля как один из лидеров прав. крыла партии настаивал на твёрдости и неуступчивости к Советам, считая, что можно идти на выход социалистов из пр-ва. В авг. на заседании ЦК П. говорил: "Да, воевать с врагом можно только при бурж. министерстве. Диктатура принимает форму заговора, и можно рассчитывать, что в народе к ней отнесутся спокойно. Конечно, диктатора всегда тянет к короне. Но что же делать? Не сомневаюсь – нам нужно идти ва-банк" (Думова-3, с. 234). 3 окт. вошёл в состав Врем. Совета Рос. Республики (Предпарламента). Кандидат в чл. Учред. Собр. (от Петрограда).

После Окт. рев-ции летом и осенью 1918 кадеты, особенно из ЦК, часто собирались в Москве для обсуждения "всех вопросов дня"; на заседаниях, обычно проходивших в квартире П., заслушивались подробные доклады о положении дел в "Нац. центре" и в Партии Народной Свободы вообще. "Еженедельник ВЧК" (1918, № 6, 27 окт., с. 27) известил, что П. расстрелян в числе "явных контрреволюционеров". *М.Е. Голостенов.*

ПРОХА́НОВ Иван Степанович (4 апр. 1866, г. Владикавказ Терской обл.,– 6 окт. 1935, Берлин). Из семьи сектантов-мо-

локан. Окончил Владикавк. реальное уч-ще в 1887. В 1885 был крещён в Тереке в евангелич. веру. В 1888 поступил в Петерб. технологич. ин-т и одноврем. вступил в Петерб. духовную общину верующих евангелич. христиан. Основал первое в России единоверческое издание "Беседа". После окончания ин-та в 1893 посетил Л.Н. Толстого в Ясной Поляне; по просьбе писателя побывал у выехавших на Кипр из России духоборов. Поступил на работу (в качестве зам. директора) на сахарный з-д Н.Н. Неплюева в Черниговской губ. (Неплюев – основатель религ. трудовых братств; его деятельность представляла собой попытку оживить православие). Основал в Таврической губ. первую в России евангелич. всеобщину (коммуну) "Вертоград". В 1895–98 знакомился с духовной жизнью религ. об-в и изучал христ. богословие в Англии (в Бристоле в баптистском колледже и Лондоне в колледже конгрегационалистов), на богословском ф-те Берлинского ун-та, на ф-те протестантского богословия Парижского ун-та.

По возвращении в Россию попал под негласный надзор полиции. Работал в Риге, с 1901– в Петербурге инженером в фирме "Вестингауз" (до 1921). Выпустил ок. 10 сб-ков стихов и духовных песен, издавал ж. "Христианин", религ. газ. "Утренняя Звезда", создал в 1908 свободоверческое изд-во "Радуга". Был избран первым пред. Петрогр. общины евангелич. христиан. В 1906 основал Рус. евангелич. союз. Организатор Всерос. съездов евангелич. христиан (1-й в 1909, 2-й в 1910, 3-й в 1911). На Всемирном конгрессе в Стокгольме и в Филадельфии в 1911 П. был избран вице-президентом Всемирного союза баптистов.

После Февр. рев-ции 1917 организовал и провёл в апр. в Петрограде 4-й Всерос. съезд евангелич. христиан. Летом основал в Тверской губ. протестантскую коммуну "Гельфсимания", превратившуюся в одно из образцовых кооп. т-в. На Гос. совещании в Москве 14 авг. сделал заявление от имени Всерос. союза евангелич. христиан: "Приветствуя мужественное решение Врем. пр-ва сказать всю правду стране... и признавая, что для ближайшего спасения Родины и свободы в этот страшный час от надвинувшейся с запада грозы прус. милитаризма и внутр. опасности анархии и контррев-ции, для доведения целой и неразделённой страны до Учред. Собр. и укрепления в России навсегда строя народовластия необходима твёрдая и сильная власть, опирающаяся на нравств. поддержку и доверие всех организованных живых сил страны, необходимо: оздоровление армии, упрочение дисциплины и порядка в стране, упорядочение транспорта, финансов, продовольствия, пром-сти и др. решительные полит. и социально-экон. мероприятия. Всерос. союз евангелич. христиан полагает, что гл. средство, без к-рого означенная система мер успеха иметь не может, заключается в психологич. факторе веры в материальные и духовные ресурсы страны и в великое провиденциальное назначение России. Для спасения России в самом широком смысле необходимо: 1) раскрепощение гос. церкви, реформация её в смысле возрождения духовного мира и демократизации её строя, отделение её от гос-ва... 2) утверждение свободы совести в полном её объёме, действит. уравнение перед законом всех религий и церквей и вероисповеданий... 3) возникновение об-в и орг-ций, имеющих своей целью распространение Евангелия и этич. начал в народе и популяризации заветов Христа..." ("Гос. совещание", с. 72–73).

После Окт. рев-ции П. настоятельно советовали уехать из России. Он остался, говоря, что если уедет из Петрограда, то уедет последним. Считая Сов. власть гарантией проведения принципа свободы совести, все факты притеснения христ. общин относил на счёт произвола и неосведомлённости местных властей. Организовал и провёл 5-й Всерос. съезд евангелич. христиан в кон. 1918 в Москве, 6-й съезд в Петрограде в 1919, 7-й в 1920 в Москве, 8-й в 1921 в Петрограде.

В 1920 организовал Врем. Всерос. общий Совет евангелич. христиан и баптистов и начал издание единого органа "Братский Союз". В 1921 составил и издал "Краткий справочник – Республика и Свобода совести"– сб-к указов и распоряжений Сов. власти по религ вопросам. Основал и вёл в Петрограде библейскую школу, впоследствии Библейский ин-т, к-рый выпустил за 1922–29 420 проповедников.

Неоднократно преследовался органами ВЧК и ГПУ. В кон. 1925 выехал в Америку для сбора средств на издание духовной лит-ры, в нояб. 1926 вернулся в Москву. В 1926 основал в Нью-Йорке ж. "Евангелие в России" (на англ. яз.), в 1931 – ж. "Евангелич. Вера". В 1928 выехал за границу, издал в Америке автобиографию "В котле России" (на англ. яз.). В СССР не вернулся. Последнее пребывание в США – с кон. 1933 по июль 1935. Скончался в Германии.

С о ч.: Евангельское христианство и социальный вопрос, Пг., 1918.

Лит.: П о п о в В., Христ. коммуны И. Проханова, "Наука и религия", 1990, № 7.

М.Е. Голостенов.

ПРОШЬЯ́Н Прош Перчевич (22 апр. 1883, Ереван,– 16 дек. 1918, Москва). Сын известного писателя, учёного, просветителя и обществ. деятеля. По окончании гимназии (1902) студент юрид. ф-та Новороссийского ун-та (Одесса); исключён (1905) за невзнос платы за обучение. С 1903 эсер, один из лидеров эсеровских орг-ций Одессы; писал и распространял листовки, осуждающие нац. и агр. политику самодержавия, рус.-япон. войну, выступал на митингах, пропагандист в рабочих

кружках, ответственный за поддержание связей с орг-циями эсеров в др. городах. В 1905 за участие в попытке освобождения политзаключённых из одесской тюрьмы приговорён к 6 годам каторги, к-рую отбывал в Акатуйских и Зерентуйских тюрьмах. В 1910, выйдя на поселение, бежал, был пойман, осуждён в каторжные работы на 3 года. Содержался в Бутырской тюрьме (Москва), Ярославском централе. В 1913 выслан в Вост. Сибирь, бежал за границу. В годы 1-й мир. войны занимал интернационалистскую позицию.

После Февр. рев-ции 1917 прибыл в Петроград. На конференции эсеровских орг-ций Севера и Северо-Запада страны (21–24 мая, Петроград) избран в Сев. обл. к-т ПСР. На 3-м съезде ПСР (25 мая – 4 июня, Москва) один из лидеров левой оппозиции ЦК. На парт. форумах, в печати резко выступал против империалистич. войны, оборончества, коалиции с буржуазией, требовал скорейшего созыва Учред. Собр. М.А. Спиридонова писала: «Он первый начал открытую кампанию против Керенского и публиковал до того злые и нецензурные статьи на Савинкова, что хохотали вся Финляндия и Петроград и катался в судорогах гнева ЦК ПСР. Наступление 18 июня он первым назвал "ножом в спину революции" и в своей поддержке большевиков шёл до конца и без колебаний» (Спиридонова М., Прош Прошьян, "Каторга и ссылка", 1924, № 2, с. 221–222).

Являясь членом Облисполкома (создан в апр. на 1-м обл. съезде рус. Советов депутатов армии, флота и рабочих в Финляндии), руководителем левоэсеровского к-та и фракции левых эсеров в Гельсингфорсском Совете, редактором-издателем газ. "Социалист-революционер", был инициатором согласованных действий с большевиками в дни Июньского и Июльского кризисов. Арестован по распоряжению Врем. пр-ва, освобождён после провала выступления ген. Л.Г. Корнилова. Отказался давать показания спец. комиссии, созданной ЦК для расследования его "дезорганизаторской деятельности". Решением ЦК исключён из ПСР.

Активно участвовал в подготовке Окт. рев-ции, однако считал

нежелательным вооруж. свержение Врем. пр-ва до съезда Советов. 16 окт. на пленуме Облисполкома армии, флота и рабочих Финляндии заявил от имени левых эсеров: "Если будет выступление, то мы должны постараться сделать его организованным, но это в состоянии сделать только съезд Советов" (ЦГА ВМФ, ф. Р-2094, оп. 1, д. 16, л. 61). 2-м Всерос. съездом Советов РСД (25–27 окт.) избран во ВЦИК; член его Президиума, ответств. организатор отдела по нац. вопросу. 2 нояб. избран в Комиссию ВЦИК, к-рая вела переговоры с соц. партиями о конструировании коалиц. пр-ва. Противник сохранения чисто большевистского Совнаркома, настаивал на создании "мин-ва" из всех сов. партий при доминанте в нём левых радикалов: большевиков, левых эсеров, объединённых с.-д.-интернационалистов. Использовал трибуну ВЦИК для критич. выступлений, направленных против свёртывания большевиками свободы печати, арестов, обысков и увольнений, складывающихся "в целую систему репрессий". Эти действия правящей партии, подчёркивал П., "служат разжиганию гражд. войны" ("Знамя Труда", 1917, 5, 6 нояб.).

Один из бескомпромиссных сторонников организац. разрыва с ПСР. На учред. съезде ПЛСР (19–28 нояб.) в речи констатировал: "Мы потеряли бесконечно много, не отколовшись раньше" (там же, 21 нояб.); избран в ЦК ПЛСР. Участник переговоров левых эсеров с большевиками в сер. нояб.– 1-й пол. дек. об объединении Советов РСД и Советов КД, о реформе ВЦИК, об условиях образования коалиц. пр-ва, распределении портфелей в нём. 22 дек. возглавил Нар. комиссариат почт и телеграфов. Добился прекращения саботажа служащих; уделял много внимания использованию оборонной пром-сти в интересах развития отрасли, нормализации работы связи, финанс. вопросам, повышению заработной платы низшим категориям служащих.

На заседании СНК стремился к конструктивной работе с большевиками. 20 февр. 1918 избран во Врем. Исполнит. К-т СНК, к-рому в напряжённой обстановке начавшегося наступления австро-герм. войск поручалось "вести всю текущую работу между заседаниями СНК на началах ответственности перед ним". В К-т [или в Комиссию.– Автор] кроме П. вошли В.И. Ленин, И.В. Сталин, Л.Д. Троцкий, В.А. Карелин (ЦГАОР, ф. 130, оп. 2, д. 1, л. 137). П.– автор неск. декретов, имеющих отношение к Наркомату почт и телеграфов, участвовал в разработке декрета об орг-ции РККА и Договора между Российской и Финляндской соц. республиками; в процессе подготовки договора выезжал в Финляндию, 16 янв. докладывал СНК о результатах своей миссии. 4 марта декретом СНК назначен полит. комиссаром в Высший Воен. Совет – орган стратегич. рук-ва вооруж. силами Сов. Республики. Ленин, вспоминая совместную с П. работу, писал, что в группе наркомов левых эсеров он "выделялся сразу глубокой преданностью рев-ции и социализму", что на заседаниях СНК нередко "становился решительно на сторону большевиков-коммунистов против своих коллег, левых социалистов-революционеров..." (Ленин В.И., ПСС, т. 37, с. 384).

В отличие от мн. членов ЦК ПЛСР, ещё в кон. нояб. 1917 П. утверждал: "Мы более чем уверены, что Учред. Собр. в большинстве будет кадетско-оборонческое... не будет выражать воли трудового народа... Мы не должны останавливаться вплоть до его разгона. Если мы этого не сделаем, то выпустим из рук власть Советов, а потому потеряем на долгое время всё завоёванное нами, и тем самым вынесем смертный приговор рев-ции" ("Окт. рев-ция и армия", сб. док-тов, М., 1973, с. 185). Но П. и в качестве члена Сов. пр-ва оставался противником преследований печати, изгнания из Советов оппозиц. партий, набиравшего силу "красного террора". 30 дек. 1917 на заседании СНК протестовал против док-та, подготовленного Лениным и одобряющего жестокие действия В.А. Антонова-Овсеенко в борьбе с калединцами; 22 февр. 1918 настаивал, чтобы из воззвания "Соц. Отечество в опасности!" были удалены разделы, содержащие требование расстрела на месте преступления неприятельских агентов, спекулянтов, шпионов (ЦГАОР, ф. 130, оп. 1, д. 2, л. 62–63; оп. 2, д. 1, л. 143).

П. не принял Брестского мира; как и остальные наркомы – левые эсеры в сер. марта вышел из СНК. На 2-м съезде ПЛСР (17–25 апр. 1918, Москва) в полит. докладе ЦК, в прениях добивался курса на срыв мира, развязывание партизанско-повстанч. борьбы с герм. империализмом; был избран в ЦК, вошёл в его президиум, занял пост тов. пред. президиума ЦК – стал, по определению Спиридоновой, "внутренним строителем, основной пружиной, стержнем партии левых эсеров" (Спиридонова М., указ. соч., с. 177). Продолжая оставаться на руководящих сов. должностях (канд. в чл. Президиума ВЦИК 4-го созыва, с мая – нарком внутр. дел Союза Коммун Северной обл.), приложил усилия для орг-ции боевых отрядов ПЛСР, осуществления террористич. актов против герм. посла В. Мирбаха (убит 6 июля) и командующего оккупац. армией на Украине Г. Эйхгорна (убит 30 июля). На 3-м съезде ПЛСР (28 июня – 1 июля 1918, Москва) избран в ЦК.

За участие в подготовке покушения на Мирбаха, в вооруж. столкновениях на улицах Москвы 6–7 июля 1918, в захвате Центр. телеграфа – в действиях, к-рые квалифицировались Ревтрибуналом при ВЦИК как "контррев. заговор ЦК Партии левых социалистов-революционеров против Сов. власти и рев-ции", 27 нояб. 1918 заочно приговорён к заключению в тюрьму на 3 года. После левоэсеровского мятежа перешёл на нелег. положение. Занимался переброской боевиков на Украину, выезжал в провинцию. На 4-м съезде ПЛСР (2–7 окт. 1918, Москва) выступил с докладом "Левые эсеры и власть Советов на местах"; утверждал, что в провинции Сов. власти нет, что она заменена властью лиц, назначаемых большевиками, подменена "аппаратом чиновников, к-рый более многочислен, чем аппарат царизма"; призывал к действию, выступлениям, подчёркивал: «Когда мы говорим: "срыв Бреста"– это не только теория, это – право, к-рое мы берём на себя» (ЦПА ИМЛ, ф. 564, оп. 1, д. 4, л. 107–112); избран в ЦК ПЛСР. Вскоре после съезда заболел тифом; под чужой фамилией (во избежание ареста) был помещён в больницу; из-за тяжёлого течения болезни был расконспирирован левыми эсерами, но все попытки спасти жизнь П. не увенчались успехом.

Лит.: Разгон А.И., Нар. Комиссар почт и телеграфов П.П. Прошьян. Первое Сов. пр-во, М., 1991; *А.И. Разгон.*

ПУРИШКЕ́ВИЧ Владимир Митрофанович (12 авг. 1870, Кишинёв,– февр. 1920, Новороссийск). Из семьи бессараб. помещика. В

1895 окончил ист.-филол. ф-т Новороссийского ун-та (Одесса); филолог. Начал обществ. деятельность в Аккерман. земской управе Бессараб. губ. В Петербурге – с 1901, прикомандирован к Гл. управлению по делам печати МВД. Один из создателей монархист. орг-ций: "Союза Рус. Народа", затем "Союза Михаила Архангела". Деп. 2-й и 3-й Гос. Дум от Бессараб. губ., деп. 4-й Гос. Думы от Курской губ. В Думах – один из лидеров крайне правых. Ярый антисемит. Инициатор ряда полит. скандалов во время думских заседаний. Во время 1-й мир. войны нач. санитарного поезда, считавшегося одним из лучших в армии. В дек. 1916 вместе с кн. Ф.Ф. Юсуповым и вел. кн. Дмитрием Павловичем с целью спасения шатавшегося трона Романовых организовал убийство Г.Е. Распутина. С ухудшением положения в стране требовал установления более твёрдой власти, способной подавить надвигающуюся рев-цию, и продолжения войны до победного конца.

14 февр. 1917, выступая в Гос. Думе, заявил: "...объединённого пр-ва, как такового, сейчас нет... нет... власти, способной понять всю серьёзность переживаемых событий... перед ней [Думой.– Автор] альтернатива: либо стать лакейкой министра внутр. дел..., либо сохранить своё лицо, лицо честных верноподданных граждан и патриотов, выразителей нужд нар. души в дни воен. брани" ("Рев-ция 1917", т. 1, с. 22).

После Февр. рев-ции 1917 на заседании Врем. К-та Гос. Думы, созванном для выработки декларации по определению полит. ситуации в стране, 18 июля П. заявил, что патриоты должны кричать с каждой колокольни: "Спасите Россию. Она находится на краю гибели в бо́льшей опасности из-за внутр. врагов, чем из-за иностр. опасности... Если бы было покончено с тысячью, двумя, пусть пятью тысячами негодяев на фронте и неск. десятками в тылу, то мы не страдали бы от такого беспрецедентного позора" (Рабинович А., Большевики приходят к власти, М., 1989, с. 69). Оценил деятельность Советов как исключительно пагубную и потребовал, чтобы Гос. Дума "отмерила должное наказание каждому, кто его заслуживает... И пусть сгинут зловещие силы, примкнувшие к Врем. пр-ву... Этими силами руководят люди, к-рые ничего общего не имеют ни с рабочими, ни с солдатами и крестьянами и к-рые ловят рыбку в мутной воде вместе с провокаторами, поддерживаемыми нем. кайзером" (там же, с. 69, 70). Вёл работу по созданию подпольных вооруж. орг-ций монархич. толка, в связи с чем солдаты Петрогр. гарнизона на митинге 28 авг. потребовали немедленного ареста П.

В окт. создал подпольную орг-цию для борьбы за восстановление монархии и дорев. порядков в России, в к-рую входили генералы, офицеры, юнкера. 28 окт. нек-рые члены орг-ции участвовали в выступлении юнкеров в Петрограде под флагом К-та спасения Родины и Рев-ции. В этот период П. скрывался с подложным паспортом на фам. Евреинов. 18 нояб. Петрогр. ЧК арестовала П. Против него было выдвинуто обвинение в подготовке контррев. заговора. В письме П. к ген. А.М. Каледину, захваченному при аресте, говорилось: "Орг-ция, в коей я состою, работает не покладая рук над спайкой офицеров и всех остатков воен. училищ и над их вооружением. Спасти положение можно только созданием офицерских и юнкерских полков. Ударив ими и добившись первонач. успеха, можно будет потом получить и здешние воинские части, но сразу без этого условия ни на одного солдата рассчитывать здесь нельзя... Казаки в значит. части распропагандированы... Властвуют преступники и чернь, с к-рой теперь нужно будет расправиться только публичными расстрелами и виселицами. Мы ждём Вас сюда, генерал, и к моменту вашего прихода выступим всеми наличными силами" ("Рев-ция 1917", т. 6, с. 83). 28 дек. начался процесс против П. и его 13 единомышленников, гвард. офицеров и юнкеров. Обвинение поддерживали Д.З. Мануильский, Г.Е. Евдокимов, А. Васильев; защищали П. видные адвокаты: А.В. Бобрищев-Пушкин и др. На суде П. доказывал, что никакого монархич. заговора не было, а была лишь группа единомышленников, к-рая собиралась для бесед на полит. темы; утверждал, что не готовил монархич. переворота, ибо не видел в России почвы для этого. Письмо Каледину объяснял тем, что имел в виду присоединиться к нему с неск. единомышленниками в том случае, если Каледин вступил бы со своими войсками в Петроград. "Цели, преследовавшиеся мною и руководившие мною при попытке создать орг-цию из единомышленников, заключались единственно в том, чтобы добиться в России водворения твёрдой власти и порядка, чего не может быть при власти большевиков... Власти Советов РСД я не признаю" (Голиков Д., Дело о монархич. заговоре В. Пуришкевича,

("Сов. юстиция", 1965, № 20, с. 22).

Ревтрибунал приговорил 3 янв. 1918 П. к 4 годам принудит. обществ. работ при тюрьме. 17 апр. Ф.Э. Дзержинский и комиссар юстиции Сев. коммуны Н.Н. Крестинский согласились освободить П. в связи с заболеванием сына. С него взяли честное слово о неучастии в полит. деятельности во время отпуска из тюрьмы. 1 мая по декрету Петрогр. Совета об амнистии П. был освобождён. В связи с заявлением А.И. Свидерского об изменениях в полит. настроениях П. он опубл. в "Новой Жизни" письмо, где сказал: "Я остался тем же, кем был, само собою разумеется, не изменившись ни на йоту" (там же). Вскоре уехал на Юг, активно помогал А.И. Деникину, издавал в Ростове-на-Дону ж. "Благовест". Умер в Новороссийске от сыпного тифа.

Соч.: Дневник, Рига, 1924.

А.Л. Райхцаум.

ПУТИ́ЛОВ Алексей Иванович (24 июня 1866 – не ранее 1937). Сын тайного советника, почётного мирового судьи, члена консультативного совета при Мин-ве юстиции. Окончил юрид. ф-т Петерб. ун-та в 1889; в ун-те сблизился с А.И. Вышнеградским – сыном мин. финансов. С 1890 служил пом. юрисконсульта Мин-ва финансов, в 1898 делопроизводителем общей канцелярии министра. Обратил на себя внимание С.Ю. Витте, с 1900 и. о. зам. директора канцелярии и секретарь при министре, чиновник особых поручений V класса канцелярии, с 1902 директор общей канцелярии мин-ва. После того как Витте стал пред. Совета министров, П. в окт. 1905 был назначен тов. мин. финансов, а также зав. Дворянским земельным и Крест. поземельным гос. банками. После отставки Витте П. в 1906 покинул гос. службу, но сохранил тесные связи с Мин-вом финансов, при поддержке к-рого ещё в 1905 был избран членом правления Рус.-Кит. банка. С 1908 директор-распорядитель Рус.-Кит. банка, с 1910 пред. правления Рус.-Азиат. банка, созданного путём слияния Рус.-Кит. и Сев. банков. Под рук. П. этот банк превратился в крупнейший по своим активам банк дорев. России. П. стал миллионером, одним из ведущих финансистов и промышленников в стране. Был пред. или членом правлений св. 50 акц. пр-тий, обладая среди рус. предпринимателей наиб. числом личных уний с разл. фирмами. Чл. Совета съездов представителей пром-сти и торговли и чл. Совета съездов металлообрабат. пром-сти (с 1916). Гласный петерб. Гор. думы. С мая 1915 чл. Совета Особого совещания по снабжению при Воен. мин-ве. Имел широкие связи в высших сферах гос. бюрократии, финанс.-пром. кругах России, Франции и ряда др. стран. По мнению франц. посла М. Палеолога, П. сочетал в себе качества амер. бизнесмена и славянина; в мае 1915 П. говорил ему: "...необходима коренная перестройка всего адм. механизма России"; дни царской власти сочтены и рев-ция неизбежна, но она будет гибельна потому, что "...от бурж. рев-ции мы тотчас перейдём к рев-ции рабочей, а немного спустя к рев-ции крестьянской. Тогда начнётся ужасная анархия, бесконечная анархия... анархия на десять лет... Мы увидим вновь времена Пугачёва, а может быть и ещё худшие..." (Палеолог М., Царская Россия во время 1-й мир. войны, пер. с франц., М., 1991, с. 172–73).

После Февр. рев-ции 1917 П. вскоре убедился в том, что Врем. пр-во "уже проявляло такую слабость, что опасность слева становилась... несомненной" (Путилов А.И., Воспоминания, "Последние Новости", [Париж], 1937, 20 янв.). 5 апр. в Петрограде на квартире публициста и предпринимателя В.С. Завойко состоялась встреча между видными петрогр. финансистами и представителями ген. Л.Г. Корнилова, в результате к-рой П. пришёл к выводу, что Корнилов способен установить в России режим твёрдого единовластия и покончить с Советами. В апр. по инициативе П. и директора-распорядителя Междунар. коммерч. банка А.И. Вышнеградского было создано Об-во экон. возрождения России (ОЭВР), в к-рое вошли руководители ряда крупнейших банков и страховых об-в Петрограда. В короткий срок ОЭВР собрало ок. 4 млн. руб. В мае рук-во ОЭВР предложило А.И. Гучкову, покинувшему пост воен. министра во Врем. пр-ве, возглавить об-во. Летом эта орг-ция выделила Гучкову ок. 400 тыс. руб. на ведение антибольшевист. пропаганды.

В июле П. встретился в Гурзуфе с П.Н. Финисовым – тов. пред. "Респ. центра", созданного в мае для поддержки сил, группировавшихся вокруг Корнилова. П. пообещал оказать "Респ. центру" поддержку со стороны ОЭВР (см.: Финисов П.Н., Воспоминания, "Последние Новости", [Париж], 1937, 27 февр.). В нач. авг. П. участвовал в работе моск. Гос. совещания. 13 авг. П. и Вышнеградский были приглашены на встречу с Корниловым, к-рый заявил, что по согласованию с А.Ф. Керенским намерен силой подавить Советы в Петрограде, направив туда корпус ген. А.М. Крымова. Корнилов попросил П. и Вышнеградского оказать финанс. содействие офицерам, к-рые прибудут в Петроград для поддержки выступления. "Для нас достаточно было, что пр-во и главнокомандующий решили наконец прекратить двоевластие в стране. Мы готовы были идти на любые жертвы, чтобы помочь восстановить порядок... Мы тут же сообщили ему, что деньги давно собраны и могут быть переданы ему в любой момент" (Путилов А.И., Воспоминания, там же, 20 янв.). По словам П., было условлено, что деньги от ОЭВР будут выданы эмиссарам Корнилова в соответствующее время. Как пишет в своих мемуарах брит. посол в России Дж. Бьюкенен, 23 авг. к нему пришёл один из крупнейших петрогр. финансистов и информировал его, что 26 авг. Корнилов двинет войска на Петроград с целью ареста Врем. пр-ва и роспуска Совета РСД. Финансист просил посла предоставить в распоряжение корниловцев брит. броневики, а также помочь им скрыться в случае неудачи выступления (см.: Бьюкенен Дж., Мемуары дипломата, пер. с англ., М., 1991, с. 282). Керенский утверждал, что спустя много лет Бьюкенен признался ему, что петрогр. финансистом был П.

Существуют противоречивые данные о том, когда, кому из эмиссаров Корнилова и сколько денег передал П. Сам П. утверждал, что 26 авг. он выдал посланцам Корнилова, просившим 2 млн. руб., 400 тыс. со счетов ОЭВР в Рус.-Азиат. банке и 400 тыс. из собств. средств (см.: "Последние Новости", [Париж], 1937, 20 янв.). П. говорил, что 26 авг. он собрал членов рук-ва ОЭВР – Б.А. Каминку, Н.Н. Кутлера, А.И. Гучкова, Н.А. Белоцветова и убедил их выделить корниловцам ещё 1,2 млн. руб. 27 авг. Белоцветов и П. с чеком на 1,2 млн. руб. встретились с руководителями групп заговорщиков в кабинете ресторана "Малый Ярославец" и, решив, что эти офицеры не готовы к активным действиям, не выдали им чек. П. просил заговорщиков не разглашать факт получения ими денег от ОЭВР в случае неудачи выступления (Фенисов П.Н., Воспоминания, там же, 1937, 6 марта). 28 авг. к П. снова явились эмиссары от Корнилова. П., прочитав письмо Корнилова с просьбой выделить ещё 800 тыс., сказал: "Денег на похороны не выдаём" (там же).

Вскоре, опасаясь ареста из-за своих связей с Корниловым, П. уехал из Петрограда. В 1917 П. вёл активную предпринимат. деятельность. Декретом СНК от 30 дек. всё движимое и недвижимое имущество П., неявившегося на вызов следств. комиссии СНК, было объявлено конфискованным.

После Окт. рев-ции П. эмигрировал во Францию, где возглавил Парижское отделение Рус.-Азиат. банка. В годы Гражд. войны оказывал значит. финанс. помощь "белому движению". Быв. рус. воен. агент (атташе) во Франции писал, что П. встречался с ним в 1919 и обсуждал целесообразность финансирования им армии А.И. Деникина с учётом боеспособности Кр. Армии (см.: Игнатьев А.А., Пятьдесят лет в строю, т. 2, М., 1989, с. 355–56). В 1937 П. дал три интервью издававшейся в Париже рус. газ. "Последние Новости" о своём участии в событиях 1917. Интервью вызвали критику со стороны А.Ф. Керенского, С.Н. Третьякова и ряда быв. сподвижников Корнилова. Все они обвинили П. в искажении мн. фактов и замалчивании им своей истинной роли в готовившемся выступлении.

Лит.: Окт. вооруж. восст. Семнадцатый год в Петрограде, кн. 2, Л., 1967.

Н.А. Сахаров.

ПЯТАКО́В Георгий (Юрий) Леонидович (6 авг. 1890, Марьинский сахарный з-д, Черкасский у. Киевской губ.,– 30 янв. 1937, Москва). Из семьи инженера-технолога, управляющего з-дом. Учащимся реального уч-ща участвовал в событиях Рев-ции 1905–07 в Киеве; примыкал к анархистам. В 1907–10 студент экон. ф-та Петерб. ун-та; в 1910 вступил в студенч. с.-д. орг-цию; в том же году исключён из ун-та за рев. деятельность. По возвращении в Киев с 1911 член, с 1912 секр. Киевского к-та РСДРП. Будучи ранее неоднократно арестован, в 1912 был арестован вновь; в 1914 вместе с Е.Б. Бош, ставшей его женой, сосланы в Иркутскую губ., откуда в окт. этого года бежали и через Японию перебрались в Швейцарию. С 1915 П. в сотрудничестве с В.И. Лениным редактировал ж. "Коммунист". В споре с Лениным П., Бош и Н.И. Бухарин отрицали значение нац. гос-ва и важность решения нац. вопроса.

После Февр. рев-ции 1917 из Норвегии вернулся в Россию, но на границе из-за фальшивого паспорта был арестован, препровождён в Петроград, затем в Киев. Включился в работу Киевского к-та РСДРП. 23 марта выступил с докладом "О платформе ЦК и созываемом на 28 марта парт. совещании"; 28 марта к-т одобрил разработанную П. платформу, в к-рой указывалось: "Развитие производит. сил и социальное могущество пролетариата не достигли в России того уровня, при к-ром рабочий класс может осуществить социальный переворот. Установление соц. строя, являющееся конечной целью всей нашей деятельности, не входит поэтому в число задач, стоящих перед нами в ходе совершающейся рев-ции" ("Літопис революції", 1931, № 4, с. 151). 2 апр. на заседании Киевского к-та РСДРП при обсуждении вопроса о созыве Укр. нац. конгресса представителей укр. партий и обществ. орг-ций предложил "...начать настойчивую атаку против сепаратист. движения, т.к. оно как нож в спину рев. движения" (там же, с. 157); подчеркнул, что с.-д. непозволительно вести ни религ., ни нац. пропаганду (см. там же, с. 158). Был членом редколлегии газ. "Голос Социал-демократа". 4 апр. избран членом Киевского к-та РСДРП (вскоре стал его пред.); в тот же день на собрании Киевской с.-д. орг-ции при обсуждении резолюции о войне заявил, что "...бывают моменты, когда необходима самозащита, не империалистическая, а та самозащита, к-рая не допускает разгрома страны и свободы. Нам не безразлична судьба России, но оружием нельзя решить вопрос о войне и мире. Мы призываем весь пролетариат к отпору империализму..." (там же, с. 160). 9 апр. при обсуждении Апр. тезисов Ленина на к-те выступил против них, заявив, что «формула "мир без аннексий" – декоративная фраза», чистой воды оборончество (см. там же, с. 177). По инициативе П. к-т принял резолюцию, в к-рой признал тезисы "...в целом неприемлемыми" ("Укр. ист. журнал", 1989, № 4, с. 96). 15 апр. на окружном совещании большевиков в Киеве в резолюцию об отношении к Врем. пр-ву по предложению П. внесено положение, что в России "...осн. предпосылок для успешного соц. переворота самостоятельно, без одноврем. соц. рев-ции в Европе, нет" ("Великая Окт. соц. рев-ция и победа Сов. власти на Украине", ч. 1, К., 1977, с. 111); в тот же день на собрании Киевской орг-ции большевиков избран делегатом на 7-ю (Апр.) Всерос. конф. РСДРП(б); 19 апр. на собрании большевиков П. и его сторонники, отказавшись представлять Киевскую орг-цию на конференции вместе с М.А. Савельевым (поддерживал ленинские тезисы), добились его переизбрания (см. там же, с. 123).

Выступая на 7-й Всерос. конф. РСДРП(б) 29 апр., заявил: «...в наст. время мы имеем эпоху х-ва, установившего теснейшую и неразрывную связь между нациями... при таком положении вещей... независимость наций совершенно невозможна, да и никому не нужна... независимость наций является моментом устарелым, невозможным, отжившим. Требование независимости... реакционно, ибо хочет повернуть историю вспять... Исходя из анализа эпохи империализма мы говорим, что иной борьбы за социализм как борьбы под лозунгом "прочь границы" ...мы и представить себе в данный момент не можем» ["7-я (Апр.) конф. РСДРП(б)", с. 212–14].

Как член Киевского Совета РСД 24 мая на заседании Совета в дебатах по вопросу о вхождении социалистов во Врем. пр-во утверждал, что демократия "...должна добиться полного перехода всей власти в руки Советов... Только тогда будет создана единая, твёрдая гос. власть – власть большинства народа, к-рая может справиться с надвигающейся хоз. катастрофой и покончить в интересах мировой демократии кровопролитную бойню народов" ("Под знаменем социализма", 1989, № 8, с. 45). 15 июня на Киевской обл. конф. профсоюзов в выступлении подчеркнул: "Большевики считают, что воля пролетариата выражается его Советами, к-рым должна быть передана вся власть" (там же). В течение лета – осени П. неск. раз избирался в состав Центр. Рады. В дни выступления ген. Л.Г. Корнилова (авг.) был пред. К-та защиты рев-ции, созданного всеми соц. партиями; 29 авг. на заседании киевской Гор. думы призвал "...забыть все старые счёты... всем объединиться для борьбы с контррев-цией" ("Великая Окт. соц. рев-ция и победа Сов. власти на Украине", с. 457); под влиянием П. фракция большевиков в думе поддержала обращение думы, в к-ром население призывалось к поддержке Врем. пр-ва. В сент. избран пред. исполкома Киевского Совета РСД.

Участник Демокр. совещания в Петрограде (14–22 сент.); вошёл в состав Предпарламента; 24 сент. Киевской общегор. конференцией РСДРП(б) отозван из него. 25 окт. избран пред. Киевского ревкома. Несмотря на критику из центра, П., по-прежнему не веря в возможность соц. рев-ции, продолжал политику сотрудничества с др. соц. партиями, став пред. К-та спасения рев-ции, созданного по предложению меньшевиков. 27 окт. выступил с осуждением позиции Центр. Рады, высказавшейся против восстания в Петрограде, заявил: "Центр. Рада вонзила нож в спину рев. Петрограда... К вам, товарищи,– укр. рабочие и солдаты,– обращаюсь прежде всего с горячим призывом не идти за Радой, ставшей на путь позорного соглашательства, а всеми силами поддержать восстание петрогр. товарищей" ("Под знаменем социализма", 1989, № 4, с. 46). 28 окт. арестован войсками штаба Киевского ВО; 31 окт. благодаря вмешательству Центр. Рады и представителей соц. партий освобождён.

6 нояб. вызван пред. СНК Лениным в Петроград, назначен зам. Гл. комиссара Госбанка, с дек.– Гл. комиссар. Избран членом Учред. Собр. (от Черниговской губ.). Выступал против заключения мира с Германией на предложенных её пр-вом условиях; был одним из лидеров "левых коммунистов". 15 янв. 1918 подписал Заявление группы членов ЦК РСДРП(б) и наркомов о немедленном созыве парт. конференции для решения вопроса о мире, а в случае его заключения без конференции подписавшие оставят свои посты в партии и органах власти. 22 февр. подписал Заявления в ЦК группы его членов и наркомов, в к-ром указывалось, что заключение мира "...является капитуляцией передового отряда междунар. пролетариата перед междунар. буржуазией" ["Протоколы ЦК РСДРП(б)", с. 209]. 24 февр. был одним из подписавших Заявление в СНК о том, что не сможет "...взять на себя ответственность за принятие герм. ультиматума..." и уходит с поста в СНК (там же, с. 223). После подписания Брестского мира оставил в нач. марта пост Гл. комиссара Госбанка и уехал на Украину. Участвовал в боях с герм. оккупантами, был одним из руководителей партиз. движения, одним из основателей КП(б)У, пред. Врем. рабоче-крест. пр-ва Сов. Украины. С 1919 на парт. и гос. работе.

Арестован в 1936. На процессе т.н. Параллельного антисов. троцкист. центра (янв. 1937) Воен. коллегией Верх. суда СССР приговорён к расстрелу. Реабилитирован в 1988.

А. Грациози, Т.О. Максимова.

ПЯТАКÓВ Леонид Леонидович (12 окт. 1888, Марьинский сахарный з-д, Черкасский у. Киевской губ.,– 20-е числа дек.

1917, место смерти неизвестно). Из семьи инженера-технолога. Брат Г.Л. Пятакова. Окончив Киевское реальное уч-ще (1904), поступил в Киевский политехнич. ин-т. После поражения Рев-ции 1905–07 сблизился с братом – социал-демократом, изучал марксист. лит-ру, историю рабочего движения. Окончив ин-т (1908), служил в армии вольноопределяющимся, вёл рев. пропаганду среди солдат. Вернувшись в Киев, сопровождал (нач. 1914) брата и его жену Е.Б. Бош в Иркутскую ссылку, затем работал инженером в Донбассе. В кон. лета 1914, во время забастовки шахтёров, уволен с работы за "попустительство" рабочим. С нач. 1-й мир. войны призван в армию как рядовой (из-за "неблагонадёжности" не произведён в чин прапорщика). Участвовал в боях на Юго-Зап. фронте; за храбрость награждён георгиевскими крестами. Разделял оборонч. настроения, однако вскоре от них отказался под влиянием обстановки на фронте. В связи с болезнью в 1916 переведён инженером на оборонное предприятие в Баку, где установил связь с большевиками и вступил в РСДРП.

После Февр. рев-ции 1917 вернулся в Киев. Возглавлял

Воен. орг-цию при Киевском к-те РСДРП(б), участвовал в создании Кр. Гвардии. 3 авг. избран чл. Киевского к-та РСДРП(б), вскоре вошёл в Киевский Совет СД. Бош – в то время пред. Юго-Зап. обл. к-та РСДРП(б) – писала в воспоминаниях: "...он ни на минуту не оставался без дела – большую часть своего времени проводил в казармах, где был агитатором, организатором и просто добрым товарищем... Необычайная простота, искренность и доступность создали ему громадную популярность в Киевском гарнизоне..." ("Памятник борцам пролет. рев-ции, погибшим в 1917–21 гг.", М.– Л., 1925, с. 468–69).

27 окт. на пленуме Советов РСД совм. с представителями фабзавкомов и частей гарнизона, на к-ром принята резолюция о солидарности с восставшими рабочими и солдатами Петрограда, П. избран пред. Киевского ревкома по рук-ву восстанием за власть Советов. 28 окт. арестован вместе с др. членами ревкома юнкерами, 1 нояб. освобождён восставшими рабочими и рев. солдатами. Один из руководителей подготовки вооруж. восстания против укр. Центр. Рады, провозгласившей себя 7 нояб. верх. властью на Украине. 30 нояб. вновь арестован, 1 дек. освобождён в результате забастовки протеста рабочих Киева. 5 дек. избран канд. в чл. всеукр. парт. центра – Гл. к-та "РСДРП(б) – С.-д. Украины". На 1-м Всеукр. съезде Советов РСД (Харьков, 11–12 дек.) избран чл. Всеукр. ЦИК. Оставаясь в Киеве, вёл рев. работу среди укр. воинских частей Центр. Рады. 25 дек. арестован казаками неизвестного отряда. На запрос Киевского к-та РСДРП(б) лидеры Центр. Рады заявили о своей непричастности к аресту П.

2 янв. 1918 созданная спец. следств. комиссия по делу об аресте и месте пребывания П. глубокого расследования не провела (в 1918 работа комиссии продолжилась и в нояб. офицер укр. кон. полка Я.Б. Журавский показал, что приказ об аресте П. был получен от пр-ва, что П. убит его казаками). Тело П. со следами зверских пыток найдено близ Поста-Волынского под Киевом 15 янв. 1918. *О.И. Щусь.*

ПЯТНИЦКИЙ (наст. фам. Таршис) Иосиф (Осип) Аронович (17 янв. 1882, г. Вилькомир Ковенской губ.,– 29 июля 1938). Из семьи столяра-краснодеревщика. С 1896 работал дамским портным в Паневеже, Ковно,

Вильно. В с.-д. движении с 1898. С 1901 агент газ. "Искра". После 2-го съезда РСДРП (1903) большевик. Участник Рев-ции 1905–07 (Одесса, Москва). Дел. 6-й (Пражской) Всерос. конф. РСДРП (1912), назначен руководителем трансп.-технич. работы ЦК. Неоднократно был арестован, жил в эмиграции, с 1914 в Енисейской ссылке.

После Февр. рев-ции 1917 приехал 23 марта в Москву и направлен МК РСДРП и Моск. Советом РД на работу среди железнодорожников; один из организаторов экстерриториального парт. и сов. Ж.-д. р-на (объединял ок. 20 тыс. железнодорожников Моск. ж.-д. узла по кольцу Окружной ж.д.). На Моск. общегор. парт. конф. (3–4 апр.) избран чл. МК большевиков. С апр. член исполкома Моск. Совета РД. Дел. 7-й (Апр.) Всерос. конф. РСДРП(б) от Моск. орг-ции. С мая пред. исполкома Совета РД Моск. ж.-д. узла. Дел. 6-го съезда РСДРП(б) (26 июля – 3 авг.) от моск. орг-ции. С 22 авг. член Исполнит. комиссии (бюро) МК партии, в сент. избран членом секретариата к-та. В нач. окт. на обсуждении членами Моск. гор., окр. и обл. к-тов РСДРП(б) ленинского "Письма в ЦК, МК, ПК и членам Советов Питера и Москвы большевикам" (о возможности начать вооруж. восст. в Москве) заявил, что Москва почина восстания на себя взять не может, но может и должна поддержать выступление, когда оно начнётся в Петрограде. Своё мнение обосновывал плохим вооружением рабочих отрядов Кр. Гвардии, слабой связью МК партии с гарнизоном. 11 окт. направлен МК партии в Петроград для информации ЦК РСДРП(б) о точке зрения моск. большевиков на начало восстания в Москве. 17 окт. на межрайонном собрании моск. парт. актива совм. с В.Е. Яковлевой (информировала о решении ЦК от 10 окт. о вооруж. восст.) выступил с докладом о поездке в Петроград, встречах с членами ЦК и В.И. Лениным. 20 окт. вновь избран членом секретариата МК РСДРП(б).

С 25 окт. член Боевого парт. центра по рук-ву вооруж. восст. в Москве и Моск. обл.; позже вошёл в Моск. ВРК. Одновременно с 26 окт. член ВРК Ж.-д. р-на. Был сторонником решит. действий, выступал против ведения переговоров представителями Моск. Совета РД и Моск. ВРК с командующим войсками Моск. ВО полк. К.И. Рябцевым. В дни боёв один из руководителей действий красногв. отрядов Моск. ж.-д. узла. 28 окт. организовал перехват телеф. переговоров по прямому проводу моск. бюро Викжеля, полк. Рябцева со Ставкой Верх. главкома в Могилёве и штабом Зап. фронта в Минске о присылке воен. помощи в Москву; 29 окт. участвовал в орг-ции раздачи оружия Кр. Гвардии из обнаруженных на товарной ст. Сокольники Казан. ж.д. вагонов с 40 тыс. винтовок; обеспечивал недопущение возможного прибытия в Москву контррев. сил. 4 нояб. выступил с отчётом о деятельности Боевого парт. центра на совм. заседании Моск. гор., окр. и обл. к-тов РСДРП(б).

С 11 дек. пред. Всерос. чрезв. съезда Союза мастеровых и рабочих жел. дорог в Петрограде; от съезда направлен делегатом на 2-й Чрезв. Всерос. съезд железнодорожников (5–30 янв. 1918, Петроград), на к-ром избран членом Викжедора. С янв. 1918 член исполкома Моск. Совета РСД. Дел. 3-го Всерос. съезда Советов (Петроград, 23–31 янв.), избран чл. ВЦИК. Один из организаторов Объединённого съезда профсоюзов железнодорожников и с февр. 1919 пред. ЦК единого профсоюза железнодорожников РСФСР. С 1921 на гос. и парт. работе. Необоснованно репрессирован; реабилитирован в 1956.

Соч.: Записки большевика, 5 изд., М., 1956; Из моей работы в Моск. к-те, в кн.: Вел. Окт. соц. рев-ция, М., 1967; Избранные воспоминания и статьи, М., 1969.

Лит.: Дмитревский В., Пятницкий, М., 1971; его же, Десять ступеней к победе, М., 1976; Долгий В.Г., Разбег. Повесть об О. Пятницком, М., 1980.

В.Н. Заботин.

Р

РА́ДЕК (наст. фам. Собельсон) Карл Бернгардович (1885, г. Львов,– 19 мая 1939, Верхнеуральск). Из семьи учителя. За участие в нелег. ученич. кружках исключён из гимназии; в 1902 сдал экстерном экзамен за гимназич. курс. Окончил ист. ф-т Краковского ун-та, учился в Бернском и Лейпцигском ун-тах. С 1902 чл. Польск. соц. партии (ППС), с 1903 чл. РСДРП, с 1904 чл. партии "Социал-демократия Королевства Польского и Литвы", входившей в РСДРП. В 1903–17 сотрудничал в польск., швейц., герм. и др. с.-д. прессе. Участник Рев-ции 1905–07 (Варшава). С 1908 деятель левого крыла герм. с.-д. партии. В 1-ю мир. войну занимал интернационалист. позиции; участник Циммервальдской (1915) и Кинтальской (1916) междунар. конференций; входил в Циммервальдское объединение с.-д.-интернационалистов.

После Февр. рев-ции 1917 член Загран. представительства РСДРП в Стокгольме, налаживал связи с с.-д.-интернационалистами ряда стран, помогал возвращению политэмигрантов в Россию. Совм. с Я.С. Ганецким организовал выпуск бюллетеня "Корреспонденция Правды" для информации зап.-европ. с.-д. о событиях в России, затем – еженедельника "Вестник Рус. Рев-ции". Получив известия об Июльских событиях в Петрограде, 9 июля совм. с Ганецким и В.В. Воровским опубл. в ряде швед. газет письмо, в к-ром указывалось: "Врем. пр-во в Петрограде, составившееся из представителей помещиков и капиталистов, мелкой буржуазии и социал-патриотов, пыталось в потоках крови задушить массовое движение в рядах рус. армии и рус. пролетариата. Чтобы скрыть, что социал-патриоты ни на йоту не уступают царизму и капиталистам, ...они состряпали заговор против большевиков, выставив их вождей как агентов Германии, и покусились на свободное существование авангарда рус. рев-ции под предлогом борьбы со шпионажем" ("Рев-ция 1917", т. 3, с. 168). В письме опровергались обвинения, предъявлявшиеся В.И. Ленину и руководству большевистской партии.

После Окт. рев-ции по прибытии в Петроград с нояб. зав. отделом Центр. Европы в НКИД и одновременно зав. отделом внеш. сношений ВЦИК. 8 нояб. в "Правде" опубл. доклад о работе

Загран. делегации ЦК РСДРП(б) и о междунар. положении; в тот же день выступил с докладом о междунар. положении на заседании Петрогр. Совета РСД. 23 нояб. на заседании ПК партии говорил: "Мы всегда выдвигали перспективу междунар. восстания и мы не ошиблись... До войны рабочие Германии думали, что мирным путём завоевания большинства в рейхстаге декретами можно ввести социализм. А теперь... рев-ция в Германии неизбежна... Россия теперь указывает путь нар. массам всего мира. Раз начались переговоры о мире, то нем. пр-во не сможет двинуть своих корпусов на рус. рев-цию. Но... условия мира, к-рые предложит нем. пр-во, будут для нас неприемлемы... необходимо разгрузить фронт, но в то же время держать фронт, т.е. оставить на защиту рев-ции сильную армию... Судьба рус. рев-ции будет решаться не только в России, но и во всей Европе... Опасность состоит в том, чтобы нар. массы не толкали нас на мир, к-рый неприемлем... Нужно говорить на всю Россию, что мира нет ещё, что надо ещё продержаться. Когда мы будем открыто это говорить, то нам нечего бояться, что массы нас не поймут" ("Первый легальный ПК большевиков в 1917 г.", М.–Л., 1927, с. 361–62). В дек. член смешанной рус.-герм.-австр. комиссии по делам военнопленных.

С дек. член сов. делегации на переговорах о мире с Германией в Брест-Литовске. Был против заключения мира на герм. условиях. Один из лидеров "левых коммунистов". Ленин в письме Р. выразил принципиальное несогласие с его позицией, поручил членам делегации изложить Р. свою позицию по этому вопросу (см.: В.И. Ленин. Биогр. хроника, т. 5, М., 1974, с. 203). 25 янв. 1918 опубл. в газ. "Социал-демократ" (Москва) ст. "Брест-Литовск", в к-рой писал: "Новый поход нем. империализма в глубь России ввиду его полит. бесцельности и даже опасности, к-рыми он угрожает нем. империализму, по нашему глубокому убеждению, невозможен" ["7-й Экстренный съезд РКП(б)". Стенографич. отчёт, М., 1962, с. 374–75]. В февр.– марте, во время наступления герм. войск, чл. К-та рев. обороны Петрограда; чл. ПК РСДРП(б). Дел. 7-го съезда РКП(б) (6–8 марта 1918) от Петрогр. орг-ции. В своём выступлении заявил:

"Если вы теперь заключите этот мир, против к-рого я протестую, я сочту его большим несчастьем... Если вы теперь это сделаете, то всё же никакого предательства и позора не будет, т.к. каждый поймёт, что нас разгромили. Если бы вы сделали это без потерь, без наших поражений, тогда, товарищи, это было бы позорным миром; теперь же каждый может оценить положение, видя наше бессилие в воен. отношении" (там же, с. 59); «не подписав этот мир теперь, мы можем всё же с чистой совестью защищаться: это не предательство ни польских, ни латыш. рабочих... Если же мы подпишем условия мира и примем их, то, слыша призывный клич на помощь, мы будем вынуждены молчать. Тогда нам будут говорить: "Вы нас звали на борьбу, а теперь оставили коршунам нем. империализма на растерзание". Мы будем слышать, как расстреливают наших товарищей-партизанов и будем вынуждены молчать. Дело не в предательстве, а в том, что вы серьёзно вредите пролетарскому движению... Рабочий класс будет развращён вами же, потому что вы звали на бой и сразу же распустили по домам. Нет ничего более опасного, чем иллюзии после поражения... Я думаю, что в этом роковая ошибка, за к-рую тов. Ленину придётся расплачиваться, а не Брестский акт» (там же, с. 61).

Введён съездом канд. в Комиссию по пересмотру Программы партии. В нояб., после начала герм. рев-ции, нелегально выезжал в Германию как член сов. делегации на съезд Советов, участвовал в орг-ции 1-го съезда компартии Германии, был арестован.

В дек. 1919 возвратился в Сов. Россию, находился на парт. работе. В 1927 исключён из партии 15-м съездом ВКП(б) как участник троцкист. оппозиции. В янв. 1928 Особым совещанием при Коллегии ОГПУ обвинён в антисов. деятельности и приговорён к 3 годам ссылки. В мае 1929 освобождён. В 1930 восстановлен в партии. В сент. 1936 арестован и 30 янв. 1937 Воен. коллегией Верх. суда СССР осуждён к 10 годам лишения свободы. Погиб в тюрьме. В июле 1988 реабилитирован.

С о ч.: Анархисты и Сов. Россия, П., 1918; О Сов. конституции, М., 1918; Развитие мировой рев-ции и тактика Коммунистич. партии в борьбе за диктатуру пролетариата, пер. с нем., М., 1920; Портреты и памфлеты, т. 1–2, М., 1934.

Лит.: Постников. *Б.Я. Хазанов.*

РАКИТНИКОВ Николай Иванович (1864, сельцо Годнево Васильевской вол. Гжатского у. Смоленской губ.,– 1938). Учился в Кронштадтской и 3-й Петерб. гимназиях. Окончил юрид. ф-т Петерб. ун-та. С 1885 чл. Рабочей группы партии "Нар. воля". Арестован в 1887, в 1888 сослан на 3 года в Вологод. губ., по болезни переведён в Астрахан. губ. С 1891 в Саратове работал в земстве, оказывал содействие партии "Нар. право". С 1897 чл. группы эсеров, к-рая с 1902 выполняла функции ЦК партии. Участвовал в выработке программы ПСР, делегат парт. съездов. Один из организаторов Крест.

союза ПСР, возглавлял крест. комиссию при ЦК. Участник Рев-ции 1905–07. Подвергался преследованиям, жил в эмиграции. В 1909 в связи с разоблачением Е.Ф. Азефа вышел из ЦК. Во время 1-й мир. войны – "интернационалист". С 1916 – в России, находился под надзором полиции.

После Февр. рев-ции 1917 организовал и возглавил Саратовский к-т ПСР, ред. газ. "Земля и Воля". Дел. 1-го Всерос. съезда Советов КД (май), избран в Президиум съезда. Участвовал в работе 3-го съезда ПСР, 25 мая избран пред. съезда; 30 мая выступил с докладом по агр. вопросу, заявив, что "ПСР не должна соперничать в крайности с большевиками... Мы со спокойной совестью можем смотреть на будущее, ибо прекрасно знаем, что Всерос. Совет КД высказался за то, чтобы окончат. решение вопроса произошло в Учред. Собр." ("Рев-ция 1917", т. 2, с. 230). 3 июня избран чл. ЦК партии. Был включён в редколлегию центр. органа

ПСР – газ. "Дело Народа". В июне Р. делегирован ПСР во Врем. пр-во – тов. мин. земледелия по Гл. зем. к-ту.

Осенью избран чл. Учред. Собр. 30 окт. участвовал в переговорах при Викжеле представителей соц. партий, от имени ЦК ПСР сделал заявление о том, что "офиц. участие большевиков в пр-ве сделало бы всякую комбинацию неприемлемой" (там же, т. 6, с. 31), и предложил прибегнуть к трёхдневному перемирию воюющих сторон по всей стране для того, чтобы стало возможным формирование "нового однородного соц. пр-ва", возложив ответственность за его создание на комиссию "данного совещания" (там же). 14 нояб. участвовал в заседании ЦК эсеров, на к-ром принята резолюция, подтверждающая необходимость образования пр-ва из представителей всех соц. партий и передачи власти в стране Нар. Совету до созыва Учред. Собр. В нояб. на 4-м съезде ПСР переизбран в ЦК, получив наиб. число голосов, затем избран в Президиум ЦК. Принадлежал к "левому центру" ПСР, считавшему недопустимой вооруж. борьбу с большевиками до Учред. Собр. В дек. участвовал в работе 2-го Всерос. съезда Советов КД, и "правой" частью съезда избран во Врем. исполком. Входил в агр. комиссию эсеровской фракции Учред. Собр. С 16 дек. чл. подкомиссии по выработке осн. положений зем. законопроекта.

На заседании ЦК 19 янв. 1918 Р. было поручено составить тезисы доклада для парт. агитаторов и пропагандистов о принятых СНК Декрете о мире и Осн. законе о социализации земли. Участвовал в выработке агр. комиссией ЦК "Правил врем. распределения земли на 1918 г.". На 8-м Совете партии (май) солидаризовался с М.Л. Коган-Бернштейном о недопустимости вооруж. борьбы с большевиками. После перехода власти в Поволжском регионе к сторонникам Учред. Собр. принял участие в Комуче, но осенью примкнул к парт. оппозиции, выступившей за совм. действия с Кр. Армией против А.В. Колчака и за отказ от полит. борьбы с большевиками при сохранении идейной борьбы с ними. На 9-м Совете ПСР вышел из ЦК и примкнул к группе В.К. Вольского – К.С. Буревого "Народ". После 1920 от полит. деятельности отошёл. Работал в области статистики. В нач. 1937 арестован и постановлением Особого совещания при НКВД СССР от 1 июня 1937 приговорён к 5 годам исправит.-трудовых лагерей. 15 апр. 1938 постановлением "тройки" Управления НКВД по Краснояр. краю приговорён к высшей мере наказания. Реабилитирован в 1989. *Я.В. Леонтьев.*

РАСКОЛЬНИКОВ (наст. фам. Ильин) Фёдор Фёдорович (28 янв. 1892, Петербург,– 12 сент. 1939, Ницца,

Франция). Из семьи священника. По окончании реального уч-ща (1908) студент Петерб. политехнич. ин-та. С 1910 чл. РСДРП, большевик. В 1911–12 сотрудник газ. "Звезда", секр. редакции "Правды". В 1914 призван на флот, учился в Отд. гардемаринских классах (окончил в 1917, 25 марта произведён в мичманы).

После Февр. рев-ции 1917 по поручению редакции "Правды" 17 марта направлен в Кронштадт в редакцию большевист. газ. "Голос Правды", введён в Кронштадтский к-т большевиков, избран зам. пред. Совета рабочих, солд. и матросских деп. Дел. 7-й (Апр.) Всерос. конф. РСДРП(б) от Кронштадтской орг-ции. В июне в составе делегации гор. Совета с информацией о кронштадтских делах объехал Выборг, Гельсингфорс, Або, Ревель. 4 июля один из руководителей вооруж. демонстрации матросов и рабочих в Петрограде, 5 июля назначен комендантом дворца Кшесинской, где помещались ЦК и ПК большевиков; организовал охрану дворца. 7 июля вернулся в Кронштадт, а 13 июля, во исполнение приказа Врем. пр-ва, требовавшего (под угрозой лишения Кронштадта хлеба и денег) арестовать "зачинщиков" Июльской демонстрации, добровольно прибыл в Петроград и был заключён в тюрьму "Кресты". Надеялся на суде разоблачить антинар. политику Врем. пр-ва и защитить честь партии, доказав, что большевики не являются герм. агентами. 11 окт. под давлением матросов и рабочих освобождён под залог в 3 тыс. руб. до суда. На съезде Советов Северной обл. (Петроград, 11–13 окт.) избран членом исполкома Советов Северной обл. 14 окт. по поручению ЦК РСДРП(б) выезжал в Новгород, затем в Лугу для изучения положения на местах.

20 окт. выступил по поручению ЦК РСДРП(б) с лекцией "Перспективы пролет. рев-ции" (на митинге в цирке "Модерн" в Петрограде), призвал рабочих и солдат к вооруж. восстанию; во время митинга простудился и 21–25 окт. был болен. С 26 окт. чл. Петрогр. ВРК; один из руководителей боевых действий против войск А.Ф. Керенского – П.Н. Краснова под Пулковом. 2 нояб. возглавил матросский отряд, посланный на помощь рабочим Москвы. 13 нояб. назначен комиссаром Мор. генштаба. 1-м Всерос. съездом воен. флота (Петроград, 18–25 нояб.) за рев. заслуги произведён в лейтенанты флота.

Избран членом Учред. Собр. (от Петрогр. избират. округа). 5 янв. 1918 по предложению В.И. Ленина огласил на заседании Учред. Собр. декларацию большевиков о том, что большевист. фракция покидает собрание.

С 30 янв. 1918 зам. наркома по мор. делам. 23 февр., в дни наступления герм. войск, совм. с зам. наркома по мор. делам И.И. Вахрамеевым и членом коллегии наркомата С.Е. Саксом выступил в "Известиях Гельсингфорсского Совета депутатов армии, флота и рабочих" с обращением к морякам встать на защиту Сов. Республики. Один из руководителей "Ледового" похода кораблей Балтфлота из Ревеля в Гельсингфорс и Кронштадт. В мае один из организаторов потопления кораблей Черномор. флота в Новороссийске с целью воспрепятствовать их захвату герм. оккупантами. С июля член РВС Вост. фронта, с авг. команд. Волжской воен. флотилией. В сент.– дек. член РВСР. В дек. возглавил разведпоход эсминца "Спартак" под Ревель, где корабль потерпел аварию и был захвачен англичанами; Р. был заключён в тюрьму в Лондоне. В мае 1919 по требованию Сов. пр-ва освобождён в обмен на 19 англ. офицеров, взятых в плен на терр. Сов. России.

С 1919 на воен., дипл. и журналист. работе. С 1930 полпред СССР в Эстонии, Дании, Болгарии. В 1938 был отозван. Ввиду угрозы ареста отказался вернуться в СССР. В 1939 объявлен "врагом народа", исключён из партии и лишён сов. гражданства, поставлен вне закона. Во Франции были опубликованы: 22 июля 1939 открытое заявление «Как меня сделали "врагом народа"», в окт.– "Открытое письмо Сталину". В публикациях выступил против преступлений И.В. Сталина, в защиту себя и других невинно пострадавших деятелей партии и Сов. гос-ва. Реабилитирован 10 июля 1963.

Соч.: Кронштадт и Питер в 1917, 2 изд., М., 1990; На боевых постах, М., 1964.

Лит.: Поликарпов В., Ф. Раскольников, "Огонёк", 1987, № 26; Гребельский З.В., Ф. Раскольников, М., 1988.

В.Н. Заботин.

РАСУЛЗАДЕ Мамед Эмин Гаджи Молла Алекпер оглы (31 янв. 1884, с. Новханы Бакинского у. Бакинской губ.,– 6 марта 1955, Анкара). Окончил Бакинское технич. уч-ще. Участник создания первой в Закавказье мусульм. с.-д. орг-ции "Гуммет" ("Энергия") (1904) при Бакинском к-те РСДРП. В 1904–07 участвовал в издании с.-д. газет. После Рев-ции 1905–07 отошёл от с.-д. движения. В 1909 выехал в Персию, где являлся одним из инициаторов создания Демокр. партии. После подавления рев-ции в Персии (1911) уехал в Турцию. В 1913 вернулся в Россию, вступил в партию "Мусават" ("Равенство"), вскоре стал одним из её руководителей. С 1915 возглавлял издание газ. "Ачыг Сёз" ("Ясное Слово") – фактически орган партии "Мусават"; выступал за войну до победного конца, за расширение прав и свобод азерб. народа.

После Февр. рев-ции 1917 участвовал в работе Кавк. (апр., Баку) и 1-го Всерос. мусульм. (май, Москва) съездов, на к-рых по предложению Р. было принято постановление о необходимости федеративного устройства России. В своей лит.-публицистич. деятельности пропагандировал эти же идеи. После объединения партии "Мусават" с Тюркской партией федералистов (июнь) на 1-м съезде «Тюркской демокр. партии "Мусават"» (26–31 окт., Баку) избран пред. ЦК. В принятой съездом программе говорилось, что формой гос. устройства России должна быть федеративная демокр. республика, основанная на принципах нац.-терр. автономии.

После разгона Учред. Собр. (6 янв. 1918) сторонник создания независимого Закавк. конфедеративного гос-ва. Член Закавк. Сейма (10 февр.– 26 мая 1918). По мнению Р., Сов. Россия не имела ни юрид., ни морального права при заключении Брест-Литовского мирного договора согласиться на отторжение в пользу Турции ряда территорий на Кавказе. После роспуска Сейма возглавил Врем. Нац. Совет Азербайджана (27 мая – 7 дек. 1918). Один из инициаторов провозглашения независимой Азерб. Демокр. Республики (28 мая 1918). После установления Сов. власти в Азербайджане (28 апр. 1920) направлен в Москву для работы в Наркомате национальностей РСФСР.

С 1922 в эмиграции. Противник Сов. власти, выступал за восстановление нац. независимости Азербайджана. Автор научных и научно-публицистич. работ по истории и лит-ре Азербайджана.

Лит.: Адрес-календарь Азерб. Республики за 1920 год, Баку, 1920; Азерб. Демокр. Республика. Азерб. пр-во, Баку, 1990 (на азерб. яз.); Балаев А., Азерб. нац.-демокр. движение. 1917–1920, Баку, 1990; Свиетоховский Т., Рус. Азербайджан. 1905–1920, "Хазар", № 1–3, 1990.

Э. Исмаилов.

РЕЙН Георгий Ермолаевич (1854–1942). Сын унтер-офицера. Окончил Медико-хирургич. академию в 1874, в 1876 защитил диссертацию на степень доктора медицины по специальности акушерство и жен. болезни. В 1900 избран на кафедру по той же специальности в Имп. Воен.-мед. академию. С 1901 академик. С 1905 заслуженный ординарный проф. С 1905 деятельно участвовал в обществ.-полит. жизни. Член многих междунар. и рос. учёных об-в. Неоднократно избирался почётным президентом междунар. съездов врачей. Как землевладелец – гласный Острожского уездного земства и Волынского губ. земского собрания. В 1906 член Комиссии по выработке положения о воен.-сан. управлении. В 1907 избран членом 2-й Гос. Думы (от Волынской губ.), во фракции октябристов; работал в комиссиях сельскохозяйственной и бюджетной, пред. подкомиссии по рассмотрению сметы Мин-ва нар. просвещения. С 1908 почётный лейб-хирург двора его величества. В 1911 один из организаторов Междуведомств. комиссии по пересмотру врачебно-сан. законодательства, в 1912–14 её пред. В 1912 был избран в Гос. Думу 4-го созыва, но войти в Думу отказался. С 22 марта 1915 член Гос. совета. С 1916 главноуправляющий Гос. здравоохранением на правах министра, оставаясь членом Гос. совета и почётным лейб-хирургом. Организовал новое ведомство (разрешил продажу сахарина, ранее запрещённого; занимался орг-цией доставки молока в голодающий Петроград из Финляндии). В Совете министров почти всегда примыкал к его более правым течениям. Считал, что Гос. Дума и разл. обществ. орг-ции способствовали революционизированию страны.

28 февр. 1917 был арестован, в тот же день освобождён. 23 марта приехал в Киев. Участвовал в совещаниях членов Гос. совета и Гос. Думы всех созывов. В один из приездов в Петроград был приглашён Чрезв. следств. комиссией явиться 29 мая; обвинён в незаконном контрассигновании закона об учреждении Гл. управления Гос. здравоохра-

нения. Разъяснения Р. удовлетворили комиссию.

В 1918 эмигрировал в Германию, но вскоре вернулся в Россию для борьбы против Сов. власти на стороне Добровольч. армии. В 1919 эмигрировал. Написал восп. "Из пережитого. 1907–1918" (т. 1–2, Берлин, б.г.).

Лит.: Падение царского режима. Стенографич. отчёт допросов..., т. 5, Л., 1926.

О.Л. Сорокина.

РИ́ТТИХ Александр Александрович (1868 – июнь 1930). Потомств. дворянин Харьковской губ. По окончании в 1888 Александровского лицея (с золотой медалью) работал в земском отделе Мин-ва внутр. дел, затем служил на Д. Востоке по переселенч. управлению. С 1903 в Мин-ве финансов. Написал работы по материалам Особого совещания о нуждах с.-х. пром-сти, в т.ч. "Крест. правопорядок" (СПб., 1904) и кн. "Зависимость крестьян от общины и мира" (СПб., 1903; в её заключит. части дан свод мер, к-рые повели бы к постепенному уничтожению общины). В 1905–12 директор Департамента гос. зем. имуществ и управляющий делами К-та по землеустроит. делам. Участник проведения столыпинской реформы. В 1912–16 тов. главноуправляющего землеустройства и земледелия. С 1916 сенатор, с 16 нояб. управляющий Мин-вом земледелия.

С 12 янв. 1917 мин. земледелия. Его назначение поддержали "прогрессивные националисты" и октябристы, как человека крайне правых убеждений. "...Новый министр был необычайно энергичен, отлично знал дела своего ведомства... знал страну лучше всех др. членов кабинета" (Барк П.Л., Воспоминания, "Возрождение", 1967, № 181, с. 80). Ещё в дек. 1916 призвал прекратить призыв в армию работников адм. персонала частновладельч. экономий, без к-рого невозможна их правильная хоз. деятельность; инициатор привлечения военнопленных к с.-х. работам; 29 нояб. 1916 подписал постановление о хлебной развёрстке, 7 дек. последовало окончат. определение норм губ. поставок. Развёрстка вступила в силу в янв. 1917. Тогда же Р. объехал ряд губерний, провёл неск. совещаний по прод. вопросу, посетил главнокомандующих армиями Юго-Зап. и Зап. фронтов. В Гос. Думе 17 февр. обрисовал выполнение развёрстки в радужных красках и потребовал прекращения критики прод. мер. 25 февр. на последнем заседании Думы объявил, что пр-во передаёт прод. дело гор. самоуправлению. С нач. Февр. рев-ции из-за боязни быть арестованным скрывался. После Окт. рев-ции выехал в Одессу, а затем эмигрировал. *О.Л. Сорокина.*

РОДЗЯ́НКО Михаил Владимирович (9 марта 1859, Екатеринославская губ.,– 24 янв. 1924, Югославия). Род. в семье дворя-

нина, крупного землевладельца. Воспитание и образование получил в Пажеском корпусе. Камергер имп. двора. С 1878 служил в Кавалергардском полку, в 1882 оставил воен. службу, зачислившись в запас. В 1883 избран почётным мировым судьёй в Новомосковском у. Екатеринослав. губ. В 1885 вышел в отставку. В 1886–91 там же предводитель дворянства. С 1900 пред. Екатеринослав. земской управы. В 1906–07 чл. Гос. совета (от Екатеринослав. земства). Участник съездов земских и гор. деятелей. Один из основателей партии "Союз 17 октября" (1905), входил в её ЦК. Деп. Гос. Думы 3-го и 4-го созывов; в 3-й Думе пред. земельной, чл. переселенческой комиссий. Поддерживал политику реформ П.А. Столыпина. Возглавлял думскую фракцию "октябристов". С 22 марта 1911 пред. 3-й Гос. Думы, с 15 нояб. 1912 – 4-й Гос. Думы. Непримиримый противник Г.Е. Распутина. 1-ю мир. войну считал необходимым довести "до победного конца, во имя чести и достоинства дорогого отечества" (Родзянко М.В., Гос. Дума и Февральская 1917 года рев-ция, Ростов-на-Дону, 1919, с. 14). 26 авг. 1915 на заседании Особого совещания по обороне избран пред. эвакуац. комиссии. Был в числе инициаторов создания Прогрессивного блока (авг. 1915); один из его лидеров и вместе с тем единств. офиц. посредник между Гос. Думой и верх. властью. В планировавшемся "Мин-ве доверия" Р. предназначалась роль премьер-министра.

С 14 февр. 1917 руководил работой сессии Гос. Думы. В дни Февр. рев-ции постоянно держал связь с Николаем II, Ставкой, штабами фронтов и вел. кн. Михаилом Александровичем, к-рого 25 февр. вызвал по телефону из Гатчины в Петроград. 26 февр. телеграфировал Николаю II: "Положение серьёзное. В столице анархия. Пр-во парализовано... Растёт обществ. недовольство... Необходимо немедленно поручить лицу, пользующемуся доверием страны, составить новое пр-во" ("Рев-ция 1917", т. 1, с. 39). Понимая, что "решается судьба родины и династии", считал необходимым сохранить монархич. принцип правления и потому настаивал на даровании "ответств. мин-ва" (там же, с. 40).

27 февр. дал телеграмму главнокомандующему Сев. фронтом ген. Н.В. Рузскому: "Волнения... принимают стихийные и угрожающие размеры. Основы их – недостаток печёного хлеба и слабый подвоз муки, внушающий панику; но гл. обр. полное недоверие власти, неспособной вывести страну из тяжёлого положения... Заводы... останавливаются за недостатком топлива и сырого материала, ...и голодная, безработная толпа вступает на путь анархии, стихийной и неудержимой. Ж.-д. сообщение по всей России в полном расстройстве. На юге из 63 доменных печей работают только 28... На Урале из 92 доменных печей остановились 44... Правительств. власть находится в полном параличе и совершенно беспомощна восстановить нарушенный порядок. России грозит унижение и позор, ибо война при таких условиях не может быть победоносно окон-

чена. Считаю единственным и необходимым выходом из создавшегося положения безотлагательное признание лица, к-рому может верить вся страна, и к-рому будет поручено составить пр-во, пользующееся доверием всего населения... иного выхода на светлый путь нет, и я ходатайствую перед вашим высокопревосходительством поддержать это моё убеждение перед его величеством, дабы предотвратить возможную катастрофу..." ("Отречение Николая II: Воспоминания очевидцев, док-ты", 2 изд., М., 1990, с. 224). Ген. Рузский немедленно довёл до сведения царя эту телеграмму, по существу поддержав её.

В тот же день 27 февр. Р. возглавил Врем. К-т Гос. Думы, от имени к-рого издал приказ войскам Петрогр. гарнизона и обратился с воззваниями к населению. В одном из них говорилось: "Врем. К-т Гос. Думы при тяжёлых условиях внутр. разрухи, вызванной мерами старого пр-ва, нашёл себя вынужденным взять в свои руки восстановление гос. и обществ. порядка. Сознавая всю ответственность принятого им решения, К-т выражает уверенность, что население и армия помогут ему в трудной задаче создания нового пр-ва, соответствующего желаниям населения и могущего пользоваться доверием его" ("Рев-ция 1917", т. 1, с. 43). Ночью с 27 на 28 февр. во все города России им были разосланы телегр. сообщения об образовании К-та, с призывом соблюдать спокойствие.

28 февр. Р., находясь в Таврическом дворце, приветствовал полки Петрогр. гарнизона, перешедшие на сторону Гос. Думы. "Михаил Владимирович очень приспособлен для этих выходов: и фигура, и голос, и апломб, и горячность... При всех его недостатках, он любит Россию и делает, что может, т.е. кричит изо всех сил, чтобы защищали Родину...",– вспоминал этот день В.В. Шульгин ("Дни. 1920", 1990, с. 197). 1 марта Р. телеграфировал Рузскому о переходе правительств. власти к Врем. К-ту Гос. Думы. Участвовал в переговорах К-та с лидерами исполкома Петрогр. Совета РСД о составе Врем. пр-ва. К-т решил, что Николай II должен немедленно отречься от престола в пользу сына при регентстве брата царя – Михаила Александровича. Переговоры с царём должен был вести Р. (вместо него поехали А.И. Гучков и В.В. Шульгин).

1 марта в 23 ч. Николаю II ген. Рузским была доложена телеграмма ген. М.В. Алексеева, в к-рой он предлагал царю опубликовать Манифест с признанием необходимости создать "мин-во, возложив образование его на пред. Гос. Думы Родзянко, из лиц, пользующихся доверием всей России" ("Отречение Николая II...", с. 231). Ранним утром 2 марта царь подписал Манифест. С 3 ч. 30 мин. до 7 ч. 30 мин. утра 2 марта по прямому проводу состоялся разговор Р. с Рузским: "...ненависть к династии дошла до крайних пределов, но весь народ, с кем бы я ни говорил, выходя к толпам и войскам, решил твёрдо – войну довести до победного конца... К Гос. Думе примкнул весь Петроградский и Царскосельский гарнизоны; то же повторяется во всех городах; ...везде войска становятся на сторону Думы и народа, и грозные требования отречения в пользу сына, при регентстве Михаила Александровича, становятся определённым требованием... Прекратите присылку войск, т.к. они действовать против народа не будут. Остановите ненужные жертвы... я сам вишу на волоске, и власть ускользает у меня из рук; анархия достигает таких размеров, что я вынужден был сегодня ночью назначить Врем. пр-во. К сожалению, Манифест запоздал; ...время упущено и возврата нет... переворот может быть добровольный и вполне безболезненный для всех, и тогда всё кончится в несколько дней..." (там же, с. 233–35). Р. просил содержание разговора доложить государю. Через неск. часов (в 10 ч. 15 мин.) ген. Алексеев известил всех командующих фронтами о разговоре Р. с Рузским: "...династич. вопрос поставлен ребром, и войну можно продолжать до победоносного конца лишь при исполнении предъявленных требований относительно отречения от престола в пользу сына при регентстве Михаила Александровича. Обстановка, по-видимому, не допускает иного решения..." (там же, с. 237).

2 марта в середине дня Николай II в телеграмме на имя Р. сообщал, что "готов отречься от престола" в пользу сына Алексея при регентстве вел. кн. Михаила Александровича (там же, с. 240). Однако затем царь передумал, узнав от врача, что болезнь сына неизлечима, и около 12 ч. вечера подписал Акт отречения от престола в пользу брата.

Из разговора Р. с Рузским (в присутствии Г.Е. Львова) по прямому проводу 3 марта в 5 ч. утра: "...чрезвычайно важно, чтобы манифест об отречении и передаче власти вел. кн. Михаилу Александровичу не был опубликован до тех пор, пока я не сообщу вам об этом... весьма возможна гражд. война. С регентством великого князя и воцарением наследника цесаревича помирились бы может быть, но воцарение его как императора абсолютно неприемлемо... После долгих переговоров с депутатами от рабочих удалось придти только к ночи сегодня к нек-рому соглашению, к-рое заключается в том, чтобы было созвано через нек-рое время Учред. Собр. для того, чтобы народ мог высказать свой взгляд на форму правления... провозглашение императором вел. кн. Михаила Александровича подольёт масла в огонь, и начнётся беспощадное истребление всего, что можно истребить. Мы потеряем и упустим из рук всякую власть, и усмирить нар. волнение будет некому. При предложенной форме – возвращение династии не исключено..." (там же, с. 242–43).

3 марта участвовал в переговорах с вел. кн. Михаилом Александровичем и настаивал на его отказе от престола; по воспоминаниям Шульгина ("Дни. 1920", М., 1990, с. 276), Р. был последним, с кем советовался вел. князь перед тем, как подписать Акт об отказе принять престол.

После передачи власти Врем. пр-ву Р. возглавлял Врем. К-т Гос. Думы – представит. орган, "необходимый, чтобы эта власть в случае кризиса не миновала суждений Врем. К-та о составе власти" ("Буржуазия и помещики в 1917 г.". Стенограммы Частных совещаний членов Гос. Думы, М.–Л., 1932, с. 266). Оправдывая свою позицию в февр. дни, Р. в 1919 писал: "Конечно, можно было бы Гос. Думе отказаться от возглавления рев-ции, но нельзя забывать создавшегося полного отсутствия власти и того, что при самоустранении Думы сразу наступила бы полная анархия и отечество погибло бы немедленно... Думу надо было беречь, хотя бы как фетиш власти, к-рый всё же сыграл бы свою роль в трудную минуту" (Родзянко М.В., указ. соч., с. 41). Был сторонником продления срока полномочий Гос. Думы как нар. представительства до окончания войны. Являлся инициатором проведения, а также бессменным пред. Частных совещаний членов Гос. Думы (с 22 апр. по 20 авг. 1917), призванных, по его мнению, нести "слово правды" народу и указывать "на то, как надо вести гос. корабль" ("Буржуазия и помещики в 1917 г.", с. 21).

Р. считал, что агр. вопрос необходимо решать на Учред. Собр. Весной и летом 1917 получал письма от помещиков, в к-рых одни обвиняли его в пособничестве рев-ции, другие выражали надежду, что его авторитет и популярность защитят их при проведении зем. реформы. Через него стремились оказывать давление на Врем. пр-во, в частности в решении зем. вопроса. Так, 17 марта Р. выразил недоверие кн. Львову по поводу распоряжения мин. земледелия о порядке реквизиции хлеба у землевладельцев с посевной площадью не менее 154,5 га, требовал его отмены и передачи решения вопроса на места. 16 марта Р. выступил в печати с воззванием к крестьянам и землевладельцам об интенсивном засеве полей "во имя лучшего обеспечения армии хлебом" (см.: Чаадаева О.Н., Помещики и их орг-ции в 1917 г., М.–Л., 1928, с. 55).

7–22 мая Р. присутствовал в Ставке на 1-м Всерос. съезде Союза офицеров армии и флота. 1 июня избран во врем. к-т "Лиги рус. культуры". Летом Р. и Гучков основали Либерально-респ. партию. Выступая на Гос. совещании в Москве 14 авг., Р. заявил, что "руководящей идеей Февр. рев-ции была патриотич. идея" победы над герм. милитаризмом ("Гос. совещание", с. 103). Р. обвинял Врем. пр-во в развале армии, экономики и гос-ва. Гл. причину слабости власти он видел в отказе пр-ва сотрудничать с Гос. Думой. 22 авг. обратился к А.Ф. Керенскому с письмом от имени Частного совещания членов Гос. Думы о необходимости отменить закон о хлебной монополии. В авг. вошёл в Совет обществ. деятелей.

9 авг. телеграфировал ген. Л.Г. Корнилову: "Совещание обществ. деятелей приветствует Вас, верховного вождя рус. армии. Совещание заявляет, что всякие покушения на подрыв вашего авторитета в армии и России считает преступными... В грозный час тяжёлого испытания вся мыслящая Россия смотрит на Вас с надеждой и верою" ("Рев-ция 1917", т. 4, с. 33). Однако по отношению к корниловскому движению занял позицию "сочувствия, но не содействия", говоря, что Гос. Думу можно будет "привлечь к орг-ции власти в случае успеха" (цит. по кн.: Деникин А.И., Очерки рус. смуты. Борьба ин. Корнилова. Авг. 1917 – апр. 1918, М., 1991, с. 32). После поражения корниловского выступления заявил: "Никогда ни в какой контррев-ции не участвовал и во главе фронды не стоял. О всех злобах дня я узнал только из газет и сам к ним не причастен. А вообще могу сказать одно: заводить сейчас междоусобия и споры – преступление перед Родиной" (там же, с. 64).

В дни Окт. вооруж. восст. находился в Петрограде, пытался организовать защиту Врем. пр-ва. После Окт. рев-ции перебрался на Дон и при Л.Г. Корнилове, а затем при А.И. Деникине пытался воссоздать Совещание членов Гос. Думы (всех 4 созывов). Однако успеха не имел, т.к. в глазах белой гвардии был запятнан ролью в дни Февр. рев-ции. В 1920 эмигрировал в Югославию.

Соч.: Крушение империи, 2 изд., Л., 1929.

Лит.: Окт. рев-ция. Мемуары (сост. С.А. Алексеев), М.–Л., 1926; Милюков П.Н., Воспоминания, т. 1–2, М., 1990.

Н.Н. Коршунова.

РО́ДИЧЕВ Фёдор Измайлович (1853, по др. данным, 1856, Весьегонский у. Тверской губ.,– 1932). Из дворян, крупный землевладелец. Окончил юрид. ф-т Петерб. ун-та (1876), волонтёр сербо-черногорско-тур. войны 1876–78. Предводитель дворянства Весьегонского у. в течение 12 лет, почётный мировой судья, земский уездный начальник, избирался пред. Тверской губ. земской управы (1891), но не был утверждён. С 1895 по 1904 был лишён избират. прав за адрес Тверского земства о конституции. С 1898 присяжный поверенный, занимался адвокатурой в Петербурге. В 1901 выслан из города на 2 года, считался "крамольником"; участвовал в депутации к Николаю II 6 июня 1905. Чл. Гос. Думы 1–4-го созывов. Один из лидеров партии кадетов, чл. её ЦК. 21 авг. 1915 на заседании ЦК партии кадетов говорил: "... вся программа страны теперь: мир или война... А т.к. в этом вопросе имеется наше расхождение с лев. элементами, то от них приходится отмежёвываться" (Думова-2, с. 69). Лучший

оратор партии, прозван "первым тенором" Партии Нар. Свободы за темпераментные выступления в Думе и на митингах. Неоднократно выезжал на фронт, где выступал с лозунгом "Война до победы!", боролся с антивоен. настроениями в тылу, но в то же время "он ни одной минуты не верил в благополучный исход войны,– писала в биографии Р. его дочь,– и предсказывал неминуемое поражение России" (Думова-3, с. 143).

После Февр. рев-ции 1917 с марта по май мин. Врем. пр-ва по делам Финляндии, противник её свободного отделения от России. На 7-м (март) и 8-м (май) съездах партии кадетов настаивал на ведении войны до победного конца, возмущался братанием на фронте. Активно выступал в защиту крупных землевладельцев, предлагал рабочим ограничить свои требования, а с изданием законов по рабочему вопросу подождать. Во время муниципальных выборов в Петрограде ходил вместе с П.Н. Милюковым и др. деятелями кадетской партии по домам, устраивая во дворах предвыборные митинги. В июне был противником выхода кадетов из пр-ва, ибо "отставка кадетов будет означать передачу власти Совету", вследствие чего "влияние Ленина сразу возрастёт" (Думова-3, с. 173). В мае–июне как чл. делегации кадетских лидеров прибыл на Дон для орг-ции блока с казачеством на выборах в Учред. Собр., провозглашая полное соответствие целей кадетов интересам казачества. В авг. такой блок был создан. Поддерживал выступление ген. Л.Г. Корнилова, во время встречи его в Москве (авг.) на Александровском вокзале сказал: "На вере в Вас мы сходимся все, вся Москва. И верим, что... клич – да здравствует ген. Корнилов!– теперь клич надежды – сделается возгласом нар. торжества. Спасите Россию, и благодарный народ увенчает вас..." (Деникин А.И., Очерки рус. смуты, т. 2, М., 1991, с. 31). Участник моск. Гос. совещания, где 14 авг. говорил: "Ллойд Джордж предсказал, что ядро герм. пушки разобьёт оковы на рус. народе. И он оказался прав... Армия митингует, а не сражается" ("Гос. совещание", с. 60). В окт. вошёл во Врем. Совет Рос. Республики (Предпарламент) и в его Совет старейшин от партии кадетов.

После Окт. рев-ции участвовал в выборах в Учред. Собр. и был избран в его состав 14 нояб. в Петрограде от кадетов. 28 нояб. в день предполагавшегося открытия Учред. Собр. выступил с речью у Таврического дворца, а на частном заседании заявил, что первой акцией должна быть защита свободы слова и неприкосновенности прав членов Учред. Собр. (в связи с арестом членов Учред. Собр.– кадетов). Собрание приняло предложение П.И. Новгородцева и Р., объявляющее эти аресты "преступным посягательством на Учред. Собр.". Избран в состав орг. комиссии Учред. Собр. ("Рев-ция 1917", т. 6, с. 143, 225). Подвергся аресту в связи с убийством М.С. Урицкого.

Чл. Совета гос. объединения России, организованного в Киеве в сент. 1918 из членов Гос. Думы всех созывов, Гос. Совета, Сената, представителей Церк. Собора и Союза зем. собственников, членов отделения "Нац. центра" и Особого совещания в Екатеринодаре. В составе делегации, прибывшей от пр-ва А.И. Деникина весной 1919 в Сербию, агитировал за образование серб. легионов для участия в войне в России. Эмигрант; с 1920 жил в Лозанне (Швейцария), входил в демокр. группу П.Н. Милюкова.

М.Е. Голостенов.

РОЖКО́В Николай Александрович (24 окт. 1868, г. Верхотурье Пермской губ.,– 2 февр. 1927, Москва). Из дворян; отец – учи-

тель. Окончил в 1890 ист.-филол. ф-т Моск. ун-та, участвовал в студенч. движении. В 1891–97 преподавал древние языки в Пермской гимназии. В 1896 сдал магистерский экзамен по рус. истории, в 1898–1906 приват-доцент Моск. ун-та, в 1900 защитил магистерскую диссертацию.

Автор крупных работ: "Обзор рус. истории с социологич. точки зрения" (ч. 1–2, М., 1903–05), "Происхождение самодержавия в России" (М., 1906), "Осн. законы развития обществ. явлений (Краткий очерк социологии)" (М., 1907). Весной 1905 вступил в РСДРП, член лит. группы при МК большевиков. В 1905–06 член МК, в 1906–07 – ПК большевиков. В 1907 дел. 5-го съезда РСДРП, избран чл. ЦК. В 1907–08 чл. Рус. бюро ЦК РСДРП. Весной 1908 арестован, в 1910 сослан в Сибирь, где примкнул к меньшевикам. В ссылке участвовал в издании ряда сиб. газет и журналов.

Февр. рев-ция 1917 застала Р. в Новониколаевске (был тов. пред. рев. к-та). В марте приехал в Москву, участник создания группы с.-д.-"объединенцев", один из основателей Лиги агр. реформ. 8 апр. опубл. "Открытое письмо к Моск. конференции большевиков", в к-ром дал оценку "двоевластия", а также писал, что "...захватная тактика большевиков... по своим объективным последствиям контрреволюционна теперь, при Врем. пр-ве, торжественно взявшем на себя обязательства, являющиеся залогом продолжения рев-ции в интересах демократии" ("Вперёд", 1917, 8 апр.). 14 апр. в Моск. обл. бюро Советов РСД сделал доклад об агр. реформе, предполагал всю землю, за исключением частновладельческой (от 50 до 120 десятин), передать в распоряжение гос-ва. 27 апр. в газ. "Пролетарий" в ст. "Ответ т. И.И. Степанову" (на его статью в газ. "Социал-демократ", № 30) призывал к объединению большевиков и меньшевиков. 17 мая мин. почт и телеграфа И.Г. Церетели предложил Р. пост тов. министра; с одобрения орг-ции "объединенцев" Р. согласился. 23 июня в докладе по агр. вопросу на 2-м Всерос. съезде Лиги агр. реформ выдвинул идею национализации крупных и средних землевладений. В нач. июля в ходе совещаний на квартирах Церетели и М.И. Скобелева настаивал на образовании "чистосоциалистического. пр-ва" с подчинением его (до Учред. Собр.)

Советам РД. Когда в авг. А.Ф. Керенский составил новое коалиц. пр-во, Р. подал в отставку (см.: Автобиография, в сб.: Памяти Н.А. Рожкова, М., 1927, с. 10), принятую 4 авг. Врем. пр-вом. 22 авг. в речи на Объединит. съезде РСДРП (19–26 авг.) утверждал, что июльское наступление пролетариата принесло вред рев-ции, обвинял Врем. пр-во в развязывании террора; 23 авг. сделал доклад по зем. вопросу; 24 авг. избран чл. ЦК. 18 сент. в газ. "Вперёд" поместил письмо о выходе из ЦК РСДРП(о) представителей Моск. объединённой с.-д. орг-ции, но вышел из Моск. орг-ции, а в ЦК остался. В окт. в 4 губерниях был выдвинут кандидатом в члены Учред. Собр., но избран не был.

Окт. рев-цию оценивал как преждеврем. антидемокр. переворот: "...мы видим... гл. причину, влиявшую на ход рев-ции: это некультурность, малосознательность, стихийность масс. Эта причина... не вина масс. Она их беда, несчастье России... Такой урок теперь дан большевист. диктатурой: она учит, как не следует делать соц. рев-цию" (Рожков Н.А., Ход в революции, в кн.: Окт. переворот. Факты и док-ты. Архив рев-ции 1917 г., П., 1918, с. 56). 13 нояб. на совещании при Викжеле о составе пр-ва на пост мин. финансов наряду с другими предложен Р. Накануне (не позже 30 нояб.) Чрезв. съезда РСДРП(о) руководители левого крыла ЦК меньшевиков, в т.ч. Р., обратились с письмом к местным орг-циям, в к-ром осуждали оборончество и коалицию с бурж. партиями, но не отказывались от борьбы с большевиками. На съезде РСДРП(о) (30 нояб. – 7 дек.) поддержал Ю.О. Мартова и Ф.И. Дана, выступивших против вооруж. борьбы с большевиками. В 1917 издал: "Агр. вопрос в России и его решение в программах разл. партий" (М.), "Врем. пр-во и Учред. Собр." (М.), "Демокр.республика" (М.), "Диктатура рев. демократии" (М.), "Задачи Учред. Собр." (Ростов н/Д); прочитал лекции "Капитализм и социализм" (М.), "Экон. и социальные задачи рев-ции" (М.), "О формах гос. устройства" (М.), "О формах нар. представительства и всеобщем избират. праве" (М.) и др.

Продолжая выступать с лекциями, в 1918 активно сотрудничал в газ. "Новая Жизнь": 9 янв. ст. "Довольно безумия" направлена против большевиков, разогнавших Учред. Собр.; 20 янв. ст. "Советы" оценивала Советы как объединяющую силу раздробленных соц. партий; 9 апр. ст. "Плоды прод. диктатуры" критиковала прод. политику Сов. власти; 11 апр. в заметке "Н.Х. Озеров" Р. выступил против утверждений в лекции проф. Озерова о возрождении России через большевизм; 3 мая ст. "Не пора ли?" направлена против диктатуры пролетариата, в ней утверждалось, что кадеты и др. бурж. партии не мешают решению задач рев-ции; 15 мая в ст. "На вулкане" отмечал: "Остался только один рев. якорь спасения... всенар. власть социалистическая и демократическая, на всеобщее избират. право опирающаяся. Это и только это способно дать рев-ции и моральный авторитет и моральную силу"; 23 мая ст. "Прошлое в настоящем" посвящена роли изучения истории для оценки настоящего; 30 мая в ст. "Последняя иллюзия", анализируя речь В.И. Ленина на Всерос. съезде Советов нар. х-ва, Р. пессимистически оценивал возможности перестройки экономики. В февр. 1921 арестован как чл. ПК меньшевиков, на допросе заявил, что хотя и убеждён в неизбежной гибели Сов. власти, но участвовать в полит. борьбе не будет. Президиум ВЧК освободил Р., хотя Политбюро ЦК РКП(б) 31 мая постановило его не освобождать (см.: В.И. Ленин, ПСС, т. 54, с. 608, прим. 255). Осенью 1922 вновь арестован и выслан на полтора года в Псков, в это же время вышел из РСДРП(о). С весны 1924 – в Москве, отошёл от политики, занимался науч. деятельностью.

Соч.: Лекции по истории социализма, читанные на Окт. пед. курсах в Петрограде, П., 1918; Рус. история в сравнительно-ист. освещении, т. 1–12, П.–Л.–М., [1918–26].

Лит.: Мат-лы для библиографии трудов Н.А. Рожкова, М., 1928; Степанов Н.Н., Полит. деятельность Н.А. Рожкова, "Уч. записки Ин-та истории РАНИОН", 1928, т. 5; Постников; Бургина. *Л.И. Дёмина.*

РО́ОП (Ропп) Эдуард Юльевич (2 дек. 1851 – 1 июля 1939). Барон. Окончил Ковенскую католич. духовную семинарию и юрид. ф-т Петерб. ун-та. Продолжил духовное образование за границей (в Инсбруке и Фрейбурге). Рукоположен в священники Римско-католич. церкви в 1886, хиротонисан (посвящён) в 1902 во епископа Тираспольского с резиденцией в Саратове. С 1903 епископ Виленский. Член 1-й Гос. Думы от г. Вильно. Основал местную конституц. католич. партию. После роспуска Думы подвергся адм. высылке, лишён звания епископа (несмотря на протесты римской курии) и права проживания в Сев.-Зап. крае. В 1907 выслан во внутр. часть империи сроком на 10 лет.

Освобождён от адм. ссылки после Февр. рев-ции 1917. Возведён в сан митрополита Римско-католич. церкви в России, архиепископа Могилёвского (имеющего пребывание в столице). В результате его обращения 14 мая к святейшему престолу австр. императором был помилован осуждённый священник правосл. церкви в Праге и Карлсбаде Н. Рыжов. Под рук. Р. в Петрограде нелегально издавался католич. журнал на польск. яз. "Хроника Могилянской Епархии". Присутствовал 13 июня на 1-м Рус. Католич. Соборе, на к-ром экзархом Греко-католич. церкви был избран Леонид Фёдоров. Встречал в Петрограде вернувшегося из ссылки униатского митрополита Андрея Шептицкого.

После Окт. рев-ции называл Сов. пр-во "посланниками дьявола" и тем не менее предпочитал иметь с ним дела. Однако выступил против отделения церкви от гос-ва и организовал широкие протесты, подписал в 1918 вместе со старообрядским епископом Симоном протест по этому поводу. Циркуляры Р. призывали римско-католич. духовенство всячески противодействовать проведению в жизнь этого декрета и изъятию церк. ценностей. Получил от В.Д. Бонч-Бруевича приглашение принять участие в работе комиссии, к-рая должна была разработать дополнит. предложения к декрету об отделении церкви от гос-ва.

29 апр. 1919 был арестован, приговорён к смертной казни за

контррев. деятельность. Приговор должен был быть приведён в исполнение с 20 на 21 мая, но казнь не состоялась. 10 июля был освобождён при участии римского нунция в Варшаве Ахилла Ратти (будущего папы Пия XI). 27 нояб. 1919 прибыл в Варшаву; в нач. 1920 в Риме лично доложил папе о сов. угрозе. В Польше создал миссионерское об-во и основал миссионерский ин-т, гл. задачей к-рых была подготовка миссионеров для России. Был противником орг-ции и деятельности в России греко-католич. церкви и гл. оппонентом в этом вопросе митрополита Андрея Шептицкого.

Лит.: Диакон В а с и л и й ЧСВ, Л. Фёдоров. Жизнь и деятельность, Рим, 1966; В и н т е р Э., Папство и царизм, пер. с нем., М., 1964; е г о ж е, Политика Ватикана в отношении СССР, пер. с нем., М., 1977.

М.Е. Голостенов.

РУДНЁВ Вадим Викторович (1874–19 нояб. 1940, По, Франция). С 1900 учился на мед. ф-те Моск. ун-та. В 1902 сослан

в Сибирь за участие в студенч. движении. Эсер. Летом 1905 арестован, содержался в Таганской тюрьме до освобождения по Манифесту 17 окт. В 1906 дел. 1-го съезда ПСР (от Москвы). Выступал за немедленное крест. восст. На 2-м съезде ПСР (сер. 1907) кооптирован в ЦК партии. В 1907 арестован, сослан на 4 года в Якут. губ. Освободившись, завершил в Базеле (Швейцария) мед. образование. Во время 1-й мир. войны, сдав в 1914 экзамены, поступил врачом на госпитальное судно.

Февр. рев-цию 1917 встретил в Москве, способствовал возрождению гор. к-та ПСР, членом к-рого избран 22 марта. Работал в "Инициативной группе" по созыву 3-го съезда ПСР. Чл. редакции эсеровской газ. "Труд". 11 апр. Моск. Советом РД избран членом президиума Совета. 22 апр. на пленуме Совета выступил с поддержкой Врем. пр-ва в связи с Апр. кризисом, в противовес большевист. резолюции о недоверии пр-ву и передаче власти Советам. 29 апр. пред. на открытии Моск. губ. съезда КД. 30 апр.– 1 мая участвовал в работе 6-го Совета ПСР, вошёл в выборную комиссию по созыву 3-го съезда ПСР. 9 мая на соединённом заседании исполкома Советов РД и СД заявил: "Мир может быть заключён лишь в междунар. масштабе" ("Известия Моск. Совета РД", 1917, 10 мая). 25 мая – 4 июня дел. 3-го съезда ПСР, чл. президиума (тов. пред.); выступил с докладом "Пересмотр орг. устава" (вместе с А.А. Аргуновым). 11 июля избран моск. гор. головой, в речи в Гор. думе поддержал политику А.Ф. Керенского. 6–8 авг. член президиума 7-го расширенного Совета ПСР, рассматривавшего финанс.-экон. вопрос и проблемы Финляндии и Украины. 12 авг. приветствовал Врем. пр-во на моск. Гос. совещании как гор. голова: "Я присоединяюсь к призыву Врем. пр-ва о преодолении во имя спасения родины и рев-ции всех противоречий, раздирающих страну, к призыву к сплочению всех живых сил" ("Гос. совещание", с. 45). 13 авг. один из встречавших ген. Л.Г. Корнилова. 15 авг. приветствовал участников открывшегося Св. Собора Правосл. Рос. церкви. С 29 авг. член сформированного исполкомами Советов РД, СД и губ. Совета КД Врем. к-та – органа борьбы с выступлением ген. Л.Г. Корнилова. 14 сент. член президиума Совещания представителей земств и городов, к-рое должно было выработать программу обществ. самоуправления. В сент. участвовал в работе Всерос. Демокр. совещания; 17 сент. выступил от группы гор. самоуправлений за правительств. коалицию с кадетами. С подобным предложением также выступал 22 сент. на совм. Совещании представителей моск. эсеров, меньшевиков, кадетов, торг.-пром. группы с участием А.Ф. Керенского. Съездом Союза городов избран 15 окт. во Врем. Совет Рос. Республики (Предпарламент). В сер. окт. организовывал в Москве предвыборную кампанию в Учред. Собр.

Получив известие о Петрогр. вооруж. восст., созвал экстренное заседание моск. Гор. думы, где заявил, что дума – единств. законная власть в Москве и не станет подчиняться Советам. Для борьбы с большевиками был создан К-т обществ. безопасности во главе с Р. 25 окт. обратился по телеграфу ко всем гор. и земским самоуправлениям с предложением "немедленно избрать делегатов, к-рые по первому призыву съедутся для орг-ции поддержки Учред. Собр." ("Красный архив", 1933, № 6, с. 26). В ночь на 31 окт. выступил с докладом на Совещании К-та обществ. безопасности, частей Моск. гарнизона, президиума Совета СД, к-та ПСР и думских фракций о предпринятых Гор. думой и к-том попытках мирного урегулирования положения в Москве; совещание признало, что к-т исчерпал все средства к соглашению и "вина за дальнейшую междоусобную войну целиком ложится на ВРК большевиков" ("Вперёд", 1917, 31 окт.). 8 нояб. на экстренном заседании Гор. думы, обсуждавшем декрет ВРК о её роспуске, сказал: "Совершившаяся авантюра только доказала России, что большевики не умеют вести творч. работы, а способны лишь к разрушению" ("Дело Народа", 1917, 8 нояб.). 9 нояб. председательствовал на земско-гор. совещании, выступил с сообщением о событиях в Москве. 15 нояб. на запрещённом ВРК заседании Гор. думы предложил резолюцию о том, что "массы идут за большевиками потому, что они введены в заблуждение, и что мир, к-рый пытаются заключить большевики, приведёт Россию к гибели" (там же, 16 нояб.).

В нояб.– дек. Р.– постоянный пред. бюро фракции эсеров, избранных членами Учред. Собр. Участвовал 5 янв. 1918 в заседании Учред. Собр. 8 янв. Гор. дума под рук. Р. приняла резолюцию, осуждавшую разгон Учред. Собр.: "Наступило царство ничем не ограниченного произвола и насилия" ("Моск. Листок", 1918, 11 янв.). Сотрудничал в "Союзе возрождения России", скрываясь от Сов. власти. Затем переехал в Киев, откуда вместе с И.И. Бунаковым был послан на Сев. Кавказ для связи с А.И. Дениkиным. В нояб. вместе с П.П. Рябушинским, П.Н. Милюковым и др. участвовал в Яссах (Румыния) в совещании с послами Антанты. В кон. 1918 перебрался в Одессу, где возглавлял бюро земств и городов Союза городов.

5 апр. 1919 эмигрировал. Жил во Франции. В 1919 вместе с О.С. Минором и И.Н. Коварским написал в ЦК ПСР письмо, в к-ром осуждал "всё растущую терпимость к Сов. власти", "готовность идти с нею единым фронтом для борьбы с антибольшевист. коалицией" (Луначарский А.В., Бывшие люди. Очерк истории партии эсеров, М., 1922, с. 69). Сотрудничал во мн. рус. газетах и журналах.

Л.В. Бадя.

РЫКОВ Алексей Иванович (13 февр. 1881, Саратов,– 15 марта 1938, Москва). Из крестьян. Гимназистом в 1898 вступил в РСДРП. В 1900–01 студент юрид. ф-та Казан. ун-та; чл. Казан. к-та РСДРП. В февр. 1901 арестован, в сент. выслан в Саратов, где вошёл в к-т РСДРП, один из организаторов первомайской демонстрации 1902. В 1903 с помощью агентов газ. "Искра" выезжал в Женеву, где встречался с В.И. Лениным. После 2-го съезда РСДРП (1903) большевик. Летом 1904 участвовал в восстановлении Моск. орг-ции РСДРП. Дел. 3-го съезда РСДРП (1905), избран чл. ЦК. В мае 1905 арестован в Петербурге, но освобождён по Манифесту 17 окт. Избран в Петерб. Совет РД. Участник дек. вооруж. восстания 1905 в Москве. С кон. 1905 чл. Моск. обл. бюро ЦК РСДРП. Дел. 4-го съезда РСДРП (1906); выступая на съезде с критикой меньшевиков, говорил: "Если бы т. Аксельрод умел хорошо смотреть на рус. действительность, хотя бы и с Альпийских гор, он увидел бы, что после знаменитого манифеста пр-во пошло так далеко, как никогда. Он увидел бы виселицы, штыки и прежние и новые тюрьмы... Логика жизни двигает меньшевиков на новый

путь. Логика жизни подводит меньшевиков к кадетам" ["4-й (Объединит.) съезд РСДРП. Протоколы", М., 1959, с. 306]; избран чл. ЦК партии. Летом 1906 арестован в Москве; сослан в Архангельскую губ., в 1907 бежал. В мае 1907 вновь арестован в Москве и в 1908 сослан в Самару. На 5-м съезде РСДРП (1907) заочно избран канд. в чл. ЦК. В апр. 1909 уехал за границу по заданию Рус. бюро ЦК РСДРП (в 1907–10 член Бюро ЦК). В июне 1909 участник Совещания расширенной редакции газ. "Пролетарий". С осени 1909 в Москве; неоднократно был арестован, ссылался, бежал из ссылок. В 1911 секр. Загран. орг. комиссии по созыву 6-й конф. РСДРП. В авг. 1911 арестован в Москве; сослан в Архангельскую губ. Освобождён по амнистии в связи с 300-летием дома Романовых в февр. 1913. С лета 1913 в Москве, чл. МК РСДРП. Вскоре арестован и сослан в Нарымский край, в 1915 бежал, но вновь арестован и возвращён в ссылку.

Освобождён Февр. рев-цией 1917. В апр. приехал в Москву, вёл работу в МК и Моск. обл. бюро РСДРП, в К-те обществ. орг-ций при Моск. Совете РД. На 1-й Моск. обл. парт. конф. (19–21 апр.) поддержал П.Г. Смидовича в вопросе о необходимости контроля Советов РСД над действиями Врем. пр-ва. Дел. 7-й (Апр.) Всерос. конф. РСДРП(б) (24–29 апр.) от Моск. орг-ции; выступив в прениях по докладу В.И. Ленина, говорил: "Можем ли мы рассчитывать на поддержку масс, выкидывая лозунг пролет. рев-ции? Россия – самая мелкобурж;. страна в Европе. Рассчитывать на сочувствие масс соц. рев-ции невозможно". Считал, что поддержка курса на соц. рев-цию приведёт партию к отрыву от масс и превращению её в пропагандист. кружок. "Толчок к социальной рев-ции должен быть дан с Запада... У нас нет сил, объективных условий для этого". Партия должна полностью реализовать программу-минимум "до социализма, а потому на ней и должно беспрерывно сосредоточиваться наше внимание". Хотя прошло 2 мес. после начала рев-ции, "платформа демокр. преобразований не только не осуществлена, к осуществлению её даже не приступлено. Перед нами лежит безбрежное море работы по развитию рев. завоеваний, по углублению рев-ции, и особенно в деревне. Широкая масса населения России только просыпается к рев-ции" ["7-я (Апр.) конф. РСДРП(б)", с. 106, 107]. Заканчивая выступление, сказал: "Мы должны сделать так, чтобы дать размах началу [рев. борьбы в России.– Автор]. Перед нами стоит вопрос о пролет. рев-ции, но мы не должны переоценивать сил" (там же, с. 107). В мае избран чл. президиума и зам. пред. Моск. Совета РД. Дел. 1-го Всерос. съезда Советов РСД (Петроград, 3–24 июня); избран канд. в чл. ВЦИК. В июле при рассмотрении вопроса на заседании Моск. Совета РД о коалиц. Врем. пр-ве от имени фракции большевиков заявил, что нельзя оказывать никакой поддержки такому пр-ву; престиж "рев. партий" в стране резко пал, ибо "нигде не было так тихо, как в Совете рабочих депутатов" в то время, как казаки и юнкера обыскивали в Петрограде рабочие кварталы, закрывали профсоюзы и громили левые типографии. Р. выступил также за установление рабочего контроля на произ-ве и против направленного на борьбу с рев. движением восстановления смертной казни (см.: Игнатов Е.Н., Моск. Совет РД в 1917, М., 1925, с. 291–93). Дел. 6-го съезда партии (26 июля – 3 авг.), избран чл. ЦК. В дни выступления ген. Л.Г. Корнилова (25–30 авг.) участвовал в подготовке Москвы к отпору мятежников, в орг-ции отрядов Кр. Гвардии. 4 сент. был пред. объединённого заседания исполкомов Советов РД и СД, утвердившего устав Кр. Гвардии. 13 сент. на заседании ЦК РСДРП(б) избран чл. Комиссии по выработке декларации фракции большевиков на Демокр. совещании; был сторонником участия большевиков в Предпарламенте. 23 сент. ЦК партии принял решение перевести Р. из Москвы в Петроград для работы в Петрогр. Совете РСД. Был введён в состав президиума Петрогр. Совета, но продолжал работу и в Москве.

В дни Окт. вооруж. восст. находился в Смольном; дел. 2-го Всерос. съезда Советов РСД, чл. Президиума съезда; избран канд. в чл. ВЦИК. Был канд. в чл. Моск. ВРК, но в работе не участвовал, т.к. находился в Петрограде. В первом составе СНК нарком внутр. дел; первым декретом, подписанным Р., был декрет "О рабочей милиции" (28 окт.).

Выступил сторонником создания "однородного соц. пр-ва". На заседании ЦК РСДРП(б) 1 нояб. заявил, "что... относится серьёзно к переговорам [с Викжелем.– Автор]. Если мы прекратим их, то от нас отшатнутся и те группы, к-рые нас поддерживают, и мы не в состоянии будем удержать власть. Каменев совершенно правильно вёл переговоры. По существу же нам надо бороться за преобладание в ЦИК, ибо оборонческий ЦИК совершенно недопустим" ["Протоколы ЦК РСДРП(б). Авг. 1917 – февр. 1918", М., 1958, с. 127]. 4 нояб. совм. с Г.Е. Зиновьевым, Л.Б. Каменевым, В.П. Ногиным и В.П. Милютиным подписал заявление в ЦК партии, в к-ром указывалось, что руководящая группа ЦК "твёрдо решила не допустить образования пр-ва сов. партий и отстаивать чисто большевист. пр-во во что бы то ни стало и каких бы жертв рабочим и солдатам это ни стоило. Мы не можем нести ответственность за эту гибельную политику ЦК, проводимую вопреки воле громадной части пролетариата и солдат, жаждущих скорейшего прекращения кровопролития между отд. частями демократии. Мы складываем с себя поэтому звание членов ЦК..." (там же, с. 135). В тот же день подписал коллективное заявление группы наркомов во ВЦИК, в к-ром указывалось: "Мы стоим на точке зрения необходимости образования соц. пр-ва из всех сов. партий... Мы полагаем, что вне этого есть только один путь: сохранение чисто большевист. пр-ва средствами полит. террора. На этот путь вступил СНК. Мы на него не можем и не хотим вступать. Мы видим, что это ведёт к отстранению массовых пролет. орг-ций от рук-ва полит. жизнью, к установлению безответств. режима и к разгрому рев-ции и страны. Нести ответственность за эту политику мы не можем и поэтому слагаем с себя пред ЦИК звание нар. комиссаров" (там же, с. 136).

С 9 нояб.– в Москве; возглавил Моск. прод. к-т, для обеспечения Москвы хлебом выезжал в юж. р-ны страны. Был комиссаром по продовольствию в Моск. обл. Совете, с февр. 1918 чл. коллегии Наркомата продовольствия РСФСР. В марте – апр. комиссар по продовольствию в Моск. СНК. С 3 апр. пред. ВСНХ. Чл. Политбюро партии в 1919–30. С 1921 зам. пред. СНК и СТО РСФСР, в 1923–24 – СССР и РСФСР. В 1924–30 пред. СНК СССР и в 1926–30 пред. СТО СССР. В кон. 20-х гг. выступил против применения чрезв. мер при проведении коллективизации и индустриализации, что было объявлено "правым уклоном в ВКП(б)". В 1931–36 нарком связи СССР.

На февральско-мартовском Пленуме ЦК ВКП(б) в 1937 исключён из ЦК и из партии. В февр. 1937 арестован; в марте 1938 по делу "Правотроцкист. антисов. блока" приговорён к расстрелу Воен. коллегией Верх. суда СССР. Реабилитирован в 1988.

Лит.: Шелестов Д., Время Алексея Рыкова, М., 1990; Сенин А. С., А.И. Рыков, "Вопросы истории", 1988, № 9.

В.Н. Заботин.

РЯБУШИ́НСКИЙ Павел Павлович (17 июня 1871, Москва,– 19 июля 1924, Камбо-ле-Бэн, Франция). Из старообрядческой семьи хл.-бум. фабрикантов. Окончил Моск. Практич. акаде-

мию коммерч. наук (1890). С 1900 возглавил Т-во мануфактур П.М. Рябушинского с сыновьями, с 1901 пред. правления харьковского Зем. банка, с 1902 совладелец банкирского дома "Бр. Рябушинские" и пред. совета организованного на его основе Моск. банка (с 1912). С 1906 старшина (с 1915 пред.) Моск. биржевого к-та, чл. Совета съездов представителей пром-сти и торговли, с 1909 пред. Об-ва хл.-бум. фабрикантов Моск. р-на. С нояб. 1905 чл. ЦК "Союза 17 октября", в окт. 1906 Р., не согласный с политикой лидера октябристов А.И. Гучкова, перешёл в Партию "мирного обновления", в 1912 один из инициаторов создания партии прогрессистов, чл. ЦК и пред. её Моск. к-та. Весной 1914 вместе с А.И. Коноваловым пытался организовать блок оппозиционных (прогрессисты, кадеты, лев. октябристы) и левых (эсеры, с.-д.) партий для внедумского давления на пр-во И.Л. Горемыкина, вошёл в состав Информац. к-та. Возглавлял группу т.н. молодых капиталистов, выступавших с "буржуазистских" позиций за утверждение в стране конституц. строя с переходом реальной власти от дворянско-бюрократич. элементов в руки деловой буржуазии. Сторонник проведения либер. политики в отношении рабочих. В 1908–12 проводил при участии П.Б. Струве т.н. экон. беседы с представителями либер. профессуры (С.А. Котляревский, А.А. Мануйлов и др.) с целью выработать экон. программу развития страны. Свои полит. взгляды пропагандировал в газ. "Утро" (1907) и "Утро России" (1907, 1908–17), возглавлял редакц. к-т этих изданий и финансировал их. Участвовал в движении старообрядцев за уравнение их в правах с др. вероисповеданиями. С 1905 тов. пред. совета Съездов старообрядцев. В нач. 1-й мир. войны уполномоченный лазарета, созданного на средства моск. купечества в действующей армии. В мае 1915 на 9-м торг.-пром. съезде призвал предпринимателей к орг-ции воен.-пром. к-тов, с июня пред. Моск. Воен.-Пром. к-та. В июле – авг. участвовал в совещаниях лидеров оппозиц. партий, призывал "вступить на путь полного захвата в свои руки исполнит. и законодат. власти" ("Буржуазия накануне Февр. рев-ции". Сб. док-тов, М.–Л., 1927, с. 21). В сент. избран в Гос. Совет (от торговли и пром-сти). В нояб. по инициативе Р. при Моск. Воен.-Пром. к-те созд. "рабочая группа" для объединения рабочих вокруг воен.-пром. к-тов и созыва Всерос. рабочего съезда.

В Февр. рев-цию 1917 один из инициаторов создания моск. К-та обществ. орг-ций. На созванном по инициативе Р. 1-м съезде Всерос. союза торговли и пром-сти 19–22 марта призывал к "единству всех социальных сил" ввиду продолжавшейся войны, к поддержке Врем. пр-ва до созыва Учред. Собр., исходил из идеи незыблемости капитализма в России, утверждая: "Ещё не настал момент думать, что мы можем всё изменить, отняв всё у одних и передав другим, это является мечтою... мы ещё должны пройти через путь развития частной инициативы" ("1-й Всерос. торгово-промышленный съезд в Москве, 19–22 марта 1917". Стенографич. отчёт и резолюции, М., 1918, с. 7–19).

Выступал против участия представителей соц. партий во Врем. пр-ве, 19 июля опубл. в газ. "Утро России" декларацию совета Всерос. союза торговли и пром-сти, в к-рой обвинялись министры-"социалисты" и лидеры Советов РСД в том, что "социальное реформирование пошло не творческим, а разрушит. путём и грозит России голодом, нищетой и финанс. крахом". Отражая недовольство предпринимат. кругов экон. политикой Врем. пр-ва (в т.ч. введённой 25 марта хлебной монополией) и революционизированием масс, в речи 3 авг. на 2-м Всерос. торг.-пром. съезде отмечал, что "в наст. момент торг.-пром. класс повлиять на руководящих лиц не может", и предрекал финанс.-экон. провал, заявив: "То, о чём я говорю, является неизбежным. Но, к сожалению, нужна костлявая рука голода и нар. нищеты, чтобы она схватила за горло лжедрузей народа, членов разных к-тов и советов, чтобы они опомнились" ("2-й Всерос. торгово-промышленный съезд в Москве 3–5 авг. 1917", Стенографич. отчёт и резолюции съезда, М., 1917, с. 2–8).

В большевистской прессе и среди рабочих фраза Р. была истолкована как призыв к буржуазии задушить революцию "костлявой рукой голода" (Сталин К., Чего хотят капиталисты?, "Рабочий и Солдат", 1917, 6 авг.; Зиновьев Г., Костлявая рука голода, "Пролетарий", 1917, 16 авг.).

Р. выступал за ликвидацию двоевластия, "радикальный разрыв власти с диктатурой Советов" ("Утро России", 1917, 19 июля), оказывал финансовую поддержку Союзу офицеров армии и флота, участвовал в Совещании обществ. деятелей в Москве 8–10 авг., избран в постоянный к-т. Участник Гос. совещания в Москве. После подавления корниловского выступления отошёл от политической деятельности, лечился в Крыму от туберкулёза, в сер. сент. арестован по решению Симферопольского Совета как "соучастник заговора", освобождён по распоряжению А.Ф. Керенского. В 1919 эмигрировал во Францию. Почётный пред. торгово-промышленного съезда (Париж, май 1921), в речи на съезде выражал надежду предпринимат. кругов на внутр. эволюцию Сов. власти в связи с введением нэпа, призывал готовиться к моменту, когда "на торгово-промышленном классе будет лежать колоссальная обязанность – возродить Россию" ("Общее Дело", 1921, 24 мая).

Лит.: Торговое и промышленное дело Рябушинских, М., 1913; П а в ё р ы ч е в В.Я.; По ту сторону баррикад. (Из истории борьбы моск. буржуазии с революцией), М., 1967; П е т р о в Ю. А., П.П. Рябушинский, в кн.: Ист. портреты, М., 1991.

Ю.А. Петров.

С

САБА́ШНИКОВ Михаил Васильевич (22 сент. 1871, Москва,– 12 февр. 1943, Москва). Предки участвовали в освоении Сибири; отец – крупный коммерсант и золотопромышленник, вёл оптовую импортную торговлю чаем. Мы, вспоминал С., "росли окружённые людьми, весьма ценившими образование, искренне преданными делу нар. просвещения, хлопотавшими о нём и придававшими нашему воспитанию и обучению самое серьёзное значение" (Сабашников М. В., Мои воспоминания, М., 1983, с. 11). Обучался дома, экзамен на аттестат зрелости сдал экстерном в моск. гимназии. Окончил физ.-мат. ф-т Моск. ун-та по естеств. отделению в 1896. Вместе с братом – С. В. Сабашниковым – известные книгоиздатели; с 1891 по 1930-е гг. в Москве изд-во братьев выпустило 600 книг. Леволиберальный деятель. Чл. "Союза Освобождения", партии кадетов, чл. ЦК партии (с 1905), казначей партии в 1906. Гласный моск. Гор. думы и Моск. губ. земства. Во время 1-й мир. войны активно сотрудничал во Всерос. Союзе городов (ВСГ). С 1914 чл. Моск. к-та ЦК кадетов. Пред. правления Нар. ун-та А.Л. Шанявского с 1915, глава Сиб. (Бурят.) медико-сан. отряда в 1915, входил в состав Гл. к-та Всерос. Союза городов.

После Февр. рев-ции 1917 на 8-м съезде партии (май) вновь избран чл. ЦК. Входил в К-т обществ. орг-ций в Москве, участвовал в работе Гос. совещания (авг.) как представитель Союза городов. Во время окт. боёв в Москве в дом, где жил С., попал снаряд и дом сгорел. После Октября участник созданной в нояб. кадетами в Москве подпольной орг-ции, получившей назв. "Девятка" (в неё входили 9 чел. из Совета обществ. деятелей, Торг.-Пром. союза и партии ка-

детов). Гл. задачей "Девятки" было сплочение антибольшевист. сил, вовлечение бурж. слоёв в борьбу против новой власти. Активный член моск. отделения "Нац. центра". Затем отошёл от политической борьбы. Продолжал издательскую деятельность до 1934.

Лит.: Белов С., Книгоиздатели Сабашниковы, М., 1974. *М.Е. Голостенов.*

СА́ВИНКОВ Борис Викторович (лит. псевд. В. Ропшин) (19 янв. 1879, Харьков,– 7 мая 1925, Москва). Отец – судья в Варшаве, за либеральные взгляды был уволен в отставку; старший брат сослан в Сибирь. Учился в гимназии в Варшаве, затем в Петерб. ун-те, из к-рого был исключён за участие в студенч. беспорядках. В 1897 за рев. деятельность арестован в Варшаве. В 1898 вошёл в с.-д. группу "Рабочее знамя". Статьи С. в газ. "Рабочая Мысль" привлекли внимание социал-демократов, в т.ч. В.И. Ленина. Был связан, особенно через свою жену – дочь писателя-демократа Г.И. Успенского, с идеологами народничества. В 1901 вместе с др. членами группы арестован, в 1902 выслан в Вологду.

В 1903 бежал из ссылки в Женеву, где вступил в партию эсеров и вошёл в её Боевую орг-цию. В таком решении сыграли роль и личные качества. С.– человек "несомненно находчивый и смелый, самовлюблённый и жаждущий авантюры",– писал хорошо знавший С. по вологод. ссылке А.В. Луначарский (см. в

его кн.: Бывшие люди, М., 1922, с. 15). После участия в орг-ции ряда террористич. актов (убийство мин. внутр. дел В.К. Плеве, моск. ген.-губернатора вел. кн. Сергея Александровича и др.) стал зам. руководителя Боевой орг-ции Е.Ф. Азефа, а после его разоблачения как провокатора – руководителем. В 1906 в Севастополе арестован, приговорён к смертной казни, совершил смелый побег в Румынию.

В 1909 написал кн. "Воспоминания террориста", в том же году опубликовал повесть "Конь бледный", в к-рой террор и террористы получили негативную оценку, в 1914 – роман "То, чего не было", отрицательно показывающий всю партию эсеров. Повесть и роман пользовались популярностью, но в рев. кругах вызвали осуждение. В 1911 уехал во Францию. После начала 1-й мир. войны "оборонец", вступил добровольцем во Франц. армию, участвовал в боевых действиях, был воен. корреспондентом с франц. фронта.

После Февр. рев-ции 1917 вернулся 9 апр. в Россию. Был назначен комиссаром Врем. пр-ва в 8-й армии; затем с 28 июня комиссар Юго-Зап. фронта. В.М. Чернов в одной из своих статей, по аналогии с прозвищем А.Ф. Керенского, иронически назвал С. "главноуговаривающим" Юго-Зап. фронта. С. активно выступал за продолжение войны до победного конца.

Поддержал ген. Л.Г. Корнилова в его решении 8 июля немедленно ввести смертную казнь на Юго-Зап. фронте и на телеграмме главнокомандующего фронтом Врем. правительству приписал от себя: "...поддерживаю высказанное им от слова до слова" ("Рев-ция 1917", т. 3, с. 163); предложение правительством было принято. Гл. цель к-тов и комиссаров на фронте видел в восстановлении "нормальных" отношений между солд. массой и командным составом. В сер. июля С. советовал Керенскому заменить ген. А.А. Брусилова Корниловым на посту Главковерха, обосновывая это тем, что Корнилов заслужил доверие офицерства, честно защищал завоевания рев-ции, стремился к примирению офицерского корпуса с пр-вом. Деникин отмечал, что С. "составлял исключение" среди комиссаров, "знал законы борьбы", "более твёрдо, чем другие, вёл борьбу с дезорганизацией армии": «Сильный, жестокий, чуждый каких бы то ни было сдерживающих начал "условной морали"; презирающий и Врем. правительство и Керенского; в интересах целесообразности, по-своему понимаемых, поддерживающий пр-во, но готовый каждую минуту смести его,– он видел в Корнилове лишь орудие борьбы для достижения сильной рев. власти, в которой ему должно было принадлежать первенствующее значение» (Деникин А.И., Очерки рус. смуты. Крушение власти и армии. Февр.– сент. 1917 г., М., 1991, с. 449).

19 июля С. был назначен тов. министра, управляющим Воен. мин-вом при министре Керенском. Перед отъездом в Петроград "в откровенном разговоре" сказал Корнилову, что "если тот когда-либо ополчится на рев-цию и её достижения, то встретит его – Савинкова – по ту сторону баррикад". Корнилов ответил, что этого быть не может (см.: Катков Г.М., Дело Корнилова, пер. с англ., Париж, 1987, с. 63). 28 июля, выступая перед журналистами, заявил: "Первой задачей моей деятельности по Воен. мин-ву является восстановление в армии железной дисциплины... Необходима самая суровая и действит. борьба с разлагающими армию элементами вроде т.н. большевист. течений и большевиков" ("Рев-ция 1917", т. 3, с. 230). В нач. авг. принял непосредств. участие в разработке и формулировании корниловской программы мероприятий на фронте и в тылу в целях прекращения разрухи, налаживания снабжения армии и дисциплины в ней, милитаризации транспорта и оборонной пром-сти и т.д. (т.н. "Записка" Корнилова). Видя, что дела нисколько не продвигаются, что Керенский медлит и колеблется (хотя 3 авг. дал своё принципиальное согласие, однако 8 авг. заявил, что "ни при каких обстоятельствах такой докладной записки не подпишет"– там же, т. 4, с. 29), С. подал 9 авг. в отставку. 17 авг. Керенский в принципе принял программу, а С. взял заявление об отставке обратно (см. там же).

20 авг. Керенский, как утверждает С., согласился на "объявление Петрограда и его окрестностей на воен. положении и на прибытие в Петроград воен. корпуса для реального осуществления этого положения, т.е. для борьбы с большевиками" (Деникин А.И., Очерки рус. смуты. Борьба ген. Корнилова. Авг. 1917 – апр. 1918., М., 1991, с. 21). С. был послан в Ставку для участия в совещании о новых уставах, касающихся отношений между солд. к-тами и правительств. комиссарами, а по существу, для переговоров с Корниловым в целях достижения соглашения между последним и Керенским. 22 авг. на совещании С. высказался против немедленного упразднения к-тов, хотя полагал, что "комиссары и к-ты в будущем должны быть упразднены" (Деникин А.И., Крушение власти и армии, с. 288). Требовал от Корнилова отчисления Деникина с поста главкома Юго-Зап. фронтом, считая его виновником разгрома фронта и противником выборных к-тов (там же, с. 265). 24 авг. состоялись встречи С. с Корниловым, в т.ч. с глазу на глаз. Позиция С. в "Протоколе" встреч изложена след. образом: "Таким образом, Лавр Георгиевич, ваши требования будут удовлетворены Врем. пр-вом в ближайшие дни, но при этом пр-во опасается, что в Петрограде могут возникнуть серьёзные осложнения. Вам, конечно, известно, что примерно 28 или 29 авг. в Петрограде ожидается серьёзное выступление большевиков. [В своих показаниях Чрезв. комиссии по делу Корнилова С. писал, что "сведения о заговоре большевиков" он получил "от франц. воен. агента" (см. в кн.: "Рев-ция 1917", т. 4, с. 98.– Автор).] Опубликование ваших требований, проводимых через Врем. пр-во, конечно, послужит толчком выступления большевиков, если последнее почему-либо задержалось. Хотя в нашем распоряжении и достаточно войск, но на них мы вполне рассчитывать не можем. Поэтому прошу вас отдать распоряжение о том, чтобы 3-й кон. корпус был к концу авг. подтянут к Петрограду и был предоставлен в распоряжение пр-ва. В случае, если, кроме большевиков, выступят и члены Совета РСД, то нам придётся действовать против них" (Катков Г.М., указ. соч., с. 214). Эту запись С. фактически подтвердил в разговоре по прямому проводу с Корниловым 27 авг. (см. там же, с. 216), а также в показаниях Чрезв. следств. комиссии по делу Корнилова (см.: "Рев-ция 1917", т. 4, с. 86). В показаниях С. писал, что они с Корниловым обсуждали возможные изменения в пр-ве и он сказал генералу, что без возглавления Керенским "никакое пр-во не мыслимо" ("Рев. движение в России в авг. 1917 г. Разгром корниловского мятежа", М., 1959, с. 422).

26 авг. С. вернулся в Петроград, доложил Керенскому об итогах поездки, неск. раз просил премьера подписать законопроект, подготовленный на основе "Записки" Корнилова, но Керенский не решался. Тогда С. сказал ему, что отвергаемый им законопроект изготовлен по его приказанию. Керенский обещал подписать законопроект и в тот же день, 26-го вечером, представить на обсуждение во Врем. правительстве.

Ночь и половину дня 27 авг. С. провёл в беседах по прямому проводу с Корниловым, убеждал его подчиниться Врем. пр-ву и вместе с рядом членов пр-ва и нек-рыми обществ. деятелями настаивал перед Керенским на необходимости ликвидировать недоразумение и сговориться с ген. Корниловым.

27 авг. в Петрограде было объявлено воен. положение, а С. назначен воен. губернатором Петрограда и одновременно исполняющим обязанности командующего войсками Петрогр. ВО с оставлением в должности управляющего Воен. мин-вом (Керенский предполагал ввести С. и в Директорию из 5 министров). В разговоре с Корниловым по прямому проводу 27 авг. С. заявил: "Все попытки мои... связать Вас тесной связью с демократией российской, осуществляя именем признанного её вождя [Керенского.– Автор] программу, Вами предложенную, не увенчались успехом, смею сказать, не по моей вине, а единственно по Вашей вине". С. предлагал Корнилову "подчиниться Врем. пр-ву, сдать должность и уехать из действующей армии" (там же, с. 449). В ответ на отказ Корнилова С. заявил, что он против всякой воен. диктатуры. Свою задачу как воен. губернатора видел не только в противостоянии мятежникам. На следствии по делу о корниловском выступлении он говорил, что 28 авг. им "принимались меры к тому, чтобы Петроград не оказался в руках большевиков. Затем я отдал распоряжение об отправке обратно в Кронштадт 2000 нелегально прибывших в Петроград кронштадтских матросов, за исключением одной роты. Кроме того, предполагал приступить к арестам большевиков, чего не успел выполнить ввиду моей отставки" (Мартынов Е.И., Корнилов. Попытка воен. переворота, Л., 1927, с. 133). 29 авг. газеты опубликовали обращение С. к населению: "...В грозный для Отечества час, когда противник прорвал наш фронт и пала Рига, ген. Корнилов поднял мятеж против Врем. пр-ва и рев-ции и стал в ряды их врагов" ("Рев-ция 1917", т. 4, с. 124). 30 авг. подал прошение об отставке, мотивируя тем, что "назначение ген. Верховского и Вердеревского знаменует поворот гос. политики в ту сторону, к-рой он сочувствовать не может" (там же, с. 133). И был освобождён от всех должностей.

11 сент. на Чрезв. совещании представителей казачьих частей, расположенных в Петрограде и его окрестностях, в своей речи С. указал, что он совершенно согласен с Корниловым в его целях, но разошёлся с ним в средствах и плане (там же, с. 202). В ответ на предложение ЦК ПСР явиться для объяснений по корниловскому делу 8 окт. писал в письме в ЦК, что "ЦК ПСР не имеет ныне в моих глазах ни морального, ни полит. авторитета", поэтому не счёл "для себя возможным давать ЦК ...объяснения" о своей полит. деятельности (там же, т. 5, с. 51). 9 окт. постановлением ЦК исключён из членов ПСР. На Демокр. совещании был избран во Врем. Совет Рос. Республики (Предпарламент) как депутат от Кубан. обл. и вошёл в состав его секретариата.

Окт. рев-цию встретил враждебно, считал, что "Окт. переворот не более как захват власти горстью людей, возможный только благодаря слабости и неразумию Керенского" ("Борис Савинков перед Воен. коллегией Верх. суда СССР", М., 1924, с. 7). Пытался освободить осаждённый Зимний дворец, однако казаки защищать Врем. пр-во отказались. Потерпев неудачу, уехал в Гатчину, где был назначен комиссаром Врем. пр-ва при отряде ген. П.Н. Краснова. 31 окт. вместе с Керенским голосовал на Воен. совете (при Керенском) против решения немедленно начать переговоры с ВРК. После провала наступления Керенского – Краснова на Петроград бежал на Дон, где вошёл в состав "Донского гражд. совета", во главе к-рого стоял ген. М.В. Алексеев. В совете занимался формированием Добровольч. армии и добровольч. дружин. Своё сотрудничество с Добровольч. армией С. объяснял так: "Один бороться не мог. В эсеров не верил, потому что видел полную их растерянность, полное их безволие, отсутствие мужества. Кто же боролся? Один Корнилов. И я пошёл к Корнилову" (там же, с. 35).

В февр. 1918 прибыл в Москву, на базе орг-ции гвард. офицеров (ок. 800 чел.) организовал "Союз защиты Родины и Свободы". "Союз" ставил целью свержение Сов. власти, установление воен. диктатуры, приглашение союзников, продолжение войны с Германией. Были созданы неск. военизиров. группировок. В кон. мая заговор в Москве был раскрыт, многие его участники арестованы.

После подавления Ярославского мятежа С. скрылся в Казань, но там не остался. Нек-рое время находился в отряде В.О. Каппеля, затем приехал в Уфу. Был направлен главой Директории Н.Д. Авксентьевым с воен. миссией во Францию. Возглавил за границей колчаковское бюро печати "Унион", поддерживал просьбы А.В. Колчака и затем А.И. Деникина о материальной помощи. В антисов. эмигрант. кругах играл ведущую роль, пользовался доверием и поддержкой враждебных Сов. России полит. деятелей Франции, Польши, Чехословакии и др. стран. Во время сов.-польск. войны в 1920 был пред. "Рус. полит. к-та", участвовал а подготовке на терр. Польши антисов. воен. отрядов под команд. С.Н. Булак-Балаховича, совершавших оттуда рейды на сов. территорию. Один из таких рейдов лёг в основу "панихиды по белому движению"– повести "Конь вороной" (Париж, 1923). Издавал за границей газ. "За Свободу". Продолжая борьбу против Сов. власти, всё более пессимистически смотрел на перспективы "белого движения" и антисов. эмиграции: "Всякая борьба против сов. власти сейчас не только бесплодна, но и вредна" (Савинков Б.В., Посмертные письма и статьи, М., 1926, с. 16).

В авг. 1924 нелегально приехал в СССР, был арестован и предан суду. На суде С. признал свою вину и своё поражение в борьбе против Сов. власти. Воен. коллегия Верх. суда СССР 29 авг. 1924 приговорила его к высшей мере наказания, одноврем. Верх. суд ходатайствовал перед Президиумом ЦИК СССР о смягчении приговора. Ходатайство было удовлетворено, расстрел заменён тюремным заключением на 10 лет. 7 мая 1925 в здании ВЧК С. покончил жизнь самоубийством, выбросившись из окна; существуют и др. версии: просто несчастный случай или, как утверждает, напр., А.И. Солженицын, С. был вытолкнут чекистами.

С. писал в одной из статей незадолго до смерти: "Воля народа – закон... Прав или нет мой народ, я только покорный его служитель. Ему служу и ему подчиняюсь. И каждый, кто любит Россию, не может иначе рассуждать" (там же, с. 50).

Соч.: К делу Корнилова, Париж, 1919; Избранное, Л., 1990; Воспоминания террориста, М., 1991.

Лит.: Загадка Савинкова, Л., 1925; Ардаматский В., Возмездие, М., 1975; Гусев К.В., Рыцари террора, М., 1992.

К.В. Гусев.

САЛÁЗКИН Сергей Сергеевич (26 февр. 1862, с. Дощатое Меленковского у. Владимирской губ.,– 4 авг. 1932, Ленинград).

Окончил Рязан. гимназию (1880), физ.-мат. ф-т Петерб. ун-та и мед. ф-т Ун-та св. Владимира (Киев) (1891). В 1884 за участие в народовольч. кружках был посажен в Петропавл. крепость, затем выслан в Касимов под надзор полиции. Защитил диссертацию на степень доктора медицины (1897), заведовал кафедрой физиологич. химии в Жен. мед. ин-те в Петербурге (1898–1911, с 1905 одновpем. директор ин-та); принимал участие в Пироговских съездах. В 1911 за лояльное отношение к студенч. движению был отрешён от должности директора и профессора и до 1917 жил в провинции, работал в разл. обществ. орг-циях.

После Февр. рев-ции близок к кадетам. Избран пред. Рязан. губ. исполкома Совета КД. На моск. Гос. совещании (авг.), где представлял Рязан. земство, возглавил гр. "Демокр. блок" (эсеры, меньшевики, левые кадеты). 15 авг. выступил от ряда земств с заявлением о значении и роли органов местного самоуправления, их компетенции; подчеркнул первостепенное значение прод. проблемы; присоединился к декларации рев. демократии, оглашённой Н.С. Чхеидзе. "Если спасёте рев-цию – спасёте Родину, не спасёте рев-цию – погубите и Родину",– заявил С. на совещании ("Гос. совещание", с. 168). Со 2-й пол. авг. уполномоченный Мин-ва земледелия по заготовке хлеба в Поволжье; тов. мин. продовольствия. 8 сент. назначен мин. нар. просвещения; его заместители – В.И. Вернадский и графиня С.В. Панина. В своей деятельности продолжил работу своего предшественника С.Ф. Ольденбурга. С. представил Врем. пр-ву проекты об учреждении в составе Саратовского ун-та ист.-филол. и физ.-мат. ф-тов, об учреждении в рос. ун-тах должностей доцентов, о преобразовании Демидовского юрид. лицея в Ярославле в ун-т, об открытии в Тифлисе частного Груз. ин-та и Кавк. ун-та, Туркестан. ун-та в Ташкенте. Как министр поддерживал автономию не только высших уч. заведений, но и средних, бесплатное обучение в низшей и средней школах, однако категорически выступал против участия студентов в любой форме в решении судьбы высшей школы.

В ночь на 26 окт. арестован в Зимнем дворце и отправлен в Петропавл. крепость, но вскоре освобождён. Участвовал в деятельности "Нац. центра", затем отошёл от политики. В 1918–25 ректор Крым. ун-та (Симферополь). С 1925 проф. Ленингр. мед. ин-та, директор (1927–31) Ин-та эксперим. медицины.

Лит.: Архив биологич. наук, 1933, т. 32, в. 5–6, с. 347–51.

М.Е. Голостенов.

СВЕРДЛÓВ Яков Михайлович (22 мая 1885, Н. Новгород,– 16 марта 1919, Москва). Из семьи ремесленника. В 1900 окончил 5 классов гимназии, работал учеником аптекаря. С 1901 чл. РСДРП. После 2-го съезда партии (1903) большевик. В Революцию 1905–07 один из руководителей Екатеринбургского и Уральского областных комитетов РСДРП. Неоднократно арестовывался, ссылался. В 1912 чл. редакции газеты "Правда", кооптирован в ЦК и Русское бюро ЦК РСДРП. С 1913 в Туруханской ссылке.

После Февр. рев-ции 1917 приехал 29 марта в Петроград и участвовал в работе Всерос. совещания Советов РСД (29 марта – 3 апр.), передал совещанию резолюцию Краснояр. Совета, обличавшую империалистич. характер войны. 3 апр. направ-

лен ЦК РСДРП в Екатеринбург. 14–15 апр. один из руководителей Уральской обл. конф. РСДРП; избран чл. Уралобкома партии. Дел. 7-й (Апр.) Всерос. конф. РСДРП(б) (24–29 апр.) от Урала; выступал с докладом о работе Уральской парт. орг-ции; избран членом президиума конференции и руководил секционной работой; избран чл. ЦК РСДРП(б). Был секр. ЦК и возглавлял муниципальную группу при ЦК, руководившую местными парт. орг-циями во время майско-июньской выборной кампании в городские и районные думы. Избран гласным и зам. пред. думы Петрогр. р-на столицы. На 1-й общегор. конф.

фабзавкомов (30 мая – 3 июня) избран членом президиума конференции, членом Центр. совета фабзавкомов Петрограда. Во время работы 1-го Всерос. съезда Советов РСД (3–24 июня) руководил деятельностью большевист. фракции.

После Июльских событий в Петрограде и разгрома редакции "Правды" юнкерами с 5 июля один из организаторов ухода В.И. Ленина в подполье. Возглавил Оргбюро (созд. 29 июня) по созыву 6-го съезда РСДРП(б); 26 июля – 3 авг. делегат съезда от Тифлисской орг-ции, пред. большинства заседаний, выступал с докладом Оргбюро и оргтчётом ЦК; избран чл. ЦК РСДРП(б). 5 авг. вошёл в узкий состав ЦК, на заседании к-рого 6 авг. С. дано поручение организовать при ЦК группу для работы в профдвижении. Возглавил деятельность Секретариата, вёл активную работу по расстановке кадров, налаживанию связей с местными парт. орг-циями, созданию печатных органов партии; совм. с Ф.Э. Дзержинским осуществлял контроль за действиями Воен. орг-ции при ЦК РСДРП(б), по инициативе С. были созданы курсы агитаторов из солдат. Участвовал в орг-ции деятельности Межрайонного совещания райсоветов Петрограда, фабзавкомов, общегор. Совета профсоюзов, землячеств, женских и молодёжных рабочих орг-ций. 14 авг. введён в Информац. бюро, созданное ВЦИК 1-го созыва в связи со слухами о готовящемся контррев. выступлении. 20 авг. избран гласным петрогр. Гор. думы. В дни выступления ген. Л.Г. Корнилова один из организаторов обороны Петрограда, ускоренного формирования отрядов Кр. Гвардии, рев. агитации среди корниловских войск. 20 авг. введён в редколлегию газ. "Пролетарий".

В сент. для оператив. рук-ва создал в Смольном отделение Секретариата ЦК партии при большевист. фракциях ВЦИК и Петросовета. 24 сент. по поручению ЦК выступил на совещании членов ЦК, ПК РСДРП(б) и делегатов Демокр. совещания с докладом о кампании по выборам в Учред. Собр. и по вопросу о созыве экстренного съезда партии; направлен ЦК в комиссию по созыву 2-го Всерос. съезда Советов РСД. С 7 окт. член Бюро при ЦК партии для информации по борьбе с контррев-цией. Был пред. на заседании ЦК РСДРП(б) 10 окт., принявшего решение о вооруж. восст. (доложил о положении на Сев., Зап. и Рум. фронтах и во всей России). Участвовал в орг-ции съезда Советов Северной обл., 4-й Петрогр. конф. фабзавкомов, 3-й конф. общегор. парт. орг-ции и др. форумов, в воен.-технич. подготовке восстания. 16 окт. пред. на расширенном заседании ЦК РСДРП(б); дискутировал с Л.Б. Каменевым, утверждавшим, что подготовка восстания недостаточна [см. "Протоколы ЦК РСДРП(б)", с. 100–01]; избран чл. Воен.-рев. парт. центра по рук-ву восстанием, к-рый вошёл в Петрогр. ВРК. 18 окт. провёл совещание представителей парт. орг-ций р-нов Петрограда, Воен. орг-ции при ЦК, воинских частей гарнизона по вопросу о готовности к восстанию на местах. 20 окт. на заседании ЦК, зачитав письма В.И. Ленина к членам партии и в ЦК по поводу поступка Каменева и Г.Е. Зиновьева, заявил, что ЦК не имеет права исключать их из партии, на чём настаивал Ленин, и что нужен созыв Пленума ЦК, вместе с тем подтвердил, что вопрос должен быть решён немедленно (постановили запретить им выступать против решений ЦК) (там же, с. 107). По решению Петрогр. ВРК занимался подбором комиссаров и работников ВРК, организовал связь ВРК с райсоветами и воинскими частями и т.п. 24 окт. ЦК партии поручил С. орг-цию наблюдения за Врем. пр-вом и его распоряжениями, поддерживать пост. связь с запасным штабом восстания – Петропавл. крепостью.

25 окт. от имени ВРК направил телеграммы по всей стране с извещением о победе восстания в Петрограде. Делегат и руководитель большевист. фракции на 2-м Всерос. съезде Советов РСД; избран чл. ВЦИК и его Президиума. Автор воззвания ВРК 25 окт. "К тылу и фронту" о немедленном взятии власти на местах Советами. Организовал выпуск Информац. бюллетеней ЦК РСДРП(б) с 29 окт. С 6 нояб. член Президиума ВЦИК. 8 нояб. на заседании ВЦИК по рекомендации ЦК партии и большевист. фракции ВЦИК избран вместо Каменева пред. ВЦИК (с оставлением на посту секр. ЦК). 15 нояб. открыл объединённое заседание ВЦИК, Чрезв. Всерос. съезда КД и Петросовета, на к-ром принято решение об объединении ВЦИК Советов РСД и Исполкома Всерос. Совета КД. Вёл переговоры с левыми эсерами о вхождении их в Сов. пр-во. В нояб. избран чл. Учред. Собр. (от Симбир. губ.). Как пред. ВЦИК организовывал работу по созданию органов Сов. власти в центре и на местах.

В нач. янв. 1918 вошёл в Чрезв. комиссию ВРК по охране Петрограда, образованную для предотвращения возможных антисов. выступлений в день начала работы Учред. Собр., к-рое по поручению ВЦИК открыл 5 янв. и огласил "Декларацию прав трудящегося и эксплуатируемого народа". Открыл и был пред. 3-го Всерос. съезда Советов РСД (10–13 янв.), выступил с отчётом о работе ВЦИК, огласил "Декларацию прав...", принятую съездом. После объединения 13 янв. 3-го Всерос. съезда Советов РСД с 3-м Всерос. съездом Советов КД избран пред. ВЦИК Советов РСКД. Участвовал в орг-ции и 21 февр. вошёл в К-т рев. обороны Петрограда во время наступления герм. войск. 21 февр. пленарное заседание ВЦИК приняло по предложению С. резолюцию, поддержавшую решение СНК о заключении мира с Германией. 23 февр. провёл объединённое заседание большевист. и левоэсеровской фракций ВЦИК по вопросу о мире. В ночь на 24 февр. Пленум ВЦИК под пред. С. постановил принять герм. условия мира. 6 марта открыл заседание 7-го съезда РКП(б), пред. всех заседаний, выступил с оргтчётом ЦК, с речью по докладу Ленина о войне и мире; избран членом ЦК. 14 марта открыл 4-й Чрезв. Всерос. съезд Советов, пред. всех заседаний; избран пред. ВЦИК.

1 апр. 1918 избран ВЦИК пред. Комиссии по выработке Конституции РСФСР. Комиссия за 3 мес. создала 1-ю Конституцию

Сов. гос-ва. Член комиссии М.А. Рейснер вспоминал: "...лишь один Я.М. Свердлов был в состоянии вывести Комиссию из её многоразличных разноречий и дать форму, к-рая точно отражала существующее и вместе с тем открывала пути и ставила вехи для грядущего" ("О Я. Свердлове. Восп., очерки, статьи современников", М., 1985, с. 178); С. "...лучше нас знал весь первозданный хаос первонач. сов. порядков" (там же, с. 179); "...И если первая Конституция не представляет той законченности, к-рой ...добивались в Наркомюсте, то она именно под давлением Свердлова ...заключала в себе всю возможность последующей работы Всерос. съездов с их многочисл. поправками" (там же, с. 180).

4 июля 1918 открыл 5-й Всерос. съезд Советов, был пред. заседаний. 6 июля вошёл в центр по рук-ву ликвидацией выступления левых эсеров в Москве. 9 июля продолжил работу на съезде Советов; 10 июля съезд единогласно утвердил Конституцию; избран пред. ВЦИК. Инициатор создания в июле курсов агитаторов и инструкторов при ВЦИК (в 1919 преобразованы в Центр. школу, затем в Коммунистич. ун-т имени С.).

18 июля С. сообщил Президиуму ВЦИК, что в условиях наступления на Екатеринбург частей Чехосл. корпуса, по решению Уральского обл. Совета в ночь на 17 июля были расстреляны Николай II и его семья. Президиум ВЦИК одобрил решение Уралсовета.

30 авг. 1918 в 22 ч. 40 мин. С. подписал обращение ВЦИК "Всем Советам рабочих, крест., красноарм. депутатов, всем армиям, всем, всем, всем. Неск. часов тому назад совершено злодейское покушение на тов. Ленина... На покушения, направленные против его вождей, рабочий класс ответит... беспощадным массовым террором против всех врагов Рев-ции..." ("Декреты Сов. власти", т. 3, М., 1964, с 266). 2 сент. по предложению С. ВЦИК принял резолюцию: "...На белый террор врагов рабоче-крест. власти рабочие и крестьяне ответят массовым красным террором против буржуазии и её агентов" (там же, с. 267). Во время болезни Ленина С. председательствовал на заседаниях СНК, продолжая вести работу во ВЦИК и ЦК РКП(б). Участвовал в орг-ции Кр. Армии, в подготовке 1-го конгресса Коминтерна, в янв.– февр. 1919 – в работе первых съездов Советов Латвии, Литвы и Белоруссии, в марте – 3-го съезда Советов Украины. После поездки на Украину и выступления на митинге в Орле простудился и по приезде в Москву умер. Выступая с речью в память С. на заседании ВЦИК 18 марта 1919, Ленин говорил: "Та работа, к-рую он делал один в области орг-ции, выбора людей, назначения их на ответств. посты по всем разнообразным специальностям,– эта работа будет теперь под силу нам лишь в том случае, если на каждую из крупных отраслей, к-рыми единолично ведал т. Свердлов, вы выдвините целые группы людей, к-рые, идя по его стопам, сумели бы приблизиться к тому, что делал один человек" (ПСС, т. 38, с. 79).

С о ч.: Избр. произв., М., 1976.

Лит.: Костюковский Б.А., Табачников С.М., И нет счастливее судьбы, 2 изд., М., 1984; Городецкий Е.Н., Шарапов Ю.П., Свердлов, 2 изд., Свердловск, 1981; Свердлова К.Т., Я.М. Свердлов. Восп., 3 изд., М., 1976; Панкратов В.А., Я. Свердлов, М., 1989.

В.Н. Заботин.

СЕЙДАМЕ́Т Джафер (1889, д. Кизилташ Ялтинского у. Таврической губ.– 1960, Стамбул). Род. в крест. семье. Закончил гимназию и ун-т в Стамбуле. Как литератор и блестящий оратор выдвинулся в первые ряды стамбульских революционеров. За опубликование в 1910 в Стамбуле кн. "Угнетённый тат. народ" рос. пр-во потребовало его ареста. Уехал во Францию; окончил в Париже юрид. ф-т Сорбонны. Посещал соц. курсы Ж. Жореса. Накануне 1-й мир. войны вернулся в Россию, был студентом Петерб. ун-та, в нач. войны мобилизован в юнкерское уч-ще, в чине прапорщика послан на фронт.

После Февр. рев-ции 1917 вместе со своим другом Ч. Челебиевым вернулся в Крым, стал одним из организаторов и руководителей нац. движения крымских татар. 25 марта на 1-м съезде делегатов-татар Крыма в Симферополе избран членом Мусульм. исполкома (МИК), пред. комиссии по вакуфным имуществам (земли, постройки и пр., подаренные или выделенные на религ., благотворит. и просветит. цели мусульман) в Крыму. Участвовал в утверждении съездом телеграммы Врем. пр-ву в поддержку респ. строя в России, в сборах пожертвований в "фонд победы" над кайзеровской Германией, султанской Турцией. Врем. пр-во утвердило С. комиссаром по вакуфным имуществам, не препятствовало его борьбе с мусульм. духовенством за передачу вакуфных земель крестьянам-мусульманам. Был инициатором создания воен. к-та при МИК, орг-ции явочным порядком в Симферополе крымскотат. батальона, проведения их демонстраций под нац. зелёно-голубыми знамёнами. Считал необходимым проведение ряда реформ в области нар. просвещения, уравнения прав женщин с мужчинами и др. Заручился поддержкой лидеров Центр. Рады и укр. орг-ций в Крыму. Был дел. Съезда Народов в Киеве (5–6 сент.), высказывавшегося за федеративное гос. устройство России. 2 окт. на 2-м съезде крымских татар в Симферополе избран членом комиссии по созыву Курултая.

Окт. вооруж. восст. в Петрограде осуждал как "преступную авантюру", выступал за создание "однородного соц. пр-ва", без кадетов. Член Учред. Собр. Участвовал в созыве 20 нояб. Съезда Советов, гор. дум и земств Таврической губ., избравшего Совет нар. представителей – "однородно-соц." власть. 8 дек. Таврический губком большевиков просил Секретариат ЦК РСДРП(б) "повлиять" на С., "совратить" его в "большевист." веру в дни пребывания в Учред. Собр. ("Большевист. орг-ции Украины...". Сб. док-тов и мат-лов, К., 1962, с. 656). Но С. решительно выступал против однопарт. большевист. власти. 10–13 дек. в Бахчисарае на 1-м Курултае избран "директором" по внеш. и воен. делам в Крымскотат. нац. пр-ве ("Совете директоров"). Вместе с др. "директорами" подписал принятую Курултаем Конституцию Крымской Нар. Республики (с положениями о всеобщем избират. праве, упразднении сословных званий и привилегий, равноправии женщин с мужчинами, немедленном созыве краевого учред. собр. для решения вопроса о форме правления в Крыму). Стал инициатором создания совместно с Советом нар. представителей объединённого Крым. штаба и его руководителем (ноябрь). Им были направлены эскадроны крымских татар для борьбы с большевиками в Евпатории, Феодосии, Ялте, др. городах Крыма. На экстренной сессии Курултая в Симферополе 9 янв. 1918 заявил, что краевой властью является Совет нар. представителей, призвал к активным совм. действиям против большевиков. 10–11 янв. организовал блокаду Севастополя, 12–13 янв. возглавлял войска Крым. штаба в боях с отрядами севастопольских матросов под Бахчисараем. 14 янв. во время вооруж. выступления большевиков Симферополя бежал и эмигрировал в Турцию.

После захвата Крыма нем. войсками 12 мая 1918 вернулся. 18 мая на сессии Курултая избран премьер-министром крымскотат. пр-ва, но из-за конфронтации с рус. полит. партиями, к-рые поддержало нем. командование, подал в отставку и с 25 июня занял пост мин. иностр. дел в Крымском краевом пр-ве ген. М.А. Сулькевича (до 15 нояб. 1918). Соглашение с нем. и антантовскими властями в Крыму рассматривал как меньшее "зло", чем власть коммунистов. В нояб. 1917 он утверждал: "Мы против татаризации Крыма... Голос татар ещё не есть голос всего Крыма. Для этого необходимо учред. собр., в к-ром должны принять участие все народности, населяющие Крым" ("Южные Ведомости", 1917, 18 нояб.). В мае 1918 он, сторонник создания нац. гос-ва по типу Крымского ханства, заявлял: "Интересы Германии не только не противоречат, а, быть может, даже совпадают с интересами самостоятельного Крыма" ("Крым", 1918, 21 мая). Летом выехал в Берлин для переговоров по экон. вопросам и о признании Крыма Германией, где потерпел полную неудачу. Из Германии С. перебрался в Швейцарию. Нелегально посещал Крым, к-рый покинул окончательно в 1923. Жил в Турции.

Соч.: "К оружию, товарищи!", "Приказ № 5" от 19 дек. 1917 г., "Рев-ция в Крыму", 1924, № 1(3), с. 193.

Лит.: Елагин В., Националистич. иллюзии крым. татар в рев. годы, "Рев-ция в Крыму", 1924, № 1(3); Крым. краевое пр-во в 1918–19 гг., "Красный архив", 1927, т. 3(22); Чуднов М., Крымский Октябрь, [Симферополь], 1928, с. 7–19, 25–35; Ибадуллаев Н., Крым 1917-го: март – дек., "Авдет", 1991, 14 июня.

П.И. Гарчев, А.Г. Зарубин, В.Ю. Коваль.

СКВОРЦО́В-СТЕПА́НОВ (лит. псевд. Степанов) Иван Иванович (24 февр. 1870, д. Мальцево-Бродово Богородского у. Мо-

сковской губ.,– 8 окт. 1928, Москва). Род. в семье мелкого фабричного служащего. По окончании в 1890 Моск. учительского ин-та – преподаватель нач. уч-ща. В 1895 впервые арестован за рев. пропаганду. Социал-демократ с 1896, большевик с 1904. В 1905 участник Рев-ции 1905–07, член лекторской группы МК РСДРП. Редактировал моск. газеты, автор мн. статей и заметок. В марте 1906 познакомился с В.И. Лениным, выполнял его поручения. Дел. 4-го (Объединит.) съезда РСДРП (1906). Переводчик "Капитала" К. Маркса (вместе с В.А. Базаровым), автор книг по истории рев. движения, "Курса полит. экономии" (совм. с А.А. Богдановым, в 4 тт., 1-й т. вышел в 1910). В 1907–10 поддерживал "отзовистов". В 1907 и 1911 выдвигался от большевиков канд. в деп. 2-й и 3-й Гос. Дум. Масон. С 1914 сотрудничал в ж. "Просвещение". В период 1-й мир. войны работал в парт. орг-ции Москвы, выступал против оборончества. В 1915 создал вместе с В.П. Ногиным и М.С. Ольминским в Москве "Лит. об-во", к-рое установило тесные связи с Рус. бюро ЦК партии. С осени 1916 чл. Моск. обл. бюро ЦК РСДРП.

После Февр. рев-ции 1917 чл. МК большевиков, редактировал газ. "Социал-демократ", "Известия Моск. Совета РД". Дел. 7-й (Апр.) Всерос. конф. РСДРП(б). На 1-й Моск. общегор. парт. конф. (3–4 апр.) выступил с докладом, в к-ром говорил: "Мы должны зорко следить за этим пр-вом. Буржуазия считает преступлением стремление оказывать давление и контролировать пр-во, но народ имеет право оказывать давление и контролировать тех, кто овладел властью"; охарактеризовал войну как захватническую: "Мы стремимся к тому, чтобы рабочий класс др. стран опрокинул пр-ва, виновников преступной и разорительной войны, чтобы мир был заключён не пр-вом, а народами" (ЦПА ИМЛ, ф. 60, оп. 1, д. 7, лл. 6, 7, 13). 21 апр. в докладе по агр. вопросу на 1-й Моск. обл. парт. конф. требовал провести "...в деревне – национализацию всей земли, сохранение образцовых х-в, передачу их в заведование рабочим дружинам, расширение и сохранение всех производит. сил об-ва... в городе – муниципализацию гор. землевладенья и гор. домоуправления" (Скворцов-Степанов И.И., Избр. произв., т. 2 – Рев-ция 1917, М., 1931, с. 46). В июне избран в моск. Гор. думу, возглавил в ней большевист. фракцию. 9 авг. на заседании Центр. бюро профсоюзов Москвы совм. с представителями 41 профсоюза в докладе о полит. положении охарактеризовал созываемое Гос. совещание как заговор против демократии: "Я полагаю, что в ответ на орг-цию контррев-ции должна организоваться рев-ция. Мы пойдём в гущу, будем рассказывать, какие махинации творит контррев-ция"; призвал в день совещания провести забастовки и митинги ("Моск. совет проф. союзов", М.,

1927, с. 63, 67). 28 авг. в Гор. думе заявил, что "надо предать рев. суду не только ген. Корнилова, но и всех тех, кто стоит за спиной его" ("Октябрь в Москве", М., 1967, с. 236). 24 сент. в Москве состоялись выборы в районные думы, на к-рых большевики получили большинство голосов. "Это был суд над тем,– писал С.-С.,– что делали мы в Советах, в парт. и проф. орг-циях, в армии, в Гор. думе, повсюду. Прошло всего 3 мес. с того дня, как за нас высказалась всего 9-я часть голосов. Теперь за нас подано больше 1/2 всех голосов" (Викторов В., Куманёв В., Скворцов-Степанов, М., 1986, с. 148).

25 окт. при обсуждении в Гор. думе вопроса об отношении к восстанию в Петрограде утверждал: "Дума не представляет сейчас населения, власть захватывает не ничтожное меньшинство, а представители большинства страны" ("Известия Моск. Совета РД", 1917, 26 окт.). В дни вооруж. борьбы в Москве редактировал "Известия ВРК" и на заседании ВРК 28 окт. стоял за решит. разгром сил, находившихся в Кремле. 2-м Всерос. съездом Советов РСД (25–27 окт.) назначен наркомом финансов, к обязанностям к-рого приступить не мог, т.к. был направлен ЦК в Москву.

В 1917 в периодич. печати опубл. св. 100 статей, в к-рых давал оценку текущих событий, вёл полемику с противниками большевиков, писал о войне и мире, о земле и кооперации, о политике Врем. пр-ва, о выборах в думы и Учред. Собр., об армии и корниловщине; издал в Москве брошюры "Кооперация в земледелии и в пром-сти", "Народ и война", "Что делать с землёй в деревне и в городе?".

5 янв. 1918 выступил в Учред. Собр.: "...Волю рев. демократии, к-рая организуется в этих Советах, вы хотите противопоставить воле Учред. Собр., как всенар. воле... каким образом гр. Церетели, казалось бы, марксист, может апеллировать к такому понятию, как общенар. воля. Марксист не знает общенар. воли, а знает волю... эксплуататорских классов и эксплуатируемых. Вы оперируете общедемокр. терминами, но отнюдь не марксистскими, когда говорите, что парламент выражает общенар. волю... народ не действует в целом, народ в целом – фикция, и эта фикция нужна господствующим классам... всеобщее избират. право со всеми атрибутами всеобщего избират. права для марксиста не обеспечивает выражения воли порабощённых классов... Эти парламентарные учреждения играют одну роль,– они являются фетишами, идолами... в чём различие между Учред. Собр. и Советами? ...в Советах выражается воля действительного большинства населения... к-рое было до сих пор подавлено, порабощено. ...что вы хотите получить в Учред. Собр., вы, рудневцы, белогвардейцы, юнкера и их союзники? ...вы выдадите волю этого собрания за общенар волю. Граждане, к такому обману, такому фетишизму вынуждены прибегать господствующие и эксплуатирующие классы именно потому, что они составляют меньшинство в составе населения..." ("Учред. Собр.", с. 59–60).

В нач. 1918 примыкал к "левым коммунистам", но вскоре отошёл от них.

В послеокт. период осн. внимание уделял вопросам соц. переустройства экономики, расширению функций рабочего контроля после национализации банков. "От рабочего контроля к рабочему управлению всеми экон. отношениями: перед нами нет иного пути, нет никакого иного выхода из растущей экон. разрухи на дорогу, к-рая быстро поведёт нас вперёд" (Степанов И., От рабочего контроля к рабочему управлению в пром-сти и земледелии, 2 изд., М., 1918, с. 155). Участник Гражд. войны, затем на сов., парт. и науч.-лит. работе.

Соч.: Избранное, М., 1970; Кто богатеет и кто разоряется от войны. Бумажные деньги и займы, П., 1918; Потребительные об-ва и рабочий класс, 4 изд., М., 1919; Как Москва пришла к Окт. дням, в кн.: Великая Окт. соц. рев-ция в Петрограде и Москве, М., 1957, с. 359–66; Жан-Поль Марат и его борьба с контррев-цией (1743–1783 гг.), 5 изд., М., 1921.

Лит.: Постников. *М.Л. Иткин.*

СКО́БЕЛЕВ Матвей Иванович (1885, Баку, – 29 июля 1938). Из семьи промышленника, сектанта-молоканина. Чл. РСДРП с 1903, меньшевик. Участник Рев-ции 1905–07 в Баку, в 1906 руководил забастовкой, из-за уг-

розы ареста эмигрировал. Дел. РСДРП на конгрессе 2-го Интернационала в Копенгагене (1910). Окончил Венский политехникум (1912); работал в ред. "Правда" Л.Д. Троцкого. С 1912 деп. 4-й Гос. Думы от рус. населения Закавказья: выступал по бюджетным и экон. вопросам. Летом 1914 руководил Бакинской стачкой. В годы 1-й мир. войны "оборонец". В 1915 отбывал по суду (без лишения депутатских полномочий) 4 мес. заключения за статью в бакинской рабочей газете.

В дни Февр. рев-ции 1917 участвовал в орг-ции Петрогр. Совета, с 27 февр. чл. его исполкома, избран тов. пред., затем один из рук. выступлений матросов в Свеаборге и Кронштадте. С 13 апр. чл. бюро исполкома Петрогр. Совета. На 1-м съезде воен. и рабочих деп. армии и тыла Зап. фронта (7–17 апр., Минск) и на антивоен. митинге солдат Петрогр. гарнизона (20 апр.) призывал к продолжению войны. 30 апр. на заседании Петрогр. Совета выступил с докладом о созыве междунар. соц. конференции и о воззвании к социалистам всех стран; заявил: "Мы хотим мира скорого, но не мира сепаратного, за спиной франц. и англ демократии" ("Рев-ция 1917", т. 2, с. 91). 4 мая выдвинут в состав пр-ва. С 5 мая мин. труда Врем. пр-ва. Выступая 13 мая в Петрогр. Совете, обещал возвратить в нар. казну прибыли, нажитые капиталистами на войне, довести ставку налогообложения прибылей до 100%. 22 мая Врем. пр-во командировало И.Г. Церетели и С. в Кронштадт, т.к. его Совет РСД объявил 17 мая, что не признаёт Врем. пр-ва; переговоры завершились соглашением. 30 мая на 1-й конф. петрогр. фабзавкомов обозначил две гл. задачи: заключить мир и наладить хоз. жизнь страны. Выступал против рабочего контроля над произ-вом, утверждая, что должно быть гос. регулирование пром-сти, а фабзавкомы должны помогать гос-ву. На 1-м Всерос. съезде Советов РСД (3–24 июня), выступая 19 июня за продолжение войны, заявил: "Все должны исполнять свой долг до конца, все должны оставаться на своих местах..." ("1-й съезд Советов", т. 2, с. 88); 24 июня отметил угрозу того, "...что урожай, к-рый может дать земля, не будет реализован и страна вступит в полосу голода, и значит, гибели рев-ции... Местные силы, местные орг-ции, все классы населения городов высылаются на полевые работы, чтобы спасти урожай" (там же, с. 416–17); избран зам. пред. ВЦИК.

28 июня опубл. обращение "Ко всем рабочим России", где осуждал самочинные действия и борьбу за повышение зарплаты, к-рые дезорганизуют пром-сть, предлагал конфликты с предпринимателями улаживать через примирит. камеры. В нач. июля выезжал на Сев. фронт в связи с отказом ряда частей исполнять воинские приказы; призывал "отдать все силы за свободную Россию". Входил в комиссию, созданную для прекращения волнений во время Июльского кризиса (3–8 июля). В нач. авг. ездил в Баку, где предотвратил забастовку 60 тыс. нефтяников, предложив выработать новые цены на нефть, к-рые позволили бы повысить зарплату. Волну возмущения рабочих вызвали изданные С. циркуляры: от 22 авг.– ограничивающий контрольные права фабзавкомов в отношении увольнения рабочих; от 28 авг.– о запрещении деятельности фабзавкомов в рабочее время. Дел. Объединительного съезда РСДРП (авг.), избран канд. в чл. ЦК РСДРП(о). Активно выступал против корниловского мятежа. В ночь на 1 сент. вместе с Н.Д. Авксентьевым и А.С. Зарудным подал в отставку. На объединённом заседании ВЦИК Советов РСД и Исполкома Всерос. Совета КД 1 сент. утверждал, что "передача всей власти Советам в наст. момент была бы преступлением перед рев-цией" ("Рев-ция 1917", т. 4, с. 149), высказывался против вооружения рабочих. Объяснил свой уход из Врем. пр-ва желанием более тесного контакта с демократией. После принятия 31 авг. Петрогр. Советом большевист. резолюции "О Власти" вместе со всем эсеро-меньшевист. Президиумом Петрогр. Совета 6 сент. С. сложил свои полномочия. 8 сент. в Новочеркасске на заседании Большого Круга выступил как чл. делегации ВЦИК против федерации казачьих областей, призывал сплотиться вокруг Врем. пр-ва. 16 сент. на Демокр. совещании утверждал: "...Без привлечения пром. буржуазии... мы с пром. и хоз. деятельностью не справимся...", защищал идею коалиции с кадетами, не замешанными в корниловщине (там же, с. 219). 3–5 окт. на закрытых заседаниях ВЦИК избран от "рев. демократии" делегатом предстоявшей в Париже конференции союзников, на к-рой С. должен был добиваться пересмотра договоров с целью достижения мира без аннексий и контрибуций, на основе права наций на самоопределение.

Окт. рев-цию не принял. В ходе переговоров при Викжеле выдвигался 1 нояб. на пост мин. иностр. дел. Считал, что переговоры с большевиками гибельны для рабочего класса и рев-ции, вышел 1 нояб. из ЦК РСДРП(о). 9 нояб. на заседании орг-ций, входящих в К-т спасения Родины и Рев-ции, заявил: "...Власть Советов – это не есть власть демократии, а диктатура и при том диктатура не пролетариата, а против пролетариата... К-т спасения должен создать демокр. власть, к-рая бы обеспечила своеврем. созыв хозяина земли русской – Учред. Собр. ...Мы верим, что в армии достаточно сознат. элементов, чтобы покончить с захватным экспериментом в Петрограде..." ("Рев-ция 1917", т. 6, с. 3). В ночь с 9 на 10 нояб. между А.Р. Гоцем, В.М. Черновым и С., находившимися в Ставке, и В.М. Зензиновым и И.Г. Церетели (в Петрограде) состоялся разговор по прямому проводу. Из Ставки сообщили: привлечение к власти большевиков недопустимо, но из-за настроений в армии этот вопрос обострять нельзя; при орг-ции центр. власти опереться на краевые пр-ва Украины, Дона, Кубани, Туркестана; "...стране придётся пережить нек-рое время состояние развала, пока не создастся противовес большевист. авантюре..." (там же, с. 109). 22 дек. на съезде Викжеля подверг резкой критике политику большевиков. 5 янв. 1918 на заседании Учред. Собр., членом к-рого был избран от Закавказья, С. заявил: "За 10 мес. рус. рев-ции сегодня впервые была расстреляна рабочая демонстрация..." и потребовал создать "спец. комиссию для расследования обстоятельств, сопровождавших этот расстрел, и виновников его" ("Учред. Собр.", с. 69). Вскоре выехал в Закавказье, в 1920 – в Париж. Содействовал установлению торг. отношений между Сов. Россией и Францией. В 1922 вступил в РКП(б). С 1925 – в Москве, на сов. работе. 29 июля 1938 приговорён Воен. коллегией Верх. суда СССР к расстрелу по обвинению в участии в террористич. орг-ции. Реабилитирован в 1957.

Лит.: Волобуев П.В., Пролетариат и буржуазия России в 1917 г., М., 1964.

А.Л. Райхцаум.

СКОРОПА́ДСКИЙ Павел Петрович (3 мая 1873, Висбаден,– 26 апр. 1945, Меттен, Бавария). Из древнего дворянского рода, праправнук Ивана Ильича С.– гетмана Украины в 1708–22; крупный землевладелец. Окончил Пажеский корпус (1893). Участник рус.-япон. войны. С 1905 в свите его величества. В 1-ю мир. войну командовал лейб-гвардии Конным полком, 1-й бригадой 1-й гвард. дивизии, затем 3-й, 5-й гвард. кав. дивизиями. Ген.-лейтенант (1916).

С янв. 1917 командовал 34-м армейским корпусом. Летом на основании "Декларации Врем. пр-ва к Укр. Раде" от 2 июля начал украинизацию корпуса, получившего назв. "1-й Украинский". 6 окт. на съезде Вольного казачества в Чигирине провозглашён атаманом. Рук-во Центр. Рады подозревало С. в намерении

совершить переворот. После Окт. рев-ции корпус перешёл в подчинение Ген. Секретариата Центр. Рады. 20–26 нояб., вопреки приказу Главковерха Н.В. Крыленко выступить с корпусом на фронт, С. двинул части к Киеву, пытаясь взять под контроль ж.-д. линии, чтобы задержать эшелоны с воинскими частями, двигавшимися на поддержку большевиков. Чувствуя недоверие к себе со стороны Центр. Рады, С. 29 дек. подал в отставку.

В нач. 1918 С. вступил в контакт с представителями франц. воен. миссии, польск. и чехосл. корпусов с целью свержения Центр. Рады, но не нашёл поддержки. После установления Сов. власти скрывался под чужим именем. Вышел из подполья после возвращения в Киев (1 марта) пр-ва Укр. Нар. Республики (УНР), но 10 марта уволен в отставку. Встав во главе офицерской орг-ции "Укр. нар. громада" (УНГ), начал готовить переворот, установив связи с герм. командованием. Программные цели УНГ С. определял так: "Компромисс в социальных вопросах; демократизация гос. устройства с привлечением к участию в управлении гос-вом новых, вышедших из народа, сил, но в рамках неопасных для развития самого гос-ва; украинизация обрусевших культурных слоёв, к-рая возможна только путём медленного привлечения их к гос. и культурной работе, избегая всяких эксцессов шовинизма" ("Хліборобська Україна", кн. 5, Вена, 1925, с. 57). В УНГ вошли старшины Вольного казачества и быв. офицеры 1-го укр. корпуса. В ходе тайной встречи С. с нач. штаба герм. оккупац. войск ген.-лейт. В. Грёнером 24 апр. было достигнуто соглашение о поддержке немцами заговора при условии признания С. ранее заключённых Украиной договоров и отказа от агр. реформ. Поводом к перевороту послужил арест Радой киевского банкира Ю. Доброго, члена финанс. комиссии на переговорах с немцами. В ответ по приказу главнокомандующего герм. войсками на Украине ген.-фельдм. Г. Эйхгорна были арестованы ген. секретари (министры) УНР, причастные к делу Доброго. Герм. командование угрожало объявить Украину зоной оккупации. Переворот был подготовлен членами УНГ и приурочен к хлеборобскому конгрессу, созванному по инициативе "Союза зем. собственников". 29 апр. на конгрессе провозглашено создание Укр. державы во главе с гетманом С. и ликвидирована УНР. В речи на конгрессе С. сказал: "Только твёрдая власть может установить порядок. На вас, хлеборобы, и на солидные круги населения я буду опираться" (Дорошенко Д.И., Гетманство 1918 г. на Украине, «Голос минувшего» на чужой стороне», Париж, 1926, т. 5, с. 160). 1 авг. принят "Закон о наследств. власти в Укр. державе". В период правления С. принято ок. 400 гос. актов. Во внутриполит. области восстановлены частная собственность на землю, свобода торговли и частного предпринимательства. Принят закон об укр. гражданстве; 2 окт. началось формирование укр. нац. гвардии, 16 окт. законодательно восстановлено казачество как сословие (в к-рое записано ок. 150 тыс. семей). 12 нояб. С. узаконил автокефалию укр. церкви. 18 нояб. утверждён герб Укр. державы. Возглавив аппарат Воен. мин-ва и Ген. штаба, С. ввёл обязательную воинскую повинность и утвердил текст присяги; разработан план формирования постоянной армии из 8 корпусов, военно-мор. флота и авиации. Повсеместно были организованы укр. курсы для учителей, офицеров, служащих, открыто 2 гос. ун-та, образована Укр. Академия наук и др. В области внеш. политики достигнута ратификация Брестского договора центр. державами, подписаны договор с Крымом, полит. и воен. союз с Доном и Кубанью. Украина присоединила отд. терр. в Минской, Могилёвской, Курской и Воронежской губ. Укр. держава была признана 30 гос-вами; в Киеве располагались пост. представительства 10 гос-в; сама Украина имела дипл. миссии в 23 странах. С. опирался на "Союз зем. собственников", деятели к-рого, взяв в свои руки гос. аппарат, повели работу по "очищению" местных самоуправлений от демокр. партий, санкционировали аресты членов укр. полит. орг-ций; начались карат. экспедиции против крест-ва, участвовавшего в захватах помещичьих имений. Эти акции стали причиной оппозиции к пр-ву не только соц. партий, но и социалистов-федералистов, партии укр. социалистов-самостийников и хлеборобов-демократов, к-рые поддерживали С. во время переворота. В авг. 1918 оппозиц. полит. силы объединились в "Укр. нац.-гос. союз" (позже "Укр. нац. союз"– УНС), к-рый провозгласил "Борьбу за законную власть на Украине" и "Охрану прав укр. народа". Большинство в УНС составляли укр. эсеры и эсдеки; во главе встал В.К. Винниченко. После поражения в 1-й мир. войне герм. войска вынуждены были начать эвакуацию из Украины. 13 нояб. в Киеве была провозглашена Директория. В поисках поддержки стран Антанты С. 14 нояб. провозгласил федерацию Укр. державы с будущей небольшевист. Россией. 16 нояб. Сечевые стрельцы в Белой Церкви начали восстание против С. Герм. войска заявили о своём нейтралитете. Фактически на стороне С. остались только рус. офицеры. 14 дек. С. отрёкся от власти и выехал в Германию.

Позднее возглавил одну из группировок укр. эмиграции, провозгласившую целью создание "нар. трудовой монархии" со С. во главе. В годы 2-й мир. войны сотрудничал с фашистами. В апр. 1945, пытаясь выбраться из осаждённого Берлина, выехал к семье, жившей на юге Германии, но был смертельно контужен во время бомбардировки союзной авиацией одной из ж.-д. станций в Баварии.

Соч.: Уривки з споминів Хліборобська Україна, кн. 4–5, Вена, 1925.

Лит.: Маляревский А., П.П. Скоропадский, гетман всея Украины, К., 1918; Мірчук П., Українсько-московська війна, 1917–19, Торонто, 1957.

Т.С. Осташко, В.П. Федюк.

СКРЫПНИК Николай Алексеевич (13 янв. 1872, слобода Ясиноватое Бахмутского у. Екатеринославской губ.,– 7 июля 1933, Харьков). Из семьи ж.-д. служащего. В с.-д. движении с 1897. Экстерном сдал экзамены за курс реального уч-ща в Курске; в 1900–01 учился в Петерб. технологич. ин-те; исключён за рев. деятельность. Был конторщиком, рабочим, счетоводом. Участник Рев-ции 1905–07; дел. 3-го съезда РСДРП (1905), секр. ПК партии; за орг-цию вооруж. восст. в Риге заочно приговорён к смертной казни. Неоднократно арестовывался, ссылался. В 1913–14 чл. редакций ж. "Вопросы Страхования", газ. "Правда". В 1914 сослан в Тамбовскую губ.

Февр. рев-ция 1917 застала С. в Моршанске, затем в Тамбове; в кон. мая приехал в Петроград. На 1-й конф. фабзавкомов (ФЗК) Петрограда (30 мая – 3 июня) избран секр. Центр. совета (ЦС) ФЗК. В выступлении на 3-й Всерос. конф. профсоюзов (21–28 июня) обосновывал лозунг контроля над произ-вом как мобилизующий рабочих и беднейших крестьян на завоевание власти. При обсуждении вопроса о взаимоотношениях между профсоюзами и ФЗК отметил: "Не надо прокламировать подчинение заводских к-тов проф. союзам, а нужно установить совместную и организованную деятельность, чтобы заводские к-ты имели общие с проф. союзами задачи, чтобы обществ. движение рабочих развивалось" ("3-я Всерос. конф. проф. союзов". Стенографич. отчёт, М., 1927, с. 339). От

ЦС ФЗК введён во ВЦИК.

Дел. 6-го съезда РСДРП(б) (26 июля – 3 авг.) от Петрогр. орг-ции. Приветствуя съезд от имени ЦС ФЗК Петрограда, утверждал, что все новые орг-ции рабочего класса возникли благодаря непосредств. деятельности РСДРП(б) [см. "6-й съезд РСДРП(б)", с. 161]. В докладе "Партия и проф. союзы" говорил о необходимости объединения фабзавкомов и профсоюзов на большевист. платформе, о вреде "нейтрализма" профсоюзов как средства отвлечения рабочих от полит. борьбы, о том, что натиск контррев-ции вызывает в профсоюзах "...стремление не только к идейной, но и к организац. связи с партией рев. с.-д-тии" (там же, с. 232). Предложил от имени проф. секции съезда проект резолюции, в к-рой рекомендовал всем членам партии всемерно содействовать сплочению рабочих в проф. орг-ции и указал, что взаимное представительство партии и профсоюзов "...окончательно объединит действия орг-ций, ведущих борьбу за одинаковые конечные цели" (там же). Избран канд. в чл. ЦК РСДРП(б).

16 авг. ЦК поручил С. проведение страховой конференции в городе. 20 авг. решением ЦК партии введён в редакцию газ. "Пролетарий" (назв. "Правды" 13–24 авг.), возглавил фаб.-зав. и страховой отделы. Введён в редакцию ж. "Новый Путь" (орган ЦС ФЗК). В дни выступления ген. Л.Г. Корнилова (авг.) занимался формированием и вооружением отрядов Кр. Гвардии. Выступая 10 сент. на 3-й Петрогр. конф. ФЗК с докладом об эвакуации и "разгрузке" столицы (от рев. войск), отметил, что в комиссиях Врем. пр-ва разрабатывается план вывода "...чуть ли не всей пром-сти Петрограда", что, по его оценке, "...это саботаж под покровительством гос-ва" и что «"разгрузка" Петрограда – это одно из проявлений контррев-ции» ("Окт. рев-ция и фабзавкомы", ч. 2, М., 1927, с. 30). Участвовал в Демокр. совещании (Петроград, 14–22 сент.); вошёл в Предпарламент. 28 сент. на заседании ЦС ФЗК призвал к переходу власти в руки Советов. Выдвигался канд. в деп. Учред. Собр.(от Тамбовской губ.), избран не был. 10 окт. выступил на 4-й Петрогр. конф. ФЗК, указал на крайнюю необходимость созыва Всерос. конф. ФЗК, ибо борьбу за рабочий контроль нельзя вести изолированно, фабзавкомы должны осведомлять и поддерживать друг друга в творч. работе по осуществлению планирования произ-ва; не может быть организован контроль над пром-стью в пределах одного города, нужно создать Всерос. центр рабочего контроля.

16 окт. на расширенном заседании ЦК РСДРП(б) заявил от имени ФЗК Петрограда: "Повсюду замечается тяга к практич. результатам, резолюции уже не удовлетворяют. Чувствуется, что руководители не вполне выражают настроения масс" ["Протоколы ЦК РСДРП(б)", с. 96]. Возражал против оборонит. тактики, на к-рой настаивали Л.Б. Каменев и Г.Е. Зиновьев, против их требования гарантировать успех восстания: "Все доводы, к-рые здесь приводились,– только отсрочка" (там же, с. 101). Высказался за решит. подготовку к восстанию с

целью взятия власти. Открывая 17 окт. Всерос. конф. ФЗК, отметил, что "...созданные рев. порывом пролетариата фабзавкомы ведут упорную борьбу с контррев-цией в области произ-ва" и она вызвала "острую потребность во всерос. объединении" ("Окт. рев-ция и фабзавкомы", ч. 2, с. 140). Не согласился с утверждением делегата из Харькова о том, что ФЗК превращаются в подсобную силу капиталистов по обеспечению пр-тий всем необходимым, что, доставая сырьё и топливо, они способствуют эксплуатации рабочих. Утверждал, что "...путём вмешательства в хоз. дела пр-тия рабочие борются с определённой системой, системой экон. взрыва рев-ции" (там же, с. 180). Избран чл. Всерос. ЦС ФЗК. Введён от ЦС ФЗК в Петрогр. ВРК.

Дел. 2-го Всерос. съезда Советов РСД (25–27 окт.) (позже от ЦС ФЗК кооптирован во ВЦИК). На заседании ЦС ФЗК Петрограда 25 окт. заявил, что вопроса о власти больше не существует и "...необходимо целесообразное направление мер для исправления хоз. разрухи. Нужно немедленно привлечь все силы в районах и учесть все материалы на заводах и топливо. Ввиду неизбежности локаута заводчиков и фабрикантов в области финансов нам необходим полный контроль. Все силы мы должны напрячь для творч. работы. У нас теперь экзамен, к-рый мы должны выдержать" (ЦГАОР, ф. 472, оп. 1, д. 62, лл. 73–74).

Участвовал в бою под Пулковом против войск А.Ф. Керенского – П.Н. Краснова. В нояб. чл. комиссии СНК по орг-ции ВСНХ и выработке первого положения о нём. 30 нояб. избран зам. пред. Президиума петрогр. Гор. думы. В дек. направлен ЦК РСДРП(б) на Украину, где в Харькове вошёл в первое Сов. пр-во Украины (нар. секр. труда, торговли и пром-сти). С марта 1918 пред. Нар. секретариата (пр-ва) Украины и нар. секр. иностр. дел; чл. Президиума ВУЦИК. Один из организаторов КП(б)У. С июля член коллегии ВЧК, нач. отдела по борьбе с контррев-цией, секретно-оперативн. отдела. С янв. 1919 на гос. и парт. работе. В обстановке сталинских репрессий необоснованно обвинён в связях с укр. бурж. националистами; покончил жизнь самоубийством.

Соч.: Моя автобиография, Харькiв, 1932.

Лит.: Бабко Ю., Солдат партiї., К., 1962; Блинов А.С., Центр. совет фабзавкомов Петрограда. 1917–1918, М., 1982.

М.Л. Иткин.

СЛАВИНСКИЙ Максим Антонович [1868(?)– 1945(?)]. Окончил юрид. ф-т Петерб. ун-та. С 1899 сотрудник ж. "Жизнь", газ. "Сев. Курьер", чл. "Союза взаимопомощи рус. писателей", в 1901 подписал протест по поводу разгона демонстрации у Казан. собора. После Рев-ции 1905–07 непродолжит. время был директором Киевского политехнич. ин-та. К 1911 секр. ж. "Вестник Европы" и пред. "Василеостровского об-ва нар. развлечений". Автор "националогической теории" об образовании в России особой "имперской нации", вбиравшей в себя лучшие силы нац. интеллигенции и противопоставлявшейся гос. аппаратом нац. движениям, что и являлось, по мнению С., гл. причиной экон. и полит. кризиса в стране (в т. ч. и в сов. время) (Славинский М.А., Нац. структура России и великороссы, в кн.: Формы нац. движения в совр. гос-вах, СПб., 1910, с. 277–303; Национально-гос. проблема в СССР, Париж, 1938). Во время 1-й мир. войны был близок к группе федералистов в Гос. Думе и бюро Союза автономистов.

После Февр. рев-ции 1917 активно участвовал в орг-ции Респ.-демокр. партии (затем – Рос. Радикально-демокр. партия), вошёл в её ЦК, стал зам. пред. Один из организаторов газ. "Отечество" (первоначально планировался её гл. редактором). В соответствии с парт. резолюцией от 4 июля о создании коалиц. кабинета назначен пред. образованного 11 июля Особого совещания по обл. реформе при Врем. пр-ве ("Отечество", 1917, 16 июля). Гл. задачу совещания видел в "согласовании проявленной нек-рыми областями Рос. гос-ва потребности в авт. формах управления с интересами др. областей, таких требований не проявлявших, а также с интересами гос. единства..." (ЦГАОР, ф. 1788, оп. 1, д. 22, лл. 1–1об.). Сознавая последствия нерешительности Врем. пр-ва, С. указывал, что в целях победоносного окончания войны необходимо сплотить все нации на основе их самоопределения и создания общенац. пр-ва: "Нельзя вставать в позу критика... и откладывать все реформы до Учред. Собр., ибо многое отлагательства не терпит" ("Отечество", 1917, 23 июля).

В нач. сент. в Киеве на Съезде Народов, где вырабатывалась линия соц. партий в нац. вопросе в Учред. Собр., заявил: "Мы заинтересованы в цельности и неделимости России, ибо каждый народ в отдельности не представляет особой силы. Но вместе взятые, мы хозяева России... Старая власть была властью тонкой прослойки господствующих классов. После этой прослойки власть перешла в руки широких масс одного народа. Чтобы она перестала быть неустойчивой и слабой, нужно, чтобы гос-во использовало силы всех народов. Форма использования только одна – федерация" ("Утро России", 1917, 11 и 17 сент.).

Выступая во Врем. Совете Рос. Республики (Предпарламенте) 12 окт., сказал, что гл. причиной кризиса стало отсутствие у партий представлений о путях движения рев-ции: если правые и либеральные партии практически исчерпали себя, то левые "углубили рев-цию до анархии". С этим же призывом к сплочению и сохранению терр. целостности России он выступал на митингах до Учред. Собр. (в его работе не участвовал). После Окт. рев-ции эмигрировал.

О.А. Силаева.

СМИЛГА Ивар Тенисович (2 дек. 1892, Вольмарский у. Лифляндской губ.,– 10 янв. 1937). Из семьи лесника (в 1906 расстрелян карателями за участие в рев. движении). Окончив реальное уч-ще, в 1909–10 учился в Моск. ун-те. Чл. РСДРП с 1907, большевик. В 1914–15 чл. ПК РСДРП. Неоднократно арестовывался, ссылался.

После Февр. рев-ции 1917, вернувшись из ссылки, направлен ПК РСДРП в Кронштадт, где избран членом к-та партии. Дел. 7-й (Апр.) Всерос. конф. РСДРП(б) (24–29 апр.); выступал с докладом о положении в парт. орг-циях и Советах окрестностей Петрограда и в Финляндии (Петергоф, Кронштадт, Выборг, Гель-

сингфорс и др.), отметил, что "...работа социал-демократов сейчас только начинается, ...влияние социал-демократов на массу большое, а организационно в Советах они входят в меньшинство" ["7-я (Апр.) Всерос. конф. РСДРП(б)". Протоколы, М., 1958, с. 125]; избран чл. ЦК. Продолжал парт. работу в Кронштадте и в Финляндии. Дел. 6-го съезда РСДРП(б) (26 июля – 3 авг.) от Кронштадтской орг-ции; избран членом мандатной комиссии; выступал с финанс. отчётом ЦК.

В прениях по докладу Н.И. Бухарина о войне и междунар. положении так оценил перспективы рев-ции: "Сказать, что наше положение схоже с положением интернационалистов в др. странах, преждевременно... Нельзя игнорировать тот факт, что рев-ция у нас не прекратилась. Говорить об устойчивости власти невозможно. Если у нас имеется власть буржуазии, то она опирается на воен. диктатуру, а такая власть не сильна. Горючего материала у нас ещё много. Крест. рев-ция ещё не началась. То, что мы не сошли со сцены, факт, абсолютный факт. В рев-циях бывают заминки.. Во время Вел. франц. рев-ции имели место периоды реакции. Они могут быть и у нас, но рев-ция у нас продолжается..." ["6 съезд РСДРП(б)". Протоколы, 1958, с. 105–06]. В прениях по докладу И.В. Сталина о полит. положении отметил, что мирный период рев-ции закончился: "Власть теперь находится в руках воен. клики. И правы те, к-рые говорят, что даже при большинстве в Совете мы не получили бы власти. Для того, чтобы власть могла перейти в руки тех классов, к-рые могут служить развитию рев-ции, необходимо свергнуть существующую власть... У нас нет того аппарата подавления, к-рый действует в странах Зап. Европы, у нас гос. аппарат в катастрофич. состоянии. Создаются элементы для нового взрыва, и нам необходимо взять на себя инициативу этого взрыва... Невозможно ставить вопрос так: мы сможем действовать только тогда, если на Западе будет рев-ция. Никто не имеет права лишать нас инициативы, если судьба ещё раз даст нам случай стать во главе движения" (там же, с. 131–32).

На съезде избран чл. ЦК; 5 авг. на пленуме ЦК избран в его узкий состав (до приезда С.Г. Шаумяна) и назначен представителем ЦК РСДРП(б) в Финляндии. На заседании ЦК 6 авг. делегирован на 2-ю Петрогр. общегор. страховую конф. (3–5 сент.; выступал с докладом о политике партии) и в ПК РСДРП(б) (до приезда А.С. Бубнова). В авг.–сент. посещал В.И. Ленина в Гельсингфорсе, получая от него письма и устные указания, помогая ему поддерживать связь с ЦК партии ("В.И. Ленин. Биогр. хроника", т. 4, М., 1973, с. 319, 363). Один из организаторов и делегат 3-го Обл. съезда рус. Советов депутатов армии, флота и рабочих в Финляндии (Гельсингфорс, 9 сент.); избран пред. Облисполкома армии, флота и рабочих Финляндии. 14 сент. совм. с др. большевиками представил Демокр. совещанию (Петроград, 14–22 сент.) заявление по поводу возобновления сессии финл. Сейма, в к-ром от имени Обл. съезда рус. Советов депутатов подчёркивалось, что "...всякие попытки учинить препятствия к возобновлению заседания Сейма рассматриваются как акт контрреволюционный", предлагалось Демокр. совещанию "...подтвердить право фин. народа свободно располагать своей судьбой и тем самым предотвратить острый конфликт как между рус. и фин. демократиями, так и в самой рус. демократии..." ("Рев-ция 1917", т. 4, с. 213).

5 окт. при обсуждении в ПК РСДРП(б) ленинского "Письма в ЦК, МК, ПК и членам Советов Питера и Москвы большевикам" (см.: ПСС, т. 34, с. 340–41) говорил: "Нельзя говорить о том, взять власть или не брать власть. Мы идём к власти, и это давно предрешено... Здесь необходимо оценить: дошли ли мы до точки? Можем ли мы тянуть дольше? Я, лично,– сторонник Ленина... Ленин не говорит о завтрашнем захвате власти, он просто хочет сказать: довольно политики, пора перейти на рельсы стратегии. К моменту съезда мы должны приготовиться, принимая за основу вопрос о вооруж. восстании" ("Первый легальный ПК большевиков в 1917 г.", М.– Л., 1927, с. 303).

Во время Окт. вооруж. восст. в Петрограде один из организаторов присылки рев. войск из Финляндии в Петроград. На 4-м Обл. съезде рус. Советов депутатов армии, флота и рабочих в Финляндии (Гельсингфорс, 25–27 нояб.) вновь избран пред. Облисполкома. Во время Финл. рабочей рев-ции (дек. 1917 – май 1918) оказывал содействие в орг-ции рев. сил фин. пролетариата; в февр. 1918 назначен уполномоченным РСФСР в Финляндии. Дел. 7-го съезда РКП(б) (6–8 марта 1918) от Финл. обл. орг-ции РСДРП(б); в выступлении на съезде, оценивая обстановку в мире и положение рус. армии, состояние создаваемой Кр. Армии, доказывал неизбежность заключения Брестского мира с Германией, заявил, что при существующем положении Сов. Республики "...война будет не рев. войной, поднимающей междунар. рабочее движение, а будет войной истребления рус. пролетариата во вред междунар. рев-ции" ["7-й Экстренный съезд РКП(б). Стенографич. отчёт, М., 1962, с. 57]; избран чл. ЦК.

С лета 1918 на воен., парт. и гос. работе. В 1927 за участие в троцкист. оппозиции исключён

15-м съездом ВКП(б) из партии; в 1930 восстановлен. 10 янв. 1937 Воен. коллегией Верх. суда СССР обвинён в принадлежности к террористич. орг-ции и приговорён к расстрелу, приговор приведён в исполнение в тот же день. Реабилитирован в 1987.

Б.Я. Хазанов.

СМИРНО́В Александр Николаевич (1880, по др. данным, 1882, Новгород,– 1927, Верхнеуральск). Из рабочей семьи. Сле-

сарь-лекальщик. После краткого увлечения народничеством марксист. Чл. РСДРП с 1900, меньшевик (с 1903). В годы реакции (1907–10) "ликвидатор", работал в профсоюзах, чл. правления Петерб. Союза металлистов, участвовал в создании петерб. "Инициативной группы" меньшевиков. Дел. Венской конф. орг-ций РСДРП (авг. 1912), там же вошёл в ОК РСДРП; один из инициаторов образования "Авг. блока". Возвратившись в Россию, участвовал в избират. кампании по выборам в 4-ю Гос. Думу. В 1913 выслан в Ригу, работал в меньшевист. орг-ции и профсоюзах. В годы 1-й мир. войны "оборонец". Неоднократно подвергался арестам, отбыл св. 3 лет тюремного заключения, трижды высылался под надзор полиции.

После Февр. рев-ции 1917 с марта чл. редакции ЦО меньшевиков "Рабочей Газеты". В мае на Всерос. конф. меньшевистских и объединённых орг-ций РСДРП вновь избран чл. ОК РСДРП. Чл. Петрогр. Совета РСД и правления Союза металлистов. На 1-м Всерос. съезде Советов РСД избран чл. ВЦИК. Направлен ОК РСДРП в делегацию Петрогр. Совета РСД для подготовки междунар. конф. социалистов воюющих и нейтральных стран в Стокгольме по вопросу о заключении мира, наделён полномочиями обсуждать и решать от имени ОК все вопросы о созыве этой конф. (ЦПА ИМЛ, ф. 275, оп. 1, д. 5, л. 21); вместе с др. делегатами Петрогр. Совета РСД выступал на массовых митингах и собраниях в Швеции, Норвегии, Франции и Италии, пропагандировал позицию РСДРП и Совета РСД по вопросам войны и мира, агитировал за участие зап.-европ. социалистов в Стокгольмской конф. (не состоялась, т.к. часть делегатов не получила паспортов от своих пр-в, другие отказались заседать с представителями стран, находившихся в состоянии войны с их гос-вами). На Объединит. съезде РСДРП (авг.) избран чл. ЦК от "оборонцев".

По возвращении в сент. в Россию вёл антибольшевист. агитацию на з-дах столицы; член редколлегии ж. "Рабочая Мысль". Участник Всерос. Демокр. совещания (сент.), затем вошёл во Врем. Совет Рос. Республики (Предпарламент).

Окт. рев-цию категорически не принял. 28 окт. выступал на Невском проспекте против "безумия братоубийств. войны", развязанной "большевист. переворотом"; был избит красногвардейцами. В связи с переговорами при Викжеле об образовании "однородного соц. пр-ва", в к-ром участвовала и делегация ЦК РСДРП(о), 1 нояб. подписал заявление группы членов и канд. в члены о выходе из ЦК. После прекращения переговоров 10 нояб. вернулся в ЦК. 25 нояб. участвовал в создании Клуба меньшевиков-"оборонцев" Петрограда "Рабочее Знамя"; вошёл в ревизионную комиссию клуба.

В нач. 1918 продолжал сотрудничать в ж. "Рабочая Мысль". Признавая важную роль Советов РСД после Февр. рев-ции в ликвидации "прогнившего царист. строя", в создании клас. орг-ций пролетариата и сплочении рев.-демокр. сил, считал, что после 25 окт. 1917 эти органы постепенно утрачивают свою независимость, "невольно превращаются в реакц. орг-ции". Допускал участие рабочих и с.-д. только в тех Советах, к-рые обслуживали насущные нужды населения и выступали оплотом демократии против контррев-ции; в Советах, к-рые превратились "в адм. органы большевист. пр-ва", занимаются "уничтожением демокр. учреждений, арестами инакомыслящих рабочих и граждан, закрытием всех небольшевист. газет", т.е. исполняли "ту работу, к-рую при самодержавном строе выполняли полицейско-жандармские ин-ты, в таких Советах рабочий класс не только не должен принимать участие, но и вести с ними борьбу, как с орг-циями, разрушающими все завоевания рев-ции" ("Рабочая Мысль", 1918, № 1, с. 7, 8). В марте – июне 1918 участвовал в создании параллельных Советам т.н. Собраний уполномоченных ф-к и з-дов, ставивших целью объединить рабочих, недовольных политикой большевиков. В кон. июня арестован за подготовку всеобщей забастовки. После освобождения на нек-рое время отошёл от активной полит. деятельности, поступив на рабфак, затем в Петрогр. ун-т. В апр. 1920 арестовывался по обвинению в контррев. деятельности. В 1921, накануне Кронштадтского восст., присоединился к меньшевикам – организаторам забастовок на петрогр. з-дах и ф-ках, в июне был арестован, но вскоре освобождён. В апр. 1924 арестован и в мае выслан в Вятскую губ. на 3 года, в сент. освобождён с разрешением проживать в Ленинграде. В мае 1925 арестован по обвинению в том, что был "идеологич. вдохновителем ленингр. с.-д. нелег. антисов. орг-ции", и в июне приговорён к 3 годам лишения свободы. Отбывал заключение в тюрьме; скончался от приступа астмы.

Соч.: По рабочей Европе, "Рабочая Мысль", П., 1917, № 2, 3; Советы и рабочий класс, "Рабочая Мысль", 1918, № 1.

Лит.: "Рабочая Мысль", П., 1917, № 4, с. 8; Гарви П.А., Памяти А.Н. Смирнова, "Соц. вестник", 1927, № 16/17 (некролог); Бургина.

Г.И. Ильящук.

СМИРНО́В Владимир Михайлович (7 мая 1887, Москва,– 26 мая 1937). Из семьи интеллигента-разночинца. Окончил юрид. ф-т Моск. ун-та. Участник Рев-ции 1905–07 (Москва). Чл. РСДРП с 1907, большевик. В 1911 участвовал в восстановлении МК РСДРП. В 1913 чл. редакции большевист. газ. "Наш Путь". В 1914 мобилизован в армию; прапорщик в 61-й арт. бригаде Зап. фронта.

После Февр. рев-ции 1917 чл. бригадного к-та. Ввиду обострения отношений с офицерами в апр. переведён в Москву. Сотрудник, затем чл. редколлегии газ. "Социал-демократ". Избран чл. МК РСДРП(б), работал в Моск. обл. бюро РСДРП(б). Дел. 6-го съезда партии (26 июля – 3 авг.) от моск. орг-ции. Во время выступления ген. Л.Г. Корнилова вёл рев. агитацию среди солдат гарнизона, участвовал в формировании отрядов Кр. Гвардии. 23 сент. присутствовал на заседании ЦК РСДРП(б), обсуждавшего вопросы о Демокр. совещании и выборах в Учред. Собр. В нач. окт. на совещании представителей Моск. обл. бюро, Моск. окр. и гор. к-тов РСДРП(б) при обсуждении ленинского "Письма в ЦК, МК, ПК и членам Советов Питера и Москвы большевикам" о необходимости взятия власти Советами занимал позицию большинства участников – Москва может лишь поддержать восстание, когда оно где-нибудь начнётся, но из-за нехватки сил начать не может ("Вел. Окт. соц. рев-ция". Сб. воспоминаний участников рев-ции в Петрограде и Москве, 1957, с. 372).

25 окт. избран чл. Моск. ВРК (МВРК). С 28 окт. чл. Боевого штаба при МВРК (отвечал за артиллерию и поступление резервов). Вечером 28 окт., в момент угрозы со стороны юнкеров Моссовету, привёл на Скобелевскую и Страстную площади батареи с Ходынки из 1-й арт. запасной бригады, чем обеспечил перевес рев. сил. 2 нояб. в 5 ч. вечера подписал договор МВРК с К-том обществ. безопасности о капитуляции юнкерских сил. Вскоре отозван в Петроград; по рекомендации ЦК РСДРП(б) (заседание 29 нояб.) вошёл в Экон. совещание (по орг-ции ВСНХ).

По вопросу о заключении мира с Германией стоял на позициях "левых коммунистов". 15 янв. 1918 подписал "Заявление группы членов ЦК и нар. комиссаров о немедленном созыве парт. конференции" для решения вопроса о мире, а в случае его заключения без созыва конференции заявлявшие предупреждали об остановлении своих парт. и гос. постов ["Протоколы ЦК РСДРП(б)", с. 181]. С 26 янв. по 15 марта нарком торговли и пром-сти РСФСР. К заседанию ЦК партии 22 февр. подписал "Заявление в ЦК группы его членов и наркомов", в к-ром объявлялось, что согласие ЦК на подписание мира "...является капитуляцией передового отряда междунар. пролетариата перед междунар. буржуазией", что после победы рев-ции в России "...перед пролетариатом с неизбежностью встаёт задача развития гражд. войны в междунар. масштабе" (там же, с. 209); подписавшие считали своей задачей развитие широкой агитации против политики ЦК. 23 февр. на заседании ЦК партии присоединился к заявлению А.С. Бубнова, Н.И. Бухарина, А. Ломова (Г.И. Оппокова) и др., в к-ром они объявляли, что не желают нести ответственность за решение ЦК о подписании мира, глубоко ошибочное и губительное для рус. и междунар. рев-ций, заявляли, что "...уходим из всех ответств. парт. и сов. постов, оставляя за собой полную свободу агитации как внутри партии, так и вне её, за положение, к-рое мы считаем единственно правильным" (там же, с. 216). 24 февр. подал заявление об уходе с поста наркома, но 25 февр. отложил своё решение, "пока ЦК и СНК вынуждены вести линию обороны" (там же, с. 227). Дел. 7-го съезда РКП(б) (6–8 марта 1918) от Моск. обл. бюро; входил в состав комиссии для выработки программы партии. Подав заявление об уходе с поста наркома (после подписания Брестского мира с Германией), работал чл. коллегии Главметалла. С авг. 1918 на воен. и воен.-полит. работе в Кр. Армии. На 8-м съезде РКП(б) (март 1919) выступал содокладчиком от "воен. оппозиции" по вопросу воен. положения. С 1920 на гос. работе. В 1927 исключён из партии решением 15-го съезда ВКП(б). С янв. 1930 неоднократно репрессировался по обвинению в антисов. деятельности. 26 мая 1937 Воен. коллегией Верх. суда СССР по обвинению в принадлежности к террористич. орг-ции приговорён к расстрелу. Реабилитирован 16 янв. 1989.

К.М. Белоцкий.

СМИРНО́В Сергей Алексеевич (1883–?). Из семьи текст. фабрикантов. Окончил Моск. Практич. академию коммерч. наук (1902) и ист.-филол. ф-т Моск. ун-та. Один из совладельцев Т-ва Ликинской мануфактуры А.В. Смирнова, директор правления. Чл. советов Моск. Торг. и Моск. банков, Об-ва хл.-бум. фабрикантов Орехово-Зуевского и Богородско-Глуховского р-нов. Входил в группу т.н. "молодых" капиталистов во главе с П.П. Рябушинским; чл. редакц. к-та газ. "Утро России". В сент. 1914 вошёл в центр. к-т Всерос. Союза городов. С июня 1915 зам. пред. Моск. Воен.-Пром. к-та, с нач. 1916 (в связи с болезнью Рябушинского) фактич. руководитель к-та; ред. периодич. органа "Бюллетени" Моск. Воен.-Пром. к-та.

После Февр. рев-ции 1917 один из организаторов учреждённого в марте Всерос. союза торговли и пром-сти, пред. его Полит. отдела (издавал ж. "Народоправство", брошюры, листовки), ред. издававшегося при поддержке союза ж. "Производит. Силы России". Представлял левое крыло прогрессистов, примыкал к кадетам. Возглавлял редакц. бюро Моск. просветит. комиссии при Врем. К-те Гос. Думы. Весной 1917 выпускал листовки с призывами к армии окончить войну "победой вашей и союзников над нашим общим врагом", "верить новому пр-ву, составленному из обществ. деятелей", "не колебать той дисциплины, без к-рой армия превращается в нестройную, легко преоборимую толпу" (ОПИ ГИМ, ф. 402, оп. 1, д. 255, л. 146). На 2-м Всерос. Торг.-Пром. съезде (3–5 авг.) избран членом его президиума. Член орг. к-та по созыву Совещания обществ. деятелей 8–10 авг. в Москве, участвовал в его заседаниях. 25 сент. по итогам переговоров с А.Ф. Керенским вошёл в 3-е коалиц.

Врем. пр-во в качестве Гос. контролёра. 3 окт. на совещании С. с А.И. Коноваловым решено поставить вопрос о назначении ревизии разных обществ. и демокр. орг-ций, гл. обр. Советов РСД, и выданных им гос. ассигнований.

26 окт. арестован в Зимнем дворце вместе с др. министрами Врем. пр-ва, заключён в Петропавл. крепость. Совместно с Коноваловым и др. министрами подписал письмо председателю Учред. Собр., в к-ром власть передавалась Учред. Собр. Принадлежавшая С. Ликинская мануфактура, закрытая по распоряжению С. 1 авг. (окончательно 2 сент.), национализирована 17 нояб. первой в РСФСР.

В нач. 1918 С. освобождён, затем в эмиграции во Франции.

Лит.: Павёрычев В.Я., По ту сторону баррикад. (Из истории борьбы моск. буржуазии с рев-цией), М., 1967; Думова-З.

Ю.А. Петров.

СОКÓЛЬНИКОВ (наст. фам. Бриллиант) Григорий Яковлевич (15 авг. 1888, Ромны Полтавской губ.,– 21 мая 1939,

Верхнеуральск). Из семьи врача. Чл. РСДРП с 1905, большевик. В Рев-цию 1905–07 парт. работу вёл в Москве, участник Дек. вооруж. восстания; пропагандист Городского р-на; чл. Сокольнического РК РСДРП и Военно-технич. бюро при МК партии. Осенью 1907 арестован, в февр. 1909 приговорён к ссылке на вечное поселение. Через шесть недель после прибытия в с. Рыбное Енисейской губ. бежал. С осени 1909 в эмиграции; заведовал рабочим клубом "Пролетарий" в Париже; окончил юрид. ф-т и курс доктората экон. наук в Сорбонне. Участвовал в издании газ. "За партию". В годы 1-й мир. войны интернационалист.

После Февр. рев-ции 1917 вместе с В.И. Лениным и другими в апр. вернулся в Россию. Работал в Моск. парт. орг-ции. Чл. МК РСДРП(б) и большевист. фракции исполкома Моссовета. На 1-й Моск. обл. парт. конф. (19–21 апр.) выступал против контроля Советов за Врем. пр-вом, к-рое "стремится к упрочению власти буржуазии, оно является пр-вом империалистским", поэтому наша задача – "создать и укрепить Всерос. представительство рабочих и крест-ва, создать орг-цию объединённых Советов РКиСД" ("Пролет. Рев-ция", 1929, № 10, с. 147). По вопросу об объединении с с.-д. группами, не входившими в парт. орг-ции, считал допустимым объединение лишь с интернационалистами. Избран чл. Моск. обл. бюро (МОБ) большевиков и его узкого состава. Дел. 7-й (Апр.) Всерос. конф. РСДРП(б). В докладе от секции по пересмотру общей части парт. программы заявил, что "картина капиталистич. мира, какой она должна быть теперь, за первую четверть 20-го в., существенно отличается от той, к-рая дана в последнюю четверть 19-го в.", в связи с чем необходима её переработка [см.: "7-я (Апр.) Всерос. конф. РСДРП(б)", с. 198].Свой вариант общей части программы дал в статье, опубликованной летом в сб-ке МОБ РСДРП(б) "К вопросу о пересмотре парт. программы".

Во время Июльских событий в Петрограде выступил против выхода большевиков из Советов. 13–14 июля участвовал в расширенном совещании ЦК РСДРП(б), на к-ром обсуждалась тактика партии в новых условиях. На 2-й Моск. обл. парт. конф. (21–23 июля) сделал доклады "Полит. момент и задачи с.-д-тии" и "О пересмотре парт. программы (введения и программы-минимум)". С. поддержал идею о необходимости врем. снятия лозунга "Вся власть Советам!". "Рев-ция не остановилась,– подчеркнул он,– не разбита, она идёт вперёд, несмотря на то, что вожди пролетариата в лице меньшевиков и социалистов-революционеров изменили рев-ции" ("Пролет. Рев-ция", 1929, № 12, с. 168). Говоря о будущей парт. программе, заявил: "В сущности проект т. Ленина введён в проект Сокольникова почти целиком. Принципиальной разницы нет между этими двумя проектами. Нужно выбрать проект наиболее целесообразный. Таким является мой проект" (там же, 1930, № 2–3, с. 126).

Дел. 6-го съезда РСДРП(б) (26 июля – 3 авг.). На пленарных заседаниях дважды выступал по вопросу об отношении к Советам, был докладчиком на секции по пересмотру парт. программы, избран членом ЦК РСДРП(б). На послесъездовском пленуме введён в узкий состав ЦК и избран членом редакции ЦО партии – газ. "Рабочий и Солдат", заменившей закрытую "Правду". В сент.– окт. чл. исполкома Петрогр. Совета РСД, ВЦИК Советов, канд. от ЦК РСДРП(б) в члены Учред. Собр., участник Демокр. совещания. 10 окт. на заседании ЦК РСДРП(б) голосовал за резолюцию о восстании; избран в Полит. бюро ЦК, созданное для полит. рук-ва подготовкой восстания. Отстаивал резолюцию о восстании и на расширенном заседании ЦК 16 окт.: "Возражения Каменева лишены убедительности... Более благоприятного соотношения сил ожидать нельзя" ["Протоколы ЦК РСДРП(б)", М., 1958, с. 101–02].

24 окт. занимался возобновлением работы типографии газ. "Рабочий Путь", разгромленной юнкерами. Утром 25 окт. участвовал в оперативном совещании членов ЦК РСДРП(б) в Смольном, обсудившем программу дальнейших действий. Участник Окт. вооруж. восстания в Петрограде. Дел. 2-го Всерос. съезда Советов РСД (25–27 окт.), на к-ром был избран чл. ВЦИК нового состава. Участвовал в переговорах при Викжеле по вопросу об "однородном соц. пр-ве". 3 нояб. подписал "Ультиматум большинства ЦК РСДРП(б) меньшинству", в к-ром "меньшинству" ЦК (Л.Б. Каменев, Г.Е. Зиновьев,

А.И. Рыков, В.П. Милютин, В.П.Ногин) предъявлялось требование ответить – обязуются ли они проводить политику, сформулированную Лениным и принятую "большинством"; в противном случае ставился вопрос об их исключении из партии (см. там же, с. 133–34). Редактировал "Правду". Избран чл. Учред. Собр. (от Тверской губ.), вёл работу в бюро большевист. фракции Учред. Собр. В нояб.– дек. руководил национализацией и реорганизацией банков: разработал проект декрета о национализации частных банков, был чл. Совета Гос. банка, пом. комиссара Гос. банка на правах зам. (тов.) управляющего, возглавлял Комиссариат быв. частных банков, был чл. коллегии Наркомфина и бюро ВСНХ.

Член делегации, направленной ВЦИК в Брест-Литовск 17 нояб. для переговоров с герм. командованием о перемирии. В период дискуссии в партии по вопросам войны и мира поддерживал позицию Ленина на заключение сепаратного мира с Германией. Пред. рус. делегации, подписавшей 3 марта 1918 договор на Мирной конференции в Брест-Литовске. На заседании конференции огласил декларацию, в к-рой говорилось: "Мы ни на минуту не сомневаемся, что это торжество империализма и милитаризма над междунар. пролет. рев-цией окажется лишь временным и преходящим" ["7-й Экстренный съезд РКП(б)". Стенографич. отчёт, М., 1962, с. 287]. На 7-м съезде партии был избран чл. ЦК РКП(б) и в состав Программной комиссии.

В дальнейшем на сов., воен., дипл. и хоз. работе. В янв. 1937 осуждён Воен. коллегией Верх. суда СССР к 10 годам тюремного заключения. Умер в тюрьме. Реабилитирован в 1988.

Соч.: К вопросу о национализации банков, М., 1918; Брестский мир, 2 изд., М.– Л., 1928; Финансовая политика рев-ции, т. 1–3, М., 1925–28.

Лит.: Генис В.Л., Г.Я. Сокольников, "Вопросы истории", 1988, № 12; Анфертьев И., Неизвестный Сокольников, в сб.: Возвращённые имена, т. 2, М., 1989; Никитин М.И., Г.Я. Сокольников, в кн.: Истоки, в.2, М., 1990. *Т.П. Чернобаева.*

СОРО́КИН Питирим Александрович (29 янв. 1889, с. Турья Яренского у. Вологодской губ.,– 11 февр. 1968, штат Массачусетс, США). Род. в семье ремесленника, церк. реставратора. Эсер (с 1905). В 1906 в Кинешме был арестован, в 1907 освобождён. Сдав экстерном экзамены за курс гимназии в Вел. Устюге (1909), поступил в Психоневрологич. ин-т в Петербурге; стал секретарём социолога М.М. Ковалевского. В 1910 перешёл на юрид. ф-т Петерб. ун-та, ученик правоведа Л.И. Петражицкого; одноврем. читал лекции по социологии в Психоневрологич. ин-те и Ин-те Лесгафта, вёл публицистич. деятельность, сотрудничал гл. обр. в науч. журналах. В 1910–14 опубликовал ок. 50 работ, в т.ч. монографию по социологии "Преступление и кара, подвиг и награда" (1914). В февр. 1913 С. арестован как активный эсер, но по ходатайству Ковалевского через неск. дней был освобождён. В 1914 по окончании ун-та оставлен при кафедре уголов. права и судопроиз-ва для подготовки к проф. званию; с 1916 приват-доцент. В годы 1-й мир. войны "оборонец", резко выступал против "пораженцев" (интернационалистов). В 1916 один из организаторов Социологич. об-ва им. М.М. Ковалевского (стало базой для открытой в 1919 кафедры социологии Петрогр. ун-та).

После Февр. рев-ции 1917 С. писал: "Во имя защиты завоеваний рев. свободы от новых опасностей мы по-прежнему признаём законной и необходимой оборону страны от внеш. опасности" (Канев С., Пути Питирима Сорокина, Сыктывкар, 1990, с. 7). В марте – апр. один из редакторов ЦО ПСР "Дело Народа", но после решения Петрогр. конференции эсеров (22 апр.) о необходимости прекращения войны и образования соц. пр-ва вышел из редакции и участвовал в создании газ. "Воля Народа", к-рая стала органом правого крыла ПСР, а С. её гл. редактором. Участвовал в подготовке и проведении Всерос. съезда КД (май, Петроград); на съезде был избран в Исполком Всерос. Совета КД, делегирован им в Особое совещание по подготовке Положения о выборах в Учред. Собр.; на совещании выступал с докладом об осуществлении всеобщего избират. права. В июле А.Ф. Керенский, после того как он возглавил Врем. пр-во, предложил С. на выбор должности: тов. мин. внутр. дел, директора рус. телегр. службы (по др. данным, Рус. телегр. агентства), секр. премьер-министра. Став секретарём по вопросам науки, готовил обзоры для Керенского.

В дни выступления ген. Л.Г. Корнилова входил от Исполкома Всерос. Совета КД в К-т нар. борьбы с контррев-цией, но позже писал: "Для меня вся эта корниловская афёра виделась трагической, а его мотивы... были абсолютно чистыми и патриотическими. Они были совершенно далеки от контррев. идей" (Сорокин П., Человек. Цивилизация. Общество, М., 1992, с. 241).

С. выступал против созыва Демокр. совещания, полагая его бесполезным, но затем участвовал в его работе. После решения (20 сент.) Демокр. совещания создать Врем. Совет Рос. Республики писал в газ. "Воля Народа": "Корниловский мятеж создал кризис власти... Пытаться заменить её Предпарламентом всё равно, что оказаться у разбитого корыта рев-ции" (Канев С., указ. соч., с. 12). С. голосовал за создание коалиц. пр-ва во главе с Керенским.

Окт. рев-цию С. осудил, активно выступал против большевиков. В нояб. избран членом Учред. Собр. (от Вологодской губ. по списку ПСР и Совета КД).

2 янв. 1918 был арестован и ок. 2 мес. провёл в Петропавл. крепости. В марте переехал в Москву, сотрудничал в газете П.Б. Струве "Возрождение". Участвовал в деятельности "Союза возрождения России", к-рый направил С. вместе с Н.В. Чайковским на Север (Вологодская и Архангельская губ.) для подготовки антибольшевист. выступления. После объезда ряда городов остановился на Вел. Устюге, где начал подготовку вооруж. восстания; намечался в состав пр-ва Сев. области, к-рое предполагалось создать после свержения большевиков. Летом был арестован. В тюрьме написал письмо (опубл. 29 окт. в газ. Северо-Двинского губисполкома "Крест. и Рабочие Думы", пере-

печатано "Правдой" 20 нояб.), в к-ром констатировал провал эсеровской политики, заявлял о выходе из ПСР и об отказе быть членом Учред. Собр. С. писал: "Истёкший год рев-ции научил меня одной истине: политики могут ошибаться, политика может быть общественно полезна, но может быть и общественно вредна, работа же в области науки и нар. просвещения всегда полезна, всегда нужна народу..." (см.: Ленин В.И., ПСС, т. 37, с. 188). В.И. Ленин в ст. "Ценные признания Питирима Сорокина" (там же) сделал вывод о повороте мелкобурж. демократии от враждебности к нейтральности. В кон. 1918 С., ранее приговорённый к расстрелу, был выпущен из тюрьмы.

Вернувшись в Петроград, С. возобновил с 1919 преподавание в вузах; в 1920–21 руководитель кафедры социологии ун-та, с 1921 – в Социологич. ин-те. Поддержал переход к нэпу как к политике, отвечающей чаяниям народа. В 1922 опубликовал на книгу Н.И. Бухарина "Теория ист. материализма" (М., 1922) "разгромную" рецензию; вскоре был уничтожен набор книги С. "Голод как фактор", главы к-рой опубликованы в ж. "Экономист" (П., 1922, № 2, 4/5); 23 сент. с группой др. учёных С. был выслан из страны. Жил в Берлине, Праге. Позднее вспоминал: "Я серьёзно сомневался в скором падении коммунистич. пр-ва и был твёрдо убеждён, что будущее России будет решаться русскими на Родине, а не эмигрантами" ("Грани", 1965, № 57, с. 204). Занимался преподаванием и издат. деятельностью. С 1923 – в США. Один из ведущих социологов (среди его учеников был будущий президент США Д. Кеннеди).

С. писал: «Когда полит. режим начинает рассыпаться, "вирус дезинтеграции" быстро распространяется всюду, заражая все ин-ты власти, проникая во все щели. Падение режима – обычно это результат не столько усилий революционеров, сколько одряхления, бессилия и неспособности к созидат. работе самого режима... Если рев-цию нельзя искусственно начать и экспортировать, ещё менее возможно её искусственно остановить. Рев-ции для своего полного осуществления на самом-то деле вовсе не нужны какие-то великие люди. В своём естеств. развитии рев-ция просто создаёт таких лидеров из самых обычных людей. Хорошо бы это знали все политики и особенно защитники устаревших режимов. Они не могут оживить такой отмирающий режим, как, впрочем, и другие не могут начать рев-цию без достаточного кол-ва взрывчатого материала в об-ве» (Сорокин П., Дальняя дорога. Автобиография, М., 1992, с. 37–38).

М.Е. Голостенов.

СПИРИДО́НОВА Мария Александровна (16 окт. 1884, Тамбов,– 11 сент. 1941, Медведевский Лес, близ Орла). Из дворян.

Род. в семье коллежского советника. В Тамбовской гимназии в 6-м классе включилась в работу местной эсеровской орг-ции. В 1902 ушла из 8-го класса гимназии (по др. версии, была исключена за полит. неблагонадёжность). Работала конторщицей в губернском дворянском собрании. С 1905 член боевой дружины. Впервые арестована за участие в демонстрации в 1905, наказания не понесла.

16 янв. 1906 по решению Тамбовского к-та эсеров совершила террористич. акт, смертельно ранила жандармского полковника, нач. охранного отряда Г.Н. Луженовского, усмирителя крест. волнений в Тамбовской губ. В полицейском участке С., раздетая донага, подверглась тяжёлым избиениям и истязаниям и затем в вагоне по пути в Тамбов надругательству со стороны арестовавших её офицеров. Дело С. получило междунар. огласку и имело заметный обществ. резонанс. 12 марта 1906 выездная сессия Моск. воен.-окружного суда приговорила С. к смертной казни через повешение, заменённой бессрочной каторгой, к-рую она отбывала в Нерчинских тюрьмах.

В результате Февр. рев-ции 1917 была освобождена по распоряжению А.Ф. Керенского 3 марта. С именем С. связано создание в Чите эсеровского к-та, стоявшего на позициях интернационализма и максимализма. До сер. мая С. принимала участие в работе Читинского Совета РСД. 13 мая после речи С. исполком Читинского Совета принял решение о ликвидации Нерчинской каторги.

31 мая прибыла в Москву в качестве делегата от Забайкальской обл. на 3-й съезд ПСР. Была избрана в почётный президиум съезда. Кандидатура С. выдвигалась при выборах в ЦК ПСР, но необходимого количества голосов не набрала. В ходе парт. съезда С. присоединилась к левому крылу ПСР. Вошла в состав его Оргбюро, была избрана в Сев. обл. к-т, находившийся под влиянием левых эсеров. Принимала участие в работе 1-го Всерос. съезда Советов КД. Избрана в Исполком Всерос. Совета КД от 12-й армии. В июне включилась в деятельность петрогр. орг-ции эсеров и начала сотрудничать в органе Сев. к-та – газ. "Земля и Воля". 4 июля, по свидетельству Ф.Ф. Раскольникова, С. приветствовала кронштадтских моряков, прибывших в Петроград для участия в вооруж. антиправительств. демонстрации (см.: Раскольников Ф.Ф., Кронштадт и Питер в 1917 г., 2 изд., М., 1990, с. 132). В авг. 7-й Совет партии включил С. в список обязательных кандидатов от ПСР на выборах в Учред. Собр. В авг.– сент. С. принимала участие в работах губ. съездов и конференций ПСР. 16 авг. на петрогр. губ. съезде выступила с речью "О совр. моменте".

С авг. под её редакцией начал выходить ж. "Наш Путь"; в первом номере опубликована её программная ст. "О задачах рев-ции", ставшая своего рода "руководством к действию" для левого крыла ПСР: "Рев. социализм – это мерка, к-рой должны быть отмечены все акты Партии Социалистов-Революционеров...– утверждалось в статье.– С этой точки зрения наша программа не может изменяться и не должна приспособляться к условиям места и времени, наоборот, до неё должна быть поднята всякая действительность... В настоящее время утверждать действенно теоретически и практически, что наша рев-ция буржуазная... сотрудничать с буржуазией в области и политической и экономической – это значит укреплять окончательно расшатавшийся бурж. строй, это значит помогать ему продержаться годы, десятки годов на согбенных плечах трудящегося класса... Партия Социалистов-Революционеров идёт во главе социальной рев-ции, её программа в своём осуществлении взрывает один из прочнейших устоев совр. строя (землевладение), нарушает один из священнейших принципов бурж. строя – частную собственность... И вот... Партия Социалистов-Революционеров, под давлением заполнивших правое крыло партии обывательских, ничего общего с социализмом не имеющих элементов, отклоняется всё дальше от своего единственно верного пути – тесной неразрывной связи и единения с народом...; она включает в свою тактику меры и принципы, не только не освящаемые общими принципами нашей программы, но резко противоречащие им, посягающие на их логическую и моральную целостность". В этой же статье давалась оценка правительств. политике и определялась дальнейшая линия ПСР, приемлемая для С. "Политика официальных правящих кругов бесконечно далеко отошла от политики народной, как извне, так и внутри, и Партии Социалистов-Революционеров нечего там делать... Но на всех скорбных путях русской и мировой жизни наше место... должно определяться в свете нашей Идеи, в духе нашей программы – всегда под знаменем социализма, всегда рев. методом, всегда через народ, с народом и для народа" (с. 4–12).

Во время корниловского выступления С. пыталась наладить связь с ЦК РСДРП(б), резко критиковала политику ЦК ПСР, публично заявляя, что спасением рев-ции является переход власти к рабочим и крестьянам. В этот период С. выступала с резкими нападками на политику Врем. пр-ва и Исполкома Всерос. Совета КД. По словам члена Исполкома Г.К. Покровского, она публично заявляла: "Если крестьянам не передают помещичью землю, то только благодаря продажному президиуму, вошедшему в стачку с продажным Керенским и буржуазией" ["Год рус. рев-ции (1917–1918 гг.)". Сб. ст., М., 1918, с. 43]. Так же решительно протестовала она против введения смертной казни. 10 сент. С. была избрана в петрогр. горком ПСР, вошла в редколлегию его органа газ. "Знамя Труда". 15 сент. избрана деп. Петрогр. Совета. В качестве делегата от Исполкома Всерос. Совета КД участвовала в работе Демокр. совещания; на нём 18 сент. в своей речи осудила коалицию с кадетами; по вопросу о власти заявила: "Долой коалицию, и да здравствует власть народа и рев-ции!" (см.: Безбережьев С.В., М.А. Спиридонова, в кн.: Россия на рубеже веков. Ист. портреты, М., 1991, с. 342). Как представитель Совета КД вошла во Врем. Совет Рос. Республики (Предпарламент). Избрана гласным петрогр. Гор. думы.

Настойчиво добивалась созыва 2-го Всерос. съезда Советов РСД, участвовала в борьбе за власть Советов, но не во всём соглашалась с большевиками. По свидетельству Н.К. Крупской, за "пару часов" до открытия съезда В.И. Ленин встречался со С. и др. представителями левых эсеров и пытался убедить их войти в пр-во, однако желаемого результата не достиг (см.: Крупская Н.К., Воспоминания о В.И. Ленине, М., 1957, с. 319). Съезд избрал С. в Президиум. После того как ЦК ПСР исключил оставшуюся на съезде левую оппозицию из партии, С. выступила за созыв Всерос. съезда левых эсеров. 28 окт. стала одним из членов Врем. Центр. Оргбюро левых эсеров. 6 нояб. избрана чл. Президиума ВЦИК; в дальнейшем избиралась чл. Президиума ВЦИК 3–4-го созывов. 11 нояб. Чрезв. Всерос. съезд Советов КД (11–25 нояб.) избрал С. своим председателем.

Выступая 15 нояб. на совм. заседании ВЦИК, Петрогр. Совета и Чрезв. Всерос. съезда Советов КД, С. сказала: "Пусть знает рус. крестьянин, что, не связав себя с рус. рабочим, не связав себя с рабочим и крестьянином Франции, Англии, Австралии и Германии и всех остальных стран мира, он не добьётся не только свободы и равенства, но даже того клочка земли, к-рый так жизненно ему необходим". С. призвала также к единению левых сил: "Пусть единая рев. демократия выступает единым фронтом. Оставим наши споры... Да здравствует братский союз рабочих, солдат и крестьян!" ("Протоколы заседаний ВЦИК Советов рабочих, солд., крест. и казачьих деп. II созыв", М., 1918, с. 65–66). На пленуме ВЦИК 17 нояб. С. сделала заявление, что фракция левых эсеров считает "нецелесообразным и грубо ошибочным полит. шагом" декрет СНК о роспуске петрогр. Гор. думы. В то же время она подчеркнула "неизбежность" для левых эсеров принять участие в "создании ответственной перед Центр. Исполнит. к-том власти и в самих органах этой власти" (там же, с. 71).

19 нояб. открылся Всерос. съезд левых эсеров, избравший С. своим почётным председателем. В речи на съезде 21 нояб. она резко критиковала рук-во ПСР за отрыв от старой парт. программы и заявила, что в эту партию входят лица, "чуждые социализму". Обращаясь к съезду, она говорила: "Нам необходимо как молодой партии завоевать крестьянство". Противопоставив "советскую" демократию "буржуазной", С. утверждала: "Путём парламентской борьбы мы не можем придти к социализму" ["Протоколы 1-го съезда Партии левых социалистов-революционеров (интернационалистов)", М., 1918, с. 34–35]. С. вошла в ЦК ПЛСР. 26 нояб. открылся 2-й Всерос. съезд Советов КД, рас-

коловшийся затем на две части и избравший два альтернативных исполкома: во главе "левого" была С., во главе "правого"– В.М. Чернов. 13 дек. С. была избрана почётным пред. Петрогр. Совета. Почётным пред. её избрал и Всерос. съезд железнодорожников; выступив на нём 14 дек. с речью, она признала "соц. характер" Окт. рев-ции (см.: Безбережьев С.В., указ. соч., в кн.: Россия на рубеже веков..., с. 344).

Как член Учред. Собр. (от Владимирского избират. округа) С. 5 янв. 1918 приняла участие в его открытии. Кандидатура С. была выдвинута в председатели Учред. Собр. фракциями левых эсеров и большевиков. С. (153 голоса) проиграла выборы Чернову (244 голоса). Вместе с др. левыми эсерами она покинула Учред. Собр. Выступая 6 янв. в Тенишевском уч-ще, "объяснила необходимость роспуска Учред. Собр., говорила о роли Советов... и призывала товарищей рабочих и работниц теснее сплотиться вокруг знамени Сов. власти" ("Рев. Работница", 1918, № 1, с. 16).

7 янв. С. участвовала в работе 1-го Всерос. съезда профсоюзов, избравшего её в почётные председатели, и выступила на нём с речью. 10–12 янв. прошли совместные заседания ЦК РСДРП(б) и ЦК ПЛСР, обсуждавшие вопросы дальнейшей тактики. По свидетельству С., "долгие часы, неск. дней проходило у нас в закулисных заседаниях, в бесконечных спорах с большевиками для отвоевания того или иного пункта нашей программы" [см.: Разгон А.И., Правительств. блок большевиков и левых эсеров (окт. 1917 – янв. 1918), "Ист. записки", т. 117, М., 1989, с. 144]. 13 янв. С. участвовала в открытии 3-го Всерос. съезда Советов КД и вечером того же дня выступила на объединённом заседании съездов Советов КД и РСД. В своей речи она сказала: "Чрезвычайно важно собрать все силы рев. России, чтобы из них создать единое рев. целое, сплошной ком единой социальной энергии и продолжать борьбу, без всякой пощады и без всяких колебаний, отметая всё, что будет встречаться на пути нашей борьбы, к-рая должна привести нас в светлое царство социализма". Противопоставив сов. форму орг-ции Учред. Собранию, она заявила о необходимости утвердить Советы "Трудовым Учред. Собранием, к-рому должны принадлежать во всей полноте все исполнит. и законодат. функции, все решения к-рого должны почитаться для всех одинаково обязательным и незыблемым законом" ("3-й Всерос. съезд Советов РСКД", П., 1918, с. 45–46). Она также призвала съезд принять закон о социализации земли. Съезд на заседании 18 янв. без прений утвердил первый раздел закона и принял за основу остальные разделы. 27 янв. объединённый ВЦИК утвердил закон в целом. В числе др. сов. руководителей его подписала и С. Её перу принадлежит предисловие к тексту "Осн. закона", опубликованному в 1918 изд-вом левых эсеров "Рев. социализм". По завершении работы 3-го съезда Советов С. возглавила Исполком Крест. секции ВЦИК, к-рая взяла на себя многие функции упразднённого Исполкома Совета КД.

В кон. февр. С. участвовала в ряде заседаний ВЦИК, ЦК ПЛСР, а также объединённых заседаний последнего с ЦК РСДРП(б) по вопросу о подписании Брестского мира. Её позиция в этом вопросе совпадала с точкой зрения той части большевистского ЦК, к-рая поддерживала Ленина (см.: Безбережьев С.В., указ. соч., в кн.: Россия на рубеже веков..., с. 346). В ст. "Письма в деревню" С. изложила левоэсеровские взгляды на крест-во: "...Крест-во за короткое время революционизировалось настолько, что без прений и колебаний Крест. Съезд пошёл в Таврический дворец... чтобы поддержать и одобрить Сов. власть так же искренне и с силой, как представители воинства и пролетариата"; "Третий Крест. Съезд был уже новым этапом на пути тернистого и великого ист. прохождения крестьян к социализму"; "Крест-во – не только материал для истории, не только пережиток известного строя, подлежащий глубочайшей социологич. трансформации, и даже уничтожению, но класс будущего, жизнеспособный и устойчивый исторически, класс, несущий миру и новый строй и новую правду" ("Наш Путь", 1918, № 1, с. 16–17).

С. активно участвовала в подготовке 2-го съезда ПЛСР, входя в комиссии по его орг-ции и открытию. 17 апр. съезд избрал С. в президиум. 19 апр. она выступила на нём с докладом по текущему моменту. Полемизируя с др. докладчиком (Б.Д. Камковым), С. призвала левых эсеров разделить с большевиками ответственность за Брестский мир: "Мир был подписан не нами и не большевиками: он был подписан нуждой, голодом, нежеланием всего народа – измученного, усталого – воевать. И кто из нас скажет, что ПЛСР, представляй она одна власть, поступила бы иначе, чем поступила партия большевиков?" ("Знамя Труда", 1918, 19 апр.). Она отмечала, "что в настоящее время главнейшим социальным фактом нашей рев-ции является земля и зем. вопрос, и движущей силой нашей социальной рев-ции – является крест-во"; "Главнейшей задачей текущего дня" было, по её мнению, "реальное воплощение в жизнь закона о социализации земли, а воплощение это, как показала практика, невозможно без участия в аппарате власти" (там же). Ввиду этого С. принципиально осуждала левых эсеров за выход из центр. пр-ва: "Как партия классовая, народная, ПЛСР не имеет права строить политику на основании личных переживаний, и в эпоху социальной рев-ции играть в полит. игру. Уходом от власти левые с.-р. предали крест-во" (там же). Однако позиция С. не получила поддержки большинства. Выдвинутая в ЦК, она взяла самоотвод, но он не был удовлетворён; избрана в ЦК.

По сравнению с большинством членов ЦК ПЛСР она дольше других выступала за полит. союз с большевиками. Но в период с мая по июль 1918 в своих публичных выступлениях С. решительно осудила внеш. и внутр. политику СНК, критиковала агр. политику большевиков, говоря, что социализация земли подменяется национализацией. Вместе с Камковым С. вела переговоры с членами исполкома "Рев. интернационально-соц. орг-ции иностр. рабочих и крестьян" по вопросу об орг-ции антинемецкого выступления на Украине. 24 июня пред. заседания ЦК, принявшего решение "в интересах русской и международной рев-ции... положить конец т.н. передышке"; "В этих целях... организовать ряд террористич. актов в отношении виднейших представителей герм. империализма" ("Красная книга ВЧК", т. 1, 2 изд., М., 1989, с. 185). Для проведения этого плана ЦК ПЛСР выделил Бюро, в к-рое вошли Л.Б. Голубовский, И.А. Майоров и С. В протоколе заседания, подписанном С., оговаривалось: "Мы рассматриваем свои действия как борьбу против настоящей политики Совета Народных Комиссаров и ни в коем случае как борьбу против большевиков" (там же, с. 186).

Состоявшийся 28 июня 3-й съезд ПЛСР предоставил ЦК свободу действий. С. высказалась на съезде за то, чтобы ПЛСР стала правящей партией. 4 июля при открытии 5-го Всерос. съезда Советов С. была избрана в его Президиум. 5 июля выступила на съезде с отчётным докладом о работе Крест. секции, в к-ром поставила под сомнение дальнейшее её существование: "Сначала мы работали рука об руку с большевиками, часто делая уступки в парт. вопросах, ...чтобы не было разногласий. Но по вопросу о Брестском договоре произошло разногласие... и с этого времени начинаются совершенно другие условия работы... Нашей секции не давали проводить её проектов. Ей старались устроить всякие препятствия... Я считаю... что уже на этом Съезде Советов пройдёт вопрос об уничтожении Крест. секции..." ("5-й Всерос. съезд Советов рабочих, крест., солд. и казачьих депутатов". Стенографич. отчёт, М., 1918, с. 53–54). Также резко С. критиковала прод. политику большевиков, а о комбедах прямо заявила: "Мы будем бороться на местах, и к-ты деревенской бедноты места себе иметь не будут" (там же, с. 59). Она подвергла критике и др. мероприятия СНК, особенно декрет о смертной казни.

В событиях 6–7 июля С. проявила максимальную активность. Вечером 6 июля при её непосредств. участии в штабе отряда ВЧК под команд. Д.И. Попова был арестован Ф.Э. Дзержинский. Затем С. вместе с Голубовским отправилась на съезд Советов для оглашения декларации ЦК ПЛСР об убийстве В. Мирбаха. В Большом т-ре под рук. С. проходили совещания фракции левых эсеров. В ночь с 7 на 8 июля С. была арестована и препровождена на гауптвахту в Кремль. На допросе в следств. комиссии при ВЦИК 10 июля она взяла вину за выступление левых эсеров на себя и показала: "Я организовала дело убийства Мирбаха с начала до конца... Блюмкин действовал по поручению моему" ("Красная книга ВЧК", с. 268–69). 27 нояб. Верх. рев. трибунал при ВЦИК приговорил С. к 1 году тюрьмы, "принимая во внимание... особые заслуги перед рев-цией". 29 нояб. Президиум ВЦИК амнистировал её, она была освобождена из-под стражи.

В дек. 1918 – февр. 1919 С. включилась в полит. деятельность. Участвовала в работе 2-го Совета ПЛСР, редактировала парт. ж. "Знамя". 18 февр. 1919 С. арестована и приговорена Моск. рев. трибуналом к изоляции от обществ. и полит. деятельности сроком на 8 месяцев. 2 апр. ей удалось бежать из-под стражи. Перейдя на нелег. положение, вернулась к парт. работе и возглавила меньшинство ЦК, выступавшее за активное противодействие политике РКП(б). В окт. 1920 С. была задержана, нек-рое время провела в лазарете ВЧК и в тюремной психиатрич. лечебнице. С сент. 1921 жила в изоляции и под контролем ВЧК в подмосковной Малаховке. Подвергалась репрессиям в 1923 и 1924. С 1925 находилась в ссылке (Самарканд, затем Уфа). В ссылке вышла замуж за И.А. Майорова. Работала экономистом-плановиком и на др. хоз. работе. В 1937 вновь арестована органами НКВД. 7 янв. 1938 Воен. коллегия Верх. суда СССР приговорила её к 25 годам тюремного заключения. Отбывала срок в Ярославской и Орловской тюрьмах. 11 сент. 1941 по приговору Воен. коллегии Верх. суда СССР расстреляна. В 1990 реабилитирована по делу 1941, в 1992 по делам 1918, 1923, 1924, 1937.

Соч.: Письмо ЦК партии большевиков, П., 1918; Из воспоминаний о Нерчинской каторге, М., 1926.

Лит.: Владимиров В., Левые эсеры в 1917–1918 гг., "Пролет. рев-ция", 1927, № 4; Steinberg I.Z., M. Spiridonova, London, 1935; Гусев К.В., эсеровская богородица, М., 1992.

Я.В. Леонтьев.

СТА́ЛИН (наст. фам. Джугашвили) Иосиф Виссарионович (9 дек. 1879, по др. сведениям, 6 дек. 1878, г. Гори Тифлисской

губ.,– 5 марта 1953, Москва). Из семьи сапожника. Окончил Горийское духовное уч-ще (1894), учился в Тифлисской духовной семинарии. В 1898 вошёл в первую груз. с.-д. орг-цию "Месаме-даси" ("Третья группа"). В 1899 исключён из семинарии "за неявку на экзамен". В 1901–02 чл. Тифлисского, Батумского к-тов РСДРП. После 2-го съезда РСДРП (1903) большевик. Неоднократно арестовывался, ссылался, бежал из ссылок. Участник Рев-ции 1905–07. В дек. 1905 делегат 1-й конференции РСДРП (Таммерфорс). В 1906–07 руководил проведением в Закавказье экспроприаций. Дел. 4–5-го съездов РСДРП (1906–07). В 1907–08 чл. Бакинского к-та РСДРП. На пленуме ЦК после 6-й (Пражской) Всерос. конф. РСДРП (1912) заочно кооптирован в ЦК и Рус. бюро ЦК РСДРП. В ст. "Наши цели" (опубл. в № 1 газ. "Правда", 1912, 22 апр.) высказался за примирение фракций внутри РСДРП, призвал "прежде всего и гл. обр. к единству клас. борьбы пролетариата, к единству во что бы то ни стало". С. подчёркивал, что «мы отнюдь не намерены замазывать разногласий, имеющихся среди с.-д. рабочих. Более того: мы думаем, что мощное и полное жизни движение немыслимо без разногласий,– только на кладбище осуществимо "полное тождество взглядов"! Но это ещё не значит, что пунктов расхождения больше, чем пунктов схождения» (Соч., т. 2, М., 1946, с. 248). В 1912 участник Совещания ЦК РСДРП с парт. работниками в Кракове. В янв. 1913, находясь в Вене, написал ст. "Марксизм и нац. вопрос" (опубл. в ж. "Просвещение" под назв. "Нац. вопрос и с.-д-тия", 1913, март – апр.; "Марксизм и нац. вопрос", Соч., т. 2), к-рая приобрела известность среди рос. марксистов. В февр. 1913 арестован в Петербурге, сослан в Вост. Сибирь. Я.М. Свердлов и др. ссыльные отмечали, что С. в ссылке жил замкнуто, проявляя высокомерие к товарищам (см.: Белади Л., Краус Т., Сталин, М., 1990, с. 44–45). В кон. 1916 призван в армию, но из-за полученной в детстве травмы левой руки признан негодным к воен. службе. Неоднократно выдвигавшиеся против С. обвинения в связях с царской полицией остаются предметом многолетних дискуссий из-за отсутствия достоверных документальных доказательств (см. "Вопросы истории КПСС", 1989, № 4, с. 90–98, "Моск. правда", 1989, 28 марта; "Совершенно секретно", 1989, № 6).

После Февр. рев-ции 1917 вернулся в Петроград. 12 марта в протоколе заседания Рус. бюро ЦК РСДРП записано: "Относительно Сталина было доложено, что он состоял агентом ЦК в 1912 и потому являлся бы желательным в составе Бюро ЦК, но ввиду нек-рых личных черт, присущих ему, Бюро ЦК высказалось в том смысле, чтобы пригласить его с совещат. голосом" ("Вопросы истории КПСС", 1962, № 3, с. 143). Вскоре С. стал полноправным чл. Рус. бюро ЦК и вошёл в его президиум; был представителем от большевиков в исполкоме Петрогр. Совета РСД; один из ред. "Правды". По отношению к Врем. пр-ву и его политике исходил из того, что демокр. рев-ция ещё не завершена и свержение пр-ва не является непосредств. практич. задачей. В ст. "О войне" ("Правда", 1917, 16 марта) критиковал лозунг "Долой войну!", призывал оказывать давление на Врем. пр-во "с требованием изъявления им своего согласия немедленно открыть мирные переговоры". Подобная позиция вызвала возмущение петрогр. большевиков, «а когда пролетарии узнали, что "Правда" была захвачена приехавшими из Сибири тремя бывшими руководителями "Правды" [Л.Б. Каменевым, М.К. Мурановым и С.– Автор], то потребовали исключения их из партии» (Шляпников А.Г., Семнадцатый год, М.–Л., 1925, кн. 2, с. 185). 21 и 22 марта "Правда" опубл. первое из поступивших в редколлегию ленинских "Писем из далека", однако редакторы изъяли из текста критич. положения о Врем. пр-ве, о меньшевист. и эсеровских лидерах Петрогр. Совета РСД. На Всерос. совещании парт. работников – большевиков (27 марта – 2 апр.) С. в докладе "Об отношении к Врем. пр-ву" 29 марта предостерегал от "форсирования событий" из-за опасности преждеврем. разрыва со средними слоями буржуазии, настаивал на политике условной поддержки Врем. пр-ва (см.: "Вопросы истории КПСС", 1962, № 5, с. 111–12). При рассмотрении 1 апр. предложения И.Г. Церетели об объединении большевиков и меньшевиков в одну партию С. сказал: на собрание "...мы должны пойти. Необходимо определить наши предложения о линии объединения... Внутри партии мы будем изживать мелкие разногласия... мы можем объединиться только с теми, кто стоит на точке зрения Циммервальда и Кинталя, т.е. антиоборончества" (там же, № 6, с. 139–40).

После приезда в Петроград В.И. Ленина не принял его идею о перерастании бурж.-демокр. рев-ции в социалистическую. 6 апр. при обсуждении ленинских "Апр. тезисов" на заседании Рус. бюро ЦК РСДРП выступил против них: "Схема, но нет фактов, а потому не удовлетворяет" ("Вопросы истории", 1956, № 8, с. 114). Вскоре изменил свою позицию и заявил о поддержке Ленина по вопросам о войне, земле и соц. рев-ции (см.: "Правда", 1917, 11, 14 и 18 апр.). Дел. 1-й Петрогр. общегор. конф. большевиков (14–22 апр.). На 7-й (Апр.) Всерос. конф. РСДРП(б) (24–29 апр.) выступил в прениях по докладу о текущем моменте, отстаивал взгляды Ленина, затем с докладом по нац. вопросу; избран чл. ЦК.

В мае – июне участвовал в проведении антивоен. пропаганды, орг-ции перевыборов Советов и в муниципальной кампании в Петрограде. Дел. 1-го Всерос. съезда Советов РСД (3–24 июня); избран чл. ВЦИК и чл. Бюро ВЦИК от фракции большевиков. Участвовал в подготовке демонстраций 10 и 18 июня; опубл. ряд статей в "Правде" и "Солд. Правде". На Всерос. конф. фронтовых и тыловых воен. орг-ций РСДРП(б) (16–23 июня) выступил с докладом "О нац. движении и нац. полках". 3 июля на совм. заседании ВЦИК и исполкома Петрогр. Совета РСД заявил о решении большевиков не принимать участия в вооруж. демонстрации (начата по инициативе солдат 1-го пулемётного полка). В ночь с 3 на 4 июля, когда выяснилось, что выступление неизбежно, ЦК, ПК и Воен. орг-ция большевиков постановили вмешаться в стихийное движение. Призыв рук-ва большевист. партии "Пусть Всерос. Совет Р., С. и К. депутатов возьмёт всю власть в свои руки" (см.: Сталин И.В., Соч., т. 3, М., 1946, с. 404) нашёл отражение в воззвании, распространённом утром 4 июля (автор воззвания неизвестен, возможно, что им был С.). В обстановке антибольшевист. кампании в бурж. прессе С. пытался убедить пред. ВЦИК Н.С. Чхеидзе принять срочные меры и воспрепятствовать публикации материалов, будто Ленин получал финанс. помощь от герм. генштаба. По поручению ЦК РСДРП(б) вёл переговоры о сдаче особняка М.Ф. Кшесинской (был занят ЦК, ПК и др. учреждениями большевиков), переговоры с матросами и солдатами, оборонявшими Петропавл. крепость, о необходимости подчиниться распоряжению Врем. пр-ва и вернуться в Кронштадт. После приказа Врем. пр-ва об аресте лидеров большевиков высказался (7 июля) против явки Ленина к властям. 13–14 июля участвовал в расширенном совещании ЦК РСДРП(б) с представителями Воен. орг-ции партии, ряда местных парт. орг-ций и "межрайонцев".

16 июля выступил на 2-й Петрогр. общегор. конф. с отчётным докладом ЦК об Июльских событиях и с докладом о текущем моменте; в заключит. слове заявил, что рассчитывать "на мирный переход власти в руки рабочего класса путём давления на Советы мы не можем. Как марксисты, мы должны сказать: дело не в учреждениях, а в том, политику какого класса проводит это учреждение. Мы, безусловно, за те Советы, где наше большинство. И такие Советы мы постараемся создать. Передавать же власть Советам, заключающим союз с контррев-цией, мы не можем" (там же, с. 125). 21–22 июля С. и Свердлов руководили совещанием представителей от 29 полков с фронта, 90 петрогр. з-дов, кронштадтских моряков и солдат окрестных гарнизонов, на к-ром была принята большевист. резолюция (см.: Троцкий Л.Д., Сталин, М., 1990, с. 293). На 6-м съезде РСДРП(б) (26 июля – 3 авг.) выступил с полит. отчётом ЦК, в к-ром подчеркнул, что в ходе Июльских событий большевики были "единств. партией, оставшейся с массами в их борьбе с контррев-цией, и мы сделали всё, чтобы выйти с честью из создавшегося положения" ["Шестой съезд РСДРП(б)", Протоколы, М., 1958, с. 20]; С. поставил вопрос о явке Ленина на суд Врем. пр-ва; в докладе о полит. положении изложил ленинскую позицию о завершении мирного периода развития рев-ции и наступлении периода подготовки к свержению власти Врем. пр-ва. При обсуждении проекта резолюции "О полит. положении" заявил: "Не исключена возможность, что именно Россия явится страной, пролагающей путь к социализму" (там же, с. 250). Избран чл. ЦК, а на заседании ЦК 5 авг. избран членом узкого состава ЦК.

В авг.– сент. осн. внимание уделял организационно-журналист. работе; чл. редколлегии ЦО партии, выходившего под назв. "Рабочий и Солдат", "Пролетарий", "Рабочий", "Рабочий Путь". 15 сент. на заседании ЦК партии предложил разослать письма Ленина "Большевики должны взять власть", "Марксизм и восстание" в наиб. крупные парт. орг-ции. 21 сент. на собрании большевист. фракции Демокр. совещания поддержал требование Ленина о бойкоте Предпарламента.

10 окт. на заседании ЦК РСДРП(б) голосовал за резолюцию о вооруж. восстании, избран чл. Полит. бюро, созданного "для полит. рук-ва на ближайшее время". На расширенном заседании ЦК партии (в ночь на 16 окт.) утверждал: "Петрогр. Совет уже встал на путь восстания, отказав санкционировать вывод войск. Флот уже восстал, поскольку пошёл против Керенского"; осудил позицию Л.Б. Каменева и Г.Е. Зиновьева, голосовавших против решения о восстании: "То, что предлагают Каменев и Зиновьев, это объективно приводит к возможности контррев-ции сорганизоваться; мы без конца будем отступать и проиграем рев-цию" ["Протоколы ЦК РСДРП(б)", М., 1958, с. 100]; избран чл. Воен.-рев. центра, в составе к-рого вошёл в Петрогр. ВРК. 19 окт. опубл. в газ. "Рабочий Путь" письмо Зиновьева о его и Каменева разногласиях с Лениным по вопросу о вооруж. восстании; в примечании "От редакции" С. заявил, что инцидент "можно считать исчерпанным", а резкость тона письма Ленина в ЦК (требование исключить "штрейкбрехеров" из партии) "не меняет того, что в основном мы остаёмся единомышленниками" (там же, с. 115). На заседании ЦК 20 окт. выразил несогласие с мнением Л.Д. Троцкого о "недопустимости" публикации письма Зиновьева и редакц. примечания к нему; считал, что исключать из партии их не нужно, полагал обязать подчиниться решениям ЦК и оставить в составе ЦК. После принятия ЦК заявления Каменева о его выходе из ЦК С. объявил о выходе из редколлегии "Рабочего Пути", однако ЦК отставку С. не принял (см.: там же, с. 106–08). 21 окт. ЦК РСДРП(б) утвердил предложения С.: 1) о внесении в повестку дня предстоящего 2-го Всерос. съезда Советов РСД вопросов о земле, войне и власти (докладчик Ленин), о рабочем контроле (В.П. Милютин), о нац. вопросе (Сталин), о текущем моменте (Троцкий); 2) о посылке в Москву представителей из Петрограда с требованием немедленного приезда моск. делегации; постановил направить 10 членов ЦК, в т.ч. С., на работу в исполком Петрогр. Совета РСД; поручил Я.М. Свердлову, С. и Милютину рук-во большевист. фракцией съезда Советов (см.: там же, с. 117–18). 24 окт., после разгрома отрядом юнкеров типографии "Рабочего Пути", С. обеспечил выход газеты и опубл. в ней редакц. ст. "Что нам нужно?", содержащую призыв к свержению Врем. пр-ва и замене его Сов. пр-вом, избранным представителями рабочих, солдат и крестьян. В тот же день совместно с Троцким провёл совещание большевиков – делегатов 2-го Всерос. съезда Советов РСД, на к-ром выступил с докладом о ходе полит. событий (см.: "Пролет. Революция", 1922, № 10, с. 88–93). В ночь на 25 окт. участвовал в заседании ЦК РСДРП(б), определившем структуру и наименование нового пр-ва (см.: "Вопросы истории КПСС", 1986, № 11, с. 81–90).

На 2-м Всерос. съезде Советов РСД избран чл. ВЦИК и утверждён наркомом по делам национальностей. В ночь на 28 окт. в штабе Петрогр. ВО участвовал в разработке плана разгрома наступавших на Петроград войск А.Ф. Керенского – П.Н. Краснова. 28 окт. Ленин и С. подписали пост. СНК о запрещении выхода "всех газет, закрытых Воен.-Рев. К-том" (см.: "Декреты Сов. власти", т. 1, М., 1957, с. 539).

В кон. окт.– нач. нояб. на заседаниях ЦК партии выступил против создания "однородного соц. пр-ва"; 3 нояб. подписал "Ультиматум большинства ЦК РСДРП(б) меньшинству" (см.: "Известия ЦК КПСС", 1989, № 1, с. 229–32). 9 нояб. совм. с

Лениным и Н.В. Крыленко подписал приказ об увольнении ген. Н.Н. Духонина от должности Верховного главнокомандующего. 29 нояб. С. наряду с Лениным, Троцким и Свердловым вошёл в Бюро ЦК РСДРП(б), к-рому "предоставляется право решать все экстренные дела, но с обязат. привлечением к решению всех членов ЦК, находящихся в тот момент в Смольном"; тогда же переизбран в редколлегию "Правды" [см.: "Протоколы ЦК РСДРП(б)", с. 155, 157]. В нояб.– дек. осн. внимание уделял организации работы Наркомнаца. 2 нояб. Ленин и С. подписали "Декларацию прав народов России". 14 нояб. С. выступил с речью на съезде Финл. с.-д. рабочей партии в Гельсингфорсе. Выступал на заседаниях ВЦИК и СНК по проблемам нац. отношений (с предложением о передаче ист. ценностей укр. народу; с проектом обращения "Ко всем трудящимся мусульманам России и Востока"; с докладами о торговле с Финляндией, об орг-ции съезда Советов Белоруссии, о положении в Оренбурге, Уральском округе и на Кавказе, о взаимоотношениях с Укр. Центр. Радой и т.п.).

Был в числе подписавших 18 дек. пост. СНК о признании гос. независимости Финл. Республики; 22 дек. на заседании ВЦИК заявил, что СНК "не мог иначе поступить, ибо если народ, в лице своих представителей, требует признания своей независимости, то пролет. пр-во, исходя из принципа предоставления народам права на самоопределение, должно пойти навстречу"; вместе с тем выразил сожаление, что фин. рабочие и с.-д. "очутились в таком положении, что должны принимать свободу не непосредственно из рук социалистов России, а при помощи фин. буржуазии" (Сталин И.В., Соч., т. 4, 1947, с. 22–23). 29 дек. подписал декрет СНК о "Турецкой Армении", в к-ром объявлялось, что Сов. пр-во «поддерживает право армян оккупированной Россией "Турецкой Армении" на свободное самоопределение вплоть до полной независимости» ("Док-ты внеш. политики СССР", т. 1, М., 1957, с. 74–75).

10–18 янв. 1918 дел. 3-го Всерос. съезда Советов РСКД, выступал с докладом по нац. вопросу, внёс проект резолюции о федеральных учреждениях Рос. Республики (см.: Сталин И.В., Соч., т. 4, с. 30–37). В период дискуссии в партии по вопросу заключения мира с Германией, в основном поддерживая позицию Ленина, лавировал между ним и Троцким (см.: "Вопросы истории КПСС", 1990, № 7, с. 40–42). На 7-м съезде РКП(б) (март 1918) избран чл. ЦК и в состав комиссии по разработке новой Программы партии. С лета 1918, оставаясь наркомом по делам национальностей, был на воен.-полит. работе, затем на разл. гос. и парт. постах. С 1922 ген. секр. ЦК, с 1934 секр. ЦК партии (фактически выполнял функции ген. секретаря ЦК). К кон. 20-х гг. С. установил террористич. режим личной власти, дискредитировавший идею социализма.

Соч.: Соч., т. 3, 1917, март – октябрь, М., 1946; Окт. переворот (24 и 25 окт. 1917 г. в Петрограде), "Правда", 1918, 6 нояб.; Окт. переворот и нац. вопрос, там же, 1918, 6 и 19 нояб.; К вопросу о стратегии и тактике рус. коммунистов, там же, 1923, 14 марта; Окт. рев-ция и вопрос о средних слоях, там же, 1923, 7 нояб.; На путях к Октябрю, М., 1925; О лозунге диктатуры пролетариата и беднейшего крест-ва в период подготовки Октября. Ответ С. Покровскому, в его кн.: Вопросы ленинизма, 4 изд., М., 1928.

Лит.: И.В. Сталин. Краткая биография, М., 1947; Троцкий Л.Д., Сталин, т. 1–2, М., 1990; Медведев Р.А., О Сталине и сталинизме. Ист. очерки, М., 1990; Антонов-Овсеенко А., Сталин без маски, М., 1990; Такер Р., Сталин. Путь к власти. 1879–1929. История и личность, М., 1990; Слассер Р., Сталин в 1917 г. Человек, оставшийся вне рев-ции, М., 1989.

А.А. Чернобаев.

СТЕПА́НОВ Василий Александрович (1873, по др. данным, 1871 или 1872,– 1920). Потомств. дворянин. После окончания 1-й Тифлисской гимназии поступил в 1890 в Петерб. ун-т, с 3-го курса перешёл в Горный ин-т, окончил его в 1897. Инженер на угольных копях Донбасса, железных рудниках Кривого Рога и на Урале, управляющий шахтами в Турьинских рудниках Богословского горн. округа, директор Богословского горн. округа. Деп. 3-й и 4-й Гос. Дум (от Перм. губ.); чл. рабочей комиссии 3-й Гос. Думы; секр. фракции кадетов в 4-й Гос. Думе. Левый кадет, чл. ЦК партии. Принимал участие в парт.

съездах как делегат от Пятигорской группы. Масон; ратовал за более радикальный курс, за объединение демокр. сил, искал в масонстве возможность осуществления этих планов. Монархист-конституционалист. В.В. Шульгин вспоминал о С.: «Он обладал счастливейшим и ценнейшим свойством возбуждать в др. людях энергию мысли... был отнюдь не революционер, но мозг его был всегда счастливо открыт для новой мысли. Он никогда не застывал и всё время эволюционировал в лучшем смысле этого слова. Очень твёрдый в осн. стремлении, он обнаруживал большую гибкость в способах. И отнюдь не в том смысле, что цель оправдывает средства", а в том, что "суббота для человека, а не человек для субботы"...» ("Дни. 1920", М., 1990, с. 303). С сент. 1915 пред. спец. комиссии по рабочему вопросу при кадетской думской фракции; в мае 1916 в связи с резолюциями, выдвинутыми съездом представителей Воен.-Пром. к-тов, ЦК поручил этой комиссии подготовить материалы по рабочему вопросу. В Гос. Думе С. заявил, "что предъявленные рабочими требования не соответствуют состоянию пром-сти и что единств. залог экон. возрождения России – напряжение всех производит. сил страны, и что не может быть допущено ничего, что вело бы пром-сть не только бы к трудно поправимому нарушению, но и к полному разрушению" (см. в кн.: "Буржуазия и помещики в 1917", М.–Л., 1927, с. 65).

После Февр. рев-ции 1917 в качестве комиссара Врем. пр-ва не раз направлялся для выступления перед солдатами в Петрогр. гарнизон, в Царское Село, Кронштадт с тем, чтобы внести успокоение в настроения армии. Тов. мин. торговли и пром-сти Врем. пр-ва; после ухода в отставку мин. А.И. Коновалова (19 мая) его функции были возложены на С., к-рый энергично продолжал отстаивать интересы предпринимателей в пр-ве; убеждённый сторонник репрессий против рабочего класса, обвинял его в анархии и разрушении произ-ва. 20 мая на частном совещании членов Гос. Думы сделал сообщение о положении в Донецком бассейне. Руководитель воен. комиссии ЦК партии кадетов; её цель заключалась в "установлении связи партии с солдатами, матросами, офицерами и воен. чиновниками армии и флота для проведения в жизнь начал, направленных к поднятию её мощи". Составленная комиссией "Инструкция по орг-ции парт. групп в действующих частях армии и флота" вменяла в обязанность местным парт. к-там в р-нах, где расположены арм. соединения, предпринимать меры для создания сети парт. "воен. фракций". Фракции должны были заниматься распространением лит-ры, выпускаемой кадетами, агитацией в пользу их программы и орг-цией митингов с участием членов кадетского ЦК (Думова-3, с. 207–08).

В июне С. в качестве управляющего Мин-вом торговли и пром-сти представил в пр-во проект декларации Врем. пр-ва по экон. вопросам и пояснит. записку к нему. Из записки и проекта декларации: "Врем. пр-во определённо заявляет о невозможности изменения существующего хоз. строя на социалистический ни сейчас, ни в ближайшее за войной время. Социализм должен покоиться на мощном фундаменте всеобщей организованности, чего в России нет, на полном развитии производит. сил, к надлежащему использованию к-рых Россия в сущности ещё не приступала; наконец, переход к соц. строю в рамках одного гос-ва даже и невозможен"; "Без иностр. поддержки нам не разрешить великих заданий... Мы должны приложить усилия к привлечению к нам загран. капиталов и к оплодотворению важнейших отраслей нашего нар. х-ва"; "При усвоении принципа регулирования гл. опорой, двигат. силой экономики остаётся по-прежнему начало частнохозяйственное, подчинённое контролю и рук-ву государственному, но требующее и весьма бережного к себе отношения"; "Что ...касается установления особых органов финанс. и адм. контроля по отд. пр-тиям, то эта мысль должна быть откинута за явной её утопичностью в условиях рус. жизни" (Думова-2, с. 133, 134, 136, 137).

В сер. лета на заседании ЦК партии кадетов поддержал П.Н. Милюкова, заявившего, что коалиц. пр-во не может быть твёрдой властью в связи с нерешительностью министров-социалистов и их зависимостью от Советов, и настаивавшего на выходе кадетских министров из пр-ва; единственным из членов ЦК подчеркнул: "делать нечего и надо уйти" (там же, с. 172). С. голосовал против предоставления автономии Украине на заседании кадетского ЦК 1 июля. 8 июля подал заявление об отставке. 3 окт. в числе 56 кадетов избран в Предпарламент.

После Окт. рев-ции принял активное участие в орг-ции и формировании офицерских отрядов в Петрограде, снабжении их деньгами для отправки на Дон, в снаряжении "добровольцев". С., писала впоследствии А.В. Тыркова, "одним из первых понял, что войну эту можно вести только извне... Он горячо доказывал, что необходимо всеми силами поддерживать ген. М.В. Алексеева и Л.Г. Корнилова, что надо направить всю энергию на создание Добровольч. армии" (Думова-1, с. 48). 28 нояб. на основании декрета СНК "Об аресте вождей гражд. войны против рев-ции" был арестован в Петрограде, но сразу же выпущен на свободу при содействии своего знакомого, левого эсера из Наркомата юстиции и бежал в Москву (см. там же, с. 60). С весны 1918 один из основателей "Правого центра"; затем вошёл в "Союз возрождения России". Из письма С. в моск. отделение "Нац. центра": «При моём вступлении в Союз возрождения я заявил, что я монархист, и поставил вопрос о том, насколько это совместимо с моим пребыванием в Союзе. В.А. Мякотин (нар. социалист, пред. Союза возрождения) дал на это вполне успокоит. разъяснения и сказал, что "различие оттенков полит. мысли даже желательно". "Все частные разногласия должны отступить на второй план перед задачей борьбы с Сов. властью"» (там же, с. 120). Один из руководителей подпольного "Нац. центра".

В нач. авг. 1918 С. пробрался в Екатеринодар и доставил ген. Алексееву отчёт "Нац. центра" (там же, с. 129). Осенью окончательно перебрался на Юг к ген. А.И. Деникину, вошёл в состав Особого совещания. В письме В.Г. Виноградову в Омск решительно высказался за "абсолютное непризнание старой учредилки... в какой бы то ни было роли" (там же, с. 173). Вместе с К.Н. Соколовым разработал "Врем. положение об управлении областями, занимаемыми Добровольч. армией", своего рода конституцию "Деникии". В этом документе, утверждённом Деникиным 2 февр. 1919, в соответствии с программой "Нац. центра" последовательно проводился принцип воен. диктатуры. У Деникина С. считался одним из гл. экспертов по нац. вопросу, ярым приверженцем монархии. После разгрома войск Деникина остался в Крыму при адм. П.Н. Врангеле, но в качестве частного лица. В апр. 1920 в Париже на совещании кадетов в докладе о внутр. политике Деникина ратовал за немедленную помощь Врангелю и поиски средств для продолжения вооруж. борьбы.

М.Е. Голостенов.

СТРУ́ВЕ Пётр Бернгардович (26 янв. 1870, Пермь,– 22 февр. 1944, Париж). Из семьи, начало к-рой положил проф. В.Я. Струве, эмигрировавший в Россию,– академик, создатель Пулковской обсерватории, основатель рус. школы астрономов; его сын Б.В. Струве (отец С.), с отличием окончивший Царскосельский лицей (отсюда культ А.С. Пушкина в семье), был губернатором в Перми. С. с ранних лет воспитывался в атмосфере высокой культуры, интеллектуализма. Будучи студентом юрид. ф-та Петерб. ун-та (окончил в 1885), увлёкся марксизмом, уверовал, что социализм

"в один прекрасный день восторжествует в мире" ("Вестник рус. студенч. христианского движения", Париж – Нью-Йорк, 1970, № 95/96, с. 147). В этот период познакомился с участниками первых марксист. кружков М.И. Брусневым, Л.Б. Красиным, А.Н. Потресовым, В.И. Ульяновым (Лениным) и др. Вёл. с.-д. пропаганду среди рабочих.

В своей первой кн. "Критич. заметки к вопросу об экон. развитии России" (СПб., 1894), анализируя причины тяжёлого положения рус. деревни, сформулировал соотношение точек зрения народников (к-рые, по его словам, считали, что "плачевное состояние крест-ва является следствием правительств. политики"), марксистов (утверждавших, что оно является "необходимостью, обусловленной капиталистич. способом произ-ва, господствующим в России") и "легальных марксистов" (т.е. самого С.), полагавших, что оно – следствие "недостаточной производительности всего нар. х-ва с его недостаточно развитым обществ. разделением труда, его недостатком предпринимат. духа, его пережитками отсталых форм докапиталистич., экон. и обществ. отношений" (с. 164–65); книга заканчивалась афоризмом: "Признаем же нашу некультурность и пойдём на выучку к капиталистам". В марксизме С. считал нерушимым лишь то, что социализм возможен "только через капитализм, как зрелый и законный плод последнего" (там же, с. 165).

В 1896 участвовал в 4-м Междунар. соц. конгрессе в Лондоне. После 1-го съезда РСДРП (1898), по предложению группы с.-д., написал "Манифест РСДРП". Однако вскоре пришёл к выводу, что в марксизме есть противоречие между соц. и экон. формулами, отверг необходимость падения капитализма, за что Ленин назвал его "великим мастером ренегатства" (ПСС, т. 16, с. 467). Полит. кредо С. становится либерализм. С его позиций он выступал против самодержавия, требуя бурж.-демокр. свобод, с ним связывал будущие обществ. преобразования в России.

В 1901 эмигрировал, в Германии издавал еженедельник "Освобождение", нелегально распространявшийся в России. Рев-ция 1905–07 позволила вернуться на родину. С образованием в окт. 1905 Конституционно-демокр. партии С.– чл. её ЦК, вёл полит. и публицистич. деятельность; был избран деп. 2-й Гос. Думы. Начиная с 1905 С. от оппозиции власти переходит к её фактич. поддержке. В сб-ке своих статей за 1905–12 "Patriotica" утверждал, что гл. опасность России грозит не справа, а слева, от безответственного, анархич. революционизма; был удручён неспособностью и близорукостью властей. С 1907 редактор-издатель ежемесячного лит.-полит. ж. "Рус. Мысль". В 1909 С. участвовал в издании сб. "Вехи", где в ст. "Интеллигенция и рев-ция" исследовал роль интеллигенции как идейно-полит. силы, подчёркивал её заслуги в развитии культуры и в просвещении народа; в то же время отмечал, что характерная черта рус. интеллигенции – "отчуждение от гос-ва и враждебность к нему" ("Вехи", М., 1990, с. 135). С. считал, что интеллигенции "необходимо пересмотреть своё мировоззрение" (там же, с. 146) и отказаться от "соц. оптимизма" (там же, с. 147). Главная идея статьи – рев-цию (1905–07) не надо было делать вовсе. В годы 1-й мир. войны пропагандировал идею защиты Отечества. В 1906–17 преподавал политэкономию в Петерб. политехнич. ин-те. После опубликования труда по экономике "Хозяйство и цена" (1916) С. были присвоены степень доктора и звание профессора; с 1917 академик (по политэкономии и статистике; исключён из АН в 1928).

Февр. рев-цию 1917 назвал "величайшим мировым событием". В ст. "Освобождённая Россия" писал: "Вторая рус. рев-ция, завершившая дело полит. освобождения нашей родины... сломала на своём пути все преграды" ("Рус. Мысль", 1917, кн. 2, с. XI). Лозунг "Война до победного конца", считал С., получил только теперь "свой окончат. смысл и всецелое оправдание" (там же, с. XII). Свою задачу в рев-ции видел в расширении публицистич. и издат. деятельности. С апр. начал издавать еженедельник "Рус. Свобода", куда привлёк крупных полит. деятелей, философов, публицистов (Н.А. Бердяева, А.С. Изгоева, В.В. Шульгина и др.).

"Приобщившись к свободе, станем свободными и ответств. творцами культуры"– призывал С. в передовой статье ("Рус. Свобода", 1917, № 1, с. 5). Однако уже в № 3 (май) звучит тревога. С. отмечал, что рус. народ никогда не переживал таких тяжёлых испытаний, как в дни после рев-ции, когда в нар. массах утрачен "здравый патриотич. инстинкт", и мы переживаем такой момент истории, когда поистине "промедление времени смерти подобно" (там же, № 3, с. 3). С. призывал "объединяться для творч. работы" в "Лигу рус. культуры", к-рая не должна преследовать "никаких полит. целей" и объединить представителей "всех полит. оттенков", надо любить свою нац. культуру во всём её ист. богатстве, пестовать её, "отстаивать её права и лицо" и в водовороте рев. событий и в свободном "состязании нац. культур" (там же). В июне опубликовал ст. "Иллюзии рус. социалистов", в к-рой доказывал необоснованность их надежды на то, что в России "восторжествовали проникнутые идеями и духом социализма рабочие и солдаты" и что "воплотившийся в этих нар. массах социализм перекинется на запад", это – "грубейшая ошибка и плачевная иллюзия". Рус. рев-ция, заключал С., "есть не торжество социализма, а его попрание и крушение" (там же, № 7, с. 3), а рус. социалисты, считая себя борцами за социализм, на деле компрометируют и "губят социализм как идею" (там же, с. 4). Если в России – стране "пьяного илота социализма и клас. борьбы" – восторжествует социализм, то это будет означать "полное нар.-хоз. и гос.-хоз. банкротство". С. осуждал деятельность соц. партий, утверждая, что они используют идею социализма лишь как знамя для возбуждения "разрушит. противогосударственных и противокультурных инстинктов, овладевших нар. массами" (там же, с. 5).

В мае С. участвовал в подготовке конференции "Лиги рус. культуры", на к-рой выступил с докладом, в нач. июня избран чл. Врем. к-та этой лиги. На торжеств. собрании членов Гос. Думы всех созывов представлял 2-ю Гос. Думу. Его откровенно оборонч. и антисоц. позиция импонировала правительств. кругам. Он был членом Врем. Совета Рос. Республики (Предпарламента), от группы гражд. обществ. деятелей входил в комиссию по иностр. делам. При обсуждении в Совете Республики вопроса об обороне С. заявил о поддержке резолюции, предложенной Н.В. Чайковским, в к-рой предлагалось усилить ответственность "как за превышение, так и за бездействие власти", повести "самую энергичную борьбу с самоуправством, самосудами и самовольными захватами", проводить твёрдую и решительную экон. политику ("Речь", 1917, 19 окт.).

На заседании Совета Республики 20 окт., говоря о внеш. политике Врем. пр-ва, утверждал, что провозглашение "пресловутой" формулы "без аннексий и контрибуций" было "ист. ошибкой"; сетовал на то, что "рус. гос-во превратилось в какой-то аукцион, на к-ром нар. душа предлагается тому, кто, не справляясь ни со своим карманом, ни со своей совестью, готов дать наибольшую цену... выдать какие угодно векселя для того, чтобы потом убежать от всякого платежа"; критиковал с.-д. за подстрекательства против власти – "Мы живём в каком-то сумасшедшем доме, где здоровые, честные и нормальные люди исходят в борьбе с буйными больными", характеризовал большевизм как "смесь интернационалистич. яда со старой рус. сивухой", к-рой "опаивают рус. народ несколько неисправимых изуверов, подкрепляемых кучей герм. агентов" ("Речь", 1917, 21 окт.). Пропаганду немедленного мира называл сознательным введением рус. народа в "тягчайшее заблуждение", рев. ликвидация войны вызовет демобилизацию армии и пром-сти, что приведёт к "катастрофич. падению интенсивности и производительности труда и анархии", а это "ввергнет массы в испытания, гораздо более горшие, чем испытания, налагаемые войной" (там же). По его словам, если власть будет передана в руки левых элементов, это приведёт к гос. банкротству, с их пр-вом не станут разговаривать не только союзники, но и враги (там же).

Окт. переворот категорически не принял. В ст. "В чём рев-ция и контррев-ция?" утверждал, что события 1917 "это солд. бунт... принятый интеллигенцией страны за рев-цию, в надежде превратить в рев-цию". Надежда не оправдалась, и бунт превратился в "грандиозный и позорный всерос. погром" ("Рус. Мысль", 1917, № 11/12, с. 57). Рев-ция, вдохновляемая соц. лозунгами, направлена против "рус. конституции" и есть "сплошное отрицание собственности и правопорядка", поскольку она не является буржуазной, "рус. социализм в его борьбе с буржуазией и бурж. порядками по существу контрреволюционен" и должен быть преодолён и сметён (там же, с. 60). Для победы над внеш. врагом и в гражд. войне России нужна "большая вооруж. сила в руках твёрдой гос. власти" (там же, с. 58).

В нач. 1918 выступил инициатором издания "Из глубины. Сборник статей о рус. рев-ции" (М.– П., 1918; переизд., М., 1990), осн. авторами к-рого были участники "Вех". В "Предисловии издателя" он писал, что авторы "ощущают то ни с чем не сравнимое морально-полит. крушение, к-рое постигло наш народ и наше гос-во" (с. 19). Свою ст. "Ист. смысл рус. рев-ции и нац. задачи" С. начинал словами: "*Рус. революция оказалась нац. банкротством и мировым позором* – таков непререкаемый морально-полит. итог пережитых нами с февраля 1917 г. событий" (там же, с. 235). С. даёт объяснение "той катастрофы, к-рая именуется и впредь будет, вероятно, именоваться рус. *революцией...*". Он отвергает ссылки "на некультурность нар. масс" и «на "режим" ("старый порядок" и т.п.)» (с. 236). Причина заключается в совпадении "извращённого идейного воспитания рус. интеллигенции... с воздействием великой мировой войны на нар. массы...

...Самодержавие создало в душе, помыслах и навыках рус. образованных людей психологию и традицию гос. отщепенства. Это отщепенство и есть та разрушительная сила, к-рая, разлившись по всему народу и спрягшись с материальными его похотями и вожделениями, сокрушила великое и многосоставное гос-во" (с. 237). "Это отщепенство от гос-ва получило с половины XIX в. идейное оформление, благодаря восприятию рус. интеллигенцией идей зап.-европ. радикализма и социализма" (с. 239). Анализируя историю России, С. приходит к выводу: "...подготовлялась и творилась рев-ция с двух концов,– ист. монархией с её ревнивым недопущением культурных и образованных элементов к властному участию в устроении гос-ва, и интеллигенцией страны с её близорукой борьбой против гос-ва" (с. 241).

В ситуации 1918 С. видит "реальное воплощение в жизни проповеди рев. социализма, опирающегося на идею клас. борьбы. Вожаки мыслят себе орг-цию об-ва согласно идеалам коммунизма, как цель, разрыв существующих духовных связей и разрушение унаследованных обществ. отношений и учреждений – как средство. ...идея социализма как орг-ции хоз. жизни,– безразлично, правильна или неправильна эта идея – вовсе не воспринимается рус. массами; социализм (или коммунизм) мыслится ими только либо как раздел наличного имущества, либо как получение достаточного и равного пайка с наименьшей затратой труда, с минимумом обязательств" (с. 242).

Завершает С. статью утверждением, что в России "возрождение жизненных сил даст только нац. идея". У интеллигенции "долг перед народом" состоит в том, чтобы "нести в широкие нар. массы нац. идею как оздоровляющую и организующую силу, без к-рой невозможно ни возрождение народа, ни воссоздание гос-ва" (с. 250).

В годы Гражд. войны С. активно участвовал в "белом движении": член "Особого совещания" при ген. А.И. Деникине и пр-ва ген. П.Н. Врангеля. Незадолго до эвакуации белой армии ездил в Париж, где добился от франц. президента А. Мильерана признания пр-ва Врангеля и помощи франц. флота, на судах к-рого из Крыма смогли выбраться ок. 200 тыс. эмигрантов. Виновницей поражения "белого движения" считал интеллигенцию, к-рая изменила нац. интересам. "Россию погубила безнациональность интеллигенции, единственный в мировой истории случай забвения нац. идеи мозгом нации" (там же).

В эмиграции С. продолжал активную издат. и исследоват. работу. Библиография его печатных трудов содержит 660 названий (см.: Ковалевский П.Е., Зарубежная Россия, т. 1–2, Париж, 1970–73). Оставался до конца своих дней непримиримым противником большевизма.

Соч.: Размышление о рус. революции, София, 1921; то же, [фрагменты из работ], М., 1991; Мои встречи и столкновения с Лениным, "Возрождение", 1950, № 9, 10, 12; За свободу и величие России, "Новый мир", М., 1991, № 4.

Лит.: Сб. статей, посвящённых П.Б. Струве, Прага, 1925; Зернов Н.М., К 100-летию со дня рождения П.Б. Струве, "Вестник рус. студенч. движения", 1970, № 95/96; Николаевский Б.И., П.Б. Струве, "Новый журнал", 1945, № 10; Франк С.Л., Биография П.Б. Струве, Нью-Йорк, 1956.

В.Л. Боечин.

СТУ́ЧКА Пётр Иванович (Янович) (14 июля 1865, хутор Пакули Кокенгаузской вол. Рижского у. Лифляндской губ.,– 25 янв.

1932, Москва). Из семьи сел. учителя. Окончил юрид. ф-т Петерб. ун-та (1888). С 1888 один из руководителей рев.-демокр. движения латыш. интеллигенции. В с.-д. движении с 1895. С 1904 чл. ЦК Латыш. с.-д. рабочей партии, с 1906 – Социал-демократии Латыш. края (СДЛК). Участник Рев-ции 1905–07, чл. Совета РД в Ревеле. Неоднократно арестовывался, был в ссылках. В 1911–14 сотрудник большевист. газ. "Звезда" и "Правда", др. изданий, юрид. консультант большевист. фракции 4-й Гос. Думы. С 1915 обеспечивал связь рук-ва СДЛК с ЦК и ПК РСДРП, один из руководителей Латыш. р-на (парт. секции) Петрогр. орг-ции большевиков.

Участник Февр. рев-ции 1917, один из организаторов учред. собр. легального ПК большевиков, на к-ром 2 марта кооптирован в ПК от Латыш. р-на. С 3 марта член комиссии по возобновлению издания, а затем сотрудник газ. "Правда". Введён в состав исполкома Петросовета от СДЛК, член бюро исполкома. С 7 марта один из ред. органа СДЛК газ. "Циня" ("Борьба"). Участник Всерос. совещания Советов РСД (29 марта – 3 апр.) и собрания делегатов – с.-д. 4 апр., на к-ром выступил В.И. Ленин с Апр. тезисами. Был членом правления и юрисконсультом большевист. изд-ва "Рабочая печать". Один из руководителей 13-й конф. СДЛК (апр., Москва), выступал с докладами об автономии Латвии (обосновывал необходимость гос. объединения авт. Латвии с рев. Россией) и по агр. вопросу (его предложения: национализация крупной зем. собственности и конфискация помещичьих земель, создание крупных обществ. с.-х. пр-тий). Дел. 7-й (Апр.) Всерос. конф. РСДРП(б) (24–29 апр.) от Петрогр. орг-ции. В мае участвовал в конф. Рижской орг-ции СДЛК, выступил с информацией о решениях 7-й парт. конф., с докладом о задачах СДЛК в связи с выборами рижской Гор. думы. 12–17 мая участвовал в работе 2-го съезда Объединённого Совета депутатов латыш. стрелк. полков в Риге, принявшего резолюцию в поддержку большевист. лозунга "Вся власть Советам!". 21 мая заседание ЦК СДЛК приняло решение создать в Петрограде Бюро ЦК СДЛК во главе со С. для координации действий с ЦК РСДРП(б).

Дел. 1-го Всерос. съезда Советов РСД (июнь); вошёл во ВЦИК в составе исполкома Петросовета; член крестьянской и материально-правовой комиссий ВЦИК. В июне избран гласным выборг. районной думы и как её представитель вошёл во Врем. центр. Гор. думу Петрограда. С кон. июня тяжелобольной С. находился на даче, что спасло его от ареста после Июльских событий в Петрограде. Заочно избран членом ЦК на 5-м съезде СДЛ (Рига, 9–19 июля) и дел. на 6-й съезд РСДРП(б). Пребывая на даче, регулярно посылал статьи в "Циню", разъясняя обстановку в Петрограде, призывая к подготовке соц. рев-ции; написал очерк "Демократия и капитализм" (опубл. в сб. "Социал-демократ", сент., Петроград), в к-ром подчёркивал взаимосвязь борьбы за подлинную демократию с борьбой за социализм, указывал на способность рабочего класса повести за собой всех трудящихся на соц. рев-цию. 13 авг. избран заочно гласным рижской Гор. думы. 21 авг. приехал в Ригу, но в связи с занятием города герм. войсками в кон. авг. вернулся в Петроград. Продолжал возглавлять Бюро ЦК

СДЛ. В сент. член большевист. фракции Демокр. совещания. В своих статьях в газетах СДЛ призывал к подготовке вооруж. восст. за власть Советов, подчёркивал, что будущее Латвии – в союзе с будущей рев. Россией. По заданию ЦК РСДРП(б) один из организаторов съезда Советов Северной обл. (Петроград, 11–13 окт.), избран чл. Севоблисполкома. Участвовал в подготовке созыва 2-го Всерос. съезда Советов РСД.

С 24 окт. находился в Смольном, по заданию Севоблисполкома и Петрогр. ВРК поддерживал связь с латыш. стрелками и др. рев. частями Сев. фронта, прикрывавшими Петроград. Член Президиума 2-го Всерос. съезда Советов РСД (25–27 окт.); выступил 26 окт. с заявлением о поддержке Декрета о мире (см. "2-й Всерос. съезд Советов...", М.– Л., 1928, с. 65); избран чл. ВЦИК. С 6 нояб. член Президиума ВЦИК, возглавлял Юрид. отдел ВЦИК, пред. Следств. комиссии Петрогр. ВРК. С 16 нояб. врио наркома юстиции (до 13 дек.); совм. с М.Ю. Козловским разработал проекты декрета "Об уничтожении сословий и гражд. чинов", "Декрета о суде" и др. С 13 дек. член коллегии Наркомата юстиции. 16 дек. назначен комиссаром по ликвидации старых и организации новых суд. учреждений в Петрограде.

С 31 дек. представитель трудящихся Латвии (избран ЦК СДЛ) на переговорах о мире с Германией, эксперт сов. делегации по латв. делам. На заседании ЦК РСДРП(б) 18 февр. 1918 поддержал требование Ленина о немедленном согласии на подписание мира на герм. условиях [см.: "Протоколы ЦК РСДРП(б)", с. 204]. С нач. марта комиссар юстиции Петрогр. трудовой коммуны. Дел. 7-го съезда РКП(б) (6–8 марта), избран канд. в чл. ЦК. С 18 марта нарком юстиции РСФСР; участвовал в разработке первой Конституции РСФСР 1918. С авг. на др. гос. работе. Дел. 3–5-го Всерос. съездов Советов; избирался чл. ВЦИК.

Соч.: В борьбе за Октябрь. Сб. статей, Рига, 1960; Избр. произв. по марксистско-ленинской теории права, Рига, 1964.

Лит.: Ниедре Я., Ветеран, М., 1977; Дрибин Л.Г., Знаменосец ленинизма в Латвии, М., 1981; П. Стучка. Биобиблиогр. ук., Рига, 1988. *В.Н. Заботин.*

СУХА́НОВ (наст. фам. Гиммер) Николай Николаевич (27 нояб. 1882, Москва,– 29 июня 1940). Отец (из обрусевших немцев) – мелкий ж.-д. служащий,

мать – акушерка. (Драматич. события семейной жизни Гиммеров, позднее послужившие для Л.Н. Толстого основой при написании пьесы "Живой труп", тяжело отразились на формировании личности С.; близкие С., отмечая его справедливость и личную честность, говорили о суровом жёстком характере.) По окончании в 1902 1-й Моск. гимназии учился в Париже, в Высш. школе обществ. наук (свободном ун-те для рос. рев. молодёжи), слушал лекции В.И. Ленина, Ю.О. Мартова, Л.Д. Троцкого, В.М. Чернова. После возвращения в Россию с сер. 1903 член моск. эсеровской орг-ции; поступил на экон. ф-т Моск. ун-та. В мае 1904 был арестован, освобождён в результате Рев-ции 1905–07, участвовал в Моск. восст. В 1907–10 выпустил цикл работ по агр. тематике, в это время, по собств. словам С., он становится "законченным марксистом" (Гранат, с. 710). В 1910 как активный эсер выслан в Архангельск. Сотрудничал в легальных журналах народнич. толка. В 1913, вернувшись в Петербург, редактировал ж. "Современник", преобразованный при участии М. Горького в 1915 в ж. "Летопись". Автор серии антивоен. статей и брошюр. Принадлежал к группе внефракционных с.-д., поддерживал связи с большевиками и "межрайонцами". В то же время, писал С., "...я был связан фактически, в силу личных знакомств и деловых сношений, со многими, можно сказать, со всеми соц. партиями и орг-циями Петербурга" (Суханов Н., Записки о рев-ции, т. 1, Берлин – П.– М., 1922, с. 44). Был масоном. Информированность в обществ.-полит. жизни обеспечивала С. поддержку мн. полит. деятелей.

В ходе Февр. рев-ции 1917 С. как представителя от "соц. лит. группы" уже вечером 27 февр. избрали членом исполкома Петрогр. Совета РСД, хотя, по словам О.А. Ерманского, С. был человек, "... никого не представлявший, известный только как журналист и противник войны, ни с какой парт. орг-цией не связанный, да ещё с неопределённой полит. физиономией" ("Из пережитого", М.–Л., 1927, с. 158). В Совете поддерживал предложение о передаче власти Врем. пр-ву, созданному Врем. К-том Гос. Думы; "Власть, идущая на смену царизму, должна быть только буржуазной" (Суханов Н., Записки..., кн. 1, с. 21); участвовал в переговорах делегации исполкома Петросовета с Врем. К-том Гос. Думы, разработал условия этой передачи, позднее член "контактной" комиссии, регулировавшей взаимоотношения между Советом и Врем. пр-вом. Был одним из авторов обращения Петрогр. Совета от 14 марта "К народам всего мира". В кон. мая С. по рекомендации Ю.О. Мартова вступил в партию меньшевиков. Все силы С. отдавал газ. "Новая Жизнь". Статьи С. явились для Ленина поводом для написания работ, в к-рых давалась оценка ситуации в стране. Ленин объяснял внимание к статьям С. тем, что он, будучи одним "из лучших представителей мелкобурж. демократии", имел взгляды, типичные для "тысяч и тысяч" (Ленин В.И., ПСС, т. 34, с. 122, 126). В исполком Петросовета С. избирался не как представитель меньшевист. партии, а в силу личного авторитета.

В сент. Центр. бюро меньшевиков-интернационалистов включило С. в свою делегацию на Демокр. совещание, но одноврем. отклонило его кандидатуру в Учред. Собр. Сам С. писал позднее: "...вступив во фракцию меньшевиков-интернационалистов, я на деле оставался диким и во всяком случае чувствовал себя таковым" (Суханов Н., Записки..., кн. 4, с. 214). С. соглашался с тезисом меньшевиков об отсутствии "объективных предпосылок" для соц. переворота в России, называл ленинские Апр. тезисы "беспардонной анархо-бунтарской" системой (там же, кн. 3, с. 52), но приветствовал смену Врем. пр-ва Сов. властью и первые декреты СНК (там же, кн. 7, с. 250, 255), хотя не верил в возможность построения социализма в "отсталой, мужицкой, распылённой, разорённой стране" (там же, кн. 3, с. 33). Решением вопроса о власти, по мнению С., было бы установление "диктатуры сов. демократии" – блок всех соц. партий, входивших в Советы (там же, кн. 6, с. 42, 122, 254).

По иронии судьбы, ист. заседание ЦК РСДРП(б) 10 окт., принявшее решение о вооруж. восстании, происходило на квартире С., к-рую предложила его жена – большевичка Г.К. Флаксерман, работавшая в Секретариате ЦК РСДРП(б).

Отношение С. к рев. событиям было, по его собств. выражению, противоречивым: «Стоя на левом крыле социализма, я в самый первый период рев-ции видел главную для неё опасность в большевиках, поскольку они выдвигали лозунги немедленного захвата власти рабочим классом, я же видел в этом верный срыв рев-ции... Приехал Ленин со своей программой, и я был снова отброшен далеко от большевиков, продолжая (в Совете и в "Новой Жизни") в качестве дикого бороться с коалицией помещиков, буржуазии и право-сов. большинства. Я ... считался "большевиком второго сорта" ...Власть большевист. партии была в моих глазах якобинской диктатурой и она представлялась мне гибельной... 23 сент., когда победа Октября уже отчётливо вырисовывалась в недалёкой перспективе, я написал..., что ожидает нас в случае захвата власти большевиками: голод, разруха, хаос, контррев-ция» (Центр. архив Мин-ва безопасности РФ, уголовное дело на Суханова Н.Н.).

После Октября являясь членом ВЦИК 3-го и 4-го созывов (янв., июнь 1918), С. на его заседаниях обрушивался с критикой на СНК, обвиняя его в анархизме, развале экономики; в период переговоров о Брестском мире выступил сторонником рев. войны с Германией. В условиях развёртывавшейся Гражд. войны 14 июня 1918 ВЦИК исключил из своего состава и Советов всех уровней правых эсеров и меньшевиков, в т.ч. и С. Почти одноврем. была закрыта "Новая Жизнь". В 1918–19 работал в экон. органах госаппарата, в 1920 чл. РВС 1-й Трудовой армии на Урале.

С. написал о событиях 1917 свои "Записки о рев-ции" – мемуары в 7 томах, вышедшие в берлинском отделении частного изд-ва З.И. Гржебина в серии "Летопись рев-ции" в 1922–23. Оценки "Записок...", явившихся объектом пристального внимания, высказывали В.И. Ленин, Л.Д. Троцкий, И.В. Сталин, П.Н. Милюков, М.Н. Покровский, С.П. Мельгунов и др. политики, историки, публицисты. Работа стала общепризнанным источником по истории рев-ции 1917, была издана во мн. странах мира.

К кон. Гражд. войны С. вышел из меньшевист. партии из-за несогласия с её линией в междунар. рабочем движении. С переходом Сов. гос-ва к нэпу он окончательно порвал с меньшевизмом. Работал в разл. сов. учреждениях на Урале, в Москве, за границей, занимался экон. исследованиями. В июле 1930 арестован. В марте 1931 по делу "Союзного бюро ЦК меньшевиков" приговорён к 10 годам тюрьмы. В 1935 тюрьма была заменена ссылкой, в 1937 вновь арестован, в 1940 расстрелян. Возможно, это была месть Сталина за оценку, данную ему С. в "Записках...", как "серого пятна, иногда маячившего тускло и бесследно" (Суханов Н., Записки..., кн. 2, с. 266). Реабилитирован посмертно. *А.А. Корников.*

Т

ТА́УБЕ Александр Александрович (9 авг. 1864, станция Крюково Моск. губ., – нач. 1919, Екатеринбург). Из остзейских баронов. Род. в семье технич. инспектора движения императорских поездов. Окончил воен. гимназию, Михайловское арт. уч-ще и Николаевскую Академию Генштаба. Участник рус.-япон. и 1-й мир. войн. Ген.-лейт. (1915). Нач. дивизии. После ранения с весны 1916 нач. штаба Омского ВО.

После Февр. рев-ции 1917 сторонник демокр. республики ("ныне закон – воля народа"). Подписал приказы о коллегиальном управлении войсками (15 мая), введении "Положения о Воен.-окр. к-те" (Воком) (5 июня), передаче 25% полковых сумм Советам (11 июня). Вопреки мнению воен. мин. А.Ф. Керенского, назначен Советами и Вокомом и. о. нач. войсками округа (5 июля). По настоянию Керенского воен прокуратура выдала ордер на арест Т. На 2-м съезде Советов Зап. Сибири (11–20 авг.) "Дело ген. Т." рассматривалось как полит. вопрос: борьбы рев.-демокр. органов власти на местах с посягательством реакц. военщины и стоящего за нею Врем. пр-ва. Присланный Керенским на смену Т. команд. войсками округа был под охраной отправлен из Омска как корниловец. Вызванный в Петроград Т. подвергся домашнему аресту воен. мин. А.И. Верховским (нач. окт.). Из Омска был направлен ультиматум о возвращении Т. на пост с заявлением, что в противном случае Воком отдаст распоряжение не признавать приказов воен. министра.

После Окт. рев-ции один из первых военачальников, перешедших на сторону Сов. власти.

возвратился в Омск, где занимался демобилизацией старой армии и созданием Кр. Армии.

В марте 1918 переведён в Иркутск нач. Гл. штаба Сиб. воен. комиссариата при ЦИК Советов Сибири (Центросибирь), руководил борьбой против атамана Г.М. Семёнова. После выступления Чехосл. корпуса член Сиб. верх. воен. командования. Длительность и упорство сопротивления Сиб. Кр. Армии военн. специалисты противоборствующей стороны приписывали "умелому рук-ву главковерха сов. войск в Сибири опытному генштабисту и боевому генералу барону Т." ("Архив Рус. рев-ции", т. 9, Берлин, 1923, с. 260). 2 сент. 1918 захвачен в плен. Приговорён к смертной казни. От предложений "публичного отказа от большевизма" и обещанных ему высоких постов в белогв. войсках (вплоть до командования Сиб. армией Колчака) отказался. На предложение одного из лидеров мятежа Чехосл. корпуса Р. Гайды о сотрудничестве ответил: "Мои седины и контуженные ноги не позволяют мне идти на склоне лет в лагерь интервентов и врагов трудящейся России" ("Центросибирцы. Сб. памяти погибших членов ЦИК Советов Сибири 1918 г.", М.–Л., 1927, с. 156). Умер в кандалах в одиночной камере от сыпного тифа.

Лит.: Познанский В.С., Сиб. красный генерал, Новосибирск, 1972.

В.С. Познанский.

ТЕРЕ́ЩЕНКО Михаил Иванович (18 марта 1886, Киев, – 1 апр. 1956, Монако). Отец из казаков-торговцев, владелец сахарорафинадных з-дов. Т. окончил Киевский и Лейпцигский (Германия) ун-ты. Крупный землевладелец, владелец сахарных з-дов, финансист. После 1910 масон; входил в известную "масонскую пятёрку" (А.И. Коновалов, А.Ф. Керенский, Н.В. Некрасов, И.Н. Ефремов). Чл. 4-й Гос. Думы; беспартийный, примыкал к прогрессистам. В 1912–14 владелец частного изд-ва "Сирин" в Петербурге. Во время 1-й мир. войны участвовал в создании госпиталей Кр. Креста, в 1915–17 пред. киевского обл. Воен.-Пром. к-та и тов. пред. Всерос. Воен.-Пром. к-та. Участвовал в подготовке заговора с целью смещения Николая II. Друг ген. А.М. Крымова.

После Февр. рев-ции 1917 со 2 марта мин. финансов Врем.

пр-ва. В апр. вместе с Керенским и Некрасовым активно боролся за создание межпарт. правительств. коалиции с социалистами. С 5 мая мин. иностр. дел после ухода П.Н. Милюкова и продолжатель его курса во внеш. политике: отказывался опубликовать секретные договоры из-за боязни разрыва с союзниками, не раз подтверждал обязательства России перед ними, формально выступал за заключение мира без аннексий и контрибуций в единении с союзниками, за усиление боевой мощи России. 25 мая в телеграмме рус. послам предлагал "всячески подчёркивать твёрдую решимость пр-ва... всеми средствами организовать оборону и продолжать войну, для чего будут принесены все нужные средства" ("Рев-ция 1917", т. 6, с. 154). Участник 1-го Всерос. съезда Советов РСД (июнь). В кон. июня в составе делегации пр-ва (Керенский, Некрасов, И.Г. Церетели) участвовал в переговорах с укр. Центр. Радой и подготовке проекта декларации, послужившего одной из причин правительств. кризиса. 7 июля заявил (вместе с Некрасовым) представителям печати, что Врем. пр-во чрезвычайно недовольно публикацией материалов по обвинению В.И. Ленина в гос. измене. По его предложению пр-во приняло обращение к союзным державам, в к-ром говорилось: "Мятеж подавлен и виновники его привлечены к ответственности. На фронте приняты все меры для восстановления армии... Страна будет делать все нужные приготовления для дальнейшей кампании" (там же, т. 3, с. 193). 16 июля вместе с Керенским участвовал в совещании в Ставке по определению дальнейшей воен. политики. 21 июля на заседании пр-ва заявил, что "Приказ № 1 [Петрогр. Совета РСД.– Автор] есть величайшее преступление" и что "честь и достоинство России были восстановлены наступлением" (там же, с. 204). 1 сент. в связи с чрезв. обстоятельствами и до окончат. формирования пр-ва назначен чл. Директории, с 5 сент. зам. мин.-председателя. 12 сент. подал заявление об отставке (в письме Керенскому говорилось: "Контрреволюция, хотя и не непременно монархическая, представляет единств. надежду спасти гос-во от развала" – Думова-2, с. 208) и 20 сент. выехал в Москву для личных переговоров с моск. группой промышленников о составе пр-ва. 22 сент. на совм. заседании Врем. пр-ва, моск. группы промышленников, представителей Демокр. совещания и членов ЦК партии кадетов резко протестовал против предполагаемого обращения Демокр. совещания к демократии всего мира как "обидного для нац. самолюбия", констатировал перелом в настроении страны в сторону нац. самосознания и высказался против Предпарламента, к-рый "кроме слов, ничего не даст" ("Рев-ция 1917", т. 4, с. 258). 25 сент. назначен мин. иностр. дел. 11 окт. на заседании пр-ва вместо формулы "война до победного конца" выдвинул другую – "война до боеспособности армии" (там же, т. 5, с. 68). Врем. пр-во поручило ему выступить в Предпарламенте с заявлением, что оно действует в полном согласии с союзными державами. Доклад Т. о внеш. политике 16 окт. не встретил одобрения ни в одной из полит. группировок Предпарламента, а все газеты, в т.ч. и правые, подвергли его выступление критике как совершенно неопределённое и неудовлетворительное. Тогда же Т. вступил в конфликт с воен. мин. А.И. Верховским, заявившим о невозможности для России продолжать войну.

25 окт. арестован в Зимнем дворце и направлен в Петропавл. крепость. 26 нояб. вместе с др. членами Врем. пр-ва обратился с письмом на имя пред. Учред. Собр., в к-ром они просили предоставить им возможность явиться в Учред. Собр. для дачи полного отчёта о своих действиях как членов пр-ва. В письме подчёркивалось, что они вошли в пр-во "по соглашению с представителями правомочных органов рев. демократии и наравне с нашими товарищами-социалистами свято исполняли провительств. программу" ("Рев-ция 1917", т. 6, с. 217). Выпущен из крепости весной 1918; бежал в Зап. Европу (Норвегия, Франция). Поддерживал "белое движение". Один из организаторов иностр. воен. интервенции против Сов. России. В 20–30-е гг. крупный финансист во Франции и на Мадагаскаре. *В.Е. Голостенов.*

ТЕСЛЕ́НКО Николай Васильевич (1870 – ?). Окончил Витебскую гимназию и юрид. ф-т Моск. ун-та. Участвовал в статистическо-экон. исследовании переселенч. движения в Сибирь. Присяжный поверенный (1899), известный криминалист. Пред. 1-го Всерос. съезда адвокатов (1905), организатор безвозмездных защит по полит. делам. Гласный моск. Гор. думы и Моск. губ. земства. Чл. 2-й Гос. Думы. Чл. ЦК партии кадетов с 1906, тов. пред. ЦК. Крупный землевладелец, был тесно связан с моск. банком братьев Рябушинских в качестве их доверенного лица. Входил в состав Прогрессивной группы гласных моск. Гор. думы. В 1914 на Всерос. съезде представителей городов вошёл в ЦК Всерос. союза городов. Выступая 30 дек. 1916 на совещании у П.П. Рябушинского, заявил: "Оппозиция как в Гос. Думе и в Гос. Совете, так и в резолюциях обществ. орг-ций исчерпала все средства лояльного воздействия на власть, ведущую страну к воен. разгрому" ("Буржуазия накануне Февр. рев-ции", М.–Л., 1927, с. 165).

После Февр. рев-ции 1917 руководил избират. кампанией кадетов по выборам местных органов власти в Арбатском р-не Москвы. На 8-м съезде партии кадетов вновь избран в ЦК. Участвовал в Гос. совещании (авг.) в Москве как член Совета присяжных и в заседании ЦК партии, состоявшемся перед совещанием, где высказался за воен. диктату-

ру как единственно возможный выход. Корниловское окружение прочило Т. в министры.

В окт. 1918 уехал на Юг, присутствовал на совещании кадетов 15 нояб. на даче С.В. Паниной в Гаспре, близ Ялты, где обсуждались два осн. вопроса: как добиться недопущения на мирную конференцию представителей "Совдепии" и как достичь представительства на ней единой России, а не её отд. частей. Возражал Г.Н. Трубецкому, рекомендовавшему поставить во главе Добровольч. армии вел. кн. Николая Николаевича: "...ставить одного из Романовых во главе этой борьбы не следует даже с точки зрения монархизма"; необходимо внушить союзникам, доказывал Т., что "большевизм следует рассматривать как воен. операцию Германии... Помощь союзников – их долг, нечего об этом молчать" (Думова-1, с. 153, 154). Входил в состав Особого совещания (пр-ва), действовавшего при ген. А.И. Деникине, и "Нац. центра". С 1920 в эмиграции. В.А. Маклаков писал из Парижа 9 янв. 1923, что Т. состоит "членом правления банка и юрисконсультом в нескольких очень денежных предприятиях", а на обеде у него "застал таких денежных тузов, каких в прежнее время трудно было бы увидеть у левого кадета и радикала" ("Коллекция ЦГАОР СССР", письмо М.А. Мебелю). *М.Е. Голостенов.*

ТИТО́В Александр Андреевич (27 авг. 1878, г. Ростов Ярославской губ.,– не ранее 1958). Род. в семье предпринимателя,

известного археографа, палеографа и этнографа А.А. Титова. В 1897 поступил на естеств. отделение Моск. ун-та, за участие в марте 1899 в студенч. волнениях был исключён из ун-та и выслан на родину; состоял под негласным надзором полиции. Для завершения образования в том же году выехал в Германию, где продолжал курс естеств. наук, преим. химии, в Лейпцигском и Берлинском ун-тах. Кроме того, слушал лекции по философии и психологии. Осенью 1903 защитил докторскую диссертацию (на тему отрицат. катализа) при Лейпцигском ун-те и в 1904 вернулся в Россию. В 1905 Юрьевским ун-том утверждён магистром химии. От отца унаследовал крупные торг.-пром. пр-тия в Ростове (филиалы в Петербурге, Н. Новгороде, Ярославле), неск. домовладений в Москве. Чл. Оргкомитета Нар.-соц. партии (НСП) с 1906; основатель моск. группы НСП. Во время Рев-ции 1905–07 сотрудничал в Оргкомитете Всерос. Крест. союза (ВКС), совершил агитац. поездки по городам

России; находился в тесной связи с эсеровскими боевиками, оказывая им материальную поддержку. С 1907 приват-доцент Моск. ун-та; в 1911 – в Нар. ун-те А.Л. Шанявского. Один из инициаторов создания (1911) моск. кооп. изд-ва "Задруга". Гласный моск. Гор. думы и Ярославского губ. земского собрания. В годы 1-й мир. войны "оборонец". В 1914–18 чл. Гл. к-та Всерос. союза городов (организовал при нём отдел снабжения армии медикаментами).

После Февр. рев-ции 1917 вошёл в расширенный Оргкомитет НСП, с марта – в новый состав Гл. Оргкомитета ВКС. В мае – сент. тов. министра продовольствия, возглавлял Управление по снабжению предметами первой необходимости, работал в технич. к-те мин-ва. Выступал за усиление гос. контроля над экономикой, являясь союзником мин. продовольствия А.В. Пешехонова. Осн. задачу мин-ва видел в "правильном распределении при посредстве кооперативов и прод. к-тов", в "установлении на все предметы первой необходимости твёрдых цен" (из речи 2 авг. на 1-м съезде ВКС, "Голос Крест. Союза", 1917, 9 авг., с. 2). Считал, что замораживание заработной платы рабочим и служащим при сохранении твёрдых цен на с.-х. продукцию, промтовары, сырьё и топливо сможет предотвратить развитие инфляц. процессов. Допускал как врем. меру участие в распределении сырья и товаров представителей торг. капитала. Опасностью экон. блокады со стороны развитых капиталистич. стран объяснял необходимость "постепенного" прохождения "по пути социализма". Обещая скорейшее разрешение агр. вопроса и окончат. избавление крест-ва от эксплуатации, призывал крестьян к всемерной поддержке Врем. пр-ва (там же; "Рус. Слово", 1917, 4 июля, с. 4). Участник 1-го (июнь) и 2-го (сент.) съездов Трудовой Нар.-соц. партии (ТНСП), избирался чл. ЦК. На заседании ЦК ТНСП 27 июня избран в президиум ЦК. На 2-м съезде партии выступил с докладом о работе ЦК. Выдвигался канд. в члены Учред. Собр., но избран не был. Участвовал в Демокр. совещании в Петрограде (сент.).

Окт. рев-цию категорически не принял. В дек. 1917 – янв. 1918 чл. моск. "Союза защиты Учред. Собр.". В марте 1918 принял участие в создании "Союза Возрождения России" (СВР). По заданию центр. орг-ции СВР выезжал в июне на Дон для установления контактов с командованием Добровольч. армии. Вёл переговоры с ген. М.В. Алексеевым. Участник Ясского совещания (нояб. 1918 – янв. 1919) монархистов, эсеров, нар. социалистов, представителей держав Антанты; в дек. 1918 делегирован совещанием на встречу с союзниками в Париже и Лондоне. На Ростовской конф. СВР (20–24 сент. 1919) включён в делегацию, направленную к А.И. Деникину с посланием о необходимости проведения демокр. политики и воздержания от мер неоправданной жестокости.

С 1920 в эмиграции. На судебном процессе по делу "Тактич. центра" (Москва, авг. 1920) объявлен "врагом народа" и лишён права въезда в РСФСР. Участвовал в "Объединении земских и гор. деятелей за границей", избирался чл. исполкома Всерос. Земского союза. Член Загран. к-та ТНСП. С 1921 преподавал на рус. физ.-мат. ф-те Парижского ун-та, с 1925 – в Рус. Коммерч. ин-те в Париже. Чл. правления Рус. Академич. союза во Франции. В марте 1945 на учред. собрании Объединения Рус. эмиграции для сближения с Сов. Россией избран членом правления. Председательствовал в Обществе рус. химиков в Париже. Мн. годы стоял во главе крупной химико-фармацевтич. фирмы "Биотерапия". Исследования Т. в области химии получили междунар. известность.

И.В. Чубыкин.

ТИ́ХОН (Белавин, по др. данным, Беллавин Василий Иванович) (19 янв. 1865, Торопецкий у. Псковской губ.,– 7 апр. 1925, Москва). Род. в семье сел. священника. По окончании церковноприходской школы и Псковской семинарии (1883) как один из лучших учеников был послан в С.-Петерб. Духовную академию, к-рую окончил в 1888. [В семинарии его в шутку прозвали "архиереем", а в академии "патриархом" ("Совр. записки", 1925, т. 24, с. 251).] Преподавал в Псковской семинарии. В 1891 принял постриг и стал иеромонахом Тихоном. В 1898 епископ Люблинский, викарий Холмской епархии. С дек. 1898 епископ Алеутский в США (Сан-Франциско, с 1905 – в Нью-Йорке). Имел репутацию человека большого ума и житейской мудрости, чрезвычайно простого и приветливого в обращении со всеми. В

1905 возведён в сан архиепископа, в 1907 назначен архиепископом Ярославским. Был пред. Ярославского отделения "Союза рус. народа", в своей деятельности конфликтовал с губернатором, к-рый добился перевода Т. С дек. 1914 архиепископ Литовский. В ходе 1-й мир. войны, во 2-й пол. 1915, рус. войска оставили Вильно, и Т. переехал в Москву. В 1916 участник совещания монархистов, выработавшего меры борьбы против Прогрессивного блока.

После Февр. рев-ции 1917 и реорганизации обер-прокурором Врем. пр-ва В.Н. Львовым Св. Синода старого ("распутинского") состава Т. лишился членства в нём. В мае на выборах Петрогр. митрополита Т. был среди осн. кандидатов. 19 июня съездом мирян и духовенства Моск. епархии избран архиепископом Московским и Коломенским. Подготовляемый с довоен. времени Св. Собор Правосл. Рос. Церкви должен был на заключит. этапе готовиться Т. (Соборы на Руси не созывались с 1682). 13 авг. возведён в сан митрополита. Поместный Собор открылся в Москве 15 авг. На первом заседании Собора 18 авг. Т. был избран пред. Собора (руководил Собором вплоть до его избрания в патриархи). 28 окт. Собор восстановил патриаршество в Рус. правосл. церкви, 31 окт. были избраны кандидаты: архиепископ Антоний, архиепископ Арсений, митрополит Т. 5 нояб. иеромонах Алексий (старец Зосимовой Пустыни) выбрал по жребию из трёх записок ту, на к-рой значилось имя Т. 21 нояб. возведён на патриарший престол в Успенском соборе в Кремле. В своей речи Т. призвал паству к стоянию за веру и к защите церкви, подчёркивал, что последняя должна быть вне политики и противостоять надвигающимся гонениям на религию "мечом веры", а не оружием.

В своём Рождественском послании Т. говорил: "Зло нашего времени, что новое гос-во строится без Бога, что люди полагаются только на свои силы, прильнули к земле, хлебу и деньгам и упились вином свободы. Церковь осуждает такое строительство" ("Вестник рус. студенч. христ. движения", 1975, № 115, с. 76). Выступал против декрета СНК об отделении церкви от гос-ва и заключения Брестского мира. В послании 18 янв. 1918 писал: "Опомнитесь, безумцы, прекратите кровавые распри. ...Гонения жесточайшие воздвигнуты на святую Церковь Христа: благодатные таинства, освящающие рождение на свет человека или благословляющие супружеский союз семьи христианской, открыто объявляются ненужными, святые храмы подвергаются или разрушению через расстрел из орудий смертоносных (святые соборы Кремля Московского), или ограблению и кощунственному оскорблению (часовня Спасителя в Петрограде), чтимые верующим народом обители святые (как Александро-Невская и Почаевская лавры) захватываются безбожными властителями тьмы века сего и объявляются каким-то якобы нар. достоянием; школы, содержащиеся на средства Церкви православной и подготавливающие пастырей церкви и учителей веры, признаются излишними и обращаются или в уч-ща безверия или прямо в рассадники безнравствия" (там же, 1968, № 89–90, с. 15–16). В посланиии от 19 янв. Т., обращаясь к Сов. власти, писал: "Властью, данной нам от Бога, ...анафемствуем вас"; призывал "верующих и верных чад церкви: станьте на защиту оскорбляемой и угнетаемой ныне святой матери нашей... а если нужно будет, и пострадать за дело Христово зовём вас" ("Деяния Собора Рос. Правосл. Церкви. 1917–1918 гг.", кн. 6, в. 1, П., 1918, с. 4–5).

В мае 1918 Т. приехал в Петроград (власти выделили ему одно место в почтовом вагоне, а железнодорожники предоставили отд. вагон). Провёл службы в Казанском и Исаакиевском соборах, в лавре, посетил, несмотря на угрозы моряков, Кронштадт, где его встречали тысячи верующих. Отслужил панихиду на могиле Иоанна Кронштадтского. На заседании Собора отслужил панихиду по царской семье. В 1918, опасаясь за жизнь Т., близкие к нему люди готовили его побег из России, но Т. заявил: "Бегство патриарха было бы слишком на руку врагам церкви, они использовали бы это в своих видах. Пусть делают всё, что угодно"; с дек. 1918 Т. жил под домашним арестом на своём подворье, в нижнем этаже к-рого находились 3 красноармейца (см.: Протоиерей Рождественский, Святой Тихон, патриарх Московский и всея Руси, София, 1951, с. 19, 21).

В своём послании Совнаркому по поводу 1-й годовщины Сов. власти Т. писал 25 окт. 1918: «...Захватывая власть и призывая народ довериться вам, какие обещания давали вы ему и как исполнили эти обещания? Поистине, вы дали ему камень вместо хлеба и змею вместо рыбы. Народу, изнурённому кровопролитной войной, вы обещали дать мир "без аннексий и контрибуций" ...Вместо "аннексий и контрибуций" великая наша Родина завоёвана, умалена, расчленена и в уплату наложенной на неё дани вы же вывозите в Германию не вами накопленное золото... Отечество вы подменили бездушным интернационализмом, хотя сами отлично знаете, что когда дело касается защиты отечества, пролетарии всех стран являются верными его сынами, а не предателями... Вы разделили весь народ на враждующие между собой станы и ввергли его в небывалое по тяжести братоубийство... Но вам мало, что вы обагрили руки рус. народа его братской кровью; прикрываясь разл. названиями – контрибуцией, реквизицией и национализацией, вы толкаете его на самый открытый и беззастенчивый грабёж... В безнаказанном убийстве и грабеже заключается дарованная вами свобода... Мы знаем, что наши обличения вызовут в вас только злобу и негодование... Отпразднуйте годовщину вашего пребывания у власти освобождением заключённых, прекращением кровопролития, насилия, разорения, спасения веры; обратитесь не к разрушению, а к устроению порядка и законности, дайте народу желанный и заслуженный им отдых от междоусобной брани» ("Вестник...", 1968, № 89–90, с. 19–23).

В послании патриарха от 25 сент. (8 окт.) 1919 говорилось: "...мы, служители и глашатаи Христовой истины, попали под подозрение у носителей совр. власти в скрытой контррев-ции, направленной якобы к низвержению Сов. строя. Но мы решительно заявляем, что такие подозрения не оправданны... Церковь не связывает себя ни с каким определённым образом правления, ибо таковое имеет лишь относит. ист. значение... Никакое иноземное вмешательство, да и вообще никто не спасёт Россию от нестроения и разрухи, пока сам народ не очистится в купели покаяния от многолетних язв своих" (там же, 1975, № 115, с. 74).

Патриарх отказался благословить Красную и Добровольческую армии, ибо у церкви нет места братоубийству, какими бы причинами оно не было вызвано. Провозгласил отказ церкви от политики, уход её из гражд. войны (см.: "Совр. записки", т. 24, с. 251). Разрешил жертвовать на нужды голодающих ценные церк. предметы.

В его послании от 15 (28) февр. 1922 говорилось: "В авг. 1921 был основан Всерос. церк. к-т помощи голодающим и начался сбор денег, но подобная церк. орг-ция была признана Сов. пр-вом излишней... Однако в дек. 1921 пр-во предложило нам делать сбор денег для оказания помощи голодающим... мы разрешили жертвовать на нужды голодающим драгоценности, церк. украшения и предметы, не имеющие богослужебного употребления, о чём и оповестили правосл. население 6 (19) февр. особым воззванием, к-рое было разрешено пр-вом к напечатанию и распространению среди населения. 13 (26) февр. ВЦИК постановил изъять из храмов все драгоценные церк. вещи, в т.ч. и священные сосуды и прочие богослужебные церк. предметы. С точки зрения церкви, подобный акт является актом святотатства" ("Вестник рус. студенч. христ. движения...", 1970, № 98, с. 63). 26 апр. 1922 начался суд. процесс над лицами, к-рые противодействовали изъятию церк. ценностей, Т. привлекался в качестве гл. свидетеля. Процесс закончился 8 мая, а 9 мая патриарх был снова взят под домашний арест. 12 мая к нему явились 3 священника и заявили: если патриарх не передаст власть одному из находящихся на свободе иерархов и добровольно не удалится на покой, все осуждённые за сопротивление изъятию церк. ценностей будут расстреляны. Патриарх 3 июля временно передал управление церковью митрополиту Агафангелу, но последний не был допущен в Москву.

16 июня 1923 Т. освобождён из-под ареста, в печати появилось заявление, в к-ром он раскаивался в "антисов. поступках". В послании от 1 июля Т. писал: «...Сознавая свою провинность перед Сов. властью, выразившуюся в ряде наших пассивных или активных антисов. действиях... т.е. в сопротивлении Декрету об изъятии церк. ценностей в пользу голодающих, анафемствовании Сов. власти, возражении против Брестского мира, мы каемся и скорбим о жертвах, получившихся в ряде этой антисов. деятельности... Церковь аполитична и не желает быть "ни белой, ни красной" церковью» ("Вестник...", № 115, с. 76). В марте 1924 Президиум ЦИК СССР постановил прекратить уголов. дело Белавина В.И. – патриарха Т. 9 дек. 1924 неизвестные ворвались в его келью в Донском монастыре, келейник Я.С. Полозов заслонил Т. и был выстрелом убит, покушавшиеся бежали. В своём завещании, признаваемом нек-рыми специалистами поддельным (см. там же, с. 58), Т. призвал верующих к сотрудничеству с Сов. властью, назначил себе в преемники митрополитов Кирилла, Агафангела и Петра. В 1988 Т. был Рус. правосл. церковью канонизирован.

Соч.: Послания, М., 1991.

Лит.: Рождественский А., Святой Тихон, патриарх всея Руси, М., 1926; Святейший Тихон, Патриарх Московский и всея Руси. К 100-летию со дня рождения, Джорданвилль, 1965; Плаксин Р.Ю., Тихоновщина и её крах, Л., 1987; Вострышев М.И., Божий избранник, М., 1991; Гордиенко Н.С., Новые православные святые, Киев, 1991; "Рус. эмиграция"; Жизнеописание святейшего Патриарха Московского и всея Руси Тихона, в кн.: Жизнеописания достопамятных людей земли Русской (X–XX вв.), М., 1992. *М.Е. Голостенов.*

ТО́МСКИЙ (наст. фам. Ефремов) Михаил Павлович (19 окт. 1880, посад Колпино Петербургской губ.,– 22 авг. 1936, дачный пос. Болшево, близ Москвы). Из бедной мещанской семьи. Окончил 3-классное нач. гор. уч-ще (обучался за казённый счёт). С 13 лет работал на пром. пр-тиях Петербурга; к 20 годам – хромолитограф. Осенью 1904 вступил в с.-д. движение, большевик. Участник Рев-ции 1905–07, чл. Совета РД в Ревеле, арестован в янв. 1906, после 4-мес. заключения был сослан в Нарымский край, бежал, снова занялся парт. и проф. работой. В янв. 1907 Т. избрали в ПК РСДРП; весной делегат 5-го (Лондонского) съезда РСДРП, поддерживал позицию В.И. Ленина по всем вопросам. В 1909 участвовал в парижском совещании расширенной редакции большевист. нелег. газ. "Пролетарий". Из Парижа ЦК направил Т. в Москву. В дек. 1909 арестован, в 1911 приговорён к 5 годам каторги. Отбывал в Бутырской тюрьме. Весной 1916 отправлен на поселение в Иркутскую губ.

После Февр. рев-ции 1917 подготовил воззвание к населению Киренска о падении царизма, организовал выпуск газ. "Известия Киренского исполнит. к-та", избран в К-т обществ. орг-ций. В сер. апр. приехал в Петроград. Участвовал в работе Петрогр. общегор. конф. большевиков (14–22 апр.); в прениях по докладу Ленина Т., в частности, заметил: "Мы должны говорить не о пересмотре программы и перемене названия партии, а о том, как нужно привести к единству понимания момента... Демокр. диктатура пролетариата – вот наше основание. Если это реальное содержание нашей революции, нужно сорганизовать эту демократию" ["Петрогр. общегор. и Всерос. конференция РСДРП(б) в апр. 1917 г.", М.– Л., 1925, с. 11–12]. Т. вошёл в новый состав ПК. 10 мая к-т избрал Т. в Исполнит. комиссию ПК. 23 мая ПК принял решение о создании своего печатного органа; В. Володарский и Т. занялись практич. стороной решения вопроса. Неожиданным препятствием стала позиция ЦК, к-рый настаивал на отмене решения ПК и предлагал публиковать петрогр. материал в печатном органе ЦК. Завязалась дискуссия, в к-рой гл. оппонентами выступили Т. и Ленин. Свою позицию Т. изложил ПК 30 мая: "ЦК интересуется явлениями и статьями общеполит. характера и мирового значения. Работой же в Петерб. к-те ЦК не руководит, или руководит неудачно... Дело не в проведении нашей особой линии... Единомыслие не значит трафаретность... Принципиальные разногласия с вами возможны. Мы хотим иметь свой голос, влияние и не играть роль бедной родственницы при ЦК... Если вы станете на точку зрения тов. Ленина, опыт покажет вам, что вы, пекисты, наивны и добродушны... Не сепаратизм, а сама жизнь толкает нас на издание самостоят. органа" ("Первый легальный Петерб. к-т большевиков в 1917 г.", М.– Л., 1927, с. 120–21). Резолюция Ленина была отклонена 16 голосами против 12. 20 июня ПК принял предложение Т. перенести вопрос на общегор. конференцию. 2-я Петрогр. конф. РСДРП(б) начала работу 1 июля; Т. был избран в президиум, неоднократно выступал, 3 июля сделал доклад о печатном органе ПК. К мнению Т. присоединилось большинство делегатов. Однако дальнейшие события сделали невозможным издание большевист. газет.

В ходе Июньского кризиса Т. отнёсся к предложению ЦК провести 10 июня мирную демонстрацию настороженно, в столь острый момент "оперирование с настроениями широкой массы есть оперирование с несколькими неизвестными" (там же, с. 140). 11 июня ПК заслушал разъяснения Ленина и Г.Е. Зиновьева о причинах отмены демонстрации. Мн. члены ПК высказывали недовольство, в т.ч. Т.: "...у нас, ответств. работников, подорвана вера в рук-во" (там же, с. 161). Вместе с тем Т. считал недопустимым выносить разногласия между ЦК и ПК за пределы этих орг-ций и предлагал изжить их в своей среде.

1-й Всерос. съезд Советов РСД (3–24 июня) избрал Т. канд. в чл. ВЦИК. В конце июня Т. участвовал в работе 3-й Всерос. конф. профсоюзов; за ней он видел "две осн. практич. заслуги: создание первого общепроф. центра и провозглашение принципа строения союзов по произ-ву" (Томский М., Очерки проф. движения в России, 6 изд., М., 1927, с. 15).

В период Июльского кризиса Т. считал, что "брать почин в свои руки рискованно, ...мы должны подчиниться решению ЦК", но тут же отмечал: "Не нужно бросаться по заводам и тушить пожар, т.к. пожар зажжён не нами, и за всеми тушить мы не можем" ("2-я и 3-я Петрогр. общегор. конференции большевиков в июле и окт. 1917 г. Протоколы и мат-лы", М.– Л., 1927, с. 50). Т. расценивал вооруж. выступление солдат и рабочих 3–5 июля как "движение за власть действительно трудовой демократии, за расширение и углубление рев-ции". При этом он замечал, что "власть Советам – это не диктатура пролетариата, а диктатура действительно трудовой демократии: пролетариата и крест-ва" (Томский М., О петрогр. событиях 3–5 июля, "Спартак", 1917, № 7, с. 27).

В июле Т. заболел, и 20 июля его семья переехала в Москву. В авг. начал работу в муниципальном отделе Моск. Совета РД. В сент. избран гласным Симоновской районной думы, а в ней – пред. большевист. фракции. Осенью баллотировался в чл. Учред. Собр., но не прошёл. В окт. возглавил ж. "Моск. Металлист", где опубликовал ряд статей.

26 окт., когда моск. ВРК призвал массы к взятию власти Советами, на экстренном собрании представителей 17 профсоюзов Т. предложил: "Признать необходимым всемерную активную поддержку ВРК, ...средств передвижения не представлять противникам ВРК, ...всем работникам печати не исполнять печатания законов, направленных против власти Советов"; поддержал призыв ВРК к забастовке, но заметил, что всем бастовать нельзя, т.к. "тогда произойдёт страшная заминка жизни"; профсоюзы должны организовать выступление так, "чтобы оно прошло стройно и мирно" ("Моск. Совет проф. союзов в 1917 г. Протоколы", М., 1927, с. 118–24). Предложения Т. были приняты. В ночь на 28 окт. Моск. ВРК направил Т. в Петроград, 29 окт. Ленин заслушал доклад Т. и обещал помощь.

После победы вооруж. восстания в Москве Т. работал в реорганизованном Моск. совете проф. союзов (МСПС). 1 дек. его избрали членом исполкома МСПС, 11 дек.–пред. президиума МСПС. По инициативе Т. 30 дек. была принята резолюция: "МСПС считает всякий саботаж открытым выступлением в настоящий момент против рабочего класса и его завоеваний и всех участников его явными врагами пролетариата...", а потому "все проф. союзы, ставшие на этот путь, должны быть исключены из семьи пролет. союзов" (там же, с. 176).

Свои позиции в проф. движении большевики закрепили на 1-м Всерос. съезде профсоюзов (7–14 янв. 1918). 11 янв. ЦК РСДРП(б) наметил состав президиума ВЦСПС, Т. отводилась должность секретаря. В ходе острых разногласий (Т. был против предложения Г.Е. Зиновьева о немедленном провозглашении профсоюзов органами гос. власти) он согласился войти в исполком только кандидатом.

На 4-й Всерос. конференции профсоюзов (12–17 марта, Москва) Т. вошёл в исполком в качестве ответств. редактора ж. "Профессиональный Вестник". 9 окт. исполком ВЦСПС избрал Т. пред. Президиума ВЦСПС (им оставался до лета 1929, с небольшим перерывом в 1921–22). По оценке полит. оппонента Т.– Л.Д. Троцкого, "Т. был, несомненно, самым выдающимся рабочим, к-рого выдвинула большевист. партия, а пожалуй, и рус. рев-ция в целом. Маленького роста, худощавый, с морщинистым лицом, он казался хилым и тщедушным. На самом деле годы каторжных работ и всяких др. испытаний обнаружили в нём огромную силу физич. и нравств. сопротивления. В течение ряда лет он стоял во главе сов. проф. союзов, знал массу и умел говорить с ней на её языке" (Троцкий Л., Портреты революционеров, Вермонт, 1988, с. 228).

С 1919 чл. ЦК, с 1921 чл. Оргбюро ЦК, с апр. 1922 чл. Политбюро ЦК партии. В кон. 1920-х гг. Т. был отстранён от рук-ва профсоюзами и лишён реального полит. влияния, хотя до 1934 оставался чл. ЦК, а затем канд. в чл. ЦК. В обстановке полит. травли и массовых репрессий покончил жизнь самоубийством.

Соч.: Статьи и речи, кн. 3, М., 1927; Избр. статьи и речи. 1917–1927, М., 1928.

Лит.: Козелев Б., М.П. Томский. Биогр. очерк, М., 1927; Горелов О.И., М.П. Томский (страницы полит. биографии), М., 1989.

Г.М. Иванова.

ТОПЧИБА́ШЕВ Али-Мардан бек Алекпер оглы (4 мая 1862, Тифлис,– 8 нояб. 1934, Париж). Из семьи бека. Окончил юрид. ф-т Петерб. ун-та (1888). Публицист, редактор газет "Каспий", "Баку", "Хаят" ("Жизнь"), присяжный поверенный, гласный бакин. Гор. думы. Во время Рев-ции 1905–07 участвовал в работе 1-го Всерос. мусульм. съезда (авг. 1905, Ниж. Новгород); на 2-м (янв. 1906, Петербург) и 3-м (авг. 1906, Ниж. Новгород) съездах избирался пред. ЦК партии "Иттифак-аль-муслимин" ("Союз мусульман"). Деп. 1-й Гос. Думы; примыкал к левому крылу фракции "Нар. воля".

После Февр. рев-ции 1917 выступал за сохранение единого Рос. гос-ва и созыв Учред. Собр., ни в какие партии не вступал. С марта возглавлял Азерб. Нац. К-т. Участвовал в работе Кавк. (апр., Баку) и 1-го Всерос. мусульм. (май, Москва) съездов, на к-рых выступал за федеративное устройство России. Участник Гос. совещания в Москве (авг.); в речи 15 авг. высказался за "почётный мир, без аннексий и контрибуций, на основе самоопределения народов", за "единение всех народностей и установление контактов между ними", за "осуществление нац.-культурной автономии" ещё до Учред. Собр., но чтобы оно решило вопрос о федеративном устройстве России; в вопросе об орг-ции власти поддержал "коалиционный принцип, как единственно правильный", а говоря о власти на местах, призвал Врем. пр-во к "более активным действиям в деле фактич. осуществления... принципа децентрализации местного самоуправления, с предоставлением всем местностям самой широкой самостоятельности в местных делах" (Гос. совещание", с. 186–87).

Чл. Всерос. Учред. Собр., а после его роспуска чл. Закавк. Сейма (10 февр.– 26 мая 1918); из-за болезни в его работе не участвовал. Входил во Врем. Нац. Совет Азербайджана (27 мая – 7 дек.). После провозглашения Азерб. Демокр. Республики (АДР) (28 мая) её чрезв. представитель в Груз. Демокр. Республике, затем в Турции. Находясь в Стамбуле, был назначен мин. иностр. дел АДР (6 окт.– 7 дек.). Заочно был избран пред. азерб. парламента (7 дек.). Возглавлял делегацию АДР на Парижской мирной конф. (март – дек. 1919).

После установления в Азербайджане Сов. власти (28 апр. 1920)– в эмиграции. Участник Генуэзской (1922) и Лозаннской (1923) конференций, на к-рых ставил вопрос о незаконной оккупации Азербайджана Кр. Армией.

Лит.: Азерб. Демокр. Республика. Азерб. пр-во, Баку, 1990 (на азерб. яз.); Балаев А., Азерб. нац.-демокр. движение. 1917–1920, Баку, 1990; Свиетоховский Т., Рус. Азербайджан. 1905–1920, "Хазар", № 1–3, 1990.

Ф. Кахраманов.

ТРЕТЬЯКО́В Сергей Николаевич (26 авг. 1882, Москва,–1943). Из семьи моск. текст. фабрикантов; входил в совет Моск. гор. галереи

П. и С. Третьяковых. В 1901–05 учился на физ.-мат. ф-те Моск. ун-та. С 1899 возглавлял фабрично-торг. т-во "Николай Третьяков и К^{о}"; с 1905 также и Т-во Б. Костромской льняной мануфактуры. Один из наиб. влият. предпринимателей льняной отрасли, в 1909 сменил А.И. Коновалова на посту пред. Костром. к-та торговли и мануфактур; с 1910 пред. Всерос. об-ва льнопромышленников, с 1912 старшина Моск. биржевого к-та. Действовал совм. с банковско-пром. группой Рябушинских, приглашён в качестве учредителя и чл. совета Моск. банка, возглавил директорат Рус. акц. льнопром. об-ва. Входил в группу т.н. молодых капиталистов во главе с П.П. Рябушинским; чл. ред. к-та газ. "Утро России"; чл. ЦК созданной в 1912 партии прогрессистов. С 1915 тов. пред. Моск. Воен.-Пром. к-та (возглавлял также его льняную секцию) и чл. Центр. Воен.-Пром. к-та, с 1916 тов. пред. Моск. биржевого к-та (фактически руководил его работой).

В Февр. рев-цию 1917 тов. пред. исполкома К-та обществ. орг-ций Москвы, с марта тов. пред. Всерос. союза торговли и пром-сти, лидер районной орг-ции этого союза – Моск. Торг.-Пром. к-та (объединял пр-тия Центр.-Пром. р-на). Примыкал к кадетам (в июне по списку кадетской партии избран гласным моск. Гор. думы). В мае кн. Г. Е. Львов предложил Т. пост мин. торговли и пром-сти во Врем. пр-ве; переговоры были прерваны после опубликования 12 июня закона об усилении налогообложения пром-сти, против к-рого выступал Т. В сер. июля А.Ф. Керенский предложил Т. тот же пост в новом кабинете. 15 июля Т. передал Керенскому декларацию торг.-пром. кругов (подписана Т. и пред. Совета съездов представителей пром-сти и торговли Н.Н. Кутлером), в к-рой были оговорены условия вхождения представителей делового мира в коалиц. пр-во:

"Вся власть Врем. пр-ву... Восстановление боевой мощи армии и железной дисциплины в тылу должно быть доведено до конца... Не место в пр-ве лицам, представляющим лишь самих себя... Врем. пр-во не вправе предпринимать коренной ломки существующих социальных отношений до Учред. Собр. ... Должна быть немедленно создана твёрдая власть на местах... Внеш. политика России должна покоиться на полном единении с союзниками... Пром-сть и торговля имеют гос. значение... Всякие клас. притязания как промышленников, так и рабочих должны быть подчинены гос. интересам" ("Речь", 1917, 16 июля). Переговоры были прерваны, т.к. Керенский отказался удовлетворить требование Т. об удалении из пр-ва эсера В.М. Чернова, пояснив, что "программа Чернова есть и программа Врем. пр-ва" ("2-й Всерос. торг.-пром. съезд в Москве. 3–5 авг. 1917. Стенографич. отчёт и резолюции съезда", М., 1917, с. 12). Одновременно Т. заявил, что "Врем. пр-во будущего состава всё же не обойдётся без представителей торг.-пром. класса. Мы нужный народ, мы нужны им, как хлеб насущный, как воздух..." (там же, с. 9–14). 8–10 авг. Т. участвовал в Совещании обществ. деятелей в Москве, избран в его пост. бюро, а также тов. пред. пост. совета. 25 сент., по решению совещания, вошёл в 3-е коалиц. пр-во в качестве пред. Экон. совета (упразднён 13 окт.) и Гл. экон. к-та.

26 окт. Т. вместе с др. министрами Врем. пр-ва арестован в Зимнем дворце, заключён в Петропавл. крепость. В кон. февр. 1918 освобождён. Продолжил борьбу против Сов. власти, с нояб. 1919 зам. пред. Совета министров в Омском пр-ве. В янв. 1920 эмигрировал, являлся одним из организаторов созданного в февр. 1920 в Париже Рос. торг.-пром. и финанс. союза (вместе с П.О. Гукасовым был зам. пред. союза). В авг. 1921 избран пред. К-та помощи голодающим России, с 1924 один из рук. Рус. к-та объединённых орг-ций, представлявшего правые эмигрант. обществ. орг-ции.

Придя к выводу, что "эмиграция потеряла какое–либо значение в смысле борьбы с Сов. властью и в смысле влияния на политику иностр. гос-в", а также, что "эмиграция умирает давно, духовно она покойник" (Млечин Л., Министр в эмиграции, "Новое время", 1990, № 18, с. 38–39), Т. в 1929 принял решение о сотрудничестве с сов. разведкой. В 1937 содействовал похищению руководителя Рос. общевоинского союза ген. Е.К. Миллера, сообщал сведения о деятельности союза и др. эмигрант. орг-ций. Раскрыт немцами в период оккупации Франции, в авг. 1942 арестован, в кон. 1943 казнён как сов. агент.

Лит.: Павёрычев В.Я., По ту сторону баррикад. (Из истории борьбы моск. буржуазии с рев-цией), М., 1967; Думова-1.

Ю.А. Петров.

ТРО́ЦКИЙ (наст. фам. Бронштейн) Лев Давидович (26 окт. 1879, д. Яновка Елизаветградского у. Херсонской губ.,– 20 авг. 1940, вилла Койякана, Мексика).

Отец – зажиточный земледелец, крупный арендатор. С 1888 Т. обучался в реальном уч-ще в Одессе, затем в Николаеве, где в 1896 участвовал в орг-ции и деятельности одной из первых с.-д. орг-ций – "Южнорус. рабочего союза", ставившего целью просвещение рабочих и защиту их экон. интересов. В 1898 арестован, св. 2 лет находился в тюрьмах. С весны 1900 отбывал 4-летнюю ссылку в Иркутской губ.; здесь занялся лит. деятельностью; стал приверженцем марксизма. В авг. 1902 Т. бежал за границу; в Лондоне в окт. состоялось его знакомство с В.И. Лениным, по его рекомендации Т. работал в "Искре", выступал с рефератами для рус. эмигрантов и студентов. Дел. 2-го съезда РСДРП (1903). По программным вопросам поддерживал Г.В. Плеханова и Ленина, но в спорах об уставе партии перешёл на позицию Ю.О. Мартова. В ленинском требовании жёсткого "рев. централизма" он усмотрел опасность отрыва партии от масс и установления в ней личной диктатуры. В кон. 1904 Т. отошёл от меньшевиков, но и не примкнул к большевикам, выступал за объединение обеих с.-д. фракций.

Оказавшись в февр. 1905 в Киеве, затем в Петербурге, он сотрудничал с членом ЦК РСДРП Л.Б. Красиным, стоявшим на позиции большевиков-примиренцев, а также с меньшевиками, расходясь, однако, с ними в оценке роли либер. буржуазии в рев-ции. Вместе с Парвусом (А.Л. Гельфандом) Т. разрабатывал теорию "перманентной рев-ции": "Мудрёное это название выражает ту мысль, что рус. рев-ция, перед к-рой непосредственно стоят бурж. цели, не сможет, однако, на них остановиться. Рев-ция не сможет разрешить свои ближайшие задачи иначе, как поставив у власти пролетариат. А этот последний, взявши в руки власть, не сможет ограничить себя бурж. рамками рев-ции... При этом он придёт во враждебные столкновения не только со всеми группировками буржуазии..., но и с широкими массами крест-ва... Противоречия в положении рабочего пр-ва в отсталой стране, с подавляющим большинством крест. населения, смогут найти своё разрешение только в междунар. масштабе, на арене мирового рев. пролетариата" (Троцкий Л., 1905-й, М., 1922, с. 4–5). В ходе Рев-ции 1905–07 от отрицания рев. потенций крест-ва Т. постепенно пришёл к выводу о важности участия крест-ва в рев-ции при обязат. рук-ве со стороны пролетариата. Если у Ленина для бурж.-демокр. этапа рев-ции была формула "рев.-демокр. диктатура пролетариата и крест-ва", то формула Т. гласила "диктатура пролетариата, опирающегося на крест-во". В дальнейшем Т. продолжал развивать свою теорию, но оставалась незыблемой её осн. идея: "соц. рев-ция начинается на нац. арене, развивается на интернациональной и завершается на мировой" (Троцкий Л.Д., К истории рус. рев-ции, М., 1990, с. 286). В 1905 непосредственно раскрылись качества Т. как полит. деятеля, организатора масс, оратора, публициста. Осенью 1905 Т.– один из лидеров Петерб. Совета РД, докладчик и автор резолюции по важнейшим вопросам. В дек. 1905 арестован, в кон. 1906 приговорён к "вечному поселению" в Сибири, но по пути бежал. В 1907 на 5-м (Лондонском) съезде РСДРП возглавлял группу центра, не примыкая ни к большевикам, ни к меньшевикам; Ленин отметил на съезде приближение взглядов Т. к большевистским.

Начиная с 1908 Т. сотрудничал во многих рус. и заруб. газетах и журналах, познакомился с руководящими деятелями 2-го Интернационала, стал известной фигурой в междунар. соц. движении. Пытался объединить под своим рук-вом обе фракции РСДРП путём преодоления "крайностей" большевизма и меньшевизма. В 1908 вместе с А.А. Иоффе и М.И. Скобелевым наладил издание в Вене на рус. яз. газеты для рабочих "Правда" (нерегулярно выходила и распространялась в России до 1912). Не признав правомочности организованной большевиками в 1912 Пражской парт. конференции, Т. вместе с Мартовым, Ф.И. Даном и др. созвал в Вене в авг. 1912 общепарт. конференцию, созданный на ней антибольшевист. блок ("Августовский") в 1914 распался, из него вышел и сам Т.

В 1914 Т. выпустил брошюру на нем. яз. "Война и Интернационал", в к-рой с интернационалист. позиций осудил всех участников империалистич. бойни, констатировал крах 2-го Интернационала, призвал народы к немедленному прекращению войны и созданию рев. путём "Соединённых Штатов Европы". Т. противопоставлял лозунг мира ленинской тактике пораженчества и "гражд. войны", вместо рев.-демокр. диктатуры пролетариата и крест-ва выдвигал лозунг соц. диктатуры. Он по-прежнему осуждал "раскольнический фанатизм" и "идеологич. нетерпимость" Ленина. На междунар. антивоен. конференции с.-д. разных оттенков (Циммервальд, сент. 1915) по всем осн. вопросам Т. был близок к "циммервальдской левой" группе, где гл. роль играл Ленин. Т. участвовал в составлении компромиссного проекта манифеста, принятого большинством делегатов и сыгравшего значит. роль в развитии антивоен. движения.

В сент. 1916 за антивоен. пропаганду Т. был выслан из Франции в Испанию, где вскоре был арестован и вместе с семьёй отправлен в США. С янв. 1917 Т.– сотрудник рус. интернац. газ. "Новый Мир" (в ней тогда же сотрудничали Н.И. Бухарин, Г.И. Чудновский, В. Володарский). В первом же печатном отклике на рев. события в России ("Новый Мир", 1917, 27 февр.) Т. писал: "...мы являемся свидетелями начала Второй Рос. Рев-ции. Будем надеяться, что многие из нас явятся её участниками". Определив движущими силами рев-ции рабочих и солдат, Т. считал, что "пролетариат, объединяя вокруг себя поднимающиеся нар. массы, должен ставить своей прямой целью завоевание власти. Только рев. рабочее пр-во будет обладать волей и способностью... произвести радикальную демокр. чистку в стране, перестроить сверху донизу армию, превратить её в рев. милицию и на деле доказать крест. низам, что их спасение только в поддержке рев. рабочего режима. Созванное на основе такой подготовит. работы Учред. Собр. будет действительно отражать рев., творческие силы страны и само станет могущественным орудием дальнейшего развития рев-ции" (там же, 6 марта). Статьи Т., написанные в Америке в марте, во многом совпадали с полит. оценками ситуации в России и перспективами рев-ции, данными Лениным в "Письмах из далека".

В марте 1917 при возвращении в Россию Т. вместе с семьёй и др. рус. эмигрантами подвергся в Галифаксе (Канада) аресту и врем. заключению в лагерь для интернированных моряков нем. торгового флота. 4 мая 1917 Т. приехал в Петроград. В своей первой же речи 5 мая в Петрогр. Совете РСД фактически солидаризировался с большевиками; но вступил в Петрогр. междурайонный к-т РСДРП, объединявший рев. интернационалистов (быв. большевиков и меньшевиков), близких по своим взглядам и тактике к большевикам. Большинство "межрайонцев" было за слияние с большевиками. Сближение с большевиками не означало, что Т. целиком перешёл на их позиции. "Я называться большевиком не могу... Признания большевизма требовать от нас нельзя",– эти слова Т. записал Ленин, находясь в мае на конференции "межрайонцев" (Ленинский сб. IV, с. 303). Хотя разномыслие с большевиками в ряде вопросов оставалось, но Т. и Ленина объединяло главное – курс на соц. рев-цию в России как часть мировой рев-ции, лозунг "Вся власть Советам!", полное недоверие Врем. пр-ву, осуждение оборончества и соглашательства с буржуазией. В речи 7 мая на общегор. конференции объединённых с.-д. Т. говорил: "Нашу рев-цию мы называем буржуазной, значит, у власти должна была стать в лучшем случае бурж. демократия, а пролетариат должен находиться в оппозиции... Мы ставим себе ясную и определённую задачу – переход всей полноты власти в руки Совета РСД. Для нас этот вопрос – не вопрос сегодняшнего дня. Мы знаем, что завоевание власти – процесс длительный и зависит от темпа развёртывающихся событий; мы не говорим о захвате власти помимо Совета РСД... Мы категорически отказываемся от всякой поддержки новому Врем. пр-ву... Мы должны идти со своим классом..." ("Рев-ция 1917", т. 2, с. 121–22). 26 мая на заседании Петрогр. Совета РСД охарактеризовал положение в стране как "двоевластие", указал на контррев. деятельность правительств. комиссаров в провинции (см. там же, с. 206).

Свёлся на нет прежний спор Ленина и Т. о путях и перспективах развития рев. процесса, поскольку февр. победа сняла остроту проблемы поэтапности развития рев-ции. Центр тяжести "перманентной рев-ции" переносился на междунар. арену. Отношение Ленина к Т. вначале было сдержанным и выжидательным, окончательно их сблизили, как свидетельствует Т., Июльские дни.

В дни Июльских событий Т. стремился предостеречь питерских рабочих, солдат и матросов от вооруж. демонстрации, к-рая грозила вылиться в спонтанную вооруж. попытку свержения Врем. пр-ва. Когда же выступление всё же состоялось, Т. стремился придать ему мирный характер. 5 июля на конспиративной встрече Ленина и Т. обсуждались действия на случай ухода большевиков в подполье. После издания Врем. пр-вом приказа об аресте Ленина и Г.Е. Зиновьева, обвинённых в "гос. измене", Т. опубликовал открытое письмо пр-ву в качестве ответа на слухи о его якобы "отречении" от Ленина, в к-ром, заявил, что целиком разделяет взгляды вождей большевиков и готов вместе с ними опровергнуть в суде обвинения в шпионаже и заговоре. Ответом пр-ва был арест Т. и заключение его в тюрьму. За 40 дней пребывания в "Крестах" Т. написал две работы – "Когда же конец проклятой бойне?" и "Что же дальше? (Итоги и перспективы)". Анализируя новую расстановку клас. сил после окончания двоевластия, Т. намечал перспективы развития рев. процесса: курс по-прежнему на пролетарскую рев-цию, не "национальную", а общеевропейскую. Т. призывал: "Мы не можем судьбу нашей страны ставить в зависимость от политики Керенского и стратегии Корнилова... Нужно, чтобы народ сам взял власть в свои руки. А народ – это рабочий класс, рев. армия, деревенская беднота. Только рабочее пр-во положит конец войне и спасёт нашу землю от гибели... Не верить ложным друзьям, эсерам и меньшевикам. Надеяться только на себя..." (Троцкий Л., Соч., т. 3, ч. 1, с. 268–69).

На 6-м съезде РСДРП (26 июля – 3 авг.) Т. и все "межрайонцы" были приняты в партию большевиков; Т. был заочно избран почётным пред. съезда и в ЦК, членом к-рого являлся до 1927. Т. о своих позициях позднее писал: "Ряд документов, исходивших от большевиков в мае – июле 1917 г., были написаны мною при моём редакц. участии... Во всех выступлениях, на всех собраниях, как известно, отождествлял себя с большевиками" ("Коммунист", 1989, № 10, с. 101).

После провала выступления Л.Г. Корнилова Т. вместе с др. большевиками, арестованными в Июльские дни, был освобождён (2 сент.) под залог. По поручению ЦК РСДРП(б) он выступил с докладом о текущем моменте на фракции большевиков – делегатов открывшегося 14 сент. Демокр. совещания и выдвинул лозунг бойкота т.н. Предпарламента – Врем. Совета Рос. Республики, демокр. часть к-рого была образована совещанием. 18 сент. Т. говорил на совещании: "...коалиц. власть есть высшая ист. бессмыслица, к-рая не может удержаться, или высшее лукавство имущих классов, направленное к тому, чтобы обезглавить нар. массы... Я лично в марксизме учился тому, что там, где выступает пролетариат как самостоят. сила, там каждый его новый шаг не усиливает, а убивает бурж. демократию, вырывая из-под её влияния широкие рабочие массы" ("Рев-ция 1917", т. 4, с. 235–36, 237). ЦК РСДРП(б) не поддержал предложение Т. о бойкоте, желая избежать развязывания гражд. войны. После решит. давления Ленина, считавшего, что участие в Предпарламенте отвлекает партию и народ от задачи свержения пр-ва, лозунг бойкота был принят, хотя и незначит. большинством. 7 окт. на первом же заседании Предпарламента Т. огласил написанную им декларацию фракции большевиков, к-рая клеймила "пр-во нар. измены" и "Совет контррев. попустительства". "Только сам народ может спасти себя и страну" (Троцкий Л., Соч., т. 3, ч. 1, с. 323). Фракция РСДРП(б) покинула Предпарламент.

Статьи и выступления Т. сыграли немалую роль в революционизировании рабочих, солдат и матросов. Он становится популярнейшим митинговым оратором. Растёт его авторитет в парт. кругах. Ходом событий снимается проблема разногласий с большевиками по теоретич. вопросам. 25 сент. по предложению большевист. фракции Петрогр. Совета РСД Т. был избран его председателем. В этом качестве он играл руководящую роль в подготовке и проведении Окт. рев-ции. Т. голосовал за ленинскую резолюцию о вооруж. восстании на заседании ЦК 10 окт. В ЦК были разногласия. Т. писал о них так: "В Центр. к-те определились три группировки: противники захвата власти... [Каменев, Зиновьев и др.– Автор], Ленин, требовавший немедленной орг-ции восстания... и остальная группа, к-рая считала необходимым тесно связать восстание со вторым съездом Советов" (Троцкий Л., О Ленине, М., 1925, с. 72). К последней принадлежал Т., к-рый стремился использовать лозунг созыва съезда Советов как легальное прикрытие для мобилизации масс и технич. подготовки выступления и, будучи уверенным в большевист. позиции съезда, считал, что он осуществит захват власти мирным путём. "На всех петрогр. собраниях,– вспоминал Т.,– мы ставили вопрос так: 25 окт. соберётся 2-й Всерос. съезд Советов; петрогр. пролетариат и гарнизон потребует от Съезда, чтобы он в первую голову поставил вопрос о власти и разрешил его в том смысле, что с настоящего часа власть принадлежит Всерос. съезду Советов; в случае, если пр-во Керенского попытается разогнать Съезд... Петрогр. гарнизон скажет своё решающее слово" (Троцкий Л., Соч., т.3, ч. 2, с. 182).

Воспользовавшись приказом А.Ф. Керенского о выводе части Петрогр. гарнизона на фронт и расценив это как начало наступления контррев-ции, Петрогр. Совет по предложению Т. 12 окт. образовал ВРК, на к-рый возлагалась орг-ция обороны столицы от внеш. и внутр. контррев-ции. Т. как пред. Петросовета фактически руководил ВРК, ставшим легальным штабом подготовки и проведения вооруж. восстания. Оно приурочивалось к 25 окт.– дню открытия 2-го Всерос. съезда Советов РСД. Однако 18 окт. на экстренном заседании Петросовета Т. заявил по поводу слухов, сообщений и статей относительно предстоящего выступления большевиков: "Никаких вооруж. выступлений нами не было назначено. Но если бы по ходу вещей Совет был принуждён назначить выступление,– рабочие и солдаты, как один человек, выступят по его зову.... У нас с пр-вом имеется конфликт... Это вопрос о выводе войск. Мы не позволяем подготовить новое корниловское наступление и, в качестве подготовит. меры, обнажить Петроград от его рев. гарнизона... Др. острый вопрос – о съезде Советов... Петрогр. Совет предложит съезду взять власть в свои руки... теперешняя кампания лжи и клеветы подготовляет вооруж. атаку против съезда Советов..."; Т. подтвердил, что он "действительно подписал ордер... на выдачу 5000 винтовок для вооружения Кр. Гвардии..." ("Рев-ция 1917", т. 5, с. 119–20). 23 окт. в своей речи в Петросовете Т. заявил, что создание ВРК является важным полит. шагом, направленным к захвату власти и передаче её в руки Советов. На вопрос об Учред. Собр. он ответил, что собрание будет охраняться ВРК так же, как и Всерос. съезд Советов (см. там же, с. 158). Ленин резко критиковал "фетишистов" даты 25 окт. "По нек-рым случайным и ошибочным признакам,– отмечал Т.,– ему [Ленину.– Автор] показалось... будто в вопросе о вооруж. восстании я веду слишком выжидат. линию. Это опасение отразилось в неск. письмах Ленина в течение октября" (Троцкий Л., Моя жизнь, ч. 2, с. 61).

25 окт. восстание победило, почти бескровно. Докладывая днём 25 окт. Петрогр. Совету об успешном ходе восстания, Т. сообщил, что доклад о задачах власти Советов сделает Ленин, и охарактеризовал его исключит. роль в истории рев. движения в России и победе большевиков. "Да здравствует возвратившийся к нам т. Ленин!"– провозгласил Т. Учитывая, что в "верхах" РСДРП(б) были колебания, Т. имел основания записать в своём дневнике: "Не будь меня в 1917 г. в Петербурге, Окт[ябрьская] рев[олюция] произошла бы – при условии наличности и рук-ва Ленина. Если бы в Петербурге не было бы ни Ленина, ни меня, не было бы и Окт. рев-ции, рук-во большевист. партии помешало бы ей свершиться... Если б в Петербурге не было Ленина, я вряд ли справился бы с сопротивлением большевист. верхов... исход рев-ции оказался бы под знаком вопроса. Но, повторяю, при наличии Ленина Окт. рев-ция всё равно привела бы к победе" (Троцкий Л., Дневники и письма, Тэнфлей, 1986, с. 84–85).

На 2-м Всерос. съезде Советов РСД Т. выступал с речами, писал проекты обращений и резолюций, принимал делегации. В ответ на обвинения в заговоре он бросил в зал: "Восстание нар. масс не нуждается в оправдании. То, что произошло,– это не заговор, а восстание" (см.: Суханов Н., Записки о рев-ции, т. 7, Берлин – П.– М., 1923, с. 203). Отвечая Мартову, Р.А. Абрамовичу, Б.В. Авилову, утверждавшим, что большевики изолированны от масс, и предлагавшим осуществить широкую коалицию рев. сил, Т. заявил: на деле изолированными от масс оказались "пр-во и демократы". Именно партия большевиков создала "коалицию рабочих, солдат и беднейших крестьян... Коалиция же с Данами и Либерами не усилила бы рев-цию, а послужила бы причиной её гибели. Ведь в самый острый момент борьбы нас оставили без телефона с соизволения комиссаров ВЦИК" (Троцкий Л., Соч., т. 3, ч. 2, с. 64). В связи с уходом со съезда делегатов-меньшевиков, эсеров и бундовцев Т. от имени фракции большевиков огласил написанную им резолюцию, к-рая расценивала этот шаг как "бессильную преступную попытку сорвать полномочное всерос. представительство рабочих и солд. масс... Уход соглашателей не ослабляет Советы, а усиливает их, т.к. очищает от контррев. примесей рабочую и крест. рев-цию" (там же, с. 62). Касаясь перспектив рев-ции, Т. говорил: "Всю... надежду мы возлагаем на то, что наша рев-ция развяжет европ. рев-цию. Если восставшие народы Европы не раздавят империализм, мы будем раздавлены, это несомненно" (там же, с. 66). В созданном на съезде Врем. рабочем и крест. пр-ве – СНК Т. занял пост нар. комиссара по иностр. делам.

С именем Т. связана орг-ция борьбы с войсками А.Ф. Керенского – П.Н. Краснова, к-рые к 29 окт. заняли Гатчину, Царское Село, выйдя на ближайшие подступы к столице. По приказу Т. и пред. ВРК Н.И. Подвойского в короткий срок был создан оборонит. рубеж "Залив – Нева". Т. побывал на Путиловском з-де, где готовились арт. орудия и бронеплощадки для орг-ции отпора казакам; выехал в Пулково, откуда 1 нояб. послал телеграмму в "Правду" от имени СНК: "Ночь с 30 на 31 окт. войдёт в историю. Попытка Керенского двинуть контррев. войска на столицу получила решающий отпор. Керенский отступает, мы наступаем..." (там же, с. 78).

В эти же дни Т. безоговорочно поддержал Ленина в момент острого кризиса в ЦК и СНК, когда на совещании при Викжеле временно возобладали сторонники предложения создать взамен СНК т.н. однородное соц. пр-во, причём допускалась возможность невключения в него Ленина и Т. Благодаря позиции Т. и ряда др. членов ЦК Ленину удалось добиться большинства и отвергнуть коалицию с меньшевиками и эсерами, к-рые не признавали власть Советов и принятые декреты. Выступая на заседании ЦК РСДРП(б) 1 нояб., где обсуждался вопрос о коалиции, Ленин отметил: "Т. давно сказал, что объединение [с меньшевиками и эсерами.– Автор] невозможно. Т. это понял и с тех пор не было лучшего большевика" (см.: Троцкий Л., Сталинская школа фальсификаций, М., 1990, с. 119).

В первые дни после назначения наркоминделом Т. "заедали" неотложные дела в ВРК и Петросовете. После доклада по текущему моменту на заседании Совета 29 окт. в ответ на вопрос о его работе за три дня управления Наркоматом иностр. дел Т. сказал, что за всё время ему "удалось побывать только в течение 1,5 часов в министерстве..." (Троцкий Л., Соч., т. 3, ч. 2, с. 73). Вскоре по его инициативе наркомат приступил к публикации секретных документов царской дипломатии и Врем. пр-ва. Т. стремился наладить контакты с посольствами союзных держав, рассылал ноты с предложениями о мире, к-рые пр-вами стран Антанты и США не были приняты.

Т. был руководителем сов. делегации на 2-м этапе мирных переговоров в Брест-Литовске, начавшемся в конце дек. О своей позиции в борьбе вокруг брестских переговоров Т. писал: "В осн. вопросах этой борьбы: можем ли мы ныне вести рев. войну? и допустимо ли вообще для рев. власти заключать соглашения с империалистами?– я был полностью и целиком на стороне Ленина, отвечая вместе с ним на первый вопрос отрицательно, а второй положительно" (Троцкий Л., Моя жизнь, т. 2, с. 110). Как и Ленин, Т. принял тактику затягивания переговоров, чтобы максимально использовать агит. возможности Бреста для дальнейшего революционизирования междунар. рабочего класса и приближения мировой рев-ции. Ленин отмечал, что Т. "великолепно" использовал переговоры "для агитации". "Между нами было условлено [между Лениным и Т.– Автор], что мы держимся до ультиматума немцев, после ультиматума мы сдаём" (Ленин В.И., ПСС, т. 36, с. 30). Т. видел невозможность продолжения войны, но, в отличие от Ленина, считал, что оформление договора на основе ультиматума Германии ослабит влияние Октября и рев. России на междунар. пролетариат. Т. полагал, что формула "войну прекращаем, армию демобилизуем, но мира не подписываем" не давала оснований для обвинения большевиков в отказе от принципов демокр. мира и лишала Антанту формального повода для интервенции, он исходил из предположения, что при такой позиции соц. республики герм. солдаты не пойдут против неё в наступление. После того как делегации Четверного союза 27 янв. 1918 в ультимативной форме потребовали от делегации РСФСР дать ответ на свои условия мирного договора, Т. 28 янв. на заседании делегаций огласил декларацию, к-рая отвергала ультиматум и в то же время объявляла прекращённым состояние войны с Германией, Австро-Венгрией, Турцией и Болгарией. В тот же день Т. передал телегр. распоряжение Главковерху Н.В. Крыленко о демобилизации армии на всех фронтах, и тот издал соответствующий приказ. И хотя Ленин через 6 ч. по телеграфу отменил этот приказ, но он уже стал известным на фронте и усугубил положение. Т. нарушил личную договорённость с Лениным, но он действовал в соответствии с решением ЦК большевиков и левых эсеров, одобривших линию Т. Декларация Т. получила офиц. поддержку на заседании ВЦИК 14 февр. Начатое 18 февр. нем. наступление показало неоправданность расчётов Т. Неподписание им Брестского договора, в результате чего пришлось принять ещё более тяжёлые условия мира, Ленин квалифицировал как "нашу тактич. или дипл. ошибку", связанную с ожиданием, что "нем. рабочие придут к нам завтра на помощь..." (Ленин В.И., ПСС, т. 36, с. 104, 105). В новой обстановке Т. фактически присоединился к сторонникам Ленина, высказавшись за немедленное заключение мира, чем помог преодолеть сопротивление сторонников "рев. войны", к-рая грозила России катастрофой. 22 февр. Т. сложил с себя обязанности наркома по иностр. делам. Участвовал в орг-ции отпора нем. наступлению, написал проекты воззваний СНК "К трудящемуся населению всей России" и "Соц. отечество в опасности!" (см.: Троцкий Л., Соч., т. 17, ч. 1, с. 117–21, 659).

4 марта 1918 Т. был назначен пред. Высшего Воен. Совета, 13 марта – нар. комиссаром по воен. делам, а с созданием 2 сент. Рев. Воен. Совета Республики (РВСР)– его председателем. Один из гл. организаторов Кр. Армии и обороны страны в годы интервенции и Гражд. войны. Автор осн. парт. и гос. постановлений и декретов по воен. вопросам.

В 1920–21, оставаясь на воен. постах, был временно назначен наркомом путей сообщения, был одним из руководителей восстановления ж.-д. транспорта и др. отраслей нар. х-ва. Несмотря на разногласия с Лениным по вопросу о профсоюзах накануне 10-го съезда РКП(б), Т. полностью поддержал ленинский курс перехода от "воен. коммунизма" к нэпу и осн. идеи, изложенные в последних ленинских работах. Ленин обращался к Т. с просьбами отстаивать в Политбюро монополию внеш. торговли, взять на себя защиту "груз. дела", создать "блок" для борьбы с аппаратным бюрократизмом. Отметив в известном письме 12-му съезду РКП(б) недостатки Т., Ленин назвал его самым выдающимся и способным человеком из всего тогдашнего состава ЦК.

Наметившийся к тому времени раскол внутри Политбюро и ЦК на почве неприязненных отношений между И.В. Сталиным и Т. вылился в острейшую внутрипарт. борьбу, в к-рой Сталин и его сторонники взяли верх. В янв. 1925 Т. был освобождён от работы в Реввоенсовете, в окт. 1926 выведен из Политбюро, в окт. 1927 – из ЦК. В нояб. 1927 Т. был исключён из партии, после чего выслан из Москвы в Алма-Ату, затем в Турцию.

После высылки из СССР Т. развернул лит.-публицистич. деятельность. Вёл борьбу со Сталиным, к-рого считал предателем идеалов Октября. Последние годы жизни Т. находился в Мексике, где был убит испанцем Р. Меркадером по заданию НКВД, выполнявшего волю Сталина.

Соч.: К истории рус. рев-ции, М., 1990; Сталин, т. 1–2, М., 1990; Моя жизнь. Опыт автобиографии, т. 1–2, М., 1990.

Лит.: Волкогонов Д.А., Л.Д. Троцкий, М., 1992. *Ю.И. Кораблёв.*

ТЫНЫШПÁЕВ Мухамеджан (12 мая 1879, по др. данным, 1880, Лепсинский у. Семиреченской обл.,– 1937 ?). Из семьи скотовода. В 1906 окончил Петерб. ин-т инженеров путей сообщения. В годы учёбы вступил в Партию социалистов-революционеров; сотрудничал в либеральных и радикальных изданиях "Сын Отечества", "Речь", "Радикал", "Рус. Туркестан"; один из организаторов эсеровского союза автономистов-федералистов (Асхабад, Ташкент). Деп. 2-й Гос. Думы от Семиречен. обл., член мусульм. фракции. Участник нац.-освободит. восст. 1916, был арестован.

После Февр. рев-ции 1917 Врем. пр-вом 8 марта Т., а также А. Букейханову и О.А. Шкапскому были поручены "вопросы устроения Семиречья и вопросы кирг. быта в крае". Чл. Туркест. к-та, созданного Врем. пр-вом 5 апр. Направлен 25 апр. в Семиречен. обл. для ликвидации дел, связанных с призывом кирг. (казах.) населения на тыловые работы. Вместе с Шкапским (оба были на равных правах Семиречен. обл. комиссарами Врем. пр-ва) занимался урегулированием отношений рус., кирг. (казах.), дунган. населения Пржевальского, Пишпекского, Джаркентского у.: 4–6 мая участник совещания в Пишпеке по вопросам расселения возвращавшихся из Китая беженцев. 5 июня подписал ходатайство перед Врем. пр-вом о возмещении крест-ву убытков от восст. 1916, в июле Врем. пр-во решило ассигновать 11 млн. руб. В сер. авг. в знак протеста против решения Туркест. к-та Врем. пр-ва направить в Семиречен. обл. карат. экспедицию и "не считая возможным участвовать в разрушении только что созданного", подал в отставку, подчеркнув: "Ваша экспедиция обострит рус.-кирг. отношения, испортит нашу работу. Необходимо вам пересмотреть своё решение" (ЦГА Казахстана, ф. 9, оп. 1, д. 5, л. 7). Сотрудничал с областным и рядом уездных кирг. (казах.) к-тов. В окт. выдвигался канд. в чл. Учред. Собр.; в совместном с Шкапским обращении к населению в связи с началом избират. кампании выразил уверенность, что "все граждане, поддерживая порядок и спокойствие в беспредельной любви к родине, в безграничном подчинении её велениям, несмотря на разл. происхождения и верования, сплотятся в одной мысли, в одном желании видеть нашу Великую Россию успокоившейся, счастливой и благоденствующей" ("Семиречен. Ведомости", 1917, 1 окт.).

В связи с волнениями, вызванными прод. кризисом, подписал постановление о введении воен. положения в Верном (9 окт.) и Пишпеке (20 окт.). 27 окт. сопред. объединённого заседания в Верном ряда обществ. и воен. орг-ций Семиречен. обл., резко осудившего восстание в Петрограде.

На 4-м Чрезв. краевом мусульм. съезде (26–29 нояб., Коканд) избран премьер-мин. (позднее мин. внутр. дел) Врем. пр-ва т.н. Кокандской автономии и сразу же вернулся в Семиречен. обл. 5–13 дек. в Оренбурге на 2-м Всекирг. (Всеказах.) съезде избран членом Всекирг. (Всеказах.) нар. Совета "Алаш-орды".

В 1919 перешёл на сторону Сов. власти. Вёл преподават. науч.-исследоват., нар.-хоз. работу в Алма-Ате. 3 авг. 1930 арестован, 20 апр. 1932 "тройкой" при полномочном представительстве ОГПУ в Казахстане приговорён по обвинению в антисов. деятельности к 5 годам лагерей; лагеря были заменены высылкой в Центр.-Чернозёмную обл. на тот же срок. Реабилитирован 28 февр. 1958 Верх. судом Казах. ССР.

А.В. Панфилов.

ТЫРКОВА (Тыркова-Вильямс) Ариадна Владимировна (13 нояб. 1869, Петербург,– 12 янв. 1962, Вашингтон, США). Род. в старинной дворянской новгородской семье. В первом браке замужем за инженером-кораблестроителем А.Н. Борманом. Окончила гимназию, училась на Высших жен. курсах в Петербурге. Была связана с земско-либеральными кругами, вошла в "Союз Освобождения". За провоз нелег. лит-ры арестована, отсидела в тюрьме ок. 2 мес. Весной 1904 вновь арестована, приговорена к 2,5-летнему заключению и лишению всех прав. Бежала в Германию, где испытала влияние П.Б. Струве. Вернулась в Россию после Манифеста 17 окт. 1905. Участвовала в орг-ции кадетской партии, чл. её ЦК с 1906. Опубликовала романы "Жизненный путь", "Ночь" и др. В 1906 вышла замуж за Г. Вильямса – корреспондента в Петербурге ряда англ. газет. В её доме собирались писатели, поэты, полит. деятели. Гимназическая подруга Н.К. Крупской, Т. навестила её в Женеве, спорила с В.И. Лениным. Впоследствии утверждала, что «провожая её, Ленин сказал: "А таких, как Вы, мы скоро будем вешать на фонарях".– "Ну мы это ещё посмотрим",– улыбнулась в ответ Т.» (см.: "Грани", 1963, № 53, с. 58). Гл. фигура среди кадетских феминисток, "необыкновенно красивая женщина с огненными глазами и горячей речью" (так вспоминал о ней худ. М.В. Добужинский), властная и решительная; её называли "единственным мужчиной в кадетском ЦК". Стояла на крайнем правом фланге партии. Масон. Входила в состав Всерос. союза городов (ВСГ), во время войны заведовала в течение года х-вом в одном из сан. отрядов ВСГ под рук. В.А. Оболенского и выезжала в прифронтовую полосу.

Приветствовала Февр. рев-цию 1917. Описывала в своём дневнике утро 27 февр. в Думе так: «Депутаты лениво бродили, лениво толковали о роспуске. "Что же вы думаете делать? – Не знаем. Что улица? Кто ею руководит? – Не знаем". Было тяжело смотреть. "Ведь вы всё-таки, господа, нар. представители, у вас положение, авторитет". Жмутся». "Необходимо,– считала Тыркова,– чтобы сейчас же кто-то взял в свои руки солдат, иначе это может вылиться в солд. бунт" (Думова-2, с. 94). Вошла в состав прод. к-та, созданного Врем. К-том Гос. Думы. "Я признаю только Думу, и никаких Советов",– говорила она (Борман А., А.В. Тыркова-Вильямс по её письмам и воспоминаниям сына, Вашингтон, 1964, с. 125). С 17 марта чл. ПК партии кадетов. Руководила кадетским бюро печати. Летом выбрана в петрогр. Гор. думу, где стала фактическим лидером кадетской фракции. Участвуя в работе моск. Гос. совещания (авг.), убедилась, что только военные могли бы "спасти Россию от полного рев. развала и выполнения наших обязательств по отношению к нашим союзникам" (там же, с. 135).

"Немногие месяцы существования Врем. пр-ва,– вспоминала она впоследствии,– были для кадетской партии периодом её наиб. напряжённой деятельности. Я не скажу – расцвета. К сожалению, слишком быстро стало выясняться, что кадеты не в силах справиться с выпавшей им ист. ролью... Добросовестные, начитанные, от всего сердца преданные России кадеты, среди к-рых были люди очень неглупые, не справлялись со своей новой задачей, не сумели превратиться из оппозиции в пр-во. Почему? ...Условия были исключительно неблагоприятные и совершенно неподходящие для кадетской психологии. Война нарушила нормальный ход жизни, подточила нар. х-во, расшатала нервы... Самодержавие свалилось, оставив после себя пустоту... Заполнить опустошение оказалось не под силу кадетам... Исчезновение Думы увеличило опасную пустоту вокруг новой власти... Совет СРД очутился в центре внимания всей России... Незаметно и быстро

Врем. пр-во очутилось на втором плане" (Думова-3, с. 39). О выступлении ген. Л.Г. Корнилова говорила: "Это последний шанс, чтобы спасти положение" ("Возрождение", 1963, № 140, с. 44); "Считаю, что для России, было большой бедой, что Керенский... не договорился с Корниловым" (Борман, с. 167). Чл. Предпарламента; канд. в Учред. Собр., хотя "никакому парламентскому пути не верила": "Учред. Собр. было мёртворождённым. Воскресить его невозможно и не надо" (Борман, с. 141, 142).

После Окт. рев-ции в нояб. Т. с А.С. Изгоевым выпустили неск. номеров газ. "Борьба", призывавшей выступать против Сов. власти. Участвовала в орг-ции офицерских отрядов в Петрограде, её квартира стала перевалочным пунктом для отправки людей на Дон. Весной 1918 Т. с мужем и дочерью уехала в Англию; написала кн. "От свободы к Брест-Литовску" (на англ. яз., Лондон, 1919). Весной 1919 муж Т. был командирован англ. газетами на юг России. Они приехали и работали в отделе пропаганды деникинской армии: "Наши практич. задачи очевидны... прежде всего поддерживать армию, а демокр. программу отодвинуть на второй план. Мы должны создавать правящий класс, а не диктатуру большинства. Универсальность идеи зап. демократии – обман, к-рый нам навязывали политики. Мы должны иметь смелость взглянуть прямо в глаза дикому зверю, к-рый называется народ" (Думова-1, с. 313).

Вернувшись после разгрома армии ген. А.И. Деникина в Англию, совм. с мужем написала на англ. яз. роман из времён рус. рев-ции. Автор двухтомной работы о жизни А.С. Пушкина (т. 1, 1928; т. 2, 1936) и трёх томов восп. "То, чего больше не будет" (Париж, 1954), "На путях к свободе" (Нью-Йорк, 1952), "Подъём и крушение" (частично опубл. в Париже в ж. "Возрождение", 1956).

Лит.: А.В. Тыркова-Вильямс, "Новый журнал", Нью-Йорк, 1970, № 98. *М.Е. Голостенов.*

У

УРИЦКИЙ Моисей Соломонович (2 янв. 1873, г. Черкассы,– 30 авг. 1918, Петроград). Из семьи купца. Окончил юрид. ф-т Киевского ун-та (1897). В рев. движении с сер. 90-х гг. С 1898 чл. РСДРП. После 2-го съезда РСДРП (1903) меньшевик. Участник Рев-ции 1905–07 (Петербург, Красноярск). Неоднократно арестовывался, ссылался.

В авг. 1912 участник с.-д. конференции в Вене; вошёл в ОК РСДРП в качестве представителя группы троцкистов. С 1914 в эмиграции (Германия, Дания). В годы 1-й мир. войны меньшевик-интернационалист.

После Февр. рев-ции 1917 вернулся в Россию; вновь введён в ОК РСДРП, но уже в апр. вышел из него и примкнул к "межрайонцам"; до приезда Л.Д. Троцкого в Россию был одним из их лидеров. Вместе с ними на 6-м съезде РСДРП(б) (26 июля – 3 авг.) принят в большевист. партию; избран чл. ЦК. 5 авг. на пленуме ЦК введён в узкий состав ЦК РСДРП(б), 6 авг. делегирован в ПК партии и введён в Комиссию большевиков по выборам в Учред. Собр. 20 авг. избран гласным петрогр. Гор. думы; ЦК РСДРП(б) ввёл У. в редакции газ. "Пролетарий" (одно из назв. "Правды"; возглавлял Муниципальный и Иностр. отделы) и ж. "Вперёд". 6 сент. на заседании Гор. думы направлен от фракции большевиков для участия в Демокр. совещании (Петроград, 14 – 22 сент.); в тот же день введён ЦК партии в редакцию ж. "Просвещение", 20 сент.– в редакцию ж. "Город и Земство" (орган Муниципальной группы ЦК).

На заседании ЦК РСДРП(б) 10 окт. заявил: "...мы слабы не только в технич. части; но и во всех др. сторонах нашей работы. Мы выносили массу резолюций. Действий решительных никаких. Петрогр. Совет дезорганизован, мало собраний и пр. На какие силы мы опираемся? 40 тыс. винтовок есть в Петрограде у рабочих, но это не решает дело; это – ничто. Гарнизон после июльских дней не может внушать больших надежд. Но во всяком случае, если держать курс на восстание, то нужно действительно что-либо делать в этом направлении. Надо решиться на действия определённые" ["Протоколы ЦК РСДРП(б)", с. 85].

На заседании ЦК РСДРП(б) 16 окт. избран чл. Воен.-рев. парт. центра по рук-ву восстанием (центр вошёл в состав Петрогр. ВРК). Дел. 2-го Всерос. съезда Советов РСД (25–27 окт.); избран чл. ВЦИК. 26 окт. Петрогр. ВРК назначил У. врем. комиссаром в Мин-во иностр. дел до утверждения съездом состава СНК. 1 нояб. на заседании ЦК партии по вопросу о пополнении ВЦИК представителями др. партий возражал против представительства от петрогр. и моск. Гор. дум, считал, что обязательно нужно преобладание большевиков во ВЦИК. "Это должно быть окончательно установлено. То же самое в мин-ве; у нас должно быть прочное большинство... Ленин – должен остаться пред. [СНК.– Автор.], а Троцкий – министром иностр. дел. Мы не должны уступить декретов. Это – наши требования, и их мы не можем уступить" (там же, с. 125). 3 нояб. подписал "Ультиматум большинства ЦК РСДРП(б) меньшинству" с требованием подчиниться решениям ЦК о создании большевист. пр-ва и отказаться от стремления создать "однородное соц. пр-во" (см. там же, с. 133–34). В нояб.– дек. чл. коллегии Наркомата внутр. дел.

С 23 нояб. комиссар СНК во Всерос. по делам о выборах в Учред. Собр. комиссии "с правом смещения и назначения новых членов комиссии и принятия необходимых мер по обеспечению правильности подготовит. работ по созыву Учред. Собр." ("Декреты Сов. власти", т. 1, М., 1957, с. 584). После отказа комиссии выполнять решения СНК 29 нояб. У. по декрету СНК вступил в управление всеми делами комиссии. 12 дек. на заседании ПК РСДРП(б) выступил с докладом, в к-ром проанализировал ход подготовки к созыву Учред. Собр.: «...Та борьба, к-рая ведётся сейчас др. партиями против нас в вопросе об Учред. Собр., существует и в нашей собств. среде. Правые элементы выставляют лозунг: "Вся власть Учред. Собр.!", выставляется он Шульгиным и т.п. Конечно, они не собираются дать всю власть демокр. учреждению, здесь просто скрывается желание уничтожить власть пролетариата» ("Первый легальный Петерб. к-т большевиков в 1917", М.– Л., 1927, с. 371); сделал вывод по итогам выборов: "Пока наметилось такое соотношение сил, что мы и левые эсеры не составим и половины общего количества... Губернии Центр. России с крест. населением, до к-рого дошёл Декрет о земле, дали большевиков. Точно так же обстоит дело и с фронтами: фронты Северный и Западный, находящиеся ближе к нашему влиянию, дали наше большинство; Юго-Зап. фронт, Румынский, отстоящие далеко, дали большинство эсеровское. Если бы правые элементы действительно желали скорей открыть Учред. Собр., они бы могли придти и получить особые удостоверения. Но они хотят ещё проверить, в большинстве ли они" (там же, с. 372); "роль, к-рую играет Учред. Собр. в бурж. рев-ции, пользуется ещё большей популярностью в полубурж. элементах, хотя они идут с нами. Да и в наших рядах есть товарищи, к-рые ещё не изжили иллюзии относительно Учред. Собр. ...Эти иллюзии заставляют нас держаться выжидат. тактики. В тезисах, принятых ЦК и нашей фракцией Учред. Собр., также ясно выражена тактика выжидания, а не определ. действий; созовём ли мы Учред. Собр.?– Да, созовём. Разгоним?– Да, может быть,– всё зависит от обстоятельства.

Вопрос об Учред. Собр. сейчас решается там, где теперь идёт гражд. война... Победит ли Каледин? победим ли мы?– от этих обстоятельств зависит судьба и работа Учред. Собр." (там же, с. 373); "В данный момент вопрос об Учред. Собр. является тем боевым пунктом, вокруг к-рого нам хотят дать ген. сражение, и мы вокруг него хотим дать тоже сражение. Разногласия с левыми эсерами теперь все уничтожились... Разногласия в нашей парт. среде не новы. Это то же течение, к-рое наблюдалось раньше в вопросе восстания. Сейчас нек-рые товарищи смотрят на Учред. Собр., как на нечто такое, что должно увенчать рев-цию" (там же, с. 374). У. подчеркнул, что списки кандидатов в Учред. Собр. составлялись в авг., кроме того, имели место подтасовки выборов; если бы все ознакомились с сущностью Окт. рев-ции и не было бы столько злоупотреблений, большевики и левые эсеры имели бы большую половину депутатов (см. там же, с. 375).

23 дек. вошёл в состав Чрезв. воен. штаба (созд. для орг-ции охраны порядка в Петрограде в дни созыва Учред. Собр.) и назначен комендантом Таврического дворца. В конце ночного заседания 5 янв. 1918 караулу был дан приказ за подписью В.И. Ленина и У.: "Предписываю товарищам солдатам и матросам не допускать насилия по отношению к контррев. членам У.С. и свободно выпускать из Таврического дворца. Никого не впускать без особого приказа". Однако по устному указанию П.Е. Дыбенко Учред. Собр. было распущено (см.: Вишняк М., Дань прошлому, Нью-Йорк, 1954, с. 379–80; Дыбенко П.Е., Мятежники, М., 1923, с. 110).

По вопросу о заключении мира с Германией У. разделял позицию "левых коммунистов". На заседании ЦК РСДРП(б) 11 янв. 1918 заявил: "Конечно, мы не можем вести рев. войну, не можем потому, что, начиная её, мы тотчас же теряем армию – солдат, а буржуазия тотчас же заключит мир. Но подписывая мир, мы теряем пролетариат, т.к., конечно, питерский пролетариат не примирится с подписанием мира, сочтёт это отказом от нашей линии. Отказываясь от подписания мира, производя демобилизацию армии и тем самым полит. демонстрацию, мы, конечно, открываем путь немцам, но тогда, несомненно, у народа проснётся инстинкт самосохранения и тогда начнётся рев. война" ["Протоколы ЦК РСДРП(б)", с. 170]. С 21 февр., в дни начала наступления герм. войск, чл. К-та рев. обороны Петрограда 22 февр. подписал Заявление в ЦК группы его членов и нар. комиссаров, в к-ром утверждалось, что подписание мира демонстрирует "...перед всем миром бессилие пролет. диктатуры в России, оно наносит удар делу междунар. пролетариата, особенно жестокий в момент рев. кризиса в Зап. Европе, и вместе с тем ставит в стороне от междунар. движения рус. рев-цию", является капитуляцией перед междунар. буржуазией (там же, с. 209). 23 февр. на заседании ЦК РСДРП(б) огласил заявление от имени Н.И. Бухарина, А. Ломова (Г.И. Оппокова) и др. о том, что они не желают нести ответственность за принятое решение о подписании мира, к-рый считают "...глубоко ошибочным и губительным для рус. и междунар. рев-ций", что уходят со всех парт. и сов. постов, оставляя за собой право агитации против подписания мира (там же, с. 126). 24 февр. совм. с др. "левыми" подал заявление в СНК, что уходит из Малого СНК, сдаёт все дела по ликвидации Учред. Собр., оставаясь работать в ВСНХ (там же, с. 223).

Дел. 7-го Экстренного съезда РКП(б) (6–8 марта 1918); в выступлении продолжал отстаивать позиции "левых коммунистов" [см.: "7-й Экстренный съезд РКП(б)". Стенографич. отчёт, М., 1962, с. 41–44]; заявил, что отказывается входить в новый состав ЦК, но, избранный съездом кандидатом в чл. ЦК, подчинился парт. дисциплине. С марта пред. Петрогр. ЧК, одноврем. с апр. нарком внутр. дел Сев. области. Убит террористом, что послужило одним из сигналов к эскалации "красного террора".

Лит.: Уралов С.Г., М. Урицкий, Л., 1929; Волков П.П., Гаврилов Л.Н., Первый пред. Петрогр. ЧК, Л., 1968; Скрябин М.Е., Гаврилов Л.Н., Светить можно – только сгорая. Повесть о М. Урицком, М., 1987; Алданов М.А., Убийство Урицкого, в его кн.: Святая Елена, маленький остров, М., 1991. *Б.Я. Хазанов.*

УСТИ́НОВ Алексей Михайлович (17 сент. 1879, с. Беково Сердобского у. Саратовской губ.– 26 сент. 1937, Таллинн). Из

семьи богатого помещика. Окончил ист.-филол. ф-т Моск. ун-та (1904) и агрономич. отделение Цюрихского политехникума (1917). В 1902 был арестован за участие в студенч. движении, но вскоре освобождён. Эсер с 1906. В нояб. 1906 арестован по делу о покушении на земского начальника Сердобского у.; обвинение не было доказано, но из Саратовской губ. У. был выслан. Летом 1907 направлен ЦК ПСР на восстановление разгромленного охранкой Петерб. к-та ПСР; 13 июля по доносу провокатора арестован; в записке Департамента полиции говорилось: "Означенный У. являлся в с. Бекове Сердобского у. организатором и гл. деятелем рев. К-та, под руководством к-рого в этом уезде совершён ряд вооруж. нападений и грабежей. Кроме того, У. давал приют и скрывал... беглых арестантов, ссыльных, к-рые служили исполнителями преступных планов указанного К-та" (ЦГАОР, ДП. 00.9, ч. 52, л. 304–04 об.). В мае 1908 У. приговорён к ссылке на 3 года в Вологод. губ.; ссылка заменена принудит. эмиграцией до мая 1911. Пр-во лишило У. дворянства, имение было взято под опеку. Жил во Франции и Швейцарии, примкнул к левому крылу партии эсеров. Участвовал в эмигрант. печати. В годы 1-й мир. войны "интернационалист". С 1915 чл. К-та помощи военнопленным, к-рый, как отмечала рус. агентура за рубежом, готовил нар. восстание в России после войны; к осени 1916 созданная У. группа организовала в лагерях рус. военнопленных св. 400 кружков (в каждом от 300 до 400 чел.), сам У. работал среди офицеров и интеллигентов. Кружки снабжались газетами, листовками, рев. лит-рой.

После Февр. рев-ции 1917 возвращение У. в Россию тормозилось Врем. пр-вом и союзниками из-за его антивоен. деятельности. В сер. апр. многие газеты опубликовали сообщение, что А.В. Луначарский, М.А. Натансон и У. находятся в Швейцарии, т.к. не могут выехать через Англию ("Известия Совета РСД", Одесса, 1917, апр.). По возвращении в Россию У. выступил против коалиции с бурж. партиями, критиковал ЦК ПСР за поддержку политики Врем. пр-ва, прежде всего аграрной.

На Сев. обл. конференции эсеров (май) внёс проект резолюции, в к-рой подчёркивалось, что левые эсеры будут "содействовать организованным захватам земли (крестьянами) до Учред. Собр."; проект резолюции противоречил установкам ЦК и был отвергнут, но левые эсеры, составлявшие не менее $^1/_3$ делегатов, провели П.П. Прошьяна, Б.Д. Камкова и У. в Сев. обл. к-т (см.: "Земля и Воля", 1917, 24 мая). Решением к-та направлен (вместе с Прошьяном) в Гельсингфорс – гл. базу Балт. флота. Вскоре стал одним из лидеров эсеров города и флота, членом Гельсингфорсского Совета. Неоднократно выступал на митингах, явился инициатором создания левоэсеровского издат. центра, один из учредителей газ. "Социалист-революционер", оказал определяющее влияние на формирование леворадикального курса газ. "Народная Нива". Считал сотрудничество с большевиками залогом успешного решения задач рев-ции, прекращения войны, передачи земли крестьянам, созыва Учред. Собр., защиты Республики и демокр. свобод. 11 июня В.А. Антонов-Овсеенко писал Я.М. Свердлову: «Приехавшие [в Гельсингфорс.– Автор] эсеры-интернационалисты Устинов и Прошьян расстроили с.-р. орг-цию, в качестве правительственной привлекавшую к себе массу "лояльных", "порядочных элементов". Агитацию эсеров-интернационалистов используем вовсю и при их содействии вытесняем эсеров с митингов» ["Переписка Секретариата ЦК РСДРП(б) с местными парт. орг-циями (март – окт. 1917 г.)", М., 1957, с. 133]. На заседаниях ЦК ПСР В.М. Чернов квалифицировал позицию У. и Прошьяна как "почти большевистскую". 8 июня ЦК постановил вызвать обоих в Петроград для дачи объяснений, а когда те отказались, то 22 июня решил отозвать "раскольников" из Гельсингфорса. Но они снова не подчинились. 10 июля ЦК исключил их из партии. Через неск. дней по распоряжению Врем. пр-ва оба были арестованы. Им инкриминировались "преступная агитация в войсках", участие в подготовке насильств. свержения режима. Из "Крестов" У. и Прошьян были освобождены лишь после провала корниловского выступления.

Являясь членом Петрогр. ВРК, У. активно участвовал в борьбе за власть Советов в Петрограде, но выступил против начала вооруж. восстания до открытия 2-го Всерос. съезда Советов РСД, считал, что созданное съездом "однородное соц. министерство" сумеет "мягко" убрать с ист. арены Врем. пр-во; выступая на съезде воен. орг-ции левых эсеров, У. говорил: "Мы пошли с большевиками, хотя и осуждали их тактику. В программе у нас разногласий нет" ("Знамя Труда", 1917, 11 нояб.). На 2-м Всерос. съезде Советов РСД (25–27 окт.) добивался создания самостоятельной левоэсеровской фракции, вместе с В.А. Алгасовым, А.Л. Колегаевым, М.А. Спиридоновой воспрепятствовал отзыву левых эсеров из Петрогр. ВРК, участвовал в переговорах с большевиками о создании коалиц. пр-ва (ЦПА ИМЛ, ф. 70, оп. 4, д. 377, л. 38; "Известия Юга", Харьков, 1917, 7 нояб.).

Чл. Президиума ВЦИК 2-го, 3-го и 5-го созывов (в последнем, с окт. 1918, от фракции Партии рев. коммунизма); работал в комиссии по созыву крестьянских – Чрезвычайного и 2-го – съездов; внёс на рассмотрение ВЦИК (8 нояб. 1917) левоэсеровский проект декрета "Об уничтожении сословий и гражд. чинов", предложил "немедленно опубликовать его через СНК" ("Протоколы ВЦИК 2-го созыва", М., 1918, с. 44). Во время правительств. кризиса, разразившегося 4 нояб. 1917 в связи с выходом из СНК ряда наркомов-большевиков, поддержанных левыми эсерами, занял близкую В.И. Ленину позицию. На заседании Петрогр. Совета заверил депутатов, что СНК "не вступило на путь парт. диктатуры, а проводит в жизнь требования всего народа" ("Правда", 1917, 5 нояб.).

На совм. заседании эсеровской фракции ВЦИК, Петерб. к-та ПСР, редакции ж. "Наш Путь" (не позднее 6 нояб.) избран во Врем. центр. бюро, выполнявшее обязанности ЦК левых эсеров. На учред. съезде Партии левых эсеов (ПЛСР) (19–28 нояб., Петроград) в докладе о работе Чрезв. съезда КД осн. сделал тезис о необходимости тесного союза, крестьян и рабочих в рев-ции; "Мы не мыслим рев-ции вне этих двух групп, этих двух категорий. Для нас что рабочий, что крестьянин – это едино" ("Протоколы 1-го съезда Партии левых эсеров", М., 1918, с. 54–55); 64 голосами из 69 избран членом ЦК, в к-ром примкнул к группе Алгасова, А.А. Биценко, Колегаева, Прошьяна, сделавшей ставку на укрепление блока с большевиками. На переговорах об участии левых эсеров в СНК в нояб.– дек. У. неоднократно назывался в числе тех, кого большевики хотели бы видеть в пр-ве (ЦПА ИМЛ, ф. 564, оп. 1, д. 2, л. 30), но его кандидатура блокировалась большинством ЦК, опасавшегося пробольшевист. настроений У. Член Учред. Собр.

Один из разработчиков Осн. закона о социализации земли, одобренного 18 янв. 1918 3-м Всерос. съездом Советов РСКД и утверждённого ВЦИК 27 янв. В газ. "Знамя Труда" 11 апр. У. опубликовал заявление, в к-ром указал, что не может оставаться членом ЦК и редакции "Знамя Труда" ввиду "принципиального расхождения по вопросам выхода из состава Совнаркома, о партиз. войне на фронте, а также по вопросу об отношении ЦК партии к ратификации мирного договора". Постановлением СНК от 16 апр. назначен членом коллегии Наркомата земледелия.

На 2-м съезде ПЛСР (17–25 апр. 1918) У. заявил, что считает большевиков "единственно истинно рев. партией, к-рая действовала на арене рус. рев-ции", что в правительств. блоке левые эсеры не были "несчастными просителями в большевистской передней... являлись равными участниками во власти" и не раз заставляли большевиков принимать им угодные решения, (см.: ЦПА ИМЛ, ф. 564, оп. 1, д. 1, л. 196–200); съезд не избрал У. в ЦК; "Устинов оторвался от партии ещё до 2-го съезда. Несогласный с тактикой 2-го съезда (выход из СНК), он перестал подчиняться директивам партии",– констатировал новый ЦК ПЛСР (см. там же, д. 19, л. 5). У. осудил левоэсеровский мятеж 6–7 июля 1918.

Один из инициаторов создания и лидер Партии рев. коммунистов, объединившей неск. тысяч бывших левых эсеров, признавших недопустимость срыва Брестского мира и готовых сотрудничать с большевиками. В 1920 рев. коммунисты объединились с большевиками, У. стал чл. РКП(б). С 1921 дипломат. В 1932–34 член призидиума Всесоюзной академии с.-х. наук. С янв. 1934 полпред СССР в Эстонии, где и умер. *А.И. Разгон.*

УСУББЕ́КОВ (Юсифбейли) Насиб бек Юсиф оглы (1881, Елизаветполь,– май 1920, Кюрдамирский у. Бакинской губ.). Из семьи бека. Учился на юрид. ф-те Новороссийского ун-та (Одесса). Во время Рев-ции 1905–07 участвовал в студенч. движении. В 1908, преследуемый полицией, выехал в Турцию. В 1909 возвратился в Елизаветполь, работал в органах гор. управления, занимался публицистич., культ.-просвет. и благотворит. деятельностью.

После Февр. рев-ции 1917 один из лидеров нац. движения в Азербайджане. Под рук. У. была создана Тюркская партия федералистов (март, Елизаветполь), к-рая выступала за предоставление широкой автономии Азербайджану в составе демократически устроенной России. Участвовал в работе Кавк. (апр., Баку) и 1-го Всерос. (май, Москва) мусульм. съездов.

На 1-м съезде «Тюркской демокр. партии "Мусават"» ("Равенство") (26–31 окт., Баку) избран чл. ЦК. Возглавлял Елизаветпольское отделение партии, лидер правого крыла партии, отражал интересы крупных землевладельцев. Член Всерос. Учред. Собр. Член Закавк. Сейма (10 февр.– 26 мая 1918), тов. пред. фракции "Мусават" и демокр. группы беспартийных. Сторонник создания независимого федеративного Закавк. гос-ва. С апр. мин. просвещения Закавк. пр-ва. Член Врем. Нац. Совета Азербайджана (27 мая – 7 дек.). После создания Азерб. Демокр. Республики (АДР) (28 мая) мин. финансов и нар. просвещения и по делам вероисповеданий (17 июня 1918 – 4 марта 1919); пред. Совета министров АДР (14 марта 1919 – 30 марта 1920). После установления Сов. власти в Азербайджане (28 апр. 1920) был убит неизвестными лицами.

Лит.: Адрес-календарь Азерб. Республики на 1920, Баку, 1920; Азерб. Демокр. Республика. Азерб. пр-во, Баку, 1990 (на азерб. яз.); Балаев А., Азерб. нац.-демокр. движение. 1917–1920, Баку, 1990; Свентоховский Т., Рус. Азербайджан. 1905–1920, "Хазар", № 1–3, 1990.

Г. Мухтаров.

ФЁДОРОВ Леонид Иванович (4 нояб. 1879, Петербург,– 7 марта 1935, Вятка). Дед был крепостным, отец – поваром, держал ресторан; мать – гречанка, художница. В 14-летнем возрасте прочёл Библию, сочинения И. Канта, Г. Гегеля, И. Фихте, читал труды В.С. Соловьёва, в частности его кн. "Великий спор и христианская политика", посвящённую проблемам католицизма. Окончив гимназию (с золотой медалью), в 1901 поступил в Петерб. духовную академию, стал одним из лучших её учеников (был известен под прозвищем "католик"). В 1902 оставил академию, в Риме принял католичество, был представлен папе Льву XIII, к-рый направил его в семинарию "Leonianum" в Ананьи. В 1907 получил учёную степень бакалавра богословия, перешёл в коллегию Propagande на 3-й курс богословия; принял участие в Велиградском съезде богословов в Моравии под именем Теодора Леонини (целью съездов являлось сближение католич. и правосл. религий). В 1908, вынужденный прекратить занятия в коллегии, т.к. в Рус. посольстве ему дали понять, что если он «дальше будет учиться в "иезуитском" учреждении, то ему запретят возвратиться в Россию» (см.: Диакон Василий ЧСВ, Леонид Фёдоров. Жизнь и деятельность, Рим, 1966, с. 75), поступил во Фрайбургский ун-т (им владели доминиканцы) под именем американца Антонио Кремони и в 1909 его закончил. Совершил в 1910–14 четыре поездки в Россию. В 1911 в Константинополе болг. католич. епископ Вост. обряда Михаил Миров рукоположил его в священники. В 1913 стал монахом, при постриге ему дали монашеское имя Леонтия. В 1914, по возвращении в Петроград, его арестовали и сослали в Тобольск (как агента митрополита А. Шептицкого и шпиона).

После Февр. рев-ции 1917 был освобождён. Своим представителем, за исключением Малороссии и Белоруссии, митрополит А. Шептицкий назначил Ф. Врем. пр-во пригласило его как представителя Вост. обряда в комиссию по делам Католич. церкви в России, а 1 окт. легализовало Греко-слав. обряд Католич. церкви.

"Мы думали, что вздохнём свободно, но 25 окт. всё полетело вверх дном и мы остались при разбитом корыте. ...С большевиками, конечно, ни в какие отношения не вступать",– писал Ф. в одном из писем Шептицкому (см. там же, с. 344). Из его донесений Шептицкому в кон. 1917 – нач. 1918: "Каждый день десятки людей падают от истощения на улицах и погибают голодной смертью. Царствуют голодный тиф и сыпной. Нищета доходит до крайних пределов"; «...полная анархия, грубый произвол "власти", голод, грабёж наглый и открытый... отчаянный тупик, из к-рого нет выхода... Каждую минуту кто угодно может быть арестован, посажен в тюрьму и ограблен. Жаловаться некому, так как "буржуи" вне закона» (там же, с. 346).

В нач. 1918 Ф. удалось образовать "Рус.-католич. братство св. Иоанна Златоуста". С католич. митрополитом Э. Роопом у него установились самые лучшие отношения. Благожелательное отношение патриарха Тихона к католикам привело к дружеским отношениям между ним и Ф. Оба занимали единую позицию перед лицом "дьявольских козней" Сов. пр-ва. Ф. писал: «"Метод, применяемый сов. властью для "проведения своих идей", представляет из себя сплошное насилие над совестью. Все приёмы царского режима кажутся верхом свободы в сравнении с тем, что мы испытали на самих себе. Под предлогом "диктатуры пролетариата" они выдвигают такой лозунг: "Мы не можем дать свободы буржуям до тех пор, пока пролетарий не окреп и культурно не стал на ноги"... Уничтожая богословскую лит-ру и тиранически стесняя всякую деятельность духовенства, большевики спасают этот пролетариат от "духовного гнёта и обмана", иначе бедные рабочие не смогут сами преодолеть "религ. суеверия и предрассудки"... Поэтому все большевист. законы, в к-рых громко возвещаются религ. свободы, сталкиваясь с "диктатурой пролетариата", терпят крушение. Большевики не преследуют церковь, а только мешают ей распространять "контррев-цию", "ложь", "обман", "суеверия" и портить пролетарских детей...» (там же, с. 505–06).

На суд. процессе католич. деятелей в марте 1923 по обвинению в противодействии исполнит. власти изъятию церк. ценностей и конттрев. агитации был приговорён Верх. судом РСФСР к 10 годам тюремного заключения. С 1933 жил в Вятке.

Лит.: Николаев Н.Н., Восточный обряд, Париж, 1950; Винтер Э., Политика Ватикана в отношении СССР, пер. с нем., М., 1977.

М.Е. Голостенов.

ФИГНЕР Вера Николаевна (25 июня 1852, Мамадышский у. Казанской губ.,– 15 июня 1942, Москва). Из дворян. В 1871

занималась в Казан. ун-те. В 1872–75 обучалась в Цюрихском и Бернском ун-тах, входила в рев. кружок рус. студенток. В дек. 1875 вернулась в Россию, в 1876 сдала экзамен на фельдшера. Участвовала в "хождении в народ". Чл. "Земли и воли". С сент. 1879 чл. исполкома "Нар. воли" и её воен. центра, участница покушений на Александра II в Одессе (1880) и Петербурге

(1881). В дек. 1881 в Одессе организовала покушение на воен. прокурора, наладила работу типографии "Нар. воли". В февр. 1883 арестована, по сент. 1884 находилась в Петропавл. крепости; приговорена к смертной казни, заменённой бессрочной каторгой; 20 лет отбывала одиночное заключение в Шлиссельбургской крепости. В 1904–06 в ссылке в Архангельской, Казан. губ., Н. Новгороде. В 1906 эмигрировала. В сер. 1907 вступила в партию эсеров, после разоблачения провокатора Е.Ф. Азефа вышла в янв. 1908 из партии. В 1910 инициатор создания Парижского к-та помощи полит. каторжанам. В февр. 1915 при возвращении в Россию арестована и выслана в Н. Новгород. В дек. 1916 приехала в Петроград.

После Февр. рев-ции 1917 с нач. марта пред. к-та Об-ва помощи освобождённым политическим, к-рый организовал приём пожертвований, устраивал общежития, оказывал мед. и юрид. помощь, выдавал единоврем. ден. пособия и бесплатные билеты на родину. 19 марта участница манифестации солдат и работниц, требовавших равноправия женщин и защиты их интересов. 21 марта на приёме, устроенном мин.-пред. Г.Е. Львовым делегации Лиги равноправия женщин, выступила с речью о предоставлении женщинам избират. прав для выборов в Учред. Собр. 31 марта на организац. собрании Об-ва распространения парт. лит-ры эсеров выбрана почётным пред. 7 апр. почётный чл. Всерос. съезда учителей (в речи обрисовала положение нач. образования в России). 8 апр. на 2-м Всерос. съезде Трудовой группы призвала к объединению всех народнич. групп в одну партию. 11 апр. в газ. "Речь" выступила за создание дома-музея в память борцов за свободу России. 4 мая на Всерос. съезде представителей Советов КД выбрана почётным пред. (наряду с В.М. Черновым и Е.К. Брешко-Брешковской) и произнесла приветств. речь. 19 мая избрана чл. Исполкома Всерос. Совета КД. 18 июля подписала "Воззвание старых революционеров ко всем гражданам России" за продолжение войны до победного конца. 27 июля Исполкомом Всерос. Совета КД выбрана канд. в чл. Учред. Собр. 21 сент., во время работы Демокр. совещания, писала двоюродной сестре Н.П. Куприяновой: "Все утомлены фразой, бездействием и вязнем безнадёжно в трясине наших расхождений. Только большевики плавают, как щука в море, не сознавая, что своей необузданностью и неосуществимыми приманками тёмных масс постыдно предают родину немцам, а свободу – реакции". И далее: "Ни у кого нет и следа подъёма благородных чувств, стремления к жертвам. У одних потому, что этих чувств и стремлений у них вообще нет, а у других потому, что они измучены духовно и телесно, подавлены величиной задач и ничтожеством средств человеческих и вещественных для выполнения их. У меня лично, конечно, от того, что в прошлом был громадный, тяжёлый опыт, разбивший бесполезные иллюзии относительно духовного облика средних людей,– с самого начала не было радостного возбуждения, великого чаяния, что свобода будет водворена без тяжких потрясений, а Россия не раздавлена несчастной войной..." (ЦГАЛИ, ф. 1185, оп. 1, д. 231, л. 115–16 об.). 7 окт. присутствовала на открытии Врем. Совета Рос. Республики. 24 окт. на заседании Предпарламента воздержалась при голосовании эсеровской резолюции (принятой большинством), осуждавшей подготовку восстания и возлагавшей на большевиков ответственность за разгул контррев. сил и срыв Учред. Собр.

Ф. не приняла Окт. рев-цию. 27 нояб. присутствовала на митинге "Вся власть Учред. Собр."; 5 янв. 1918 участвовала в его работе. Позже она вспоминала: «Переворот 25 окт. ст. ст., к-рым началась наша социальная рев-ция, и всё последовавшее затем я переживала крайне болезненно. К борьбе соц. партий – этих родных братьев – я была неподготовлена... Я была чл. "Предпарламента", оценивала его, как говорильню, к-рую стоит уничтожить, тем не менее, когда пришли солдаты с приказом очистить Мариинский дворец, я чувствовала себя глубоко униженной и была в числе меньшинства, голосовавшего за то, чтоб не расходиться и быть удалёнными силой. Роспуск Учред. Собр. был новым унижением заветной мечты мн. поколений и наивного благоговения веривших в него масс...» (Гранат, с. 253–54). В нач. апр. 1918 выбрана тов. пред. (пред.– М. Горький) об-ва "Культура и Свобода", созданного в память Февр. рев-ции. 7 апр. пред. первого публич. собрания об-ва, определила его задачу – стать культ.-просвет. центром по пропаганде истории рев. движения в России. Ф. отошла от политики и посвятила себя лит. занятиям. В 1926 спец. постановлением СНК Ф. была назначена персональная пенсия.

Соч.: ПСС, 2 изд., т. 1–7, М., 1932.

Лит.: Павлюченко Э.А., В.Н. Фигнер, М., 1963; Войнович В.Н., Степень доверия, [М., 1972].

Л.И. Дёмина.

ФРЕДЕРИКС Владимир Борисович (16 нояб. 1838 – 5 июля 1927). Потомок швед. офицера, взятого в плен рус. войсками Петра I; отец – командир 13-го Эриванского полка, ген.-адъютант при имп. Александре II. Барон. Получил блестящее домашнее образование. С 1871 флигель-адъютант при имп. Александре II. В 1875–88 командир гвард. кав. полка, затем дивизии. В 1891–93 управляющий придворной конюшенной частью. В 1893–97 пом. мин. имп. двора и уделов на правах тов. мин. С 1896 ген.-адъютант. С 1897 мин. имп. двора. В 1900 произведён в ген. от кавалерии. С 1905 чл. Гос. совета, в работе к-рого участия не принимал, и командующий имп. гл. квартирой. Крупный помещик, владелец домов в Петербурге. 25 марта 1908 в день 300-летия дома Романовых возведён в графское достоинство. С нач. 1-й мир. войны находился с Николаем II в Могилёве.

К моменту Февр. рев-ции 1917 79-летний больной старик страдал потерей памяти. Влияния на императора не имел, но пользовался его полным доверием. В гос. дела не вмешивался, занимался только управлением имуществом Николая II через нач. канцелярии Мин-ва имп. двора. 27–28 февр. солдатами и толпой одним из первых был разграблен и сожжён его особняк в Петрограде. 2 марта в Пскове своей подписью скрепил Манифест об отречении Николая II от престола. 5 марта по требованию Врем. пр-ва удалён из местопребывания императора. 9 марта был арестован в Гомеле ж.-д. рабочими. При обыске в вагоне отобрали печать министра, оружие, дневники и разл. документы. По телеграмме А.И. Гучкова и А.Ф. Керенского отправлен в Петроград, доставлен в Таврический дворец, 11 марта по рекомендации врачей-психиатров перевезён в Евангелическую больницу. Вскоре был освобождён, жил в Петрограде.

После Октябрьской революции обратился к Сов. правительству с просьбой о выезде за границу. Получив разрешение, вместе с дочерью выехал в 1924 в Гранкуллу (Финляндия). *О.Л. Сорокина.*

ФРЕНКЕЛЬ Захарий Григорьевич (13 дек. 1869, м. Борисполь, под Киевом,– 25 авг. 1970, Ленинград). Отец – управляющий имением; мать – урождённая Бах, двоюродная сестра народовольца, впоследствии академика, основателя биохимии А.Н. Баха. Окончив Нежинскую гимназию (с золотой медалью), в 1889 поступил на мед. ф-т Моск. ун-та; как участник студенч. сходок был исключён из ун-та в 1890. В 1895 окончил Дерптский ун-т. Работал сан. врачом в Петергофе, в земских орг-циях Вологод. и Костром. губ. Подвергался преследованиям полиции. Член "Союза Освобождения"; член кадетской партии с начала её орг-ции, член её ЦК (1905–18); один из организаторов и руководителей Костром. отделения партии. Деп. 1-й Гос. Думы (от Костром. губ.). После разгона Думы подписал Выборгское воззвание, призывавшее к гражд. неповиновению; осуждён, 4 мес. просидел в одиночке Костром. тюрьмы. Жил в Москве. Член земских съездов, сотрудник ж. "Начало", "Новое Слово", "Жизнь", "Мир Божий". Печатался в ж. "Земское Дело" и "Городское Дело". В 1909 переехал в Петербург. С 1910 гл. редактор "Земского Дела". В 1911 в Германии (г. Дрезден) на Всемирной гигиенич. выставке удостоился её высшей награды – почётного диплома. В 1913 один из организаторов рос. гигиенич. выставки, выпустил труд "Очерки земского врачебно-сан. дела". Летом во главе группы рус. врачей выехал для ознакомления с мед. учреждениями и сан. благоустройством в странах Зап. Европы. Принял активное участие в орг-ции Всерос. союза городов, возглавил вместе с инженером В.И. Штейнингером его Петрогр. отделение.

После Февр. рев-ции 1917 входил в состав Центр. врачебно-сан. совета при Врем. пр-ве (зам. пред.). В сер. марта вместе с Н.В. Некрасовым и Д.И. Шаховским на заседании ЦК партии кадетов отстаивал идею "объединения всех демокр. элементов" (кадетов, эсеров и меньшевиков) в связи с изданием газ. "Власть Народа". На 7-м съезде партии кадетов (март) при обсуждении вопроса об участии военнопленных в выборах в Учред. Собр. заявил: "Я нахожу, что в отношении военнопленных это не выполнимо: они возвратятся и разъедутся в разные места России. Не понимаю, каким образом логично рекомендовать выборы от военнопленных" ("Вестник Партии Нар. Свободы", 1917, № 1, с. 71). На съезде поддержал заявление Шаховского о соглашении с меньшевиками и эсерами, к-рые "в значит. мере приблизились" к кадетам. Теперь, когда партия выступает под респ. знаменем, говорил он, перед ней открывается возможность для широких совм. действий, заключения блока на выборах, разл. рода соглашений с др. партиями. 29 марта на заседании ЦК был избран в состав агитац. комиссии, заявил, что на предстоящем 4 апр. Пироговском съезде в Москве необходимо организовать представительство партии с целью сближения с возможно более левыми течениями. Подходящими, по мнению Ф., темами могли бы быть прод. вопрос, о форме правления (см. там же, с. 16).

В нач. апр. Ф. на заседании ЦК поднял вопрос о сближении с "мелкобурж. демократией". 6 мая выступил на заседании ЦК с речью о необходимости напечатать муниципальную программу Петрогр. к-та партии. На 8-м съезде партии (май) Ф. также настаивал на сотрудничестве с Петрогр. Советом РСД как единств. пути обеспечения "мирной эволюции России" (Думова-2, с. 153). В сер. июня вопрос о коалиции был вновь поставлен на заседании ЦК. "Между ними [меньшевиками и эсерами.– Автор] и Лениным принципиальная разница,– говорил Ф.– Для нас вполне приемлемо идти с ними" (там же, с. 173). Был избран гласным петрогр. Гор. думы, сделал в ЦК доклад о местном самоуправлении. Выдвигался партией кандидатом в чл. Учред. Собр. (от Бессарабской, Костромской и Черниговской губ.). Принял участие в издании газ. "Свободный Народ". По заданию партии ездил по стране и на фронт, выступал на митингах и собраниях. На заседании ЦК 19–20 июля он высказался против установления диктатуры, заявив, что Петроградский гарнизон ненадёжен (см. там же, с. 179).

На заседании ЦК 20 авг. при обсуждении политического положения в стране в связи с Государственным совещанием Ф. говорил: "Большевики что-то готовят в Кронштадте, требуют раздачи запасного оружия и боевых патронов для каких-то выступлений, но там же уже это оспаривается др. частью тех же большевиков. Вообще, большевики берут шумом на фоне пассивности и сочувствующих им, и сторонников порядка. Где, как в Москве, они чувствуют себя среди интеллигенции, там они молчаливы. В предугадывании хирургич. методов лечения надо быть очень осторожным: гангренозный процесс начался давно, с 1 марта, но до сих пор ещё не определилась совершенно точно демаркационная линия заражённого места. В хирургии иногда ждут, чтобы процесс охватил больше места, но чтобы он созрел и не был нарушен... Советы рабочих и солдат начинают разлагаться и гниют на корню. Болезнь идёт нормальным путём; нормально и то, что сейчас заметна апатия к выборам, что вместо 60–70% голосуют 30%, зато получают большую роль сознательные элементы... Пугают террором, но для него также нужны подходящие люди, а их ещё не видно. Если на слишком близком расстоянии Керенский кажется ничтожным, то за пределами тесного круга он является символом гос. власти, и это надо учитывать, не переоценивая личных впечатлений" ("Рев. движение в России в авг. 1917. Разгром корниловского мятежа", М., 1959, с. 375). Член Предпарламента.

После Октябрьской революции работал в органах здравоохранения Союза коммун Северной обл. В 20-е гг. на преподавательской и научной работе. Основатель и многолетний руководитель Ленингр. отделения Всесоюзного гигиенического общества (1924–53). Член Академии медицинских наук (1945).

Лит.: Алексеева Л.П., Мерабишвили В.М., З.Г. Френкель, М., 1971.

М.Е. Голостенов.

Х

ХАРЛА́МОВ Василий Акимович (1 янв. 1875, хутор Кременской Усть-Быстрянской станицы Области войска Донского,– 13 марта 1957, Буэнос-Айрес). Из семьи казач. офицера. Окончил ист.-филол. ф-т Моск. ун-та. Преподавал в Новочеркасской гимназии. Автор работ по истории и этнографии Донского края. Подвергался репрессиям. Член партии кадетов с 1906. Чл. Гос. Думы всех 4 созывов; во 2-й Гос. Думе тов. секр., член агр. к-та; в 3-й Гос. Думе член переселенч. и церк. к-тов; во все Думы выдвигался от Области войска Донского. В годы 1-й мир. войны пред. Доно-Кубан. к-та Всерос. Земского союза.

13 марта 1916, выступая на 4-м Всерос. съезде Союза городов в Москве, заявил: "Пр-во не осилило задачу обеспечения для России победы, т.к. оно стоит вне страны, особняком... в то время как вся Россия объединилась для победы. И в то время, когда свершилось такое ист. объединение, мы видим поход власти, направленный против Гос. Думы и против обществ. орг-ций. Мы видим полную разруху власти, к-рая бросает в нар. массу демагогич. лозунги тогда, когда необходимо особенно сохранять спокойствие страны, почему мы обязаны сказать (громко), что для победы необходимо такое пр-во, к-рое должно работать рука об руку с об-вом" ("Буржуазия накануне Февр. рев-ции", М.–Л., 1927, с. 92). Монархист (хотя в 1920-х гг. пришёл к мнению, что рус. народ порвал с монархией навсегда).

После Февр. рев-ции 1917 постановлением Врем. пр-ва (9 марта) назначен пред. Особого Закавк. к-та (ОЗАКОМ) в составе пяти членов Гос. Думы (см.: Думова-3, с. 42). На 8-м съезде партии кадетов (май) избран в ЦК. Через него ЦК осуществлял контакты с атаманом А.М. Калединым. Член Предпарламента. 20 окт. назначен главой объединённого пр-ва "Юго-Вост. союза казач. войск, горцев Кавказа и вольных народов степей". Избран членом Учред. Собр.

После Окт. рев-ции с нач. нояб. пред. Экон. совета, учреждённого Войсковым пр-вом Дона. 11 нояб. на заседании Войскового пр-ва Х. предложил ввести контроль за распределением и продажей угля, что фактически означало запрет на его вывоз с Дона. В донесении от 28 нояб. в Госдепартамент США амер. консул в Тифлисе Ф.В. Смит сообщал, ссылаясь на информацию Х., что переговоры об объединении сил против большевиков велись "Юго-Вост. союзом казач. войск, горцев Кавказа и вольных народов степей" с "казаками Урала", с укр. Центр. Радой, с командиром 1-го Польск. корпуса легионеров ген. Ю. Довбор-Мусницким и "с Сибирью" (см.: Думова-1, с. 52). Смит характеризовал Х. как "надёжного человека". На совещании, к-рое Х. как руководитель "Юго-Вост. союза казач. войск..." имел со Смитом, с англ. ген. Шором и франц. полк. Шардиньи, просил помощи зап. держав как людьми, так и материальными средствами (см. там же, с. 92).

С 1918 пред. Донского Круга, в своей деятельности ориентировался на А.И. Деникина. В нач. февр. 1920 вошёл в "ответств. мин-во" во главе с Н.М. Мельниковым, созданное Деникиным. В 1920 эмигрировал, жил в Белграде, Праге. Читал лекции по рус. истории в Пражском ун-те. В 1921 участвовал в создании Демокр. группы Партии Нар. Свободы во главе с П.Н. Милюковым. Редактировал ист. сб. "Донская летопись" (т. 1–3, Вена – Белград, 1923–24). После 2-й мир. войны переехал в Аргентину.

Соч.: Юго-Вост. союз в 1917 г., в сб.: "Донская летопись", т. 2, Вена, 1923.

Лит.: КС, т. 3.

М.Е. Голостенов, В.Л. Федюк.

ХАТИСЯ́Н Александр (17 февр. 1874, Тифлис,– 10 марта 1945, Париж). Род. в семье крупного чиновника. Окончил Тифлисскую гос. гимназию (1891), получил мед. образование в Московском (3 года) и Харьковском (2 года) ун-тах (1897). В 1898 выехал за границу, совершенствовался в клиниках, изучал гигиену, обществ. здравоохранение и муниципальное дело. В 1900 вернулся в Тифлис, в 1902 избран гласным Гор. думы, советником Тифлисского гор. совета; с 1905 чл. гор. управы, примкнул к «Арм. рев. партии "Дашнакцутюн" ("Союз")». Участник Рев-ции 1905–07. С 1907 зам. гор. головы Тифлиса, в 1910–17 гор. голова Тифлиса. В 1912, во время петерб. процесса по т.н. делу "Дашнакцутюн" проходил как свидетель. С 1914 пред. Кавк. к-та Союза городов. Один из организаторов арм. добровольч. дружин в годы 1-й мир. войны и помощи армянам-беженцам – жертвам геноцида 1915–16. В 1915–17 избран зам. пред. Арм. Нац. Бюро (Тифлис). В кон. дек. 1916 по просьбе Г.Е. Львова сообщил вел. кн. Николаю Николаевичу, что Львов предлагает план дворцового переворота, по к-рому "сделать этот переворот" должен вел. князь (см.: "А.И. Гучков рассказывает...", "Вопросы истории", 1991, № 7/8, с. 212–13).

После Февр. рев-ции 1917 Х. вступил в партию "Дашнакцутюн". Х. возглавил Арм. Нац. Бюро (до окт. 1917), председательствовал на Совещании арм. полит. партий (март – апр.), принял участие в Закавк. крест. съезде (Тифлис, июнь).

Х.– один из сторонников выжидат. тактики решения арм. вопроса, к-рое связывал с устойчивостью и укреплением демокр. власти в центре и с успешным завершением 1-й мир. войны на Кавказе. Всячески содействовал политике Врем. пр-ва, одобрял в частности лозунг "Война до победного конца". Участвовал в созыве Арм. Нац. Совещания (съезд вост. армян) и в создании Арм. Нац. Совета (сент.– окт.).

В апр. 1918 с образованием Закавк. Демокр. Федеративной Республики назначен мин. финансов и продовольствия, а также мин. призрения пр-ва Закавк. Сейма. Принимал участие в мирных переговорах с Турцией в Трапезунде (февр.), Батуме (май). После провозглашения независимой Республики Армении (28 мая) Х. с О. Качазнуни подписал Батумский мирный договор (4 июня). С окт. 1919 мин. иностр. дел, с авг. 1919 по май 1920 – премьер-мин. Республики Армении. Летом 1920 в составе Бюро пр-ва отправился за границу с целью орг-ции в арм. диаспоре внутр. заёма и "Золотого фонда" для Армении. 2 дек. от имени пр-ва подписал Александропольский договор, передав власть арм. большевист. Ревкому.

Эмигрировал в Париж, продолжал полит. деятельность в составе Арм. нац. делегации – вначале в качестве зам. пред., затем пред. Принял участие в Лозаннской конф. (1922–23), представляя и защищая интересы арм. народа перед Лигой Наций. В период захвата Парижа гитлеровскими войсками Х. переехал в Португалию (Порто). В 1944 арестован местными властями на сснове доноса, вскоре освобождён за отсутствием доказательств в сотрудничестве с немцами.

Автор статей о местном самоуправлении, медицине, экономике и культуре, переводил арм. лит-ру.

Соч.: Возникновение и развитие Республики Армении, Бейрут, 1968.

Лит.: Таснапетян Р., "Дашнакцутюн" от создания до 10-го съезда (1890–1924), Афины, 1988. *В.Г. Меликян.*

ХИНЧУ́К Лев Михайлович (16 нояб. 1868, Полтава,– 7 февр. 1939, Москва). Из семьи владельца портняжной мастерской. За участие в подпольных кружках исключён из гимназии; курс сдал экстерном. Учился на филос. ф-те Бернского ун-та; в Швейцарии в 1889, под влиянием Г.В. Плеханова, примкнул к с.-д. движению. В 1890 вернулся в Россию для непосредств. с.-д. работы, к-рую вёл в Туле, Симферополе, Москве. Участвовал в дискуссиях с народниками, "экономистами", в борьбе против зубатовских орг-ций. Для выяснения сути разногласий на 2-м съезде РСДРП в 1903 выехал за границу, стал меньшевиком, вернулся в Россию. Участвовал в создании меньшевист. орг-ций в Киеве и Петербурге. Участник Рев-ции 1905–07, чл. исполкома

Петерб. Совета, организатор первого в России с.-д. клуба. Дел. 4-го съезда РСДРП (1906), избран чл. ЦК. В годы реакции создавал в Москве "Инициативную группу" меньшевиков. Совм. с большевиками вёл предвыборную агитацию за общих с.-д. кандидатов в Гос. Думу. В годы 1-й мир. войны возглавил группу меньшевиков, активно выступавших против войны. Работал служащим Моск. Союза Потребит. об-в. В 1914 арестован как один из инициаторов первого в России коллективного договора. До Февр. рев-ции 1917 арестовывался 10 раз, провёл 12 лет в тюрьмах и ссылках, трижды бежал.

28 февр. от Центросоюза избран в Моск. Совет РД, с марта его пред. Призывал солдат Моск. гарнизона к сотрудничеству с офицерами. 29 марта избран чл. Президиума Всерос. совещания Советов РСД. Выступая на нём 1 апр. по вопросу об отношении к Врем. пр-ву, говорил: "Чем организованнее мы будем выступать, тем, несомненно, скорее Врем. пр-во будет осуществлять те требования, к-рые ему будет предъявлять рев. демократия, и для этого нам, товарищи, совершенно не нужно никакого коалиц. мин-ва, ...никаких с ними совместных работ" ("Всерос. совещание Советов", с. 164). В мае делегат Всерос. конф. меньшевист. и объединённых орг-ций, избран чл. ОК РСДРП. Делегат, чл. Пре-

зидиума 1-го Всерос. съезда Советов РСД, 12 июня предложил резолюцию об орг-ции массовой демонстрации в поддержку съезда и Врем. пр-ва; избран чл. ВЦИК. В июле возглавил эсеро-меньшевист. делегацию, выезжавшую с карательным отрядом полк. А.И. Верховского для подавления рев. выступлений солдат в Н. Новгороде. 19 авг. участвовал в ликвидации забастовки моск. ж.-д. рабочих. Являясь пред. Моск. Совета, привлёк к работе большевиков: А.П. Розенгольца секретарём Совета, М.И. Рогова казначеем Совéта, И.И. Скворцова-Степанова редактором газ. "Известия"; не допустил закрытия большевист. газ. "Социал-демократ". На открытии Объединит. съезда РСДРП 19 авг. избран в президиум; вошёл в ЦК РСДРП(о). После принятия Моск. Советом большевист. резолюции недоверия Врем. пр-ву сложил с себя 11 сент. полномочия пред. Совета, заявив, что считает безусловно правильной позицию, к-рую занимал Моск. Совет ранее, и губительным для рев-ции завоевание власти пролетариатом и рев. крест-вом. Дел. 2-го Всерос. съезда Советов РСД (окт.), на к-ром выступил против предложения Ю.О. Мартова о межпарт. переговорах с целью создания коалиц. демокр. пр-ва с участием большевиков, затем огласил декларацию меньшевиков, в к-рой осуждался Окт. переворот, утверждалось, что "единственно возможным мирным выходом из положения остаются переговоры с Врем. пр-вом об образовании власти, опирающейся на все слои демократии...", и содержался призыв к несогласным с большевиками делегатам покинуть съезд ("2-й Всерос. съезд Советов РСД", М.–Л., 1928, с. 37–38).

После наступления ген. А.И. Деникина в окт. 1919 на Орёл порвал с меньшевизмом. В 1920 вступил в РКП(б). Был на ответств. кооп. и гос. работе. Воен. коллегией Верх. суда СССР 7 февр. 1939 по обвинению в контррев. и террористич. деятельности приговорён к расстрелу, приговор исполнен в тот же день. Реабилитирован в 1956.

Г.И. Ильящук, А.Л. Райхцаум.

ХОДЖÁЕВ Убайдулла Асадулла (1886, Ташкент,– 1942). Из семьи ремесленника. Окончил Саратовский ун-т (по др. данным, имел незаконченное образование). Работал адвокатом в Таш-

кенте. С 1913 под рук. Х. стала выходить на узб. яз. газ. "Садои Туркестан" ("Голос Туркестана"), к-рая носила ярко выраженный джадидский (либерально-реформистское нац. движение) характер (по приказанию ген.-губернатора издание прекращено). Боролся против местной администрации. Сотрудничал в газ. "Туркестанский Голос" (на рус. яз.), участвовал в создании в Андижане подпольной орг-ции "Тараккийпарварлар" ("Сторонники прогресса"), вёл рев. работу среди мусульм. населения, войдя в тесный контакт с эсерами.

После Февр. рев-ции 1917 дел. 1-го Всерос. мусульм. съезда (май, Москва), избран чл. Всерос. мусульм. Совета (Милли Шуро). В мае избран в Гор. думу Ташкента, в сент. член президиума объединённого Туркест. Совета солд., рабочих, кирг., крест. и общемусульм. делегатов.

Окт. рев-цию не принял. Делегат и член президиума 4-го Чрезв. краевого мусульм. съезда Туркестана (26–28 нояб.) в Коканде, мин. внутр. дел Туркест. автономного пр-ва, к-рое в кон. февр. 1918 было разгромлено сов. войсками; с этого времени Х. ушёл с полит. арены, занимался просветит., лит. деятельностью. В 1929 осуждён за "халатное отношение к служебным обязанностям" к 1 году принудит. работ. В 1931 по обвинению в контррев. деятельности осуждён к 10 годам лишения свободы, заменённым высылкой на Север. После досрочного освобождения в 1937 проживал в Ташкенте, где 20 февр. 1938 вновь арестован, обвинён в шпионаже и принадлежности к антисов. националистич. орг-ции и 14 мая 1939 особым совещанием при НКВД СССР приговорён к 8 годам заключения в лагерь. Реабилитирован посмертно.

Лит.: Хасанов М., Кокандская автономия и нек-рые её уроки, "Обществ. науки в Узбекистане", Ташкент, 1990, № 2; Мухамедхонов Х., Убайдулла Асадулло Ходжа ким эди, "Узбекистон адабиети санзати", 1991, 5 апр.

Р.Т. Шамсутдинов.

ХОЙСКИЙ (Хан-Хойский) Фатали Хан Искендер оглы (7 дек. 1875, Шеки Елизаветпольской губ.,– 19 июня 1920, Тифлис). Из семьи полковника лейб-гвард. казачьего полка. Окончил юрид. ф-т Моск. ун-та (1901). В 1902–07 работал в суд. учреждениях на Кавказе. Деп. 2-й Гос. Думы; чл. мусульм. фракции; выступал против переселенческой политики пр-ва. Примыкал к партии кадетов.

После Февр. рев-ции 1917 участник 1-го съезда мусульман Кавказа (апр., Баку); член Исполкома Всерос. мусульм. Совета, избранного на 1-м Всерос. мусульм. съезде в Москве (май). Будучи беспартийным, принимал участие в 1-м съезде Тюрк. демокр. партии "Мусават" ("Равенство") (26–31 окт.); поддерживал выдвинутое партией требование о предоставлении широкой автономии Азербайджану в составе федеративно устроенной демокр. России. Возглавлял бакинскую Гор. думу (окт. 1917 – апр. 1918). Комиссар нар. просвещения при Закавк. комиссариате (15 нояб. 1917 – 10 февр. 1918). Член Закавк. Сейма (10 февр.– 26 мая 1918); входил во фракцию "Мусават" и демокр. группу беспартийных. С апр. министр юстиции Закавк. пр-ва. Член Врем. Нац. Совета Азербайджана (27 мая – 7 дек.). С 27 мая пред. исполкома Нац. Совета. 28 мая сформировал первое пр-во Азерб. Демокр. Республики; пред. Совета Министров с 26 мая 1918, одноврем. мин. внутр. дел (28 мая – 17 июня), мин. иностр. дел (26 дек. 1918 – 14 марта 1919).

Вышел в отставку в связи с незаконными действиями членов пр-ва с нефтью. Пр-во Х. приветствовало тур. оккупацию мусульм. р-нов Кавказа в июне – июле и занятие Баку тур. армией в сент. 1918. Чл. Азерб. Парламента (7 дек. 1918 – 27 апр. 1920). Мин. иностр. дел (24 дек. 1919 – 30 марта 1920). Член азерб. делегации на 1-й конференции представителей закавк. республик (25 апр.– 30 мая 1919, Тифлис). После установления Сов. власти (28 апр. 1920) переехал в Тифлис, где вскоре был убит неизвестным.

Лит.: Адрес-календарь Азерб. Республики на 1920 г., Баку, 1920; Азерб. Демокр. Республика. Азерб. пр-во, Баку, 1990 (на азерб. яз.); Балаев А., Азерб. нац.-демокр. движение. 1917–1920, Баку, 1990; Свиетоховский Т., Рус. Азербайджан. 1905–1920, "Хазар", 1990, № 1–3.

Г. Мухтаров.

Ц

ЦА́ЛИКОВ (наст. фам. Цалыккаты) Ахмед (Ахмет) Тембулатович (1882, Тверская обл.,– 1928). Из семьи осетина-мусульманина. В 1899 поступил на юрид. ф-т Моск. ун-та; участвовал в студенч. движении, в дек. 1905 – в рев. событиях во Владикавказе. Чл. РСДРП, меньшевик. Подвергался арестам. После поражения Рев-ции 1905–07 выступал во Владикавказе за созыв беспарт. рабочего съезда и создание широкой классово-полит. орг-ции пролетариата накануне 5-го (Лондонского) съезда РСДРП (1907), за что подвергся критике со стороны В.И. Ленина (см.: ПСС, т. 15, с. 181, 182, 184). Сотрудничал в меньшевист. изданиях "Наше Дело" (1906), "Возрождение" (1908–09) и др. Координировал деятельность Терско-Дагестанского и Сев.-Кавказского союзов РСДРП, Владикавказского, Кубанского и Армавирского к-тов РСДРП. Пропагандировал идеи нац. возрождения мусульман. Накануне 1-й мир. войны возглавил мусульм. движение на Тереке. Автор книг; издатель моск. газ. "Суз" ("Слово") (дек. 1915 – сент. 1916). Член бюро при мусульм. фракции 4-й Гос. Думы. Накануне Февр. рев-ции 1917 пом. присяжного поверенного в Петрограде.

После Февр. рев-ции 1917 член Петрогр. Совета РСД. Пред. Врем. Центр. бюро рос. мусульман, созданного 15 марта по инициативе мусульм. депутатов 4-й Гос. Думы для подготовки и проведения Всерос. съезда мусульман; подписал протест этого бюро против заявления одного из его членов С.Н. Максудова (25 марта) на 7-м съезде партии кадетов о том, что мусульмане России поддерживали и будут поддерживать эту партию; в протесте утверждалось, что, напротив, после объявления министром иностр. дел Врем. пр-ва кадетом П.Н. Милюковым курса на продолжение войны до победного конца мусульмане России не пойдут за таким лозунгом, что они, защищая свободу России, не хотят нести позор и унижение др. народам.

На 1-м Всерос. мусульм. съезде в Москве (май) избран в Президиум. Выступая с докладом о нац.-гос. устройстве России, отклонил принцип конфедерации и федерации на основе терр. автономий, выразил уверенность в том, что мусульмане не захотят отделяться от России. По мнению Ц., единственно приемлемой формой нац. самоопределения мусульман страны является нац.-культурная автономия. Резюмируя, Ц. сказал: "1) Россия должна представлять децентрализованную, демокр. парламентар-

ную республику. 2) Культурно-нац. автономия мусульман России должна быть гарантирована конституцией страны как публично-правовой институт" (Цаликов А., Мусульмане России и федерация. Речи, произнесённые на Всерос. мусульм. съезде в Москве 1–11 мая 1917 г., П., 1917, с. 24–25). 4 мая в докладе об отношении мусульман к войне предложил резолюцию, в к-рой говорилось, что мусульмане протестуют "против империалистич. политики, где бы и в чём бы она ни выражалась", приветствуют "ист. обращение Петрогр. Совета РСД... к трудящимся всего мира", выступают за мир без аннексий и контрибуций, считают заявление Врем. пр-ва от 27 марта о целях войны "первым шагом по пути отказа от империалистич. стремлений старого дорев. пр-ва": должны быть опубликованы договоры и соглашения, заключённые Россией с союзниками, и немедленно аннулированы те из них, к-рые предусматривают аннексии территорий; необходимо "защищать России от всяких вражеских посягательств и во имя войны за свободу нести в жертву все наши силы и всё наше достояние" (Цаликов А., Мусульмане России и война. Речи, произнесённые на Всерос. мусульм. съезде в Москве 1–11 мая 1917 г., П., 1917, с. 15). Эта резолюция была принята съездом единогласно под бурные аплодисменты. Было также принято дополнение Ц. к резолюции по рабочему вопросу, в к-ром предлагалось создать особую рабочую секцию "для полного формулирования полит., экон., нац. и религ. требований рабочих мусульман" ("Рев-ция и нац. вопрос. Док-ты и мат-лы по истории нац. вопроса в России и СССР в XX в.", т. 3, М., 1930, с. 301). Возглавил Всерос. мусульм. Совет (Милли Шуро), образованный съездом для рук-ва и координации действий мусульман страны. Редактор газ. "Известия Всерос. Мусульм. Совета" (Петроград, июнь – дек. 1917).

В связи с вооруж. демонстрацией 3–4 июля в Петрограде Исполнит. к-т Милли Шуро обратился с воззванием к мусульманам России, призывая поддержать всеми средствами Врем. пр-во, не допустить его свержения. Одновременно Исполнит. к-т Милли Шуро поднял вопрос перед пр-вом о включении в его состав представителей разл. народов, в т.ч. мусульман. Их делегация вела переговоры с кн. Г.Е. Львовым, рассчитывая получить 2 министерских поста (Ц. намечался министром без портфеля) в новом коалиц. пр-ве. Предложение было отклонено.

На 2-м Всерос. мусульм. съезде в Казани (21 июля – 2 авг.) Ц., выступая с докладом о создании мусульм. фракции в будущем Учред. Собр., отметил два наметившихся на предыдущем съезде течения в области полит. устройства России: "нац. федералисты, оказавшиеся в большинстве, и сторонники демокр. республики с автономией окраин"; говорил, что, несмотря на принятие ряда резолюций острого полит. и социального характера, представители всех слоёв "мусульм. населения, разных окраин и народностей" сохранили единство, полит. выражением этого единства явился Милли Шуро. Ц. призывал мусульман к единству в предвыборной кампании в Учред. Собр. ("Мусульманская фракция в Учред. Собр. Речь А. Цаликова", Казань, 1917, с. 9, 10, 20–21).

В соответствии с поручением съезда подписал обращение к Врем. пр-ву с просьбой удовлетворить представление Нац. управления мусульман Внутр. России и Сибири от 30 сент. В представлении сообщалось, что на объединённом заседании 3 съездов – 2-го Всерос. мусульманского, 1-го Всерос. мусульм. военного, Всерос. мусульм. духовенства – 22 июля в Казани была провозглашена нац.-культурная автономия мусульман Внутр. России и Сибири и было решено приступить к её осуществлению. Во время корниловского выступления подписал обращение Милли Шуро "К воинам мусульманам армии и флота" от 30 авг. с призывом не подчиняться Корнилову. На Демокр. совещании (сент.) Ц. заявил от имени мусульм. группы, что выступает против передачи власти Советам, за коалицию всех живых сил страны, за создание при Врем. пр-ве секретариата по мусульм. делам во главе со статс-секретарём с правами тов. министра, за создание Предпарламента. Вошёл в состав Предпарламента.

"Прошло пять... бурных месяцев рев-ции,– писал Ц. 20 сент. в предисловии к изданию своих речей на 1-м Всерос. мусульм. съезде.– И приходится с грустью констатировать, что рев. демократия в проблеме устроения народов России далеко не стала на путь, гарантирующий за народами право полного нац.-культурного и полит. самоопределения" (Цаликов А., Мусульмане России и федерация..., с. 3). В сер. нояб. избран чл. Учред. Собр. (от Симбирской губ., по мусульм. списку).

Когда в Уфе начало работу Нац. собрание мусульман Внутр. России и Сибири (Милли меджлис) (20 нояб. 1917 – 11 янв. 1918), Ц. направил меджлису (парламенту) телеграмму с призывом установить контакты с центр. Сов. пр-вом. 1 дек. 1917 был приглашён в Смольный к И.В. Сталину; во время разговора о взаимоотношениях между Сов. властью и мусульм. орг-циями страны Ц. заявил, что отношение мусульман России к большевист. пр-ву выражено в его "Открытом письме" (в к-ром отрицались роль и значение Окт. рев-ции) в адрес СНК (письмо было опубл. в ряде тат. газет) и что со стороны мусульман "такое одностороннее пр-во" не будет признано (см.: Мухарямов М.К., Великий Октябрь и нек-рые вопросы формирования тат. соц. нации, Казань, 1989, с. 8–9). На заседании меджлиса было отклонено предложение наркома по делам национальностей Сталина к Милли Шуро об орг-ции Мусульм. комиссариата при Наркомнаце РСФСР и приглашении Ц. (с к-рым Сталин был знаком по с.-д. орг-ции в Грузии) в качестве комиссара, при условии объединения Милли Шуро с Мусульм. комиссариатом при Наркомнаце.

Выступая 5 янв. 1918 на заседании Учред. Собр. от имени мусульм. соц. фракции, Ц. огласил декларацию, в к-рой отмечалось, что Сов. власть, "принявшая энергичные меры к ликвидации войны и коренному переустройству страны на основах приближения к соц. строю, оказалась несостоятельной перед лицом тех колоссальных задач, к-рые были поставлены перед ней объективным ходом событий. С особой ясностью несостоятельность новой власти сказалась в области социального творчества и переустройства России на началах подлинного признания за всеми населяющими её народами права на терр. и нац. культурное самоопределение"; СНК "оказался бессильным обеспечить народам России свободное развитие и осуществление ими всей полноты нац. творчества. Мало того, политика эта в ряде случаев становилась в решит. противоречие с лозунгами великой рос. рев-ции и несла народам России... меч гражд. войны, зарево пожаров и потоки крови". Декларация требовала: немедленно провозгласить права человека и немедленно претворить их в жизнь в Рос. Республике, провести глубокие соц.-экон. преобразования с учётом нац.-экон., бытовых, этнографич. и религ. особенностей, "с особой силой сказывающихся... в местностях с преобладающим мусульм. населением", уничтожить частную собственность на землю, передать её без выкупа в руки всех трудящихся; ввести контроль над производством при участии трудящихся и органов гос. управления; не декларативно, а на деле признать Россию Федеративной Республикой уже образованных, а также образующихся вновь штатов, таких, как "Поволжье", "Южный Урал", "Туркестанский" и др., а также права всех народов России на формирование нац. воинских частей; признать всю полноту власти за Учред. Собр. (см.: "Учред. Собр.", с. 57–59).

В.И. Ленин при встрече с членами Учред. Собр. Ш. Манатовым и М. Вахитовым (согласно воспоминаниям Манатова) 7 янв. расспрашивал о возможности привлечь на сторону Сов. власти Ц., после чего они неск. раз беседовали с Ц., но Ц., по выражению Манатова, "не осмелился участвовать вместе с нами в создании" комиссариата по делам мусульман Внутр. России при Наркомнаце РСФСР (см.: "Образование Башкирской Авт. Сов. Соц. Республики". Сб. док-тов и мат-лов, Уфа, 1959, с. 84).

После того как Милли Шуро был распущен по декрету Наркомнаца РСФСР от 22 мая 1918, Ц. летом прибыл в Осетию. На 4-м Съезде народов Терека во Владикавказе (июль – авг.) избран членом осет. фракции Терского Нар. Совета. В 1918 возглавил меджлис горских народов Кавказа в Тифлисе. В 1919 член делегации этого меджлиса, направленной из Тифлиса в Дагестан для рук-ва восстанием горцев против армии ген. А.И. Деникина. Член Совета Обороны Дагестана (создан в окт.) для борьбы с Деникиным. После победы Сов. власти в Грузии (февр. 1921) эмигрировал.

Соч.: Кавказ и Поволжье. Очерки инородческой политики и культурно-хоз. быта, М., 1913; Брат на брата. Роман из рев. жизни Кавказа, Прага, 1926. *С.М. Исхаков.*

ЦЕПЛЯ́К Ян (Иоанн) Гиацинт (17 авг. 1857, г. Домброва Бендинского у. Келецкой губ.,– 17 февр. 1926, Пассаис, США; похоронен в Вильно). В 1878 окончил семинарию в Кельцах. Специализировался в Духовной академии в Петербурге, с 1889 стал заниматься догматич. теологией. Был библиотекарем Духовной академии. В 1897 власти воспрепятствовали ему стать ректором Духовной семинарии в Кельцах. В 1909 стал пред. духовной коллегии в Петербурге, с этой должности был уволен за пропольскую деятельность. С 1914 администратор Могилёвского епископства. В годы 1-й мир. войны занимался миссионерской и благотворит. деятельностью. Первый епископ Войска польского.

После Февр. рев-ции 1917 управлял Могилёвским архиоцезом, в состав к-рого входила вся терр. России. (В России насчитывалось 1630 тыс. католиков и 900 священнослужителей – см.: Максим-Мурен, Ватикан и СССР, пер. с франц., М., 1966, с. 21.) 4 марта издал циркуляр № 1170 ко всему римско-католич духовенству Могилёвской архиепархии и Минской епархии: "После долгих лет бесправия Россия вступила на новый путь, предвещающий стране свободу, счастье и процветание. Старая власть отошла, уступив место возникшему по почину Гос. Думы Врем. пр-ву, признанному единодушно всей страной и пользующемуся её доверием. В начертанной Врем. пр-вом программе его деятельности среди прочих задач возвещена амнистия по полит. и религ. делам, свобода совести, собраний и союзов... отмена религ. ограничений... Призываю римско-католич. духовенство Могилёвской архиепархии и Минской епархии и всех католиков подчиниться Врем. пр-ву, сплотиться воедино в дружной работе для общего блага..." ("Слово Истины", 1917, № 52, с. 636). Впоследствии Ц. писал: "Мы очень надеялись на рев-цию, к-рая дала нам свободу. При старом строе мы были связаны и была ограничена наша религ. свобода" (Николаев Н.Н., Восточный обряд, Париж, 1950, с. 60). 18 марта в Петрограде приветствовал освобождённого из ссылки униатского митрополита А. Шептицкого. 14 мая епископ Виленский барон Э. Рооп и Ц. отправили телеграмму Святейшему престолу с просьбой ходатайствовать перед австр. императором о помиловании осуждённого правосл. священника Н. Рыжкова (этот священник правосл. церкви в Праге и Карлсбаде был впоследствии помилован и возвращён в Россию).

Врем. пр-во 25 апр. предоставило Римско-католич. церкви, её орденам и орг-циям право религ. пропаганды, а законом от 8 авг. регулировались отношения гос-ва с Римско-католич. церковью.

14 сент. Ц. издал воззвание к "преподобному духовенству Могилёвской архиепархии и Минской епархии": "В Рос. гос-ве настала для церкви желанная свобода... Широко открывается перед нами поле для работы... Орг-ция религ. и обществ. союзов, создание католич. школ, дело пропаганды, возобновление... проповедничества, противодействие лозунгам и партиям переворота – это ещё не все задачи, к-рые в данный момент налагает на нас Бог, исполнения к-рых ждут от нас церковь и народ... Область веры не менее других поддаётся орг-ции и не менее других в орг-ции нуждается... Без орг-ции немыслимо ни вырвать людей из сетей партий переворота, ни вести систематич. борьбу с лагерем Бога и порядка... Главное – создать орудие, создать ядро орг-ции. А когда рамы будут готовы, их можно заполнить содержанием разного характера с большей для службы Господней пользой..." (Островский Я., Терциары и католич. контррев-ция, пер. с польск., М., 1930, с. 28–31, 34, 35). Для рук-ва работой ксендзов по созданию и ведению сети приходских орг-ций и католич. об-в при епископской канцелярии в Петрограде был открыт обществ. совет для информации и директив в области союзной жизни архиепископства.

Ц. пытался создать католич. полит. партию: "Сделать из прихода то, чем он должен быть:

живым, энергичным и дисциплинированным отрядом великой боевой линии воинствующей церкви" (там же, с. 33). 16 сент. он писал, что стремится к усилению Третьего ордена Св. Франциска; в перспективе он видел в Третьем ордене, состоящем из мирян, боевой отряд Римско-католич. церкви, выступающий против "России и угрожающий всему миру большевизма" (Винтер Э., Политика Ватикана в отношении СССР, М., 1977, с. 72).

После Окт. рев-ции Ц. был склонен думать, что католицизм будет располагать большей свободой под управлением Советов, чем царской власти и власти Врем. пр-ва. На собрании римско-католич. духовенства в Петрограде в 1918 Ц. обратился к ксендзам с речью, в к-рой отмечал, что необходимо энергично вести дело за религ. воспитание, поколебленное во время рев-ции, требовал, чтобы ксендзы добивались открытия католич. школ, а также курсов при костёлах. В Петрограде нелегально издавался ж. "Хроника Могилёвской Епархии". Ц. потребовал создания при нём ЦК для рук-ва нерешительной политикой прихожан. На собрании был зачитан реферат "Об отношении церкви к коммунизму", в к-ром рекомендовалось произносить проповеди в костёлах с предупреждением верующих о грозящей им опасности со стороны коммунизма (см.: "Рев-ция и церковь", 1923, № 1–3, с. 104–05). В апр. Ц. получил указание от представителя Ватикана в Варшаве, что папа против заключения каких-либо договоров с Сов. властями (см.: Винтер Э., указ. соч., с. 102–03).

В 1919 Ц. стал архиепископом, Могилёвским митрополитом, коадьютором (зам. епископа, при длительной неспособности последнего исполнять свои обязанности), т.к. католич. митрополит Рооп был арестован и выслан в Польшу. В 1920 за антисов. проповедь был арестован Петрогр. ЧК, после признания им Сов. власти освобождён (см.: "Рев-ция и церковь", 1923, № 1–3, с. 102). В 1922 был снова арестован. На процессе в 1923 признан виновным "в сознательном рук-ве... контррев. действиями орг-ции католич. священников, направленной к ...восстановлению старых имуществ. прав и провоцированию прихожан к выступлению против Сов. власти" (там же, с. 103), приговорён к расстрелу. По ходатайству о помиловании и в результате многочисл. протестов мировой общественности расстрел был заменён 10 годами тюремного заключения (см. там же, с. 111–13). В 1924 Ц. был освобождён и выслан в Польшу. С 1925 в США, 14 дек. 1925 назначен митрополитом.

Лит.: Encyklopedia Katolicka, t. 3, Lublin, 1979. *М.Е. Голостенов.*

ЦЕРЕ́ТЕЛИ Ираклий Георгиевич (20 нояб. 1881, Кутаис,– 21 мая 1959, Нью-Йорк). Из обедневшего старинного дворянского рода,

сын Г.Е. Церетели – публициста, обществ.-полит. деятеля. Гимназистом познакомился с народнич. и марксист. идеями. В 1900 поступил на юрид. ф-т Моск. ун-та. В 1901 пред. исполкома студенч. орг-ций Москвы, за участие в студенч. движении в числе других сослан в Вост. Сибирь, освобождён в 1903. Возвратившись на Кавказ, вступил в РСДРП, чл. Тифлис. к-та. После 2-го съезда партии (1903) меньшевик, гл. ред. ж. "Квали" ("Борозда"). Весной 1904, спасаясь от ареста, уехал в Берлин, поступил в ун-т. Тяжело больной туберкулёзом, в 1905 вернулся в Кутаис. В 1907 избран деп. 2-й Гос. Думы, чл. её агр. комиссии, пред. с.-д. фракции. Дел. 5-го (Лондонского) съезда РСДРП (1907). В июне 1907, после роспуска Думы, в результате третьиюньского переворота, осуждён на 5 лет каторги, заменённой по состоянию здоровья 6 годами тюрьмы с последующим поселением в Вост. Сибири. В нач. 1-й мир. войны "интернационалист".

После Февр. рев-ции 1917 участвовал в создании К-та обществ. орг-ций, Совета РД, Воен. орг-ции Иркутска. 19 марта вернулся в Петроград. Вошёл в состав исполкома Петрогр. Совета. К этому времени определился как "рев. оборонец". 21–22 марта с этой позиции участвовал в выработке отношения Петрогр. Совета к вопросу войны и мира. На Всерос. совещании Советов (29 марта – 3 апр.) выступал с докладом об отношении к войне. В принятой по его предложению резолюции рос. демократы призывались мобилизовать все силы страны для укрепления фронта и тыла. Считал залогом окончания войны совм. усилия социалистов в воюющих странах, для чего пытался организовать Стокгольмскую междунар. конф. 4 апр. на собрании с.-д. (большевиков, меньшевиков, внефракционных) высказался за созыв общепарт. съезда. Выступал с резкой критикой Апр. тезисов В.И. Ленина, их центр. идеи перехода России к социализму. Сторонник коалиции с буржуазией. 27 апр. выступал на заседании деп. Гос. Думы всех 4 созывов: "Мы говорим народу: вот буржуи, вот ответств. орган буржуазии – Врем. пр-во, но мы добавляем: это представители той буржуазии, к-рые на общей демокр. платформе условились отстаивать рус. свободу вместе с демократией..." ("Рев-ция 1917", т. 2, с. 77). 5 мая решением Петрогр. Совета РСД введён во Врем. пр-во (мин. почт и телеграфов). 7 мая на Всерос. конф. меньшевист. и объединён. орг-ций говорил: "Я всегда был противником участия социалистов в бурж. пр-ве... Тем труднее мне было встать на теперешнюю мою позицию... В ходе развития рев-ции выяснилось, что буржуазия оказалась не в состоянии выделить из своей среды власть, к-рая была бы достаточно сильна и смела, чтобы и расширять и укреплять дело рев-ции внутри страны и в то же время демократизировать внеш. политику";

рассказав о нараставшем в марте – апр. кризисе Врем. пр-ва, Ц. продолжал: "Пр-во поставило нас перед выбором: или оно уйдёт, или мы войдём в его состав, чтобы вместе делать дело рев-ции... Власть фактически ушла, и перед нами стал выбор: или захват власти Советами, или вхождение в составленное на рев. началах Врем. пр-во. На первое мы пойти не могли, ибо тогда мы совершили бы ошибку, от к-рой некогда предостерегал ещё Энгельс, говоривший о трагизме положения пролетариата, захватившего власть в свои руки, когда нет объективных условий для осуществления пролетарской программы... После этого нам оставалось только одно – войти во Врем. Рев. пр-во. Совет признал эту необходимость и послал нас в состав Врем. пр-ва" ("Рабочая Газета", 1917, 9 мая). "Из правоверного марксиста и прирождённого миротворца вышел замечательный специалист по междупартийной технике" (Милюков П.Н., Воспоминания гос. деятеля, Нью-Йорк, 1982, с. 374). 22 мая Врем. пр-во командировало М.И. Скобелева и Ц. в Кронштадт, т.к. его Совет РСД объявил 17 мая, что не признаёт Врем. пр-во; переговоры завершились соглашением.

4 июня Ц. отчитывался 1-му Всерос. съезду Советов РСД о деятельности пр-ва: отвергал возможность сепаратного мира, говорил о необходимости приведения армии в боевую готовность, чтобы она, "...если это окажется нужным, могла бы перейти в наступление" ("1-й съезд Советов", т. 1, с. 60), обосновывал необходимость единения всех сил, чтобы не допустить распада гос-ва и гражд. войны, утверждал, что "...в России нет полит. партии, к-рая говорила бы: дайте в наши руки власть..." (там же, с. 65). На реплику В.И. Ленина "Есть!" Ц. отвечал, что власть должна быть достаточно сильной, "...чтобы противостоять тем, кто решается на эксперименты, опасные для судеб рев-ции..." (там же, с. 66). 9 июня, возражая Л.Д. Троцкому, утверждал, что позиция большевиков "...слабый пункт нашей рев-ции. Сейчас контррев-ция в прямой борьбе не страшна. Но она в нашу крепость рев-ции может ворваться через эти ворота" (там же, с. 361). Избран чл. ВЦИК, чл. През. ВЦИК. 11 июня на совм. заседании исполкома Петрогр. Совета и През. съезда Советов по поводу готовившейся на 10 июня демонстрации заявил: "Большевиков надо обезоружить... Нельзя оставить в их руках пулемёты и оружие, заговоров мы не допустим" ("Рев-ция 1917", т. 3. с. 57). 28 июня вместе с М.И. Терещенко приехал в Киев (29 июня прибыл и А.Ф. Керенский) для переговоров с Центр. Радой после того, когда, кроме ранее высказанных требований культ.-нац. автономии, появились заявления о необходимости нац.-терр. автономии и создания укр. нац. армии; было достигнуто компромиссное решение. Министры-кадеты, в знак протеста против "Декларации Врем. пр-ва к Укр. Раде" (от 2 июля), вышли из пр-ва. На совм. заседаниях ВЦИК Советов РСД и Исполкома Всерос. Совета КД, собиравшихся в условиях правительств. кризиса, 3 июля Ц. говорил в докладе, что лозунг "Вся власть Советам!" гибелен для рев-ции, а 4 июля, что если в Петрограде Совет захватит власть, то "провинция пойдёт против нас". (Ночью Н.С. Чхеидзе и Ц. предложили редакциям газет не печатать домыслы о шпионаже Ленина в пользу Германии.) В принятой 7 июля по докладу Ц. резолюции говорилось: "Резкий перелом в настроении широких масс, вызванный авантюристской попыткой вооруж. наступления против Врем. пр-ва, поддерживаемого органами рев. демократии, попыткой, к-рую подготовили анархо-большевист. элементы и действующие под их флагом тёмные силы, провокаторы и черносотенцы, ставят перед страной действит. опасность контррев-ции" (там же, т. 3, с. 323).

8 июля временно по совместительству назначен мин. внутр. дел. 13 июля подписал распоряжение о запрещении всех шествий и уличных собраний в Петрограде. 18 июля с В.М. Черновым добился внесения в закон о выборах в Учред. Собр. поправки о лишении членов дома Романовых избират.прав. 24 июля вышел из Врем. пр-ва, чтобы сосредоточиться на работе в Совете. В авг. делегат Объединит. съезда РСДРП, избран чл. ЦК РСДРП(о). Выступая 19 авг. на съезде с докладом "Полит. положение и задачи партии", констатировал, что "настал момент террористич. политики для предупреждения гражд. войны и разложения фронта" (там же, т. 4, с. 74). 27 авг. объединённое заседание ВЦИК Советов РСД и Исполкома Всерос. Совета КД приняло предложенную Ц. резолюцию: "Предоставляя т. Керенскому формирование пр-ва, центр. задачей к-рого должна являться самая решит. борьба с заговором ген. Корнилова, ЦИК Советов РСД и Исполком Совета КД обещают пр-ву самую энергич. поддержку в этой борьбе" (там же, с. 105). После принятия 31 авг. Петрогр. Советом большевист. резолюции "О власти" в знак протеста вместе со всем эсеро-меньшевист. Президиумом Петрогр. Совета 6 сент. Ц. сложил свои полномочия. 14 сент. на Демокр. совещании утверждал, что однородная демокр. власть не в силах решить стоящие задачи, отстаивал коалицию с кадетами, утверждал, что за Л.Г. Корниловым пошли только авантюристич. элементы средней и крупной буржуазии, настаивал на подотчётности Врем. пр-ва создаваемому Предпарламенту. 24 сент. заседание представителей рев.демократии и буржуазии приняло предложение Ц. назвать Предпарламент "Врем. Советом Рос. Республики". Выступал за передачу земли крестьянам, но только по решению Учред. Собр., созыв к-рого, на его взгляд, демокр. силы непростительно затянули.

Окт. рев-цию встретил враждебно. 10 нояб. на заседании Собора земств и городов в докладе "О текущем моменте" говорил: "...ценой потери своей популярности мы пытались предотвратить массы от этой кровавой выучки..." (там же, т. 6, с. 117); в принятой по его предложению резолюции заявлялось о необходимости приступить "к созданию демокр. центра, к-рый должен быть противопоставлен узурпаторам власти..." (там же, с. 124). 12 нояб. на Бюро ЦИК 1-го созыва, не признававшего Сов.

власть, предлагал опираться на Кавказ, Сибирь и Украину, где есть "здоровые элементы, не признающие власть большевиков и способные воссоздать гос. жизнь" (там же, с. 132). 7 дек. на съезде РСДРП (объединённой) избран в ЦК.

5 янв. 1918 на заседании Учред. Собр. говорил:"Рев-ция в России одна,– она началась в февр. дни, она пережила тяжёлые испытания, но самые тяжёлые испытания она переживает в настоящий момент. На её плечи взваливается ноша, к-рая может раздавить её на долгую жизнь... совершается... разделение России на два непримиримых лагеря... линия гражд. войны прошла через сердце демократии" ("Учред. Собр.", с. 47). Несмотря на непримиримость и резкость в полемике по полит. вопросам, современники отмечали благородство Ц. и личное обаяние, что вызывало уважение к нему в широких обществ. кругах. В.И. Ленин, после убийства 7 янв. Ф.Ф. Кокошкина и А.И. Шингарёва, через посредников посоветовал Ц. уехать в Грузию (см.: Денике Ю.П., И.Г. Церетели, "Новый журнал", 1959, № 57, с. 284). Возвратившись в Тифлис, по-прежнему пытался активно участвовать в полит. жизни, боролся против заключения Брестского мирного договора. Считал, что Грузия не может противостоять в одиночку большевист. России, выступал за объединение закавк. народов: "...если будет разрушено внутр. единство народов Закавказья,– мы будем растоптаны" ("Речи", т. 2, с. 100–01). После распада Закавк. федерации Ц. видел единств. защиту малых народов в междунар. демократии (там же, с. 121). Чл. исполкома Нац. Совета Грузии, к-рый с 25 мая по его предложению стал именоваться Парламентом; 26 мая участвовал в принятии решения о провозглашении независимой Груз. демокр. республики.

В февр. 1919 – апр. 1920 чл. делегации Грузии на Версальской, затем Сан-Ремской конф. С 1921 в эмиграции во Франции, с 1940 в США. Представитель груз. с.-д. в Междунар. соц. бюро, чл. исполкома 2-го Интернационала; противник большевизма, автор работ об участниках и проблемах с.-д. движения.

Соч.: Речи, т. 1–2, П.– Тифлис, 1917–18; Восп. о Февр. рев-ции, т. 1–2, Париж, 1963.

Лит.: Потресов А.Н., Речи Церетели, в кн.: А.Н. Потресов, 1869–1934, Париж, 1937; Николаевский Б., И.Г. Церетели. (Страницы биографии), "Соц. вестник", 1959, № 6–12; 1960, № 2/3; Денике Ю.П., Восп. Церетели, "Новый журнал", 1964, т. 76; Авалов З., Независимость Грузии в междунар. политике. 1918–1921, Нью-Йорк, 1982, с. 185–86; Бургина.

Н.П. Барсукова.

ЦЮРУ́ПА Александр Дмитриевич (19 сент. 1870, г. Алёшки Таврической губ.,– 7 мая 1928, с. Мухалатка, Крым). Из семьи

секретаря гор. управы. В 1887–93 учился в Херсон. с.-х. уч-ще; член нелег. ученич. кружков. В 1898 в Уфе вступил в РСДРП; работал земским статистиком; с 1900 агент газ. "Искра". После 2-го съезда РСДРП (1903) большевик. Неоднократно подвергался арестам и ссылкам. Участник Рев-ции 1905–07 (Уфим. губ.). С 1905 работал управляющим имениями князя В.А. Кугушева в Уфим. губ. (до 1918); продолжал рев. деятельность. В 1-ю мир. войну – в прод. органах по снабжению армии.

После Февр. рев-ции 1917 со 2 марта чл. Президиума Уфим. к-та РСДРП (до сент. 1917 – объединённого). Избран чл. Уфим. Совета РСД, пред. губпродуправы (до нач. 1918). С 23 марта по поручению Уфим. к-та РСДРП возглавил комиссию по созданию профсоюзов на з-дах и ф-ках губернии. В мае участвовал в подготовке и проведении 1-й Уфим. конф. РСДРП, в орг-ции Кр. Гвардии, способствовал введению рабочего контроля на металлургич. з-дах губернии. С кон. мая пред. Уфим. губ. к-та партии, возглавил избират. кампанию по выборам в Гор. думу. В июне избран пред. уфим. Гор. думы. По инициативе Ц. созданы спец. курсы для подготовки инструкторов по учёту хлебных запасов губернии, налажены заготовка хлеба и снабжение им населения городов. В нач. окт. на Уфим. губ. конф. РСДРП(б) избран чл. губкома партии.

После получения известий об Окт. вооруж. восст. в Петрограде избран 26 окт. членом Уфим. ВРК. Организовал отправку эшелонов с хлебом в Петроград и Москву. Баллотировался в члены Учред. Собр. (от Уфим. губ.), но избран не был. 18–24 нояб. делегат Всерос. прод. съезда в Москве; в своём выступлении говорил: "Прод. аппарат... кормит миллионы людей, и употреблять этот аппарат в качестве орудия полит. борьбы – недопустимо... и вам [саботажникам.– Автор] этого не позволят сделать" ("Всерос. прод. съезд в Москве 18–24 нояб. 1917". Стенографич. отчёт, 1918, с. 76–80).

После съезда по вызову ЦК РСДРП(б) приехал в Петроград, 29 нояб. назначен зам. наркома продовольствия. В дек. 1917 – янв. 1918 организовал отправку хлеба в Петроград из губерний Поволжья и Юж. Урала. 25 февр. 1918 назначен наркомом продовольствия РСФСР; к работе в аппарате Наркомпрода привлёк крупных специалистов – статистиков Кугушева, М.П. Красильникова (оба кадеты), проф. О.А. Ерманского (меньшевик) и др.; предложил запасы промтоваров, с.-х. машин и предметов первой необходимости на сумму 1162 млн. руб. в кратчайший срок направить в хлебородные р-ны страны (эта сумма была 25 марта ассигнована СНК в распоряжение Наркомпрода).

Дел. 4-го Всерос. съезда Советов (и всех последующих; избирался чл. ВЦИК). 8 мая 1918, в связи с критич. положением со снабжением продовольствием, на заседании СНК выступил с предложением о введении в стране прод. диктатуры (введена декретом ВЦИК от 13 мая 1918). Обеспечивал снабжение продовольствием пром. центров и Кр. Армии. С 1921 зам. пред. СНК и СТО РСФСР (с 1923 – СССР).

Соч.: Владимир Ильич и прод. политика, в кн.: Восп. о В.И. Ленине, т. 5, М., 1990.

Лит.: Давыдов М.И., А.Д. Цюрупа, М., 1961; Красильщиков В.И., Интендант рев-ции, М., 1968; Днепровский А.А., Эшелоны жизни, М., 1981; Цюрупа В.А., Колокола памяти, М., 1986. *В.Н. Заботин.*

Ч

ЧАЙКО́ВСКИЙ Николай Васильевич (26 дек. 1850, Вятка,– 30 апр. 1926, Лондон). Потомств. дворянин. Окончил физ.-мат. ф-т Петерб. ун-та (1872), участвовал в студенч. движениях. С 1869 член рев. народнич. кружка, к-рый вошёл в историю как кружок "чайковцев". Подвергался арестам. В 1874 эмигрировал. В 90-х гг. один из основателей "Фонда Вольной рус. прессы", с нач. 1900-х гг. член Агр. соц. лиги, с 1904 эсер. В 1907 вернулся в Россию, был арестован; около года содержался в Петропавл. крепости; порвал с эсерами, от полит. деятельности отошёл. Активно участвовал в рос. коп. движении. Один из лидеров рос. масонов. В годы 1-й мир. войны "оборонец" и сторонник "единения всех классов против общего врага"; один из рук. Всерос. союза городов. Чл. ЦК Трудовой группы.

После Февр. рев-ции 1917 чл. исполкома Петрогр. Совета РСД, один из руководителей его правого крыла. 5 марта вошёл в комиссию законодат. предположений исполкома Совета. 9 марта в "Известиях Петрогр. Совета" опубликовано коллективное воззвание, подписанное и Ч., призывавшее кооператоров к недопущению беспорядков, использованию их опыта для восстановления х-ва. Один из организаторов 1-го Всерос. съезда КД (4–28 мая), в выступлении 7 мая заявил, что борьба классов во время войны – преступление, что пр-во должно быть беспартийным (см.: "Речь", 1917, 9 мая); избран в Исполком Всерос. Совета КД. 19 июня, открывая Всерос. съезд Трудовой группы, сказал: "Начавшееся наступление рус. войск выведет Россию из той ямы, в к-рую она попала... Народ, не умеющий отстоять своей страны, не достоин свободы" (там же, 24 июня). После объединения съездов трудовиков и нар. социалистов и образования Трудовой Нар.-соц. партии избран членом её ЦК. Одноврем. гласный петрогр. Гор. думы, тов. пред. общегос. Прод. к-та, чл. Совета Всерос. кооп. съездов, чл. Лиги агр. реформ. Был сторонником коалиц. пр-ва, проводил политику союза с кадетами. 4 июля на объединённом заседании ЦИК Советов РСД и Исполкома Советов КД с участием представителей 54 з-дов при обсуждении вопроса о переходе власти к Советам говорил, выступая после М.А. Спиридоновой:

"Вы только что выслушали пламенную речь, к-рая призывала вас к чувству. Позвольте мне сказать и призвать вас к гос. разуму... Война требует силы гос-ва, социальная

рев-ция – слабость гос-ва. В этой коллизии заключается трагедия нашего положения. В Петрограде забывают о войне. На фронте же не думают о социальной рев-ции... война требует денег, она требует воен. мощи и финанс. мощи. Если же социалисты возьмут всю власть в свои руки, они через месяц окажутся банкротами... исчезнут с рынка товары, и прежде всего хлеб, т.к.

ценность бумажных денег падёт до ценности той бумаги, на к-рой они печатаются. И тогда, когда не будет хлеба на рынке, когда начнётся голод, вместе с ним придёт и анархия, и тогда не придётся говорить о доверии или недоверии. Тогда появится диктатор, и диктатором будет первый популярный прапорщик. А может быть и немецкий диктатор" ("Известия ЦИК и Петрогр. Совета РСД", 1917, 6 июля).

Участник моск. Гос. совещания (авг.); на Демокр. совещании (сент.) вошёл в Президиум Врем. Совета Рос. Республики (Предпарламента), пред. его кооп. группы. 12 окт. выступил в Предпарламенте: "Наша партия решительно становится на сторону обороны страны... Рабства мы ни за что не хотим. Это не слова, и если завтра мне скажут, что мои 70-летние силы нужны на фронте, я пойду туда... Я с самого начала войны утверждал, что проведение социально-рев. преобразований в полном объёме во время войны есть преступление. И мы это преступление совершаем" (там же, 13 окт.).

После Окт. рев-ции активный её противник; чл. петрогр. К-та спасения Родины и Рев-ции, один из рук. "Союза защиты Учред. Собр." (деп. Учред. Собр. от Вятской губ.). 22 февр. 1918 на кооп. съезде заявил: "Товарищи, припомните, что всё несчастье нашей рев-ции заключается в том, что целый ряд наших пр-в был в сущности самочинным, никто их не выбирал... Учред. Собр. является носителем правового принципа выявленной воли народа, и обязанность заключается в том, чтобы претворить в жизнь этот принцип... И нашей первейшей задачей является поставить нашу гос. задачу выше социальной и клас. задачи. Теперь нам навязывают подчинение классу, а мы хотим подчиняться гос-ву, а Учред. Собр. есть власть этого гос-ва" ("Труды 1-го Очередного Всерос. кооп. съезда", М., 1918, с. 59–60).

Весной 1918 один из организаторов и руководителей "Союза возрождения России". В авг. участник антисов. переворота в Архангельске, до февр. 1920 был пред. и управляющим отделом иностр. дел пр-ва Северной обл. В янв. 1919 выехал в Париж для участия в "Рус. полит. совещании", член его исполнит. органа, член Рус. загран. делегации на Парижской мирной конф. В февр.– марте 1920 член "Южнорус. пр-ва" при ген. А.И. Деникине. В эмиграции сторонник союза всех антисов. сил, призывал к воен. интервенции.

Соч.: Религиозные и обществ. искания, т. 1 – Воспоминания, Париж, 1929.

Лит.: Мельгунов С.П., Н.В. Чайковский в годы Гражд. войны, Париж, 1929; [Некролог], "Совр. зап.", 1926, № 28; Н.В. Чайковский, «"Голос минувшего" на чужой стороне», 1926, № 1, 4. *В.И. Голдин.*

ЧАЯ́НОВ Александр Васильевич (17 янв. 1888, Москва,– 3 окт. 1937). Род. в купеческо-мещанской семье выходцев из крестьян. Окончив реальное уч-ще, поступил в 1906 в Моск. с.-х. ин-т (МСХИ; позже – Петровская, ныне Тимирязевская с.-х. академия), где преподавали Д.Н. Прянишников, А.Ф. Фортунатов, Н.Н. Худяков. Испытав вли-

яние рев. идей 1905–07, стал убеждённым социалистом, но беспартийным. В каникулы 1908 и 1909 студент Ч. знакомился с орг-цией агрономии и с.-х. кооперации Италии и Бельгии. Свои наблюдения и выводы опубликовал в 1909 и 1910 в ж. "Вестник С. Х-ва" и в отд. брошюре; в них Ч. впервые сформулировал представление о том, что внутр. структура крест. х-ва «раскрывает перед нами связку, ряд отдельных с.-х. технич. процессов, к-рые волевою деятельностью "хозяйств. человека" соединяются экономически в х-во... Каждый из этих процессов настолько самостоятелен, что может быть выделен, не нарушая общего организац. плана х-ва» ("Вестник С. Х-ва", 1909, № 36, с. 8–9). Этот вывод явился для студента Ч. отправным в оценке сущности и значения крест. кооперации: "...возможность... без крупной ломки организац. плана мелкого с. х-ва организовать нек-рые его отдельные технич., хозяйств. процессы, в к-рых крупное произ-во имеет несомненное преимущество, ...путём выделения их и слияния с подобными процессами у соседей в кооперативе" (там же). Поиск путей включения в совр. экономику не только для "сильных", но для всей массы трудовых (как правило, не принимающих наёмного труда) крест. х-в объясняет отрицат. отношение Ч. к агр. реформе П.А. Столыпина.

Получив в 1911 диплом учёного-агронома 1-й степени, Ч. преподавал в МСХИ, Нар. ун-те А.Л. Шанявского и др. В 1912 был в командировке (Англия, Франция, Германия, Швейцария, Италия) "для подготовки к занятию кафедры с.-х. экономии", одноврем. работал над "Очерками по теории трудового х-ва" (М., ч. 1–2, 1912–13). В 1915 вышел в свет "Краткий курс кооперации" (М.), в к-ром он знакомил читателей с историей кооп. движения в России и за рубежом, раскрывал сущность орг-ции кредитных товариществ, потребит. об-в и производств. кооперативов. В науч. отношении Ч. с первых публикаций примыкал к "организационно-производств. школе", заложенной в 1904 А.Н. Челинцевым, став затем её ведущим представителем и фактически главой (в 20-х гг. это науч. направление получило назв. "школы Чаянова"). Преподават. и исследоват. деятельность Ч. сочетал с участием в кооп. и обществ. орг-циях. В годы 1-й мир. войны работал в разл. комиссиях Особого совещания по продовольствию, в прод. орг-циях Всерос. земского союза и экон. отдела Всерос. Союза городов, участвуя, в частности, в составлении Общего плана обеспечения продовольствием населения (1916). В 1915 адъюнкт-профессор Ч. стал одним из организаторов и руководителей Центр. т-ва льноводов (Центр. союза льноводч. кооперативов – Льноцентра). В науч. плане одним из гл. направлений деятельности Ч. была дальнейшая разработка теории крест. х-ва.

Активный участник событий Февр. рев-ции 1917, Ч. прежде всего стремился способствовать радикальным преобразованиям в с. х-ве. На Всерос. кооп. съезде (25–27 марта) был избран членом Совета Всерос. кооп. съездов – высшего органа управления кооп. движением. Оказывая решительную поддержку Врем. пр-ву, Ч. считал необходимой консолидацию обществ. сил, чтобы справиться с усугублявшимся разорением страны. Преодолению прод. кризиса были посвящены его лекции и статьи в прессе ("Рус. Ведомости", 1917, № 34; "Власть Народа", 1917, 29 апр., 21 мая, 21 июня и др.). Активно поддерживал создание системы прод. к-тов: губернских, уездных и волостных, избираемых демокр. путём и подотчётных народу (см.: Чаянов А.В., Прод. вопрос. Лекции, читанные на курсах по подготовке работников по культ.-просвет. деятельности при Советах студенч. депутатов в апр. 1917 г., М., 1917, с. 33).

Гл. направлением деятельности Ч. стала разработка агр. реформы. Один из инициаторов создания Лиги агр. реформ, имеющей целью пересмотр устаревших с 1905–07 агр. программ и перенесение их "из узких парт. переулков и парт. полемики на более широкую площадь совм. работы всех экон. сил страны". Во время Всерос. кооп. съезда состоялось первое собрание учредителей лиги (57 представителей разл. партий и течений), на к-ром был избран Орг. к-т. 16–17 апр. проходил Учред. съезд лиги (136 дел. от 20 губерний); как член Орг. к-та Ч. выступил с докладом о принципах орг-ции, задачах, проекте Положения о лиге агр. реформ; вошёл в Совет лиги и в её Центр. распорядит. к-т. На 2-м съезде лиги (июнь) также говорил о задачах агр. реформы, на 3-м съезде (нояб.)– о природе крест. х-ва и его зем. режиме. Ч. принадлежит обращение к-та к членам лиги: "Мы считаем, что: 1) трудовое кооп. крест. х-во должно лечь в основу агр. строительства России и ему должны быть переданы земли нашей родины; 2) передача эта должна совершиться на основе гос. плана зем. устройства, ...планомерно и организованно осуществимого без нарушения производств. напряжения нашего нар. х-ва; 3) зем. устройство есть только часть решения агр. проблемы, к-рая включает в себя все вопросы, связанные с общими условиями с.-х. произ-ва, орг-цией трудовых х-в и орг-цией связи этих х-в с общим мировым х-вом" ("Предисловие"– во всех изданиях Лиги агр. реформ).

Обоснование программы Ч. содержит его брошюра "Что такое агр. вопрос?" (М., 1917), в к-рой выражены рев. требования 1917, и прежде всего требование, ставшее лозунгом всех демокр. сил: "Земля – трудовому народу!". Ч. писал: "...все земли, находящиеся сейчас в пользовании крупного помещичьего х-ва, должны быть переданы в руки трудового крест. х-ва"; эта передача частновладельч. земель крест-ву могла быть произведена и в форме социализации, и национализации, и муниципализации, и с помощью "единого налога на землю", изымающего в пользу народа всю зем. ренту, и, наконец, через создание "системы гос. регулирования землевладения" при запрещении продажи и покупки земли. Ч. стремился найти решение задачи "с меньшими затруднениями и с наименьшими затратами провести обобществление земель и передачу их трудовому х-ву", склонялся в пользу совмещения последних двух вариантов – гос. регулирования и прогрессивного налога обложения с добавлением права "экспроприации любых земель" (в случаях нарушений зем. режима, установленного законом), что дало бы возможность "автоматически в одно-два десятилетия прийти к национализации или муниципализации" (с. 20, 32–33, 41–45, 55, 58–59). В основу агр. реформ должны были лечь два принципа: "1) наибольшая производительность нар. труда, прилагаемого к земле; 2) демократизация распределения нар. дохода". Ч. отвергал и капитализм, и "гос. социализм", и "анархич. коммунизм". Обеспечить осуществление обоих принципов, по его убеждению, могла только кооперация, и поэтому будущий агр. строй должен быть кооперативным (там же, с. 16, 18–19, 24–25). Автор радикальной агр. программы быстро завоёвывает полит. авторитет – становится членом Гл. зем. к-та, созданного для подготовки и осуществления зем. преобразования, членом Врем. Совета Рос. Республики (Предпарламента), тов. мин. земледелия во Врем. пр-ве (около двух недель), как "беспартийный социалист" избирается членом Учред. Собр.

Ч., несмотря на первоначально негативное восприятие Окт. рев-ции, согласился работать в сов. учреждениях и в сотрудничавших с ними кооп. орг-циях. С 1918 проф. Петровской с.-х. академии. На 1-м Всерос. кооп. съезде (18–24 февр. 1918) Ч. выступал с докладами, участвовал в дискуссиях, обнаруживших бесперспективность противостояния власти Советов, отсутствие полит. единства в кооп. среде; по предложению Ч. на съезде был создан К-т по охране культурных и художеств. сокровищ России, в президиум к-рого вошёл Ч. К-т, лично Ч. проделали большую работу по спасению культурных и художеств. сокровищ страны. В кооп. движении Ч. был сторонником компромисса между Сов. властью и кооперацией, их сотрудничества при сохранении кооперацией самостоятельности в своей хоз. деятельности; член кооп. делегации 18 нояб. 1918 на переговорах с В.И. Лениным о судьбе Моск. нар. банка, принадлежавшего кооперации. На 2-м Всерос. съезде Совнархозов (дек. 1918) выступал с докладом о с.-х. кооперации. В 1919 возглавил Высший семинарий с.-х. экономии и политики, преобразованный в том же году в НИИ с.-х. экономии.

В 1919 вышел в свет один из гл. науч. трудов Ч.– кн. "Осн. идеи и формы орг-ции крест. кооперации" (М.), где он писал: "...не разрушая тех сторон х-ва, где мелкое семейное произ-во было технически удобнее крупного, ...выделить и организовать в крупнейшие кооп. предприятия те отрасли, в к-рых это укрупнение давало заметный положительный эффект", чтобы в итоге организовать все отрасли и работы крест. х-ва "в той степени крупности и на тех социальных основах, к-рые наиболее к нему подходили". Этот процесс Ч. назвал "кооперативной коллективизацией" (с. 15–16, 21, 301 и др.). Он отрицал "коммунизацию произ-ва" в с. х-ве, указывая на такие труднейшие проблемы, как "стимуляция работы", "организация труда" и "хозяйствующая воля", т.е. управление.

В 1921–23 чл. коллегии Наркомзема РСФСР и его представитель в Госплане РСФСР. В марте 1921 работал в комиссии Наркомзема, разработавшей "Осн. принципы построения продналога"– важнейшей меры перехода к нэпу. 23 нояб. 1921 сделал в Госплане доклад "Ген. план Наркомзема", положивший начало работ по планированию с. х-ва.

В 20-х гг. Ч. были созданы труды по теории семейно-трудового крест. х-ва и кооперации, по практич. применению теоретич. знаний и рекомендаций, проводились обследования крест. х-в в разл. р-нах страны; работы издавались в Германии, Японии, Индии, Китае. Ч. был не только экономистом, организатором науки и кооперации. В 1918–28 он написал 6 повестей, оцениваемых литературоведами как "рус. гофманиада" (включая социально-утопич. повесть "Путешествие моего брата Алексея в страну крест. утопии").

С развёртыванием сталинской "рев-ции сверху" в 1928–29 нарастала волна идеологич. и полит. критики в адрес Ч. Если раньше его критиковали за "неонародничество", то теперь обвиняли в "защите интересов кулачества", "протаскивании бурж. агр. теорий". На Конференции аграрников-марксистов (20–29 дек. 1929) т.н. чаяновщина была объявлена "агентурой" империализма, находящейся в связи с "правым уклоном" в ВКП(б); выступивший на ней И.В. Сталин обрушился на «антинауч. теории "советских" экономистов типа Чаянова» (см.: "Труды 1-й Всерос. конф. аграрников-марксистов", т. 1, М., 1930). Вынужденный оправдываться Ч. писал: "Вообще я совершенно разделяю мысль, некогда высказанную Жоресом, о том, что рев-цию можно или целиком отвергнуть или принять также целиком, такой, как она есть. Этой мыслью я руководствовался все годы нашего рев. бытия. Поэтому вопрос о моём отношении к Октябрю решался мною... в тот январский день, когда рев-ция отбросила идею Учред. Собр. и пошла под знаком пролет. диктатуры. С февр. 1918 г. я связал свою жизнь с рев. реконструкцией нашей страны и, тщательно припоминая день за днём все прошедшие годы, полагаю, что ни у кого нет и не может быть оснований для того, чтобы отнять у меня звание сов. работника безо всяких кавычек" ("О судьбах неонародничества", "Сельскохозяйств. Газета", 1930, 29 янв.). 21 июня 1930 Ч. был арестован, 26 янв. 1932 Коллегией ОГПУ осуждён по сфабрикованному делу "Трудовой крест. партии" к 5 годам заключения в лагерь; 3 окт. 1937 Воен. коллегией Верх. суда СССР приговорён к расстрелу. Реабилитирован в 1987.

Соч.: Избр. произв., М., 1989; Избр. повести, М., 1989; Крест. х-во, М., 1989; Избр. труды. Статистич. наследие, М., 1991.

Лит.: Балязин В.Н., Профессор Александр Чаянов, М., 1990; Кабанов В.В., А.В. Чаянов, "Вопросы истории", 1988, № 6; Н.Д. Кондратьев, Н.П. Макаров, А.В. Чаянов, А.Н. Челинцев. Указатель лит-ры, М., 1988.

В.П. Данилов.

ЧЕЛЕБИЕВ Челеби [наст. имя Нуман (Номан) Челеби Джихан] (1885, д. Санак Перекопского у. Таврической губ.,– 23 февр. 1918, Севастополь). Род. в крест. семье. Окончил медресе. Увлёкся соц. идеями и в 15-летнем возрасте покинул отчий дом. Учился в Стамбульском ун-те, за пропаганду рев. идей арестован. Затем вернулся в Россию. В годы 1-й мир. войны вольноопределяющийся на фронте.

После Февр. рев-ции 1917 вернулся в Крым, вместе с Д. Сейдаметом и др. возглавил нац. движение крымских татар. На 1-м их съезде в Симферополе 25 марта избран муфтием – главой Таврического мусульм. духовного управления и пред. Мусульм. исполкома (МИК). Организовывал манифестации крымских татар в поддержку рев. респ. строя в России, сбор пожертвований в "фонд победы" над Германией и её союзниками. Руководимый им МИК с 5 апр. ведал всеми делами крымскотат. народа, действовал как орган Врем. пр-ва, подчинённый Мин-ву внутр. дел. Первый конфликт с органами Врем. пр-ва возник на почве формирования в Симферополе крымскотат. батальона, отказа части его солдат выполнить приказ А.Ф. Керенского об отправке на фронт. 23 июля Ч. был арестован за "подстрекательство" и препровождён в Севастополь. По требованию экстренного съезда МИК и всех тат. орг-ций в Симферополе (24–25 июля) освобождён. Руководимый Ч. МИК 29 авг. послал телеграмму Врем. пр-ву с осуждением выступления Л.Г. Корнилова, о готовности защищать пр-во "до последней капли крови", отправил делегацию в корниловские войска, чтобы отколоть от них мусульм. части. 2 окт. на 2-м съезде крымских татар избран кандидатом в члены Учред. Собр., изложил полит. программу МИК: "1) объединение крымскотат. народа, орг-ция местных к-тов и подготовка татар к Учред. Собр., 2) реорганизация духовного правления и управления вакуфами [земли, постройки и пр., подаренные или выделенные на религ., благотворит. и просветит. цели у мусульман.– Авторы] и 3) коренная реформа школьно-воспитат. дела крымских татар" (Бочагов А.К., Милли Фирка, Симферополь, 1930, с. 38).

Осудил Окт. вооруж. восст. в Петрограде, приветствовал провозглашение Укр. Нар. Республики Центр. Радой. Ч. склонялся к созданию на полуострове многонац. демокр. республики, выдвинув лозунг "Крым для крымцев" независимо от нац. принадлежности. МИК в нач. нояб. в воззвании провозгласил: "Недопущение главенства в Крыму к.-л. одного народа, недопущение подчинения Крыма к.-л. гос-ву..." ("Южные Ведомости", 1917, 6 нояб.). В блоке с укр. орг-циями в нач. нояб. образовал в Симферополе Крымский Рев. Штаб, противостоявший органам Врем. пр-ва и большевикам. На крымскотат. Курултае (парламент) в Бахчисарае (10–13 дек.) избран его главой, пред. Крымскотат. пр-ва – "Совета директоров", "директором" юстиции. 4 янв. 1918 ушёл в отставку. На заседании Курултая 10 янв. по его предложению была создана комиссия для переговоров с большевиками и Советом нар. представителей об орг-ции единой коалиц. власти. Вплоть до 14 янв. вёл переговоры с рук-вом Симферопольского большевист. ВРК. 14 янв. арестован большевиками, доставлен в Севастополь и расстрелян без суда.

Соч.: Доклад на крымскотат. делегатском съезде 2 окт. 1917, "Голос Татар", 1917, 14 окт.; Объявление крымскотат. нац. пр-ва от 18 дек. 1917, "Рев-ция в Крыму", 1924, № 1(3), с. 195 (соавтор).

Лит.: Елагин В., Националистич. иллюзии крымских татар в рев. годы, "Рев-ция в Крыму", 1924, № 1(3); Ибадуллаев Н., Крым 1917–20: март – дек., "Авдет", 1991, 14 июня.

П.И. Гарчев, А.Г. Зарубин, В.Ю. Коваль.

ЧЕРЕВА́НИН (наст. фам. Липкин) Фёдор Андреевич (нояб. 1869, г. Чериков Могилёвской губ.,– 8 марта 1938). Из

семьи действит. статского советника, мирового судьи. Окончил гимназию и 5 семестров юрид. ф-та Петерб. ун-та; за участие в студенч. волнениях был исключён из ун-та. С 1891 в с.-д. движении. Чл. РСДРП с 1900; меньшевик. Участник Рев-ции 1905–07. Дел. 4-го (1906) и 5-го (1907) съездов РСДРП. В годы реакции участвовал в изданиях ликвидаторского направления, в меньшевист. пятитомнике "Обществ. движение в России в нач. XX в.". На Авг. конф. меньшевиков (1912) избран чл. ОК. Во время 1-й мир. войны "оборонец"; работал в потребит. кооперации, чл. Совета Союза рабочих потребит. об-в в Петрограде.

В дни Февр. рев-ции 1917 участник собрания представителей рабочих столицы (25 февр.), постановившего создать по примеру 1905 Совет РД. После образования Петрогр. Совета РСД член его исполкома, а с 23 марта представитель в Центр. прод. к-те. В марте вновь вошёл в ОК РСДРП и в ред. "Рабочей Газеты" (ЦО меньшевиков). В ст. "Чего добивается Ленин?" ("Рабочая Газета", 1917, 11 апр.) выступил с критикой Апр. тезисов, назвал В.И. Ленина "апостолом анархии", к-рый утопически стремится к немедленному "введению социализма". Отвергал целесообразность превращения Советов в гос. учреждения: "Всё население правильно выражать свою волю через Советы не может, и от лица населения Советы РСД могут говорить и действовать только до тех пор, пока население не соорганизуется и не найдёт правильного выражения своей воли в Учред. Собр." (там же). В ст. "Без аннексий и контрибуций" и "Борьба за мир и оборона" ("Рабочая Газета", 1917, 9 и 16 мая) связывал воедино задачи борьбы за мир и защиты рев-ции от внеш. врага.

21–23 апр. как представитель ОК участвовал в конференции меньшевиков Юго-Зап. края в Киеве. Выступив с докладом об отношении к Советам РСД, подчеркнул, что они "являются своего рода органами рев. самоуправления народа, но как таковые – Советы суть суррогаты истинных демокр. самоуправлений, ибо мн. элементы не представлены в Советах, не проявляют там своего волеизъявления, поэтому закрепление Советов имеет полит. необходимость лишь для создания совершенных демокр. органов самоуправления" ("Новая Жизнь", 1917, 12 мая); утверждал, что "из ...соображений чисто клас. характера нужно отвергнуть идею полит. выступлений Советов в избират. кампании (муниципальной и общегос.) как таковых, ибо это может привести к растворению, к ассимиляции с.-д. в массе бурж. и мелкодемокр. элемента" (там же). В заключит. слове высказался против выделения рабочей части Советов, считая такой разрыв с общей рев. массой рискованным и опасным для рев-ции. В докладе по агр. вопросу заявил, что нечего опасаться передачи гос-ву экспроприиров. земли теперь, когда гос-во признано фактором, регулирующим потребление и организующим потребление, организующим в нек-ром отношении произ-во" (там же). Выступил с изложением тезисов ред. комиссии по вопросу об агр. тактике меньшевиков: "В этих тезисах развивается необходимость борьбы с анархич. агитацией большевиков и предлагается принять активное участие в имеющих возникнуть зем. к-тах, оставаясь на почве старой агр. программы партии" (там же, 13 мая).

В нач. мая участник общегор. конференции Петрогр. орг-ции РСДРП, затем Всерос. конференции меньшевист. и объединённых орг-ций РСДРП (7–12 мая). 16 мая Ч. на заседании Петрогр. Совета говорил: "Необходим общий план, необходимо регулирование всей экон. жизни" ("Известия Петрогр. Совета РСД", 1917, 19 мая). На 1-й конф. фабзавкомов Петрограда (30 мая – 3 июня) был против установления рабочего контроля над произ-вом и в предложенной им резолюции призывал Врем. пр-во установить гос. контроль в пром-сти. Ч. отмечал: "Капиталисты боятся, что будет нарушен капиталистич. строй, но нужно их успокоить и обеспечить им нек-рую прибыль, иначе они совсем откажутся вести свои пр-тия" (ЦГАОР, ф. 472, оп. 1, д. 1, лл. 20–21). Конференция отвергла предложение Ч. о гос. контроле и призвала к расширению рабочего контроля. В мае – авг. участвовал в работе ред. комиссии "Рабочей Газеты". Входил в редакции ж. "Труд", газ. "Наш Голос" (орган Гл. к-та РСДРП на Украине, Харьков; 1917–19), "Вперёд" (1917), "Рабочий Интернационал" (П.–М., 1918).

Дел. 1-го Всерос. съезда Советов РСД (3–24 июня), 21 июня выступил с докладом: "...мы должны считаться с прямым недостатком целого ряда... важнейших продуктов, в к-рых нуждается страна"; призвал к орг-ции нормированного потребления продуктов и внесению планомерности в их произ-во, к установлению системы распределения сырья и перевозок, что явится "своего рода регулировкой над произ-вом"; предложил заменить вмешательство в экон. жизнь представителей разл. министерств и местных Советов, действующих разрозненно, созданием спец. гос. "органов в центре и на местах, к-рые были бы согласованы между собою и к-рые могли бы выработать общий план и действовать по нему", причём "прямое вмешательство в произ-во может происходить только... при орг. участии и содействии рабочих, действующих именно в той области, к-рая регулируется... Нужно, чтобы рев. демократия проявила макс. энергию в деле содействия, создания и демократизации этих органов" ("1-й съезд Советов", т. 2, с. 205–07). Был утверждён членом ВЦИК от фракции меньшевиков.

На Всерос. конф. профсоюзов 27 июня выступил с докладом о контроле над произ-вом и распределением и орг-цией произ-ва в России. На заседании бюро ВЦИК 14 июля назначен зав. экон. отделом ВЦИК. 19 июля на пленарном заседании ВЦИК и Исполкома Всерос. Совета КД предупреждал, что "снабжение страны продовольствием с каждым днём становится хуже. Поставка хлеба уменьшается" ("Рев-ция 1917", т. 3, с. 196). 9 авг. на 2-й конф. фабзавкомов выступил с контрдокладом к докладу В.П. Милютина "О текущем моменте и рабочем контроле". На Объединит. съезде РСДРП (19–26 авг.) 25 авг. избран чл. ЦК РСДРП(о). 15 сент. ЦК выдвинул Ч. канд. в Учред. Собр., избран не был. На Всерос. Демокр. совещании 18 сент. докладчик от экон. группы. В кон. сент. избран во Всерос. Демокр. Совет, а затем в Предпарламент от РСДРП(о). 4 окт. на заседании рабочей секции Петрогр. Совета доклад Ч. об общем экон. положении страны заканчивался словами: "Экон. положение России таково, что до весны воевать нельзя" (там же, т. 5, с. 27). 5 окт. в докладе "Об экон. положении России в настоящий момент" в рабочей секции Петрогр. Совета предложил: "...создание целого ряда экон. орг-ций со значит. представительством в них рабочих масс, к-рые, принимая, т.о., непосредств. участие в борьбе с теми условиями, в к-рых находится в настоящее время страна, могли бы внушить широким рабочим массам, что в этом направлении делается посильная работа. Это безусловно повысило бы активность рабочих" ("Известия ЦИК Советов РСД", № 189).

Окт. рев-ции не принял: "Уйдите прежде всего со своими опытами! Дайте возможность выступать сплочённой демократии. И, может быть, она ещё сумеет принести стране не исцеление,– об этом нечего в ближайшее время и думать,– то, по крайней мере, задержку того процесса, к-рый влечёт страну к экон. смерти" ("Рабочая Газета", 1917, 9 нояб.). Вместе с тем в кон. окт.– нач. нояб. был сторонником переговоров с большевиками об образовании "однородного соц. пр-ва". Вскоре порвал с "оборонцами". На Чрезв. съезде меньшевиков 5 дек. по докладу о рабочем контроле (И.М. Майский и Ч.) принята резолюция, признающая, что рабочий контроль порождает в среде рабочего класса анархо-синдикалист. иллюзии и что РСДРП(о) должна вести борьбу за гос. систему регулирования экон. жизни, противопоставляя её гибельным для дела пролетариата опытам проведения рабочего контроля; 6 дек. вошёл в состав комиссии для редактирования и согласования резолюции Ю.О. Мартова по вопросу "О текущем моменте". Высказывался за отказ от вооруж. борьбы против Сов. власти, за борьбу исключительно методами полит. оппозиции.

С янв. 1922 неоднократно подвергался ссылке (Рязань, Калуга). В 1930 арестован и в апр. 1931 Коллегией ОГПУ приговорён по делу "Союзного бюро ЦК меньшевиков" к 5 годам заключения, в мае 1935 сослан на 3 года в Акмолинск. 8 марта 1938 Воен. коллегией Верх. суда СССР осуждён к расстрелу. Полностью реабилитирован в 1989.

В.В. Ворошилов.

ЧЕРНÓВ Виктор Михайлович (19 нояб. 1873, г. Камышин,– 15 апр. 1952, Нью-Йорк). Из дворян. После окончания гимназии поступил на юрид. ф-т Моск. ун-та. Рев. деятельность начал в кон. 80-х гг. 19 в. в народнич. кружках Москвы, вошедших позже в партию "Народное право" (1893). В 1894 по делу "народоправцев" арестован, исключён из ун-та. 8 мес. пробыл в Петропавл. крепости, выслан на 3 года в Тамбов. Здесь начал публицистич. деятельность, участвовал в создании одной из первых орг-ций крестьян в России "Крест. братство". В 1899 выехал за границу. Занимался разработкой агр. теории.

Один из основателей в 1900 "Аграрно-соц. лиги". В результате её слияния с "Юж. партией с.-р." и "Сев. союзом с.-р." в кон. 1901 – нач. 1902 образовалась партия эсеров (ПСР); бессменный член её ЦК. В 1902 возглавил вместе с М.Р. Гоцем газ. "Рев.

Россия", вскоре ставшую ЦО ПСР, занял в ней положение ведущего идеолога и теоретика.

В 1905 вернулся в Россию. На 1-м съезде ПСР (дек. 1905 – янв. 1906) пытался примирить правую группу – либеральных народников, и левую – близкую к анархистам. Найти компромисс не удалось, обе группы откололись. Центристская позиция была характерна для всей полит. деятельности Ч. как лидера партии. Съезд принял подготовленную им программу, центр. пунктом к-рой была "социализация земли"– обращение её в нар. собственность с последующим распределением на основах уравнит. землепользования. Программа, предусматривавшая ликвидацию частной собственности на землю и безвозмездную передачу помещичьей земли крестьянам, обеспечила эсерам и лично Ч. поддержку со стороны крест-ва. В программе выдвигались также требования демокр. республики, введения рабочего законодательства, 8-час. рабочего дня.

После поражения Рев-ции 1905–07 эмигрировал (1908), был редактором органа эсеров "Знамя Труда". В дискуссии по вопросу о применении тактики индивидуального террора, возникшей в связи с разоблачением провокатора Е.Ф. Азефа, отстаивал её сохранение в арсенале партии.

После нач. 1-й мир. войны занял интернационалист. позицию. На конференции социалистов стран Антанты в Лондоне (февр. 1915) вместе с М.А. Натансоном подписал декларацию, квалифицировавшую войну как зло, преступление и высказывавшую мысль, что нужна не победа одной из группировок, а рост внутри всех гос-в нар. движения. "Через рев-цию в отд. стране – к рев. кризису общеевроп. масштаба и значения",– подчёркивал Ч. ("Жизнь", 1915, 17 окт.). Участвовал в Циммервальдской (1915) и Кинтальской (1916) междунар. конференциях интернационалистов. Анализируя причины краха 2-го Интернационала, доказывал, что его воссоздание невозможно на старой основе, но на разрыв с социал-шовинистами не шёл, за что подвергался критике как слева, так и справа.

После Февр. рев-ции 1917 Ч. пытался выехать в Россию через Англию, но был выдворен англ. пр-вом во Францию. 8 апр. вместе с Б.В. Савинковым и Н.Д. Авксентьевым Ч. приехал в Петроград. В речи на Финл. вокзале "призвал к объединению всех народнич. групп и партий, указав, что сейчас нельзя распыляться, нельзя уходить в секты, призвал к воссозданию Интернационала" ("Дело Народа", 1917, 9 апр.). Кооптирован в Совет РСД 9 апр., 14 апр.– в Петрогр. к-т эсеров и в редакцию ЦО ПСР газ. "Дело Народа", 15 апр. вошёл в бюро исполкома Совета РСД, 16 апр. стал сопредседателем отдела междунар. сношений исполкома Петрогр. Совета. Ч. развернул активную деятельность, участвовал в митингах, являлся лектором при оргбюро Совета КД, 25 апр. был избран в Совет ПСР.

Ч. считал необходимым, исходя из характера Февр. рев-ции, поддержать бурж. Врем. пр-во. На лекции в Москве 30 апр. и на совещании в Петрограде 5 мая говорил: "Демократия поступила совершенно правильно, предоставив цензовой России образовать власть", поскольку цензовые элементы (буржуазия) были к тому подготовлены, а трудовая Россия наскоро импровизировала свою орг-цию – Совет РСД ("Дело Народа", 1917, 6 мая). Во время Апр. кризиса на заседании исполкома Петрогр. Совета (1 мая) эсеры первыми решили участвовать в коалиц. пр-ве при условии вхождения в него с.-д. Ч. оговорил своё согласие участием в пр-ве И.Г. Церетели. 5 мая Ч. стал мин. земледелия. Его назначение поддержал 1-й Всерос. съезд КД (4–28 мая), на к-ром Ч. обещал провести радикальную зем. реформу, прежде всего в соответствии с эсеровской программой запретить куплю-продажу земли; 24 мая выступил против самовольного, в т.ч. организованного, захвата земли крестьянами; избран в Исполком Всерос. Совета КД.

В своей деятельности Ч. опирался на Гл. зем. к-т, образованный Врем. пр-вом для общего рук-ва по проведению зем. реформы. Однако он встречал противодействие правых сил, выступавших против радикальных агр. преобразований, в первую очередь против раздела помещичьих земель и запрещения зем. сделок. На Сев. обл. конференции эсеров (май) оправдывал бездействие пр-ва в агр. законодательстве, за что подвергся критике. На 3-м съезде ПСР (25 мая – 4 июня, Москва) сделал два доклада: о текущем моменте и о политике эсеров в нац. вопросе и отношении к нац. соц. партиям. Ч. утверждал, что в ближайшее время все перемены в истории будут проходить "под знаменем партии с.-р." ("3-й съезд ПСР", П., 1917, с. 66). Охарактеризовал гл. требование момента – "великую самоорганизацию трудовой, рабочей демократии в городе и деревне" (там же, с. 71), а осн. двигателем рев-ции назвал "рост правосознания рабочих, трудовых масс России" (там же, с. 72). Доказывал, что страна стоит перед катастрофой, развивающейся из экон., прод., финанс. кризиса, и видел выход из него в том, чтобы развивать всю хоз. жизнь "под знаком кооператизма и коллективизма, под знаком общественного, вместо индивидуального" (там же, с. 75), оказать тем всемерное содействие "революционизированию демократии Запада" (там же, с. 95). Ч. говорил об отсутствии в совр. бурж. об-ве классов, "способных созидать социализм" (там же, с. 186), обосновывал оборонч. политику партии, утверждая, что в развязывании войны повинен только царизм и с его свержением её характер изменился, Россия освободилась от захватнич. иллюзий и выступает в лице Врем. пр-ва за демокр. мир. Поддержал орг-цию наступления на фронте, т.к. "нет защиты без наступления" (там же, с. 195). В докладе на съезде по нац. вопросу Ч. отстаивал принцип "федерирования во вне и внутри страны", т.е. "установления принципов равноправия наций, наделения полным суверенитетом отд. единиц" (там же, с. 406). Выступал за "Соединённые Штаты России", создаваемые через Учред. Собр. Федерация, как доказывал Ч., это исконная традиция, "генеалогич. линия рус. социализма", к-рый только один "может проложить дорогу этим новым формам самоуправления" (там же, с. 408).

На 1-м Всерос. съезде Советов РСД (3–24 июня) Ч. 5 июня заявил, что рус. пролетариат связан с нац. капиталом. Он призвал упорядочить рев. стихию, исходя из того, что перед Россией открылись две возможности:

"...путь перехода к организованной творческой работе, созидат. работе и путь толкания рев-ции по явочно-захватно-сепаратно-розничному пути действия", последний уже привёл к тому, что "рус. рев-ция начинает съезжать вниз по какому-то зловещему оползню разрухи" ("1-й съезд Советов", т. 1, с. 107). "Преступно" сужать социальный базис рев-ции, отстранять "цензовый элемент" от полит. жизни, а также проводить самочинные действия при решении агр. вопроса. Борьба большевиков против цензового элемента означает "путь постепенного и непреклонного суживания того базиса, на к-рый опирается новая рев. власть, и такого суживания, пока последний жирондист не будет казнён последним монтаньяром, соц. якобинцем" (там же, с. 108). Рисуя перспективу рев-ции, Ч. видел два пути: "...рос. рев-ция или перешагнёт... узкие нац. рамки" и тогда ей будет "дана сила мировая, всеевропейская, вместе с тем всемирная", или ей "грозит опасность задохнуться в этих узких, в этих тесных, в этих ограниченных рамках" (там же, с. 99). Он высказался за создание сильной армии как фактора внутр. и междунар. политики, против заключения сепаратного мира с Германией. Гл. задачей политики по отношению к союзникам считал "облегчить действие соц. демократий этих стран" (там же, с. 105).

В кон. июня на заседании Врем. пр-ва Ч. сделал доклад о политике Мин-ва земледелия с обоснованием внесённых на рассмотрение законопроектов, в первую очередь о запрещении сделок по купле-продаже земли до принятия Учред. Собранием решения по зем. вопросу. Законопроект был одобрен Гл. зем. к-том, но встретил резкие возражения кадетов. Ч. согласился на компромисс и заявил премьер-мин. Г.Е. Львову, что "готов идти и дальше в устранении всех возможных недоразумений... Я согласен принять текст законопроекта, указав в нём, что вопрос идёт не об абсолютном запрещении зем. сделок, а лишь о том, что каждая зем. сделка может осуществиться лишь с разрешения гос. органов, ведающих вопросами с. х-ва, т.е. местного зем. к-та". Львов не согласился, усматривая в проекте "уничтожение права землевладельцев располагать своей собственностью" (Церетели И.Г., Воспоминания о Февр. рев-ции, т. 2, Париж, 1963, с. 354). Законопроект стал одной из причин правительств. кризиса и после отставки Львова был принят пр-вом Керенского 12 июля.

Во время Июльского кризиса имела место попытка ареста Ч. собравшимися у Таврического дворца кронштадтскими матросами, обвинившими его в потворстве кадетам. Освободил его Л.Д. Троцкий, призывавший матросов "не мешать своему собственному делу... мелкими насилиями над отдельными случайными людьми". Объявив: "Гражданин Чернов, вы свободны", он дал ему возможность вернуться во дворец (там же, с. 307–08). Вместе с тем крестьяне заявляли о поддержке "крест. министра", к-рый хочет "обеспечить трудовой народ", требовали проведения зем. реформы и борьбы с "происками кадетов" (см.: Гусев К.В., Партия эсеров. От мелкобурж. революционаризма к контррев-ции, М., 1975, с. 125–26). Ч. остался во 2-м коалиц. Врем. пр-ве. Кадетская печать развернула кампанию против Ч., добиваясь его отставки. Газ. "Свободный Народ" писала 22 июля: «С одной стороны, представители социалистов, как, например, Церетели и Чернов, всё ещё не могут отказаться от злосчастной мысли продолжить политику "углубления рев-ции", с другой – являются люди, к-рые говорят, что дальнейшее "углубление рев-ции" приведёт страну к разложению и погубит всё, что добыто той же рев-цией... Последняя точка зрения единственно правильная». Ещё 20 июля Ч. подал в отставку, потребовав расследования своей деятельности, но ВЦИК Советов РСД и Исполком Всерос. Совета КД выразили ему доверие. В кон. июля он был выдвинут кандидатом, а в нояб. избран членом Учред. Собр. (по списку ПСР).

26 авг., в начале выступления Л.Г. Корнилова, Ч. вышел из Врем. пр-ва. На заседании ВЦИК Советов РСД и Исполкома Всерос. Совета КД в ночь на 2 сент. выступил против предложения большевиков взять власть. После создания 24 сент. 3-го коалиц. пр-ва написал ст. "Страницы из полит. дневника" (предназначалась для "Дела Народа", но была опубл. лишь после свержения Врем. пр-ва) с резкой критикой демократии, "к-рая из прошлого вынесла больше умения бороться, свергать и разрушать... страдает слабостью слишком много разговаривать и слишком мало делать". Он обвинил демокр. партии во "властебоязни", в уступках кадетам, к-рые диктуют свои условия, а блок с ними назвал "коалицией без коалиции". Ч. признал ошибкой отказ демокр. партий от взятия власти: "Если, получив вотум нар. доверия, мы его не используем и будем топтаться вокруг власти... то эта пустопорожняя тактика поистине может произвести впечатление полной гос. импотенции и привести к разочарованию нар. низов". На возражения, что взятие власти до Учред. Собр. является её узурпацией, отвечал: «...что же касается вопроса об "узурпаторстве", то кто же может искренно оспаривать очевидный факт, что сейчас массы тянутся именно к соц. лозунгам и партиям, а следовательно пришёл их ист. черёд – показать свою способность спасти родину и рев-цию» ("Вопросы истории КПСС", 1991, № 6, с. 118–19). Ч. приходит к выводу: «При той тактике, к-рую усвоила... демократия, она осуждена на поражение. По-видимому, большевист. бурун грянет неотвратимо. Я безрадостно гляжу на ближайшее будущее... Ответственно мыслящая часть трудовой демократии будет ослаблена и дискредитирована... Надо было не упускать, когда всё шло прямо к нам в руки, а "не удержался за гриву – за хвост и подавно не удержишься"» (там же, с. 126).

Окт. рев-цию Ч. категорически не принял. 25 окт. в 12 ч. на съезде крест. депутатов Зап. фронта призвал к борьбе против большевист. власти, но антисов. резолюция поддержана не была. Был одним из организаторов 26 окт. К-та спасения Родины и Рев-ции, вошёл в его воен.-орг. комиссию. Участвовал в обеспечении похода А.Ф. Керенского – П.Н. Краснова из Гатчины на Петроград и восстания юнкеров 29 окт. Прибыл 27 окт. в Псков за воен. помощью, убеждал по телеграфу Н.Н. Духонина в том, что "не исключена возможность мирной ликвидации петрогр. событий путём переговоров, но только при условии скорейшей присылки серьёзных подкреплений с пех. частями" (Минц И.И., История Вел. Октября, 2 изд., т. 3, М., 1979, с. 150). Чтобы отстранить большевиков от власти, Ч. вместе с быв. воен. министром А.И. Верховским, лидерами эсеров и меньшевиков Н.Д. Авксентьевым, Б.О. Богдановым, А.Р. Гоцем и др. прибыл в Ставку, в Могилёв, где участвовал (4–11 нояб.) в переговорах о создании единого "общесоц. пр-ва", в пред. к-рого была выдвинута его кандидатура. Попытка сформировать пр-во была пресечена. Могилёвский Совет принял решение об аресте Духонина, Ставка была занята рев. солдатами.

В кон. нояб. Ч. вошёл в "Союз защиты Учред. Собр.". На 4-м Экстренном съезде ПСР (26 нояб.– 5 дек.) выступал неск. раз. В докладе по текущему моменту говорил, что рев-ция характеризуется "перемещением власти от России цензовой к России рабочей, трудовой" ("Краткий отчёт о работе 4-го съезда ПСР", П., 1918, с. 15). Выделил три этапа эволюции партии эсеров: от Апр. до Июльского кризиса, когда была "соц. демократия ещё недостаточно организована и сильна, чтобы вырвать всецело власть из рук цензовой России, ...но в то же время она уже не могла оставить всю полноту власти в руках цензовой России" (там же, с. 14), возникло 1-е коалиц. Врем. пр-во; в июле встал вопрос о переходе власти в руки трудовой соц. демократии" (там же, с. 15), но меньшевики и эсеры спасовали, поэтому образовалась 2-я коалиция с кадетами; наконец, выступление Л.Г. Корнилова поставило вопрос об "однородном соц. пр-ве".

Ч. показал отличие концепций рев-ции у ведущих соц. партий: меньшевики считали, что рус. рев-ция является буржуазной и поэтому, "естественно, должна держаться на коалиции сил России цензовой и России трудовой"; эсеры исходили из того, что рев-ция начинается как рев-ция "политическая", но, "уничтожая частную собственность на землю, она пробивает огромную брешь в цитадели бурж. собственности". Эта "народно-трудовая" рев-ция, гл. вопросом к-рой является аграрный, открывает переходную эпоху "между порою чисто бурж. уклада" и "порою будущего соц. переустройства" (там же, с. 22–23); в основе теории В.И. Ленина, как считал Ч., лежало решение "форсировать соц. рев-цию в самой отсталой стране в расчёте на то, что она подтолкнёт всю остальную Европу и вызовет там соц. рев-цию". Но для соц. рев-ции в России отсутствуют и внутр. и внеш. предпосылки. Предпринятые в "условиях безнадёжности", соц. преобразования могут привести лишь к отрицат. результатам. Единственно правильное решение вопроса – "работать и существовать в рамках господствующей хоз. системы, в рамках капитализма" (там же, с. 23). Ч. призвал оказывать противодействие большевикам, к-рые узурпировали власть, поставив перед свершившимся фактом 2-й Всерос. съезд Советов РСД, считать правомочным оуществлять рев. преобразования только Учред. Собрание.

На Учред. Собр. 5 янв. 1918 Ч. был избран его председателем. Он заявил, что "рус. рев-ция [не] может не остаться верной... лозунгам демокр. мира, мира без победителей и [без] побеждённых, мира, в к-ром победителями были бы только народы, а побеждёнными только те, кто виновны в этой бойне" ("Учред. Собр.", с. 9–10; в квадратных скобках варианты стенографич. отчёта, приведённые на тех же страницах). Выступая против сепаратного мира с Германией, Ч. доказывал, что "нар. свободная демокр. Россия, шествующая под красным знаменем социализма", должна через свой "гос. орган" Учред. Собр. "пригласить на совещание для общей войны против войны социалистов всех стран" (там же, с. 11–12), вести переговоры "[не о предательски-сепаратном]", а "о всеобщем демокр. мире – мире на основе великих, неумирающих лозунгов рос. трудовой, рабочей, нар. рев-ции" (там же, с. 13). Ч. отстаивал "единство России" на основе федеративного устройства, в к-ром "все народы-братья" будут "вырабатывать свои нац. органы самоуправления" и выскажут в них "свою трудовую волю" (там же, с. 15). Своеобразие момента, отмечал Ч., состоит в том, что в стране "одновременно с максимальной волей к социализму [сказывается] сейчас и максимальный распад всех обществ. связей, максимальный распад производит. сил" (там же, с. 19). Экономический и социальный подъём нужно начать с деревни, именно здесь – "основание обществ. пирамиды" (там же, с. 16). Всю землю предлагал передать в общенар. достояние; зем. реформа должна составить фундамент всех др. преобразований. Социализм "не есть скороспелое приближение к равенству в нищете, [не есть азартные и рискованные опыты на почве общего упадка, лишь ускоряющие разложение и разруху...], а это есть огромное стр-во, развивающее одновременно производит. силы страны... производит. мощь его трудового населения" (там же, с. 18). Ч. призвал ликвидировать безработицу, "к-рая готова раздавить наших рабочих" (там же, с. 19). Следует добиваться того, чтобы "рабочий класс города [смог взять] в свои руки, в конце концов, управление всем произ-вом страны и от [прежнего режима фабричного] самодержавия [хозяина]... через период [гос.] контроля над произ-вом, [период] трудовой конституции перешёл к периоду трудовой республики во всех отраслях произ-ва" (там же, с. 20). Ч. зачитал и "Проект осн. закона о земле", к-рый противопоставлялся "Декрету о земле", принятому 2-м Всерос. съездом Советов РСД, хотя и содержал ряд аналогичных установлений. На голосовании Ч. удалось поставить лишь 10 пунктов законопроекта, поскольку заседание Учред. Собр. было прервано. Ч. участвовал в попытке превратить демонстрацию (в поддержку Учред. Собр.) в восстание против Сов. власти, но выступление было подавлено.

После роспуска Учред. Собр. нек-рое время находился в Москве. После 8-го Совета партии (май), принявшего решение о "ликвидации" большевист. власти, выехал в Самару, где в июне была свергнута Сов. власть и создан К-т членов Учред. Собр. (Комуч). Был встречен с почётом, но никаких постов не занимал. Участвовал в Уфим. гос. совещании (сент.) и возглавил образованный взамен Комуча Съезд членов Учред. Собр. После колчаковского переворота в нояб. пытался организовать борьбу против А.В. Колчака, был арестован. Освобождён по настоянию чехословаков.

Выступал против предложения части эсеров о сотрудничестве с Кр. Армией в борьбе против реакции, но поддержал решение 9-го Совета партии (18–20 июня 1919, Москва) о прекращении вооруж. борьбы против Сов. власти. В 1920 выехал в Чехословакию для издания ж. "Рев. Россия", к-рый и стал выпускать в Праге. Возглавил Загран. делегацию эсеров, пытался поддержать Кронштадтский мятеж, крест. выступления на Тамбовщине. После перехода к нэпу занял позицию "решит. изживания коммунизма", ставил перед эсерами задачи входить в советы, фабзавкомы и др. органы. К кон. 1920-х гг. Загран. делегация распалась. Ч. постепенно утратил влияние среди эмиграции, в 1931 переехал во Францию. В годы 2-й мир. войны участвовал во франц. Движении Сопротивления. Вскоре после освобождения Франции уехал в США. Ч. принадлежат многочисл. труды по философии, политэкономии, истории и социологии.

Соч.: Собр. соч., в. 1–2, П., 1917; Земля и право, П., 1917; Наша программа, П., 1917; Осн. вопросы пролет. движения, П., 1918; Интернационал и война, Женева, 1915; Война и третья сила, Женева, 1915; Марксизм и славянство, П., 1917; Герм. с.-д-тия на распутьи, П., 1917; Сквозь туман грядущего, П., 1917 (в соавторстве с В. Бойе); Воен. реформа, П., 1917; Записки социалиста-революционера, ч. 1, Берлин – М.– П., 1922; Рождение рев. России, Париж – Прага – Нью-Йорк, 1934; Перед бурей, Нью-Йорк, 1953.

Г.Д. Алексеева, К.В. Гусев, А.В. Маныкин.

ЧЕТВЕРИКÓВ Сергей Иванович (1850, Перемышль,– 1927). Потомств. дворянин; отец совмещал рук-во Городищенской ф-кой с обществ. деятельностью – в числе первых 20 почётных мировых судей Москвы. В 1869 окончил гимназию в Москве и курс практич. работ в конторе Миллера в Петербурге. Отправлен отцом для осмотра загран. суконных ф-к. Изучал на Городищенской ф-ке суконное произ-во. В 1871, после смерти отца, принял на себя рук-во делом. Занимался устройством быта рабочих на ф-ке: ликвидировал ночные смены для женщин и малолетних; заменил 12-час. работу 9-часовой; основал фабричную школу. С 1893 одноврем. член правления т-ва "Даниловская камвольная прядильня" и совладелец пром. и торг. т-ва "Владимир Алексеев", с 1903 их директор-распорядитель.

27 янв. 1905 подготовил совм. с С.Т. Морозовым, П.П. Рябушинским и др. записку пр-ву о том, что только полит. реформы могут умиротворить рабочих; с февр. возглавлял комиссию по рабочему вопросу при Моск. биржевом к-те. В ст. "Нар. избранники" ("Русские Ведомости", 1905, 9 марта) по поводу царского рескрипта 18 февр. выразил беспокойство возможностью превращения Думы в придаточный к бюрократич. строю консультативный орган. В марте подписал петицию о привлечении к подготовке положения о Думе представителей пром-сти. С лета 1905 вместе с Рябушинским, А.И. Коноваловым, С.Н. Третьяковым возглавил т.н. группу "молодых" капиталистов, выступавших за проведение полит. реформ, гарантирующих капиталистич. развитие страны. На одном из частных совещаний в июле для противодействия орг-ции совещат. Думы предложил: 1) представителям пром-сти и торговли отказаться от участия в Гос. Думе; 2) мешать пр-ву в реализации новых внутр. займов; 3) отказаться платить промысловый налог; 4) закрыть все ф-ки и з-ды для того, чтобы создать массовое рабочее движение (см.: Черменский Е.Д., Буржуазия и царизм в первой рус. рев-ции, 2 изд., М., 1970, с. 88).

В июле 1905 торг.-пром. съездом избран в бюро для подготовки проекта полит. программы промышленников и орг-ции пром. полит. партии. В дни всеобщей окт. забастовки высказывался против введения воен. положения. В записке пр-ву, подготовленной Ч., указывалось, что «насильств. действиям "социал-рев. партии" должно быть противопоставлено насилие», но эти меры не достигнут цели, а обострят обстановку, если одноврем. не придать Гос. Думе законодат. характера и не привлечь к выборам всего класса фабричного населения (там же, с. 130). Лидер созданной в кон. 1905 Умеренно-прогрессивной партии. 10 нояб. 1905 от её имени подписал воззвание "Союза 17 октября"; чл. ЦК "Союза 17 октября". Был чл. ЦК Партии "мирного обновления" (создана осенью 1906). В 1906–07 пред. комиссии по орг-ции "Союза фабрикантов и заводчиков". Разрабатывая его устав, предусмотрел образование кассы для взаимной поддержки предпринимателей в случаях необоснованных забастовок рабочих и образование подобной же кассы для рабочих (Четвериков С.И., История возникновения и развития Городищенской суконной фабрики, М., 1918, с. 19). Устав был не разрешён, Ч. отдан под тайный надзор полиции. С 1907, по его инициативе, рабочие Городищенской ф-ки участвовали в её прибылях (один из первых в России случаев такого рода). В 3-й Гос. Думе Ч.– один из лидеров фракции прогрессистов, чл. ЦК Моск. отдела. В 1908 в брошюре "Община и собственность" (см.: Лавёрычев В.Я., По ту сторону баррикад, М., 1967, с. 62) поддержал агр. программу П.А. Столыпина. В связи с топливным кризисом Ч. на заседании Биржевого к-та 30 янв. 1917 отметил, что сокращение пром. произ-ва угрожает большинству фабричных рабочих лишением заработка ("Утро России", 1917, № 31, с. 5).

После Февр. рев-ции 1917 Ч. в марте в числе других выступил с почином орг-ции климатич. лечения освобождённых полит. заключённых. В пользу борцов за свободу пожертвовал 50000 руб. В вопросе о 8-час. рабочем дне считал, что силы и размеры отеч. пром-сти не соответствуют требованиям, к-рые предъявила война, что 8-час. рабочий день – "это прежде всего сокращение в ср. на 20% пром. произ-ва страны" (там же, № 75, с. 3). С марта член президиума Моск. Торг.-Пром. к-та, координировавшего полит. и экон. деятельность моск. торг.-пром. буржуазии. По инициативе и во главе с Ч. при к-те была создана комиссия для разработки вопроса об ограничении предпринимат. прибыли.

В ст. "Предпринимательская прибыль в условиях переживаемого момента" писал: "Требовать при таких условиях цен нормальных времён население России не вправе... но требовать, чтобы это положение не служило поводом обогащения меньшинства за счёт большинства, этого страна требовать несомненно вправе. Производит. силы,– одинаково, как капитал, так и пром. труд,– в эту переходную эпоху должны быть в услужении страны" (там же, № 79, с. 2). Суть его предложений – исчисление прибыли не на капитал пр-тия, а на его оборот; для регулирования спроса и предложения гарантировать, чтобы доведённые до минимума фабричные цены не разрослись в рознич. перепродаже; излишек от чистой прибыли должен возвращаться стране или в гос. кассу, или в особый фонд, финансирующий стр-во дорог, каналов и пр. "Это диктуется понятием гражд. долга и необходимостью промышленников охранять своё достоинство и своё положение... моральная ценность этой меры в том, чтобы инициатива её исходила из пром. среды" (там же).

Был членом Совета Всерос. союза торговли и пром-сти, входил в его Полит. отдел; участвовал в финансировании газ. "Утро России". В апр. один из учредителей при Врем. К-те Гос. Думы "Моск. просветит. комиссии", занимавшейся изданием и распространением общеполит. лит-ры, устройством лекций и т.п. Анализируя финанс. кризис и провал "Займа Свободы", Ч. считал справедливым "принудит. заём" применительно к тем пром. и торг. пр-тиям, к-рые не выполняют постановления Моск. биржевого об-ва о подписке на заём в размере 25% от осн. капитала. Предлагая выход из финанс. кризиса посредством внутр. воен. выигрышного займа, Ч. отмечал, что в мирное время он был бы противником этого. В период Июльского кризиса выдвигался кандидатом на пост мин. торговли и пром-сти. 18 июля на соединённом заседании выборного биржевого и купеческого об-в по поводу переговоров Врем. пр-ва с представителями торг.-пром. класса и партии кадетов о формировании нового кабинета Ч., поддерживая мнение о необходимости участия представителей торг.-пром. класса во Врем. пр-ве, отмечал, что в условиях воен. и экон. кризиса участие в пр-ве – "не путь к власти и почестям, а путь великой нац. жертвы" ("Утро России", 1917, № 176, с.3). Оценивая ситуацию, Ч. говорил: "Довольно этих высокопарных слов о благе трудящегося народа; грязными руками не берутся за такое чистое дело... Если пр-во, правильно угадав настроение страны, объявило, что всякие попытки возврата к царизму оно будет рассматривать как преступление, то оно обязано на эту точку зрения стать и по отношению большевизма" (там же). Заседание решило напечатать и размножить эту речь.

Участник Совещания обществ. деятелей 8–10 авг. Оценивая деятельность Врем. пр-ва и его призыв к борьбе с контррев-цией, Ч. отмечал в ст. "Слово или дело (по поводу Моск. совещания)", что если под контррев-цией "...понимать несомненное нарастание обществ. протеста против условий совр. жизни, то признание её возможности есть вместе с тем признание ложности того пути, по к-рому доныне вело пр-во страну, и нужно иметь мужество в этом откровенно сознаться" (там же, № 192, с. 1). Приводя примеры из налоговых постановлений, к-рые явились "сигналом неудержимого бегства капиталов из пром-сти", отмечал: «Если выразить настроение страны в одной сжатой формуле, то нужно выразить словами: "Так дальше жить нельзя". Никогда ещё "слово" и "дело" не стояли в таком непримиримом несоответствии, как ныне» (там же).

Ч. входил во врем. совет и орг. бюро, созданные после объединения пром. орг-ций Центр. р-на. 14 сент. участвовал в совещании с А.Ф. Керенским о 3-м коалиц. кабинете. 12 окт. на Совещании моск. обществ. деятелей избран тов. пред.

После Окт. рев-ции возглавил делегацию, добивавшуюся в Смольном освобождения из Петропавл. крепости А.И. Коновалова и С.Н. Третьякова. Обосновывая необходимость их освобождения, Ч. подчёркивал: "...ныне, когда власть Советов упрочилась, едва ли у населения получится впечатление этой силы, ограждающей себя заключением в тюрьму безвинных людей" (Четвериков С.И., Безвозвратно ушедшая Россия, Берлин, с. 64). После указа о национализации от 28 июня 1918 Ч. отошёл от дел, неоднократно арестовывался и впоследствии эмигрировал.

Е.Б. Спасских.

ЧИЧЕ́РИН Георгий Васильевич (12 нояб. 1872, с. Караул Кирсановского у. Тамбовской губ.,– 7 июля 1936, Москва).

Из семьи отставного дипломата, происходившей от старинного дворянского рода; племянник Б.И. Чичерина, историка, философа, юриста. В 1895 окончил ист.-филол. ф-т Петерб. ун-та. Служил в Гос. и С.-Петерб. гл. архиве МИД. На рубеже веков сблизился с представителями разл. рев. партий, оказывая им услуги технич. характера.

Из-за угрозы ареста в нач. 1904 выехал за границу, оставаясь причисленным к архиву МИД. Жил в Германии, по получении сведений от Берлинской полиции о его рев. деятельности в Германии в 1908 уволен со службы. Чл. РСДРП с 1905, чл. Берлинской секции большевиков. С янв. 1907 секр. Загран. бюро (ЗЦБ) РСДРП. Располагая полученными по наследству большими ден. средствами, оказывал постоянно финанс. помощь партии. С 1908 примыкал к меньшевикам-партийцам. Жил в Германии и во Франции; участвовал в работе соц. партий. В 1-ю мир. войну "интернационалист". В 1915 в Лондоне один из организаторов и секр. К-та помощи рус. политкаторжанам и ссыльнопоселенцам; чл. Брит. соц. партии.

После Февр. рев-ции 1917 гл. секр. Рос. делегатской комиссии в Лондоне, занимавшейся отправкой политэмигрантов в Россию. Вёл антивоен. пропаганду; весной в соц. печати раскрыл истинные цели направляемой в Россию делегации брит. проф. деятелей (сторонников продолжения войны). В авг. направил телеграмму Врем. пр-ву с решит. протестом против попыток помешать возвращению большевиков. 22 авг. арестован англ. властями за антивоен. пропаганду и "связи с врагом" (вместе с герм. интернационалистами – членами коммунистич. клуба в Лондоне). 28 нояб. Наркоминдел направил ноту Сов. пр-ва Великобритании с требованием освобождения Ч. 3 янв. 1918 освобождён.

6 янв. 1918 прибыл в Петроград. Вступил в РСДРП(б). 8 янв. назначен тов. наркома иностр. дел, фактически возглавлял работу наркомата, т.к. Л.Д. Троцкий находился в Брест-Литовске на переговорах с Германией. 10 янв. выступил на открытии 3-го Всерос. съезда Советов РСКД с информацией о междунар. соц. движении и политике Антанты. 29 янв. решением СНК Ч. как врем. зам. наркома переданы полномочия наркома иностр. дел. 24 февр. возглавил сов. делегацию на переговорах о мире с Германией; 3 марта участвовал в подписании Брестского договора. 13 марта назначен и.о. наркома иностр. дел. 14 марта информировал делегатов 4-го Всерос. съезда Советов о процессе заключения Брестского мира. С 30 мая 1918 нарком иностр. дел РСФСР (в 1923–30 – СССР).

Соч.: Ленин и внеш. политика, в кн.: Восп. о В.И. Ленине, т. 5, М., 1990; Статьи и речи по вопросам междунар. политики, М., 1961.

Лит.: Горохов И., Замятин Л., Земсков И., Г.В. Чичерин – дипломат ленинской школы, 2 изд., М., 1974; Хаваратович И.М., Г.В. Чичерин, М., 1980; Гранат. *В.Н. Заботин.*

ЧХЕЙДЗЕ Николай (Карло) Семёнович (1864, с. Пути Кутаисской губ.,– 7 июня 1926, Левиль, близ Парижа). Учился в Кутаисской гимназии, поступил вольнослушателем в Новороссийский ун-т (Одесса), в 1889 перешёл в Харьковский ветеринарный ин-т, к-рый покинул во время студенч. волнений. Переехал в Батуми, с 1892 входил в с.-д. орг-цию "Месаме-даси" ("Третья группа"), в 1898 вместе со всей орг-цией вошёл в РСДРП, с 1903 меньшевик. В 1898–1902 гласный батум. Гор. думы, член Гор. управы. Участник Рев-ции 1905–07 в Грузии, сотрудничал в с.-д. прессе. В 1907

избран гласным тифлис. Гор. думы, затем деп. 3-й Гос. Думы, чл. её с.-д. фракции. В нояб. Ю.О. Мартов из Парижа писал П.Б. Аксельроду: "Здешние кавказцы говорят, что выбранный Ч.– самый образованный марксист на Кавказе" ("Письма П.Б. Аксельрода и Ю.О. Мартова", Берлин, 1924, с. 173). После поражения рев-ции считал, что думская работа является осн. задачей партии. Осенью 1912 избран деп. 4-й Гос. Думы, возглавил меньшевист. фракцию. После Венской с.-д. конф. (авг. 1912) вошёл в ОК РСДРП. Когда началась 1-я мир. война, меньшевист. фракция во главе с Ч. вместе с большевиками 26 июля 1914 проголосовала против воен. кредитов. В 1915 огласил в Думе резолюцию Циммервальдской конференции. 19 июля выступил в Думе с заявлением меньшевист. фракции, в к-рой предлагалось подчинить "все частные задачи, все отд. требования народа" гл. цели – созданию власти Гос. Думой; далее говорил: "Пр-во сделало своё дело. Спасая себя, оно поставило страну на краю гибели. Если народ не возьмёт в свои руки судьбы страны, разгром неизбежен. Или Гос. Дума осознает эту осн. задачу, или народ перешагнёт через Думу" (Минц И.И., История Вел. Октября, 2 изд., т. 1, М., 1977, с. 304). Поддержал вхождение рабочих в воен.-пром. к-ты. В 1915–16 противник "стачечного азарта" петрогр. пролетариата. Осенью 1916 на Кавказе призывал "прекратить беспорядки".

25 февр. 1917, когда в Петрограде шли массовые демонстрации, не увидел в них начинавшейся рев-ции. 27 февр. вошёл в состав Врем. исполкома Петрогр. Совета РД, затем был избран в исполком Совета и его пред. В тот же день вошёл во Врем. К-т Гос. Думы. В ночь на 2 марта участвовал в переговорах об образовании Врем. пр-ва, содействовал успеху переговоров, но войти в пр-во министром труда отказался. После возобновления выхода ЦО меньшевиков "Рабочей Газеты" – член ее редколлегии. 29 марта открыл работу Всерос. совещания Советов РСД, избран его пред.; говорил: "Мы идём со всеми теми, кто выступает с решит. требованием... чтобы пр-ва... немедленно отказались от всяких завоеват. и аннексионист. задач. [...] Это... тот шаг, к-рый нас приведёт вплотную к вопросу о ликвидации войны... Мы и во внутр. политике идём за теми, к-рые свою работу

направляют... для... разрешения тех задач, к-рые поставлены рев-цией" ("Всерос. совещание Советов РСД". Стенографич. отчёт, М.– Л., 1927, с. 26). Вечером 3 апр. во главе делегации Петрогр. Совета РСД, встречая на Финл. вокзале вернувшегося из эмиграции В.И. Ленина, заявил: "Я полагаю, что нам надо идти сомкнутыми рядами для... победоносного завершения рев-ции... первой задачей в настоящее время для нас является защита рев. свободной России от всяких посягательств как изнутри – от контррев. сил, так и извне – от посягательств внеш. завоевателей" ("Рев-ция 1917", т. 1, с. 173). 4 апр. пред. совместного заседания с.-д. разл. направлений (большевиков, меньшевиков, внефракционных, националов); высказался за немедленное создание центра по созыву объединит. съезда. Осудил Апр. тезисы Ленина, подчёркивал "незрелость" России, её неготовность к соц. рев-ции. Подводя итог дискуссии, заявил: "Вне рев-ции останется один Ленин, мы же пойдём своим путём". Представлял исполком Петрогр. Совета РСД на 1-м съезде воен. и рабочих депутатов армий и тыла Зап. фронта (Минск, 7–17 апр.) и на Совещании делегатов фронта (Петроград, 24 апр.– 4 мая), защищал идеи "рев. оборончества", поддерживал курс Врем. пр-ва.

В дни Апр. кризиса участвовал в переговорах о новом соглашении с Врем. пр-вом. 27 апр. получил письмо кн. Г.Е. Львова с предложением социалистам войти в пр-во. Вечером выступил на совещании руководителей Петрогр. Совета: "Когда мы защищаем от нападок не наше, а бурж. пр-во, говоря, что ни одно пр-во не способно мгновенно восстановить мир и осуществить коренные реформы, то массы слушают нас с доверием и делают вывод, что в этих условиях социалистам идти в пр-во не следует. Но если мы войдём в пр-во, мы пробудим в массах надежду на нечто существенно новое, чего на самом деле мы сделать не сможем" (Церетели И.Г., Восп. о Февр. рев-ции, т. 1, Париж, 1963, с. 128). Предлагал войти в пр-во эсерам, а меньшевикам – не входить, "чтобы защищать его перед массами" (там же, с. 129). 1 мая, опасаясь, по его словам, "коллективной отставки бурж. кабинета" и обострения полит. кризиса, участвовал в переговорах о создании коалиц. пр-ва. На Всерос. конф. меньшевист. и объединённых орг-ций (7–12 мая, Петроград) вновь избран в ОК РСДРП.

Открывая 1-й Всерос. съезд Советов РСД (3–24 июня), говорил, что полит. момент, к-рый переживает страна, "весьма критический". Выход видел в "единении всех рев. сил" ("1-й съезд Советов", т. 1, с. 4); избран пред. съезда; 9 июня инициатор обсуждения вопроса о демонстрации, к-рую большевики наметили провести 10 июня,– "...завтрашний день может быть роковым" (там же, с. 375); избран во ВЦИК Советов РСД "вне парт. списков", возглавил его Президиум.

В Июльские дни осуждал большевиков как зачинщиков и заговорщиков, заявил о полной поддержке Советами Врем. пр-ва, но отверг выдвинутые против Ленина и РСДРП(б) обвинения в шпионаже в пользу Германии.

12–15 авг. участвовал в Гос. совещании (Москва). 14 авг. огласил от имени ВЦИК Декларацию рев. демократии: "В лице своих Советов РКСД рев. демократия не стремилась к власти, не искала монополий для себя. Она была готова поддерживать всякую власть, способную охранять интересы страны и рев-ции" ("Гос. совещание", с. 78); декларация подчёркивала, что социалисты защищают не интересы отд. классов и групп, а общие интересы России и рев-ции; призывала к орг-ции обороны страны, но не содержала обычной для документов Советов формулы мира "без аннексий и контрибуций"; предусматривала меры по оздоровлению экономики и обществ. жизни, указывала на недопустимость решения нац. вопроса "явочным порядком, путём обособления от России отдельных её частей" (там же, с. 79–80).

На заседании Петрогр. Совета РСД 18 авг. в числе 4 депутатов проголосовал против отмены смертной казни на фронте. На Объединит. съезде меньшевиков (18–26 авг., Петроград) избран в ЦК РСДРП(о) по списку "оборонцев". В дни выступления Л.Г. Корнилова обратился за помощью к кронштадтцам, на к-рых была возложена охрана ВЦИК Советов РСД и Врем. пр-ва; чл. К-та нар. борьбы с контррев-цией.

После принятия Петрогр. Советом РСД 31 авг. большевист. резолюции "О власти" Ч. вместе с др. членами Президиума Совета – эсерами и меньшевиками заявил о намерении сложить полномочия. 9 сент., когда на заседании Петрогр. Совета резолюция меньшевиков и эсеров о доверии Президиуму собрала 414 голосов, а большевистская – 519 (воздержалось 67), Ч., покидая место председателя, сказал: "Президиума больше нет" (Минц И.И., указ. соч., т. 2, с. 745). На посту пред. Петрогр. Совета РСД его сменил Л.Д. Троцкий.

14 сент. как пред. ВЦИК Советов РСД открыл Демокр. совещание. Неудачи в решении осн. вопросов рев-ции, кризиса власти и корниловское выступление объяснял влиянием кадетов, с их курсом на захват Константинополя, а также большевиков, с их идеей соц. рев-ции. "Как быть? Что делать? Совещание должно ясно и определённо ответить на эти вопросы. Страна ждёт власти революционной, к-рая последовательно, без всякого шатания выполнит ту программу, к-рая необходима для страны" (Старцев В.И., Крах керенщины, Л., 1982, с. 88). В качестве программы предложил Декларацию, к-рую огласил 14 авг. на Гос. совещании в Москве; 20 сент., на последнем заседании Демокр. совещания, она была принята. 22–24 сент. участвовал в совещании по орг-ции власти. В ходе его работы, пожаловавшись, что ему "тошно от слов", пошёл на уступки кадетам, заявив, что программа 14 авг., конечно, нужна, но не является "фетишем" (там же, с. 96). Было достигнуто внеш. согласие, образовано ещё одно коалиц. Врем. пр-во (последнее). Вошёл в созданный совещанием Врем. Совет Рос. Республики (Предпарламент), но

вскоре уехал в отпуск в Грузию и более в Россию не возвращался. Избран членом Учред. Собр. (от Закавк. избират. округа).

Окт. рев-цию 1917 категорически не принял. В февр. 1918 возглавил Закавк. Сейм, ставший с апр. высш. органом Закавк. Федеративной Демокр. Республики. После образования Груз. Демокр. Республики пред. Учред. собр. Грузии. Руководил груз. делегацией на переговорах с зап. странами о признании "де-юре" независимости Грузии. В 1919 был направлен на Версальскую мирную конф.; по свидетельству Н.Н. Жордания, Ч. получил от него письменные инструкции: если будут приняты все предложения делегации, то Грузия готова принять протекторат Великобритании или Франции с условием суверенности во внутр. делах; "это добавление было известно только мне и Карло, и за моей ответственностью" (Жордания Н., Моя жизнь, Стэнфорд, 1968, с. 92). По возвращении в Грузию Ч. участвовал в разработке её конституции.

В 1921, после вступления Кр. Армии Сов. России в Грузию, эмигрировал. Жил в Париже, участвовал в деятельности груз. с.-д. эмиграции. Покончил жизнь самоубийством. Оставил предсмертную записку: "Следите за движением и руководите...". На его похоронах И.Г. Церетели сказал: "Лишившись непосредств. общения с народом, он потерял силу сопротивления. Даже могучий дуб, опрокинутый бурей, вырванный из питающей его почвы, гибнет. Так погиб и Чхеидзе" ("Соц. Вестник", 1926, № 12, с. 10).

Лит.: Уратадзе Г., Воспоминания социал-демократа, Стэнфорд, 1968.

Г.И. Ильящук, В.И. Миллер.

ЧХЕНКЕ́ЛИ Акакий Иванович (1874, г. Хони Кутаисской губ.,– 1959 или 1931?, Париж). Из дворян. Учился в Кутаисской гимназии и Киевском ун-те, завершил образование в Берлине и Лондоне; юрист, литератор. В с.-д. движении с 1898, с 1903 меньшевик. Работал в парт. печати в Тифлисе. Участник Рев-ции 1905–07. В годы реакции "ликвидатор". В 1911 выслан за пределы Кавказа. Самовольно вернулся в Батум накануне выборов в 4-ю Гос. Думу, был арестован, но после избрания депутатом Думы освобождён. В Думе выступал за культурно-нац. самоопределение. В годы 1-й мир. войны "оборонец".

После Февр. рев-ции 1917 назначен 9 марта как чл. Гос. Думы в состав Особого Закавк. к-та (ОЗАКОМ), где занял пост комиссара по делам внутр. управления. 1 мая на краевом съезде Кавк. армии заявил: "Трудовой народ ведёт войну до установления мира в мировом масштабе, сепаратный мир с Германией недопустим. Если мы окажемся слабыми на фронте, рев. движение в Германии будет разбито" (Сеф С.Е., Рев-ция 1917 г. в Закавказье, Тифлис, 1927, с. 112–13). На 1-м Всерос. съезде Советов РСД (июнь) избран чл. ВЦИК. 27 июля подписал обращение ОЗАКОМа о запрещении самовольных захватов крестьянами земель, 4 авг. издал распоряжение о сборе податей с крестьян, 9 авг.– об охране интересов помещиков при решении их споров с крестьянами. На съезде меньшевист. и объединённых с.-д. орг-ций (авг.) избран чл. ЦК РСДРП(о). В сент. возглавил работу Совещания груз. нац. партий, где была выдвинута идея создания Закавк. Сейма.

После Окт. рев-ции издал 28 окт. циркуляр о предоставлении губ., обл. и окр. комиссарам права производить аресты в связи с усилившимся рев. движением. При создании Закавк. комиссариата 15 нояб. назначен комиссаром по делам Мин-ва внутр. дел. 20 нояб. приказал Кутаисскому губ. комиссару принять решит. меры против крестьян Шарапанского у., отказавшихся платить арендную плату. 26 нояб. избран тов. пред. Нац. Совета Грузии, ведал комиссиями земской и по делам мусульман Грузии. Избран чл. Учред. Собр. (от Закавк. избират. окр.). 22 дек. как комиссар по делам МВД предписал подавить рев. движение в Кутаисской губ.

14 февр. 1918 сформировал пр-во Закавк. Федеративной Демокр. Республики (ЗФДР), где занял посты пред. Совета министров и мин. иностр. дел. В этом качестве возглавил делегацию ЗФДР на переговорах о мире с Германией и Турцией в Трапезунде и Батуме. После распада ЗФДР по предложению Ч. был провозглашён "Акт о независимости Грузии", а с 25 мая вошёл в пр-во Груз. Демокр. Республики мин. иностр. дел. Возглавлял делегации Грузии на переговорах с Абхаз. Нар. Советом о вхождении Абхазии в состав Грузии с оставлением ей полной внутр. автономии; на переговорах с Турцией о заключении мира 28 мая подписал соглашение о монопольной эксплуатации Германией природных богатств Грузии. 8 сент. представлен к награде высшим воен. орденом Германии за помощь нем. оккупац. органам. 19 янв. 1920 присутствовал на заседании Совета пяти (Антанты), где обещал выставить против большевиков 50 тыс. солдат. В марте 1921 эмигрировал и продолжал борьбу против Сов. власти.

Лит.: Большевики и победа Сов. власти в Грузии, Тб., 1981; Ментешашвили А.М., Окт. рев-ция и нац.-освободит. движение в Грузии. 1917–1921 гг., Тб., 1987.

А.Л. Райхцаум.

Ш

ШАРА́Ф (Шарафиев) Галимджан Шарафович (1886–1950). Один из руководителей союза "Ислах" ("Реформа"), возникшего в Казани в дек. 1905. В 1917 студент ист. ф-та Петрогр. ун-та; член петрогр. орг-ции "Татар-Учагы" ("Тат. очаг").

После Февр. рев-ции 1917 участник 1-го Всерос. мусульм. съезда в Москве (май). На 2-м Всерос. мусульм. съезде в Казани (июль) избран чл. Комиссии по культурно-нац. автономии мусульман Внутр. России. Участник Нац. парламента мусульман Внутр. России и Сибири (Милли меджлис) в Уфе (20 нояб. 1917 – 11 янв. 1918), на к-ром создана Коллегия по осуществлению авт. Урало-Волжского штата (КУВШ). В Милли меджлисе в нач. янв. 1918 делегаты Башк. обл. Шуро (Совета, создано в июле 1917) и Башк. Курултая (парламент, проходил в Оренбурге 8–20 дек. 1917) выступали против проекта Урало-Волжского штата (его автором был Ш.), за авт. Башкортостан, в связи с чем Ш. решительно выступил за "равноправие всех народов" (Юлдашбаев Б.Х., Нац. вопрос в Башкирии накануне и в период Окт. рев-ции, Уфа, 1984, с. 50). Под рук. Ш. КУВШ начала работу, в янв. переехала из Уфы в Казань, где Ш. был избран зам. пред. КУВШ, затем вновь председателем. В февр. как пред. КУВШ направил Уфим. мусульм. воен. Шуро телеграмму, в к-рой сообщал, что КУВШ постановила объявить в скором времени территорию штата авт. частью Рос. Федеративной Сов. Республики. Переход КУВШ под рук. Ш. на сторону Сов. власти вызвал протест руководителей Милли меджлиса. Врем. рев. Совет Башкортостана (ВРСБ) (возник в нач. февр.) также выразил протест против насильств. включения терр. Башкортостана в состав штата (позже ВРСБ согласился с Положением Наркомнаца РСФСР о Татаро-Башк. Сов. Республике от 22 марта). Ш. сотрудничал с мусульм. комиссариатом при Наркомнаце. В апр. на совещании о порядке работы Комиссии по созыву Учред. съезда Советов Татаро-Башк. Сов. Республики сделал доклад о границах, устройстве, населении республики. Впоследствии участвовал в определении границ Тат. АССР. Работал (с 1925) в Академцентре при Наркомпросе Тат. АССР. Активно участвовал в культурной и науч. жизни Тат. АССР.

Соч.: Татаро-башкиры и Тат. Республика, Казань, 1920 (на тат. яз.).

Лит.: Давлетшин Т., Сов. Татарстан. Теория и практика ленинской нац. партии, Лондон, 1974. *С.М. Исхаков.*

ША́ТОВ Владимир Сергеевич (24 дек. 1887, Киев, – 7 авг. 1943). Род. в семье служащего. Окончил Киевское, коммерч. уч-ще. С 1903 примыкал к с.-д. движению, в 1904 арестован за рев. деятельность. В 1907 эмигрировал в США, где работал наборщиком в типографии. Вступил в массовую профессиональную орг-цию анархо-синдикалист. направления "Индустриальные рабочие мира" (ИРМ); руководил рус. отделением.

После Февр. рев-ции 1917 занимался орг-цией отправки в Россию политэмигрантов из США; в мае прибыл во Владивосток – "и в тот же день уже выступал на митинге рев. матросов крейсера, стоявшего на рейде бухты Золотой Рог. Он... поддерживал платформу большевиков" (по воспоминаниям А.А. Шатовой – жены Ш.). По приезде в Петроград (июнь) работал наборщиком в газ. "Копейка", принимал активное участие в деятельности фабзавкомов (ФЗК), неоднократно избирался членом президиума Центр. Совета ФЗК Петрограда и его окрестностей. На 2-й конференции ФЗК Петрограда (7–12 авг.) поддержал линию большевиков на установление действит. рабочего контроля на произ-ве и отметил: "...фаб.-заводские к-ты, ставящие своей целью контроль над произ-вом,– это продукт рус. рев-ции, нигде в Зап. Европе нет ничего подобного, в этой работе не имеется никаких традиций, приходится пролагать новые пути..." ("Окт. рев-ция и фабзавкомы. Мат-лы по истории фабзавкомов", М., 1927, ч. 1, с. 188). На 3-й экстренной конф. ФЗК Петрограда (10 сент.) выступил против циркуляров мин. труда Врем. пр-ва М.И. Скобелева, направленных на срыв работы ФЗК: "Представитель Мин-ва труда никак не может переварить, что мы переживаем период рев-ции, и он ссылается на законы царского самодержавия... Когда мы укрепимся, мы реорганизуем свою жизнь так, что никакие циркуляры нам не будут страшны, так же как не будет страшно нам общество заводчиков и фабрикантов" (там же, ч. 2, с. 22–23). Принял участие в работе 1-й Всерос. конф. ФЗК (17–22 окт.) и 5-й конф. ФЗК Петрограда, созванной в нояб. 1917, на к-рой был избран в Центр. Исполнит. к-т ФЗК.

С 22 окт. член Петрогр. ВРК от "Союза анархо-синдикалист. пропаганды", участвовал в подготовке и проведении Окт. вооруж. восст. Д. Рид вспоминал, что 23 окт. в 3 ч. ночи в Смольном на лестнице он встретил Ш.: «"Ну,– крикнул он,– мы начали! Керенский послал юнкеров закрыть наши газ. "Солдат" и "Рабочий Путь". Но тут пришёл наш отряд и сорвал казённые печати, а теперь мы посылаем людей для захвата бурж. редакций!» ("10 дней, к-рые потрясли мир", М., 1958, с. 70–71). По свидетельству Ф.Ф. Раскольникова, "тов. Ш., анархо-синдикалист, с первого дня рев-ции дружно работал с нами" ("Кронштадт и Питер в 1917 г.", 2 изд., М., 1990, с. 237). 26 окт. вместе с Раскольниковым, С.Г. Рошалем, В. Володарским Ш. принял участие в митинге в казармах Егерьского полка с целью агитации солдат для выступления на Царскосельский фронт для защиты рев-ции. Участник Гражд. войны.

Был направлен на Д. Восток для орг-ции Дальневост. республики (ДВР), занимал посты воен. мин., мин. путей сообщения, пред. воен.-дипл. миссии при япон. командовании (см.: газ. "Дальневосточная Республика", 1920, 29 апр.). 11–15 июля 1920 пред. мирной делегации ДВР на переговорах с командованием япон. экспедиц. войск о прекращении воен. действий и от имени пр-ва ДВР 15 июля 1920 подписал договор о перемирии ("Док-ты внеш. политики СССР", т. 3, М., 1959, с. 44–46). С конца 1921 на хоз. работе. 4 окт. 1937 "тройкой" Управления НКВД Новосибирской обл. по обвинению в антисов. деятельности приговорён к расстрелу. Реабилитирован в 1955. *В.В. Кривенький.*

ШАУМЯ́Н Степан Георгиевич (1 окт. 1878, Тифлис,– 20 сент. 1918, между ст. Перевал и Ахча-Куйма Закавк. ж.д.). Из семьи

приказчика. В 1898–99 и 1900–02 учился в Петерб., Рижском технологич. ин-тах; в 1905 окончил филос. ф-т Берлинского ун-та. Чл. РСДРП с 1900. В 1902 один из организаторов первой в Армении марксист. орг-ции – "Союза арм. с.-д.". После 2-го съезда РСДРП (1903) большевик. В 1905–11 член Кавк. союзного к-та РСДРП. Участник Рев-ции 1905–07 (Тифлис, Баку). Дел. 4-го (1906) и 5-го (1907) съездов РСДРП. Неоднократно был арестован, ссылался. На 6-й (Пражской) Всерос. конф. РСДРП (1912) заочно (был в ссылке) намечен кандидатом для кооптации в члены ЦК. Сотрудник большевист. газ. "Правда". В 1915–16 член Кавк. бюро РСДРП. Одноврем. с рев. работой занимался лит.-критич. деятельностью; автор статей, уточнявших программные положения большевиков по нац. вопросу.

После Февр. рев-ции 1917 вернулся 7 марта из ссылки в Баку. Ещё 6 марта заочно избран пред. исполкома Бакин. Совета РД (до 11 мая). 10 апр. пред. 1-й межрайонной конференции бакин. орг-ции РСДРП (о), выступал с докладом "О совр. моменте". С апр. редактор газ. "Бакин. Рабочий" – органа Бакин. к-та РСДРП и газ. "Кавк. Рабочий" (Тифлис). Автор мн. статей, пропагандировавших большевист. линию в рев-ции, разоблачавших политику Врем. пр-ва, бурж. национализм. С 11 мая руководитель большевист. фракции Бакин. Совета рабочих и воен. депутатов, один из руководителей Бакин. к-та РСДРП(о). Делегат 1-го Всерос. съезда Советов (3–24 июня); от имени большевист. фракции 12 июня огласил резолюцию, в к-рой излагались требования мира без аннексий и контрибуций, права "каждой нации самостоятельно и свободно определить своё присоединение к тому или другому гос-ву или решить вопрос о своём независимом гос-ве" ("1-й съезд Советов", т. 2, с. 17); на съезде избран чл. ВЦИК. 25 июня заочно избран чл. бюро Бакин. к-та РСДРП(б).

Вернулся в Баку 2 июля. Много внимания уделял работе в редакции "Бакин. Рабочего", пропагандировавшего пролет. интернационализм, что было особенно важно для сплочения многонац. бакин. рабочего класса, всех кавк. трудящихся; 6 июля в ст. "Кавк. националисты и социал-демократия", опубликованной в этой газете, призвал большевиков вести систематич. борьбу против националистич. пропаганды, считал необходимым, чтобы социал-демократия резко и определённо отмежевалась от национализма; после Июльских событий в Петрограде опубл. ряд статей, опровергавших клевету на большевиков как агентов герм. империализма, разоблачавших политику меньшевиков и эсеров, поддерживавших Врем. пр-во. 16 июля в "Бакин. Рабочем" в ст. "Чего хотят большевики" Ш. писал: "Первое осн. требование наше – чтобы представители демократии, организованной вокруг Советов РСКД, разорвали свой союз с контррев. буржуазией и взяли бы в свои руки всю гос. власть" ("Избр.произв.", т. 2, с. 45). 19 июля пред. общегор. большевист. конференции, избравшей делегатов на 6-й съезд РСДРП(б), в т.ч. и Ш. (на съезд приехать не смог); на съезде заочно избран членом ЦК, а 5 авг. избран в узкий состав ЦК. Один из создателей "Орг-ции молодёжи при Бакин. к-те РСДРП(б)" (с янв. 1918 "Интернац. союз рабочей молодёжи Баку и его районов").

15 сент. участвовал в заседании ЦК партии, на к-ром обсуждались письма В.И. Ленина о необходимости вооруж. восстания; поддержал ленинский план развития рев-ции. Участник Демокр. совещания (14–22 сент.).

5–7 окт. в Тифлисе один из руководителей Кавк. краевого съезда РСДРП(б), выступил с докладом "О текущем моменте"; при обсуждении доклада М. Торошелидзе о нац. вопросе отклонил осн. требования докладчика об "обл. общекавк. самоуправлении" и выступил в защиту автономии областей; предложил разделить Закавказье на 3 области: 1) Зап. Закавказье: Кутаисская, Батумская и часть Тифлисской губ.; 2) Вост. Закавказье: Эриванская, часть Тифлисской губ., Карсская и Елизаветпольская губ.; 3) Бакинская, часть Елизаветпольской губ. и Дагестанской обл.; Ш. не назвал образования трёх нац. автономий (Грузия, Армения, Азербайджан), однако подчеркнул, что адм. границы этих образований (областей) могут совпадать с национальными (там же, с. 103–04). Избран чл. Кавк. краевого к-та РСДРП(б). С 13 окт. пред. Врем. исполкома Бакин. Совета, к-рый 15 окт. принял резолюцию о передачи всей власти Совету; избран делегатом на 2-й Всерос. съезд Советов РСД (на съезде не присутствовал из-за сложной обстановки в Баку).

26 окт. на заседании Врем. исполкома Бакин. Совета Ш. приветствовал победу вооруж. восстания в Петрограде, однако меньшевист.-эсеровское большинство выступило против; 28 окт. в знак протеста Ш. подал в отставку с поста пред. исполкома Совета, к-рый её не принял. 31 окт. по предложению Ш. на расширенном заседании Ба-

кин. Совет объявил себя местным правомочным рев. законодат. органом, приветствовал победу восстания в Петрограде, принял резолюцию о признании власти СНК Рос. Республики. Ш. избран пред. исполкома Бакин. Совета РСД. В нояб. избран членом Учред. Собр. от Закавказья. С 22 нояб., участвуя в заседаниях Кавк. крайкома РСДРП(б), безуспешно пытался убедить членов крайкома в необходимости мобилизации закавк. пролетариата и, опираясь на рев. войска Кавк. фронта, вести решит. борьбу против закавк. антисов. коалиции. В нояб. заявил председателю Закавк. комиссариата Е.П. Гегечкори, что Бакин. Совет не признаёт власть комиссариата; настаивал на признании власти СНК России. 10–23 дек. возглавил фракцию большевиков на 2-м краевом съезде Кавк. армии; по докладу Ш. "О текущем моменте" съезд принял резолюцию, призвавшую признать власть СНК РСФСР в крае.

16 дек. назначен СНК РСФСР Врем. чрезв. комиссаром по делам Кавказа. 25 янв. 1918 на митинге рабочих Гл. мастерских Закавк. ж.д. в Тифлисе выразил протест Закавк. комиссариату по поводу разоружения и расстрела рус. войск Кавк. фронта у Шамхора (близ Елизаветполя); в тот же день Закавк. комиссариат предложил Ш. в 24 ч. выехать из пределов Закавказья, одноврем. выдал ордер на его арест. Ш. перешёл на нелег. положение. 31 янв. в "Кавк. Вестнике СНК" опубликовано его обращение ко всем Советам РСКД, ко всем трудящимся Кавказа с призывом к борьбе за установление Сов. власти в крае. «Не бурж.-парламентская республика во главе с капиталистами и помещиками, не кавк. "сейм" во главе с беками, дворянами, бурж.-националистич. оборонцами, а рабоче-крест. республика Советов – вот что может спасти нас от гибели» (там же, с. 153–54). Ш. предлагал крупнейшим Советам Кавказа – Бакинскому, Тифлисскому, Грозненскому и др.– "взять на себя инициативу по скорейшему, безотлагательному созыву съезда всех Советов Кавказа для создания центр. авторитетной Сов. власти" (там же).

5 марта 1918 вместе с воинскими эшелонами, следовавшими в Россию, Ш. вернулся в Баку, возглавил борьбу пролетариата за укрепление Сов. власти, против отделения Закавказья от Сов. России. "Закавк. комиссариат отвернулся от рев. петрогр. власти... Наши правители стали разрушать в Закавказье интернац. Сов. власть и вступили на гибельный для нашего края путь активного национализма,– писал Ш. в "Бакин. Рабочем" 9 марта. – Политика размежевания по национальностям внутри Закавказья, споры о нац. территориях, создание нац. полков... – всё это вместо единения демократии всех национальностей во имя великих общих идеалов рев-ции и социализма создало атмосферу нац. обособления, вражды и подготовило почву для уже неизбежных нац. войн в Закавказье" (там же, с. 197).

Возглавлял переехавший в Баку ВРК Кавк. армии по созданию сов. вооруж. сил. 30 марта – 1 апр. 1918 пред. К-та рев. обороны Баку, руководившего подавлением вооруж. выступления мусаватистов. 10 и 12 апр. сообщил на собрании нефтепромышленников, заводчиков, судовладельцев об обложении их налогом в 50 млн. руб. для орг-ции в Баку Кр. Армии. С 25 апр. пред. СНК Бакин. коммуны и комиссар по внеш. делам.

После падения Сов. власти в Баку (31 июля 1918) совм. с др. бакин. комиссарами предпринял попытку эвакуации на судах сов. вооруж. частей в Астрахань, но 16 авг. в море суда были захвачены воен. кораблями антисов. диктатуры Центрокаспия, Ш. и его соратники брошены в бакин. тюрьму. 28 авг. Ш. и др. бакин. комиссары заочно избраны депутатами Бакин. Совета. 14 сент. Ш. и его товарищи освобождены группой большевиков во главе с А.И. Микояном и ушли в море на пароходе, команда к-рого увела судно в Красноводск, где 26 бакин. комиссаров были арестованы. В ночь на 20 сент. расстреляны по решению англ. воен. миссии и представителей антибольшевист. Закасп. врем. пр-ва.

Соч.: Избр. произв., 2 изд., т. 1–2, М., 1978; Письма. 1896–1918, Ер., 1959.

Лит.: Акопян Г.С., С. Шаумян. Жизнь и деятельность. 1878–1918, М., 1973; О С. Шаумяне. Восп., очерки, статьи современников, М., 1988; С. Шаумян. Биобиблиогр. указ., Ер., 1979 (предисл. Х.А. Барсегяна); Гранат.

В.Н. Заботин.

ШАХОВСКО́Й Всеволод Николаевич (1874–1954). Из древнего княжеского рода Рюриковичей. Землевладелец Новоладожского у. Петербургской губ. Окончил Мор. кадетский корпус. С 1910 нач. управления и пред. управления внутр. водных путей и шоссейных дорог Мин-ва путей сообщения. С 18 февр. 1915 управляющий Мин-вом торговли и пром-сти, с 6 мая министр. 21 авг. 1915 подписал коллективное письмо на имя Николая II, направленное против пред. Совета министров И.Л. Горемыкина.

В период работы 4-й Гос. Думы Ш. говорил в Совете министров: "...нельзя не считаться с тем фактом, что поражения на фронте создали рев.-повышенное настроение в стране... Мы должны сказать его величеству, что, пока обществ. настроения вообще – и московские, в частности, – ещё остаются умеренными и облекаются в почтительные формы... отметать всё огулом было бы опасно" (Милюков П.Н., Воспоминания. 1859–1917, т. 2, Нью-Йорк, 1955, с. 219). 30 янв. 1917 на заседании Совета министров заслушивался его подробный доклад о положении снабжения потребителей топливом из Донецкого бассейна. 10 февр. выехал в Харьков и Екатеринослав для выяснения вопросов о добыче угля. В дни Февр. рев-ции 1917 был арестован 1 марта, освобождён 5 марта. После Окт. рев-ции эмигрировал во Францию.

О.Л. Сорокина.

ШАХОВСКО́Й Дмитрий Иванович (1862, Москва,– 15 апр. 1939). Князь, внук декабриста Ф.П. Шаховского. Окончил юрид. ф-т Петерб. ун-та (1885); в студенч. годы состоял в кружке С.Ф. Ольденбурга, В.И. Вернадского, А.А. Корнилова. Служил в земстве Тверской (где сблизился с Ф.И. Родичевым, И.И. Петрункевичем) и Ярослав. губ. Уездный предводитель дворянства. Один из основателей "Союза Освобождения" и ж. "Освобождение" (1904–05). Чл. ЦК партии кадетов (с 1905). Деп. 1-й Гос. Думы, секр. Думы и фракции кадетов (1906). В 1910 лишён избират. прав, отбыл 3-мес. тюремное заключение за либерально-обществ. деятельность. Масон (после 1910). Организатор и пред. об-ва "Кооперация" (1916). Обладал незаурядными организаторскими способностями.

После Февр. рев-ции 1917 член исполкома моск. К-та об-

ществ. орг-ций (с 1 марта). На 7-м съезде партии кадетов (март – апр.), выступая с докладом, призвал к борьбе в блоке с эсерами и меньшевиками "со всякого рода максимализмом и большевизмом", считая, что программы соц. партий по агр. и рабочему вопросам аналогичны программе кадетов. 5 мая – 2 июля мин. гос. призрения Врем. пр-ва. На 8-м съезде партии кадетов (май) предложил добиваться от Врем. пр-ва создания альтернативного Учред. Собранию "авторитетного органа" власти из членов 1-й, 2-й и 4-й Гос. Дум; предложение Ш. было отвергнуто съездом. Вместе с А.И. Шингарёвым и А.А. Мануйловым в сер. июня выступил в пр-ве против проведения выборов в Учред. Собр. в сент., т.к. "не фальсифицированное, а подлинное" Учред. Собр., считали они, может быть избрано только в более поздние сроки. В речи на 9-м съезде партии кадетов 25 июля указал на стремление кадетов к безраздельной власти; полемизируя с выступлениями Родичева и В.А. Маклакова, отрицал, что кадеты представляют интересы крупных помещиков. 10 авг. на частном Совещании обществ. деятелей в Москве избран членом постоянного бюро Совета обществ. деятелей.

После Окт. вооруж. восст. в Петрограде пытался 27 окт. сорвать заседание моск. Гор. думы, на к-ром присутствовали гл. обр. большевики. 15 нояб. выступил на заседании подпольного Врем. пр-ва с докладом (вместе с Е.Д. Кусковой) о положении в Москве и провинции. По одной из версий ВЧК, был организатором неудавшегося покушения на В.И. Ленина 1 янв. 1918 (см.: Голинков Д.Л., Крушение антисов. подполья в СССР, 3 изд., кн.1, М., 1980, с. 184). Один из организаторов "Союза возрождения России" (май 1918) и "Тактич. центра" (апр. 1919). В февр. 1920 арестован ВЧК, вскоре освобождён по амнистии до суда. В нач. 1920-х гг. отошёл от полит. деятельности, работал в кооперации, Госплане, затем занимался только лит. трудом (опубл. материалы о П.Я. Чаадаеве, см.: "Лит. наследство", т. 22–24, 1935). В июле 1938 арестован, в апр. 1939 приговорён к расстрелу. Реабилитирован в 1957.

С о ч.: Автобиография, М., [1917].

М.Е. Голостенов, В.Н. Сачков.

ШИНГАРЁВ Андрей Иванович (19 авг. 1869, с. Боровое, Воронежского у. Воронежской губ.,– 7 янв. 1918, Петроград). Мать из дворян, отец – мещанин, приписавшийся в дальнейшем к купеч. сословию. Окончил естеств. отделение физ.-мат. ф-та (1891) и мед. ф-т (1894) Моск. ун-та. В 1895–1907 врач-подвижник в Воронежской губ. В 1895–1900 гласный Усманского уездного, в 1895–98, 1901–04 – Тамбовского губернского земских собр. Всерос. известность получил благодаря своей кн. "Вымирающая деревня" (1901). Редактор кадетской газ. "Воронежское Слово" (1905–07), сотрудник газ. "Речь" и "Рус. Ведомости", ж. "Рус. Мысль". Чл. "Союза Освобождения", пред. Воронежского к-та партии кадетов, с 1908 член её ЦК. Депутат 2–4-й Гос. Дум; с 1909 член бюро межпарламентской группы Думы, гл. оратор кадетов в Думе по финанс. вопросам, с 1915 пред. воен.-мор. комиссии. Гласный петрогр. Гор. думы и член её группы "Обновление". Масон. В составленных в авг. 1915 бурж. группировками шести списках кандидатов в пр-во Ш. фигурирует в четырёх (по финансам ли-

бо земледелию). Всегда выступал верным сподвижником П.Н. Милюкова. По воспоминаниям В.А. Оболенского, "Милюков мог быть всегда уверен в поддержке Шингарёва, к-рый никогда почти не расходился с ним во мнениях" (Думова-2, с. 85).

28 февр. 1917 возглавил Прод. комиссию, созданную из представителей Врем. К-та Гос. Думы и Петрогр. Совета РСД, затем Мин-во земледелия в первом Врем. пр-ве. Гл. актом в области продовольствия был проведённый им 25 марта закон о хлебной монополии: "Это неизбежная, горькая, печальная мера – взять в руки гос-ва распределение хлебных запасов. Без этой меры обойтись нельзя" (Хрущов А., А.И. Шингарёв. Его жизнь и деятельность, М., 1918, с. 93). Осн. причиной обострения прод. кризиса считал "разжигаемое агитацией ленинцев" агр. движение крестьян. Обещал быстро и справедливо урегулировать вопрос о земле, однако практич. меры

руководимого им мин-ва ограничились конфискацией кабинетских и удельных земель. Подготовленная им Декларация от 19 марта запрещала захват помещичьих земель и объявляла, что вопрос о них может быть решён только Учред. Собр. В нач. мая вместе с Ф.И. Родичевым и Милюковым был гл. оратором на организац. конференции Союза офицеров. "Ш. был превосходным деловым министром – со знанием, с огромной энергией, с твёрдостью и авторитетом... был яростным врагом сов. демократии" (Суханов Н.Н., Записки о рев-ции, т. 1, кн. 1–2, М., 1991, с. 305). С 5 мая мин. финансов и лидер кадетской группы министров в пр-ве; боролся за пропаганду "Займа Свободы"; налоговые законы от 12 июня предусматривали увеличение обложения прибылей, что встретило резкий отпор среди промышленников.

Принимал участие в работе 1-го Всерос. съезда Советов РСД (июнь). 2 июля, по решению ЦК партии, заявил о выходе из Врем. пр-ва, выступил против проекта соглашения с укр. Центр. Радой. В кон. июля на 9-м съезде Партии Нар. Свободы сделал доклад о финанс. положении страны; избран членом её ЦК; руководил фракцией кадетов в петрогр. Гор. думе. С 8 по 10 авг. участвовал в частном Совещании обществ. деятелей в Москве, избран в учреждённый им для обсуждения текущих полит. и экон. вопросов Совет обществ. деятелей. На расширенном заседании ЦК партии 11–12 авг. решительно высказался против выступлений в пользу восстановления монархии. 20 авг. на заседании ЦК проголосовал за установление воен. диктатуры: "Дело идёт к расстрелу, т.к. слова бессильны" (Думова-2, с. 197). Чл. Предпарламента. На выборах в Учред. Собр. 17 губ. к-тов выставили его своим кандидатом. 3 нояб. петрогр. Гор. дума по предложению Ш. возбудила уголов. преследование и гражд. иск к красногвардейцам и иным полкам, "разграбившим и унёсшим с собой" хлеб и др. продовольствие из пекарен и магазинов. Последний раз выступил 12 нояб. в Воронеже в связи с выборами в Учред. Собр. 28 нояб., в день предполагавшегося открытия Учред. Собр., арестован, доставлен в Петропавл. крепость. 6 янв. 1918 в связи с просьбами сестры Ш. переведён из крепости (вместе с Ф.Ф. Кокошкиным) в Мариинскую тюремную больницу, где в ночь на 7 янв. зверски убит матросами и красногвардейцами.

С о ч.: Как это было. Дневник..., 2 изд., М., 1918.

Лит.: Два народолюбца. А.И. Шингарёв и Ф.Ф. Кокошкин, М., 1918; Памяти погибших; В и н а в е р М., Недавнее, 2 изд., Париж, 1926. *М.Е. Голостенов.*

ШКА́ПСКИЙ Орест Авенирович (1865, Ташкент,– апр. 1918, г. Верный). Из дворян Мензелинского у. Уфимской губ. Учился в Петровской земледельч. академии, по др. данным, на физ.-мат. ф-те Моск. ун-та. В 1887 арестован за принадлежность к "Нар. воле", до 1895 – в заключении и ссылке. С апр. 1899 действит. член Туркест. отдела Рус. Географич. Об-ва, за труды по этнографии и статистике удостоен в 1901 серебряной медали этого об-ва. С 1906 чл. Нар.-соц. (Трудовой) партии (энес). В ходе Рев-ции 1905–07 сотрудничал с с.-д. Затем служил в обл. управлениях и переселенч. органах Верного, Ташкента, Петрограда.

После Февр. рев-ции 1917 Врем. пр-вом 8 марта Ш., а также А. Букейханову и М. Тынышпаеву были поручены "вопросы устроения Семиречья и вопросы кирг. быта в крае" (ЦГА Узбекистана, ф. 1044, оп. 1, д. 1, л. 1). Чл. Туркест. к-та, созданного Врем. пр-вом 5 апр. Направлен 25 апр. вместе с Тынышпаевым в Верный для ликвидации дел, связанных с призывом кирг. (казах.) населения на тыловые работы. Весной – летом независимо от Туркест. краевого Совета РСД предпринял попытки урегулировать отношения рус., кирг., дунган. населения Пржевальского, Пишпекского и Джаркентского у.; участвовал в совещании по вопросу расселения возвращавшихся беженцев (4–6 мая, Пишпек); возбудил ходатайство о возмещении крест-ву убытков от восст. 1916; 12 июня в телеграмме МВД Врем. пр-ва, описав последствия восст. 1916 и его причины (изъятие земли, пережитки феодализма), обратился с просьбой финанс. помощи и "посылки идейных работников": "Обращаюсь призывом с.-д. меньшевикам, прочим партиям, большевиков не зову – здесь демагогов не початый край, усиливать их число не надо" (ЦГАОР, ф. 1788, оп. 2, д. 177, л. 32–33); направил также в газ. "День" статью об итогах поездки по Пржевальскому у. (20 июня перепечатана газ. "Туркест. Курьер") и с предложением о расселении беженцев на местах прежнего проживания; в июне телеграфировал ген. рос. консулу в Кашгаре (Китай) просьбу информировать беженцев-киргизов о нежелательности их возвращения в ближайшее время, "т.к. рус. население ещё не вполне успокоилось и считает просителей гл. виновниками прошлогоднего мятежа".

Во время сент. событий в Ташкенте (избрание на массовом полит. митинге Врем. Рев. К-та, принятие большевист. резолюции о переходе власти к Советам) призвал областных и уездных комиссаров Семиречья "не исполнять никаких распоряжений ташкентских большевиков-мятежников" [см.: "Историография обществ. наук в Узбекистане". Биобиблиогр. очерки, Ташкент, 1974, с. 375], объявил себя 14 сент. единств. представителем Врем. пр-ва в Туркестане. Ввёл воен. положение в Верном (9 окт.) и Пишпеке (20 окт.). В окт. выдвигался канд. в чл. Учред. Собр. (Семиреченск. избират. окр., Верный). 27 окт. сопредседатель объединённого заседания (Верный) ряда обществ. и воен. орг-ций Семиречен. обл., осудившего вооруж. восст. в Петрограде.

3 нояб. (после установления Сов. власти в Ташкенте) заявил о решит. борьбе с большевизмом в Семиречен. обл. 6 нояб. подписал постановление об образовании областного и уездных К-тов обществ. безопасности. Поддерживал выступление А.М. Каледина. До февр. 1918 работал в тесном контакте с Войсковым пр-вом Семиречен. казачества. В февр. (после обыска квартиры), по собств. признанию, почувствовал бессилие; вместе с военкомом Туркест. воен. округа В.Г. Ивановым сложили полномо-

чия (11–12 февр.); Ш., опасаясь самосуда, 20 февр. пытался бежать в Кульджу (Китай). 21 февр. около с. Купластовка Верненского. у. был задержан, опознан, допрошен и 2 марта препровождён в обл. тюрьму. 13 апр. следств. комиссия Ревтрибунала на основании "мирного договора" (параграф об освобождении политзаключённых) с поднявшими мятеж казаками прекратила дело Ш. Однако, по данным прокурора Верненского окр. суда и комиссара обл. тюрьмы, в период осады города (3–12 апр.) 17 заключённых, в т.ч. и Ш., при невыясненных обстоятельствах были расстреляны неизвестными из состава Верненского гарнизона.

А.В. Панфилов.

ШЛЯ́ПНИКОВ Александр Гаврилович (30 авг. 1885, Муром Владимирской губ.,– 2 сент. 1937, Москва). Из мещан. Чл.

РСДРП с 1901, с 1903 большевик. Парт. работу вёл в Петербурге, Муроме, Сормове, Н. Новгороде, Москве. Участник Рев-ции 1905–07. В 1907 чл. ПК РСДРП. Неоднократно подвергался арестам. С 1908 в эмиграции. В кон. 1909 вступил во Франц. соц. партию, участвовал во франц. рабочем движении. Позже чл. С.-д. партии Германии. В апр. 1914 возвратился в Россию. Работал токарем на з-дах Петербурга. Выполнял задания думской с.-д. фракции и ПК РСДРП, сотрудничал в газ. "Правда" и "Социал-демократ". В годы 1-й мир. войны "интернационалист". Автор выпущенной 19 июля 1914 ПК РСДРП листовки к рабочим и солдатам, заканчивавшейся призывом: "Долой войну! Долой царское пр-во! Да здравствует рев-ция!" ("Листовки петерб. большевиков. 1902–1917", т. 2, Л., 1939, с. 114). В сент. 1914 выехал в Швецию с заданием организовать связь ПК с ЦК РСДРП, с с.-д. партиями др. стран. В 1915 кооптирован в ЦК РСДРП. "Приехав из воюющей страны,– писал Ш. в приветствии швед. Конгрессу молодых социалистов,– я могу с гордостью констатировать, что сознат. рабочие России по-прежнему враждебны войне, не склонили свои клас. знамёна и продолжают борьбу" (ЦПА ИМЛ, ф. 17, оп. 1, д. 1782, л. 3). В кон. 1915 вернулся в Петроград, возглавил Рус. бюро ЦК. В нач. 1916 в связи с угрозой ареста эмигрировал, в нояб. 1916 вернулся в Петроград, восстановил Рус. бюро ЦК, был его фактич. руководителем.

В ходе Февр. рев-ции 1917 с нач. марта член президиума Бюро ЦК РСДРП. Входил в инициативную группу по созданию Петрогр. Совета РД, 27 февр. избран в исполком Петросовета. Впоследствии писал, что по поручению исполкома "...с 27 февр. принимал участие в орг-ции рабочей милиции, вооружении рабочих... Автор принятого Выборгским районным Советом РСД постановления об орг-ции Рабочей гвардии" (там же, ф. 70, оп. 4, д. 387, л. 131–32). 1 марта выступил с докладом о текущих событиях и задачах партии на собрании актива большевиков столицы, избран членом врем. ПК большевиков. Один из организаторов возвращения из-за границы политэмигрантов, встречи В.И. Ленина 3 апр. на ст. Белоостров и Финл. вокзале. Дел. 7-й (Апр.) Всерос. конф. РСДРП(б). С апр. пред. правления Петрогр. Союза металлистов, с июня пред. ЦК Всерос. союза рабочих-металлистов. На 1-й конф. фабзавкомов Петрограда и его окрестностей (30 мая – 3 июня) избран чл. Центр. совета фабзавкомов Петрограда, на 3-й Всерос. конф. профсоюзов (июнь)– членом врем. Всерос. Центр. совета (бюро) профсоюзов. По мнению Н.Н. Суханова, Ш., "опытный конспиратор, отличный техник-организатор и хороший практик проф. движения, ...совсем не был политик... ни самостоятельной мысли, ни способности, ни желания разобраться в конкретной сущности момента не было у этого ответств. руководителя влиятельнейшей рабочей орг-ции" (Суханов Н.Н., Записки о рев-ции, т. 1, М., 1991, с. 79). Вёл переговоры с Об-вом заводчиков и фабрикантов Петрограда, к-рые завершились подписанием тарифного соглашения. На 6-м съезде РСДРП(б) от имени Центр. бюро профсоюзов призвал делегатов "более тесно связать работу партии с работой проф. союзов" ["6-й съезд РСДРП(б)". Протоколы, М., 1958, с. 105]. Участник Гос. совещания (12–15 авг.) и Демокр. совещания (14–22 сент.).

16 окт. на расширенном заседании ЦК РСДРП(б), рассматривавшем вопрос о вооруж. восст., заявил, что в столичном проф. Союзе металлистов "влияние большевиков преобладает, но большевист. выступление не является популярным; слухи об этом вызвали даже панику. Настроение и по России у металлистов преобладает большевистское; ...но сознания возможности самим организовать произ-во нет" ("Протоколы ЦК РСДРП(б)", с. 96). Дел. 1-й Всерос. конф. фабзавкомов (17–22 окт.), избран чл. Всерос. Центр. совета фабзавкомов. Чл. Петрогр. ВРК. 25 окт. по инициативе Ш. правление Всерос. союза рабочих-металлистов ассигновало 50 тыс. руб. Петрогр. ВРК, предоставило в его распоряжение технич. персонал правления, обратилось к рабочим-металлистам с призывом объединиться под лозунгом "Вся власть Советам!".

Дел. 2-го Всерос. съезда Советов РСД. В первом составе СНК нарком труда. Поддержал Заявление группы нар. комиссаров на заседании ВЦИК 4 нояб. об отставке в знак протеста против прекращения по решению ЦК партии переговоров об образовании "однородного соц. пр-ва", но сделал приписку: "Присоединяясь к общей оценке полит. момента в вопросе о необходимости соглашения, но считаю недопустимым сложение с себя ответственности и обязанностей" ("Протоколы ЦК РСДРП(б)", с. 137), остался на своём посту и, кроме того, до 15 янв. 1918 исполнял обязанности наркома торговли и пром-сти. Вёл борьбу с саботажем и забастовкой чиновников. Участвовал в создании Совета рабочего контроля и преобразовании его в Высший Совет Нар. х-ва.

В янв. 1918 дел. 1-го Всерос. съезда профсоюзов (Петроград, 7–14 янв.) и 1-го (учред.) Всерос. съезда Всерос. Союза металлистов; выступал за твёрдую дисциплину на произ-ве и переход к сдельной оплате труда. После срыва Брестских переговоров пред. Центр. коллегии по эвакуации и разгрузке Петрограда. На 7-м Экстренном съезде РКП(б) (март) избран канд. в чл. ЦК. В дальнейшем на сов., воен., проф. и хоз. работе, один из лидеров "рабочей оппозиции". В 1933 исключён из ВКП(б). В 1935 за принадлежность к "рабочей оппозиции" сослан. В 1936 арестован, по тому же обвинению 2 сент. 1937 Воен. коллегией Верх. суда СССР приговорён к расстрелу. Реабилитирован в 1988.

Соч.: Семнадцатый год, кн. 1–4, М.–Л., 1923–31; Февр. дни в Петербурге, "Пролет. рев-ция", 1923, № 1; К Октябрю, там же, 1922, № 10.

Лит.: Аксютин Ю., А. Шляпников, в кн.: Факел. 1990. Ист.-рев. альманах, М., 1990; Наумов В.Л., А.Г. Шляпников (страницы полит. биографии), М., 1991; Гранат.

А.А. Чернобаев.

ШМИДТ Василий Владимирович (29 дек. 1886, Петербург,– 29 июля 1938). Из рабочих. Окончил в 1904 4-клас. гос. уч-ще. С 1905 токарь в ж.-д. мастерских. Вступил в РСДРП в 1905, большевик. Участник Рев-ции 1905–07 (Петербург). С 1907 в эмиграции (Германия). С 1911 в Петербурге работал на з-де, одноврем. секр. Выборгского районного, с 1914 Петерб. общегор. Союза металлистов, чл. Исполнит. комиссии (бюро) ПК РСДРП. Неоднократно арестовывался.

После Февр. рев-ции 1917 избран 2 марта секр. первого легального ПК РСДРП и чл. его Исполнит. комиссии, одноврем. с апр. секр. Петрогр. Центр. совета профсоюзов; один из ред. большевист. ж. "Металлист". Дел. 7-й (Апр.) Всерос. конф. РСДРП(б) (24–29 апр.); выступал с докладом о деятельности ПК большевиков. Отметив "засилие меньшевиков" в Петрогр. Совете РСД, объяснил это массовыми арестами накануне рев-ции: "...были отд. ячейки, гл. обр. на Выборгской стороне, т.к. остальные были разгромлены самым основательным образом"; рассказав о работе по воссозданию орг-ции, подчеркнул отсутствие вначале единой полит. линии; "но постепенно линия выравнялась, и со времени

приезда т. Ленина, он дал иное идейное направление характеру работы, здесь, в Питере"; заявил, что большевики надеются взять профдвижение в свои руки; информировал, что общегор. большевист. конф. "...пришла к тому убеждению, что для борьбы с Врем. пр-вом нужна длит. работа; резких переходных шагов – как лозунг свержения Врем. пр-ва – не указывалось" ["7-я (Апр.) Всерос. конф. РСДРП(б)". Протоколы, 1958, с. 200–04]. Был чл. Центр. правления Петрогр. Союза металлистов. Дел. 3-й Всерос. конф. профсоюзов (Петроград, 21–28 июня); выступал с докладом о 8-час. рабочем дне; в резолюции приняты осн. положения его доклада: немедленное издание декрета о 8-час. рабочем дне для всех отраслей наёмного труда, полное запрещение сверхурочных работ без согласия профсоюзов, ответственность предпринимателей за неисполнение закона, создание органов надзора за исполнением закона (см.: "Рев-ция 1917", т. 4, с. 102). Дел. 6-го съезда РСДРП(б) (26 июля – 3 авг.).

25 сент. выступал на заседании Петрогр. Центр. совета профсоюзов о деятельности его Исполнит. комиссии, сообщил об участии профсоюзов в правительств. комиссиях по выработке законопроектов о труде, создании структуры профсоюзов, резком (до 450 тыс.) увеличении численности их членов, подчеркнул: "Петрогр. совет профсоюзов не проходил безучастно мимо полит. жизни и реагировал на все более или менее значит. явления..." (там же, с. 277–78); вновь избран чл. Исполнит. комиссии Петрогр. Центр. совета профсоюзов. На расширенном заседании ЦК РСДРП(б) 16 окт. выступил с информацией, что в профсоюзы организовано св. 500 тыс. рабочих. "Настроение таково, что активных выступлений ждать не приходится, особенно ввиду боязни расчётов... Все признают, что вне борьбы за власть нет выхода из положения. Требуют всей власти Советам" ("Протоколы ЦК РСДРП(б)", с. 96). 25 окт. Центр. правление Петрогр. Союза металлистов по инициативе Ш. приняло решение о поддержке Петрогр. ВРК, передаче ВРК своего технич. аппарата и ассигновании на его нужды 50 тыс. руб.; приняло обращение ко всем металлистам о поддержке вооруж. восст.; делегировало Ш. в состав ВРК. Дел. 2-го Всерос. съезда Советов РСД (25–27 окт.), избран чл. ВЦИК. Член Учред. Собр. (Тверской избират. округ).

В дек. 1917 – апр. 1918 пом. наркома труда РСФСР. Дел. 1-го Всерос. съезда профсоюзов (Петроград, 7–14 янв. 1918), избран секр. ВЦСПС. Дел. 7-го Экстренного съезда РКП(б) (март 1918) от большевист. фракции ВЦСПС, избран чл. ЦК. В апр.– окт. 1918 пред. Центр. бюро петрогр. профсоюзов, одновременно секр. ВЦСПС; участвовал в создании Кр. Армии.

С окт. 1918 нарком труда РСФСР, затем на др. гос. и парт. работе. 5 янв. 1937 арестован и 3 июня Воен. коллегией Верх. суда СССР за принадлежность к рук-ву "антисов. орг-ции правых" осуждён к 10 годам тюрьмы; 29 июля 1938 Воен. коллегией Верх. суда СССР приговорён к расстрелу. Реабилитирован в 1957. *Б.Я. Хазанов.*

ШТЕ́РНБЕРГ Павел Карлович (21 марта 1865, Орёл,– 1 февр. 1920, Москва). Из семьи ж.-д. подрядчика. Окончил физ.-мат. ф-т Моск. ун-та (1887); астроном-наблюдатель обсерватории Моск. ун-та; профессор (с 1914 заслуженный экстраординарный, с 1917 – ординарный). Чл. РСДРП с 1905 (в с.-д. движении с 1904), большевик (парт. псевд.– Лунный). В 1906–08 чл. Воен.-технич. бюро МК РСДРП (в обсерватории хранил оружие и боеприпасы,

наладил в Сокольниках изготовление ручных бомб; в 1907–08 под видом измерения аномалии силы тяжести организовал картографич. съёмку улиц Москвы на случай восстания). Один из связных МК и ЦК РСДРП. С 1916 директор обсерватории.

После Февр. рев-ции 1917 на совещании МК большевиков в кон. марта выступил с докладом о создании боевых рабочих дружин с учётом опыта 1905–07. В нач. апр. пред. 1-го Всерос. съезда астрономов в Петрограде, избран чл. Совета Всерос. астрономич. союза. 4 апр. на 1-й Моск. общегор. парт. конф. выступил с докладом о создании рабочей милиции; избран чл. МК. 14 апр. МК РСДРП(б) по докладу Ш., обобщившего первый опыт создания боевых отрядов, принял решение о вступлении чл. партии и рабочих в ряды реорганизуемой милиции с целью превращения её в Кр. Гвардию, о создании вооруж. заводских и парт. дружин. Участвовал в формировании отрядов Кр. Гвардии, в орг-ции изготовления оружия (на з-дах Михельсона, "Мотор", телефонном и др.).

2 мая МК партии поручил Я.Я. Пече и Ш. возглавить создание Кр. Гвардии по всей Москве; один из организаторов и руководитель Центр. штаба Кр. Гвардии. 10 июня на 2-й общегор. парт. конф. говорил: "События складываются так, что скоро придётся вступить в открытую борьбу. Нам, товарищи, нужно готовиться к этому..." ("Очерки истории Моск. орг-ции КПСС", кн. 1, М., 1979, с. 430). В июне избран гласным моск. Гор. думы. В июле один из организаторов Оператив. штаба при Центр. штабе Кр. Гвардии, занимавшегося составлением плана вооруж. восстания (использовалась и карта, ранее составленная Ш.). В сент. по рекомендации ЦК РСДРП(б) выдвинут канд. в члены Учред. Собр. от Москвы, но избран не был.

С 25 окт. участвовал в орг-ции охраны Моск. Совета РД и МК РСДРП(б), с 27 окт. член Моск. ВРК и один из рук. Замоскворец. районного ВРК, одноврем. руководил разведкой и инж. делом Центр. штаба Кр. Гвардии. Участвовал в боях с юнкерами на улицах Москвы, выступал сторонником решит. действий. По инициативе Ш. была введена в действие тяжёлая артиллерия, направленная на Кремль. После установления Сов. власти избран чл. Президиума Мосгорисполкома. С 16 нояб. моск. губ. комиссар по гражд. части (вёл работу по созданию и укреплению органов Сов. власти в уездах губернии, по проведению в жизнь Декрета о земле). Одноврем. пред. губ. Ревтрибунала, с 1918 член губ. штаба по формированию частей Кр. Армии. По вопросу о заключении мира с Германией примыкал к "левым коммунистам". С марта 1918 чл. коллегии и зав. отделом высш. уч. заведений Наркомпроса РСФСР, одноврем. комиссар просвещения Моск. обл. СНК и член Президиума Мосгубисполкома; совм. с М.Н. Покровским проводил реформу высш. школы. В сент. 1918 по парт. мобилизации направлен в Кр. Армию; чл. РВС 2-й армии, затем РВС Вост. фронта. Умер от воспаления лёгких.

Лит.: Подлящук П., Парт. кличка – Лунный. Док. повесть, М., 1964; Шкляр Э.Э., Профессор астрономии – комиссар фронта, М., 1960; Пече Я.Я., Кр. Гвардия в Москве в боях за Октябрь, М.–Л., 1929; 1917. Летопись героич. дней, М., 1973. *В.Н. Заботин.*

ШУЛЬГИ́Н Василий Витальевич (1 янв. 1878, Киев,– 13 февр. 1976, Владимир). Отец – В.Я. Шульгин – проф. истории Киевского ун-та, в 1864 создал газ. "Киевлянин" (передовая статья 1-го номера заканчивалась словами: "Это край русский, русский, русский!"; впоследствии они стали жизненным девизом для сына). В год, когда родился Ш., отец умер; мать вскоре вышла замуж за проф. Д.И. Пихно, преподавателя полит. экономии того же ун-та и взявшего на себя редактирование "Киевлянина". Ш. всегда относился к отчиму с почтением, разделял его убеждения (неограниченная власть царя, борьба с коррупцией и несправедливостью по отношению к подданным). Окончил 2-ю Киевскую гимназию и юрид. ф-т Киевского ун-та (1900). Был избран земским гласным, стал ведущим журналистом "Киевлянина".

Деп. 2–4-й Гос. Дум от Волынской губ. (имел там 300 десятин земли). Прослыл реакционером. В Думе зарекомендовал себя одним из лидеров правых – монархич. группы националистов-прогрессистов. Как оратор выделялся подчёркнуто корректными манерами, говорил медленно, сдержанно, искренне, но ядовито, иронично. В 1908 выступил против отмены смертной казни. Был убеждённым сторонником П.А. Столыпина и его реформ. С 1911 ред. "Киевлянина".

Антисемит со студенч. лет, но выступал против евр. погромов, считал, что бесправие евреев развращает полицию. Во время процесса М. Бейлиса (сент.– окт. 1913) обвинил прокуратуру в предвзятости и писал в "Киевлянине": "Обвинит. акт по делу Бейлиса является не обвинением этого человека, это есть обвинение целого народа в одном из тяжких преступлений, это есть обвинение целой религии в одном из самых позорных суеверий" (цит. по изданию: Шульгин В.В., Дни. 1920, М., 1990, с. 26). За эту статью Ш. был приговорён к тюремному заключению на 3 мес., а номер газеты был конфискован. Написанные им поэмы, рассказы остались незамеченными (вышли отд. книгой "Недавние дни", Харьков, 1910); автор ист. романа "В стране свобод" (К., 1914).

В 1914 пошёл добровольцем на фронт; участвуя в атаке, был ранен; оправившись, стал нач. земского передового перевязочно-питательного отряда. В авг. 1915 в рук-ве Прогрессивного блока Гос. Думы, член Особого совещания по обороне. В 1915 с трибуны Думы протестовал против ареста и осуждения по уголов. статье с.-д. депутатов, назвав этот незаконный акт "крупной гос. ошибкой" (там же, с. 32). Сблизился с П.Н. Милюковым, М.В. Родзянко и др. "левыми", призывал "бороться с властью до тех пор, пока она не уйдёт" (там же).

27 февр. 1917 Ш. избран Советом старейшин Думы во Врем. К-т Думы. Своё отношение к Февр. событиям позднее выразил словами: "Пулемётов – вот чего мне хотелось" (там же, с. 181). Как вспоминал Ш., 1 марта он дважды "настойчиво просил Милюкова" "заняться списком министров" (там же, с. 222), участвовал в его составлении (Ш. "лично стоял за Родзянко" в качестве премьера) и обсуждении с делегацией исполкома Петрогр. Совета РСД целей и программы Врем. пр-ва: "Я не помню, сколько часов это продолжалось. Я совершенно извёлся и перестал помогать Милюкову... Остальные тоже уже совершенно выдохлись. Один Милюков сидел упрямый и свежий... Против него эти трое [Н.Д. Соколов, Н.Н. Суханов, Ю.М. Стеклов – члены исполкома Совета.– Автор] сидели неумолимо..." (там же, с. 230).

Врем. К-т решил, что Николай II должен немедленно отречься от престола в пользу сына Алексея при регентстве вел. кн. Михаила. С этой целью К-т направил 2 марта в Псков для переговоров с царём делегацию (А.И. Гучков и Ш.). Но царь подписал Акт отречения от престола в пользу брата Михаила Александровича. 3 марта в Петрограде Ш. участвовал в переговорах с ним, в результате к-рых вел. князь отказался принять престол до решения Учред. Собр. Ш. был в числе тех, кто готовил и редактировал Акт отказа Михаила Александровича от престола.

27 апр. на торжеств. заседании депутатов Гос. Думы всех 4 созывов Ш. заявил, что Врем. пр-во находится как бы под домашним арестом: «К нему в нек-ром роде как бы поставлен часовой, к-рому сказано: "Смотри, они буржуи, а поэтому зорко следи за ними и, в случае чего, знай службу"... Ленин – это фирма, а вокруг

него ютится целая свора людей, к-рые проповедуют всё, что им в голову взбредёт. Не забудьте, что наш народ не так уж подготовлен к полит. деятельности и с трудом разбирается в этих вещах...» ("Рев-ция 1917", т. 2, с. 76–77). 4 мая на частном совещании членов Гос. Думы Ш. утверждал, что если агитация против союзников будет продолжаться, то им придётся "порвать с нами", что Франция и Англия заключат мир с Германией за счёт России и что "единств. путь к спасению лежит через войска, лежит в том, чтобы эти войска, загоревшись всем жаром, всем пылом рев. воодушевления, перешли в наступление против врага всякой свободы, против Германии" (там же, с. 105).

Поддерживая А.Ф. Керенского, к-рый в его глазах был верхом радикализма, Ш. на том же совещании членов Гос. Думы бросил в адрес социалистов: "Мы предпочитаем быть нищими, но нищими в своей стране. Если вы можете нам сохранить эту страну и спасти её, раздевайте нас, мы об этом плакать не будем" (Шульгин В.В., указ. соч., с. 5). 26 апр. Ш. признавался: "Не скажу, чтобы вся Дума целиком желала рев-ции; это было бы неправдой... Но даже не желая этого, мы рев-цию творили... Нам от этой рев-ции не отречься, мы с ней связались, мы с ней спаялись и несём за это моральную ответственность" (там же, с. 35).

10 авг. на частном Совещании обществ. деятелей в Москве Ш. вошёл в состав бюро по орг-ции обществ. сил. 14 авг. на Гос. совещании высказался против отмены смертной казни, против выборных к-тов в армии, за "неограниченную власть", против автономии Украины. Отвечая на вступит. речь Керенского и явно прикрывая Л.Г. Корнилова, говорил: «Кем-то было упомянуто здесь знаменитое столыпинское "Не запугаете". А зачем здесь оно приведено? Так во второй Гос. Думе пугали. Кто и кого пугают здесь? Почему всё время говорят о том, что надо спасать рев-цию, когда никакой угрозы нет. По крайней мере, она здесь не раздаётся. Почему говорят, что откуда-то грозит пока невидимая контррев-ция? Надо дать себе в этом отчёт. Пять месяцев тому назад каждого, кто осмелился бы что-нибудь сказать против рев-ции, растерзали бы на части. Почему же теперь настроение у всех изменилось? Причина тут в ошибках пр-ва»; "Я хочу, чтобы вся власть [Врем. пр-ва], власть, среди к-рой, я не знаю, есть или нет лица, к-рые чуть ли не подозревают меня в контррев-ции, чтобы эта власть была действительно сильной"; "Я заявляю, что мы (малороссы), как и 300 лет тому назад, жители этого края, желаем держать с Москвой крепкий и нерушимый союз" ("Гос. совещание", с. 107, 109, 111). 30 авг., при очередном посещении Киева, Ш. был арестован, как редактор "Киевлянина", по постановлению К-та охраны рев-ции, а газета была закрыта, но вскоре был освобождён.

В нач. окт. Ш. переехал в Киев, возглавил "Рус. нац. союз". Публично отказался участвовать в работе Предпарламента. Монархич. союз Южного берега Крыма выдвинул его кандидатуру на выборах в Учред. Собр.

17 окт. в Киеве под его председательством состоялся съезд рус. избирателей губернии; в принятом наказе говорилось, что мир может быть заключён лишь в полном согласии с союзниками, что одной из главнейших задач Учред. Собр. должно быть создание твёрдой гос. власти и прекращение опытов проведения в жизнь соц. программы.

После Окт. рев-ции Ш. в Киеве создал в нояб. секретную орг-цию под назв. "Азбука". Его влиятельные единомышленники (и штатские, и офицеры) исповедовали борьбу с большевизмом, верность союзникам и монархии. Легально же Ш. боролся в "Киевлянине" с укр. нац. движением, с парламентаризмом, Учред. Собранием. И даже написал заявление: "Я, нижеподписавшийся, если буду избран в Учред. Собр., ...буду считать решение этого Учред. Собр. для себя необязательным" (Шульгин В.В., указ. соч., с. 38). В нояб.– дек. Ш. побывал в Новочеркасске, участвовал в формировании Добровольч. армии. Был возмущён Брестским миром.

Когда в февр. 1918 в Киев пришли немцы, Ш. в знак протеста отказался издавать газету и в последнем номере "Киевлянина" (от 10 марта) писал: "...Так как мы немцев не звали, то мы не хотим пользоваться благами относительного спокойствия и нек-рой полит. свободы, к-рые немцы нам принесли. Мы на это не имеем права... Мы всегда были честными противниками. И своим принципам не изменим. Пришедшим в наш город немцам мы это говорим открыто и прямо. Мы – ваши враги. Мы можем быть вашими военнопленными, но вашими друзьями мы не будем до тех пор, пока идёт война" (там же, с. 38). Из его письма ген. М.В. Алексееву: "Добровольч. армия должна покончить со всякими колебаниями, оставить мысль об Учред. Собр. и народоправстве, к-рым из мыслящих людей никто не верит, и сконцентрировать все силы на одной задаче – вырвать рус. императорский дом из физич. обладания немцев и поставить его в такое положение, чтобы, опираясь на наступающую Японию, от имени вступившего на престол государя объявить священную войну против немцев, завладевших Родиной" (там же, с. 40). Как вспоминал А.И. Деникин, "для Шульгина и его единомышленников монархизм был не формой гос. строя, а *религией*. В порыве увлечения идеей они принимали свою веру за знание, свои желания за реальные факты, свои настроения за народные" (там же).

Когда образовался "Нац. центр" (май – июнь 1918) со своей воен. орг-цией, Ш. сотрудничал с ними. В авг. 1918 он прибыл в Добровольч. армию, где при участии ген. А.М. Драгомирова разработал "Положение об Особом совещании при Верх. руководителе Добровольч. армии" (с янв. 1919 возглавлял его Комиссию по нац. делам). С кон. 1918 редактировал в Екатеринодаре газ. "Россия" (затем "Великая Россия"), воспевая монархич. и националистич. принципы и чистоту "белой идеи".

После окончания Гражд. войны – в эмиграции. В 1925–26 нелегально побывал в России. Выпустил книги: "Дни" (Белград, 1925), "1920" (София, 1921), "Три столицы" (Берлин, 1927), "Приключение князя Воронецкого" (1934). С 30-х гг. жил в Югославии. В 1937 отошёл от полит. деятельности. В гитлеровском нашествии на СССР Ш. увидел прежде всего угрозу России. В 1945 Ш. был препровождён в Москву, осуждён. Освобождён в 1956.

Лит.: Заславский Д.О., Рыцарь чёрной сотни В.В. Шульгин, Л., 1925.

М.Е. Голостенов.

Щ

ЩЁПКИН Николай Николаевич (7 мая 1854, Москва,– сент. 1919, там же). Потомств. дворянин. Внук актёра М.С. Щепкина. Окончил физ.-мат. ф-т Моск. ун-та. Участвовал вольноопределяющимся в рус.-тур. войне 1877–78. С нач. 80-х гг. 19 в. служил в органах моск. гор. самоуправления: гласный моск. Гор. думы, тов. гор. головы; гласный губ. земского собрания. Домовладелец, тов. директора Сев. страхового об-ва, чл. правления сахарного з-да. С кон. 19 в. в либер. движении. Входил в "Союз Освобождения". Участник земских съездов 1904–05. Чл. партии кадетов с момента образования – окт. 1905. Чл. её ЦК всех составов, примыкал к левому крылу, пред. Моск. гор. к-та. Деп. 3-й и 4-й Гос. Дум. После нач. 1-й мир. войны Щ.– в числе членов ЦК и депутатов Думы, предложивших кадетской фракции поддерживать пр-во только в случае его согласия провести реформы, в дальнейшем – убеждённый сторонник войны до победного конца. В авг. 1914 вошёл в комиссию по подготовке съезда Всерос. союза городов, в сент. избран в ЦК союза.

После Февр. рев-ции 1917 член моск. К-та обществ. орг-ций. Заведовал всеми учреждениями Союза городов на Зап. фронте. В марте в качестве особоуполномоченного Союза выезжал на фронт для агитации за продолжение войны. Его телеграммы в газ. "Речь" наполнены верой в победу "здоровых" лозунгов: "единство, Врем. пр-во, война до конца" (Думова-2, с. 145). В том же духе выступил на 7-м съезде партии 26 марта: «Дисциплина на фронте в среднем стала лучше, лозунг "Долой войну" или "Война вничью" вызывает негодование» (там же). На съезде высказался против введения 8-час. рабочего

дня, к-рый, по его мнению, "представляется в окопах чуть ли не изменой. Фронт энергично требует, чтобы тыл неустанно работал" (там же, с. 136). 7 апр. "в целях установления прочного порядка и устроения Туркест. края... и для разрешения на месте всех возникающих вопросов управления краем" назначен пред. Туркест. к-та Врем. пр-ва. Вскоре отозван. Летом в Москве активно участвовал в неудачной для кадетов в целом избират. кампании по выборам в Гор. думу и снова стал её депутатом. Участник Гос. совещания (авг.); чл. Врем. Совета Рос. Республики (Предпарламента).

К Окт. рев-ции отнёсся отрицательно. После получения в моск. Гор. думе известий о вооруж. восст. в Петрограде первым выступил на её заседании, потребовав объяснений от "виновников грозных событий, сидящих здесь на левых скамьях", т.е. большевиков (Думова-3, с. 327). В нояб. Щ. в числе организаторов одной из первых подпольных бурж. орг-ций в Москве, т.н. "Девятки". 17 дек. на Моск. обл. съезде кадетов сделал доклад по агит.-организац. вопросам. Весной 1918, стремясь сплотить контррев. силы, вместе с Н.И. Астровым и В.А. Степановым одноврем. входил в "Правый центр" и "Союз Возрождения России". С мая один из организаторов и руководителей "Нац. центра"; после отъезда на "белый" Юг осн. части рук-ва этой орг-ции Щ. фактически возглавил деятельность её моск. отделения. Весной 1919 вошёл в "Тактич. центр" как чл. его воен. комиссии. Осуществлял полит. рук-во подпольным штабом "Добровольч. армии Моск. р-на", готовившим вооруж. восстание в Москве. Руководил работой по сбору в центр. воен. учреждениях развединформации, лично готовил для пересылки в Екатеринодар шифровки с разведданными о стратегич. планах сов. командования, о численности, вооружении и дислокации частей Кр. Армии. 29 авг. арестован органами ВЧК. 23 сент. газ. "Известия" сообщила о расстреле 67 лиц во главе с Щ.

Лит.: Памяти погибших; Думова-1, Красная книга ВЧК, 2 изд., т. 2, М., 1989.

А.П. Федоренко.

Ю

ЮРЕ́НЕВ Пётр Петрович (4 февр. 1874, Петербург,– 1943, под Парижем). Из семьи суд. чиновника. Окончил Ин-т инженеров путей сообщения (1897). В годы учёбы активно участвовал в студенч. обществ. жизни, принадлежал к радикальным несоциалистич. кружкам. Участвовал в стр-ве Моск.-Киево-Воронеж. ж.д. С 1903 управляющий Новозыбков. дистанции подъездных путей. В 1904 примкнул к либер. движению. В 1906 вступил в партию кадетов, чл. её ЦК с 1911. Деп. 2-й Гос. Думы (от Чернигов. губ.). 10 лет состоял пред. ж.-д. отдела Моск. технич. об-ва. Под его рук-вом разработан проект Моск. метро, осуществлению к-рого помешала война. С 1915 чл. Гл. к-та по снабжению армии (Земгор), с янв. 1917 тов. пред. отдела путей сообщения Земгора. Состоял чл. Моск. Воен.-Пром. к-та. Гласный моск. Гор. думы, чл. управы (с 1915), тов. гор. головы (с 1917), руководил отделом снабжения армии при Моск. гор. управе. Дружил с А.В. Тырковой, В.А. Оболенским.

После Февр. рев-ции 1917 с 24 июля по 31 авг. мин. путей сообщения Врем. пр-ва. Заключил с амер. инженером-предпринимателем Дж. Стивенсоном соглашение об устройстве во Владивостоке мастерских для сборки поступающих из США паровозов и вагонов. Был противником радикальных преобразований в управлении ж.-д. транспортом и вмешательства в его деятельность разл. полит. сил: "Мы и так уже слишком дорого заплатили за двоевластие в стране, чтобы повторять этот тяжёлый и столь дорого обошедшийся урок" ("Вестник Южных ж.д.", 1917, № 33, с. 304–05). Не поддерживал требований железнодорожников о повышении им зарплаты. В дни выступления Л.Г. Корнилова отказался передать обращение А.Ф. Керенского к железнодорожникам с требованием не

выполнять приказов генерала, хотя до этого был противником переворота, заявляя, что "нельзя одновременно участвовать в пр-ве и его свергать" (Думова-2, с. 194). Пособничество др. министров-кадетов заговору Корнилова объяснял впоследствии тем, что "они потеряли всякую надежду на работу пр-ва", воспринимая корниловское выступление как неизбежное "следствие создавшегося положения и созревших настроений". В автобиографии (1932) свой уход из пр-ва объяснял "нежеланием принимать участие в борьбе против Корнилова" (там же, с. 198). Чл. Предпарламента (от кадетов).

После Окт. рев-ции, возглавляя моск. отделение Всерос. союза инженеров, организовал саботаж технич. интеллигенции. 28 нояб. на заседании моск. Гор. думы (распущенной 5 нояб.), присоединяясь к предложенной эсерами резолюции о защите всеми мерами Учред. Собр., возражал против последних её слов "Да здравствует социализм!". В окт. 1918 уехал в Харьков, затем в Одессу, где стал руководителем местного отделения "Нац. центра", являвшегося нек-рое время ядром антисов. сил внутри страны. В нач. 1920 эмигрировал, жил в Франции, входил в разл. эмигрантские орг-ции.

Лит.: Оболенский В., Памяти П.П. Юренева, "Новый журнал", 1946, № 12.

М.Е. Голостенов, А.С. Сенин.

ЮРЬЕВ (псевд. Алексеев) Алексей Михайлович (окт. 1887, г. Козлов Тамбовской губ.,– ?). Учился в коммерч. уч-ще. В 1908 эмигрировал. В США сотрудничал в с.-д. печати. 7 нояб. 1917 кочегаром парохода "Вологда" прибыл в Мурманск. Член РСДРП(б) с 1917. Представлял экипаж "Вологды" в Мурман. Совете. Был избран тов. пред. исполкома Совета, к-рого часто замещал. В Мурманске была база Флотилии Сев. Ледовитого океана и воен.-мор. база Антанты. Из-за ограниченных возможностей связи с центром страны Север зависел от поставок союзниками угля, продовольствия и т.д., была реальной угроза вторжения белофиннов при поддержке немцев, с к-рыми велись переговоры о мире. 2 марта 1918 Ю. заключил "Словесное соглашение" с представителями Антанты о совм. действиях против "герм. опасности". 5 марта телеграммой сообщил об этом СНК, ссылаясь на телеграмму Л.Д. Троцкого от 1 марта с указанием "...принять всякое содействие союзных миссий и противопоставить все препятствия против хищников" ("Борьба за установление и упрочение Сов. власти на Мурмане". Сб. док-тов и мат-лов, Мурманск, 1960, с. 146–47), сообщал, что "... в Мурман. р-не объявлено осадное положение, приступлено к формированию Кр. Армии, общее стремление защищать рев-цию и родину до последней капли крови от герм. империалистов" (там же, с. 148). 3 марта был подписан Брестский мирный договор, к-рый лишал Россию возможности пользоваться помощью союзников. 6, 14 и 18 марта Великобритания и Франция высадили в Мурманске десант. Губ. исполком и исполком Мурман. ж.д. выступили против политики Ю. и обратились в СНК. Троцкий 22 марта ответил, что "помощь заинтересованных иностранцев допустима" и что Мурман. Совет действует по его указаниям; эту телеграмму Ю. опубликовал "Известиях Мурман. Совета РСД" (№ 57). В.И. Ленин и И.В. Сталин передали Ю.: "Если Вы добьётесь письменного подтверждения заявления англичан и французов против возможной оккупации, это будет первым шагом к скорой ликвидации того запутанного положения, к-рое создалось, по нашему мнению, помимо Вашей воли" ("Док-ты внеш. политики СССР", т. 1, М., 1957, с. 221).

Позиции Ю. окрепли в кон. апр. после создания краевого Совета, пред. к-рого он вскоре стал. 6 июня Ленин и Г.В. Чичерин потребовали от Ю. прекратить содействие нарушающим нейтралитет иностранцам (в тот же день НКИД передал брит. послу Р. Локкарту ноту протеста против англ. интервенции на Севере). В ответ Ленину Ю. отправил 5 телеграмм. В последней, 15 июня, утверждал: "Противосоюзническая политика Краесовдепа невозможна" ("Воен. моряки в борьбе за власть Советов на Севере. 1917–1920 гг.". Сб. док-тов, Л., 1982, с. 159). 21 июня Ю. предложил Гл. мор. штабу привлечь к обороне Мурмана амер. воен. силы. 26 июня Ленин послал Ю. последнюю телеграмму: "Если Вам до сих пор не угодно понять сов. политики, равно враждебной и англичанам и немцам, то пеняйте на себя..." (Ленин В.И., ПСС, т. 50, с. 106–07). 30 июня на расширенном собр. Центромура Ю. добился поддержки матросов в осуществлении политики "идти рука об руку с всеми бывшими союзниками" ("Борьба за установление и упрочение Сов. власти на Мурмане", с. 191). В ночь с 1 на 2 июня состоялся разговор Ю. с Лениным и Чичериным. 2 июля в газ. "Известия ВЦИК" опубл. "Оповещение", что Ю. "объявляется врагом народа и становится вне закона" (подписи: Ленин, Троцкий). Ю. оставался пред. Краевого Совета до его разгона в сент. 1918 интервентами, затем служил переводчиком. В февр. 1920 осуждён Моск. Ревтрибуналом за преступную сдачу Мурманска к расстрелу с заменой на 10 лет тюрьмы; 16 янв. 1922 досрочно освобождён. Дальнейшая судьба неизвестна.

Лит.: Киселёв А.А., Климов Ю.Н., Мурман в дни рев-ции и Гражд. войны, Мурманск, 1977.

А.А. Киселёв.

Я

Я́КОВЛЕВА Варвара Николаевна (19 дек. 1884, Москва,– 11 сент. 1941, Медведевский лес, близ Орла). Из мещан. Окончила физ.-мат. ф-т Моск. высш. жен. курсов (1907). Чл. РСДРП с 1904, большевик. Участница Дек. вооруж. восстания 1905 в Москве. Неоднократно арестовывалась, ссылалась, жила в эмиграции. С осени 1916 член Моск. обл.

бюро ЦК РСДРП, с февр. 1917 секретарь.

В Февр. рев-ции 1917 не участвовала (находилась в больнице). С апр. секр. Моск. обл. бюро РСДРП(б). Сотрудничала в газ. "Социал-демократ", занималась воссозданием парт. орг-ций в Центр. пром. р-не. Дел. 6-го съезда РСДРП(б) (26 июля – 3 авг.) от Моск. орг-ции; избрана канд. в чл. ЦК.

На собрании представителей Моск. обл. бюро, Моск. окр. к-та и МК РСДРП(б) в нач. окт. при обсуждении ленинского "Письма в ЦК, МК, ПК и членам Советов Питера и Москвы большевикам" выступила вместе с Г.И. Ломовым-Оппоковым и М.Ф. Владимирским за возможность начать вооруж. восстание в Москве. 14 окт. доложила на заседании Моск. обл. бюро РСДРП(б) о решении ЦК немедленно готовить вооруж. восстание. С 25 окт. член Боевого парт. центра по рук-ву восстанием; вошла в состав Моск. ВРК; сторонница решит. действий по взятию власти Моск. Советом РД и подавлению выступления юнкеров.

Была одним из лидеров "левых коммунистов" по вопросу о заключении мира с Германией. 15 янв. 1918 подписала "Заявление группы членов ЦК и нар. комиссаров о немедленном созыве парт. конференции" для решения вопроса о подписании мирного договора на герм. условиях; в заявлении указывалось, что если договор будет подписан, то члены ЦК и наркомы оставят свои посты [см.: "Протоколы ЦК РСДРП(б)", 1958, с. 181]. 22 февр. подписала "Заявление в ЦК группы его членов и нар. комиссаров", в к-ром указывалось, что подписание мирного договора "...наносит удар делу междунар. пролетариата..." (там же, с. 209). 24 февр. участница заседания узкого состава Моск. обл. бюро РСДРП(б), к-рое выразило недоверие ЦК партии, отказалось подчиняться решению ЦК по вопросу о мире с Германией и заявило, что считает целесообразным в интересах междунар. рев-ции идти на возможность утраты Сов. власти, становящейся после заключения договора чисто формальной (см.: "Очерки истории Моск. орг-ции КПСС", кн. 2, М., 1983, с. 56). С марта член Коллегии НКВД, работала в Моск. ЧК; с мая зам. пред., с дек. пред. Петрогр. ЧК; с июля входила в Коллегию ВЧК.

С янв. 1919 на хоз., парт. и гос. работе. 12 сент. 1937 арестована, 14 мая 1938 Воен. коллегией Верх. суда СССР необоснованно осуждена за "принадлежность к диверсионно-террористич. орг-ции" к 20 годам тюрьмы. 8 сент. 1941 приговорена Воен. коллегией Верх. суда СССР к расстрелу. Реабилитирована в 1958.

А.А. Зюбченко.

ЯРЧУ́К Ефим Захарович (наст. фам. и имя Захарьев Хаим) (1882, по др. данным, 1883, м. Березно Ровенского у. Волынской губ.,– ?). Из мещан. Портной. С 1903 анархист. В 1904–05 чл. группы анархистов-коммунистов "Хлеб и Воля" в Белостоке и Житомире. В 1905–07 – в Лукьяновской тюрьме, в 1907–13 – в якутской ссылке. В 1913 эмигрировал в США, вёл пропагандист. работу, состоял членом издательской группы газ. "Голос Труда". С 1913 анархо-синдикалист.

Вернулся в Россию в нач. 1917. Вошёл в состав Петрогр. Совета РСД, стал одним из лидеров Союза анархо-синдикалист. пропаганды "Голос Труда". Делегирован Петросоветом в Кронштадт для ведения рев. работы; организовывал группы анархистов в городе и на фронтах, избран чл. исполкома и воен.-технич. комиссии Кронштадтского. Совета. 3 июля в Кронштадте после чтения лекции "Война и мир" (в помещении Сухопут. манежа) участвовал в митинге на Якорной площади, к-рый принял решение о вооруж. выступлении против Врем. пр-ва. 4 июля с одним из отрядов кронштадтских солдат и моряков прибыл в Петроград для участия в вооруж. демонстрации. 5 июля на митинге в доме Кшесинской поддержал большевиков, считая в то же время "невыгодным и обречённым на поражение всякое решит. выступление в целях захвата власти" (см.: Раскольников Ф.Ф., Кронштадт и Питер в 1917 г., 2 изд., М., 1990, с. 148). За участие в Июльской демонстрации преследовался Врем. пр-вом.

В окт. член Петрогр. ВРК от Союза анархо-синдикалист. пропаганды. Один из руководителей кронштадтских моряков, организовавших захват Зимнего дворца; "с энтузиазмом поддержал низвержение буржуазии, рассматривая это событие как неизбежный этап на пути к царству анархии" (там же, с. 244). Дел. 2-го Всерос. съезда Советов РСД (25–27 окт.). Был среди организаторов сводного отряда моряков и солдат Кронштадта, участвовавшего в боях с войсками ген. А.М. Каледина.

Дел. 3-го Всерос. съезда Советов РСД от Кронштадтского

Совета РД (янв. 1918). В Петрограде состоял членом редколлегий печатных органов анархо-синдикалистов "Голос Труда" и "Вольный Голос Труда".

В нояб. 1918 и в 1920 арестовывался органами ВЧК. В янв. 1921 был освобождён; 8 февр. как чл. комиссии по орг-ции похорон П.А. Кропоткина от Рос. Конфедерации анархо-синдикалистов подписал телефонограмму на имя В.И. Ленина с просьбой о временном освобождении анархистов из мест заключения для участия в похоронах. 12 февр. вместе с А. Беркманом встретился в Москве с заключёнными-анархистами и уведомил их о положит. решении Президиума ВЦИК от 10 февр. 1921. 13 февр. принял участие в похоронах Кропоткина. 8 марта арестован органами ВЧК, через неск. дней отпущен на свободу, в кон. марта снова арестован. Содержался в Бутырской тюрьме; провёл 10-дневную голодовку. 17 сент. дал подписку, что по освобождении не уедет из Москвы и не будет заниматься политикой до отъезда за границу. 5 янв. 1922 в числе 10 анархистов выслан из Сов. России. Нек-рое время проживал в Германии, состоял членом редакции журнала рус. анархо-синдикалистов "Рабочий Путь".

Соч.: Кронштадт в рус. рев-ции, Нью-Йорк, 1923.

Лит.: Горелик А., Анархисты в Российской рев-ции, [Б.-Айрес], 1922, с. 55-56; Гонения на анархизм в Сов. России, Берлин, 1922; Максимов Г. П. (Гр. Лапоть), За что и как большевики изгнали анархистов из России?, [Штеттин], 1922; Постников.

В.В. Кривенький.

ПРИЛОЖЕНИЯ

Редколлегия сочла полезным дать в качестве Приложений к Биографическому Словарю информацию о съездах и конференциях основных противоборствовавших партий, о Всерос. съездах Советов и др. обществ. орг-ций, о Гос. и Демокр. совещаниях, об Учред. Собрании. Они были вехами полит. жизни, и герои книги в них активно участвовали. При статьях даны составы высших органов, создававшихся этими собраниями.

1917

23–29 марта. Общеказачий съезд. Петроград. Созван по инициативе Петрогр. об-ва взаимопомощи донских казаков. Проводился с санкции нач. штаба Главковерха, к-рый предписывал командировать на съезд от каждого казач. полка по одному офицеру и казаку. Ввиду ограниченного времени на подготовку не все представители полков смогли прибыть, тем не менее все казач. войска имели своих представителей на нём. Участвовало св. 800 делегатов, преобладали офицеры и чиновники, но присутствовали и рядовые казаки.

Съезд открыл А.П. Савватеев, примыкавший к кадетам депутат 4-й Гос. Думы. Пред. был избран донской казак И.Н. Ефремов (депутат 1-й, 3-й, 4-й Гос. Дум, один из будущих лидеров Радикально-демокр.* партии, будущий мин. Врем. пр-ва), товарищами пред.– представители от каждого казач. войска. Съезд приветствовал член 4-й Гос. Думы М.К. Муранов – представитель от Петрогр. Совета РСД; съезд направил приветствия пред. Гос. Думы М.В. Родзянко, Врем. пр-ву и Петрогр. Совету РСД.

Доклады не заслушивались. После краткого слова председателя начались выступления. По зем. вопросу выявилось стремление сохранить сословную замкнутость: подчёркивалось, что земли казач. войск составляют их неотъемлемую собственность, что все частновладельч. земли, выделенные из них, должны быть возвращены на основе того принципа отчуждения земель в пользу трудящихся, к-рый будет принят Учред. Собр.; отмечалось, что крест. наделы, земли крест. т-в и мелких собственников остаются их владельцам. По вопросу о воен. службе была принята резолюция: на время войны её порядок остаётся прежним, а дальнейшее положение обсудить на войсковых кругах и радах и представить следующему съезду; обратиться к пр-ву (в связи с непосильностью снаряжения казаков на службу за собств. счёт) с просьбой об оказании более существ. помощи гос-ва; съезд поддержал политику доведения войны до победного конца. В резолюции об отношении к Врем. пр-ву ему выражались полное доверие и поддержка. Съезд заявил, что считает Совет РСД "истинным представителем рев. пролетариата и армии, завоевавших свободу Родине", определил, что роль Совета – содействие "Врем. пр-ву в его работе по водворению и укреплению Свободы в Рос. гос-ве". Съезд делегировал 22 представителей для участия в работе Всерос. совещания Советов.

В целях объединения всех казач. войск, выяснения их нужд и проведения реформ, а также чтобы "задавать тон всем рус. гражданам", съезд решил создать Врем. Совет Союза казач. войск, в к-рый вошли: от Донского войска – Д о л г о в, М.П. Б о г а е в с к и й, К р ю х и н, К а л м ы к о в, К р ю к о в, Г р е к о в, от Кубанского – 2 от фронта, а также К р ж ы ж а н о в с к и й и Щ е р б а к о в, от Терского – Т к а ч ё в, М.А. К а р а у л о в, В е р т я н о в, Н у з и н ц о в, от Оренбургского – В а г и н, А.И. Д у т о в, С о к о л о в, от Астраханского – П е т р и ч е н к о, от Сибирского – К у ч к о в с к и й, Г л е б о в, от Семиреченского – Г а р и ч е в, от Амурского – С а п о ж н и к о в. Пред. стал С а в в а т е е в.

И с т о ч н и к: Труды общеказачьего съезда с 23 по 29 марта 1917 г. в Петрограде, П., 1917.

Л.И. Футорянский.

25–28 марта. Седьмой съезд Партии Народной Свободы (кадетов), Петроград. 473 делегата с решающим голосом (в т.ч. 150 – члены ЦК и делегаты фракций Гос. Думы всех 4 созывов; 323 делегата – представители орг-ций 52 губерний и областей России). Съезд открыл почётный пред. ЦК кн. П.Д. Долгоруков. Обсуждены вопросы: О пересмотре отдела 2-й парт. программы о гос. строе – Ф.Ф. Кокошкин; Об Учред. Собр.– Кокошкин; Сообщения с мест; Агр. вопрос – А.А. Корнилов; Об отношении к войне – Корнилов; О тактике партии – М.М. Винавер и кн. Д.И. Шаховской; Орг. вопросы – Шаховской.

Съезд изменил пункт программы, требовавший установления конституц. монархии, указав, что Россия должна быть демокр. парламентарной республикой с президентом и ответств. мин-вом, но отверг предложение назвать партию "респ.-демократической"; подтвердил верность союзникам и принципу продолжения войны до полной победы; декларировал поддержку Врем. пр-ва, обусловив её тем, что оно не выйдет за рамки объявленной программы; осудил двоевластие и многовластие в стране; отметив необходимость социальных реформ, высказался за их отсрочку до Учред. Собр.; обновление агр. программы и нац. вопрос были отложены до следующего съезда. Съезд призвал к расширению сферы влияния партии, прежде всего среди крестьян, к сотрудничеству с др. демокр. партиями, в т.ч. умеренно-социалистическими, с целью создания единого фронта борьбы "со всякого рода максимализмом и большевизмом".

Выборы ЦК не производились, полномочия прежнего ЦК продлили до след. съезда.

И с т о ч н и к и: Стенографич. протокол заседаний VII съезда Партии Нар. Свободы. День первый, П., 1917; "Вестник Партии Нар. Свободы", 1917, № 1; "Речь", 1917, 26–29 марта.

В.А. Кувшинов.

29 марта – 3 апреля. Всероссийское совещание Советов РСД. Петроград. Созвано исполкомом Петрогр. Совета РСД. 470 делегатов с решающим голосом (432 от местных Советов и 37 от Петрогр. Совета) представляли 139 Советов РСД (в т.ч. 120 городов), 13 тыловых воинских частей, 6 армий и 27 отд. соединений и частей фронта (1 делегат не установлен). Совещание открыл пред. Петрогр. Совета Н.С. Чхеидзе. Президиум: Чхеидзе, М.И. Скобелев, И.Г. Церетели, М.К. Муранов, Л.М. Хинчук, В.П. Ногин, Б.О. Богданов, М.Д. Ромм, А.Р. Гоц, Рубен, И.А. Теодорович, А.Г. Шляпников, В.З. Завадье. Обсуждены вопросы: Отношение к войне – Церетели; Отношение к Врем. пр-ву – Ю.М. Стеклов; Подготовка к Учред. Собр.– В.Б. Станкевич; Орг-ция рев. сил – Богданов; Прод. вопрос – В.Г. Громан; Зем. вопрос и др. вопросы крест. жизни – Церетели; Рабочий вопрос – Богданов; Вопросы солд. и воен. жизни – М.С. Бинасик, В.С. Венгеров. Работали секции: военная, организационная, рабочая, местных дел, земельная.

Резолюции отразили настроения, характерные для первого месяца рев-ции. "О войне" – Советы "призывают все народы как союзных, так и воюющих с Россией стран оказать давление на свои пр-ва для отказа от завоеват. программ" ("Всерос. совещание Советов РСД". Стенографич. отчёт, М.–Л., 1927, с. 291); пока продолжается война, крушение армии – ослабление её устойчивости, крепости и способности к активным операциям – было бы величайшим ударом для дела свободы и для жизненных интересов страны; "мобилизовать все живые силы страны... для укрепления фронта и тыла" (там же, с. 292). "Об отношении к Врем. пр-ву" – "не принимая на себя ответственность за всю деятельность пр-ва в целом, оказывать поддержку Врем. пр-ву, поскольку оно будет неуклонно идти в направлении к упрочению и расширению завоеваний рев-ции и поскольку свою внеш. политику оно строит на почве отказа от захватных стремлений" (там же, с. 293). "О подготовке к Учред. Собр." – необходимость создания повсюду общих Советов РСД не означает отказ от созыва Учред. Собр. "в возможно скором времени" (там же, с. 293). "По рабочему вопросу" принята группа резолюций: о 8-час. рабочем дне, о минимуме заработной платы, о социальном страховании, о биржах труда и др. (там же, с. 296, 304). "О правах солдат" – резолюция требовала гарантировать им гражд. права, пост. "Об орг-ции нар. армии" подчёркивало, что "солд. орг-ции, ставящие своей задачей выражать полит. волю солд. массы... являются самостоятельными, неправительственными орг-циями демократии, и постановления их являются обязательными в меру их влияния на правительств. органы" (там же, с. 308). "По крест. и зем. вопросам" – "окончат. решение зем. вопроса принадлежит Учред. Собр.", вместе с тем необходимо "поддерживать самым решит. образом в Учред. Собр. безвозмездное отчуждение всех частновладельческих земель для передачи их трудящемуся народу, за исключением владений, не превышающих максимальных норм, каковые будут установлены для каждой области местными демокр. к-тами" (там же, с. 311). "О хоз. положении страны" – Врем. пр-ву "разрешить две неотложные задачи: 1) планомерно регулировать всю хоз. жизнь страны, организовав всё произ-во, обмен, передвижение и потребление под непосредств. контролем гос-ва; 2) отчудить [от слова "отчуждение".– Автор] всю сверхприбыль в пользу наций и ограничить все виды капиталистич. дохода строго определёнными нормами. Рабочему же классу должны быть обеспечены достойные условия существования и труда..." (там же, с. 305–06).

Совещание избрало Оргбюро для подготовки вместе с исполкомом Петрогр. Совета 1-го Всерос. съезда Советов РСД.

В.И. Миллер.

24–29 апреля. Седьмая (Апрельская) Всероссийская конференция РСДРП(б), Петроград. 133 делегата с решающим и 18 с совещательным голосами представляли 78 орг-ций (всего 79,2 тыс. членов партии). Конференцию открыл В.И. Ленин. Президиум: Г.Е. Зиновьев, Ленин, М.К. Муранов, Я.М. Свердлов, Г.Ф. Фёдоров. Обсуждены вопросы: Текущий момент – Ленин, содокладчик Л.Б. Каменев; Мирная конференция – В.П. Ногин; Отношение к Советам РСД – Ногин; Агр. вопрос – Ленин; О пересмотре парт. программы – Ленин; Об объединении интернационалистов против мелкобурж. оборонч. блока – Зиновьев; Нац. вопрос – И.В. Сталин, содокладчик Г.Л. Пятаков; Положение в Интернационале и задачи РСДРП – Зиновьев; О коалиц. министерстве – Зиновьев; Доклады по областям; Выборы ЦК.

Конференция прошла под определяющим воздействием идей Апр. тезисов Ленина. Ряд вопросов повестки дня вызвал оживлённую дискуссию. Каменев выступил против ленинского вывода о завершении бурж.-демократической и приближении соц. рев-ции в России, отметил, что предложенная Лениным резолюция об отношении к Врем. пр-ву, "рисуя... совершенно правильно перспективу рус. рев-ции", оставляет большевиков "без программы-минимум, без того, с чем мы должны работать сейчас" ["Седьмая (Апр.) Всерос. конф. РСДРП(б)". Протоколы, М., 1958, с. 85], а в резолюции о войне "есть общая схема по вопросу о войне, но нет практич. мер борьбы за мир на тот период, пока ещё власть не перешла в руки пролетариата" (там же, с. 86). При обсуждении доклада Сталина Г.Л. Пятаков, не отвергая "права наций на самоопределение", предложил "установить принцип, что мы против сепаратист. движений, против лозунга нац. гос-в (там же, с. 215); ему возразил Ленин: "...мы, великороссы, угнетающие большее число наций, чем какой-либо др. народ... должны подчёркивать свободу отделения..." (там же, с. 214). В принятых резолюциях победила ленинская точка зрения.

"Об отношении к Врем. пр-ву" – "необходима длит. работа по прояснению клас. пролет. сознания и сплочению пролетариев города и деревни против колебаний мелкой буржуазии, ибо только такая работа обеспечит успешный переход всей гос. власти в руки Советов" (там же, с. 244), "необходимо, опираясь на прочное большинство населения, всесторонне развивать, организовывать и усиливать самочинные действия, направленные к осуществлению свобод, к смещению контррев. властей, к проведению мероприятий экон. характера,– контроль над произ-вом и распределением и т.п." (там же, с. 245).

"По агр. вопросу" – требование конфискации помещичьих земель, национализации "всех земель в гос-ве" и их перехода в руки крест-ва, организованного в Советы КД или в др. демокр. органы местного самоуправления (там же, с. 246–47); резолюция советовала крестьянам "брать землю организованно, отнюдь не допуская ни малейшей порчи имущества и заботясь об увеличении произ-ва", призывала к орг-ции с.-х. пролетариата, к передаче помещичьего инвентаря крест. к-там, к созданию "из каждого помещичьего имения" крупных образцовых х-в (там же, с. 247).

"По нац. вопросу" – "За всеми нациями, входящими в состав России, должно быть признано право на свободное отделение и на образование самостоят. гос-ва... Вопрос о праве на свободное отделение непозволительно смешивать с вопросом о целесообразности отделения той или др. нации в тот или иной момент" (там же, с. 251–52), широкая обл. автономия, отмена надзора сверху, обязательного гос. языка, определение границ самоуправляющихся и авт. областей самим их населением (там же, с. 252).

"О войне" – недопустимость уступок "рев. оборончеству", "эту войну можно окончить демокр. миром **только** посредством перехода всей гос. власти по крайней мере нескольких воюющих стран в руки класса пролетариев и полупролетариев, к-рый действительно способен положить конец гнёту капитала" (там же, с. 243).

"Об объединении интернационалистов против мелкобурж. оборонч. блока" – объединение с партиями, стоящими на позиции "рев. оборончества", невозможно; необходимы "сближение и объединение с группами и течениями, на деле стоящими на почве интернационализма" (там же, с. 253).

"Положение в Интернационале и задачи РСДРП(б)" – "приступить немедленно к шагам по основанию 3-го Интернационала" (там же, с. 255).

"О текущем моменте" – идёт назревание "объективных предпосылок соц. рев-ции"; "Пролетариат России, действующий в одной из самых отсталых стран в Европе, среди массы мелкокрест. населения, не может задаваться целью немедленного осуществления соц. преобразования" (там же, с. 257), но необходимы "разъяснения народу неотложности ряда практически назревших шагов к социализму" – национализации земли, установления гос. контроля над банками с объединением их в единый центр. банк и др. (там же).

"О Советах РСД" – нарастание рев-ции "служит залогом подготовки во всерос. масштабе сил для второго этапа рев-ции, к-рый должен передать всю гос. власть в руки Советов или др. органов, непосредственно выражающих волю большинства народа (органы местного самоуправления, Учред. Собр. и т.п.)" (там же, с. 259).

Конференция избрала ЦК партии (в голосовании участвовало 109 делегатов): Ленин ("за" – 104 голоса), Зиновьев (101), Сталин (97), Каменев (95), В.П. Милютин (82), Ногин (76), Свердлов (71), В.Т. Смилга (53), Фёдоров (48); канд. в чл. ЦК – И.А. Теодорович (41), А.С. Бубнов (32), Н.П. Глебов-Авилов (18), И.Г. Правдин (18).

В.И. Миллер.

1–11 мая. Первый Всероссийский мусульманский съезд, Москва. Ок. 800 делегатов (всего участников – св. 900) представляли разл. орг-ции и полит. партии от консервативных до радикальных, за исключением примкнувших к большевикам; на съезде присутствовали корреспонденты ведущих газет Москвы и Петрограда, а также англ. и амер. журналисты. Съезд открылся, по мусульм. традиции, чтением аята (стиха) из Корана, вступит. речью учёного-богослова М. Биги (Петроград), вставанием в память о погибших за свободу – по предложению пред. Врем. центр. бюро рос. мусульман меньшевика А. Цаликова (Петроград). Президиум: меньшевик Ибрагим Ахтямов (Уфа), меньшевик И. Алкин (Казань), М. Биги, мулла Х. Габаши (Казан. губ.), Х. Досмухамедов (Уральская обл.), эсер Г. Исхаки (Москва), Ф. Карими (Оренбург), Дж. Саидахметов (Крым), А. Топчибашев (Баку), У. Ходжаев (Туркестан), А. Цаликов, С. Якубова (Казань). С приветствием к съезду от имени Врем. пр-ва обратился глава Департамента инославных и иноверных исповеданий Мин-ва внутр. дел кадет С.А. Котляревский, подчеркнувший, что решение вопросов о внутр. гос. устройстве России относится к компетенции Учред. Собр., что Россия должна оставаться единой. Были созданы 9 рабочих секций: по внутр. гос. устройству России, по рабочему, агр. и жен. вопросам, по подготовке к выборам в Учред. Собр., по воен. вопросу, религ. вопросу, просвещению, местному управлению.

Обсудив доклады Цаликова, выступавшего за нац.-культ. автономию мусульман, бакинца М. Расулзаде, возглавлявшего партию "Мусават" ("Равенство"), башкира А.-З. Валиди (Туркестан), Х. Максуди (Казань) и др., после длит. дискуссий 446 голосами против 271 приняли 7 мая резолюцию Расулзаде, в к-рой отмечалось, что отвечающей интересам мусульм. народов формой гос. устройства России является демокр. республика на нац.-федеративных терр. началах; народы, не имеющие определ. территории, должны пользоваться нац.-культ. автономией.

По докладу Цаликова об отношении к войне съезд единогласно принял 4 мая резолюцию, в к-рой выражался протест против империалистич. политики, приветствовались обращение Петрогр. Совета РСД к трудящимся всего мира и заявление Врем. пр-ва от 27 марта о целях войны, говорилось, что мусульмане выступают за мир, без аннексий и контрибуций, считают необходимым защищать Россию во имя борьбы за свободу.

После доклада меньшевика Г. Терегулова (Уфа) было решено (по предложениям преподавателя медресе в Уфе З. Кадыри, от имени секции просвещения), что вопросы просвещения и культуры должны решаться самими народами, что нач. школа является всеобщей, обязательной и бесплатной с обучением на родном яз. и преподаванием рус. яз. как отд. предмета и т.д.

Заслушав доклады быв. члена 1-й Гос. Думы либерала С. Алкина (Казань) и имама К. Тарджемани (Казань), съезд решил (6 мая) реорганизовать Оренбургское магометанское Духовное собрание (существовали также духовные управления на Кавказе и в Крыму) и впервые избрать врем. Духовное управление; 11 мая состоялись выборы Духовного управления мусульман Внутр. России и Сибири (для большинства мусульман быв. Рос. империи): 292 голосами против 257 главой Духовного управления (муфтием) был избран учёный-богослов Г. аль-Баруди (Казань).

После доклада эсера Ш. Мухамедьярова (Петроград) съезд решил (9 мая), что все казённые, кабинетские, монастырские, удельные и частновладельч. земли должны перейти в руки народа без выкупа; частная собственность на землю должна быть отменена, купля-продажа запрещена. Окончат. решение агр. вопроса откладывалось до Учред Собр., до того времени следовало придерживаться решений, принятых Всерос. крест. съездом. 10 мая башк. делегаты заявили, что разрешение агр. вопроса в Башкортостане оставляют открытым до созыва Всебашк. съезда в Оренбурге. Делегаты Туркестана также заявили, что решения по агр. вопросу не распространяются на Туркестан и р-ны проживания киргизов (казахов).

По жен. вопросу после докладов И. Туктаровой (Казань), Ф. Кулахметовой (Казань) и М. Биги съезд постановил, что мусульманки и в полит. и в гражд. правах должны быть равноправными с мужчинами, к-рым запрещается многожёнство.

По рабочему вопросу после докладов М. Ходжиева (Ходжент) и Терегулова принята резолюция представителя рабочих Н. Мухтарова (Казань): введение 8-час. рабочего дня, пенсионного обеспечения за счёт работодателя, инспекции по соблюдению рабочего законодательства и условий труда рабочих, запрещения труда детей и подростков до 16-летнего возраста, жен. труда на вредных работах, штрафов и т.д.

По докладам полковника И. Галиева и тов. пред. Казан. гарнизонного мусульм. к-та А. Монасыпова был поставлен вопрос об отмене воинской повинности; армия, до тех пор пока она существует, должна строиться по нац. признаку; необходимо сформировать отд. мусульм. воинские части; солдаты должны служить на той территории, где они призывались, и т.п.

По докладу Исхаки и выступлениям левого эсера Г. Ибрагимова (Уфа), Валиди и др. решено на выборах в Учред. Собр. создать демокр. блок мусульман, допустимы соглашения с полит. партиями др. народов, к-рые находятся не правее трудовиков; отмечалось, что лишь партия эсеров выступает за право нерусских народов устроить жизнь по своему усмотрению.

11 мая принята резолюция по докладу Исхаки об образовании Всерос. Центр. мусульм. Совета (Милли Шуро) – "Совет рос. мусульман" – для рук-ва и координации действиями мусульман страны; в Милли Шуро (местонахождение – Москва) от мусульман Внутр. России и Сибири, Туркестана и Крыма (делегаты от Кавказа и литов. татар отложили выборы своих представителей до возвращения домой) были избраны 30 членов во главе с Цаликовым, из них избрали Исполнит. к-т (местонахождение – Петроград), состав к-рого менялся. В разное время в него входили: А.-З. В а л и д и (Туркестан), Д. Д о с м у х а м е д о в (Уральская обл.), Г. И с х а к и (Москва), И. Л е м а н о в (Крым), С. М а м л е е в (Уфа), Ш. М у х а м е д ь я р о в (Петроград), В. Т а н а ч е в [Казань, представитель Букеевской орды (Астраханская губ.)], Ф. Х а н - Х о й с к и й (Баку), У. Х о д ж а е в (Ташкент), А. Ц а л и к о в (Петроград), И. Ш а г и а х м е т о в (Туркестан), З. Ш а м и л ь (Петроград, представитель Кавказа);пред.– И с х а к и. Намечено, что 2-й Всерос. мусульм. съезд состоится в Казани, 3-й – в Ташкенте, 4-й – в Баку. Съезд завершился чтением молитвы, посвящённой памяти нефтепромышленника Ш. Асадулаева, подарившего мусульманам Москвы здание, в к-ром проходил съезд.

И с т о ч н и к и: "Известия Всероссийского мусульманского Совета", [П.], 1917, 14 июля; "Русские Ведомости", [М.], 1917, 2, 4, 7, 10, 11 мая; Протоколы Всероссийского съезда мусульман, состоявшегося в Москве 1–11 мая 1917, П., 1917 (на татарском языке); Революция и национальный вопрос. Документы и материалы по истории национального вопроса в России и СССР в 20 в., т. 3, М., 1930.

С.М. Исхаков.

4–28 мая. Первый Всероссийский съезд Советов крестьянских депутатов, Петроград. Созван по решению совещания (Петроград, 13–17 апр.) представителей крест. Советов 27 губерний, избравших оргбюро по созыву съезда во главе с эсером С.С. Масловым. В день открытия присутствовал 561 депутат, 19 мая – 1340, наиб. численность – 1353 (ожидалось 1500) депутата, представлявших 63 губернии и 8 областей; менее представлены были отдалённые губернии и области, особенно с неславянским населением. Полномочия 1167 депутатов утвердила мандатная комиссия (599 от 61 губернии и области, 568 от армии). Св. 537 депутатов – эсеры, преим. из центр. областей; св. 136 депутатов – беспартийные, большинство из них поддерживало эсеров; св. 90 депутатов – меньшевики; не менее 10 депутатов – трудовики и энесы; 9 депутатов – большевики. Многие депутаты, не имея чёткого представления о программах партий, колебались, посещали заседания разл. фракций и сумели определиться лишь в процессе работы съезда. Большинство – середняки.

Съезд открыл С.С. Маслов, председателем избран Н.Д. Авксентьев, почётными пред.– Е.К. Брешко-Брешковская, В.Н. Фигнер и В.М. Чернов, тов. пред. от общего собрания – эсеры И.И. Бунаков, Г.А. Мартюшин, С.Л. Маслов, С.С. Маслов, трудовики и энесы М.Е. Березин, В.А. Кильчевский, А.А. Титов, Н.В. Чайковский, от областей: Центральной – Акимов, С.М. Потошников, Северной – Деляров, Поволжской – эсер Н.И. Ракитников, Украинской – А.Е. Тесля, Сибирской – чл. Трудовой группы В.И. Дзюбинский, от белорус. группы 14-ти беспартийных – М.В. Фрунзе. Секретарями от общего собрания избраны Брусилевский, Васильев, Дедусенко, Н.Д. Кондратьев, П.А. Сорокин, от областей: Центральной – эсер И.С. Сорокин, Северной – Чепурин, Поволжской – Левтонов, Украинской – меньшевик З.Т. Высоцкий, Сибирской – Н.Я. Быховский, Приозёрной – Петухов, Кавказской – эсер Ф.М. Онипко, от группы 14-ти – Куроков.

Обсуждены доклады: О коалиц. пр-ве – Чернов; О продовольствии – Кондратьев; О войне – Бунаков; О крест. Советах – Кильчевский; О земле – Чернов, С.Л. Маслов, Н.Я. Быховский, эсер П.А. Вихляев и энесы Н.П. Огановский, А.В. Пешехонов, фактически содоклад сделал В.И. Ленин.

Резолюция о коалиц. пр-ве (принята 8 мая, написана П.А. Сорокиным) признала правильным вхождение социалистов в пр-во, поскольку "орг-ция твёрдой и пользующейся доверием демократии власти – одно из условий закрепления Свободы", фиксировала, что министры-социалисты представляют Всерос. Совет КД и ответственны перед ним и Всерос. Советом РСД.

В резолюции о прод. деле (14 мая) говорилось, что хоз. и прод. разруха порождена войной, прежним строем и угрожает свободе. Для её преодоления "необходимо поставить самую широкую планомерную гос. регулировку как распределения, так и произ-ва, не останавливаясь перед монополизацией отраслей пром-сти, служащих массовым нуждам населения". Отсюда признание твёрдых цен и гос. монополии на хлеб и требование таких же цен на товары пром-сти. Поднятие произ-ва ожидалось в первую очередь от введения коллективных форм труда, содействия кооперативам.

Резолюция о войне (15 мая), предложенная рук-вом съезда, звала трудящихся всех стран "принудить свои пр-ва" последовать призыву Врем. пр-ва отказаться от аннексий и контрибуций, отвергала сепаратный мир и призывала рус. армию к активным действиям, "не останавливаясь ни перед какими жертвами".

В положении о крест. Советах (16–17 мая) определялось, что они являются "органами крест-ва на страже нового строя и для политико-рев. работы", их задачи: "а) выяснение зем. вопроса и проведение в жизнь тех мероприятий, к-рые смогут быть осуществляемы до Учред. Собр.; б) подготовка крест-ва к Учред. Собр.; в) контроль над действиями органов власти и наблюдения, чтобы они не отступали от демокр. (народно-трудовых) начал; г) представительство интересов крест-ва во всякого рода правительств. и обществ. орг-циях".

25 мая принято постановление по агр. вопросу: до Учред. Собр. все земли "должны перейти в ведение зем. к-тов с предоставлением им права определения порядка обработки, обсеменения, уборки полей, укоса лугов и т.п.", т.е. ликвидировалось помещичье землевладение. Передача земли не сразу крестьянам, а зем. к-там мотивировалась необходимостью предотвратить массовое дезертирство солдат, дав им уверенность, что землю они получат. Право окончат. решения агр. вопроса признавалось за Учред. Собр., а крестьяне призывались к орг-ции зем. к-тов и предвыборной борьбы за реформу, в основе к-рой переход всех земель "в общенар. достояние для уравнительно-трудового пользования без всякого выкупа".

(19–20 авг. в "Известиях Всерос. Совета КД" опубл. примерный наказ, составленный на основе 242 наказов с мест депутатам 1-го Всерос. съезда Советов КД, призывающий к скорейшему созыву Учред. Собр., созданию демокр. парламентской федеративной Рос. Республики; его раздел о земле был положен Лениным в основу Декрета о земле, но в него не были включены разделы, определявшие полит. и экон. условия его реализации.)

Большинство среди 252 членов избранного Исполкома получили эсеры и поддерживавшие их; с.-д. (большевики и меньшевики) в него не прошли. 20 мая на 1-м заседании Исполкома его пред. избран Н.Д. Авксентьев, тов. пред.– И.И. Бунаков и Г.А. Мартюшин.

ИСПОЛКОМ ВСЕРОССИЙСКОГО СОВЕТА КРЕСТЬЯНСКИХ ДЕПУТАТОВ

25 эсеров, 5 трудовиков и энесов: В.М. Чернов ("за" – 810 голосов), Е.К. Брешко-Брешковская (809), А.Ф. Керенский (804), Н.Д. Авксентьв (799), И.И. Бунаков (790), И.А. Рубанович (778), В.Н. Фигнер (776), П.А. Вихляев (770), Н.Н. Соколов (769), Н.Я. Быховский (759), Н.Д. Кондратьев (758), С.С. Маслов (745), М.В. Вишняк (736), С.Л. Маслов (730), В.А. Кильчевский (729), В.К. Вольский (726), Г.К. Покровский (718), В.Я. Гуревич (710), Н.В. Чайковский (708), Г.А. Мартюшин (706), А.Р. Гоц (693), И.Е. Пьяных (688), М.Е. Березин (682), Н.П. Огановский (676), В.И. Дзюбинский (675), В.А. Мякотин (650), В.М. Никотин (622), П.А. Сорокин (527), А.Е. Тесля (497), И.П. Пасечный (423).

[Не избраны: П.А. Кропоткин (305), М.А. Натансон (296), П.П. Маслов (198), В.К. Винниченко (165), А.П. Левицкий (164), С.П. Мазуренко (65), Ф. Кельпиш (62), Н.А. Рожков (47), А.Е. Лосицкий (45), Э.Д. Бредис (33), Р.В. Иванов-Разумник (29), А.В. Пешехонов (21), В.И. Ленин (20), М.И. Скобелев (15), Г.В. Плеханов (14), А.А. Шрейдер (12), Б.Д. Камков (10), А.М. Горький (8), А.А. Аргунов (7), М.А. Спиридонова (7), И.Г. Церетели (6) и др.]

От губерний: Архангельской – А.А. Суетин; Астраханской – В.Х. Тоначёв, Г.В. Улановский, А.И. Хабаров; Бессарабской – В.Ф. Петрушка, С.А. Топчиу; Виленской – К.И. Матецкий, О.И. Синкевич; Витебской – О.С. Ивченко, А.П. Кириченко; Владимирской – Ф.С. Архипов, Ф.А. Соколов; Вологодской – Свитцов, И.Н. Федяев; Воронежской – И.Д. Барченко, И.Г. Обиняков, Семёнов, Ф.А. Стадников; Гродненской – А.В. Савицкий, В.Т. Федорчук; Екатеринославской – С.Ф. Алексеев, А.В. Новак, А.М. Сочев; Елизаветпольской – С. Тер-Аветикианц; Иркутской – П.Я. Гамзагурди; Казанской – Н.Е. Егоров, И.Н. Коведнев, А.С. Пятыб; Калужской – Б.С. Елисеев, М.С. Михайлин; Киевской – З.Г. Гордиенко, Е.С. Котык, Я.В. Снитко, Н.Ф. Усатов; Костромской – В.А. Ковалёв, М.П. Рудомётов; Курляндской – К.О. Бахман; Курской – В.Г. Галицкий, М.А. Меркулов; Лифляндской – Ю.А. Гульбит, Жмул; Минской – Ф.М. Коротке-вич, В.С. Курсков, Я.Ф. Шестак; Могилёвской – Ф.П. Калиновский, С.М. Малышицкий; Московской – С. Рост, И.С. Сорокин; Нижегородской – Т.П. Агеев, М.С. Фокеев; Олонецкой – А.В. Шестаков; Оренбургской – П.Н. Дорохов, И.В. Пашнин; Орловской – Ф.И. Букин, В.Т. Владыкин; Пензенской – И.М. Козлов, П.Ф. Сидоров; Пермской – Зверев, С.Т. Улитов, П.Н. Чашкин, К.Г. Чудинов; Петроградской – Н.М. Кузьмин, И.И. Сухов; Подольской – С.П. Бурка, Ю.И. Гриб, А.В. Иваницкий, Парамийчук; Псковской – И.П. Петров, П.С. Сергеев; Рязанской – Г.К. Баринов, В.К. Зенкин; Самарской – Г.С. Калиничев, И.В. Ларин, М.А. Натансон, А.Г. Яблонский; Саратовской – Ф.Ф. Богомолов, П.М. Кочетов, В.И. Луконин; Симбирской – Титов, П.Т. Феоктистов; Смоленской – В.В. Свистунов, П.А. Сидоров; Тамбовской – В.А. Андреев, Ф.С. Немтинов, Г.С. Якунин; Тверской – А.М. Калмыков, М.М. Тарасов; Тифлисской – О.Я. Дерзибашев; Тобольской – И.Ф. Григорьев, Д.Г. Матвеев; Томской – И.Е. Воробьёв, П.П. Косоротов, Ф.С. Тихонов, А.И. Шапошников; Тульской – И.Н. Картаков, Н.Д. Филиппов; Уфимской – Ф.Е. Колясов, И. Мосяков; Харьковской – Н.Ф. Бреславец, Н.А. Козьменко, А.Т. Овчаренко; Херсонской – З.Т. Высоцкий, Д.А. Маруценко, Ф.К. Семиряжко; Черниговской – П.С. Ковальчук, В.Е. Костенецкий, П.С. Криворотный; Черноморской – И.Д. Архипов; Ярославской – В.А. Баранов, Н.А. Мамырин.

От областей: Акмолинской – А.Е. Саломатин, С.Ф. Фотин; Области войска Донского – И.А. Гречка, А.А. Марченко, Ф.Г. Тесленко; Забайкальской – Д.С. Сампилов, А.М. Флегонтов; Кубанской – М.З. Буряк, И.З. Мануйлов, Н.В. Остроумов; Самаркандской – Д.Д. Рязанов; Сырдарьинской – К.И. Дидык.

От фронтов: Северного – Г.Г. Григорьев, Ф. Мологан, Н. Шевцов; Западного – В.В. Гиляревский, П.Д. Дручков, Д.И. Ефимов; Юго-Западного – В.С. Абрамов, С.Ф. Жила, П.М. Шевелев.

От армий: 1-й – А.В. Горохов, А.Т. Опришко, Г.Л. Сармин, Ф.И. Сидоров, В.С. Степанов; 2-й – И.М. Аносов, М.Я. Едемский, А.Н. Никонов, С.Д. Пономарёв, В.П. Попов; 3-й – М.Я. Лукьянов, И.Н. Павловский, М.Е. Пашеткин, Ф.Ф. Пересушкин, М.Л. Турапин; 4-й – С.Е. Каушан, В.А. Кривицкий, А.А. Саленик, И.И. Степанов, Л. Тимошенко; 5-й – М.А. Алексеев, М.Г. Бочко, Л.И. Дронов, И.Д. Кондратов, П.М. Линник; 6-й – Н.И. Вахрушин, М.М. Платов, И.Р. Подрез, А.С. Романов, Г.В. Храпунов; 7-й – А.А. Буртасенков, М.Н. Бутов, Е.Г. Муравьёв, П.И. Фаддеев, Д.В. Черепашенко; 8-й – О.П. Другов, Г.И. Солодов, И.В. Тихомиров, С.И. Шапошников, А.И. Щадилов; 9-й – А.В. Бочаров, М.А. Максимов, Д.Г. Топчиу, С.М. Шпинев, А.И. Яковлев; 10-й – М. Викторов, Т.С. Гончаренков, А.К. Киселёв-Мокроусов, Ф.И. Макаров, И. Феоктистов; 11-й – А.Г. Ерофеев, С.Т. Задворный, В.К. Тавстенко, А.А. Чередник, М.А. Чечулин; 12-й – А.А. Акимов, Ю.Н. Клидзинь, Л.С. Колядко, К. Лунёв, М. Мизюк; Особой – В. Васильев, И. Лукьянов, М.А. Спиридонова; Кавказской – И.И. Борисов, И.Д. Кирин, Е.А. Кучеров, И. Попов, Г. Харитонов.

От флотов: Балтийского – И.Ф. Балыков, И.П. Бардычев, К.О. Васильев, Е.А. Мариенков, И.А. Шабалин; Черноморского – С.К. Звякин, Е.М. Подшебякин, Г.А. Пономаренко; Сибирской флотилии – Г.И. Прокофьев, И.Н. Шеметов.

От воен. округов: Иркутского – В.М. Дьяконов, А.В. Каширов; Казанского – А.М. Воробьёв, И.П. Чернышёв; Московского – Я.А. Бороздин, П.М. Ганичев; Новочеркасского (Область войска Донского) – А. Мельников, М.М. Шут; Омского – В.П. Невзоров, Д.Д. Прозоров; Петроградского – П.Л. Беклешов, В.О. Крупицкий; Приамурского – И.А. Моисеев; Туркестанского – И.Ф. Загуменных.

Источники: "Известия Всерос. Совета КД", П., 1917, 9 мая – 6 июня; Быховский Н.Я., Всерос. Совет КД. 1917 г., М., 1929.

В.М. Лавров.

7–12 мая. Всероссийская конференция меньшевистских и объединённых организаций РСДРП, Петроград. 89 делегатов с решающим и 35 с совещательным голосами представляли 31 меньшевистскую и 28 объединённых орг-ций (всего 46,7 тыс. чл. партии). Конференцию открыл А.Н. Смирнов – представитель ОК. Президиум: В.Н. Крохмаль и Е.Н. Трубицын (от ОК), К.С. Гриневич (Шехтер) (от Петрограда), А.Б. Романов (от Москвы), Б.С. Васильев (от Ростова-на-Дону); секретари – В.В. Цубербиллер (от Ржева), Н.И. Быховский (от г. Сормово); почётные пред. – И.Г. Церетели, М.И. Скобелев, Н.С. Чхеидзе. Обсуждены вопросы: О деятельности ОК с 1912 – Б.С. Батурский; Об отношении к Врем. пр-ву и участию в нём – Б.И. Гольдман (Горев); Об отношении к войне – Ф.И. Дан; О восстановлении 2-го Интернационала и о созыве междунар. соц. конференции – М.С. Панин; Об отношении к Советам РСД – Ф.А. Череванин; Об объединении партии и созыве парт. съезда – Я.М. Гринцер; Об участии с.-д. в выборах в органы местного самоуправления – В.О. Цедербаум; Агр. вопрос – П.П. Маслов; Рабочий вопрос и проф. стр-во – П.А. Гарви. Работали секции по агр. и нац. вопросам.

Отметив империалистич. характер войны, конференция поставила задачу достижения всеобщего мира без аннексий и контрибуций, на основе самоопределения народов. Видя такую возможность в объединённых усилиях междунар. пролетариата, резолюция конференции призывала "всемерно способствовать укреплению боеспособности рус. армии для всесторонней защиты страны от угрожающих ей опасностей".

Исходя из того, что отказ рев. с.-д-тии от участия во Врем. пр-ве грозил бы распадом рев-ции, конференция высказалась за "полную и безусловную поддержку" коалиц. Врем. пр-ва, добавив, что министры-с.-д. должны быть ответственны не только перед Советом, но и перед партией.

Конференция указала на необходимость для с.-д. "выступать в Советах в тесном блоке с полусоциалистическими или даже только по внешности социалистическими партиями (трудовики, нар. социалисты) во имя чисто демокр. завоеваний". В то же время с.-д-тия не должна забывать, что она клас. партия пролетариата и должна вести свою клас. линию.

Конференция поставила задачу объединения партии, предложила созвать для этого объединит. съезд на основе признания программы и устава РСДРП, поручила ОК обратиться с предложением к ЦК большевиков образовать совм. Бюро по созыву съезда и только в случае отказа большевиков самому создать подобное Бюро.

На конференции выявились противоречия между её оборонческой и интернационалистической частями. В "Заявлении 16-ти" делегатов-интернационалистов (Ю.О. Мартов и др.) говорилось, что в "ряде решений во многих существенных пунктах" конференция "отступила от принципов клас. борьбы и интернационализма", что "интернационалистич. часть рос. меньшевиков не может" поэтому "нести полит. ответственность" за эти решения и "не будет связывать себе рук в своей деятельности" этими решениями. Ещё до этого заявления интернационалистич. часть конференции отказалась принимать участие в выборах ОК.

Конференция избрала ОК РСДРП: П.Б. Аксельрод, Б.С. Батурский, Б.О. Богданов, П.А. Гарви, Б.И. Горев, Ф.И. Дан, В. Егоров, О.А. Ерманский (войти в ОК отказался), К.М. Ермолаев, С.М. Зарецкая, М.А. Исув, В.Н. Крохмаль, М.С. Панин, А.Б. Романов, А.Н. Смирнов, Л.М. Хинчук, Ф.А. Юдин.

Источники: Всерос. конференция меньшевистских и объединённых орг-ций РСДРП. 6–12 мая в Петрограде, П., 1917.

В.И. Миллер.

9–12 мая. Восьмой съезд Партии Народной Свободы (кадетов), Петроград. 335 делегатов от 50 губерний и областей (в т.ч. 46 – члены ЦК, 31 – члены Гос. Думы всех созывов, 2 – члены Гос. совета, 17 – от студенч. групп, 4 – от армии, 4 – от литов. группы, 42 – от Петрограда, 34 – от Москвы, 155 – от др. р-нов страны). Съезд открыл П.Н. Милюков – пред. ЦК. Обсуждены вопросы: Об общем полит. положении – Милюков и М.М. Винавер; Пересмотр агр. программы партии – Н.Н. Черненков; Пересмотр частей программы о местном самоуправлении и автономии – Ф.Ф. Кокошкин; О положении пром-сти – Н.Н. Кутлер; О конструкции ЦК – А.А. Корнилов; Выборы ЦК.

Съезд выразил надежду, что вступление во Врем. пр-во меньшевиков, эсеров и энесов "придаст власти силу и устойчивость и устранит пагубный элемент двоевластия"; приветствовал заявление пр-ва о необходимости наступления на фронте и о верности союзникам; сохранил в агр. программе идею защиты частной собственности на землю, несмотря на провозглашённый принцип "принудит. отчуждения частновладельч. земель"; оставалось требование выкупа земли, допускалось помещичье землевладение, поддерживалась крупная крест. зем. собственность (х-ва фермерского типа); выступил против предоставления полит. прав нерус. народам, входившим в состав России, и против её федеративного устройства, внёс в программу лишь незначит. дополнения в области статуса русского и местных нац. языков.

Съезд избрал ЦК (в порядке кол-ва поданных голосов): В.И. Вернадский, Винавер, Д.Д. Гримм, Кокошкин, Милюков, К.К. Черносвитов, М.С. Аджемов, С.В. Востротин, П.П. Гронский, П.Д. Долгоруков, А.А. Мануйлов, В.Д. Набоков, Н.В. Тесленко, Н.Н. Черненков, А.И. Шингарёв, Н.И. Астров, А.А. Кизеветтер, А.А. Корнилов, Ф.И. Родичев, Ф.А. Головин, кн. Д.И. Шаховской, П.В. Герасимов, Н.М. Кишкин, В.А. Маклаков, М.Г. Комиссаров, П.И. Новгородцев, Д.Н. Григорович-Барский, Н.Н. Щепкин, А.В. Васильев, Н.К. Волков, В.А. Степанов, кн. В.А. Оболенский, А.Г. Хрущёв, А.В. Тыркова, З.Г. Френкель, Н.П. Василенко, П.П. Юренев, А.И. Макушин, Д.Д. Протопопов, И.П. Демидов, А.А. Добровольский, Е.М. Ещин, Я.К. Имшенецкий, Н.Н. Глебов, С.А. Левицкий, С.Ф. Ольденбург, барон Ф.Р. Штейнгель, А.Н. Букейханов, М.В. Сабашников, А.С. Изгоев, Н.В. Некрасов, Д.С. Зернов, графиня С.Ф. Панина, А.Н. Рутцен, В.А. Харламов, П.А. Садырин, В.А. Виноградов, Б.М. Овчинников, Г.Б. Быховский, А.К. Парамонов, М.Д. Калугин, А.А. Свечин, С.А. Иванов, А.А. Шахматов, А.К. Дживелегов, Г.М. Туманов. Почётным бессменным членом ЦК единогласно избрали И.И. Петрункевича.

Источники: Резолюции VIII делегатского съезда Партии Нар. Свободы (9–12 мая 1917 г. в Петрограде). Издание Партии Нар. Свободы, [П., 1917]; "Вестник Партии Нар. Свободы", 1917, № 4–5, 8–10, 11–13; "Речь", 1917, 10–13 мая.

В.А. Кувшинов.

25 мая – 4 июня. Третий съезд Партии социалистов-революционеров (ПСР), Москва. 306 делегатов с решающим и 40 с совещательным голосами. Съезд открыл Д.Ф. Раков. Президиум: Н.И. Ракитников (пред.), А.Р. Гоц, В.В. Руднев, Н.Д. Авксентьев, И.А. Рубанович, М.А. Натансон, Б.Д. Камков, О.С. Минор и Н.С. Русанов (тов. пред.), В.М. Зензинов (секр.), М.К. Николаев и П.П. Деконский (тов. секр.); почётный пред.– В.М. Чернов. Обсуждены вопросы: О состоянии парт. работы по данным анкеты – Раков; Текущий момент – Чернов; Отношение к Врем. пр-ву – Авксентьев, содокладчик В.А. Алгасов; Отношение к войне – Гоц, содокладчик Камков; Междунар. политика и практич. мероприятия по возрождению Интернационала – Русанов, содокладчики Рубанович и Натансон; Осн. принципы гос. устройства России (республика, автономия, федерация) – М.В. Вишняк; Осн. начала местного самоуправления – В.Е. Трутовский, содокладчик С.Я. Мохов; Осн. задачи социально-экон. политики в настоящий момент в связи с ликвидацией войны и демобилизацией производств. сил – И.А. Прилежаев; Агр. политика настоящего момента с точки зрения нашей агр. программы – Н.Я. Быховский, содокладчик Ракитников; Задачи рабочей политики настоящего момента с точки зрения нашей программы – Б.Н. Воронов, содокладчик Д.С. Фирсов; Политика ПСР в нац. вопросе и отношение к нац. соц. партиям – Чернов; Отношение к др.

соц. партиям – Зензинов. Работали секции: политическая, социально-экон., орг., аграрная, по нац. вопросу.

Съезд нашёл необходимым сосредоточить внимание рев.-соц. демократии на реорганизации местной власти на началах народовластия, подготовке зем. реформы, борьбе с развалом армии, укреплении центр. власти и борьбе против анархич. распыления рев-ции; в экон. области предложил переходить к расширению гос. и обществ. контроля над произ-вом, к передаче в руки обществ. власти осн. нар.-хоз. ресурсов страны, к правильному распределению продуктов первой необходимости среди населения; по нац. вопросу высказался за установление федеративной демокр. республики с терр.-нац. автономией, в пределах этнографич. расселения народностей с обеспечением прав нац. меньшинств; поддержал лозунг "мира без аннексий и контрибуций", потребовал от Врем. пр-ва пересмотра и ликвидации тайных договоров с союзниками, но указал на необходимость сохранения с ними единства стратегич. фронта, осудив пропаганду отказа от наступат. операций; высказался за поддержку коалиц. Врем. пр-ва в условиях, когда буржуазия не в силах справиться с проблемами современности, а соц. партия ещё не может взять власть. На съезде выявились острые разногласия между его левым крылом ("оппозиция 42-х": М.А. Спиридонова, Натансон, П.П. Прошьян, Алгасов, Камков, Трутовский и др.) и большинством.

Съезд избрал (голосовало 270 делегатов) ЦК ПСР: Гоц ("за" – 260 голосов), Ракитников (258), Русанов (241), А.В. Архангельский (241), Чернов (240), М.А. Веденяпин (237), Фирсов (224), Натансон (207), В.В. Пункевич (202), М.Я. Гендельман (201), В.Н. Рихтер (199), Л.Я. Герштейн (193), Зензинов (181), М.П. Затонский (177), Авксентьев (168), Минор (157), Рубанович (156), И.И. Бунаков (153), Раков (146), Прилежаев (142); канд. в чл.: И.И. Тетёркин (206), Е.С. Берг (201), А.А. Ховрин (130), Быховский (126), Г.И. Гуревич (119).

Источник: Третий съезд социалистов-революционеров, П., 1917.

В.И. Миллер.

3–24 июня. Первый Всероссийский съезд Советов рабочих и солдатских депутатов, Петроград. Созван Петрогр. Советом и комиссией, избранной Всерос. совещанием Советов в нач. апр. Участвовало 822 делегата с решающим и 268 с совещательным голосами. Из 1090 делегатов заполнили анкеты 822, из них: о партийности заявили 777 (285 эсеров, 248 меньшевиков, 105 большевиков, 32 интернационалиста, 73 внефракц. социалиста, 10 объединённых с.-д., 10 бундовцев, 3 чл. группы "Единство", 5 трудовиков, 3 нар. социалиста, 2 – "на платформе с.-р. и с.-д.", 1 анархист-коммунист); 20 депутатов объявили себя сочувствующими эсерами, 8 – сочувствующими меньшевиками; 17 не заявили о своей партийности. Советы и подобные им орг-ции, направившие своих делегатов, насчитывали 20,32 млн. чел., в т.ч. (по неполным данным) 5,1 млн. рабочих, 8,15 млн. солдат, 4,24 млн. крестьян.

Съезд открыл пред. Петрогр. Совета Н.С. Чхеидзе. Президиум: Чхеидзе (пред.); от эсеров – М.Ф. Крушинский, С.С. Саакьян, Н.Н. Алексеев, Лазурский, И.Н. Лордкипанидзе; от меньшевиков – Л.М. Хинчук, А.А. Никольский, П.М. Орлов, Я.Б. Печерский, И.В. Захватаев; от большевиков – В.Н. Ногин, Г.Е. Зиновьев, Н.К. Крыленко, Б.З. Шумяцкий; от объединённых с.-д. – А.В. Луначарский; от трудовиков и нар. социалистов – Державин; от исполкома Петрогр. Совета – Ф.И. Дан, Б.О. Богданов (меньшевики), А.Р. Гоц, В.З. Завадье (эсеры), Л.Б. Каменев (большевик), Л.М. Брамсон (трудовик); Е.П. Гегечкори (меньшевик) – секретарь.

Обсуждены: доклады Об отношении к Врем. пр-ву – М.И. Либер, Об отношении к войне – Дан, О положении в Петрограде (в связи с Июньским кризисом) – Гегечкори, О работе Чрезв. следств. комиссии – Н.К. Муравьёв; сообщения О переходе рус. войск в наступление – И.Г. Церетели, О событиях на даче Дурново – Церетели. Работали секции: по экон. вопросам; по рабочему вопросу; по агр. вопросу, вопросу крест. жизни; по вопросу солд. жизни; секция местного городского и земского самоуправления; по нац. вопросу; организационная; по подготовке Учред. Собр.; по нар. образованию. По итогам их работы предложены доклады: Орг. вопрос (создание ВЦИК Советов) – И.А. Исув; О созыве Учред. Собр.– Брамсон; О резолюции съезда по нац. вопросу – Либер; О резолюции съезда по финл. вопросу – Р.А. Абрамович; О резолюции съезда по укр. вопросу – Либер; О борьбе с антисемитизмом – Е.А. Преображенский; Об экон. положении страны – В.Г. Громан; О положении пром-сти и транспорта и по прод. вопросу – Ф.А. Череванин; О финанс. политике – А.И. Буковецкий; О финанс.-экон. положении страны – М.И. Скобелев; О рабочем вопросе – П.Н. Колокольников; О местном самоуправлении – Л.Г. Шапиро; О нар. образовании – В.И. Чарнолусский, З.Г. Гринберг, Поршнев; Об агр. вопросе – В.М. Чернов, Э.К. Соколовский; О финанс. положении Петрогр. Совета – Брамсон; О правах и обязанностях солдат – В.С. Венгеров; О реорганизации армии – М.П. Якубович; О возвращении 40-летних в армию – Захватаев; О материальном положении семей военнослужащих – П.И. Ровный; О повышении боеспособности армии – В.В. Гомбарг.

Резолюции съезда см. в кн. "Рев. движение в России в мае – июне 1917 г. Июньская демонстрация" (М., 1959, с. 185–86, 189–91, 193–94, 196–98, 200–01).

Съезд избрал ВЦИК Советов РСД.

В.И. Миллер.

СПИСОК ЧЛЕНОВ ВЦИК, ИЗБРАННЫХ НА 1-М ВСЕРОССИЙСКОМ СЪЕЗДЕ СОВЕТОВ РСД

[Печатается по кн.: "Первый Всерос. съезд Советов РСД" (т. 2, М.–Л., 1931, с. 423–26). В квадратных скобках – внесённые дополнения.]

От фракции с.-д. меньшевиков: члены – Абрамович Рафаил Абрамович, Анисимов Василий Анисимович, Аристархов Александр Алексеевич, Арсентьев Павел Фёдорович, Артёменко Иван Петрович, Белановский Дмитрий Константинович, Бечин, Богданов Борис Осипович, Большаков Михаил Александрович, Булкин-Семёнов А.А., Бумейстер Карл Яковлевич, Вайнштейн Семён Лазаревич, Васильев, Войтинский Владимир Савельевич, Войтов Ипполит Иванович, Газарх Зусман Борохович, Гегечкори Евгений Петрович, Глухов Дмитрий Константинович, Голиков Пётр Яковлевич, Гольдберг Самуил Михайлович, Гомбарг Вениамин Владимирович, Горев Борис Исаакович, Городищев Александр Григорьевич, Гулинский Александр Людвигович, Гуревич Борис Наумович, Гутерман Борис Наумович, Дан Фёдор Ильич, Денисов Пантелеймон Иванович, Драханов Никифор Иванович, Емельянов Иван Иванович, Ерманский Осип Аркадьевич, Ермолаев Константин Михайлович, Зарохович Лев Михайлович, Захватаев Иван Викторович, Заходер Александр Борисович, Исув Иосиф Андреевич, Каменский Владислав Исаевич, Канторович Николай Лазаревич, Клюхин Степан Михайлович, Колесников Яков Давидович, Красинский Самуил Давидович, Кривецкий, Кулаков Владимир Тимофеевич, Курсов, Кучкин [Кучин] Георгий Дмитриевич, Ланскер Исаак Михайлович, Левин Исай Вениаминович, Лепский Соломон Мариевич, Либер (Гольдман) Михаил Исаакович, Локерман Александр Самойлович, Ломтатидзе Александр Спиридонович, Мазуренко Григорий Петрович, Майзель Ной Саулович, Макаров Матвей Дорофеевич, Маслич Николай Харитонович, Маслов Пётр Петрович, Моравский Феодосий Дементьевич, Нестеров Антон Яковлевич, Никольский Александр Алексеевич, Орлов Прокопий Максимович, Павлов Михаил Александрович, Першин Александр Яковлевич, Печерский Яков Борисович, Печкуров Иван Николаевич, Попов Николай Николаевич, Равич Михаил Марсович, Ровный Павел Иванович, Розанов Владимир Николаевич, Романов Алексей Богданович, Рудаков, Рябко Ян Петрович, Савинихин Михаил Александрович, Савицкий Владимир Семёнович, Садарашвили Дмитрий Алеевич, Садовский Михаил Александрович, Синицын Пётр Фёдорович, Смирин, Смирнов Михаил Николаевич, Смирнов Михаил Тимофеевич, Соколов Константин Михайлович, Соколовский Эдуард Ксаверьевич, Сосулин Апполон Иванович, Сухов Александр Афанасьевич, Тарновский Дмитрий Васильевич, Таско Ефрем Яковлевич, Трахтенберг Д.Н., Трубицын Ефим Никанорович, Туляков Иван Николаевич, Успенская Евлалия Яковлевна, Фишгендлер Абрам Маркович, Хватов Никон Евсеевич, Хинчук Лев Михайлович, Чижевский Дмитрий Иванович, Череванин Фёдор Андреевич, Черепанцев Григорий Елисеевич, Чхенкели Акакий Иванович, Шиф Исай Матвеевич, Куменским Арон Рувимович,

Шер Василий Владимирович, Шнееров, Элиава Шалва Зурабович, Юдин Филипп Алексеевич, Якубов В.Ф., Якубович Михаил Петрович;

кандидаты – Арсон С.И., Вознесенский Константин Фёдорович, Гольдман Леон Исаакович, Зайцев И.Я., Зеленкевич Е.И., Золотников М.И., Канивецкий Михаил Иванович, Квасман И.М., Корсаевский М.Ф., Кузьминский Т.М., Кулешинский С.Д., Налётов П.Ф., Рыбальский Иван Владимирович, Серов В.И., Теплицкий, Фабрикант М.Л.

[В связи с тем, что члены меньшевист. фракции Войтинский В.С., Гутерман Б.Н., Канторович Н.Л., Никольский А.А., Печкуров И.Н., Якубович М.П. были назначены комиссарами Врем. пр-ва или их помощниками, 30 сент. их заменили Бовшовский А.А., Гольдман Л.И., Дементьев И.Н., Зарецкая С.М., Квасман И.М., Хаустов В.И., 3 окт.– Рафес (Борисов) М.Г. (ЦГАОР, ф. 6978, оп. 1, д. 302, л. 35; д. 290, л. 6)].

О.А. Поливанов.

От фракции с.-р.: члены – Алгасов Владимир Александрович, Александров Михаил Сергеевич, Алексеевский Владимир Александрович, Аппенянский Иван Иванович, Арватов Борис Игнатьевич, Бабакин Василий Михайлович, Бассинов Николай Николаевич, Безобразов Борис Владимирович, Берг Ефрем Соломонович, Богданов Лавр Гаврилович, Большаков Михаил Григорьевич, Бреде Карл Августович, Буткевич Михаил Николаевич, Васильев Иван Герасимович, Васильев Дмитрий Александрович, Верещак Семён Иванович, Водолазов Прокопий Капидиевич, Волович Владимир Николаевич, Воробьёв Никанор Павлович, Воронин Григорий Николаевич, Воронов Николай Иванович, Гаврилов Николай Матвеевич, Горшков Василий Григорьевич, Гоц Абрам Рафаилович, Грапс Александр Андреевич, Гриб Фома Фомич, Данилов Иван Иванович, Дембо Анатолий Осипович, Дейс Иван Георгиевич, Доценко Иван Сергеевич, Дубровский Павел Фёдорович, Евстигнеев Михаил Яковлевич, Егоров Пётр Иванович, Еньков Иван Васильевич, Ефимов Павел Александрович, Ивановский Владимир Владимирович, Игнатенко Андрей Семёнович, Кабанов Александр Николаевич, Казаков Александр Степанович, Калинин Павел Фёдорович, Камков Борис Давидович, Коган-Бернштейн Матвей Львович, Колеров Вячеслав Аркадьевич, Кондратенко Пётр Иванович, Королёв Борис Данилович, Кочерва Александр Семёнович, Кочергин Илья Сергеевич, Крушинский Михаил Феофилович, Кудрявцев Сергей Андреевич, Кузнецов Сергей Андреевич, Кукушкин Андрей Абрамович, Лазарев Пётр Степанович, Лапа Алексей Степанович, Либерман Наум Моисеевич, Лившиц Наум Александрович, Лишев Сергей Викторович, Лордкипанидзе Иван Нестерович, Макаричев Пётр Григорьевич, Мещеряков Михаил Иванович, Моргенштиерн Виктор Фёдорович, Мостинский Вадим Михайлович, Нагаев Афанасий Григорьевич, Несмеянов Дмитрий Григорьевич, Нестеров Иван Васильевич, Никаноров Михаил Константинович, Николаенко Даниил Фёдорович, Ожегов Григорий Кондратьевич, Перфильев Александр Семёнович, Петросян Пётр Захарович, Подвицкий Владимир Владимирович, Подобедов Михаил Александрович, Попов Яков Тимофеевич, Рабинович Константин Николаевич, Рогов Михаил Фёдорович, Роненсон Михаил Ефимович, Рудаков Филипп Максимович, Саакьян Семён Саркисович, Сарычев Никита Николаевич, Сайко Ефим Антонович, Смерляков В.И., Соколов Пётр Алексеевич, Сорока Александр Осипович, Сохранов Сергей Александрович, Струнин Георгий Максимович, Телятников Иван Никифорович, Торгушин Пётр Андреевич, Упоров Василий Иванович, Фадеев Дмитрий Петрович, Фёдоров Павел Алексеевич, Фёдоров Фёдор Фёдорович, Фирсов Дмитрий Самойлович, Фрейдин Михаил Семёнович, Халиппа Пантелеймон Николаевич, Чайкин Владимир Афанасьевич, Чашин Афанасий Ефремович, Черняев Михаил Иванович, Чикоидзе Роман Александрович, Шишко Павел Игнатьевич, Якушев Семён Иванович;

кандидаты – Ахов, Бакрадзе, Бекзадьян, Бухарцев Пётр Васильевич, Екчмень, Завадье Владимир Захарович, Захарушкин, Звонарёв, Лесновский Григорий Львович, Малевский, Наджаров, Салтыков, Смородинов, Стариков, Стрижев, Упяньков, Шварц, Яковлев.

От фракции с.-д. большевиков: члены – Алексеевский Леонид Николаевич, Анвельт Ян Янович, Благонравов Георгий Иванович, Вагжанов Александр Петрович, Васильев Михаил Исаакович, Грузман Шмойль Айзикович, Гусев Сергей Алексеевич, Данилов Степан Степанович, Дашкевич Пётр Васильевич, Джугашвили-Сталин Иосиф Виссарионович, Дядичев В.С., Жуков Иван Павлович, Зиновьев Григорий Евсеевич, Зоф Вячеслав Шанович, Игнатов Ефим Никитович, Каменев Лев Борисович, Карклин Отто Янович, Киселёв Алексей Семёнович, Коган Евгения Соломоновна, Крыленко Николай Васильевич, Кураев Василий Владимирович, Лашевич Михаил Михайлович, Ленин Владимир Ильич, Ленцман Ян Давидович, Любович Артём Моисеевич, Маркин Николай Григорьевич, Милютин Владимир Павлович, Муралов Николай Иванович, Николаев Михаил Алексеевич, Ногин Виктор Павлович, Преображенский Евгений Александрович, Серебряков Леонид Николаевич, Теодорович Иван Адольфович, Шаумян Степан Григорьевич, Шумяцкий Борис Захарович;

кандидаты – Аверин Павел Иванович, Бубнов Андрей Сергеевич, Бухарин Николай Иванович, Володарский Моисей Маркович, Гайлис Карл Андреевич, Дзержинский Феликс Эдмундович, Ерман Яков Зельманович, Коллонтай Александра Михайловна, Красиков Пётр Ананьевич, Лещинский Юлиан Мартьянович, Максимов К.Г. [Константин Гордеевич], Манцев Владимир, Нахановин Исай Леонидович, Невский Владимир Иванович, Обоймов, Подвойский Николай Ильич, Рощин, Рыков Алексей Иванович, Серебряков Леонид Николаевич [Петрович], Смидович Пётр Гермогенович, Томский Михаил Павлович, Уншлихт Иосиф Станиславович, Чесалин Иван Петрович.

От фракции объединённых с.-д.: члены – Гарин Сергей Александрович, Герасимов Михаил Прокофьевич, Гринберг Захар Григорьевич, Луначарский Анатолий Васильевич, Моисеев Борис Измайлович, Позерн Борис Петрович, Старостин Пётр Иванович, Троцкий Лев Давыдович;

кандидаты – Бултем, Волков, Канторович Анатолий Яковлевич, Климкевич, Юренев Константин Константинович.

От объединённых фракций трудовиков и нар. социалистов: члены – Бронзов Порфирий Васильевич, Булат Андрей Андреевич, Виленкин Александр Абрамович;

кандидаты – Державин, Сельяма Ю.Ю.

От Евр. соц. рабочей партии – Голигер Герш Шмулевич.

Члены, избранные съездом помимо фракционных списков: Керенский Александр Фёдорович – воен. и мор. министр (социалист-революционер), Пешехонов Алексей Васильевич – министр продовольствия (нар. социалист), Скобелев Матвей Иванович – министр труда (с.-д. меньшевик), Церетели Ираклий Георгиевич – министр почт и телеграфов (с.-д. меньшевик), Чернов Виктор Михайлович – министр земледелия (с.-р.), Чхеидзе Николай Семёнович – пред. съезда (с.-д. меньшевик).

На основании постановления съезда от 16 июня (см.: "Первый съезд Советов", т. 2, с. 62–63) в состав ВЦИК дополнительно вошли:

От центр. органов партий: ПСР – Рихтер В.Н., Гендельман Н.Я.; РСДРП(б) – Свердлов Я.М., Смилга И.Т. (30 сент. заменён Иоффе А.А.); ОК РСДРП(м) – Бронштейн-Гарви П.А. [второй человек не установлен]; Трудовая Нар.-соц. партия – Брамсон Л.М.; Бунд – Эрлих Г.М.; Латыш. с.-д-тия – Стучка П.И.; С.-д. Польши и Литвы – Дзержинский Ф.Э.; ППС-левица [Польская соц. партия – левица] – Лапинский; Объединённые с.-д.-интернационалисты – Мартынов (Пикер) А.С.

От организаций: Всерос. Совет профсоюзов – Рязанов Д.Б. [второй человек не установлен]; Всерос. ж.-д. союз – Лутугин Н.И. [второй человек не установлен]; Всерос. почтово-телегр. союз [не установлены].

С июня по окт. по решению Бюро ВЦИК были также представлены: "Поалей-Цион" – Бару Н.; Объединённая евр. соц. рабочая партия – Новаковский И.С.; Партия социалистов-народников Литвы – Янушевич Н.О., с 7 окт. – Балис П.Я.; Центр Объединённых орг-ций РСДРП Латыш. края – Цауне В.П.; Исполком Гельсингфорсского Совета – Бычков; ЦК Всерос. крест. воен. союза – Мазуренко С.П., Мирский К.П., Покровский Н.И.; ЦК Сибирской флотилии – Михалевич; Всерос. профсоюз служащих кредитных учреждений – Теслер Л.В.; ЦК Союза служащих и рабочих Земгора Зап. фронта – Чичерин И.М.; Кронштадтский Совет РСД – Ривкин Г.А., Флеровский И.П., Куканов; Представитель съезда Богословского и Николо-Павдинского округов – Денисов.

Источники: ЦГАОР, ф. 6978, оп. 1, д. 800, лл. 2–11; д. 801, л. 7; ЦГАОР г. Ленинграда, ф. 7384, оп. 1, д. 2, л. 87; ф. 7384, оп. 7, д. 5, лл. 50–51; ф. 1000, оп. 1, д. 21, лл. 108–110.

О.П. Поливанов.

От исполкома Петрогр. Совета РСД (вводилось 50 его членов, чтобы использовать накопленный ими опыт работы "в качестве всерос. руководящего центра". Установлены 46 чел. на период 22 июня – сер. сент.):

меньшевики – Аксельрод П.Б., Бинасик М.С., Борисов А.П., Бройдо М.И., Венгеров В.С., Капелинский Н.Ю., Крохмаль В.Н., Ларин Ю.М., Маевский (Гутовский) В.А., Мартов Ю.О., Пальчинский М.А., Панков Г.Г., Рафес М., Скалов Б.Г., Соколов Н.Д., Суханов Н.Н., Шапиро Л.Г.;

эсеры – Булычёв М.П., Вербо Р.С., Гамбаров П.Ю., Жуковский С.Е., Завадье В.З., Заварзин В.Г., Зензинов В.М., Иванов К.П., Каплан В.Н., Ковалёв К.П., Кругликов, Меньциковский А.Л., Филипповский В.Н.;

трудовики и нар. социалисты – Бобыль Н.Г., Знаменский С.Ф., Пальцман И.П., Сомов А.В., Станкевич В.Б., Усачёв Д.Н., Чайковский Н.В., Чарнолусский В.И.;

большевики – Бадаев А.Е., Енукидзе А.С., Залуцкий П.А., Козловский М.Ю., Садовский А.Д., Шляпников А.Г.;

Объединённые социал-демократы – Юренев К.К.;

внефракционный социал-демократ – Стеклов М.Ю.

Источники: ЦГАОР, ф. 6978, оп. 1, дд. 290, 302, 800; ЦГАОР г. Ленинграда, ф. 7384, оп. 1, д. 2; ф. 7384, оп. 7, дд. 2, 5.

О.А. Поливанов.

Списки переизбраний датируются 14 и 18 сент.:

меньшевики – Бинасик М.С., Бройдо М.И., Вайнштейн С.Л., Венгеров В.С., Либер М.И., Скалов Г.Б., Шапиро Л.Г.,

социалисты-революционеры – Балашёв И.В., Болдырев А.К., Ватенин В.И., Вербо Р.С., Гамбаров П.Ю., Заварзин В.Г., Зейман А.Э., Диесперов Л.И., Каплан В.Н., Клюшин Б.И., Лазимир П.Е., Огурцовский Е.И., Семикин С.Ф., Шилин В.М., Широков М.Ф., Воронков П.А.;

трудовики и нар. социалисты – Бобыль Г.Е., Знаменский С.Ф.;

меньшевики-интернационалисты – Мартов Ю.О., Суханов Н.Н.;

внефракционный социал-демократ – Соколов Н.Д.;

большевики: от солдатской секции – Ефремов М.П., Жилин А.И., Копяткевич А.А., Мехоношин К.А., Митрофанов С.А., Нахимсон С.М., Павлуновский И.П., Радскан П.Э., Садовский А.Д.; от рабочей секции – Бубнов А.С., Евдокимов, Залуцкий П.А., Иоффе А.А., Каменев Л.Б., Карахан Л.М., Коллонтай А.М., Красиков П.А., Сокольников Г.Я., Стеклов М.Ю., Троцкий Л.Д., Шляпников А.Г., Фёдоров Г.Ф., Юренев К.К. [Часть из перечисленных лиц уже были членами ВЦИК по предыдущим спискам.]

Источник: ЦГАОР, ф. 6978, оп. 1, д. 290, л. 2–6.

О.А. Поливанов.

7–19 июня. Второй (Учредительный) общеказачий съезд. Петроград. Созван Врем. Советом Союза казач. войск (образован в марте 1-м общеказач. съездом) при поддержке воен. мин. А.Ф. Керенского. Участвовало ок. 600 делегатов (к существовавшим ранее 11 казач. войскам прибавилось Енисейское казач. войско). Съезд открыл пред. Врем. Совета А.П. Савватеев. Выступили с речами А.И. Гучков, Керенский, П.Н. Милюков, М.В. Родзянко, Н.Д. Авксентьев, гор. голова Петрограда Ю.Н. Глебов, чл. ВЦИК В.С. Войтинский, ген. Л.Г. Корнилов и П.А. Половцев. В качестве гостей присутствовали и члены дипл. корпуса. Доклад о деятельности Врем. Совета Союза казач. войск сделал А.И. Дутов, к-рый отметил растущий интерес к казачеству со стороны Врем. пр-ва, партий октябристов и кадетов, союзников России. Съезд направил 4 представителей на 1-й Всерос. съезд Советов РСД. Дутов заявил: "... мы, казаки, с Советом никогда врозь не пойдём".

Съезд принял резолюцию, в к-рой заявлялось, что казачество "всемерно поддержит Врем. пр-во в стремлении его к прекращению анархии". Высказался за доведение войны до победного конца, подчеркнув необходимость перехода армии в наступление; за единую демокр. республику с широким местным самоуправлением. Докладчик по агр. вопросу Ткачёв охарактеризовал казач. форму землепользования как своеобразный кооператив с равным правом на пай. В резолюции подтверждались решения 1-го общеказач. съезда о неприкосновенном праве казач. войск на их земли, указывалось, что каждое войско имеет право пользоваться ими самостоятельно и независимо, что все выделенные частновладельч. земли должны быть возвращены в собственность казач. войск. Сообщалось, что крест. земли – надельные и собственные (находящиеся на казач. территории)– не будут изыматься; выражалась надежда, что Учред. Собр. подтвердит решение съезда. По вопросу о воен. службе казаков было решено оставить её на прежних основаниях. Съезд утвердил Устав Совета Союза казач. войск, определил цели орг-ции в объединении всех казач. войск, защите их интересов и проведении реформы. В Совет Союза вошли представители от всех казач. войск. Пред. Совета Союза избран Дутов, тов. пред.– Аникеев, старшим секр.– П.П. Калмыков; членами Совета: от Кубанского войска – К.Л. Бардиж, Покочевский, от Терского – Мибузов, Зайцев, Шамскин, Яицкого – Мусатов, Сибирского – Герасимов, Енисейского – И. Макридин, Оренбургского – Соколов, от Забайкальского – Тюменцев, от Семиреченского – Сидоров, от Астраханского – Кологолов, от Уссурийского – Ларионов (ЦГВИА, ф. 207, оп. 1, д. 80, л. 180–81). Съезд рассмотрел положение об участии казачества в выборах в Учред. Собр.

Лит.: "Казачья Жизнь", 1917, № 4–5.

Л.И. Футорянский.

16–23 июня. Всероссийская конференция фронтовых и тыловых военных организаций РСДРП(б), Петроград. 167 делегатов от 43 орг-ций, всего примерно от 26 тыс. членов партии. Конференцию открыл В.И. Невский. Президиум: Н.К. Беляков, С.А. Черепанов, Н.И. Подвойский, Невский (от Петрогр. "военки"); В.И. Ленин [от ЦК РСДРП(б)]; В.Н. Василевский (от Моск. "военки"); А.Г. Васильев, Осипов, Н.В. Крыленко (от фронтов). Обсуждены вопросы: Доклады с мест; Отношение к резолюциям 7-й (Апр.) Всерос. конф. РСДРП(б)– Г.Е. Зиновьев; Текущий момент: орг-ция власти и Советы РСД – Ленин; Война, мир, наступление – Крыленко и Е.Ф. Розмирович; Нац. движение и нац. полки – И.В. Сталин; Демократизация армии – Крыленко; Цели, задачи и формы воен. орг-ции – Подвойский, Невский, Черепанов; Агр. вопрос – Ленин; Общерос. солд. и крест. газета – Невский; Всеобщее вооружение народа – П.В. Дашкевич; Выборы Всерос. бюро воен. орг-ций.

Конференция проходила в условиях Июньского кризиса, часть делегатов считала, что возможен немедленный переход власти к Советам, а потому конференцию надо превратить в штаб вооруж. выступления. Против выступил Ленин; в резолюции "Текущий момент" говорилось: "Решительно бороться против анархич. настроений и попыток частичных дезорганизующих выступлений, к-рые, если они преждевременны, могут сыграть лишь на руку буржуазии, сознающей неизбежность нового рев. этапа и поэтому неистовствующей и желающей сорвать назревание этого этапа в сознании большинства народа" ("Борьба партии большевиков за армию в соц. рев-ции". Сб. док-тов, М., 1977, с. 193), и далее: "призыв к наступлению мог бы быть приемлем лишь тогда, когда власть перейдёт в руки Советов... и когда рев. демократия открыто и недвусмысленно обратилась бы с предложением мира ко всем воюющим странам" (там же, с. 195).

"О демократизации армии"– "Не назначение, приказание и подчинение, а выборность, самоуправление и представление инициативы снизу должны быть положены в основу строения рев. и демокр. армии" (там же, с. 197).

"По нац. вопросу"– "народы России имеют полное право на самоопределение и самостоят. решение своей судьбы вплоть до отделения, что, в частности, Украина имеет право осуществить свою автономию, не дожидаясь Учред. Собр., ...образование нац. полков вообще не в интересах трудящихся масс, хотя, конечно, право на образование таких полков за каждой национальностью конференция не отрицает" (там же, с. 199–200).

По агр. вопросу была одобрена резолюция 7-й (Апр.) Всерос. конф. РСДРП(б).

Конференция учредила Воен. орг-цию большевиков, указала, что она должна стремиться создать из идущих за с.-д-тией рев.-демокр. элементов армии материальный вооруж. оплот для рев-ции.

Конференция избрала Всерос. Центр. бюро военных орг-ций при ЦК РСДРП(б): А.Я. Аросев, Беляков, Дашкевич, Л.М. Каганович, М.С. Кедров, Крыленко, К.А. Мехоношин, Невский, Подвойский, Розмирович, Ф.П. Хаустов, Черепанов.

В.И. Миллер.

17–21 июня. Первый Всероссийский съезд Народно-социалистической партии (НСП), Петроград. 87 делегатов с решающим голосом представляли 36 местных групп. Съезд открыл пред. Орг. к-та НСП В.А. Мякотин. Президиум: А.В. Пешехонов, В.И. Анисимов, Мякотин, В.В. Волк-Карачевский, А.А. Титов, С.П. Мельгунов, А.С. Чумаевский, С.А. Гарюшин, Гендельман; секретари – Портнягин и Гурьев. Обсуждены вопросы: Сообщения с мест; Об агр. программе партии – Анисимов, Н.П. Огановский, Н.А. Леонтьев; О гос. устройстве России – А.Д. Марголин; О нац. вопросе – А.Ф. Саликовский; Об экон. части программы партии – Пешехонов; Об отношении к др. партиям – Мякотин.

Съезд высказался за установление в России демокр. федеративной республики, за введение обл. и нац. обл. автономии с обеспечением прав нац. меньшинств; указал на необходимость национализации земли с тем, чтобы "земли, предназначенные для с. х-ва, предоставлялись в пользование только тем, кто их будет обрабатывать своим личным трудом" ("Протоколы: 1-го Всерос. съезда Народно-соц. партии, 6-го Всерос. съезда Трудовой группы, 1-го Всерос. съезда Трудовой Народно-соц. партии. 17–23 июня", П., 1917, с. 60).

На заключит. заседании было решено объединиться с Трудовой группой в единую Трудовую Народно-соц. партию и провести объединённый съезд.

В.И. Миллер.

19–21 июня. Шестой Всероссийский съезд Трудовой группы (ТГ), Петроград. 120 делегатов с решающим голосом (члены ЦК, депутаты Гос. Дум, представители местных орг-ций и их фракций в орг-циях и учреждениях); совещат. голос имели представители Нар.-соц. партии, социалистов-народников Литвы и Совета нац. соц. партий. Съезд открыл тов. пред. ЦК ТГ С.Ф. Знаменский. Президиум: Н.В. Чайковский (пред.), Л.М. Брамсон, А.А. Булат, В.М. Вершинин, Ф.В. Тихвинский, В.В. Водовозов, Знаменский, Д.М. Одинец (Петроград), П.Н. Преображенский (Врем. пр-во), Л.З. Катц (Москва), П.А. Калинин (Москва), А.Ф. Изюмов (Рига), С.Н. Наумов (Воронеж), Рахманов (секр.). Обсуждены вопросы: Отчёт ЦК – Знаменский; О позиции ТГ на крест. съезде – Чайковский; Доклады с мест; О нац. вопросе – Б.Е. Штейн, П.Б. Шаскольский, Булат; О зем. вопросе – В.И. Игнатьев.

Съезд одобрил работу представителей ЦК в рев. орг-циях и гос. учреждениях; высказался за федеративный строй в России – национальности сами должны определить формы своего гос. бытия (самоуправление, автономия, нац.-обл. автономия, федеративный штат). На заключит. заседании было решено объединиться с Нар.-соц. партией в единую Трудовую Нар.-соц. партию и провести объединённый съезд.

В.И. Миллер.

20–28 июня. Третья Всероссийская конференция профессиональных союзов, Петроград. Решение о её созыве приняла рабочая секция Всерос. совещания Советов РСД (29 марта – 4 апр.). Фактически – учред. съезд профсоюзов после свержения самодержавия. Орг-цию созыва провели отдел труда Петрогр. Совета РСД совм. с Петрогр. и Моск. центральными бюро профсоюзов; пред. орг. к-та Д.(Б.А.) Кольцов. 211 делегатов с решающим голосом от 967 профсоюзов и 51 центр. бюро профсоюзов, объединявших ок. 1,5 млн. рабочих и служащих. 73 большевика, 36 меньшевиков, 31 внефракц. с.-д., 25 эсеров, 11 бундовцев, 6 "новожизненцев", 2 от Соц. евр. рабочей партии, 17 беспартийных, 10 чел. не заявили о парт. принадлежности. Президиум: меньшевики – В.П. Гриневич, Кольцов, Запутряев, Татарчуков, Чистов; большевики – А.М. Бахутов, Н.П. Глебов-Авилов, Ф.И. Озол, А.Г. Шляпников, внефракц. интернационалист Д.Б. Рязанов.

Обсуждены вопросы: Об общих задачах профсоюзов – меньшевик Гриневич; Об орг. строительстве – меньшевик П.Н. Колокольников; О контроле и регулировании хоз. жизни – большевик В.П. Милютин; О взаимоотношениях профсоюзов и фабзавкомов – большевик Глебов-Авилов; О методах экон. борьбы – меньшевик Кольцов; Профсоюзы и женский труд; Культ.-просвет. деятельность и др. Работали секции: орг. (вопросы культ.-просвет. деятельности, взаимоотношений с рабочей кооперацией и др.) и законодат. (вопросы рабочего законодательства, охраны труда, муниципальной политики и др.); прошли совещания делегатов по вопросу создания всерос. объединений металлистов, швейников, текстильщиков и др.

На конференции сложились два блока: революционно-демократический – меньшевики всех группировок и правые эсеры (ок. 120 чел.); революционно-интернационалистический – большевики, "новожизненцы", "межрайонцы", левые эсеры (ок. 80 чел.). Осн. предметами разногласий между блоками были отношение к войне и вопросы нар. х-ва. От рев.-интернац. блока выступали Милютин, Рязанов, С.А. Лозовский, Глебов-Авилов, Бахутов, В.В. Шмидт, И.И. Матрозов, Озол, А.З. Гольцман; от рев.-демокр. блока – Гриневич, Кольцов, Череванин, Колокольников, И.М. Майский, М.И. Скобелев, П.А. Гарви.

Приняты резолюции: о задачах профсоюзов, об орг. строительстве, об экон. борьбе, о контроле над произ-вом [принята 70 голосами против 65 меньшевист. резолюция против участия в нём, внесённая Ф.А.(Н.) Череваниным], о взаимоотношениях профсоюзов и фабзавкомов (принята 76 голосами против 63 меньшевист. резолюция, внесённая Гарви и И.С. Астровым), о 8-час. рабочем дне, о свободе коалиций, о жен. труде, о борьбе с безработицей, об Учред. Собр. и рабочей политике, о примирит. камерах, о промысловых судах, об инспекции труда, о местных органах Мин-ва труда и рабочих секретариатах, о культ.-просвет. деятельности профсоюзов, о нац. секциях и языке общих собраний, о проф. прессе, о муниципальной политике профсоюзов, о рабочей кооперации, об орг-ции ВЦСПС и об уставе 1-го Всерос. съезда профсоюзов. Важным было решение о строении профсоюзов по производств. принципу, оно действовало и после Октября (др. резолюции утратили своё значение).

Во временный ВЦСПС были избраны 35 чел. (15 от Петрограда, 5 от Москвы и 15 от провинции), в т.ч. от рев.-демокр. блока 19 чел. (16 с.-д. и 3 эсера) и от рев.-интернационалистич. блока 16 (все большевики). В задачи ВЦСПС входило поддержание связей, оказание помощи профсоюзам, представительство, подготовка 1-го съезда профсоюзов; руководящих функций ВЦСПС не имел. В исполком ВЦСПС вошли меньшевики Гриневич (пред.; с сент.– меньшевик-интернационалист В.Г. Чиркин), Чиркин, М.С. Каммермахер (Кефали), И.Г. Волков, Кольцов (позже вместо Гриневича и Чиркина были введены Б.С. Батурский и Гарви), большевики Глебов-Авилов и Бахутов, а также Рязанов и Лозовский. В президиум исполкома ВЦСПС были избраны: Гриневич (пред.), Рязанов и Чиркин (тов. пред.), Лозовский (секр.), Каммермахер (казначей). В ред. ЦО ВЦСПС ж. "Профессиональный Вестник" вошли Глебов-Авилов, Батурский, Кольцов, Волков, Лозовский.

Источник: 3-я Всерос. конференция профсоюзов, 3–11 июля (20–28 июня), Петроград, 1917 г. Стенографич. отчёт, М., 1927.

Г.М. Иванова, Г.И. Ильящук.

21–23 июня. Первый Всероссийский съезд Трудовой Народно-социалистической партии (ТНСП), Петроград. Состоял из делегатов 1-го съезда Нар.-соц. партии и 6-го съезда Трудовой группы, решивших образовать единую партию. Президиум был составлен из президиумов обоих съездов. Съезд открыл Н.В. Чайковский. Обсуждены вопросы: О тактике партии – В.А. Мякотин; О выкупе земли – Мякотин, Н.А. Леонтьев, А.В. Пешехонов; О подготовке выборов в Учред. Собр.– В.В. Водовозов, Л.М. Брамсон; Об уставе ТНСП – Н.Н. Шнитников.

Съезд указал на необходимость участия представителей ТНСП в Стокгольмской мирной конференции с правом решающего голоса и на желательность участия в работе конференции "представителей соц. партий всех стран и национальностей" ("Протоколы: 1-го Всерос. съезда Народно-соц. партии, 6-го Всерос. съезда Трудовой группы, 1-го Всерос. съезда Трудовой Нар.-соц. партии. 17–23 июня", П., 1917, с. 179), одобрил тезисы о подготовке выборов в Учред. Собр., в к-рых отмечались важность пропаганды парт. программы в ходе выборов и необходимость избрания в Учред. Собр. "значит. числа парт. депутатов или лиц, близко к ним стоящих" (там же, с. 195–99), указал, что "земли, переходящие в собственность гос-ва, должны быть отчуждаемы без выкупа со стороны земледельцев, в пользование к-рых они поступают. Расходы же, соединённые с национализацией земли, в т.ч. и вознаграждение, к-рое придётся уплатить владельцам, должны быть отнесены на общегос. счёт" (там же, с. 206), одобрил Устав ТНСП.

Съезд избрал ЦК ТНСП: от Нар.-соц. партии – В.И. Анисимов, М.В. Беренштам, К.Ф. Вознесенский, А.А. Демидов, А.Е. Киселёв, А.Г. Лапицкий, А.П. Левицкий, Н.И. Лутугин, Мякотин, Н.П. Огановский, А.Б. Петрищев, А.И. Перес, А.В. Пешехонов, А.А. Титов, В.И. Чарнолусский, Шнитников (Петроград), И.П. Алексинский, В.В. Волк-Карачевский, С.П. Мельгунов (Москва), С.С. Анисимов (Екатеринослав), С.Я. Елпатьевский (Ялта), А.Д. Марголин (Киев), И.Е. Марков (Самара), А.С. Чумаевский (Саратов), канд. в чл. ЦК – И.Н. Лодыженский, А.И. Минин, Н.Н. Полянский, Ф.З. Чембулов, В.Н. Ферри; от Трудовой группы – М.А. Березин, Брамсон, П.В. Бронзов, А.А. Булат, В.М. Вершинин, В.В. Водовозов, Ф.А. Волькенштейн, Н.А. Галяшкин, В.И. Дзюбинский, С.Ф. Знаменский, В.И. Игнатьев, Д.М. Одинец, В.Б. Станкевич, В.Ф. Токарев, Чайковский, П.Б. Шаскольский (Петроград), П.А. Калинин, Л.З. Катц, П.А. Миллер (Москва), Я.И. Душечкин (Новгород), А.Ф. Изюмов (Рига), Э.И. Клейн (Тифлис), Д.В. Савицкий (Псков), А.Н. Чарушин (Вятка), канд. в чл. ЦК – В.П. Воронцов, Л.Я. Гуревич, М.Н. Петров, А.В. Сомов, Б.Е. Штейн.

В.И. Миллер.

17–26 июля. Первый Всероссийский мусульманский военный съезд. Казань. Св. 200 делегатов (солдаты, офицеры, генералы) представляли фронтовые и тыловые части армии и флота. Съезд открыл пред. Врем. Всерос. мусульм. воен. Совета (создан в апр. на совещании воен. делегатов 1-го Всерос. мусульм. съезда в Москве) прапорщик И. Алкин (меньшевик, Казань), к-рый рассказал, что в июне были разосланы телеграммы об избрании делегатов от воинов-мусульман, а воен. мин. А.Ф. Керенскому – с просьбой дать указания не препятствовать этому. 2 июля Керенский запретил проведение съезда, из-за чего мн. делегаты не приехали или явились с опозданием (ожидалось ок. 1000 делегатов). Съезд открылся явочным порядком. Президиум: И. Алкин, подполк. Сулейман Кугушев (эсер, Рум. фронт), подпоручик Ю. Абдрахман (эсер, Рум. фронт), вольноопределяющийся С. Мамлеев (Уфа), воен. чиновник А. Тагиров [ввиду его неприбытия был заменён поручиком Х. Абульхановым (Казань)].

Съезд приветствовали Мусульм. соц. к-т (М. Вахитов), Казан. мусульм. к-т (Н. Халфин), Всерос. мусульм. Совет (С. Максуди), Казан. воен.-окр. к-т и др. Командующий войсками Казан. ВО П.А. Коровиченко, сообщив, что получил из Воен. мин-ва телеграмму с предоставлением права разрешать съезды командующим округами, съезд разрешил.

Обсуждены вопросы: Отчётный доклад Врем. Всерос. мусульм. воен. Совета об орг-ции солдат-мусульман на фронте и в тылу; Об установлении связи между ними; формирование отд. мусульм. воинских частей; Предвыборная тактика солдат-мусульман; О выборах в Учред. Собр.; Агр. и жен. вопросы; Выборы постоянного Всерос. мусульм. воен. Совета.

19 июля было решено создать Всерос. мусульм. воен. Совет (Харби Шуро)– высший орган для воинов-мусульман, к-рый обладал полнотой власти в пределах постановлений съезда (местонахождение – Казань). Состав Харби Шуро: И. Алкин (пред.), прапорщик У. Токумбетов (тов. пред., Петроград), корнет Асадулаев (тов. пред.), тов. пред. Казан. гарнизонного мусульм. к-та А. Монасыпов, С. Кугушев, Мамлеев, воен. чиновник А. Тагиров, Г. Губайдуллин (Казань), Дж. Алкин (Казань), Абдрахман, Абульханов, поручик И. Альмяшев; от армий 13 представителей, от округов – 9, от казач. частей – 1, от Балтфлота – 1. Из 67 членов в Шуро избрано 36, остальных предлагалось делегировать с мест. Было решено: издавать газ. "Безнен Тауш" ("Наш Голос") как орган Харби Шуро (издавалась с 29 мая как орган Врем. Всерос. мусульм. воен. Совета); основать в Петрограде отделение Харби Шуро, направить в Ставку, ко всем комиссарам Врем. пр-ва при фронтах, во ВЦИК, в Петрогр. Совет РСД (представители У. Токумбетов и С. Мамлеев) и в др. орг-ции своих представителей; создать в тылу мусульм. воен. гарнизонные к-ты, на фронте – дивизионные и армейские к-ты. В осн. резолюции по орг-ции отд. мусульм. войсковых частей (доклад А. Монасыпова) отмечалось, что армия должна быть заменена нар. милицией: в случае сохранения армия переформируется по нац. признаку; предлагалось: приступить к выделению отд. мусульм. войсковых частей немедленно, отправить делегацию в Петроград для решения вопроса об их создании; если Временное правительство не согласится, то формировать их явочным порядком.

О предвыборной тактике солдат-мусульман решено, что в тех округах, где мусульмане имеют возможность провести своих кандидатов, воины составляют блок только с мусульм. соц. группами, в др. случаях идут на блок лишь с соц. группами, рекомендовано образование нац.-соц. блоков.

Съезд предложил предоставить мусульманкам полное равноправие как в полит., так и в гражд. жизни.

По агр. вопросу решено, что все казённые, кабинетские, монастырские, удельные и частновладельч. земли должны перейти во всенар. достояние без выкупа с полной отменой частной собственности и запрещением купли-продажи земли; окончат. решение агр. вопроса принадлежит Учред. Собр., до созыва к-рого предлагалось руководствоваться постановлением Всерос. крест. съезда от 25 мая.

22 июля состоялось совм. заседание со 2-м Всерос. мусульм. съездом и Всерос. съездом мусульм. духовенства (всего св. 1000 чел.), на к-ром была принята Декларация о нац.-культ. автономии мусульман Внутр. России и Сибири; в решении указывалось, что приступить к её осуществлению следует немедленно, не ожидая созыва Учред. Собр.

Источники: "Камско-Волжская Речь", [Казань], 1917, 19, 29, 30 июля; "Крестьянская Казан. Губ. Земства Газета", 1917, 21 июля; Грачев Е., Казанский Октябрь. Хроника Рев-ции 1917 г. (период март – окт.), Казань, 1926; Ионенко И., Тагиров И., Октябрь в Казани, Казань, 1967.

С.М. Исхаков.

21 июля – 2 августа. Второй Всероссийский мусульманский съезд. Казань. 188 делегатов [меньше, чем на 1-м Всерос. мусульм. съезде (1–11 мая), т.к. в Казани почти одноврем. проходили 1-й Всерос. мусульм. воен. съезд (17–26 июля) и 1-й Всерос. съезд мусульм. духовенства (18–26 июля), в Оренбурге – 1-й Всебашк. съезд (20–27 июля) и 1-й Всекирг. (Всеказах.) съезд (21–26 июля), в Коканде – Съезд трудящихся мусульман Ферганской обл. (25 июля), а также отсутствовали делегаты Кавказа и Крыма] представляли разл. орг-ции и полит. партии от правых до левых, в т.ч. Мусульм. соц. к-та во главе с М. Вахитовым (Казань). Съезд открыл пред. исполнит. к-та Всерос. центр. мусульм. Совета (Милли Шуро) эсер Г. Исхаки (Москва). Президиум: пред. Милли Шуро меньшевик А. Цаликов (Петроград), члены Милли Шуро С. Максуди (Казань) и Ф. Карими (Оренбург), эсер Г. Исхаки (пред. президиума), тов. пред. Всерос. мусульм. воен. Совета (Харби Шуро)– прапорщик У. Токумбетов (Петроград), чл. Духовного управления мусульман Внутр. (Центр.) России и Сибири А. Сулеймани (Уфа), член Центр. орг. бюро мусульманок России Р. Султан-Галиева, С. Салехов (Казан. губ.) и пред. Центр. бюро мусульм. учителей Г. Губайдуллин (Г. Газиз), (Казань). Из гостей первым приветствовал съезд представитель Укр. Центр. Рады мурза Туган Барановский (М.И. Туган-Барановский), заявивший, что Ген. секретариат Центр. Рады видит свою миссию в установлении союза Украины с др. народами. После приветствий Цаликов заявил, что мусульмане будут бороться за свободу России до последней капли крови вместе со всей демократией.

22 июля состоялось совм. заседание со Всерос. мусульм. воен. съездом и Всерос. съездом мусульм. духовенства (всего св. 1000 чел.). Единодушно была принята Декларация о нац.-культ. автономии мусульман Внутр. России и Сибири, оглашённая Максуди. После речей Цаликова, Исхаки и представителя военных 22 июля было объявлено нац. праздником мусульман Внутр. России и Сибири. Было решено призвать мусульман страны к сплочению с рев. демок-

ратией России и выдвинутыми ею к власти органами; протестовать против попытки воскресить Гос. Думу и Гос. совет; указать на необходимость единения Врем. пр-ва с центр. нац. организациями народов России и признания за народами не только Европы, но и Азии и Африки права на полное самоопределение; послать делегацию для переговоров с Врем. пр-вом о немедленном формировании отд. мусульм. воинских частей (при отрицат. результатах переговоров поручить мусульм. Советам создание воинских частей явочным порядком). Было также принято решение: не ожидая созыва Учред. Собр., приступить к осуществлению нац.-культ. автономии мусульман Внутр. России и Сибири и поручить 2-му Всерос. мусульм. съезду выработать осн. положения о порядке создания её орг-ций.

После продолжит. дискуссий съезд 31 июля решил: немедленно проводить в жизнь постановления 1-го Всерос. мусульм. съезда по жен. вопросу (кроме таких аспектов, как наследств. право и право свидетельского показания); одобрить деятельность Милли Шуро и его исполнит. к-та (перевыборов не производилось); принять общемусульм. платформу демокр. и соц. блока в связи с подготовкой к выборам в Учред. Собр., включающую: нац.-культ. автономию для мусульман Внутр. России и Сибири; право населения Кавказа, Крыма и Туркестана самому решать вопрос о форме нац.-гос. устройства; переход удельных, кабинетских, монастырских, церковных, частновладельч. земель в руки трудового народа без выкупа; введение 8-час. рабочего дня, обязат. страхование рабочих за счёт гос-ва, программы-минимум соц. партий по рабочему вопросу. Избранные по данной платформе члены Учред. Собр. обязаны вступить в его мусульм. фракцию. В решении (30 июля) о тактике в предвыборной кампании по докладам меньшевика Г. Терегулова (Уфа), Максуди и меньшевика И. Алкина (Казань) говорилось, что принявшие данную платформу на выборах в Учред. Собр. составляют единый список, причём допускался блок с соц. партиями.

Заслушав 24 июля доклад Максуди, съезд 31 июля принял проект закона: не ожидая созыва Учред. Собр., приступить к осуществлению нац.-культ. автономии мусульман Внутр. России и Сибири; вопрос о терр. автономии оставить на усмотрение народов; передать немедленно и целиком вопросы религии, просвещения и языка мусульманам Внутр. России и Сибири; пр-во России не вмешивается в данные вопросы, признаёт соответствующие учреждения, к-рые создаются мусульманами с такими же правами, как и гос. учреждения; в Кабинете министров учредить пост статс-секретаря (мусульманина) в ранге министра с правом решающего голоса для защиты интересов мусульман Внутр. России и Сибири; высшим законодат. органом нац.-культ. автономии является Нац. собрание (Милли меджлис); для управления культ., религ. и финанс. деятельностью образовать Нац. управление (Милли идарэ)– пр-во (временно до созыва 1-го Милли меджлиса), состоящее из ведомств (назараты) по просвещению, по финансам, по религии (преобразованное из Оренбургского магометанского Духовного управления); терр. Внутр. России, населённая мусульманами, делится на нац. губернии, высшим органом к-рых являются губ. нац. собрания; для осуществления нац.-культ. автономии и подготовки созыва Милли меджлиса образовать Коллегию (её пред.– Максуди; местонахождение – Уфа) из 12 членов; поручить Милли Шуро официально сообщить центр. пр-ву о решениях съезда, принять меры к санкционированию их пр-вом, не ожидая созыва Учред. Собр., и др.

На съезде борьба шла главным образом между левыми эсерами во главе с Г. Ибрагимовым (Уфа), М. Вахитовым, Ф. Сайфи-Казанлы (Уфа) против большинства делегатов во главе с комиссаром Временного правительства по делам мусульман Уфимской губернии Ибниамином Ахтямовым (Уфа), Исхаки, Максуди, Терегуловым и др.

Источники: Основные положения о национально-культурной автономии мусульман Внутр. России и Сибири (22 июля 1917), Уфа, 1917 (на татарском языке); "Известия Всерос. мусульм. Совета", [П.], 1917, 11 авг.; Грачев Е., Казанский Октябрь. Хроника революции 1917 г. (период март – окт.), Казань, 1926; Революция и национальный вопрос. Документы и материалы по истории национального вопроса в России и СССР в 20 в., т. 3, М., 1930.

С.М. Исхаков.

23–28 июля. Девятый съезд Партии Народной Свободы (кадетов), Москва (1-й день работы) и Петроград. Св. 300 делегатов (в т.ч. 170–180 от провинциальных к-тов, остальные от столичных к-тов и члены ЦК). Съезд открыл член ЦК кн. П.Д. Долгоруков. Обсуждены вопросы: О текущих полит. событиях – А.И. Мануйлов и Н.М. Кишкин; Выборы в Учред. Собр.– М.М. Винавер; Нац. вопрос – барон Б.Э. Нольде; Об автономии Украины – П.Н. Милюков; О продовольствии и финансах – А.И. Шингарёв; О тактике – Милюков; Церк. вопрос – П.И. Новгородцев; Об экон. положении и экон. политике – Мануйлов и Шингарёв; Воен. вопрос – В.А. Степанов; Нар. просвещение – Мануйлов; Орг.-агит. вопрос – В.Г. Коринчевский.

Съезд выработал тактику партии на "период рев-ции", к-рый наступил после Июльских событий: суть "новой страницы истории" в том, что "настроения порядка стали теперь значительно сильнее и гораздо более распространённее, чем прежде", а Советы "не могут более быть теми факторами дальнейшей эволюции, какими были до сих пор"; призвав к поддержке Врем. пр-ва, потребовал от него стать "сильной и независимой властью"; предусмотрел новую отсрочку выборов в Учред. Собр., отстранение от их подготовки Советов; высказался против "ходячих соц. идеалов", за предпочтительность частной собственности перед общественной; выход из катастрофич. экон. положения видел в режиме жёсткой экономии и привлечении иностр. займов.

Съезд продолжил разработку парт. программы: армия и флот создаются как единые, общие для всего гос-ва вооруж. силы, подчинённые президенту Рос. Республики и комплектуемые на основе всеобщей воинской повинности; взаимоотношения в них строятся на началах законности и строгой воинской дисциплины, выборные солд. органы ограничивают свою деятельность хоз. делами; церк. раздел программы проводил принцип связи между церковью и гос-вом, к-рое должно оказывать ей "покровительство и материальную поддержку"; дополнения к нац. программе несколько расширяли рамки культурно-нац. автономии.

Выборы ЦК партии не проводились.

Источники: 9-й съезд Партии Нар. Свободы. Стенографич. отчёт, [М., 1917]; "Вестник Партии Нар. Свободы", 1917, № 11–13; "Речь", 1917, 25–29 июля.

В.А. Кувшинов.

26 июля – 3 августа. Шестой съезд РСДРП(б), Петроград. 157 делегатов с решающим и 110 с совещательным голосами представляли 162 орг-ции (всего св. 176 тыс. членов партии). Съезд открыл М.С. Ольминский. Президиум: Я.М. Свердлов, Ольминский, Г.И. Ломов (Оппоков), К.К. Юренев, И.В. Сталин; почётные пред.– В.И. Ленин, Г.Е. Зиновьев, Л.Б. Каменев, Л.Д. Троцкий, А.М. Коллонтай, А.В. Луначарский. Обсуждены вопросы: Доклад Оргбюро по созыву съезда – Свердлов; О полит. деятельности ЦК – Сталин; Об орг. деятельности ЦК – Свердлов; О финанс. деятельности ЦК – И.Т. Смилга; О явке Ленина и Зиновьева на суд – Г.К. Орджоникидзе; Отчёты с мест; Текущий момент – Н.И. Бухарин; О полит. положении – Сталин; Об экон. положении – В.П. Милютин; О пропаганде и агитации – К.Н. Самойлова; О проф. движении – Н.П. Глебов-Авилов, Н.А. Скрыпник; Об объединении партии – Юренев. Работали секции: организационная, военная, по Учред. Собр., о союзах молодёжи, по пересмотру парт. программы.

Съезд одобрил работу ЦК "в деле рук-ва полит. деятельностью РСДРП и полит. выступлениями рабочего класса" ["6-й съезд РСДРП(б)", М., 1958, с. 270].

Положение в стране после Июльских событий отражено в ряде резолюций: "О полит. положении"– "В наст. время мирное развитие и безболезненный переход власти к Советам стали невозможны, ибо власть уже перешла в руки контррев. буржуазии. Правильным лозунгом в настоящее время может быть лишь полная ликвидация диктатуры контррев. буржуазии. Лишь рев. пролетариат, при условии поддержки его беднейшим крест-вом, в силах выполнить эту задачу..." (там же, с. 256); "Пролетариат не должен поддаваться на провокацию буржуазии, к-рая очень желала бы в данный момент вызвать его на преждевременный бой. Он должен направить все усилия на орг-цию и подготовку сил к моменту, когда общенац. кризис и глубокий массовый подъём создадут благоприятные условия для перехода бедноты города и деревни на сторону рабочих против буржуазии" (там же, с. 257).

"Об экон. положении"– "Страна уже падает в бездну окончат. экон. распада и гибели... единств. выходом из критич. положения является ликвидация войны и орг-ция произ-ва не для войны, а для восстановления всего разрушенного ею, не в интересах кучки финанс.

олигархов, а в интересах рабочих и беднейших крестьян. Такое урегулирование произ-ва в России может быть проведено лишь орг-цией, находящейся в руках пролетариев и полупролетариев, что предполагает и переход в их руки и гос. власти" (там же, с. 258).

"Текущий момент и война"– "Единств. способом действительно демокр. ликвидации войны для междунар. пролетариата является... завоевание им власти, а в России завоевание её рабочими и беднейшими крестьянами. Только эти классы будут в состоянии порвать с капиталистами всех стран и способствовать на деле росту междунар. пролет. рев-ции, к-рая должна ликвидировать не только войну, но и капиталистич. рабство" (там же, с. 254).

"Об объединении партии"– "...клас. рев. лозунг – единство всех интернационалистов, порвавших на деле с меньшевиками-империалистами" (там же, с. 260).

Были приняты устав РСДРП, резолюции "О неявке т. Ленина на суд", "О задачах проф. движения", "О союзах молодёжи" и др.

Съезд избрал ЦК партии (в голосовании участвовало 134 делегата): Ленин ("за"– 133 голоса), Зиновьев (132), Каменев (131), Троцкий (131), Ф.А. Артём (Сергеев), Я.А. Берзин, А.С. Бубнов, Бухарин, Ф.Э. Дзержинский, А.М. Коллонтай, Н.Н. Крестинский, Милютин, М.К. Муранов, В.П. Ногин, А.И. Рыков, Свердлов, Смилга, Г.Я. Сокольников, Сталин, М.С. Урицкий, С.Г. Шаумян; канд. в чл. ЦК – П.А. Джапаридзе, А.А. Иоффе, А.С. Киселёв, Ломов (Оппоков), Е.А. Преображенский, Скрыпник, Е.Д. Стасова, В.Н. Яковлева.

В.И. Миллер.

8–10 августа. Совещание общественных деятелей, Москва. Созвано по инициативе П.П. Рябушинского, С.Н. Третьякова, С.А. Смирнова, В.А. Маклакова, Н.Н. Львова, А.Е. Грузинова, Н.Н. Алексеева, И.Н. Сахарова и др. Участвовало ок. 400 чел.– представители вузов, Врем. К-та Гос. Думы, кадетов, торг.-пром. кругов, духовенства, старообрядчества, кооперации, Крест. союза, Союза землевладельцев, Союза инженеров, Союза офицеров армии и флота, Союза младших преподавателей, адвокатуры. Совещание открыл М.В. Родзянко, избранный его пред. Обсуждены вопросы: О создании сильной нац. власти – кн. Е.Н. Трубецкой, О деятельности к-тов в армии – полк. Грузинов; О борьбе с хоз. разрухой – П.Б. Струве; О финанс. положении России – М.Н. Соболев и А.И. Вышнеградский; О ж.-д. транспорте – А.А. Чаманский; О положении с продовольствием – Г.И. Рахович.

Предложенная П.Н. Милюковым и принятая резолюция констатировала, что все части гос. механизма охвачены глубоким расстройством, в стране практически нет власти, суда и закона и это ставит её на край гибели; призывала Врем. пр-во во главе с А.Ф. Керенским признать, что "оно вело страну по ложному пути, к-рый должен быть немедленно покинут" ("Отчёт о Моск. совещании обществ. деятелей 8–10 авг. 1917 г.", М., 1917, с. 134); указывала, что причины катастрофич. положения – политика соц. партий, пытающихся претворить в жизнь "утопии", а на самом деле ведущие политику, часто совпадающую с намерениями внеш. врага, требовала от пр-ва "немедля и решительно порвать со служением утопиям" и "начать самую энергичную борьбу с ядовитыми всходами этого посева во всех областях нар. жизни – в армии и флоте, во внеш. политике, в социальных отношениях, в пром-сти и финансах, в зем. и нац. вопросах" (там же). В резолюции подчёркивалось, что эти задачи пр-во сможет решить только при условии решит. разрыва "со всеми следами зависимости от каких бы то ни было к-тов и Советов и др. подобных орг-ций" (там же, с. 135). Демонстрируя солидарность с ген. Л.Г. Корниловым, совещание отправило ему приветств. телеграмму (там же).

Совещание избрало пост. Совет обществ. деятелей: пред. Родзянко, зам. пред. Третьяков; члены: А.С. Белоруссов (Билевский), Н.А. Бердяев, В.И. Воробьёв, Вышнеградский, А.Я. Галяшкин, полк. А.Е. Грузинов, Е.С. Губонин, А.А. Евдокимов, Н.М. Кишкин, Н.Г. Коган, В.Д. Кузьмин-Караваев, Н.Н. Кутлер, С.М. Леонтьев, С.В. Лурье, Н.Н. Львов, Маклаков, С.Н. Маслов, барон В.В. Меллер-Закомельский, П.Н. Милюков, М.А. Нарожницкий, полк. Л.Н. Новосильцев, Рябушинский, Н.В. Савич, Сахаров, С.А. Смирнов, Струве, Трубецкой, кн. Д.И. Шаховской, С.И. Шидловский, А.И. Шингарёв, В.В. Шульгин, Д.М. Щепкин.

В.А. Кувшинов.

12–15 августа. Государственное совещание, Москва. Созвано Врем. пр-вом постановлением от 31 июля "ввиду исключительных переживаемых событий и в целях единения гос. власти со всеми организованными силами страны" (см.: "Гос. совещание", с. 381). Присутствовало ок. 2500 чел., в т.ч. 488 депутатов Гос. Думы всех созывов, 313 от кооперации, 150 от торг.-пром. кругов и банков, 176 от профсоюзов, 147 от Гор. дум, 118 от земств, 117 от армии и флота, 129 от Советов КД (делегация Исполкома Всерос. Совета КД), 100 от Советов РСД (делегация ВЦИК РСД), 99 от науч. орг-ций, 83 от интеллигенции, 58 от нац. орг-ций, 33 комиссара и 15 членов Врем. пр-ва, 24 от духовенства, 20 от Союза зем. собственников и пр.

Врем. пр-во надеялось с помощью совещания укрепить своё положение, получив поддержку буржуазии. Правый лагерь предполагал, что его итогом явится твёрдая гос. власть, к-рая ликвидирует демокр. завоевания рев. периода. Лидеры меньшевиков и эсеров рассчитывали, что нек-рые уступки правым силам позволят сохранить коалиц. пр-во и их влияние в нём. 12 авг. в Москве и её окрестностях по призыву большевиков прошла всеобщая стачка рабочих (св. 400 тыс. чел.) с целью не допустить использования Гос. совещания для провозглашения открытой воен. диктатуры; в результате стачки правые не рискнули пойти дальше полит. деклараций.

Пред. совещания – глава Врем. пр-ва А.Ф. Керенский. С докладами выступили мин. внутр. дел Н.Д. Авксентьев, мин. продовольствия С.Н. Прокопович, мин. финансов Н.В. Некрасов. В прениях участвовали 84 чел. Керенский подвёл итоги: значение совещания он видел в том, что представители всех классов, партий и национальностей России открыто высказали своё мнение о мерах, к-рые нужны для спасения гос-ва; в обществе достигнуто большее взаимопонимание; Врем. пр-во будет стараться претворить в жизнь все предложения, направленные на примирение и объединение страны; пр-во исходит из того, что совещание высказалось за продолжение войны, сохранение верности союзникам, в связи с чем самыми важными являются вопросы укрепления армии, а также возрождения и укрепления финанс.-хоз. жизни. Резолюция совещанием не принималась.

Источник: Государственное совещание.

В.А. Кувшинов.

19–26 августа. Объединительный съезд РСДРП, Петроград. 222 делегата с решающим голосом представляли 146 орг-ций численностью ок. 200 тыс. чл. (по данным разных источников, от 193142 до 207378 чл.). Съезд открыл от имени комиссии по его созыву В.Н. Крохмаль. Президиум: Арсеньев, Крохмаль, И.Г. Церетели, С.Ю. Семковский, Л.М. Хинчук, В.А. Строев, С.Л. Вайнштейн; секретари – И.С. Астров, А.П. Пинкевич, Н.И. Быховский, Х.А. Рабинович, В.В. Цубербиллер; почётные члены – Н.С. Чхеидзе и П.Б. Аксельрод. Обсуждены вопросы: Полит. положение страны и задачи рабочего класса – Церетели, Ю.О. Мартов, А.Н. Потресов, Б.В. Авилов; Об отношении к войне и борьбе за мир – М.И. Либер, А.С. Мартынов; Агр. вопрос – Я.А. Пилецкий, Н.А. Рожков, П.П. Маслов; Нац. вопрос – Семковский. Кроме того, съезд обсудил отчёты с.-д., входивших во Врем. пр-во,– М.И. Скобелева, С.Н. Прокоповича и А.М. Никитина. Работали секции – по выборам в Учред. Собр. и об орг-ции партии; по итогам работы первой из них на съезде выступал Б.И. Горев (Гольдман).

В резолюции "Полит. момент и задачи партии" съезд отметил крайнее обострение внеш. и внутр. кризиса, "грозящего подорвать самые основы существования страны и погубить дело рев-ции. Растущий воен. разгром, развал всей хоз. жизни грозят распадом стране, порождают тяжёлые внутр. осложнения, придают хронич. характер кризису рев. власти и создают почву для усиления опасности контррев-ции... В нар. массах растёт глухое недовольство создавшимся положением, всё сильнее проявляется стремление отд. групп к обособлению в борьбе за свои узко понятые интересы и на этой почве начинают обнаруживаться расхождения между отд. слоями трудовой демократии – крест-вом и рабочим классом, солд. массой и крестьянами и рабочими... слои имущих классов... идут за ведущими безответств. политику влият. кругами буржуазии, упорно сопротивляющимися демокр. рев. завоеваниям народа... Влияние этих безответств. кругов буржуазии... может быть парализовано лишь решит. борьбой против них объединённой демократии". Резолюция указывала, что "с.-д-тия должна сплотить вокруг себя все силы рабочего класса, бороться с разлагающими элементами в его собств. среде, укреплять его клас. орг-ции и, ведя самостоят. клас. политику, в то же время объединять и вести за собой все демокр. силы страны для решит. отпора контррев. силам" ["Вперёд" (М.), 1917, 27 авг.].

В резолюции "О борьбе за мир" говорилось, что единств. путь ко всеобщему миру лежит через восстановление единства междунар. пролетариата для согласованной борьбы за мир и через защиту рос. рев-ции, сильнейшего фактора мира. Призывая пролетариев всех стран к борьбе за всеобщий мир без аннексий и контрибуций, на основе самоопределения народов, с.-д-тия "решительно отвергает мир сепаратный, к-рый нанесёт ещё больший удар единству междунар. пролетариата, приведёт к унижению и порабощению свободной России мировым империализмом и в действительности принесёт народу не мир, а подневольное участие в войне в составе ныне враждебной коалиции" (там же, 30 авг.). В резолюции "Об избират. тактике и орг-ции избират. кампании" указывалось, что задачами являются "укрепление нашей парт. орг-ции и образование в Учред. Собр. сильной количественно и особенно качественно фракции" ("Рабочая Газета", 1917, 27 авг.). В резолюции "По агр. вопросу" отмечалось, что земли, используемые "живущим на местах населением", должны находиться в распоряжении "крупных обл. органов местного самоуправления", к-рые и определяют "формы и способы пользования землёй в разл. р-нах" (там же). В резолюции "По нац. вопросу" указывалось, что РСДРП(о) добивается полного равноправия национальностей, широкой терр. автономии для областей, отличающихся своим нац. составом, а также хоз.-бытовыми условиями, при гарантии общегос. законом действит. защиты прав нац. меньшинств на основе принципа культурно-нац. автономии (там же, 31 авг.).

Съезд избрал ЦК по согласованию двух осн. групп делегатов: пред. партии П.Б. Аксельрод; члены от оборонч. большинства – И.Г. Церетели, Н.С. Чхеидзе, А.И. Чхенкели, Ф.И. Дан, (Гурвич), М. Либер (М.И. Гольдман), Л.М. Хинчук, И.А. Исув, К.М. Ермолаев, Б. Горев (Б.И. Гольдман), Л.И. Гольдман, П.Н. Колокольников, Ф.А. Юдин, А.Н. Смирнов, Г. Батурский (Б.С. Цейтлин), П. Гарви (П.А. Бронштейн); от интернац. меньшинства – Л. Мартов (Ю.О. Цедербаум), А. Мартынов (А.С. Пикер), С. Семковский (С.Ю. Бронштейн), Р. Абрамович (Р.А. Рейн), Н.А. Рожков, В. Ежов (С.О. Цедербаум), Е.Л. Бройдо, В.И. Яхонтов; кандидаты от большинства – Н.Н. Жордания, В.Н. Крохмаль, В.Г. Епифанов, Махарадзе, И. Кубиков (И.Н. Дементьев), К. Гогуа, Н. Череванин (Ф.А. Липкин), К.А. Гвоздев, П.Я. Голиков, А.Н. Смирнов, М.И. Скобелев, Б.О. Богданов, от меньшинства – И.И. Астров (И.С. Повес), Д.Ю. Далин, А.В. Мамонтов, Н.А. Чернов, А.П. Краснянская, А.К. Пайкес ("Парт. Известия" [изд. ЦК РСДРП(о)], 1917, № 6–7).

В.И. Миллер.

8–15 сентября. Съезд народов и областей России (Съезд народов, Федеративный съезд), Киев. Инициатор созыва – Центр. Рада (пост. от 27 июня). Должны были приехать представители "народов-федералистов". Участвовало 86 делегатов (действит. мандаты) от 14 нац., нац.-религ. и сословно-терр. объединений – украинцы, казаки, крымские татары, эстонцы, латыши, поляки, молдаване, евреи, грузины, азербайджанцы, литовцы, буряты, представители мусульм. орг-ций. Преобладали умеренно соц. и бурж. деятели. Общее настроение – антисепаратистское. Открывая съезд, глава Укр. Центр. Рады М.С. Грушевский подчеркнул, что Киев стал центром федералист. движения славян ещё во времена Кирилло-Мефодиевского братства; теперь очевидно, что свобода неотделима от федерации; спасение России – в её федерализации; был избран почётным пред. съезда. Президиум: В.М. Бельский (Литов. партия социалистов-народников), К.О. Брахман (Латыш. нац.-демокр. партия), И.А. Бараташвили (Партия груз. социалистов-федералистов), Н.И. Шраг (Партия укр. эсеров); секретари – А. Сеттаров (Мусульм. партия крымских татар), Писецкий (Партия укр. с.-д.).

От лица Врем. пр-ва съезд приветствовал М.А. Славинский, радикал-демократ, пред. Особого совещания по проведению обл. реформы, к-рый сказал, что съезд следовало бы провести в Петрограде, и передал напутствие А.Ф. Керенского: "Передайте, что свободная Россия может быть только децентрализованной"; по мнению Славинского, к настоящему времени все народы России уже "державны", повсеместно намечаются разл. формы автономии – "от простой земской до полит. автономии"; фактически автономна уже Украина; в Сибири, на Кавказе, в Эстонии и Латвии идёт тот же процесс. Хотя Врем. пр-во не вправе провозгласить федеративный строй до Учред. Собр., но оно не препятствует автономистской работе на местах. Особое совещание по проведению обл. реформы старается войти в контакт со всеми народностями и областями России с тем, чтобы учесть все автономно-федералист. начинания. А.Я. Шульгин – ген. секр. Центр. Рады по нац. делам – также процитировал Керенского: "Нет такого народа, к-рый подвергался бы большему угнетению, чем народ украинский"; Шульгин не согласился со Славинским, будто Украина уже "фактически автономна". Поэтому задачей Ген. Секретариата является создание фундамента, на к-ром будет базироваться нац.-терр. автономия "без искусств. сокращения её территории".

Съезд приветствовали: киевский гор. голова Е.П. Рябцев, представитель польск. орг-ций Кноль, от ЦК ПСР К.А. Сухов, от Трудовой Нар.-соц. партии Я.Э. Гендельман, от сионистов Гиндес, от Евр. объединённой соц. партии М.И. Шац, от "Поалей-Циона" Б. Борохов, от Груз. Нац.-демокр. партии И.К. Мачивариани, от Латыш. нац.-демокр. партии К.О. Брахман, от ППС-фракции – К. Лукашевич.

9 сент. работа началась с выступления С.В. Петлюры, укр. с.-д., деятеля Центр. Рады, претендовавшего на пост ген. секретаря по воен. делам. Он подчеркнул, что, хотя укр. нац. движение развёртывается под знаком преданности рев-ции, рус. об-во, включая социалистов, не может избавиться от губительного централизма. Врем. пр-во, объявив Россию демокр. республикой, не объявило её республикой федеративной. Ставятся постоянные препятствия "украинизации" армии, особо упорствует начальник Киевского ВО полковник эсер К.М. Оберучев. "Мы должны заявить и Врем. пр-ву и Демокр. совещанию, что настала пора обратиться к народам России, чтобы они послали своих представителей в состав Врем. пр-ва. И только эти представители... смогут залечить раны страны",– заключил Петлюра.

Представитель казачества Юго-Зап. фронта А.А. Долгов начал с протеста против обвинений казачества в контрреволюционности. Он отметил, что казачество собирается в единую силу, по этому же пути должны пойти все народы России и положить начало мощному союзу отд. народностей, к-рому "никакие ветры из болотных низов Петрограда не будут страшны". Последние слова съезд встретил аплодисментами.

И. Бараташвили, груз. социалист-федералист, заявил: "...мы за федерацию и не говорим пока о независимой Грузии, но и это слово будет сказано" (10 сент. он выступил с просьбой не понимать его так, будто Грузия стремится к самостоятельности).

Представитель Всерос. мусульм. воен. Совета Ю. Музафаров обратил внимание на тяжёлое положение, в к-ром находятся 1,5 млн. мусульман на фронте. Представитель мусульм. воен. к-та Киевского ВО Ю. Изиров (Юсуф-бек Изиров) заверил, что идея федерации всегда поддерживалась мусульманами. А. Озенбашлы (Крымскотат. соц. партия) указал, что крымские татары поддерживают идею социализации земли и не позволят, чтобы над ними кто-нибудь господствовал. 10 сент. Э. Шабарова, представлявшая крымскотат. жен. об-во, приветствовала раскрепощение мусульм. женщин, к-рое принесла рев-ция. Представительница Крымскотат. соц. партии Айше-ханум Исхакова от лица учительниц-татарок выступила против империалистич. политики, за самоопределение всех народов.

Представитель донского казачества Карасёв высказался за единую неделимую рос. республику, но отметил, что, если съезд выступит за федеративный принцип, донское казачество поддержит его. Представитель Совета Союза казач. войск Р.К. Иванов отметил, что казачество – это особая ветвь рус. народа, имеющая право на самостоят. существование. От имени 12 казач. войск он огласил декларацию, в к-рой содержались следующие требования: демокр. республика на федеративных началах типа США; рус. язык в качестве общегосударственного, в черте федеративных единиц – язык большинства населения; Совет Союза казач. войск поддерживает только те нации, к-рые стремятся к федерации; в области внеш. политики – война до полного разгрома прус. милитаризма; гарантии прав народов России на самостоят. существование могут обеспечить только широкие нац. орг-ции, слитые в мощный союз.

Представитель бурят. народа воен. врач Д.С. Сампилов заверил, что буряты пойдут рука об руку с др. народами России.

Последующие выступления показали, что участники съезда скрывали имевшие место внутр. трения. Нач. Киевского ВО Оберучев заверил, что он, побывавший в Швейцарии и США, всегда придерживался идеи федерации, все народы России могут осуществить своё право на самоопределение. Вместе с тем необходимо собрать все воен. силы в единый кулак, а не распылять их по нац. принципу. Иначе мечты о федерации не сбудутся. Грушевский обратил внимание на заявление Бараташвили о том, что тот смотрит на федерацию, как на ступень к независимости, и заявил, что украинцы придерживаются иного мнения: от федеративной России мечтают прийти к федеративной Европе. Он отметил, что и Врем. пр-во стало более положительно относиться к идее федерации. Чтобы спасти Россию от гибели, необходимо перестроить её на федеративных началах. Славинский выразил солидарность с Грушевским и призвал преодолеть недоверие к нац. политике Врем. пр-ва. В конце заседания были оглашены приветств. телеграммы: от вост. бюро партии "Дашнакцутюн", петрогр. отделения Демокр. партии Латвии, Кутаисского к-та Партии социалистов-федералистов, К-та объединённых горцев Сев. Кавказа.

11 сент. Ю. Гаевский, укр. эсер, выступил с докладом "Федерация в связи с теорией гос. права", дополнения сделал А.О. Вольдемар, вице-пред. исполкома Всерос. литов. Сейма, проф. Пермского ун-та. Затем выступили идеолог "Поалей-Циона" Б. Борохов (с докладом "Федерализм с экон. точки зрения"), сионист Н.С. Сыркин ("Гос-во наций и нац. гос-во"), укр. с.-д. Кушнир ("Федеральные штаты"). Последующая работа проходила в секциях, где вырабатывались резолюции и решались организац. вопросы, вынесенные на пленарное заседание 15 сент. В осн. резолюции, разработанной Вольдемаром, гл. внимание уделялось выработке оптимального соотношения "общефедерального и краевых языков", необходимости созыва местных учред. собраний до Всерос. Учред. Собр., преобразования армии по нац. принципу. В др. резолюции общего характера выдвигалось пожелание участия в будущем мирном конгрессе представителей не гос-в, а народов. Остальные резолюции касались частных вопросов и были разноречивы. За оккупированной Литвой признавалось право на образование суверенного гос-ва из "русской и прусской её частей". Говорилось о необходимости "автономии латыш. самоопределяющейся единицы". Резолюция о Белоруссии выражала пожелание создания по согласованию с Врем. пр-вом особой автономии. Резолюция о казачестве признавала его особой нацией, для к-рой также необходима автономия. По евр. вопросу резолюции принято не было, т.к. представители партий рос. ориентации не смогли договориться с сионистами.

Окончание съезда прошло под знаком единства взглядов. Грушевский выразил особое удовлетворение участием в работе съезда представителя Врем. пр-ва Славинского. Последний подчеркнул, что "все народы оказались едины с великорус. народом и Врем. пр-вом" и что "за Рос. федерацией последует европ. федерация, а затем – всемирная". Последние слова вызвали бурную овацию. Была выбрана делегация съезда на Демокр. совещание: В.М. Бельский, Б. Борохов, А.А. Долгов, А.О. Вольдемар, Ю. Изиров. Съезд образовал Совет народов с центром в Киеве для подготовки закона о федерации к Учред. Собр. 16 сент. состоялось 1-е заседание Совета. Пред. Президиума Совета народов был избран Грушевский.

Лит.: "Вісти з укр. Центр. Ради у Київі", 1917, № 22–23; "День", 1917, 17 сент.; "Киевская Мысль", 1917, 10–19 сент.; "Власть Народа", 1917, 10, 22 сент.; "Речь", 1917, 19 сент.; Рев. движение в России в 1917 г. Общенац. кризис, М., 1961, с. 527–28.

В.П. Булдаков.

14–22 сентября. Всероссийское Демократическое совещание, Петроград. Созвано по решению Объединённого заседания ВЦИК Советов РСД и Исполкома Всерос. Совета КД 3 сент. Были приглашены представители партий и обществ. орг-ций телеграммой пред. ВЦИК Н.С. Чхеидзе и пред. Исполкома Н.Д. Авксентьева, в к-рой сообщалось о "созыве в Петрограде съезда всей организованной Демокр. России для создания сильной рев. власти, способной объединить всю рев. Россию для отпора внеш. врагам и для подавления всяких покушений на завоёванную свободу" ("Известия", 1917, 3 сент.). Работу по подготовке и проведению совещания осуществляла Орг. комиссия (секр.– Брусиловский).

Участвовали 1582 делегата, в т.ч.: от Советов РСД – 230, от Советов КД – 230, от профсоюзов – 100, от гор. самоуправлений – 300, от земств – 200, от орг-ций армии и флота – 125, от общей кооперации – 120, от нац. орг-ций – 60, от рабочей кооперации – 38, от казачьих орг-ций – 35, от экон. орг-ций – 33, от Союза железнодорожников – 27, от торг.-пром. служащих – 20, от зем. комиссий – 20, от прод. к-тов – 17, от Учительского союза – 15, от Почтово-телегр. союза – 12, от фельдшеров – 5 и по 1–2 делегата от Союза жен. демокр. орг-ций, Союза увечных воинов и т.п. ("Известия", 1917, 6 и 10 сент.). По парт. принадлежности: эсеры – 532, меньшевики – 172, большевики – 136, трудовики (члены Трудовой Нар.-соц. партии) – 55, укр. эсеры – 23, бундовцы – 15, др. нац.-соц. партии – 28; 400 делегатов записались как беспартийные (там же, 14 и 17 сент.). Среди приглашённых: министры Врем. пр-ва А.М. Никитин, А.И. Верховский, Д.Н. Вердеревский, К.А. Гвоздев; члены дипл. корпуса от союзных держав.

Совещание открыл Чхеидзе 14 сент. в 17 ч. 25 мин. Президиум: от ВЦИК Советов РСД – меньшевики Чхеидзе, И.Г. Церетели, А.Р. Гоц, Ф.И. Дан, В.Н. Филипповский; от Исполкома Всерос. Совета КД – эсеры Авксентьев, В.М. Чернов, В.Г. Архангельский, И.С. Сорокин, Г.К. Покровский; от городов – эсеры А.А. Шрейдер, В.В. Руднев, И.С. Минор, меньшевик А.А. Исаев, большевик В.А. Милютин; от земств – Я.И. Душечкин, Ченекаев, Вольский, Д.А. Огородников; от профсоюзов – меньшевик В.П. Гриневич, большевик А.Г. Шляпников; от общей кооперации – Н.В. Чайковский, А.В. Меркулов, А.М. Беркенгейм, Одер; от флота – А.В. Баранов; от фронтов – Орлов, меньшевик В.С. Войтинский; от нац. групп – Микеладзе, А.Т. Целиков; от Укр. Рады – Н.В. Порш. Пред.– Чхеидзе.

С приветствием к собравшимся обратился А.Ф. Керенский, к-рый говорил о тяжёлом положении и призывал объединиться перед грозящей стране анархией. Воен. мин. А.И. Верховский доложил о состоянии армии и необходимости укрепления дисциплины. Затем выступили: Чернов, предлагавший коалицию без кадетов; меньшевик Б.О. Богданов, рекомендовавший признать ту власть, к-рая будет избрана на совещании; большевик Л.Б. Каменев, потребовавший передачи всей власти Советам; Церетели, призвавший к коалиции всех партий, и др.

15 сент. работали по парт. фракциям и группам.

16 сент. на общем заседании выступили: бывшие мин. труда – меньшевик М.И. Скобелев, мин. юстиции – нар. социалист А.С. Зарудный, мин. продовольствия – нар. социалист А.В. Пешехонов, мин. внутр. дел – эсер Авксентьев; меньшевик Церетели; большевики Л.Д. Троцкий, Ю.М. Ларин, Л.Б. Каменев, В.П. Милютин, С.Г. Шаумян; эсеры В.М. Чернов, И.С. Минор, Б.Д. Камков; представители др. фракций, групп, отд. делегаты.

17 сент. у 47 ораторов выявилось чёткое размежевание: коалицию с буржуазией защищали меньшевики, эсеры, представители ВЦИК Советов РСД и Исполкома Всерос. Совета КД, кооперации, земства и др.; против коалиции были большевики, представители Советов РСД, фабзавкомов, части воен. орг-ций. В прениях было также высказано пожелание о выделении из состава Демокр. совещания контролирующего пр-во органа (в него должны были войти Зарудный, Авксентьев и др.).

18 сент. выступили 35 ораторов. От большевиков Троцкий огласил декларацию, к-рая требовала безотлагат. созыва Всерос. съезда Советов, передачи всей власти Советам, отмены частной собственности на землю и передачу её крест-ву, введения рабочего контроля над произ-вом и распределением, национализации важнейших отраслей пром-сти, отмены тайных договоров, вооружения рабочих и предложения всеобщего демокр. мира.

19 сент. прошли совещания всех фракций по выработке резолюции по вопросу об орг-ции власти, затем состоялось заседание Президиума, где обсуждались внесённые предложения; было решено поставить на голосование общий вопрос о коалиции, а при его положит. решении вынести на голосование вопрос об участии в коалиции кадетов. Заседание началось в 15 ч. 25 мин., пред.– Чхеидзе. Решили голосовать поимённо. Голосование закончилось в 21 ч. Итоги огласил Руднев. За коалицию 766 голосов, против – 688, воздержались 38. Авксентьев огласил две поправки: "За пределами коалиции остаются те элементы, как кадетские, так и др. партии, к-рые причастны к корниловскому заговору" ("за" 798 голосов, "против" 139, воздержались 196); "За пределами коалиции остаётся Партия Нар. Свободы" ("за" 595, "против" 493, воздержались 72).

Голосование резолюции с поправками дало результаты: "за" 193 голоса, "против" 813, воздержались 80, т.е. принятая уже резолюция была отклонена. Собрался Президиум, к-рый единогласно принял предложение Церетели: "Всерос. Демокр. совещание не разъедется до тех пор, пока им не будут установлены условия для орг-ции и функционирования власти в приемлемой для демократии форме" (ЦГАОР, ф. 1798, ор. 1, д. 8, л. 11).

20 сент. в 1-й половине дня прошли заседания парт. фракций, где решались вопросы орг-ции будущего пр-ва, затем состоялось заседание Президиума совм. с представителями полит. течений и ЦК партий. Церетели утверждал, что пр-во, состоящее только из представителей демокр. партий, не может быть жизнеспособным. Гоц и Авксентьев говорили о необходимости сохранения полит. союза с буржуазией, Каменев – о необходимости создания "однородного" демокр. пр-ва, к-рое поведёт страну к Учред. Собр. Выступили Р.А. Абрамович (Бунд), Дан, М.А. Натансон (левый эсер). Керенский высказался за коалиц. пр-во с привлечением к демокр. ядру либеральной буржуазии и торг.-пром. кругов. Голосовало против коалиции 60 делегатов, за – 50. Церетели предложил выделить из состава совещания постоянный орган, к-рому поручить содействовать созданию власти на условиях достижения всеобщего мира и ответственности перед ним пр-ва; в случае привлечения и цензовых элементов должно быть сохранено преобладание представителей демократии; поручить Президиуму к 21 сент. представить проект выборов этого органа. Резолюция была принята подавляющим большинством (ЦГАОР, ф. 1798, оп. 1, д. 10, л. 9); избрали и комиссию – по 2 представителя от крупной фракции и партии и по 1 от мелких групп городов, земств, кооперации и профсоюзов; ей поручили подготовить проект соглашения о составе врем. органа.

20 сент. во 2-й половине дня на общем заседании была обсуждена резолюция о создании нового органа – Всерос. Демокр. Совета (Предпарламента). Церетели, в частности, заявил: "Когда говоришь с большевиками, необходимо приглашать нотариуса и двух писцов" (ЦГАОР, ф. 1798, оп. 1, д. 10, лл. 14, 16); В.П. Ногин потребовал сделать замечание Церетели, но Президиум требование отклонил. В ответ часть большевиков покинула зал. Выступая позже, Церетели указал, что имел в виду двух конкретных лиц [по архивным док-там установлено, что это были Л.Б. Каменев и А.В. Луначарский.– Автор], а не всю партию. Резолюция о создании Всерос. Демокр. Совета принята 1064 голосами, "против" 1, воздержались 12.

21 сент. с докладом от комиссии о проекте нового врем. органа выступил Войтинский: к Совету перейдут все права совещания, он сам выработает наказ для своей деятельности; формируется он по принципу пропорционального представительства всех участвующих в совещании групп (15% от числа представленных им мандатов), каждая фракция сохраняет право на ту часть мандатов, к-рая соответствует численности фракций. Каждая орг-ция имеет право заменить своего представителя в Совете. Во Всерос. Демокр. Совете предлагалось иметь 313 мест: города – 45, земства – 45, Советы РСД – 38, Советы КД – 38, общая кооперация – 19, рабочая кооперация – 5, профсоюзы – 21, торг.-пром. служащие – 5, почтово-телегр. служащие – 2, действующая армия – 26, Союз увечных воинов – 1, флот – 3, казаки – 6, нац. орг-ции – 25, зем. к-ты – 7, экон. орг-ции – 6, Крест. союз – 2, Учительский союз – 2, адвокаты – 1, женские орг-ции – 1, военно-окружные орг-ции – 2, прочие орг-ции – 10 (ЦГАОР, ф. 1798, оп. 1, д. 11, лл. 3, 7). Предложения комиссии приняты 531 голосом ("против" 244).

22 сент. на последнем заседании совещания Брусиловский огласил список лиц, представленных к избранию во Всерос. Демокр. Совет; список был утверждён при 1 голосе против. Было указано, что ещё не представленные списки будут рассматриваться и утверждаться Президиумом Совета.

Ф.И. Дан предложил принять Обращение "Ко всем демократиям мира", против чего выступили большевики: Н.А. Скрыпник предложил или открыть дебаты по Обращению, или отдать его на рассмотрение будущему Предпарламенту; С.А. Лозовский протестовал против метода внесения предложения Даном; Ногин назвал Обращение, к-рое не было предложением подписать мир, а являлось очередной резолюцией, позорным актом; Д.Б. Рязанов заявил: "Мы посылаем своих представителей в Предпарламент, чтобы в новой крепости соглашательства развернуть знамя пролетариата и обличать всякие попытки коалиции с буржуазией и облегчить Советам создание истинно рев. власти" (ЦГАОР, ф. 1798, оп. 1, д. 12, л. 13).

Во время перерыва заседание представителей всех фракций приняло резолюцию: "Всерос. Демокр. Совещание подтверждает твёрдую волю всей демократии России бороться за осуществление великого лозунга: мир без аннексий и контрибуций на основе самоопределения народов, провозглашённого Рос. Рев-цией в первые дни её торжества в воззвании Петрогр. Совета РСД к народам всего мира. Эта воля Всерос. Демокр. Совещания должна быть выражена в манифесте к демократиям всего мира. Составление этого манифеста поручается Президиуму Совещания, дополненному представителями всех участвовавших в Совещании фракций" (ЦГАОР, ф. 1798, оп. 1, д. 12, л. 14).

Закрывая совещание, Минор заявил: "...должен констатировать, что как бы ни были жутки иногда те моменты, к-рые приходилось переживать в эти тяжёлые дни демократии, мы всё-таки нашли в этот последний момент перед тем, как закрывать Совещание, общий язык для всей демократии без различия направлений, фракций и национальностей" (ЦГАОР, ф. 1798, оп. 1, д. 12, л. 14).

В тот же день делегация Всерос. Демокр. Совета в составе Чхеидзе, Церетели, Авксентьева, Гоца, Шрейдера, Беркенгейма, Руднева, Душечкина приступила к переговорам с Врем. пр-вом, во время к-рых Керенский заявил, что Совет будет полезен только в том случае, если будет пополнен представителями цензовых элементов пропорционально тому числу, в к-ром эти элементы войдут в новый Кабинет министров, и что пр-во само созовёт Предпарламент на условиях своей независимости от этого органа ("Речь", 1917, 23 сент.).

23 сент. состоялось первое заседание Всерос. Демокр. Совета. Председателем Президиума Совета избран Чхеидзе, членами: от меньшевиков – Дан, В.Е. Мандельберг, от большевиков – Каменев и Троцкий, от эсеров – Авксентьев, Гоц, Камков, Минор. Совет заслушал доклад Церетели о переговорах с пр-вом и принял резолюцию, в к-рой говорилось: Демокр. Совет "признаёт образование Предпарламента, перед к-рым Пр-во обязано отчётностью, крупным шагом в деле создания устойчивости власти и обеспечения проведения... политики, направленной на скорейшее достижение общего демокр. мира и созыва Учред. Собр. в назначенный срок... признавая в данных условиях приемлемым намеченное делегацией соглашение, заявляет, что власть может принадлежать такому Пр-ву, к-рое пользуется доверием Предпарламента" ("Рев-ция 1917", т. 4, с. 264).

24 сент. на заседании представителей рев. демократии и цензовых элементов последние обратились к Церетели за разъяснениями, т.к. опубликованная в газетах резолюция Демокр. Совета "как бы аннулирует соглашение, к-рое удалось достигнуть между демократией и цензовыми элементами, и требует постановки вопроса о Предпарламенте во всей широте" (там же, с. 266). Церетели отвечал, что Демокр. Совет "одобрил полностью все пункты соглашения... и пункт, гласящий, что Пр-во формальной ответственности перед Предпарламентом не несёт. Однако Предпарламенту предоставляется право добиваться установления фактич. ответственности и притом, конечно, исключительно способами парламентской борьбы" (там же).

А.Л. Райхцаум.

СПИСОК ЧЛЕНОВ И КАНДИДАТОВ В ЧЛЕНЫ ВСЕРОССИЙСКОГО ДЕМОКРАТИЧЕСКОГО СОВЕТА, ИЗБРАННЫХ ДЕМОКРАТИЧЕСКИМ СОВЕЩАНИЕМ 22 СЕНТЯБРЯ 1917

[Составлен на основании наиб. полных списков, хранящихся в делах Демокр. совещания (ЦГАОР, ф. 1798, оп. 1, д. 12, лл. 3–6). Значит. часть списков от разл. фракций и групп своевременно в организац. комиссию представлена не была, в связи с чем публикуемый список не является полным. Напр., в нём отсутствуют фамилии председателя и нек-рых членов Президиума Всерос. Демокр. Совета. В тех случаях, когда имена и отчества определены составителем по справочно-библиогр. материалам, архивным документам и т.п., вновь найденные сведения помещены в квадратные скобки.– Автор.]

Представлены:

Исполком Всероссийского Совета КД

Авксентьев Николай Дмитриевич, Алексеев Николай Николаевич, Березин Михаил Егорович, Брешковская Екатерина Константиновна, Быховский Наум Яковлевич, Вишняк Марк Веньяминович, Гаджинский [Лев], Гамзагурди Пётр

Яковлевич, Гастев [Михаил Матвеевич], Гуревич Виссарион Яковлевич, Золин [Михаил Прокофьевич], Каменцев [Варадат Яковлевич], Колегаев Андрей Лукич, Кондратьев Николай Дмитриевич, Криворотный Пётр Сергеевич, Малкин Борис Фёдорович, Маслов Семён Леонтьевич, Милованов [Константин Михайлович], Натансон Марк Андреевич, Покровский Георгий Константинович, Пумпянский [Николай Петрович], Пьяных Иван Емельянович, Рамишвили [Ной Виссарионович], Рыбин Сергей Фёдорович, Соколов Николай Николаевич, Сорокин Иван Степанович, Сорокин Питирим Александрович, Спиридонова Мария Александровна, Сухарьков Георгий Николаевич, Устинов Александр Михайлович, Фигнер Вера Николаевна, Чайковский Николай Васильевич, Чернов Виктор Михайлович, Чурсин, Шрейдер Александр Абрамович, Архангельский Василий Гавриилович; кандидаты – Акимов [А.А.], Бабынин [Николай Николаевич], Белоусов, Владыкин Владимир Тимонович, Дерзибашев [О.Я.], Иващенко [И.М.], Ковалёв, Малышицкий, Меркулов, Прозоров, Таначёв [Валидхан], Фокеев Михаил Сергеевич.

Земские представители

Болдов [Михаил Дмитриевич], Беликов, Вегер [Владимир Ильич], Ворошилов [Константин Константинович], Голодаев, Горовой [Ерофей Евдокимович], Гридин [Алексей Иванович], Гусев [Николай Иванович], Дмитриев, Добровольский, Душечкин [Яков Иванович], Еременчук, Карпов [Владимир Николаевич], Коростелёв [Иван Алексеевич], Костенецкий [Василий Емельянович], Маркович, Микешин [Василий Никитович], Огородников [Дмитрий Александрович], Панасенко, Петин М.Ф., Писарев, Пищеленко, Попов, Рейман, Сизиков [Владимир Семёнович], Солдатов [Леонид Константинович], Ферри [Вячеслав Николаевич], Шибаев; временные заместители – Калугин [Михаил Дмитриевич], Кириков [Николай Васильевич], Кужанов, Курилов, Овчинников [Борис Михайлович], Рассыпной [Владимир Николаевич], Ставыкин, Терлецкий [Николай Емельянович], Чигирёв [Пётр Васильевич], Шейн [Исаак Захарович].

Еврейская народная партия

Грузенберг Оскар Осипович.

Земельные комитеты

Беляков Алексей Александрович, Добрынин Пётр Фёдорович, Кривцов Александр Клементьевич, Литвиненко Николай Яковлевич, Огановский Николай Петрович, Семёнов Александр Карпович, Сизов Михаил Иванович; кандидаты – Покровский Иван Иванович, Рутковский Николай Осипович.

Всероссийский кооперативный союз

Анисимов В.И., Арсеньев А.Н., Беркенгейм [Александр Моисеевич], Бронштейн П.И., Буханевич [Аркадий Иванович], Иков (В. Миров) [Владимир Константинович], Костин В.В., Кускова [Екатерина Дмитриевна], Колесников Е.А., Максимов [Евгений Дмитриевич], Меркулов [Александр Васильевич], Сазонов [Анатолий Владимирович], Синютин [Иван Дмитриевич], Смертин [Николай Павлович], Трутнев А.А., Чайковский А.И., Чаянов [Александр Васильевич], Шевченко [Фёдор Степанович].

Всероссийский военный флот

Баженов Иван Михайлович, Клименко Пантелеймон Илларионович, Соловьёв Иван Петрович; кандидаты – Баранов Алексей Васильевич, Кизик Яков Иванович, Рыжков Тимофей Матвеевич.

Войсковые самоуправления Совета Союза казачьих войск

Ларионов, Макридин [Иннокентий], Протопопов, Сидоров [Алексей Георгиевич].

Трудовая Народно-социалистическая партия

Брюхатов Л.Д., Булат [Андрей Андреевич].

Исполком Всероссийского мусульманского Союза [Совета]

Джангаша Дос-Мухамедов [Досмухамедов Джанша], Цаликов Ахмед [Тембулатович], Кугушев Ильяс-Бек, Мухамедьяров Шакир.

Всероссийский Учительский союз

Герд [Владимир Александрович] (фракция с.-д.-меньшевиков), Чернолусский [Владимир Иванович] (фракция нар.-социалистическая).

Организации, голосовавшие под списком № 10 в Демократическом совещании

Вржосек [Степан Васильевич], Гран [Моисей Маркович], Греков [Константин Фёдорович], Дорф [Д.Я.], Зарудный [Александр Сергеевич], Крейнис [Исидор Миронович], Лавров [Владимир Степанович], Рихтер [Дмитрий Иванович], Скрипкин [Николай Алексеевич], Фомин [Николай Александрович].

Всероссийский союз демократического православного духовенства и мирян

Введенский [Александр Иванович].

Женские организации

Новикова Е.С.

Экономические организации

Гришечкин-Климов [Сергей Михайлович], Громан [Владимир Густавович], Циперович [Григорий Владимирович], Шуб [Герман Владимирович], Щадилов [Александр Иванович]; кандидат – Зотов.

Всероссийский Крестьянский союз

Бредис [Эмиль Давидович], Мазуренко [Семён Петрович].

Союз увечных воинов

Вишневский [Николай Иванович].

Военно-окружной комитет

Велижев [Сергей Георгиевич], Страхов [Илья Михайлович].

Исполнительные губернские комитеты

Гофман [Борис Григорьевич], Забелин [Леонид Васильевич], Литкенс [Евграф Александрович], Чернышёв [Валериан Авдеевич].

Украинский народ

Порш Никита Владимирович, Шаповалов Никита Ефимович.

Латыши

Стучка Пётр Иванович.

Литовцы

Балис Пётр Яковлевич, Янушкевич Николай Осипович.

Союз мелких народностей Поволжья

Алюнов (Фёдоров) Гавриил Фёдорович.

Грузины

Амираджиби Шалва Георгиевич, Мдивани Семён Гургенович.

Буряты

Сампилов Даши Сампилович.

Белорусы

Воронко Иосиф Яковлевич, Жилунович Дмитрий Фёдорович.

Поляки

Плавский Станислав Матвеевич.

Латгальцы

Кемпиш-Кемп Франц Андреевич.

Эстонцы

Лутц Карл Яковлевич.

Совет национальных социалистических партий

Нуцубидзе Варлаам Исаакович.

Союз городов

Намитоков Айтак Алиевич.

Армяне

Агаджиян [Гайк Степанович], Назарьянц [Липарид Иосифович].

26 сент. состоялось заседание Президиума и Совета старейшин Всерос. Демокр. Совета, к-рое решило дополнительно включить в Предпарламент 120 представителей цензовых элементов и 20 представителей казаков; общая численность предполагалась 430–440 чел.; открытие было назначено на 1 окт. Врем. пр-во 30 сент. рассмотрело и 2 окт. утвердило Положение о Врем. Совете Рос. Республики (Предпарламенте), к-рый образовывался в кол-ве 555 членов, приглашаемых Врем. пр-вом по решению обществ. и полит. орг-ций.

Предпарламент открылся 7 окт. в 17 ч. в Мариинском дворце. Пред. Предпарламента избран Н.Д. Авксентьев, членами Президиума – В.Н. Крохмаль (меньшевик), А.В. Пешехонов (нар. социалист) и В.Д. Набоков (кадет), место большевиков осталось незамещённым. Л.Д. Троцкий от имени фракции огласил декларацию большевиков: "...с этим пр-вом нар. измены и с этим Советом контррев. попустительства мы не имеем ничего общего. Той убийственной для народа работы, к-рая совершается за офиц. кулисами, мы не хотим ни прямо, ни косвенно прикрывать ни одного дня... Покидая Врем. Совет, мы взываем к бдительности и мужеству рабочих, солдат и крестьян всей России..." ("Рев-ция 1917", т. 5, с. 236). После оглашения декларации большевики покинули зал.

Состоялось 10 общих заседаний Предпарламента.

24 окт. в Предпарламенте со срочным сообщением о готовящемся большевиками восстании выступил А.Ф. Керенский. Потребовав от Совета Республики "всей меры доверия и содействия", он покинул заседание. Предпарламент принял предложенную Ф.И. Даном от имени фракций меньшевиков и эсеров резолюцию: "для успешного противодействия" большевикам "необходимы решительные акты в области борьбы за мир, перехода помещичьих земель в руки крестьян и ускорения созыва Учред. Собр. Только такие меры вырвут почву из-под ног большевиков, эксплуатирующих в своих целях настроения разлагающейся на 99/100 крест. армии, и дадут в руки пр-ва силы, достаточные для противодействия всяким попыткам насильственного его низвержения" ("Летопись рев-ции", кн. 1, Берлин–П.–М., 1923, с. 172). Делегация Предпарламента (Дан, Гоц, Авксентьев) явилась к Керенскому и предложила немедленно отпечатать и расклеить по городу афиши "с заявлением, что Врем. пр-во: 1) обратилось к союзным державам с требованием немедленно предложить всем воюющим странам приостановить воен. действия и начать переговоры о всеобщем мире; 2) распорядилось по телеграфу о передаче всех помещичьих земель, впредь до окончат. решения агр. вопроса, в ведение местных зем. к-тов; 3) решило ускорить созыв Учред. Собр. ..."(там же, с. 172–73). Керенский ответил, что "пр-во в наставлениях и указаниях не нуждается; что теперь время не разговаривать, а действовать", затем, посоветовавшись с министрами, повторил свой ответ и добавил, что пр-во "будет действовать само и само справится с восстанием" (там же, с. 175). Делегация заявила: пр-во "не только губит себя и рев-цию, но лишает нас и представляемые нами партии всякой возможности солидаризироваться с ним и оказывать ему действит. поддержку" (там же).

25 окт. в 13 ч. Мариинский дворец заняли солдаты Измайловского полка и моряки, к-рые потребовали немедленно очистить помещение. Предпарламент постановил: "Выразить решит. протест против насилия безответств. элементов, под угрозой штыков препятствующих работе и деятельности Врем. Совета Рос. Республики, и опубликовать этот протест во всех органах печати". Авксентьев, закрывая заседание, объявил, что о дне следующего заседания члены Предпарламента будут оповещены повестками (там же, с. 179).

СПИСОК ЧЛЕНОВ И КАНДИДАТОВ В ЧЛЕНЫ ВРЕМЕННОГО СОВЕТА РОССИЙСКОЙ РЕСПУБЛИКИ (ПРЕДПАРЛАМЕНТА)

[Составлен на основе наиб. полно сохранившегося списка членов Врем. Совета Рос. Республики по состоянию на окт. 1917. Все имеющиеся в этом списке лица отмечены знаком "*". На заседаниях Комиссии личного состава Врем. Совета отмечалось, что из 555 лиц, к-рые должны были входить в его состав, необходимые мандаты были представлены лишь 148. В этой связи в список дополнительно включены все те лица, сведения о к-рых имеются в списках членов Врем. Совета от фракций и учреждений (организаций), мандатах и удостоверениях членов Совета. В тех случаях, когда имена, отчества, принадлежность к партии или учреждению (организации) определены составителем по справочно-библиогр. материалам, ист. лит-ре и т.п., вновь найденные сведения помещены в квадратные скобки.

Данные по составу членов Врем. Совета Рос. Республики содержатся в следующих источниках: ЦГАОР, ф. 1799, оп. 1, дд. 2, 7, 10, 22, 24, 26, 32, 33.– Автор.]

Абрамович (Рейн) Рафаил Абрамович, меньшевик; *Авилов Борис Васильевич, группа с.-д.– объединённых интернационалистов; *Авилов Василий Осипович, группа с.-д.– объединённых интернационалистов; Абрашевин Р.А.; *Авксентьев Николай Дмитриевич, Исполком Всерос. Совета КД; *Агаджиян Гайк Степанович, нац. меньшинства, армяне; Агеев Павел Михайлович, Донское войско; Аджемов Моисей Сергеевич, кадет; *Акимов [А.А.](кандидат), Исполком Всерос. Совета КД; Аксельрод Любовь Исааковна [меньшевик]; *Алгасов Владимир Александрович, эсер; Алейников Михаил Семёнович; Александров Александр Михайлович, кадет; *Александров А.С. (кандидат), эсер; *Алексеев Константин Кириллович, меньшевик; Алексеев Михаил Васильевич, Совет Моск. совещания обществ. деятелей; *Алексеев Николай Николаевич, Исполком Всерос. Совета КД; *Алюнов (Фёдоров) Гавриил Фёдорович, нац. меньшинства, мелкие народы Поволжья; *Амираджиби Шалва Георгиевич, нац. орг-ции, грузины; Андреев Леонид Николаевич, Всерос. об-во редакторов еженед. газет; *Анисимов Василий Анисимович, меньшевик; *Анисимов В.И., общая кооперация; Анисимов Николай Семёнович, Оренбургское войско; *Аралов Семён Иванович, 3-я армия; Арандаренко Владимир Иванович, Моск. Торг.-Пром. к-т; *Арсеньев А.Н., общая кооперация; *Архангельский Василий Гаврилович, Исполком Всерос. Совета КД; *Афиногенов Николай Александрович, Французский и Македонский фронты;

*Бабынин [Николай Николаевич] (кандидат), Исполком Всерос. Совета КД; *Бадаев Алексей Егорович, большевик; *Баженов Иван Михайлович, флот; *Баранов Алексей Васильевич, большевик; *Бару Ной Исаакович, "Поалей-Цион"; *Басистов (кандидат), меньшевик; *Бассинов Николай Николаевич, эсер; *Бат Александр Гедеонович, кадет; *Бачманов Андрей Аркадьевич, Совет Съезда представителей пром-сти и торговли; Безобразов Борис Владимирович, эсер; *Белавин [Ф.В.], эсер (Баку); *Беликов, земская группа; Белоножкин Александр Иванович, Совет Съезда представителей пром-сти и торговли; *Белоусов (кандидат), Исполком Всерос. Совета КД; *Беляков Альберт Александрович, земельные к-ты; *Берг Ефраим Соломонович, эсер; Бердяев Николай Александрович, Совет Моск. совещания обществ. деятелей; *Березин Михаил Егорович, Исполком Всерос. Совета КД; *Беркенгейм [Александр Моисеевич], общая кооперация; Бианки Виктор Иванович, Таврическая губернская земская управа; *Бильдзюкевич Антон Викторович, эсер; *Бинасик Мечислав Станиславович, фронтовая группа; *Благонравов Георгий Иванович, большевик; *Богачёв Яков Терентьевич, эсер; *Богданов Борис Осипович, меньшевик; Болдов Михаил Дмитриевич, земская группа Демокр. совещания; *Болдырев Николай Капитонович, эсер; *Боссе [Генрих Густавович], эсер; Бочкарёв Валентин Николаевич, кадет; Брандт Александр Андреевич, Всерос. академич. союз; *Браунштейн Михаил Адамович, экон. орг-ции; *Бредис Эмиль Давидович, Крест. союз; *Бредэ Карл Августинович, эсер; *Брейдо Григорий Ефимович, рабочая кооперация; *Брешко-Брешковская Екатерина Константиновна, Исполком Всерос. Совета КД; *Бродский (кандидат), список № 10; *Бройдо Марк Исаевич, меньшевик; *Бронштейн П.И., общая кооперация; Бронштейн Семён Львович, меньшевик; *Бронштейн-Семковский Семён Юльевич, меньшевик; *Бронштейн-Гарви Пётр Абрамович, меньшевик; Бруцкус Юлий Давидович; *Брюхатов Л.Д., Трудовая Нар.-соц. партия; Брюхатов Николай Дмитриевич, кадет; *Бубнов Андрей Сергеевич, большевик; *Булат Андрей Андреевич, эсер; Бурдакова Мария Константиновна, Рос. лига равноправия женщин; Бурышкин Павел Афанасьевич, Моск. Торг.-Пром. к-т;

Бутин Иван Афанасьевич, Забайкальское войско; *Буханевич Аркадий Иванович, общая кооперация; *Бухарцев Пётр [Васильевич] (кандидат), эсер; Былков Пётр Николаевич, Уссурийское войско; *Быховский Наум Яковлевич, Исполком Всерос. Совета КД;

*Вайнштейн Арон Исаакович (кандидат), меньшевик; *Вайнштейн [Звездин] Семён Лазаревич, меньшевик; *Валдаев, земская группа; Васильев Александр Васильевич, кадет; *Введенский Александр Иванович, духовенство; Вегер Владимир Ильич, земская группа Демокр. совещания; *Веденяпин Михаил Александрович, эсер; Векилов Мустафа Надир-оглы, Всерос. мусульм. Союз (Совет); *Велижев Сергей Георгиевич, военно-окружные к-ты; Велихов Лев Александрович, кадет; *Венгеров Всеволод Семёнович, фронтовая группа; *Вербо Борис Степанович, эсер; *Вертопрахов Андрей Андреевич, Совет Союза казачьих войск; *Вечеслов Михаил Георгиевич, Всерос. союз земских работников; Винавер Максим Моисеевич, кадет; Винклер Эммануил Матвеевич; *Винокуров Александр Николаевич, большевик; *Вишневский Николай Иванович, Союз увечных воинов; *Вишняк Марк Веньяминович, Исполком Всерос. Совета КД; *Владыкин Владимир Тимонович (кандидат), Исполком Всерос. Совета КД; Воеводин Матвей Семёнович, Всерос. союз земельных собственников; *Войтоловский Лев Наумович, 1-я Особая армия; *Волгин Вячеслав Петрович, группа с.-д.– объединённых интернационалистов; *Волков Александр Васильевич, 9-я армия; *Волков Иван Григорьевич, меньшевик; Волков Николай Константинович, кадет; *Володарский Моисей Маркович, большевик; Вольштейн С.Л.; *Воронко Иосиф Яковлевич, нац. орг-ции, белорусы; Воронков Митрофан Семёнович, Донское войско; *Ворошилов Константин Константинович, земская группа; Востротин Степан Васильевич, кадет; Вржосек Сергей Карлович, Петрогр. совет офицерских депутатов; *Высоцкий Александр Давидович, эсер; Выходцев Матвей Семёнович;

*Гайдар Трофим Фёдорович, укр. с.-д.; *Гаджинский [Лев], Исполком Всерос Совета КД; *Гамбаров Пётр Юльевич, эсер; *Гамзагурди Пётр Ярославович, Исполком Всерос Совета КД; *Гастев Михаил Матвеевич, Исполком Всерос Совета КД; *Гендельман Михаил Яковлевич, эсер; Герасимов Пётр Васильевич, кадет; *Герд Владимир Александрович, Всерос. учительский союз; *Герштейн Лев Яковлевич, эсер; Гессен Владимир Матвеевич, кадет; Гессен Иосиф Владимирович, Всерос. об-во редакторов ежедневных газет; Гжельщак [Франц], фронтовая группа; *Гиммер (Суханов) Николай Николаевич, меньшевик [меньшевик-интернационалист]; *Гинзбург (Кольцов) Михаил Абрамович, меньшевик; Глебов Николай Николаевич, кадет; *Глебов Николай Павлович, большевик; *Гожанский Самуил Нафтальевич, меньшевик; Голиков П.Я., земская группа; *Голодаев, земская группа; *Голубовский Лазарь Борисович, эсер; Гольдман (Горев) Борис Исаакович, меньшевик; *Гольдман Леон Исаакович, меньшевик; *Гольдман (Либер) Михаил Исаакович, меньшевик; Гольдман Ян Юрьевич, латыши; Гольдштейн Моисей Леонтьевич; *Гонигберг Герц Ильич, меньшевик; *Гончаренко, фронтовая группа; Гончаров Александр Иванович, воен. отдел ВЦИК; *Горовой Ерофей Евдокимович, земская группа Демокр. совещания; *Гофман Борис Григорьевич, губ. исполкомы; *Гоц Абрам Рафаилович, эсер; *Гран Моисей Маркович, Петрогр. Совет депутатов трудовой интеллигенции; Грауман Леопольд Фердинандович, пром-сть и торговля; *Греков Константин Фёдорович, список № 10; *Гридин Алексей Иванович, земская группа Демокр. совещания; Гримм Давид Давидович, кадет; Гримм Константин Давидович, кадет; Гримм Эрвин Давидович, Всерос. академич. союз; Гринёв Василий Георгиевич, Совет Моск. совещания обществ. деятелей; *Гришечко-Климов Сергей Михайлович, экон. орг-ции; *Громан Владимир Густавович, экон. орг-ции; Громан-Духанина Екатерина Петровна, меньшевик; Гронский Павел Павлович, кадет; *Грузенберг Оскар Осипович, Евр. нар. партия; Грузинов Александр Евграфович, Совет Моск. совещания обществ. деятелей; *Гурвич (Дан) Фёдор Ильич, меньшевик; *Гуревич Борис Наумович, меньшевик; *Гуревич Виссарион Яковлевич, Исполком Всерос. Совета КД; *Гурко Владимир Иосифович, [Всерос. союз земельных собственников]; *Гусев Николай Иванович, земская группа Демокр. совещания; *Гутман Мойша Лейбович, нац. орг-ции, евреи; Гутовский Викентий Аницетович (Евгений Маевский), меньшевик; Гучков Александр Иванович, [Центр. Воен.-Пром. к-т];

*Дашкевич Пётр Васильевич, большевик; *Деборин-Иоффе [Абрам Моисеевич] (кандидат), меньшевик; *Дейч И.Г. (кандидат), фронтовая группа; *Дейчман, Кавк. армия; *Дембо [Григорий] (кандидат), список № 10; Демидов Игорь Платонович, кадет; *Дербышев Николай Иванович, большевик; *Дерзибашев [О.Я.] (кандидат), Исполком Всерос. Совета КД; Дживелегов Алексей Карпович, кадет; *Диесперов Ликатион Иванович, эсер; Дитмар фон Николай Фёдорович, Совет съезда горнопромышленников Юга; *Дмитриев Николай Лукьянович, земская группа Демокр. совещания; Дмитриенко Пётр Петрович, кадет; Добровольский Анатолий Александрович, кадет; *Добросельский Пётр Петрович, земская группа Демокр. совещания; *Добрынин Пётр Фёдорович, земельные к-ты; *Дорф [Д.Я.], список № 10; *Дос-Мухамедов Джаганша [Досмухамедов Джанша], мусульмане [Исполком Всерос. мусульм. Совета]; *Доценко Иван Сергеевич, эсер; *Драханов Никифор Иванович, меньшевик; Дутов Александр Ильич, Оренбургское войско; *Душечкин Яков Иванович, земская группа Демокр. совещания;

Евдокимов Андрей Андреевич; Евсеев Илья Тимофеевич, кадет; *Егоров Иван Иванович, рабочая кооперация; *Ежов [Цедербаум] Сергей Осипович, рабочая кооперация; *Еременчук, земская группа; *Ерман [Яков Зельманович], большевик; *Ермолаев Константин Михайлович, меньшевик; Ещин Евсей Маркович, кадет;

*Желтышев Семён Никифорович, фронтовая группа; Жемочкин Константин Михайлович, Всерос. Союз торговли и пром-сти; *Жилунович Дмитрий Фёдорович, нац. орг-ции, белорусы; *Жордания Ной Николаевич, меньшевик; Жукович Платон Николаевич, духовенство;

*Забелин Леонид Васильевич, губ. исполкомы; Загорский Константин Константинович, [Петрогр. самоуправление]; Загорский Константин Яковлевич, кадет; Зайцев Василий Фёдорович; *Залькиндсон Илья Веньяминович, фронтовая группа; *Зарецкая Софья Моисеевна, меньшевик; *Зарудный Александр Сергеевич, список № 10; *Затонский Михаил Петрович, эсер; Зензинов Владимир Михайлович, эсер; Зернов Дмитрий Степанович, Всерос. союз инженеров; *Знаменский Сергей Филимонович, Трудовая Нар.-соц. партия; *Золин Михаил Прокофьевич, Исполком Всерос. Совета КД; *Золотарёв Александр Осипович, меньшевик; *Зотов (кандидат), экон. орг-ции; *Зоф Вячеслав Иванович, большевик; *Зубашев Ефим Лукьянович, Совет съездов представителей пром-сти и торговли; *Зуль Борис Григорьевич, большевик; *Зурабов Аршак Герасимович, меньшевик;

Иванов Сергей Валентинович, кадет; Иванов Филипп Антонович, представитель пром-сти и торговли; *Ивановский Владимир Владимирович, эсер; *Иващенко [И.М.] (кандидат), Исполком Всерос. Совета КД; *Идашкин Илья Яковлевич, меньшевик; *Иевлев [Дмитрий Алексеевич], эсер; *Израильянц, Юго-Зап. фронт; *Иков (Миров) Владимир Константинович, общая кооперация; Имшенецкий Яков Кондратьевич, кадет; Инденбург Сергей; *Иоффе Адольф Абрамович, большевик; *Исаев Александр Александрович, меньшевик; *Исув Иосиф Андреевич, меньшевик;

*Кабаш Алексей Иванович (кандидат), меньшевик; Казакевич Павел Павлович, Совет съезда горнопромышленников Юга России; Казакевич Я.Д.; *Казин Яков Иванович (кандидат), флот; Кайнан, эсер; *Калугин Алексей Николаевич, земская группа Демокр. совещания; Калугин Михаил Дмитриевич, кадет; *Калюжный [Иван Иванович], эсер (Н. Новгород); *Каменев Лев Борисович, большевик; Каменка Борис Абрамович, пром-сть и торговля; *Каменский Владислав Исаевич, меньшевик; *Каменцев Варадат Яковлевич, Исполком Всерос. Совета КД; *Камков (Кац) Борис Давидович, эсер; *Каммермахер Марк Самойлович, меньшевик; Капацинский Леонид Николаевич, Всерос. союз земельных собственников; *Капелинский Наум Юрьевич (кандидат), меньшевик; *Каплан Владимир Натанович, эсер; Карабинов Иван Алексеевич, духовенство; *Карелин Владимир Александрович, эсер; *Карпов Владимир Николаевич, земская группа; Кауфман Александр Аркадьевич, кадет; *Кацнеладзе Илья Титович, эсер; *Кемпиш-Кемп Франц Андреевич, нац. орг-ции, латгальцы; *Керенский Александр Фёдорович, Исполком Всерос. Совета КД; Керенский Владимир Александрович, духовенство; *Кинг Пётр Михайлович, Почтово-телегр. союз; *Кирикин, земская группа; Кирикос Николай Васильевич, земская группа Демокр. совещания; *Клименко Пантелеймон Илларионович, флот; *Кисилёв С.Л., эсер; *Ковалёв (кандидат), Исполком Всерос. Совета КД; Ковалевский Михаил Иванович, Совет Моск. совещания обществ. деятелей; Ковалевский Николай Николаевич, [земские учреждения]; Коган Александр Александрович; Коган Илья Григорьевич; *Коган-Ерманский Осип Аркадьевич, меньшевик; *Кожевников Алексей Михайлович, 2-я армия; Кокошкин Фёдор Фёдорович, [кадет]; *Колегаев Андрей Лукич, Исполком Всерос. Совета КД; *Колеров Вячеслав Аркадьевич, эсер; *Колесников Е.А., общая кооперация; *Коллонтай Александра Михайловна, большевик; *Кон Феликс Яковлевич, меньшевик; *Кондратьев Николай Дмитриевич, Исполком Всерос. Совета КД; *Коновалов, фронтовая группа казачества; Кончаев Павел Никанорович, Всерос. союз христиан поморского согласия; *Коростелёв Иван Алексеевич, земская группа Демокр. совещания; Косинский Владимир Андреевич, кадет; Костенецкий Василий Емельянович, земская группа Демокр. совещания; *Костин В.В., общая кооперация; *Костицкий, земская группа; *Котляров Григорий Васильевич, эсер; *Кочергин Илья Сергеевич (кандидат), эсер; Крапоткин Алексей Алексеевич, Всерос. Союз земельных собственников; *Красиков Пётр Андреевич, большевик; *Крейнис Исидор Миронович, список № 10; *Кривобоков Феодосий Иванович, большевик; *Криворотный Пётр Сергеевич, Исполком Всерос. Совета КД; *Кривцов Александр Климентьевич, земельные к-ты; *Крохмаль Виктор Николаевич, меньшевик; *Крушинский Михаил Фёдорович, Всерос. ж.-д. союз; *Крыленко Николай Васильевич, большевик; *Кугушев Ильяс-Бек, мусульмане [Исполком Всерос. мусульм. Совета]; Кудрявцев Пётр Павлович, духовенство; *Кудрявцев Сергей Андреевич, эсер; *Кужанов, земская группа; *Кузнецов Владимир Николаевич (кандидат), эсер; Кузьмин-Караваев Владимир Дмитриевич, Совет Моск. совещания обществ. деятелей; *Кульман Николай Карлович, пром-сть и торговля; *Кураев Василий Владимирович, большевик; *Курилов, земская группа; Курносов Иван Евгеньевич, Саратовская губернская земская управа; *Кускова Екатерина Дмитриевна, общая кооперация; Кутлер Николай Николаевич, пром-сть и торговля; Кухранов Матвей Фёдорович, земская группа Демокр. совещания;

*Лавров Владимир Степанович, список № 10; Лаврова-Дорошевская Лилия Вуколовна, Рос. лига равноправия женщин; Ланговой Николай Петрович, Моск. Торг.-Пром. к-т; Лапин Павел Дмитриевич, духовенство; *Лапинский-Левинсон Павел Людвигович, нац. орг-ции, поляки; *Лапьер Константин Эмильевич, Всерос. ж.-д. союз; *Лашевич Михаил Михайлович, большевик; Лебедев Александр Александрович, Моск. Торг.-Пром. к-т; *Лебедева Адда Павловна, эсер; *Левин Абрам, рабочая кооперация; Левинсон-Лессинг Франц Юльевич, Всерос. академич. союз; Левицкий Сергей Александрович, кадет; Левковский, эсер (Одесса); *Легер, земская группа; *Лейкардт Морис Мартинович, меньшевик; *Ленский Иосиф Владимирович, меньшевик; Леонтьев Сергей Михайлович, Совет Моск. совещания обществ. деятелей; *Леонтьев Тимофей Васильевич, 8-я армия; *Лещинский Юлиан Маркианович, большевик; *Лившиц Наум Александрович, эсер; *Литвиненко Николай Яковлевич (кандидат), земельные к-ты; *Литкенс [Евграф Александрович], Моск. губ. исполком; *Лозовский Соломон Абрамович, большевик; *Ломов Георгий Ипполитович, большевик; *Луначарский Анатолий Васильевич, большевик; *Лурье-Парин Михаил Александрович, большевик; Лурье Семён Владимирович, Моск. Торг.-Пром. к-т; *Лутс Карл Яковлевич, нац. орг-ции, эстонцы; Львов Николай Николаевич, Всерос. Союз земельных собственников; *Любович Артемий Моисеевич, большевик; Любович Евгений Львович, пром-сть и торговля;

*Мазуренко Семён Петрович, Крест. союз; Макаровский Александр Николаевич, рабочая кооперация; *Макодзюб (Панин) Марк Саулович, меньшевик; *Макридин Иннокентий, Совет Союза казачьих войск; *Малашицкий (кандидат), Исполком Всерос. Совета КД; *Малевский Арсений Дмитриевич, 4-я армия; *Малкин Борис Фёдорович, Исполком Всерос. Совета КД; *Максимов Евгений Дмитриевич, общая кооперация; *Максимов Константин Гордеевич, большевик; *Мамаев Андрей Степанович, Всерос. ж.-д. союз; *Мандельберг (Панин) Виктор Евсеевич, меньшевик; Мандельштам Михаил Яковлевич, кадет; *Мануильский Дмитрий Захарович, большевик; Маргулиес Мануил Сергеевич, Центр. Воен.-Пром. к-т; *Маринин Михаил Иванович (кандидат), эсер; *Мартынов (Пиккер) Александр Самойлович, меньшевик; Масленников Александр Михайлович; Маслов М.П.; *Маслов Пётр Павлович, меньшевик; *Маслов Семён Леонидович, эсер; Маслов Сергей Николаевич, [Орловская губернская земская управа]; Массальский Владимир Иванович, Моск. Торг.-Пром. к-т; *Мдивани Семён Гурьевич, нац. орг-ции, грузины; *Меркулов Александр Васильевич, общая кооперация; *Микешин Василий Никитович, земская группа Демокр. совещания; *Милованов Константин Михайлович, Исполком Всерос. Совета КД; Милюков Павел Николаевич, кадет; *Милютин Владимир Павлович, большевик; *Минор Осип Соломонович, эсер; *Миркович, земская группа; *Михайлов Адриан Фёдорович, эсер; *Михайлов Лев Михайлович, большевик; Морозов Николай Александрович, кадет; Мотовилов Василий Макарович; *Мотовилов, эсер (Саратов); *Муравьёв Николай Константинович, Совет присяжных поверенных; Муралович Вячеслав Степанович, Совет Моск. совещания обществ. деятелей; *Мухамедов Шафир [Мухамедьяров Шакир?], мусульмане [Исполком Всерос. мусульм. Совета];

Набоков Владимир Дмитриевич, кадет; *Нагаев Григорий Ефремович, [Казачий Совет]; *Назарьянц Липарид Иосифович, нац. орг-ции, армяне; *Намитоков Айтек Алиевич, Союз горцев; *Натансон Марк Андреевич, Исполком Всерос. Совета КД; *Нечкин Дмитрий Иванович (кандидат), эсер; *Никитский Андрей Александрович, меньшевик; *Николаевский Георгий Николаевич, эсер; Новиков Михаил Михайлович; *Новикова Д.С., женские орг-ции; *Ногин Виктор Петрович, большевик; Нольде Борис Эммануилович, барон, кадет; *Нуцубидзе Варлаам Исаакович, Совет нац.-соц. партий;

Оболенский Владимир Андреевич, князь, кадет; Овчинников Борис Михайлович, кадет; *Овчинников Михаил Петрович, земская группа Демокр. совещания; *Огановский Николай Петрович (кандидат), земельные к-ты; Огородников Дмитрий Александрович, Костромская губернская земская управа; *Олешкевич Викентий Осипович, большевик; Ольденбург Сергей Фёдорович, кадет; *Отрадников, земская группа;

Павлов М.А., фронтовая группа; *Панасенко, земская группа; Панкеев Николай Матвеевич, кадет; Паппе Матвей Борисович, пром-сть и торговля; *Парфёнов Гавриил Владимирович, эсер; Перельман Арон Филиппович; *Петин М.Ф., земская группа; *Петрашкевич Чеслав Юлианович (кандидат), нац. орг-ции, литовцы; Петров Александр Александрович; Петров Аркадий Гаврилович, фронтовая группа; *Печерский Яков Борисович, 10-я армия; *Пешехонов Алексей Васильевич, Трудовая Нар.-соц. партия; *Писарев, земская группа; Писчаненко Гавриил Михайлович, земская группа Демокр. совещания; *Пищенко, земская группа; *Плансон Виктор Антонович, Всерос. ж.-д. союз; *Плеханов Георгий Валентинович, "Единство"; *Плетнёв Валериан [Ф.] (кандидат), группа с.-д.– объединённых интернационалистов; *Повес-Астров Исаак Сергеевич, меньшевик; Подшебякин Михаил Флорович; *Пожелло Владислав Янович, нац. орг-ции, литовцы; Познер Соломон Владимирович, Рос. Радикально-демокр. партия; *Покровский Георгий Константинович, Исполком Всерос. Совета КД; *Попов, земская группа; Попов Иван Васильевич, духовенство; *Попов Николай Михайлович, Почтово-телегр. союз; Попов Семён Абрамович, Почтово-телегр. союз; *Порш Николай Владимирович, нац. орг-ции, украинцы; *Потресов Александр Николаевич, меньшевик; *Прилежаев Иван Александрович, эсер; *Прозоров (кандидат), Исполком Всерос. Совета КД; *Протопопов, органы казачьего самоуправления; Протопопов Дмитрий Дмитриевич, кадет; Прохоров Григорий Васильевич, духовенство; Прядкин Яков Дмитриевич, Совет съезда горнопромышленников Юга России; *Пумпянский Николай Петрович, Исполком Всерос. Совета КД; Путилов Алексей Иванович, пром-сть и торговля; *Пьяных Иван Емельянович, Исполком Всерос. Совета КД; *Пятаков Юрий Михайлович, большевик;

*Рабинович Борис Николаевич, 12-я армия; *Рабинович Константин Николаевич, эсер; *Раков Дмитрий Фёдорович, эсер; *Рамишвили Ной Виссарионович, Исполком Всерос. Совета КД; *Раппопорт Семён Акимович, эсер; *Раскин Моисей Самуилович (кандидат), нац. орг-ции, евреи; *Рассыпной Владимир Николаевич, земская группа Демокр. совещания; *Ратнер Евгения Моисеевна, эсер; *Рейман, земская группа; *Рихтер Владимир Николаевич, эсер; *Рихтер Дмитрий Иванович, Вольное экон. об-во; Родичев Фёдор Измайлович, кадет; Рождественский Дмитрий Васильевич, духовенство; *Розанов Владимир Николаевич, меньшевик; *Розенблюм (Фирсов) Дмитрий Самойлович, эсер; Рохович Григорий Яковлевич, пром-сть и торговля; *Рубинштейн Яков Львович (кандидат), меньшевик; *Рубцов Василий Денисович, меньшевик; *Руднев Вадим Викторович, эсер; *Руднев (Базаров) Владимир Александрович (кандидат), группа с.-д.– объединённых интернационалистов; Рузский Дмитрий Павлович, пром-сть и торговля; Рутцен Александр Николаевич, кадет; *Рыбин Сергей Фёдорович, Исполком Всерос. Совета КД; Рыбинский Владимир Петрович, духовенство; Рыболов Александр Михайлович, кадет; *Рыжков Тимофей Матвеевич (кандидат), флот; Рыков Алексей Иванович, большевик; *Рыло Василий Гаврилович, фронтовая группа; *Рязанов Давид Борисович, большевик;

*Саблин Георгий Владимирович, эсер; *Савельев Максимилиан Александрович, большевик; Савич Никанор Васильевич, Совет Моск. совещания обществ. деятелей; *Садовский Андрей Дмитриевич, большевик; *Сазонов Анатолий Владимирович, общая кооперация; Самаркин Семён Давидович, Уральское войско; Самбикин Николай Петрович; *Сампилов Даши Сампилович, нац. орг-ции, буряты; Самсонов Борис Дмитриевич; *Сафикюрдский Насретдин, эсер; Сахаров Иван Николаевич, Совет Моск. совещания обществ. деятелей; Свердлов Яков Михайлович, большевик; *Семёнов Александр Кириллович, земельные к-ты; *Семячко (кандидат), "Единство"; *Сергеев Василий Сергеевич, большевик; *Сидоров Алексей Георгиевич, органы казачьего самоуправления; *Сизиков Владимир Семёнович, земская группа Демокр. совещания; *Синани (кандидат), фронтовая группа; *Сизов Михаил Васильевич, земельные к-ты; *Синютин Иван Дмитриевич, общая кооперация; Сироткин Дмитрий Васильевич, [представитель старообрядцев]; *Скобелев Матвей Иванович, меньшевик; Скирмунт Роман Александрович; Скороходов Яков Петрович, земский орган; *Скрыпник Николай Алексеевич, Центр. Совет фабзавкомов; Славинский Максим Антонович, Рос. Радикально-демокр. партия; *Смертин Николай Павлович, общая кооперация; Смелякова Екатерина Ивановна, Союз солдаток Петрограда; *Смирнов Александр Николаевич, меньшевик; Смирнов М.Т.; Смирных Андрей Васильевич, Оренбургское войско; *Смородинов Василий Андреевич, фронтовая группа; *Смыслов Николай Иванович, эсер; Соколов Константин Николаевич, кадет; *Соколов Николай Дмитриевич, меньшевик; *Соколов Николай Николаевич, Исполком Всерос. Совета КД; *Соколовский Болеслав Францевич, 15-я армия; *Сокольников Георгий Яковлевич, большевик; *Солдатов Леонид Константинович, земская группа Демокр. совещания; *Соловьёв Иван Петрович, флот; *Сорокин Иван Степанович, Исполком Всерос. Совета КД; *Сорокин Питирим Александрович, Исполком Всерос. Совета КД; *Спиридонова Мария Александровна, Исполком Всерос. Совета КД; *Ставыкин, земская группа; *Сталин-Джугашвили Иосиф Виссарионович, большевик; Степанов Василий Александрович, кадет; *Страхов Илья Михайлович, группа воен.-окружных к-тов; Струве Михаил Петрович, Совет Моск. совещания обществ. деятелей; Струве Пётр Бернгардович, Совет Моск. совещания обществ. деятелей; *Стучка Пётр Иванович, нац. орг-ции, латыши; Судаков Анатолий Семёнович; Суземов В.Н.; *Сухарцев Иван Александрович, эсер; *Сухарьков Георгий Николаевич, Исполком Всерос. Совета КД;

*Таначёв (кандидат) [Валидхан], Исполком Всерос. Совета КД; *Теодорович Иван Адольфович, большевик; *Терлецкий Николай Емельянович, земская группа Демокр. совещания; *Тер-Погосян Михаил Матвеевич, эсер; *Теслер Лев Всеволодович, меньшевик; *Тетеркин Иван Иванович, эсер; Титлинов Борис Васильевич, духовенство; Толстопятов Пётр Михайлович, Оренбургское войско; *Трохин, Кавк. армия; *Троцкий Лев Давидович, большевик; *Трутнев А.А., общая кооперация; Туницкий Николай Леонидович, духовенство; Тыркова Ариадна Владимировна, [Всерос. лига равноправия женщин];

Уланов Бадьма Наранович, Донское войско; *Уншлихт Юлиан Марианович, нац. орг-ции, поляки; *Уратадзе Григорий Исидорович (кандидат), меньшевик; *Урицкий Моисей Соломонович, большевик; *Устинов Алексей Михайлович, Исполком Всерос. Совета КД; Устинов Владимир Михайлович, кадет;

Фаас Владимир Вильгельмович, пром-сть и торговля; Фёдоров Григорий Фёдорович, большевик; Фельдман Александр Яковлевич, пром-сть и торговля; *Феофанов Алексей Иванович, 11-я армия; *Ферри Вячеслав Николаевич, земская группа; *Фигнер Вера Николаевна, Исполком Всерос. Совета КД; *Филипповский Василий Николаевич, эсер; *Фокеев Михаил Семёнович (кандидат), Исполком Всерос. Совета КД; *Фомин Николай Александрович, список № 10; Фомичёв Гурьян Захарович, Уральское войско; Френкель Захарий Григорьевич, кадет; *Фрумкина Мария Яковлевна (кандидат), нац. орг-ции, евреи;

Харламов Василий Акимович; *Хаустов Валентин Иванович, меньшевик; *Хвастунов Василий Георгиевич, фронтовая группа; *Хейфец Абраам Яковлевич, меньшевик; *Хинчук Лев Моисеевич, меньшевик; *Хрулёв Николай Гаврилович (кандидат), Ж.-д. союз;

*Цаликов Ахмед Тембулатович, мусульмане [Исполком Всерос. мусульм. Совета]; *Царик, фронтовая группа; *Цедербаум Владимир Осипович (кандидат), меньшевик; *Цедербаум (Мартов) Юлий Осипович, меньшевик; Цейтлин Александр Львович, пром-сть и торговля; *Церетели Ираклий Георгиевич, меньшевик; *Цетлин (Батурский) Борис Соломонович, меньшевик; *Цукер Борис Вольфович, 1-я армия; *Цхакая Михаил Григорьевич, большевик; *Цыперович Григорий Владимирович, экон. орг-ция; *Чайковский А.И., общая кооперация;

*Чайковский Николай Васильевич, Исполком Всерос. Совета КД; *Чарнолусский Владимир Иванович, Всерос. учительский союз; *Чаянов Александр Васильевич, общая кооперация; Челноков Михаил Васильевич, [Моск. гор. управа]; *Череванин (Липкин) Фёдор Андреевич, меньшевик; *Черепанов Донат Андреевич, эсер; Чермен-Каменский В.И.; Черненков Николай Николаевич, кадет; *Чернов Алексей Васильевич, меньшевик; *Чернов Виктор Михайлович, эсер; *Чернов Михаил Алексеевич, эсер; Черносвитов Кирилл Кириллович, кадет; *Чернышов Валериан Авдеевич, губ. исполкомы; Четвериков Иван, духовенство; Чефранов Виктор Петрович, Всерос. об-во сахарозаводчиков; *Чигирёв Пётр Васильевич, земская группа Демокр. совещания; *Чикоидзе Роман Александрович, эсер; *Чиркин Василий Гаврилович (кандидат), меньшевик; *Чихачёв Вячеслав Васильевич, эсер; *Чичинадзе Николай Александрович, эсер; Чугунов, земские орг-ции; Чумаевский Алексей Сергеевич, Саратовская губернская земская управа; Чурсин Герасим Константинович, фронтовая группа; *Чусин, Исполком Всерос. Совета КД; *Чхеидзе Николай Семёнович, меньшевик; *Чхенкели Акакий Иванович, меньшевик;

Шамшин Козьма Афанасьевич; *Шаповалов Никита Евгеньевич, нац. орг-ции, украинцы; *Шаумян Степан Григорьевич, большевик; *Шевченко Фёдор Степанович, общая кооперация; *Шейн Исаак Захарович, земская группа Демокр. совещания; *Шергов Михаил Исаевич, меньшевик; Шереметьевский Сергей Александрович, пром-сть и торговля; Шефтель Михаил Исаакович, кадет; Шидловский Сергей Илиодорович, Совет Моск совещания обществ. деятелей; Шингарёв Андрей Иванович, кадет; Шишкина-Явейн Поликсена Нестеровна, Всерос. лига равноправия женщин; *Шиф Исай Моисеевич, фронтовая группа; *Шляпников Александр Гаврилович, большевик; *Шмидт Василий Владимирович, большевик; *Шотман Александр Васильевич, большевик; *Шрейдер Александр Абрамович, Исполком Всерос. Совета КД; *Шрейдер Григорий Ильич, эсер; *Штейнберг Исаак Захарович, эсер; *Шуб Герман Владимирович, экон. орг-ция;

*Щадилов Александр Иванович, экон. орг-ция; Щепкин Дмитрий Митрофанович; Щепкин Николай Николаевич, Совет депутатов трудовой интеллигенции;

*Элиава Шалва Зурабович, меньшевик; Эльяшев Лев Ефимович, кадет; *Эрлих Генрих Моисеевич, нац. орг-ции, евреи;

*Юдин Филипп Андреевич, меньшевик; *Юренев Константин Константинович, большевик; Юренев Пётр Петрович, кадет; *Юрковский Георгий Карлович, рабочая кооперация;

*Яблонский Александр Гаврилович, Исполком Всерос. Совета КД; Якошиц, эсер; *Яновицкий (кандидат), список № 10; *Янушкевич Николай Осипович, нац. орг-ции, литовцы; *Яхонтов Валериан Иванович, группа с.-д.- объединённых интернационалистов.

А.Л. Райхцаум.

12–14 октября. Второе совещание общественных деятелей, Москва. Созвано постоянным Советом обществ. деятелей. Совещание открыл пред. постоянного Совета обществ. деятелей М.В. Родзянко, тов. пред. совещания избраны кн. Е.Н. Трубецкой и кн. П.Д. Долгоруков. Обсуждены доклады: Об укреплении гос. власти в стране – кн. Трубецкой; О борьбе с большевизмом – А.А. Кизеветтер; О состоянии армии – ген. А.А. Брусилов; О войне и мире – ген. Н.В. Рузский.

В принятых резолюциях совещание потребовало: установить "твёрдую единую власть", к-рой должны подчиняться местные органы управления, а местности, "охваченные анархией", объявить на воен. положении и восстановить порядок, "нарушаемый буйством черни", силою оружия ("Речь", 1917, 15 окт.); покончить с влиянием в деле управления "самочинных орг-ций и с потворством произволу" (там же); в армии восстановить дисциплинарную власть начальников всех степеней, ликвидировать солд. к-ты как самодеят. орг-ции, возобновить деятельность Союза офицеров армии и флота во всём объёме, возвратить всех несправедливо уволенных генералов и офицеров и исключить всякую мысль об измене "общему делу" союзников и о сепаратном мире, довести войну до победного конца (там же).

Совещание высказалось за поддержку на выборах в Учред. Собр. групп, стоящих на гос. платформе, за соединение с Трудовой Нар.-соц. партией и группой "Единство", за образование в Учред. Собр. гос.-нац. элементами центра для "органич. работы по устройству гос-ва на началах свободы, социальной справедливости и гос. единства" (там же). В резолюции по вопросам экон. характера подчёркивалось, что должна быть исключена возможность "реорганизации экон. строя страны на началах социалистических", гос. власть должна решительно пресекать "самовольные захваты и присвоения", а её первейшая задача заключается в "деятельной поддержке частной предприимчивости, основанной на капитале и знании, и широких социальных реформ, отвечающих справедливым интересам трудящегося класса" (там же).

В.А. Кувшинов.

14–16 октября. Десятый съезд Партии Народной Свободы (кадетов), Москва. Ок. 350 делегатов представляли примерно 370 парт. орг-ций от 73 губерний и областей России; впервые присутствовали представители армейских орг-ций кадетов, объединявших до 600 парт. ячеек и фракций. Съезд открыл член ЦК кн. П.Д. Долгоруков. Обсуждены вопросы: О тактике – В.Д. Набоков и П.Н. Милюков; Агр. вопрос на окраинах – А.А. Кауфман; Об изменениях в финанс.-экон. программе партии – А.И. Шингарёв; Выборы в Учред. Собр.– Шингарёв; О выступлении ген. Л.Г. Корнилова – Ф.Ф. Кокошкин; Устав партии – Н.Н. Щепкин; Приём новых членов.

Съезд разработал политику партии в условиях надвигавшегося выступления рабочих и солдат под рук-вом большевиков: война в полном согласии с союзниками до успешного конца, восстановление боеспособности армии путём установления дисциплинарной власти начальников и введения в надлежащие рамки функций армейских к-тов; независимость власти от к.-л. парт. орг-ций, применение властью в надлежащих случаях принудит. аппарата, восстановление органов власти в провинции; в резолюции о тактике одобрил действия представителей партии на переговорах об образовании нового коалиц. пр-ва и Совета Республики (Предпарламента) и в их работе; ближайшей задачей в Совете Республики съезд считал образование "руководящего центра гос. мысли, объединяющего здоровые полит. элементы", стоящие на "гос. точке зрения"; рекомендовал занять более жёсткую позицию в отношении умеренных соц. партий; вести дела к дальнейшему сплочению антибольшевист. сил, в т.ч. и вне коалиции, на основе "гос. программы" партии; дополнил агр. программу пунктом, что казачьи земли не затрагиваются агр. реформой; в дополнениях в финанс.-экон. программу указал на необходимость прекращения гос. финансирования Советов и разл. к-тов, а также резкого увеличения косвенных налогов; полностью реабилитировал ген. Корнилова, признав его "подлинным патриотом Родины и верным сыном народа", незаслуженно обвинённым в контрреволюционности изменниками страны.

Выборы ЦК партии не проводились.

Источники: "Речь", 1917, 15–18 июля; "Рус. Ведомости", 1917, 15–18 июля.

В.А. Кувшинов.

25–27 октября. Второй Всероссийский съезд Советов рабочих и солдатских депутатов, Петроград (созван ВЦИК 1-го созыва). По новейшим данным, участвовало 1046 делегатов и гостей, из к-рых 525 – большевики (см.: Орлов В.С., Султанова Е.А., Съезд восставшего и победившего народа, Л., 1987, с. 65–66); сведения о парт. составе разноречивы, но можно сделать вывод, что в открытии участвовало (без членов ВЦИК 1-го созыва, имевших право на совещат. голос) не менее 739 делегатов, в т.ч. 338 большевиков, 211 эсеров (в т.ч. 127 левых), 69 меньшевиков (в т.ч. 32 интернационалиста), 20 объединённых с.-д.-интернационалистов, 10 членов польских соц. партий, 6 бундовцев, 4 члена партии "Поалей-Цион", 6 членов укр. СДРП, 3 члена Укр. ПСР, 4 социалиста-народника Литвы, 3 анархиста, 2 максималиста, 1 трудовик, 1 член Партии трудового крест-ва, 36 беспартийных и 22 делегата, не сообщивших о своей партийности.

Съезд начался в 22 ч. 45 мин. 25 окт., когда большая часть Петрограда уже находилась под контролем Петрогр. ВРК. Врем. пр-во с небольшим кол-вом вооруж. защитников находилось в Зимнем дворце, ожидая штурма со стороны восставших. От имени Президиума ВЦИК 1-го созыва съезд открыл Ф.И. Дан, указавший на исключит. обстоятельства, при к-рых собрался съезд, и предложил избрать Президиум пропорционально числу делегатов. Правые эсеры (в числе общих с левыми эсерами 7 мест) и меньшевики (3 места) заявили об отказе от участия в Президиуме; меньшевики-интернационалисты (1 место) заявили, что до выяснения нек-рых обстоятельств воздержатся от участия в Президиуме. В Президиум были избраны: от большевиков – В.И. Ленин, Г.Е. Зиновьев, Л.Д. Троцкий, Л.Б. Каменев, Э.М. Склянский, В.П. Ногин, Н.В. Крыленко, А.М. Коллонтай, А.И. Рыков, В.А. Антонов-Овсеенко, Д.Б. Рязанов, М.К. Муранов, А.В. Луначарский, П.И. Стучка; от левых эсеров – Б.Д. Камков, М.А. Спиридонова, И.К. Каховская, С.Д. Мстиславский, Г.Д. Закс, В.А. Карелин; от Объединённой евр. соц. рабочей партии – М.Л. Гутман; от укр. соц. партий – чл. УСДРП П.И. Кулиниченко.

Председательство перешло к Каменеву, огласившему намеченный ВЦИК порядок дня: вопросы о власти, войне и Учред. Собр. По соглашению бюро всех фракций решили выслушать доклад представителя Петрогр. Совета РСД, затем представителей ВЦИК и фракций и перейти к вопросу о власти. Лидер меньшевиков-интернационалистов Ю.О. Мартов, выступивший после утверждения повестки дня, предложил прежде всего обсудить вопрос "о мирном разрешении создавшегося кризиса" путём образования "единой демокр. власти", "к-рая была бы признана всей демократией". Для этого "избрать делегацию для переговоров с др. соц. партиями и орг-циями, чтобы достигнуть прекращения начавшегося столкновения" ("2-й съезд Советов", с. 34). Это предложение было единогласно принято. Однако выступившие затем от фронтовой группы Я.А. Хараш, Г.Д. Кучин (Кучкин), от меньшевиков П.М. Хинчук, от эсеров М.Я. Гендельман, от бундовцев Г.М. Эрлих и Р.А. Абрамович осудили захват власти большевиками и Петрогр. Советом и вместе с частью своих фракций покинули съезд. Мартов от имени меньшевиков-интернационалистов и поалей-ционистов предложил приостановить работу съезда до соглашения "между восставшей частью демократии и остальными демокр. орг-циями об образовании демокр. пр-ва" (там же, с. 42). В ответ Троцкий предложил съезду принять резолюцию, решительно осуждавшую уход со съезда меньшевиков и эсеров и предлагавшую продолжать работу. Резолюция Мартова была отклонена, после чего он и его сторонники покинули съезд. Левый эсер Б.Д. Камков выступил против предложения Троцкого, мотивируя необходимостью создания единого рев. фронта, в то время как резолюция Троцкого изолирует съезд от умеренных элементов демократии. Против были и объединённые с.-д.-интернационалисты; голосования по резолюции Троцкого не проводилось. После ухода со съезда эсеров, меньшевиков, бундовцев (кроме их левых представителей) за счёт приезда опоздавших и присоединения части делегатов, входивших в др. фракции, беспартийных и неопределившихся число большевиков возросло до 390, левых эсеров до 179, объединённых с.-д.-интернационалистов до 35, а общее число представителей нац. соц. партий уменьшилось до 21. Всего осталось 625 делегатов. Они представляли 402 Совета страны.

После перерыва (с 2 ч. 40 мин. до 3 ч. 10 мин. 26 окт.) пред. сообщил об аресте Врем. пр-ва. Краткая дискуссия завершилась принятием ("против" 2, воздержались 12) оглашённого Луначарским воззвания "Рабочим, солдатам и крестьянам": "Опираясь на волю громадного большинства рабочих, солдат и крестьян, опираясь на совершившееся в Петрограде победоносное восстание рабочих и гарнизона, Съезд берёт власть в свои руки" (там же, с. 53). В воззвании, в частности, отмечалось, что Сов. власть "обеспечит своевременный созыв Учред. Собр.". Около 6 ч. утра 1-е заседание было закрыто.

2-е заседание открылось 26 окт. в 21 ч. Съезд обсудил: доклады Ленина о мире и о земле, Декрет о мире был одобрен единогласно, при обсуждении Декрета о земле голосовал "против" 1, воздержались 8. Об орг-ции власти и о составе Сов. пр-ва докладывал Каменев, в дискуссии выступили представители от объединённых с.-д.-интернационалистов Б.В. Авилов, от левых эсеров Карелин. Отвечая оппонентам, Троцкий, в частности, говорил: «Открыто, перед лицом всего народа, мы подняли знамя восстания. Полит. формула этого восстания: Вся власть Советам через Съезд Советов. Нам говорят: вы не подождали Съезда. Мы-то стали бы ждать, но Керенский не хотел ждать: контрреволюционеры не дремали. Мы, как партия, своей задачей считали [необходимым] создать реальную возможность для Съезда Советов взять власть в свои руки. Если бы Съезд оказался окружённым юнкерами,– каким путём он мог бы взять власть в свои руки? Для того, чтобы эту задачу осуществить, нужна была партия, к-рая бы исторгла власть из рук контрреволюционеров и сказала бы вам: "Вот власть, и вы обязаны её взять"» (там же, с. 86). Подавляющим большинством голосов декрет об орг-ции власти был принят: "Образовать для управления страной, впредь до созыва Учред. Собр., Врем. рабочее и крест. пр-во, к-рое будет именоваться Советом Нар. Комиссаров" (там же, с. 102).

Кроме того, съезд принял: постановления – об отмене смертной казни на фронте, об освобождении арестованных членов зем. к-тов, об аресте А.Ф. Керенского, о возможности пополнения ВЦИК представителями партий и групп, покинувших съезд, а также крестьян в кол-ве, предусмотренном статусом съезда; обращения – к фронту (о создании врем. рев. к-тов), к казакам (с призывом переходить на сторону Сов. власти), к железнодорожникам (о сохранении порядка на жел. дорогах), ко всем Советам (об обеспечении рев. порядка на местах).

Съезд избрал ВЦИК. Члены ВЦИК: большевики – В.А. Аванесов, Т.Я. Березин, М.С. Богданов, А.С. Бубнов, П.М. Быков, В.Ф. Ваничков, А.Г. Васильев, В.А. Ватин, Я.А. Винтер-Берзин, В. Володарский, А.В. Галкин, Ф.Я. Гжельщак, С.Н. Гиллерсон, Ф.И. Голощёкин, И.Л. Дзевялтовский, Ф.Э. Дзержинский, Д.Г. Евсеев, А.С. Енукидзе, Я.З. Ерман, А.А. Звездов, Г.Е. Зиновьев, А.А. Иоффе, С.И. Кавтарадзе, Л.Б. Каменев, Е.С. Коган, Н.В. Крыленко, М.М. Лашевич, В.И. Ленин, И.В. Литвин, М.М. Маеров, Л.П. Малиновский, К.А. Мехоношин, В.П. Милютин, С.К. Минин, М.К. Муранов, С.М. Нахимсон, Н.М. Никитин, А.М. Орехов, Я.Х. Петерс, К.А. Петерсон, Г.И. Петровский, Н.И. Подвойский, Е.А. Преображенский, В.М. Примаков, А.Д. Садовский, Я.М. Свердлов, Э.М. Склянский, А.И. Слуцкий, В.А. Смольянинов, Г.Я. Сокольников, И.В. Сталин, П.И. Старостин, Ю.М. Стеклов, П.И. Стучка, В.А. Тер-Ваганян, Л.Д. Троцкий, И.И. Ульянов, М.С. Урицкий, Я.Г. Фенигштейн, И.П. Флеровский, В.В. Фомин, Г.И. Чудновский; левые эсеры – В.А. Алгасов, В.А. Александрович (Дмитриевский), И.В. Балашов, М.Н. Буткевич, П.В. Бухарцев, Р.С. Вербо, Л.И. Гриневич, М.Ф. Емельянов, Н.Д. Ефремов, С.С. Зак, Г.Д. Закс, Б.Д. Камков, В.А. Карелин, И.К. Каховская, С.И. Котляревский, М.А. Левин, Г.Л. Лесновский, Б.Ф. Малкин, П.И. Мелков, А.М. Мирошниченко, И.П. Нестеров, В.В. Петров, П.П. Прошьян, Ю.В. Саблин, М.А. Спиридонова, В.Б. Спиро, Г.М. Струнин, В.И. Хаскин, А.А. Шрейдер, В.М. Юдзентович; объединённые с.-д.-интернационалисты – Б.В. Авилов, В.А. Базаров, С.Н. Жилинский, Б.И. Моисеев, Д.А. Сагирашвили, В.А. Строев; "украинские социалисты" – П.Г. Василюк, Д.И. Кириченко, П.И. Кулиниченко; эсер-максималист – Звездин. Кандидаты в члены ВЦИК: большевики – В.К. Аверин, Н.К. Антипов, А.Я. Аузинь, Г.И. Бокий, М.Г. Бронский, Г.Я. Вевер, Б.А. Веселовский, Г.Е. Евдокимов, Л.М. Карахан, С.В. Косиор, П.А. Красиков, Н.Н. Крестинский, В.В. Кураев, М.Я. Лацис, Ю.М. Лещинский, С.С. Лобов, А.Г. Миничев, В.С. Мицкевич, В.М. Молотов, В.П. Ногин, Н.А. Обухов, Г.К. Орджоникидзе, С.С. Пестковский, А.М. Плужников, С.Н. Равич, А.И. Рыков, Д.С. Самохвалов, П.Г. Смидович, К.К. Юренев; левые эсеры – И.Д. Бровко, А.Н. Глазко, А.И. Лагутин, Р.А. Чикоидзе, А.Л. Шулякевич. В последующие дни во ВЦИК вошли (через кооптацию, объединение с представителями Исполкома Всерос. Совета КД) св. 200 чел.

В.И. Миллер.

11–25 ноября. Чрезвычайный Всероссийский съезд Советов крестьянских депутатов, Петроград. Созван по решению ВЦИК Советов РСД от 27 окт., вопреки Исполкому Всерос. Совета КД (ВСКД). Его созыв обусловлен тем, что на 2-м Всерос. съезде Советов РСД почти отсутствовали представители крест. Советов, а делегаты объединённых Советов РСКД составляли лишь 1/3. Важную роль в подготовке съезда сыграли левые эсеры А.Л. Колегаев, В.Б. Спиро, большевик В.П. Милютин и др.

На открытии присутствовало менее 260 делегатов (кворум 790). 15 нояб. было 300 делегатов с решающим голосом, в т.ч. 174 с мест и 126 от армии. 18 нояб. из 330 делегатов с решающим голосом было 195 левых эсеров, 65 правых эсеров, 37 большевиков, 14 беспартийных, 7 максималистов, 4 энеса, по 3 меньшевика-интернационалиста и "новожизненца" и 2 анархиста. "Мы не можем назвать себя правомочным съездом, но можем назваться чрезвычайным и перейти от слов к делу",– говорила М.А. Спиридонова ["Знамя Труда", (П.), 1917, 11 нояб.].

Левые эсеры и большевики представляли гл. обр. низовые армейские орг-ции и уездные крест. Советы, правые эсеры – губ. Советы и армейские к-ты. Причём важнейшие резолюции принимались в отсутствие правых эсеров и их сторонников, уходивших, возвращавшихся и проводивших параллельно Всерос. совещание представителей губ. крест. Советов, армейских к-тов и Исполкома Всерос. Совета КД. В работе съезда участвовали почти все лидеры ПЛСР и РСДРП(б). Большинство делегатов – середняки и бедняки.

Съезд открыла М.А. Спиридонова и была избрана его пред., товарищами председателя – левые эсеры М.А. Натансон, Б.Д. Камков, А.Л. Колегаев, Р.И. Сташков и А.М. Устинов, большевик Г.И. Зиновьев и беспартийный Н.М. Никитин, секретарями – левые эсеры Г.М. Иващенко, Б.Ф. Малкин и П.П. Прошьян, большевики В.И. Невский и В.П. Милютин, максималист Н.Ф. Попов; 19 нояб. вместо Зиновьева и Милютина избраны большевики Г. Косырев и М.М. Харитонов. В.М. Чернов не был избран при выборах почётного председателя.

Обсуждались вопросы: О власти – А.М. Устинов; О земле – левый эсер В.М. Качинский, фактически содоклад сделал В.И. Ленин.

13 нояб. была принята левоэсеровская резолюция о власти. Она предусматривала переизбрание Исполкома ВСКД, объединение его и ВЦИК Советов РСД в единый ВЦИК Советов РСКД и орг-цию последним пр-ва из всех соц. партий с целью осуществления программы 2-го Всерос. съезда Советов РСД (если кто откажется от участия в пр-ве, оно организуется без него). Объединение исполко-

мов предусматривалось "на равных основаниях", что привело бы к власти левых эсеров, становившихся крупнейшей фракцией единого ВЦИК. Большевики голосовали против резолюции, заблокировав её реализацию в целом.

Из 108 членов (82 левых эсера, 16 большевиков, 5 беспартийных, 3 максималиста, 1 анархист и 1 "новожизненец") был сформирован Временный Исполком Всероссийского Совета крестьянских депутатов: левые эсеры – Н.Н. Алексеев, И.М. Аносов, Н.С. Арефьев, Бабаев, П.П. Беклешов, И.Ф. Балыков, М.Е. Булочников, М.Н. Бутов, Бухтий, К.П. Вакс, Л.С. Венецианов, Верзилин, М.Н. Викторов, В.Д. Волков, А.И. Воробей, П.А. Гламаздин, Т.И. Голынский, А.В. Горохов, Е.А. Григорович, О.П. Другов, Ефимов, Жданов, Жуков, Засодимский, А.Г. Иванов, Г.М. Иващенко, А.А. Измайлович, Карпов, В.М. Качинский, Ю.Н. Клидзинь, Я. Козин, А.Л. Колегаев, Л.Е. Кроник, Крючков, М. Лаптев, В.М. Левин, К. Лунёв, И. Магомет, Макаров, Моисеев, Морей, С.Д. Мстиславский, М.А. Натансон, Никитин, А.П. Петров, М.А. Пипер, А.Н. Поперечный, Н.Ф. Попов, Н.И. Пароль, Рогозин, Романченко, Н. Рыбин, Д.Г. Рыкин, Рычков, П.Т. Саломатов, Самохвалов, П.Ф. Сапожников, В. Селиванов, Сидоров, Синкевич, А. Смирнов, М.А. Спиридонова, Р.И. Сташков, Г.Н. Сухарьков, Е.М. Текотин, Н.И. Тутенков, С.С. Усачёв, А.М. Устинов, Федотов, Чемоданов, Н.К. Чулочников, П.В. Чумаченко, М.Н. Чуркин, Шаблинский, С.И. Шапошников, Шеренщиков, А.В. Шестаков, А.А. Шрейдер, И.З. Штейнберг, В.М. Юдзентович, И.М. Юдзентович, Янкович; большевики – Р. Андреев, А.А. Анохин, С.И. Гусев, Ионов, О.З. Кечиев, Н. Клоков, Г. Косырев, Р. Куликов, Левченко, В.И. Невский, Орлов, В.Д. Прокофьев, Розанов, И. Сладков, Халипсин, М.М. Харитонов; беспартийные – Азаров, Васильев, Денчик, Н.М. Никитин, С.Ф. Шутов; "максималисты" – М.Н. Бутов, Н.И. Ривкин, М.В. Селиванов; анархист Д. Романовский; фамилия "новожизненца" неизвестна.

Пред. Исполкома – Спиридонова.

15 нояб. на заседаниях съезда и ВЦИК Советов РСД утверждено соглашение о создании объединённого ВЦИК Советов РСКД; по 108 членов новоизбранного Исполкома ВСКД и ВЦИК Советов РСД, 100 дополнительно избираемых солд. и матросских депутатов и 50 дополнительно избираемых профсоюзных депутатов. Объединение происходило на платформе 2-го съезда Всерос. Советов РСД. Первое пленарное заседание объединённого ВЦИК состоялось 17 нояб.

Вечером 15 нояб. на торжеств. заседании съезда, ВЦИК Советов РСД и Петросовета РСД была принята резолюция, подтвердившая декреты о мире, земле, рабочем контроле и выразившая уверенность, что будут приняты "все рев. меры к ускорению перехода власти в руки трудящихся масс других, более передовых стран и обеспечена т.о. прочная победа делу справедливого мира и делу социализма" ["Известия ЦИК", (П.), 1917, 17 нояб.].

19 нояб. съезд санкционировал вхождение А.Л. Колегаева в Совнарком и занятие им поста наркома земледелия, предполагалось вхождение и др. левых эсеров. Затем одобрено левоэсеровское постановление по зем. вопросу, подтвердившее постановление о земле, принятое 1-м Всерос. съездом Советов КД. Агр. политика Врем. пр-ва признавалась "преступной", а Совнарком – "Народным Соц. Пр-вом" ("Знамя Труда", 1917, 21 нояб.). Через два часа Колегаев впервые участвовал в заседании Совнаркома.

Источники: "Дело Народа", П., 1917, 11–19 нояб.; "Знамя Труда", П., 1917, 9–26 нояб.; "Известия ЦИК", П., 1917, 11–27 нояб.; "Известия Чрезв. Всерос. крест. съезда", П., 1917, 22–26 нояб.; Быховский Н.Я., Всерос. Совет КД 1917 г., М., 1929.

Лит.: Гайсинский М.Г., Борьба большевиков за крест-во в 1917 г. Всерос. съезды Советов КД, М., 1933; Лавров В.М., Источники по истории Чрезв. и 2-го Всерос. съездов Советов КД, М., 1986 (канд. диссертация); его же, Создание объединённого ВЦИК (нояб. 1917 г.). Ист. опыт Вел. Октября, М., 1986.

В.М. Лавров.

12 ноября. Выборы во Всероссийское Учредительное Собрание (УС). В своей первой декларации от 2 марта Врем. пр-во заявило, что считает гл. задачей созыв УС. 13 марта было основано Особое совещание для создания "Положения о выборах в УС". Постановлением Врем. пр-ва от 25 марта определено, что в Особое совещание "...назначаются специалисты по вопросам гос. права, представители статистич. науки и др. сведущие лица, приглашаются полит. и обществ. деятели, представляющие гл. полит. и нац.-полит. течения России" ("Вестник Врем. Пр-ва", 1917, 28 марта); пред.– кадет Ф.Ф. Кокошкин, члены – проф. В.М. Гессен, акад. А.С. Лаппо-Данилевский, магистр гос. права Б.Э. Нольде и др. В работе участвовали представители осн. партий (в т.ч. большевики, меньшевики, эсеры), Советов, армии и флота, "политически организованных нац. групп" (поляки, евреи, литовцы, грузины, армяне и т.д.) и "лица, осведомлённые в отношении местных условий" (ЦГАОР, ф. 1811, оп. 1, д. 8, л. 15–15об.). Работать начали 25 мая. 14 июня Врем. пр-во постановило провести выборы в УС 17 сент., созвать УС 30 сент., возложив составление избират. списков на органы местного самоуправления. Для технич. подготовки и проведения выборов начала работу (7 авг.) Всероссийская по делам о выборах в УС комиссия ("Всевыборы"), пред.– кадет Н.Н. Авинов. 9 авг. Врем. пр-во перенесло выборы на 12 нояб., а начало работы УС на 28 ноября. Врем. пр-вом 23 сент. был утверждён последний раздел "Положения", к-рое предусматривало пропорц. систему выборов на основе всеобщего, прямого, равного и тайного голосования.

После свержения Врем. пр-ва СНК 27 окт. подтвердил установленные сроки. 6 и 13 нояб. СНК требовал (но не получил) от "Всевыборов" отчёта об орг-ции и ходе выборов; 14 нояб. Авинов отчитался на заседании членов быв. Врем. пр-ва, 17 нояб. в газетах было опубл. воззвание об открытии УС 28 нояб. Решением СНК 23 нояб. члены "Всевыборов" – кадеты и правые эсеры – за саботаж были арестованы (27 нояб. освобождены), а комиссаром над "Всевыборами" назначен М.С. Урицкий. 28 нояб. комиссия отказалась от совместной с ним работы и 29 нояб. была распущена. Постановление СНК от 26 нояб. определяло, что начало работы УС состоится по приглашению комиссара над "Всевыборами", когда в Петроград прибудут св. 400 членов УС; заседание откроет лицо, уполномоченное СНК.

Из-за затяжки с подготовкой док-тов, трудностей в орг-ции связи и начинавшейся Гражд. войны своеврем. выборы прошли лишь в 46 округах из 81; в 20 округах были перенесены на 15 и 26 нояб., в 12 – на дек. 1917 – янв. 1918; по 3 округам информации нет. Результаты выборов известны не по всем округам; в 68 (по 4 округам данные неполные) голосовало 44,443 млн. чел. из приблизительно 90 млн., включённых в списки, в т.ч. за большевиков 24%, за др. соц. партии 59%, за бурж. партии 17% (см.: Знаменский О.Н., Всерос. Учред. Собрание. История созыва и полит. крушения, Л., 1976, с. 270–71). Было избрано (по сохранившимся спискам) 715 членов УС.

В.И. Миллер, А.И. Разгон.

СПИСОК ЧЛЕНОВ УЧРЕДИТЕЛЬНОГО СОБРАНИЯ

[После фамилии, имени и отчества следуют названия избират. округа, кандидатского списка и выдвинувшей орг-ции. Печатается по кн. "Всерос. Учред. Собрание" (М.–Л., 1930, с. 116–38) без исправления написания.]

Абрамов Василий Семёнович, Румынский фр., № 3 – с.-р. и Совет Кр. Д.; Аверин Василий Кузьмич, Екатеринославский, № 9 – Р.С.-Д.Р.П.(б.) и Бахмутский Совет Кр. Д.; Авксентьев Николай Дмитриевич, Пензенский, № 4 – с.-р.; Агаев Гасан-Согон-Кули-Оглы, Закавказский, № 10 – Мус. нац. к-т и Мусават; Адрианов Владимир Илларионович, Румынский фр., № 3 – с.-р. и Совет Кр. Д.; Александров Александр Фомич, Бессарабский, № 2 – с.-р.; Алексеев Николай Кузьмич, Пермский, № 2 – с.-р. и Совет Кр. Д.; Алексеев Николай Николаевич, Харьковский, № 5 – "Земля и Воля", с.-р. (левых), укр. с.-р. и Совет Кр. Д.; Алексеевский Александр Николаевич, Приамурский, № 7 – с.-р.; Алексеевский Владимир Александрович, Румынский фр., № 3 – с.-р. и Совет Кр. Д.; Алибеков Иван Яковлевич, Минский, № 9 – Р.С.-Д. Р.П.(б.); Алкин Ильяс Сеидгиреевич, Казанский, № 10 – мус. соц. список; Алмазов Валентин Иванович, Симбирский, № 2 – Кр. Съезд и с.-р.; Алюнов Гавриил Фёдорович, Казанский, № 1 – Общечувашский нац. съезд, чув. военн. к-т и чув. п.с.-р.; Алясов Николай Иванович, Таврический, № 5 – с.-р. и Совет Кр. Д.; Амбарцумян Константин Саакович, Закавказский, № 4 – Дашнакцутюн; Анвельт Ян Янович, Эстляндский,

№ 2 – Р.С.-Д.Р.П.(б.) и Ц. К. безземельных и малоземельн. кр.; Андреев Никифор Васильевич, Орловский, № 8 – Р.С.-Д.Р.П.(б.); Антипин Илларион Михайлович, Воронежский, № 3 – с.-р.; Антонов-Овсеенко Владимир Алексеевич, Северный фр., № 5 – Р.С.-Д.Р.П.(б.); Анучин Сергей Андреевич, Западный фр., № 9 – Р.С.-Д.Р.П.(б.); Апетер Иван Андреевич, Западный фр., № 9 – Р.С.-Д.Р.П.(б.); Арватов Борис Игнатьевич, Тульский, № 1 – с.-р. и Совет Кр. и Воен.-Кр. Д.; Аргунов Андрей Александрович, Смоленский, № 3 – с.-р. и Совет Кр. Д.; Аросев Александр Яковлевич, Тверской, № 6 – Р.С.-Д.Р.П.(б.); Архангельский Василий Гаврилович, Самарский, № 3 – с.-р. и Совет Кр. Д.; Астров Николай Иванович, Москва-столица, № 1 – Народная свобода; Ахмеров Мухяетдин Гайнеидинович, Уфимский, № 3 – Совет Кр. Д., лев. фр. мус. нац. Совета, с.-р. (тат.) мус. нац. Совет;

Бадаев Алексей Егорович, Кавказский фр., № 5 – Р.С.-Д.Р.П.(б.); Базяк Исаак Григорьевич, Западный фр., № 1 – укр. с.-р. и с.-д.; Бакута Василий Терентьевич, Таврический, № 5 – с.-р. и Совет Кр. Д.; Баринов Герасим Константинович, Рязанский, № 3 – с.-р.и Совет Кр. Д.; Барышников Александр Васильевич, Курский, № 1 – с.-р.; Барышников Владимир Архипович, Московский, № 5 – Р.С.-Д.Р.П.(б.); Батманов Семён Михайлович, Тамбовский, № 1 – с.-р. и Совет Кр. Д.; Бачинский Сергей Васильевич, Екатеринославский, № 5 – селянск. спілки – Крест. союз и Совет Кр. Д., с укр. с.-р. и с.-д.; Башкиров Александр Иванович, Самарский, № 3 – с.-р.и Совет Кр. Д.; Беклешов Леонид Леонидович, Псковский, № 3 – с.-р. и губ. Совет Кр. Д.; Белобородов Александр Георгиевич, Пермский, № 6 – Р.С.-Д.Р.П.(б.); Белозёров Фёдор Гаврилович, Самарский, № 3 – с.-р. и Совет Кр. Д.; Белоруссов Константин Алексеевич, Курский, № 1 – с.-р.; Березняк Савватий Иванович, Юго-Западный фр., № 3 – укр. с.-р., укр. с.-д. и казаки соц.; Березов Николай Фёдорович, Кавказский фр., № 3 – с.-р.; Берзин Ян Антонович, Лифляндский, № 3 – с.-д. Латвии; Бирюков Дмитрий Петрович, Вятский, № 3 – Съезд Кр. Д. и с.-р.; Близнюк Артём Порфирьевич, Воронежский, № 3 – с.-р.; Бобинский Станислав Янович, Смоленский, № 7 – Р.С.-Д.Р.П.(б.); Бобынин Николай Николаевич, Тамбовский, № 1 – с.-р. и Совет Кр. Д.; Богданов Габдрауф Габдуллинович, Оренбургский, № 2 – Оренбург. каз. войска; Богданов Михаил Николаевич, Забайкальский, № 2 – Бурятский нац. к-т; Богданов Николай Николаевич, Таврический, № 1 – Народная свобода; Богословов Яков Аркадьевич, Самарский, № 3 – с.-р. и Совет Кр. Д.; Болдов Михаил Дмитриевич, Пензенский, № 4 – с.-р.; Болдыш Максим Данилович, Витебский, № 1 – с.-р.; Большаков Фёдор Петрович, Ярославский, № 3 – Совет Кр. Д. и с.-р.; Бондарев Сергей Иванович, Пермский, № 2 – с.-р. и Совет Кр. Д.; Бондарь Пётр Николаевич, Таврический, № 5 – с.-р. и Совет Кр. Д.; Бонцаревич Антон Антонович, Херсонский, № 4 – Совет Кр. Д., с.-р., укр. с.-р. и объед. евр. соц. раб. п.; Бородачёв Иван Павлович, Калужский, № 2 – с.-р. и губ. съезд Советов Кр. Д.; Бочарников Михаил Григорьевич, Ставропольский, № 1 – с.-р. и Совет Кр. Д.; Бочарников Николай Георгиевич, Румынский фр., № 3 – с.-р. и Совет Кр. Д.; Бош Евгения Готлибовна, Черниговский, № 9 – Р.С.-Д.Р.П.(б.); Брешко-Брешковская Екатерина Константиновна, Черниговский, № 1 – с.-р.; Бриллиантов Александр Иванович, Уфимский, № 9 – с.-р. и Совет Кр. Д.; Бруцкус Юдель Давидович, Минский, № 2 – еврейский нац. изб. к-т; Брушвит Иван Михайлович, Самарский, № 3 – с.-р. и Совет Кр. Д.; Бузанов Василий Иванович, Вятский, № 3 – Съезд Кр. Д. и с.-р.; Букин Феофан Ильич, Орловский, № 3 – с.-р. и Совет Кр. Д.; Булат Андрей Андреевич, Витебский, № 1 – с.-р.; Бунаков (Фундаминский) Илья Исидорович, Черноморский флот, с.-р.; Буревой-Сопляков Константин Степанович, Воронежский, № 3 – с.-р.; Буслов Анатолий Ефимович, Могилёвский, № 1 – Совет Кр. Д. и с.-р.; Бухарин Николай Иванович, Москва-столица, № 5 – Р.С.-Д.Р.П. интернац. (большев.); Быков Василий Петрович, Московский, № 3 – с.-р.; Былинкин Арсений Сергеевич, Румынский фр., № 3 – с.-р. и Совет Кр. Д.; Быховский Наум Яковлевич, Саратовский, № 12 – с.-р. и Совет Кр. Д.;

Вагжанов Александр Петрович, Тверской, № 6 – Р.С.-Д.Р.П.(б.); Вакман Рудольф Иоганнович, Эстляндский, № 2 – Р.С.-Д.Р.П.(б.) и И.К. беззем. и малозем. кр.; Валидов Ахмедзакий Ахмедшин, Уфимский, № 11 – федералисты башкиры; Валентинов (Абрамсон) Григорий Борисович, Новгородский, № 6 – Р.С.-Д.Р.П.(б.); Варушкин Александр Яковлевич, Пермский, № 2 – с.-р. и Совет Кр. Д.; Васильев Александр Григорьевич, Северный фр., № 5 – Р.С.-Д.Р.П.(б.); Васильев Иван Васильевич, Казанский, № 1 – общечув. нац. съезд, чув. воен. к-т и чув. п. с.-р.; Васильев Михаил Михайлович, Западный фр., № 9 – Р.С.-Д.Р.П.(б.); Васильев Михаил Иванович, Саратовский, № 10 – Р.С.-Д.Р.П.(б.); Вахитов Нулла-Мур Муллазякович, Казанский, № 10 – мус. соц. список; Ветошкин Михаил Кузьмич, Вологодский, № 2 – Р.С.-Д.Р.П.(б.); Вехтев Даниил Тимофеевич, Херсонский, № 4 – Совет Кр. Д., с.-р., укр. с.-р., объед. евр. соц. раб. п.; Вильмс Юрий Рейнович, Эстляндский, № 3 – эстонск. труд. парт.; Винавер Максим Моисеевич, Петроград-столица, № 2 – Народная свобода; Вихляев Пантелеймон Алексеевич, Вятский, № 8 – Съезд Кр. Д. и с.-р.; Вишняк Марк Вениаминович, Ярославский, № 3 – Совет Кр. Д. и с.-р.; Владыкин Владимир Тихонович, Орловский, № 3 – с.-р. и Совет Кр. Д.; Власов Александр Михайлович, Курский, № 1 – с.-р.; Володин Сергей Адрианович, Орловский, № 3 – с.-р. и Совет Кр. Деп.; Вольнов Иван Егорович, Орловский, № 3 – с.-р. и Совет Кр. Деп.; Вольский Владимир Казимирович, Тверской, № 3 – с.-р. и Совет Кр. Деп.; Вольский Михаил Казимирович, Тамбовский, № 1 – с.-р. и Совет Кр. Деп.; Воробьёв Клементий Яковлевич, Симбирский, № 2 – Съезд Кр. Д. и с.-р.; Воронов Парамон Михайлович, Могилёвский, № 1 – Совет Кр. Д. и с.-р.; Ворошилов Клементий Ефремович, Екатеринославский, № 9 – Р.С.-Д.Р.П.(б.) и Бахмутский Совет Кр. Д.; Восков Семён Петрович, Петроградский, № 2 – Р.С.-Д.Р.П.(б.); Высоцкий Александр Давыдович, Петроградский, № 10 – с.-р. и Совет Кр. Д.; Выхристов Владимир Кириллович, Приамурский, № 2 – Совет Кр. Д.;

Гаврилюк Илья Иванович, Херсонский, № 4 – Совет Кр. Д., с.-р., укр. с.-р., объед. евр. соц. раб. п.; Гавронский Дмитрий Осипович, Симбирский, № 2 – Съезд Кр. Д. и с.-р.; Гайдаров Ибрагим, Закавказский, № 12 – мус. социал. блок; Галаган Нестор Филиппович, Полтавский, № 8 – укр. сел. спилка и укр. с.-р.; Галкин Иван Иванович, Вологодский, № 1 – Совет Кр. Д. и с.-р.; Гамзагурди Пётр Ярославович, Минский, № 12 – с.-р. и Совет Кр. Д.; Гарницкий Филипп Михайлович, Ставропольский, № 1 – с.-р. и Совет Кр. Д.; Гвоздиковский Николай Кондратьевич, Екатеринославский, № 3 – "Земля и Воля", с.-р. и Совет Кр. Д.; Гегечкори Евгений Петрович, Закавказский, № 1 – Р.С.-Д.Р.П.; Гендельман Михаил Яковлевич, Рязанский, № 3 – с.-р. и Совет Кр. Д.; Герштейн Лев Николаевич, Пермский, № 2 – с.-р. и Совет Кр. Д.; Гжельщак Франц Иванович, Западный фр., № 9 – Р.С.-Д.Р.П.(б.); Гизетти Александр Алексеевич, Витебский, № 1 – с.-р.; Гладких Яков Никифорович, Воронежский, № 3 – с.-р.; Глевенко Кондратий Степанович, Херсонский, № 4 – Совет Кр. Д., с.-р., укр. с.-р., объед. евр. соц. раб. п.; Глебов-Авилов Николай Павлович, Калужский, № 7 – Р.С.-Д.Р.П.(б.); Говоров Николай Владимирович, Рязанский, № 3 – с.-р. и Совет Кр. Деп.; Голубович Всеволод Александрович, Херсонский, № 4 – Совет Кр. Д., с.-р., укр. с.-р. и объед. евр. соц.п.; Гольдман Ян Юрьевич, Лифляндский, № 1 – Крест. союз; Гончаров Сергей Никитич, Орловский, № 3 – с.-р. и Совет Кр. Деп.; Гордиевский Михаил Иванович, Херсонский, № 4 – Совет Кр. Д., с.-р., укр. с.-р. и объед. евр. соц. раб. п.; Горшков Иван Иванович, Рязанский, № 5 – Р.С.-Д.Р.П.(б.); Гоц Абрам Рафаилович, Пензенский, № 4 – с.-р.; Григорьев Логгин Антонович, Томский, № 2 – с.-р.; Громашевский Лев Васильевич, Минский, № 9 – Р.С.-Д.Р.П.(б.); Грузенберг Оскар Осипович, Херсонский, № 10 – еврейский нац. блок; Гуковский Александр Исаевич, Новгородский, № 4 – с.-р.; Гультяев Степан Елизарович, Тобольский, № 6 – Съезд Кр. Д. и с.-р.; Гуревич Виссарион Яковлевич, Тульский, № 1 – с.-р. и Совет Кр. и Воен.-Кр. Д.; Гуров Кузьма Семенович, Енисейский, № 3 – с.-р.; Гуторов (Новиков) Александр Калинникович, Ставропольский, № 1 – с.-р. и Совет Кр. Д.;

Данилов Дмитрий Михайлович, Нижегородский, № 7 – Р.С.-Д.Р.П.(б.); Данилов Степан Степанович, Костромской, № 4 – Р.С.-Д.Р.П.(б.); Данский Фёдор Иванович, Юго-Западный фр., № 1 – с.-р. и Совет Кр. Д.; Девизоров Алексей Алексеевич, Алтайский, № 1 – с.-р. и Совет Кр. Д.; Дедусенко Яков Тимофеевич, Самарский, № 3 – с.-р. и Совет Кр. Д.; Дементьев Евгений Алексеевич, Ставропольский, № 1 – с.-р. и Совет Кр. Д.; Детлаф Антон Осипович, Юго-Западный фр., № 1 – с.-р. и Совет Кр. Д.; Джафаров Мамед-Юсуф, Закавказский, № 10 – мус. нац. к-т и Мусават; Дзержинский Феликс Эдмундович, Витебский, № 5 – Р.С.-Д.Р.П.(б.); Диканский Григорий Осипович, Юго-Западный фр., № 1 – с.-р. и Совет Кр. Д.; Долгоруков Павел Дмитриевич, Московский, № 1 – Народная свобода; Донской Дмитрий Дмитриевич, Кавказский фр., № 3 – с.-р.; Дорошев Никита Иванович, Курский, № 1 – с.-р.; Дризо Владимир Исаакович, Минский, № 12 – с.-р. и Совет Кр. Д.; Дутов Александр Ильич, Оренбургский, № 2 – Оренбург. каз. войск; Дыбенко Павел Ефимович, Балтийский флот, № 2 – Р.С.-Д.Р.П.(б.); Дьяконов Василий Григорьевич, Харьковский, № 5 – "Земля и Воля", с.-р., укр. с.-р. и Совет Кр. Д.;

Евдокимов Григорий Еремеевич, Петроград-столица, № 4 – Ц.К., воен. орг., П.К.Р.С.-Д.Р.П.(б.), к-т Польши и Литвы и Ц.К. с.-д. Латвии; Евдокимов Кузьма Афанасьевич, Тобольский, № 6 – Съезд Кр. Д. и с.-р.; Евсеев Николай Иванович, Вятский, № 3 – Съезд Кр. Д. и с.-р.; Егоров Михаил Фёдорович, Смоленский, № 3 – с.-р. и Совет Кр. Деп.; Елисеев Борис Самуилович, Калужский, № 2 – с.-р. и губ. съезд Советов Кр. Д.; Ельяшевич Александр Борисович, Самарский, № 3 – с.-р. и Совет Кр. Д.; Емельянов Григорий Степанович, Ставропольский, № 1 – с.-р. и Совет Кр. Д.; Ермаков Дмитрий Семёнович, Новгородский, № 6 – Р.С.-Д.Р.П.(б.); Ерофеев Василий Трофимович, Румынский фр., № 3 – с.-р. и Совет Кр. Д.; Ефремов Лавр Александрович, Вятский, № 3 – Съезд Кр. Д. и с.-р.;

Жиделев Николай Андреевич, Владимирский, № 6 – Р.С.-Д.Р.П.(б.); Жордания Ной Николаевич, Закавказский, № 1 – Р.С.-Д.Р.П.;

Завриев Яков Христофорович, Закавказский, № 4 – Дашнакцутюн; Закревский Егор Макарович, Могилёвский, № 1 – Совет Кр. Д. и с.-р.; Зак Самуил Сергеевич, Таврический, № 5 – с.-р. и Совет Кр. Д.; Засорин Михаил Федорович, Могилёвский, № 1 – Совет Кр. Д. и с.-р.; Затейщиков Леонид Васильевич, Пермский, № 2 – с.-р. и Совет Кр. Д.; Затонский Михаил Петрович, Саратовский, № 12 – с.-р. и Совет Кр. Д.; Захаров Пётр Петрович, Калужский, № 7 – Р.С.-Д.Р.П.(б.); Збарский Борис Ильич, Вятский, № 3 – Съезд Кр. Д. и с.-р.; Здобнов Николай Васильевич, Пермский, № 2 – с.-р. и Совет Кр. Д.; Зензинов Владимир Михайлович, Петроградский, № 10 – с.-р. и Совет Кр. Д.; Зетель-Зусман Ицко Лейбович, Западный фр., № 12 – с.-р. и Совет Кр. Д.; Зинин Герман Васильевич, Воронежский, № 3 – с.-р.; Зиновьев (Радомысльский) Евсей Аронович, Петроград-столица, № 4 – Ц.К., воен. орг., П.К.Р.С.-Д.Р.П.(б.), к-т с.-д. Польши и Литвы и Ц.К. с.-д. Латвии; Зисман Арон Ильич, Пермский, № 2 – с.-р. и Совет Кр. Д.; Зорян-Ростом Степан Григорьевич, Закавказский, № 4 – Дашнакцутюн; Зурабов Аршак Герасимович, Закавказский, № 1 – Р.С.-Д.Р.П.;

Ибрагимов Галитджан Гирфанович, Уфимский, № 3 – Совет Кр. Деп., лев. фр. мус. нац. Совета, с.-р. (тат.), мус. нац. Совет; Иваницкий-Василенко Александр Алексеевич, Тобольский, № 6 – Съезд Кр. Д. и с.-р.; Иванов Алексей Алексеевич, Архангельский, № 3 – с.-р. и Совет Кр. Д.; Иванов Михаил Митрофанович, Орловский, № 8 – Р.С.-Д.Р.П.(б.); Иванов Николай Николаевич, Северный фр., № 3 – с.-р. и Совет Кр. Д.; Иванов Семён Варфоломеевич, Смоленский, № 7 – Р.С.-Д.Р.П.(б.); Ивченко Михаил Евдокимович, Полтавский, № 8 – Укр. сел. спилка и укр. с.-р.; Игнатов Ефим Никитич, Москва-столица, № 5 – Р.С.-Д.Р.П. интерн. (больш.); Ильин Пётр Иванович, Тамбовский, № 1 – с.-р. и Совет Кр. Д.; Ильясов Гизатулла Валиуллич, Уфимский, № 3 – Совет Кр. Деп., лев. фр. губ. нац. Совета, с.-р. (тат.), мус. нац. Совет; Инкулец Иван Константинович, Бессарабский, № 1 – Совет Кр. Д.; Иоффе Адольф Абрамович, Псковский, № 6 – Р.С.-Д.Р.П.(б.);

Кабаков Флегонт Гаврилович, Пермский, № 2 – с.-р. и Совет Кр. Д.; Калинин Михаил Иванович, Петроград-столица, № 4 – Ц.К., воен. орг., П.К.Р.С.-Д.Р.П.(б.), к-т с.-д. Польши и Литвы и Ц.К. с.-д. Латвии; Каменев (Розенфельд) Лев Борисович, Витебский, № 5 – Р.С.-Д.Р.П.(б.); Кантемиров Алихан, Закавказский, Мусульм. соц. блок; Каминский Григорий Наумович, Тульский, № 5 – рев. с.-д. б-ков; Камков (Кац) Борис Давидович, Петроград-столица, № 9 – с.-р.; Карелин Владимир Александрович, Харьковский, № 5 – "Земля и Воля", с.-р., укр. с.-р. и Сов. Кр. Д.; Карпенко Елисей Андреевич, Екатеринославский, № 5 – Сел. спилка Кр. Союз и Совет Кр. Д. с укр. с.-р. и укр.с.-д.; Каторос Трефилий Васильевич, Бессарабский, № 1 – Советы Кр. Д.; Кауль Александр Иосифович, Тульский, № 5 – рев. с.-д. б-ков; Качинский-Орешин Владимир Максимович, Харьковский, № 5 – "Земля и Воля", с.-р., укр. с.-р. и губ. Совет Кр. Д.; Квятковский Михаил Фёдорович, Архангельский, № 3 – с.-р. и Совет Кр. Д.; Керенский Александр Фёдорович, Саратовский, № 12 – с.-р. и Совет Кр. Д.; Кильчевский Владимир Агафонович, Ярославский, № 3 – Совет Кр. Д. и с.-р.; Киселёв Алексей Семёнович, Владимирский, № 6 – Р.С.-Д.Р.П.(б.); Киселёв Василий Дмитриевич, Тамбовский, № 1 – с.-р. и Совет Кр. Д.; Климушкин Прокопий Диомидович, Самарский, № 3 – с.-р. и Совет Кр. Д.; Клочок Иван Гаврилович, Северный фр., № 4 – укр. с.-р. и нац. соц. орг. мусульм.; Кобяков Павел Петрович, Новгородский, № 4 – с.-р.; Ковалёв Лев Борисович, Полтавский, № 17 – укр. с.-р. и с.-р.; Ковалевский Ипполит Дмитриевич, Черниговский, № 10 – укр. с.-р. с укр. сел. спилкой; Ковалевский Николай Николаевич, Полтавский, № 8 – укр. сел. спилка и укр. с.-р.; Коваленко Даниил Ильич, Полтавский, № 8 – укр. сел. спилка и укр. с.-р.; Коварский Илья Николаевич, Могилёвский, № 1 – Совет Кр. Д. и с.-р.; Ковбаса Тит Васильевич, Черниговский, № 10 – укр. с.-р. с укр. сел. спилкой; Коган-Бернштейн Матвей Львович, Воронежский, № 3 – с.-р.; Кожевников Николай Григорьевич, Приамурский, № 3 – Амурск. и Уссурийск. казач.; Кожуро Владимир Фёдорович, Минский, № 9 – Р.С.-Д.Р.П.(б.); Козлов Николай Александрович, Костромской, № 1 – "Земля и Воля", с.-р. и Совет Кр. Д.; Коковихин Михаил Николаевич, Юго-Западный фр., № 4 – Р.С.-Д.Р.П.(б.); Кокошкин Фёдор Фёдорович, Москва-столица, № 1 – Народная свобода; Колегаев Андрей Лукич, Казанский, № 11 – с.-р. и Совет Кр. Д.; Колеров Вячеслав Аркадьевич, Северный фр., № 3 – с.-р. и Совет Кр. Д.; Коллонтай Александра Михайловна, Ярославский, № 7 – с.-д. интернац. (большев.); Колосов Евгений Евгеньевич, Енисейский, № 3 – с.-р.; Кондратенков Георгий Никитич, Тамбовский, № 1 – с.-р. и Совет Кр. Д.; Кондратьев Николай Дмитриевич, Костромской, № 1 – "Земля и Воля", с.-р. и Совет Кр. Д.; Коногов Василий Моисеевич, Пензенский, № 4 – с.-р.; Корж Кузьма Алексеевич, Екатеринославский, № 5 – сел. спилка – Кр. Союза и Совета Кр. Д. с укр. с.-р. и укр. с.-д.; Коростелев Александр Алексеевич, Оренбургский, № 8 – Р.С.-Д.Р.П.(б.); Коршунов Константин Артемьевич, Иркутский, № 1 – с.-р. и Кр. Союз; Корякин Александр Дмитриевич, Вологодский, № 1 – Совет Кр. Д. и с.-р.; Костенецкий Василий Емельянович, Черниговский, № 10 – укр. с.-р. с укр. сел. спилкой; Костин Николай Алексеевич, Пензенский, № 4 – с.-р.; Котельников Дмитрий Павлович, Тобольский, № 6 – Съезд Кр. Д. и с.-р.; Котлин Пётр Максимович, Румынский фр., № 3 – с.-р. и Совет Кр. Д.; Кравченко Иван Епифанович, Харьковский, № 5 – "Земля и Воля", с.-р., укр. с.-р., Совет Кр. Д.; Краковецкий Аркадий Антонович, Румынский фр., № 3 – с.-р. и Совет Кр. Д.; Красноусов Александр Михайлович, Тобольский, № 6 – Съезд Кр. Д. и с.-р.; Крестинский Николай Николаевич, Пермский, № 6 – Р.С.-Д.Р.П.(б.); Криворотов Иван Иванович, Алтайский, № 2 – с.-р. и Совет Кр. Д.; Кривошеин Николай Иванович, Минский, № 9 – Р.С.-Д.Р.П.(б.); Кривощёков Александр Иванович, Оренбургский, № 2 – Оренбург. казач. войск; Кроль Лев Яковлевич, Пермский, № 5 – Народная свобода; Кропотов Александр Егорович, Вятский, № 3 – Съезд Кр. Д. и с.-р.; Кругликов Аполлон Николаевич, Забайкальский, № 4 – с.-р.; Крыленко Николай Васильевич, Румынский фр., № 6 – Р.С.-Д.Р.П.(б.); Ксенофонтов Иван Ксенофонтович, Западный фр., № 9 – Р.С.-Д.Р.П.(б.); Кузнецов Афанасий Трофимович, Пермский, № 2 – с.-р. и Совет Кр. Д.; Кузнецов Иван Осипович, Вятский, № 3 – Съезд Кр. Д. и с.-р.; Кузнецов Николай Владимирович, Орловский, № 8 – Р.С.-Д.Р.П.(б.); Куйбышев Валериан Владимирович, Самарский, № 2 – Р.С.-Д.Р.П.(б.); Куконков Василий Григорьевич, Западный фр., № 9 – Р.С.-Д.Р.П.(б.); Куличенко Яков Иванович, Полтавский, № 8 – укр. сел. спилка и укр. с.-р.; Куцяк (Чалый) Пётр Васильевич, Юго-Западный фр., № 3 – укр. с.-р., укр. с.-д. и казаки-социалисты; Кутепов Фёдор Иванович, Курский, № 1 – с.-р.; Кутлер Николай Николаевич, Петроград-столица, № 2 – Народная свобода; Кутузов Георгий Афанасьевич, Смоленский, № 3 – с.-р. и Совет Кр. Д.; Кутузов Михаил Николаевич, Нижегородский, № 3 – с.-р. и Совет Кр. Д.;

Лавров Константин Прокофьевич, Камчатский, с.-р.; Лазарев Егор Егорович, Самарский, № 3 – Совет Кр. Д.; Ландер Карл Иванович, Минский, № 9 – Р.С.-Д.Р.П.(б.); Ларин-Лурье Михаил Александрович, Костромской, № 4 – Р.С.-Д.Р.П.(б.); Лашевич Михаил Михайлович, Юго-Западный фр., № 4 – Р.С.-Д.Р.П.(б.); Лашкевич Вячеслав Иванович, Черниговский, № 10 – укр. с.-р. с укр. сел. спилкой; Лебединец Михаил Моисеевич, Западный фр., № 1 – укр. с.-р. и с.-д.; Левенберг Эдуард Александрович, Юго-Западный фр., № 1 – с.-р. и Совет Кр. Д.; Левин Мендель Иосифович, Алтайский, № 2 – с.-р. и Совет Кр. Д.; Левтонов Александр Николаевич, Пензенский, № 4 – с.-р.; Ленин (Ульянов) Владимир Ильич, Балтийский флот, № 2 – Р.С.-Д.Р.П.(б.); Леонтьев Василий Васильевич, Новгородский, № 4 – с.-р.; Лещинский Юлиан Мартьянович, Смоленский, № 7 – Р.С.-Д.Р.П.(б.); Линдберг Михаил Яковлевич, Томский, № 2 – с.-р.; Лихач Михаил Александрович, Северный фр., № 3 – с.-р. и Совет Кр. Д.; Лищев Николай Викторович, Юго-Западный фр., № 1 – с.-р. и Совет Кр. Д.; Логачев Павел Осипович, Калужский, № 7 – Р.С.-Д.Р.П.(б.); Ломов-Оппоков Георгий Ипполитович, Владимирский, № 6 – Р.С.-Д.Р.П.(б.); Ломшаков Валентин Александрович, Алтайский, № 2 – с.-р. и Совет Кр. Д.; Лордкипанидзе Иван Несторович, Румынский фр., № 3 – с.-р. и Совет Кр. Д.; Лотошников Сергей Михайлович, Костромской, № 1 – "Земля и Воля", с.-р. и Совет Кр. Д.; Лукьянов Андрей Максимович, Нижегородский, № 3 – с.-р. и Совет Кр. Д.; Луначарский Анатолий Васильевич, Смоленский, № 7 – Р.С.-Д.Р.П.(б.); Лункевич Валериан Викторович, Закавказский, № 3 – с.-р.; Лутовинов Иван Хрисанфович, Екатеринославский, № 9 – Р.С.-Д.Р.П.(б.) и Совет Кр. Д.; Львович Давид Владимирович, Херсонский, № 4 – Совет Кр. Д., с.-р., укр. с.-р., объедин. евр. соц. раб. п.; Лысяков Ефим Иванович, Западный фр., № 9 – Р.С.-Д.Р.П.(б.); Любимов Исидор Евстигнеевич, Владимирский, № 6 – Р.С.-Д.Р.П.(б.); Любимов Николай Михайлович, Алтайский, № 2 – с.-р. и Совет Кр. Д.;

Мазе Яков Исаевич, Могилёвский, № 9 – еврейский нац. к-т; Майоров Илья Андреевич, Казанский, № 11 – с.-р. и Совет Кр. Д.; Макеев Николай Васильевич, Владимирский, № 3 – Съезд Кр. Д. и с.-р.; Маклаков Василий Алексеевич, Москва-столица, № 1 – Народная свобода; Малеев Иван Герасимович, Могилёвский, № 1 – Совет Кр. Д. и с.-р.; Мальцев Иван Павлович, Костромской, № 1 – "Земля и Воля", с.-р. и Совет Кр. Д.; Малышицкий Степан Моисеевич, Могилёвский, № 1 – Совет Кр. Д. и с.-р.; Малютин Дмитрий Петрович, Костромской, № 4 – Р.С.-Д.Р.П.(б.); Мамкин Иван Васильевич, Воронежский, № 3 – с.-р.; Манатов Шафир Ахметзянович, Оренбургский, № 9 – башкир. федер.; Мандриков Михаил Сергеевич, Приамурский, № 2 – Совет Кр. Д.; Марков Борис Дмитриевич (Доронин Фёдор Алексеевич), Томский, № 2 – с.-р.; Марков (Архангельский) Гавриил Максимович, Томский, № 2 – с.-р.; Марков Сергей Демьянович, Румынский фр., № 3 – с.-р. и Совет Кр. Д.; Мартюшин Григорий Алексеевич, Казанский, № 11 – с.-р. и Совет Кр. Д.; Марченков Николай Дмитриевич, Юго-Западный фр., № 4 – Р.С.-Д.Р.Г.(б.); Масленников Александр Александрович, Самарский, № 2 – Р.С.-Д.Р.П.(б.); Маслов Павел Григорьевич, Самарский, № 3 – с.-р. и Совет Кр. Д.; Маслов Семён Леонтьевич, Орловский, № 3 – с.-р. и Совет Кр. Д.; Маслов Сергей Семёнович, Вологодский, № 1 – Совет Кр. Д. и с.-р.; Матвеев Андрей Фёдорович, Олонецкий, № 1 – Съезд Кр. Д., Совет Кр. Д., к-т с.-р., к-т Р.С.-Д.Р.П.; Матвеевская Ольга Александровна, Орловский, № 3 – с.-р. и Совет Кр. Д.; Матушкин Вячеслав Александрович, Оренбургский, № 2 – Оренб. казач. войска; Медведев Василий Васильевич, Тульский, № 1 – с.-р. и Совет Кр. и Воен.-Кр. Д.; Медведев Сергей Павлович, Северный фр., № 5 – Р.С.-Д.Р.П.(б.); Медов Андрей Алексеевич, Тверской, № 6 – Р.С.-Д.Р.П.(б.); Меркулов Ефрем Никитич, Тамбовский, № 1 – с.-р. и Совет Кр. Д.; Меркулов Михаил Александрович, Курский, № 1 – с.-р.; Мещеряков (Зайцев) Николай Леонидович, Московский, № 5 – Р.С.-Д.Р.П. интернац. (больш.); Милюков Павел Николаевич, Петроград-столица, № 2 – Народная свобода; Милютин Владимир Павлович, Саратовский, № 10 – Р.С.-Д.Р.П.(б.); Минин Александр Аркадьевич, Саратовский, № 12 – с.-р. и Совет Кр. Д.; Минор Осип Соломонович, Москва, № 3 – с.-р.; Мицюк Иван Корнеевич, Екатеринославский, № 5 – сел. спилка, Кр. Союз и Совет Кр. Д. с укр. с.-р. и укр. с.-д.; Михайличенко Игнатий Васильевич, Харьковский, № 5 – "Земля и Воля", с.-р., укр. с.-р. и Совет Кр. Д.; Михайлов Иосиф Антонович, Тобольский, № 6 – Съезд Кр. Д. и с.-р.; Михайлов Павел Яковлевич, Томский, № 2 – с.-р.; Моисеев Борис Измайлович, Тамбовский, № 7 – Р.С.-Д.Р.П.(б.); Моисеенко Борис Николаевич, Юго-Западный фр., № 1 – с.-р. и Совет Кр. Д.; Моргенштиерн Виктор Фёдорович, Западный фр., № 12 – с.-р. и Совет Кр. Д.; Мостовенко Павел Николаевич, Румынский фр., № 6 – Р.С.-Д.Р.П.(б.); Мотора Фёдор Евтихиевич, Черниговский, № 9 – Р.С.-Д.Р.П.(б.); Мохов Василий Иванович, Казанский, № 11 – с.-р. и Совет Кр. Д.; Мошкин Павел Николаевич, Симбирский, № 2 – Съезд Кр. Д. и с.-р.; Муранов Матвей Константинович, Харьковский, № 3 – Р.С.-Д.Р.П.(б.); Мухамедияров Шакир Зарифович, Самарский, № 13 – Мусульманское "Шуро"; Мухаметдинов Ахметдин Мухаметдинович, Уфимский, № 3 – Совет Кр. Д., лев. фр. мус. нац. Совета, с.-р. (тат.), мус. Совет; Мухин Алексей Фёдорович, Тобольский, № 6 – Съезд Кр. Д. и с.-р.; Мясников Александр Фёдорович, Западный фр., № 9 – Р.С.-Д.Р.П.(б.);

Набатов Иван Дмитриевич, Тамбовский, № 1 – с.-р. и Совет Кр. Д.; Набоков Владимир Дмитриевич, Петроградский, № 1 – Народная свобода; Наумов Валериан Николаевич, Владимирский, № 6 – Р.С.-Д.Р.П.(б.); Нахимсон Семён Михайлович, Северный фр., № 5 – Р.С.-Д.Р.П.(б.); Неаронов Григорий Павлович, Тульский, № 1 – с.-р. и Совет Кр. и Воен.-Кр. Д.; Невский (Кривобоков) Феодосий Иванович, Воронежский, № 2 – Р.С.-Д.Р.П.(б.) и др. интернационал.; Нежинцев Иван Петрович, Астраханский, № 6 – Совет Кр. Д. и с.-р.; Нейбут Арнольд Яковлевич, Приамурский, № 5 – Р.С.-Д.Р.П.(б.); Немтинов Фёдор Степанович, Тамбовский, № 1 – с.-р. и Совет Кр. Д.; Неручев Анатолий Васильевич, Курский, № 1 – с.-р.; Нестеров Иван Петрович, Минский, № 12 – с.-р. и Совет Кр. Д.; Никитин Николай Родионович, Воронежский, № 3 – с.-р.; Николаев Михаил Константинович, Западный фр., № 12 – с.-р. и Совет Кр. Д.; Николаев Семён Николаевич, Казанский, № 1 – общечув. нац. съезд, чув. воен. к-т, чув. с.-р.; Никонов Сергей Андреевич, Таврический, № 5 – с.-р. и Совет Кр. Д.; Никотин Владимир Михайлович, Юго-Западный фр., № 1 – с.-р. и Совет Кр. Д.; Нимвицкий Борис Николаевич, Петроградский, № 2 – Р.С.-Д.Р.П.(б.); Новгородцев Павел Иванович, Москва-столица, № 1 – Народная свобода; Ногин Виктор Павлович, Московский, № 5 – Р.С.-Д.Р.П.(б.);

Ованесян-Варандян Микаэль Артемьевич, Закавказский, № 4 – Дашнакцутюн; Овчаренко Андрей Титович, Харьковский, № 5 – "Земля и Воля", с.-р., укр. с.-р., Совет Кр. Д.; Оганджанян Амазасп Иванович, Закавказский, № 4 – Дашнакцутюн; Огановский Николай Петрович, Воронежский, № 3 – с.-р.; Одинец Гавриил Матвеевич, Черниговский, № 10 – укр. с.-р. с укр. сел. спилкой; Одинцов Адриан Григорьевич, Тамбовский, № 1 – с.-р. и Совет Кр. Д.; Озембловский Иван Густавович, Курский, № 4 – Р.С.-Д.Р.П.(б.); Окулов Алексей Иванович, Енисейский, № 2 – Р.С.-Д.Р.П.(б.); Ольминский (Александров) Михаил Степанович, Тамбовский, № 7 – Р.С.-Д.Р.П.(б.); Ольхин Николай Николаевич, Псковский, № 3 – с.-р. и Совет Кр.Д.; Омельков Михаил Фёдорович, Томский, № 2 – с.-р.; Онипко Федот Михайлович, Ставропольский, № 1 – с.-р. и Совет Кр. Д.; Осинский (Оболенский) Валериан Валерианович, Рязанский, № 5 – Р.С.-Д.Р.П.(б.); Осинцев Николай Кондратьевич, Уфимский, № 9 – с.-р. и Совет Кр.Д.;

Павлов Владимир Евгеньевич, Московский, № 3 – с.-р.; Павлов Фёдор Константинович, Рязанский, № 3 – с.-р. и Совет Кр.Д.; Панчурин Павел Иванович, Саратовский, № 12 – с.-р. и Совет Кр.Д.; Пароль Николай Иванович, Калужский, № 2 – с.-р. и губ. Съезд Советов Кр. Д.; Пастухов Иван Дмитриевич, Вятский, № 11 – Р.С.-Д.Р.П.(б.); Пахомов Василий Васильевич, Курский, № 1 – с.-р.; Пашин Илья Михайлович, Новгородский, № 6 – Р.С.-Д.Р.П.(б.); Пегельман Ганс Густавович, Эстляндский, № 2 – Р.С.-Д.Р.П.(б.) и И. К. безземельн. и малоземельн. крестьян; Петерсон Карл Андреевич, Лифляндский, № 3 – с.-д. Латвии;

Петлюра Симон Васильевич, Румынский фр., № 1 – укр. соц. орган.; Петренко Назарий Антонович, Полтавский, № 8 – укр. сел. спилка и укр. с.-р.; Петров Валериан Гаврилович, Приамурский, № 2 – Совет Кр. Д.; Петров Дмитрий Петрович, Симбирский, № 2 – Съезд Кр. Д. и с.-р.; Петровский Григорий Иванович, Екатеринославский, № 9 – Р.С.-Д.Р.П.(б.) и Бахмутский Совет Кр. Д.; Пинсон Борис Давыдович, Витебский, № 5 – Р.С.-Д.Р.П.(б.); Писначевский Виктор Онуфриевич, Румынский фр., № 1 – укр. соц. организ.; Подвицкий Виктор Владимирович, Смоленский, № 3 – с.-р. и Совет Кр. Д.; Подвойский Николай Ильич, Северный фр., № 5 – Р.С.-Д.Р.П.(б.); Позерн Борис Павлович, Петербургский, № 2 – Р.С.-Д.Р.П.(б.); Покровский Георгий Константинович, Псковский, № 3 – с.-р., Совет Кр. Д.; Покровский Михаил Николаевич, Смоленский, № 7 – Р.С.-Д.Р.П.(б.); Полозов Михаил Николаевич, Полтавский, № 17 – укр. с.-р. и с.-р.; Полоцкий Александр Аркадьевич, Полтавский, № 8 – укр. сел. спілка и укр. с.-р.; Поляков Михаил Харитонович, Оренбургский, № 3 – Съезд с.-р. и Съезд Кр. Д.; Попов Иван Васильевич, Вятский, № 11 – Р.С.-Д.Р.П.(б.); Попов Иван Петрович, Таврический, № 5 – с.-р. и Совет Кр. Д.; Попов Николай Михайлович, Харьковский, № 5 – "Земля и Воля"– с.-р., укр. с.-р. и губ. Совет Кр. Д.; Попов Семён Степанович, Екатеринославский, № 3 – "Земля и Воля", с.-р. и Совет Кр. Д.; Поска Иван Иванович, Эстляндский, № 7 – Эстонск. Демокр. блок; Постников Сергей Порфирьевич, Воронежский, № 3 – с.-р.; Почекуев Кирилл Тихонович, Симбирский, № 2 – Съезд Кр. Д. и с.-р.; Прохоров Иван Михайлович, Пензенский, № 4 – с.-р.; Пумпянский Николай Петрович, Забайкальский, № 4 – с.-р.; Пыжев Александр Иванович, Кавказский фр., № 3 – с.-р.; Пьяных Иван Емельянович, Курский, № 1 – с.-р.; Пятаков Георгий Леонидович, Черниговский, № 9 – Р.С.-Д.Р.П.(б.); Пятаков Леонид Леонидович, Юго-Западный фр., № 4 – Р.С.-Д.Р.П.(б.);

Рабинович Борис Николаевич, Северный фр., № 3 – с.-р. и Совет Кр. Д.; Рабчинский Иван Васильевич, Эстляндский, № 2 – Р.С.-Д.Р.П.(б.) и И. К. беззем. и малозем․ кр.; Радомский Александр Максимович, Екатеринославский, № 5 – Сел. спілка – Кр. союз и Совет Кр. Д. с укр. с.-р. и укр. с.-д.; Размирович Елена Фёдоровна, Юго-Западный фр., № 4 – Р.С.-Д.Р.П.(б.); Ракитников Николай Иванович, Саратовский, № 12 – с.-р. и Совет Кр. Д.; Раков Дмитрий Фёдорович, Нижегородский, № 3 – с.-р. и Совет Кр. Д.; Рамазанов Константин Измайлович, Алтайский, № 2 – с.-р. и Совет Кр. Д.; Рамишвили Исидор Иванович, Закавказский, № 1 – Р.С.-Д.Р.П.; Рамишвили Ной Виссарионович, Закавказский, № 1 – Р.С.-Д.Р.П.; Раппопорт Шлиом Аронович (Анский Семён Акимович), Могилёвский, № 1 – Совет Кр. Д. и с.-р.; Раскольников (Ильин) Фёдор Фёдорович, Петроградский, № 2 – Р.С.-Д.Р.П.(б.); Растопчин Николай Петрович, Костромской, № 4 – Р.С.-Д.Р.П.(б.); Расул-Заде Мемед-Эмин Алекпер-оглы, Закавказский, № 10 – Мус. нац. к-т. и "Мусават"; Расчесаев Николай Васильевич, Вологодский, № 1 – Совет Кр. Д. и с.-р.; Ремизов Михаил Петрович, Смоленский, № 7 – Р.С.-Д.Р.П.(б.); Ривкин Залмон Осерович, Витебский, № 5 – Р.С.-Д.Р.П.(б.); Рихтер Владимир Николаевич, Херсонский, № 4 – Совет Кр. Д., с.-р., укр. с.-р., объед. евр. соц. раб. п.; Рогов Алексей Гаврилович, Енисейский, № 2 – Р.С.-Д.Р.П.(б.); Роговский Евгений Францевич, Алтайский, № 2 – с.-р. и Совет Кр. Д.; Рогозинский Николай Владимирович, Западный фр., № 9 – Р.С.-Д.Р.П.(б.); Родичев Фёдор Измайлович, Петроград-столица, № 2 – Народная свобода; Розенблюм (Фирсов) Дмитрий Самойлович, Екатеринославский, № 3 – "Земля и Воля" – с.-р. и Совет Кр. Д.; Розин Фридрих Адамович, Лифляндский, № 3 – с.-д. Латвии; Романенко Иван Степанович, Екатеринославский, № 5 – Сел. спілка – Кр. союз и Совет Кр. Д. с укр. с.-р. и укр. с.-д.; Романенко Павел Иванович, Курский, № 1 – с.-р.; Романов Иван Романович, Нижегородский, № 7 – Р.С.-Д.Р.П.(б.); Росин Андрей Васильевич, Екатеринославский, № 5 – Сел. спілка – Кр. союз и Совет Кр. Д. с укр. с.-р. и укр. с.-д.; Руднев Вадим Викторович, Алтайский, № 2 – с.-р. и Совет Кр. Д.; Рудьев Василий Михайлович, Бессарабский, № 1 – Советы Кр. Д.; Русанов Андрей Иосифович, Курский, № 1 – с.-р.; Рыков Алексей Иванович, Ярославский, № 7 – с.-д. интернац. (больш.); Рындич Адриан Филиппович, Черниговский, № 9 – Р.С.-Д.Р.П.(б.); Рябов Иван Иванович, Тамбовский, № 1 – с.-р. и Совет Кр. Д.; Рязанов (Гольдендах) Давид Борисович, Румынский фр., № 6 – Р.С.-Д.Р.П.(б.);

Саенко Николай Ферапонтович, Черниговский, № 10 – Укр. с.-р. с укр. сел. спілкой; Саламатов Пётр Тимофеевич, Вятский, № 3 – Съезд Кр. Д. и с.-р.; Салехов Самигулла Валиуллович, Казанский, № 4 – Мусульманское собрание; Сапронов (Широков) Тимофей Владимирович, Московский, № 5 – Р.С.-Д.Р.П.(б.) интернац. (больш.); Саркисьянц Саркис Мнацаканович, Витебский, № 5 – Р.С.-Д.Р.П.(б.); Сафонов Михаил Иванович, Псковский, № 3 – с.-р. и Совет Кр. Д.; Свердлов Яков Михайлович, Симбирский, № 10 – Р.С.-Д.Р.П.(б.); Святицкий Николай Владимирович, Харьковский, № 5 – "Земля и Воля"– с.-р., укр. с.-р. и Совет Кр. Д.; Северов-Одоевский Афанасий Семенович, Харьковский, № 5 – "Земля и Воля"– с.-р., укр. с.-р. и Совет Кр. Д.; Седякин Александр Игнатьевич, Северный фр., № 5 – Р.С.-Д.Р.П.(б.); Сейдамет Сеид Джафер, Таврический, № 5 – Врем. Крым. мус. И. К-т; Селезнев Владимир Сергеевич, Минский, № 9 – Р.С.-Д.Р.П.(б.); Сельяма Юлиус Юрьевич, Эстляндский, № 3 – Эстонск. труд. партии; Семёнов Фёдор Семёнович (Лисиенко Арсений Павлович), Томский, № 2 – с.-р.; Семеняга Тимош Петрович, Полтавский, № 8 – Укр. сел. спілка и укр. с.-р.; Сергеев (Артём) Фёдор Андреевич, Харьковский, № 3 – Р.С.-Д.Р.П.(б.); Середа Семён Пафнутьевич, Рязанский, № 5 – Р.С.-Д.Р.П.(б.); Сигов Михаил Алексеевич, Пермский, № 2 – с.-р. и Совет Кр. Д.; Склянский Эфраим Маркович, Северный фр., № 5 – Р.С.-Д.Р.П.(б.); Скляр Иосиф Шимонов, Херсонский, № 9 – Р.С.-Д.Р.П.(б.); Скобелев Матвей Иванович, Закавказский, № 1 – Р.С.-Д.Р.П.; Слетова-Чернова Анастасия Николаевна, Тамбовский, № 1 – с.-р. и Совет Кр. Д.; Слоним Марк Львович, Бессарабский, № 2 – с.-р.; Смидович Пётр Гермогенович, Москва-столица, № 5 – Р. С.-Д. Р. П. интернац. (больш.); Смилга Ивар Тенисович, Северный фр., № 5 – Р.С.-Д.Р.П.(б.); Смирнов (Фома) Александр Петрович, Московский, № 5 – Р.С.-Д.Р.П. интернац. (больш.); Смирнов Иван Давыдович, Воронежский, № 3 – с.-р.; Смирнов Иван Никитич, Томский, б-к; Соколов Борис Фёдорович, Юго-Западный фр., № 1 – с.-р. и Совет Кр. Д.; Соколов Николай Николаевич, Новгородский, № 4 – с.-р.; Соколов Фёдор Андреевич, Владимирский, № 3 – Съезд Кр. Д. и с.-р.; Сокольников (Бриллиант) Григорий Яковлевич, Тверской, № 6 – Р.С.-Д.Р.П.(б.); Солерс Борис Иванович, Румынский фр., № 6 – Р.С.-Д.Р.П.(б.); Сорокин Ефим Иванович, Рязанский, № 3 – с.-р. и Совет Кр. Д.; Сорокин Иван, Оренбургский, № 3 – Съезд с.-р. и Съезд Кр. Д.; Сорокин Питирим Александрович, Вологодский, № 1 – Совет Кр. Д. и с.-р.; Сорокин Фёдор Иванович, Приамурский, № 2 – Совет Кр. Д.; Сосновский Лев Семёнович, Пермский, № 6 – Р.С.-Д.Р.П.(б.); Сотнин Иван Васильевич, Алтайский, № 2 – с.-р. и Совет Кр. Д.; Сочева Алекс. Миронович, Екатеринославский, № 3 – "Земля и Воля"– с.-р. и Совет Кр. Д.; Спиридонова Мария Александровна, Владимирский, № 3 – Съезд Кр. Д. и с.-р.; Спундэ Александр Петрович, Вятский, № 11 – Р.С.-Д.Р.П.(б.); Сталин (Джугашвили) Иосиф Виссарионович, Петроград-столица, № 4 – Ц.К., воен. орг. П.К.Р.С.-Д.Р.П.(б.), к-т с.-д. Польши и Литвы и Ц.К. с.-д. Латвии; Стенька Яков Николаевич, Полтавский, № 8 – Укр. сел. спілка и укр. с.-р.; Степаненко Аркадий Сергеевич, Полтавский, № 8 – Укр. сел. спілка и укр. с.-р.; Степанов (Скворцов) Иван Иванович, Москва-столица, № 5 – с.-д. интернац. (больш.); Сторубель Фёдор Фомич, Екатеринославский, № 5 – Сел. спілка – Кр. союз и Совет Кр. Д. с укр. с.-р. и укр. с.-д.; Стрелков Николай Арсеньевич, Восточно-Китайский жел.-дор. окр., № 2 – Р.С.-Д.Р.П.(об.); Стрельцов Александр Иванович, Харьковский, № 5 – с.-р., "Земля и Воля"– укр. с.-р. и Совет Кр. Д.; Строменко Василий Иоанникиевич, Екатеринославский, № 5 – Сел. спілка – Кр. союз и Совет Кр. Д. с укр. с.-р. и укр. с.-д.; Стуков Иннокентий Николаевич, Калужский, № 7 – Р.С.-Д.Р.П.(б.); Стучка Пётр Иванович, Северный фр., № 5 – Р.С.-Д.Р.П.(б.); Султан Меджид-Ганиев, Закавказский, № 14 – Мусульм. России; Султанов Хосров-бек, Закавказский, № 10 – Мус. нац. к-т и партия "Мусават"; Сумгин Михаил Иванович, Нижегородский, № 3 – с.-р. и Совет Кр. Д.; Сунчаляс Шарифжан Хамидуллич, Уфимский, № 3 – Совет Кр. Д., левая фракция губ. мус. Нац. Совета, с.-р. (тат.), мус. Совет; Сургай Павел Киприянович, Екатеринославский, № 5 – Сел. спілка – Кр. союз и Совет

Кр. Д. с укр. с.-р. и укр. с.-д.; Сургучёв Дмитрий Павлович, Юго-Западный фр., № 1 – с.-р. и Совет Кр. Д.; Суханов Алексей Степанович, Тобольский, № 3 – н.-с. и Кр. Союз; Суханов Николай Петрович, Казанский, № 11 – с.-р. и Совет Кр. Д.; Суханов Павел Степанович, Тобольский, № 6 – Съезд Кр. Д. и с.-р.; Сухарев Трофим Андреевич, Рязанский, № 3 – с.-р. и Совет Кр. Деп.; Суховых Константин Александрович, Бессарабский, № 2 – с.-р.; Суховых Лев Александрович, Бессарабский, № 2 – с.-р.; Сухомлин Василий Васильевич, Томский, № 2 – с.-р.;

Таганов Андрей Иванович, Минский, № 9 – Р.С.-Д.Р.П.(б.); Тарабукин Степан Кузьмич, Пермский, № 2 – с.-р. и Совет Кр. Д.; Теннисон Ян Янович, Эстляндский, № 7 – Эстонский демокр. блок; Терегулов Гумер Халибрахманович, Уфимский, № 1 – Мус. нац. Совет; Терещенко Кузьма Кириллович, Астраханский, № 3 – Совет Кр. Д. и с.-р.; Терлецкий Евгений Петрович, Полтавский, № 17 – Укр. с.-р. и с.-р.; Терниченко Аристарх Григорьевич, Румынский фр., № 1 – Укр. соц. организац.; Тимофеев Евгений Михайлович, Иркутский, № 1 – с.-р. и Крест. союз; Титов Гермоген Титович, Симбирский, № 2 – Съезд Кр. Д. и с.-р.; Тихменев Николай Сергеевич, Западный фр., № 9 – Р.С.-Д.Р.П.(б.); Тихомиров Константин Павлович, Тверской, № 3 – с.-р. и губ. Совет Кр. Д.; Толстов Пётр Николаевич, Таврический, № 5 – с.-р. и Совет Кр. Д.; Топчибашиев Али-Мардан-бек, Закавказский, № 10 – Мус. нац. к-т и "Мусават"; Тришевский Пётр Андреевич, Херсонский, № 4 – Совет Кр. Д., с.-р., укр. с.-р. и объед. евр. соц. раб. партия; Тройчук Яков Онисимович, Херсонский, № 4 – Совет Кр. Деп., с.-р., укр. с.-р. и объедин. евр. соц. раб. партия; Троцкий (Бронштейн) Лев Давыдович, Новгородский, № 6 – Р.С.-Д.Р.П.(б.); Трояновский Александр Антонович, Юго-Западный фр., № 2 – Р.С.-Д.Р.П.(об.); Трубачёв Пётр Данилович, Юго-Западный фр., № 4 – Р.С.-Д.Р.П.(б.); Трусов Александр Евдокимович, Астраханский, № 4 – Р.С.-Д.Р.П.(б.); Трутовский Владимир Евгениевич, Уфимский, № 9 – с.-р. и Совет Кр. Деп.; Туманов Леон Георгиевич, Кавказский фр., № 3 – с.-р.; Тухватулин Фатьх Насрэтдинович, Пермский, № 9 – Башк. тат. группа; Туктаров Махмуд Фуад Пасахович, Самарский, № 13 – Мусульманское "Шуро"; Тюриков (Скороспешнов) Дмитрий Васильевич, Нижегородский, № 3 – с.-р. и Совет Кр. Д.;

Уншлихт Иосиф Станиславович, Петроград-столица, № 4 – Ц.К., воен. орг., П.К.Р.С.-Д.Р.П.(б.), к-т с.-д. Польши и Литвы и Ц.К. с.-д. Латвии; Урицкий Моисей Соломонович, Новгородский, № 6 – Р.С.-Д.Р.П.(б.); Устинов Алексей Михайлович, Саратовский, № 12 – с.-р. и Совет Кр. Д.; Усубеков Насиб-бек-Уссубек-оглы, Закавказский, № 10 – Мус. нац. к-т "Мусават"; Утгоф Владимир Львович, Северный фр., № 3 – с.-р. и Советы Кр. Д.; Уткин Василий Иванович, Псковский, № 3 – с.-р. и Совет Кр. Д.; Ушарнов Михаил Павлович, Псковский, № 6 – Р.С.-Д.Р.П.(б.);

Фахретдинов Габдул-Ахад-Ризаэтдинович, Оренбургский, № 9 – башкир. федер.; Феденев Иннокентий Павлович, Западный фр., № 9 – Р.С.-Д.Р.П.(б.); Федорович Флориан Флорианович, Пензенский, № 4 – с.-р.; Феофилактов Алексей Евгениевич, Херсонский, № 4 – Совет Кр. Д., с.-р., укр. с.-р., объед. евр. соц. раб. партия; Филатов Василий Александрович, Уфимский, № 9 – с.-р. и Совет Кр. Д.; Филипповский Василий Николаевич, Юго-Западный фр., № 1 – с.-р. и Советы Кр. Д.; Фокеев Михаил Семёнович, Нижегородский, № 3 – с.-р. и Совет Кр. Д.; Фокин Игнатий Иванович, Орловский, № 8 – Р.С.-Д.Р.П.(б.); Фомин Нил Валерианович, Енисейский, № 3 – с.-р.; Фортунатов Борис Константинович, Самарский, № 3 – с.-р. и Совет Кр. Д.; Фрейман Василий Николаевич, Минский, № 9 – Р.С.-Д.Р.П.(б.); Фрунзе Михаил Васильевич, Владимирский, № 6 – Р.С.-Д.Р.П.(б.);

Халфин Назип Латыпович, Казанский, № 4 – Мусульманское собрание; Ходотов Николай Иванович, Орловский, № 3 – с.-р. и Совет Кр. Д.; Холодов Борис Яковлевич, Курский, № 1 – с.-р.; Хреновский Константин Митрофанович, Воронежский, № 3 – с.-р.; Хрисаненков Лукьян Афанасьевич, Могилёвский, № 1 – Совет Кр. Д. и с.-р.;

Цаликов Ахмет-бек Тимбулатович, Симбирский, № 8 – Мусульм. партия "Шуро"; Цветаев Александр Алексеевич, Могилёвский, № 1 – Совет Кр. Д. и с.-р.; Цвиллинг Самуил Моисеевич, Оренбургский, № 8 – Р.С.-Д.Р.П.(б.); Церетели Ираклий Георгиевич, Закавказский, № 1 – Р.С.-Д.Р.П.; Цынговатов Иосиф Алексеевич, Пензенский, № 4 – с.-р.;

Чайкин Вадим Афанасьевич, Ферганский, № 2 – общеферганский; Чайковский Николай Васильевич, Вятский, № 5 – н.-с. и национ. союз черемис; Черненков Борис Николаевич, Саратовский, № 12 – с.-р. и Совет Кр. Д.; Чернов Виктор Михайлович, Тамбовский, № 1 – с.-р. и Совет Кр. Д.; Чернышёв Фёдор Дмитриевич, Тамбовский, № 1 – с.-р. и Совет Кр. Д.; Чеховский Владимир Моисеевич, Херсонский, № 8 – Укр. с.-д. р. п.; Чешейко-Сохацкий Стефан Вацлович, Витебский, № 5 – Р.С.-Д.Р.П.(б.); Чудновский Григорий Исаакович, Юго-Западный фр., № 4 – Р.С.-Д.Р.П.(б.); Чупахин Василий Прокофьевич, Самарский, № 3 – с.-р. и Совет Кр. Д.; Чуцкаев Сергей Егорович, Оренбургский, № 8 – Р.С.-Д.Р.П.(б.); Чхеидзе Николай Семёнович, Закавказский, № 1 – Р.С.-Д.Р.П.; Чхенкели Акакий Иванович, Закавказский, № 1 – Р.С.-Д.Р.П.;

Шаповал Никита Ефимович, Черниговский, № 10 – Укр. с.-р. с укр. сел. спiлкой; Шапошников Акиндин Иванович, Алтайский, № 2 – с.-р. и Совет Кр. Д.; Шаумян Степан Георгиевич, Закавказский, № 5 – Р.С.-Д.Р.П.(б.); Шахатунян Аветис Тигранович, Закавказский, № 4 – Дашнакцутюн; Швецов Сергей Порфирьевич, Донской, № 2 – с.-р., Совет Кр. Деп. и труд. казач.; Шейман Арон Абрамович, Северный фр., № 5 – Р.С.-Д.Р.П.(б.); Шишаев Роман Лукьянович, Могилёвский, № 1 – Совет Кр. Д. и с.-р.; Шишарин Иннокентий Алексеевич, Томский, № 2 – с.-р.; Шишкин Матвей Дмитриевич, Олонецкий, № 1 – Съезд Кр. Д., Совет Кр., Р. и С.Д., съезд партии с.-р. и Петрозаводский к-т Р.С.-Д.Р.П.; Шкорбатов Николай Андреевич, Харьковский, № 5 – "Земля и Воля" – с.-р., укр. с.-р., Совет Кр. Д.; Шлегель Никодим Валерианович, Минский, № 9 – Р.С.-Д.Р.П.(б.); Шлихтер Александр Григорьевич, Тамбовский, № 7 – Р.С.-Д.Р.П.(б.); Шмелёв Николай Андреевич, Румынский фр., № 3 – с.-р. и Совет Кр. Д.; Шмидт Василий Владимирович, Тверской, № 6 – Р.С.-Д.Р.П.(б.); Шнырев Даниил Семёнович, Алтайский, № 2 – с.-р. и Совет Кр. Д.; Шотман Александр Васильевич, Петроградский, № 2 – Р.С.-Д.Р.П.(б.); Шраг Николай Ильич, Черниговский, № 10 – Укр. с.-р. с укр. сел. спiлкой; Шрейдер Григорий Ильич, Петроград-столица, № 9 – с.-р.; Штейнберг Исаак Захарович, Уфимский, № 9 – с.-р. и Совет Кр. Д.; Шупаков Константин Степанович, Вятский, № 3 – Съезд Кр. Д. и с.-р.;

Эйдеман Роберт Петрович, Енисейский, № 3 – с.-р.;

Юров Андрей Яковлевич, Псковский, № 6 – Р.С.-Д.Р.П.(б.); Юрецкий Пётр Семёнович, Вологодский, № 1 – Совет Кр. Д. и с.-р.; Юрицин Сергей Петрович, Херсонский, № 4 – Совет Кр. Д., укр. с.-р., объед. еврейск. соц. рабоч. партия;

Яковлев Александр Иванович, Западный фр., № 9 – Р.С.-Д.Р.П.(б.); Яковлева Варвара Николаевна, Тульский, № 5 – револ. с.-д. большевиков; Янко Александр Петрович, Полтавский, № 8 – Укр. сел. спiлка и укр. с.-р.; Ярославский Ем. (Губельман Миней Израилевич), Москва-столица, № 5 – Р.С.-Д.Р.П. интернац. (больш.)

ДОПОЛНИТЕЛЬНЫЙ СПИСОК ЧЛЕНОВ УЧРЕДИТЕЛЬНОГО СОБРАНИЯ

Агеев Павел Михайлович, Донской, № 4 – Казачий; Андроников Владимир Николаевич, Пермский, № 6 – Р.С.-Д.Р.П.(б.); Антонов Владимир Павлович, Саратовский, № 10 – Р.С.-Д.Р.П.(б.); Араканцев Михаил Петрович, Донской, № 4 – Казачий; Асмолов Владимир Иванович, Херсонский, № 4 – Совет Кр. Д., с.-р., укр. с.-р. и евр. соц. раб. парт.; Атабекьян Левон Николаевич, Закавказский, № 3 – с.-р.; Ахундов Джафар Ахунд Гаджи Гасан-оглы, Закавказский, № 11 – Р.С.-Д.Р.П. "Гуммет";

Бабин Борис Вячеславович, Донской, № 2 – с.-р., Совет Кр. Д. и трудовое казачество; Балай Осип Семёнович, Минский, № 12 – с.-р. и Совет Кр. Д.; Баянов Санджи Баянович, Прикаспийский, № 1; Баранцев Т.Ф., Тобольский, № 6 – Съезд Кр. Д. и с.-р.; Бекзадян Иосиф Артемьевич, Закавказский, № 1 – Р.С.-Д.Р.П.; Богаевский Митрофан Петрович, Донской, № 4 – Казачий;

Вампилун Баэртон, Иркутский, № 5 – бурят. нац.; Василевский Терентий Яковлевич, Могилёвский, № 1 – Совет Кр. Д. и с.-р.; Васильченко Семён Филиппович, Донской, № 5 – Р.С.-Д.Р.П.(б.); Велихов Лев Александрович, Херсонский,

№ 5 – к.-д.; Винниченко Владимир Кириллович, Киевский, № 1 – Укр. с.-р., укр. сел. спілка и укр. с.-д.; Воронков Михаил Иванович, Рязанский, № 5 – Р.С.-Д.Р.П.(б.); Воронов Митрофан Семёнович, Донской, № 4 – Казачий;

Гаврилов Николай Андреевич, Иркутский, № 7 – с.-д. (б.) и меньшевик-интернацион.; Газазян Корюн Александрович, Закавказский, № 4 – Дашнакцутюн; Георгадзе Григорий Тимофеевич, Закавказский, № 1 – Р.С.-Д.Р.П.; Гинзбург Вольф Захарович, Калужский, № 7 – Р.С.-Д.Р.П.(б.); Гоновизин Василий Петрович, Вятский, № 3 – Съезд Кр. Д. и с.-р.; Грушевский Михаил Сергеевич, Киевский, № 1 – Укр. с.-р., укр. сел. спілка и укр. с.-д.;

Джибладзе Владимир Георгиевич, Закавказский, № 1 – Р.С.-Д.Р.П.; Добромыслов Александр Николаевич, Забайкальский, № 4 – с.-р.; Донченко Сергей Авраамович, Киевский, № 1 – Укр. с.-р., укр. сел. спілка и укр. с.-д.; Долгов Александр Андреевич, Юго-Западный фр., № 3 – Укр. с.-р., укр. с.-д. и казаки-соц.;

Еременчук Григорий Прокофьевич, Херсонский, № 4 – Совет Кр. Д., с.-р., укр. с.-р. и евр. соц. раб. партия; Ермощенко Вениамин Иосифович, Самарский, № 2 – Р.С.-Д.Р.П.(б.); Ерхан Пантелеймон Васильевич, Бессарабский, № 1 – Советы Кр. Д.;

Ильченко Александр Пантелеймонович, Киевский, № 1 – Укр. с.-р., сел. спілка и укр. с.-д.; Имас Израиль Владимирович, Бессарабский, № 2 – с.-р.;

Каледин Алексей Максимович, Донской, № 4 – Казачий; Кардашов Николай Николаевич, Воронежский, № 2 – Р.С.-Д.Р.П.(б.) и др. интерн.; Кантемиров Алихан, Закавказский, № 12 – Мус. соц. блок; Колесников Кузьма Давыдович, Донской, № 2 – с.-р., Совет Кр. Д. и труд. казачество; Колесников Сергей Сергеевич, Тульский, № 5 – рев. с.-д.(б.); Кокушкин Иван Алексеевич, Московский, № 5 – Р.С.-Д.Р.П.(б.); Коновалов Александр Иванович, Ярославский, № 2 – Народная свобода; Косоротов Павел Леонтьевич, Алтайский, № 2 – с.-р. и Совет Кр. Д.; Котик Евгений Степанович, Киевский, № 1 – Укр. с.-р. и сел. спілка; Кожокарь Феодосий Петрович, Бессарабский, № 1 – Советы Кр. Д.; Котов Иван Иванович, Саратовский, № 12 – с.-р. и Совет Кр. Д.; Ксенофонтов Гавриил Васильевич, Якутский, № 1 – Труд. союз федералистов; Кроль Моисей Аронович, Иркутский, № 1 – с.-р. и Кр. Союз; Куватов Гумер Мухамедгалимович, Уфимский, № 11 – Фед. башк.; Кузьменко Андрей Захарович, Черниговский, № 10 – Укр. с.-р., с укр. сел. спілкой; Курилов Бенедикт Викторович, Донской, № 2 – с.-р., Совет Кр. Д. и труд. казачество;

Леплевский Герш Мовшович, Могилёвский, № 11 – Р.С.-Д.Р.П.(б.); Ловский Соломон Абрамович, Донской, № 5 – Р.С.-Д.Р.П.(б.); Ломтатидзе Алексей Спиридонович, Закавказский, № 1 – Р.С.-Д.Р.П.; Лурье Гирш Шмуйлович, Бессарабский, № 4 – Р.С.-Д.Р.П. (объед. и Бунд);

Мамедбеков Казы Ахмед, Закавказский, № 10 – Мус. нац. к-т и Мусават; Мамонов Валериан Семёнович, Донской, № 2 – с.-р., Совет Кр. Д. и труд. казачество; Мандрыка Никита Иванович, Киевский, № 1 – Укр. с.-р., сел. спілка и укр. с.-д.; Мельников Николай Михайлович, Донской, № 4 – Казачий; Минин Сергей Константинович, Саратовский, № 10 – Р.С.-Д.Р.П.(б.); Мирза-Ахмедов Мир Адиль, Ферганский, № 2 – общеферганский; Михайлов Степан Романович, Кавказский фр., № 3 – с.-р.;

Николаев Александр Андреевич, Донской, № 2 – с.-р., Совет Кр. Д. и трудов. казачество; Никольский Павел Измайлович, Донской, № 2 – с.-р., Совет Кр. Д. и трудовое казачество;

Панкратов Василий Семёнович, Якутский, № 2 – с.-р.; Попов Алексей Петрович, Донской, № 4 – Казачий; Порш Николай Владимирович, Киевский, № 1 – Укр. с.-р., сел. спілка и укр. с.-д.; Присяжнюк Василий Абрамович, Киевский, № 1 – Укр. с.-р., сел. спілка и укр. с.-д.; Пырковка Григорий Исаевич, Киевский, № 1 – Укр. с.-р., сел. спілка и укр. с.-д.;

Рохманюк Василий Игнатьевич, Киевский, № 1 – Укр. с.-р., сел. спілка и укр. с.-д.;

Сафикюрдский Аслай, Закавказский, № 12 – Мус. соц. блок; Севрюк Александр Александрович, Киевский, № 1 – Укр. с.-р., сел. спілка и укр. с.-д.; Сергий (архиепископ), Нижегородский, № 11 – Группа христианского единения; Симаков Хрисанф Матвеевич, Забайкальский, № 4 – с.-р.; Смирнов Михаил Николаевич, Закавказский, № 1 – Р.С.-Д.Р.П.; Стасюк Николай Михайлович, Киевский, № 1 – Укр. с.-р., сел. спілка и укр. с.-д.; Степаненко Аркадий Степанович, Киевский, № 1 – Укр. с.-р., сел. спілка и укр. с.-д.; Сумароков Владимир Михайлович, Пермский, № 5 – Народная свобода; Сыртин Наум Соломонович, Киевский, № 2 – евр. нац. к-т; Сырцов Сергей Иванович, Донской, № 5 – Р.С.-Д.Р.П.(б.);

Таскин Сергей Афанасьевич, Забайкальский, № 5 – Забайк. казач.; Тер-Ованесьян-Кагазнуни Ованес Матеосович (он же Рубен Иванович), Закавказский, № 4 – Дашнакцутюн; Тигранян Серсакам Фадеевич, Закавказский, № 4 – Дашнакцутюн; Ткаченко Михаил Степанович, Киевский, № 1 – Укр. с.-р., сел. спілка и укр. с.-д.; Толмачевский Василий Иванович, Тверской, № 3 – с.-р. и Совет Кр. Д.;

Уланов Бадьма Наранович, Донской, № 4 – Казачий; Ульянов Григорий Карпович, Саратовский, № 12 – с.-р. и Совет Кр. Д.; Урусов Сергей Дмитриевич, Бессарабский, № 5 – Народная свобода; Усманов Фатих Нурмухамедович, Астраханский, № 2 – мусульманский;

Фигнер Вера Николаевна, Астраханский, № 6 – Совет Кр. Д. и с.-р.; Флегонтов Антон Матвеевич, Забайкальский, № 4 – с.-р.; Фридман Нафталь Маркович, Могилёвский, № 9 – евр. нац. к-т;

Хомутовский Андрей Нилович, Киевский, № 1 – Укр. с.-р., сел. спілка и укр. с.-д.; Харламов Василий Акимович, Донской, № 4 – Казачий; Химерик Василий Феодосиевич, Киевский, № 1 – Укр. с.-р., сел. спілка и укр. с.-д.;

Черепанов Сергей Александрович, Петроград, № 4 – Ц.К., воен. орг., П.К.Р.С.-Д.Р.П.(б.), к-т с.-д. Польши и Литвы и Ц.К. с.-д. Латвии; Чернавин Александр Степанович, Саратовский, № 12 – с.-р. и Совет Кр. Д.; Чечель Николай Фролович, Киевский, № 1 – Укр. с.-р., сел. спілка и укр. с.-д.; Чокаев Мустава, Ферганский, № 2 – общеферганский;

Шахназарян-Араратян Саркис Шахназарянович, Закавказский, № 4 – Дашнакцутюн; Шашахмедов Ша-Ислам Султанович, Ферганский, № 2 – общеферганский; Шатилов Николай Бонифатьевич, Алтайский, № 2 – с.-р. и Советы Кр. Д.; Швец Фёдор Петрович, Киевский, № 1 – Укр. с.-р., сел. спілка и укр. с.-д.; Швецов Иван Иванович, Вятский, № 11 – Р.С.-Д.Р.П.(б.);

Юргули-Агаев Худонт-Бек-Хадней Магомет-Ага-Оглы, Ферганский, № 2 – общеферганский;

Ямбаев Сахиб-Гирей Хасанянович, Вятский, № 4 – мусульм. съезд.

19–28 ноября. Первый (учредительный) съезд Партии левых социалистов-революционеров-интернационалистов (ПЛСРИ), Петроград. Присутствовали члены Центр. бюро левых эсеров, левоэсеровской фракции ВЦИК 2-го созыва и близкие к ним делегаты 4-го съезда Партии социалистов-революционеров (ПСР) от ряда местных орг-ций. От имени Центр. бюро левых эсеров съезд открыл В.А. Алгасов. Президиум: М.А. Натансон, Б.Д. Камков, М.А. Спиридонова, Алгасов, А.А. Шрейдер. Почётный пред.– Спиридонова. Обсуждены вопросы: Доклады с мест; О съезде, созываемом ЦК ПСР,– Камков; О деятельности фракции ВЦИК – Б.Ф. Малкин; О деятельности [Петрог.] ВРК – Алгасов; О деятельности фракции левых эсеров Всерос. съезда Советов РСД – Камков; О деятельности фракции левых эсеров на Чрезв. съезде КД – А.М. Устинов; О ходе мирных переговоров в Бресте – С.Д. Мстиславский; Об экон. политике Партии левых эсеров – М.А. Левин; О ходе работы 4-го съезда ПСР – Маркарьян; Об орг-ции центр. и местной гос. власти – Д.А. Магеровский; О полит. программе Партии левых эсеров-интернационалистов – Д.А. Черепанов; О текущем полит. моменте – Малкин; Об Интернационале – Натансон; Об Учред. Собр.– Устинов, Шрейдер.

Съезд учредил ПЛСРИ, "тактика к-рой должна стать тактикой последующего рев. междунар. социализма"; указал, что задачей момента является "повсеместное утверждение трудовой демократии, воплотившейся с начала Окт. переворота в Сов. власти, как центральной, так и местной"; отметил, что "диктатура демократии, являющаяся в Рос. Республике диктатурой подавляющего большинства населения, не остановится перед применением репрессий против... врагов рев-ции, вместе с тем [она] не нуждается в системе террора и отметает её как путь дезорганизации власти рев. демократии"; указал, что Учред. Собр. должно в первую очередь решить вопросы о мире, о земле и о рабочем контроле, подчеркнув, что стоит на точке зрения необходимости "немедленного осуществления власти рабочих и крестьян", а "всякую попытку превратить Учред. Собр. в орган борьбы с Советами" "считает посягательством на завоевания рев-ции... считает необходимым оказать ему самое решит. противодействие"; в резолюции об экон. положении страны отметил, что рус. рев-ция "создала объективные условия для осуществления переходного периода между капитализмом и социализмом"; высказался против попыток восстановить 2-й Интернационал и за создание 3-го Интернационала, в к-ром не должно быть места социал-империалистич. и социал-националистич. течениям.

Съезд избрал ЦК ПЛСРИ: Натансон ("за"– 69 голосов), Спиридонова (68), Камков (68), А.Л. Колегаев (64), В.А. Карелин (64), Устинов (63), А.А. Биценко (61), Алгасов (57), И.З. Штейнберг (55), В.Е. Трутовский (52), Малкин (48), Мстиславский (42), П.П. Прошьян (42), П.И. Шишко (34), Шрейдер (31); канд. в чл. ЦК – Д.А. Черепанов (27), В.М. Качинский (26), И.М. Прохоров (21), Д.А. Магеровский (19), И.А. Майоров (18).

Источник: Протоколы 1-го съезда Партии левых социалистов-революционеров-интернационалистов, М., 1918.

В.И. Миллер.

26 ноября – 5 декабря. Четвёртый съезд Партии социалистов-революционеров (ПСР), Петроград. 215 делегатов с решающим и 120 с совещательным голосами. Съезд открыл Д.Ф. Раков. Президиум: В.М. Чернов (пред.), Н.И. Ракитников, М.А. Лихач, Н.С. Русанов (тов. пред.), Раков и В.М. Зензинов (секретари). Обсуждены вопросы: Текущий момент – Чернов, содокладчик М.Л. Коган-Бернштейн; Отчёт ЦК – Зензинов; О финанс. х-ве партии – М.А. Веденяпин; О работе партии в Учред. Собр.– Ракитников; Об орг. уставе партии – В.В. Руднев. Работали секции: социально-экономическая и национальная.

Съезд констатировал, что ЦК не осуществлял в должной мере контроль над деятельностью членов партии, занимавших ответств. посты в пр-ве и в руководящих органах демократии, чем делал партию ответственной за политику, ею не санкционированную, и невольно способствовал подрыву доверия масс к партии. Съезд поддержал лозунг "Вся власть Учред. Собранию!", признав, что Советы должны руководить идейно-полит. жизнью масс и стоять на страже завоеваний рев-ции; указал, что в Учред. Собр. должны быть поставлены вопросы о мире, о земле, о контроле над произ-вом, о переустройстве Рос. Республики на федеративных началах; подтвердил исключение из ПСР левых эсеров-интернационалистов и членов Орг. Совета петрогр. группы эсеров-"оборонцев".

Съезд избрал (голосовало 174 делегата) ЦК ПСР: Ракитников ("за"– 167 голосов), Раков (165), Чернов (163), Зензинов (161), Русанов (148), В.В. Лункевич (144), Лихач (131), Веденяпин (126), И.А. Прилежаев (126), М.И. Сумгин (120), А.Р. Гоц (112), М.Я. Гендельман (107), Ф.Ф. Федорович (105), В.Н. Рихтер (104), К.С. Буревой (Сопляков) (103), Е.М. Тимофеев (100), Л.Я. Герштейн (85), Д.Д. Донской (82), В.А. Чайкин (79), Е.М. Ратнер (76); канд. в члены ЦК – А.Б. Ельяшевич (75), И.И. Тетёркин (75), Н.Н. Иванов (73), В.В. Сухомлин (71), Коган-Бернштейн (65).

Источник: Краткий отчёт о работах 4-го съезда Партии социалистов-революционеров (26 нояб.– 5 дек. 1917 г.), П., 1918.

В.И. Миллер.

26 ноября – 10 декабря. Второй Всероссийский съезд Советов крестьянских депутатов, Петроград. Созван по решению Исполкома Всерос. Совета КД (ВСКД) от 14 окт. и 24 нояб., Всерос. совещания представителей губ. крест. Советов, армейских к-тов и Исполкома ВСКД от 13 нояб., Чрезв. Всерос. съезда Советов КД от 25 нояб.

Депутаты Чрезв. съезда вошли в состав 2-го съезда. На открытии присутствовало не менее 499 депутатов с решающим голосом (кворум 790), 1 дек.– 789, включая 489 с мест и 294 из армии, 8 дек.– 1282 депутата. На 1 дек. максимум (350 депутатов) составили левые эсеры, 307 – правые эсеры, 91 – большевики, 40 – беспартийные, максималисты, энесы, меньшевики-интернационалисты, "новожизненцы", члены группы "Единство" и анархисты. В работе съезда участвовали почти все лидеры эсеров и большевиков. Ряд депутатов получил делегатские билеты под одинаковыми номерами или без номеров. Большинство составляли середняки и бедняки.

Съезд открыла М.А. Спиридонова и была избрана его пред. (269 голосов, за В.М. Чернова – 230), секретарём – большевик М.М. Харитонов. Президиум: левые эсеры – Н.Н. Алексеев, Т.И. Голынский, Ф.Д. Домбровский, А.А. Измайлович, Б.Д. Камков, В.А. Карелин, В.М. Качинский, А.Л. Колегаев, М.А. Натансон, Никитин, М.А. Спиридонова, Р.И. Сташков, А.М. Устинов; правые эсеры – В.С. Абрамов, А.А. Акимов, М.Б. Гольман, В.Я. Гуревич, С.С. Маслов, Э.М. Овчинников, Одинцов, Соколов, И.С. Сорокин, Ф.А. Стадников, Е.Ф. Тяпкин, А.И. Щадилов; большевики – И.Я. Гунин, В.И. Невский, М. Некрасов, М.М. Харитонов; максималист Н.И. Ривкин; фамилия беспартийного неизвестна. Обсуждались вопросы: О деятельности Исполкома ВСКД – докладчики правые эсеры Г.А. Мартюшин и Н.Я. Быховский, фактически содоклады сделали Н. Рыбин (левый эсер), Б.Д. Камков, В.М. Чернов и М.М. Володарский; Об арестах кадетов – членов Учред. Собр.– меньшевик-интернационалист Б.И. Моисеев, фактически содоклады сделали В.И. Ленин, В.М. Чернов, А.Л. Колегаев и В.А. Карелин; О перемирии – Л.Д. Троцкий; О конфликте с Укр. Центр. Радой – Лесновский (партийность неизвестна); О земле – левый эсер Н.С. Арефьев.

4 дек. съезд "раскололся" при обсуждении второго вопроса, являвшегося по существу вопросом о власти. 347 правых эсеров и поддерживавших их ушли, организовав 2-й Всерос. съезд Советов КД, стоящих на защите Учред. Собр. Остались 428 депутатов с решающим голосом, включая примерно 250 от армии и 150 с мест. Резолюция об отношении к перемирию и войне, предложенная Троцким, была принята 5 дек. Провозглашая приверженность честному и демокр. миру, она приветствовала достигнутое сепаратное перемирие (см.: "Знамя Труда", П., 1917, 6 дек.).

6 дек. одобрена левоэсеровская резолюция о деятельности Исполкома ВСКД, к-рая отмечала, что он не выполнил постановления по агр. вопросу, принятого 1-м Всерос. съездом Советов КД (4–28 мая). Деятельность Исполкома признавалась "преступной", причём выделялась личная ответственность Н.Д. Авксентьева, А.Ф. Керенского и В.М. Чернова (см. там же, 7 дек.).

7 дек. принята резолюция о конфликте с Укр. Центр. Радой, предложенная группой депутатов-украинцев. В ней признавалось, что Украина "имеет право на полное самоопределение вплоть до отделения. Никакая центр. власть не вправе вмешиваться во внутр. дела Украины". Однако от Рады требовалась "самая энергичная поддержка всех мероприятий, направленных на подавление буржуазно-кадетского восстания Каледина. В первую очередь Рада обязана пропустить войска, направленные для борьбы с Калединым, и задержать его войска". Совнарком и Рада призывались к предотвращению столкновения ("Голос Трудового Крест-ва", П., 1917, 12 дек.).

8 дек. принята резолюция об отношении к Учред. Собр., ранее одобренная 1-м съездом левых эсеров (19–28 нояб.).

10 дек. принята левоэсеровская резолюция по агр. вопросу. Она требовала, чтобы Учред. Собр. решило вопрос в духе эсеровской программы, воплощённой в док-тах 1-го и Чрезв. крест. съездов, 2-го Всерос. съезда Советов РСД. При этом приветствовался декрет о земле (там же).

Был одобрен наказ депутатам, отправляющимся на места, к-рый предложили большевики. Он подтвердил все решения Чрезв. съезда и резко осудил ушедших с него эсеров (там же).

ИСПОЛКОМ ВСЕРОССИЙСКОГО СОВЕТА КРЕСТЬЯНСКИХ ДЕПУТАТОВ 2-ГО СОЗЫВА

Левые эсеры (44)– Н.Н. Алексеев, И.М. Аносов, Н.С. Арефьев, И.Ф. Балыков, Л.Л. Беклешов, К.П. Вакс, Л.С. Венецианов, Викторов, В.Д. Волков, Т.И. Голынский, Е.А. Григорович, А.А. Измайлович, В.А. Карелин, В.М. Качинский, Ковалев, А.Л. Колегаев, Л.Е. Кроник, В.М. Левин, Лунёв, Мисуно, М.А. Натансон, Никитин, Н.И. Пароль, Пашковский, Попов, С.Ф. Рыбин, С.Ф. Салунов, П.Ф. Сапожников, В. Селиванов, Сидоров, Спиридонова, Г.Н. Сухарьков, В.Е. Трутовский, А.М. Устинов, Н.К. Чулочников, П.В. Чумаченко, И.З. Штейнберг, кандидаты – Докшин, М. Лаптев, Михайлов, Муравьёв, Пакаев, Романченко, Селиванов; большевики

(15)– Р. Андреев, А.А. Анохин, Артамонов, И.Г. Безсонов, Е.Л. Водяников, Ионов, П.В. Майоров, В.И. Невский, П.Л. Пахомов, М.М. Харитонов, кандидаты – Акулов, Вихляев, П. Кривоногов, Рубцов, Томашевич; "максималист" М.В. Селиванов;

левая эсерка А.А. Биценко (избрана общим собранием съезда).

От армий: 1-я – левые эсеры Я. Козин, С. Коржов, Савельев, Сержантов, В. Сизов; 2-я – левые эсеры Дурнов, Непочатов, Соловьёв, большевики Петриков, Шинкаркин; 3-я – левые эсеры Алёшин, Гуркин, Гусев, правый эсер И.Г. Эйхфельд, большевик А.М. Ярополов; 4-я – левые эсеры С. Василевский, И. Гурьев, А. Смирнов, правый эсер А.В. Пушкин, партийность Озаренко неизвестна; 5-я – левый эсер П.А. Гламаздин, большевики Коваль, Потрепелюк, Шунин, партийность Богданова неизвестна; 6-я – левые эсеры Виноградов, Васильев, С. Куликов, М. Лаптев, Лищенко; 7-я – левые эсеры Ф.М. Домбровский, С.С. Усачёв, Чупрыгин, Е. Шарыпкин, партийность Хорта неизвестна; 8-я – левые эсеры Герасимов, Крючков, А.Н. Поперечный, Н. Прокопенко, С.И. Шапошников; 9-я – левые эсеры Киселёв, Курдюмов, Турбин, Чуев, партийность Голубева неизвестна; 10-я – левые эсеры Аношкин, Бурдаков, П.П. Густарев, Токарев, партийность Губаренко неизвестна; 11-я – большевики О.З. Кечиев, Попов, левые эсеры Линин, Седов, партийность Чуркова неизвестна; 12-я – левые эсеры Зверев, Гуркин, Т. Украинцев, большевики Д.И. Гразкин, Куликов; Особая – левые эсеры А.И. Воробей, Мельников, А. Юдин, партийность Маренина, Медведева неизвестна. От частей, не входивших в состав армий Зап. фронта: Груздев (партийность неизвестна), левый эсер Ф.С. Замойский; от частей, не входивших в состав Особой армии Рум. фронта: Кононов (партийность неизвестна). От ополчения Юго-Зап. фронта: большевики Акулов, Пашков, А. Рубин, Томашевич, левый эсер Я. Безруков. От Ревельского укреплённого р-на: большевик Р. Куликов, левый эсер Морей. От войск в Финляндии: беспартийный В. Вилькен, партийность Жукова, Т. Степанова, Федотова неизвестна. От рук-ва войск за границей: А.В. Ростовцев (партийность неизвестна). От флотов: Балтийского – большевики Г. Косырев, Розанов, Сладков; Черноморского – большевик С.И. Богатов, левый эсер П. Бондарчук, беспартийный Кедрин. От Кронштадта: "максималист" Н.И. Ривкин. От округов: Двинского – большевик С.И. Гусев, партийность С. Степанова неизвестна; Казанского – левый эсер Денисов; Петроградского – левая эсерка М.Ф. Зверина, большевик Орлов; Приамурского – Колениченко (партийность неизвестна).

От губерний: от Бессарабской – левый эсер И.К. Макаров; Виленской – левый эсер А.А. Янкелевич; Витебской – большевик Н.Н. Новиков, партийность Ф.М. Шаблинского неизвестна; Владимирской – левый эсер И.Г. Жуков, большевик В.Д. Прокофьев; Вологодской – М.М. Некрасов (партийность неизвестна), левый эсер Д.В. Суворов; Вятской – левые эсеры И. Бадяжин, И.И. Докшин; Гродненской – левый эсер С.О. Констанчук; Казанской – левые эсеры М.Е. Булочников, Калиновский, В.А. Морозов, Румянцев, партийность П. Мдинашова, Х.М. Сагитова неизвестна; Калужской – левые эсеры Ф.П. Грибов, И.В. Карпиков; Ковенской – левый эсер М.А. Пипер; Костромской – беспартийный М.Л. Кириллов, партийность А.Н. Кокорева неизвестна; Курской – левые эсеры Л.М. Брагинский, А. Праведников, партийность Бреуса неизвестна; Минской – беспартийный Азаров, левый эсер Чадович; Московской – беспартийные П.И. Карявин, О.Г. Фёдоров; Новгородской – левые эсеры Н.Ф. Савельев, И.Ф. Терентьев; Оренбургской – левый эсер А. Кузнецов; Орловской – левые эсеры Малютин, Н.Д. Пряжников; Пензенской – левый эсер Л.М. Костин, партийность Жутенкова и П.Ф. Сидорова неизвестна; Пермской – левый эсер Ф. Долгин [Долгинов]; Петроградской – левые эсеры К. Ефимов, Г.М. Иващенко; Псковской – левые эсеры И. Кротов, А.П. Петров; Рязанской – левые эсеры В.Б. Лавренов, И.М. Рогов, Г.М. Текотин; Самарской – левый эсер Д. Логинов, большевик И.Я. Гунин; Саратовской – левый эсер П.М. Овчинников, беспартийный С.Ф. Шутов; Смоленской – левые эсеры И.Н. Поляков, Р.И. Сташков, большевик И.Е. Цамцуров; Тамбовской – левые эсеры Д.Г. Киреев, Е.И. Поздняков; Тверской – большевик Горнов, левый эсер П.А. Преклонский; Тульской – левые эсеры М.И. Игнатьев, Д.Г. Рыкин; Уфимской – левый эсер Фадеев; Харьковской – левые эсеры А.П. Бутрин, А. Денчик; Херсонской – левый эсер В.С. Железняев. От областей: Войска Донского – В.В. Чирков (партийность неизвестна); Кубанской – левый эсер Хлудеев; Самаркандской – большевик В. Олешкевич. От беженцев: левый эсер Борисов. От землячеств Петрограда: большевик Хитров.

На 1-м заседании 11 дек. Исполком избрал пред. Спиридонову; тов. пред. левых эсеров В.А. Карелина, Г.Н. Сухарькова и А.М. Устинова, секретарями – левого эсера Ф.Д. Домбровского, большевиков П.Л. Пахомова и М.М. Харитонова.

В объединённый ВЦИК Советов РСКД были избраны: левые эсеры – Н.Н. Алексеев, И.М. Аносов, Аношкин, Н.С. Арефьев, И.Ф. Балыков, Л.Л. Беклешов, А.А. Биценко, П. Бондарчук, Борисов, Л.М. Брагинский, К.П. Вакс, С. Василевский, Л.С. Венецианов, Викторов, В.Д. Волков, А.И. Воробей, Т.И. Голынский, Герасимов, П.А. Гламаздин, Ф.П. Грибов, Е.А. Григорович, М.Н. Гуркин, П.П. Густарев, Долгинов, Ф.Д. Домбровский, Жуков, Ф.С. Замойский, М.Ф. Зверина, Г.М. Иващенко, А.А. Измайлович, В.А. Карелин, И.В. Карпиков, В.М. Качинский, Ковалёв, А.Л. Колегаев, С. Коржов, Л.М. Костин, Крючков, А. Кузнецов, М. Лаптев, В.М. Левин, Малютин, Мельников, Мисуно, М.А. Натансон, Никитин, П.М. Овчинников, Н.И. Пароль, Пашковский, А.П. Петров, М.А. Пипер, Е.И. Поздняков, А.Н. Поперечный, Попов, А. Праведников, Н.Д. Пряжников, И.М. Рогов, С.Ф. Рыбин, Савельев, П.Ф. Сапожников, Седов, В. Селиванов, А. Смирнов, Спиридонова, Г.Н. Сухарьков, Е.М. Текотин, Терентьев, Товарев, В.Е. Трутовский, Т. Украинцев, С.С. Усачёв, А.М. Устинов, Хлудеев, Чирков, Н.К. Чулочников, Чумаченко, Чупрыгин, М.Н. Чуркин, Шапошников, Е. Шарыпкин, И.З. Штейнберг; большевики – Р. Андреев, А.А. Анохин, И.Г. Безсонов, Богатов, Е.Л. Водяников, Д.И. Гразкин, С.И. Гусев, Ионов, О.З. Кечиев, Р. Куликов, В.И. Невский, Н.Н. Новиков, В. Олешкевич, Орлов, П.Л. Пахомов, Петриков, Розанов, А. Рубин, М.М. Харитонов; беспартийные – Азаров, Денчик, П.И. Карявин, Кузнецов, Лисой, С.Ф. Шутов; максималист М.В. Селиванов.

Ленин говорил 13 дек.: "Второй крест. съезд дал победу Сов. власти. С Советом КД второго созыва у нас установился тесный контакт. С ними мы организовали Сов. власть рабочих, солдат и крестьян" (ПСС, т. 35, с. 167).

Источники: "Голос Трудового Крест-ва", П., 1917, 9–14 дек.; "Дело Народа", П., 1917, 30 нояб.– 13 дек.; "Знамя Труда", П., 1917, 28 нояб.– 12 дек.; "Известия Всерос. Крест. Съезда", П., 1917, 28 нояб.– 8 дек.; "Известия ЦИК", П., 1917, 27 нояб.– 12 дек.; Быховский Н.Я., Всерос. Совет КД. 1917 г., М., 1929.

Лит.: Гайсинский М.Г., Борьба большевиков за крест-во в 1917 г. Всерос. съезды Советов КД, М., 1933; Лавров В.М., Источники по истории Чрезв. и 2-го Всерос. съездов Советов КД, М., 1986 (канд. диссертация).

В.М. Лавров.

30 ноября – 7 декабря. Чрезвычайный съезд РСДРП (объединённой), Петроград. Созван её ЦК. 137 делегатов представляли 143037 членов партии, из-за антисов. выступления А.М. Каледина не смогли приехать 30–40 делегатов с Кавказа. Съезд открыл тов. пред. ЦК К.М. Ермолаев: "Объединит. съезд в авг. не решил задачи создания нормально-функционирующей жизнеспособной партии... Партия в нынешнем виде не в состоянии решить выдвинутых событиями последних месяцев колоссальных задач. Поэтому и было решено взамен предполагавшейся ранее всерос. конференции партии созвать экстренный всерос. съезд" (ЦПА ИМЛ, ф. 275, оп. 1, д. 15, л. 6). Президиум: В.Н. Крохмаль, Р.А. Абрамович, А.Б. Романов, О.А. Ерманский, И.Н. Дементьев, Глухов; секретари – Е.Л. Бройдо,

С.М. Зарецкая. Съезд обсудил вопросы: Текущий момент и задачи партии в Учред. Собр.– М.И. Либер, Ю.О. Мартов, А.Н. Потресов; О мире и перемирии – Ф.И. Дан, Абрамович, Потресов; О единстве партии – Мартов; Автономия областей и задачи партии – Либер, С.Ю. Семковский; Об отношении партии к Советам, органам местного самоуправления и обществ. орг-циям – А.С. Мартынов, П.Н. Колокольников, Б.С. Кибрик; О регулировании пром-сти и рабочем контроле – Ф.А. Череванин, И.М. Майский.

При обсуждении 1-го вопроса позицию "оборонцев" сформулировал Либер: "Теперь не приходится говорить об углублении рев-ции, о дальнейшем её развитии. Надо спасти хоть что-нибудь из завоёванного... может быть, придётся поддержать бурж. партии, страдающие от большевист. террора. Как, напр., не поддержать кадетов против большевиков в борьбе... за Учред. Собр. и гражд. свободы? ...Гл. ареной нашей деятельности должны теперь стать органы общенар. представительства: Учред. Собр., местное самоуправление, а не вырождающиеся Советы... Борьба с большевизмом должна, конечно, вестись полит. путём... Но мы должны признать за народом право восстания против большевиков..." (там же, л. 15–16). Иначе смотрел Мартов: "В основу нашей политики... должно быть положено не стремление назад от большевист. переворота к коалиции... а вперёд, к осуществлению намеченных, но не осуществлённых задач путём восстановления единства рев. фронта, единства пролет. движения, координирующего свои силы с движением мелкобурж. демократии... Нек-рые товарищи питают иллюзию о возможности создать в Учред. Собр. сильную рев. власть без большевиков... такой власти пришлось бы отбиваться от пролетариата, связавшего себя с большевиками... выбор имеется только между коалицией с большевиками и коалицией с цензовиками, но [это.– Автор] возможно только на трупах пролет. движения... необходимым условием соглашения с большевиками является отказ последних от анархист. приёмов диктатуры против демократии" (там же, л. 19, 20). Потресов же говорил: "Вздор, что можно причесать большевизм. Он непоколебим. Его можно сломить, но нельзя согнуть. А когда о причёсывании говорят меньшевики, то это смешно". На вопрос из зала "А чем свергнуть?" продолжал: "Чем угодно... Надо бороться, бороться и бороться, чтобы спасать честь с.-д-тии, как спасали мы её при царском пр-ве" (там же, л. 48). Была принята резолюция: "Переживаемая нами рев-ция не может осуществить соц. преобразования об-ва, поскольку такие преобразования не начались в передовых капиталистич. странах и поскольку в самой России производит. силы стоят на чересчур низкой ступени развития, а потому всякие попытки направить совр. рев-цию по пути осуществления соц. строя не могут найти опоры в интересах непролет. большинства трудящегося населения страны". Признавалось, что захват власти большевиками стал возможен потому, что "рев-ция не удовлетворила потребностей широких масс в ликвидации войны, передаче крестьянам земли, в регулировании хоз. жизни страны", указывалось, что политика большевиков бросает в объятия буржуазии значит. часть гор. и сел. демократии, ставилась задача "безболезненной ликвидации кризиса путём создания рев. единства между пролетариатом и мелкобурж. демократией", предполагалось "организовать решит. борьбу пролетариата с режимом анархии и террора, с синдикалист. опытами социальной рев-ции" и бороться против контррев. настроений в мелкобурж. массах ("Новый Луч", 1917, 6 дек.).

По вопросу о войне и мире Дан говорил, что спасти от тяжёлого сепаратного мира может лишь Учред. Собр., к-рое организует "признанную страной власть", и по её приглашению могут и союзники "вступить в переговоры о всеобщем мире". Если ничего не удастся спасти, "вина за это ляжет на большевиков и на имущие классы всех стран, в т.ч. и России" (ЦПА ИМЛ, ф. 245, оп. 1, д. 15, л. 62, 63). Абрамович предлагал программу, включавшую обращение к союзникам и к междунар. рабочему классу для совместных выступлений за мир. Потресов утверждал: "...большевики уступят место герм. войскам и агентам, и перед нами станет вопрос о реставрации [царизма.– Автор]... Пока большевики у власти, нам нечего делать, кроме того, как нести в массы свои идеи и кричать, что это предатели. Дан прав: лишь свержение большевиков и Учред. Собр. могут спасти хоть что-либо" (там же, л. 65, 66). Их высказывания легли в основу резолюции (см.: "Новый Луч", 1917, 7 дек.).

Резолюция о единстве партии указывала, что оно "осуществимо лишь на основе самостоят. клас. политики пролетариата и признания междунар. солидарности", что необходимы "единство полит. выступлений представителей партии и единство орг-ции", но "всякому меньшинству должна быть предоставлена полная возможность отстаивать свои взгляды" (там же).

При обсуждении нац. вопроса Либер говорил: "Вообще мы, конечно, за автономию, т.к. добиваемся единого гос-ва... Но при данных условиях и федерация явится прогрес. явлением. Поэтому мы должны содействовать этому процессу... Лучше всего бороться за усиление централизма мы сможем тогда, когда... сами примем активное участие в обл. стр-ве и будем его направлять... В своём стремлении к терр. расширению области сталкиваются друг с другом; уже были конфликты на этой почве – в Крыму, Молдавии, в Донецком бассейне и т.п. Борющиеся за свою автономию народы проявляются как очень великодержавно настроенные... Та же Укр. Рада, так энергично воевавшая против всяких комиссаров сверху, сама назначает своих комиссаров в те области, где большинство составляют не украинцы. Наша позиция в таких вопросах должна быть требованием спец. референдума среди населения о том, куда оно хочет примкнуть" (ЦПА ИМЛ, ф. 275, оп. 1, д. 15, л. 99). Семковский поддержал позицию Либера: "Надо принять самые широкие рамки либеральной автономии, чтобы отстоять единство России" (там же, л. 100). В этом духе была выдержана и резолюция "об автономии областей".

Резолюция об участии в Советах, рев. к-тах, органах самоуправления и др. орг-циях требовала от меньшевиков не входить в "адм. учреждения там, где они стали органами большевист. власти", в ВРК и К-ты спасения, но оставаться в Советах для противодействия "политике террора и анархо-синдикалист. опытам"; входить только в такие "военно-рев. орг-ции", к-рые ставят своей целью "предупреждение гражд. войны" ("Новый Луч", 1917, 8 дек.).

При выборах ЦК "правые" (10 чел.) отказались войти в него, а группа "оборонцев" заявила, что воздержится при голосовании. В ЦК вошли: члены – П.Б. Аксельрод, Р.А. Абрамович, И.С. Астров, И.И. Ахматов, Б.Н. Бер (Гуревич), Е.Л. Бройдо, Волков, В. Горев (Б.И. Гольдман), К. Гогуа, Ф.И. Дан, С.О. Ежов, Ю.О. Мартов, А.С. Мартынов, И.М. Майский, А.П. Пинкевич, С. Семковский (С.Ю. Бронштейн), Ф.А. Череванин, Г.М. Эрлих, А. Югов (А.А. Фрумсон); кандидаты – В.С. Войтинский, Д.Ю. Далин, С. Девдориани, И.А. Исув, Б.С. Кибрик, В.М. Коробков, В.А. Мандельберг, Олимпиев, Н.А. Рожков, П. Трифонов, А.А. Трояновский, Л.М. Хинчук, Н.С. Чхеидзе, А.И. Чхенкели.

В.И. Миллер.

5–11 декабря. Второй Всероссийский съезд Советов крестьянских депутатов, стоящих на защите Учредительного Собрания, Петроград. Организован депутатами 2-го Всерос. съезда Советов КД, ушедшими с него 4 дек. В день открытия – 347 депутатов, всего участвовало св. 356 депутатов, включая не менее 263 с мест (из них не менее 95 от губ. крест. Советов) и примерно 74 от армии; представляли не менее 44 губерний и 4 областей. Пред. съезда избран В.М. Чернов. Обсуждались вопросы: О мире – докладчик Н.С. Русанов; О войне с Украиной; О земле – П.А. Вихляев и Чернов; О деятельности Исполкома Всерос. Совета КД (ВСКД)– Г.А. Мартюшин и Н.Я. Быховский; О продовольствии – Н.Д. Кондратьев, А.М. Беркенгейм; Об отношении к СНК – В.Я. Гуревич (все докладчики – правые эсеры).

В резолюции о мире (принята 6 дек.) отмечалось, что стремлению рус. рев-ции ко всеобщему демокр. миру мешали "решит. сопротивление со стороны имущих и правящих классов всех воюющих держав" и "нерешит. политика нашего коалиц. пр-ва". СНК, "не признанный союзными пр-вами и далеко не признанный нашей страной, не ускорил, а отодвинул великую задачу всеобщего демокр. мира тем, что заключил с Германией и её союзниками отдельное (сепаратное) перемирие, ведущее к сепаратному миру, за к-рым может последовать новая ужасная война и экон. порабощение России". Настоящий мир даст Учред. Собр., к-рое должно предложить всем державам вступить в переговоры о перемирии на всех фронтах, о всеобщем справедливом мире ("Известия Всерос. Совета КД", П., 1917, 12 дек.).

7 дек. одобрена резолюция о войне с Украиной. Её принятие связано с ультимативными требованиями СНК к Укр. Раде (написаны 3 дек.)– при неполучении удовлетворит. ответа в течение 48 ч. СНК "будет считать Раду в состоянии открытой войны против Сов. власти

в России и на Украине" (Ленин В.И., ПСС, т. 35, с. 115). Резолюция характеризовала ультиматум как "преступное и позорное лицемерие", призвала солдат и матросов "отказаться от движения к границам самоопределяющейся Украины", передала "братский горячий привет Укр. Раде и Укр. съезду Советов РСКД, ставшему на защиту неприкосновенности прав свободного укр. народа" ("Известия ВСКД", 1917, 12 дек.). Делегация съезда вручила резолюцию наркому по делам национальностей И.В. Сталину.

9 дек. принята резолюция о деятельности Исполкома ВСКД. В ней отмечалось, что в вопросах о власти и мире Исполком стоял на почве постановлений 1-го Всерос. съезда Советов КД. Однако "иногда он отставал от требований рев. трудового крест-ва, и в этом отношении на нём лежит известная ответственность". Он "не проявил достаточной решительности и самостоятельности в деле передачи земли в ведение зем. к-тов". Резолюция признавала, что власть должна принадлежать всему народу в лице Учред. Собр., а не какому-нибудь отдельному классу или партии. Это не уничтожает влияния и самой деятельности Советов РСКД, а предполагает последние как классовые орг-ции в качестве опоры власти (там же).

11 дек. принята резолюция по зем. вопросу. Она предусматривала "отмену частной собственности и права частного распоряжения зем. угодьями", утверждение трудового уравнит. землепользования. Для этого "изъемлются из с.-х. пользования нынешних владельцев без выкупа все земли, выходящие за границу трудовой нормы, и поступают в общенародный зем. фонд". Все леса и воды, недра и ископаемые "изъемлются из частной собственности и поступают в верховное управление гос-ва".

Затем резолюция характеризовала РСДРП(б): «Все взгляды этой партии пропитаны глубоким недоверием к трудовому крест-ву и неумением понять его нужды и стремления, откуда и вытекают её планы выделить из трудового крест-ва батрацкие части и враждебно противопоставить их всему остальному крест-ву, организуя их в особые "советы батрацких депутатов". Всех крестьян – самостоят. хозяев большевики валят в одну кучу с деревенскими богатеями, принадлежащими к крест-ву только по имени. Большевики сеют взаимное недоверие между фабрично-заводскими рабочими и крест-вом, объявляя последнее неспособным к борьбе за социализм. Крест. требование общенар. собственности на землю извращено большевиками "в смысле передачи всех земель в казну". Уравнительно-трудовое землеустройство – "большевики всегда являлись упорными врагами этого единодушного требования трудового крест-ва. Лишь в самое последнее время, вообразив, будто в оскудевшей, нищей, полуграмотной, страдающей от хоз. разрухи России можно приступить к немедленному осуществлению полного социализма, большевики объявили, что меняют своё отношение к требованию социализации земли. Но и при этом они требуют сначала осуществления целого ряда сложнейших мер, вроде национализации банковского дела и т.п., чтобы после этого не препятствовать трудовому крест-ву проводить его зем. программу"» (там же).

Тогда же принята резолюция по прод. вопросу. Причинами прод. кризиса указаны расстройство транспорта и ден. системы, упадок производительности с. х-ва и пром-сти при росте потребления, отсутствие твёрдой, опирающейся на нар. массы власти и возрастающая анархия. Кризис приобрёл особенно болезненный характер после насильств. захвата власти большевист. партией, начала Гражд. войны, отрезавшей плодородные Юг и Сибирь от потребляющей России, разрушения центр. прод. ведомства. Выход из ситуации – воссоздание общенар. и общепризнанной гос. власти в лице Учред. Собр., нормирование прибыли и зарплаты в соответствии с ценами, произ-во всех товаров массового потребления под контролем гос-ва, демобилизация пром-сти и др.(там же).

Затем одобрена резолюция об отношении к СНК. Он объявлен "незаконным захватчиком власти". «Своими властными притязаниями новое большевист. "пр-во" привело к тому, что целые области России – Дон, Кубань, Украина, Кавказ – одна за другою стали объявлять себя временно самостоятельными; оно не остановилось перед разжиганием новой гражд. войны Севера России против Юга, единственно ради утверждения своей власти во всей стране». Лишь Учред. Собр. может предотвратить распад России на составные части и добыть долгожданный мир, хлеб, землю и волю (см. там же).

11 дек. был принят призыв к трудовому крест-ву: «Мы раскололись [на 2-м съезде Советов КД.– Автор] на том вопросе, к-рый считаем коренным,– на вопросе об Учред. Собр. Мы прямодушно стали на защиту неприкосновенности его прав и прав его членов. Вам станут кричать большевики и те, кто тянется за ними,– что арестовывались "кадеты", люди бурж. партии, что от этого только чище станет Учред. Собрание... Не верьте, товарищи, этим лицемерным ухищрениям, как не верим им мы. Идёт подкоп под Учред. Собр. С какого бы края ни началось "лишение прав" членов полновластного Учред. Собр.,– такие действия преступно посягают на целость и власть Учред. Собр., избранного на основе наилучшего в мире закона. В этом, товарищи, суть! Вы не хотите гибели всех рев. завоеваний. Вы не допустите гибели готовой осуществиться социализации земли, к-рая утвердит всю землю за трудящимися на уравнит. пользовании. А эта гибель неизбежна, если анархия, гражданская, братская междоусобица сметёт Всенар. Учред. Собр.!» (там же).

Был сформирован (9 дек.) Врем. Исполком ВСКД, стоящих на защите Учред. Собрания: от общего собрания съезда 15 чел.– правые эсеры М.С. Арефьев, Н.Я. Быховский, П.М. Ганичев, В.Я. Гуревич, Евреинова, И.В. Инцертов, Кочетов, М.А. Максимов, Э.М. Овчинников, И.И. Ракитникова, А.В. Тельтевский, Е.Ф. Тяпкин, Д.Г. Чернобаев, В.М. Чернов, энес Н.В. Чайковский; от губерний: Архангельская – М.М. Мартынов, А.А. Суетин; Астраханская – А.И. Хабаров; Бессарабская – И.И. Сорокин, И.И. Степанов; Виленская – Г.Р. Подрез; Владимирская – А.А. Акимов; Вологодская – Г.М. Панов, А.А. Свитцов; Воронежская – Ф.М. Селезнёв, А.И. Ходыкина; Вятская – П.П. Гвоздев; Гродненская – Макаревич, В.Т. Федорчук; Костромская – В.Ф. Казбиров, И.И. Смирнова; Курская – М.Е. Антонов, И.И. Карпов; Минская – А.М. Дерван, Е.Б. Спевак; Могилёвская – М.Б. Гольман, Г. Храпунов; Московская – Р.С. Ильин, Ф.Г. Фёдоров; Нижегородская – М.И. Сумгин; Новгородская – И.А. Батин, С.Г. Тихомиров; Олонецкая – А.В. Шестаков; Орловская – Н.П. Сливенко; Пензенская – И.С. Тимошин, И.А. Цинголотов; Пермская – П.А. Горшков, Я.Е. Малков; Петроградская – Кузьмин; Рязанская – М.И. Королёв; Самарская – З. Лятыпов, В.Я. Стручков; Саратовская – Л.В. Банжинский, И.Я. Коротков; Симбирская – А.З. Каргин, М.С. Костин; Смоленская – П.А. Сидоров; Ставропольская – Ф.М. Онипко, Т.И. Сухотько; Таврическая – Заярный, Ополонин; Тамбовская – Бородин, И.М. Евсеев; Тульская – С.И. Быков; Уфимская – С.И. Сигов, Ш.Д. Фазаев; Черноморская – М.А. Выголов; от областей: Войска Донского – А.А. Гобин, Х.И. Дараган, Кубанской – Н.В. Остроумов, Приморской – Н.П. Назаренко, от Закавказья – Ф.И. Пехтерев, Поволжья – В.В. Гилярeвский, Крекнин, К.П. Русин, Севера России – Беляков, Туркестана – Войтов, Гастев, Центр. России – И.В. Сорокин, от украинцев – Отоманец, А.И. Щадилов; от общего собрания армейских депутатов – Тихомиров; от фронтов: Северный – Л.С. Колядко, М. Мизюк; Западный – К. Лебедев, С. Макашов; Румынский – М. Киреев, Солодов; от армий: 1-я – Н. Белоусов, Наумов, Попов; 4-я – Н.Н. Ковалёв; 5-я – Легошин, Рыбкин, Шитый; 9-я – М. Антоненко, Соболев, Чурсин; 10-я – М. Ишечкин, Квaськовский; 12-я – А. Кремлёв; Кавказская – Замаров, Носенко, Пашков, Тюленев; от Казанского ВО – Чернышёв.

Подавляющее большинство среди 106 членов Исполкома составили правые эсеры. Его первое заседание состоялось 10 дек. Пред. был избран Чернов, тов. пред. Э.М. Овчинников, И.И. Ракитникова, К.П. Русин и Д.Г. Чернобаев (все – правые эсеры).

Быховский объяснял, почему крест. депутаты держались за Учред. Собр.: «Во-первых... с первого момента рев-ции деревня постоянно слышала, что спасение страны только в Учред. Собр. и что земля окончательно будет передана крест-ву тоже только Учред. Собранием. Имея перед собой результаты выборов в Учред. Собр., давших огромное большинство кандидатам крест. Советов и партии эсеров, к-рую крест-во издавна знало как свою партию, они теперь были уверены, что Учред. Собр. будет на стороне крест-ва. Во-вторых, по своей крест. психологии... считали, что, если они получат землю от Учред. Собр., то это будет более прочно, "вернее", чем от Советов, и никто затем не будет этого оспаривать, т.к. Учред. Собр.

представляет "волю всего народа", а Советы являются только волей трудящихся... В-третьих, ими, вероятно, учитывалось и то, что это будет "спокойнее", т.к. Сов. власти приходится ещё вести борьбу с теми, к-рые отказываются признавать её. В-четвёртых, их, вероятно, пугала та стремительная и беспощадная ломка всего старого строя, к-рую начала Сов. власть... по психологии своей середняцкая масса боится всяких катаклизмов. Ещё более эти делегаты должны были опасаться внесения гражд. войны внутрь самого крест-ва, т.к. для неимущих элементов деревни имущим является не только кулак, но и середняк... крайняя агрессивность левой части съезда, несомненно гл. обр. из пролет. и полупролет. элементов деревни, должна была их ещё больше отпугивать. Наконец, многие из них несомненно ещё продолжали находиться под влиянием старых вождей крест-ва...» ("Всерос. Совет КД. 1917 г.", М., 1929, с. 335–36).

Источники: "Дело Народа", П., 1917, 6–13 дек.; "Известия Всерос. Совета КД", П., 1917, 6–14 дек.

Лит.: Гайсинский М.Г., Борьба большевиков за крест-во в 1917 г. Всерос. съезды Советов КД, М., 1933.

В.М. Лавров.

1918

5–6 января. Учредительное Собрание (УС), Петроград. Постановлением Врем. пр-ва от 14 июня 1917 созыв УС назначен на 30 сент.; из-за большой подготовит. работы 9 авг. созыв был перенесён на 28 нояб. После Окт. рев-ции СНК 26 нояб. определил, что УС созывает комиссар над Всероссийской по делам о выборах в УС комиссией М.С. Урицкий по прибытии в столицу св. 400 его членов. 28 нояб. 45 членов УС провели "частное совещание", избрали врем. пред. В.М. Чернова (должен был ежедневно собирать приезжающих членов УС до тех пор, пока УС само признает себя правомочным) и врем. президиум (оргкомиссию)– Чернов, В.В. Руднев, М.А. Лихач (эсеры), Ф.И. Родичев, Н.Н. Кутлер (кадеты). 28 нояб. вечером СНК принял декрет об аресте лидеров кадетов; 30 нояб. были прекращены "частные совещания" членов УС. 12 дек. ЦК РСДРП(б) принял тезисы В.И. Ленина: "УС, созываемое по спискам партий, существовавших до пролетарски-крест. рев-ции... приходит в столкновение с волей и интересами трудящихся"; интересы рев-ции "стоят выше формальных прав УС. Единств. шансом на безболезненное разрешение кризиса... является... безоговорочное заявление УС о признании Сов. власти, сов. рев-ции, её политики в вопросе о мире, о земле и о рабочем контроле... Вне этих условий кризис в связи с УС может быть разрешён только рев. путём... какими бы лозунгами и учреждениями... контррев-ция ни прикрывалась" (ПСС, т. 35, с. 165–66).

18 дек. "Союз защиты УС" (создан в кон. нояб.) начал готовить манифестацию, а ЦК ПСР и его Воен. комиссия – собирать силы для вооруж. выступления в день открытия УС. 20 дек. СНК постановил открыть УС, при наличии кворума, 5 янв. 1918. Эсеры предполагали использовать броневой дивизион, Семёновский и Преображенский полки, создали группы боевиков, образовали штаб, начали подготовку покушений на Ленина и Л.Д. Троцкого. В этих условиях готовился для отпора и СНК. 3 янв. ЦК ПСР решил реализовать свой план лишь в случае, если "войска сами станут на сторону восставших" ("Октябрь 1917: величайшее событие века или социальная катастрофа?", М., 1991, с. 211). 5 янв. манифестантов остановили войска, были человеческие жертвы.

В Таврический дворец из 715 членов УС явилось 410 (в т.ч. 155 большевиков и левых эсеров). Заседание пытался открыть старейший член фракции эсеров С.П. Швецов, но шум и свист слева не позволили ему это сделать. Я.М. Свердлов заявил, что ВЦИК Советов РСКД "поручил мне открыть заседание" ("Учред. собр.", с. 3), затем он предложил УС присоединиться к декларации ВЦИК: "Россия объявляется Республикой Советов РСКД. Вся власть в центре и на местах принадлежит этим Советам" (там же, с. 4); "Поддерживая Сов. власть и декреты СНК, УС признаёт, что его задачи исчерпываются общей разработкой коренных оснований соц. переустройства об-ва" (там же, с. 6). При избрании председателя Чернов получил 244 голоса, М.А. Спиридонова (от фракций большевиков и левых эсеров)– 153. Во вступит. слове Чернов отметил трудности момента и, под беспрерывный шум слева, обозначил вопросы, к-рые должно было решить УС. Секретарём УС был избран эсер М.В. Вишняк.

В ходе прений по повестке дня Н.И. Бухарин предложил обсудить первым "вопрос о принятии... декларации ЦИК Советов РСКД и в первую голову вопрос о власти", т.к. решение предложенных Черновым вопросов "превращается в свою собств. противоположность по той концепции рос. власти", к-рую изложил пред. (там же, с. 25). Эсер Н.П. Пумпянский поставил первым вопрос о мире, вторым – о земле, третьим – о формах гос. власти, затем о гос. регулировании пром-сти и борьбе с безработицей, об охране УС и неприкосновенности его членов, обращение к народу России (там же, с. 33). Левый эсер И.З. Штейнберг предложил сначала принять декларацию ВЦИК, т.к. "вопросы, стоящие перед рев-цией... проводятся и осуществляются каждый час существующей сейчас властью Советов" (там же, с. 35). Меньшевик И.Г. Церетели огласил декларацию: "...с.-д. фракция призывает весь рабочий класс России отвергнуть неосуществимые и гибельные попытки навязать всей рев. демократии... диктатуру меньшинства и грудью встать на защиту полновластия Всерос. УС... требовать, чтобы все органы власти, возникшие на почве гражд. войны, признали верховную власть УС" (там же, с. 51). При голосовании предложение эсеров получило 237 голосов, большевистско-левоэсеровское – 146.

После перерыва по внеочередному заявлению меньшевика М.И. Скобелева было решено "избрать межфракц. комиссию для расследования обстоятельств расстрела рабочих манифестаций в день открытия УС и установления виновников этих расстрелов" (там же, с. 70). Большевик Ф.Ф. Раскольников огласил написанную Лениным декларацию: "Громадное большинство трудовой России... предъявило УС требование признать завоевания великой Окт. рев-ции – сов. декреты о земле, мире, о рабочем контроле и прежде всего признать власть Советов РСКД. ВЦИК ...предложил УС признать для себя обязательной эту волю. Большинство УС ...отвергло это предложение... мы заявляем, что покидаем это УС, с тем, чтобы передать Сов. власти окончат. решение вопроса об отношении к контррев. части УС" (там же, с. 89–90). Штейнберг предложил компромисс: не откладывая, принять один пункт декларации ВЦИК – о мире. Обсуждение вопроса о мире завершил Чернов: "УС не закрывает своего первого заседания до тех пор, пока не постановит своих решений... по вопросу о мире и по вопросу о земле... ввиду крайней важности этих вопросов... произвести поимённое голосование... в конце заседания, а сейчас перейти немедленно к оглашению законопроекта о земле и к прениям по этому вопросу" (там же, с. 106–07). После принятия этого предложения выступил левый эсер В.А. Карелин: отметив, что большинство УС стало "на путь борьбы с Сов. властью", он заявил – "чтобы в этой борьбе двух лагерей... всё отдать на пользу трудящихся классов... это собрание мы оставляем" (там же, с. 109). После ухода левых эсеров (6 янв., ок. 3 ч.) Чернов начал читать закон о земле: "Право собственности на землю в пределах Рос. Республики отныне и навсегда отменяется" (там же, с. 110). В это время (6 янв., 4 ч.) нач. караула дворца А.Г. Железняков заявил: "Я получил инструкцию, чтобы довести до вашего сведения, чтобы все присутствующие покинули зал заседания, потому что караул устал" (там же, с. 110). В спешном порядке УС приняло прочитанную часть закона о земле (передав оставшуюся часть в комиссию для доработки в 7 дней), резолюцию о мире (в книге, изданной в 1930, отсутствует), обращение к союзникам и постановление о гос. устройстве: "Гос-во Российское провозглашается Рос. Демокр. Федеративной Республикой" (там же, с. 113). Заседание было закрыто 6 янв. в 4 ч. 40 мин. Собравшиеся в 17 ч. того же дня члены УС нашли дворец закрытым; было решено к 1 февр. переехать в Киев, но он вскоре был занят сов. войсками.

В ночь с 6 на 7 янв. ВЦИК принял декрет о роспуске УС, одобренный 3-м Всерос. съездом Советов РСКД (13–18 янв.); 18 янв. съезд постановил устранить из текста сов. законов ссылки на их временный, "впредь до созыва УС" характер.

М.М. Горинов.

7–14 января. Первый Всероссийский съезд профсоюзов, Петроград. Присутствовали 416 делегатов с решающим голосом, в т.ч. 273 большевика, 66 меньшевиков, 21 левый эсер, 10 правых эсеров, 6 "максималистов", 6 анархо-синдикалистов и 34 беспартийных; 75 делегатов имели совещат. голос. Они представляли 162 профсоюза и 19 всерос. объединений, всего св. 2,6 млн. рабочих и служащих. Не прислали представителей находившиеся под влиянием меньшевиков и эсеров профсоюзы железнодорожников, горняков, врачей, связистов, печатников и нек-рые местные проф. орг-ции. Президиум: большевики – Г.Д. Вейнберг, Н.П. Глебов-Авилов, Ф.И. Озол, М.В. Рыкунов, А.Г. Шляпников, В.В. Шмидт; меньшевики – В.(М.Г.) Гриневич, П.Н. Колокольников, В.Г. Чиркин; левый эсер – Стражевский; Горбова – партийность неизвестна. Повестка дня: Отчёт врем. ВЦСПС, Очередные задачи профдвижения, О текущем моменте, О регулировании пром-сти и переводе её на мирные рельсы; О рабочем контроле, О безработице, Об организац. стр-ве и Уставе ВЦСПС.

Съезд стал ареной острых полит. столкновений между большевиками, к-рых поддерживали левые эсеры, эсеры-"максималисты", анархо-синдикалисты, и меньшевиками, объединившимися с правыми эсерами в группу под лозунгом "единства и независимости проф. движения". Наиб. напряжения борьба достигла при обсуждении вопроса о характере взаимоотношений между профсоюзами и новой гос. властью, о формах их участия в орг-ции хоз. жизни. С осн. докладом О текущем моменте выступил Г.Е. Зиновьев, с содокладами от меньшевиков – Ю.О. Мартов, от левых эсеров – Стражевский, от анархо-синдикалистов – Максимов. Большевики выдвинули идею огосударствления профсоюзов, т.е. постепенного превращения их в органы гос. власти, осудили идею нейтральности профсоюзов, им предлагалось сконцентрировать деятельность в орг.-хоз. области и взять на себя гл. работу по орг-ции произ-ва. Меньшевики выступили против превращения профсоюзов в "подсобные органы" пр-ва и считали, что "профсоюзы должны и впредь оставаться свободными и независимыми объединениями клас. борьбы пролетариата" ("1-й съезд проф. союзов. 7–14 янв. 1918 г.". Стенографич. отчёт, М., 1918, с. 122). Левые эсеры настаивали на полном подчинении профсоюзов Советам и слиянии с ними. Анархисты требовали, чтобы профсоюзы не превращались в гос. органы, а слились с фабзавкомами и взяли произ-во в свои руки. За большевист. резолюцию проголосовало 182 делегата из 328, участвовавших в голосовании, за резолюцию группы "независимых"– 84, левых эсеров – 20, воздержались 42 делегата.

Съезд принял решение об объединении профсоюзов с фабзавкомами, к-рые становились их низовыми органами. Резолюция по рабочему контролю обязывала профсоюзы осуществлять всестороннее рук-во органами рабочего контроля.

Съезд утвердил Устав ВЦСПС, избрал его новый состав. В Исполком ВЦСПС вошли: большевики – Г.Е. Зиновьев (пред.), В.В. Шмидт (секр.), Г.Д. Вейнберг, М.П. Владимиров, И.И. Матрозов (редактор ж. "Профессиональный Вестник"), Ф.И. Озол (казначей), Д.Б. Рязанов; меньшевики – И.Г. Волков, В.Г. Чиркин, И.М. Майский, Д. Левин. Канд. в члены Исполкома избраны: большевики – Н.И. Дербышев, Н.И. Иванов, А.Е. Минкин, М.П. Томский; меньшевик – М. Спектатор.

Г.М. Иванова.

8 января – 18 февраля. Второй Всероссийский мусульманский военный съезд, Казань. 203 делегата; большинство эсеры, 22 большевика и 13 левых эсеров (образовали левую фракцию съезда); татар 141, башкир 35. Председателем съезда избран пред. Всерос. мусульм. воен. Совета (Харби Шуро) меньшевик И. Алкин (Казань). Повестка: Отношение к войне, Отношение к Сов. власти, Отношение к Учред. Собр., О Волжско-Уральском штате, Об орг-ции армии и др. Гл. вопросы – создание Идель-Уральского (Волжско-Уральского) штата (республики), решение о к-ром было принято 29 нояб. 1917 на Нац. собрании мусульман Внутр. России и Сибири (Милли меджлис) в Уфе (20 нояб. 1917 – 11 янв. 1918), и формирование нац. войск. На съезд прибыли представители башк., чуваш., марийского народов, Укр. Центр. Рады, литов., польск., белорус. татар и др. На открытии съезда с приветствиями выступили представители разл. орг-ций, в т.ч. пред. Казан. губисполкома Совета РСКД большевик Я.С. Шейнкман, к-рый заявил, что СНК и Казан. Совет ничего не имеют против автономии, к-рую желают мусульмане.

Открывая съезд, И. Алкин поставил вопрос: "Должна ли создаваться Урало-Волжская обл. или только Башкирия?" Утверждал, что башкиры – это часть "тюрко-татарской" нации, башк. движение не национальное, а агр. движение. Пред. башк. фракции съезда Т. Имаков доказывал, что башкиры – отдельная национальность со своими обычаями и культурой, "нужно придерживаться такой идеи: первоначально утвердить Башк. штат, а затем к Башкирии присоединить Казань" (Юлдашбаев Б.Х., Нац. вопрос в Башкирии накануне и в период Окт. рев-ции, Уфа, 1984, с. 52). При обсуждении вопроса об автономии (осн. докладчик – прапорщик Ю. Музафаров, пред. мусульм. воен. к-та Киевского ВО, член Харби Шуро) после долгих переговоров (башк. фракция согласилась содействовать созданию Идель-Уральского штата, включающего башкир) была принята резолюция: создать автономную Идель-Уральскую Сов. Республику (вся Уфим. губ., часть Казанской, Симбирской, Самарской, Оренбургской, Пермской и Вятской губ.), входящую в Рос. Федеративную Сов. Республику; создать её Законодат. Собрание; до его созыва образовать Врем. пр-во республики [ЦИК Совета РСКД с участием представителей демокр. орг-ции – земств, городов, почтово-телегр. и ж.-д. союзов, нац. орг-ций, Коллегии Милли меджлиса и Башк. Курултая (парламента)] и как исполнит. орган СНК на пропорциональной основе; принять все меры к защите интересов солдат, рабочих и крестьян; предполагалось, что если будет невозможно создать Идель-Уральский штат, то надо обеспечить создание отд. башк. автономии, оказав башкирам помощь в этом. Съезд принял резолюцию, одобряющую роспуск Учред. Собр.

На 14-м заседании руководством Харби Шуро оглашён проект резолюции о задачах и целях формирования нац. полков, в к-рый от имени левой фракции большевиков С. Саид-Галиевым внесено дополнение, что мусульм. части, являясь опорой для осуществления нац. чаяний, должны объединиться с солдатами, рабочими и крестьянами др. наций и должны стремиться вместе со всей демократией к укреплению власти рабочих и крестьян. В принятой резолюции (вместе с дополнением) указывалось, что пока идёт нац. стр-во следует продолжать формирование войсковых частей вплоть до нац. армий; принять меры к отмене запрета Главковерхом таких формирований, а в случае его отказа приступить к их созданию явочным порядком; образовать Комиссариат в Петрограде и при Ставке, назначить во все фронтовые и окружные к-ты комиссаров и т.д.; немедленно приступить к формированию частей из воинов-мусульман по всем нац. территориям вне пределов территорий предполагаемых штатов; для управления учредить центр. воен. орган, штабы округов и районные управления; до провозглашения Штата проводить частичную мобилизацию согласно декретам СНК.

На 20-м заседании Ю. Музафаров огласил телеграмму наркому по воен. делам Н.И. Подвойскому от пред. коллегии по управлению Казанским ВО большевика И.П. Шельхманова с просьбой не допустить прибытия в Казань 3-тыс. Финл. мусульм. полка. Съезд потребовал отмены этой телеграммы, отставки Шельхманова и сообщения Подвойскому, что мусульм. войска будут подчиняться распоряжениям лишь своих рев. органов; предложил районным воен. учреждениям потребовать немедленного переизбрания Казан. Совета РСКД.

4 февр. левая фракция покинула съезд, опубликовав декларацию, в к-рой подчёркивалось, что съезд против Сов. власти и рев-ции, что решения, принятые после 4 февр., для левой фракции не будут обязательны. Члены фракции выступали на митингах и собраниях солдат и рабочих, призывая их к борьбе с контррев-цией. Съезд постановил создать Тюркскую федеративную респ. в составе 5 штатов (нац.-гос. образований): в Крыму, Ср. Азии, Поволжье, на Кавказе и Урале [см.: "Рус. Ведомости", 1918, 9(22) февр.]. 13 февр. были закрыты "Известия Всерос. Мусульм. Воен. Совета" и газ. "Безнен Тавыш" ("Наш голос"). Чтобы помешать намеченному съездом на 16 февр. провозглашению Идель-Уральского штата, Казан. Совет 15 февр. ввёл воен. положение в Казани, рев. штаб [создан 13 февр. Казан. Советом в составе: большевик К.Я. Грасис (пред.), меньшевик-интернационалист А.Г. Гинсбург (тов. пред.), большевик Я.С. Шейнкман и др.] арестовал рук-во съезда и Харби Шуро И. и Дж. Алкиных (Казань), Ю. Музафарова, прапорщика У. Токумбетова (Петроград) – всего св. 200 чел. 15 февр. съезд потребовал, чтобы Казан. Совет освободил их, в случае отказа снимал с себя ответственность за последствия (в городе возникла напряжённая обстановка). Казан. Совет и его Мусульм. комиссариат совм. с Мусульм. соц. к-том освободили арестованных, заключив с Врем. мусульм. рев. штабом [А. Монасыпов (пред.), Ш. Тагиров и др.] соглашение: все мусульм. орг-ции обязуются никаких выступлений и действий по орг-ции Идель-Уральского штата не предпринимать до созыва Учред. съезда Советов РСКД данной области; вся полнота власти в Казани и Казан. Сов. рабоче-крест. респ. (13 февр. общее собрание Казан. Совета приняло решение о её создании) принадлежит Казан. Совету и Комиссариату по мусульм. делам. Харби Шуро отказался выполнить эти и др. условия. Вечером 15 февр. под председательством И. Алкина съезд (заседания к-рого были перенесены в тат. часть Казани, за р. Булак) решил провозгласить 16 февр. автономный Идель-Уральский штат (т.н. "Забулачная республика", ликвидирована

Сов. властью 16 марта). 18 февр. Мусульм. комиссариат Казан. Совета предъявил ультиматум о сдаче оружия, к-рый был отклонён рук-вом Идель-Уральской республики, тогда части гарнизона разогнали съезд.

Лит.: Первый год пролет. диктатуры в Татарии. Сб. док-тов и мат-лов по истории парторганизации и Гражд. войны в 1918 г., Казань, 1933; Мухарямов М.К., Октябрь и нац.-гос. стр-во в Татарии (окт. 1917–1920 гг.), М., 1969; Тагиров И., В борьбе за власть Советов (Октябрь и нац.-освободит. движение в Поволжье и на Урале, июль 1917 – март 1918 гг.), Казань, 1977.

С.М. Исхаков.

10–13 января. Третий Всероссийский съезд Советов рабочих и солдатских депутатов, Петроград. Участвовало 625 делегатов с правом решающего голоса. Съезд открыл пред. ВЦИК Я.М. Свердлов: "Перед нами один из важнейших вопросов: стр-во новой грядущей жизни и создание всерос. власти. Мы должны здесь окончательно решить, будет ли эта власть иметь какую-либо связь с бурж. строем или окончательно и бесповоротно установится диктатура рабочих и крестьян... Я надеюсь, что этот съезд, совместно с созываемым вскоре крест. съездом, станет на платформу Рос. Сов. Демокр. Республики и пойдёт по пути укрепления и развития идей социализма" ("3-й съезд Советов РСКД", П., 1918, с. 5–6). Президиум: большевики – В.А. Аванесов, Артемьев, А. Баранов, В. Володарский, Г.Е. Зиновьев, К.И. Ландер, А. Ломов (Г.И. Оппоков), Е.А. Преображенский, Ф.А. Розинь, Свердлов; левые эсеры – Б.Д. Камков, С.Д. Мстиславский, Радченко; от объединённых фракций [объединённые с.-д. интернационалисты, с.-д.-меньшевики (объединённые), эсеры (правые и центр), белорус. социалисты]– Н.Н. Суханов. 11 янв. принята повестка дня: Отчёт ВЦИК и СНК – докладчики Свердлов и В.И. Ленин; Война и мир – Л.Д. Троцкий, Л.Б. Каменев; Создание Соц. Сов. Республики – И.В. Сталин. Съезд заслушал Свердлова и Ленина; 12 янв. по их докладам развернулась острая дискуссия. От фракции меньшевиков-объединенцев Ю.О. Мартов, отметив, что полное соц. преобразование возможно лишь после преобразования всей полит. орг-ции об-ва, говорил, что "методы террора не нужны той партии, к-рая осуществляет желания большинства против корысти меньшинства", и в заключение призвал Сов. власть "круто изменить свою политику во имя успешного осуществления рев. лозунгов" (там же, с. 35). От фракции объединённых с.-д.-интернационалистов Б.В. Авилов (Тигров) заявил, что возникновение Советов не является доказательством соц. характера рев-ции, что возможно сочетание Советов и Учред. Собр.: «Советы должны служить в качестве боевых орг-ций, стоящих на страже рев-ции, а Учред. Собр.– верх. выполнителем чаяний "нар." масс» (там же, с. 36). Суханов заявил: "Ошибаются те, кто думает, что речь идёт о диктатуре пролетариата и демократии. Политика СНК не имеет ничего общего ни с тем, ни с другим. Она ведёт борьбу против всех тех, кто высказывается против Ленина" (там же, с. 40). Выступивший вне фракций Р.А. Абрамович отметил, что совершившаяся рев-ция не является социалистической, и обвинил большевиков в захвате власти и развязывании террора. Левый эсер Малкин говорил о союзе большевиков с левыми с.-р. как о честной коалиции пролетариата с трудовым крест-вом. С заключит. словом выступил Ленин. Съезд принял Декларацию прав трудящегося и эксплуатируемого народа, полностью одобрил политику ВЦИК и СНК и выразил им полное доверие.

13 янв. от имени Всерос. съезда Советов КД выступила М.А. Спиридонова: "Я хочу вам, участникам Всерос. съезда РСД, сказать, что товарищи крестьяне, участники Всерос. съезда Крест. Советов, пришли работать вместе с вами... И наш съезд КД, к-рые пришли сюда, чтобы слиться для дружной братской работы с Советами РСД, имеем одно условие, одно требование, одну просьбу к вам: чтобы данный состав съезда РКСД не вышел из этого зала, не разъехался отсюда, пока не вынесет закона о социализации земли" (там же, с. 44–46). В ответном слове Зиновьев отметил своевременность слияния съездов: "...отныне мы, рев. рабочие и солдаты, будем жить под одной кровлей с трудящимся крест-вом и строить новую совместную светлую жизнь. Да здравствует Всенар. Учред. Собр. земли Русской, к-рое называется съездом Советов РКСД" (там же, с. 47). По предложению Свердлова съезд объявляется Съездом Советов РКСД. В его президиум дополнительно избрали: от большевиков – М.Я. Врачёва, Д.И. Гразкина, Майорова, Шарова; от левых эсеров – Спиридонову, Н.Н. Алексеева, М.А. Натансона, А.М. Устинова (ЦГАОР, ф. 1235, оп. 2, д. 15, л. 7).

А.Л. Райхцаум.

10–18 января. Третий Всероссийский съезд Советов крестьянских депутатов, стоящих на защите Учредительного Собрания, Петроград. Созван по решению Врем. Исполкома Всерос. Совета КД (ВСКД), стоящих на защите Учред. Собр. (принято в кон. дек. 1917). К 10 янв. приехали ок. 200 депутатов с мест и из армии. На 14 янв. прибыли св. 300 депутатов, преим. правые эсеры; был 1 большевик из Тамбовской губ. (с наказом поддерживать Учред. Собр.).

5 янв. члены Исполкома и успевшие приехать депутаты возглавили одну из колонн демонстрации в поддержку открывающегося Учред. Собр. По демонстрантам красногвардейцами был открыт огонь. Среди убитых – правый эсер Г.П. Логвинов, нёсший знамя Исполкома.

10 янв. на не открывшееся ещё заседание съезда явился отряд матросов и красногвардейцев во главе с комендантом штаба Кр. Гвардии Рождественского р-на Петрограда большевиком И.Н. Корниловым. Заявив, что собравшиеся попали сюда по ошибке, должны уйти и присоединиться к 3-му Всерос. съезду Советов КД, он огласил предписание за подписью Н.И. Подвойского, поручающее произвести обыск, арест документов и лиц, сопротивляющихся обыску. После выступлений нескольких депутатов комендант потребовал, чтобы говорили короче. Его пригласили на съезд, а требование отвергли при голосовании. В ответ Корнилов объявил съезд закрытым. Член Исполкома И.И. Ракитникова вспоминала: «"От чьего имени требуете вы, чтобы мы, члены Всерос. крест. съезда, разошлись?"– спросили крест. делегаты. "От имени Балт. флота",– отвечали им матросы. Крестьяне ответили отказом и криками протеста. Один за другим поднимались на ораторскую трибуну крест. представители и в страстных и гневных речах обличали большевиков, говорили о надеждах крест-ва на Учред. Собр. Матросы слушали. Они, явившиеся разогнать "контррев." Съезд, были смущены такими речами. Один из них не выдержал и разрыдался. "Дайте мне слово,– кричал он председателю.– Я слушаю ваши речи, товарищи крестьяне, и ничего не понимаю... Что же это такое происходит? Мы – крестьяне, и вы – крестьяне. Но мы – здесь, а вы – там... Почему? Кто разделил нас? Ведь все мы братья"» ("Как рус. крест-во боролось за Учред. Собр.", Париж, 1918, с. 46–47).

Депутаты отказались подчиниться требованию о закрытии, т.к. об этом не говорилось в предписании. Корнилов отправился уточнять свои полномочия, а заседание продолжилось с участием членов отряда. Оставшиеся почтили память Логвинова.

Вернулся Корнилов с комиссаром ВЧК, привёзшим постановление о закрытии съезда. На протесты комиссар ответил, что в случае сопротивления не остановится ни перед чем. Депутатов обыскали и выставили на улицу; члены Исполкома правые эсеры Э.М. Овчинников (пред. заседания), И.И. Ракитникова, К.П. Русин, Д.Г. Чернобаев, Сорокин (партийность неизвестна) и депутат-солдат Шмелёв (партийность неизвестна) были задержаны, но их вскоре отпустили. Съезд перешёл на нелегальное положение. Ночью с 11 на 12 янв. было принято воззвание к крестьянам: "Большевики знали, что мы, посланные вами на крест. съезд... твёрдо встанем на защиту Учред. Собр., ...к-рое, ...несмотря ни на что, постановило, что вся земля должна перейти в руки трудящихся на ней без всякого выкупа, что Россия отныне должна быть Федеративной Демокр. Республикой, что немедленно должен быть заключён мир между всеми воюющими странами. Зная, что... Учред. Собр. мы поддержим, что мы не признаем власти одной партии над всем народом, большевики решили не давать работать нашему съезду, решили разогнать нас, ваших посланцев" ["Земля и Труд", (П.), 1918, 14 янв.].

В резолюции об Учред. Собр. съезд заявил, что оно "оправдало все надежды трудового крест-ва" и насилие над ним является "противорев. и противонар. делом". "Полномочия бессменно сохраняются за ним до тех пор, пока народ, всеобщим, прямым, тайным и равным голосованием избравший депутатов,– таким же переголосованием не отзовёт их. Поэтому Съезд считает работу Учред. Собр. лишь временно прерванной". Съезд видит в нём "единственное спасение рев-ции, к-рая гибнет в яростной междоусобице, в судорогах голода, единств. оплот против грозящего рев-ции перехода от вводимого кровавыми и насильств. средствами большевист. лже-социализма к чёрной самодержавной реакции" (там же).

В резолюции о власти ча местах говорилось, что "единств. органами на местах, выражающими наиболее полно и совершенно волю как всего народа, так и трудящихся его слоёв, в частности трудового крест-ва, должны явиться и являются избранные всеобщим, прямым, равным и тайным голосованием земские и гор. самоуправления", отмечалось, что Советы, "будучи центром орг-ции и воли рев. трудящихся масс и могучим оплотом достигнутых ими завоеваний, являются учреждениями классовыми и по способу избрания их несовершенными" (там же).

В резолюции по зем. вопросу съезд постановил: "1) Всенар. Учред. Собр. успело утвердить только 10 пунктов осн. закона о земле, внесённого фракцией с.-р., т.к. вооруж. банда большевист. насильников и жандармов из Смольного прервала его занятия. Пусть трудовое крест-во знает, что зем. закон не дали утвердить большевики. 2) Ознакомившись с осн. законом о земле в целом, 3-й Всерос. Съезд КД считает этот закон отвечающим вековым чаяниям трудового крест-ва и предлагает выполнять его как закон на местах до утверждения его Всенар. Учред. Собранием в целом. 3) Ознакомить все крест-во с этим законом. 4) Предложить всем зем. к-там руководствоваться этим законом при проведении в жизнь переходных мер. 5) Призвать всё крест-во к содействию зем. к-там – волостным, уездным и губернским, в ведении к-рых должна быть вся земля, все леса, воды и недра при проведении зем. реформ. 6) Всеми силами защищать свои зем. к-ты во главе с Гл. Зем. К-том от всяких покушений, откуда бы они не исходили" (там же).

В декларации, отправленной 14 янв. на 3-й съезд Советов РСКД, отмечалось, что СНК попрал свободу убеждений, демонстраций и печати, добытую Февр. рев-цией и жертвами мн. поколений. "Мы боролись с царским самодержавием и насилием и с неменьшей энергией будем бороться и с новыми самодержцами и насильниками, кто бы они ни были и чем бы они ни прикрывали своих преступных деяний". Говорилось о необходимости созыва нового Всерос. съезда Советов КД (стоящего на защите Учред. Собр.) в таком месте, где не грозил бы разгон (Ракитникова И.И., указ. соч., с. 49–54).

В спец. заявлении съезд "счёл своим долгом снять полит. и нравственную ответственность крест-ва, им представленного, за решение и действие крест. съезда, закрепляющего преступную и безумную политику СНК..." ("Земля и Труд", 1918, 31 янв.).

Лит.: "Вперёд", М., 1918, 18 янв.; "Дело Народа", П., 1917, 24 дек.; "Земля и Труд", П., 1918, 14, 31 янв.; "Наш век", П., 1918, 11–13 янв.; "Утро России", М., 1918, 12 янв.; Б ы х о в с к и й Н.Я., Всерос. Совет крест. депутатов 1917 г., М., 1929.

В.М. Лавров.

13 января. Третий Всероссийский съезд Советов крестьянских депутатов, Петроград. Созван по решению ВЦИК Советов РСКД от 22 дек. 1917 с целью "поддержать левую половину Учред. Собр. против его правой, буржуазной и соглашат. половины" ("Известия", 1917, 23 дек.). Работал параллельно с 3-м Всерос. съездом Советов КД, стоящих на защите Учред. Собр. Участвовало примерно 500 делегатов: ок. 200 большевиков, ок. 200 левых эсеров, 30 максималистов, 2–3 правых эсера и др. Ср. возраст – 30 лет.

Съезд открылся в 17 ч. Выступили М.А. Спиридонова и Я.М. Свердлов. От имени СНК съезд приветствовал левый эсер В.А. Карелин, от имени Сов. власти на Украине – большевик В.П. Затонский. По предложению Свердлова принято решение о соединении с 3-м съездом Советов РСД в 3-й Всерос. съезд Советов РСКД, чтобы одной трудовой семьёй разрешить стоящие перед Сов. Республикой задачи.

В 21 ч. того же дня открылось 1-е заседание 3-го съезда Советов РСКД.

И с т о ч н и к и: "Известия", 1918, 14 янв.; "Правда", 1918, 14 янв.

Лит.: Д р о б и ж е в В.З., М а л ы ш е в а Е.В., С о к о л о в А.К., Делегаты 3-го Всерос. съезда Советов КД (анализ анкетных данных). Ист. опыт Великого Октября, М., 1986.

В.М. Лавров.

13–18 января. Третий Всероссийский съезд Советов рабочих, солдатских и крестьянских депутатов, Петроград. Начал работу после объединения на вечернем заседании 3-го Всерос. съезда Советов РСД и 3-го Всерос. съезда Советов КД. Президиум: большевики – В.А. Аванесов, Артемьев, А. Баранов, В. Володарский, М.Я. Врачёв, Д.И. Гразкин, Г.Е. Зиновьев, К.И. Ландер, А. Ломов (Г.И. Оппоков), Майоров, Е.А. Преображенский, Ф.А. Розинь, Я.М. Свердлов, Шаров; левые эсеры – Н.Н. Алексеев, Б.Д. Камков, С.Д. Мстиславский, М.А. Натансон, Радченко, М.А. Спиридонова, А.М. Устинов; от объединённых фракций – Н.Н. Суханов.

Участвовали 1798 делегатов, в т.ч. 1587 с решающим (977 РСД и 610 КД) и 211 с совещательным (82 РСД и 129 КД) голосами (см.: Смирнов Н.Н., 3-й съезд Советов: история созыва, состав, работа, П., 1988, с. 58–59). Из 1130 делегатов, заполнивших анкеты,– 647 большевиков и сочувствующих им, 281 левый эсер и сочувствующие им, 19 эсеров-максималистов, 41 эсер правый, центра и сочувствующие им, 18 с.-д.-интернационалистов, 24 меньшевика, в т.ч. от Бунда и "Единства", 9 анархистов и сочувствующих им, 2 члена Трудовой Нар.-соц. партии, 1 польский, 4 укр. и белорус. социалиста, 78 беспартийных и не указавших партийность (там же, с. 62–63).

13 янв. съезд заслушал доклад Л.Д. Троцкого "О войне и мире", завершившего его словами: "Мы неуклонно будем проводить в жизнь... демобилизацию армии и продолжение мирных переговоров, в результате к-рых... по-прежнему будем разоблачать все те предложения, к-рые противоречат основам демокр. мира" ("3-й съезд Советов РСКД", П., 1918, с. 55).

14 янв. съезд обсуждал доклад Троцкого. Ю.О. Мартов признал, что "шаги к заключению всеобщего мира в самый разгар империалистич. войны являются поразительным по своей смелости рев. актом, предпринятым творцами всемирной междунар. рев-ции" (там же, с. 59). Его поддержал чл. РСДРП(о) Г.Д. Линдов: "Как бы велики ни были ошибки нынешнего пр-ва, как бы отрицательно мы ни относились к его политике, мы ни на одну минуту не можем забыть той огромной ист. роли, к-рую сыграла Сов. власть в деле постановки вопроса о мире на практич. ногу" (там же, с. 59–60).

15 янв. съезд заслушал и обсудил доклад И.В. Сталина "О федеративной Сов. Республике", к-рый, в частности, указывал "на необходимость ограничения принципа самоопределения правом на самоопределение не буржуазии, а трудовых масс. Принцип самоопределения должен быть средством борьбы за социализм и должен быть подчинён принципам социализма" (там же, с. 73). Отвечая ему, эсер Л.Д. Львович-Давидович говорил: "Вся речь т. Сталина пропитана централист. политикой, к-рая сквозит в каждом его слове" (там же, с. 74). Анархист-коммунист А.Ю. Ге сказал: "Для нас, анархистов, было всегда ясно, что о ...нац. самоопределении не могло быть и речи, ибо у нас должен быть на очереди один вопрос – вопрос о клас. самоопределении. После победного исхода клас. борьбы – вопрос национальный сам по себе отпадёт" (там же). Мартов, отметив, что "все предложения, касающиеся форм полит. устройства Рос. Республики, отличаются чрезв. серьёзностью", заявил: "Вы хотите, чтобы народы России строили везде не демократические, а исключительно Сов. Республики, но, на наш взгляд, предоставьте это им самим решать" (там же, с. 75). Эсер-максималист А. Селиванов настаивал: "В России социалистической, уничтожившей всякие нац. рогатки, не должно быть места республикам, самостоятельность к-рых строилась бы на националистической... подкладке" (там же, с. 78).

16 янв. съезд приветствовал делегацию от 46 казачьих донских полков, восставших против ген. А.М. Каледина; принял обращение к трудовому казачеству, призвал создавать Советы крест. и казач. депутатов и вместе с крестьянами взять всю власть, всю землю и весь инвентарь помещиков. По предложению Свердлова в повестку дня был включён вопрос о социализации земли и заслушано его сообщение о рев-ции в Финляндии.

17 янв. съезд не работал.

18 янв. съезд заслушал сообщение Свердлова об успехах рев. движения в Германии и включил в повестку дня: проект декрета о новом названии существующей верх. гос. власти; оглашение закона о земле. Были приняты поправки Свердлова о том, что Сов. власть после роспуска Учред. Собр. принимает законы без оговорки, что они вводятся в действие "впредь до окончат. решения их Учред. Собранием", а также вместо назв. "Врем. Рабочее и Крест. Пр-во" именовать СНК "Рабочее и Крест. Пр-во Рос. Сов. Республики". Затем съезд заслушал доклад А.Л. Колегаева о "Законе о земле", подчеркнувшего, что "отныне собственность на землю отменяется без всякого выкупа... Только трудовое крест-во имеет священное право на землю. Но мы твёрдо признали, что трудящиеся массы имеют право не только на землю, но и на орудия произ-ва. Также без всякого выкупа они должны перейти трудовому народу" (там же, с. 86). Затем А.М. Устинов огласил осн. положения законопроекта,

рассмотренного и утверждённого крест. фракцией съезда и бюро фракций эсеров и большевиков. Подавляющим большинством ("при воздержании правого сектора") осн. положения зем. закона принимаются. Д.А. Черепанов зачитал весь закон и съезд его принял (см. "Знамя Труда", 1918, 20 янв.).

Съезд избрал ВЦИК из 326 чел. и 26 кандидатов, заменяющих конкретных членов ВЦИК.

В.И. Миллер.

СПИСОК ЧЛЕНОВ ВЦИК СОВЕТОВ РАБОЧИХ, СОЛДАТСКИХ, КРЕСТЬЯНСКИХ И КАЗАЧЬИХ ДЕПУТАТОВ 3-ГО СОЗЫВА

[Публикуется по документу (ЦГАОР, ф. 1235, оп. 18, д. 10, лл. 13–17 об.), отпечатанному на машинке в виде таблицы с графами "№№", "Фамилии членов", "Фракция", "Отметка" (эта графа в документе не заполнена). В данном издании воспроизводится в подбор, после фамилии следует название фракции; печатается без исправления написания, кроме явных описок и опечаток.]

Абрамов, большевик; Аванесов, большевик; Авилов, объедин. интерн.; Авдеев, лев. соц.-рев.; Алгасов, лев. соц.-рев.; Алекса З., большевик; Алексеев М.Н., лев. соц.-рев.; Алексеев Н.Н., лев. соц.-рев.; Алфёров В.В., большевик; Андреев Н.В., большевик; Анохин А.А., большевик; Арефьев, лев. соц.-рев.; Антонов, лев. соц.-рев.; Архангельский, большевик;

Бабенцов, большевик; Базанов, большевик; Базарный, лев. соц.-рев.; Бакаев И.П., большевик; Баккал, лев. соц.-рев.; Баранов Алекс., большевик; Баранов С.Н., большевик; Барышников, большевик; Барышников Л., лев. соц.-рев.; Алфёров, большевик; Басенко, большевик; Березин Т., большевик; Березина Р.А., лев. соц.-рев.; Биненбойм, лев. соц.-рев.; Биценко, лев. соц.-рев.; Блюм, объедин. интерн.; Богачев, лев. соц.-рев.; Бокий Г.И., большевик; Бондаренко, большевик; Брагинский, лев. соц.-рев.; Бриллиантов, лев. соц.-рев.; Буданов И.С., лев. соц.-рев.; Булаев, лев. соц.-рев.; Брюханов, большевик; Булочников, лев. соц.-рев.; Бухарин, большевик; Бухарцев, лев. соц.-рев.; Бушуев, большевик; Белянов, лев. соц.-рев.;

Аксенов, лев. соц.-рев.;

Вакс, лев. соц.-рев.; Ваничков, большевик; Васильев А.В., большевик; Васильев Е.В., с.-р. максим.; Васильев М.И., большевик; Ватин, большевик; Веницианов, лев. соц.-рев.; Ветошкин, большевик; Викторов М.И., лев. соц.-рев.; Вифляев, большевик; Вишневский, лев. соц.-рев.; Волков В.Д., лев. соц.-рев.; Володарский, большевик; Волошин, анарх.-коммун.; Воронский, большевик; Ворошилов К.Г., большевик; Восков С.М., большевик; Врачев, большевик;

Галданский, большевик; Галилеев, большевик; Галкин, большевик; Галынский, лев. соц.-рев.; Ганичев, лев. соц.-рев.; Ге Александр, анарх.-коммун.; Гецов С.А., большевик; Гжельщак, большевик; Гиллерсон, большевик; Голощапов, лев. соц.-рев.; Голубев, лев. соц.-рев.; Гольдберг, большевик; Гольман, большевик; Горбов Ф., анарх.-коммун.; Гразкин, большевик; Грачев А.В., большевик; Григорович, лев. соц.-рев.; Григорьев, большевик; Гуркин, лев. соц.-рев.;

Давыдов С.Е., лев. соц.-рев.; Дан, меньшевик; Дель П.А., большевик; Денисов, большевик; Дзержинский, большевик; Дмитриев, большевик; Дмитриевский, лев. соц.-рев.; Домбровский, лев. соц.-рев.; Дьяконов В.Г., лев. соц.-рев.;

Евдокимов Д.Е., большевик; Елисеев С.А., большевик; Емельянов, лев. соц.-рев.; Енукидзе, большевик; Ермаков, большевик;

Жаравин, лев. соц.-рев.;

Завадский, большевик; Заварикин, лев. соц.-рев.; Закс, лев. соц.-рев.; Залуцкий, большевик; Замойский, лев. соц.-рев.; Затонский, большевик; Зверев, лев. соц.-рев.; Зверин А.А., соц.-рев. максим.; Зиновьев Г., большевик; Зоф, большевик;

Иоффе, большевик; Ибрагимов, лев. соц.-рев.; Иванов С., большевик; Игнатов, большевик; Игнатьев, лев. соц.-рев.; Измайлович, лев. соц.-рев.; Ильюхин, лев. соц.-рев.;

Каганович, большевик; Колегаев, лев. соц.-рев.; Калиниченко М.И., лев. соц.-рев.; Каменев Ю., большевик; Камков, лев. соц.-рев.; Карелин, лев. соц.-рев.; Каховская, лев. соц.-рев.; Кашицын В.П., большевик; Кванталиани, большевик; Кобецкий И., большевик; Ковалев, лев. соц.-рев.; Коган-Бернштейн, прав. соц.-рев.; Кожуро, большевик; Козлов, большевик; Коллонтай, большевик; Кольмейстер, большевик; Комаров, большевик; Константинов, большевик; Копылов, большевик; Копяткевич, большевик; Корнилов, большевик; Корявин, лев. соц.-рев.; Коссиор С., большевик; Костин, лев. соц.-рев.; Котляревский, лев. соц.-рев.; Крестинский, большевик; Кронберг, большевик; Крючков, лев. соц.-рев.; Ксенофонтов, большевик; Кузнецов, большевик; Кузнецо Н.В., большевик; Кузмин А.М., лев. соц.-рев.; Кузяков, большевик; Куликов, большевик; Куликов М.И., лев. соц.-рев.; Кулинич, большевик; Курдюмов, лев. соц.-рев.;

Ландер, большевик; Лаптев М.Н., лев. соц.-рев.; Лашевич, большевик; Левин В.М., лев. соц.-рев.; Левин М.А., лев. соц.-рев.; Левинсон, лев. соц.-рев.; Левит, большевик; Лемяхов, большевик; Ленин В.И., большевик; Линдов, объедин. интерн.; Литвин, большевик; Ломов, большевик; Луначарский А., большевик; Львович-Давыдович, прав. соц.-рев.;

Магаров, лев. соц.-рев.; Майоров, большевик; Майоров В.Н., лев. соц.-рев.; Максимов Г.Н., лев. соц.-рев.; Малиновский Л.П., большевик; Малкин, лев. соц.-рев.; Маншин, лев. соц.-рев.; Мальцев Б., большевик; Мартов, меньшевик; Мартынов, прав. соц.-рев.; Матвеев, большевик; Машкевич, большевик; Медведев С.П., большевик; Милх, большевик; Миничев А., большевик; Молотов, большевик; Моненков, лев. соц.-рев.; Моргунов, лев. соц.-рев.; Морозов Д.А., лев. соц.-рев.; Мстиславский, лев. соц.-рев.; Муранов, большевик;

Натансон, лев. соц.-рев.; Нейбут А.Я., большевик; Никитин Н.С., большевик; Николас, большевик;

Оболенский, большевик; Озембловский, большевик; Окулов, большевик; Ольхин, лев. соц.-рев.; Ольховик Н., лев. соц.-рев.; Островский, большевик; Охлопко, большевик; Ошко, лев. соц.-рев.;

Павлов А., большевик; Пакаев, лев. соц.-рев.; Папшев, лев. соц.-рев.; Пастухов, большевик; Пахомов, большевик; Пендюрин П.Н., большевик; Петерс, большевик; Петерсон К.А., большевик; Петров А.П., лев. соц.-рев.; Петров С.Н., лев. соц.-рев.; Петров В., лев. соц.-рев.; Петровский Г.И., большевик; Петрухин, лев. соц.-рев.; Пинсон, большевик; Писарев, большевик; Пич, большевик; Плаксин, большевик; Платонов А.П., большевик; Плужников, большевик; Понятский, лев. соц.-рев.; Правдин, большевик; Преображенский, большевик; Прошевич, большевик; Прошьян, большевик; Пумпянский, прав. соц.-рев.; Пятницкий, лев. соц.-рев.; Полухин В.Ф., большевик;

Равич, большевик; Раскольников, большевик; Ривкин, с.-р. максимал.; Рогов, лев. соц.-рев.; Рожковский, большевик; Романов, большевик; Рубин, большевик; Рыбин С.Ф., лев. соц.-рев.; Руснак, лев. соц.-рев.; Рыков, большевик; Рындич, большевик; Рыбьяков, лев. соц.-рев.;

Сажин, большевик; Сакс С., большевик; Садовский, большевик; Салищев, лев. соц.-рев.; Салтыков, лев. соц.-рев.; Салунов С., лев. соц.-рев.; Самойлов, большевик; Самохвалов А., лев. соц.-рев.; Самохвалов М.Д., лев. соц.-рев.; Сапер Д.А., лев. соц.-рев.; Сапожников, лев. соц.-рев.; Свердлов Я.М., большевик; Селиванов М., с.-р. максимал.; Селиванов В., лев. соц.-рев.; Сельтенев, большевик; Сергеев А., большевик; Середа, большевик; Сережников, лев. соц.-рев.; Сидоров, лев. соц.-рев.; Скорбач, большевик; Сломницкая Р., большевик; Слуцкий, большевик; Смирнов А., лев. соц.-рев.; Смолянский, лев. соц.-рев.; Сокольников, большевик; Слесарь, большевик; Сомов, большевик; Сосновский, большевик; Спиридонова М., лев. соц.-рев.; Сталин, большевик; Степанов А., большевик; Стриевский, большевик; Стеклов, большевик;

Студер, большевик; Стучка, большевик; Суханов Н., меньшевик; Сухарьков, лев. соц.-рев.; Сычев, лев. соц.-рев.;

Терентьева, лев. соц.-рев.; Тимофеев, большевик; Тихменев, большевик; Тихомиров Г., лев. соц.-рев.; Троцкий Л., большевик; Трубачев, большевик; Трутовский, лев. соц.-рев.; Тюков, лев. соц.-рев.;

Ульянов И.И., большевик; Урицкий М.С., большевик; Усачев, лев. соц.-рев.; Устинов, лев. соц.-рев.; Уткин А.В., лев. соц.-рев.; Уткин С.И., лев. соц.-рев.;

Фабрициус, большевик; Федоров, лев. соц.-рев.; Фенигштейн, большевик; Феофилактов, лев. соц.-рев.; Фишман, лев. соц.-рев.; Фомин, большевик; Фортученко А.И., большевик; Фрунзе, большевик;

Хаскин, лев. соц.-рев.; Ховаев, лев. соц.-рев.;

Чекалов, лев. соц.-рев.; Чернигов, лев. соц.-рев.; Чудин Д.Я., большевик; Чулочников, лев. соц.-рев.; Чупругин, лев. соц.-рев.; Чуркин, лев. соц.-рев.; Чернявский, прав. соц.-рев.;

Шалашов, лев. соц.-рев.; Шамов, лев. соц.-рев.; Шамшев, лев. соц.-рев.; Шатилов, анарх.-коммун.; Шаумян, большевик; Шрейдер А.А., лев. соц.-рев.; Штейнберг, лев. соц.-рев.; Шугрин, лев. соц.-рев.;

Щукин, лев. соц.-рев.;

Экштейн, лев. соц.-рев.; Эйдеман, соц.-рев. максим.;

Юдин, лев. соц.-рев.; Юров, большевик; Юрченко, лев. соц.-рев.;

Крушинский, лев. соц.-рев.; Владимиров; Иванов; Кассиор Владим.; Рязанов, большевик; Шмит; Цейтлинг.

СПИСОК КАНДИДАТОВ, ЗАМЕНЯЮЩИХ ЧЛЕНОВ ЦЕНТРАЛЬНОГО ИСПОЛНИТЕЛЬНОГО КОМИТЕТА

Вместо Воронского – Арманд, большевик; вместо Затонского – Бонч-Бруевич, большевик; вместо Каменева – Брейд, большевик; вместо Маиорова – Бруно, большевик; вместо Брюханова – Буров, большевик; вместо Романовича – Веселовский, большевик; вместо Преображенского – Глебов, большевик; вместо Игнатова – Гусев, большевик; вместо Левита – Данилов, большевик; вместо Сергеева – Евсеев, большевик; вместо Ландера – Карахан, большевик; вместо Рубина – Карпинский, большевик; вместо Шаумяна – Кузнецов, большевик; вместо Рыбьякова – Дуцман, лев. соц.-рев.; вместо Коллонтай – Тер-Ваганян, большевик; вместо Пастухова – Шляпников, большевик; вместо Пумпянского – Вольский, прав. соц.-рев.; вместо Бушуева – Лацис, большевик; вместо Васильева М. – Фалаксман, большевик; вместо Григорьева – Трифонов, большевик; вместо Малиновского – Мехоношин, большевик; вместо Милха – Менжинский, большевик; вместо Рыкова – Рабчинский, большевик; вместо Лемяхова – Подвойский, большевик; вместо Охлопко – Терян В., большевик; вместо Базанова – Ашкинази, большевик.

А.Л. Райхцаум.

6–8 марта. Седьмой Экстренный съезд РКП(б), Петроград. 47 делегатов с решающим голосом представляли 148152 чл. партии, 59 делегатов с совещат. голосом – 21010 чл. Съезд открыл Я.М. Свердлов. Президиум: Н.И. Бухарин, В.И. Ленин, Свердлов, Н.Н. Крестинский, К.И. Шелавин, В.И. Соловьёв. Обсуждены доклады: Орг. отчёт ЦК – Свердлов; Полит. отчёт ЦК – по вопросу о войне и мире – Ленин, Бухарин; Об изменении названия партии и пересмотре парт. программы – Ленин.

Съезд единогласно утвердил орг. отчёт ЦК; в резолюции "О войне и мире" признал необходимым утвердить унизительный мирный договор с Германией "ввиду неимения нами армии, ввиду крайне болезненного состояния деморализованных фронтовых частей, ввиду необходимости воспользоваться всякой, хотя бы малейшей возможностью перед наступлением империализма на Сов. соц. республику" ["7-й съезд РКП(б)", с. 175]. Отметив, что в "настоящий период эры начавшейся соц. рев-ции" исторически неизбежны многократные воен. наступления империалистич. гос-в против Сов. России, съезд указал на необходимость принятия энергичных мер "для повышения самодисциплины рабочих и крестьян России" (там же). Подчеркнув, что "надёжнейшую гарантию закрепления соц. рев-ции, победившей в России", съезд видит "только в превращении её в междунар. рабочую рев-цию", в особом дополнении к резолюции признал необходимым не публиковать её, ограничившись сообщением в печати о том, что "съезд за ратификацию" (там же, с. 176). Съезд постановил именовать РСДРП(б) Рос. Коммунистич. партией (большевиков) и переработать её программу, избрал для этого комиссию: Ленин, Л.Д. Троцкий, Бухарин, В.М. Смирнов, Г.Я. Сокольников, И.В. Сталин, Г.Е. Зиновьев (члены); К.Б. Радек, В.В. Оболенский (канд. в чл.). По поводу отказа "левых коммунистов" войти в ЦК съезд заявил, что это грозит единству партии, и постановил провести выборы, не считаясь с их отказом.

Съезд избрал ЦК: Ленин, Троцкий, Свердлов, Зиновьев, Бухарин, Сокольников, Сталин, Крестинский, И.Т. Смилга, Е.Д. Стасова, М.М. Лашевич, В.В. Шмидт, Ф.Э. Дзержинский, М.Ф. Владимирский, Ф.А. Сергеев; канд. в чл. – А.А. Иоффе, А.С. Киселёв, Винтер (Я.А. Берзин), М.С. Урицкий, П.И. Стучка, Г.И. Петровский, А. Ломов (Г.И. Оппоков), А.Г. Шляпников.

В.И. Миллер.

14–16 марта. Четвёртый Чрезвычайный съезд Советов рабочих, солдатских, крестьянских и казачьих депутатов, Москва. Участвовало 1246 делегатов: 1160 с решающим голосом и 80 с совещательным; большевиков 854, левых эсеров 256, эсеров-"максималистов" 27, меньшевиков 28, с.-д.-интернационалистов 17, эсеров центра 17, анархистов 17, укр. с.-д. 3, нар. социалист 1, беспартийных 26. Президиум: от большевиков – В.И. Ленин, Я.М. Свердлов, Г.Е. Зиновьев, В.А. Аванесов, К.И. Ландер, Н.И. Бухарин, В. Володарский, Е.И. Игнатов, В.П. Затонский, Н.В. Крыленко, А.Ф. Мясников, А.М. Коллонтай, В.П. Ногин, А. Ломов (Г.И. Оппоков), Ю.М. Стеклов; от левых эсеров – М.А. Спиридонова, Б.Д. Камков, Д.А. Черепанов, И.Ю. Баккал, М.А. Натансон; от меньшевиков и эсеров – Л.М. Хинчук. Повестка дня: Вопрос о ратификации мирного договора (информация – Г.В. Чичерин, докладчик Ленин, содокладчик Камков); Перенесение столицы (Зиновьев); Выборы ВЦИК (В. Володарский).

Прения развернулись по 1-му вопросу. Камков говорил, что ратификация мирного договора "ведёт... к полному удушению рус. рев-ции, к полной гибели всех завоеваний трудового народа" ("4-й Чрезв. съезд Советов рабочих, солд., крест. и казачьих деп.". Стенографич. отчёт, М., 1920, с. 23); "Что бы ни случилось, ...мы будем иметь поддержку междунар. пролетариата в этой войне, и захват той или др. губернии для нас не играет роли" (там же, с. 25); и далее: "...возможно, что Россия попала в такое положение, что для неё нигде нет выхода, но... на путях борьбы, к-рая должна... поднимать настроение междунар. рев. пролетариата, ...у нас есть перспективы, у нас есть надежда" (там же, с. 28). Ю.О. Мартов: "Если мир будет подписан, рос. пролетариат объявит непримиримую войну... пр-ву, ...ибо этот договор является разделом России, первым разделом, за к-рым придут второй и третий, как было в Польше" (там же, с. 31). Эсер М.А. Лихач говорил, что, хотя договор заключается ради мирной передышки, "Россия из войны не выходит", ибо "отдаётся на поток разграбления герм. империалистам" (там же, с.34). Анархист А.Ю. Ге: "Не прав т. Мартов, когда говорит, что не нужно заключать мир, а нужно его обсудить... мы не должны обсуждать его, а должны отвергать" (там же, с. 37). Им отвечал Зиновьев: "Мы слышали целый ряд ораторов, к-рые считали своим долгом снять с себя ответственность... Каждому своё... наша партия целиком и полностью принимает на себя эту ответственность" (там же, с. 43).

Все фракции, кроме большевиков, предложили проекты резолюций, отвергавшие ратификацию договора; декларацию группы большевиков – противников мира огласил В.В. Куйбышев, они заявили, что будут воздерживаться при голосовании. За резолюцию фракции РКП(б) проголосовало 783 делегата, против – 261, воздержались 115, не голосовали 84.

Съезд принял решение о переносе столицы из Петрограда в Москву и избрал ВЦИК из 207 чел.

В.И. Миллер.

СПИСОК ЧЛЕНОВ ВЦИК СОВЕТОВ РАБОЧИХ, КРЕСТЬЯНСКИХ, СОЛДАТСКИХ И КАЗАЧЬИХ ДЕПУТАТОВ 4-ГО СОЗЫВА

[Публикуется по документу (ЦГАОР, ф. 1235, оп. 19, д. 27, лл. 20–23 об.), отпечатанному на машинке в виде таблицы с графами: "№№",

"Фамилия, имя и отчество", "Фракция", "Где работает", "Местожительство". В данном издании воспроизводится в подбор, после фамилии, имени и отчества следуют название фракции и место работы, местожительсто не указывается; печатается без исправления написания.]

Аванесов Варлам Александр., больш., Секр. ЦИК; Антипов, больш.; Анисимов Николай Андреевич, больш.; Алфёров Василий Николаевич, больш., Изв. ЦИК; Ашкинази Исаак Самуилович, больш., Контр. ком.; Арефьев Николай Севастьян., с.-р.л., Крестьян. сек.; Александрович, с.-р.л., Чр. комиссия; Абрамович Рафаил Абрамович, с.-д. об.;

Бухарин, больш.; Березин Тимофей Яковлевич, больш., Мандат. ком.; Брейт Иван Иванович, больш., Иногор. отд.; Бальбатов Сергей Максимович, больш., Викжедор; Бубнов, больш.; Баранов Алексей, больш.; Бруно Пафрот Иоганович, больш., ВСНХ; Брюхонов Николай Павлович, больш., Комис. прод.; Будзинский, больш.; Барышников Алексей Васильев., с.-р., Ком. нар. пр.; Баккал, с.-р.; Богачёв, с.-р.; Биценко, с.-р.; Брагинский Лев Матвеевич, с.-р., Бюро фракц.; Булочников Максим Егоров., с.-р., Крестьян. с.; Бердников Алексан. Иванович, с.-р. макс., Ком. по выр. кон.; Бухарцев Пётр Васильев., гр. бесп.;

Владимирский, больш.; Ватин, больш.; Вейнберг, больш.; Веселовский Бронисл. Андреевич, больш., Ком. вн. д.; Винтер (Берзин) Ян Антонов., больш., Ком. ин. д.; Викман Пётр Михайлов., больш.; Врачёв, больш.; Володарский, больш.; Воробьёв, больш.; Ваничков Василий Фёдоров., больш., Лит. Отд.; Восков, больш.; Веницианов, с.-р.л.; Воронов Роман Никифоров., с.-р.л., През. ЦИК; Васильев Ефим Васильев., с.-р.мак.;

Грюнштейн Карл Иванович, больш., З. Изв. ЦИК; Грачёв Арсений Владимир., больш.; Галкин Алексан. Владимир., больш., Выс. СНХ; Гразкин Дмитрий Иванович, больш., Чр. К. Сп. от.; Гайлис Карл Андреевич, больш., Ком. Труд.; Ганичев, больш.; Гинзбург Владим. Захар., больш., М.О.К.; Ге Алек. Юрьев., анархис.; Гормов, анархис.;

Дзержинский, больш.; Дмитриев Иван Григорьев., больш., Рев. К.; Домбровский Фридрих Давидов., с.-р.л., Крестьян. с.; Дан Фёдор Ильич, с.-д.м.;

Енукидзе Авель Сафронов., больш., Воен. отд.; Ерман, больш.; Емельянов, с.-р.л.;

Зиновьев, больш.; Завадский Иван Абрамович, больш., Следс. ком.; Залуцкий, больш.; Затонский, больш.; Зайцев Иван Иванович, с.-р.л.; Закс Григорий Давидович, с.-р.л., Гр. След. Ком. по бор. с к.-р.;

Иванов Аркадий Фёдорович, больш., Ком. вн. д.; Иванов (Смол) Семён Варф., больш., Кр. отд.; Ильин Алексан. Фёдоров., с.-р.ц.; Измайлович, с.-р.ц.;

Каменев, больш.; Крыленко, больш.; Карпинский Вячесл. Александ., больш., Ком. вн. д.; Киселев Алексей Семёнов., больш., ВСНХ; Козлов Василий Лукич, больш., Из. ЦИК; Ксенофонтов Иван Ксенофон., больш., К. по б.к.р.; Копылов, больш.; Куйбышев, больш.; Кингисепп Виктор Эдуард., больш., Ком. по в. дел.; Кузяков Иван Никитич, больш., Манд. Ком.; Карклин Отто Янов., больш., Ком. по рек.; Кулябко Николай Никол., больш.; Крестинский, больш.; Корнилов, больш.; Краснов Венцес. Исак., больш., Район С.Г.Д.; Кулинич Захар Фёдорович, больш.; Камков, с.-р.л.; Колегаев, с.-р.л.; Карелин, с.-р.л.; Каховская Ирина Константин., с.-р.л.; Кривошеин Артём Трофим., с.-р.л., Кр. Сек.; Крушинский, с.-р.л.; Коган-Берншт[ейн] Матв. Львов., с.-р.ц.;

Ленин Владим. Ильич, больш.; Лацис Мартын Янович, больш., Комис. Вн. Дел; Ландер Карл Иван., больш., Бюр. печ.; Лашевич, больш.; Ломов Георгий Иполит., больш., ВСНХ; Левин Вениам., с.-р.л.; Левенсон Михаил Абрамович, с.-р.л.; Лихач, с.-р.ц.; Львович-Давид[ович] Лев Давид., с.-р.ц.; Линдов Гавр. Давид., с.-д.ин., Ком. Труд.; Лозовский, с.-д. ин.;

Матрозов Иван Иван., больш.; Мельничанский, больш.; Милютин, больш.; Масленников, больш.; Медведев Сергей Павлович, больш., ВСНХ; Максимов, больш.; Машкевич Васил. Герв., больш., Агит. отд.; Муранов Матвей Константинов., больш., Агит. отд.; Мошкарев Михаил Петров., больш., Каз. Ком.; Мстиславский, с.-р.л.; Магеровский Дмитр. Александров., Ком. по выр. с. Конст.; Мартов Юлий Осипович, с.-д. об.;

Никитин Никол. Михайлов., больш., Финан. Отд.; Нейбут Арнольд Яковлев., больш., Агит. Отд.; Невский, больш.; Ногин, больш.; Натансон Марк Андреев., с.-р.л., Чл. Презид.;

Окулов Алекс. Иванов., больш., Чл. Презид.; Орехов, больш.;

Петерсон Карл Андреев., больш.; Петровский, больш.; Петерс Яков Кристофор., больш., Чр.к. по бор.ск.-р.; Петухов, больш.; Пятницкий, больш.; Покровский, больш.; Пастухов, больш.; Покровский Владимир Александров., больш.; Пинсон, больш.; Правдин Иосиф Георгиев., больш., Ком. вн.дел.; Плаксин, больш.; Платонов Алексей Павлович, больш., [далее неразборчиво]; Подерин Александ. Никол., больш., Комис. труда; Пахомов, больш.; Панюшкин Василий Лукич, больш., Чр. ком. по бор. с к.-р.; Прошьян Прош Перчев., с.-р.л., Пр. ЦИК; Петров Виктор Васильев., с.-р.л., Ком. нар. пр.;

Розин Фридрих Адамович, больш., [далее неразборчиво]; Рудзутак Ян Эрнестов., больш.; Розе Ян Яковлев., больш., Манд. Ком.; Розанов, больш.; Раскольников, больш.; Рабчинский, больш.; Рындич Адриан Филипп., больш., Агит. Отд.; Рыков, больш.; Розенгольц, больш.; Рогов, больш.;

Свердлов Яков Михайлов., больш.; Сталин, больш.; Сокольников Григорий Яковлевич, больш., Ред. "Правды"; Сосновский, больш.; Стеклов, больш.; Соловьёв Васил. Иванов., больш.; Сапронов Тимофей Владимир., больш., [далее неразборчиво]; Соболевский Никол. Иванов., больш., Ком. Н. пр.; Середа, больш.; Судер, больш.; Смирнов А.П., больш.; Смирнов Степан Яковлев., больш., Цен. Огор. Ком.; Серебряков, больш.; Селтенев Алексан. Петров., больш., Воен. Отд.; Садовский Андрей Дмитриев., больш., Автомоб. ст.; Сергеев, больш.; Сафронов, больш.; Сорокин Иван Фёдор., больш., Земельн. сек.; Соломницкая, больш.; Спиридонова Мария Александр., с.-р.л., Пр. ЦИК; Смолянский, с.-р.л.; Сухарков Георгий Никол., с.-р.л., Ком. земл.; Степанов Михаил Степанов., с.-р.л., Ком. Мор. Раи; Сирота, с.-р.л.; Сидоров, с.-р.л.; Сапожников Павел Флегонт., с.-р.л.; Светлов Фёдор Юрьев., с.-р.мак., Ком. по в.с.к.;

Троцкий, больш.; Теодорович Г.И. [неразборчиво], больш.; Томский Мих. Павл., больш.; Тихменев Никол. Серг., больш.; Ткаченко Фёдор Захар., больш.; Тер-Ваганян Ваг. Ар., больш., ВСНХ; Трубачёв, больш.; Трутовский В., с.-р.л., Об. ком. мес. х.; Терентьева Надежда Андреевн., с.-р.л.; Тарасов Тим. Мих., с.-р.л.;

Ульянов Иван Иван., больш., Воен. отд.; Устинов, с.-р.л.;

Фельдман-Пав. Геор. Кузьм., больш., Лит. из. отд.; Фомин, больш.; Фишман Яков Моисеевич, с.-р.л.; Феофилактов, с.-р.л.;

Христев [неразборчиво] Васильев., больш., Ком. Вн. дел; Хинчук Лев Михайлов., с.-д.об., Сев. Раб. ком.;

Цурюпа, больш.;

Чубар, больш.; Черепанов, с.-р.л.;

Шмидт Вас. Владим., больш.; Шахрай, больш.; Шашков, больш.; Штейнберг, с.-р.л.; Шишко Павел Игнатьев., с.-р.л., Воен. Комис.; Шамов, с.-р.л.; Шрейдер Алексан. Абрам., с.-р.л., Ком. Юст.; Шургин Конст. Алек., с.-р.л.;

Эйдеман Роберт Петров., с.-р.мак., Об. аг. отд.;

Щукин Степан Ефим., больш., К.Н.П.;

Карелин, анарх.;

Юров Андрей Яков., больш., Гл. Регист. общ. канцеляр.;

Яковлева, больш.; Янушкевич Никол. Осип., с.-р.л.

Вводятся в члены Центрального Исполнит. Комитета с правом решающего голоса кандидаты: вместо Лашевича Стучка, Залуцкого – Карахан, Крестинского – Полукаров, Володарского – Игнатов, Бубнова – Ратехин, Зиновьева – Смидович, Каменева – Жуков, Ватина – Новгородцева, Ермана – Цырлина, Судера – Вифляев, Кулинича – Шляпников, Винтер[а] (Берзина) – Луначарский, Врачёва – Диманштейн, Розановой – Розова, Краснова – Флаксман, Сергеева – Майоров, Корнилова – Размирович, Баранова Ал. – Терян, Грачёва – Андреев, Пастухова – Мехоношин, Викмана – Пашин, Иванова Арк. – Дзевалтовский, Иванова Семён. – Подвойский, Антипова – Мостовенко, Муранова – Сахаров, Панюшкина – Евсеев, Сапронова – Жук, Воробьёва – Перчихин, Сафронова – Мальков, Трубачёва – Красиков, Завадского – Фёдоров, Венецианова – Голубев, Пахомова – Парамонов, Шамова – Смирнов, Мстиславского – Лесновский, Смолянского – Брагинский.

А.Л. Райхцаум.

17–25 апреля. Второй съезд Партии левых социалистов-революционеров-интернационалистов, Москва. 59 делегатов с решающим голосом от 29 губерний, не менее 30 "приглашённых", "кандидатов"– с совещательным, а также от ВЦИК, Крест. секции ВЦИК, Викжедора, Сев. жел. дороги. Всего представлены были 48513 членов партии. Не сумели прибыть делегаты от 22 губерний. Президиум съезда: Б.Д. Камков, А.Л. Колегаев, М.А. Спиридонова, В.Е. Трутовский, И.З. Штейнберг, почётные пред.– М.А. Натансон и Ф. Адлер. Были обсуждены: Полит. отчёт ЦК (П.П. Прошьян); доклады – О работе Крест. секции ВЦИК (Спиридонова), О деятельности фракции ПЛСРИ ВЦИК (В.М. Левин), Об отношении к Брестскому миру и выходе левых эсеров из СНК (Камков), О полит. программе партии (Д.А. Магеровский), О Сов. федерации (П. Бойченко), По агр. вопросу (И.А. Майоров), По экон. политике, Издат. и лит.-агит. делу (Трутовский), Об Уставе партии (М.Л. Сирота); Выборы ЦК. Съезд заслушал сообщение о перспективах объединения с эсерами-максималистами.

Отчёт ЦК был лоялен по отношению к РКП(б), но Прошьян подчеркнул, что острые разногласия имели место по вопросам о мире и социализации земли. Левин добавил тезис о настойчивой узурпации СНК и Президиумом ВЦИК прав ВЦИК, работа к-рого низведена "к голосованию декретов, предлагавшихся ему на формальное утверждение СНК" (ЦПА ИМЛ, ф. 564, оп. 1, д. 1, л. 41). Магеровский заявил, что принцип демокр. централизма, осуществляемый большевиками, противоречит идее Сов. федерации, по инициативе левых эсеров декларированной 3-м съездом Советов и одобренной на местах (см. там же, д. 2, л. 71–73, 135–37). Спиридонова говорила о "бесконечных спорах" по каждому пункту левоэсеровского закона о земле, поправках большевиков к декрету, грозящих "уничтожить весь смысл и весь дух нашей социализации земли"; отметила попытки большевиков "обезглавить" крест-во, свести на нет влияние Крест. секции ВЦИК, даже распустить эту орг-цию; заявила: "пролетариат... не может в наст. время претендовать на роль боевого авангарда в решении судеб нашей рус. истории... Сов. власть укрепить до конца и развить все социальное содержание нашей рев-ции должно крест-во. И вот с этой точки зрения Крест. секции, этому организующему центру, предстоит огромная работа" (там же, д. 1, л. 31–32, 40).

Полит. отчёт ЦК и доклад Спиридоновой отражали позицию центрист. группы в рук-ве партии. Эта группа расходилась с РКП(б) по мн. вопросам внутр. и внеш. политики, но считала разумной тактикой "оппозицию с поддержкой", борьбу против Брестского мира лишь легальными методами, выход левых эсеров из СНК полит. просчётом и настаивала на участии ПЛСРИ во всех сов. структурах.

Доклад Камкова, лидера левоэсеровских радикалов, отличался открытым антибольшевизмом, непримиримостью тона. Он обвинил РКП(б) в навязывании стране мира, к-рый отдал на разграбление Украину, Прибалтику, Финляндию, принёс бедствия трудящимся, затруднил рев. процесс в Германии и Австро-Венгрии. Он заявил: "Вряд ли можно говорить серьёзно о влиянии нашей партии в Сов. пр-ве... мы не могли отстоять даже того вопроса, к-рый лежит краеугольным камнем в нашей программе,– диктатуры пролетариата и трудового крест-ва" (там же, л. 164). Штейнберг утверждал: «...наши Сов. органы развращаются всё больше и с каждым днём. Вино власти многим так ударило в голову, что мы почти не умеем с этим справиться... Создаётся впечатление, что за деньги всё можно сделать, что никогда парт. синекуры и кумовство не были так сильны, как теперь, что создаётся особая советская, я бы сказал, преторианская бюрократия. Сов. дело делается не нар. массами, а специально поставленными людьми, к-рые превращаются в "профессионалов власти". Мы имеем демокр. бюрократию, но с худшими задатками, чем старая бюрократия, к-рая боялась, по крайней мере, Бога и начальства, а эти считают себя и Богом, и царём, и начальством. Всё горе в том, что Сов. республика ещё не родилась, что до сих пор она заменяется диктатурой даже не пролетариата, а верхушек его отд. партий и лиц»; он одобрил выход левых эсеров из СНК и закончил выступление призывом: "Большевики умели дерзать в момент полит. перелома. В этом их достоинство, в этом их сила. Должны уметь дерзать и мы" (там же, л. 187). Делегат от Псковской губ. О.Л. Чижиков, в дальнейшем один из теоретиков партии, подытожил: "Мы не будем входить в пр-во не потому, что мы не хотели ратифицировать мир – это сущие пустяки. Но... по более глубоким... причинам, именно по тем, что в наст. момент партия большевиков разрушается, гниёт ...мы должны сконцентрировать все свои силы, чтобы быть в состоянии взять в свои руки власть" (там же, д. 2, л. 50).

Пробольшевистски настроенные делегаты протестовали. Неск. раз слово брала член ЦК, участница мирных переговоров А.А. Биценко. Жёстче других был А.М. Устинов. Он назвал сторонников Камкова предателями левоэсеровского дела, в борьбе за власть перешедших на позиции меньшевист. газ. "Новая Жизнь" и кадетской газ. "Утро России", людьми, готовыми отказаться от всего конструктивного, что было сделано обеими партиями после Октября: от социализации земли, контроля над фабриками, от социальных реформ. Он не согласился, что в союзе с РКП(б) левые эсеры являлись лишь "несчастными просителями в большевист. передней... Я утверждаю, что когда мы находились у власти, мы не раз заставляли большевиков принимать решения", угодные ПЛСРИ. Главное – участие в развернувшейся социальной рев-ции. Для этого необходимо быть у власти вместе с большевиками – "единственной истинно рев. партией, к-рая действует на арене рус. рев-ции" (там же, д. 1, л. 196–200). Нек-рые делегаты с мест отмечали ослабление влияния левых эсеров после разрыва блока. Натансон отметил, что большевики честно выполняли взятые на себя обязательства, не мешали ПЛСРИ проводить социализацию земли (там же, д. 1, л. 82, 100, 108, 121; д. 2, л. 79). Спиридонова усомнилась в полит. чистоплотности камковцев. Она обвиняла: в пору становления левоэсеровской партии вы сотрудничали с большевиками, а теперь, когда ПЛСРИ набрала силу, а большевики "немного ослабли, когда есть возможность столкнуть их, спихнуть и стать на их место"– вы готовы сделать это.– "В такой исторически ответственный и тяжёлый для народа момент бросать власть, устраивать политику мы не имели права, потому что или тогда должны были бить большевиков, или оставаться с ними до конца даже в их ошибках и в их падении"; в наст. время "нам разрывать свою связь с большевиками – это значит, товарищи, подкосить Сов. власть"; и добавила: "...когда мы из СНК вышли, то этим самым... может быть, осудили себя на гибель" (там же, д. 1, л. 173; д. 2, л. 104). Пытаясь переломить ситуацию, Колегаев, Майоров, Спиридонова и Трутовский отказались баллотироваться в новый состав ЦК (там же, д. 2, л. 229). Это возымело действие: "Резолюция по текущему моменту" носила компромиссный характер. В ней, в частности, говорилось:

"Позиция большинства ЦК и фракции левых с.-р. 4-го съезда Советов, занятая по вопросу о ратификации мира, и в связи с ней состоявшийся выход из СНК делегации левых с.-р. является правильной. ...Съезд уполномочивает ЦК в случае изменения полит. конъюнктуры принять участие в центр. власти... выход из СНК ни в коей мере не должен был повести к подрыву... органов сов. власти, съезд санкционирует решение ЦК об оставлении всех работников – членов партии во всех учреждениях и коллегиях Комиссариатов и др. органов..." (там же, д. 3, л. 149).

Участники дискуссии по докладу Магеровского констатировали прогрессирующий абсентеизм масс; были возмущены тем, что затруднён контроль ВЦИК над пр-вом, связь Советов с избирателями очень слаба, а избират. система многоступенчата и недемократична, лишает права голоса значит. категории трудящихся, отдаёт приоритет гор. рабочим и дискриминирует крест-во; высказывали недовольство способом комплектования ВЦИК – по общему мнению, он, чтобы быть свободным от диктата ЦК полит. партий, от людей случайных, не знающих положение дел на территории огромной страны, должен избираться не на съезде Советов, а на местах через прямые выборы; сочли ненужным существование СНК как органа, обладающего правом законодательствовать и фактически независимого от ВЦИК, предложили либо упразднить Президиум ВЦИК, либо резко ограничить его компетенцию, оставив лишь распорядительную функцию (там же, д. 2, л. 163).

Обсуждая проблемы Сов. федерации, все были против большевист. политики демокр. централизма, требовали децентрализации, свободы творчества на местах, приветствовали такие образования, как Моск., Крымская, Донецкая и пр. республики, но отмечали и теневые стороны этого процесса. Характерно выступление Закса:

"Те формы, к-рые принимает сейчас Россия, нелепы... Каждая губерния может объявить себя автономной и создать свой СНК. Калужская губ. заявляет нам, что у них СНК выбран и что она имеет с нами связь, поскольку зависит от нас. Но если будут конфликты – будет печатать свои денежные монеты. Это – нелепость, непонимание задач гос. конструкции". Он выразил сомнение в целесообразности строить Федерацию лишь по нац.-терр. признаку, сочтя, что этот путь ведёт к "созданию шовинизма" (там же, д. 2, л. 174–77). По вопросу о регулярной армии получила одобрение формулировка Шрейдера: "Мы за армию добровольную, волонтёрскую" (там же, л. 156).

Съезд принял полит. программу партии. В преамбуле говорилось о социальной рев-ции, её этапах, особенностях текущего переходного периода от капитализма к социализму, анализировались особенности, присущие Сов. Республике. Вторая часть констатировала, что ПЛСРИ "...в наст. момент будет отстаивать в полит. области следующие меры: 1. ...вся власть как в центре, так и на местах должна принадлежать трудовому народу – его клас. органы должны править страной. 2. Сов. Республику. Органами её являются съезды или пленумы (общие собрания) и исполнит. к-ты; первые – это органы высшего рук-ва, вторые – это органы, объединяющие в себе и законодат. власть (общие собрания Исполнит. К-та) и исполнит. власть (отделы Исполнит. К-та). 3. Свободную федерацию Сов. Республик, образуемых на основе нац., бытовых, производств. и терр. особенностей. 4. Полноту местной исполнит. власти... заключающуюся в сосредоточении местными Советами... всех исполнит. функций и в праве назначения на все должности своих представителей. 5. ...постепенное проведение прямого, равного, тайного и пропорц. голосования среди трудящихся, выборность по орг-циям труда, право отзыва депутатов, обязанность отчёта перед избирателями. 6. Реальное обеспечение осуществимости для трудящихся... свободы совести, слова, печати, собраний и союзов... проведение в жизнь... права на труд, права на землю, права на воспитание и образование" (там же, д. 3, л. 46).

Резолюция по агр. вопросу подчёркивала, что крест-во может добиться своих клас. целей только в прочном союзе с рабочими, что в этом единстве – залог успешной борьбы за социализм. И далее: "Поскольку трудовое крест-во в силу своей многочисленности... является самым сильным отрядом восставшей армии трудящихся России, оно является... могучим рычагом междунар. социальной рев-ции. ...Гл. требованием трудового крест-ва является повсеместное проведение социализации земли, т.е. отмены частной собственности на землю и проведение уравнительно-трудового землепользования, исключающего наёмный труд... Но социализация земли не может быть самоцелью, а лишь средством к конечной цели проведения социализма. Навстречу этому идёт естеств. процесс широкого применения коллективного труда на обществ. земле..." (там же, л. 157).

В резолюции "по рабочей программе" центральным было требование проведения в жизнь рабочего контроля над произ-вом, к-рый понимается ПЛСРИ "не как отдача ф-к и з-дов рабочим, жел. дорог – железнодорожникам и т.д., а как организованный централизованный контроль над произ-вом в общегос. масштабе... Проф. союзы и фаб.-зав. к-ты являются на местах в области контроля точными выполнителями решений центр. орг-ций... Только вышеуказанный рабочий контроль гарантирует ведение произ-ва страны в интересах широких нар. масс" (там же, л. 91). В разделе о рабочем законодательстве декларировалось, что ПЛСРИ ставит целью "охрану духовных и физич. сил" трудящихся, "увеличение их способности к дальнейшей борьбе за социализм" (там же). В "Резолюции по экон. программе" с удовлетворением констатировалось, что в стране складывается новый тип х-ва, в к-ром частный капитал не является доминирующим элементом. Указывалось, что в интересах активизации этого процесса ПЛСРИ в области произ-ва будет отстаивать принудит. трестирование и введение трудовой повинности; в сфере обмена – постепенную замену ден. обращения системой непосредств. расчётов между трестированными пр-тиями и орг-цию товарообмена; в области распределения – выравнивание заработной платы и орг-цию обеспечения неработоспособных членов об-ва (там же, л. 156).

"Врем. Организац. Устав" закреплял сложившуюся структуру партии: местные к-ты – обл. объединения – Совет партии – ЦК и съезд (высшая парт. инстанция, созыв не реже 2 раз в год). Он определил состав Совета партии, к-рый должен был собираться в промежутках между съездами "для решения неотложных вопросов тактики и орг-ции", и ЦК ПЛСРИ (15 членов и 5 канд. в члены). Устав был направлен на то, чтобы покончить с пороками ПСР – расхлябанностью и пренебрежением к дисциплине (там же, л. 116–20).

Съезд избрал ЦК: Л.Б. Голубовский, Р.В. Иванов-Разумник, Б.Д. Камков, В.А. Карелин, И.К. Каховская, А.Л. Колегаев, В.М. Левин, Д.А. Магеровский, М.А. Натансон, П.П. Прошьян, М.А. Спиридонова, В.Е. Трутовский, Д.А. Черепанов, П.И. Шишко, И.З. Штейнберг.

Не были переизбраны сторонники тесного блока с РКП(б) В.А. Алгасов, Б.Ф. Малкин, А.М. Устинов. В кандидаты были переведены быв. члены ЦК А.А. Биценко, "умеренные" И.А. Майоров, С.Д. Мстиславский, А.А. Шрейдер (там же, л. 176). На организац. заседании ЦК 25 апр. пред. Президиума ЦК был избран Камков, тов. пред. Карелин и Прошьян. Секретариат ЦК возглавил Штейнберг (там же, ф. 564, оп. 1, д. 11, л. 3).

А.И. Разгон.

20–28 мая. Всероссийское совещание при ЦК РСДРП (так с марта 1918 стала называться партия меньшевиков), Москва. Созвано ЦК вместо всерос. конференции "из-за неполноты представительства", в связи с "отторжением от России ряда огромных территорий, ...с необычной трудностью ж.-д. и почтовых сношений, а также с большевист. террором на местах, систематически пытающимся разрушить наши орг-ции" ["Парт. Известия", 1918, № 8 (15), с. 2]. Участвовало 64 делегата, в т.ч. 45 от местных орг-ций. Президиум: Ф.А. Череванин, Л.М. Хинчук, Р.А. Абрамович, Шнееров (Уральская орг-ция). Обсуждены вопросы: Доклады с мест; Брестский мир и распад России – Ю.О. Мартов, Ф.И. Дан, М.И. Либер; Советы и тактика с.-д-тии – Р.А. Абрамович, М.И. Либер; Борьба с экон. разрухой и задачи рабочего класса – Ф.А. Череванин; Очередные задачи проф. движения – П.Н. Колокольников.

Подводя итоги докладов с мест, член ЦК РСДРП Б.И. Горев писал: "...орг-ции везде ведут мужественную и стойкую борьбу за принципы народовластия и полит. свободы, везде защищают... интересы рабочего класса – как от насилий анархо-бонапартист. клик наших коммунистов, так и от сменяющей их бурж.-помещичьей реставрации, идущей под покровительством герм. штыков. Вместе с тем наши орг-ции везде восстают против авантюристич. методов борьбы с большевизмом и решительно протестуют против всяких попыток в нашей внутр. борьбе за народовластие опереться на ...вмешательство иностр. штыков" (там же).

Резолюция по 2-му вопросу, отметив, что "уничтожение созданного Брестским договором полит. и экон. закабаления герм. империализму и восстановление самостоятельности и единства России является необходимым и осн. условием спасения завоеваний рев-ции", указывала, что для этого необходимо "немедленное прекращение гражд. войны, ликвидация разрушит. мнимо-соц. опытов, ...анархич. насильнич. и противонар. режима" (там же, с. 4, 5). И далее: "Ставя своей целью восстановление Рос. республики как единого гос-ва и видя в респ.федерации лишь переходную фазу от полного распада к добровольному гос. объединению, с.-д-тия будет... отстаивать установление между отд. частями России тесного таможенного союза, торговых, ж.-д., почтовых и т.п. соглашений, подготовляющих гос. единство...; будет отстаивать в пределах каждой части расчленённой России распространение на граждан из всех остальных частей тех полит. и гражд. прав, к-рыми пользуются местные жители; ...будет добиваться распространения на граждан всех остальных частей рабочего и агр. законодательства" (там же, с. 5).

В резолюции о Советах предполагалось разъяснять массам "лживость идеи т.н. Сов. республики, якобы являющейся высшей формой гос. орг-ции, соответствующей клас. интересам пролетариата; выяснять рабочему классу несостоятельность этой анархо-бюрократич. системы, её неспособность справиться с элементарными гос. функциями, её неизбежное вырождение в антидемокр. строй управления, питающий всесторонний произвол и подготовляющий торжество бонапартист. контррев-ции"; рабочий класс призывался бороться "за замену этой карикатуры на соц. республику подлинно-демокр. республикой, основанной на народовластии, полит. свободе и полит. равенстве..." (там же, с. 7). Когда же "попытки рабочего класса изменить состав и политику Советов" терпят неудачу, надо "организовать независимые от Советов представит. органы свободно выбранных уполномоченных рабочего класса, к-рые явятся естеств. преемниками Советов" (там же, с. 8).

В резолюции о борьбе с экон. разрухой отмечалось, что "восстановление пром. жизни возможно только при условии широкого привлечения рус. и иностр. капиталов. А для этого необходимо... восстановление кредита и прежде всего денационализация банков". Отвергнув "национализацию, разрушающую пром-сть", резолюция указывала: "истощение и распад нар. х-ва и междунар. отношения требуют регулирующей роли гос-ва с непременным условием обеспечения возможности инициативы частного капитала при содействии и контроле гос-ва. В частности, гос-во регулирует распределение сырья и топлива между важнейшими отраслями пром-сти, ...среди населения предметов первой необходимости, в к-рых ощущается недостаток, при условии широкого участия в деле распределения кооп. и частноторг. аппарата" (там же, с. 9).

Резолюция о задачах проф. движения говорила о необходимости "противодействовать... превращению союзов в хоз. органы сов. власти, отстаивая... их полную независимость... их единение и сотрудничество с с.-д. партией как двух автономных, равноценных и равноправных форм рабочего движения и борясь против всяких попыток урезать завоёванную рев-цией полную свободу коалиций" (там же, с. 11).

Резолюция об арестах выразила протест "против новой вакханалии насилий и террора, новых преследований социалистов и рабочих со стороны бонапартист. клики, судорожно цепляющейся за ускользающую от неё власть"; приветствие "Ко всем арестованным товарищам" заявляло о солидарности с их борьбой "за свободу рабочих орг-ций и идеалы демократии социализма" (там же).

Совещание пополнило ЦК партии, избранный на Чрезв. съезде РСДРП (Петроград, нояб.– дек. 1917). Состав вновь сформированного ЦК: члены – Р.А. Абрамович, И.С. Астров, И.И. Ахматов, Б.И. Горев, Д.Ю. Далин, Ф.И. Дан, О.А. Ерманский, Г.Д. Кучин, М.И. Либер, И.М. Майский, Ю.О. Мартов, А.С. Мартынов, П. Трифонов, А.Л. Трояновский, Ф.А. Череванин, Г.М. Эрлих, А. Югов (А.А. Фрумсон), В.И. Яхонтов; кандидаты – К.А. Гвоздев, К.М. Ермолаев, Николаев, А.А. Плесков, В.Г. Чиркин.

В.И. Миллер.

4–10 июля. Пятый Всероссийский съезд Советов рабочих, крестьянских, солдатских и казачьих депутатов, Москва. Присутствовало 1164 делегата с решающим голосом, в т.ч. 733 большевика, 353 левых эсера, 17 "максималистов", 4 анархиста, 4 меньшевика-интернационалиста, 1 дашнак, 1 от "Поалей-Цион", 1 правый эсер и 10 беспартийных. Президиум съезда: большевики – В.А. Аванесов, И.Г. Бакаев, Н.И. Бухарин, М.Ф. Владимирский, Г.Е. Зиновьев, М.М. Лашевич, А.Х. Митрофанов, Розин, Я.М. Свердлов, П.Г. Смидович, Сорокин, Л.С. Сосновский, Ю.М. Стеклов, В.В. Шмидт; левые эсеры – Берман, Л.Б. Голубовский, Б.Д. Камков, В.А. Карелин, М.А. Спиридонова, Д.А. Черепанов. Повестка дня: Отчёты ВЦИК и СНК; Прод. вопрос; Орг-ция соц. Кр. Армии; Конституция Рос. Республики; Выборы ВЦИК.

Съезд обсудил внеочередной доклад Л.Д. Троцкого об обстановке в пограничных с Украиной областях, провокациях на столкновение с герм. войсками. Троцкий заявил: "Мы имеем право против провокации, против предательства применять не только орудия агитации, но и самые суровые рев. репрессии" ("5-й съезд Советов...", Стенографич. отчёт, М., 1918, с. 23). Камков говорил, что "борьба против нем. оккупантов являет собой здоровую рев. психологию тех, кто не поддался на удочку передышки и к-рые не поставлены на службу герм. капиталу, на службу Вильгельму. На укр. фронте идёт громадное рев. движение среди тех частей, к-рые там стоят" (там же, с. 24–25). Отвечая Камкову, Зиновьев отметил, что любые нарушения мирного договора есть предательство рев. пролетариата. Была принята предложенная Лашевичем большевист. резолюция, отмечавшая, что решение вопросов о войне и мире принадлежит только Всерос. съезду Советов и центр. органам Сов. власти – ВЦИК и СНК, СНК предложено подавлять провокации и установить и в тех местах твёрдый рев. порядок. В знак протеста против этой резолюции фракция левых эсеров, по предложению Карелина, отказалась от голосования и на время покинула зал.

5 июля с отчётом о деятельности ВЦИК выступил Свердлов. Доклад о работе крест. секции ВЦИК сделала Спиридонова. Она заявила, что крест-во как класс не поддерживает большевиков, "я считаю себя представителем крест-ва, поэтому и говорю партии большевиков: вы крест-ву изменяете, вы им пользуетесь, но не служите ему" (там же, с. 56–57), и обвинила большевиков в капитуляции перед герм. империализмом. С отчётом о деятельности СНК выступил В.И. Ленин. Большинством голосов была принята предложенная Свердловым резолюция, где выражалось "полное одобрение внутр. и внеш. политики Сов. пр-ва, особенно в области продовольствия и орг-ции деревенской бедноты" (ЦГАОР, ф. 1235, оп. 4, д. 13, лл. 8, 9).

Работа съезда в связи с вооруж. выступлением левых эсеров была прервана. Фракция большевиков участвовала в подавлении выступления. Вся фракция левых эсеров была арестована, затем часть её членов (200 чел.) была освобождена и участвовала в дальнейшей работе съезда. К фракции левых эсеров из тюрьмы с письмом обратилась Спиридонова: "Фракции необходимо уезжать домой, если её начали выпускать. Играть в парламентскую игру – глупо, когда нет возможности работать. Большевики, обезумев, подняли руку на самих себя. Нас нельзя вырезать, ибо идеи наши чисты и линия пряма – борьба со всем мировым империализмом и капитализмом. Вырезать нас – это только на радость буржуазии. Нельзя задерживаться в Москве и заниматься декларациями, а надо ехать. С нами сводят счёты, посадили Бог знает куда, страшные сырые камеры Кремля. Непонятен подбор арестованных, арестовали всю крест. секцию, всех мужичков агитаторов, приехавших к съезду, это дурно" (там же, д. 32, л. 2).

3-е заседание съезда состоялось 9 июля. Был заслушан доклад Троцкого об убийстве герм. посла В. Мирбаха и восстании левых эсеров против Сов. власти. При обсуждении доклада анархист-коммунист Гарин оценил восстание как попытку вовлечь народ в кровавую эпопею; левая эсерка Н.А. Рославец заявила, что партия эсеров не умрёт только в том случае, если найдутся люди, к-рые возьмут на себя смелость вычеркнуть совершенно из партии всех тех, кто стоял на позиции солидарности с нынешним её ЦК; дашнак Нур Джаниянц подчеркнул, что дашнаки совершенно отрицают тактику левых эсеров; левый с.-д.-интернационалист С.А. Лозовский заявил: "Когда здесь нет левых эсеров, а есть отд. представители, к-рые отреклись от своей партии, Вы можете торжествовать победу. Но борьба переносится на места, а поэтому, если вы хотите сохранить то, что ещё уцелело от рос. рев-ции, не нужно применять мер, к-рыми здесь угрожали представители Сов. власти" ("5-й съезд Советов...", с. 120); максималист Светлов призвал обе партии преодолеть парт. распри и объединить свои силы в дружной рев. работе и поставить интересы рев-ции выше парт. интересов; левый с.-д.-интернационалист Г.Д. Линдов подчеркнул, что усилия Сов. власти, обнаружившиеся в эти дни во всей своей мощи, дают понять, что вне Сов. власти рев. борьбы быть не может, что в эти моменты надо уметь воздерживаться от критики, уметь вести положит. творч. работу (см. там же, с.125). Была принята предложенная большевиком И.Р. Романовым резолюция: "Съезд целиком и полностью одобряет энергичную политику СНК, направленную на ликвидацию безумной и преступной авантюры левых с.-р. В отношении партии левых с.-р. съезд заявляет, что поскольку те или иные части этой партии солидаризируются с политикой вовлечения России в войну путём убийства Мирбаха и восстания против Сов. власти, этим орг-циям не может быть места в Советах РКД" (ЦГАОР, ф. 1235, оп. 4, д. 13, л. 11).

С отчётом о работе Наркомата продовольствия выступил нарком большевик А.Д. Цурюпа. Резолюция, предложенная большевиком И.А. Теодоровичем (принята при 1 голосе "против"), подтвердила необходимость хлебной монополии, решит. подавления кулачества и одобрила орг-цию К-тов бедноты.

10 июля съезд заслушал доклад Мандатной комиссии, доклад Троцкого об орг-ции Кр. Армии, доклад Стеклова о Сов. Конституции и принял соответств. резолюции. Был избран ВЦИК.

СПИСОК ЧЛЕНОВ ВЦИК СОВЕТОВ РАБОЧИХ, КРЕСТЬЯНСКИХ, СОЛДАТСКИХ И КАЗАЧЬИХ ДЕПУТАТОВ 5-ГО СОЗЫВА

[Публикуется по документу (ЦГАОР, ф. 1235, оп. 35, д. 30, лл. 28–34), отпечатанному на машине в виде таблицы с графами: "№№", "Имя, фамилия", "Адрес, телефон", "Прибыл", "Отбыл" (последние две графы не заполнены). В данном издании список воспроизводится в подбор, по графе "Имя, фамилия"; печатается без исправления написания, кроме явных опечаток.]

Большевики: Аванесов В.А.; Амоссов; Анип; Осинский; Алферов В.В.; Бухарин Н.И.; Бруно; Сальватов; Бруханов; Боголепов Д.П.; Бабинский; Бронский; Бабкин; Бреслав Б.А.; Барышников В.А.; Баранов С.Ф.; Владимирский М.Ф.; Носков; Ваничков; Веселовский; Вейнберг; Воеводин; Винокуров; Васильев; Галкин Алекс. Влад.; Гуковский; Гинзбург; Городов; Дзержинский Ф.Э.; Данишевский; Диманштейн; Дмитриев Ив.Гр.; Евдокимов; Енукидзе; Ерман; Еремеев; Жуков; Жук; Зиновьев Г.Е.; Захаров А.Н.; Завадский; Зорин; Иоффе А.Н.; Игнатов; Крестинский Н.Н.; Каменев Л.Б.; Карпинский; Карклин; Крыленко Н.В.; Кингисеп; Ксенофонтов; Красиков; Курский Д.И.; Кузнецов; Кураев; Гайлис; Каратеев; Котельщиков; Крутошинский; Копник; Кузяков; Козлов; Калмышев; Краснов; Кауль; Ленин Влад. Ильич; Лашевич М.М.; Лацис М.Я.; Ландер; Луначарский А.В.; Лапшин; Лисицын; Медведев; Муранов; Майоров; Мехоношин; Матвеев; Мельничанский; Муралов; Муралов; Мещеряков; Магидов; Машкарев; Митрофанов; Морозов; Максимов; Максимовский; Никитин; Ногин В.П.; Невский В.П.; Петровский Г.П.; Петерсон; Покровский М.Н.; Пятницкий; Полуян; Подвойский; Петерс; Платонов; Полукаров; Поляков; Пластинин; Прокофьев; Равич; Розин; Рыков; Раскольников; Рудзутак; Розова; Романов; Соболевский; Сапронов И.И.; Смирнов А.П.; Смирнов И.И.; Смидович; Семашко; Свидерский; Стучка; Сорокин; Садовский; Свердлов Я.М.; Смилга; Стеклов Ю.М.; Сосновский; Селтенев; Скрыпник И.К.; Троцкий Л.Д.; Теодорович Гл.Ив.; Томский; Териан; Тегелешкин; Таганов; Урицкий; Фомин; Фельдман; Фрумкин; Христев; Холмогоров; Цурюпа; Цивцивадзе; Чичерин Г.В.; Чубарь; Шейнкман; Мишилин; Шубин; Шарманов; Шверник; Шляпников; Шмидт; Юров; Юрьев; Яковлев; Янышев; Эглит.

Кандидаты: Брейт; Барунов; Грюнштейн; Козлов; Серебряков; Розенгольц; Силтенев; Ашкинази; Иванов Б.; Размирович; Дзевалтовский; Перчихин; Карахан; Радек Р.; Розе; Соловьев В.И.; Мальков; Петухов; Шлихтер; Мамотин; Правдин; Чиколинин; Склянский; Яльянов; Киселев; Пестковский; Старк; Закс С.М. (Гладов); Шейман; Ломов; Одарюк.

Большевики (дополнит. список): Подбельский; Середа; Вегер; Пакалымис; Бонч-Бруевич В.Д.

Анархисты: член ЦИК Карелин А.А.; кандидат Эрдман Р.З.

Максималисты: члены ЦИК – Светлов Ф.Н., Васильев Е., Архангельский, Бердников; канд. ВЦИК – Ломанов А., Волах Б.

С.-д.-интернационалисты: чл. ВЦИК – Линдов Г.Д.; канд. ВЦИК – Жилинский, Лангавер.

Беспартийные: канд. Бухарцев П.; канд. Рославец Наталия.

С.-р. левые: Закс Т.Д.; канд. Калинин.

А.Л. Райхцаум.

20–21 июля. Всероссийский рабочий съезд. Москва. Решение о его созыве было принято единогласно 1 июня на Чрезв. Собрании уполномоченных ф-к и з-дов Петрограда. 15 июня Бюро Собрания уполномоченных выпустило воззвание, в к-ром говорилось о катастрофич. положении в пром-сти и выражалась надежда, что "свободно избранные представители рабочего класса съедутся из всех городов, вместе поищут и найдут путь спасения от гибели своей и всей страны. Продовольствие, безработица, общая разруха, нар. бесправие, возрождение наших орг-ций – всё должно быть обсуждено и решено" ("Новая Жизнь", П., 1918, 16 июня).

29 июня в Москве совещание представителей рабочих Петрограда и Центр. пром. р-на избрало организац. к-т по созыву съезда. В него вошли представители профсоюзов – металлистов, железнодорожников, печатников и др., а также делегаты от центр. к-тов меньшевиков, эсеров, Бунда. Был принят устав съезда, назначенного на 20 июля в Москве; на него с решающим голосом допускались представители губерний, смежных с Центр. и Сев. областями (Казанской, Симбирской, Пензенской и Пермской), и тех областей России, "где могут быть произведены выборы и откуда могут прибыть делегаты". Предусматривалось "представительство беспарт. конференций, делегатских совещаний и Советов там, где последние являются не органами власти, а чистыми рабочими, независимыми клас. орг-циями" (там же, 4 июля). В ходе избират. кампании организац. к-т рассылал листовки, посылал на пром. пр-тия и в профсоюзы своих представителей, к-рые под видом лекций устраивали собрания и агитировали за созыв съезда.

В июле в Москве, её рабочих пригородах и в ряде городов прошли аресты наиб. активных представителей антибольшевист. рабочего движения, что отразилось на составе съезда.

Прибыло 40 делегатов от Чрезв. Собраний уполномоченных ф-к и з-дов и от беспарт. рабочих конференций Петрограда, Москвы, Тулы, Сормова, Коломны, Кулебак, Твери, Н. Новгорода, Вологды, Бежиц, Орла, Воткинского з-да и др. пром. центров. Норма представительства – 1 делегат от 5 тыс. рабочих. Присутствовали наблюдатели от соц. партий (Р.А. Абрамович, Ю.П. Денике и др.). Ввиду малочисленности собравшиеся определили себя как "Съезд уполномоченных от рабочих", а также "Конференция уполномоченных от рабочих" (в нек-рых источниках употребляются и др. назв.). Пред. съезда – петрогр. рабочий Е.С. Берг. Ведущее участие в работе съезда принимали рабочие Н.Н. Глебов, А.Н. Смирнов, Н.К. Борисенко, В.Г. Чиркин, И. Шпаковский, И.Г. Волков, Д.И. Замараев, Шестаков, Башкиров, Кошелев, И. Смирнов и др. участники движения уполномоченных.

20 июля были заслушаны доклады с мест. В них говорилось о необходимости устранения власти большевиков, лучше – мирно, без кровопролития. В резолюции отмечалось, "что только прекращение внутр. войны, восстановление всенар. власти, восстановление полит. прав рабочих и всего народа – могут создать условия для возрождения пром-сти и ослабления безработицы", рабочие настаивали на прекращении "опытов социализации и национализации ф-к и з-дов" и называли большевист. план орг-ции нар. х-ва пагубным для страны и рабочего класса ("Независимое рабочее движение в 1918 г.". Док-ты и мат-лы, Париж, 1981, с. 285). В тезисах по текущему моменту указывалось, что "осн. полит. задача рабочего класса ныне – борьба за низвержение Сов. власти и восстановление демокр. строя" (там же, с. 286), отмечалось, что задача эта не под силу одному только рабочему классу и носит общенац. характер.

21 июля, во время заседания, когда принимались общие решения по докладам, все участники съезда и гости были арестованы, а документация съезда конфискована.

В кон. июля – нач. авг. 26 участников съезда (все – рабочие), заключённых в Таганскую тюрьму, переправили на волю открытое письмо ко всем гражданам России, к-рое вскоре отпечатали листовкой и начали распространять на пр-тиях. В письме выражался протест "по поводу тех лживых, клеветнич. сообщений, к-рые позволила себе казённая печать" по делу Рабочего съезда; они считали, что "глупой, бессовестной ложью пр-во старается оправдать нелепый арест рабочих делегатов, пожелавших проявить организац. самодеятельность" (там же, с. 290).

Дело по Рабочему съезду было передано в Верх. трибунал, прокурором назначен Н.В. Крыленко. Арестованным грозили расстрелом, но ввиду усилившегося рабочего движения процесс отложили и с кон. 1918 их начали выпускать из тюрем.

Г.М. Иванова.

ИМЕННОЙ УКАЗАТЕЛЬ

Указатель даёт ключ к поиску в Словаре как лиц, имеющих персоналии (фамилии выделены полужирным шрифтом и сразу даны страницы, на к-рых расположена статья), так и лиц, упоминаемых внутристатейно. Ссылки на страницы уточняются обозначением столбцов: л.– левый, с.– средний, п.– правый.

Составитель В.И. Крылов.

Основные сокращения личных имён

Абр.– Абрам
Ал-др– Александр(а)
Ал.– Алексей
Анат.– Анатолий
Анд.– Андрей
Ант.– Антон(ина)
Арк.– Аркадий
Арх.– Архип
Аф.– Афанасий
Бор.– Борис
Вад.– Вадим
Вал.– Валентин
Вас.– Василий
Викт.–Виктор
Вл.– Владимир
Вс.– Всеволод
Вяч.– Вячеслав
Георг.– Георгий
Гер.– Герасим
Григ.– Григорий
Дав.– Давид
Дан.– Даниил, Данила, Данил
Дм.– Дмитрий
Евг.– Евгений
Ег.– Егор
Ек.– Екатерина
Ел.– Елена
Еф.– Ефим
Ефр.– Ефрем
Зах.– Захар
Зин.– Зинаида
Ив.– Иван
Ил.– Илья
Иос.– Иосиф
Исид.–Исидор
Кир.– Кирилл
Кондр.– Кондрат(ий)
Конст.– Константин
Куз.– Кузьма
Лавр.– Лаврентий
Лаз.– Лазарь
Леон.– Леонид
Леонт.– Леонтий
Люб.– Любовь
Макс.– Максим
Матв.– Матвей
Митр.– Митрофан
Мих.– Михаил
Моис.– Моисей
Ник.– Николай
Никан.– Никанор
Никиф.– Никифор
Пав.– Павел
Пант.– Пантелеймон
Порф.– Порфирий
Раф.– Рафаил
Ром.– Роман
Сав.– Савелий
Сам.– Самуил
Сем.– Семён
Сер.– Сергей
Сол.– Соломон
Стан.– Станислав
Степ.– Степан
Тер.– Терентий
Тим.– Тимофей
Тих.– Тихон
Троф.– Трофим
Фёд.– Фёдор
Фил.– Филимон
Эмм.– Эммануил
Юл.– Юлий
Юр.– Юрий
Як.– Яков
Яр.– Ярослав

Указанные сокращения используются как для обозначения имён, так и для отчеств.

СПИСОК СОКРАЩЕНИЙ

Основные сокращения

авт. – автономный
адм. – адмирал, административный
акц. – акционерный
АН – Академия наук
арт. – артиллерийский
Б. – большой
б.ч. – большая часть
балт. – балтийский
белогв. – белогвардейский
Библ. ук. – Библиографический указатель
биогр. – биографический
бр. – братья
бум. – бумажный
быв. – бывший
В. – Восток
в. – век
в осн. – в основном
вел. – великий
верх. – верховный
военком – военный комиссар
вол. – волость
восп. – воспоминания
восст. – восстание
вост. – восточный
Всес. – Всесоюзный
гвард. – гвардейский
ген. – генерал, генеральный
геогр. – географический
гл. – главный
Главковерх. – Верховный главнокомандующий
гос-во – государство
гр. – группа
гражд. – гражданский
губ. – губерния, губернский
губком – губернский комитет
д. – деревня
дел. – делегат
демокр. – демократический
ден. – денежный
деп. – депутат
дес. – десятина
дипл. – дипломатический
дог. – договор
док. – документальный
док-т – документ
д-р – доктор
ежемес. – ежемесячный
еженед. – еженедельный
ж. – журнал
З. – запад
заруб. – зарубежный
з-д – завод
зем. – земельный
изд. – издание, издатель
изд-во – издательство
имп. – император, императорский
иностр. – иностранный
ин-т – институт
иск-во – искусство
исполком – исполнительный комитет
ист. – исторический
К – компания
кав. – кавалерийский
кавк. – кавказский
канд. – кандидат
кап. – капитан
Касп. – Каспийский
к.-д. (кадет) – конституционный демократ
к.-л. – какой-либо, кто-либо
кн. – книга, князь, княгиня
к.-н. – какой-нибудь
колон. – колониальный
ком. – командир
команд. – командующий, командование
кон. – конец, конный
контрев-ция – контрреволюция
конф. – конференция
кооп. – кооперативный
красногв. – красногвардейский
Кр. Село – Красное Село
крест-во – крестьянство
к-т – комитет
лейт. – лейтенант
либер. – либеральный
лит. – литературный
лит-ра – литература
м. – местечко, море
матем. – математический
мед. – медицинский
мес. – месяц
мин. – министр
мин-во – министерство
мир. – мировая
мл. – младший
мусульм. – мусульманский
Н. – новый
назв. – название
наиб. – наиболее, наибольший
наим. – наименее, наименьший
наркомат – Народный комиссариат
наст. – настоящий
нач. – начало, начальник
нек-рый – некоторый
нелег. – нелегальный
неск. – несколько
н.с. (нар. соц.) – народные социалисты
о., о-ва – острова
об-во – общество
обл. – область, областной
одноврем. – одновременно
окр. – округ, окружной
опубл. – опубликовал, опубликован
орг-ция – организация
осн. – основной
отд. – отдельный
отеч. – отечественный
офиц. – официальный
пед. – педагогический
первонач. – первоначальный
петрогр. – петроградский
Петропавл. – Петропавловская
пех. – пехотный
пол. – половина
полк. – полковник
пост. – постановление, постоянный
правосл. – православный
пр-во – правительство
През. – Президиум
произ-во – производство
пролет. – пролетарский
пром-сть – промышленность
профсоюзный
пр-тие – предприятие
псевд. – псевдоним
разл. – различный
р-н – район
Ревком – Революционный комитет
ревтрибунал – революционный трибунал
рев-ция – революция
ред. – редактор, редактировал
религ. – религиозный
респ. – республика, республиканский
род. – родился
рожд. – рождение
рук-во – руководство
С. – север
с. – село, страница
сб. – сборник
св. – свыше
с.-д. – социал-демократ, социал-демократический
с.-д-тия – социал-демократия
секр. – секретарь
сел. – сельский
сер. – середина
след. – следующий
собр. – собрание
совм. – совместно, совместный
совр. – современный
созд. – создан
соц. – социалистический
соч. – сочинение
с.-р. (эсер) – социалист-революционер
ст. – станица, станция, статья
стр-во – строительство
стрелк. – стрелковый
с. х-во – сельское хозяйство
суд. – судебный
т-во – товарищество
телегр. – телеграфный
телеф. – телефонный
терр. – территориальный
т-р – театр
трансп. – транспортный
туркест. – туркенстанский
у. – уезд
ум. – умер
урожд. – урождённая
уч. – учебный
уч-ще – училище
Учред. Собр. – Учредительное Собрание
фаб. – фабричный
фаб.-зав. – фабрично-заводской
фабзавком – фабрично-заводской комитет
фам. – фамилия
феод. – феодальный
филол. – филологический
филос. – философский
финл. – финляндский
ф-ка – фабрика
ф-т – факультет
х-во – хозяйство
хл.-бум. – хлопчатобумажный
христ. – христианский
худ. – художник, художественный
центр. – центральный

церк. – церковный
цит. – цитируется
ч. – час
числ. – численность
чл. – член
ч.-л. – что-либо
чрезв. – чрезвычайный
экон. – экономический
Ю. – юг
яз. – язык

В издании применяются сокращения слов, обозначающих государственную, языковую или национальную принадлежность (напр., англ. – английский, рус. – русский), названия месяцев (напр., апр. – апрель, апрельский). В прилагательных и причастиях допускается отсечение окончаний и суффиксов: "альный", "ельный", "ельский", "енный" "еский" и др. (напр., "центр.", "значит.", "издат.", "естеств.", "фактич.").

Аббревиатуры, встречающиеся в статьях

ВО – военный округ
ВРК – Военно-революционный комитет
ВСНХ – Высший Совет народного хозяйства
ВЦИК – Всерос. Центр. Исполнит. К-т
ВЦСПС – Всерос. Центр. Совет Проф. Союзов
ВЧК – Всерос. Чрезвыч. Комиссия
КВЖД – Китайско-Вост. железная дорога
КД – крестьянские депутаты
МГСПС – Моск. гор. Совет проф. союзов
МВД – Министерство внутренних дел
МК – Московский комитет
НКВД – Нар. комиссариат внутренних дел
НКИД – Нар. комиссариат иностр. дел
ОК – организационный комитет
ПК – петерб. (петроградский) комитет
ПЛСР – Партия левых социалистов-революционеров
ПСР – Партия социалистов-революционеров
РВК – Революционный военный комитет
РВС – Революционный военный совет
РД – рабочие депутаты
РСД – рабочие и солдатские депутаты
РСДРП(м) – Рос. с.-д. рабочая партия (меньшевиков)
РСДРП(о) – Рос. с.-д. рабочая партия (объединённая)
РСКД – рабочие, солд. и крест. депутаты
СД – солдатские депутаты
СМ – Совет министров
СНК – Совет Народных Комиссаров
СТО – Совет труда и обороны
ЦИК – Центр. Исполнит. К-т
ЦК – Центральный Комитет
ЦО – центральный орган

Сокращения в библиографии

Бургина – Бургина А., С.-д. меньшевистская лит-ра. Библ. ук., Станфорд, 1968.
Всерос. совещание Советов – Всерос. совещание Советов РСД. Стенографич. отчет, М.–Л., 1927.
2-й съезд Советов – Второй Всерос. съезд Советов РСД. Сб. док-тов, М., 1957.
Гос. совещание – Гос. совещание. Стенографич. отчет, М.–Л., 1930.
Гранат – Деятели СССР и рев. движения России. Энциклопедич. словарь Гранат, М., 1989.
ДРДР – Деятели рев. движения в России. Библиографич. словарь. От предшественников декабристов до падения царизма, т.1–3, 5, М., 1927–34.
Думова-1 – Думова Н.Г., Кадетская контрреволюция и ее разгром (окт. 1917–1920 гг.), М., 1982.
Думова-2 – Думова Н.Г., Кадетская партия в период 1-й мировой войны и Февр. революции, М., 1988.
Думова-3 – Думова Н.Г., Кончилось ваше время, М., 1990.
КС – Казачий словарь-справочник, т. 1–3, Кливленд–Сан-Ансельмо, 1966–70.
Памяти погибших – Памяти погибших, Париж, 1929.
1-й съезд Советов – Первый Всерос. съезд Советов РСД. Стенографич. отчет, т. 1–2, М., 1930–31.
Постников – Библиография русской революции и Гражд. войны (1917–1921). Из каталога библиотеки Р.З. Архива, сост. С.П. Постников, Прага, 1938.
Протоколы ЦК РСДРП(б) – Протоколы ЦК РСДРП(б). Авг. 1917 – февр. 1918, М., 1958.
Рус. эмиграция – Рус. эмиграция. Журналы и сборники на рус. языке. 1920–1980. Сводный указатель статей, Париж, 1988.
Совр. энц. – Современная энциклопедия рус. и сов. истории, Галф-Бриз, 1980.
7-я (Апр.) конф. РСДРП(б) – Седьмая (Апр.) Всерос. конференция РСДРП(б). Протоколы, М., 1958.
6-й съезд РСДРП(б) – Шестой съезд РСДРП(б). Август 1917. Протоколы, М., 1958.
Учред. Собр. – Всерос. Учред. собр, М.–Л., 1930.
Фостер – Библиография рус зарубеж лит-ры. 1918–1968, сост. Л. Фостер, Бостон, 1970.
Рев-ция 1917, т. 1 – Авдеев Н., Революция 1917 г. (хроника событий), т. 1 (янв.- апр.), М.–П., 1923.
Рев-ция 1917, т. 2 – Авдеев Н., Революция 1917 г. (хроника событий), т. 2 (апр.– май), М.–П., 1923.
Рев-ция 1917, т. 3 – Владимирова В., Революция 1917 г. (хроника событий), т. 3 (июнь - июль), М.–П., б.г.
Рев-ция 1917, т. 4 – Владимирова В., Революция 1917 г. (хроника событий), т. 4 (авг.-сент.), Л., 1924.
Рев-ция 1917, т. 5 – Рябинский К., Революция 1917 г. (хроника событий), т. 5 (октябрь), М.–Л., 1926.
Рев-ция 1917, т. 6 – Любимов И.Н., Революция 1917 г. (хроника событий), т. 6 (окт.– дек.), М.–Л., 1930.

П 50 **Политические деятели России 1917**: Биографический словарь/Гл. ред. П.В. Волобуев. – М.: Большая Рос. энциклопедия, 1993. – 432 с.: ил.

ISBN 5-85270-137-8.

В биографический словарь "Политические деятели России. 1917 год" включено более 300 персоналий политиков всероссийского масштаба, активно проявивших себя в событиях рокового 1917 года. Широк диапазон воззрений представленных в Словаре лиц – от самодержца Всея Руси Николая II до "батьки" Махно. Большая часть персоналий посвящена лицам, о которых читатель или ничего не знал, или имел искаженное представление. Представленные биографии дают возможность читателю познакомиться со всеми основными направлениями общественной мысли и вариантами социального действия, имевшими место в огромной многонациональной стране, оказавшейся в эпицентре глобальных событий начала XX века. Приложения – цепочка событий, на фоне которых выступали политики.

П $\frac{0503020400-003}{007(01)-93}$ без объявления 929

ИБ № 198

Сдано в набор 17.02.92. Подписано в печать 03.10.92. Формат издания $70\times90^1/_{16}$. Бумага офсетная № 1. Гарнитура Гельветика. Печать офсетная. Объем издания 64,4 уч.-изд. л., 32,47 усл. кр.-отт., 31,59 прив. п. л. Тираж 25 000 экз. Заказ № 284. С 3.

Научное издательство «Большая Российская энциклопедия». 109817, г. Москва, Покровский бульвар, д. 8.

Ордена Трудового Красного Знамени Тверской полиграфический комбинат Министерства печати и информации Российской Федерации. 170024, г. Тверь, проспект Ленина, д. 5.

ДОБРО ПОЖА
НАРОДНЫЕ ИЗБ